20. Mai 2017: Zum 27. Mal insgesamt und zum fünften Mal in Folge feiern die Bayern die Deutsche Meisterschaft. Rote und weiße Konfetti-Schnipsel flattern durch das Stadion, Kapitän Philipp Lahm hält die Meisterschale

MEISTER 2017

DIE REKORD-BAYERN

Fünfte Meisterschaft in Serie. Die wunderbare Geschichte des deutschen Rekordmeisters von 1965 bis 2017. Mit Spieler-Abc, allen Statistiken, Bundesliga-Spieltelegrammen, Pokal- und Europacup-Siegen und den schönsten Fotos

Das Tor zur fünften Meisterschaft in Serie und der 27. insgesamt. 29. April 2017, Wolfsburg: In der 19. Spielminute streckt sich VfL-Torwart Koen Casteels, liegt fast waagerecht in der Luft, kann den Ball aber nicht mehr erreichen. 1:0 für die Bayern durch einen von David Alaba (nicht im Foto) perfekt verwandelten direkten Freistoß. Es ist das – wie man im US-amerikanischen Sport sagt – „Game-Winning Goal“, der entscheidende Treffer. Die Bayern erzielen noch fünf Tore, gewinnen 6:0 und sind am 31. Spieltag 2016/17 vorzeitig Meister

AUTOSTADT
VOLKSWAG
Castrol
GRAPEFRUIT
NEU

Volkswagen

Erste Meisterfeier 2017: Nach dem Spiel in Wolfsburg bauen sich die Bayern um Trainer Carlo Ancelotti (M.) vor ihrem Anhang im Wolfsburger Stadion auf und zelebrieren nach dem Vorbild der isländischen Nationalmannschaft bei der Europameisterschaft 2016 mit einer Klatschkaskade ihren Titelgewinn. Kapitän Philipp Lahm (Nr. 21) schließt mit seiner achten Meisterschaft zu den Vereinskollegen Oliver Kahn, Mehmet Scholl und Bastian Schweinsteiger auf

28. August 1965: In seinem dritten Bundesliga-Spiel schießt Gerd Müller (l.) sein erstes Tor. Es ist das 2:0 bei Eintracht Braunschweig in der 35. Minute. Der Start in eine Weltkarriere. Bis zu seinem Abschied aus der Bundesliga 1979 trifft Müller, der „Bomber der Nation", noch 364-mal und führt die ewige Torschützenliste mit riesigem Abstand an

Grove
röstet.

4. Juni 1966: Franz Beckenbauer (M.) treibt seine Bayern im DFB-Pokalfinale zum ersten Titel der Neuzeit, lässt sich nicht von Manfred Müller stoppen. Im Frankfurter Waldstadion gewinnen die Münchner 4:2 gegen den Meidericher SV, den späteren MSV Duisburg. Beckenbauer, da noch Mittelfeldspieler, erzielt in der 82. Minute den Treffer zum Endstand. Ein Jahr später holt Bayern im Europacup der Pokalsieger seinen ersten internationalen Titel (1:0 n. V. gegen die Glasgow Rangers)

26. April 1986: Nach einer der dramatischsten Meisterschafts-Entscheidungen hält Lothar Matthäus auf dem Rasen des Olympiastadions inmitten von Fans die Meisterschale. Mit dem 6:0 gegen Borussia Mönchengladbach überflügelt Bayern noch Werder Bremen (1:2 in Stuttgart) und steht am 34. und letzten Spieltag der Saison 1985/86 erstmals an der Tabellenspitze

25. Mai 2013. In der 89. Spielminute des Champions-League-Endspiels gegen Borussia Dortmund entlädt sich all die Anspannung bei Arjen Robben (l.) und Thomas Müller in ekstatischem Jubel. Dank Robbens Tor zum 2:1 gewinnt Bayern das rein deutsche Endspiel und feiert mit dem Gewinn der Meisterschaft und des DFB-Pokals die beste Saison der Vereinsgeschichte – das Triple

Verlag und Herausgeber bedanken sich
bei folgenden Fotografen:

DPA/Picture Alliance (676), Imago (454), Getty Images (51), Witters (33), Horstmüller (10), Getty Images/Bayern München (2), Exler, Ullstein, Rauchensteiner, DPA/AP, www.helios-kliniken.de, Grafik Trikots: FC Bayern München

Herausgeber: Alfred Draxler
Idee, Konzeption und redaktionelle Leitung:
Christian Tuchtfeldt
Autoren: Udo Muras, Raimund Hinko, Patrick Strasser, Christian Tuchtfeldt
Layout & Produktion: Axel Beyer, Daniel Glage
Fotoredaktion: Dominique Kratz
Schlussredaktion: Volker Roggatz, Andreas Kusel
Dokumentation und Recherche: Dr. Udo Lindner, Thomas Wiedenhöfer, John-Luca Garve, Lasse Tuchtfeldt
Repro: Marco Weidig
Druck und Bindung: Mohn Media Mohndruck GmbH, Gütersloh
Printed in Germany
ISBN 978-3-455-00245-4

Im Buchhandelsvertrieb Hoffmann und Campe Verlag, Hamburg
www.hoca.de

Rekord-Meister, Dauer-Meister, Abonnement-Meister – bei diesen Begriffen fällt uns sofort der FC Bayern München ein, der in diesem Jahr seine 27. Deutsche Meisterschaft errungen hat. „Der geilste Klub der Welt?“, fragte SPORT BILD groß auf der Titelseite. Und kam zu dem Schluss, dass die Bayern mit Giganten wie Real Madrid oder dem FC Barcelona schon auf einer Stufe stehen.

Den ersten Titel in der Bundesliga gewann Bayern 1969. Trainer Branko Zebec setzte in 34 Spielen insgesamt nur 13 Spieler ein. Heute unvorstellbar! Beim zweiten Titel war ich live im Stadion und werde diesen Tag nie vergessen. In der Saison 1971/72 lagen die Bayern vor dem letzten Spieltag nur einen Punkt vor Schalke – und der Spielplan wollte es, dass es in München zu einem echten „Endspiel“ kam. Das neue Olympiastadion wurde vorzeitig und erstmals für ein Bundesliga-Spiel geöffnet, die Bayern gewannen 5:1. Sie schossen in dieser Saison 101 Tore, der legendäre Gerd Müller traf 40-mal. Beide Torrekorde haben bis heute Bestand.

Dieser Klub hat neben Gerd Müller Helden für die Ewigkeit hervorgebracht. Sepp Maier stand damals im Tor, Franz Beckenbauer dirigierte als Libero das Spiel. Legenden-Status errangen auch Paul Breitner, Uli Hoeneß, Karl-Heinz Rummenigge, Lothar Matthäus, Oliver Kahn oder die Trainer Udo Lattek, Jupp Heynckes und Ottmar Hitzfeld.

Legendär ist auch die jetzige Generation: Mit der fünften Meisterschaft in Serie stellten die Bayern eine weitere unvergleichliche Bestleistung auf. So dominant war in 54 Jahren Bundesliga noch keine Mannschaft, so erfolgreich ist kein anderer Verein in Deutschland: Mit 18 Siegen sind die Bayern natürlich auch Rekord-Pokalsieger und mit sieben Europacup-Triumphen Deutschlands international erfolgreichster Klub.

In diesem Buch von SPORT BILD, das unter der Leitung von Christian Tuchtfeldt und seinem Team entstanden ist, erzählen wir die einmalige Geschichte des FC Bayern vom Aufstieg in die Bundesliga 1965 bis hinauf zum Weltklub. Es sind Geschichten von großen Siegen, aber auch von tragischen Niederlagen, Heldentaten und Skandalen. Alles begann in der Küche von Frau Müller, als ihr Sohn Gerd noch für den Bezirksliga-Klub Nördlingen kickte. Ich wünsche Ihnen viel Spaß mit den Rekord-Bayern!

Alfred Draxler, Chefredakteur SPORT BILD

INHALT

1965 – 1970

1965/66 *Schon am 4. Spieltag erstmals Spitzenreiter* 32

1966/67 *Tragödie vor dem Saisonstart* 38

1967/68 *Tschik Cajkovski geht im Streit* 44

1968/69 *Meister mit nur 13 Spielern* 50

1969/70 *Der Erfolgstrainer wird gefeuert* 56

1970 – 1980

1970/71 *Nun wirbeln Hoeneß und Breitner* 64

1971/72 *Endspiel im neuen Olympiastadion* 70

1972/73 *Die Schale – aber die Fans bleiben weg* 76

1973/74 *Meister, Europacupsieger, Weltmeister* 82

1974/75 *Weihnachten sprechen sie vom Abstieg* 88

1975/76 *Das Ende der alten Garde naht* 94

1976/77 *Bayern-Krise, Ehe-Krise, Finanz-Krise* 100

1977/78 *Posse um einen Trainertausch* 106

1978/79 *Die März-Revolution stürzt den Präsidenten* 112

1979/80 *Nach sechs Jahren wieder Meister* 118

1980 – 1990

1980/81 *Sieger im Nord-Süd-Derby mit dem HSV* 126

1981/82 *Titeltraum platzt am 29. Spieltag* 132

1982/83 *Lauter Baustellen in München* 138

1983/84 *Rummenigge-Verkauf entschuldet Bayern* 144

1984/85 *Start-Ziel-Sieg: 34 Spieltage an der Spitze* 150

1985/86 *Der berühmteste Elfmeter der Liga-Geschichte* 156

1986/87 *Zweiter Meister-Hattrick perfekt* 162

1987/88 *Neid, Zank und viele Intrigen* 168

1988/89 *Ein ganzes Jahr Krieg der Worte* 174

1989/90 *Meister-Sekt schmeckt leicht schal* 180

Gewinnt siebenmal die Torjäger-Kanone: Gerd Müller

1965 – 2017

DIE REKORD-BAYERN

18 – 27

Vom Aufstieg in die Bundesliga bis zum Weltklub. Die Geschichte von 1965 bis 2017. Der FC Bayern hat viele Väter

1990 – 2000

1990/91 Arroganz kommt vor dem Fall 188

1991/92 Hoeneß entlässt zwei Trainer 194

1992/93 Bayern wittern im Meisterschaftskampf Betrug 200

1993/94 Nächste Kaiser-Zeit und ein Phantom-Tor 206

1994/95 Ein Jahr voller schlimmer Tiefschläge 212

1995/96 Bayern vergreifen sich bei Trainerwahl 218

1996/97 Meister – und doch nur Frust 224

1997/98 Legendäre Wutrede von Trapattoni 230

1998/99 Hitzfeld reitet die harte Welle 236

1999/00 Unterhaching macht das größte Geschenk 242

2000 – 2010

2000/01 Schalke feiert vier Minuten die Meisterschaft 250

2001/02 Das Herbsthoch ist trügerisch 256

2002/03 Zu groß für die Liga, zu klein für Europa 262

2003/04 General Hitzfeld muss gehen 268

2004/05 Letztes Spiel im Olympiastadion 274

2005/06 Krise trotz des nächsten Doubles 280

2006/07 Magath entgleiten die Spieler 286

2007/08 88 Millionen Euro für neue Spieler 292

2008/09 Das Projekt Klinsmann scheitert 298

2009/10 Ein Holländer macht München verrückt 304

2010 – 2017

2010/11 Logische Trennung in fünf Akten 312

2011/12 Ein Jahr wie einst „Vizekusen“ 318

2012/13 Triple – größtes Jahr der Bayern 324

2013/14 Guardiola lässt zu früh die Luft raus 330

2014/15 Vierter Meister-Hattrick 336

2015/16 Bayern holen die magische 4 342

2016/17 Rekord-Bayern: 5. Meisterschaft in Folge 348

STATISTIK

Alle **Trikots** des FC Bayern München seit 1965 28

Alle **306 Bundesliga-Spieler** des FC Bayern 356

Alle **20 Trainer** in Bayerns Bundesliga-Geschichte 370

Tabellen und **Statistiken** Die wichtigsten Fakten 372

Alle **Meister-Mannschaften** des FC Bayern 376

Feier-Bayern (v. l.): Arturo Vidal, Arjen Robben, Thiago, Mats Hummels, Xabi Alonso, Douglas Costa

DIE REKORD

BAYERN

Vom Aufstieg in die Bundesliga bis zum Weltklub. Die Geschichte von 1965 bis 2017. Der FC Bayern hat viele Väter

Auch mal für einen Spaß zu haben: Gerd Müller (l.) schiebt, Franz Beckenbauer sitzt am Steuer und lenkt den Trecker. Das Foto vom Juni 1969 hat durchaus Symbolcharakter

In der Küche von Frau Müller in Nördlingen fällt die vielleicht wichtigste Entscheidung in der Geschichte des FC Bayern München. An einem Samstag im Juni 1964 sprechen Gesandte von 1860 München und des FC Bayern bei Gerd Müller und seiner Mutter vor. Die von den „Blauen" (1860) sind angemeldet. Walter Fembeck, Geschäftsführer von den „Roten" (Bayern), ist überraschend gekommen und eine gute Stunde eher da.

Beide Parteien buhlen um die Dienste eines unvergleichlichen Mittelstürmers, von dem Franz Beckenbauer später oft sagen wird: „Vielleicht wären wir ohne Gerd und seine Tore noch immer in unserer alten Holzhütte an der Säbener Straße."

Müller ist der Schrecken aller Verteidiger und Torleute in der schwäbischen Provinz. 1962/63 erzielt er 180 von 204 Saisontoren für die A-Jugend des TSV Nördlingen, 1963/64 in 28 Bezirksliga-Spielen für die Herrenmannschaft des Vereins 47 Treffer. Als er in der Küche seiner Mutter die Wahl hat, sich für das Bundesliga-Starensemble des TSV 1860 München zu entscheiden oder für die aufstrebende Regionalliga-Mannschaft des Stadtrivalen, sagt er den Bayern zu. Obwohl sie die schlechteren sportlichen Argumente haben.

Müller hat schlicht Sorge, sich gegen die großen Konkurrenten im Angriff der „Blauen" nicht durchsetzen zu können. „Ich habe gewusst, wer bei 1860 vorn spielt und wer bei Bayern", erklärt er seine Entscheidung, „wie sollte ich mit 18 einen Brunnenmeier verdrängen, einen Grosser, Rebele oder Küppers." So wechselt er für 4400 D-Mark Ablöse zu den zweitklassigen Bayern und schießt sie 1965 mit 39 Toren, sechs davon in der Aufstiegsrunde, in die Bundesliga.

Der Beginn einer Erfolgsgeschichte, die im deutschen Fußball einzigartig ist. Der am 27. Februar 1900 gegründete FC Bayern München, 1932 einmal Deutscher Meister unter dem legendären Trainer Richard „Dombi" Kohn, wird zum sportlichen Aushängeschild und mit Abstand populärsten Klub zwischen Flensburg und Garmisch-Partenkirchen.

Bayern ist mit 27 Titeln Deutschlands Rekordmeister, mit fünf in Serie zwischen 2013 und 2017 dominant wie nie, mit 18 Siegen Deutschlands Rekord-Pokalgewinner und mit sieben Europapacup-Triumphen Deutschlands international erfolgreichster Fußballverein.

Gerd Müller, den Tschik Cajkovski, sein erster Bayern-Trainer, zuerst gar nicht will („Was soll isch mit dieses Junge, diese Figur, unmöglich?"), ist einer der Männer, die den FC Bayern zu dem gemacht haben, was er heute ist: ein Weltverein, der Abermillionen Menschen bewegt, der den deutschen Fußball beeinflusst wie kein zweiter, eine Qualitätsmarke.

Es sind Männer aus allen Bildungsschichten, die Bayern prägen: der Präsident Wilhelm Neudecker, der Manager Robert Schwan, die Trainer Udo Lattek, Jupp Heynckes, Ottmar Hitzfeld, die Fußballer Sepp Maier, Paul Breitner, Klaus Augenthaler, Lothar Matthäus, Oliver Kahn, Bastian Schweinsteiger, Philipp Lahm, Manuel Neuer, Thomas Müller. Der Mannschaftsarzt Dr. Hans-Wilhelm Müller-Wohlfahrt.

Und Persönlichkeiten, die schier alles können: Franz Beckenbauer (Spieler, Trainer, Präsident), Karl-Heinz Rummenigge (Spieler und seit 2002 Vorstandsvorsitzender) und Uli Hoeneß: Er ist Spieler (ab 1970), Manager (ab 1979), Präsident (ab 2009), stürzt über eine schwerwiegende private Steuerhinterziehung, verbüßt von Juni 2014 bis Ende Februar 2016 eine Haftstrafe und sitzt nun als Präsident und Aufsichtsratsvorsitzender (seit Februar 2017) wieder am Hebel der Macht.

Nach seiner Wiederwahl zum Präsidenten am 25. November 2016 schreibt die „Süddeutsche Zeitung": „Er hat den FC Bayern gezeugt, ausgetragen und geboren. Und für den Verein ist er seit Jahrzehnten Vater, Mutter und Onkel. Vor allem aber nun mal Vater."

Der Erfolg hat viele dieser Väter. Der erste Vater der Bayern ist Wilhelm Neudecker. Ein Hilfsarbeiter aus dem niederbayerischen Straubing, auf den die Münchner in den Nachkriegsjahren etwas herablassend schauen. Neudecker vermittelt erstmals diese berühmt gewordene Mentalität des „Mia san mia": Wir sind wir, und uns kann keiner etwas. >

Der erste nationale Titel nach dem Aufstieg in die Bundesliga: Werner Olk 1966 mit dem DFB-Pokal. Das Endspiel gewinnt Bayern 4:2 gegen den Meidericher SV

Der erste internationale Titel: Franz Beckenbauer 1967 mit dem Europacup der Pokalsieger. Das Endspiel gewinnt Bayern gegen die Glasgow Rangers 1:0 n. V.

> Er krempelt im wahrsten Sinne des Wortes die Ärmel hoch, wird Geselle, Meister, Baupolier, Bauunternehmer, ist maßgeblich an der Renovierung eines Turms der Münchner Frauenkirche beteiligt. 99 Meter hoch und von jenseits der Stadtgrenzen gut zu sehen. Dieser Turm steht stellvertretend für den Werdegang Neudeckers, Münchens, des FC Bayern: von ganz klein und grau ziemlich schnell groß und schillernd leuchtend.

Als Neudecker 1962 Präsident wird und ein Jahr später miterleben muss, dass 1860 in die Bundesliga aufgenommen wird, aber nicht seine Bayern, haben alle um ihn herum kein leichtes Leben. Von seinem Baubüro am Goetheplatz regiert er die Bayern. An seiner Seite seit fast dem ersten Tag: Robert Schwan. Neudecker holt den Obstverkäufer vom Großmarkt, der zum Versicherungsvertreter umschult, als ehrenamtlichen Spielausschussvorsitzenden zu Bayern. Schwan ist noch „g'scherter" als Neudecker, wie sie in Bayern für „beleidigend, gemein, verletzend" sagen. Aber eben erfolgreich.

Am 1. August 1965 wird Robert Schwan erster hauptamtlicher Manager in der Bundesliga. Er entdeckt Fußball als Geschäft, dirigiert den Klub aus zwei Umkleidekabinen im Parterre auf dem Vereinsgelände. Ein Bett, ein Schreibtisch, ein Telefon – mehr braucht Schwan nicht, um die Spieler zu kontrollieren. Keiner darf sich seines Jobs sicher sein. In der Branche nennen sie Schwan „den großen, weißen Vogel".

Er hetzt die Bayern vor und nach der Saison und manchmal auch zwischen den Bundesliga-Spieltagen auf Freundschaftsspielreisen quer über den europäischen Kontinent, eine ergiebige Einnahmequelle. Er ist ein Mann mit Geltungssucht und unermesslich großem Selbstvertrauen, das in Arroganz umschlägt. Gern wird seine Aussage zitiert: „Ich kenne nur zwei intelligente Menschen – Schwan am Vormittag und Schwan am Nachmittag."

Kurz bevor Schwan anfängt, treibt ein junger Mann sein elegantes Spiel in der Mannschaft, den sie später einmal „Kaiser" taufen und den Schwan persönlich managt: Franz Beckenbauer.

Wie Gerd Müller wäre auch Beckenbauer fast zu 1860 München gewechselt. Aber

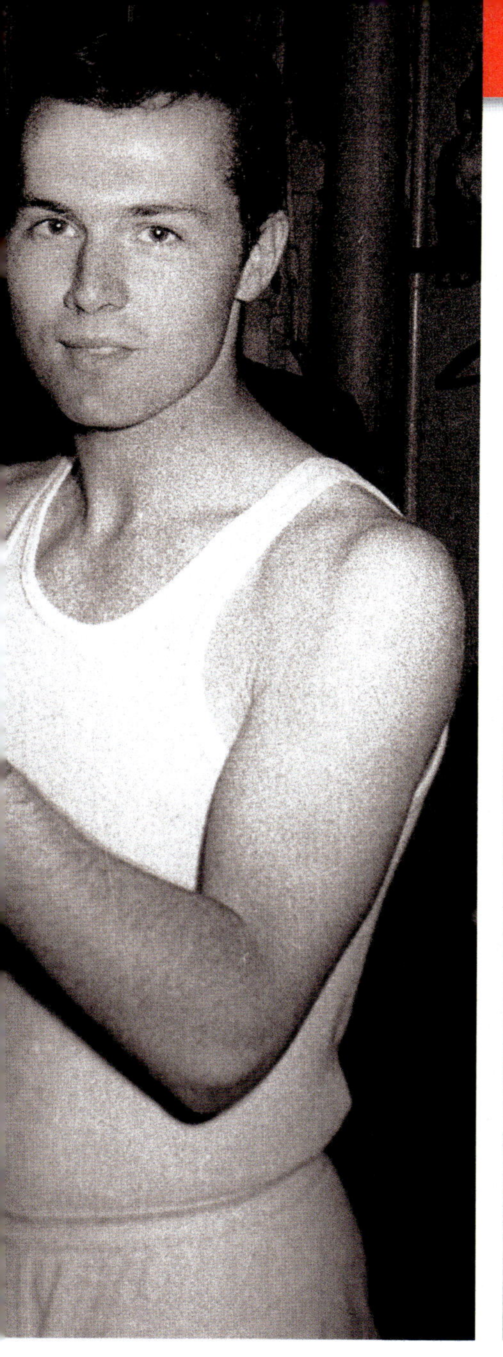

Die erste Bundesliga-Meisterschaft: Gerd Müller zwischen Dieter Brenninger (l.) und Beckenbauer 1969 mit der Meisterschale. Bayern holt den Titel mit acht Punkten Vorsprung auf Vizemeister Alemannia Aachen

der Zufall will es, dass er dem FC Bayern beitritt. Im Grunde müssen die Bayern dem späteren Kunstschlosser und Gastwirt Gerhard König aus Füssen Rente auf Lebenszeit bezahlen. Denn der Bub, damals 14 Jahre alt und Abwehrspieler in der C-Jugend des TSV 1860 München, verpasst Franz Beckenbauer, dem Mittelstürmer vom SC 1906 München, dem Verein auf Giesings Höhen ganz nah am 60er-Stadion, 1958 in einem Spiel eine Ohrfeige, weil der junge Franz ihn ausgespielt hat. Aus lauter Wut über Königs „Watschn" geht Beckenbauer 1959 zu Bayern München.

Franz Beckenbauer spielt sich vom Linksaußen über das Mittelfeld bis zum Libero hoch, kultiviert den Fußball und erlangt wie Gerd Müller Weltruf. 1966 gewinnt er mit Bayern den DFB-Pokal, 1967 den Europacup der Pokalsieger, 1969 die erste Meisterschaft in der Bundesliga, 1972 bis 1974 den ersten Meister-Hattrick und 1974 bis 1976 den Hattrick im Europacup der Landesmeister. Er erfindet den modernen Libero, wird Kapitän der Nationalmannschaft, 1972 Europameister, 1974 (als Spieler) und 1990 (als DFB-Teamchef) Weltmeister.

Wer heute darüber streitet, ob der beste Fußballspieler der Welt Pelé war oder Diego Armando Maradona oder Lionel Messi ist, findet bei einer anderen Frage schneller die Antwort: Das größte Paar aller Zeiten auf dem Fußballplatz ist Franz Beckenbauer und Gerd Müller. Mit verbundenen Augen spielen sie von 1964 bis zu Beckenbauers Abschied 1977 zu Cosmos New York den gefährlichsten Doppelpass, viele seiner 365 Tore in der Bundesliga erzielt Müller auf Vorlage von Beckenbauer.

Und hinter ihnen steht ein Mann im Tor und vervollständigt die Bayern-Achse, der als Mittelstürmer in seinem Heimatklub TSV Haar anfängt und wie Jahrzehnte später Manuel Neuer das Fußballspielen beherrscht: Sepp Maier, als gelernter Schlosser wie Gerd Müller (gelernter Weber) ein echter Handwerker.

Maier, wegen seiner geschmeidigen Art, sich zu bewegen, die „Katze von Anzing" genannt, ist ein Meister auf der Linie und in der Strafraumbeherrschung. Und er versteht sich als Clown auf dem Platz, wenn der Ball nicht in seiner Nähe ist, als >

Die Rebellen machen Werbung für Bademoden: Uli Hoeneß (l.) und Paul Breitner im Juni 1973

> Alleinunterhalter. Er ist ein Unikum – und Dauerbrenner. Zwischen 1965 und 1979 verpasst Maier nur drei Bundesliga-Spiele, 442-mal in Serie steht er im Bayern-Tor. Er ist Wortführer, wird nach Beckenbauers Abgang Kapitän, trägt nach der WM 1978 auch die Spielführerbinde in der Nationalelf. Erst ein selbst verschuldeter Autounfall im Juli 1979 wirft ihn aus der Bahn – das Karriereende.

Maier-Beckenbauer-Müller, auch die Achse der deutschen Nationalmannschaft, der athletische Vorstopper Hans-Georg „Katsche" Schwarzenbeck (416 Bundesliga-Spiele von 1967 – 1979) und der kernige Mittelfeldspieler Franz „Bulle" Roth, Torschütze in drei siegreichen Europacup-Endspielen, stellen das Gerüst in den ersten beiden Jahrzehnten der Bundesliga.

Als Beckenbauer dank Robert Schwan zum ersten Fußball-Millionär wird, Fernsehwerbung macht („Kraft in den Teller, Knorr auf den Tisch"), eine Schallplatte besingt („Gute Freunde kann niemand trennen"), mit seiner Frau Brigitte auch außerhalb des Fußballs gesellschaftsfähig wird und sich jährlich in neuen schrillen Kostümen bei den Bayreuther Festspielen sehen lässt, schlägt die Stunde der „Gschtudierten", wie sie in der Mannschaft abfällig über Abiturienten und Studenten sprechen.

Der Sportlehrer Udo Lattek, beim DFB für die U 18 zuständig, wird von Beckenbauer zum FC Bayern gelotst und löst im März 1970 den Schleifer und Meistermacher Branko Zebec als Trainer ab. Lattek, ein kumpelhafter Typ, wird trotz Dettmar Cramer, einem gerissenen Taktiker und tiefgründigen Denker, der 1975 und 1976 zweimal den Landesmeister-Cup mit einer ausgelaugten Mannschaft gewinnt, und der späteren Champions-League-Sieger Ottmar Hitzfeld (Titel 2001) und Jupp Heynckes (Titel 2013) Bayerns größter Trainer aller Zeiten und holt mit der Mannschaft sechs Meisterschaften. Beide jeweils im Hattrick: 1972 bis 1974 und nach seinem Comeback in München 1985 bis 1987.

Lattek weiß die Mannschaft immer hinter sich. Als die Modeerscheinung des Auslaufens nach schweren Spielen aufkommt, befiehlt Lattek im April 1987 vor dem Bundesliga-Spiel in Bochum einmal: „Heute nix auslaufen, heute aussaufen." Dann geht es im Biergarten hoch her, der Begriff der „elf Freunde" ist keine Floskel.

Wenige Wochen nach Lattek kommen im Sommer 1970 auch drei Studenten auf sein Bestreben zum FC Bayern: neben Rainer Zobel, der Lunge der Mannschaft, und Uli Hoeneß ist das ein zorniger, junger Mann aus Freilassing: Paul Breitner. Lattek hat sie in der Junioren-National-

Der Spaßvogel des deutschen Fußballs: Torwart Sepp Maier im Oktober 1974

Erfolgsgespann: Manager Robert Schwan (M.) und Trainer Udo Lattek (r.) im September 1973 beim Bundesliga-Spiel gegen Schalke

Das 162. und letzte Bundesliga-Tor von Karl-Heinz Rummenigge (r.): das 1:0 gegen Uerdingen 1984

mannschaft kennengelernt und gefördert. Nun sind sie reif für den Berufs-Fußball.

So unterschiedlich der Stürmer Hoeneß, der aus Ulm kommt, und der Linksverteidiger Breitner, einer der vielen waschechten Bayern in der Zeit, auch ticken – sie bilden eine Wohngemeinschaft und werden dicke Freunde, bis sie sich 1983 im Streit trennen. Für lange Zeit. Der Kapitalist Hoeneß und der erklärte Kommunist Breitner sind wortgewandt, frech, begehren gegen die Etablierten um Beckenbauer auf und beleben die Mannschaft auf sowie neben dem Fußballplatz.

Wilhelm Neudecker findet es Ende der 70er-Jahre auf Dauer anstrengend, jeden Tag nach München zu fahren. Er spürt, dass seine Zeit als Präsident zu Ende geht. Sein autoritärer Stil ist nicht mehr zeitgemäß. Im „Franziskaner" neben dem Nationaltheater, wo er jeden Mittag in einer Nische Ruhe sucht und sein Tellerfleisch genießt, bittet er an einem Tag im Jahr 1978 Uli Hoeneß an den Tisch. „Bringen Sie mir einen Brustsponsor. Dann können Sie bei uns als Manager anfangen", sagt Neudecker. Hoeneß, als Spieler ein Auslaufmodell und im Kopf schon Manager, gewinnt das Unternehmen Magirus-Deutz aus seiner Heimatstadt Ulm. Der Lkw-Hersteller zahlt 3,6 Millionen D-Mark für sechs Jahre.

Im März 1979 tritt Neudecker zurück, er verliert den Machtkampf mit der von Sepp Maier angeführten Mannschaft, die den vom Präsidenten favorisierten Trainer Max Merkel ablehnt.

Kurz darauf beendet Hoeneß seine Laufbahn mit gerade 27 Jahren, er taugt mit irreparabler Knieverletzung nicht mehr für den Profi-Fußball. Am 1. Mai des Jahres wird er jüngster Manager der Bundesliga und startet in eine Karriere, die noch weit bedeutender wird als die auf dem Fußballplatz – trotz Meisterschaften, Pokal- und Europacupsiegen, EM-Titel 1972 und WM-Triumph 1974. Er führt den FC Bayern in ein neues Zeitalter und macht den Klub an der Seite von Karl-Heinz Rummenigge zu einem der weltgrößten Vereine.

Paul Breitner bleibt mit Unterbrechung von vier Jahren dem FC Bayern auch ein Leben lang treu: Von 1974 bis 1977 spielt er für Real Madrid, dann ein Jahr für Eintracht Braunschweig, ehe ihn Neudecker („Herr Breitner, Sie sind ein Kommunist") auf Vermittlung von Uli Hoeneß 1978 zurückholt.

Im Verbund mit Rummenigge vertreibt Breitner die Tristesse Ende der 70er-Jahre, 1980 werden die Bayern nach sechs langen Jahren wieder Meister. Der Boulevard nennt das Paar, den vom Linksverteidiger zum Mittelfeldspieler aufgestiegenen Breitner und den Stürmer >

Der Weg von der Regionalliga in die Bundesliga

Bester Angriff, beste Abwehr: Sage und schreibe 146 Tore schießen und köpfen die Bayern in den 36 Spielen der Regionalliga Süd 1964/65, kassieren nur 32 Gegentreffer und qualifizieren sich mit 55:17 Punkten als Tabellenerster für die Aufstiegsrunde zur Bundesliga. Genauso unübertroffen ist das Stürmer-Paar: Rainer Ohlhauser erzielt 42 Tore, Gerd Müller 33. In der Bundesliga-Aufstiegsrunde 1963/64 noch als Zweiter hinter Borussia Neunkirchen gescheitert, geben sich die Bayern diesmal nur eine Blöße: am zweiten Spieltag beim Meister der Regionalliga Südwest, dem 1. FC Saarbrücken. Sie unterliegen 0:1. Sie geben nur noch beim 1:1 in Aachen (Vizemeister Regionalliga West) einen Punkt ab, gewinnen die weiteren vier Begegnungen: 2:0 und 8:0 gegen Tennis Borussia Berlin (Meister Regionalliga Berlin), 5:0 im Rückspiel gegen Saarbrücken und 2:1 gegen Alemannia Aachen. Mit 9:3 Punkten werden sie Erster und schaffen gemeinsam mit Borussia Mönchengladbach, Erster der anderen Aufstiegsgruppe, den Sprung in die Bundesliga.

DIE AUFSTIEGSMANNSCHAFT
Sepp Maier, Adolf Kunstwadl, Werner Olk, Jakob Drescher, Franz Beckenbauer, Peter Kupferschmidt, Rudolf Nafziger, Rainer Ohlhauser, Gerd Müller, Rudolf Grosser, Dieter Brenninger, Karl Borutta, Dieter Koulmann.

Die Abschlusstabelle

Pl.	Verein	Tore	Punkte
1	Bayern	18:3	9:3
2	Saarbrücken	12:13	6:6
3	Aachen	11:12	6:6
4	TeBe Berlin	10:23	3:9

> Rummenigge, „Breitnigge". Die beiden sind die unangefochtenen Chefs. Breitner gibt 1983 den Profi-Fußball auf, wird später Berater des Vorstandes und ist bis Frühjahr 2017 Markenbotschafter. Aber irgendwie bleibt er stets der ungekrönte König.

Karl-Heinz Rummenigge, der 1974 aus Lippstadt nach München gekommen ist, rotwangig und unsicher, anfangs ehrfürchtig Gerd Müller siezt, von Udo Lattek, Dettmar Cramer und Pal Csernai zu einem Weltklassestürmer geformt wird, verlässt nach der Saison 1983/84 die Bayern.

Uli Hoeneß verkauft ihn an Inter Mailand, rettet den Klub dank der Ablöse von rund 10,5 Millionen D-Mark vor dem Kollaps. Es ist der wichtigste Transfer der Vereinsgeschichte, der FC Bayern entschuldet sich auf einen Schlag.

Mit 162 Bundesliga-Treffern ist Rummenigge nach Gerd Müller bester Bayern-Torschütze aller Zeiten. Er beendet 1989 seine Karriere in Genf, kehrt 1991 zum FCB zurück. Fritz Scherer, von 1979 bis 1985 Schatzmeister unter Willi O. Hoffmann, einem Parade-Bayern, den sie „Champagner-Willi" nennen, und seit 1985 dessen Nachfolger als Präsident, hat die glänzende Idee, Rummenigge und Franz Beckenbauer als Vizepräsidenten ins Präsidium zu holen.

Auch auf die Gefahr hin, dass sie ihn beerben. Scherer ist umzingelt von Alphatieren, von ehemaligen Weltklassefußballern, denn auch Sepp Maier ist längst wieder tätig: Er ist Torwarttrainer, formt seine Nachfolger Jean-Marie Pfaff und Raimond Aumann. Auch das ein Geheimnis des Erfolges: Verdiente Spieler werden nach ihrer Karriere eingebunden.

Maier ist der erste von drei Weltklasse-Torleuten des FC Bayern. Der zweite ist Oliver Kahn, der 1994 aus Karlsruhe kommt. Ein Antreiber („Immer weiter, immer weiter"), Wortführer, Kapitän. Bis 2008 bestreitet er 429 Bundesliga-Spiele für Bayern. Kahn erarbeitet sich den Ruf des Titanen. Unvergessen, wie er im Champions-League-Finale am 23. Mai 2001 gegen den FC Valencia im Elfmeterschießen dreimal pariert, Bayern so den Henkelpott nach 25 Jahren Pause wieder nach München holt.

Unvergessen auch, wie er vier Tage zuvor in Hamburg zum Helden wird und dem FC Schalke noch die bereits sicher geglaubte Meisterschale entreißt. Als der HSV in der 90. Minute 1:0 in Führung geht, geben viele Bayern auf – nur Oliver Kahn nicht. Er treibt seine Mannschaft an, die schafft tatsächlich in der vierten Minute der Nachspielzeit den Ausgleich, als Patrik Andersson einen indirekten Freistoß verwandelt. Das 1:1 reicht für den Titel. Die Schalker, die schon seit vier Minuten feiern und dann von den Ereignissen in Hamburg überholt werden, gehen als „Meister der Herzen" in die Bundesliga-Geschichte ein.

Die anschließenden Bilder sind vielen noch im Kopf: Schalke weint, und in Hamburg rennt Kahn zur Eckfahne, reißt sie wie besessen aus der Verankerung, fällt wie ein Maikäfer auf den Rücken und jubelt wie ein Irrwisch. Kahn ist einer der willensstärksten Spieler, die Bayern je beschäftigt hat.

Sein Nachfolger Manuel Neuer, seit 2011 im Verein, ist viel ruhiger. Neuer knabbert dem Gegner nicht am Ohr wie einst Kahn dem Dortmunder Heiko Herrlich. Er macht keine Kung-Fu-Einlagen wie Kahn gegen Stéphane Chapuisat, um Stürmer einzuschüchtern. Neuer strahlt Ruhe aus, die Nerven beruhigt und den Feldspielern sagt: Keine Angst, wir haben ja den da hinten, der hält alles.

Dabei kämpft Neuer anfangs gegen erhebliche Widerstände von Ultra-Gruppie-

Der Titan: Oliver Kahn feiert am 19. Mai 2001 die Meisterschaft. Mit dem 1:1 beim HSV überflügelt Bayern noch Konkurrent Schalke 04

Motor im Mittelfeld: Stefan Effenberg brüllt am 20. Mai 2000 seine unbändige Freude heraus. Bayern ist wieder Meister. Hinten: Markus Babbel

Tränenreicher Abschied: Ottmar Hitzfeld (l.) und Uli Hoeneß weinen am 17. Mai 2008. Hitzfeld dankt als Bayern-Trainer ab

Alle Trainer des FC Bayern in der Bundesliga

Tschik Cajkovski	1.7.1963 – 30.6.1968
Branko Zebec	1.7.1968 – 13.3.1970
Udo Lattek	14.3.1970 – 2.1.1975
Dettmar Cramer	16.1.1975 – 1.12.1977
Gyula Lorant	2.12.1977 – 28.2.1979
Pal Csernai	1.3.1979 – 16.5.1983
Reinhard Saftig	17.5. – 30.6.1983
Udo Lattek	1.7.1983 – 30.6.1987
Jupp Heynckes	1.7.1987 – 8.10.1991
Søren Lerby	9.10.1991 – 11.3.1992
Erich Ribbeck	12.3.1992 – 27.12.1993
Franz Beckenbauer	28.12.1993 – 30.6.1994
Giovanni Trapattoni	1.7.1994 – 30.6.1995
Otto Rehhagel	1.7.1995 – 27.4.1996
Franz Beckenbauer	29.4. – 30.6.1996
Giovanni Trapattoni	1.7.1996 – 30.6.1998
Ottmar Hitzfeld	1.7.1998 – 30.6.2004
Felix Magath	1.7.2004 – 31.1.2007
Ottmar Hitzfeld	1.2.2007 – 30.6.2008
Jürgen Klinsmann	1.7.2008 – 27.4.2009
Jupp Heynckes	27.4.2009 – 30.6.2009
Louis van Gaal	1.7.2009 – 10.4.2011
Andries Jonker	10.4. – 30.6.2011
Jupp Heynckes	1.7.2011 – 30.6.2013
Pep Guardiola	1.7.2013 – 30.6.2016
Carlo Ancelotti	seit 1.7.2016

Alle Präsidenten des FC Bayern in der Bundesliga

Wilhelm Neudecker	28.4.1962 – 19.3.1979
Willi. O. Hoffmann	24.4.1979 – 9.10.1985
Dr. Fritz Scherer	9.10.1985 – 7.10.1994
Franz Beckenbauer	7.10.1994 – 27.11.2009
Uli Hoeneß	27.11.2009 – 14.3.2014
Karl Hopfner	2.5.2014 – 25.11.2016
Uli Hoeneß	seit 25.11.2016

rungen, die ihn brüsk ablehnen und mit Transparenten („Koan Neuer") gegen den Torwart protestieren.

Wie wichtig Neuer für die Mannschaft und den Verein ist, drückt Pep Guardiola im Gespräch mit Uli Hoeneß aus, als dieser im Herbst und Winter 2012 in New York um die Dienste des spanischen Trainers buhlt: „Ihr habt viele gute Spieler. Aber euer Herz steht, pardon, pocht im Tor", sagt Guardiola.

Das Herz schlägt vor Oliver Kahn und Manuel Neuer immer in der Abwehr und im Mittelfeld: Nach Paul Breitner, ein Symbol des Ärmel-Hoch-Kremplers, wird Klaus Augenthaler Chef. Er ist Libero und auch so ein Ur-Bayer, schnürt zeitlebens nur für Bayern die Fußballstiefel und kommt auf 404 Bundesliga-Spiele von 1977 bis 1991.

Lothar Matthäus erlebt zwei Schaffensperioden in München: 1984 bis 1988 und 1992 bis 2000. In seinen ersten vier Jahren kann er selten die Chefrolle ausfüllen und wechselt zu Inter Mailand, als Weltmeister und Weltstar kommt er aus Italien wieder. Matthäus ist der Erdölquell, die Sauerstoffpumpe, der Maschinenraum der Bayern – und nie langweilig. Ob auf dem Spielfeld oder im Privatleben, er steht immer unter Strom und bedient die Journalisten. Siebenmal wird der deutsche Rekordnationalspieler (150 Länderspiele) Meister.

Matthäus arbeitet nicht mehr für den Verein, Uli Hoeneß und er mögen sich nicht. Einmal lässt sich Hoeneß zu dem hässlichen Satz hinreißen: „Der Lothar wird bei Bayern noch nicht mal Greenkeeper." Platzwart.

Wie Matthäus versucht sich auch Stefan Effenberg zweimal bei Bayern – und findet nach verpatzten ersten zwei Jahren (1990 bis 1992) unter drei Trainern (Jupp Heynckes, Søren Lerby, Erich Ribbeck) erst von 1998 bis 2002 sein Glück. Da ist Ottmar Hitzfeld, einer der ganz großen Trainer >

Überflieger: Die Spieler lassen Jupp Heynckes nach dem 2:1 gegen Borussia Dortmund im Champions-League-Finale 2013 hochleben

> der deutschen Fußballgeschichte, im Amt. Mit Mittelfeld-Motor Effenberg, inzwischen viel ruhiger und besonnener, feiert Bayern seinen dritten Meister-Hattrick (1999 – 2001) und den lang ersehnten Champions-League-Sieg 2001.

Bei Bastian Schweinsteiger gehen die Meinungen auseinander. Ein Lausbub ist er, als er 2002 einen Profivertrag erhält. Eines Nachts wird er mit einer jungen Frau im Mannschaftstrakt überrascht, beide liegen im Whirlpool. Die Frau stellt Schweinsteiger als seine Cousine vor. Er wird Liebling der Fans in der Südkurve, die Schweinsteiger anhimmeln wie vielleicht nie einen Spieler vorher und nachher. Er gewinnt acht Meisterschaften (Rekord mit Kahn, Mehmet Scholl und Philipp Lahm), aber versagt auch in großen Spielen regelmäßig.

Wie 2012 im Champions-League-Finale „dahoam", als er den entscheidenden Elfmeter verschießt und der FC Chelsea den Sieg davonträgt. 2013 im nächsten Finale holt er alles nach, zum fünften Mal nach 1974, 1975, 1976 und 2001 gewinnt Bayern den bedeutendsten europäischen Fußballwettbewerb.

Von 2005 bis 2015 immer an Schweinsteigers Seite, bis 2014 auch in der Nationalmannschaft: Philipp Lahm. Der linke und rechte Außenverteidiger und defensive Mittelfeldspieler, der im Februar 2017 sein 500. Pflichtspiel für Bayern bestreitet, beendet 2017 mit seiner achten Meisterschaft seine Karriere. Selten gab es in München einen mächtigeren und gerisseneren Spieler als den Ur-Münchner aus dem Stadtteil Gern. Lahm, ein eloquenter, sachlicher Gesprächspartner, regelt alle Geschäfte unaufgeregt im Hintergrund, führt die Mannschaft von 2011 bis 2017 als Kapitän. Er hat die Telefonnummer von Bundeskanzlerin Angela Merkel, wird im Handstreich 2010 Nationalmannschafts-Kapitän, als er eine interne Revolte gegen den verletzten Amtsinhaber Michael Ballack anzettelt, und 2014 zusammen mit Schweinsteiger, Neuer, Jérôme Boateng, Thomas Müller, Mario Götze und Toni Kroos, also der halben Bayern-Mannschaft, Weltmeister. Es ist die Generation der Alles-Gewinner, die auch nach dem Triple 2013, dem besten Jahr der Bayern-Geschichte mit Meisterschaft, Pokalsieg und Champions-League-Triumph, erfolgshungrig geblieben ist.

Der Trainer 2013: Jupp Heynckes. Zum dritten Mal nach Juli 1987 bis Oktober 1991 und drei Monaten im Frühling 2009 betreut er die Mannschaft. Heynckes verbindet auf seiner letzten Trainerstation in seinem Berufsleben (2011 – 2013) die Sturheit, die er in Mönchengladbach von Lehrmeister Hennes Weisweiler verinnerlicht

Triple-Saison 2012/13 (v. r.): Arjen Robben (mit DFB-Pokal), Manuel Neuer, Philipp Lahm (mit Meisterschale), Thomas Müller und Franck Ribéry (mit Champions-League-Pokal) präsentieren die Trophäen. Bastian Schweinsteiger (l.) hält den Uefa-Super-Cup im Arm. Das Spiel gewinnen die Münchner im August 2013 7:6 n. E. gegen Europa-League-Sieger Chelsea

Spieler mit meisten Titeln

Rang	Spieler	Titel*
1.	Oliver Kahn	16
	Bastian Schweinsteiger	16
3.	Mehmet Scholl	15
	Philipp Lahm	15
5.	H.-G. Schwarzenbeck	13
	Alexander Zickler	13
	Bernd Dreher	13
	Franck Ribéry	13

* Meisterschaft, DFB-Pokal, Europacup

TOP 10 Einsätze

Rang	Spieler	Liga
1.	Sepp Maier	473
2.	Oliver Kahn	429
3.	Gerd Müller	427
4.	H.-G. Schwarzenbeck	416
5.	Klaus Augenthaler	404
6.	Franz Beckenbauer	396
7.	Bernd Dürnberger	375
8.	Bastian Schweinsteiger	342
9.	Mehmet Scholl	334
10.	Philipp Lahm	332

TOP 10 Tore

Rang	Spieler	Liga
1.	Gerd Müller	365
2.	Karl-Heinz Rummenigge	162
3.	Roland Wohlfarth	119
4.	Dieter Hoeneß	102
5.	Thomas Müller	96
6.	Giovane Elber	92
7.	Arjen Robben	90
8.	Claudio Pizarro	87
	Mehmet Scholl	87
10.	Uli Hoeneß	86

hat, mit der Lockerheit eines Udo Lattek und dem Fachwissen eines Dettmar Cramer (Januar 1975 bis Dezember 1977 bei Bayern). Vergessen und trotzdem unvergesslich sind aus der ersten Amtszeit die Scharmützel mit Kölns Trainer Christoph Daum und der Dauerstreit mit Effenberg, der ihm in einer Mannschaftssitzung 1991 androht: „Wenn Sie was von mir wollen, gehen wir raus." Heynckes bringt nach der Ära von Louis van Gaal (2009 – 2011) wieder Ruhe in die Mannschaft.

Das längste und entbehrungsreichste Kapitel als Trainer schreibt indes Ottmar Hitzfeld. Er opfert alles für den Verein, inklusive seiner Gesundheit. Hitzfeld, auch zweimal in München tätig (1998 bis 2004 und Januar 2007 bis Juni 2008) ist ein Meister der Diplomatie. Selten weiß ein Trainer so konfliktfrei die vielen Klippen im Intrigenstadel eines Spitzenklubs („FC Hollywood") zu umschiffen. Er hat den glasklaren Verstand eines Mathematik-Lehrers, was ihm Rummenigge 2007 nach einem mäßigen Uefa-Cup-Spiel gegen die Bolton Wanderers vorhält: „Wenn man zu so einem Spiel 66 000 Zuschauer ins Stadion bringt, haben die ein Recht auf die beste Mannschaft und nicht auf irgendetwas anderes. Fußball ist nicht Mathematik."

Nach seinen ersten sechs Jahren auf der Kommandobrücke der Bayern sieht Ottmar Hitzfeld, Ehrenmann und General zugleich, krank aus, ausgezehrt, muss am Magen operiert werden, hat es – auch das ist oft psychisch bedingt – mit der Bandscheibe. Wenn auch um vier Meisterschaften mit den Bayern, zwei Pokalsiegen und dem Champions-League-Sieg 2001 reicher.

Als Hitzfeld nach dem Rauswurf von Felix Magath (Double-Gewinn 2005 und 2006) noch einmal eineinhalb Jahre aushilft, holt er 2008 das Double aus Meisterschaft und Pokal.

Über den Druck in München sagt er einmal: „Bei den Bayern muss man jedes Spiel gewinnen." Bei seiner Verabschiedung 2008 weint er trotzdem vor Rührung. Auch Uli Hoeneß wischt sich Tränen aus den Augen. Auch das sind die Bayern: nicht nur kühl, geschäftsmäßig, erfolgreich, sondern ebenso leidenschaftlich, familiär.

Weshalb auch ausländische Spieler wie der Holländer Arjen Robben (seit 2009) und der Franzose Franck Ribéry (2007) in Zeiten des Söldnertums ungewöhnlich lange das Bayern-Trikot tragen und ihre eigene Ära prägen. Und Giovane Elber, Hasan Salihamidzic und Bixente Lizarazu, ein Brasilianer, ein Bosnier und ein französischer Baske, über das Karriereende hinaus dem Verein treu bleiben und nun als Markenbotschafter für die Bayern arbeiten. ⬢

ALLE TRIKOTS DES FC BAYERN SEIT 1965

Anfangs dominieren Rot und Weiß. Ab 1993 wird es bunter

REIHENFOLGE: HEIM, AUSWÄRTS, AUSWÄRTS

1965/66

1966/67

1967/68

1968/69

1969/70

1970/71

1971/72

1972/73

1973/74

1974/75

1975/76

1976/77

1977/78

1978/79

1979/80

1980/81

1981/82

1982/83

1983/84

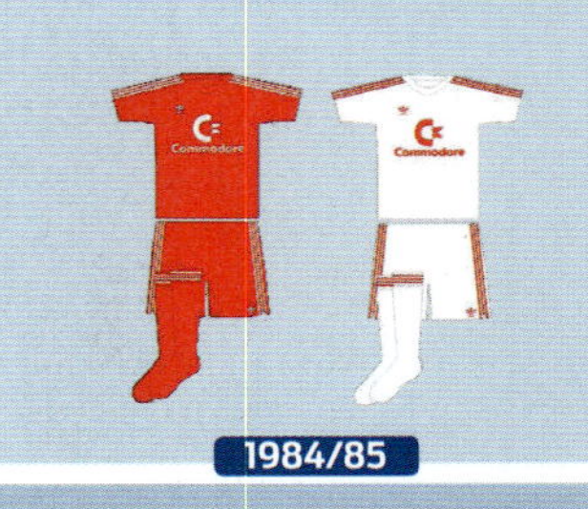
1984/85

1985/86

1986/87

1987/88

1988/89

1989/90
1990/91
1991/92
1992/93
1993/94
1994/95
1995/96
1996/97
1997/98
1998/99
1999/00
2000/01
2001/02
2002/03
2003/04
2004/05
2005/06
2006/07
2007/08
2008/09
2009/10
2010/11
2011/12
2012/13
2013/14
2014/15
2015/16
2016/17

Die ersten Bundesliga-Jahre sind vom Derby gegen 1860 München geprägt. Am zweiten Spieltag 1968/69 schießt Rainer Ohlhauser (l.) – allerdings daneben. Wenig später ist Torwart Petar Radenkovic chancenlos: Franz Roth erzielt in der 9. Minute das 1:0, Bayern siegt 3:0

Erstes Bundesliga-Derby an der Grünwalder Straße: Die Schüler dürfen am 14. August 1965 am Platzrand sitzen, ein Polizist reicht beim Überklettern des Zaunes die Hand

SCHON AM 4. SPIELTAG ERSTMALS SPITZENREITER

Der Bundesliga-Aufsteiger gewinnt sechs der ersten sieben Spiele. Aber die Niederlage am ersten Spieltag kostet die Meisterschaft

Erst 56 Sekunden spielen die Bayern in der Bundesliga, da liegt der Ball schon im eigenen Tor. Sepp Maier hat sich um seinen benommenen Kameraden Dieter Danzberg gekümmert, Timo Konietzka, Stürmer vom Lokalrivalen 1860 München, nur um den Ball. Es ist das Tor des Tages. So verlieren nur Anfänger.

Die 0:1-Auftaktniederlage im Münchner Derby am 14. August 1965 ist zwar lehrreich für die Spieler von Trainer Tschik Caj kovski, bezeichnend ist sie nicht. Denn danach startet die junge Bayern-Mannschaft – im Schnitt sind die Spieler 23,5 Jahre alt – durch. So wie es die Experten geahnt haben nach der furiosen Saison 1964/65 mit Platz 1 in der Regionalliga Süd, sagenhaften 146 Toren in 36 Partien sowie dem Durchmarsch in der Aufstiegsrunde (drei Punkte mehr als der Zweite Saarbrücken). „Diese Bayern werden eine Bereicherung, vielleicht eine Attraktion für die Bundesliga sein“, hatte das „Sport Magazin“ prophezeit. Wie wahr.

Sechs Siege in Folge sorgen für Furore, schon am vierten Spieltag sind die „Rothosen“, die dazu ein weißes Dress tragen,

Erstes Gegentor: Timo Konietzka (r.) trifft nach 56 Sekunden, 1860 gewinnt 1:0. Mitte: Franz Beckenbauer

erstmals Tabellenführer in der Bundesliga. Den Platz an der Spitze verteidigen sie drei Wochen, dann fängt das Establishment sie mühsam ein. Borussia Dortmund, der Meister von 1963, fügt den Münchnern die erste Heimniederlage (0:2) zu. Der 1. FC Köln, der Meister von 1964, kurz vor Weihnachten die deftigste Schlappe (1:6). Und doch geht Bayern als Sensations-Zweiter in die kurze Winterpause.

Tschik Cajkovski muss sich um sein Saisonziel „Klassenerhalt" niemals Sorgen machen. Auch seine Prognose vor dem Abenteuer Bundesliga („Sagen wir Platz 10") wird weit verfehlt.

Was ist das Geheimnis des besten Aufsteigers der Bundesliga-Historie bis zu Kaiserslauterns Meisterstück 1998? Viel Talent, viel Willen und ein ausgeprägter Teamgeist. Die Aufstiegself ist praktisch zusammengeblieben, die drei vom DFB allen Vereinen maximal erlaubten Zugänge spielen keine Rolle: Nationalspieler Hans Nowak, von Schalke 04 gekommen, hat die meisten Einsätze (sechs). Dieter Danzberg (zwei) und Anton Vuckov (ein) sind Statisten. Kapitän Werner Olk sagt im Rückblick: „Unsere Truppe war eine verschworene Gemeinschaft. Für Fremde und neue Spieler war es schwer, Anschluss zu finden."

Acht Spieler kommen aus der eigenen Jugend, man spricht Bayerisch. Die später weltberühmte Achse ist noch keine, aber Sepp Maier, Franz Beckenbauer und Gerd Müller sind schon mit 20 Jahren Stammspieler. Halt geben ihnen Kapitän Olk, Spielmacher Dieter Koulmann und der Torjäger der Aufstiegssaison, Rainer Ohlhauser (42 Tore 1964/65). „Ohlhauser war allen ein großes Vorbild, als Spieler wie als Mensch", lobte Wilhelm Neudecker später.

Der Präsident hat auch seinen Anteil am Erfolg, er stellt zum 1. August 1965 als erster Verantwortlicher in der Bundesliga einen Manager ein: Robert Schwan. Dessen Credo: „Vom Fußball habe ich keine Ahnung, aber ich werde dafür sorgen, dass die Kasse stimmt, auch eure."

Dass es überhaupt Prämien gibt, ist das Verdienst der Spieler. Gleich zum Start in die Rückrunde fegen sie die „Löwen" mit 3:0 vom Platz an der Grünwalder Straße, den sich die Stadtrivalen teilen. Der „Münchner Merkur" titelt hernach: „TSV 1860 muss dem FC Bayern für diese Lektion dankbar sein."

1200 D-Mark zahlt Bayern jedem Spieler monatlich als Grundgehalt. Mit Prämien kommen sie auf weit mehr als die vom DFB erlaubte Summe, die so hoch ist wie das Bayern-Gehalt. Offiziell dürfen die Spieler maximal 500 DM Grundgehalt und 700 DM Prämien kassieren.

Der allseits prophezeite Einbruch des Aufsteigers kommt erst ganz zum Schluss der Saison, als sich die Doppelbelastung mit Bundesliga und Pokal bemerkbar macht. Beckenbauer, Maier und Rudolf Nafziger spielen zudem in der Nationalmannschaft. Nur zwei Punkte aus den letzten vier Spielen – die Meisterträume platzen durch das Tief im Frühjahr.

Köln wird zum Angstgegner, zerstört am 33. Spieltag mit dem 4:1 an der Grünwalder Straße die letzte Chance. Cajkovski besänftigt: „Wer im dritten Spiel der Woche mit vier bis fünf Ersatzleuten unterliegt, braucht sich nicht zu schämen."

Meister wird Nachbar 1860 mit 50:18 Punkten, Bayern punktgleich mit Vizemeister Dortmund Dritter (47:21). Ein Rechenspiel macht schnell die Runde bei den „Roten": „Hätten wir das erste Spiel gewonnen, wären wir Meister geworden." ●

DFB-Pokal

Rainer Ohlhauser (3. v. r.) köpft in der 31. Minute den Ausgleich gegen Meiderich

Erster Titel der neuen Bayern-Ära

Die Pokalrunde beginnt mit dem Kalenderjahr – und das rechtzeitig. Schon am 2. Januar trifft der FC Bayern auf Titelverteidiger Borussia Dortmund und siegt 2:0. Rainer Ohlhauser trifft schon in der 1. Minute, auch Gerd Müller macht sein Tor. 30 000 Zuschauer haben kurz nach Silvester schon wieder etwas zu feiern – und das bleibt so bis zum Schluss des Wettbewerbs. Auch gegen Eintracht Braunschweig (1:0) und den 1. FC Köln (2:0) lassen die Bayern im eigenen Stadion nicht mal ein Tor zu. Im Viertelfinale müssen sie erstmals reisen, gewinnen beim HSV (2:1). Dieter Brenninger sorgt für die Entscheidung. Im Halbfinale kommt es zum Bayern-Derby beim 1. FC Nürnberg, den die große Mehrheit der 58 000 Zuschauer anfeuert. Doch die jungen Bayern lassen sich nicht beeindrucken. Diesmal geht es in die Verlängerung, und dann wird ein Mann zum Helden, der in der Bundesliga nicht über die Rolle des Ersatzspielers hinausgekommen ist: Verteidiger Hans Nowak trifft nach 98 Minuten zum 2:1-Endstand.

Im Finale von Frankfurt wartet am 4. Juni 1966 der Meidericher SV. Cajkovski hat seine Stars geschont und im letzten Ligaspiel in Bremen sechs Reservisten eingesetzt. So reicht die Kraft, um den MSV niederzuringen. Der geht nach 28 Minuten in Führung, Rainer Ohlhauser und Dieter Brenninger (Elfmeter) stellen das Ergebnis auf den Kopf. Ein umstrittener Elfmeter bringt nach 72 Minuten das 2:2. Dann bekommen auch die Bayern einen Strafstoß, den Dieter Brenninger verwandelt (77.). Ein Solo von Beckenbauer bringt die Entscheidung (82.), die Münchner gewinnen 4:2. Bundestrainer Helmut Schön schwärmt vom „besten Cupfinale nach dem Krieg". Am nächsten Tag feiern 20 000 Menschen auf dem Marienplatz den ersten Titel der neuen Bayern-Ära.

Dieter Brenninger verwandelt den Elfmeter zum 3:2 gegen Manglitz

Der Pokal ist in München: Kapitän Werner Olk

TRAINER

TSCHIK CAJKOVSKI ist bereits seit 1963 für die Bayern verantwortlich. Zuvor arbeitete der jugoslawische Ex-Nationalspieler (55 Spiele, 7 Tore) zwei Jahre für den 1. FC Köln, wurde 1962 Meister.

DIE TOP-ELF DER SAISON

Karl Borutta

Werner Olk

DER SPIELER DES JAHRES

__Franz Beckenbauer__ (20) wird nach nur sechs Bundesliga-Einsätzen Nationalspieler, debütiert beim wichtigen WM-Qualifikationsspiel in Stockholm (2:1 gegen Schweden). Tschik Cajkovski macht für seinen König im Mittelfeld, den noch keiner Kaiser nennt, mächtig Werbung: „25 Jahre habe ich Fußball gespielt, und ich habe die Besten der Welt kennengelernt. Aber ich habe nie einen besseren Spieler gesehen." Als einziger Bayern-Spieler läuft Beckenbauer im WM-Finale gegen England (2:4 n. V.) auf, wird zum „Fußballer des Jahres 1966" gewählt (Foto).

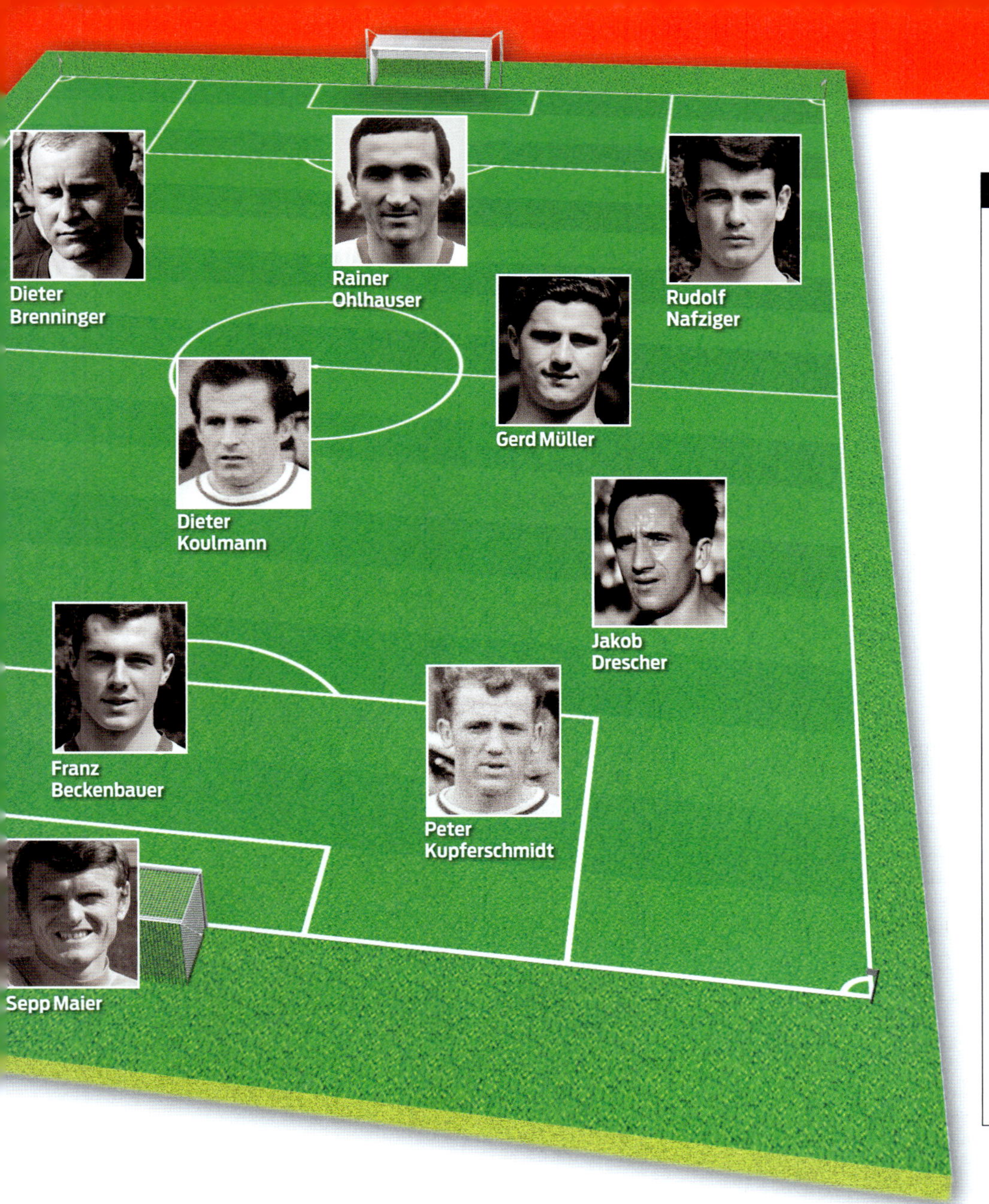

Der Kader

NAME	SPIELE	TORE
Fritz Kosar	3	0
Sepp Maier	31	0
Franz Beckenbauer	33	4
Dieter Danzberg	2	0
Adolf Kunstwadl	2	0
Peter Kupferschmidt	32	0
Hans Nowak	6	2
Werner Olk	28	0
Hubert Windsperger	1	0
Karl Borutta	27	0
Jakob Drescher	28	4
Rudolf Grosser	3	1
Dieter Koulmann	27	5
Hans Rigotti	15	0
Dieter Brenninger	31	12
Kurt Kroiß	2	0
Gerd Müller	33	14
Rudolf Nafziger	32	10
Rainer Ohlhauser	29	13
Anton Vuckov	1	1
Peter Werner	8	4

RUDOLF NAFZIGER erzielt in 32 Liga-Einsätzen zehn Tore. Nie trifft er doppelt

Transfers

HANS NOWAK ist der bekannteste der drei Neuzugänge, die eingesetzt werden. Bayern zahlt dem Verteidiger für seinen Wechsel von Schalke nach München 40 000 D-Mark Handgeld. Heimlich, denn laut DFB-Statuten ist das nicht erlaubt. Aber Nowak, der von 1961 bis 1964 15-mal für Deutschland spielte, ist nicht die erhoffte Verstärkung, bestreitet bis zum Abschied 1968 nur 37 von 102 möglichen Ligaspielen, erzielt dabei als Verteidiger immerhin vier Tore. Im Pokalfinale 1966 gegen den Meidericher SV steht er in der Startelf, auch beim ersten internationalen Triumph, dem Europacup-Sieg 1967 gegen Glasgow Rangers.

SPIELER	VON VEREIN	ABLÖSESUMME
Hans Nowak	Schalke 04	–
Dieter Danzberg	Meidericher SV	–
Anton Vuckov	Tresnjevka Zagreb	–

Tops & Flops

ANTON VUCKOV schießt bei seinem einzigen Einsatz ein Tor: das 2:0 gegen Tasmania (22. Spieltag). Es bleibt bis zum Abschied 1967 seines einziges Liga-Spiel.

RAINER OHLHAUSER kommt auf 18 Pflichtspieltore (13 in der Bundesliga), ist besser als Müller (15; 14 in der Bundesliga). Das schafft bis 1978 kein Bayern-Spieler mehr.

SEPP MAIER debütiert im Mai 1966 für Deutschland und schafft es neben Beckenbauer in den WM-Kader, ist als dritter Torwart aber Dauer-Reservist.

DIETER DANZBERG fliegt in seinem ersten Bayern-Spiel vom Platz (1. Spieltag gegen 1860). Der Neuzugang aus Meiderich kommt nur noch einmal zum Einsatz.

DIETER KOULMANN prügelt sich beim 2:1 in Kaiserslautern (30. Spieltag) mit Uwe Klimaschefski. Beide fliegen in der 62. Minute vom Platz. Beim FCK müssen auch Jürgen Neumann (39.) und Wilhelm Wrenger (89.) vorzeitig gehen. Der Rekord von vier Platzverweisen wird erst 1993 überboten (fünf bei Dortmund – Dynamo Dresden).

1965/66

1. SPIELTAG

1860 München – Bayern 1:0 (1:0)

1860: Radenkovic – Wagner, Kohlars – Perusic, Reich, Grosser – Küppers, Konietzka – Heiß, Brunnenmeier, Rebele.
BAYERN: Maier – Kunstwadl, Olk – Drescher, Danzberg, Beckenbauer – Müller, Koulmann – Nafziger, Ohlhauser, Brenninger.
Tor: 1:0 Konietzka (1.).
Platzverweis: Danzberg (86.), grobes Foul.
Schiedsrichter: Alfred Ott.
Besonderes Vorkommnis: Kunstwadl scheidet in der 8. Minute verletzt aus.

2. SPIELTAG

Bayern – Eintracht Frankfurt 2:0 (1:0)

BAYERN: Maier – Kupferschmidt, Olk – Drescher, Beckenbauer, Borutta – Müller, Koulmann – Nafziger, Ohlhauser, Brenninger.
FRANKFURT: Dr. Kunter – Blusch, Landerer, Lutz, Höfer – Lechner, Lindner – Grabowski, Sztani, Huberts, Lotz.
Tore: 1:0 Ohlhauser (24.), 2:0 Nafziger (87.).
Schiedsrichter: Berthold Schmidt.

3. SPIELTAG

Eintr. Braunschweig – Bayern 2:4 (0:2)

BRAUNSCHWEIG: Wolter – Brase, Kaack – Rinas, Schmidt, Bäse – Ulsaß, Dulz – Gerwien, Moll, Maas.
BAYERN: Maier – Kupferschmidt, Olk, Drescher, Beckenbauer, Borutta – Müller, Koulmann – Nafziger, Ohlhauser, Brenninger.
Tore: 0:1 Ohlhauser (24.), 0:2 Müller (35.), 0:3 Müller (55.), 1:3 Ulsaß (63./ Handelfmeter), 1:4 Drescher (73.), 2:4 Ulsaß (88.).
Schiedsrichter: Werner Treichel.

4. SPIELTAG

Bayern – Bor. Neunkirchen 6:0 (2:0)

BAYERN: Maier – Kupferschmidt, Olk – Drescher, Beckenbauer, Borutta – Müller, Koulmann – Nafziger, Ohlhauser, Brenninger.
NEUNKIRCHEN: Kirsch – Schröder, Schreier – Schock, Leist, Peehs – Kuntz, Melcher – May, Pidancet, Görts.
Tore: 1:0 Ohlhauser (7.), 2:0 Müller (35.), 3:0 Brenninger (49.), 4:0 Ohlhauser (50.), 5:0 Müller (54.), 6:0 Nafziger (64.).
Schiedsrichter: Hans-Joachim Weyland.

5. SPIELTAG

Tasmania Berlin – Bayern 0:2 (0:1)

TASMANIA: Basikow – Fiebach, Talaszus – H.-G. Becker, Bässler, Szymaniak – Engler, Usbeck – Neumann, Konieczka, Sand.
BAYERN: Maier – Kupferschmidt, Olk – Drescher, Beckenbauer, Borutta – Müller, Koulmann – Nafziger, Ohlhauser, Brenninger.
Tore: 0:1 Brenninger (23.), 0:2 Müller (73.).
Schiedsrichter: Walter Horstmann.

6. SPIELTAG

Bayern – Karlsruher SC 5:1 (2:1)

BAYERN: Maier – Kupferschmidt, Olk – Drescher, Beckenbauer, Borutta – Müller, Koulmann – Nafziger, Ohlhauser, Brenninger.
KARLSRUHE: Paul – Saida, Kafka – Rauh, Witlatschil, Dürrschnabel – Zaczyk, Dobat – Berking, Wischnowsky, Kentschke.
Tore: 1:0 Beckenbauer (12.), 2:0 Müller (17.), 2:1 Dürrschnabel (40.), 3:1 Brenninger (59.), 4:1 Ohlhauser (64.), 5:1 Nafziger (75.).
Schiedsrichter: Johannes Malka.

7. SPIELTAG

Bor. M'gladbach – Bayern 1:2 (1:1)

GLADBACH: Orzessek – Jansen, Vogts – Milder, Wittmann, Lowin – Heynckes, Netzer – Laumen, Rupp, Waddey.
BAYERN: Maier – Kupferschmidt, Olk – Drescher, Beckenbauer, Borutta – Müller, Koulmann – Nafziger, Ohlhauser, Brenninger.
Tore: 1:0 Netzer (33.), 1:1 Ohlhauser (43.), 1:2 Müller (78.).
Schiedsrichter: Ewald Regely.

8. SPIELTAG

Bayern – Borussia Dortmund 0:2 (0:1)

BAYERN: Maier – Kupferschmidt, Olk – Drescher, Beckenbauer, Borutta – Müller, Koulmann – Nafziger, Ohlhauser, Brenninger.
DORTMUND: Tilkowski – Geisler, Redder – Kurrat, Paul, Assauer – Schmidt, Sturm – Wosab, Held, Emmerich.
Tore: 0:1 Wosab (38.), 0:2 Wosab (83.).
Schiedsrichter: Erwin Sturm.
Besondere Vorkommnisse: Tilkowski hält Foulelfmeter von Beckenbauer (58.). Paul scheidet in der 14. Minute verletzt aus.

9. SPIELTAG

Hamburger SV – Bayern 0:4 (0:2)

HAMBURG: Schnoor – Dieckmann, Kurbjuhn – Bähre, Horst, Piechowiak – Pohlschmidt, Peltonen – B. Dörfel, U. Seeler, G. Dörfel.
BAYERN: Maier – Nowak, Olk – Drescher, Beckenbauer, Kupferschmidt – Müller, Koulmann – Nafziger, Ohlhauser, Brenninger.
Tore: 0:1 Nafziger (9.), 0:2 Drescher (19.), 0:3 Nafziger (80.), 0:4 Brenninger (82.).
Schiedsrichter: Gerd Hennig.

10. SPIELTAG

Schalke 04 – Bayern 1:1 (0:1)

SCHALKE: Elting – Becher, Rausch – Pyka, Fichtel, Pliska – Herrmann, Bechmann – Neuser, Kreuz, Klose.
BAYERN: Kosar – Nowak, Olk – Borutta, Beckenbauer, Kupferschmidt – Müller, Koulmann – Nafziger, Ohlhauser, Brenninger.
Tore: 0:1 Koulmann (5.), 1:1 Kreuz (64.).
Schiedsrichter: Horst Herden.

11. SPIELTAG

Bayern – 1. FC Nürnberg 0:0

BAYERN: Kosar – Kupferschmidt, Olk – Drescher, Beckenbauer, Borutta – G. Müller, Koulmann – Nafziger, Ohlhauser, Brenninger.
NÜRNBERG: Wabra – Hilpert, Popp – L. Müller, Wenauer, Leupold – Flachenecker, Strehl – Allemann, Brungs, Greif.
Tore: –.
Schiedsrichter: Kurt Handwerker.
Besonderes Vorkommnis: Strehl scheidet in der 35. Minute verletzt aus.

12. SPIELTAG

Hannover 96 – Bayern 3:4 (2:1)

HANNOVER: Podlasly – Kettler, Bohnsack – Mülhausen, Baldauf, Mittrowski – Siemensmeyer, Nix – Gräber, Rodekamp, Bandura.
BAYERN: Maier – Kupferschmidt, Olk – Drescher, Beckenbauer, Borutta – Müller, Koulmann – Nafziger, Ohlhauser, Brenninger.
Tore: 1:0 Mülhausen (14.), 1:1 Ohlhauser (32.), 2:1 Mülhausen (45., Foulelfmeter), 2:2 Brenninger (48.), 2:3 Müller (54.), 2:4 Müller (58.), 3:4 Nix (59.).
Schiedsrichter: Berthold Schmidt.

13. SPIELTAG

Bayern – 1. FC Kaiserslautern 3:0 (1:0)

BAYERN: Maier – Kupferschmidt, Olk – Drescher, Beckenbauer, Borutta – Müller, Koulmann – Nafziger, Ohlhauser, Brenninger.
K'LAUTERN: Schnarr – Koppenhöfer, Kostrewa – Klimaschefski, Schwager, Schneider – Reitgaßl, Wrenger – Geisert, Neumann, Rummel.
Tore: 1:0 Müller (38.), 2:0 Ohlhauser (68.), 3:0 Brenninger (78.).
Schiedsrichter: Willi Thier.

14. SPIELTAG

VfB Stuttgart – Bayern 0:1 (0:1)

STUTTGART: Sawitzki – Menne, Eisele – R. Entenmann, Seibold, Huttary – Hoffmann, Geiger – Peters, Arnold, Reiner.
BAYERN: Maier – Kupferschmidt, Olk – Drescher, Beckenbauer, Borutta – Müller, Koulmann – Nafziger, Ohlhauser, Brenninger.
Tor: 0:1 Menne (37., Eigentor).
Schiedsrichter: Gerhard Schulenburg.

15. SPIELTAG

Bayern – Meidericher SV 3:0 (1:0)

BAYERN: Maier – Kupferschmidt, Olk – Drescher, Beckenbauer, Borutta – Müller, Koulmann – Nafziger, Ohlhauser, Brenninger.
MEIDERICH: Manglitz – Heidemann, Bella – Nolden, M. Müller, van Haaren – Lotz, Schmidt – Versteeg, Krämer, Gecks.
Tore: 1:0 Brenninger (10.), 2:0 Brenninger (55.), 3:0 Müller (86.).
Schiedsrichter: Oswald Fritz.

16. SPIELTAG

1. FC Köln – Bayern 6:1 (3:1)

KÖLN: Schumacher – Pott, Hemmersbach – Löhr, Weber, Sturm – Sørensen, Overath – Thielen, Chr. Müller, Hornig.
BAYERN: Maier – Kupferschmidt, Olk – Drescher, Beckenbauer, Borutta – G. Müller, Koulmann – Nafziger, Ohlhauser, Brenninger.
Tore: 1:0 Borutta (16., Eigentor), 2:0 Hornig (24.), 3:0 Pott (30., Foulelfmeter), 3:1 Beckenbauer (43., Foulelfmeter), 4:1 Chr. Müller (48.), 5:1 Hornig (63.), 6:1 Thielen (82.).
Schiedsrichter: Helmut Fritz.

Die Katze von Anzing: Sepp Maier kassiert in seiner Premieren-Saison 36 Gegentore, dreimal steht Fritz Kosar im Tor

17. SPIELTAG

Bayern – Werder Bremen 3:1 (1:1)

BAYERN: Maier – Kupferschmidt, Olk – Drescher, Beckenbauer, Rigotti – Müller, Koulmann – Nafziger, Ohlhauser, Brenninger.
BREMEN: Bernard – Piontek, Höttges – Ferner, Lorenz, H. Schulz – Dausmann, Danielsen – Zebrowski, Matischak, Hänel.
Tore: 0:1 Piontek (24.), 1:1 Ohlhauser (40.), 2:1 Koulmann (48.), 3:1 Beckenbauer (90., Foulelfmeter).
Schiedsrichter: Willi Thier.

18. SPIELTAG

Bayern – 1860 München 3:0 (0:0)

BAYERN: Maier – Kupferschmidt, Olk – Rigotti, Beckenbauer, Borutta – Müller, Drescher – Nafziger, Ohlhauser, Brenninger.
1860: Radenkovic – Wagner, Patzke – Luttrop, Kohlars, Perusic – Konietzka, Grosser – Heiß, Brunnenmeier, Rebele.
Tore: 1:0 Brenninger (59.), 2:0 Ohlhauser (76.), 3:0 Nafziger (84.).
Schiedsrichter: Kurt Tschenscher.

19. SPIELTAG

Eintracht Frankfurt – Bayern 0:0

FRANKFURT: Dr. Kunter – K.-H. Wirth, Lindner, Lutz, Höfer – Lechner, Trimhold – Grabowski, Bechtold, Huberts, Solz.
BAYERN: Maier – Kupferschmidt, Olk – Rigotti, Beckenbauer, Borutta – Müller, Drescher – Nafziger, Ohlhauser, Brenninger.
Tore: –.
Schiedsrichter: Gerd Hennig.

20. SPIELTAG

Bayern – Eintr. Braunschweig 2:2 (1:1)

BAYERN: Maier – Nowak, Kupferschmidt – Drescher, Beckenbauer, Rigotti – Müller, Koulmann – Nafziger, Ohlhauser, Brenninger.
BRAUNSCHWEIG: Wolter – Brase, Meyer – Schmidt, Kaack, Bäse – Dulz, Moll – Gerwien, Krafczyk, Maas.
Tore: 1:0 Drescher (23.), 1:1 Maas (36.), 2:1 Müller (48.), 2:2 Krafczyk (78.).
Schiedsrichter: Johannes Malka.

21. SPIELTAG

Bor. Neunkirchen – Bayern 0:4 (0:3)

NEUNKIRCHEN: Ertz – Peehs, Heiden, Leist, Schröder – Peter, Schock – May, Simmet, Wingert, Kuntz.
BAYERN: Maier – Kupferschmidt, Olk – Rigotti, Beckenbauer, Borutta – Drescher, Koulmann – Nafziger, Müller, Brenninger.
Tore: 0:1 Brenninger (21.), 0:2 Müller (27.), 0:3 Koulmann (33.), 0:4 Nafziger (48.).
Schiedsrichter: Günther Baumgärtel.
Besonderes Vorkommnis: Simmet scheidet in der 7. Minute verletzt aus.

22. SPIELTAG

Bayern – Tasmania Berlin 2:1 (1:0)

BAYERN: Maier – Kupferschmidt, Olk – Rigotti, Beckenbauer, Borutta – Vuckov, Koulmann – Nafziger, Müller, Drescher.
TASMANIA: Rohloff – H.-G. Becker, Fiebach – Wähling, Meißel, Konieczka – Engler, Szymaniak – Hänsler, Rosenfeldt, Usbeck.
Tore: 1:0 Nafziger (27.), 2:0 Vuckov (59.).
Schiedsrichter: Karl-Heinz Fork.

23. SPIELTAG

Karlsruher SC – Bayern 1:0 (0:0)

KARLSRUHE: Wolf – Koßmann, Dürrschnabel – Marx, Rauh, Dobat – Zaczyk, Cieslarczyk – Berking, Wild, Kentschke.
BAYERN: Maier – Kupferschmidt, Olk – Borutta, Beckenbauer, Drescher – Müller, Koulmann – Nafziger, Ohlhauser, Brenninger.
Tor: 1:0 Wild (72., Foulelfmeter).
Schiedsrichter: Rolf Seekamp.

24. SPIELTAG

Bayern – Bor. M'gladbach 5:2 (3:2)

BAYERN: Maier – Nowak, Kupferschmidt – Drescher, Beckenbauer, Rigotti – Müller, Koulmann – Nafziger, Ohlhauser, Brenninger.
GLADBACH: Orzessek – Jansen, Vogts – Lowin, W. Wimmer, Wittmann – Heynckes, Netzer – Pöggeler, Milder, Rupp.
Tore: 1:0 Drescher (11.), 1:1 Netzer (12.), 2:1 Nowak (38.), 3:1 Nowak (43.), 3:2 Milder (45., Foulelfmeter), 4:2 Brenninger (48), 5:2 Koulmann (57.).
Schiedsrichter: Klaus Ohmsen.

25. SPIELTAG

Bor. Dortmund – Bayern 3:0 (0:0)

DORTMUND: Tilkowski – Cyliax, Redder – Kurrat, Paul, Groppe – Schmidt, Wosab – Libuda, Held, Emmerich.
BAYERN: Maier – Nowak, Kupferschmidt – Rigotti, Beckenbauer, Borutta – Müller, Koulmann – Nafziger, Ohlhauser, Brenninger.
Tore: 1:0 Emmerich (46), 2:0 Emmerich (66), 3:0 Held (83.).
Schiedsrichter: Horst Herden.

26. SPIELTAG

Bayern – Hamburger SV 3:0 (1:0)

BAYERN: Maier – Rigotti, Kupferschmidt – Müller, Beckenbauer, Borutta – Ohlhauser, Drescher – Nafziger, Werner, Brenninger.
HAMBURG: Schnoor – Horst, Kurbjuhn – Giesemann, W. Schulz, Strauß – U. Seeler, Wulf – Pohlschmidt, B. Dörfel, G. Dörfel.
Tore: 1:0 Ohlhauser (9.), 2:0 Werner (63.), 3:0 Nafziger (90.).
Schiedsrichter: Hans-Joachim Weyland.

27. SPIELTAG

Bayern – Schalke 04 1:0 (1:0)

BAYERN: Maier – Rigotti, Kupferschmidt – Müller, Beckenbauer, Borutta – Ohlhauser, Drescher – Nafziger, Werner, Brenninger.
SCHALKE: Elting – Becher, Rausch – Pyka, Fichtel, Pliska – Neuser , Kreuz – Grau, Werner, Senger .
Tor: 1:0 Werner (33.).
Schiedsrichter: Werner Treichel.

28. SPIELTAG

1. FC Nürnberg – Bayern 2:2 (1:1)

NÜRNBERG: Wabra – Hilpert, Popp – Ferschl, Wenauer, Reisch – Flachenecker, Strehl – Allemann, Brungs, Volkert.
BAYERN: Maier – Kupferschmidt, Olk – Rigotti, Beckenbauer, Drescher – Müller, Koulmann – Nafziger, Ohlhauser, Brenninger.
Tore: 1:0 Strehl (8., Foulelfmeter), 1:1 Brenninger (36., Foulelfmeter), 1:2 Koulmann (76.), 2:2 Brungs (83.).
Schiedsrichter: Rudibert Jacobi.

29. SPIELTAG

Bayern – Hannover 96 3:1 (1:1)

BAYERN: Maier – Kupferschmidt, Olk – Müller, Beckenbauer, Borutta – Ohlhauser, Koulmann – Drescher, Werner, Brenninger
HANNOVER: Podlasly – Kettler, Steinwedel – Mittrowski, O. Laszig, Mülhausen – Bena, Siemensmeyer – Heiser, Rodekamp, Bandura.
Tore: 1:0 Ohlhauser (13.), 1:1 Siemensmeyer (43.), 2:1 Beckenbauer (72.), 3:1 Müller (77.).
Schiedsrichter: Günther Baumgärtel.
Besondere Vorkommnisse: Bandura (3. Minute) und Bena (50. Minute) scheiden verletzt aus.

30. SPIELTAG

1. FC Kaiserslautern – Bayern 1:2 (0:1)

K'LAUTERN: Schnarr – Koppenhöfer, Kostrewa – Neumann, Schwager, Schneider – Klimaschefski, Rummel – Reitgaßl, Kapitulski, Wrenger.
BAYERN: Maier – Kupferschmidt, Olk – Werner, Beckenbauer, Borutta – Müller, Koulmann – Nafziger, Brenninger, Kroiß.
Tore: 0:1 Werner (38.), 1:1 Rummel (54.), 1:2 Nafziger (61.).
Platzverweise: Neumann (39., Tätlichkeit), Klimaschefski (62., Foulspiel), Wrenger (89., Schiedsrichterbeleidigung) – Koulmann (62., Foulspiel).
Schiedsrichter: Horst Herden.

31. SPIELTAG

Bayern – VfB Stuttgart 0:1 (0:1)

BAYERN: Maier – Kupferschmidt, Olk – Rigotti, Beckenbauer, Borutta – Müller, Drescher – Nafziger, Werner, Brenninger.
STUTTGART: Sawitzki – Eisele, Menne – R. Entenmann, Sieloff, Seibold – Geiger, Huttary – Waldner, Peters, Reiner.
Tor: 0:1 Sieloff (18., Handelfmeter).
Schiedsrichter: Ferdinand Biwersi.
Besonderes Vorkommnis: Drescher scheidet in der 22. Minute verletzt aus.

32. SPIELTAG

Meidericher SV – Bayern 1:1 (1:0)

MEIDERICH: Manglitz – Heidemann, Sabath – Lotz, M. Müller, Bella – Gecks, van Haaren – Rühl, Mielke, Schmidt
BAYERN: Maier – Kupferschmidt, Olk – Rigotti, Beckenbauer, Werner – Müller, Grosser – Nafziger, Ohlhauser, Brenninger.
Tore: 1:0 Mielke (37.), 1:1 Ohlhauser (70.).
Schiedsrichter: Gerhard Schulenburg.

33. SPIELTAG

Bayern – 1. FC Köln 1:4 (0:3)

BAYERN: Maier – Rigotti, Olk – Werner, Beckenbauer, Borutta – Müller, Grosser – Nafziger, Ohlhauser, Kroiß.
KÖLN: Schumacher – Rausch, Pott – Rumor, Weber, Hemmersbach – Löhr, Overath – Krauthausen, Chr. Müller, Hornig.
Tore: 0:1 Hornig (3.), 0:2 Overath (22.), 0:3 Beckenbauer (30., Eigentor), 1:3 Grosser (74.), 1:4 Chr. Müller (77.).
Schiedsrichter: Werner Treichel.

34. SPIELTAG

Werder Bremen – Bayern 1:1 (1:1)

BREMEN: Bernard – Piontek, Höttges – Ferner, Steinmann, Lorenz – Schütz, Danielsen – Zebrowski, Dausmann, Hänel.
BAYERN: Kosar – Windsperger, Kupferschmidt – Kunstwadl, Danzberg, Borutta – Nowak, Rigotti – Grosser, Werner, Koulmann .
Tore: 0:1 Werner (14.), 1:1 Schütz (19.).
Schiedsrichter: Willi Thier.

Abschlusstabelle

Pl.	Verein	Spiele	G	U	V	Tore	Diff.	Punkte
1	1860 München	34	20	10	4	80:40	+ 40	50:18
2	Dortmund (P)	34	19	9	6	70:36	+ 34	47:21
3	Bayern (A)	34	20	7	7	71:38	+ 33	47:21
4	Bremen (M)	34	21	3	10	76:40	+ 36	45:23
5	Köln	34	19	6	9	74:41	+ 33	44:24
6	Nürnberg	34	14	11	9	54:43	+ 11	39:29
7	Frankfurt	34	16	6	12	64:46	+ 18	38:30
8	Duisburg	34	14	8	12	70:48	+ 22	36:32
9	Hamburg	34	13	8	13	64:52	+ 12	34:34
10	Braunschweig	34	11	12	11	49:49	0	34:34
11	Stuttgart	34	13	6	15	42:48	– 6	32:36
12	Hannover	34	11	8	15	59:57	+ 2	30:38
13	M'gladbach (A)	34	9	11	14	57:68	– 11	29:39
14	Schalke	34	10	7	17	33:55	– 22	27:41
15	Kaiserslautern	34	8	10	16	42:65	– 23	26:42
16	Karlsruhe	34	9	6	19	35:71	– 36	24:44
17	Neunkirchen	34	9	4	21	32:82	– 50	22:46
18	Tasmania Berl. (A)	34	2	4	28	15:108	– 93	8:60

DIE WEITEREN SIEGER DES JAHRES:

Weltmeister: England

Europacup der Landesmeister: Real Madrid

Europacup der Pokalsieger: Borussia Dortmund

Messepokal: FC Barcelona

DFB-Pokal: FC Bayern

Alle Ergebnisse auf einen Blick

Waagerecht: alle Heimresultate. Senkrecht: alle Auswärtsresultate	1860 München	Dortmund	Bayern	Bremen	Köln	Nürnberg	Frankfurt	Duisburg	Hamburg	Braunschweig	Stuttgart	Hannover	M'gladbach	Schalke	Kaiserslautern	Karlsruhe	Neunkirchen	Tasmania Berl.
1860 München		2:1	1:0	3:1	2:1	1:1	4:2	3:3	1:1	1:1	0:0	5:0	3:3	3:0	4:2	2:0	4:1	4:0
Dortmund	0:2		3:0	2:1	3:2	2:0	3:0	1:1	2:2	1:1	4:0	4:0	3:1	7:0	4:0	4:1	1:0	3:1
Bayern	3:0	0:2		3:1	1:4	0:0	2:0	3:0	3:0	2:2	0:1	3:1	5:2	1:0	3:0	5:1	6:0	2:1
Bremen	0:2	1:0	1:1		2:1	1:0	3:2	2:0	2:0	4:0	3:1	3:3	2:0	2:0	4:1	3:1	5:2	5:0
Köln	3:1	1:2	6:1	2:0		2:1	1:0	1:1	5:1	3:0	3:1	0:1	2:2	2:1	3:2	2:0	4:2	4:0
Nürnberg	1:4	0:0	2:2	2:1	2:0		0:0	4:1	5:0	1:1	1:1	2:1	2:2	1:0	1:1	3:0	3:1	7:2
Frankfurt	5:2	4:1	0:0	1:0	0:0	1:2		2:0	2:0	4:1	3:2	0:1	3:1	4:1	6:0	1:0	1:2	4:0
Duisburg	2:3	2:1	1:1	1:2	2:3	1:2	0:0		3:1	4:1	5:2	2:2	3:2	5:1	2:2	8:2	1:0	3:0
Hamburg	1:2	1:1	0:4	1:3	2:2	0:2	0:1	2:0		2:1	4:1	2:1	5:0	1:1	4:1	8:0	3:0	5:1
Braunschweig	2:2	4:0	2:4	1:0	1:2	3:0	2:2	1:0	1:4		1:1	2:1	1:1	3:0	1:1	2:0	1:2	3:1
Stuttgart	0:0	1:1	0:1	0:2	0:1	1:0	0:0	2:0	1:3	0:1		4:2	5:0	1:0	4:1	1:0	2:0	2:0
Hannover	0:1	1:1	3:4	2:1	1:1	2:2	4:1	0:3	0:0	1:1	4:2		2:1	0:3	4:0	5:2	6:0	5:0
M'gladbach	1:1	4:5	1:2	0:7	2:3	8:3	1:2	1:2	0:0	1:0	1:0	2:0		2:0	2:0	1:1	4:1	5:0
Schalke	0:2	2:3	1:1	1:6	0:0	1:0	3:2	0:0	2:1	1:1	2:0	1:0	0:0		2:1	0:0	2:0	4:0
Kaiserslautern	3:0	0:0	1:2	2:3	3:2	0:0	5:2	1:0	2:1	1:1	1:2	1:1	1:2	3:2		1:0	0:0	0:0
Karlsruhe	1:1	0:0	1:0	3:2	2:1	1:2	4:0	0:4	1:4	1:4	3:0	1:0	3:3	1:0	1:0		1:1	3:0
Neunkirchen	1:9	1:3	0:4	1:2	2:1	2:1	1:6	0:1	1:1	1:0	1:2	1:0	1:1	1:0	1:4	1:0		3:1
Tasmania Berl.	0:5	0:2	0:2	1:1	0:6	0:1	0:3	0:9	0:4	0:2	0:2	1:5	0:0	1:2	1:1	2:0	2:1	

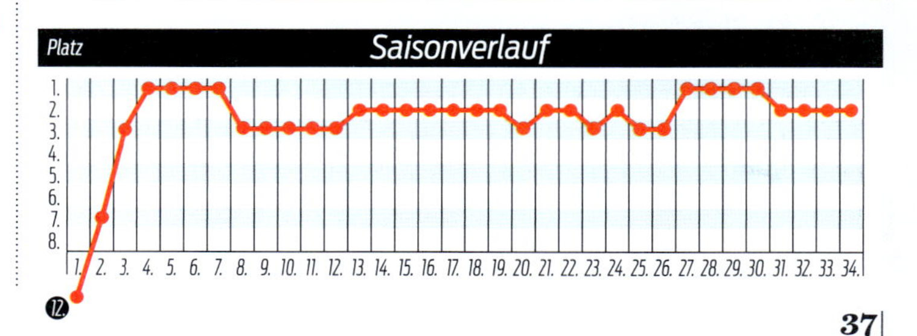

TRAGÖDIE VOR DEM SAISONSTART

Neuzugang Rudolf Schmidt verunglückt tödlich. Franz „Bulle" Roth wird zur Symbolfigur des Aufstiegs in die internationale Klasse

Vor Beginn der Saison führt Tschik Cajkovski das in der Bundesliga noch unübliche tägliche Training ein. Seine Schützlinge spielen schließlich um Meisterschaft, DFB-Pokal und den Europacup der Pokalsieger. Die Dreifach-Belastung ist neu, Cajkovski will sein Team darauf vorbereiten.

Kein Spieler muss mehr vormittags arbeiten, die Bayern sind jetzt Profis mit über 60 Spielen in der Saison. Da kann man nicht noch halbtags Möbel schleppen wie Torjäger Gerd Müller, der bei einem Spediteur angestellt war.

Mit den Neuzugängen haben sie wieder Pech, es ist sogar eine Tragödie. Die Saison, die zur erfolgreichsten der bisherigen Vereinsgeschichte werden soll, beginnt schrecklich: Am 28. Juli 1966 verunglückt der vom Meidericher Spielverein (ab 9. Januar 1967 MSV Duisburg) verpflichtete Stürmer Rudolf Schmidt mit seinem neuen Mercedes bei einem Unfall am Ammersee tödlich. Im Alter von 25 Jahren.

Schmidt war zusammen mit Dieter Koulmann aus dem Trainingslager ausgebrochen und raste mit überhöhtem Tempo in ein Haus. Er hatte seinen Führerschein erst 15 Tage, wollte zwei 17-jährigen Mädchen, die auf der Rückbank saßen, imponieren. Koulmann überlebt, fällt drei Monate verletzt aus.

Dem Schock folgt ein unwürdiger Streit ums Geld: Bayern will die Ablösesumme von 65 000 D-Mark nicht zahlen, da Schmidt erst ab 1. August unter Vertrag gestanden hätte. Die Meidericher bestehen auf Einhaltung, Schmidt habe schon in München trainiert und auf Bayerns Wunsch hin eine vorzeitige Freigabe erhalten – wenn auch nicht schriftlich. Der DFB muss schlichten und fällt das Urteil zugunsten der Bayern.

Ein Duo, das die große Ära mitprägen wird, ist im Sommer 1966 auch zum Kader gestoßen: Vorstopper Hans-Georg „Katsche" Schwarzenbeck und Mittelfeldspieler Franz „Bulle" Roth. Für die nächsten zwölf Jahre sind sie ein Paar, bewohnen auf Reisen immer das gleiche Zimmer.

Schwarzenbeck kommt aus der eigenen Jugend und etabliert sich als unerbittlicher Manndecker, der im Pokalfinale gegen den HSV sogar Uwe Seeler ausschaltet. Und Roth, der Bauernsohn aus dem Allgäu, wird zur Symbolfigur dieser Saison. Sein Aufstieg steht exemplarisch für den des FC Bayern in die Weltspitze – ebenso rasant wie unerwartet.

Der Mann von Oberligist SpVgg Kaufbeuren kickte zwei Jahre zuvor noch in der C-Klasse und ist die neueste Entdeckung des Friseurmeisters Alexander Kotter. Der Bayern-Anhänger mit der Mitgliedsnummer 1 hatte 1964 Gerd Müller aus Nördlingen nach München gelockt, nun bringt er dem Verein einen weiteren Naturburschen mit strammen Oberschenkeln. Seinen Spitznamen verdankt Roth, der bei 178 Zentimetern 83 Kilo auf die Waage bringt, Sepp Maier. Als Trainer Cajkovski ihn der Mannschaft mit den Worten „hat Kraft wie Muh" vorstellt, verbessert ihn der Torwart: „Trainer, das heißt bei uns Bulle!"

Roth beherrscht das Kartenspiel Schafkopf und findet deshalb gleich Anschluss in der nach wie vor sehr bayerischen Mannschaft. Er kann auch Tore schießen, sieben sind es in der Bundesliga. Am 31. Mai 1967 macht er in Nürnberg das vorerst wichtigste der Vereinsgeschichte: Im Finale des Europapokals der Pokalsieger sind die Glasgow Rangers klarer Favorit, auch wenn die Münchner durchaus einen Heimvorteil genießen. Zumal Gerd Müller mit einer Armmanschette ins Spiel geht. Es ist die unangenehme Folge eines Unterarmbruchs beim Länderspiel in Jugoslawien, das Tschik Cajkovski von seiner Frau Rada beobachten ließ.

Rudolf Schmidt im Training. Wenige Tage später stirbt er nach Autounfall

Als sie ihm am Telefon von Müllers Pech berichtete, brach Cajkovski in Tränen aus und klagte: „Ein Jahr arbeitet man auf das große Ziel hin, und dann passiert so was."

Aber es ist alles halb so schlimm. „Bulle" Roth springt in die Bresche – und in die Flanke von Rainer Ohlhauser. In der 108. Minute der düsteren Regenschlacht gegen Glasgow zirkelt er den Ball mit einem in der Ausführung nicht ganz perfekten Fallrückzieher über Torwart Norrie Martin hinweg ins Tor. Der 1:0-Sieg.

In der Bundesliga läuft es diesmal schleppend, obwohl Gerd Müller 28 Tore gelingen. Daraus resultieren aber nur 16 Siege, 13-mal gehen die Münchner als Verlierer vom Platz. Am Ende bedeutet das Platz sechs, Meister wird Eintracht Braunschweig dank seines Abwehr-Bollwerks. Nie schießt ein Titelträger weniger Tore als die Braunschweiger (49). 1860 München wird Vizemeister, die „Löwen" stehen das letzte Mal in der Tabelle vor den Bayern. Zeitenwende in München.

Mit der Kraft eines Naturburschen: Franz „Bulle" Roth im Spiel beim 1. FC Kaiserslautern. Er schießt sieben Bundesliga-Tore, beim FCK geht er am 32. Spieltag leer aus. Im Hintergrund: Otto Rehhagel

Europacup der Pokalsieger

Darf den Pokal mit ins Hotelzimmer nehmen: Franz Roth

7000 D-Mark Prämie für jeden Spieler

Von einer Teilnahme im unbedeutenden Messe-Pokal (späterer Uefa-Cup) abgesehen, die 1962/63 mit dem Aus im Viertelfinale gegen Dinamo Zagreb endete, ist der Europacup für die Bayern Neuland. Gegen Tatran Presov (slowakischer Zweitligist) und die Shamrock Rovers aus Irland tun sich die Bayern entsprechend schwer und zittern sich mit identischen Ergebnissen (1:1 auswärts, 3:2 zu Hause) zum Erfolg. Im Viertelfinale bei Rapid Wien gibt es die erste Niederlage (0:1), in München im Rückspiel ein 2:0 n. V. Das Halbfinale gegen Standard Lüttich wird zum Gerd-Müller-Festival – im Heimspiel (2:0) schießt er ein Tor, in Lüttich (3:1) alle drei. Der Sieg im Finale gegen Glasgow zahlt sich auch finanziell aus: Die Spieler erhalten 7000 D-Mark Prämie pro Kopf. Der Schütze des goldenen Tores Franz Roth darf den Pokal mit ins Bett nehmen. Müller erzielt im Wettbewerb acht Tore, BILD tauft ihn „Mister Europacup".

DFB-Pokal

Gegenspieler im Finale: Uwe Seeler und Werner Olk (r.)

Der nächste Pokalsieg – 4:0 gegen HSV

Vier Siege reichen zum Einzug ins Endspiel. Leicht fällt keiner, drei erringen die Bayern auswärts. Der Titelverteidiger wird in der 1. Runde von Zweitligist Hertha BSC in die Verlängerung gezwungen, Gerd Müller sorgt nach Rückstand mit einem Doppelschlag für die Wende zum 3:2-Sieg. Drittligist SpVgg. Erkenschwick hält in der zweiten Runde bis zur 69. Minute ein 1:1, dann schlagen Müller und Ohlhauser zu. Tore der beiden entscheiden auch das Viertelfinale auf Schalke (3:2). Im Halbfinale gibt es endlich ein Heimspiel, für den Gegner aber auch: Es kommt zum Münchner Derby, das die Bayern ohne den verletzten Müller 3:1 gewinnen. Im Finale gegen den HSV ist es spannender, als es das Ergebnis (4:0) sagt. In Stuttgart fällt die Entscheidung am 10. Juni 1967 erst nach 72 Minuten durch Ohlhausers 2:0. Die weiteren Treffer: Müller (23., 76.) und Brenninger (85., Elfmeter). 50 000 Fans feiern ihre Helden auf dem Marienplatz.

TRAINER

TSCHIK CAJKOVSKI
gewinnt gegen Glasgow sein erstes Endspiel auf internationaler Ebene – nach zwei verlorenen Olympia-Finals mit Jugoslawien 1948 und 1952 (als Verteidiger)

DIE **TOP-ELF** DER SAISON

Werner Olk

DER **SPIELER** DES JAHRES

*Im Oktober 1966 debütiert **Gerd Müller** in Ankara in der Nationalmannschaft, im Juni 1967 wird er mit 28 Toren Bundesliga-Torschützenkönig (gleichauf mit Dortmunds Lothar Emmerich; Foto mit Torjäger-Kanone) und im Oktober 1967 „Fußballer des Jahres". Müller bekommt 264 Stimmen, siegt mit großem Abstand vor Franz Beckenbauer (101). Neben den beiden Pokaltriumphen kommt das private Glück hinzu: Im August 1967 heiratet er seine Uschi. Müller ist 21 Jahre alt.*

Der Kader

NAME	SPIELE	TORE
Sepp Maier	34	0
Franz Beckenbauer	33	0
Peter Kupferschmidt	32	1
Hans Nowak	17	1
Werner Olk	32	1
Hans-Georg Schwarzenbeck	21	0
Karl Borutta	2	0
Jakob Drescher	1	0
Rudolf Grosser	1	0
Dieter Koulmann	22	2
Hans Rigotti	18	2
Franz Roth	20	7
Klaus Walleitner	2	0
Dieter Brenninger	30	7
Gerd Müller	32	28
Rudolf Nafziger	32	0
Günther Nasdalla	1	0
Rainer Ohlhauser	31	12
Peter Werner	13	1

WERNER OLK erzielt beim 4:3 gegen Gladbach (5. Spieltag) eines von zwei Bundesliga-Toren in seinen 144 Spielen

Transfers

HANS-GEORG „KATSCHE" SCHWARZENBECK rückt nach fünf Jahren in der eigenen Jugend in den Lizenzspieler-Kader auf. Er debütiert am achten Spieltag gegen Werder Bremen, wird schnell zur Stammkraft und zum „Putzer des Kaisers". Bei den Münchnern und später in der Nationalmannschaft (44 Länderspiele) hält er Franz Beckenbauer den Rücken frei, sie werden zusammen 1974 Weltmeister. Sein erstes Bundesliga-Tor von 21 erzielt Schwarzenbeck im Oktober 1969. Sein letztes von 416 Bundesliga-Spielen für Bayern bestreitet er am 18. August 1979. Im November des Jahres erleidet er einen Achillessehenriss – das Karriereende.

SPIELER	VON VEREIN	ABLÖSESUMME
Hans-G. Schwarzenbeck	FC Bayern Jugend	–
Franz Roth	SpVgg Kaufbeuren	–
Klaus Walleitner	1860 Rosenheim Jgd.	–
Günther Nasdalla	Viktoria Köln	–

Tops & Flops

HANS RIGOTTI erzielt beim 6:1 in Karlsruhe das erste Tor, eins von zwei Saisontoren. Bis 1979 ist das Bayerns höchster Auswärtssieg, dann gibt es ein 7:1 in Gladbach.

FAIR-PLAY Nach zwei Platzverweisen 1965/66 kommen die Bayern ohne Strafe aus. Das Spiel gegen Essen (23. Spieltag, 4:1) beenden sie aber nicht komplett: Roth scheidet verletzt aus (3.).

MITGLIEDER 7628 eingetragene Vereinsmitglieder melden die Bayern in der Saison und ziehen damit an 1860 München vorbei (6731).

ZUSCHAUER Nie haben die Münchner in der Bundesliga weniger Fans. Im Schnitt kommen nur 20 122 Zuschauer zu den 17 Heimspielen an die Grünwalder Straße.

GERD SCHULENBURG Der Schiedsrichter schläft beim Spiel in Frankfurt (18. Spieltag): Bayern macht in keiner Halbzeit den Anstoß. Der DFB sieht keinen Protestgrund, Frankfurt siegt 2:1.

GESTÄNDNIS Das 2:5 beim kommenden Meister Braunschweig (28. Spieltag) stört keinen, wie Beckenbauer 2003 gesteht. „Hauptsache, 1860 wurde nicht Meister."

1. SPIELTAG

Bayern – Eintracht Frankfurt 1:2 (1:0)

BAYERN: Maier – Rigotti, Olk – Drescher, Beckenbauer, Borutta – Müller, Werner – Nafziger, Ohlhauser, Brenninger.
FRANKFURT: Dr. Kunter – Jusufi, Lindner, Blusch, Schämer – Friedrich, Huberts – Grabowski, Bronnert, Solz, Lotz.
Tore: 1:0 Müller (15.), 1:1 Grabowski (53., Foulelfmeter), 1:2 Huberts (76.).
Schiedsrichter: Heinz Siebert.

2. SPIELTAG

Fortuna Düsseldorf – Bayern 0:0

DÜSSELDORF: Krüssenberg – Hellingrath, Wünsche – Häfner, Biskup, Lungwitz – Straus, Schult – Koch, Meyer, Gerhardt.
BAYERN: Maier – Rigotti, Olk – Müller, Beckenbauer, Kupferschmidt – Ohlhauser, Nasdalla – Nafziger, Roth, Brenninger.
Tore: –.
Schiedsrichter: Klaus Ohmsen.

3. SPIELTAG

Bayern – Hannover 96 0:0

BAYERN: Maier – Kupferschmidt, Rigotti, Beckenbauer, Olk – Walleitner, Ohlhauser – Nafziger, Müller, Roth, Brenninger.
HANNOVER: Podlasly – Kettler, Mittrowski, O. Laszig, Steinwedel – Breuer, Straschitz – Poulsen, Gräber, Siemensmeyer, Rodekamp.
Tore: –.
Schiedsrichter: Gerd Hennig.

4. SPIELTAG

Karlsruher SC – Bayern 1:6 (0:2)

KARLSRUHE: Kessler – Saida, Kafka, Marx, Rauh – Dobat, Wild – Sekularac, Zaczyk, Chr. Müller, Strzelczyk.
BAYERN: Maier – Nowak, Olk, Rigotti, Beckenbauer – Kupferschmidt, Roth – G. Müller, Ohlhauser,Werner, Brenninger.
Tore: 0:1 Rigotti (9.), 0:2 G. Müller (33.), 0:3 Roth (58.), 1:3 Chr. Müller (69.), 1:4 Brenninger (71.), 1:5 G. Müller (82.), 1:6 Nowak (88.).
Schiedsrichter: Fritz Seiler.

5. SPIELTAG

Bayern – Bor. M'gladbach 4:3 (2:2)

BAYERN: Maier – Nowak, Olk – Rigotti, Beckenbauer, Kupferschmidt – Müller, Werner – Nafziger, Roth, Brenninger.
M'GLADBACH: Danner – Wittmann, Vogts – Milder, Pöggeler, Elfert – Laumen, Netzer – H. Wimmer, Heynckes, Rupp.
Tore: 1:0 Olk (15.), 1:1 Heynckes (31.), 2:1 Brenninger (39.), 2:2 H. Wimmer (41.), 2:3 Laumen (47.), 3:3 Müller (63.), 4:3 Müller (68.).
Schiedsrichter: Max Spinnler.

6. SPIELTAG

Rot-Weiss Essen – Bayern 3:1 (1:0)

ESSEN: Roß – Steinig, Kik – Frankowski, Saric, Dörre – Koslowski, Hasebrink – Weinberg, Simmet, Dietrich.
BAYERN: Maier – Nowak, Olk – Rigotti, Beckenbauer, Kupferschmidt – Müller, Werner – Nafziger, Ohlhauser, Brenninger.
Tore: 1:0 Koslowski (12.), 1:1 Ohlhauser (64.), 2:1 Hasebrink (79.), 3:1 Simmet (85.).
Schiedsrichter: Ferdinand Biwersi.

7. SPIELTAG

Bayern – 1. FC Nürnberg 0:1 (0:1)

BAYERN: Maier – Nowak, Kupferschmidt, Werner, Olk – Rigotti, Beckenbauer – Nafziger, G. Müller, Ohlhauser, Brenninger.
NÜRNBERG: Wabra – Wenauer – Hilpert, Fersch, L. Müller, Popp – H. Müller, Wild – Greif, Brungs, Volkert.
Tor: 0:1 Greif (35.).
Schiedsrichter: Rudibert Jacobi.

8. SPIELTAG

Werder Bremen – Bayern 4:1 (2:0)

BREMEN: Bernard – Piontek, Höttges – Ferner, Steinmann, Schimeczek – Schütz, Danielsen – Zebrowski, Schweighöfer, Görts.
BAYERN: Maier – Nowak, Schwarzenbeck – Kupferschmidt, Borutta, Walleitner – Müller, Werner – Nafziger, Ohlhauser, Brenninger.
Tore: 1:0 Piontek (18.), 2:0 Ferner (28.), 2:1 Ohlhauser (60.), 3:1 Schweighöfer (73.), 4:1 Schütz (90.).
Schiedsrichter: Gerd Hennig.

Das einzige Saisontor von Verteidiger Peter Kupferschmidt: Am 31. Spieltag erzielt er das 1:0 gegen Schalke, Bayern siegt 5:0

9. SPIELTAG

Bayern – 1860 München 3:0 (1:0)

BAYERN: Maier – Olk, Beckenbauer, Schwarzenbeck – Kupferschmidt, Werner, Koulmann – Nafziger, Müller, Ohlhauser, Brenninger.
1860: Fahrian – Reich – Peter, Lutz, Perusic, Patzke – Küppers, Grosser – Bründl, Brunnenmeier, Kohlars.
Tore: 1:0 Müller (23.), 2:0 Ohlhauser (57.), 3:0 Müller (61.).
Schiedsrichter: Kurt Tschenscher.

10. SPIELTAG

1. FC Köln – Bayern 2:4 (1:2)

KÖLN: Soskic – Pott, Hemmersbach, Weber, Regh – Sturm, Overath, Rumor – Magnusson, Löhr, Hornig.
BAYERN: Maier – Kupferschmidt, Beckenbauer, Schwarzenbeck, Olk – Werner, Ohlhauser – Nafziger, Müller, Koulmann, Brenninger .
Tore: 0:1 Müller (3.), 1:1 Magnusson (19.), 1:2 Ohlhauser (31.), 1:3 Ohlhauser (63.), 2:3 Pott (68.), 2:4 Müller (87.).
Schiedsrichter: Alfred Ott.

11. SPIELTAG

Bayern – Eintr. Braunschweig 2:0 (1:0)

BAYERN: Maier – Kupferschmidt, Beckenbauer, Olk – Werner, Schwarzenbeck – Koulmann – Nafziger, Müller, Ohlhauser, Brenninger.
BRAUNSCHWEIG: Wolter – Meyer, Kaack, Schmidt, Moll – Ulsaß, Dulz, Bäse – Gerwien, Saborowski, Maas.
Tore: 1:0 Müller (43.), 2:0 Koulmann (79.)
Schiedsrichter: Hans-Joachim Weyland.

12. SPIELTAG

VfB Stuttgart – Bayern 2:4 (1:2)

STUTTGART: Sawitzki – Sieloff – Hoffmann, Seibold,Menne, Eisele – Entenmann, Huttary – Gress, B. Larsson, Reiner.
BAYERN: Maier – Beckenbauer – Kupferschmidt, Olk, Schwarzenbeck – Werner, Koulmann – Nafziger, Ohlhauser, Müller, Brenninger.
Tore: 0:1 Brenninger (3.), 1:1 Larsson (28.), 1:2 Ohlhauser (38.), 1:3 Brenninger (52.), 2:3 Sieloff (52.), 2:4 Ohlhauser (81.).
Schiedsrichter: Oswald Fritz.

13. SPIELTAG

Bayern – MSV Duisburg 2:1 (2:1)

BAYERN: Maier – Kupferschmidt, Beckenbauer, Olk, Schwarzenbeck – Werner, Koulmann – Nafziger, G. Müller, Ohlhauser, Brenninger.
DUISBURG: Manglitz – Heidemann, Pirsig, M. Müller, van Haaren, Bella – Nolden – Rühl, Krämer, Lotz, Gecks.
Tore: 1:0 Ohlhauser (25.), 2:0 Müller (29.), 2:1 Lotz (35.).
Schiedsrichter: Klaus Ohmsen.

14. SPIELTAG

Schalke 04 – Bayern 2:1 (2:0)

SCHALKE: Nigbur – Kreuz – Becher, Pyka, Fichtel, Senger – Neuser, Herrmann – Blechinger, W. Kraus, Klose.
BAYERN: Maier – Kupferschmidt, Werner, Beckenbauer, Schwarzenbeck – Olk, Koulmann – Nafziger, Müller, Ohlhauser , Brenninger.
Tore: 1:0 Neuser (13.), 2:0 W. Kraus (34.), 2:1 Müller (47.).
Schiedsrichter: Ferdinand Biwersi.

15. SPIELTAG

Bayern – 1. FC Kaiserslautern 5:0 (1:0)

BAYERN: Maier – Kupferschmidt, Beckenbauer, Olk, Schwarzenbeck – Ohlhauser, Koulmann – Nafziger, Roth, Müller, Brenninger.
KAISERSLAUTERN: Schnarr – Koppenhöfer, Schwager, Schneider, Klimaschefski – Geisert, Rehhagel – Reitgaßl, Rummel, Braner, Kentschke.
Tore: 1:0 Müller (11.), 2:0 Müller (58.), 3:0 Roth (68.), 4:0 Müller (70.), 5:0 Müller (90., Foulelfmeter).
Schiedsrichter: Rolf Seekamp.

16. SPIELTAG

Hamburger SV – Bayern 3:1 (2:1)

HAMBURG: Schnoor – W. Schulz – Sandmann, Horst, Giesemann, Kurbjuhn – Pohlschmidt, H. Schulz – B. Dörfel, U. Seeler, G. Dörfel .
BAYERN: Maier – Kupferschmidt, Beckenbauer, Olk, Schwarzenbeck – Ohlhauser, Koulmann – Nafziger, Müller, Roth, Brenninger.
Tore: 1:0 G. Dörfel (2.), 2:0 G. Dörfel (6., Foulelfmeter), 2:1 Müller (24.), 3:1 U. Seeler (62.).
Schiedsrichter: Karl Niemeyer.

17. SPIELTAG

Bayern – Borussia Dortmund 1:0 (0:0)

BAYERN: Maier – Kupferschmidt, Olk, Beckenbauer,Schwarzenbeck – Nowak, Koulmann – Nafziger, Ohlhauser, Müller, Brenninger.
DORTMUND: Wessel – Cyliax, Paul, Kurrat, Peehs – Trimhold Assauer, Sturm – Neuberger, Held, Emmerich.
Tor: 1:0 Müller (64.)
Schiedsrichter: Edgar Deuschel.

18. SPIELTAG

Eintracht Frankfurt – Bayern 2:1 (0:1)

FRANKFURT: Feghelm – Jusufi, Lindner, Blusch, Schämer – Friedrich, Huberts – Grabowski, Bronnert, Solz, Lotz.
BAYERN: Maier – Nowak, Olk – Rigotti, Beckenbauer, Kupferschmidt – Ohlhauser, Koulmann – Nafziger, Müller, Brenninger.
Tore: 0:1 Ohlhauser (41.), 1:1 Solz (77.), 2:1 Bronnert (83.).
Schiedsrichter: Gerhard Schulenburg.

19. SPIELTAG

Bayern – Fortuna Düsseldorf 1:2 (1:1)

BAYERN: Maier – Kupferschmidt, Rigotti, Olk, Schwarzenbeck – Beckenbauer, Koulmann – Nafziger, Ohlhauser, Müller, Brenninger.
DÜSSELDORF: Krüssenberg – Hellingrath, Häfner, Biskup, Köhnen – Jestremski, Hesse – Hoffer ,Budde, Straus, Gerhardt.
Tore: 0:1 Gerhardt (7.), 1:1 Müller (29.), 1:2 Straus (55.).
Schiedsrichter: Oswald Fritz.

20. SPIELTAG

Hannover 96 – Bayern 2:1 (1:0)

HANNOVER: Podlasly – Mülhausen, Breuer, Laszig ,Kettler – Mittrowski, Straschitz- Poulsen, Siemensmeyer, Rodekamp, Bandura.
BAYERN: Maier – Kupferschmidt, Olk – Ohlhauser, Beckenbauer, Rigotti – Müller, Koulmann – Nafziger, Roth, Brenninger.
Tore: 1:0 Breuer (16.), 2:0 Straschitz (85.), 2:1 Müller (89.).
Schiedsrichter: Josef Hoffmann.

21. SPIELTAG

Bayern – Karlsruher SC 2:2 (2:1)

BAYERN: Maier – Kupferschmidt, Beckenbauer, Olk – Nowak, Grosser, Werner – Roth, Ohlhauser, G. Müller, Brenninger.
KARLSRUHE: Kessler – Ehmann, Marx, Weidlandt, Kafka – Dürrschnabel, Wild, Zaczyk – Chr. Müller, Dobat, Strzelczyk.
Tore: 1:0 Müller (24.), 1:1 Wild (26., Foulelfmeter), 2:1 Werner (43.), 2:2 Chr. Müller (63.).
Schiedsrichter: Günther Baumgärtel.

22. SPIELTAG

Bor. M'gladbach – Bayern 1:2 (0:1)

GLADBACH: Danner – Lowin, Milder, Wittmann, Vogts – Elfert, Netzer – Wimmer, Laumen,Heynckes, Rupp.
BAYERN: Maier – Kupferschmidt, Schwarzenbeck – Nowak, Beckenbauer, Olk – Ohlhauser, Koulmann – Nafziger, Müller, Roth.
Tore: 0:1 Roth (3.), 0:2 Ohlhauser (69.), 1:2 Schwarzenbeck (72., Eigentor).
Schiedsrichter: Alfred Ott.

23. SPIELTAG

Bayern – Rot-Weiss Essen 4:1 (2:1)

BAYERN: Maier – Kupferschmidt, Beckenbauer, Olk – Nowak, Rigotti, Koulmann – Roth, Ohlhauser, Müller, Nafziger.
ESSEN: Bockholt – Fetting – Kik, Frankowski, Glinka, Steinig – Simmet, Dietrich – Weinberg, Koslowski, Lippens.
Tore: 1:0 Müller (18.), 1:1 Glinka (33.), 2:1 Müller (35.), 3:1 Rigotti (74.), 4:1 Müller (80.).
Schiedsrichter: Günter Linn
Besonderes Vorkommnis: Roth scheidet in der 3. Minute verletzt aus.

24. SPIELTAG

1. FC Nürnberg – Bayern 0:1 (0:0)

NÜRNBERG: Wabra – Wenauer – Leupold, Ferschl, L. Müller, Hilpert – Adelmann, Reisch – Brungs, Strehl, Volkert.
BAYERN: Maier – Beckenbauer – Kupferschmidt, Rigotti, Olk – Roth, Koulmann, Brenninger – Nafziger, Müller, Ohlhauser .
Tor: 0:1 Roth (69.).
Schiedsrichter: Kurt Tschenscher.

25. SPIELTAG

Bayern – Werder Bremen 1:0 (0:0)

BAYERN: Maier – Kupferschmidt, Beckenbauer, Schwarzenbeck – Roth, Olk, Nowak – Nafziger, Ohlhauser, Müller, Brenninger.
BREMEN: Bernard – Lorenz – Bordel, Steinmann, Schimeczek, Höttges – Ferner, Danielsen – Matischak, Schütz, Görts.
Tor: 1:0 Müller (81., Foulelfmeter).
Schiedsrichter: Hans Radermacher.

26. SPIELTAG

1860 München – Bayern 1:0 (1:0)

1860: Radenkovic – Patzke, Reich, Steiner – Zeiser, Küppers, Perusic – Brunnenmeier, Kohlars, Grosser, Rebele.
BAYERN: Maier – Beckenbauer – Kupferschmidt, Rigotti, Olk, Schwarzenbeck – Roth, Koulmann – Nafziger, Müller, Ohlhauser.
Tor: 1:0 Zeiser (18.).
Schiedsrichter: Willi Thier.

27. SPIELTAG

Bayern – 1. FC Köln 2:0 (1:0)

BAYERN: Maier – Kupferschmidt, Beckenbauer, Olk, Schwarzenbeck – Roth, Koulmann – Nafziger, Ohlhauser, Müller, Brenninger.
KÖLN: Soskic – Rausch, Rumor, Hemmersbach, Pott – Flohe, Weber, Overath – Jendrossek, Thielen, Löhr .
Tore: 1:0 Müller (43.), 2:0 Roth (81.).
Schiedsrichter: Helmut Fritz.

28. SPIELTAG

Eintr. Braunschweig – Bayern 5:2 (4:0)

BRAUNSCHWEIG: Wolter – Bäse – Meyer, Kaack, Moll – Dulz, Schmidt – Gerwien, Ulsaß, Saborowsk, Maas.
BAYERN: Maier – Beckenbauer – Kupferschmidt, Olk, Roth, Schwarzenbeck – Rigotti, Koulmann – Nafziger, Müller, Brenninger.
Tore: 1:0 Gerwien (4.), 2:0 Ulsaß (23.), 3:0 Saborowski (30.), 4:0 Saborowski (41.), 5:0 Moll (66.), 5:1 Müller (71., Foulelfmeter), 5:2 Brenninger (78.).
Schiedsrichter: Dr. Gerd Siepe.

29. SPIELTAG

Bayern – VfB Stuttgart 1:1 (0:0)

BAYERN: Maier – Nowak, Beckenbauer, Olk – Rigotti, Koulmann, Kupferschmidt – Nafziger, Roth, Müller, Ohlhauser.
STUTTGART: Sawitzki – Eisele, Sieloff, Menne, Seibold – Arnold, Gress, Huttary – W. Entenmann, B. Larsson, Weiß.
Tore: 1:0 Müller (46.), 1:1 B. Larsson (77.).
Schiedsrichter: Kurt Tschenscher.

30. SPIELTAG

MSV Duisburg – Bayern 0:0

DUISBURG: Manglitz – Heidemann, Bella, Preuß, Pavlic – M. Müller, van Haaren – Rühl, Krämer, Lotz, Gecks.
BAYERN: Maier – Schwarzenbeck – Nowak, Olk, Kupferschmidt – Roth, Beckenbauer, Rigotti – Nafziger, G. Müller, Brenninger.
Tore: –.
Schiedsrichter: Günter Linn.

31. SPIELTAG

Bayern – Schalke 04 5:0 (1:0)

BAYERN: Maier – Nowak, Beckenbauer, Schwarzenbeck – Kupferschmidt, Olk, Koulmann – Nafziger, Roth, Ohlhauser, Brenninger.
SCHALKE: Nigbur – Fichtel – Becher, Pyka, Kreuz, Rausch – Neuser, Bechmann – Blechinger, W. Kraus, Klose.
Tore: 1:0 Kupferschmidt (42.), 2:0 Brenninger, (51., Foulelfmeter), 3:0 Ohlhauser (67.), 4:0 Roth (71.), 5:0 Ohlhauser (84.).
Schiedsrichter: Oswald Fritz.

32. SPIELTAG

1. FC Kaiserslautern – Bayern 1:0 (1:0)

K'LAUTERN: Schnarr – Koppenhöfer, Schwager, Schneider, Klimaschefski – Geisert, Kapitulski – Reitgaßl, Rehhagel, Braner, Kentschke.
BAYERN: Maier – Nowak, Olk, Beckenbauer, Schwarzenbeck – Kupferschmidt, Koulmann – Nafziger, Roth, Ohlhauser, Brenninger .
Tor: 1:0 Geisert (25.).
Schiedsrichter: Karl-Heinz Mailand.

33. SPIELTAG

Bayern – Hamburger SV 3:1 (1:0)

BAYERN: Maier – Nowak, Beckenbauer, Schwarzenbeck – Roth, Rigotti, Koulmann – Nafziger, Ohlhauser, Müller, Brenninger
HAMBURG: Schnoor – Strauß, W. Schulz, Horst, Kurbjuhn – Sandmann, Rohrschneider – B. Dörfel, Pohlschmidt, H. Schulz, G. Dörfel.
Tore: 1:0 Koulmann (28.), 1:1 G. Dörfel (61.), 2:1 Roth (80.), 3:1 Brenninger (86.).
Schiedsrichter: Josef Hoffmann.

34. SPIELTAG

Bor. Dortmund – Bayern 4:0 (2:0)

DORTMUND: Wessel – Cyliax, Paul, Kurrat, Peehs – Weber, Sturm – Libuda, Wosab, Neuberger, Emmerich.
BAYERN: Maier – Nowak, Beckenbauer, Olk, Schwarzenbeck – Kupferschmidt, Rigotti – Nafziger, Ohlhauser, Müller, Brenninger.
Tore: 1:0 Emmerich (15.), 2:0 Wosab, 3:0 Wosab (75.), 4:0 Emmerich (88.).
Schiedsrichter: Diedrich Basedow.

Abschlusstabelle

Pl.	Verein	Spiele	G	U	V	Tore	Diff.	Punkte
1	Braunschweig	34	17	9	8	49:27	+22	43:25
2	1860 München (M)	34	17	7	10	60:47	+13	41:27
3	Dortmund	34	15	9	10	70:41	+29	39:29
4	Frankfurt	34	15	9	10	66:49	+17	39:29
5	Kaiserslautern	34	13	12	9	43:42	+1	38:30
6	Bayern (P)	34	16	5	13	62:47	+15	37:31
7	Köln	34	14	9	11	48:48	0	37:31
8	M'gladbach	34	12	10	12	70:49	+21	34:34
9	Hannover	34	13	8	13	40:46	–6	34:34
10	Nürnberg	34	12	10	12	43:50	–7	34:34
11	Duisburg	34	10	13	11	40:42	–2	33:35
12	Stuttgart	34	10	13	11	48:54	–6	33:35
13	Karlsruhe	34	11	9	14	54:62	–8	31:37
14	Hamburg	34	10	10	14	37:53	–16	30:38
15	Schalke	34	12	6	16	37:63	–26	30:38
16	Bremen	34	10	9	15	49:56	–7	29:39
17	Düsseldorf (A)*	34	9	7	18	44:66	–22	25:43
18	Essen (A)	34	6	13	15	35:53	–18	25:43

* Bei Punktgleichheit zählte der Torquotient und nicht die Tordifferenz

DIE WEITEREN SIEGER DES JAHRES:

Europacup der Landesmeister:
Celtic Glasgow

Europacup der Pokalsieger:
FC Bayern

Messepokal:
Dinamo Zagreb

DFB-Pokal:
FC Bayern

Alle Ergebnisse auf einen Blick

Waagerecht: alle Heimresultate. Senkrecht: alle Auswärtsresultate

	Braunschweig	1860 München	Dortmund	Frankfurt	Kaiserslautern	Bayern	Köln	M'gladbach	Hannover	Nürnberg	Duisburg	Stuttgart	Karlsruhe	Hamburg	Schalke	Bremen	Düsseldorf	Essen
Braunschweig		1:0	3:1	3:0	2:0	5:2	1:0	2:1	0:1	4:1	0:0	1:1	4:1	2:0	1:0	2:0	4:0	0:0
1860 München	2:1		1:2	2:1	3:0	1:0	2:1	4:3	3:0	1:2	3:3	1:1	3:0	2:0	0:2	2:1	3:0	1:0
Dortmund	0:0	1:1		3:1	2:1	4:0	6:1	3:2	3:0	0:1	4:1	1:1	2:1	7:0	6:2	2:0	1:2	0:0
Frankfurt	0:1	3:3	3:3		1:1	2:1	4:0	1:0	3:3	1:4	1:0	4:0	5:1	1:3	4:2	4:1	3:0	5:0
Kaiserslautern	2:0	0:3	1:1	1:1		1:0	0:0	1:0	1:0	1:1	0:0	3:3	3:1	2:1	1:0	2:0	2:1	5:2
Bayern	2:0	3:0	1:0	1:2	5:0		2:0	4:3	0:0	0:1	2:1	1:1	2:2	3:1	5:0	1:0	1:2	4:1
Köln	1:0	2:0	1:1	1:4	2:1	2:4		1:2	1:1	2:0	1:1	3:1	2:2	0:0	2:1	4:1	2:0	2:1
M'gladbach	0:0	2:3	4:0	0:0	1:1	1:2	3:0		2:0	2:0	3:3	1:2	3:1	4:2	11:0	1:1	3:1	4:3
Hannover	4:2	2:2	2:0	2:1	2:1	2:1	0:1	1:1		2:0	3:0	2:2	3:1	1:0	1:2	2:1	0:2	1:0
Nürnberg	0:4	2:2	2:0	0:1	1:2	0:1	1:1	1:0	1:1		3:1	3:3	2:2	1:0	0:4	2:1	4:2	1:1
Duisburg	0:0	1:2	1:5	0:0	1:1	0:0	1:0	1:3	3:0	2:0		0:0	0:1	2:1	3:0	1:0	1:1	2:0
Stuttgart	1:2	2:0	1:0	3:0	0:1	2:4	2:2	0:2	1:2	1:0	1:3		2:0	1:3	1:1	1:1	3:1	1:0
Karlsruhe	3:0	3:1	2:0	3:2	2:2	1:6	1:1	3:3	0:0	0:1	3:0	4:1		1:1	1:0	4:4	3:2	0:1
Hamburg	1:0	3:2	1:1	0:2	1:0	3:1	1:3	2:0	2:1	0:1	0:0	1:1	1:0		1:1	1:1	2:1	1:1
Schalke	0:0	1:0	1:4	1:1	0:3	2:1	1:0	0:0	2:1	1:0	2:1	2:0	1:3	2:0		0:1	2:1	1:1
Bremen	2:3	2:4	2:1	3:0	1:1	4:1	1:3	2:2	3:0	4:4	1:1	1:2	0:3	5:1	2:1		1:0	0:0
Düsseldorf	1:1	0:1	0:5	2:4	3:1	0:0	1:3	2:2	1:0	2:2	1:5	3:3	1:0	2:2	3:1	0:1		2:0
Essen	0:0	2:2	1:1	1:1	1:1	3:1	1:3	2:1	3:0	1:1	0:1	1:3	3:1	1:1	4:1	0:1	0:4	

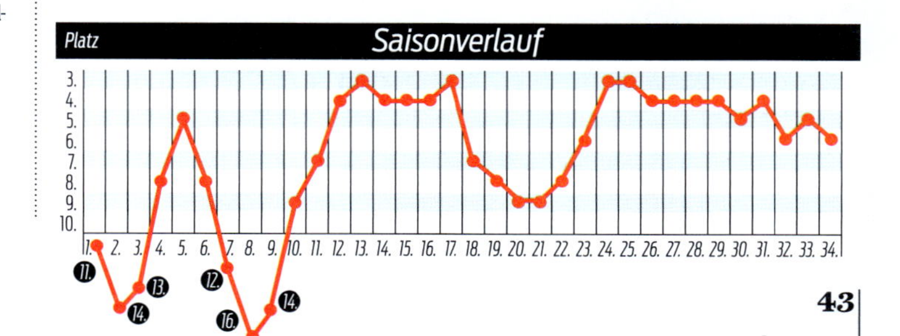

TSCHIK CAJKOVSKI GEHT IM STREIT

Nach fünf Jahren endet die Ära des Trainers. Schon im November 1967 steht sein Nachfolger fest. Es wird ein Jahr ohne Titelgewinn

Er hat extra ein Flugzeug früher genommen und seinen Heimaturlaub in Belgrad verkürzt. Die traditionelle Weihnachtsfeier mit seinen Spielern und der großen Bayern-Familie will Tschik Cajkovski nicht verpassen. Es ist ein Fehler, wie der Trainer feststellt. Denn als im Laufe des Abends die Fußballer einzeln auf die Bühne gerufen werden, um für die grandiosen Erfolge des Jahres 1967 mit Europacup- und DFB-Pokalsieg die goldene Vereinsnadel in Empfang zu nehmen, ruft keiner nach ihm.

Dem Mann, der mehr Vater als Trainer der jungen Bayern-Spieler ist, stehen die Tränen in den Augen. Den 1000 Festgästen

Ernüchterung bei Sepp Maier (l.) und Franz Beckenbauer (M.): Franz Brungs (Nr. 9) köpft am vorletzten Spieltag der Saison das 1:0 für den 1. FC Nürnberg. Der Club siegt 2:0, wird vorzeitig Meister

bleibt der Eklat natürlich nicht verborgen, ebenso wenig den Journalisten – und so wird der peinliche Misston auf der Weihnachtsfeier schnell öffentlich. Ganz München diskutiert: Geht man so mit einem verdienten Trainer um?

Tschik Cajkovski wird die Nadel verschämt nachgereicht, im Rahmen einer Vorstandssitzung und ohne Beifall. Manche Beobachter sehen darin ein durchaus gewolltes Versehen des Vorstandes, denn die gemeinsame Zeit mit dem Jugoslawen geht unweigerlich dem Ende zu. Seit im Herbst die Verhandlungen um einen neuen Vertrag ab der Saison 1968/69 begonnen haben, wird nicht mehr miteinander gesprochen. Nur übereinander. Geschäftsführer Walter Fembeck sagt ganz ungeniert: „Auch Trainergagen haben Grenzen."

Alles läuft plötzlich schriftlich, was den harmoniebedürftigen Cajkovski schwer kränkt. Und so setzt er auch ein Schreiben auf: Seine Kündigung zum Saisonende flattert am 6. November 1967 per Einschreiben auf der Geschäftsstelle ein. Eine Überraschung, das „Sport Magazin" kommentiert: „Kein Spieler, der nicht bangen Herzens der Abschiedsstunde entgegensieht."

Warum aber halten sie den Mann, der die Bayern auf die große Fußballbühne gebracht hat, nicht um jeden Preis? Da sind die Spannungen mit Manager Robert Schwan, der bei der Aufstellung mitreden will. Und da sind die unübersehbaren Verschleißerscheinungen. „Nach fünf Jahren ist die Uhr für einen Trainer abgelaufen", sagt Präsident Wilhelm Neudecker einmal, und Tschik Cajkovski gesteht ein: „Ich habe mich nicht verändert, aber die Spieler."

Plötzlich haben die Jungstars Werbe-Angebote. Oder sie bekommen Nebenrollen in Kinofilmen: Sepp Maier und Gerd Müller in der am 19. Dezember 1967 uraufgeführten Kinokomödie „Wenn Ludwig ins Manöver zieht". Franz Beckenbauer hat schon 1966 eine Schallplatte aufgenommen mit dem Lied, das noch heute so manches Mal gespielt wird: „Gute Freunde kann niemand trennen".

Die Medien reißen sich um die Himmelsstürmer und küren sie am Jahresende bei der Sportlerwahl auch zur „Mannschaft des Jahres". Fußball ist nicht mehr das Wichtigste. Es gibt einige deftige Niederlagen. Am vierten Spieltag verliert Bayern 3:6 in Dortmund, am 14. mit 1:4 in Bremen, am 16. Spieltag gar 3:7 in Nürnberg.

Mehrfach offenbaren die Spieler große Konditionsmängel, wie beim Auswärtsspiel in Bremen, Tschik Cajkovski aber findet „diese Niederlage nicht so tragisch". Franz Beckenbauer klagt im Winter im von ihm herausgegebenen „Bayern-Echo": „Wir sind nicht mehr mit dem Ernst bei der Sache, wie das einmal war."

In einer Vereinschronik wird die Spielzeit 1967/68 als „Zwischentief" bezeichnet, es ist ein Jahr ohne Titelgewinn. Nur Fünfter werden die Münchner in der Meisterschaft, neun Punkte hinter Meister Nürnberg. Dabei wollten sie ihren ersten Titel in

Vom deutschen Film entdeckt: die verschmitzten „Soldaten" Gerd Müller (l.) und Sepp Maier

der Bundesliga holen. Im DFB-Pokal scheitern sie am zweitklassigen VfL Bochum. Das ist unverzeihlich und mit den gestiegenen Ansprüchen nur schwer zu vereinbaren. Im Europapokal der Pokalsieger reicht es immerhin zum Einzug ins Halbfinale gegen den AC Mailand.

Tschik Cajkovski wird kritisiert, dem privat zur Gemütlichkeit neigenden Trainer würde es an Ehrgeiz fehlen. Kapitän Werner Olk merkte später an: „Das Feuer war raus bei ihm." Auch fachliche Defizite werden gefunden. Beckenbauer: „Zum Meister hätte es mit seiner Spielweise des Sturm und Drang wohl nicht gereicht."

All seine liebenswerten Marotten werden Cajkovski plötzlich negativ ausgelegt – etwa seine Vorliebe für gutes Essen. Auf dem Speiseplan der Mannschaft stehen regelmäßig Ente oder Spanferkel. Lecker, aber nicht gerade sportgerecht. Hinter Cajkovskis Rücken storniert Geschäftsführer Fembeck so manche Bestellung in der Hotelküche.

Alle sind sich einig: Die Mannschaft braucht eine härtere Hand. Branko Zebec steht schon Ende November als Nachfolger fest, Cajkovski lässt sich dennoch nicht hängen und erntet dafür Lob von Präsident Wilhelm Neudecker: „Das habe ich ihm ganz hoch angerechnet."

Mit einem 3:3 beim MSV Duisburg endet seine Ära nach fünf Jahren. Er geht nicht ohne Stolz: „Es hat unglaublich viel Freude bereitet, mit diesen jungen Leuten zu arbeiten. Es war eine fantastische Zeit." Die endet schon vier Wochen vor Vertragsende. Auf der Südamerika-Reise im Juni gibt bereits Branko Zebec den Ton an.

Europacup der Pokalsieger

Maier (l.) und Schwarzenbeck (r.) wehren sich im Halbfinale gegen den AC Mailand tapfer – vergeblich

Gegen Mailand fehlt die Cleverness

In den ersten beiden Runden gibt es zu Hause Schützenfeste gegen Panathinaikos Athen (5:0) und Vitória Setúbal (6:2), in Athen (2:1) und bei den Portugiesen (1:1) geben sich die Bayern keine Blöße. Enger wird es im Viertelfinale gegen den FC Valencia: Nach dem 1:1 in Spanien reicht daheim ein frühes Müller-Tor (3. Minute) zum Einzug ins Halbfinale gegen den AC Mailand. Dort ist Endstation. Italien-Legionär Karl-Heinz Schnellinger und der spätere Bayern-Trainer Giovanni Trapattoni, damals Außenläufer, sind Gegner. Vor 90 000 Fans in San Siro gibt es ein unglückliches 0:2, in München fällt kein Tor. Es fehlt die Cleverness gegen einen Großen des Weltfußballs: Im Hinspiel wird Sepp Maier vor dem 0:1 der Ball beim Abschlag aus der Hand getreten – ungeahndet. Aber es ist nicht nur das, wie Cajkovski zugibt: „Ich will nicht ausschließen, dass die gewaltige Kulisse, die Menschen, die brüllten und Theater machten, meine Mannschaft verängstigte."

DFB-Pokal

Ohne Torerfolg im Halbfinale gegen Bochum: Gerd Müller (M.)

Halbfinal-Aus bei Regionalligist Bochum

Das Unternehmen „Pokal-Hattrick" startet in Regensburg. Der Regionalligist zwingt den Titelverteidiger in die Verlängerung, erst dann setzen sich die Bayern deutlich durch und siegen 4:1. Im Achtelfinale im Februar 1968 nehmen sie Revanche für die Bundesliga-Heimpleite gegen den MSV Duisburg (0:4 am 17. Spieltag) und gewinnen 3:1. Im Viertelfinale glückt ein 2:1 im Prestige-Duell gegen den 1. FC Nürnberg, wieder ist Gerd Müller wie in beiden Auftritten zuvor unter den Torschützen. Nur nicht im Halbfinale am 15. Mai in Bochum: 40 000 Zuschauer auf den Rängen und 200 auf den Dächern des Ruhrstadions treiben den Verein aus der Regionalliga (zweithöchste Spielklasse in Deutschland) zum 2:1. In letzter Minute glückt Rainer Ohlhauser nur das Ehrentor.

DIE TOP-ELF DER SAISON

TRAINER

TSCHIK CAJKOVSKI wechselt nach der Saison zu Hannover 96, kassiert dort 20 000 D-Mark im Monat. Bei Bayern hatte er mit 3000 DM angefangen.

Hans-Georg Schwarzenbeck

DER SPIELER DES JAHRES

***Franz Beckenbauer** wird am Ende seiner dritten Bundesliga-Saison schon zum zweiten Mal „Fußballer des Jahres". Zwar fehlt er verletzungsbedingt in sechs Bundesliga-Partien, ist aber trotzdem bester Torschütze unter Bayerns Abwehrspielern (vier Treffer). Auch im DFB-Dress trifft er – beim historischen ersten Sieg gegen England (in Hannover) erzielt Beckenbauer das goldene 1:0. Im Sommer 1968 reißen sich die italienischen Großklubs um ihn, er träumt öffentlich: „Ich will sicher einmal im Ausland spielen." Das dauert aber noch fast ein Jahrzehnt.*

Der Kader

NAME	SPIELE	TORE
Sepp Maier	34	0
Franz Beckenbauer	28	4
Peter Kupferschmidt	33	0
Hans Nowak	14	1
Werner Olk	32	0
Hans-Georg Schwarzenbeck	33	0
Karl Deuerling	1	0
Dieter Koulmann	28	5
Franz Roth	32	5
Horst Schauß	6	1
Helmut Schmidt	3	0
Herbert Stöckl	3	0
Dieter Brenninger	30	8
Gustav Jung	21	4
Gerd Müller	34	20
Rudolf Nafziger	25	0
Rainer Ohlhauser	32	19
Peter Werner	7	0

HORST SCHAUSS gelingt nur ein Tor in der Saison. Mit dem 1:1 in Neunkirchen rettet er aber das Remis

Transfers

KARL DEUERLING kommt vom SSV Jahn Regensburg, dem Meister der drittklassigen Bayern-Liga. Der Mittelfeldspieler bestreitet nur ein einziges Spiel für die Münchner – am 31. Spieltag beim 2:3 gegen Werder Bremen, als er zur zweiten Halbzeit für Linksaußen Dieter Brenninger eingewechselt wird. Am Saisonende kehrt Deuerling nach Regensburg in die Regionalliga Süd zurück, spielt dort nur noch ein Jahr. Mit der Auswahl des Landesverbandes Bayern holt er 1968 den Länderpokal der Amateure (5:0 im Endspiel gegen Hamburg).

SPIELER	VON VEREIN	ABLÖSESUMME
Karl Deuerling	Jahn Regensburg	–
Horst Schauß	1. FC Saarbrücken	–
Herbert Stöckl	SpVgg Helios München	–
Gustav Jung	ESV Ingolstadt Ringsee	–
Helmut Schmidt	FC Bayern Jugend	–

Tops & Flops

BAYERN-FANS Mit einem Zuschauerschnitt von 21 924 in der Bundesliga überflügeln die Bayern erstmals überhaupt ihren Lokalrivalen TSV 1860 (19 611).

TIVOLI-STURM Am ersten Spieltag siegt Bayern 4:0 bei Aufsteiger Alemannia Aachen. Ein seltenes Glücksgefühl für Bundesliga-Teams auf dem Tivoli. Es bleibt Aachens einzige Heimniederlage.

EHRUNG Für ihren Europacupsieg 1967 gegen Glasgow erhalten die Spieler aus der Hand von Staatssekretär Professor Dr. Ernst in Bonn den Silberlorbeer.

WILHELM NEUDECKER veröffentlicht die Jahreseinkommen von sechs Spielern. Von Koulmann (82 325 DM) bis Rigotti (39 050) sind alle sauer auf den Präsidenten.

GERD MÜLLER trifft erst am 8. Spieltag (per Elfmeter zum zwischenzeitlichen 1:1 in Frankfurt), die längte Torflaute seiner Karriere endet nach saisonübergreifend 965 Bundesliga-Minuten.

HEIMPLEITEN Viermal verlieren die Bayern daheim. Tiefpunkt: das 0:4 gegen Duisburg zum Ende der Hinrunde. Es ist die bis dahin höchste Heimniederlage.

1. SPIELTAG

Alemannia Aachen – Bayern 0:4 (0:1)

AACHEN: Schors – Pawellek, Schöngen, Hermandung, Troche – Walter, Martinelli, Hoffmann – Ferdinand, Bechmann (66. Krott), Gronen.
BAYERN: Maier – Kupferschmidt, Beckenbauer, Olk, Schwarzenbeck – Roth, Koulmann – Nafziger, Ohlhauser, Müller, Brenninger.
Tore: 0:1 Roth (22.), 0:2 Hermandung (61., Eigentor), 0:3 Ohlhauser (75.), 0:4 Beckenbauer (81.).
Schiedsrichter: Gerhard Schulenburg.

2. SPIELTAG

Bayern – Hannover 96 1:0 (0:0)

BAYERN: Maier – Kupferschmidt, Beckenbauer, Olk, Schwarzenbeck – Roth, Koulmann – Nafziger, Ohlhauser, Müller, Brenninger.
HANNOVER: Podlasly – Hellingrath, Breuer, Laszig, Stiller – Siemensmeyer, Gräber – Bandura, Heynckes, Skoblar, Rodekamp.
Tor: 1:0 Roth (83.).
Schiedsrichter: Hans-Joachim Weyland.

3. SPIELTAG

Bayern – 1. FC Köln 0:3 (0:0)

BAYERN: Maier – Kupferschmidt, Beckenbauer, Schwarzenbeck – Roth (61. Werner), Olk, Koulmann – Nafziger, Ohlhauser, Müller, Brenninger.
KÖLN: Soskic – Rausch, Weber, Roder, Hemmersbach – Simmet, Overath, Löhr – Rühl, Flohe, Hornig.
Tore: 0:1 Rühl (51.), 0:2 Löhr (59.), 0:3 Löhr (60.).
Schiedsrichter: Jan Redelfs.

4. SPIELTAG

Borussia Dortmund – Bayern 6:3 (2:2)

DORTMUND: Wessel – Redder, Paul, Kurrat, Peehs – Assauer, Sturm – Libuda, Wosab, Neuberger, Emmerich.
BAYERN: Maier – Kupferschmidt, Olk, Ohlhauser, Schwarzenbeck (63. Werner) – Roth, Koulmann – Nafziger, Jung, Müller, Brenninger.
Tore: 0:1 Jung (14.), 1:1 Emmerich (16.), 2:1 Emmerich (21.), 2:2 Jung (44.), 2:3 Brenninger (52.), 3:3 Assauer (57.), 4:3 Emmerich (59.), 5:3 Wosab (62.), 6:3 Libuda (90.).
Schiedsrichter: Klaus Ohmsen

5. SPIELTAG

Bayern – Karlsruher SC 3:0 (1:0)

BAYERN: Maier – Kupferschmidt, Olk, Beckenbauer, Schwarzenbeck – Roth (3. Schauß), Koulmann – Jung, G. Müller, Ohlhauser, Brenninger.
KARLSRUHE: Rynio – Ehmann, Marx, Weidlandt, Kafka – Slatina, Dürrschnabel – Zaczyk, C. Müller, Herrmann, Hausser (46. Cieslarczyk).
Tore: 1:0 Ohlhauser (31.), 2:0 Jung (47.), 3:0 Ohlhauser (83.).
Schiedsrichter: Ewald Regely.

6. SPIELTAG

Bor. Neunkirchen – Bayern 1:1 (0:0)

NEUNKIRCHEN: Kirsch – Rohweder – Regitz, Schock, Czernotzky, Münz – Kuntz, Hermesdorf – Ulm, Gayer, Linsenmaier.
BAYERN: Maier – Kupferschmidt, Beckenbauer, Olk, Schwarzenbeck – Schauß, Koulmann – Jung (46. Nafziger), Müller, Ohlhauser, Brenninger .
Tore: 1:0 Gayer (52.), 1:1 Schauß (76.).
Schiedsrichter: Hans Radermacher

7. SPIELTAG

Bayern – Hamburger SV 1:0 (0:0)

BAYERN: Maier – Jung (15. Stöckl), Beckenbauer, Schwarzenbeck – Kupferschmidt , Olk, Schauß – Nafziger, Roth, Müller, Brenninger.
HAMBURG: Özcan – W. Schulz – Sandmann, Horst, H. Schulz, Kurbjuhn – Krämer, Giesemann – Löffler, U. Seeler, Dieckmann.
Tor: 1:0 Brenninger (85.).
Schiedsrichter: Hans-Joachim Weyland.

8. SPIELTAG

Eintracht Frankfurt – Bayern 2:3 (2:2)

FRANKFURT: Tilkowski – Jusufi, Blusch, Schämer, H. Kraus – Friedrich, Sztani – Grabowski, Abbé (71. Keifler), Huberts, Lotz.
BAYERN: Maier – Kupferschmidt, Beckenbauer (71. Nowak), Olk, Schwarzenbeck – Roth, Koulmann – Nafziger, Müller, Ohlhauser, Brenninger .
Tore: 1:0 Huberts (1.), 1:1 Müller (21. Foulelfmeter), 2:1 Schämer (36.), 2:2 Ohlhauser (43.), 2:3 Roth (80.).
Schiedsrichter: Helmut Fritz.

Duell unter Nationalmannschafts-Kollegen: Gerd Müller (r.) und HSV-Libero Willi Schulz am siebten Spieltag. Bayern gewinnt 1:0. Hinten: Franz Roth

9. SPIELTAG

Bayern – Bor. M'gladbach 3:1 (3:0)

BAYERN: Maier – Kupferschmidt, Nowak, Olk, Schwarzenbeck – Roth, Koulmann – Nafziger, Ohlhauser, Müller, Brenninger.
GLADBACH: Danner – Wittmann, Vogts, Milder, Pöggeler – Dietrich, Netzer – H. Wimmer, Laumen, Meyer, K. Ackermann.
Tore: 1:0 Ohlhauser(14.), 2:0 Müller (34.), 3:0 Nowak (40.), 3:1 Netzer (69., Handelfmeter).
Schiedsrichter: Günter Linn.

10. SPIELTAG

Eintr. Braunschweig – Bayern 1:0 (0:0)

BRAUNSCHWEIG: Wolter – Bäse – Meyer, Kaack, Schmidt, Moll – Berg, Ulsaß – Grzyb, Polywka, Maas.
BAYERN: Maier – Nowak – Kupferschmidt, Olk, Schwarzenbeck – Roth, Koulmann – Nafziger, Müller, Ohlhauser, Brenninger.
Tor: 1:0 Maas (80.).
Schiedsrichter: Willi Thier.

11. SPIELTAG

Bayern – 1860 München 2:2 (1:1)

BAYERN: Maier – Nowak – Kupferschmidt, Olk, Schwarzenbeck – Roth, Koulmann – Nafziger, Ohlhauser, Müller, Brenninger .
1860: Radenkovic – Patzke – Wagner (63. Zeiser), Reich, Perusic, Steiner – Peter, Küpper – Heiß, Kohlars, Rebele.
Tore: 0:1 Kohlars (26.), 1:1 Ohlhauser (37.), 1:2 Heiß (83.), 2:2 Koulmann (87.)
Schiedsrichter: Ferdinand Biwersi

12. SPIELTAG

FC Schalke 04 – Bayern 0:1 (0:0)

SCHALKE: Elting – Becher, Pliska, Rausch, Senger – Höbusch, Fichtel – W. Kraus, Pohlschmidt (79. Slomiany), Wittkamp, Blechinger.
BAYERN: Maier – Nowak, Beckenbauer, Olk, Kupferschmidt – Roth (68. Schwarzenbeck), Koulmann – Nafziger, Müller, Ohlhauser, Brenninger .
Tor: 0:1 Ohlhauser (50.).
Schiedsrichter: Edgar Deuschel.

13. SPIELTAG

Bayern – VfB Stuttgart 3:1 (0:0)

BAYERN: Maier – Olk, Beckenbauer, Schwarzenbeck – Roth, Schauß, Kupferschmidt – Nafziger, Ohlhauser, Müller, Brenninger.
STUTTGART: Sawitzki – Sieloff – Arnold, Hoffmann, B. Larsson, Menne – Gress, Gärtner (66. Weiß) – W. Entenmann, Handschuh, Köppel .
Tore: 1:0 Ohlhauser (62.), 1:1 Köppel (64.), 2:1 Müller (73., Foulelfmeter), 3:1 Brenninger (87.).
Schiedsrichter: Gerd Hennig.

14. SPIELTAG

SV Werder Bremen – Bayern 4:1 (1:1)

BREMEN: Bernard – Piontek, Schütz, Steinmann, Höttges – Björnmose, Lorenz – Zebrowski (75. Schweighöfer), Ferner, Görts, Rupp .
BAYERN: Maier – Nowak, Beckenbauer, Olk, Kupferschmidt – Roth, Koulmann – Nafziger, Ohlhauser, Müller, Jung (46. Stöckl).
Tore: 1:0 Höttges (16., Foulelfmeter), 1:1 Müller (26.), 2:1 Görts (49.), 3:1 Görts (82.), 4:1 Höttges (87., Foulelfmeter).
Schiedsrichter: Walter Eschweiler.
Besonderes Vorkommnis: Bernard hält Handelfmeter von Müller (24.).

15. SPIELTAG

Bayern – 1. FC Kaiserslautern 4:1 (1:1)

BAYERN: Maier – Kupferschmidt, Beckenbauer, Olk, Schwarzenbeck – Roth, Koulmann – Nafziger, Ohlhauser, Müller, Brenninger.
KAISERSLAUTERN: Schnarr – Reitgaßl, Schwager, Schneider, Klimaschefski – Hasebrink, Geisert, Diehl – Roggensack, Windhausen (79. Ankovic), Kentschke.
Tore: 0:1 Kentschke (6.), 1:1 Beckenbauer (26.), 2:1 Koulmann (76.), 3:1 Brenninger (84.), 4:1 Beckenbauer (90.).
Schiedsrichter: Berthold Schmidt.

16. SPIELTAG

1. FC Nürnberg – Bayern 7:3 (3:0)

NÜRNBERG: Wabra – Leupold, Wenauer, L. Müller, Popp – Ferschl, Starek – Z. Cebinac, Brungs, Strehl, Volkert.
BAYERN: Maier – Kupferschmidt, Beckenbauer, Olk, Schwarzenbeck – Roth, Koulmann – Nafziger, Ohlhauser, Müller, Brenninger.
Tore: 1:0 Strehl (26.), 2:0 Volkert (27.), 3:0 Brungs (37.), 4:0 Brungs (50.), 5:0 Brungs (57.), 6:0 Brungs (62.), 6:1 Müller(72.), 7:1 Brungs (75.), 7:2 Brenninger (79.), 7:3 Brenninger (89.).
Schiedsrichter: Johannes Malka.

17. SPIELTAG

Bayern – MSV Duisburg 0:4 (0:3)

BAYERN: Maier – Stöckl (46. Schauß), Beckenbauer, Schwarzenbeck – Roth, Olk, Koulmann – Jung, Ohlhauser, Müller, Brenninger.
DUISBURG: Manglitz – Heidemann, Pirsig, M. Müller, Bella – Lehmann, van Haaren – Lotz, Kostedde, Wild, Gecks.
Tore: 0:1 Kostedde (16.), 0:2 Lehmann (27.), 0:3 Gecks (36.), 0:4 Gecks (71.).
Platzverweis: M. Müller (74.).
Schiedsrichter: Rolf Seekamp.

18. SPIELTAG

Bayern – Alemannia Aachen 4:1 (2:1)

BAYERN: Maier – Kupferschmidt, Nowak, Olk, Schwarzenbeck – Roth, Beckenbauer – Nafziger (77. Jung), Ohlhauser, Müller, Brenninger.
AACHEN: Prokop – Pawellek, Martinelli, Troche, Thelen – Bechmann, Hermandung – Krott, Hoffmann, Gronen, Ferdinand (61. Klostermann).
Tore: 1:0 Müller (11.), 2:0 Müller (33.), 2:1 Hermandung (34.), 3:1 Müller (51.), 4:1 Ohlhauser (77.).
Schiedsrichter: Ferdinand Biwersi.

19. SPIELTAG

Hannover 96 – Bayern 2:1 (1:0)

HANNOVER: Podlasly – Hellingrath, Breuer, Anders, Bandura – Straschitz, Gräber – Poulsen, Heynckes, Siemensmeyer, Rodekamp.
BAYERN: Maier – Kupferschmidt, Schwarzenbeck – Roth, Nowak, Olk – Ohlhauser, Beckenbauer – Nafziger (46. Jung), Müller, Brenningeri.
Tore: 1:0 Rodekamp (6.), 2:0 Poulsen (58.), 2:1 Müller (89.).
Schiedsrichter: Gerd Hennig.

20. SPIELTAG

1. FC Köln – Bayern 3:3 (2:2)

KÖLN: Schumacher – Pott, Weber, Thielen, Hemmersbach – Rumor, Simmet, Overath (55. Rausch) – Rühl, Löhr, Hornig.
BAYERN: Maier – Kupferschmidt, Beckenbauer, Werner (55. Olk), Schwarzenbeck – Roth, Müller, Koulmann – Jung, Ohlhauser, Brenninger.
Tore: 0:1 Koulmann (15.), 0:2 Koulmann (24.), 1:2 Löhr (40.), 2:2 Rühl (45.), 2:3 Müller (56., Foulelfmeter), 3:3 Löhr (76., Foulelfmeter).
Schiedsrichter: Gerhard Schulenburg.

21. SPIELTAG

Bayern – Borussia Dortmund 2:0 (2:0)

BAYERN: Maier – Kupferschmidt, Beckenbauer, Olk, Schwarzenbeck – Koulmann, Roth – Jung, Ohlhauser, Müller, Brenninger.
DORTMUND: Wessel – Paul – Wosab, Kurrat, Sturm, Peehs – Brakelmann, Neuberger – Cyliax, Held, Emmerich.
Tore: 1:0 Müller (24.), 2:0 Müller (44.).
Schiedsrichter: Klaus Ohmsen.

22. SPIELTAG

Karlsruher SC – Bayern 0:2 (0:0)

KARLSRUHE: Rynio – Ehmann, Marx, Weidlandt, Scheu – Dürrschnabel, Slatina – Schrodt, Zaczyk, Cieslarczyk (46. Dobat), Hausser.
BAYERN: Maier – Kupferschmidt, Roth, Beckenbauer, Schwarzenbeck – Olk, Koulmann – Nafziger, Müller, Ohlhauser, Brenninger (61. Jung).
Tore: 0:1 Ohlhauser (80.), 0:2 Müller (82.).
Schiedsrichter: Walter Horstmann.

23. SPIELTAG

Bayern – Bor. Neunkirchen 4:0 (1:0)

BAYERN: Maier – Kupferschmidt, Beckenbauer, Olk, Schwarzenbeck – Nowak (46. Nafziger), Schauß – Roth, Ohlhauser, Müller, Jung.
NEUNKIRCHEN: Kirsch – Leist – Regitz, Rohweder, Schock, Czernotzky – Martin, Gayer – Ulm (66. Hermesdorf), Kuntz, Linsenmaier.
Tore: 1:0 Müller (22.), 2:0 Ohlhauser (72.), 3:0 Beckenbauer (78.), 4:0 Ohlhauser (81.).
Schiedsrichter: Hans Voss.

24. SPIELTAG

Hamburger SV – Bayern 2:1 (1:0)

HAMBURG: Özcan – Dieckmann, Horst, W. Schulz, Kurbjuhn – H. Schulz, Krämer – Hellfritz, Hönig, U. Seeler, G. Dörfel.
BAYERN: Maier – Beckenbauer – Kupferschmidt, Roth, Olk, Schwarzenbeck – Koulmann – Jung (58. Nafziger), Ohlhauser, Müller, Brenninger.
Tore: 1:0 G. Dörfel (20.), 2:0 U. Seeler (61.), 2:1 Roth (75.).
Schiedsrichter: Karl Niemeyer.

25. SPIELTAG

Bayern – Eintracht Frankfurt 3:0 (0:0)

BAYERN: Maier – Kupferschmidt, Beckenbauer, Olk, Schwarzenbeck – Roth (77. Werner), Koulmann – Jung, Ohlhauser, Müller, Brenninger.
FRANKFURT: Tilkowski – Jusufi, Lindner, Blusch, Schämer – Friedrich, Huberts – Hölzenbein (46. Bronnert), Bechtold, Nickel, Lotz.
Tore: 1:0 Müller (70.), 2:0 Müller (75.), 3:0 Jung (79.).
Schiedsrichter: Hans Radermacher.

26. SPIELTAG

Bor. M'gladbach – Bayern 1:1 (1:1)

GLADBACH: Danner – Spinnler, Pöggeler (68. Kempers), Milder, Wittmann – Dietrich, Netzer, Vogts – H. Wimmer, Laumen, K. Ackermann.
BAYERN: Maier – Kupferschmidt, Olk, Beckenbauer, Schwarzenbeck – Koulmann, Roth (7. Werner) – Jung, Ohlhauser, Müller, Brenninger.
Tore: 0:1 Müller (32.), 1:1 Netzer (40., Foulelfmeter).
Schiedsrichter: Horst Herden.

27. SPIELTAG

Bayern – Eintr. Braunschweig 3:0 (0:0)

BAYERN: Maier – Kupferschmidt, Beckenbauer, Olk, Schwarzenbeck– Roth, Koulmann – Jung, Ohlhauser, Müller, Brenninger. (66. Nafziger)
BRAUNSCHWEIG: Wolter – Grzyb, Bäse, Kaack, Schmidt – Berg, Moll – Gerwien, Polywka, Saborowski (63. Effert), Maas.
Tore: 1:0 Ohlhauser (53.), 2:0 Ohlhauser (86.), 3:0 Müller (88.).
Schiedsrichter: Dr. Gerd Siepe.

28. SPIELTAG

1860 München – Bayern 3:2 (2:0)

1860: Radenkovic – Kroth, Wagner, Perusic, Steiner – Zeiser, Grosser – Heiß, Kohlars, Bründl, Rebele.
BAYERN: Maier – Kupferschmidt, Beckenbauer, Olk, Schwarzenbeck – Roth, Koulmann – Jung, Ohlhauser, Müller, Nafziger.
Tore: 1:0 Heiß (17.), 2:0 Perusic (28.), 3:0 Bründl (57.), 3:1 Roth (75.), 3:2 Müller (77.).
Schiedsrichter: Kurt Tschenscher.

29. SPIELTAG

Bayern – FC Schalke 04 2:0 (0:0)

BAYERN: Maier – Kupferschmidt, Beckenbauer, Olk, Schwarzenbeck – Roth, Koulmann (46. Nowak)– Jung, Ohlhauser, Müller, Brenninger.
SCHALKE: Nigbur – Becher, Fichtel, Senger, Rausch – Slomiany, Neuser – Blechinger, Höbusch, Wittkamp, Dittrich.
Tore: 1:0 Ohlhauser (62.), 2:0 Ohlhauser (75.).
Schiedsrichter: Helmut Fritz.

30. SPIELTAG

VfB Stuttgart – Bayern 3:0 (1:0)

STUTTGART: Heinze – W. Entenmann, Koch, Hoffmann, Weiß – Sieloff, B. Larsson – Gress, Handschuh, Haug, Köppel.
BAYERN: Maier – Nowak, Beckenbauer, Werner, Kupferschmidt – Schwarzenbeck, Koulmann – Roth, Ohlhauser, Müller, Brenninger.
Tore: 1:0 Gress (15.), 2:0 Haug (71.), 3:0 Handschuh (78.).
Schiedsrichter: Karl Niemeyer.

31. SPIELTAG

Bayern – Werder Bremen 2:3 (0:1)

BAYERN: Maier – Kupferschmidt, Nowak, Olk, Schwarzenbeck – H. Schmidt, Koulmann – Jung, Ohlhauser, Müller, Brenninger (46. Deuerling).
BREMEN: Bernard – Schimeczek, Schütz (61. B.Schmidt), Steinmann, Höttges – Lorenz, Ferner, Danielsen – Görts, Björnmose, Rupp.
Tore: 0:1 Danielsen (16.), 1:1 Ohlhauser (46.), 2:1 Ohlhauser (63.), 2:2 Steinmann (85.), 2:3 Lorenz, (90.).
Schiedsrichter: Hans-Joachim Weyland.

32. SPIELTAG

1. FC Kaiserslautern – Bayern 2:2 (1:1)

KAISERSLAUTERN: Schnarr – Koppenhöfer, Schwager, Schneider (46. Klein), Klimaschefski – Rehhagel, Kapitulski, Hasebrink – Roggensack, Windhausen, Kentschke.
BAYERN: Maier – Kupferschmidt, Nowak, Schwarzenbeck – Werner, Roth, Koulmann – Nafziger, Müller, Schmidt, Brenninger.
Tore: 1:0 Roggensack (30.), 1:1 Brenninger (45.), 2:1 Windhausen (51.), 2:2 Koulmann (71.).
Schiedsrichter: Gerhard Schulenburg.

33. SPIELTAG

Bayern – 1. FC Nürnberg 0:2 (0:2)

BAYERN: Maier – Schwarzenbeck, Olk, Beckenbauer, Kupferschmidt – Roth, Müller – Nafziger, Ohlhauser, Jung, Brenninger (46. Schmidt).
NÜRNBERG: Wabra – Leupold, Wenauer, L. Müller, Popp – Müller, Ferschl – Z. Cebinac (65. Starek), Strehl, Brungs, Volkert.
Tore: 0:1 Brungs (30.), 0:2 Strehl (40.).
Schiedsrichter: Alfred Ott.

34. SPIELTAG

MSV Duisburg – Bayern 3:3 (2:2)

DUISBURG: Manglitz – Heidemann, Pirsig, Pavlic, Bella – M. Müller, van Haaren – Gecks (80. Rettowski), Lotz, Budde, Kremer.
BAYERN: Maier – Kupferschmidt, Olk, Beckenbauer, Schwarzenbeck – Roth (63. Nowak), Koulmann – Jung, Ohlhauser, Müller, Nafziger.
Tore: 0:1 Ohlhauser (3.), 1:1 Gecks (13.), 2:1 Gecks (34.), 2:2 Ohlhauser (39.), 2:3 Müller (48., Handelfmeter), 3:3 Pavlic (80.).
Schiedsrichter: Bruno Schulz.

Abschlusstabelle

Pl.	Verein	Spiele	G	U	V	Tore	Diff.	Punkte
1	Nürnberg	34	19	9	6	71:37	+34	47:21
2	Bremen	34	18	8	8	68:51	+17	44:24
3	M'gladbach	34	15	12	7	77:45	+32	42:26
4	Köln	34	17	4	13	68:52	+16	38:30
5	Bayern (P)	34	16	6	12	68:58	+10	38:30
6	Frankfurt	34	15	8	11	58:51	+7	38:30
7	Duisburg	34	13	10	11	69:58	+11	36:32
8	Stuttgart	34	14	7	13	65:54	+11	35:33
9	Braunschweig (M)	34	15	5	14	37:39	–2	35:33
10	Hannover	34	12	10	12	48:52	–4	34:34
11	Aachen (A)	34	13	8	13	52:66	–14	34:34
12	1860 München	34	11	11	12	55:39	+16	33:35
13	Hamburg	34	11	11	12	51:54	–3	33:35
14	Dortmund	34	12	7	15	60:59	+1	31:37
15	Schalke	34	11	8	15	42:48	–6	30:38
16	Kaiserslautern	34	8	12	14	39:67	–28	28:40
17	Neunkirchen (A)	34	7	5	22	33:93	–60	19:49
18	Karlsruhe	34	6	5	23	32:70	–38	17:51

DIE WEITEREN SIEGER DES JAHRES:

Europameister:
Italien

Europacup der Landesmeister:
Manchester United

Europacup der Pokalsieger:
AC Mailand

Messepokal:
Leeds United

DFB-Pokal:
1. FC Köln

Alle Ergebnisse auf einen Blick

Waagerecht: alle Heimresultate. Senkrecht: alle Auswärtsresultate	Nürnberg	Bremen	M'gladbach	Köln	Bayern	Frankfurt	Duisburg	Stuttgart	Braunschweig	Hannover	Aachen	1860 München	Hamburg	Dortmund	Schalke	Kaiserslautern	Neunkirchen	Karlsruhe
Nürnberg		0:0	1:0	2:1	7:3	0:2	4:1	5:1	3:1	2:1	4:1	1:1	4:0	2:1	2:3	4:1	3:0	2:0
Bremen	0:4		0:4	3:1	4:1	2:0	3:3	3:1	3:2	1:0	0:1	2:2	1:4	2:1	2:0	2:1	2:1	6:1
M'gladbach	1:1	3:1		1:0	1:1	1:1	1:1	1:1	2:0	5:1	3:0	1:1	4:1	2:2	1:6	8:2	10:0	0:0
Köln	3:3	1:4	2:5		3:3	5:1	3:0	2:2	1:0	2:1	3:1	1:0	2:1	3:0	7:0	5:0	2:1	4:0
Bayern	0:2	2:3	3:1	0:3		3:0	0:4	3:1	3:0	1:0	4:1	2:2	1:0	2:0	2:0	4:1	4:0	3:0
Frankfurt	1:2	5:3	3:1	1:2	2:3		3:2	4:0	2:0	3:0	1:1	2:1	1:1	4:1	2:2	5:2	4:1	2:0
Duisburg	2:0	1:1	2:2	3:2	3:3	0:1		3:3	2:3	1:2	3:0	2:1	1:2	2:2	1:1	7:0	3:1	2:1
Stuttgart	1:1	0:3	1:3	2:0	3:0	4:0	3:0		0:0	2:0	4:1	2:1	4:1	4:1	2:0	0:1	2:1	3:2
Braunschweig	0:3	0:3	2:1	1:2	1:0	0:0	3:0	2:1		0:1	2:0	0:1	0:1	2:0	1:0	1:0	4:2	1:0
Hannover	1:1	4:2	1:1	3:0	2:1	2:1	2:2	2:1	1:1		1:1	1:2	2:2	2:2	2:1	2:0	2:0	2:0
Aachen	2:0	1:1	0:0	4:2	0:4	2:1	4:4	3:2	2:1	2:2		3:3	2:0	3:0	2:1	1:1	5:1	2:1
1860 München	1:2	1:3	0:0	0:1	3:2	5:0	0:1	3:3	1:0	3:1	6:0		0:1	3:0	1:2	0:3	5:0	3:0
Hamburg	3:1	2:1	2:3	3:1	2:1	0:1	1:3	1:1	0:0	2:3	5:1	2:2		3:2	1:1	1:1	0:0	0:0
Dortmund	1:2	1:1	3:1	2:0	6:3	2:1	4:3	2:1	0:1	3:1	1:0	0:0	2:2		2:1	4:0	6:0	5:0
Schalke	0:0	0:2	3:4	1:1	0:1	0:0	0:3	2:1	0:2	1:1	2:1	0:0	3:0	1:0		2:1	2:0	2:0
Kaiserslautern	1:0	2:2	0:1	2:1	2:2	1:1	0:1	2:0	2:2	0:0	1:0	0:0	3:3	2:2	1:0		2:1	1:1
Neunkirchen	2:2	0:0	0:3	2:1	1:1	2:2	2:1	0:5	1:2	3:1	0:1	1:0	0:3	3:2	1:5	2:1		3:2
Karlsruhe	1:1	1:2	3:2	0:1	0:2	0:1	0:2	1:4	1:2	3:1	2:4	0:3	2:1	2:0	1:0	2:2	5:1	

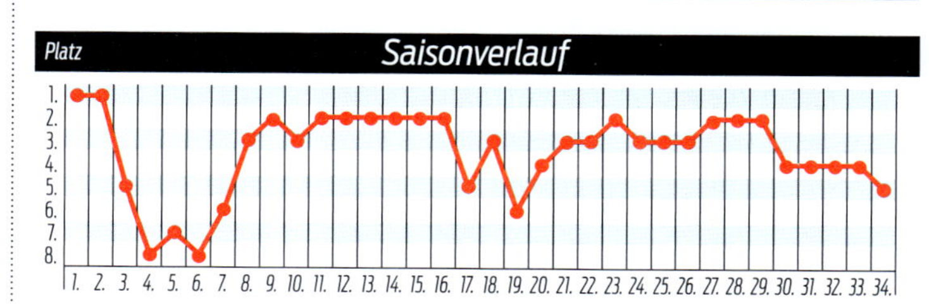

MEISTER MIT NUR 13 SPIELERN

Der neue Trainer Branko Zebec stellt mit seiner Mannschaft einen ewigen Rekord auf. Die Spieler hassen ihn und sind dennoch dankbar

Franz Beckenbauer wirft Nelken in den Bayern-Farben Rot und Weiß ins Publikum

Vor der Saison tritt eine Regelung in Kraft, die den taktischen Spielraum der Trainer erhöht. Sie dürfen jetzt zwei Spieler auswechseln, nicht nur wie bisher einen – und es bedarf auch keiner Verletzung mehr als Grund. Nur einem Übungsleiter scheint das völlig egal: Branko Zebec, dem Neuen auf der Bank des FC Bayern.

Erst am 13. Spieltag in Köln macht der Jugoslawe von der Möglichkeit Gebrauch. Nach der Halbzeit beordert er Helmut Schmidt, der seit der Saison 1967/68 im Profikader ist, aber noch keinen Bundesliga-Einsatz hat, für Werner Olk ins Team.

Zebec bleibt so sparsam mit seinen Einwechslungen, setzt bis zum Ende der Saison nur 13 Spieler ein. Ein – das darf man behaupten – ewiger Bundesliga-Rekord. Für Zebec bleibt Fußball ein Spiel für elf Männer, aber er macht alles richtig: Mit deutlichem Abstand vor Vizemeister Alemannia Aachen holen sich die Bayern ihre erste Meisterschaft.

Zebec beginnt in der kompletten Hinrunde stets mit derselben Elf, ein schier unglaubliches Kunststück. Erst Gerd Müllers Platzverweis beim Skandalspiel in Hannover am 17. Spieltag, wo Statistiker 64 Fouls zählen und Sepp Maier einen Zuschauer ohrfeigt, zwingt Zebec dazu, seine Elf vorübergehend zu ändern. Müller ist erst am 22. Spieltag wieder dabei. So laufen „nur“ acht Spieler in allen 34 Partien auf.

Neuer Trainer, neue Sitten. Das gilt in mancherlei Hinsicht in der Saison, in der es im deutschen Fußball nach 32 Jahren wieder einen Double-Sieger gibt. Zebec ist zwar wie sein Vorgänger Tschik Cajkovski Jugoslawe und war Nationalspieler, damit enden die Gemeinsamkeiten indes.

Er ist ein strenger Mann, kein väterlicher Freund, streicht den freien Sonntag, weil er weiß, dass Spieler nach Belastungen am nächsten Tag regenerieren sollen. Eine Ansicht, die 1968/69 längst nicht alle Trainerkollegen teilen. Auch sein 4-3-3-System ist in der Bundesliga ungewöhnlich, die Abkehr vom vierten Stürmer. Und im Training rollt der Ball nun seltener, dafür fließt der Schweiß.

In der Vorbereitung beginnen die Einheiten in der Sportschule Grünwald um sieben Uhr morgens mit Zirkeltraining über 15 Stationen. Danach Rundenlaufen und wieder in den Zirkel. Sepp Maier klagt Jahre später: „Da hat einem schon das Frühstück nicht mehr geschmeckt. Wir waren nicht mehr fähig, die Treppe hochzusteigen, so fürchterliche Schmerzen hatten wir in Waden und Oberschenkeln.“

Um zehn Uhr beginnt das Haupttraining, nachmittags folgt die dritte Einheit. Franz Beckenbauer über die Zeit mit Zebec: „Unter ihm hatten wir zum ersten Mal ein geordnetes Training, bei dem jeder wusste, welche Übungen zu machen sind. Er hat uns den nötigen Ernst beigebracht und uns gelehrt, wie es im Profifußball zuzugehen hat. So endete unsere Jugend.“

Einige Akteure erhalten noch einen Extraschliff. Gerd Müller etwa ist Zebec zu

Die frischgebackenen Meister (v. l.): Dieter Brenninger, Rainer Ohlhauser, Helmut Schmidt, Hans-Georg Schwarzenbeck, Werner Olk (hinter Roth), Franz Roth (mit Schale), Peter Pumm, Gerd Müller (halb verdeckt), Sepp Maier (hinter Müller), Franz Beckenbauer (halb verdeckt) und Gustl Starek

dick, weshalb er ihn auch bei drückender Hitze zwei Trikots unter dem Trainingsanzug tragen lässt. Im Oktober, nach vier Monaten Zebec, hat er schon sieben Kilo verloren – und sein Spiel eine nie gekannte Leichtigkeit.

Zebec lässt nie locker und Maier im Winter auf schneebedecktem Hotelparkplatz ohne Knie- und Armschützer nach Bällen hechten. Der Trainingsplatz ist unbespielbar, trotzdem muss geübt werden. Die Anzahl der Laufstrecken im Training bestimmt der Zufall. Mal greift Branko Zebec nach ein paar Kieselsteinen, mal nach Zweigen. Die Spieler müssen so viele Runden laufen, wie er Steine oder Zweige zu Boden fallen ließ. Sie hassen ihn regelrecht für seine Methoden, aber sind ihm dankbar. Als Sepp Maier seine Karriere reflektiert, gesteht er: „Dieses Training hat mich zu dem Spieler gemacht, der ich dann geworden bin. Dafür bin ich dem Branko Dank schuldig."

1972, auf dem Höhepunkt seiner Karriere, äußert sich Müller ähnlich: „Wir haben unseren Trainer damals verwünscht. Wenn ich mir jetzt nochmals so alles überlege, muss ich sagen: Ich bin ihm dankbar."

BILD veröffentlicht eine Sonderedition über das „Geheimnis eines Fußballwunders". Denn Bayern ist ein Meister, der Rekorde bricht. Nie zuvor startete eine Mannschaft mit fünf Siegen in die Saison, nie zuvor stand eine Mannschaft vom ersten bis 34. Spieltag an der Tabellenspitze, nie hatte ein Meister bis 1972/73 mehr Vorsprung (acht Punkte). Mit dem 5:1 gegen Kickers Offenbach am 32. Spieltag macht die Elf von Zebec ihr Meisterstück perfekt.

Was indes ausbleibt, ist bundesweite Begeisterung. Wurden die Bayern nach dem ersten Bundesliga-Jahr 1965/66 in einer Umfrage noch aufgrund ihres Offensiv-Fußballs zur sympathischsten Mannschaft gewählt, gibt es nun weniger Beifall von neutraler oder gegnerischer Seite.

Bayerns Spiel besticht durch Effizienz und Nüchternheit. Denn auch nie zuvor schossen sie weniger Tore, 61 sind es am Saisonende nur. Aber sie kassieren auch so wenig Tore wie nie: 31 (1967/68: 58). Als Gerd Müller Jahre später zu dieser Saison befragt wird, sagt er: „Da begann es mit dem abgeklärten, coolen Bayern-Stil." ●

DFB-Pokal

Nach dem 2:1-Sieg gegen Schalke: Zebec (mit Pokal) und seinen Siegertypen

Mit viertem Triumph Rekordpokalsieger

Der Start deutet nicht wirklich auf ein glückliches Ende hin. In der ersten Runde müssen die Bayern gegen Kickers Offenbach (0:0 n. V. in München) sogar in die Wiederholung, die Gerd Müller mit seinem Treffer zum 1:0-Sieg entscheidet. Im Heimspiel gegen Regionalligist Arminia Hannover (1:0) fällt das einzige Tor, das Müller in der Pokalsaison 1968/69 nicht schießt: Rainer Ohlhauser erlöst die 6000 Fans in der 84. Minute. Überzeugender gestalten die Bayern das Viertelfinale beim HSV vor 64 500 Zuschauern – Endstand 2:0. Auch im Halbfinale (2:0) gegen Nürnberg bleibt der kommende Double-Gewinner ohne Gegentor, wieder wird es eine Müller-Show. Und der beste Torjäger der Saison entscheidet auch das Hitze-Finale von Frankfurt (50 Grad in der Sonne) am 14. Juni 1969 gegen Schalke 04. Manfred Pohlschmidt fügt Sepp Maier zwar das einzige Gegentor im Wettbewerb zu, das 1:1 (20.), aber bereits vor der Pause kontert Gerd Müller mit seinem zweiten Treffer zum 2:1 (35.) – der Sieg. Damit sichert er sich und den Kollegen je 5000 D-Mark Prämie. Nach ihrem vierten Triumph (zuvor 1957, 1966, 1967) dürfen sich die Bayern bereits Rekordpokalsieger nennen. Das sind sie immer noch.

1:0 im Endspiel: Müller (l.) trifft mit Vollspann (12.). Rechts: Klaus Fichtel

TRAINER

BRANKO ZEBEC
Bayern ist seine zweite Trainerstation (nach Dinamo Zagreb (1965 – 1967). Erst Felix Magath gewinnt in seinem Debütjahr (2004/05) wieder das Double. Zebec' Gehalt: 6000 DM im Monat.

DIE **TOP-ELF** DER SAISON

Peter Pumm

DER **SPIELER** DES JAHRES

Der „Bomber der Nation" wird zum zweiten Mal „Fußballer des Jahres" – und zum zweiten Mal nach 1966/67 bester Torjäger der Bundesliga. Diesmal mit 30 Treffern allein – und unangefochten vor Uwe Seeler (23). Nie ist Bayern abhängiger von ***Gerd Müller*** *(mit DFB-Pokal) als in dieser Saison. Das zeigt sich besonders, als er wegen seines Platzverweises am 17. Spieltag nach Tätlichkeit gegen Jupp Heynckes acht Wochen gesperrt wird. In der Zeit finden allerdings nur vier Bundesliga-Spiele statt, Bayern gewinnt keins davon.*

Der Kader

NAME	SPIELE	TORE
Sepp Maier	34	0
Franz Beckenbauer	33	2
Peter Kupferschmidt	22	0
Werner Olk	34	1
Peter Pumm	34	0
Hans-Georg Schwarzenbeck	34	0
Franz Roth	34	2
Helmut Schmidt	21	2
August Starek	34	4
Dieter Brenninger	34	9
Gustav Jung	4	0
Gerd Müller	30	30
Rainer Ohlhauser	34	10

DIETER BRENNINGER ist einer von acht Spielern, die alle 34 Spiele absolvieren. Neun Tore erzielt er

Transfers

PETER PUMM wird in seinem ersten Jahr bei den Bayern gleich zum Dauerbrenner, verpasst nicht eine Bundesliga-Minute. Der Österreicher, aus Innsbruck gekommen, verteidigt links, bleibt bis 1971 in München. Seine Bilanz: 84 Bundesliga-Spiele, zwei Tore. Sein erstes schießt er am 12. September 1969 gegen Borussia Dortmund (5. Spieltag 1969/70). Nach seinem zweiten DFB-Pokalsieg 1971 kehrt er nach Österreich zurück, schließt sich dem Donawitzer SV Alpine an. Zwischen 1965 und 1973 läuft Pumm 19-mal für die Nationalmannschaft seines Heimatlandes auf, erzielt ein Tor.

SPIELER	VON VEREIN	ABLÖSESUMME
Peter Pumm	FC Wacker Innsbruck	–
Gustl Starek	1. FC Nürnberg	–

Tops & Flops

GUSTL STAREK wird als erster Bundesliga-Spieler zum zweiten Mal Meister, und das innerhalb eines Jahres (davor 1968 mit Nürnberg). Sein Ex-Verein steigt übrigens ab.

SEPP MAIER pariert nach 20 Elfmetern, die gegen ihn verwandelt wurden, endlich den ersten: am 21. Spieltag gegen Schalke. Am 24. Spieltag folgt gegen den MSV Duisburg gleich der zweite.

FRANZ BECKENBAUER debütiert am 7. 11. 1968 in Rio de Janeiro in der Weltauswahl (1:2 gegen Brasilien). Das Spiel gegen Nürnberg wird deshalb verlegt.

PETER KUPFERSCHMIDT hat die schönste Handschrift und unterschreibt für die Kollegen Autogrammkarten, wenn die keine Zeit haben, enthüllt BILD.

NEUZUGÄNGE Von sechs kommen nur Starek und Pumm zum Einsatz. Dauerhaft zusehen müssen Benno Zellermayer, Peter Stegmann, Albrecht Wachsmann und Reinhard Lippert.

HEIMFLAUTE Vom 16. bis 21. Spieltag gelingt in drei Heimspielen (0:0 gegen Gladbach, 0:2 gegen 1860, 0:0 gegen Schalke) kein Tor. Vereinsrekord bis heute.

Wintertraining: Dieter Brenninger (l. und Hans-Georg Schwarzenbeck an der Säge, beobachtet von (v. l.) Gustav Jung, Branko Zebec und Peter Pumm. Der Trainingsplatz ist unbespielbar

1. SPIELTAG

Bayern – 1. FC Kaiserslautern 2:0 (2:0)

BAYERN: Maier – Kupferschmidt, Beckenbauer, Schwarzenbeck, Pumm – Olk, Starek – Roth, Ohlhauser, Müller, Brenninger.
KAISERSLAUTERN: Schnarr – Koppenhöfer, Diehl, Schwager, Klimaschefski – Friedrich, Rehhagel (46. Windhausen) – Geisert, Hasebrink, Rumor, Kentschke.
Tore: 1:0 Ohlhauser (7.), 2:0 Rehhagel (18., Eigentor).
Schiedsrichter: Gerd Hennig.

2. SPIELTAG

1860 München – Bayern 0:3 (0:2)

1860: Radenkovic – Patzke, Reich, Wagner, Kroth – Schmidt (31. Kittel), Perusic – Rebele, Fischer, Schäffner, Steiner (73. Heiß).
BAYERN: Maier – Kupferschmidt, Olk, Beckenbauer, Pumm – Schwarzenbeck, Starek – Roth, Ohlhauser, Müller, Brenninger.
Tore: 0:1 Roth (9.), 0:2 Müller (24.), 0:3 Müller (90., Foulelfmeter).
Schiedsrichter: Alfred Ott.

3. SPIELTAG

Bayern – Hamburger SV 5:1 (1:0)

BAYERN: Maier – Kupferschmidt, Beckenbauer, Schwarzenbeck, Pumm – Olk, Starek – Roth, Ohlhauser, Müller, Brenninger.
HAMBURG: Özcan – W. Schulz – Sandmann, Horst, H. Schulz, Dieckmann – U. Seeler, Schöll – Dringelstein, Hönig, G. Dörfel.
Tore: 1:0 Müller (29.), 2:0 Müller (58., Foulelfmeter), 3:0 Starek (73.), 3:1 U. Seeler (77.), 4:1 Müller (84.), 5:1 Müller (88.).
Schiedsrichter: Dr. Gerd Siepe.

4. SPIELTAG

FC Schalke 04 – Bayern 1:2 (1:1)

SCHALKE: Nigbur – Erlhoff – Fichtel, Senger, Slomiany – Höbusch, Neuser, van Haaren – Libuda, Kasperski (65. Michel), Lütkebohmert.
BAYERN: Maier – Beckenbauer – Kupferschmidt, Schwarzenbeck, Pumm – Olk, Starek – Roth, Ohlhauser, Müller, Brenninger.
Tore: 1:0 Senger (29.), 1:1 Müller (36.), 1:2 Ohlhauser (52.).
Schiedsrichter: Diedrich Basedow.

5. SPIELTAG

Bayern – Hertha BSC 3:0 (3:0)

BAYERN: Maier – Kupferschmidt, Beckenbauer, Schwarzenbeck, Pumm – Olk, Starek – Roth, Ohlhauser, Müller, Brenninger.
HERTHA: Fraydl – Witt – Groß, Wild, Enders – Kröner, Ipta, Ferschl (46. Sangulin) – Steffenhagen, Brungs, Krafczyk (74. Weber).
Tore: 1:0 Starek (9.), 2:0 Müller (14.), 3:0 Ohlhauser (30.).
Schiedsrichter: Edgar Deuschel.

6. SPIELTAG

Eintr. Frankfurt – Bayern 1:1 (1:1)

FRANKFURT: Dr. Kunter – K.-H. Wirth, Jusufi, Lindner, Schämer – Bellut, Huberts – Hölzenbein (55. Racky), Grabowski, Nickel, H. Kraus.
BAYERN: Maier – Kupferschmidt, Beckenbauer, Schwarzenbeck, Pumm -Olk, Starek – Roth , Ohlhauser, Müller, Brenninger.
Tore: 1:0 Grabowski (17., Foulelfmeter), 1:1 Müller(29.).
Schiedsrichter: Walter Eschweiler.

7. SPIELTAG

Bayern – MSV Duisburg 2:2 (1:1)

BAYERN: Maier – Kupferschmidt, Beckenbauer, Schwarzenbeck, Pumm – Olk, Starek – Roth, Ohlhauser, G. Müller, Brenninger.
DUISBURG: Manglitz – Burghardt – Pavlic, M. Müller, Pirsig, Bella – Huttary, Kremer – Gecks, Budde, Riedl.
Tore: 1:0 G. Müller (11., Foulelfmeter), 1:1 Budde (28.), 1:2 Pavlic (72., Foulelfmeter), 2:2 Brenninger (79.).
Schiedsrichter: Helmut Fritz.

8. SPIELTAG

Eintr. Braunschweig – Bayern 2:3 (1:1)

BRAUNSCHWEIG: Wolter – Bäse – Grzyb, Moll, Berg (78. Merkhoffer) – Polywka, Ulsaß, B. Dörfel – Gerwien, Weiß (19. Deppe), Maas.
BAYERN: Maier – Beckenbauer – Kupferschmidt, Schwarzenbeck, Pumm – Starek, Olk, Ohlhauser – Roth, Müller, Brenninger.
Tore: 1:0 Deppe (34.), 1:1 Starek (41.), 1:2 Müller (51.), 1:3 Müller (84.), 2:3 Deppe (89.) .
Schiedsrichter: Hans Hillebrand.

9. SPIELTAG

Bayern – VfB Stuttgart 2:0 (0:0)

BAYERN: Maier – Kupferschmidt, Beckenbauer, Schwarzenbeck, Pumm – Olk, Starek – Roth, Ohlhauser, Müller, Brenninger.
STUTTGART: Heinze – Arnold, Menne, Hoffmann, Mayer – Larsson, W. Entenmann – Weidmann, Gress, Handschuh, Haaga.
Tore: 1:0 Müller (46.), 2:0 Müller (90.).
Schiedsrichter: Gerhard Schulenburg.

10. SPIELTAG

Alemannia Aachen – Bayern 2:4 (1:2)

AACHEN: Prokop – Klostermann, Hermandung, Thelen (68. Pawellek), Martinelli – Hoffmann, Bechmann – Kapellmann, Gronen, Claessen, Sell .
BAYERN: Maier – Kupferschmidt, Beckenbauer, Schwarzenbeck, Pumm – Olk, Starek – Roth, Ohlhauser, Müller, Brenninger.
Tore: 0:1 Ohlhauser (4.), 1:1 Kapellmann (23.), 1:2 Ohlhauser (33.), 1:3 Ohlhauser (55.), 2:3 Sell (58.), 2:4 Müller (88.).
Schiedsrichter: Horst Herden.

11. SPIELTAG

Werder Bremen – Bayern 1:0 (0:0)

BREMEN: Loweg – Piontek, Schütz, Steinmann, Lorenz – Danielsen, Höttges – Görts, Ferner, Bjørnmose, Zebrowski (60. Rupp).
BAYERN: Maier – Kupferschmidt, Beckenbauer, Olk, Pumm – Starek, Schwarzenbeck – Roth, Ohlhauser, Müller, Brenninger.
Tor: 1:0 Steinmann (81.).
Schiedsrichter: Alfred Köhler.

12. SPIELTAG

Bayern – Borussia Dortmund 4:1 (2:0)

BAYERN: Maier – Kupferschmidt, Beckenbauer, Schwarzenbeck, Pumm – Olk, Starek – Roth, Ohlhauser, Müller, Brenninger.
DORTMUND: Wessel – Assauer – Redder, Brakelmann, Peehs – Kurrat, Neuberger – Erler (46. Hofmeister), Lehmann, Held, Emmerich.
Tore: 1:0 Müller (23.), 2:0 Müller (39.), 3:0 Brenninger (66.), 4:0 Olk (74.), 4:1 Emmerich (80.).
Schiedsrichter: Jan Redelfs.

13. SPIELTAG

1. FC Köln – Bayern 1:1 (1:0)

KÖLN: Heyeres – Pott, Weber, Biskup, Hemmersbach – Simmet, Flohe (75. Hermes) – Rühl, Löhr (73. Bründl), Overath, Hornig.
BAYERN:
Maier – Kupferschmidt, Beckenbauer, Schwarzenbeck, Pumm – Olk (46. Schmidt), Starek – Roth, Ohlhauser, Müller, Brenninger.
Tore: 1:0 Löhr (40.), 1:1 Ohlhauser (46.).
Schiedsrichter: Bruno Schulz.

14. SPIELTAG

Bayern – 1. FC Nürnberg 3:0 (1:0)

BAYERN: Maier – Beckenbauer – Kupferschmidt, Schwarzenbeck, Pumm – Olk, Starek (83.Schmidt) – Roth, Ohlhauser, Müller, Brenninger.
NÜRNBERG: Rynio – Wenauer – Hansen (76. Leupold), L. Müller, Theis, Popp – Müller, Zaczyk – Beer, Nüssing, Volkert.
Tore: 1:0 Müller (45.), 2:0 Müller (60.), 3:0 Müller (82., Foulelfmeter).
Schiedsrichter: Dr. Gerd Siepe.

15. SPIELTAG

Kickers Offenbach – Bayern 0:0

OFFENBACH: Wimmer – Heidkamp, Nuber, Resenberg, J. Weilbächer – Weida, Schmitt, Koulmann (37. Schönberger) – Kondert (77. Werner), Fern, Becker.
BAYERN: Maier – Kupferschmidt, Beckenbauer (40. Schmidt), Schwarzenbeck, Pumm – Olk, Starek – Roth, Ohlhauser, Müller, Brenninger.
Tore: –.
Schiedsrichter: Karl-Heinz Picker.

16. SPIELTAG

Bayern – Bor. M'Gladbach 0:0

BAYERN: Maier – Beckenbauer – Kupferschmid, Schwarzenbeck, Pumm – Olk, Starek – Roth, Ohlhauser, Müller, Brenninger.
GLADBACH: Danner – Vogts – H. Kremers, Bleidick, Spinnler – H. Wimmer, Pöggeler, Milder – Köppel, Laumen, Ackermann.
Tore: –.
Schiedsrichter: Horst Herden.

17. SPIELTAG

Hannover 96 – Bayern 1:0 (0:0)

HANNOVER: Podlasly – Breuer – Hellingrath, Stiller (9. Loof), Bohnsack (81. Kettler) – Anders, Bandura – Zobel, Heynckes, Skoblar, Siemensmeyer.
BAYERN: Maier – Beckenbauer – Kupferschmidt, Schwarzenbeck, Pumm – Ohlhauser, Olk, Starek – Roth (32. Schmidt), Müller, Brenninger .
Tor: 1:0 Siemensmeyer (50).
Platzverweis: Müller (53., Tätlichkeit)
Schiedsrichter: Wilfried Hilker.

18. SPIELTAG

1. FC Kaiserslautern – Bayern 3:1 (2:0)

KAISERSLAUTERN: Stabel – Koppenhöfer, Diehl, Schwager, Rehhagel – Geisert, Rumor (65. Klein) – Hasebrink, Windhausen (46. Schmidt), Friedrich, Kentschke.
BAYERN: Maier – Kupferschmidt, Beckenbauer, Schwarzenbeck, Pumm – Olk, Starek – Roth, Ohlhauser, Schmidt, Brenninger.
Tore: 1:0 Hasebrink (18.), 2:0 Kentschke (38.), 2:1 Ohlhauser, 3:1 Hasebrink (80., Foulelfmeter).
Schiedsrichter: Walter Horstmann.

19. SPIELTAG

Bayern – 1860 München 0:2 (0:0)

BAYERN: Maier – Kupferschmidt, Schwarzenbeck, Beckenbauer, Pumm – Olk, Schmidt – Roth, Ohlhauser, Starek, Brenninger.
1860: Radenkovic – Wagner, Reich, Perusic, Kroth – Patzke, Zeiser – Schmidt, Schütz, Fischer, Rebele (70. Kohlars).
Tore: 0:1 Reich (63.), 0:2 Fischer (77.)
Schiedsrichter: Hans-Joachim Weyland.

20. SPIELTAG

Hamburger SV – Bayern 2:2 (1:1)

HAMBURG: Özcan – Sandmann, Horst, Dieckmann, Kurbjuhn – H. Schulz, Krämer – Fock, U. Seeler, Hönig, G. Dörfel.
BAYERN: Maier – Kupferschmidt, Schwarzenbeck, Beckenbauer, Pumm – Olk, Schmidt – Roth, Ohlhauser, Starek, Brenninger.
Tore: 1:0 G. Dörfel (4.), 1:1 Brenninger (26.), 1:2 Brenninger (69.), 2:2 U. Seeler (75.).
Schiedsrichter: Gerd Hennig.

21. SPIELTAG

Bayern – FC Schalke 04 0:0

BAYERN: Maier – Kupferschmidt (43. Jung), Beckenbauer, Schwarzenbeck, Pumm – Olk, Schmidt, Starek – Roth, Ohlhauser, Brenninger.
SCHALKE: Nigbur – Fichtel – Becher, Erlhoff, Rausch – Senger, Hasil (31. Lütkebohmert), van Haaren – Libuda, Wittkamp, Pohlschmidt.
Tore: –.
Schiedsrichter: Rudolf Schröck.
Besonderes Vorkommnis: Maier hält Foulelfmeter von Pohlschmidt (41.).

22. SPIELTAG

Hertha BSC – Bayern 1:2 (1:1)

HERTHA: Fraydl – Ferschl, Witt, Sangulin, Enders – Wild, Kröner (77. Altendorff) – Ipta, Brungs, Krafczyk, Adelmann (64. Steffenhagen).
BAYERN: Maier – Olk, Beckenbauer, Schwarzenbeck, Pumm – Schmidt, Roth – Ohlhauser, Müller, Starek, Brenninger.
Tore: 1:0 Brungs (5.), 1:1 Müller (41.), 1:2 Müller (78.)
Schiedsrichter: Ferdinand Biwersi.

23. SPIELTAG

Bayern – Eintr. Frankfurt 2:0 (2:0)

BAYERN: Maier – Olk, Beckenbauer, Schwarzenbeck, Pumm – Schmidt, Starek – Roth, Ohlhauser, Müller, Brenninger.
FRANKFURT: Tilkowski – K.-H. Wirth, Hölzenbein, Huberts, Lutz – Kalb, Schämer, Bechtold – Grabowski, Bellut, Nickel.
Tore: 1:0 Brenninger (31.), 2:0 Roth (43.).
Schiedsrichter: Jan Redelfs.

24. SPIELTAG

MSV Duisburg – Bayern 0:0

DUISBURG: Manglitz – Burghardt – Heidemann, Rettkowski, Bella – Huttary, Lehmann (55. Pavlic), Pirsig – Gecks, Budde, Kremer.
BAYERN: Maier – Ohlhauser – Olk, Schwarzenbeck, Pumm – Schmidt, Starek – Roth, Jung, Müller, Brenninger.
Tore: –.
Schiedsrichter: Oswald Fritz.
Besonderes Vorkommnis: Maier hält Foulelfmeter von Pavlic (76.)

25. SPIELTAG

Bayern – Eintr. Braunschweig 2:1 (1:1)

BAYERN: Maier – Olk, Schwarzenbeck, Beckenbauer, Pumm – Schmidt, Starek – Roth, Ohlhauser, Müller, Brenninger.
BRAUNSCHWEIG: Wolter – Grzyb, Polywka, Kaack, Berg (80. Merkhoffer) – B. Dörfel, Schmidt, Ulsaß – Gerwien, Weiß, Maas.
Tore: 1:0 Brenninger (24.), 1:1 B. Dörfel (30.), 2:1 Ohlhauser (72.).
Schiedsrichter: Walter Eschweiler.

26. SPIELTAG

VfB Stuttgart – Bayern 3:0 (2:0)

STUTTGART: Heinze – Menne, Arnold, Hoffmann, Eisele – W. Entenmann, Larsson – Weidmann, Gress, Haug, Haaga.
BAYERN: Maier – Olk (40. Kupferschmidt), Beckenbauer, Schwarzenbeck, Pumm – Starek, Schmidt – Roth, Ohlhauser, Müller, Brenninger.
Tore: 1:0 Menne (8.), 2:0 B. Larsson (44.), 3:0 Haug (78.).
Schiedsrichter: Karl-Heinz Fork.

27. SPIELTAG

Bayern – Alemannia Aachen 1:1 (0:1)

BAYERN: Maier – Olk, Beckenbauer, Schwarzenbeck, Pumm – Starek, Schmidt – Roth, Ohlhauser, Müller, Brenninger.
AACHEN: Scholz – Hoffmann – Pawellek, Thelen, Hermandung, Nievelstein – Walter, Martinelli – Klostermann, Ionescu (78. Sell), Claessen.
Tore: 0:1 Klostermann (20.), 1:1 Brenninger (64.).
Schiedsrichter: Klaus Ohmsen.

28. SPIELTAG

Bayern – Werder Bremen 6:0 (2:0)

BAYERN: Maier – Olk, Schwarzenbeck, Beckenbauer, Pumm – Schmidt, Ohlhauser, Starek – Roth, Müller, Brenninger.
BREMEN: Bernard – Schimeczek, Schütz, Steinmann, Meyer – Ferner, Lorenz, Schmidt – Görts, Bjørnmose, Rupp.
Tore: 1:0 Starek (4.), 2:0 Schmidt (33.), 3:0 Ohlhauser (48.), 4:0 Müller (54.), 5:0 Müller (66.), 6:0 Beckenbauer (86.).
Schiedsrichter: Gerd Hennig.

29. SPIELTAG

Bor. Dortmund – Bayern 0:1 (0:0)

DORTMUND: Günther – Wosab, Paul, Brakelmann (28. Groppe), Peehs – Kurrat, Neuberger (58. Trimhold), Sturm – Erler, Held, Emmerich.
BAYERN: Maier – Olk, Beckenbauer, Schwarzenbeck, Pumm – Ohlhauser, Schmidt, Starek – Roth, Müller, Brenninger.
Tor: 0:1 Schmidt (89.).
Schiedsrichter: Helmut Fritz.

30. SPIELTAG

Bayern – 1. FC Köln 1:0 (0:0)

BAYERN: Maier – Olk, Schwarzenbeck, Beckenbauer, Pumm – Schmidt, Starek – Roth, Ohlhauser, Müller, Brenninger.
KÖLN: Birkhölzer – Thielen, Weber, Hemmersbach, Pott – Simmet, Overath, Blusch (67. Löhr) – Rühl, Biskup, Hornig.
Tor: 1:0 Müller (64.).
Schiedsrichter: Horst Herden.

31. SPIELTAG

1. FC Nürnberg – Bayern 2:0 (2:0)

NÜRNBERG: Rynio – Leupold, L. Müller, Wenauer, Popp – H. Müller, Zaczyk – Cebinac, Küppers, Nüssing (71. Strehl), Volkert .
BAYERN: Maier – Olk, Beckenbauer, Schwarzenbeck, Pumm – Schmidt, Starek (65. Jung) – Roth, Ohlhauser, G. Müller, Brenninger.
Tore: 1:0 Volkert (22.), 2:0 Volkert (28.).
Schiedsrichter: Fritz Seiler.

32. SPIELTAG

Bayern – Kickers Offenbach 5:1 (4:1)

BAYERN: Maier – Olk, Beckenbauer, Schwarzenbeck, Pumm – Schmidt, Starek – Roth, Ohlhauser, Müller, Brenninger.
OFFENBACH: Wimmer – Heidkamp, Nuber, Resenberg, J. Weilbächer – Oehlenschläger (46. Koulmann), Weida, Siber – Koch, Schmitt, Becker.
Tore: 1:0 Müller (3.), 2:0 Beckenbauer (19.), 3:0 Müller (24.), 4:0 Müller (38.), 4:1 Schmitt (45.), 5:1 Brenninger (86.).
Schiedsrichter: Hans Hillebrand.

33. SPIELTAG

Bor. M'gladbach – Bayern 1:1 (1:1)

GLADBACH: Kleff – Vogts – Wimmer, Pöggeler, Bleidick – Schäfer, Milder, Laumen – E. Kremers (72. Spinnler), Köppel, Ackermann.
BAYERN: Maier – Olk, Beckenbauer, Schwarzenbeck, Pumm – Ohlhauser, Starek, Schmidt – Roth, Müller, Brenninger.
Tore: 1:0 Laumen (10.), 1:1 Brenninger (31.).
Schiedsrichter: Klaus Ohmsen.

34. SPIELTAG

Bayern – Hannover 96 2:1 (1:1)

BAYERN: Maier – Olk, Schwarzenbeck, Beckenbauer, Pumm – Ohlhauser, Starek, Schmidt – Roth, Müller, Brenninger.
HANNOVER: Podlasly – Hellingrath, Breuer, Stiller (70. Kettler), Bohnsack – Anders, Bandura, Ritter – Zobel, Heynckes, Brune.
Tore: 0:1 Ritter (24.), 1:1 Müller (45.), 2:1 Müller (65., Handelfmeter).
Schiedsrichter: Paul Kindervater.

Abschlusstabelle

Pl.	Verein	Spiele	G	U	V	Tore	Diff.	Punkte
1	Bayern	34	18	10	6	61:31	+30	46:22
2	Aachen	34	16	6	12	57:51	+6	38:30
3	M'gladbach	34	13	11	10	61:46	+15	37:31
4	Braunschweig	34	13	11	10	46:43	+3	37:31
5	Stuttgart	34	14	8	12	60:54	+6	36:32
6	Hamburg	34	13	10	11	55:55	0	36:32
7	Schalke	34	14	7	13	45:40	+5	35:33
8	Frankfurt	34	13	8	13	46:43	+3	34:34
9	Bremen	34	14	6	14	59:59	0	34:34
10	1860 München	34	15	4	15	44:59	–15	34:34
11	Hannover	34	9	14	11	47:45	+2	32:36
12	Duisburg	34	8	16	10	33:37	–4	32:36
13	Köln (P)	34	13	6	15	47:56	–9	32:36
14	Hertha (A)	34	12	8	14	31:39	–8	32:36
15	Kaiserslautern	34	12	6	16	45:47	–2	30:38
16	Dortmund	34	11	8	15	49:54	–5	30:38
17	Nürnberg (M)	34	9	11	14	45:55	–10	29:39
18	Offenbach (A)	34	10	8	16	42:59	–17	28:40

DIE WEITEREN SIEGER DES JAHRES:

Europacup der Landesmeister:
AC Mailand

Europacup der Pokalsieger:
Slovan Bratislava

Messepokal:
Newcastle United

DFB-Pokal:
FC Bayern

Alle Ergebnisse auf einen Blick

Waagerecht: alle Heimresultate. Senkrecht: alle Auswärtsresultate	Bayern	Aachen	M'gladbach	Braunschweig	Stuttgart	Hamburg	Schalke	Frankfurt	Bremen	1860 München	Hannover	Duisburg	Köln	Hertha	Kaiserslautern	Dortmund	Nürnberg	Offenbach
Bayern		1:1	0:0	2:1	2:0	5:1	0:0	2:0	6:0	0:2	2:1	2:2	1:0	3:0	2:0	4:1	3:0	5:1
Aachen	2:4		2:1	1:4	1:3	2:0	4:1	4:2	2:1	4:0	2:0	4:0	2:1	0:0	1:0	0:1	4:2	1:2
M'gladbach	1:1	2:2		1:1	4:4	1:2	3:0	2:3	1:1	3:0	3:2	1:0	2:1	0:1	4:0	1:0	1:1	4:1
Braunschweig	2:3	2:0	0:0		1:2	1:0	3:0	1:0	0:3	2:1	3:3	0:0	2:1	3:3	3:0	4:3	0:2	2:2
Stuttgart	3:0	3:1	0:3	2:2		3:0	1:1	2:0	2:2	1:1	1:0	3:2	6:1	4:2	4:3	2:2	2:3	1:0
Hamburg	2:2	3:0	2:0	0:0	2:1		1:3	1:4	5:2	2:0	1:4	1:2	3:1	0:0	3:1	2:0	4:2	3:0
Schalke	1:2	3:1	1:1	0:2	1:1	2:3		2:0	2:1	2:0	1:1	1:0	3:1	2:0	1:0	4:1	4:1	3:0
Frankfurt	1:1	0:1	1:1	0:1	3:0	2:2	1:0		2:1	3:0	0:0	2:1	1:2	2:0	2:2	1:1	3:0	3:2
Bremen	1:0	1:2	6:5	2:1	1:0	1:1	1:3	0:1		4:1	3:2	2:1	3:1	2:0	2:1	2:1	3:3	2:0
1860 München	0:3	0:0	0:4	0:1	3:1	3:3	3:1	1:0	4:3		2:1	2:1	2:1	0:1	1:0	2:1	2:0	2:0
Hannover	1:0	5:2	2:3	1:1	1:0	2:2	1:0	1:2	1:0	3:2		1:1	3:0	1:1	0:2	1:1	2:2	2:2
Duisburg	0:0	1:1	1:1	1:1	2:0	0:0	1:0	1:1	2:0	3:4	0:0		0:0	2:1	0:0	2:0	1:0	2:1
Köln	1:1	1:2	1:4	2:0	5:2	4:1	2:0	2:1	3:3	0:0	1:0	1:1		1:0	2:1	2:1	3:0	2:1
Hertha	1:2	0:1	2:1	0:0	0:1	3:2	1:0	2:0	1:0	1:2	2:1	1:1	2:1		1:0	0:0	2:0	1:0
Kaiserslautern	3:1	2:1	2:0	4:0	1:3	0:1	1:1	2:2	1:0	3:1	0:0	3:0	4:0	1:0		1:2	1:1	2:1
Dortmund	0:1	3:1	1:3	2:1	1:0	3:1	0:1	0:1	3:2	2:0	1:1	2:1	1:1	2:2	2:3		3:1	3:0
Nürnberg	2:0	1:4	4:0	2:0	1:1	0:0	1:1	1:0	1:1	3:0	1:2	1:1	0:1	3:0	1:0	2:2		2:2
Offenbach	0:0	1:1	1:0	0:1	2:1	1:1	1:0	4:2	0:3	2:3	1:1	0:0	3:1	1:0	4:1	4:3	2:1	

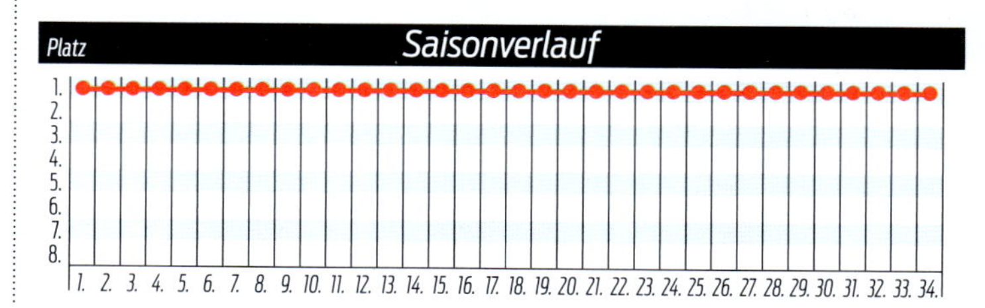

DER ERFOLGSTRAINER WIRD GEFEUERT

Branko Zebec muss im März 1970 gehen. Udo Lattek kommt über Nacht. Doch da ist der Titelkampf schon fast entschieden

Rund 640 Kilometer nordwestlich von München liegt Günter Netzer seinem Vorstand in den Ohren. Dem genialen Mittelfelddirigenten und seinen Mitspielern der Borussia aus Mönchengladbach fliegen überall die Herzen zu, so furios ist die Spielweise der „Fohlen-Elf". Aber der Erfolg stellt sich nicht ein, ganz anders als bei den Bayern, dem Mitaufsteiger von 1965/66.

„Diese Bayern spielen langweiligen Fußball, aber die holen einen Titel nach dem anderen", jammert Netzer, „das muss sich ändern, wir müssen etwas für die Abwehr tun." Er wird erhört: Im Sommer 1969 kommen mit Luggi Müller aus Nürnberg und Klaus-Dieter Sieloff aus Stuttgart zwei Nationalspieler, eisenharte Verteidiger.

Trainer Hennes Weisweiler kündigt seinen Abgang aus Gladbach an für den Fall, dass Borussia wieder nicht Meister wird. Er muss seine Drohung nicht wahr machen. Schon am zweiten Spieltag zeichnet sich die Wende ab. Doublesieger Bayern kommt auf den Bökelberg und trumpft eine Halbzeit großartig auf, so großartig, „dass man das Bayern-Tor hätte abbauen können, so sicher spielte Bayern aus der Deckung", stellt der Trainerkollege Otto Knefler auf der Tribüne fest. Am Ende aber gewinnen die Gladbacher, dank eines Mannes namens Werner Kaiser.

Der Debütant gleicht nach seiner Einwechslung Bayerns Führung aus (48.) und kippt das Spiel. Herbert Laumen gelingt in der 70. Minute der 2:1-Siegtreffer. Erstmals verlieren die Bayern in der Bundesliga gegen die Borussia, es ist eine Zäsur. Die beiden Teams sind fortan auf Augenhöhe. Es ist der Anfang einer wunderbaren Rivalität, die das kommende Jahrzehnt prägen wird. Zwei Mannschaften, deren Protagonisten sich übrigens erstaunlich gut vertragen. Franz Beckenbauer sagt schon vor der Saison 1969/70: „Eine Kombination aus Bayern und Gladbach, das wär's."

Was in der Bundesliga nicht möglich ist, geht in der Nationalelf. Die besteht fortan vorwiegend aus Spielern der neuen Liga-Supermächte. Hier die Achse mit Maier-Beckenbauer-Müller, da Berti Vogts, Günter Netzer und Jupp Heynckes. Millionen neutrale deutsche Fußball-Fans bewegt vor dem Jahreswechsel in ein neues Jahrzehnt die Glaubensfrage: Bayern oder Gladbach?

Wer sich für die Borussia entscheidet, entscheidet sich für den kommenden Meister. Auch die Bayern schaffen das Kunststück nämlich nicht, als Erster den Titel zu verteidigen. Sieben Jahre gibt es nun die Bundesliga, mit Gladbach wird 1969/70 der siebte Verein Meister.

„Wir hatten eine einmalige Kameradschaft", schwärmt der scheidende Kapitän Werner Olk im Rückblick. Aber die Münchner haben eben auch Probleme. Es fängt im Sommer 1969 an: Nur 20 Tage Sommerurlaub sind viel zu kurz, monieren die Spieler und stoßen bei Branko Zebec auf taube Ohren. Er verkündet sogar, das Trainingspensum „um 20 Prozent" zu erhöhen, schließlich spiele man jetzt Europapokal.

Leben sich auseinander: Branko Zebec (l.) und sein Chef, Manager Robert Schwan

Manager Robert Schwan geht genauso wenig auf die Wünsche der Spieler ein, jagt sie zum Geldverdienen sogar ins Ausland. Das Heimspiel gegen Frankfurt wird extra vorverlegt, Ende August muss die Mannschaft nach Casablanca, weil der König von Marokko einen Pokal ausspielen lässt. Die Bayern nehmen eine fette Gage mit, aber im Alltag zahlen sie ihren Preis.

Bereits in der 1. Runde fliegen sie gegen Saint-Étienne aus dem Europapokal. Erste Zweifel kommen am Trainer auf. Zebec hat mit mehr Verletzungspech als im Vorjahr zu kämpfen und setzt schon in der Hinrunde 17 Spieler ein, vier mehr als in der gesamten Spielzeit 1968/69. Der verletzungsbedingte Ausfall von Gustl Starek im Heimspiel gegen Dortmund trifft Zebec hart: „Keiner beherrscht die taktische Kunst des Wechsels von Tempospiel auf Verzögerung so gut wie Starek."

Der Österreicher wird im September am Meniskus operiert und spielt nie wieder für den FC Bayern, dessen zweiter Anzug sich als zu eng erweist. Beckenbauer unkt: „Wehe, wenn bei uns mal einer ausfällt!"

Nach der Hinrunde sind die Bayern zwar Zweiter, doch Gladbach wirkt unschlagbar. Der Haussegen hängt da längst schief: Am 24. November hat Meistertrainer Branko Zebec überraschend seine Kündigung zum Saisonende eingereicht. Per Einschreiben – wie Tschik Cajkovski 1967. Es gibt Ärger ums Gehalt, und Robert Schwan mischt sich ständig in die Aufstellung ein, alle spekulieren über mögliche Transfers.

Wie zur Bestätigung ändert Bayern die Aufstellung im ersten Spiel nach der Kündigung kurzfristig, Schwan soll Peter Kupferschmidt in die Elf gegen Hannover gedrückt haben. Präsident Wilhelm Neude-

Zweiter Spieltag der Saison: Gladbachs Herbert Laumen flankt, Hans-Georg „Katsche“ Schwarzenbeck kommt zu spät. Laumen erzielt später den 2:1-Endstand. Es ist Gladbachs erster Bundesliga-Sieg gegen Bayern

cker sagt lapidar: „Zebec hat ja unterschrieben, dass er Schwan unterstellt ist.“

Der Jugoslawe verspricht, trotzdem den Titel holen zu wollen, aber es ist ein Riss im Gefüge. Sepp Maier klagt: „Der beste Trainer, den wir je hatten, verlässt uns!“

Und das noch früher als gedacht. Schon zu Beginn der chaotischen Bundesliga-Rückrunde, in der 45 Spiele wegen des strengen Winters verlegt werden und der Spielplan durcheinandergewürfelt wird, zieht der Vorstand nach dem 1:2 im Derby gegen den späteren Absteiger 1860 (7. März) und dem 1:1 bei Rot-Weiss Essen (11. März) die Reißleine – und verpflichtet den bereits feststehenden Nachfolger vorfristig.

Bei Udo Lattek in Köln-Lövenich klingelt das Telefon an jenem 13. März 1970 schon um 4.30 Uhr. Robert Schwan bittet ihn nach München, er habe um zehn Uhr eine Mannschaft zu trainieren. Am nächsten Tag feiert Lattek beim 6:0 gegen Aachen einen glorreichen Einstand.

Der vom DFB abgeworbene Verbandstrainer wird eine Schlüsselfigur im Wettrennen zwischen Gladbach und den Bayern spielen. Nicht nur weil er 1975 die Fronten wechselt. Er ist auch in herzlicher Abneigung dem Kollegen Weisweiler verbunden. Sie kennen sich aus gemeinsamen Zeiten an der Trainerakademie, der eine Ausbilder (Weisweiler), der andere (Lattek) sein bockiger Schüler. Unter Lattek verlieren die Bayern nur zwei ihrer zehn Spiele bis Saisonende, schlagen sogar im April die Borussia 1:0 und werden noch Vizemeister. ⬢

Europapacup der Landesmeister

Stoppt in Saint-Étienne nur selten die Angriffe der Franzosen: Sepp Maier

Traum platzt in der ersten Runde

Nach der Auslosung am 8. Juli 1969 sind die Bayern einigermaßen erleichtert. Das Los führt sie mit dem französischen Meister zusammen. „Ich glaube, wir können mit AS Saint-Étienne zufrieden sein", sagt Präsident Wilhelm Neudecker. Das glaubt er auch noch nach dem Hinspiel in München, das 2:0 endet und noch höher hätte ausgehen können. Die Treffer von Dieter Brenninger und Franz Roth bedeuten ein beruhigendes Polster. Dann kommt die schwarze Nacht von Saint-Étienne, der 1. Oktober 1969. Schon nach 61 Sekunden trifft Hervé Revelli für die Franzosen, die ein wahres Feuerwerk abbrennen. Revelli köpft auch das 2:0 (62.), und in der 81. Minute besiegelt ein weiteres Kopfballtor, nun von Salif Keïta, das Aus. „Nicht zu fassen: Bayern hatte keine Chance!", titelt der „Kicker". Es ist Gerd Müllers einzige Spielzeit ohne Europacup-Tor. Und Saint-Étienne scheitert bereits in Runde zwei an Legia Warschau.

DFB-Pokal

Aus im Viertelfinale: Beckenbauer (l.) und Maier sind bedient

Erste Pleite in der Ära Lattek

Wegen der Weltmeisterschaft in Mexiko, die Ende Mai beginnt, und der Terminnot der Bundesliga (45 Spielausfälle und -verlegungen) wird der Pokal weitgehend nach der Sommerpause 1970 ausgetragen. Nur die 1. Runde findet noch 1969/70 statt, die Bayern gewinnen am 25. März locker mit 6:1 in Wattenscheid. Am 29. Juli 1970 schalten sie zu Hause erwartungsgemäß Jahn Regensburg mit 4:0 aus, aber im Viertelfinale wird der dritte zweitklassige Klub dem Titelverteidiger zum Verhängnis: Zum dritten Mal in Folge trifft Bayern im Pokal auf den 1. FC Nürnberg, der seit 1969 in der Regionalliga Süd spielt. 70 000 Zuschauer füllen am Mittwoch, 5. August 1970, die Ränge des Nürnberger Stadions Am Valznerweiher. Roland Stegmayer und Rudi Kröner schießen den Club 2:0 in Führung, erst nach der Pause treffen die Bayern. Doch das Anschlusstor von „Bulle" Roth (64.) ist zu wenig. Es ist die erste große Enttäuschung der Ära Lattek.

TRAINER

BRANKO ZEBEC wechselt nach seiner Entlassung zur Saison 1970/71 zum VfB Stuttgart. Beckenbauer spricht später von „atmosphärischen Störungen zwischen Trainer und Spielern"

DIE TOP-ELF DER SAISON

Helmut Schmidt

Peter Pumm

DER SPIELER DES JAHRES

*Vor dem ersten Saisonspiel gegen RW Essen wird **Gerd Müller** als „Fußballer des Jahres 1969" ausgezeichnet, nach 100 Sekunden trifft er schon wieder. Es ist sein erstes von 38 Bundesliga-Toren, Müller sprengt alle Rekorde. Nach der Saison schießt und köpft er in Mexiko zehn Tore, natürlich deutscher WM-Rekord. Bei der Wahl zum „Fußballer des Jahres" 1970 muss er nur Uwe Seeler den Vortritt lassen, was ihm übrigens missfällt. „Ihr habt mich betrogen", raunzt Müller Journalisten an, die den Sieger wählen.*

Der Kader

NAME	SPIELE	TORE
Sepp Maier	34	0
Manfred Seifert	1	0
Franz Beckenbauer	34	6
Wolfgang Gierlinger	1	0
Herward Koppenhöfer	29	0
Peter Kupferschmidt	16	3
Helmut Nerlinger	5	0
Werner Olk	18	0
Peter Pumm	27	1
Hans-Georg Schwarzenbeck	32	1
Karl-Heinz Mrosko	19	5
Franz Roth	31	10
Helmut Schmidt	25	0
August Starek	4	1
Dieter Brenninger	34	11
Klaus Klein	3	0
Günther Michl	17	2
Gerd Müller	33	38
Rainer Ohlhauser	34	10

MANFRED SEIFERT spielt nur zehn Minuten, wird am 33. Spieltag gegen Oberhausen in der 80. Minute für Sepp Maier eingewechselt

Transfers

HERWARD KOPPENHÖFER kommt vom 1. FC Kaiserslautern, wo er am 16. Oktober 1965 sein Bundesliga-Debüt gegeben hatte. Für den FCK erzielte er auch sein einziges Bundesliga-Tor (September 1966). In München erlebt der Verteidiger seine erfolgreichste Zeit, ist bis 1972 71-mal im Einsatz, wird zweimal Meister. 1972 wechselt er zum VfB Stuttgart, 1973 zu Kickers Offenbach, 1974 zu Hertha BSC und weiter zu Mainz 05. Karriereende 1982.

SPIELER	VON VEREIN	ABLÖSESUMME
Manfred Seifert	TSV 1860 Rosenheim	-
Wolfgang Gierlinger	FC Bayern Jugend	-
Herward Koppenhöfer	1. FC Kaiserslautern	-
Helmut Nerlinger	MTV München 1879	-
Karl-Heinz Mrosko	Stuttgarter Kickers	-
Klaus Klein	FC Bayern Jugend	-
Günther Michl	FC Bayern Jugend	-

Tops & Flops

EWALD REGELY rettet Bayern am 4. Spieltag einen Punkt auf dem Betzenberg (0:0). Der Schiedsrichter annulliert zwei einwandfreie Lauterer Tore, braucht Polizeischutz.

GERD MÜLLER trifft zwischen dem 27. September (4:0 in Braunschweig) und 3. März 1970 (1:2 in Frankfurt) in 16 aufeinanderfolgenden Spielen – ein bis heute unerreichter Bundesliga-Rekord.

OFFENSIVE Mit 88 Saisontoren stellen die Bayern einen Bundesliga-Rekord auf, den sie schon 1971/72 überbieten (101 Tore). Gladbach kommt nur auf 71 Treffer.

HELMUT NERLINGER fliegt in Bremen (drittletztes Spiel) schon in der 20. Minute vom Platz und wird zum Sündenbock für das 0:1 – die Vorentscheidung im Titelkampf.

FRANZ ROTH verletzt sich bei einem nächtlichen Ausbruch aus dem Trainingslager. In einem Schwimmbad tritt er barfuß in eine Scherbe. Sehnenriss, vier Wochen Pause. Begleiter Maier bleibt unverletzt.

LORENZ HORR unterzeichnet vor der Saison einen Vertrag bei Bayern, dann bei Hertha. Berlin bekommt den Torjäger aus Alsenborn, FCB findet keinen Ersatz.

Erstes Spiel von Trainer Udo Lattek, erster Sieg: Auf Matschboden erhöht Peter Kupferschmidt (r.) in der 28. Minute auf 2:0 gegen Aachen. Endstand: 6:0. Gerd Müller (l.) trifft zweimal

✱ *1. SPIELTAG*

Bayern – Rot-Weiss Essen 4:0 (2:0)

BAYERN: Maier – Koppenhöfer, Schwarzenbeck, Beckenbauer, Pumm – Ohlhauser, Schmidt, Starek – G. Müller, Michl, Brenninger.
ESSEN: Bockholt – Czernotzky, Kik, Stauvermann, Rausch – Jung (68. Peitsch), Ferner, ter Mors – Weinberg, Littek (30. Fürhoff), Lippens.
Tore: 1:0 Müller (2.), 2:0 Müller (18.), 3:0 Müller (56., Foulelfmeter), 4:0 Ohlhauser (82.).
Schiedsrichter: Ferdinand Biwersi.

2. SPIELTAG

Bor. M'gladbach – Bayern 2:1 (0:1)

GLADBACH: Kleff – Vogts, Sieloff, L. Müller, Bleidick – Laumen, Schäfer, Netzer (56. Dietrich) – Köppel, Meyer (46. Kaiser), le Fevre.
BAYERN: Maier – Koppenhöfer, Beckenbauer, Schwarzenbeck, Pumm – Ohlhauser, Starek (51. Michl), Schmidt – Roth, G. Müller, Brenninger.
Tore: 0:1 Starek (11.), 1:1 Kaiser (48.), 2:1 Laumen (70.).
Schiedsrichter: Gerhard Schulenburg.

3. SPIELTAG

Bayern – Eintr. Frankfurt 2:1 (1:1)

BAYERN: Maier – Koppenhöfer, Schwarzenbeck, Beckenbauer, Pumm – Schmidt, Ohlhauser, Roth (72. Mrosko) – Michl, G. Müller, Brenninger (84. Klein).
FRANKFURT: Kunter – Hommrich, Bellut, Lutz, Schämer – Kalb, Hölzenbein, Trinklein (84. Lindner) – Grabowski, Heese (46. Lindemann), Nickel.
Tore: Tore: 0:1 Schwarzenbeck (16., Eigentor), 1:1 Brenninger (44.), 2:1 Michl (87.).
Schiedsrichter: Alfred Köhler.

4. SPIELTAG

1. FC Kaiserslautern – Bayern 0:0

K'LAUTERN: Schnarr – Schwager, Rumor, Diehl, Fuchs – Friedrich, Geisert, Rehhagel – Krafczyk, Kentschke, Vogt.
BAYERN: Maier – Koppenhöfer, Pumm, Schwarzenbeck, Roth – Ohlhauser, Schmidt, Beckenbauer – G. Müller, Starek, Brenninger.
Schiedsrichter: Ewald Regely.

5. SPIELTAG

Bayern – Borussia Dortmund 3:0 (1:0)

BAYERN: Maier – Koppenhöfer, Schwarzenbeck, Beckenbauer, Pumm – Ohlhauser, Schmidt – Roth (5. Michl), G. Müller, Starek (34. Klein), Brenninger.
DORTMUND: Rynio – Kohlhäufl, Rasovic, Assauer, Peehs (24. Paul) – Kurrat, Trimhold, Schütz, Erler (65. Bücker) – Held, Neuberger.
Tore: 1:0 Pumm (13.), 2:0 Brenninger (53.), 3:0 Beckenbauer (86.).
Schiedsrichter: Helmut Fritz.

6. SPIELTAG

Eintr. Braunschweig – Bayern 0:4 (0:2)

BRAUNSCHWEIG: Wolter – Grzyb, Lorenz, Polywka, Merkhoffer – Gersdorff, Elfert, Dörfel – Gerwien (52. Deppe), Weiß (27. Ulsaß), Maas.
BAYERN: Maier – Koppenhöfer, Beckenbauer, Schwarzenbeck, Pumm – Roth, Ohlhauser, Schmidt – Michl, G. Müller, Brenninger.
Tore: 0:1 Michl (10.), 0:2 Ohlhauser (42.), 0:3 Müller (70.), 0:4 Beckenbauer (73.).
Schiedsrichter: Paul Kindervater.

7. SPIELTAG

Bayern – Werder Bremen 4:1 (1:0)

BAYERN: Maier – Koppenhöfer, Beckenbauer, Schwarzenbeck, Pumm – Roth, H. Schmidt – Michl (73. H. Nerlinger), G. Müller, Ohlhauser, Brenninger.
BREMEN: Stefens – Piontek, Schütz, Steinmann, B. Schmidt – Bjørnmose, Danielsen, Höttges – Hasebrink, Windhausen, Lorenz.
Tore: 1:0 Müller (32.), 1:1 B. Schmidt (53.), 2:1 Müller (61.), 3:1 Müller (67.), 4:1 Müller (90.).
Schiedsrichter: Hans-Joachim Weyland.

8. SPIELTAG

MSV Duisburg – Bayern 4:2 (1:1)

DUISBURG: Linders – Heidemann, Pavlic, Burghardt, Bella – Kremer, Sondermann, Pirsig – Riedl, Wißmann, Budde (39. Huttary).
BAYERN: Maier – Koppenhöfer, Beckenbauer, Schwarzenbeck, Pumm – Roth, Olk, Ohlhauser – G. Müller, Schmidt, Brenninger.
Tore: 1:0 Budde (30.), 1:1 Ohlhauser (34.), 1:2 Müller (50.), 2:2 Wißmann (67.), 3:2 Sondermann (82.), 4:2 Bella (85.).
Schiedsrichter: Jan Redelfs.

9. SPIELTAG

Bayern – 1860 München 2:0 (2:0)

BAYERN: Maier – Koppenhöfer, Schwarzenbeck, Beckenbauer, Pumm – F. Roth, H. Schmidt – Michl, G. Müller, Ohlhauser, Brenninger.
1860: Radenkovic – H. Roth, Wagner, Perusic, Kroth (60. Gerstner) – H. Schmidt, Lex, Zeiser – Schumacher (46. Denz), Fischer, Hiller.
Tore: 1:0 Brenninger (3.), 2:0 Müller (35., Foulelfmeter).
Schiedsrichter: Karl-Heinz Fork.

10. SPIELTAG

Alemannia Aachen – Bayern 1:3 (0:2)

AACHEN: Prokop – Pawellek, Hermandung, Hoffmann, Walter – Bechmann, Martinelli (26. Liermann) – Kapellmann, Krott (67. Tenbruck), Ionescu, Gronen.
BAYERN: Maier – Koppenhöfer, Schwarzenbeck, Beckenbauer, Pumm (75. Olk) – Ohlhauser, Roth – Michl, G. Müller, Schmidt, Brenninger.
Tore: 0:1 Schwarzenbeck (18.), 0:2 Müller (26., Foulelfmeter), 0:3 Beckenbauer (49.), 1:3 Kapellmann (88.).
Schiedsrichter: Edmund Bien.

11. SPIELTAG

Bayern – Hertha BSC 1:2 (1:0)

BAYERN: Maier – Koppenhöfer, Beckenbauer, Schwarzenbeck, Pumm – Roth, Schmidt, Ohlhauser – Michl (46. H. Nerlinger), G. Müller, Brenninger.
HERTHA: Fraydl – Patzke, Witt, Wild, Ferschl – Enders, Altendorff – Ipta (46. Weber), Brungs, Gayer, Steffenhagen.
Tore: 1:0 Müller (24.), 1:1 Weber (60.), 1:2 Steffenhagen (84.).
Schiedsrichter: Horst Bonacker.
Besonderes Vorkommnis: Fraydl hält Foulelfmeter von Müller (78.).

12. SPIELTAG

VfB Stuttgart – Bayern 2:3 (0:2)

STUTTGART: Heinze – Eisele, Zech, Hoffmann, Mayer – Entenmann, Gress, Arnold – Weidmann, Olsson, Haug.
BAYERN: Maier – Koppenhöfer (37. Mrosko), Schwarzenbeck, Beckenbauer, Olk – Roth (23. Kupferschmidt), Schmidt – Michl, G. Müller, Ohlhauser, Brenninger.
Tore: 0:1 Roth (7.), 0:2 Brenninger (33.), 1:2 Haug (62.), 1:3 Müller (67.), 2:3 Olsson (77.).
Schiedsrichter: Ferdinand Biwersi.

13. SPIELTAG

Bayern – 1. FC Köln 1:2 (0:1)

BAYERN: Maier – Olk, Schwarzenbeck, Beckenbauer, Pumm – Roth, Schmidt, Ohlhauser – Michl, G. Müller, Brenninger.
KÖLN: Manglitz – Weber, Thielen, Biskup, Hemmersbach – Simmet, Overath, Rühl – Rupp, Löhr, Hornig.
Tore: 0:1 Rühl (14.), 1:1 Müller (48.), 1:2 Simmet (60.).
Schiedsrichter: Gerhard Schulenburg.

14. SPIELTAG

Hannover 96 – Bayern 0:1 (0:1)

HANNOVER: Podlasly – Hellingrath, Stiller, Breuer, Bohnsack – (58. Anders), Zobel, Bandura, Brune (78. Loof) – Cebinac, Heynckes, Siemensmeyer.
BAYERN: Maier – Olk, Schwarzenbeck, Beckenbauer, Pumm – Kupferschmidt, Roth, Ohlhauser – Schmidt, Mrosko, Brenninger.
Tor: 0:1 Ohlhauser (43.).
Schiedsrichter: Alfred Ott.

15. SPIELTAG

Bayern – Hamburger SV 2:1 (1:0)

BAYERN: Maier – Olk, Schwarzenbeck, Beckenbauer, Pumm – Roth, Schmidt, Ohlhauser – Michl, G. Müller, Brenninger.
HAMBURG: Girschkowski – W. Schulz (61. Nogly) – Sandmann, H. Schulz, Hellfritz, Hof – Zaczyk, Hönig – Pötzschke, Beyer (46. Dörfel), Dringelstein.
Tore: 1:0 Müller (30.), 2:0 Müller (60.), 2:1 H. Schulz (86.).
Schiedsrichter: Gerd Hennig.

16. SPIELTAG

Rot-Weiß Oberhausen – Bayern 3:3 (2:2)

OBERHAUSEN: Scheid – Kubek, Dick, Hentschel, Wilbertz – Fröhlich, Kobluhn, Ohm – Karbowiak, Dausmann, Brozulat.
BAYERN: Maier – Kupferschmidt, Schwarzenbeck, Beckenbauer, Olk – Pumm, Ohlhauser, Schmidt – Roth, G. Müller, Brenninger.
Tore: 1:0 Brozulat (9.), 1:1 Ohlhauser (30.), 1:2 Müller (37.), 2:2 Kobluhn (40.), 2:3 Brenninger (53., Foulelfmeter), 3:3 Dausmann (61.).
Schiedsrichter: Gerhard Schulenburg.

21. SPIELTAG

Bayern – 1. FC Kaiserslautern 1:1 (0:1)

BAYERN: Maier – Olk, Schwarzenbeck, Beckenbauer, Pumm – Ohlhauser, Kupferschmidt – Roth, G. Müller, Schmidt (46. Michl), Brenninger.
K'LAUTERN: Schnarr – Rumor, Schwager, Diehl, Fuchs – Geisert, Rehhagel – Ackermann (75. Pirrung), Krafczyk, Kentschke, Friedrich.
Tore: 0:1 Friedrich (33.), 1:1 Müller (55.).
Schiedsrichter: Berthold Schmidt.

22. SPIELTAG

Borussia Dortmund – Bayern 1:3 (0:1)

DORTMUND: Rynio – Heidkamp, Rasovic (10. Paul), Brakelmann (60. Sturm), Peehs – Kurrat, Schütz, Neuberger – Bücker, Weist, Held.
BAYERN: Maier – Olk, Schwarzenbeck, Beckenbauer, Pumm (55. Koppenhöfer) – Ohlhauser, Kupferschmidt, Schmidt– Roth, G. Müller, Brenninger.
Tore: 0:1 Müller (2.), 1:1 Held (47.), 1:2 Müller (51.), 1:3 Müller (88.).
Schiedsrichter: Alfred Ott.

✱ Wegen des strengen Winters fallen 45 Spiele in der Bundesliga aus und werden verlegt. Der Spielplan der Rückrunde wird komplett durcheinandergewürfelt. Die Spiele sind in ihrer chronologischen Reihenfolge aufgeführt

23. SPIELTAG

Bayern – Eintr. Braunschweig 5:1 (2:1)

BAYERN: Maier – Olk, Schwarzenbeck, Beckenbauer, Pumm – Ohlhauser, Roth, Schmidt (29. Mrosko) – Michl (46. Koppenhöfer), G. Müller, Brenninger.
BRAUNSCHWEIG: Wolter – Haebermann, Kaack, Lorenz, Merkhoffer – Polywka, Grzyb (66. Gersdorff) – Elfert, Maas, Ulsaß (66. Gerwien), Weiß.
Tore: 0:1 Maas (14.), 1:1 Mrosko (40.), 2:1 Müller (42.), 3:1 Ohlhauser (46.), 4:1 Müller (62.), 5:1 Roth (75.).
Schiedsrichter: Karl-Heinz Fork.

17. SPIELTAG

Bayern – Schalke 04 6:0 (3:0)

BAYERN: Maier – Olk, Pumm, Schwarzenbeck, Beckenbauer – Koppenhöfer, Roth, Ohlhauser – G. Müller, Mrosko, Brenninger.
SCHALKE: Elting – Becher, Rausch, Senger, Fichtel – Rüssmann, Libuda, Erlhoff – Pohlschmidt (79. Pirkner), van Haaren, Slomiany (46. Sobieray).
Tore: 1:0 Müller (5.), 2:0 Beckenbauer (12.), 3:0 Brenninger (20.), 4:0 Roth (70.), 5:0 Brenninger (70.), 6:0 Roth (88.).
Schiedsrichter: Horst Herden.

25. SPIELTAG

Bayern – MSV Duisburg 2:0 (1:0)

BAYERN: Maier – Olk, Schwarzenbeck, Beckenbauer, Pumm – Koppenhöfer, Ohlhauser – Roth, G. Müller, Mrosko, Brenninger.
DUISBURG: Linders – Burghardt – Pavlic (57. M. Müller), Pirsig, Bella – Lehmann, Sondermann, Kremer – Riedl, Budde, Wißmann.
Tore: 1:0 G. Müller (8.), 2:0 Mrosko (74.).
Schiedsrichter: Ferdinand Biwersi.

20. SPIELTAG

Eintracht Frankfurt – Bayern 2:1 (0:0)

FRANKFURT: Kunter – Wirth, Lutz, Huberts, Schämer – Kalb, Hölzenbein, Trinklein – Grabowski, Heese, Nickel.
BAYERN: Maier – Olk, Beckenbauer, Schwarzenbeck, Pumm – Roth, Koppenhöfer, Ohlhauser – Mrosko (61. Schmidt), G. Müller, Brenninger.
Tore: 1:0 Trinklein (56.), 1:1 Müller (57.), 2:1 Nickel (75.).
Schiedsrichter: Klaus Ohmsen.

26. SPIELTAG

1860 München – Bayern 2:1 (1:0)

1860: Radenkovic – Kroth, Perusic, Blankenburg, Zeiser – Schmidt, Kohlars, Berg – Heiß, Fischer, Hiller.
BAYERN: Maier – Olk, Schwarzenbeck, Beckenbauer, Pumm – Ohlhauser, Koppenhöfer – Roth, Mrosko (46. Michl), G. Müller, Brenninger.
Tore: 1:0 Kohlars (12.), 2:0 Fischer (22.), 2:1 Ohlhauser (50.).
Schiedsrichter: Kurt Tschenscher.

18. SPIELTAG

Rot-Weiss Essen – Bayern 1:1 (0:1)

ESSEN: Bockholt – Czernotzky, Kik, Rausch, Stauvermann – Jung, Ferner (72. Burgsmüller), Peitsch –Weinberg (25. Fürhoff), Littek, Beer.
BAYERN: Maier – Koppenhöfer, Schwarzenbeck, Beckenbauer, Pumm – Kupferschmidt, Roth, Ohlhauser – G. Müller, Mrosko, Brenninger.
Tore: 0:1 Kupferschmidt (8.), 1:1 Fürhoff (53.).
Schiedsrichter: Herbert Lutz.

27. SPIELTAG

Bayern – Alemannia Aachen 6:0 (2:0)

BAYERN: Maier – Koppenhöfer, Schwarzenbeck, Beckenbauer, Pumm (74. Gierlinger) – Roth, Ohlhauser– Mrosko, Kupferschmidt, G. Müller, Brenninger.
AACHEN: Scholz – Pawellek, Martinelli, Hermandung, Walter – Bechmann, Gronen, Thelen – Tenbruck, Claessen (30. Liermann, 52. Pöhler), Sell.
Tore: 1:0 Müller (18.), 2:0 Kupferschmidt (28.), 3:0 Beckenbauer (58.), 4:0 Roth (62.), 5:0 Roth (69.), 6:0 Müller (84., Handelfmeter).
Schiedsrichter: Walter Engel.

28. SPIELTAG

Hertha BSC – Bayern 0:4 (0:3)

HERTHA: Fraydl – Patzke, Witt, Wild, Ferschl – Bredenfeld (32. Enders), Gayer – Steffenhagen, Brungs, Horr, Weber.
BAYERN: Maier – Koppenhöfer, Schwarzenbeck, Beckenbauer, Pumm – Roth, Ohlhauser, Kupferschmidt - Mrosko, G. Müller, Brenninger.
Tore: 0:1 Brenninger (7.), 0:2 Brenninger (17.), 0:3 Kupferschmidt (37.), 0:4 Roth (59.).
Schiedsrichter: Walter Eschweiler.

29. SPIELTAG

Bayern – VfB Stuttgart 1:2 (1:1)

BAYERN: Maier – Olk, Schwarzenbeck, Beckenbauer, Pumm – Koppenhöfer, Kupferschmidt, Ohlhauser – Mrosko (46. H. Nerlinger), G. Müller, Brenninger.
STUTTGART: Heinze – G. Eisele, Zech, H. Eisele, Arnold – Gress, Olsson, Haug – Weidmann, Handschuh, Haaga.
Tore: 0:1 Weidmann (38.), 1:1 Müller (42.), 1:2 Olsson (83.).
Schiedsrichter: Helmut Fritz.

30. SPIELTAG

1. FC Köln – Bayern 0:2 (0:0)

KÖLN: Manglitz – Thielen, Weber, Biskup, Hemmersbach – Rühl, Flohe, Overath – Rupp, Löhr, Hornig.
BAYERN: Maier – Koppenhöfer, Schwarzenbeck, Beckenbauer, Pumm – Kupferschmidt, Ohlhauser, Roth – Mrosko, G. Müller, Brenninger.
Tore: 0:1 Müller (67.), 0:2 Müller (77.).
Platzverweis: Pumm (40.).
Schiedsrichter: Walter Horstmann.

31. SPIELTAG

Bayern – Hannover 96 7:2 (4:1)

BAYERN: Maier – Koppenhöfer, Beckenbauer, Schwarzenbeck, Kupferschmidt – Ohlhauser, Roth – Michl (75. Schmidt), G. Müller, Mrosko, Brenninger.
HANNOVER: Podlasly – Loof, Anders, Hellingrath, Stiller – Bandura, Zobel – Cebinac (46. Heynckes, 60. Detsch), Siemensmeyer, Breuer, Brune.
Tore: 1:0 Müller (9.), 2:0 Müller (13.), 3:0 Beckenbauer (14.), 4:0 Ohlhauser (29.), 4:1 Siemensmeyer (37., Foulelfmeter), 4:2 Breuer (51.), 5:2 Mrosko (69.), 6:2 Brenninger (73.), 7:2 Roth (75.).
Schiedsrichter: Alfred Köhler.

19. SPIELTAG

Bayern – Bor. M'gladbach 1:0 (1:0)

BAYERN: Maier – Koppenhöfer, Kupferschmidt, Beckenbauer, Schwarzenbeck – Ohlhauser, Roth (63. Michl), Schmidt – G. Müller, Mrosko, Brenninger.
M'GLADBACH: Kleff – Bleidick, Sieloff, L. Müller, Schäfer – Vogts, Netzer, Dietrich – Wimmer, Laumen, Köppel.
Tor: 1:0 Roth (28.).
Schiedsrichter: Horst Herden.

32. SPIELTAG

Hamburger SV – Bayern 1:3 (1:0)

HAMBURG: Özcan (46. Girschkowski) – Sandmann, W. Schulz, Hellfritz, Hof – H. Schulz (12. Kremer), Zaczyk, Hönig – Fock, Dörfel, Seeler.
BAYERN: Maier – Koppenhöfer, Schwarzenbeck, Beckenbauer, Kupferschmidt – Schmidt, Ohlhauser, Mrosko – H. Nerlinger, G. Müller, Brenninger.
Tore: 1:0 Hönig (41.), 1:1 Mrosko (47.), 1:2 Mrosko (69.), 1:3 Ohlhauser (72.).
Schiedsrichter: Hans-Joachim Weyland.

24. SPIELTAG

Werder Bremen – Bayern 1:0 (0:0)

BREMEN: Bernard – Piontek, Höttges (80. Danielsen), Schütz, Coordes – Steinmann, Zembski, Bjørnmose – Hasebrink, Meyer, Görts.
BAYERN: Maier – Koppenhöfer, Schwarzenbeck (8. Olk), Beckenbauer, Kupferschmidt – Ohlhauser, Roth – H. Nerlinger, G. Müller, Mrosko, Brenninger.
Tor: 1:0 Görts (68.).
Platzverweis: H. Nerlinger (20.).
Schiedsrichter: Horst Bonacker.

33. SPIELTAG

Bayern – Rot-Weiß Oberhausen 6:2 (4:1)

BAYERN: Maier (80. Seifert) – Koppenhöfer, Ohlhauser, Beckenbauer, Olk – Roth, Schmidt (46. Klein) – Kupferschmidt, G. Müller, Mrosko, Brenninger.
OBERHAUSEN: Scheid – Wilbertz, Hentschel (65. Rösen), Dick, F. Kobluhn (13. Karbowiak) – L. Kobluhn, Fröhlich, Ohm – Laskowsky, Dausmann, Krauthausen.
Tore: 1:0 Müller (1.), 2:0 Müller (4.), 3:0 Müller (10.), 4:0 Roth (26.), 4:1 Dausmann (31.), 5:1 Müller (53.), 6:1 Brenninger (62.), 6:2 Dausmann (72.).
Schiedsrichter: Günter Linn.

34. SPIELTAG

Schalke 04 – Bayern 2:2 (0:0)

SCHALKE: Nigbur – Slomiany, Fichtel, Wittkamp, van Haaren – Rüssmann, Neuser – Sobieray (56. Erlhoff), Scheer, Wüst (18. Lütkebohmert), Pohlschmidt.
BAYERN: Maier – Koppenhöfer, Olk, Beckenbauer, Kupferschmidt – Schmidt, Mrosko – Roth, G. Müller, Ohlhauser, Brenninger.
Tore: 0:1 Müller (58.), 0:2 Ohlhauser (65.), 1:2 Lütkebohmert (72.), 2:2 Lütkebohmert (84.).
Schiedsrichter: Wolfgang Link.

Abschlusstabelle

Pl.	Verein	Spiele	G	U	V	Tore	Diff.	Punkte
1	M'gladbach	34	23	5	6	71:29	+ 42	51:17
2	Bayern (M/P)	34	21	5	8	88:37	+ 51	47:21
3	Hertha	34	20	5	9	67:41	+ 26	45:23
4	Köln	34	20	3	11	83:38	+ 45	43:25
5	Dortmund	34	14	8	12	60:67	– 7	36:32
6	Hamburg	34	12	11	11	57:54	+ 3	35:33
7	Stuttgart	34	14	7	13	59:62	– 3	35:33
8	Frankfurt	34	12	10	12	54:54	0	34:34
9	Schalke	34	11	12	11	43:54	– 11	34:34
10	Kaiserslautern	34	10	12	12	44:55	– 11	32:36
11	Bremen	34	10	11	13	38:47	– 9	31:37
12	Essen (A)	34	8	15	11	41:54	– 13	31:37
13	Hannover	34	11	8	15	49:61	– 12	30:38
14	Oberhausen (A)	34	11	7	16	50:62	– 12	29:39
15	Duisburg	34	9	11	14	35:48	– 13	29:39
16	Braunschweig	34	9	10	15	40:49	– 9	28:40
17	1860 München	34	9	7	18	41:56	– 15	25:43
18	Aachen	34	5	7	22	31:83	– 52	17:51

DIE WEITEREN SIEGER DES JAHRES:

Weltmeister:
Brasilien

Europacup der Landesmeister:
Feyenoord Rotterdam

Europacup der Pokalsieger:
Manchester City

Messepokal:
FC Arsenal

DFB-Pokal:
Kickers Offenbach

Alle Ergebnisse auf einen Blick

Waagerecht: alle Heimresultate. Senkrecht: alle Auswärtsresultate	M'gladbach	Bayern	Hertha	1. FC köln	Dortmund	Hamburg	Stuttgart	Frankfurt	Schalke	Kaiserslautern	Bremen	Essen	Hannover	Oberhausen	Duisburg	Braunschweig	1860 München	Aachen
M'gladbach		2:1	1:1	2:0	4:2	4:3	3:0	1:2	2:0	1:1	1:0	2:1	5:0	6:1	4:1	1:0	3:1	5:1
Bayern	1:0		1:2	1:2	3:0	2:1	1:2	2:1	6:0	1:1	4:1	4:0	7:2	6:2	2:0	5:1	2:0	6:0
Hertha	1:1	0:4		1:0	9:1	1:0	3:1	2:0	3:0	3:0	4:1	4:0	1:1	1:0	1:0	2:0	4:2	2:1
1. FC Köln	0:1	0:2	5:1		5:2	3:0	3:1	1:2	8:0	6:1	3:0	5:2	5:0	0:1	6:2	3:2	2:1	3:0
Dortmund	2:1	1:3	0:0	1:0		2:1	0:0	2:1	1:1	5:1	2:1	4:1	2:1	3:2	3:1	2:2	3:1	3:1
Hamburg	1:3	1:3	1:0	2:5	4:3		1:3	5:1	1:1	2:1	2:2	1:0	2:0	2:1	4:1	3:3	0:1	4:1
Stuttgart	0:0	2:3	1:4	0:3	2:1	1:1		4:0	2:0	2:1	1:1	4:1	2:1	4:2	4:3	3:2	3:1	5:0
Frankfurt	1:2	2:1	1:1	0:0	2:0	2:2	4:0		2:1	2:1	2:1	2:1	3:3	5:1	0:1	0:0	4:3	6:2
Schalke	2:0	2:2	1:3	1:0	1:1	1:1	1:2	0:0		4:2	0:0	5:3	2:0	2:2	0:0	1:1	3:1	3:0
Kaiserslautern	1:4	0:0	1:0	3:2	2:2	1:1	3:2	2:0	1:1		1:0	0:0	5:2	0:0	0:2	2:0	3:2	3:1
Bremen	0:0	1:0	1:0	2:1	1:3	1:1	1:1	3:2	0:1	3:2		2:1	1:0	1:1	0:0	0:1	1:1	4:1
Essen	1:0	1:1	5:2	0:0	3:3	2:2	3:3	1:1	1:1	1:1	3:2		1:0	1:0	0:0	1:1	3:0	2:0
Hannover	1:0	0:1	2:1	3:4	4:2	1:1	2:0	1:1	3:1	4:2	3:2	3:0		2:1	0:0	0:2	3:1	5:0
Oberhausen	3:4	3:3	3:1	0:2	2:1	1:3	3:0	3:1	0:3	0:0	3:1	1:1	0:0		2:0	2:1	3:0	1:0
Duisburg	0:1	4:2	1:3	1:1	0:1	0:0	1:1	1:1	2:0	0:0	1:1	0:1	1:0	2:1		1:0	2:1	2:1
Braunschweig	0:1	0:4	1:2	1:2	1:1	3:0	1:0	3:1	3:0	1:0	1:2	0:0	1:1	0:4	2:1		2:2	3:0
1860 München	0:3	2:1	2:0	1:0	3:0	0:2	4:1	1:1	0:2	0:1	0:1	0:0	3:0	4:1	2:2	1:0		0:0
Aachen	0:3	1:3	2:4	1:3	3:1	0:2	4:2	2:1	1:2	1:1	0:0	0:0	1:1	2:0	3:2	1:1	0:0	

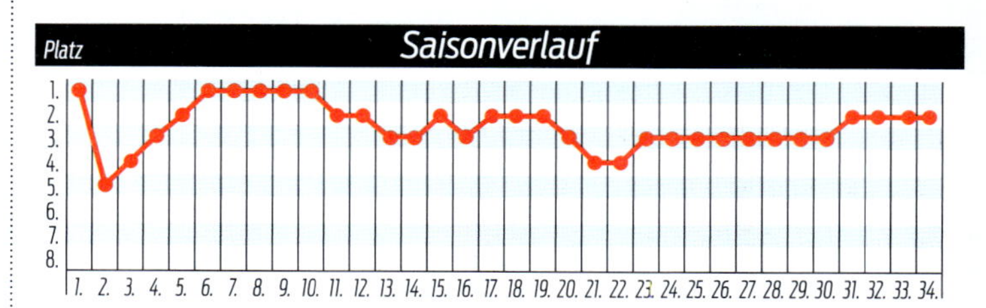

Der Machtkampf gegen Borussia Mönchengladbach bestimmt das Jahrzehnt. Trotz aller Rivalität werden Günter Netzer (l.), großartiger Spielmacher der Borussia, und Franz Beckenbauer Freunde. Gladbach wird fünfmal Meister, Bayern dreimal

FFEE

NUN WIRBELN HOENESS UND BREITNER

Die beiden 18-Jährigen bringen einen neuen Geist ins Team. Die Meisterschaft geht aber wieder nach Gladbach – ein Drama

Elf Tage hält er im düsteren Kohlenkeller aus, dann wirft Paul Breitner das Handtuch. Zur Erleichterung von Uli Hoeneß, seinem Mitbewohner. Allmählich gehen dem nämlich die Ausreden aus, mit denen er die Feldjäger immer wieder abspeisen muss, die Breitner holen wollen. Der muss zur Bundeswehr, 18 Monate Grundwehrdienst. Das passt Paul Breitner, dem Mann mit den linken Ideologien, so gar nicht.

Erst als Bayern-Präsident Wilhelm Neudecker persönlich in der Spieler-WG in München-Trudering anruft und Breitner ins Gewissen redet, lässt er sich endlich einziehen. Widerwillig.

Eine bezeichnende Episode aus dem Leben zweier junger Männer im Sommer und Herbst 1970, als die ganze Welt rebellisch

Versuchen sich als Hausmänner: Uli Hoeneß (l.) und Paul Breitner in ihrer Münchner WG. Eier kochen fällt schwerer als Fußball spielen

zu sein scheint. Auch die Welt des FC Bayern ändert sich mit Beginn der Spielzeit, kommen mit den beiden 18-jährigen Talenten Hoeneß und Breitner doch zwei Spieler nach München, die die Geschicke des Vereins noch wesentlich beeinflussen werden.

Im Bewusstsein, in Udo Lattek einen großen Förderer zu haben, der sie schon in der DFB-Jugendauswahl betreut hat, treten sie forsch auf im Münchner Starensemble, von dem der Präsident „nichts weniger als die Meisterschaft" fordert.

Mit seinen Verpflichtungen setzt sich Lattek unter Druck, im Rückblick sagt er: „Es war für mich ein großes Risiko, mit Breitner, Hoeneß und Zobel gleich drei neue Leute mitzubringen. Hätten die nicht eingeschlagen, hätte ich gleich zu Beginn Feuer unterm Hintern bekommen."

Die Erwartungen an Hoeneß und Breitner sind besonders hoch, wie Franz Beckenbauer erklärt: „Beide sind großartige Talente, ich war mit 18 noch nicht so weit."

Und schon gar nicht so vorlaut: Der nassforsche Hoeneß beansprucht gleich die Rückennummer 10, bekommt sie und sagt zum Trainingsauftakt: „Jetzt muss man sich einen Platz in der Mannschaft erkämpfen. Auf eventuelle Verletzungen zu warten, um dranzukommen, darauf setze ich nicht." Als er für Nationalspieler Erich Maas, der aus Braunschweig gekommen ist, in einem Test Linksaußen spielt, erklärt Hoeneß der Presse im Stile eines Verantwortlichen: „Der Erich sollte mal einen Dämpfer bekommen." Maas sucht schon im Herbst das Weite, wechselt nach nur sechs Ligaspielen zum FC Nantes (Frankreich).

Lattek stört der Tonfall, aber zur Räson bringt er Hoeneß nicht: „Es gibt keinen, den ich mehr anbrülle. Der Kerl ist oft viel zu selbstsicher." Dafür hat Lattek freilich eine Erklärung: „Damit kompensiert er seine Sorgen."

Er stellt Hoeneß immer wieder auf, 31-mal in dessen erster Bundesliga-Saison, und oft „gegen den Widerstand der Mannschaft". Für Manager Robert Schwan ist der Senkrechtstart kein Wunder. Schon im Sommer 1970 meint er: „Wenn der es nicht packt, dann packt es keiner."

Sein Bundesliga-Debüt gibt Hoeneß, der sich in Ulm einen Namen als Stürmer gemacht hat, auf der Vorstopper-Position. Er sei der ideale Vertreter für den gesperrten Katsche Schwarzenbeck, findet sein Mentor Lattek, „denn er schlägt die Bälle nicht einfach nach vorn. Jedes Abspiel kommt beim eigenen Mann an." So schwärmt ein Lehrer von seinem Musterschüler.

Weil Hoeneß nebenher noch BWL und Anglistik studieren und 1972 an den Olympischen Spielen in München teilnehmen will, erhält er einen Amateurvertrag und wird pro forma auf der Geschäftsstelle angestellt. Das erste Gehalt des Tausendsassas: 2000 D-Mark. An den Freilassinger Paul Breitner, obschon Profi, zahlen die Münchner monatlich 800 DM, als Handgeld für seinen Wechsel hat er immerhin 20 000 DM bekommen.

In Duisburg: Mrosko (M.) und Müller (r.) sind gesperrt. Sie hören im Radio, wie Gladbach Meister wird

Dass Lehrjahre keine Herrenjahre sind, spürt insbesondere Breitner, der durch die Bundeswehrzeit im Bayern-Kader aussichtslos zurückfällt. Jahre später schimpft er: „Die Sache kostete mich ein volles halbes Jahr. Es gab keinerlei Trainingsmöglichkeiten für mich."

Frustriert sucht Breitner nach einem Ausweg und einigt sich mit dem 1. FC Köln, der Vertrag liegt unterschriftsreif im Schreibtisch. Da fallen im März vor dem Spiel in Hannover (25. Spieltag) zwei Außenverteidiger aus. Lattek fragt Breitner, eigentlich ein Spielmacher, ob er sich den Job zutraue. Mit den Worten: „Klar, mach ich doch", stellt er die Weichen für seine Weltkarriere. Breitner nutzt seine Chance, spielt bis Saisonende durch und wird noch vor Hoeneß im Juni 1971 A-Nationalspieler.

Die Forderung ihres Präsidenten können die Bayern trotz des neuen Geistes in der Mannschaft nicht erfüllen. Am letzten Spieltag verspielen sie in Duisburg den Titel, unterliegen 0:2. Als Tabellenführer.

Das Drama beginnt eigentlich schon im Januar: Auf der dreiwöchigen Südamerikareise, zu der Manager Schwan die Bayern treibt, fliegen Müller und Karl-Heinz Mrosko in Peru vom Platz. Vier Monate wartet der DFB auf den Schiedsrichterbericht, kurz vor dem Saisonfinale kommt er endlich. Er kündet von einer Tätlichkeit Müllers, der Mrosko beschützt hat. Müller wird am 24. Mai 1971 für acht Wochen gesperrt, Mrosko muss drei Wochen aussetzen.

Der DFB halbiert zwar die Strafe, aber am 5. Juni sitzen sie in Duisburg in Zivil auf der Bank und hören im Radio, wie Gladbach in Frankfurt 4:1 gewinnt und noch an Bayern vorbeizieht.

Einen Tag später, am 6. Juni, spielt Offenbachs Präsident Horst Canellas auf seiner Geburtstagsparty DFB-Funktionären und Journalisten Tonbandaufnahmen von Telefongesprächen vor und tritt den Bundesliga-Skandal los. 18 Spiele an den letzten acht Spieltagen sind nachweislich manipuliert, mindestens 52 Spieler, drei Funktionäre und sechs Trainer sind in die Bestechung verstrickt. Aus München aber niemand. Erst am 8. Januar 1976 werden die letzten Akten geschlossen.

Messepokal

Kein Durchkommen: Gerd Müller (weißes Trikot) geht gegen Liverpool leer aus

Aus im Viertelfinale gegen Liverpool

Drei der vier Gegner kommen von den Britischen Inseln, die ersten beiden räumen die Münchner noch aus dem Weg. Gegen die Glasgow Rangers (1:0/1:1) ist es knapp, Franz Beckenbauers Tor entscheidet das Hinspiel, Gerd Müller sorgt im Rückspiel für das Weiterkommen. Gegen Coventry City wird es unerwartet leicht (6:1/1:2), im Auswärtsspiel fällt das erste Hoeneß-Tor in einem Pflichtspiel für Bayern. Im Achtelfinale ist das Hinspielpolster gegen Sparta Rotterdam dünn (2:1), doch in Holland hat Müller einen großen Tag und trifft dreimal (3:1). Im Viertelfinale in Liverpool (0:3) geht auch er leer aus, im Rückspiel (1:1) verhindert Edgar Schneider mit seinem vierten Europacup-Tor eine weitere Niederlage, aber nicht das Aus. Präsident Neudecker: „Das große Geschäft kommt – wir gehen."

DFB-Pokal

Der Moment, als Joker Schneider trifft: Udo Lattek (l.) hebt ab

Joker Schneider entscheidet das Finale

Die größten Probleme auf dem Weg zum fünften Pokalsieg kommen am Anfang. Bei Hessen Kassel liegt Bayern zweimal zurück, zwei Müller-Tore zum 2:2 n. V. sichern ein Wiederholungsspiel. Das endet 3:0. Auch auf dem gefürchteten Betzenberg reicht nicht die Verlängerung zum Sieg, Müllers Tor gleicht ausgerechnet der Ex-Lauterer Koppenhöfer per Eigentor zum 1:1 aus. Im Wiederholungsspiel (5:0) erlebt Müller eine Sternstunde, erzielt alle fünf Tore. Zobel, Mrosko, Müller und Roth schießen im Viertelfinale gegen den MSV Duisburg die Treffer zum 4:0, im Halbfinale bei Fortuna Düsseldorf (1:0) trifft nur Müller. Das Finale gegen den 1. FC Köln hat andere Hauptdarsteller: Beckenbauer trifft zum 1:1 (52.), Koppenhöfer sieht in der 72. Minute Rot, Joker Edgar Schneider, in der 68. Minute für Roth eingewechselt, erzielt in der 119. Minute den 2:1-Siegtreffer. Lattek schwärmt über seinen ersten Titel: „Danach bin ich auf einer rosaroten Wolke durch die Gegend geschwebt. Ich habe geglaubt, es wäre das Schönste und Größte, was man als Trainer je erleben kann."

TRAINER

UDO LATTEK

Nie geht Bayern mit einem jüngeren Trainer in eine Saison, Lattek ist erst 35 Jahre alt. Beckenbauer charakterisiert ihn so: „Freundlich, souverän, geradlinig, ehrlich, selbstbewusst – ein Siegertyp."

DIE TOP-ELF DER SAISON

Uli Hoeneß

Paul Breitner

DER SPIELER DES JAHRES

Nach der Hinrunde ergibt sich in der Torschützenliste der Bundesliga ein ungewohntes Bild: Gerd Müller steht mit neun Treffern nur auf Platz sieben, vor ihm rangiert mit ***Franz Roth*** *sogar ein Mitspieler. Der kräftige Mittelfeldspieler ist in der Form seines Lebens und schießt elf Tore, auch das entscheidende gegen Duisburg zur Herbstmeisterschaft. Hertha BSC jagt Roth, Bayern verlängert seinen Vertrag vorzeitig bis 1973. Und Bundestrainer Helmut Schön setzt ihn in den beiden letzten Länderspielen 1970 ein. In der Rückrunde verlässt Roth das Glück, er bleibt torlos.*

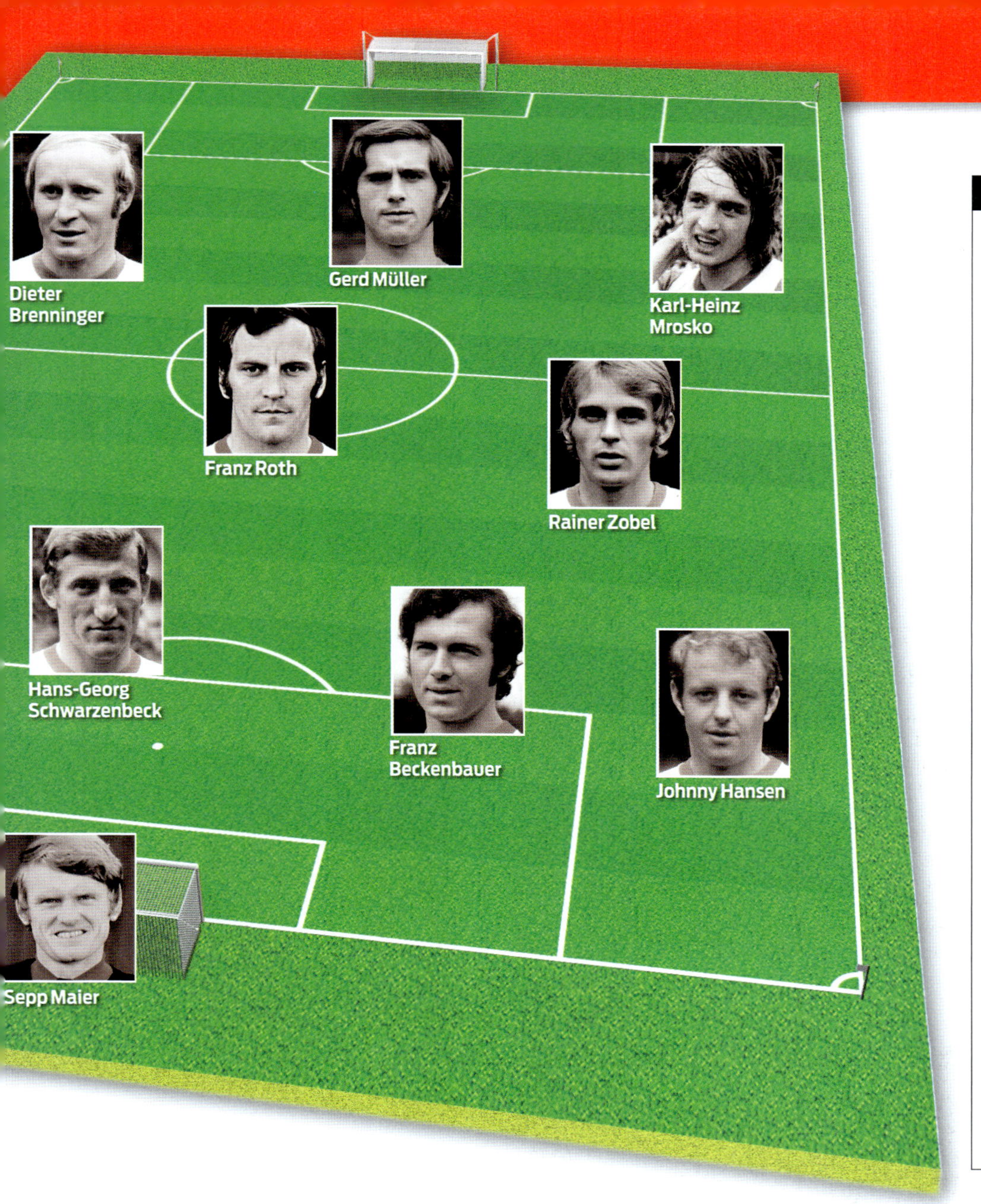

Der Kader

NAME	SPIELE	TORE
Sepp Maier	34	0
Manfred Seifert	2	0
Franz Beckenbauer	33	3
Johnny Hansen	30	1
Herward Koppenhöfer	28	0
Peter Pumm	23	1
Hans-Georg Schwarzenbeck	29	2
Paul Breitner	21	2
Jürgen Ey	1	0
Karl-Heinz Mrosko	31	8
Franz Roth	27	11
Rainer Zobel	34	3
Dieter Brenninger	31	12
Uli Hoeneß	31	6
Erich Maas	6	0
Gerd Müller	32	22
Edgar Schneider	20	2

KATSCHE SCHWARZENBECK erzielt erstmals in seiner Bundesliga-Karriere zwei Saisontore

Transfers

JOHNNY HANSEN wechselt vom 1. FC Nürnberg zum FCB und erkämpft sich gleich einen Stammplatz als rechter Außenverteidiger. Der Däne (45 Länderspiele von 1965 bis 1978) bleibt bis 1976 eine verlässliche Größe und erlebt die große Zeit mit Europacup-Triumphen, Meisterschaften und einem Pokalsieg mit. Nach 164 Bundesliga-Spielen kehrt er zu seinem Heimatklub Vejle BK zurück.

SPIELER	VON VEREIN	ABLÖSESUMME
Paul Breitner	ESV Freilassing	-
Uli Hoeneß	TSG Ulm 1846	-
Johnny Hansen	1. FC Nürnberg	50 000 DM
Rainer Zobel	Rot-Weiß Oberhausen	50 000 DM
Jürgen Ey	VfL Osnabrück	-
Erich Maas	Eintracht Braunschweig	130 000 DM
Edgar Schneider	VfR Pforzheim	-
Günther Rybarczyk	TSV 1852 Neuötting	-

Tops & Flops

GERD MÜLLER wird am 28. Dezember 1970 als erster Deutscher zu „Europas Fußballer des Jahres" gewählt. Vor Bobby Moore (England) und Gigi Riva (Italien).

HEIMSTÄRKE Erstmals in der Bundesliga bleiben die Bayern zu Hause ungeschlagen. Mit 13 Siegen und vier Remis werden sie Erster der Heimtabelle. Auswärts reicht es nur zu 18:16 Punkten.

NEUE HEIMAT Im Mai 1971 bezieht der FC Bayern seine neuen Räumlichkeiten an der Säbener Straße. Da residiert der Klub heute noch.

ERICH MAAS ist der teuerste Zugang (130 000 DM), aber kein Gewinn. Der Nationalspieler zieht nach nur sechs Einsätzen im November weiter nach Nantes (Frankreich).

UDO LATTEK Zwei Wechsel sind in der Bundesliga erlaubt, in Duisburg (34. Spieltag) macht er einen dritten, bringt in der Schlussphase Günther Rybarczyk für Johnny Hansen. Nach zwei Minuten bemerkt Lattek seinen Fehler, nimmt ihn wieder runter. Da der MSV 2:0 gewinnt, bleibt es folgenlos. Rybarczyk kommt so erst 1971/72 zur Bundesliga-Premiere.

1. SPIELTAG

VfB Stuttgart – Bayern 1:1 (1:1)

STUTTGART: Heinze – Eisele (46. Regitz), Zech, W. Entenmann, Eisele – Gress, Olsson, Haug – Weidmann, Handschuh (30. Haaga), Weiß.
BAYERN: Maier – Hansen, U. Hoeneß,Beckenbauer, Pumm – Koppenhöfer, Roth, Breitner – Zobel, Müller, Brenninger.
Tore: 0:1 Hansen (22.), 1:1 Handschuh (24.).
Schiedsrichter: Ferdinand Biwersi .

2. SPIELTAG

Bayern – Hertha BSC 1:0 (0:0)

BAYERN: Maier – Koppenhöfer, Hansen, Beckenbauer, Pumm – Roth, Zobel (78. Breitner), U. Hoeneß (45. Mrosko) – Maas, G. Müller, Brenninger.
HERTHA: Groß – Patzke, Witt, Wild, Ferschl – Gergely, Steffenhagen, Horr – Gayer, Brungs (65. Sperlich), Weber.
Tor: 1:0 Brenninger (72.). **Schiedsrichter:** Gerd Hennig.

3. SPIELTAG

Borussia Dortmund – Bayern 0:0

DORTMUND: Rynio – Wosab, Rasovic, Neuberger, Heidkamp – Kurrat, Trimhold (38.Weinkauff) – Ritschel, Weist, Schütz, Held (83. Brückner).
BAYERN: Maier – Koppenhöfer, Hansen, Beckenbauer, Pumm – Roth, Zobel (75. U. Hoeneß), Mrosko – Maas (68. Breitner), G. Müller, Brenninger.
Schiedsrichter: Walter Horstmann.

4. SPIELTAG

Bayern – Rot-Weiss Essen 2:2 (2:0)

BAYERN: Maier – Koppenhöfer, Hansen, Beckenbauer, Pumm – Roth, Zobel (46. Breitner), Mrosko – Maas (69. U. Hoeneß), G. Müller, Brenninger.
ESSEN: Bockholt – Czernotzky (29. Peitsch), Erlhoff, Rausch, Stauvermann – ter Mors (59. Fürhoff), Jung, Beer – Weinberg, Hohnhausen, Lippens.
Tore: 1:0 Roth (6.), 2:0 Müller (37.), 2:1 Hohnhausen (57.), 2:2 Lippens (64.).
Schiedsrichter: Peter Gabor.

5. SPIELTAG

Eintracht Frankfurt – Bayern 0:1 (0:0)

FRANKFURT: Dr. Kunter – Wirth, Trinklein, Lutz, Schämer – Kalb, Hölzenbein – Grabowski, Heese (76. Wagner), Papies (46. Rohrbach), Nickel.
BAYERN: Maier – Koppenhöfer, Hansen, Beckenbauer, Pumm – Breitner, Roth – Zobel, Mrosko, G. Müller, Brenninger.
Tor: 0:1 Roth (62.). **Schiedsrichter:** Jan Redelfs.

6. SPIELTAG

Bayern – Borussia M'gladbach 2:2 (1:0)

BAYERN: Maier – Hansen, Schwarzenbeck, Beckenbauer, Pumm – Roth, Zobel, Mrosko – Maas, G. Müller, Brenninger.
GLADBACH: Kleff – Wittmann, Vogts, Sieloff, L. Müller – Dietrich, Netzer, Laumen – Wimmer, Köppel, le Fevre (56. Heynckes).
Tore: 1:0 Schwarzenbeck (14.), 1:1 Sieloff (64., Handelfmeter), 2:1 G. Müller (74.), 2:2 Heynckes (90.).
Schiedsrichter: Ferdinand Biwersi.

7. SPIELTAG

Hamburger SV – Bayern 1:5 (1:3)

HAMBURG: Girschkowski (35. Özcan) – Sandmann, Kremer, Hellfritz, Ripp – Schulz, Zaczyk, Hönig – Klier, Seeler, Dörfel.
BAYERN: Maier – Hansen, Schwarzenbeck, Beckenbauer, Pumm – Roth, Zobel, Mrosko – Maas (23. U. Hoeneß), G. Müller (86. Schneider), Brenninger.
Tore: 1:0 Dörfel (26.), 1:1 Roth (30.), 1:2 Müller (42.), 1:3 Roth (43.), 1:4 Mrosko (53.), 1:5 Roth (71.).
Schiedsrichter: Alfred Köhler.
Besond. Vorkommnis: Maier hält Elfmeter von Zaczyk (90.).

8. SPIELTAG

Bayern – Hannover 96 4:1 (2:0)

BAYERN: Maier – Hansen, Schwarzenbeck, Beckenbauer, Pumm – Roth, Zobel, Mrosko – U. Hoeneß, G. Müller, Brenninger.
HANNOVER: Helmschrot – Ritter, Anders, Hellingrath, Stiller – Bandura, Weller, Bertl – Nafziger, Keller, Brune.
Tore: 1:0 Mrosko (10.), 2:0 Müller (20.), 2:1 Keller (84.), 3:1 Roth (84.), 4:1 Roth (88.). **Schiedsrichter:** Karl-Heinz Fork.

9. SPIELTAG

Arminia Bielefeld – Bayern 1:0 (0:0)

BIELEFELD: Siese – Wenzel, Schulz, Klein, Slomiany (66. Köller) – Stockhausen, Knoth, Braun – Leopoldseder (62. Brücken), Kuster, Kohl.
BAYERN: Maier – Hansen, Beckenbauer, Schwarzenbeck, Pumm (34. Koppenhöfer) – Roth, U. Hoeneß, Zobel – Müller, Mrosko (70. Breitner), Brenninger.
Tor: 1:0 Braun (60.). **Schiedsrichter:** Klaus Ohmsen.

10. SPIELTAG

Bayern – 1. FC Kaiserslautern 3:1 (1:0)

BAYERN: Maier – Hansen, Schwarzenbeck, Beckenbauer, Koppenhöfer – Roth, Zobel, Mrosko – U. Hoeneß (46. Maas / 54. Schneider), G. Müller, Brenninger.
K'LAUTERN: Elting – Rademacher, Schwager, Diehl, Fuchs – Friedrich, Rehhagel, Richter (46. Reinders) – Pirrung, Vogt, Ackermann.
Tore: 1:0 Brenninger (22.), 2:0 Müller (49.), 3:0 Müller (76., Foulelfmeter), 3:1 Vogt (87.).
Schiedsrichter: Werner Burgers.

11. SPIELTAG

Bayern – Kickers Offenbach 0:0

BAYERN: Maier – Hansen, Schwarzenbeck, Beckenbauer, Koppenhöfer – Zobel, Roth, Mrosko – Schneider (70. U. Hoeneß), G. Müller, Brenninger.
OFFENBACH: Volz – Weilbächer (80. Schönberger), Reich, Schmitt, H. Kremers – Weida, Spinnler, Schmidt – Gecks, Schäfer, E. Kremers (70. Winkler).
Schiedsrichter: Heinz Aldinger.

12. SPIELTAG

Rot-Weiß Oberhausen – Bayern 0:4 (0:2)

OBERHAUSEN: Scheid – Wilbertz, Dick, Hollmann, Rösen (46. Karbowiak) – Ohm, Fröhlich, Brozulat – Krauthausen, Schumacher, Sühnholz.
BAYERN: Maier (75. Seifert) – Hansen, Beckenbauer, Schwarzenbeck, Koppenhöfer – Roth, Zobel, Mrosko – Schneider, G. Müller, Brenninger.
Tore: 0:1 Müller (9.), 0:2 Brenninger (23.), 0:3 Roth (60.), 0:4 Brenninger (77.). **Schiedsrichter:** Elmar Schäfer.

13. SPIELTAG

Bayern – Schalke 04 3:0 (1:0)

BAYERN: Maier – Hansen, Schwarzenbeck, Beckenbauer, Koppenhöfer – Roth, Zobel, Mrosko – Schneider (62. U. Hoeneß), G. Müller, Brenninger.
SCHALKE: Nigbur – Becher, Rüssmann, Fichtel, Sobieray – Lütkebohmert, van Haaren, Scheer – Libuda (16. Wittkamp), Fischer, Pirkner.
Tore: 1:0 Brenninger (38.), 2:0 Mrosko (72.), 3:0 Schwarzenbeck (78.). **Schiedsrichter:** Rudolf Schröck.

14. SPIELTAG

1. FC Köln – Bayern 0:3 (0:0)

KÖLN: Manglitz – Thielen, Simmet, Weber, Hemmersbach – Cullmann, Overath, Flohe – Kapellmann, Parits, Rupp.
BAYERN: Maier – Hansen, Schwarzenbeck, Beckenbauer, Koppenhöfer (75. Pumm) – Roth, Zobel, U. Hoeneß – Mrosko, G. Müller, Brenninger.
Tore: 0:1 Müller (61.), 0:2 Roth (75.), 0:3 Brenninger (85.).
Schiedsrichter: Dietrich Basedow.

15. SPIELTAG

Bayern – Werder Bremen 2:1 (0:0)

BAYERN: Maier – Hansen, Schwarzenbeck, Beckenbauer, Pumm – Roth, Zobel, U. Hoeneß – Mrosko, G. Müller, Brenninger.
BREMEN: Bernard – Zembski, Assauer, Höttges, Schütz, Coordes – Kamp, Hasebrink – Thelen, Bjørnmose, Schmidt.
Tore: 1:0 Roth (52.), 2:0 Müller (59.), 2:1 Coordes (90.).
Schiedsrichter: Walter Eschweiler.

16. SPIELTAG

Eintr. Braunschweig – Bayern 1:1 (0:0)

BRAUNSCHWEIG: Öller – Grzyb, Lorenz, Kaack, Merkhoffer – Haebermann, Ulsaß, Gersdorff – Gerwien (74. Skrotzki), Deppe (67. Saborowski), Erler.
BAYERN: Maier – Hansen, Beckenbauer, Schwarzenbeck, Pumm – Zobel, Roth, U. Hoeneß (72. Mrosko) – Schneider, G. Müller, Brenninger.
Tore: 0:1 Hoeneß (57.), 1:1 Saborowski (81.).
Schiedsrichter: Horst Bonacker.

17. SPIELTAG

Bayern – MSV Duisburg 2:1 (1:1)

BAYERN: Maier – Hansen, Schwarzenbeck, Beckenbauer, Pumm – Roth, Zobel, U. Hoeneß (32. Mrosko) – Schneider (73. Koppenhöfer), G. Müller, Brenninger.
DUISBURG: Danner – Heidemann, Pirsig, Rettkowski, Bella – Lehmann, Linßen, Pavlic – Kentschke, Budde, Riedl.
Tore: 1:0 Pumm (24.), 1:1 Linßen (26.), 2:1 Roth (85.).
Schiedsrichter: Heinz Quindeau.

18. SPIELTAG

Bayern – VfB Stuttgart 1:0 (0:0)

BAYERN: Maier – Hansen, Schwarzenbeck, Beckenbauer, Koppenhöfer – Roth, Zobel, U. Hoeneß – Mrosko, G. Müller, Schneider (46. Brenninger).
STUTTGART: Heinze – Eisele, Zech, Olsson, Arnold – Höbusch, Entenmann, Haug – Weidmann, Weiß, Handschuh.
Tor: 1:0 Mrosko (65.).
Schiedsrichter: Norbert Fuchs.

19. SPIELTAG

Hertha BSC – Bayern 3:3 (1:2)

HERTHA: Groß – Patzke, Witt, Wild, Ferschl – Gergely, Gayer – Sperlich, Brungs, Horr, Varga (65. Steffenhagen).
BAYERN: Maier – Hansen, Schwarzenbeck, Beckenbauer, Koppenhöfer – Roth, Zobel, U. Hoeneß – Mrosko, G. Müller, Brenninger.
Tore: 0:1 Müller (5.), 1:1 Gayer (19.), 1:2 Brenninger (24.), 2:2 Gayer (48.), 2:3 Hoeneß (77.), 3:3 Horr (79., Foulelfmeter).
Schiedsrichter: Walter Eschweiler.

20. SPIELTAG

Bayern – Borussia Dortmund 1:1 (0:0)

BAYERN: Maier – Koppenhöfer, Schwarzenbeck, Beckenbauer, Breitner – Mrosko, Zobel, U. Hoeneß – Schneider (46. Pumm), G. Müller, Brenninger.
DORTMUND: Rynio – Peehs, Andree, Rasovic, Kurrat – Neuberger, Schütz, Bücker – Ritschel, Held, Weinkauff.
Tore: 1:0 Brenninger (57.), 1:1 Weinkauff (61.).
Schiedsrichter: Günter Linn.

Die Entscheidung am letzten Spieltag: Der Ball ist im Netz, Torschütze Rainer Budde springt in hohem Bogen über Sepp Maier. Duisburg führt in der 69. Minute 2:0. Gladbach ist damit Meister

21. SPIELTAG

Rot-Weiss Essen – Bayern 3:1 (0:1)

ESSEN: Bockholt – Czernotzky, Erlhoff, Rausch, Stauvermann – Beer, Ferner (46. Hohnhausen), Peitsch – Littek, Lippens, Bast.
BAYERN: Maier – Hansen, Koppenhöfer, Schwarzenbeck, Beckenbauer – Roth, Zobel (75. Breitner), U. Hoeneß (33. Mrosko) – Schneider, G. Müller, Brenninger.
Tore: 0:1 Müller (9.), 1:1 Lippens (59.), 2:1 Hohnhausen (65.), 3:1 Hohnhausen (66.). **Schiedsrichter:** Jan Redelfs.

22. SPIELTAG

Bayern – Eintracht Frankfurt 2:1 (1:0)

BAYERN: Maier – Breitner, Schwarzenbeck, Beckenbauer, Pumm – Koppenhöfer (46. Schneider), Zobel, U. Hoeneß (79. Hansen), – Mrosko, G. Müller, Brenninger.
FRANKFURT: Dr. Kunter – Reichel (63. Wirth), Trinklein, Lutz, Schämer – Heese, Kalb, Nickel – Grabowski, Hölzenbein, Rohrbach.
Tore: 1:0 Müller (5.), 2:0 Müller (59., Foulelfmeter), 2:1 Heese (64.).
Schiedsrichter: Rudolf Schröck.

23. SPIELTAG

Bor. M'gladbach – Bayern 3:1 (1:0)

GLADBACH: Kleff – Vogts, L. Müller, Sieloff, Bleidick – H. Wimmer, Netzer (69. Wloka), Laumen – Köppel, Heynckes (79. Bonhof), le Fevre.
BAYERN: Maier – Hansen, Schwarzenbeck, Beckenbauer, Pumm – Zobel, Roth (39. U. Hoeneß), Breitner – Schneider, G. Müller, Mrosko.
Tore: 1:0 Netzer (37.), 2:0 le Fevre (56.), 2:1 Mrosko (66.), 3:1 Laumen (83.). **Schiedsrichter:** Horst Herden.

24. SPIELTAG

Bayern – Hamburger SV 6:2 (3:1)

BAYERN: Maier – Hansen, Schwarzenbeck, Beckenbauer, Koppenhöfer – Roth, Zobel, U. Hoeneß (77. Breitner) – Schneider (46. Mrosko), G. Müller, Brenninger.
HAMBURG: Özcan – H. Schulz, Kurbjuhn, W. Schulz, Ripp – Nogly, Zaczyk, Hönig – Klier (46. Beyer), Seeler, Dörfel (51. Pötzschke).
Tore: 1:0 Hoeneß (16.), 2:0 Müller (28., Foulelfmeter), 2:1 Zaczyk (30., Foulelfmeter), 3:1 Müller (42.), 4:1 Müller (50.), 4:2 Beyer (51.), 5:2 Beckenbauer (82.), 6:2 Brenninger (90.).
Schiedsrichter: Gerd Hennig.

25. SPIELTAG

Hannover 96 – Bayern 2:2 (0:1)

HANNOVER: Helmschrot – Bandura, Anders, Hellingrath, Stiller – Weller, Berg, Siemensmeyer – Bertl, Keller 54. Nafziger), Reimann.
BAYERN: Maier – Breitner, Schwarzenbeck, Beckenbauer, Koppenhöfer – Zobel, Roth – Schneider (75. Mrosko), G. Müller, U. Hoeneß, Brenninger.
Tore: 0:1 Zobel (43.), 1:1 Bertl (46.), 2:1 Reimann (52.), 2:2 Zobel (88.).
Schiedsrichter: Ferdinand Biwersi.

26. SPIELTAG

Bayern – Arminia Bielefeld 2:0 (1:0)

BAYERN: Maier – Breitner, Schwarzenbeck, Beckenbauer, Koppenhöfer – Roth, Zobel, U. Hoeneß (65. Mrosko) – Schneider, G. Müller, Brenninger.
BIELEFELD: Siese – Wenzel, Slomiany, Stockhausen, Klein – Knoth, Brei (67. Oberschelp), Braun – Brücken, Kuster (30. Kohl), Leopoldseder.
Tore: 1:0 Brenninger (19.), 2:0 Müller (70.).
Schiedsrichter: Walter Horstmann.

27. SPIELTAG

1. FC Kaiserslautern – Bayern 2:1 (0:0)

K'LAUTERN: Elting – Blusch (68. Rademacher), Schwager, Reinders, Fuchs – Friedrich, Rehhagel, Pirrung – Vogt, Hosic, Ackermann.
BAYERN: Maier – Koppenhöfer, Breitner, Beckenbauer, Schwarzenbeck – Roth, Schneider (64. Ey) – Zobel, G. Müller (65. Hansen), U. Hoeneß, Mrosko.
Tore: 0:1 Hoeneß (66.), 1:1 Hosic (84.), 2:1 Fuchs (85.).
Schiedsrichter: Hans-Joachim Weyland.

28. SPIELTAG

Kickers Offenbach – Bayern 1:1 (0:0)

OFFENBACH: Volz – Semlitsch, Schmitt, H. Kremers, Weilbächer – Weida, Bechtold, Schäfer – Gecks, Winkler, E. Kremers.
BAYERN: Maier – Hansen, Beckenbauer, Schwarzenbeck, Pumm – Breitner, Zobel (63. Koppenhöfer), U. Hoeneß – Roth, G. Müller, Mrosko.
Tore: 1:0 Bechtold (63., Foulelfmeter), 1:1 Müller (77.).
Rot: Roth (75.)
Schiedsrichter: Heinz Aldinger.

29. SPIELTAG

Bayern – Rot-Weiß Oberhausen 4:2 (1:0)

BAYERN: Maier – Hansen, Schwarzenbeck, Beckenbauer, Koppenhöfer (46. Pumm) – Breitner, Zobel, U. Hoeneß – Mrosko, G. Müller, Brenninger (67. Schneider).
OBERHAUSEN: Scheid – Laskowsky, Kliemann, Kobluhn, Ohm – Hollmann, Dick, Brozulat – Sühnholz, Fritsche, Krauthausen (46. Karbowiak / 68. Schumacher).
Tore: 1:0 Mrosko (19.), 2:0 Müller (55.), 3:0 Beckenbauer (62.), 3:1 Kobluhn (74.), 3:2 Sühnholz (84.), 4:2 Müller (88.).
Schiedsrichter: Heinz Quindeau.

30. SPIELTAG

Schalke 04 – Bayern 1:3 (1:1)

SCHALKE: Nigbur – Pirkner, Rüssmann, van Haaren, Sobieray – Lütkebohmert, Scheer (46. Beverungen), Pohlschmidt (55. Rausch) – Libuda, Fischer, Wüst.
BAYERN: Maier – Breitner, Hansen, Schwarzenbeck, Pumm – Koppenhöfer, Zobel, U. Hoeneß – Mrosko, G. Müller, Brenninger.
Tore: 1:0 Fischer (12.), 1:1 Brenninger (41.), 1:2 Mrosko (48.), 1:3 Müller (72.). **Schiedsrichter:** Dietrich Basedow.

31. SPIELTAG

Bayern – 1. FC Köln 7:0 (2:0)

BAYERN: Maier – Breitner, Beckenbauer, Schwarzenbeck, Pumm – Koppenhöfer, Zobel (46. Schneider), U. Hoeneß – Mrosko, G. Müller, Brenninger.
KÖLN: Manglitz – Thielen, Weber, Biskup, Hemmersbach – Simmet, Flohe, Overath – Lex (46. Cullmann), Rupp, Kapellmann.
Tore: 1:0 Thielen (21., Eigentor), 2:0 Breitner (41.), 3:0 Schneider (52.), 4:0 Schneider (72.), 5:0 Hoeneß (78.), 6:0 Müller (81.), 7:0 Mrosko (84.).
Schiedsrichter: Elmar Schäfer.

32. SPIELTAG

Werder Bremen – Bayern 0:1 (0:0)

BREMEN: Bernard – Zembski, Schütz, Assauer, Höttges – Kamp (65. Coordes), Hasebrink (77. Meyer), Schmidt – Görts, Lorenz, Bjørnmose.
BAYERN: Maier – Hansen, Schwarzenbeck, Beckenbauer, Koppenhöfer – Breitner, Zobel, U. Hoeneß (83. Pumm) – Mrosko, G. Müller, Brenninger.
Tor: 0:1 Breitner (52.).
Schiedsrichter: Paul Kindervater.

33. SPIELTAG

Bayern – Eintr. Braunschweig 4:1 (2:0)

BAYERN: Maier – Hansen, Schwarzenbeck, Beckenbauer, Pumm – Koppenhöfer, Zobel, Breitner – Schneider, U. Hoeneß, Brenninger.
BRAUNSCHWEIG: Wolter – Grzyb, Kaack, Bäse, Merkhoffer – Haebermann, Gersdorff, Ulsaß – Polywka (54. Skrotzki), Lorenz, Haun.
Tore: Tore: 1:0 Beckenbauer (6.), 2:0 Zobel (43.), 3:0 Brenninger (51.), 3:1 Ulsaß (66.), 4:1 Hoeneß (85.).
Schiedsrichter: Gerd Hennig.

34. SPIELTAG

MSV Duisburg – Bayern 2:0 (0:0)

DUISBURG: Danner – Rettkowski, Heidemann, Pirsig, Bella – Lehmann, Pavlic (63. Buchberger), Linßen – Riedl (87. Sondermann), Budde, Dietz.
BAYERN: Maier (70. Seifert) – Hansen, Schwarzenbeck, Beckenbauer, Pumm – Zobel, Koppenhöfer, Breitner – Roth, U. Hoeneß (62. Schneider), Brenninger.
Tore: 1:0 Budde (55.), 2:0 Budde (69.).
Schiedsrichter: Horst Herden.
Besond. Vorkommnis: Heidemann verschießt Elfmeter (12.).

Abschlusstabelle

Pl.	Verein	Spiele	G	U	V	Tore	Diff.	Punkte
1	M'gladbach (M)	34	20	10	4	77:35	+ 42	50:18
2	Bayern	34	19	10	5	74:36	+ 38	48:20
3	Hertha	34	16	9	9	61:43	+ 18	41:27
4	Braunschweig	34	16	7	11	52:40	+ 12	39:29
5	Hamburg	34	13	11	10	54:63	– 9	37:31
6	Schalke	34	15	6	13	44:40	+ 4	36:32
7	Duisburg	34	12	11	11	43:47	– 4	35:33
8	Kaiserslautern	34	15	4	15	54:57	– 3	34:34
9	Hannover	34	12	9	13	53:49	+ 4	33:35
10	Bremen	34	11	11	12	41:40	+ 1	33:35
11	Köln*	34	11	11	12	46:56	– 10	33:35
12	Stuttgart	34	11	8	15	49:49	0	30:38
13	Dortmund	34	10	9	15	54:60	– 6	29:39
14	Bielefeld (A)	34	12	5	17	34:53	– 19	29:39
15	Frankfurt	34	11	6	17	39:56	– 17	28:40
16	Oberhausen	34	9	9	16	54:69	– 15	27:41
17	Offenbach (P, A)	34	9	9	16	49:65	– 16	27:41
18	RW Essen	34	7	9	18	48:68	– 20	23:45

* Als Pokalfinalist im Uefa-Cup

DIE WEITEREN SIEGER DES JAHRES:

Europacup der Landesmeister:
Ajax Amsterdam

Europacup der Pokalsieger:
FC Chelsea

Messepokal:
Leeds United

DFB-Pokal:
FC Bayern

Alle Ergebnisse auf einen Blick

Waagerecht: alle Heimresultate. Senkrecht: alle Auswärtsresultate

	M'gladbach	Bayern	Hertha	Braunschweig	Hamburg	Schalke	Duisburg	Kaiserslautern	Hannover	Bremen	1. FC Köln	Stuttgart	Dortmund	Bielefeld	Frankfurt	Oberhausen	Offenbach	Essen
M'gladbach		3:1	4:0	3:1	3:0	2:0	1:0	5:0	0:0	0:2	1:1	4:1	3:2	0:2	5:0	6:0	2:0	4:3
Bayern	2:2		1:0	4:1	6:2	3:0	2:1	3:1	4:1	2:1	7:0	1:0	1:1	2:0	2:1	4:2	0:0	2:2
Hertha	4:2	3:3		1:0	2:0	2:1	3:1	5:3	0:0	3:1	3:2	2:0	5:2	0:1	6:2	3:1	3:1	1:1
Braunschweig	1:1	1:1	2:1		4:1	3:3	5:0	2:0	0:4	1:0	3:1	4:0	3:0	3:2	2:0	1:1	3:0	1:0
Hamburg	2:2	1:5	0:0	2:1		1:2	2:0	5:2	1:0	1:1	2:0	1:0	2:1	3:2	3:0	0:0	3:2	2:1
Schalke	0:0	1:3	0:1	1:0	3:1		1:0	2:0	3:0	0:0	2:2	2:1	0:0	0:1	4:1	2:0	1:2	4:1
Duisburg	1:1	2:0	1:0	0:0	2:2	1:0		1:1	3:2	3:1	0:0	1:0	4:3	4:1	3:1	2:2	2:2	1:0
Kaiserslautern	0:1	2:1	2:0	0:1	2:0	2:0	3:0		2:1	2:1	0:0	0:5	1:0	3:0	2:0	4:1	4:0	5:2
Hannover	1:1	2:2	1:1	1:0	0:3	3:0	3:3	2:1		0:3	2:0	3:0	4:1	2:0	1:2	1:2	1:1	3:1
Bremen	1:1	0:1	0:0	2:0	2:2	0:1	0:2	1:1	0:0		1:1	3:1	3:1	4:1	1:0	2:0	3:1	1:1
1. FC Köln	3:2	0:3	3:2	3:1	3:0	2:0	2:1	1:2	0:1	1:1		2:1	2:2	2:0	0:0	2:4	4:2	3:2
Stuttgart	1:1	1:1	1:1	1:1	3:3	1:1	1:0	2:0	1:2	3:0	1:2		6:1	1:0	2:1	2:1	1:0	5:1
Dortmund	3:4	0:0	3:1	1:1	1:1	1:2	5:1	0:2	2:2	0:1	0:0	3:1		3:0	3:0	2:0	1:1	7:2
Bielefeld	0:2	1:0	1:1	0:1	1:1	0:3	0:0	2:1	3:1	3:0	1:0	1:0	2:3		1:0	2:1	2:0	0:0
Frankfurt	1:4	0:1	1:3	5:2	0:0	1:0	0:0	3:2	2:1	0:2	1:1	1:0	2:0	1:1		5:0	3:0	3:2
Oberhausen	0:2	0:4	1:1	1:0	8:1	4:1	0:2	4:2	4:3	3:0	2:2	1:2	0:1	4:2	0:0		2:2	0:0
Offenbach	1:3	1:1	1:0	0:2	3:3	0:1	2:0	2:2	1:5	2:1	4:1	3:3	3:0	5:0	0:2	3:2		1:2
Essen	1:2	3:1	0:3	0:1	1:3	1:3	1:1	4:0	2:0	2:2	2:0	1:1	0:1	2:1	2:0	3:3	2:3	

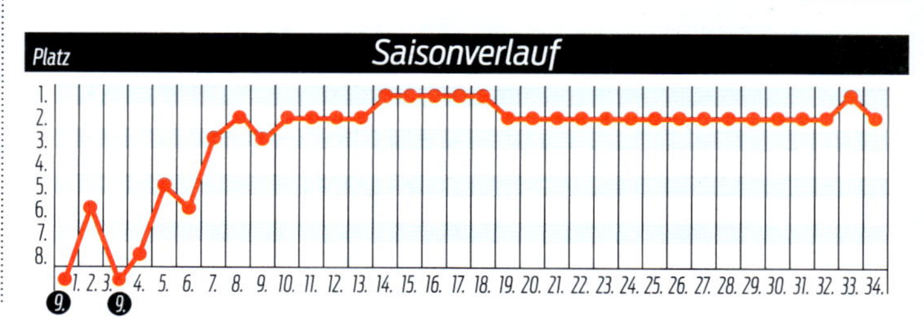

Triumphzug: Nach dem 5:1 gegen Schalke, das den zweiten Meistertitel in der Bundesliga bringt, tragen die Spieler um Johnny Hansen (l.) und Paul Breitner (r.) Trainer Udo Lattek auf Händen

ENDSPIEL IM NEUEN OLYMPIASTADION

Mit dem 5:1 gegen Schalke am 34. Spieltag gelingt eine wunderbare Premiere. Endlich wieder Meister – und das noch mit Torrekord

Als Schiedsrichter Jan Redelfs am 14. August 1971 das erste Spiel in dieser Bundesliga-Saison anpfeift, starten die Bayern ihre Abschiedstournee. Nach der Partie gegen Fortuna Düsseldorf (3:1) stehen nur noch 15 Heimspiele im altehrwürdigen Stadion an der Grünwalder Straße (Baujahr 1911) an, dann finden sie im Olympiastadion, das seit Juni 1969 auf dem Oberwiesenfeld gebaut wird, eine neue Heimat. Nicht jeder freut sich über den Umzug in die wunderschöne Arena.

Einer von ihnen ist Helmut Wurm aus Nördlingen, ein Jugendfreund Gerd Müllers. Dank nachlässiger Ordnungsdienste und baulicher Besonderheiten an der Grünwalder Straße steckt ihm Müller so manches Mal ein Ticket durchs Keller- oder Kabinenfenster zu, das geht im Olympiastadion nicht mehr. Und zuweilen sitzt Wurm sogar auf der Ersatzbank – wie beim 11:1 gegen Dortmund am 27. November 1971, dem höchsten Bayern-Heimsieg in der Bundesliga-Geschichte.

Die Verantwortlichen begrüßen den Umzug nach 123 Bundesliga- und 19 Europacup-Spielen umso mehr, denn die Mannschaft wird allmählich zu groß. Die Gehälter der angehenden Weltstars sind mit den Einnahmen im alten Stadion, das in der Bundesliga für 44 300 Zuschauer zugelassen ist, nicht zu finanzieren – bei Eintrittspreisen von 8,50 bis 25 D-Mark.

Sechs deutsche Nationalspieler haben die Bayern jetzt, und nur einer (Franz Beckenbauer) kokettiert nicht mit Abwanderungsgelüsten. „Ausverkauf bei Bayern", titelt der „Kicker" am 10. Februar 1972. Gerd Müller („Ich gehe auf jeden Fall"), Paul Breitner („Meine Entscheidung steht fest. Ich müsste mir Vorwürfe machen, wenn ich anders handeln würde") und Sepp Maier („Der Zug beim FC Bayern ist für mich abgefahren. Auch wenn wir Meister werden") verkünden binnen weniger Wochen ihren Abschied. Uli Hoeneß pokert bis zuletzt und verlangt „Garantien", und selbst der treue „Katsche" Schwarzenbeck trommelt im Mai 1972: „Ich bin unterbezahlt."

Am Ende bleiben sie alle, weil sie mehr Geld bekommen – oder Sachleistungen. Udo Lattek überlässt die für ihn vorgesehene Villa Familie Breitner.

Der Triumphmarsch durch die Bundesliga tut ein Übriges. 1971/72 ist „die wohl stärkste Spielzeit, die der FC Bayern je hatte", findet nicht nur Beckenbauer.

Die Saison ist eine der spannendsten in der Geschichte, denn der Wettlauf mit dem neuen Titelrivalen Schalke 04 wird erst am 34. Spieltag entschieden – im Olympiastadion. Die Königsblauen zeigen sich unbeeindruckt von den im Herbst 1971 gegen sie einsetzenden Ermittlungen im Bundesliga-Skandal, in den einige Spieler verwickelt sind, weil sie im April 1971 für 2300 DM pro Kopf absichtlich gegen Arminia Bielefeld verloren haben (0:1).

Latteks Mannschaft stellt einen Startrekord auf, verliert erstmals am 15. Spieltag (2:3 in Frankfurt). Nun ist Schalke Tabellenführer. Am 17. Spieltag gewinnt Schalke das direkte Duell 1:0 durch einen 30-Meter-Schuss von Heinz van Haaren und hat schon drei Punkte Vorsprung.

Große Kulisse: 79 032 Fans sehen am 28. Juni 1972 Bayerns erstes Spiel im Olympiastadion

Erst am 26. Spieltag erklimmen die Bayern mit dem 4:1 in Stuttgart wieder die Tabellenspitze. „Wir haben den neuen Meister gesehen", prophezeit Stuttgarts Trainer Branko Zebec, der im März 1970 den FCB verlassen musste. Zu früh.

Am 33. Spieltag wollen die Bayern nach dem 1:0 bei Absteiger Dortmund schon die Sektkorken knallen lassen, da erfahren sie vom Last-Minute-Tor der Schalker gegen den VfB Stuttgart (2:1). So kommt es am 28. Juni, einem Mittwochabend, zu einem echten Endspiel um die Meisterschaft. Bayern hat einen Punkt mehr, es reicht ein Unentschieden zum Titelgewinn.

Präsident Wilhelm Neudecker hat es kommen sehen und beim deutschen Olympia-Chef Willi Daume und dem DFB rechtzeitig die Genehmigung zum Umzug ins Olympiastadion geholt. Mit 79 032 Zuschauern ist die Arena bis auf den letzten Platz besetzt, die 3. Programme der ARD übertragen das Spiel live. Wie in fast jedem Saisonspiel setzen die Bayern voll auf Offensive und erzielen trotz eines diesmal leer ausgehenden Gerd Müller fünf Tore.

Der 5:1-Endstand von Franz Beckenbauer in der 90. Minute ist das 101. Saisontor. Ein historischer Bundesliga-Rekord.

Auch Gerd Müller feiert eine Bestleistung, seine 40 Tore sind bis heute unerreicht. Nur bei besagter Niederlage auf Schalke und beim 0:3 in Duisburg treffen die Münchner nicht das gegnerische Tor. Für Udo Lattek ist das keine Überraschung: „In dieser Saison haben wir immer volles Risiko gespielt." ●

Europacup der Pokalsieger

2:0 von Derek Parlane (M.): Bayern ist im Ibrox-Park der Glasgow Rangers geschlagen

Zwei Maier-Patzer im Halbfinale

Mit Skoda Pilsen haben die Bayern in der 1. Hauptrunde keine Mühe. Wolfgang Sühnholz macht den 1:0-Auswärtssieg perfekt, zu Hause gibt es ein 6:1. Im Achtelfinale kommt es zur Revanche mit dem FC Liverpool, Endstation 1970/71 im Messe-Pokal. Nach dem 0:0 auf der Insel gewinnt Bayern dank Treffern von Müller (2) und Hoeneß mit 3:1. Die Viertelfinals gegen Rumäniens Pokalsieger Steaua Bukarest werden eine zähe Angelegenheit (1:1/0:0), letztlich ermöglicht Müllers spektakuläres Tor in Bukarest den Einzug ins Halbfinale. Dort kommt es zum Wiedersehen mit dem Finalgegner von 1967, Glasgow Rangers. Nach dem 1:1 im Hinspiel (Tor Breitner, Eigentor Zobel) muss sich das Team den Schotten vor 80 000 Zuschauern im ausverkauften Ibrox-Park beugen. Schon nach 45 Sekunden trifft Sandy Jardine mit einem 22-Meter-Schuss, bei dem Maier nicht gut aussieht – wie auch beim 2:0-Endstand von Derek Parlane (22.).

DFB-Pokal

Jubelnde Kölner, ein konsternierter Paul Breitner (l.): Bernd Rupp (M.) und Heinz Flohe feiern das 5:1

Bayern verliert Fußballschlacht in Köln

Erstmals gibt es im Pokal Hin- und Rückspiel – und somit eine zweite Chance. Die nutzen die Bayern gleich in der ersten Runde, gewinnen nach dem 1:2 bei Fortuna Köln 6:0. Auch Eintracht Braunschweig geht nach torlosem Hinspiel erst in München in die Knie (3:1 n. V.). Im Viertelfinale wartet der 1. FC Köln, der Endspielgegner von 1970/71. Im Hinspiel schaffen sich die Bayern nach Toren von Roth und Müller (2) ein eigentlich beruhigendes 3:0-Polster, verlieren in einer regelrechten Fußballschlacht aber am 12. April 1972 in Köln 1:5. Franz Krauthausen büßt nach einem Faustschlag von Heinz Flohe zwei Zähne ein, Wolfgang Sühnholz scheidet mit Schienbeinbruch aus, Sepp Maiers Vertreter Manfred Seifert mit gebrochenen Rippen. Gerd Müller ist konsterniert: „So ein brutales und unwirkliches Spiel habe ich selten erlebt. Fans schlugen auf den Bus ein. Im Spiel kam es zu kriegsähnlichen Zuständen. Die Kölner foulten wie die Teufel."

TRAINER

UDO LATTEK
holt in seiner zweiten kompletten Bundesliga-Saison seine erste von acht Meisterschaften. „Es war das schönste Jahr in München", sagt er später. Im März 1972 wird sein Vertrag bis 1975 verlängert.

DIE TOP-ELF DER SAISON

Uli Hoeneß

Paul Breitner

DER SPIELER DES JAHRES

*Der „Bomber der Nation" setzt mit seinen 40 Bundesliga-Toren Maßstäbe für die Ewigkeit. Gegen Oberhausen (7:0 am 21. Spieltag) schnürt **Gerd Müller** seinen ersten Fünferpack, im Auswärtsspiel beim HSV (4:1 am 13. Spieltag) seinen schnellsten Hattrick (elf Minuten). „Es gibt keinen gefährlicheren Stürmer auf der Welt", lobt Franz Beckenbauer. Müller wird von anderen Vereinen gejagt, fährt zu Verhandlungen nach Rotterdam, auch Hertha BSC will ihn verpflichten. Am 31. März 1972 verlängert er seinen Vertrag mit Bayern um drei Jahre. Im Juni 1972 schießt Müller Deutschland dann noch mit vier von fünf Endrundentoren fast allein zum EM-Titel. Insgesamt kommt er 1971/72 in 100 Einsätzen auf 151 Tore (inklusive aller Testspiele und Hallenturniere).*

Der Kader

NAME	SPIELE	TORE
Sepp Maier	34	0
Manfred Seifert	1	0
Franz Beckenbauer	34	6
Johnny Hansen	32	4
Herward Koppenhöfer	14	0
Günther Rybarczyk	4	0
Hans-Georg Schwarzenbeck	32	1
Paul Breitner	30	4
Franz Roth	32	12
Rainer Zobel	32	4
Franz Gerber	1	0
Uli Hoeneß	34	13
Wilhelm Hoffmann	16	3
Franz Krauthausen	28	5
Gerd Müller	34	40
Edgar Schneider	23	2
Wolfgang Sühnholz	25	4

FRANZ GERBER feiert am 28. Spieltag gegen Hannover sein Bundesliga-Debüt, kommt in der 69.

Transfers

WILHELM HOFFMANN verstärkt die Offensive, erzielt in seiner ersten Saison drei seiner insgesamt 14 Bundesliga-Tore für den FCB. Seinen Einstand gibt er am 7. Spieltag als Einwechselspieler gegen Bielefeld. Beim 6:1 gegen Pilsen in der ersten Europacup-Runde gelingen ihm seine ersten beiden internationalen Tore. Hoffmann bleibt drei Jahre in München, absolviert insgesamt 55 Liga-Partien, wird dreimal Meister und Europacupsieger der Landesmeister. 1974 wechselt er in die 2. Liga zum FC Augsburg, 1977 kehrt er zu seinem Heimatverein Göppingen zurück.

SPIELER	VON VEREIN	ABLÖSESUMME
Franz Gerber	FC Bayern Jugend	-
Wilhelm Hoffmann	1. Göppinger SV	-
Franz Krauthausen	Rot-Weiß Oberhausen	-
Wolfgang Sühnholz	Rot-Weiß Oberhausen	-

Tops & Flops

REKORDEINNAHME Nach der Premiere im Olympiastadion erbringt der Kassensturz die erste Millionen-Einnahme der Klubhistorie – 1,1 Millionen D-Mark.

HEIMSERIE Die Mannschaft bleibt ohne Niederlage im eigenen Stadion (14 Siege, drei Remis), ist seit 11. April 1970 an der Grünwalder Straße und im Olympiastadion ungeschlagen.

NATIONALSPIELER Beim 3:1 in Polen (10. 10. 1971) sind erstmals fünf Bayern für Deutschland am Ball: Maier, Beckenbauer, Schwarzenbeck, Breitner, Müller.

ROBERT SCHWAN hetzt die Mannschaft für 50 000 DM Gage drei Tage vor dem Europacup-Halbfinale in Glasgow zum Testspiel nach Paris. Ein Grund für das 0:2.

GERD MÜLLER verschießt vom 3. bis 9. Spieltag gegen Braunschweig (4:1), Bochum (2:0) und Stuttgart (2:2) drei Elfmeter. Roth wird Schütze, trifft gleich gegen Duisburg (5:1, 12. Sp.) doppelt.

DUISBURG-KOMPLEX Von den letzten zwölf Liga-Partien gewinnt Bayern elf. Nur bei Angstgegner MSV setzt es die dritte Pleite in Folge (0:3, 29. Spieltag).

1971/72

Im Brennpunkt: Bielefelds Torwart Dieter Burdenski vereitelt Gerd Müllers Kopfballchance. Später trifft der „Bomber" aber doch noch auf der Alm, macht mit seinem Treffer zum 1:0 den Sieg am 24. Spieltag klar

1. SPIELTAG

Bayern – Fortuna Düsseldorf 3:1 (1:1)

BAYERN: Maier – Hansen, Schwarzenbeck, Beckenbauer, U. Hoeneß – Roth, Zobel, Krauthausen – Schneider (65. Breitner), G. Müller, Sühnholz.
DÜSSELDORF: Woyke – Baltes, Lungwitz, Kriegler, Köhnen (74. Iwanzik) – Hesse, Budde (62. Hoffer), Schulz – Senger, Geye, Herzog.
Tore: 0:1 Schulz (17.), 1:1 Krauthausen (30.), 2:1 Breitner (72.), 3:1 Beckenbauer (85.).
Schiedsrichter: Jan Redelfs.

2. SPIELTAG

Hertha BSC – Bayern 2:2 (1:0)

HERTHA: Groß – Ferschl, Witt, Hermandung, Enders – Beer, Gayer, Varga – Sperlich, Horr, Steffenhagen.
BAYERN: Maier – Hansen, Schwarzenbeck, Beckenbauer, U. Hoeneß – Breitner, Zobel, Krauthausen (60. Schneider) – Roth, G. Müller, Sühnholz.
Tore: 1:0 Steffenhagen (24.), 1:1 Hoeneß (47.), 2:1 Varga (69.), 2:2 Müller (73.).
Schiedsrichter: Gerhard Schulenburg.
Besonderes Vorkommnis: Maier hält Foulelfmeter von Horr (48.).

3. SPIELTAG

Bayern – Eintr. Braunschweig 4:1 (1:1)

BAYERN: Maier – Hansen, Beckenbauer, Schwarzenbeck, U. Hoeneß – Breitner, Zobel, Krauthausen (62. Sühnholz) – Roth, G. Müller, Schneider.
BRAUNSCHWEIG: Franke – Grzyb, Kaack, Bäse, Merkhoffer – Lorenz, Gersdorff, Haun – Gerwien, Bründl (72. Skrotzki), Erler.
Tore: 0:1 Gerwien (10.), 1:1 Hansen (19.), 2:1 Zobel (75.), 3:1 Beckenbauer (78.), 4:1 Beckenbauer (81.).
Schiedsrichter: Ferdinand Biwersi.
Besonderes Vorkommnis: Franke hält Foulelfmeter von Müller (33.)

4. SPIELTAG

Rot-Weiß Oberhausen – Bayern 1:1 (1:0)

OBERHAUSEN: Scheid – Wilbertz, Kliemann, Dick, Hollmann – Tenhagen, Ohm, Wörmer, Denz – Mumme, Schumacher (85. Hoff).
BAYERN: Maier – Hansen, Beckenbauer, Breitner, Schwarzenbeck – U. Hoeneß, Roth, Zobel (67. Rybarczyk) – Schneider (46. Sühnholz), G. Müller, Krauthausen.
Tore: 1:0 Hollmann (19.), 1:1 Hansen (82.).
Schiedsrichter: Jürgen Schumann.

5. SPIELTAG

Bayern – Borussia M'gladbach 2:0 (2:0)

BAYERN: Maier – Breitner, Schwarzenbeck, Beckenbauer, Hansen – Roth, Zobel, U. Hoeneß – Schneider, G. Müller, Sühnholz.
M'GLADBACH: Kleff – Vogts, L. Müller, Sieloff, Bleidick – Bonhof, Wittkamp, Netzer – Wloka, Heynckes, Danner.
Tore: 1:0 Roth (27.), 2:0 Hoeneß (31.).
Schiedsrichter: Klaus Ohmsen.

6. SPIELTAG

1. FC Kaiserslautern – Bayern 0:2 (0:0)

K'LAUTERN: Elting – Reinders, Schwager, Diehl, Rehhagel – Friedrich (76. Henkes), Bitz, Hosic – Pirrung (70. Vogt), Seel, Ackermann.
BAYERN: Maier – Hansen, Beckenbauer, Schwarzenbeck, Breitner – Zobel, Roth, U. Hoeneß – Schneider, G. Müller Sühnholz (80. Krauthausen).
Tore: 0:1 Zobel (68.), 0:2 Müller (86.).
Schiedsrichter: Dietrich Basedow.

7. SPIELTAG

Bayern – Arminia Bielefeld 1:1 (0:1)

BAYERN: Maier – Hansen, Schwarzenbeck, Beckenbauer, Breitner – Roth (46. Krauthausen), Zobel, U. Hoeneß – G. Müller, Schneider, Sühnholz (62. Hoffmann).
BIELEFELD: Burdenski – Knoth, Damjanoff, Loof, Stürz – Brei, Brücken, Braun – Jendrossek, Kasperski, Stegmayer.
Tore: 0:1 Brücken (7.), 1:1 Müller (51.).
Schiedsrichter: Franz-Josef Hontheim.

8. SPIELTAG

VfL Bochum – Bayern 0:2 (0:1)

BOCHUM: Bradler (40. Bohrmann) – Wiesemes, Rüsing, Galeski, Versen – Krämer, Balte (76. Köper), Wosab – Hartl, Walitza, Fern.
BAYERN: Maier – Hansen, Schwarzenbeck, Beckenbauer (20. Krauthausen), Breitner – Roth, Zobel, U. Hoeneß – Schneider, G. Müller, Sühnholz.
Tore: 0:1 Hoeneß (38.), 0:2 Hansen (67.).
Schiedsrichter: Walter Horstmann.
Besonderes Vorkommnis: Bohrmann hält Foulelfmeter von G. Müller (78.).

9. SPIELTAG

Bayern – VfB Stuttgart 2:2 (0:1)

BAYERN: Maier – Hansen, Schwarzenbeck, Beckenbauer, Breitner – Roth, Zobel, U. Hoeneß – Sühnholz (77. Koppenhöfer), G. Müller, Hoffmann (46. Krauthausen).
STUTTGART: Skoric – Regitz, Entenmann, Zech, Coordes – Höbusch, Haug, Köppel – Ettmayer, Frank, Handschuh.
Tore: 0:1 Handschuh (35.), 0:2 Frank (49.), 1:2 Sühnholz (53.), 2:2 Roth (65.).
Schiedsrichter: Gerd Hennig.
Besonderes Vorkommnis: Skoric hält Foulelfmeter von Müller (12.).

10. SPIELTAG

Werder Bremen – Bayern 1:2 (1:1)

BREMEN: Bernard – Zembski, Schütz, Assauer (46. Schmidt), Höttges – Kamp, Neuberger, Weber – Görts, Laumen, Baumann (73. Weist).
BAYERN: Maier – Hansen, Schwarzenbeck, Beckenbauer, Breitner – U. Hoeneß, Zobel, Roth (73. Schneider), Koppenhöfer – Sühnholz (46. Hoffmann), G. Müller.
Tore: 1:0 Kamp (31.), 1:1 Müller (43.), 1:2 Hoeneß (61.).
Schiedsrichter: Paul Kindervater.

11. SPIELTAG

Hannover 96 – Bayern 1:3 (1:1)

HANNOVER: Pauly – Stiller, Anders, Hellingrath, Bandura – Weller, Berg, Bertl, Siemensmeyer – Reimann, Keller.
BAYERN: Maier – Breitner, Schwarzenbeck, Beckenbauer, Koppenhöfer – Krauthausen, Schneider, Zobel (80. Rybarczyk), U. Hoeneß – G. Müller, Hoffmann.
Tore: 0:1 Müller (9.), 1:1 Keller (28.), 1:2 Hoffmann (51.), 1:3 Müller (78.).
Schiedsrichter: Peter Gabor.

12. SPIELTAG

Bayern – MSV Duisburg 5:1 (3:1)

BAYERN: Maier – Hansen, Schwarzenbeck, Beckenbauer, Breitner (64. Koppenhöfer), – Roth, Zobel, U. Hoeneß – Krauthausen, G. Müller, Sühnholz.
DUISBURG: Danner – Rettkowski, Pirsig, Heidemann (46. Buchberger), Bella – Pavlic, Lehmann, Linßen – Riedl, Budde, Dietz (83. Seliger).
Tore: 1:0 Müller (27.), 2:0 Müller (29.), 2:1 Lehmann (34., Foulelfmeter), 3:1 Roth (42., Foulelfmeter), 4:1 Breitner (51.), 5:1 Roth (59., Foulelfmeter).
Schiedsrichter: Dietrich Basedow.

13. SPIELTAG

Hamburger SV – Bayern 1:4 (0:0)

HAMBURG: Özcan – Sandmann, Schulz, Kurbjuhn, Kaltz (65. Ripp) – Zaczyk, Nogly, Hönig – Bjørnmose, Seeler, Volkert.
BAYERN: Maier – Hansen, Schwarzenbeck, Beckenbauer, Breitner – Zobel, Roth, U. Hoeneß – Krauthausen, G. Müller, Sühnholz.
Tore: 0:1 Müller (50.), 0:2 Müller (53.), 0:3 Müller (61.), 0:4 Roth (85.), 1:4 Zaczyk (86.).
Schiedsrichter: Hans-Joachim Weyland.
Besonderes Vorkommnis: Maier hält Foulelfmeter von Nogly (83.).

14. SPIELTAG

Bayern – 1. FC Köln 1:1 (0:1)

BAYERN: Maier – Hansen, Schwarzenbeck, Beckenbauer, Breitner – Roth, Zobel (66. Schneider), U. Hoeneß – Krauthausen, G. Müller, Sühnholz (46. Hoffmann).
KÖLN: Welz – Kapellmann, Weber, Biskup, Konopka – Simmet, Flohe (72. Glowacz), Overath – Rupp, Scheermann, Löhr.
Tore: 0:1 Kapellmann (42.), 1:1 Hoeneß (86.).
Schiedsrichter: Rudolf Schröck.

15. SPIELTAG

Eintracht Frankfurt – Bayern 3:2 (1:0)

FRANKFURT: Dr. Kunter – Reichel, Rohrbach, Lutz, Wirth – Heese, Kalb, Hölzenbein – Grabowski, Parits, Konca.
BAYERN: Maier – Hansen, Schwarzenbeck, Beckenbauer, Breitner – Roth, Schneider, U. Hoeneß, Sühnholz (46. Hoffmann), Krauthausen, G. Müller.
Tore: 1:0 Parits (3.), 1:1 Müller (56.), 1:2 Müller (58.), 2:2 Hölzenbein (61.), 3:2 Lutz (70.).
Schiedsrichter: Klaus Ohmsen.

16. SPIELTAG

Bayern – Borussia Dortmund 11:1 (4:0)

BAYERN: Maier – Koppenhöfer, Hansen, Beckenbauer, Breitner – Roth, Zobel, U. Hoeneß – Krauthausen (61. Schneider), G. Müller, Hoffmann.
DORTMUND: Rynio – Peehs, Rasovic (46. Rieländer), Mathes, Mietz – Lorant (40. Sikora), Bücker, Mensink – Ritschel, Hohnhausen, Weinkauff.
Tore: 1:0 Müller (11.), 2:0 Hoeneß (20.), 3:0 Hoffmann (39.), 4:0 Müller (45.), 5:0 Hoeneß (49.), 6:0 Beckenbauer (54.), 6:1 Weinkauff (57.), 7:1 Breitner (59.), 8:1 Roth (64.), 9:1 Müller (83.), 10:1 Roth (89.), 11:1 Müller (90.).
Schiedsrichter: Gert Meuser.

17. SPIELTAG

Schalke 04 – Bayern 1:0 (0:0)

SCHALKE: Nigbur – Sobieray, Rüssmann, Fichtel, Huhse – Lütkebohmert, Scheer, van Haaren – Libuda, Fischer, E. Kremers.
BAYERN: Maier – Koppenhöfer, Schwarzenbeck, Beckenbauer, Breitner – Roth, Zobel, U. Hoeneß – Krauthausen, G. Müller, Sühnholz.
Tor: van Haaren (77.).
Schiedsrichter: Ferdinand Biwersi.

18. SPIELTAG

Fortuna Düsseldorf – Bayern 0:1 (0:0)

DÜSSELDORF: Woyke – Köhnen, Lungwitz, Kriegler, Iwanzik – Baltes, Hesse, Gronen – Geye (82. Weschke), Schulz, Herzog.
BAYERN: Maier – Koppenhöfer, Schwarzenbeck, Beckenbauer, Hansen – Roth, U. Hoeneß, Krauthausen – Schneider, G. Müller, Sühnholz.
Tor: 0:1 Müller (70.).
Schiedsrichter: Klaus Ohmsen.

19. SPIELTAG

Bayern – Hertha BSC 1:0 (0:0)

BAYERN: Maier – Hansen, Schwarzenbeck, Beckenbauer, Koppenhöfer – Roth, Zobel, Krauthausen (46. Schneider) – G. Müller, U. Hoeneß, Sühnholz.
HERTHA: Groß – Sziedat, Witt, Hermandung, Ferschl – Beer, Gayer – Sperlich, Gutzeit, Horr, Steffenhagen.
Tor: 1:0 Schneider (53.).
Schiedsrichter: Horst Herden.

20. SPIELTAG
Eintr. Braunschweig – Bayern 1:1 (0:0)
BRAUNSCHWEIG: Franke – Grzyb, Bäse, Kaack, Merkhoffer, – Haebermann, Haun, Dudda – Gerwien (81. Skrotzki), Bründl, Erler.
BAYERN: Maier – Hansen, Beckenbauer, Schwarzenbeck, Koppenhöfer – Roth, Zobel, U. Hoeneß – Schneider, G. Müller, Sühnholz.
Tore: 0:1 Haun (48., Eigentor), 1:1 Bäse (50.).
Schiedsrichter: Paul Kindervater.

21. SPIELTAG
Bayern – Rot-Weiß Oberhausen 7:0 (2:0)
BAYERN: Maier – Hansen, Schwarzenbeck, Beckenbauer, Breitner – Roth, Zobel, U. Hoeneß (65. Krauthausen) – Schneider, G. Müller, Sühnholz.
OBERHAUSEN: Scheid – Hollmann, Kliemann, Kobluhn, Ohm – Dick, Tenhagen (80. Hoff), Wörmer – Mumme, Schumacher (80. Hoffmann), Denz.
Tore: 1:0 Müller (38.), 2:0 Sühnholz (41.), 3:0 Müller (51.), 4:0 Müller (54.), 5:0 Müller (77.), 6:0 Müller (82.), 7:0 Krauthausen (88.).
Schiedsrichter: Heinz Quindeau.

22. SPIELTAG
Borussia M'gladbach – Bayern 2:2 (2:1)
M'GLADBACH: Kleff – Bonhof, Surau, Sieloff, Bleidick – Danner, Netzer, Wimmer – Kulik, Heynckes, le Fevre.
BAYERN: Maier – Hansen, Schwarzenbeck, Beckenbauer, Breitner – Roth, Zobel, U. Hoeneß – Schneider, G. Müller, Sühnholz.
Tore: 1:0 Heynckes (4.), 2:0 Heynckes (20.), 2:1 Schneider (23.), 2:2 Roth (47.).
Schiedsrichter: Gerhard Schulenburg.

23. SPIELTAG
Bayern – 1. FC Kaiserslautern 3:1 (0:1)
BAYERN: Maier – Hansen, Schwarzenbeck, Beckenbauer, Breitner – Roth (81. Krauthausen), Zobel, U. Hoeneß – Schneider, G. Müller, Sühnholz (70. Hoffmann).
K'LAUTERN: Elting – Reinders, Schwager, Friedrich, Fuchs, – Diehl, Bitz, Henkes – Seel, Vogt, Ackermann.
Tore: 0:1 Ackermann (43.), 1:1 Müller (55.), 2:1 Roth (57.), 3:1 Müller (77.).
Schiedsrichter: Alfred Köhler.

24. SPIELTAG
Arminia Bielefeld – Bayern 0:1 (0:0)
BIELEFELD: Burdenski – Stürz, Damjanoff, Klein, Leopoldseder – Kasperski, Braun, Knoth – Jendrossek (71. Stegmayer), Brücken, Roggensack.
BAYERN: Maier – Hansen, Beckenbauer, Schwarzenbeck, Breitner – Zobel, Roth, U. Hoeneß – Krauthausen, G. Müller, Sühnholz.
Tor: 0:1 Müller (63.). **Schiedsrichter:** Jan Redelfs.

25. SPIELTAG
Bayern – VfL Bochum 5:1 (2:1)
BAYERN: Maier – Hansen, Schwarzenbeck, Beckenbauer, Breitner – Roth, Zobel, U. Hoeneß – Krauthausen, G. Müller, Sühnholz (46. Hoffmann).
BOCHUM: Bradler – Wosab, Rüsing, Zorc, Versen – Fechner, Hartl, Balte – Etterich (56. Galeski), Walitza, Fern.
Tore: 1:0 Krauthausen (6.), 2:0 Müller (36.), 2:1 Hartl (45.), 3:1 Müller (56.), 4:1 Müller (87.), 5:1 Fechner (90., Eigentor).
Schiedsrichter: Ferdinand Biwersi.

26. SPIELTAG
VfB Stuttgart – Bayern 1:4 (1:1)
STUTTGART: Skoric – Eisele, Zech, Entenmann, Coordes, Höbusch, Köppel, Haug – Weidmann (68. Ettmayer), Frank, Handschuh:
BAYERN: Maier – Hansen, Schwarzenbeck, Beckenbauer, Breitner – Roth (46. Koppenhöfer), U. Hoeneß, Zobel – Schneider, G. Müller, Sühnholz.
Tore: 0:1 Müller (18.), 1:1 Frank (40.), 1:2 Sühnholz (52.), 1:3 Müller (58.), 1:4 Hoeneß (87.).
Schiedsrichter: Rudolf Schröck.

27. SPIELTAG
Bayern – Werder Bremen 6:2 (4:2)
BAYERN: Maier (56. Seifert) – Hansen, Schwarzenbeck, Beckenbauer, Breitner – Koppenhöfer, Zobel, U. Hoeneß – Krauthausen, G. Müller, Sühnholz.
BREMEN: Haak – Zembski, Kamp, Assauer, Schmidt – Neuberger, Laumen, Hasebrink – Götz (66. Baumann), Weist, Weber.
Tore: 1:0 Müller (3.), 1:1 Schmidt (15.), 2:1 Krauthausen (19.), 3:1 Müller (21.), 3:2 Weber (25., Foulelfmeter), 4:2 Sühnholz (30.), 5:2 Müller (76.), 6:2 Hoeneß (84.).
Schiedsrichter: Wilfried Hilker.

28. SPIELTAG
Bayern – Hannover 96 3:1 (2:1)
BAYERN: Maier – Hansen, Schwarzenbeck, Beckenbauer, Breitner – Roth, Zobel, U. Hoeneß – Schneider, G. Müller, Hoffmann (69. Gerber).
HANNOVER: Pauly – Stiller, Anders, Hellingrath, Bandura – Weller, Rühmkorb, Siemensmeyer – Beichle (77. Bertl), Keller, Reimann.
Tore: 1:0 Hoeneß (22.), 1:1 Keller (35., Elfmeter), 2:1 Roth (44.), 3:1 Hoeneß (86.).
Schiedsrichter: Gert Meuser.

29. SPIELTAG
MSV Duisburg – Bayern 3:0 (0:0)
DUISBURG: Danner – Rettkowski (22. Buchberger), Heidemann, Pirsig, Bellam – Lehmann, Pavlic, Dietz – Riedl, Wunder, Worm.
BAYERN: Maier – Rybarczyk, Beckenbauer, Hansen, Koppenhöfer – Krauthausen (61. Schneider), Zobel, Roth – G. Müller, U. Hoeneß, Hoffmann.
Tore: 1:0 Worm (71.), 2:0 Lehmann (84.), 3:0 Worm (88.).
Schiedsrichter: Elmar Schäfer.

30. SPIELTAG
Bayern – Hamburger SV 4:3 (3:2)
BAYERN: Maier – Hansen (88. Rybarczyk), Schwarzenbeck, Beckenbauer, Breitner – Roth, Zobel (66. Koppenhöfer), U. Hoeneß – Krauthausen, G. Müller, Hoffmann.
HAMBURG: Kargus – Memering, Kaltz, Schulz, Ripp – Nogly, Winkler, Zaczyk, Hönig – Lübeke, Volkert.
Tore: 1:0 Müller (4.), 2:0 Hoeneß (12.), 2:1 Kaltz (24.), 2:2 Hönig (36.), 3:2 Müller (41.), 3:3 Winkler (55.), 4:3 Roth (90., Foulelfmeter).
Schiedsrichter: Paul Kindervater.

31. SPIELTAG
1. FC Köln – Bayern 1:4 (0:2)
KÖLN: Welz – Kapellmann, Cullmann, Konopka (46. Overath), Hemmersbach – Simmet, Flohe, Löhr – Thielen, Rupp, Glowacz (81. Scheermann).
BAYERN: Maier – Hansen, Schwarzenbeck, Beckenbauer, Breitner – Roth, Zobel, U. Hoeneß – Krauthausen, G. Müller, Hoffmann (75. Schneider).
Tore: 0:1 Schwarzenbeck (20.), 0:2 Müller (41.), 0:3 Kapellmann (63., Eigentor), 1:3 Rupp (65.), 1:4 Roth (83., Foulelfmeter).
Schiedsrichter: Gerhard Schulenburg.

32. SPIELTAG
Bayern – Eintracht Frankfurt 6:3 (2:1)
BAYERN: Maier – Hansen (63. Koppenhöfer), Schwarzenbeck, Beckenbauer, Breitner – Roth, Zobel, U. Hoeneß – Krauthausen, G. Müller, Hoffmann.
FRANKFURT: Dr. Kunter – Reichel, Trinklein, Lutz, Schämer – Hölzenbein, Rohrbach (81. Kraus), Heese (74. Kalb) – Grabowski, Parits, Konca,.
Tore: 1:0 Zobel (7.), 2:0 Beckenbauer (24.), 2:1 Parits (32.), 3:1 Müller (47.), 3:2 Grabowski (55.), 3:3 Hölzenbein (56.), 4:3 Müller (68.), 5:3 Zobel (73.), 6:3 Müller (79.).
Schiedsrichter: Philipp Geng.

33. SPIELTAG
Borussia Dortmund – Bayern 0:1 (0:1)
DORTMUND: Rynio – Peehs, Rasovic, Andree, Mietz – Kurrat, Schütz – Ritschel, Wilhelm (46. Lorant), Bücker, Köstler.
BAYERN: Maier – Hansen, Schwarzenbeck, Beckenbauer, Breitner – Roth, Zobel – Krauthausen, G. Müller, U. Hoeneß, Hoffmann.
Tor: 0:1 Krauthausen (4.).
Schiedsrichter: Peter Gabor.

34. SPIELTAG
Bayern – Schalke 04 5:1 (2:0)
BAYERN: Maier – Hansen, Schwarzenbeck, Beckenbauer, Breitner – Roth, U. Hoeneß, Zobel – Krauthausen, G. Müller, Hoffmann.
SCHALKE: Nigbur (70. Pabst) – Huhse, Rüssmann, Fichtel, H. Kremers – Lütkebohmert, van Haaren, Scheer – Libuda, Fischer, E. Kremers.
Tore: 1:0 Hansen (31.), 2:0 Breitner (40.), 2:1 Fischer (55.), 3:1 Hoffmann (69.), 4:1 Hoeneß (80.), 5:1 Beckenbauer (90.).
Schiedsrichter: Walter Horstmann.

Abschlusstabelle

Pl.	Verein	Spiele	G	U	V	Tore	Diff.	Punkte
1	Bayern (P)	34	24	7	3	101:38	+ 63	55:13
2	Schalke	34	24	4	6	76:35	+ 41	52:16
3	M'gladbach (M)	34	18	7	9	82:40	+ 42	43:25
4	Köln	34	15	13	6	64:44	+ 20	43:25
5	Frankfurt	34	16	7	11	71:61	+ 10	39:29
6	Hertha	34	14	9	11	46:55	– 9	37:31
7	Kaiserslautern*	34	14	7	13	59:53	+ 6	35:33
8	Stuttgart	34	13	9	12	52:56	– 4	35:33
9	Bochum (A)	34	14	6	14	59:69	– 10	34:34
10	Hamburg	34	13	7	14	52:52	0	33:35
11	Bremen	34	11	9	14	63:58	+ 5	31:37
12	Braunschweig	34	8	15	11	43:48	– 5	31:37
13	Düsseldorf (A)	34	10	10	14	40:53	– 13	30:38
14	Duisburg	34	10	7	17	36:51	– 15	27:41
15	Oberhausen	34	7	11	16	33:66	– 33	25:43
16	Hannover	34	10	3	21	54:69	– 15	23:45
17	Dortmund	34	6	8	20	34:83	– 49	20:48
18	Bielefeld**	34	6	7	21	41:75	– 34	19:49

* Als Pokalfinalist im Uefa-Cup

DIE WEITEREN SIEGER DES JAHRES:

Europameister:
Deutschland

Europacup der Landesmeister:
Ajax Amsterdam

Europacup der Pokalsieger:
Glasgow Rangers

Uefa-Cup:
Tottenham Hotspur

DFB-Pokal:
Schalke 04

** Wegen Verwicklung in den Bundesliga-Skandal wurden Bielefeld alle Punkte abgezogen

Alle Ergebnisse auf einen Blick

Waagerecht: alle Heimresultate. Senkrecht: alle Auswärtsresultate	Bayern	Schalke	M'gladbach	Köln	Frankfurt	Hertha	Kaiserslautern	Stuttgart	Bochum	Hamburg	Bremen	Braunschweig	Düsseldorf	Duisburg	Oberhausen	Hannover	Dortmund	Bielefeld
Bayern		5:1	2:0	1:1	6:3	1:0	3:1	2:2	5:1	4:3	6:2	4:1	3:1	5:1	7:0	3:1	11:1	1:1
Schalke	1:0		1:1	6:2	2:0	4:0	3:0	2:1	4:1	3:0	2:0	5:1	3:0	2:0	4:0	5:0	1:0	6:2
M'gladbach	2:2	7:0		3:0	6:2	5:2	2:1	0:0	1:1	1:0	2:2	4:1	1:2	3:0	5:2	3:0	7:1	5:1
Köln	1:4	0:1	4:3		1:1	3:0	4:2	4:1	1:1	3:0	0:0	2:0	1:2	4:1	4:0	3:1	2:1	1:0
Frankfurt	3:2	2:0	3:0	2:2		1:1	1:0	4:1	3:2	4:0	4:0	1:1	4:2	2:1	3:0	3:1	5:2	5:2
Hertha	2:2	3:0	2:1	1:1	0:0		2:1	2:1	1:2	2:0	2:1	1:0	1:1	1:0	2:0	3:1	2:1	1:1
Kaiserslautern	0:2	2:2	1:0	2:0	1:1	3:4		3:1	4:1	2:1	2:1	2:2	3:1	1:0	0:0	2:0	6:0	2:1
Stuttgart	1:4	0:1	0:1	1:1	4:4	3:0	3:1		3:2	0:3	1:0	3:1	3:1	1:0	1:1	3:2	2:0	2:2
Bochum	0:2	0:2	0:2	1:5	3:1	4:2	4:2	1:1		2:1	4:2	1:0	3:1	3:1	2:0	2:2	4:2	2:1
Hamburg	1:4	0:1	1:0	1:1	5:1	1:2	4:0	1:2	3:2		2:1	3:1	3:3	2:0	3:0	2:0	0:0	1:0
Bremen	1:2	2:0	2:2	2:2	3:1	5:0	2:2	2:3	2:0	4:0		2:4	1:1	1:1	4:0	2:1	3:1	4:0
Braunschweig	1:1	0:0	2:1	0:1	2:0	1:1	1:1	1:1	0:2	1:1	1:1		1:1	2:0	0:0	3:0	2:0	3:2
Düsseldorf	0:1	0:2	0:2	1:1	1:0	1:0	0:3	4:0	3:1	0:0	1:3	0:0		0:0	1:1	2:0	4:1	3:2
Duisburg	3:0	2:0	1:5	1:1	0:1	2:0	1:0	1:2	2:2	2:4	2:0	0:0	0:0		0:0	2:1	2:1	4:0
Oberhausen	1:1	2:3	0:4	1:1	1:0	5:2	2:5	1:1	2:3	1:0	2:2	1:1	2:0	0:1		3:2	1:1	2:0
Hannover	1:3	1:5	2:0	1:4	3:1	1:1	1:2	3:0	4:0	2:3	5:1	3:0	5:0	3:2	1:0		2:3	3:1
Dortmund	0:1	0:3	0:0	0:0	3:1	1:2	2:1	0:4	1:1	1:1	1:5	2:2	1:0	2:3	2:1	1:1		1:0
Bielefeld	0:1	1:1	2:3	2:3	3:4	1:1	1:1	1:0	3:1	2:2	1:0	1:7	1:3	2:0	0:1	1:0	3:1	

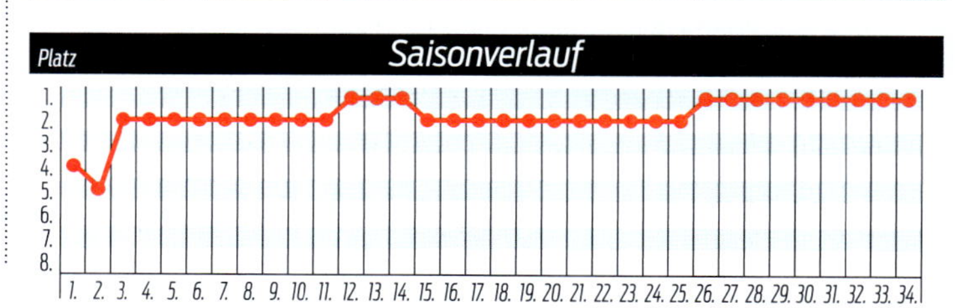

Torschütze zum 3:0 gegen Offenbach am 16. Spieltag: Franz Beckenbauer trifft in der 76. Minute. Auch im Rückspiel (33. Spieltag) ist er erfolgreich, wieder zum 3:0, diesmal am Bieberer Berg. Bayern ist da längst Meister

DIE SCHALE – ABER DIE FANS BLEIBEN WEG

Das Olympiastadion ist nur zu 40 Prozent ausgelastet. Die Folgen der Siegesserie und des Bundesliga-Skandals. Lattek in der Kritik

Paul Breitner attackiert scharf, fragt: „Kann man in dem Scheißverein nicht mal richtig feiern?"

Der Skandal, der den deutschen Fußball seit Juni 1971 paralysiert und in den die halbe Bundesliga verwickelt ist, macht um die Bayern bis Januar 1973 einen großen Bogen. Dann kommt die „Enthüllung" des früheren Kölner Torwarts Manfred Manglitz im Magazin „Stern". Manglitz rückt plötzlich das 7:0-Schützenfest aus dem Mai 1971 in den Fokus und behauptet, er und seine Mitspieler hätten auf Anweisung ihres Vorstandes extra verloren.

Eine windige, anderthalb Jahre alte Geschichte, die Manglitz da aufwärmt. Die Faktenlage: Vor der Begegnung am viertletzten Spieltag 1970/71 stehen beide Klubs als Finalgegner um den DFB-Pokal fest. Bayern kämpft mit Gladbach um die Meisterschaft, Köln dümpelt im Mittelfeld ohne Chancen auf eine Teilnahme am lukrativen Europacup 1971/72. Für den könnte sich der FC dennoch sicher qualifizieren, sollte Bayern Meister werden und im Landesmeistercup starten. Köln würde in diesem Fall selbst als Verlierer des Endspiels im Europacup der Pokalsieger antreten.

Es kommt im Frühsommer 1971 trotz des 7:0 aber ganz anders: Gladbach wird Meister, Bayern mit dem 2:1 n. V. gegen den 1. FC Köln Pokalsieger.

Als die Münchner ihm alsbald mit Klage drohen, widerruft Manfred Manglitz, der im Zuge des Bundesliga-Skandals erst lebenslang gesperrt wird und 1974 begnadigt, seine Vorwürfe.

Aber auch jedes Wochenende im Stadion hat der FCB unter den Auswirkungen des Bundesliga-Skandals zu leiden. Die Anhänger wenden sich ab, die Spielzeit 1972/73 geht als die mit dem niedrigsten Zuschauerschnitt (17 468) in die Annalen ein. In einer Pressemitteilung des Bundesliga-Ausschusses wird das Anfang 1973 allerdings nur zu 20 Prozent auf den Skandal geschoben. Das wachsende Fernsehangebot (30 %) und das geänderte Freizeitverhalten sowie marode Stadien (zusammen 50 %) werden höher gewichtet.

Die Spiele des Münchner Starensembles im neuen Olympiastadion besuchen im Schnitt immerhin 30 943 Fans – zwar knapp zehn Prozent mehr als an der Grünwalder Straße, aber viel weniger als erhofft. Ausverkauft ist die Arena nie, im Klassiker gegen Mönchengladbach noch am vollsten (72 500). Zwei weitere Partien erreichen noch die 60 000-Fan-Marke, zehn nicht mal die 30 000er-Grenze. Die Auslastung im Olympiastadion beträgt nur rund 40 Prozent – absoluter Minusrekord für einen Deutschen Meister. Tolle Stimmung kommt selten auf, Trainer Udo Lattek appelliert an die Fans: „Wir sind über jeden kleinen Beifall hocherfreut."

An den leeren Rängen sind die Bayern indes auch ein Stück weit selbst schuld: Sie sind einfach zu überlegen, wie schon

1968/69 stehen sie an allen 34 Spieltagen an der Tabellenspitze. Mit dem 6:0 gegen den 1. FC Kaiserslautern am 30. Spieltag entscheiden sie die Meisterschaft vorzeitig. Selbst für den Vollzug der Titelverteidigung interessieren sich nur 28 000 Zuschauer. Wilhelm Neudecker stellt Udo Lattek eine Frage, die noch kein Trainer von seinem Präsidenten gehört hat: „Herr Lattek, wollen Sie uns mit den dauernden Siegen das Geschäft kaputt machen?“

Wenn zur Tristesse, die der Vertrauensverlust befördert hat, noch Langeweile kommt, gehen in jeder Unterhaltungsbranche die Geschäfte schlecht. Auf dem Marienplatz verlieren sich bei der Meisterfeier nur 1500 Fans. Paul Breitner schimpft: „Kann man denn in dem Scheißverein nicht mal richtig feiern?“

Der verärgerte Neudecker bietet Breitner daraufhin spontan zum Verkauf an. Als der Verteidiger sich entschuldigt, entspannt sich die Lage wieder.

Was bleibt, ist die Enttäuschung über den Verlauf in den beiden Pokalwettbewerben. Besonders das deutliche 0:4 bei Ajax Amsterdam im Viertelfinale des Landesmeistercups zeigt die Grenzen der Mannschaft auf. Breitner klagt: „Wir sind keine internationale Spitze, und ich fürchte, das bleibt so.“ Auch Gerd Müller, der erst 1972 seinen Vertrag verlängert hat, zweifelt und will schon im März 1973 wieder weg – angestachelt von seiner Frau Uschi und seinem neuen Berater Erwin Nehl. Dabei verdient er jetzt rund 45 000 DM im Monat.

Neudecker kennt den Grund für die Unzufriedenheit: „Leute außerhalb des Vereins haben Müller erzählt, was Beckenbauer angeblich bei uns verdient. Gegenüber diesen Summen fühlt er sich benachteiligt, sie haben ihm den Kopf verdreht.“ Dabei lägen Maier, Beckenbauer und Müller finanziell „auf einer Ebene“, sagt der Präsident. Die Laune hellt das auch nicht auf. ⬢

Europacup der Landesmeister

Zweifacher Torschütze beim 4:0 im Hinspiel: Ajax-Mittelfeldspieler Arie Haan (r.)

Rekordsieg nur eine Randnotiz

Im Hinspiel bei Galatasaray Istanbul rettet Müller das 1:1, das Rückspiel wird vor 70 000 Fans zum Torfestival (6:0). Noch drei Tore mehr schießen die Bayern in Runde zwei gegen Omonia Nikosia – ihr neuer Rekordsieg im Europacup. Zum 9:0 trägt Gerd Müller fünf Tore bei. Das Heimrecht fürs Rückspiel (4:0) verkaufen die Zyprer, es findet schon zwei Tage später in Augsburg statt. Der erste starke Gegner ist dann schon Endstation: Titelverteidiger Ajax Amsterdam fegt Bayern am 7. März 1973 nach torloser erster Hälfte mit 4:0 vom Platz. Ein Reinfall auch für das Fernsehen, denn Bayern hat das Rückspiel für 160 000 D-Mark verkauft. Es wird in 16 angeschlossene Länder übertragen, die kleine Hoffnung auf ein Wunder stirbt schon nach acht Minuten durch Keizers 0:1. Immerhin siegen die Lattek-Schützlinge noch 2:1 (Eigentor Krol, Müller). Präsident Neudecker spendiert jedem Spieler eine Trostprämie in Höhe von 5000 DM.

DFB-Pokal

Immer wieder Endstation für Gerd Müller (r.): Offenbachs Torwart Fred-Werner Bockholt

Erste Niederlage im Olympiastadion

Der Hamburger Stadtteilverein Barmbek-Uhlenhorst ist in der ersten Runde keine Hürde (4:1, 7:0). Im Rückspiel schießt Uli Hoeneß erstmals drei Tore in einem Pflichtspiel, das sehen aber nur 3000 Zuschauer. Das Achtelfinale gegen den späteren Absteiger RW Oberhausen ist zäh, nach dem 2:1 auswärts folgt ein 3:1 zu Hause, wieder kommen nur 3000 Fans. Auch im Viertelfinale treten die Bayern im Hinspiel in der Fremde an, zwei Tore von Hans-Georg Schwarzenbeck verhindern bei Aufsteiger Kickers Offenbach gerade noch eine Niederlage (2:2). Die gibt es jedoch vier Tage später in München. Am 18. April 1973 heißt es 2:4, Bayern verliert erstmals im Olympiastadion. Nationalspieler Siggi Held trifft per Doppelschlag, Winni Schäfer erhöht auf 0:3. Die Treffer von Johnny Hansen und Gerd Müller kommen zu spät, Manfred Ritschel setzt den 4:2-Schlusspunkt. „Der Favorit fällt aus allen Wolken", titelt der „Münchner Merkur".

TRAINER

UDO LATTEK
Der Meistermacher führt seine Elf mit freundschaftlicher, aber strenger Hand, kritisiert Maier, Krauthausen und Hoeneß öffentlich. „Ich bin manchmal furchtbar böse geworden."

DIE TOP-ELF DER SAISON

Uli Hoeneß

Paul Breitner

DER SPIELER DES JAHRES

Franz Beckenbauer *verpasst in dieser Saison nicht eine Minute der 46 Pflichtspiele (34 in der Bundesliga, je sechs im DFB- und Europapokal). Mit sechs Bundesliga-Toren stellt er seinen Rekord aus der Saison 1969/70 bzw. 1971/72 ein. Fünfmal trifft er zu Hause (gegen Hertha, Düsseldorf, Offenbach, Frankfurt, Stuttgart), einmal auswärts (Offenbach), das 3:2 gegen Düsseldorf ist das Siegtor. Ende 1972 wird er als erster Deutscher nach Gerd Müller (1970) zu „Europas Fußballer des Jahres" gewählt.*

Der Kader

NAME	SPIELE	TORE
Sepp Maier	34	0
Franz Beckenbauer	34	6
Johnny Hansen	34	1
Gernot Rohr	3	0
Günther Rybarczyk	2	0
Hans-Georg Schwarzenbeck	34	1
Herbert Zimmermann	1	0
Paul Breitner	32	4
Bernd Dürnberger	31	3
Franz Roth	32	5
Rainer Zobel	28	2
Uli Hoeneß	34	17
Wilhelm Hoffmann	24	9
Hans Jörg	3	0
Franz Krauthausen	29	4
Gerd Müller	33	36
Edgar Schneider	16	3

HERBERT ZIMMERMANN kommt zu einem von zwei Einsätzen bis 1974, wechselt dann zum 1. FC Köln. Dort wird er 1976 Nationalspieler

Transfers

BERND DÜRNBERGER etabliert sich gleich in seiner ersten Saison im Starensemble des FC Bayern. Seinen Einstand gibt der Offensiv-Allrounder aus Freilassing am ersten Spieltag (5:0 in Oberhausen) – einen Tag vor seinem 19. Geburtstag. Dürnberger bleibt bis 1985, beendet dann nach 375 Bundesliga-Spielen seine Profi-Karriere. Obwohl er mehrmals auf dem Sprung ist, erhält er nie eine Berufung für die Nationalelf, kommt von 1975 bis 1980 nur zu fünf B-Länderspielen. Seine Titelbilanz: fünf Meisterschaften, drei Europacupsiege der Landesmeister, zwei DFB-Pokalsiege, ein Weltpokal.

SPIELER	VON VEREIN	ABLÖSESUMME
Gernot Rohr	VfL Neckarau	-
Herbert Zimmermann	FV Engers 07 Jugend	-
Bernd Dürnberger	ESV Freilassing	-
Hans Jörg	FC Kempten	-

Tops & Flops

GERD MÜLLER trifft in 33 Bundesliga-Spielen 36-mal – sein bestes Ergebnis nach 1971/72 (40) und 1969/70 (38). Europacup-Bilanz: sechs Spiele, zwölf Treffer.

HEIMSERIE Bayern bleibt wieder ohne Heimspiel-Niederlage, stellt mit 26 aufeinanderfolgenden Siegen (16. Spieltag 1971/72 – 32. Spieltag 1972/73) einen bis heute gültigen Bundesliga-Rekord auf.

UMSATZ Auch dank des Umzugs ins Olympiastadion steigert der Klub den Umsatz von 4,4 auf 9,1 Millionen DM. Gewinn am Saisonende: 322 672 DM.

HANS SCHOBERTH Der DFB-Arzt erkennt Müllers Wadenbeinbruch in Berlin nicht (21. Spieltag, Auswechslung 44. Minute), diagnostiziert nur eine Prellung. Eine Woche danach spielt Müller unter Schmerzen gegen Wuppertal, erzielt sogar das 2:1, weitere sieben Tage später wird er in der Halbzeit gegen Schalke ausgewechselt. Ein Wunder: Er muss nur gegen Frankfurt (24. Sp.) pausieren.

ANGSTGEGNER Erneut hagelt es deftige Niederlagen in Kaiserslautern (1:3 am 13. Spieltag) und in Duisburg (0:2 am 27. Spieltag).

1. SPIELTAG

Rot-Weiß Oberhausen – Bayern 0:5 (0:4)

OBERHAUSEN: Scheid (46. Jansen) – Hollmann, Dick, Wörmer, Ohm – Tenhagen, Jakobs, Kobluhn – Mumme, Schumacher (67. Dausmann), Hoff.
BAYERN: Maier – Hansen, Schwarzenbeck, Beckenbauer, Breitner – Roth, Zobel, U. Hoeneß – Schneider, G. Müller, Hoffmann (62. Dürnberger).
Tore: 0:1 G. Müller (4.), 0:2 Hollmann (11., Eigentor), 0:3 Schwarzenbeck (38.), 0:4 G. Müller (45.), 0:5 G. Müller (78.).
Schiedsrichter: Gerhard Schulenburg.

2. SPIELTAG

Bayern – Werder Bremen 2:1 (1:0)

BAYERN: Maier – Hansen, Schwarzenbeck, Beckenbauer, Breitner – Roth, Krauthausen, U. Hoeneß – Schneider, G. Müller, Hoffmann (46. Dürnberger).
BREMEN: Bernard – Zembski, Schmidt, Höttges, Assauer – Kamp, Dietrich, Hasebrink – Görts, Weist, Neuberger.
Tore: 1:0 Schneider (25.), 2:0 G. Müller (46.), 2:1 Weist (60.).
Schiedsrichter: Hans-Joachim Weyland.
Besonderes Vorkommnis: Bernard hält Foulelfmeter von Roth (50.).

3. SPIELTAG

Eintr. Braunschweig – Bayern 0:2 (0:0)

BRAUNSCHWEIG: Franke – Grzyb, Haebermann, Kaack, Merkhoffer – Hellfritz, Haun, Gersdorff – Konschal, Bründl, Erler (65. Jensen).
BAYERN: Maier – Hansen, Beckenbauer, Schwarzenbeck, Breitner (55. Rybarczyk) – Roth, Zobel, U. Hoeneß – Schneider, G. Müller, Hoffmann.
Tore: 0:1 Hoffmann (58.), 0:2 G. Müller (73.).
Schiedsrichter: Karl-Heinz Fork.

4. SPIELTAG

Bayern – Hertha BSC 4:0 (2:0)

BAYERN: Maier – Hansen, Schwarzenbeck, Beckenbauer, Rybarczyk – Roth (28. Rohr), Krauthausen, U. Hoeneß – Schneider (77. Dürnberger), G. Müller, Hoffmann.
HERTHA: Wolter – Sziedat, Brück, Hermandung, Zengerle (46. F. Hanisch) – Weiner, Werthmüller, Grau (72. K. P. Hanisch) – Horr, Gutzeit, Riedl.
Tore: 1:0 G. Müller (9.), 2:0 G. Müller (15.), 3:0 Hoeneß (52.), 4:0 Beckenbauer (76., Foulelfmeter).
Schiedsrichter: Rudolf Schröck.

5. SPIELTAG

Wuppertaler SV – Bayern 1:1 (0:0)

WUPPERTAL: M. Müller – Cremer, Miß, Meisen, Reichert – Hermes, Kohle, Stöckl, Lömm – Jung, Pröpper.
BAYERN: Maier – Hansen, Schwarzenbeck, Beckenbauer, Breitner – Schneider, Krauthausen, U. Hoeneß – Dürnberger, G. Müller, Hoffmann.
Tore: 1:0 Kohle (49.), 1:1 Dürnberger (79.).
Schiedsrichter: Jan Redelfs.

6. SPIELTAG

Bayern – Schalke 04 5:0 (3:0)

BAYERN: Maier – Hansen, Schwarzenbeck, Beckenbauer, Breitner – Roth (61. Schneider), Zobel, U. Hoeneß – Krauthausen, G. Müller, Hoffmann.
SCHALKE: Nigbur – Manns, Fichtel, Rüssmann, Huhse – Scheer, Lütkebohmert, H. Kremers (25. Holz) – Frey, Braun, E. Kremers.
Tore: 1:0 Hoffmann (20.), 2:0 G. Müller (27.), 3:0 Roth (38.), 4:0 Hoffmann (65.), 5:0 Hoeneß (87.).
Schiedsrichter: Klaus Ohmsen.

7. SPIELTAG

Eintracht Frankfurt – Bayern 2:1 (0:0)

FRANKFURT: Dr. Kunter – Kalb, Körbel, Kliemann, Rohrbach – Weidle, Hölzenbein, Nickel – Grabowski, Heese (68. Reichel), Konca.
BAYERN: Maier – Hansen, Beckenbauer, Schwarzenbeck, Breitner – Roth (85. Schneider), Zobel, U. Hoeneß – Krauthausen (62. Dürnberger), G. Müller, Hoffmann.
Tore: 1:0 Weidle (52.), 2:0 Hölzenbein (75.), 2:1 G. Müller (86.).
Schiedsrichter: Paul Kindervater.
Besonderes Vorkommnis: Dr. Kunter hält Foulelfmeter von Beckenbauer (38.).

8. SPIELTAG

Bayern – Borussia M'gladbach 3:0 (1:0)

BAYERN: Maier – Hansen, Schwarzenbeck, Beckenbauer, Breitner – Roth, Zobel, U. Hoeneß – Krauthausen, G. Müller, Hoffmann (46. Dürnberger).
M'GLADBACH: Kleff – Michallik, Vogts, Netzer, Danner – Rosenthal (56. Surau), Kulik, Bonhof – Wimmer, Heynckes, Jensen (70. Fuhrmann).
Tore: 1:0 G. Müller (24.), 2:0 Hoeneß (48.), 3:0 G. Müller (66.).
Schiedsrichter: Ferdinand Biwersi.

9. SPIELTAG

VfB Stuttgart – Bayern 0:1 (0:1)

STUTTGART: Heinze – Weidmann, Siegmann, Zech, Coordes – Köppel, Handschuh, Ettmayer – Schwemmle, Frank, Brenninger.
BAYERN: Maier – Hansen, Schwarzenbeck, Beckenbauer, Breitner (76. Rohr) – Zobel, U. Hoeneß, Roth – Krauthausen, G. Müller, Dürnberger.
Tor: 0:1 Hoeneß (18.).
Schiedsrichter: Kurt Tschenscher.

10. SPIELTAG

Bayern – MSV Duisburg 2:0 (1:0)

BAYERN: Maier – Hansen, Schwarzenbeck, Beckenbauer, Breitner – Roth, Zobel, U. Hoeneß – Krauthausen, G. Müller, Dürnberger.
DUISBURG: Linders – Savkovic, Pirsig, Rettkowski, Dietz – Bella, Linßen, Lehmann – Seliger, Wunder, Worm (72. Budde).
Tore: 1:0 G. Müller (23., Foulelfmeter), 2:0 Roth (50.).
Schiedsrichter: Herbert Lutz.

11. SPIELTAG

Hamburger SV – Bayern 0:2 (0:0)

HAMBURG: Özcan – Sandmann, Kaltz, Krobbach, Hidien – Zaczyk, Nogly, Hönig – Memering, Bjørnmose, Volkert.
BAYERN: Maier – Hansen, Beckenbauer, Schwarzenbeck, Breitner – Zobel (65. Rohr), Roth, U. Hoeneß – Krauthausen, G. Müller, Dürnberger.
Tore: 0:1 Hoeneß (83.), 0:2 Hoeneß (84.).
Schiedsrichter: Hans-Joachim Weyland.

12. SPIELTAG

Bayern – Hannover 96 7:2 (2:2)

BAYERN: Maier – Hansen, Schwarzenbeck, Beckenbauer, Breitner – Roth, Zobel, U. Hoeneß, – Krauthausen, G. Müller, Dürnberger (46. Hoffmann).
HANNOVER: Pauly – Kaemmer, Anders, Hellingrath, Bandura – Rühmkorb, Stiller, Siemensmeyer – Mrosko, Denz, Reimann.
Tore: 1:0 G. Müller (4., Handelfmeter), 2:0 Krauthausen (22.), 2:1 Siemensmeyer (26.), 2:2 Siemensmeyer (33.), 3:2 G. Müller (63.), 4:2 G. Müller (67.), 5:2 Krauthausen (71.), 6:2 G. Müller (80.), 7:2 Breitner (84.).
Schiedsrichter: Manfred Wichmann.

13. SPIELTAG

1. FC Kaiserslautern – Bayern 3:1 (2:0)

K'LAUTERN: Stabel – Huber, Schwager, Diehl, Fuchs – Friedrich, Bitz, Hosic – Seel, Pirrung, Ackermann.
BAYERN: Maier – Hansen, Beckenbauer, Schwarzenbeck, Breitner – Roth, U. Hoeneß, Zobel – Krauthausen (63. Dürnberger), G. Müller, Hoffmann.
Tore: 1:0 Hosic (28.), 2:0 Hosic (40.), 3:0 Seel (59.), 3:1 Roth (88.).
Schiedsrichter: Dietrich Basedow.

14. SPIELTAG

Bayern – Fortuna Düsseldorf 3:2 (0:0)

BAYERN: Maier – Hansen, Beckenbauer, Schwarzenbeck, Breitner – Roth, Zobel, U. Hoeneß – Krauthausen, G. Müller, Hoffmann (59. Dürnberger).
DÜSSELDORF: Woyke – Hesse, Kriegler, Lungwitz, Senger – Zewe, Schulz (78. Helmreich), Budde – Geye, Biesenkamp, Herzog.
Tore: 0:1 Biesenkamp (47.), 0:2 Geye (50.), 1:2 Hoeneß (55.), 2:2 Hoeneß (61.), 3:2 Beckenbauer (69.).
Schiedsrichter: Walter Horstmann.

15. SPIELTAG

VfL Bochum – Bayern 0:2 (0:1)

BOCHUM: Scholz – Wosab, Fechner, Blome, Etterich – Balte (69. Gerland), Köper, Lameck, Versen – Walitza, Krämer (63. Majgl).
BAYERN: Maier – Hansen, Schwarzenbeck, Beckenbauer, Breitner – Roth, Zobel, U. Hoeneß – Krauthausen, G. Müller, Dürnberger.
Tore: 0:1 Hoeneß (42.), 0:2 G. Müller (90.).
Schiedsrichter: Günter Linn.

16. SPIELTAG

Bayern – Kickers Offenbach 3:1 (0:0)

BAYERN: Maier – Hansen, Schwarzenbeck, Beckenbauer, Breitner – Roth, Zobel (73. Jörg), U. Hoeneß – Krauthausen (52. Schneider), G. Müller, Dürnberger.
OFFENBACH: Bockholt – Semlitsch, Schmidradner, Skala, Meyer – Hickersberger, Schäfer, Theis – Ritschel, Kostedde, Held.
Tore: 1:0 G. Müller (48.), 2:0 G. Müller (62.), 3:0 Beckenbauer (76.), 3:1 Held (90.).
Schiedsrichter: Dr. Gerd Siepe.

17. SPIELTAG

1. FC Köln – Bayern 2:1 (1:1)

KÖLN: Welz – Kapellmann, Cullmann, Konopka, Hein – Simmet, Löhr, Flohe – Weber, Ho. Neumann (87. Hähnchen), Lauscher.
BAYERN: Maier – Hansen, Beckenbauer, Schwarzenbeck, Breitner – Zobel, Roth (46. Dürnberger), U. Hoeneß – Krauthausen, G. Müller, Hoffmann.
Tore: 1:0 Cullmann (10.), 1:1 Krauthausen (18.), 2:1 Kapellmann (90.).
Schiedsrichter: Ferdinand Biwersi.
Besonderes Vorkommnis: Welz hält Handelfmeter von G. Müller (18.).

18. SPIELTAG

Bayern – Rot-Weiß Oberhausen 5:3 (3:0)

BAYERN: Maier – Hansen, Schwarzenbeck, Beckenbauer, Breitner (72. Dürnberger) – Roth, Zobel, U. Hoeneß – Krauthausen, G. Müller, Hoffmann.
OBERHAUSEN: Scheid (75. Jansen) – Wilbertz, Dick, Kobluhn, Wörmer – Tenhagen, Hollmann, Jakobs – Mumme, Schumacher, Ohm.
Tore: 1:0 Hollmann (4., Eigentor), 2:0 Hoffmann (7.), 3:0 G. Müller (12., Foulelfmeter), 3:1 Wilbertz (58.), 4:1 G. Müller (68.), 5:1 Hoeneß (72.), 5:2 Tenhagen (74.), 5:3 Kobluhn (75., Foulelfmeter).
Schiedsrichter: Wolfgang Dittmer.

19. SPIELTAG

Werder Bremen – Bayern 1:0 (0:0)

BREMEN: Bernard – Zembski, Assauer, Höttges, Kontny – Neuberger, Dietrich, Laumen (73. Røntved), Hasebrink – Görts, Weist.
BAYERN: Maier – Hansen, Schwarzenbeck, Beckenbauer, Breitner – Roth, Zobel, Krauthausen (59. Dürnberger), U. Hoeneß – G. Müller, Hoffmann.
Tor: 1:0 Hasebrink (48.).
Schiedsrichter: Peter Gabor.

20. SPIELTAG

Bayern – Eintr. Braunschweig 3:0 (1:0)

BAYERN: Maier – Breitner, Schwarzenbeck, Beckenbauer, Hansen – Roth, Zobel, U. Hoeneß – Krauthausen, G. Müller, Hoffmann.
BRAUNSCHWEIG: Franke – Grzyb, Kaack, Haebermann, Merkhoffer – Hellfritz, Gersdorff, Haun – Konschal (52. Gerwien), Bründl, Erler.
Tore: 1:0 Hoffmann (28.), 2:0 Hoeneß (72.), 3:0 G. Müller (76.).
Schiedsrichter: Hans-Joachim Weyland.

21. SPIELTAG

Hertha BSC – Bayern 2:5 (0:2)

HERTHA: Wolter – Sziedat, L. Müller, Hermandung, Hanisch – Beer, Brück, Horr – Gutzeit, K. Müller, Grau (46. Riedl).
BAYERN: Maier – Hansen, Schwarzenbeck, Beckenbauer, Breitner – Roth, Zobel, U. Hoeneß – Dürnberger, G. Müller (44. Krauthausen), Hoffmann.
Tore: 0:1 G. Müller (25., Handelfmeter), 0:2 Hoffmann (41.), 0:3 Hoffmann (60.), 1:3 K. Müller (62., Foulelfmeter), 1:4 Zobel (69.), 2:4 L. Müller (78., Foulelfmeter), 2:5 Hoeneß (79.).
Schiedsrichter: Heinz Quindeau.
Besonderes Vorkommnis: Horr verschießt Foulelfmeter (7.)

22. SPIELTAG

Bayern – Wuppertaler SV 4:1 (2:1)

BAYERN: Maier – Hansen, Schwarzenbeck, Beckenbauer, Breitner – Roth, Zobel, U. Hoeneß – Dürnberger, G. Müller, Hoffmann.
WUPPERTAL: M. G. Müller – Cremer, Miß, Meisen, Reichert – Hermes, Kohle, Stöckl – Jung, Pröpper, Lömm.
Tore: 1:0 Hoeneß (3.), 1:1 Kohle (12., Foulelfmeter), 2:1 G. Müller (16.), 3:1 Dürnberger (48.), 4:1 Hoffmann (65.).
Schiedsrichter: Walter Horstmann.

Auf dem Weg zum elften Sieg im elften Heimspiel der Saison: Uli Hoeneß (r.) bringt seine Bayern am 22. Spieltag gegen Wuppertal schon in der dritten Minute in Führung. Endergebnis: 4:1

31. SPIELTAG

Fortuna Düsseldorf – Bayern 0:0

DÜSSELDORF: Woyke – Hesse, Biesenkamp, Kriegler, Köhnen – Zewe, Schulz, Brei – Geye, Budde, Herzog.
BAYERN: Maier – Hansen, Breitner, Beckenbauer, Schwarzenbeck – Roth, Zobel, U. Hoeneß – Krauthausen, G. Müller, Hoffmann (58. Dürnberger).
Schiedsrichter: Gerhard Schulenburg.

32. SPIELTAG

Bayern – VfL Bochum 5:1 (1:1)

BAYERN: Maier – Hansen, Schwarzenbeck, Beckenbauer, Breitner – Roth, Zobel, U. Hoeneß – Krauthausen (53. Hoffmann), G. Müller, Dürnberger.
BOCHUM: Scholz – Fechner, Rüsing, Galeski, Versen – Lameck, Balte (70. Gerland), Laufer, Etterich – Walitza, Hartl (46. Majgl).
Tore: 0:1 Hartl (8.), 1:1 G. Müller (31.), 2:1 G. Müller (54.), 3:1 Dürnberger (58.), 4:1 Breitner (73.), 5:1 Hoffmann (90.).
Schiedsrichter: Norbert Fuchs.

33. SPIELTAG

Kickers Offenbach – Bayern 0:3 (0:1)

OFFENBACH: Bockholt – Semlitsch, Skala, Schmidradner, Schmitt (46. Theis) – Koppenhöfer (69. Blechschmidt), Schäfer, Meyer – Ritschel, Kostedde, Held.
BAYERN: Maier – Hansen, Schwarzenbeck, Beckenbauer, Breitner – Roth, U. Hoeneß, Zobel – Schneider (46. Hoffmann), G. Müller, Dürnberger.
Tore: 0:1 Roth (45.), 0:2 G. Müller (83.), 0:3 Beckenbauer (87.).
Schiedsrichter: Eberhard Schmoock.

34. SPIELTAG

Bayern – 1. FC Köln 1:1 (0:0)

BAYERN: Maier – Hansen, Schwarzenbeck, Beckenbauer, Dürnberger – Roth, Krauthausen, U. Hoeneß – Schneider, G. Müller, Hoffmann.
KÖLN: Welz – Hein, Weber, Cullmann, Kapellmann – Simmet, Overath, He. Neumann, Flohe – Glowacz, Löhr.
Tore: 0:1 Hein (50.), 1:1 Hoeneß (80.).
Schiedsrichter: Rudolf Schröck.

23. SPIELTAG

Schalke 04 – Bayern 1:1 (0:0)

SCHALKE: Nigbur – Klein, van den Berg, Fichtel, H. Kremers – Lütkebohmert, Rüssmann, Scheer – Ehmke (76. Holz), Budde, E. Kremers.
BAYERN: Maier – Hansen, Schwarzenbeck, Beckenbauer, Breitner – Zobel, U. Hoeneß, Roth – Dürnberger, G. Müller (46. Krauthausen), Hoffmann, .
Tore: 0:1 Hoeneß (46.), 1:1 Ehmke (48.).
Schiedsrichter: Gerhard Schulenburg.

24. SPIELTAG

Bayern – Eintracht Frankfurt 3:1 (1:1)

BAYERN: Maier – Hansen, Schwarzenbeck, Beckenbauer, Breitner – Roth, U. Hoeneß, Zobel – Krauthausen (50. Jörg), Schneider, Dürnberger.
FRANKFURT: Dr. Kunter – Reichel, Kliemann, Körbel, Schämer – Wirth (73. Trinklein), Hofmeister, Weidle – Rohrbach (71. Kraus), Parits, Krauth.
Tore: 1:0 Schneider (26.), 1:1 Hofmeister (42.), 2:1 Breitner (65.), 3:1 Beckenbauer (66.).
Schiedsrichter: Dietrich Basedow.

25. SPIELTAG

Bor. M'gladbach – Bayern 0:3 (0:2)

M'GLADBACH: Kleff – Vogts, Surau, Wittkamp, Bonhof – Danner, Simonsen, Kulik – Jensen, Rupp, Heynckes.
BAYERN: Maier – Hansen, Schwarzenbeck, Beckenbauer, Breitner – Krauthausen, Zobel, U. Hoeneß – Dürnberger, G. Müller, Schneider.
Tore: 0:1 Hansen (28.), 0:2 Krauthausen (37.), 0:3 Zobel (63.).
Schiedsrichter: Klaus Ohmsen.

26. SPIELTAG

Bayern – VfB Stuttgart 5:1 (2:0)

BAYERN: Maier – Hansen, Schwarzenbeck, Beckenbauer, Breitner – Roth, Krauthausen (46. Zimmermann), U. Hoeneß – Schneider, G. Müller, Dürnberger (78. Jörg).
STUTTGART: Heinze – Komorowski, Siegmann, Zech, Weidmann – Mall, Köppel, Handschuh – Lindner, Berger, Brenninger (74. Schwemmle).
Tore: 1:0 Schneider (22.), 2:0 Beckenbauer (30.), 2:1 Handschuh (59.), 3:1 Breitner (77.), 4:1 G. Müller (80., Foulelfmeter), 5:1 G. Müller (84.).
Schiedsrichter: Peter Gabor.

27. SPIELTAG

MSV Duisburg – Bayern 2:0 (1:0)

DUISBURG: Linders – W. Schneider, Rettkowski, Pirsig, Dietz – Lehmann, Linßen, Bella – Seliger (87. Büssers), Wunder, Worm.
BAYERN: Maier – Hansen, Beckenbauer, Schwarzenbeck, Breitner – Roth, Krauthausen, U. Hoeneß – E. Schneider, G. Müller, Dürnberger.
Tore: 1:0 Worm (25.), 2:0 Wunder (70.).
Schiedsrichter: Walter Horstmann.

28. SPIELTAG

Bayern – Hamburger SV 1:0 (0:0)

BAYERN: Maier – Hansen, Schwarzenbeck, Beckenbauer, Breitner – Roth, Zobel, U. Hoeneß – Schneider, G. Müller, Dürnberger (51. Hoffmann).
HAMBURG: Özcan – Kaltz, Nogly, Schulz, Hidien (55. Winkler) – Bjørnmose, Zaczyk, Hönig – Memering, Heese, Volkert.
Tor: 1:0 G. Müller (74.).
Schiedsrichter: Gerd Hennig.

29. SPIELTAG

Hannover 96 – Bayern 1:3 (1:1)

HANNOVER: Pauly – Stiller, Anders, Hellingrath (67. Rühmkorb), Bandura – Kaemmer, Denz, Siemensmeyer – Mrosko, Reimann, Stegmayer.
BAYERN: Maier – Hansen, Schwarzenbeck, Beckenbauer, Breitner – Roth, Zobel, U. Hoeneß – Krauthausen, G. Müller, Dürnberger.
Tore: 0:1 Roth (27.), 1:1 Stegmayer (36.), 1:2 G. Müller (58.), 1:3 Hoeneß (65.).
Schiedsrichter: Dr. Gerd Siepe.

30. SPIELTAG

Bayern – 1. FC Kaiserslautern 6:0 (3:0)

BAYERN: Maier – Hansen, Schwarzenbeck, Beckenbauer, Breitner – Roth, Zobel, U. Hoeneß – Schneider (53. Krauthausen), G. Müller, Hoffmann (63. Dürnberger).
K'LAUTERN: Stabel – Huber, Schwager, Diehl, Fuchs – Hosic (53. Toppmöller), Wilhelmi (46. Reinders), Friedrich – Seel, Pirrung, Ackermann.
Tore: 1:0 Hoeneß (5.), 2:0 G. Müller (18.), 3:0 G. Müller (29., Foulelfmeter), 4:0 G. Müller (48.), 5:0 G. Müller (66.), 6:0 G. Müller (79.).
Schiedsrichter: Karl-Heinz Fork.

Abschlusstabelle

Pl.	Verein	Spiele	G	U	V	Tore	Diff.	Punkte
1	Bayern (M)	34	25	4	5	93:29	+64	54:14
2	Köln	34	16	11	7	66:51	+15	43:25
3	Düsseldorf	34	15	12	7	62:45	+17	42:26
4	Wuppertal (A)	34	15	10	9	62:49	+13	40:28
5	M'gladbach	34	17	5	12	82:61	+21	39:29
6	Stuttgart	34	17	3	14	71:65	+6	37:31
7	Offenbach (A)	34	14	7	13	61:60	+1	35:33
8	Frankfurt	34	15	4	15	58:54	+4	34:34
9	Kaiserslautern	34	12	10	12	58:68	–10	34:34
10	Duisburg	34	12	9	13	53:54	–1	33:35
11	Bremen	34	12	7	15	50:52	–2	31:37
12	Bochum	34	11	9	14	50:68	–18	31:37
13	Hertha	34	11	8	15	53:64	–11	30:38
14	Hamburg	34	10	8	16	53:59	–6	28:40
15	Schalke (P)	34	10	8	16	46:61	–15	28:40
16	Hannover	34	9	8	17	49:65	–16	26:42
17	Braunschweig	34	9	7	18	33:56	–23	25:43
18	Oberhausen	34	9	4	21	45:84	–39	22:46

DIE WEITEREN SIEGER DES JAHRES:

Europacup der Landesmeister:
Ajax Amsterdam

Europacup der Pokalsieger:
AC Mailand

Uefa-Cup:
FC Liverpool

DFB-Pokal:
Borussia Mönchengladbach

Alle Ergebnisse auf einen Blick

Waagerecht: alle Heimresultate. Senkrecht: alle Auswärtsresultate	Bayern	Köln	Düsseldorf	Wuppertal	M'gladbach	Stuttgart	Offenbach	Frankfurt	Kaiserslautern	Duisburg	Bremen	Bochum	Hertha	Hamburg	Schalke	Hannover	Braunschweig	Oberhausen
Bayern		1:1	3:2	4:1	3:0	5:1	3:1	3:1	6:0	2:0	2:1	5:1	4:0	1:0	5:0	7:2	3:0	5:3
Köln	2:1		1:0	1:1	3:1	5:1	1:1	3:1	2:0	3:1	1:0	2:1	4:0	2:1	3:0	3:3	4:3	3:1
Düsseldorf	0:0	3:2		2:1	1:3	6:1	2:0	2:2	2:1	2:1	2:1	1:1	3:1	2:2	1:1	0:1	2:0	3:1
Wuppertal	1:1	2:2	1:1		0:5	4:0	4:3	1:0	2:0	5:0	1:1	3:0	4:1	5:1	4:1	0:4	2:1	3:1
M'gladbach	0:3	5:2	2:3	2:1		3:4	3:2	0:2	6:2	4:3	3:1	6:0	2:2	6:1	4:1	3:1	4:0	4:1
Stuttgart	0:1	3:1	2:2	4:2	3:0		4:2	2:2	3:1	3:4	2:1	4:0	4:0	2:1	6:2	2:0	4:0	3:0
Offenbach	0:3	2:3	1:1	3:1	2:1	1:3		3:2	2:2	4:1	2:1	4:0	0:0	2:1	2:0	2:1	1:0	4:0
Frankfurt	2:1	5:0	2:1	2:1	3:0	2:1	0:3		3:1	1:3	2:2	4:1	2:2	2:1	4:2	2:0	1:0	2:1
Kaiserslautern	3:1	2:1	1:1	1:1	3:1	2:1	3:1	0:1		0:0	3:1	2:2	2:2	2:2	2:0	2:1	3:0	6:2
Duisburg	2:0	1:1	0:0	0:0	2:2	0:1	4:0	2:1	3:4		1:2	0:1	2:1	3:0	0:1	3:1	3:2	4:1
Bremen	1:0	2:1	1:3	0:1	1:1	0:2	0:0	2:0	5:1	0:2		5:2	1:1	1:4	2:0	3:1	4:2	1:0
Bochum	0:2	2:4	2:2	2:2	3:0	3:1	2:3	2:1	3:0	2:1	2:0		2:1	3:3	2:0	2:0	2:2	2:2
Hertha	2:5	1:1	2:3	0:1	3:1	5:1	2:5	3:1	4:1	0:0	2:1	2:0		2:1	3:0	2:1	3:0	3:1
Hamburg	0:2	0:0	2:1	2:2	1:3	2:0	1:0	3:1	2:2	1:2	2:2	2:1	4:0		0:1	2:0	1:0	6:0
Schalke	1:1	2:2	3:1	1:2	2:2	2:0	6:1	3:2	2:2	1:1	1:2	2:0	1:1	2:0		3:1	0:1	3:0
Hannover	1:3	0:0	2:2	1:1	1:2	3:1	1:1	2:1	2:3	3:3	2:2	1:1	2:0	3:2	1:0		2:1	3:2
Braunschweig	0:2	2:0	1:2	0:1	0:0	1:0	2:2	2:1	0:0	1:1	1:0	0:2	2:1	1:1	1:1	3:2		3:1
Oberhausen	0:5	2:2	0:3	2:1	1:3	2:2	2:1	1:0	3:1	4:0	2:3	1:1	2:1	3:1	2:1	1:0	0:1	

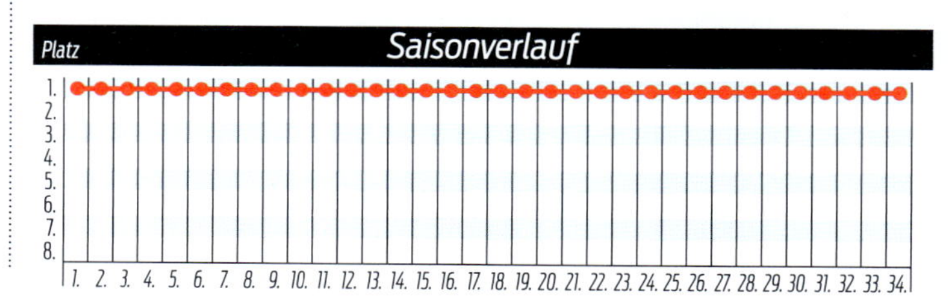

MEISTER, EUROPACUPS WELTMEISTER

Sieben Bayern sind auf dem absoluten Karriere. Aber schon kündigt sich das

Diesen Tritt hat Gerd Müller nicht erwartet. Er hat schon Schlimmeres erlebt von den Pirsigs und Höttges dieser Branche, den eisenharten Verteidigern, aber darauf war er gefasst, sobald der Schiedsrichter ein Spiel anpfiff. Doch bei diesem Spiel im Juli 1973 gibt es keinen Schiedsrichter, nicht einmal einen Ball.

Es ist ein Pokerspiel, und es findet nicht im Olympiastadion statt, sondern in einem Restaurant in Neukeferloh bei München. Mit ihm am Tisch sitzen honorige Herren des FC Barcelona, Ehefrau Uschi und Berater Erwin Nehl. Und von dem kommt unterm Tisch der warnende Tritt ans Schienbein. Es ist ein klares Signal, jetzt besser den Mund zu halten.

Viel zu schnell hat Müller dem Angebot der Spanier für einen Vereinswechsel zugestimmt, Nehl und seine Uschi wollen noch mehr herausholen. Wie viel, das erfährt die Öffentlichkeit in einem wochenlangen Sommertheater bis ins letzte Detail. Müller plaudert aus: „Im Laufe der letzten Verhandlungen erhöhten die Spanier allein das Handgeld für mich auf 1,5 Millionen netto." Unerhörte Summen in jenen Tagen.

Uli Hoeneß unkt: „Für mich ist der Gerd nun endgültig weg von Bayern."

BILD publiziert Telefonprotokolle der Gespräche zwischen Nehl und Barcelonas Geschäftsführer Armando Caraben. 4,5 Millionen D-Mark könnte Müller demnach in drei Jahren verdienen und die Bayern 2,5 Millionen DM Ablöse.

Es bleibt beim Konjunktiv, denn der aufgeschreckte DFB verweigert plötzlich allen Nationalspielern die Freigabe ins Ausland im Jahr vor der Weltmeisterschaft im eigenen Land. Denn es gilt das ungeschriebene Gesetz, dass Legionäre nicht für Deutschland spielen dürfen.

Gerd Müller verwirft schließlich alle Wechselpläne und gibt am 22. Juli bekannt: „Ich beuge mich diesem Beschluss im Interesse des deutschen Fußballs und im Hinblick auf die deutsche Nationalmannschaft im Weltmeisterschaftsjahr. Gleichzeitig aber möchte ich auf das Grundgesetz hinweisen, wo jedem Menschen das Recht auf freie Berufswahl garantiert wird." Es ist nicht nur zum Wohl des deutschen Fußballs, sondern auch zum Wohl der Bayern.

Am 11. Mai, dem 33. Spieltag, schießt er seine Mannschaft mit dem späten 1:0-Sieg-

Das Tor zur Meisterschaft: Gerd Müller (r.) macht am 33. Spieltag mit seinem 1:0 gegen Offenbach den Titelgewinn perfekt. Sechs Tage später feiern er und Uli Hoeneß (l.) einen noch größeren Sieg – im zweiten Landesmeistercup-Finale

Sechs Bayern stehen in der Startelf gegen Holland (v. l.): Deutschlands Kapitän Franz Beckenbauer, Sepp Maier, Hans-Georg Schwarzenbeck, Rainer Bonhof (Gladbach), Bernd Hölzenbein, Jürgen Grabowski (beide Frankfurt), Gerd Müller, Wolfgang Overath (Köln), Berti Vogts (Gladbach), Paul Breitner und Uli Hoeneß. Deutschland gewinnt das WM-Endspiel 2:1, Breitner (zum 1:1) und Müller (2:1) sind die Torschützen

IEGER,

Höhepunkt ihrer
Ende einer Ära an

treffer gegen Kickers Offenbach zur dritten Meisterschaft in Folge, der erste Titel-Hattrick in der Bundesliga ist perfekt. Der große Konkurrent Gladbach verliert zur gleichen Zeit 0:1 in Düsseldorf.

Am 17. Mai erzielt er im Wiederholungsspiel um den Landesmeistercup gegen Atlético Madrid (4:0) zwei Tore – und mit dem 2:1 im WM-Endspiel gegen Holland am 7. Juli krönt Müller sein erfolgreichstes Jahr in seiner Laufbahn.

Sieben Bayern-Spieler sind 1974 auf dem absoluten Karriere-Höhepunkt. Mit Gerd Müller werden auch Sepp Maier, Franz Beckenbauer, Hans-Georg Schwarzenbeck, Paul Breitner (Schütze zum 1:1 gegen Holland), Uli Hoeneß und Neuzugang Jupp Kapellmann Meister, erstmals Europacupsieger der Landesmeister und Weltmeister.

Weniger Titel hätten es auch gar nicht sein dürfen, merkt Beckenbauer Jahre später an: „Wir waren zum Erfolg regelrecht verurteilt. Wir mussten, um die Zuschauer ins Stadion zu locken, immer wieder Steigerungen bieten. Unsere eigenen Bestmarken waren jetzt die Messlatte, das Beste war gerade noch gut genug."

1973/74 stellen die Bayern auch einen Rekord auf, den keiner will. Nie kassiert in der Bundesliga-Geschichte ein Meister mehr Gegentore, 53 sind es am Saisonende. Trotz einer Abwehr voller Nationalspieler ist es oft leicht, gegen sie zu treffen.

Am deutlichsten wird das am 20. Oktober 1973 beim legendären 4:7 auf dem Betzenberg. Dabei führt Bayern nach Müllers zweitem Tor (57.) 4:1 in Kaiserslautern, doch mit dem 2:4 in der gleichen Minute durch Klaus Toppmöller beginnt der Untergang. Nach der Partie am 12. Spieltag sind die Bayern nur noch Tabellenvierter, Toppmöller hat Mitleid: „Der Zerfall dieser einst so großen Mannschaft binnen weniger Minuten war schon kein Drama mehr, sondern eine Tragödie."

Die Mannschaft zerfällt aber nur in dieser letzten halben Stunde am Betzenberg. Gegen Stuttgart (3:0), Bochum (1:0) und den HSV (4:1) gelingen drei Siege, das Duell gegen Gladbach am 17. Spieltag um die Herbstmeisterschaft entwickelt sich zu einem der berauschendsten Spiele der Bundesliga-Historie. Bayern siegt 4:3. Auf der Tribüne schwärmt Alt-Bundestrainer Sepp Herberger: „Sie haben beide wirklich erstklassig gespielt. So etwas sieht man selbst heute nur selten." Präsident Neudecker eilt hernach in die Kabine und spendiert jedem Akteur eine Extraprämie von 3000 D-Mark.

Für den Europacupsieg erhalten sie das Dreifache. Doch lange freuen können sie sich nicht. Am Tag danach, am 18. Mai, steht aufgrund einer chaotischen Terminplanung das letzte Bundesliga-Spiel an: auf dem Bökelberg beim Vizemeister. Schon zur Halbzeit führt Gladbach 4:0, gewinnt 5:0. Die Bayern sind sichtbar gezeichnet von einer allzu kurzen Nacht.

Dieses Debakel nimmt niemand ernst, und doch ist es ein böses Omen. Die Bayern sind längst nicht mehr so gut wie in den beiden Meisterjahren zuvor. Die Ära geht langsam zu Ende. Das hat auch gute Gründe, wie Beckenbauer erklärt: „Wir mussten über 100 Spiele in dieser Saison bestreiten und danach auch noch die WM überstehen."

Europacup der Landesmeister

Maier (mit Pokal) und Roth (springend) führen die Sieger nach dem 4:0 gegen Atlético an

Saison der Dramen endet im Triumph

Nach einem 3:1 und 1:3 n. V. gegen Schwedens Meister Åtvidabergs IF kommt es zum ersten Elfmeterschießen der Klub-Geschichte seit dem Bundesliga-Aufstieg. Beckenbauer gelingt das Siegtor zum 4:3 i. E. Es folgt das nächste Drama im ersten deutsch-deutschen Europacup-Duell. Nach dem 4:3 in München führt Dynamo Dresden im Rückspiel 3:2. Müller gleicht aus, der überragende Spieler auf dem Platz ist Hoeneß mit zwei Toren. Im Viertelfinale gegen ZSKA Sofia (4:1, 1:2) ist der Schwede Conny Torstensson, in der ersten Runde noch Spieler von Åtvidaberg, unter den Torschützen. Torstensson trifft auch im Halbfinale bei Ujpest Budapest (1:1) und zum 1:0 im Rückspiel (3:0). Das letzte Drama ereignet sich am 15. Mai 1974 im Finale gegen Atlético Madrid. In der 114. Minute gehen die Spanier 1:0 in Führung, Schwarzenbeck erzwingt mit einem 30-Meter-Schuss in letzter Sekunde ein Wiederholungsspiel. Am 17. Mai überrennen großartig aufgelegte Bayern Atlético mit 4:0. Torschützen: Hoeneß, Müller (je 2).

DFB-Pokal

Das 3:2 für Frankfurt: Kalb verwandelt gegen Maier

Fragwürdiger Elfmeter gegen Maier

Nach zwei Jahren mit Hin- und Rückspielen kehrt der DFB zum alten Modus zurück. Bayern trifft ausnahmslos auf Bundesligisten, schlägt in der ersten Hauptrunde zu Hause den MSV Duisburg (3:1), dann auswärts Werder Bremen (2:1) und im Viertelfinale Hannover 96. Alleiniger Torschütze auf Bayern-Seite zum 3:2-Erfolg: Gerd Müller. Im Halbfinale ist Eintracht Frankfurt, auch ein Angstgegner der Münchner, Gastgeber. Erstmals in diesem Pokalwettbewerb gerät das Team von Udo Lattek in Rückstand – durch Bernd Hölzenbein (49.). Breitner und Hoeneß drehen das Spiel binnen zwei Minuten (60., 62.), Thomas Rohrbach gleicht wieder aus (68.). In der 90. Minute zeigt Schiedsrichter Heinz Aldinger nach Körperkontakt von Johnny Hansen an Hölzenbein auf den Elfmeterpunkt – eine fragwürdige Entscheidung. Jürgen Kalb verwandelt zum 3:2-Endstand.

TRAINER

UDO LATTEK
Als erster Trainer der Bundesliga-Geschichte schafft er den Meister-Hattrick. Nach vier Jahren beträgt seine Siegquote in der Liga 65 % (95 von 146 Spielen).

DIE **TOP-ELF** DER SAISON

Bernd Dürnberger

Paul Breitner

DER **SPIELER** DES JAHRES

Hans-Georg Schwarzenbeck *ist der Anti-Star im Bayern-Ensemble. Meist unspektakulär verrichtet der Vorstopper, der gar nicht so hölzern spielt, wie es sein Ruf besagt, im Schatten seiner weit genialeren Kollegen seine Arbeit. Dass 1973/74 für sieben Bayern-Spieler die erfolgreichste Saison ihres Lebens wird, liegt aber wesentlich an Schwarzenbeck. Sein Verzweiflungsschuss im ersten Finale gegen Atlético rettet Bayern den Europapokal. Er wiegelt hinterher ab: „Überlegung war nicht dabei.“ Dabei schießt er auch in der Liga sieben Tore – so viel wie nie.*

Der Kader

NAME	SPIELE	TORE
Sepp Maier	34	0
Franz Beckenbauer	34	4
Johnny Hansen	32	1
Viggo Jensen	5	0
Hans-Josef Kapellmann	20	2
Gernot Rohr	3	0
Hans-Georg Schwarzenbeck	33	7
Herbert Zimmermann	1	0
Paul Breitner	26	7
Bernd Dürnberger	30	8
Bernd Gersdorff	12	2
Erwin Hadewicz	12	0
Franz Roth	33	8
Conny Torstensson	16	1
Rainer Zobel	28	5
Uli Hoeneß	34	18
Wilhelm Hoffmann	15	2
Gerd Müller	34	30
Edgar Schneider	7	0

ULI HOENESS wird mit 18 Toren zweitbester Torschütze – seine erfolgreichste Bundesliga-Saison

Transfers

HANS-JOSEF „JUPP" KAPELLMANN ist mit 800 000 DM der bis dahin teuerste Bundesliga-Transfer. Er kommt als Jung-Nationalspieler (Debüt 12. Mai 1973) vom 1. FC Köln, hat 133 Bundesliga-Spiele (Aachen, Köln) auf dem Buckel. 1974 gehört der Verteidiger zum WM-Kader, kann sich aber nicht gegen seinen Konkurrenten Berti Vogts durchsetzen, bleibt ohne Einsatz. Kapellmann studiert nebenbei Medizin, wird später Facharzt für Orthopädie und Unfallchirurgie. Nach 165 Bundesliga-Spielen für Bayern wechselt er 1979 zu 1860 (40 Einsätze), beendet 1981 seine Karriere.

SPIELER	VON VEREIN	ABLÖSESUMME
Hans-Josef Kapellmann	1. FC Köln	800 000 DM
Bernd Gersdorff	E. Braunschweig	300 000 DM
Erwin Hadewicz	VfR Aalen	–
Conny Torstensson	Åtvidabergs FF	580 000 DM

Tops & Flops

WERBEPARTNER Im Heimspiel gegen Kaiserslautern (1:1, 29. Spieltag) hat Bayern mit Adidas erstmals einen Trikotsponsor. Als einer von nur sechs Bundesliga-Klubs.

TORFLUT Bayern schießt in den ersten 33 Ligaspielen mindestens immer ein Tor und baut die Serie, die am 32. Spieltag 1972/73 (5:1 gegen Bochum) beginnt, auf 36 Spiele aus. Sie reißt in Gladbach (0:5).

FRANZ BECKENBAUER wird nach sechs Jahren Pause wieder „Fußballer des Jahres" in Deutschland, zum dritten Mal. Von 701 Stimmen erhält er 411.

BERND GERSDORFF fremdelt bei Bayern („Ein Haufen seelenloser Roboter"), sieht beim 4:7 in Kaiserslautern Rot und wechselt im Winter zurück nach Braunschweig.

FRANZ BECKENBAUER spielt die Hauptrolle im semi-dokumentarischen Kinofilm „Der Libero" (Uraufführung 8. Dezember 1973), planscht u. a. mit knapper Badehose im Roten Meer. Die Kritik zerreißt den 85-Minuten-Film, der eine Ehrerbietung an Deutschlands besten Fußballer sein soll. An seinem 65. Geburtstag 2010 urteilt Beckenbauer über den Streifen: „Ein Flop."

1973/74

Die legendärste Auswärtsniederlage in der Bundesliga: Am 12. Spieltag verlieren die Bayern nach 3:0-Führung noch 4:7 in Kaiserslautern. Sepp Pirrung (l.) verkürzt nach katastrophalem Abschlag von Sepp Maier auf 3:4. Sein zweiter von drei Treffern an diesem Nachmittag

1. SPIELTAG

Bayern – Fortuna Düsseldorf 3:1 (1:1)

BAYERN: Maier – Dürnberger (82. Schneider), Schwarzenbeck, Beckenbauer, Breitner – Roth (46. Hoffmann), Kapellmann, U. Hoeneß – Zobel, G. Müller, Gersdorff.
DÜSSELDORF: Woyke – Baltes (88. Abel), Zewe, Biesenkamp, Hesse – Brei, Budde, Schulz (82. Köhnen) – Geye, Seel, Herzog.
Tore: 0:1 Seel (8.), 1:1 Hoeneß (25.), 2:1 Zobel (81.), 3:1 Beckenbauer (90.).
Gelb: Schwarzenbeck / Brei.
Schiedsrichter: Heinz Quindeau.

2. SPIELTAG

Fortuna Köln – Bayern 0:3 (0:1)

KÖLN: Fahrian – Schwaba, Struth, Zimmermann, Neues – Boers, Bauerkämper, Thier (64. Campbell) – Bergfelder, Kucharski (35. Otters), Glock.
BAYERN: Maier – Hansen, Schwarzenbeck, Beckenbauer, Breitner – Roth (72. Dürnberger), Kapellmann, Gersdorff – Zobel, G. Müller, U. Hoeneß.
Tore: 0:1 Breitner (32.), 0:2 Hoeneß (62.), 0:3 Dürnberger (81.).
Schiedsrichter: Walter Horstmann.

3. SPIELTAG

Bayern – Rot-Weiss Essen 2:0 (0:0)

BAYERN: Maier – Hansen, Schwarzenbeck, Beckenbauer, Breitner – Roth, Kapellmann, U. Hoeneß – Hoffmann (46. Dürnberger), G. Müller, Gersdorff.
ESSEN: Blasey – Lorant, Wörmer, Rausch, Senger – Finnern, Ferner, Fürhoff (77. Weiss) – Bast, de Vlugt (60. Brosda), Lippens.
Tore: 1:0 G. Müller (60., Foulelfmeter), 2:0 G. Müller (72.).
Schiedsrichter: Jürgen Schumann.

4. SPIELTAG

Hertha BSC – Bayern 2:2 (1:0)

HERTHA: Zander – Sziedat, L. Müller, Weiner, Hanisch – Hermandung, Brück, Beer – K. Müller (83. Grau), Horr, Riedl.
BAYERN: Maier – Hansen, Beckenbauer, Schwarzenbeck, Breitner – Roth (67. Dürnberger), Kapellmann, U. Hoeneß – Hoffmann, G. Müller, Gersdorff.
Tore: 1:0 K. Müller (25.), 2:0 Hermandung (61.), 2:1 G. Müller (66.), 2:2 Dürnberger (75.).
Gelb: – / Gersdorff, Kapellmann.
Schiedsrichter: Hans-Joachim Weyland.

5. SPIELTAG

Bayern – Wuppertaler SV 3:0 (0:0)

BAYERN: Maier – Hansen, Schwarzenbeck, Beckenbauer, Breitner – Roth (58. Dürnberger), Kapellmann, U. Hoeneß – Zobel, G. Müller, Gersdorff.
WUPPERTAL: M. Müller – Cremer (75. Galbierz), Miß, Neuberger, Reichert – Lömm, Stöckl, Homann, Hermes – Gu. Jung, Pröpper.
Tore: 1:0 Breitner (53.), 2:0 Kapellmann (72.), 3:0 U. Hoeneß (88.).
Schiedsrichter: Peter Gabor.

6. SPIELTAG

Schalke 04 – Bayern 5:5 (5:2)

SCHALKE: Pabst – Sobieray, H. Kremers, van den Berg, Huhse – Krauthausen (57. Dubski), Beverungen, Holz – Scheer, Budde, E. Kremers.
BAYERN: Maier – Hansen, Schwarzenbeck, Beckenbauer, Breitner – Kapellmann, Roth, U. Hoeneß – Zobel, G. Müller, Gersdorff (46. Dürnberger).
Tore: 1:0 Budde (12.), 2:0 Budde (14.), 3:0 E. Kremers (18.), 3:1 G. Müller (38.), 4:1 H. Kremers (41., Foulelfmeter), 4:2 G. Müller (44., Foulelfmeter), 5:2 H. Kremers (45., Foulelfmeter), 5:3 G. Müller (51.), 5:4 Dürnberger (64.), 5:5 G. Müller (68.).
Schiedsrichter: Herbert Lutz.

7. SPIELTAG

Bayern – Werder Bremen 2:2 (1:1)

BAYERN: Maier – Hansen, Schwarzenbeck, Beckenbauer, Breitner – Roth, Gersdorff (64. Kapellmann), U. Hoeneß – Zobel, G. Müller, Dürnberger (46. Schneider).
BREMEN: Burdenski – Kontny, Höttges, Assauer, Schmidt – Kamp, Dietrich, Zembski, Røntved – Görts, Weist.
Tore: 0:1 Røntved (22.), 1:1 Schwarzenbeck (37.), 1:2 Görts (47.), 2:2 G. Müller (68.).
Schiedsrichter: Udo Zuchantke.
Besonderes Vorkommnis: Burdenski hält Foulelfmeter von G. Müller (30.).

8. SPIELTAG

Hannover 96 – Bayern 3:1 (3:0)

HANNOVER: Dittel – Stiller, Anders, Kaemmer, Bandura – Peitsch, Denz, Siemensmeyer, Kasperski (81. Blumenthal) – Reimann (85. Wehmeyer), Stegmayer.
BAYERN: Maier – Hansen, Schwarzenbeck, Beckenbauer (9. Hadewicz), Rohr – Roth, Zobel, U. Hoeneß – Schneider, G. Müller, Gersdorff.
Tore: 1:0 Reimann (11., Foulelfmeter), 2:0 Reimann (31.), 3:0 Reimann (42.), 3:1 Roth (65.).
Gelb: Denz, Siemensmeyer / Rohr, Zobel.
Schiedsrichter: Hans Hillebrand.

9. SPIELTAG

Bayern – Eintracht Frankfurt 2:2 (2:1)

BAYERN: Maier – Hansen, Schwarzenbeck, Beckenbauer, Breitner (81. Roth) – Gersdorff, Kapellmann, U. Hoeneß – Zobel, G. Müller, Dürnberger.
FRANKFURT: Dr. Kunter – Reichel, Kliemann, Trinklein, Andree (46. Parits) – Körbel, Hölzenbein, Nickel – Grabowski, Weidle, Rohrbach (80. Kraus).
Tore: 1:0 Dürnberger (31.), 2:0 Dürnberger (32.), 2:1 Nickel (34.), 2:2 Hölzenbein (49.).
Gelb: Breitner, Kapellmann / Weidle.
Schiedsrichter: Dr. Gerd Siepe.

10. SPIELTAG

1. FC Köln – Bayern 4:3 (3:2)

KÖLN: Welz – Konopka, Weber, Cullmann, Hein – Simmet, Overath, Flohe – Glowacz, Löhr, Lauscher.
BAYERN: Maier – Hansen, Schwarzenbeck, Beckenbauer, Kapellmann – Gersdorff, Zobel, U. Hoeneß – Schneider (46. Roth), G. Müller, Dürnberger.
Tore: 1:0 Overath (10.), 1:1 Schwarzenbeck (21.), 1:2 U. Hoeneß (34.), 2:2 Flohe (35.), 3:2 Overath (42.), 4:2 Löhr (60.), 4:3 Roth (80.).
Gelb: Flohe, Overath / G. Müller.
Schiedsrichter: Jan Redelfs.

11. SPIELTAG

Bayern – MSV Duisburg 4:2 (2:2)

BAYERN: Maier – Hansen, Schwarzenbeck, Beckenbauer, Dürnberger – Gersdorff (46. E. Schneider), Zobel, U. Hoeneß – Roth, G. Müller, Hoffmann.
DUISBURG: Linders – W. Schneider, Hey, Pirsig, Dietz – Linßen, Lehmann, Bella – Seliger (64. Hosic), Wunder, Worm.
Tore: 1:0 Schwarzenbeck (11.), 1:1 Wunder (22.), 1:2 Dietz (25.), 2:2 G. Müller (42., Foulelfmeter), 3:2 G. Müller (64., Handelfmeter), 4:2 U. Hoeneß (86.).
Schiedsrichter: Gert Meuser.

12. SPIELTAG

1. FC Kaiserslautern – Bayern 7:4 (1:3)

K'LAUTERN: Elting – Huber, Diehl, Schwager, Fuchs – Toppmöller, Bitz, Laumen – Pirrung, Sandberg, Ackermann.
BAYERN: Maier – Hansen, Schwarzenbeck, Beckenbauer, Dürnberger – Zobel, Roth, U. Hoeneß, Gersdorff – Hoffmann, G. Müller.
Tore: 0:1 Gersdorff (5.), 0:2 Gersdorff (12.), 0:3 G. Müller (36.), 1:3 Pirrung (43.), 1:4 G. Müller (57.), 2:4 Toppmöller (57.), 3:4 Pirrung (61.), 4:4 Pirrung (73.), 5:4 Diehl (84.), 6:4 Laumen (87.), 7:4 Laumen (89.).
Rot: Gersdorff (76.).
Gelb: Bitz / –.
Schiedsrichter: Horst Bonacker.

13. SPIELTAG

Bayern – VfB Stuttgart 3:0 (2:0)

BAYERN: Maier – Hansen, Schwarzenbeck, Beckenbauer, Dürnberger – Roth, Zobel, U. Hoeneß – Hadewicz, G. Müller, Hoffmann.
STUTTGART: Heinze – Weidmann, Siegmann, Zech, Coordes – Mall (46. E. Müller), Handschuh, Ettmayer – Stickel, Ohlicher, Brenninger.
Tore: 1:0 Hoffmann (6.), 2:0 Roth (45.), 3:0 U. Hoeneß (89.).
Gelb: Zobel – Handschuh, Weidmann, Zech.
Schiedsrichter: Kurt Tschenscher.
Besonderes Vorkommnis: Maier hält Foulelfmeter von Brenninger (22.).

14. SPIELTAG

VfL Bochum – Bayern 0:1 (0:1)

BOCHUM: Scholz – Galeski, Fechner, Fromm, Versen – Laufer, Lameck, Balte, Tenhagen – Walitza, Eggeling.
BAYERN: Maier – Hansen, Schwarzenbeck, Beckenbauer, Dürnberger – Roth, Schneider, U. Hoeneß – Hadewicz, G. Müller, Hoffmann (65. Zimmermann).
Tor: 0:1 U. Hoeneß (20.).
Gelb: Tenhagen, Versen, Walitza – Hoffmann, Schwarzenbeck.
Schiedsrichter: Jan Redelfs.

15. SPIELTAG

Bayern – Hamburger SV 4:1 (1:1)

BAYERN: Maier – Hansen, Schwarzenbeck, Beckenbauer, Jensen – Roth, Dürnberger, U. Hoeneß – Schneider (29. Hadewicz), G. Müller, Hoffmann.
HAMBURG: Kargus – Kaltz, Nogly, Bjørnmose, Krobbach – Winkler, Zaczyk, Hönig – Krause, Heese, Volkert.
Tore: 0:1 Krause (14.), 1:1 G. Müller (32.), 2:1 G. Müller (71.), 3:1 G. Müller (83., Foulelfmeter), 4:1 Dürnberger (85.).
Gelb: Schwarzenbeck / –.
Schiedsrichter: Günter Linn.

16. SPIELTAG

Kickers Offenbach – Bayern 2:2 (0:1)

OFFENBACH: Helmschrot – Meyer, Skala (13. Blechschmidt), Schmidradner, Semlitsch – Schäfer, Koppenhöfer, Theis – Kostedde, Ritschel, Held.
BAYERN: Maier – Hansen, Schwarzenbeck, Beckenbauer, Jensen – Roth (46. Hadewicz), Dürnberger, Zobel – U. Hoeneß, G. Müller, Hoffmann.
Tore: 0:1 Roth (7.), 1:1 Ritschel (48.), 2:1 Kostedde (53.), 2:2 U. Hoeneß (90.).
Gelb: – / U- Hoeneß, Zobel.
Schiedsrichter: Gerhard Schulenburg.

17. SPIELTAG

Bayern – Borussia M'gladbach 4:3 (3:2)

BAYERN: Maier – Hansen, Schwarzenbeck, Beckenbauer, Breitner – Dürnberger, U. Hoeneß, Zobel – Hadewicz, G. Müller, Roth.
M'GLADBACH: Kleff – H. Wimmer, Vogts, Sieloff, Danner – Kulik, Köppel, Bonhof – Jensen, Rupp, Heynckes.
Tore: 1:0 Roth (4.), 1:1 H. Wimmer (5.), 1:2 Jensen (18.), 2:2 G. Müller (20.), 3:2 Zobel (23.), 4:2 Hoeneß (64.), 4:3 Bonhof (88.).
Gelb: G. Müller / –.
Schiedsrichter: Walter Engel.

18. SPIELTAG

Fortuna Düsseldorf – Bayern 4:2 (1:1)

DÜSSELDORF: Woyke – Baltes, Kriegler, Zewe, Hesse – Köhnen, Seel (48. Schulz), Brei – Geye, Budde, Herzog.
BAYERN: Maier – Hansen (46. Rohr), Breitner, Beckenbauer, Schwarzenbeck – Roth, Zobel, U. Hoeneß – Hadewicz (61. Torstensson), G. Müller, Dürnberger.
Tore: 0:1 U. Hoeneß (17.), 1:1 Geye (37.), 2:1 Köhnen (55.), 3:1 Köhnen (60.), 3:2 Zobel (80.), 4:2 Herzog (89.).
Schiedsrichter: Walter Horstmann.

19. SPIELTAG

Bayern – Fortuna Köln 5:1 (3:1)

BAYERN: Maier – Hansen (74. Rohr), Schwarzenbeck, Beckenbauer, Breitner – Roth, U. Hoeneß, Zobel (46. Torstensson) – Dürnberger, G. Müller, Hoffmann.
KÖLN: Fahrian – Schwaba, Struth, Boers, Neues – Oleknavicius, Bauerkämper (61. Campbell), Glock (64. Baylon) – Bergfelder, Kucharski, Wesseler.
Tore: 1:0 G. Müller (4.), 1:1 Kucharski (17.), 2:1 Schwarzenbeck (32.), 3:1 G. Müller (42.), 4:1 Dürnberger (47.), 5:1 G. Müller (70.).
Schiedsrichter: Wolfgang Dittmer.

20. SPIELTAG

Rot-Weiss Essen – Bayern 0:1 (0:0)

ESSEN: Böhs – Strauch, Wörmer, Rausch, Lorant – Dörre, Weiss, Fürhoff – de Vlugt (76. Gecks), Bast, Lippens.
BAYERN: Maier – Hansen, Breitner, Beckenbauer, Schwarzenbeck – Roth, Zobel, Torstensson – Dürnberger, U. Hoeneß, G. Müller.
Tor: 0:1 Torstensson (68.).
Schiedsrichter: Herbert Kollmann.

21. SPIELTAG

Bayern – Hertha BSC 3:1 (1:0)

BAYERN: Maier – Hansen, Schwarzenbeck, Beckenbauer, Breitner (22. Hoffmann) – Roth, Zobel, U. Hoeneß – Torstensson, G. Müller, Dürnberger.
HERTHA: Wolter – Sziedat, L. Müller, Weiner, Koppenhöfer – Hermandung, Brück, Beer – K. Müller, Horr, Riedl (55. Gutzeit).
Tore: 1:0 Beckenbauer (36.), 2:0 Dürnberger (48.), 3:0 G. Müller (66.), 3:1 Hermandung (69.).
Schiedsrichter: Hans Hillebrand.

22. SPIELTAG

Wuppertaler SV – Bayern 1:4 (1:1)

WUPPERTAL: Gelhard – Cremer, Kohle, Meisen, Reichert – Hermes, Homann (58. Neuberger), Stöckl – Lömm, Gu. Jung, Pröpper.
BAYERN: Maier – Breitner, Hansen, Beckenbauer, Dürnberger – Roth, Zobel, U. Hoeneß – Torstensson, G. Müller, Hoffmann.
Tore: 1:0 Kohle (17., Foulelfmeter), 1:1 U. Hoeneß (32.), 1:2 Breitner (53.), 1:3 U. Hoeneß (59.), 1:4 Roth (83.).
Gelb: G. Stöckl / G. Müller
Schiedsrichter: Volker Roth.

23. SPIELTAG

Bayern – Schalke 04 5:1 (2:0)

BAYERN: Maier – Hansen, Schwarzenbeck, Beckenbauer, Breitner – Roth, Zobel, U. Hoeneß – Torstensson, G. Müller, Dürnberger.
SCHALKE: Nigbur – Sobieray, Rüssmann, Fichtel, Huhse – Lütkebohmert, H. Kremers, Scheer (76. Holz) – R. Abramczik, Fischer, E. Kremers.
Tore: 1:0 Hoeneß (31.), 2:0 G. Müller (34.), 3:0 G. Müller (77.), 4:0 Roth (81.), 5:0 G. Müller (88.), 5:1 H. Kremers (90.).
Gelb: – / E. Kremers.
Schiedsrichter: Klaus Ohmsen.

24. SPIELTAG

Werder Bremen – Bayern 1:1 (1:0)

BREMEN: Burdenski – Kontny, Höttges, Assauer, Kamp – Zembski , Erkenbrecher (76. Brexendorf), Røntved, Bracht – Schildt, Görts.
BAYERN: Maier – Hansen, Schwarzenbeck, Beckenbauer, Breitner – Roth, Zobel, U. Hoeneß – Torstensson, G. Müller, Kapellmann (60. Hadewicz).
Tore: 1:0 Bracht (30.), 1:1 U. Hoeneß (74.).
Gelb: – / Schwarzenbeck.
Schiedsrichter: Paul Kindervater.

25. SPIELTAG

Bayern – Hannover 96 5:1 (1:0)

BAYERN: Maier – Hansen, Schwarzenbeck, Beckenbauer, Breitner – Roth, Zobel, U. Hoeneß – Torstensson (67. Hadewicz), G. Müller, Dürnberger (46. Kapellmann).
HANNOVER: Pauly – Höfer, Anders (24. Blumenthal), Damjanoff, Siemensmeyer – Stiller, Denz, Kaemmer – Kasperski (26. Herbeck), Reimann, Stegmayer.
Tore: 1:0 Breitner (12.), 2:0 Beckenbauer (56.), 2:1 Reimann (74.), 3:1 G. Müller (75.), 4:1 Hansen (76.), 5:1 U. Hoeneß (77.).
Gelb: Denz, Herbeck / –.
Schiedsrichter: Günter Linn.
Besonderes Vorkommnis: Pauly hält Handelfmeter von Roth (39.).

26. SPIELTAG

Eintracht Frankfurt – Bayern 1:1 (1:0)

FRANKFURT: Dr. Kunter – Reichel, Kliemann, Trinklein, H. Müller – Körbel, Weidle (84. Kalb), Nickel (77. Kraus) – Grabowski, Hölzenbein, Rohrbach.
BAYERN: Maier – Hansen, Schwarzenbeck, Beckenbauer, Breitner – Roth, Zobel (78. Hadewicz), U. Hoeneß – Torstensson, G. Müller, Kapellmann (52. Hoffmann).
Tore: 1:0 Grabowski (18., Foulelfmeter), 1:1 G. Müller (79.).
Schiedsrichter: Hans-Joachim Weyland.

27. SPIELTAG

Bayern – 1. FC Köln 4:1 (2:1)

BAYERN: Maier – Hansen, Schwarzenbeck, Beckenbauer, Breitner – Roth, Kapellmann, U. Hoeneß – Torstensson, G. Müller, Hoffmann (56. Dürnberger).
KÖLN: Schumacher – Konopka, Weber, Cullmann, Hein – Simmet, Overath (68. Lauscher), He. Neumann – Glowacz (46. Löhr), D. Müller, Flohe.
Tore: 1:0 G. Müller (6.), 1:1 Flohe (13.), 2:1 Hoffmann (29.), 3:1 Breitner (56., Foulelfmeter), 4:1 Kapellmann (78.).
Gelb: – / Hein.
Schiedsrichter: Ferdinand Biwersi.

28. SPIELTAG

MSV Duisburg – Bayern 0:4 (0:1)

DUISBURG: Linders – W. Schneider, Pirsig, Bella, Dietz – Linßen, Lehmann (68. L. Schneider), Bücker – Seliger, Wunder, Worm.
BAYERN: Maier – Hansen, Beckenbauer, Schwarzenbeck, Breitner – Roth, Kapellmann, U. Hoeneß – Torstensson, G. Müller, Dürnberger.
Tore: 0:1 Beckenbauer (22.), 0:2 G. Müller (59.), 0:3 U. Hoeneß (64.), 0:4 Schwarzenbeck (84.).
Schiedsrichter: Walter Engel.

29. SPIELTAG

Bayern – 1. FC Kaiserslautern 1:1 (0:0)

BAYERN: Maier – Hansen, Schwarzenbeck, Beckenbauer, Breitner – Roth, Kapellmann, U. Hoeneß – Torstensson (64. Hoffmann), G. Müller, Dürnberger (46. Zobel).
K'LAUTERN: Elting – Meier (79. Schwarz), Diehl, Schwager, Fuchs – Laumen, Toppmöller, K. Ackermann – B. Magnusson (86. Wilhelmi), Pirrung, Sandberg.
Tore: 0:1 Sandberg (58.), 1:1 Schwarzenbeck (74.).
Gelb: Roth / –.
Schiedsrichter: Klaus Overberg.
Besonderes Vorkommnis: Breitner schießt Foulelfmeter über das Tor (65.).

30. SPIELTAG

VfB Stuttgart – Bayern 1:1 (1:0)

STUTTGART: Heinze – Zech, Weidmann, W. Entenmann, Elmer – Martin, Handschuh, Ettmayer (75. Mall) – Stickel (75. Jank), Ohlicher, Brenninger.
BAYERN: Maier – Hansen, Schwarzenbeck, Beckenbauer, Breitner – Kapellmann, U. Hoeneß, Zobel – Torstensson, G. Müller, Dürnberger.
Tore: 1:0 Stickel (43.), 1:1 G. Müller (51.).
Gelb: – / Beckenbauer, G. Müller.
Schiedsrichter: Gerhard Schulenburg.

31. SPIELTAG

Bayern – VfL Bochum 4:0 (3:0)

BAYERN: Maier – Hansen (59. Jensen), Schwarzenbeck, Beckenbauer, Breitner – Roth, Zobel, U. Hoeneß – Torstensson (68. Hadewicz), G. Müller, Kapellmann.
BOCHUM: Scholz – Fechner, Galeski, Versen, Eggert – Tenhagen, Lameck, Majgl (59. Etterich) – Balte, Walitza, Köper (46. Eggeling).
Tore: 1:0 Roth (4.), 2:0 G. Müller (17.), 3:0 U. Hoeneß (37.), 4:0 Zobel (52.).
Schiedsrichter: Jürgen Schumann.
Besonderes Vorkommnis: Scholz hält Foulelfmeter von Breitner (15.).

32. SPIELTAG

Hamburger SV – Bayern 0:5 (0:2)

HAMBURG: Kargus – Kaltz, Ripp, Winkler, Hidien – Bjørnmose, Zaczyk, Krobbach – Sperlich, Heese, Volkert.
BAYERN: Maier – Hansen (37. Dürnberger), Schwarzenbeck, Beckenbauer, Breitner – Roth, U. Hoeneß, Zobel – Torstensson, G. Müller, Kapellmann.
Tore: 0:1 Schwarzenbeck (18.), 0:2 Breitner (31.), 0:3 Breitner (53.), 0:4 Zobel (60.), 0:5 U. Hoeneß (80., Foulelfmeter).
Schiedsrichter: Horst Bonacker.

33. SPIELTAG

Bayern – Kickers Offenbach 1:0 (0:0)

BAYERN: Maier – Kapellmann, Schwarzenbeck, Beckenbauer, Breitner – Roth, Zobel (31. Jensen), U. Hoeneß – Torstensson, G. Müller, Dürnberger.
OFFENBACH: Helmschrot – Meyer, Berg (81. Hoffmann), Schmidradner, Faß (77. Weber) – Schäfer, Ritschel, Enders – Bihn, Kostedde, Held.
Tor: 1:0 G. Müller (75.).
Schiedsrichter: Dietrich Basedow.

34. SPIELTAG

Borussia M'gladbach – Bayern 5:0 (4:0)

M'GLADBACH: Kleff – Klinkhammer (46. H. Wimmer), Wittkamp, Vogts, Bonhof – Stielike, Köstner, Köppel – Simonsen, Rupp, Heynckes.
BAYERN: Maier – Hansen, Schwarzenbeck, Beckenbauer – Jensen – Kapellmann, Breitner, Roth – U. Hoeneß, G. Müller (46. Hadewicz), Dürnberger (46. Zobel).
Tore: 1:0 Heynckes (30.), 2:0 Simonsen (34.), 3:0 Bonhof (41.), 4:0 Heynckes (45.), 5:0 Köstner (71.). **Schiedsrichter:** Ferdinand Biwersi.

Abschlusstabelle

Pl.	Verein	Spiele	G	U	V	Tore	Diff.	Punkte
1	Bayern (M)	34	20	9	5	95:53	+ 42	49:19
2	M'gladbach (P)	34	21	6	7	93:52	+ 41	48:20
3	Düsseldorf	34	16	9	9	61:47	+ 14	41:27
4	Frankfurt	34	15	11	8	63:50	+ 13	41:27
5	1. FC Köln	34	16	7	11	69:56	+ 13	39:29
6	Kaiserslautern	34	15	8	11	80:69	+ 11	38:30
7	Schalke	34	16	5	13	72:68	+ 4	37:31
8	Hertha	34	11	11	12	56:60	– 4	33:35
9	Stuttgart	34	12	7	15	58:57	+ 1	31:37
10	Offenbach	34	11	9	14	56:62	– 6	31:37
11	Bremen	34	9	13	12	48:56	– 8	31:37
12	Hamburg*	34	13	5	16	53:62	– 9	31:37
13	RW Essen (A)	34	10	11	13	56:70	– 14	31:37
14	Bochum	34	9	12	13	45:57	– 12	30:38
15	Duisburg	34	11	7	16	42:56	– 14	29:39
16	Wuppertal	34	8	9	17	42:65	– 23	25:43
17	Fortuna Köln (A)	34	8	9	17	46:79	– 33	25:43
18	Hannover	34	6	10	18	50:66	– 16	22:46

* Als Pokalfinalist im Uefa-Cup

DIE WEITEREN SIEGER DES JAHRES:

Weltmeister:
Deutschland

Europacup der Landesmeister:
FC Bayern

Europacup der Pokalsieger:
1. FC Magdeburg

Uefa-Cup:
Feyenoord Rotterdam

DFB-Pokal:
Eintracht Frankfurt

Alle Ergebnisse auf einen Blick

Waagerecht: alle Heimresultate. Senkrecht: alle Auswärtsresultate

	FC Bayern	M'gladbach	Düsseldorf	Frankfurt	1. FC Köln	1. FC K'lautern	Schalke 04	Hertha BSC	Stuttgart	Offenbach	Bremen	Hamburger SV	Essen	VfL Bochum	MSV Duisburg	Wuppertal	Fortuna Köln	Hannover
FC Bayern		4:3	3:1	2:2	4:1	1:1	5:1	3:1	3:0	1:0	2:2	4:1	2:0	4:0	4:2	3:0	5:1	5:1
M'gladbach	5:0		1:2	0:0	1:1	2:2	6:0	1:1	3:1	5:1	3:1	6:1	2:2	2:0	3:2	7:1	3:1	4:3
Düsseldorf	4:2	1:0		1:0	3:0	2:5	0:1	1:1	2:0	3:3	1:1	2:0	3:0	1:1	2:1	2:0	5:1	2:0
Frankfurt	1:1	1:0	2:1		2:1	3:1	2:1	2:0	4:3	2:2	1:1	1:0	6:0	3:1	3:0	1:0	4:2	1:1
1. FC Köln	4:3	0:1	4:2	1:1		3:1	3:1	3:4	5:2	2:0	2:0	1:2	3:2	2:2	5:1	0:0	5:0	2:1
1. FC K'lautern	7:4	2:4	3:2	1:4	1:2		4:0	3:1	4:0	3:0	2:2	1:4	0:0	0:2	2:1	4:0	2:1	2:1
Schalke 04	5:5	2:0	4:2	3:1	2:2	3:3		3:0	2:3	0:2	4:2	3:1	3:1	3:1	0:1	4:2	6:1	3:1
Hertha BSC	2:2	3:4	2:0	2:1	2:2	3:1	1:0		1:0	2:2	0:0	2:1	1:1	4:2	2:4	3:0	1:1	4:2
Stuttgart	1:1	6:1	0:0	3:1	2:1	3:4	3:0	2:0		4:0	2:2	3:0	0:3	2:0	0:1	2:2	2:1	5:1
Offenbach	2:2	2:3	3:0	5:2	1:2	2:3	1:2	1:1	2:1		4:0	2:5	1:1	2:2	2:0	0:1	4:0	2:1
Bremen	1:1	2:3	0:0	1:2	4:2	3:1	2:1	4:1	1:1	0:2		1:1	1:1	1:0	1:2	3:0	2:0	3:3
Hamburger SV	0:5	1:0	1:3	4:2	3:1	0:2	5:2	0:2	1:0	0:0	3:0		2:3	5:0	2:0	2:1	4:0	1:4
Essen	0:1	2:6	1:4	6:3	1:1	3:3	2:5	3:2	3:3	1:2	3:1	1:1		2:2	4:2	2:1	0:2	1:1
VfL Bochum	0:1	1:1	3:3	1:1	0:2	2:2	2:5	2:1	0:0	4:1	0:0	2:0	1:2		3:0	2:1	2:0	3:1
MSV Duisburg	0:4	1:2	0:1	1:1	5:1	2:1	2:0	1:1	1:0	4:0	3:1	0:0	1:0	0:0		0:0	1:3	1:1
Wuppertal	1:4	2:4	2:2	1:1	1:3	2:4	1:1	2:1	3:4	1:1	4:1	3:0	2:0	2:0	2:0		0:0	2:1
Fortuna Köln	0:3	3:5	1:1	3:2	0:2	3:3	1:1	3:3	1:0	2:1	1:3	3:0	1:3	2:2	3:0	2:1		2:2
Hannover	3:1	0:2	1:2	0:0	1:0	4:2	0:1	3:1	3:0	2:3	0:1	2:2	1:2	1:2	2:2	1:1	1:1	

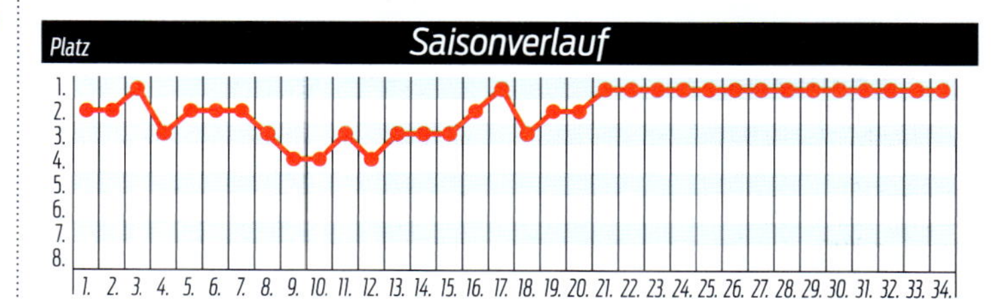

WEIHNACHTEN SPRECHEN SIE VOM ABSTIEG

Die Mannschaft durchlebt eine Katastrophen-Saison. Auch ein Trainerwechsel hilft nicht. Aber der zweite Triumph im Landesmeister-Cup wirft ein mildes Licht auf das Debakel

Kurz vor Beginn der Bundesliga-Saison nimmt Paul Breitner Reißaus zu Real Madrid. Er spielt nun an der Seite von Günter Netzer im Mittelfeld der „Königlichen". Bayern kassiert rund drei Millionen D-Mark Ablöse. Viel Geld. Aber die unmissverständlichen Abschiedsworte von Breitner hallen mehr nach, sie werden zum Menetekel für die Verbliebenen: „Die Bayern sind satt und brauchen vom Zeugwart bis zum Schuhputzer eine neue Motivation."

Dreimal in Folge sind sie nun Meister geworden. Sie sind erstmals im Besitz des begehrten Europapokals der Landesmeister. Sechs aktuelle Weltmeister stehen im Kader – aber welche Ziele hat so eine Mannschaft noch?

Präsident Wilhelm Neudecker und Manager Robert Schwan haben große Ziele. Nie ist es attraktiver gewesen, den FC Bayern zu vermarkten. Sie jagen die „am besten bezahlte Mannschaft Europas" (O-Ton Neudecker) in der Vorbereitungszeit durch die Lande. Wien, Rotterdam, Brüssel, Sevilla, zwischendurch Kirchanschöring – vor dem Saisonstart bei Kickers Offenbach haben die Spieler bereits 19 Spiele in den Knochen. Franz Beckenbauer stöhnt: „Es kommt der Tag, da machen wir zwei Spiele auf einmal." Die Weltmeister leiden besonders nach nur drei Wochen Urlaub.

Es kommt der Tag, der kommen muss. Im Frankfurter Waldstadion, in das die Kickers für dieses Spiel umgezogen sind, werden 35 000 Zuschauer Zeuge einer ungeheuren Demütigung: Schon nach 57 Minuten steht es 4:0 für Offenbach, am Ende 6:0. Nie hat Bayern bis zu diesem 24. August 1974 höher verloren in der Bundesliga.

Auch ein junger Mann mit blondem Haar und roten Wangen versteht die Welt nicht mehr: Karl-Heinz Rummenigge. Für 18 000 DM Ablöse ist der 19-Jährige aus der Jugend des SV Lippstadt nach München gekommen, nun darf er neben Gerd Müller und Uli Hoeneß stürmen – und dann so ein Bundesliga-Debüt.

Frankfurter Journalisten fragen Udo Lattek, ob er dem Vorstand die Schuld gebe. Er antwortet diplomatisch: „Nein. Wir müssen diese Spiele machen, der Verein hatte drei Monate keine Einnahmen. Monatlich sind aber 600 000 DM für die Lizenzspieler-Abteilung fällig. Das kann sich auch der FC Bayern nicht aus den Schuhsohlen rausziehen." Nach drei Siegen gegen Hertha, in Stuttgart und gegen Köln folgt am 5. Spieltag die zweite Niederlage (1:3 in Wuppertal). Am 6. Spieltag reißt mit dem 0:2 gegen Schalke nach 73 Spielen ohne Niederlage die längste Heimserie der Bundesliga. Auch diesmal wehrt Lattek wieder ab: „Ich habe mich von der Vereinsführung überzeugen lassen, dass die Freundschaftsspiele aus finanziellen Gründen notwendig sind."

Das schützt ihn trotzdem nicht vor Neudeckers Angriffen. Der meckert: „Einmal am Tag Training ist zu wenig." Der Präsident, der wie ein Patron auftritt, kritisiert Latteks private Tennisspiele mit Hoeneß und Müller („Bald haben wir eine Davis-Cup-Mannschaft) und wettert: „Er arbeitet zu wenig. Nachdem er am Montagmorgen offenbar nicht den Mut hatte, mich anzurufen, wird er aus der Zeitung erfahren, was

Das Ende einer großen Serie: Nach 73 Heimspielen ohne Niederlage verlieren die Bayern am 6. Spieltag 0:2 gegen Schalke. Torwart Norbert Nigbur und Vorstopper Rolf Rüssmann dominieren das Duell gegen den Angriff mit Gerd Müller (2. v. r.) und Klaus Wunder (r.)

ich ihm zu sagen habe." Udo Lattek kontert: „Ich bin kein kleiner Junge mehr, ich schlage jetzt zurück."

Das gelingt nur bedingt. Nach dem desolaten 2:5 gegen Kaiserslautern am 12. Spieltag fordert Neudecker auch im Wissen darum, dass Beckenbauer nicht mehr auf Latteks Linie ist, „mehr Gymnastik, mehr Kopfballtraining".

Das Maß ist voll. Lattek schlägt nach drei weiteren miesen Auftritten – 1:2 in Duisburg, 2:2 gegen Essen, 0:3 in Bochum – vor, seinen Vertrag ein Jahr früher als schriftlich fixiert zum Saisonende 1974/75 aufzulösen. Neudecker akzeptiert.

Weil aber die Mannschaft ihre schlechteste Hinrunde überhaupt spielt (Platz 14 nach 17 Spieltagen) und sogar an Weihnachten einige die Abstiegsgefahr heraufbeschwören, trennen sich die Wege noch schneller: am 2. Januar 1975 um 11.10 Uhr.

Udo Lattek erzählt jahrelang am Stammtisch gern diese Version: Er sei in Neudeckers Büro gegangen und habe gefordert: „Es muss sich was ändern." Neudecker habe daraufhin geantwortet: „Ja, es ändert sich was, Sie sind gefeuert." In Wahrheit dauert die Unterredung eine Stunde, ganz so schnell lässt sich eine Erfolgsära doch nicht beenden. Der neue Trainer heißt Dettmar Cramer. Seine Referenz: Bronze bei Olympia 1972 mit Japan. Cramer ist ein Weltenbummler, hat auch schon in Ägypten und den USA gearbeitet und als Co-Trainer der deutschen Nationalmannschaft (1964 – 1967). Er lässt wenig Zuversicht erkennen. Bei seinem Antrittsbesuch sagt er in der Kabine: „Ihr seid eine sterbende Mannschaft."

Nur am Mittwoch, an den Europacup-Abenden, wenn das Flutlicht angeht, erwacht sie zu neuem Leben. Es ist eines der Wunder der Fußballhistorie, dass der in der Liga so desolate FC Bayern, der die Saison auf Platz zehn abschließt, den Europapokal der Landesmeister verteidigen kann. Uli Hoeneß erinnert sich: „Wir konnten uns nur noch bei den Europapokal-Spielen zusammenreißen. Zwei Spiele, alle vier bis sechs Wochen, dafür reichte unsere Konzentration aus." Der „Münchner Merkur" titelt nach dem 2:0-Sieg gegen Leeds United im Endspiel: „Der Erfolg von Paris kann Wunden heilen." Jedenfalls verhindert er den nächsten Trainerwechsel: Max Merkel steht bereits parat, Cramer aber darf bleiben. Der Triumph wirft ein mildes Licht auf die Katastrophen-Saison.

Europacup der Landesmeister

Die Sieger-Elf von Paris

2:0 im Finale gegen Leeds United

Das Unternehmen Titelverteidigung beginnt mit einem Freilos in der ersten Runde. In Runde zwei geht es wieder gegen den DDR-Meister, diesmal den 1. FC Magdeburg. In München steht es zur Pause 0:2, zwei Treffer von Gerd Müller und ein Eigentor verhelfen noch zum 3:2. Auch im Rückspiel erweist sich Müller als Torgarant, sein Doppelschlag zum 2:1-Sieg sichert den Einzug ins Viertelfinale. Nach dem 2:0 im Heimspiel gegen Ararat Eriwan (Tore: Hoeneß und Conny Torstensson) ist das 0:1 im Rückspiel ohne Bedeutung. Im Halbfinale ertrotzen die Münchner ein torloses Remis in Saint-Étienne, Beckenbauer (2. Minute; noch vor Beginn der Live-Übertragung in der ARD) und Bernd Dürnberger (69.) besorgen zu Hause den 2:0-Endstand. Im Finale von Paris kommt es am 28. Mai 1975 zu einer regelrechten Schlacht mit Leeds United. Björn Andersson und Hoeneß scheiden vor der Pause mit schweren Knieverletzungen aus, Franz Roth (71.) und Müller (83.) erzielen die späten Tore zum etwas schmeichelhaften 2:0. Beckenbauer schimpft: „Ich habe noch nie gegen eine Mannschaft gespielt, die so vorsätzlich darauf aus war, den Gegner zu verletzen. Die Leeds-Spieler und deren Fans – sie gehören zusammen in einen Sack."

DFB-Pokal

Gerd Müller (r.) bleibt gegen MSV-Torwart Dietmar Linders ohne Erfolgserlebnis

Pleite gegen Duisburg in 3. Hauptrunde

In der ersten Hauptrunde fällt gegen den späteren Absteiger VfB Stuttgart das erste Pflichtspieltor von Rummenigge. Bis in die Schlussphase droht das Aus, dann machen Müller und Hoeneß aus einem 1:2 noch ein 3:2. Nur 3500 Fans wollen in der zweiten Runde die Partie gegen Zweitligist RW Oberhausen sehen (2:0; Treffer: Müller, Eigentor Hentschel). Auch in der 3. Hauptrunde hat Bayern Heimrecht, aber diesmal hilft das nicht. Der MSV Duisburg spielt groß auf und führt nach 61 Minuten mit 3:0, ehe Björn Andersson und Franz Roth noch verkürzen. Dettmar Cramer sagt nach dem 2:3 lakonisch: „Die Kondition ist offensichtlich besser geworden."

TRAINER

UDO LATTEK

Seine letzte Saison ist seine schwächste und endet folgerichtig vorzeitig. Nur 0,94 Punkte pro Spiel führen zur Trennung nach 163 Bundesliga-Spielen für Bayern. Aber auch Cramer kommt nur auf 1,06 Punkte.

DIE TOP-ELF DER SAISON

Bernd Dürnberger

Björn Andersson

DER SPIELER DES JAHRES

Sepp Maier *büßt für die vielen Minusleistungen und Fehler seiner Vorderleute und kassiert bis dahin die meisten Gegentore in seiner Bundesliga-Karriere (63). Deutschlands Nummer 1 verhindert dabei noch viel mehr Gegentreffer. Seinen Höhepunkt erlebt Maier im Landesmeister-Endspiel gegen Leeds, als er mit einer Vielzahl spektakulärer Paraden die Engländer zur Verzweiflung treibt. Das honorieren auch die Sportjournalisten und wählen mit Maier zum zweiten Mal einen Torhüter zu Deutschlands „Fußballer des Jahres". 1965 gewann der Dortmunder Hans Tilkowski. 1977 und 1978 wird Maier noch zweimal gekürt.*

Der Kader

NAME	SPIELE	TORE
Sepp Maier	34	0
Björn Andersson	18	1
Franz Beckenbauer	33	1
Bernd Förster	6	0
Johnny Hansen	23	0
Hans-Josef Kapellmann	33	4
Hans-Georg Schwarzenbeck	34	3
Josef Weiß	11	0
Bernd Dürnberger	31	0
Erwin Hadewicz	7	0
Franz Roth	24	4
Conny Torstensson	17	3
Günther Weiß	2	0
Rainer Zobel	31	1
Uli Hoeneß	28	8
Franz Michelberger	3	0
Gerd Müller	33	23
Karl-Heinz Rummenigge	21	5
Klaus Wunder	27	4

KARL-HEINZ RUMMENIGGE erzielt mit dem 6:3 gegen Köln (4. Spieltag) sein erstes Bundesliga-Tor

Transfers

BERND FÖRSTER wird als Nachwuchsmann für die Abwehr verpflichtet, kommt mit seinen 18 Jahren immerhin zu sechs Bundesliga-Einsätzen. Durchsetzen kann sich der „Waldhof-Bub" aber auch in seinem zweiten Bayern-Jahr 1975/76 (drei Spiele) nicht. Dabei hat er riesiges Potenzial und reift beim VfB Stuttgart (1978 – 1986) zu einem internationalen Klasseverteidiger, spielt 222-mal für den VfB und 33-mal für Deutschland (1979 – 1984).

SPIELER	VON VEREIN	ABLÖSESUMME
Björn Andersson	Östers Växjö IF	-
Bernd Förster	Waldhof Mannheim	-
Josef Weiß	FC Bayern Jugend	-
Günther Weiß	FC Bayern Jugend	-
Franz Michelberger	FV Fulgenstadt 1948	-
Karl-Heinz Rummenigge	SV Lippstadt 08 Jgd.	18 000 DM
Klaus Wunder	MSV Duisburg	777 777,77 DM

Tops & Flops

JOSEF „SEPP" WEISS kommt in der Bundesliga zwar nur elfmal zum Einsatz (sechs Einwechslungen), hat aber im Europacup-Finale seinen großen Auftritt. Der Verteidiger, vor der Saison aus der eigenen Jugend in den Profi-Kader aufgerückt, wird in der vierten Minute für den verletzten Björn Andersson eingewechselt und schaltet Superstar Billy Bremner aus. Besser als gegen Leeds spielt er nie mehr.

GLADBACH-SERIE Auch in der 10. Bundesliga-Saison gelingt der Borussia kein Sieg in München (1:1). Beim kommenden Meister siegt Bayern sogar 2:1.

FRANZ BECKENBAUER unterlaufen binnen sieben Tagen zwei seiner vier Bundesliga-Eigentore: beim 2:3 gegen Offenbach (18. Spieltag) und 1:4 in Berlin (19. Spieltag).

KLAUS WUNDER kann seine ebenso hohe wie kuriose Ablöse von 777 777,77 DM an Duisburg nicht rechtfertigen, erzielt nur vier Tore in 27 Ligaspielen. Für den MSV traf er 32-mal in drei Jahren.

OFFENBACH Gegen die Kickers verlieren die Bayern beide Spiele (0:6, 2:3). Danach haben die Bayern bis heute nicht mehr gegen Offenbach verloren.

1. SPIELTAG

Kickers Offenbach – Bayern 6:0 (2:0)

OFFENBACH: Bockholt – Ritschel, Schmidradner, Rausch, Dr. Faß – Schäfer, Enders, Schwemmle – Janzon, Kostedde (81. Bihn), Held.
BAYERN: Maier – Kapellmann, Schwarzenbeck, Beckenbauer, Hansen – Hadewicz (51. Dürnberger), Zobel, U. Hoeneß – K.-H. Rummenigge, G. Müller, Wunder.
Tore: 1:0 Schäfer (19.), 2:0 Schwemmle (31.), 3:0 Kostedde (49.), 4:0 Held (57.), 5:0 Kostedde (70.), 6:0 Bihn (89.).
Gelb: – / Müller.
Schiedsrichter: Klaus Ohmsen.

2. SPIELTAG

Bayern – Hertha BSC 2:1 (1:0)

BAYERN: Maier – Hansen, Schwarzenbeck, Beckenbauer, Kapellmann – Roth, Zobel, U. Hoeneß – K.-H. Rummenigge (46. Dürnberger), G. Müller, Wunder.
HERTHA: Zander – Sziedat, L. Müller, Kliemann, Hanisch – Hermandung, Brück, Beer – Grau, Horr (71. Magnusson), K. Müller.
Tore: 1:0 Schwarzenbeck (43.), 2:0 Hoeneß (69.), 2:1 Magnusson (83.).
Gelb: – / Brück.
Schiedsrichter: Günter Linn.

3. SPIELTAG

VfB Stuttgart – Bayern 1:2 (0:0)

STUTTGART: Heinze – Weidmann, Entenmann, Zech, Coordes (56. Martin) – Dietterle, Weller, Ettmayer – Stickel, Ohlicher, Mall (31. Brenninger).
BAYERN: Maier – Hansen, Schwarzenbeck, Beckenbauer, Kapellmann – Roth (74. Dürnberger), Zobel, U. Hoeneß – K.-H. Rummenigge, G. Müller, Wunder.
Tore: 0:1 Roth (51.), 0:2 Wunder (69.), 1:2 Brenninger (82.).
Gelb: Weidmann, Zech – Hoeneß, Kapellmann.
Schiedsrichter: Paul Kindervater.

4. SPIELTAG

Bayern – 1. FC Köln 6:3 (2:3)

BAYERN: Maier – Hansen, Schwarzenbeck, Beckenbauer, Dürnberger – Kapellmann, Zobel (70. Hadewicz), U. Hoeneß – K.-H. Rummenigge, G. Müller, Wunder.
KÖLN: Schumacher – Glowacz, Konopka, Cullmann, Strack – Simmet, Overath, Flohe (79. Horst) – Ehmke (46. Zimmermann), D. Müller, Löhr.
Tore: 0:1 D. Müller (1.), 1:1 Zobel (10.), 1:2 Simmet (21.), 1:3 Löhr (28., Foulelfmeter), 2:3 Wunder (33., Foulelfmeter), 3:3 Beckenbauer (54.), 4:3 Kapellmann (69., Foulelfmeter), 5:3 G. Müller (82.), 6:3 Rummenigge (89.).
Gelb: Schwarzenbeck – Cullmann, Flohe, Overath.
Schiedsrichter: Heinz Quindeau.

5. SPIELTAG

Wuppertaler SV – Bayern 3:1 (1:0)

WUPPERTAL: M. Müller – Ge. Jung, Miß, Neuberger, Dupke – Hermes, Homann, Stöckl (74. Lömm) – Gu. Jung (86. Baake), Pröpper, Gerber.
BAYERN: Maier – Hansen, Schwarzenbeck, Beckenbauer, Kapellmann – Dürnberger, Zobel, U. Hoeneß – Hadewicz (46. Torstensson), G. Müller, Wunder.
Tore: 1:0 Pröpper (18.), 2:0 Gerber (50.), 3:0 Ge. Jung (60.), 3:1 Hoeneß (69.).
Gelb: Homann, Gu. Jung / –.
Schiedsrichter: Jan Redelfs.

6. SPIELTAG

Bayern – Schalke 04 0:2 (0:0)

BAYERN: Maier – Kapellmann, Schwarzenbeck, Beckenbauer, Dürnberger – Roth, Zobel (73. Hadewicz), U. Hoeneß – Torstensson, G. Müller, Wunder.
SCHALKE: Nigbur – H. Kremers, Rüssmann, Fichtel, Thiele – Lütkebohmert, Budde, Bongartz – Abramczik, Fischer, E. Kremers.
Tore: 0:1 Abramczik (68.), 0:2 Lütkebohmert (89.).
Schiedsrichter: Walter Horstmann.

7. SPIELTAG

Eintr. Braunschweig – Bayern 3:1 (2:0)

BRAUNSCHWEIG: Franke – Grzyb, Haebermann, Hollmann, Merkhoffer – Ristic, Handschuh, Gersdorff – Bründl, Frank, Erler.
BAYERN: Maier – Hansen, Schwarzenbeck, Beckenbauer, Dürnberger – Roth, Zobel, U. Hoeneß – Kapellmann, G. Müller, Wunder.
Tore: 1:0 Ristic (7.), 2:0 Bründl (41., Foulelfmeter), 3:0 Gersdorff (47.), 3:1 Hoeneß (84.).
Gelb: Handschuh – Roth, Schwarzenbeck.
Schiedsrichter: Wilfried Hilker.

8. SPIELTAG

Bayern – Werder Bremen 2:0 (1:0)

BAYERN: Maier – Hansen, Schwarzenbeck, Beckenbauer, Kapellmann – Roth (38. Torstensson), Zobel, U. Hoeneß – Dürnberger, G. Müller, Wunder.
BREMEN: Burdenski – Kontny, Höttges, Assauer, Kamp – Zembski, Hiller, Dietrich – Röber (71. Klausmann), Weist (46. Ohling), Görts.
Tore: 1:0 Hoeneß (19.), 2:0 Kapellmann (63.).
Schiedsrichter: Gerd Hennig.

9. SPIELTAG

Borussia M'gladbach – Bayern 1:2 (1:0)

M'GLADBACH: Kleff – Bonhof, Vogts, Wittkamp, Köstner – Kulik (78. Hilkes) – Wimmer (46. Surau), Stielike – Simonsen, Jensen, Heynckes.
BAYERN: Maier – Hansen, Schwarzenbeck, Beckenbauer, Dürnberger – Roth (57. Hadewicz), Zobel (60. Torstensson), Kapellmann – U. Hoeneß, G. Müller, Wunder.
Tore: 1:0 Wittkamp (36.), 1:1 Wunder (71.), 1:2 Torstensson (73.).
Gelb: – / Dürnberger, Müller.
Schiedsrichter: Walter Engel.

10. SPIELTAG

Bayern – Eintracht Frankfurt 2:1 (0:1)

BAYERN: Maier – Hansen, Schwarzenbeck, Beckenbauer, Dürnberger – Kapellmann, Roth, U. Hoeneß – Torstensson (46. Hadewicz), G. Müller, Wunder.
FRANKFURT: Dr. Kunter – Reichel (60. Weidle), Kraus, Trinklein, H. Müller – Körbel, Beverungen, Grabowski – Nickel, Hölzenbein, Rohrbach.
Tore: 0:1 Hölzenbein (15.), 1:1 G. Müller (60.), 2:1 G. Müller (67.).
Schiedsrichter: Hans-Joachim Weyland.

11. SPIELTAG

Tennis Borussia Berlin – Bayern 2:2 (1:0)

BERLIN: Birkenmeier – Kraus (75. Thiel), Siegmann, Schnellinger, Mulack (83. Eggert) – Jakobs, Schulz, Sprenger – Stolzenburg, Geyer, Bittlmayer.
BAYERN: Maier – Hansen, Schwarzenbeck, Beckenbauer, Kapellmann – Roth, Zobel, U. Hoeneß – Dürnberger, K.-H. Rummenigge, Wunder.
Tore: 1:0 Bittlmayer (35.), 1:1 Hoeneß (47.), 1:2 Rummenigge (86.), 2:2 Eggert (87.).
Schiedsrichter: Karl-Heinz Fork.

12. SPIELTAG

Bayern – 1. FC Kaiserslautern 2:5 (1:1)

BAYERN: Maier – Hansen, Schwarzenbeck, Beckenbauer, Kapellmann – Dürnberger, Zobel, U. Hoeneß – K.-H. Rummenigge (46. Hadewicz), G. Müller, Wunder.
K'LAUTERN: Hellström – Kroth (70. Melzer), Diehl, Schwager, Fuchs – Schwarz, Bitz, Toppmöller – Riedl, Pirrung, Sandberg.
Tore: 1:0 Wunder (27.), 1:1 Schwarz (35.), 1:2 Riedl (47.), 1:3 Sandberg (59.), 2:3 G. Müller (66., Foulelfmeter), 2:4 Pirrung (81.), 2:5 Toppmöller (88.).
Gelb: – / Bitz.
Schiedsrichter: Walter Eschweiler.

13. SPIELTAG

MSV Duisburg – Bayern 2:1 (2:0)

DUISBURG: Linders – W. Schneider, Bregmann, Bella, Dietz – Lehmann, Bücker, Worm – Seliger, Büssers (74. L. Schneider), Thies.
BAYERN: Maier – Hansen, Beckenbauer, Schwarzenbeck, Kapellmann – U. Hoeneß, Zobel, Dürnberger – K.-H. Rummenigge (49. Torstensson), G. Müller, Wunder.
Tore: 1:0 Lehmann (16.), 2:0 Büssers (37.), 2:1 G. Müller (64.).
Gelb: Lehmann – Maier
Schiedsrichter: Walter Horstmann.

14. SPIELTAG

Bayern – Rot-Weiss Essen 2:2 (1:2)

BAYERN: Maier – Hansen, Schwarzenbeck, Beckenbauer, B. Andersson (46. Wunder) – Roth, Zobel (73. K.-H. Rummenigge), U. Hoeneß – Kapellmann, G. Müller, Dürnberger.
ESSEN: Blasey – Strauch, Wörmer, Wieczorkowski, Dörre – Lorant, Bast, Erlhoff – Lindner (73. Senger), Burgsmüller, Lippens.
Tore: 0:1 Burgsmüller (18.), 0:2 Dörre (34.), 1:2 G. Müller (40.), 2:2 G. Müller (85.).
Gelb: Wunder – Lorant
Schiedsrichter: Klaus Ohmsen.
Besonderes Vorkommnis: Blasey hält Foulelfmeter von G. Müller (20.).

15. SPIELTAG

VfL Bochum – Bayern 3:0 (2:0)

BOCHUM: Scholz – Eggert, Franke, Fromm, Lameck – Holz, Tenhagen, Versen, Balte – Köper, Kaczor.
BAYERN: Maier – B. Andersson (46. K.-H. Rummenigge), Schwarzenbeck, Beckenbauer, Hansen – Roth, Zobel (73. Torstensson), Kapellmann – Dürnberger, G. Müller, Wunder.
Tore: 1:0 Kaczor (7.), 2:0 Balte (15., Foulelfmeter), 3:0 Balte (51.).
Gelb: – / Kapellmann, Müller, Schwarzenbeck.
Schiedsrichter: Peter Gabor.

16. SPIELTAG

Bayern – Fortuna Düsseldorf 4:0 (2:0)

BAYERN: Maier – B. Andersson, Kapellmann, Beckenbauer, Schwarzenbeck – Torstensson, Zobel (75. Förster), U. Hoeneß – K.-H. Rummenigge, G. Müller, Dürnberger.
DÜSSELDORF: Büns (46. Woyke) – Czernotzky, Zewe, Kriegler, Zimmermann – Brei, Köhnen, Begerau (46. Brücken) – Geye, Seel, Herzog, .
Tore: 1:0 G. Müller (35.), 2:0 G. Müller (38.), 3:0 Kapellmann (83.), 4:0 Müller (90.).
Schiedsrichter: Dietrich Basedow.

17. SPIELTAG

Hamburger SV – Bayern 1:0 (1:0)

HAMBURG: Kargus – Kaltz, Nogly, Winkler, Hidien – Bjørnmose, Zaczyk, Eigl – Sperlich, Bertl, Volkert.
BAYERN: Maier – B. Andersson, Schwarzenbeck, Beckenbauer, Kapellmann (44. Förster) – Torstensson, U. Hoeneß, Zobel – K.-H. Rummenigge, G. Müller, Dürnberger.
Tor: 1:0 Hidien (43.). **Gelb:** Hidien / –.
Schiedsrichter: Rainer Waltert.

18. SPIELTAG

Bayern – Kickers Offenbach 2:3 (2:1)

BAYERN: Maier – Hansen, Schwarzenbeck, Beckenbauer, B. Andersson – Roth, Zobel (73. Förster), Kapellmann – K.-H. Rummenigge, G. Müller, Dürnberger.
OFFENBACH: Bockholt – Ritschel, Rausch, Skala, Dr. Faß – Schäfer, Theis (30. Schmidradner), Hickersberger – Janzon, Kostedde, Held.
Tore: 1:0 G. Müller (16.), 2:0 Rummenigge (24.), 2:1 Ritschel (33., Foulelfmeter), 2:2 Beckenbauer (59., Eigentor), 2:3 Hickersberger (66.).
Gelb: – / Held.
Schiedsrichter: Jan Redelfs.

19. SPIELTAG

Hertha BSC – Bayern 4:1 (1:1)

HERTHA: Zander – Sziedat, L. Müller (46. Brück), Kliemann, Weiner – Sidka, Hermandung, Beer – Grau, Horr, K. Müller.
BAYERN: Maier – Hansen, Schwarzenbeck, Beckenbauer, B. Andersson (76. Torstensson) – Roth, Zobel, Kapellmann (69. Förster) – K.-H. Rummenigge, G. Müller, Dürnberger.
Tore: 1:0 Beckenbauer (9., Eigentor), 1:1 Rummenigge (12.), 2:1 Beer (47.), 3:1 Sidka (61.), 4:1 Beer (85.).
Gelb: Grau – Förster
Schiedsrichter: Hans-Joachim Weyland.
Besonderes Vorkommnis: Maier hält Foulelfmeter von Kliemann (88.)

20. SPIELTAG

Bayern – VfB Stuttgart 1:1 (0:1)

BAYERN: Maier – Hansen, Schwarzenbeck, Beckenbauer, B. Andersson – Roth (46. J. Weiß), Zobel, U. Hoeneß – K.-H. Rummenigge, G. Müller, Wunder.
STUTTGART: Heinze – Weidmann (54. Martin), Coordes, Entenmann, Elmer – Zech (36. Dietterle), Stickel, Hadewicz – Hilkes, Ohlicher, Brenninger.
Tore: 0:1 Ohlicher (45.), 1:1 Rummenigge (57.).
Gelb: Schwarzenbeck, Zobel – Entenmann, Stickel
Schiedsrichter: Gerd Hennig.

Da ist die Bayern-Welt noch in Ordnung: Klaus Wunder (l.) erzielt am 12. Spieltag das 1:0 gegen Kaiserslautern. FCK-Torwart Ronnie Hellström muss nur noch einmal an diesem Nachmittag hinter sich greifen, als Müller das 2:3 erzielt. Endstand: 2:5 – eines der vielen Debakel 1974/75

21. SPIELTAG

1. FC Köln – Bayern 1:0 (1:0)

KÖLN: Schumacher – Glowacz, Cullmann, Konopka, Zimmermann – Simmet, Overath (77. Löhr), Flohe – Ehmke (46. Strack), D. Müller, Lauscher.
BAYERN: Maier – Dürnberger, Hansen, Schwarzenbeck, J. Weiß – Roth (80. Michelberger), G. Müller, B. Andersson, U. Hoeneß – K.-H. Rummenigge, Wunder (77. Kapellmann).
Tor: 1:0 Flohe (4., Foulelfmeter).
Gelb: – / Hansen.
Schiedsrichter: Günter Linn.

22. SPIELTAG

Bayern – Wuppertaler SV 3:1 (2:0)

BAYERN: Maier – Hansen, Schwarzenbeck, Beckenbauer, B. Andersson (63. J. Weiß) – Roth, Kapellmann, U. Hoeneß (20. Zobel) – Dürnberger, G. Müller, Wunder.
WUPPERTAL: Gelhard – Galbierz, Miß, Krivitz, Redder – Dupke, Ge. Jung, Lömm – Gu. Jung, Gerber, Lausen.
Tore: 1:0 Hoeneß (17.), 2:0 G. Müller (26., Foulelfmeter), 3:0 Schwarzenbeck (72.), 3:1 Dupke (81.).
Gelb: – / Miß.
Schiedsrichter: Gert Meuser.

23. SPIELTAG

Schalke 04 – Bayern 2:2 (2:0)

SCHALKE: Nigbur – Sobieray, Thiele, Fichtel, H. Kremers – Lütkebohmert, Budde, Bongartz – Abramczik, Fischer, E. Kremers.
BAYERN: Maier – Kapellmann, Schwarzenbeck, Beckenbauer, Hansen – B. Andersson, Zobel, Michelberger (46. J. Weiß) – K.-H. Rummenigge (70. U. Hoeneß), G. Müller, Wunder.
Tore: 1:0 Fischer (15., Handelfmeter), 2:0 H. Kremers (35.), 2:1 G. Müller (75.), 2:2 G. Müller (83.). **Gelb:** – / Schwarzenbeck.
Schiedsrichter: Peter Gabor.

24. SPIELTAG

Bayern – Eintr. Braunschweig 1:0 (0:0)

BAYERN: Maier – Hansen, Schwarzenbeck, Beckenbauer, B. Andersson – Zobel, Roth, U. Hoeneß – Kapellmann (76. K.-H. Rummenigge), G. Müller, Dürnberger.
BRAUNSCHWEIG: Franke – Grzyb, Hollmann, Haebermann, Merkhoffer – Ristic, Handschuh, Gersdorff, Bründl – Frank (75. Konschal), Erler.
Tor: 1:0 Müller (48.).
Gelb: – / Grzyb.
Schiedsrichter: Rainer Waltert.

25. SPIELTAG

Werder Bremen – Bayern 0:2 (0:0)

BREMEN: Burdenski – Höttges, Zembski, Assauer, Kamp – Röber, Hiller, Røntved (46. Klausmann), Bracht – Weist (70. Ohling), Görts.
BAYERN: Maier – Hansen, Schwarzenbeck, Beckenbauer, B. Andersson – Roth, Kapellmann, Zobel, U. Hoeneß – G. Müller, Wunder.
Tore: 0:1 Roth (62.), 0:2 Hoeneß (89.).
Gelb: – / Kapellmann, Zobel.
Schiedsrichter: Walter Eschweiler.

26. SPIELTAG

Bayern – Borussia M'gladbach 1:1 (0:0)

BAYERN: Maier – B. Andersson, Beckenbauer, Schwarzenbeck, Dürnberger – Zobel (46. J. Weiß), Roth, U. Hoeneß – Torstensson (75. Wunder), G. Müller, Kapellmann.
M'GLADBACH: Kleff – Vogts, Wittkamp, Surau, Danner – Stielike, Wimmer, Kulik – Simonsen, Jensen (75. Schäffer), Heynckes.
Tore: 0:1 Kulik (80.), 1:1 G. Müller (90., Foulelfmeter).
Schiedsrichter: Volker Roth.

27. SPIELTAG

Eintracht Frankfurt – Bayern 2:0 (1:0)

FRANKFURT: Wienhold – Reichel, Trinklein (68. Weidle), Körbel, Neuberger – Kraus, Beverungen, Nickel – Hölzenbein, Grabowski, Rohrbach.
BAYERN: Maier – Hansen (58. G. Weiß), Schwarzenbeck, Beckenbauer, B. Andersson – Roth, Kapellmann, Zobel – U. Hoeneß, G. Müller, Dürnberger (68. Wunder).
Tore: 1:0 Körbel (40., Foulelfmeter), 2:0 Nickel (84.).
Gelb: Trinklein – Kapellmann, G. Müller.
Schiedsrichter: Paul Kindervater.

28. SPIELTAG

Bayern – Tennis Borussia Berlin 3:1 (3:0)

BAYERN: Maier – Dürnberger, Schwarzenbeck, Beckenbauer – Roth, Zobel, B. Andersson (22. J. Weiß), Kapellmann – K.-H. Rummenigge, G. Müller, U. Hoeneß (77. Torstensson).
BERLIN: Birkenmeier – Kraus, Siegmann, Hoffmann, Sprenger – Jakobs, Schulz, Rumor, Subklewe (62. Thiel) – Stolzenburg, Geyer.
Tore: 1:0 G. Müller (4.), 2:0 Andersson (8.), 3:0 G. Müller (18., Foulelfmeter), 3:1 Rumor (52.).
Gelb: – / Schulz.
Schiedsrichter: Wilfried Hilker.

29. SPIELTAG

1. FC Kaiserslautern – Bayern 0:1 (0:0)

K'LAUTERN: Hellström – Kroth, Diehl, Schwager, Frosch – Melzer, Bitz, Riedl – Pirrung, Weiler (67. Wilhelmi), Sandberg.
BAYERN: Maier – Dürnberger, Schwarzenbeck, Beckenbauer, B. Andersson – J. Weiß, Zobel, Kapellmann – U. Hoeneß, G. Müller, Wunder.
Tor: 0:1 Hoeneß (74.).
Gelb: – / Dürnberger, Kapellmann.
Schiedsrichter: Gerd Hennig.

30. SPIELTAG

Bayern – MSV Duisburg 2:1 (1:0)

BAYERN: Maier – Schwarzenbeck, Beckenbauer, Dürnberger, J. Weiß – B. Andersson, Kapellmann, Torstensson – U. Hoeneß, G. Müller, Wunder (75. K.-H. Rummenigge).
DUISBURG: Holscher – Schneider, Bella, Pirsig, Dietz – Bruckmann, Lehmann (73. Seliger), Büssers, Bücker – Thies (73. Worm), Krause.
Tore: 1:0 Torstensson (31.), 2:0 G. Müller (77.), 2:1 Bücker (82.).
Schiedsrichter: Hermann Schröder.

31. SPIELTAG

Rot-Weiss Essen – Bayern 2:2 (0:1)

ESSEN: Rynio – Senger, Lorant, Wieczorkowski, Dörre – Wörmer, Erlhoff, Fürhoff (86. Finnern) – Bast, Burgsmüller, Lippens.
BAYERN: Maier – B. Andersson, Schwarzenbeck, Beckenbauer, Dürnberger – Roth, Kapellmann, Zobel – U. Hoeneß, G. Müller, Wunder (46. Torstensson).
Tore: 0:1 Roth (3.), 0:2 Roth (57.), 1:2 Wörmer (67.), 2:2 Lippens (83.).
Schiedsrichter: Dietrich Basedow.

32. SPIELTAG

Bayern – VfL Bochum 2:1 (0:1)

BAYERN: Maier – Förster, Schwarzenbeck, Beckenbauer, Dürnberger – Zobel, Roth, Kapellmann – K.-H. Rummenigge (76. Torstensson), G. Müller, Wunder
BOCHUM: Scholz – Eggert, Tenhagen, Franke, Lameck – Gerland (72. Balte), Holz, Köper, Kaczor – Eggeling, Pochstein.
Tore: 0:1 Holz (39.), 1:1 Schwarzenbeck (54.), 2:1 G. Müller (79.).
Gelb: Roth / –.
Schiedsrichter: Wolfgang Dittmer.

33. SPIELTAG

Fortuna Düsseldorf – Bayern 6:5 (2:4)

DÜSSELDORF: Büns – Baltes, Kriegler, Hesse (85. Biesenkamp), Czernotzky – Zimmermann, Brei, Köhnen – Geye, Seel, Herzog.
BAYERN: Maier – Dürnberger, Schwarzenbeck, Beckenbauer, J. Weiß – Roth (81. G. Weiß), Zobel, Kapellmann – Torstensson, G. Müller, Wunder (85. K.-H. Rummenigge).
Tore: 0:1 Kapellmann (29.), 1:1 Seel (35.), 1:2 G. Müller (38.), 1:3 G. Müller (40.), 2:3 Kriegler (41.), 2:4 G. Müller (42.), 3:4 Geye (56.), 4:4 Baltes (59.), 5:4 Brei (63.), 5:5 Torstensson (69.), 6:5 Herzog (72.).
Schiedsrichter: Walter Horstmann.

34. SPIELTAG

Bayern – Hamburger SV 0:1 (0:1)

BAYERN: Maier – Dürnberger, Schwarzenbeck (46. Förster), Beckenbauer, J. Weiß – Zobel, Roth (71. Michelberger), G. Weiß – Torstensson, G. Müller, Kapellmann.
HAMBURG: Kargus – Kaltz, Nogly, Krobbach, Hidien – Bjørnmose, Zaczyk, Memering – Sperlich, Bertl, Volkert.
Tor: 0:1 Sperlich (35.).
Schiedsrichter: Karl-Heinz Fork.

Abschlusstabelle

Pl.	Verein	Spiele	G	U	V	Tore	Diff.	Punkte
1	M'gladbach	34	21	8	5	86:40	+ 46	50:18
2	Hertha	34	19	6	9	61:43	+ 18	44:24
3	Frankfurt (P)	34	18	7	9	89:49	+ 40	43:25
4	Hamburg	34	18	7	9	55:38	+ 17	43:25
5	1. FC Köln	34	17	7	10	77:51	+ 26	41:27
6	Düsseldorf	34	16	9	9	66:55	+ 11	41:27
7	Schalke	34	16	7	11	52:37	+ 15	39:29
8	Offenbach	34	17	4	13	72:62	+10	38:30
9	Braunschweig (A)	34	14	8	12	52:42	+ 10	36:32
10	Bayern (M)*	34	14	6	14	57:63	– 6	34:34
11	Bochum	34	14	5	15	53:53	0	33:35
12	Essen	34	10	12	12	56:68	– 12	32:36
13	Kaiserslautern	34	13	5	16	56:55	+ 1	31:37
14	Duisburg**	34	12	6	16	59:77	– 18	30:38
15	Bremen	34	9	7	18	45:69	– 24	25:43
16	Stuttgart	34	8	8	18	50:79	– 29	24:44
17	TeBe Berlin (A)	34	5	6	23	38:89	– 51	16:52
18	Wuppertal	34	2	8	24	32:86	– 54	12:56

* Als Titelverteidiger im Europapokal der Landesmeister ** Als Pokalfinalist im Uefa-Cup

DIE WEITEREN SIEGER DES JAHRES:

Europacup der Landesmeister:
FC Bayern

Europacup der Pokalsieger:
Dynamo Kiew

Uefa-Cup:
Borussia Mönchengladbach

DFB-Pokal:
Eintracht Frankfurt

Alle Ergebnisse auf einen Blick

Waagerecht: alle Heimresultate. Senkrecht: alle Auswärtsresultate

	M'gladbach	Hertha	Frankfurt	Hamburg	Köln	Düsseldorf	Schalke	Offenbach	Braunschweig	Bayern	Bochum	Essen	Kaiserslautern	Duisburg	Bremen	Stuttgart	TeBe Berlin	Wuppertal
M'gladbach		1:1	3:0	1:3	1:1	3:1	1:0	5:2	2:0	1:2	3:0	1:1	3:0	4:1	4:2	5:1	3:1	6:2
Hertha	2:1		2:1	1:0	1:1	3:3	1:0	4:1	3:1	4:1	4:2	4:2	2:1	3:0	2:0	4:0	2:1	2:0
Frankfurt	1:1	1:2		1:3	3:2	4:0	2:1	0:0	2:0	2:0	4:1	9:1	5:1	4:1	2:1	5:5	7:1	5:0
Hamburg	1:1	1:1	3:1		3:1	2:1	1:1	1:0	0:0	1:0	3:2	2:2	2:0	2:3	2:0	1:0	4:0	4:1
Köln	1:2	2:1	0:0	4:0		2:2	4:2	0:1	3:0	1:0	4:1	0:1	2:0	4:2	3:1	4:2	7:1	4:0
Düsseldorf	3:2	0:0	2:2	0:0	3:0		2:1	3:2	2:2	6:5	0:1	4:0	2:0	1:1	4:1	4:0	3:2	2:0
Schalke	1:3	1:0	1:1	3:1	1:1	3:0		2:0	1:1	2:2	1:0	3:0	2:1	5:0	2:0	2:0	3:0	1:0
Offenbach	4:3	3:1	2:1	4:1	1:4	2:3	3:0		2:1	6:0	2:0	1:3	2:2	3:3	5:1	3:1	3:2	3:1
Braunschweig	1:3	2:1	2:0	1:2	1:4	3:0	1:0	1:0		3:1	2:0	4:2	3:2	4:1	0:0	6:0	5:0	1:1
Bayern	1:1	2:1	2:1	0:1	6:3	4:0	0:2	2:3	1:0		2:1	2:2	2:5	2:1	2:0	1:1	3:1	3:1
Bochum	0:0	4:0	3:1	4:2	3:2	4:2	2:1	3:1	1:0	3:0		2:2	4:0	1:2	3:1	1:0	0:0	4:2
Essen	1:3	2:1	0:5	0:0	1:1	1:2	4:4	5:1	1:2	2:2	1:1		3:1	3:0	1:1	3:1	3:2	2:0
Kaiserslautern	1:3	3:0	2:2	1:0	1:1	1:0	1:1	1:2	2:0	0:1	1:0	2:0		2:0	4:1	6:0	4:0	2:0
Duisburg	1:1	1:3	1:3	2:0	1:3	0:3	2:0	2:1	3:2	2:1	3:1	3:3	3:2		4:0	3:3	2:3	2:2
Bremen	1:4	4:0	0:3	1:0	4:1	0:0	0:1	3:6	0:0	0:2	3:0	0:0	3:1	3:1		5:2	1:1	2:1
Stuttgart	1:2	1:2	3:4	1:2	2:0	1:1	3:1	3:1	0:0	1:2	1:0	3:2	0:1	2:1	2:2		2:1	5:1
TeBe Berlin	1:4	0:3	1:4	0:3	2:3	1:4	0:2	0:2	2:2	2:2	2:0	1:0	3:2	2:3	4:0	1:1		0:0
Wuppertal	1:5	0:0	2:3	0:4	1:4	2:3	0:1	0:0	0:1	3:1	1:1	0:2	3:3	1:4	2:4	2:2	2:0	

Saisonverlauf

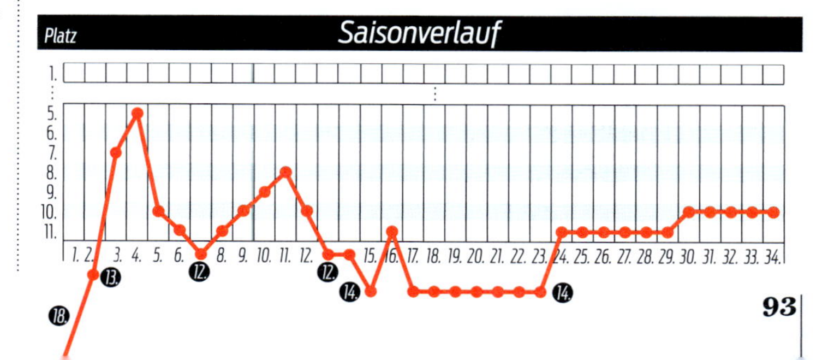

Über den Höhepunkt ihrer Schaffenskraft hinaus: Franz Beckenbauer (l.) und Sepp Maier (r.), die Aufstiegshelden von 1965, mehrmalige Meister, Pokal- und Europacupsieger und Weltmeister. Am 8. Spieltag unterliegen sie bei Meister Gladbach 1:4. Torschütze zum 1:0: Ulli Stielike (M.)

DAS ENDE DER ALTEN GARDE NAHT

Mit einem Kraftakt sichert sich die Mannschaft noch Platz drei in der Bundesliga. Doch die Aufstiegshelden von 1965 sind müde

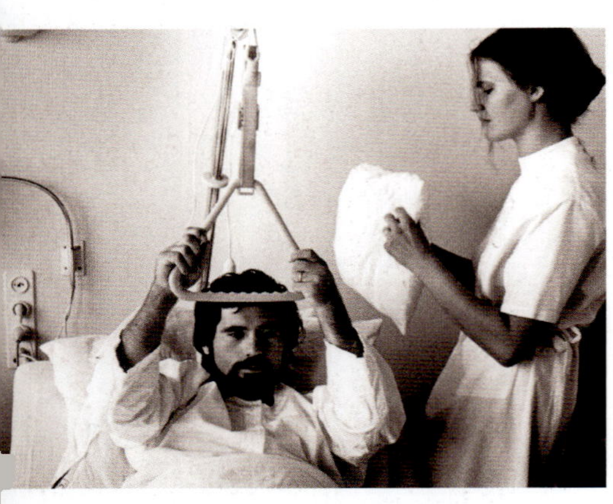

An seinem 30. Geburtstag im Krankenhaus: Gerd Müller nach Oberschenkel-OP

Der 2:0-Sieg im Finale um den Landesmeister-Cup gegen Leeds United wirkt bis in die neue Saison hinein. Björn Andersson fällt mit Innen-, Außen- und Kreuzbandschaden im rechten Knie bis ins Frühjahr 1976 aus, Uli Hoeneß wird während der Hinrunde noch zweimal am Knie wegen eines Meniskusschadens operiert und kehrt erst im Dezember zurück.

In Personalnot wollen die Bayern aber nicht kommen – und so investiert der Verein rund eine Million D-Mark in neue Spieler. Der Kader erreicht eine nie gekannte Größe von 32 Mann, Gerd Müller ist wenig begeistert: „Ich rechne damit, dass höchstens einer oder zwei der Neuen den Sprung schaffen, dem Rest droht der Verkauf." In der Tat werden nur die Abwehrspieler Klaus Augenthaler, noch in der Bayern-Jugend, und Udo Horsmann ihren Weg machen. Torwart Hugo Robl und Verteidiger Richard Mamajewski kommen in keinem Pflichtspiel zum Einsatz, der mit einer Knieverletzung verpflichtete Däne Kjeld Seneca wird nur einmal in der Bundesliga von Trainer Dettmar Cramer berücksichtigt.

Bei Präsident Wilhelm Neudecker hingegen weckt die Mannschaft unrealistische Erwartungen. Er betrachtet die Saison 1974/75 als Ausrutscher und erwartet diesmal das Triple mit Europacup, Meisterschaft und DFB-Pokal, das noch kein deutscher Verein geschafft hat.

Cramer entgegnet, man könne nicht Meister werden, was Neudecker entrüstet: „Wenn ich gewusst hätte, dass wir nicht um die Meisterschaft spielen, hätte ich mir die Million gern gespart." Anspruch und Wirklichkeit, nur selten sind sie deckungsgleich in der Branche.

Fußball-Professor Cramer ist näher an der Mannschaft als Neudecker und sieht die Probleme. Die Achse Maier-Beckenbauer-Müller knirscht, bald wird sie brechen. Die letzten Aufstiegshelden von 1965 sind müde. Maier ist 31 Jahre alt, Beckenbauer und Müller werden in der Hinrunde 30. Den Kaiser plagen Achillessehnenbeschwerden, im Training stellt er sich zuweilen ins Tor. Vor dem Spiel auf Schalke am sechsten Spieltag (2:2) bewegen ihn nur die drängenden Bitten der Mitspieler, doch aufzulaufen.

Gerd Müller feiert seinen 30. Geburtstag am 3. November 1975 im Klinikum Rechts der Isar. In der ersten Europacup-Runde Mitte September bei Jeunesse Esch (Luxemburg) hat er einen Muskelriss im Oberschenkel erlitten, der zunächst nicht erkannt wird. Erst ein befreundeter Arzt der Müllers diagnostiziert die Verletzung und rät zur umgehenden Operation. Wie dramatisch die Lage ist, gibt Dettmar Cramer kund: „Hätte man noch zwei Tage länger gewartet, hätten sie ihm das Bein amputieren müssen."

Müller macht nur 22 von 34 Bundesliga-Spielen – nur 1978/79 in seiner letzten Saison beim FC Bayern sind es noch weniger.

Da auch Hoeneß ausfällt, gehen die Münchner in der Hinrunde bereits wieder auf Stürmersuche. Zum Leidwesen der vorhandenen Kandidaten: Bei Conny Torstensson liegen die Nerven blank, er prügelt sich eines Tages im Training mit Jupp Kapellmann. Klaus Wunder ist beleidigt und flüchtet im Winter nach Hannover, nicht ohne nachzutreten: „Als Linksaußen versauert man doch in dieser Mannschaft."

Es ist ein Thema, das die Jahre bestimmt: Bayerns Spiel ist flügellahm, die Angriffe kommen meist durch die Mitte. Ohne Beckenbauer und Müller, die mit ihren Doppelpässen noch immer jede Deckung aufreißen, obwohl die ganze Bundesliga die Masche kennt, läuft nichts.

Erst Müllers lange Pause zwingt Cramer zu einer Systemänderung, Talente wie Bernd Dürnberger, Karl-Heinz Rummenigge und Udo Horsmann gewinnen intern an Bedeutung. Und doch: Nach einem passablen Start mit sieben Siegen, drei Unentschieden und drei Niederlagen in den ersten 13 Spielen stottert der Bayern-Motor. Mit einer Rekordserie von vier Niederlagen beendet die Mannschaft die Hinrunde als Zehnter: 1:3 in Bochum, 0:6 in Frankfurt, 1:2 gegen Köln und 1:2 in Berlin – der „Kicker" erkennt „Symptome für den endgültigen Niedergang eines Fußballreichs". Die Krise ist zurück.

So lässt Dettmar Cramer die geplante Amerika-Reise in der Winterpause stornieren, die Mannschaft bereitet sich in Herzogenaurach auf die verbleibenden 17 Auftritte in der Bundesliga vor. Mit Erfolg. Die zweite Saisonhälfte erinnert auch ohne neue Stürmer wieder an die großen Tage. Mit 23:11 Punkten wird Bayern inoffizieller Meister der Rückrunde, es langt noch für Platz drei und die Qualifikation für den Uefa-Cup.

In diesem Wettbewerb müssen die Bayern aber nicht starten. Nach der Rückkehr von Uli Hoeneß und Gerd Müller am 18. Spieltag setzt das Team auch international zum Höhenflug an und schafft den phänomenalen Hattrick im Landesmeister-Cup. Der 1:0-Triumph gegen Saint-Étienne löst allerdings keine große Begeisterung aus, wie Franz „Bulle" Roth, der Held von Glasgow, feststellt: „Es liefen keine Menschen mehr zusammen. Selbst wir Spieler verzogen uns nach Hause, anstatt einen draufzumachen." Es ist das letzte Hurra der alten Garde, aber sie weiß es noch nicht.

Europacup der Landesmeister

Franz Roth (2. v. l.) schießt in der 57. Minute das goldene Tor

1:0 gegen Saint-Étienne – Titel-Hattrick

Luxemburgs Meister Jeunesse Esch ist zum Auftakt des Wettbewerbs kein echter Prüfstein. Nach dem 5:0 auswärts schießt Gerd Müllers Vertreter Ludwig Schuster im Rückspiel alle drei Tore zum 3:1-Sieg. Schwerer tun sich die Münchner gegen Malmö FF (0:1, 2:0). Im Viertelfinale bei Benfica Lissabon liefern sie vor 70 000 Fans eine wahre Abwehrschlacht (0:0), in München macht Bernd Dürnberger das Spiel seines Lebens und erzielt die ersten beiden Tore zum 5:1-Sieg. Es folgen die Dramen gegen Real Madrid mit Günter Netzer und Paul Breitner. Auswärts rettet Müllers Tor ein 1:1, nach Abpfiff wird er von einem Real-Fanatiker niedergeschlagen. Seine Antwort: beide Tore im grandiosen Rückspiel (2:0). Das Finale von Glasgow am 12. Mai 1976 bringt ein Wiedersehen mit Saint-Étienne, Halbfinal-Gegner 1974/75. Franz Roth entscheidet das Spiel mit einem fulminanten Freistoß-Hammer (57.). 1:0 – der Titel-Hattrick ist perfekt.

DFB-Pokal

Müller patzt gegen Rudi Kargus. Der HSV-Torhüter genießt den Ruf eines „Elfmeter-Töters"

Müller erst ein Held, dann Sündenbock

In den ersten vier Runden geht es gegen unterklassige Gegner. Die Zweitligisten 1. FC Saarbrücken (3:1 in der ersten Hauptrunde) und Tennis Borussia Berlin (3:0 in der dritten Hauptrunde) werden in München bezwungen. In Runde zwei verschafft Bayerns Besuch dem Verbandsligisten Bünder SV die Rekordeinnahme seiner Klubgeschichte (50 000 DM). 22 000 Zuschauer werden Zeuge eines 3:0-Sieges. Im Achtelfinale gewinnt Bayern beim Zweitliga-Klub FK Pirmasens (2:0), im Viertelfinale 5:2 beim 1. FC Köln. Ein glänzender Auftritt vor allem von Gerd Müller. Er trägt drei Tore bei, ist im Halbfinale aber der Sündenbock. Nach einem 2:2 beim kommenden Pokalsieger HSV verliert Cramers Mannschaft das Wiederholungsspiel in München 0:1. Müller verschießt beim Stand von 0:0 einen Elfmeter – wie so oft in der Bundesliga. Und in letzter Minute fällt das Tor des Tages durch Hamburgs Kurt Eigl – das Aus.

TRAINER

DETTMAR CRAMER
Vor der Saison lässt er sich als Feldherr im Napoleon-Kostüm ablichten. Als Herrscher regiert er aber nicht, überwindet im freundschaftlichen Dialog mit den Spielern die Krise.

DIE TOP-ELF DER SAISON

Jupp Kapellmann

Udo Horsmann

DER SPIELER DES JAHRES

*In seiner elften Bundesliga-Saison wird **Franz Beckenbauer** zum vierten Mal nach 1966, 1968 und 1974 zu Deutschlands „Fußballer des Jahres" gewählt – Rekord bis heute. In der Bundesliga verpasst er nur die letzten zwölf Minuten der Saison, als Neuzugang Kjeld Seneca beim 7:4 gegen Hertha zu seinem einzigen Einsatz kommt. Nach der Saison feiert Beckenbauer noch ein Jubiläum, ein allerdings trauriges: Im EM-Finale gegen die CSSR trägt er zum 100. Mal den Dress der Nationalmannschaft. Deutschland verliert 5:7. n. E.*

Der Kader

NAME	SPIELE	TORE
Sepp Maier	34	0
Björn Andersson	6	0
Franz Beckenbauer	34	5
Bernd Förster	2	0
Johnny Hansen	13	0
Udo Horsmann	30	1
Hans-Josef Kapellmann	29	6
Hans-Georg Schwarzenbeck	33	1
Josef Weiß	13	0
Bernd Dürnberger	32	5
Franz Roth	27	6
Ludwig Schuster	7	0
Kjeld Seneca	1	0
Conny Torstensson	15	3
Günther Weiß	1	0
Rainer Zobel	27	4
Uli Hoeneß	17	4
Rainer Künkel	4	2
Jürgen Marek	7	1
Franz Michelberger	1	0
Gerd Müller	22	23
Karl-Heinz Rummenigge	32	8
Klaus Wunder	16	3

RAINER KÜNKEL kommt in der Winterpause 1975/76, schießt in vier Spielen zwei Tore

Transfers

UDO HORSMANN ist der einzige Neuzugang, der sich durchsetzt. Der Linksverteidiger aus der dritten Liga (Verbandsliga Westfalen) erkämpft sich bereits in seiner ersten Bayern-Saison einen Stammplatz, kommt zu 30 Bundesliga-Einsätzen, steht auch in der Mannschaft, die gegen Saint-Étienne den Europacup gewinnt. Bis 1983 spielt er für Bayern 242-mal in der Bundesliga, mit seinem Wechsel zu Stade Rennes (Abstieg 1983/84) beginnt auch sein persönlicher Abstieg. 1984/85 spielt er in Nürnberg 2. Liga, 1985/86 für 1860 3. Liga.

SPIELER	VON VEREIN	ABLÖSESUMME
Udo Horsmann	SpVg Beckum	-
Ludwig Schuster	SpVgg Bayern Hof	-
Kjeld Seneca	SK Sturm Graz	350 000 DM
Rainer Künkel	SV Darmstadt 98	-
Jürgen Marek	FC 08 Villingen	-

Tops & Flops

GERD MÜLLER Obwohl er zwölf Bundesliga-Spiele verpasst, erzielt er noch 23 Tore. Platz zwei in der Torjägerliste mit Beer (Hertha). Erster wird Fischer (29 Tore, Schalke).

REKORD-HALBZEIT Im letzten Saisonspiel gegen Hertha führt Bayern zur Pause nach Toren von Müller (4), Künkel und Rummenigge 6:0. Das ist noch immer Bundesliga-Rekord. Endstand: 7:4.

BJÖRN ANDERSSON gelingt nach einer Knieverletzung sein Comeback am 21. Spieltag, kommt sechsmal zum Einsatz (vier Siege, ein Remis, eine Niederlage).

ULI HOENESS wird nach der Saison zum Buhmann der Nation, schießt im EM-Finale gegen die CSSR den entscheidenden Elfmeter übers Tor. Deutschland verliert 5:7 n. E.

EDMUND KACZOR ist staatenlos, gilt nach DFB-Reglement als Ausländer. Bayern weiß das bei seiner Verpflichtung 1975, setzt ihn nicht ein. Der Vertrag wird in der Vorrunde aufgelöst.

EUROPÄISCHER SUPERCUP Bei der ersten Teilnahme an diesem Wettbewerb verliert Bayern im Herbst 1975 0:1 (in München) und 0:2 gegen Kiew.

1975/76

1. SPIELTAG

Bayern – Eintr. Braunschweig 1:1 (0:1)

BAYERN: Maier – J. Weiß, Schwarzenbeck, Beckenbauer, Dürnberger – Roth, Zobel, Kapellmann – Torstensson, Wunder (67. Schuster), K.-H. Rummenigge.
BRAUNSCHWEIG: Franke – Zembski (54. Grzyb), Hollmann, Haebermann, Merkhoffer – Ristic, Dremmler, Handschuh – Frank, Gersdorff, Erler.
Tore: 0:1 Gersdorff (44.), 1:1 Torstensson (83.).
Schiedsrichter: Walter Eschweiler.

2. SPIELTAG

Karlsruher SC – Bayern 1:2 (0:1)

KARLSRUHE: Kessler – Kalb, Ulrich, Fuchs (68. Komorowski), Schäffner – Trenkel, Gutzeit (46. Jung), Schäfer – Hoffmann, Kübler, Berger.
BAYERN: Maier – Horsmann, Schwarzenbeck, Beckenbauer, Dürnberger – Roth, Torstensson, Zobel – Wunder, K.-H. Rummenigge, Kapellmann.
Tore: 0:1 Dürnberger (37.), 1:1 Trenkel (53.), 1:2 K.-H. Rummenigge (57.).
Gelb: Fuchs / –.
Schiedsrichter: Günter Linn.

3. SPIELTAG

Bayern – Werder Bremen 4:0 (0:0)

BAYERN: Maier – Horsmann, Schwarzenbeck, Beckenbauer, Dürnberger – Roth, Zobel, Kapellmann – K.-H. Rummenigge (79. Schuster), G. Müller, Wunder.
BREMEN: Burdenski – Kontny, Höttges, Assauer, Kamp – Röber (79. Müllner), Hiller, Bracht, Schlief – Aslund (64. Weist), Görts.
Tore: 1:0 Dürnberger (51.), 2:0 Zobel (65.), 3:0 G. Müller (71.), 4:0 G. Müller (75.).
Schiedsrichter: Ferdinand Biwersi.
Besonderes Vorkommnis: Maier hält Elfmeter von Assauer (89.).

4. SPIELTAG

KFC Uerdingen 05 – Bayern 2:1 (0:0)

UERDINGEN: Kroke – Prehn, Stieber, Brinkmann, Hahn – Mostert (65. Riege), Köstner, Wloka, Lurz – Falter, F. Funkel (85. Lübeke).
BAYERN: Maier – Horsmann, Schwarzenbeck, Beckenbauer, Dürnberger – Roth (50. J. Weiß), Zobel, G. Müller, Kapellmann – Wunder, Torstensson (68. Schuster).
Tore: 0:1 G. Müller (58.), 1:1 Köstner (68.), 2:1 Köstner (75.).
Gelb: Lübeke – Weiß
Schiedsrichter: Karl-Heinz Picker.

5. SPIELTAG

Bayern – Fortuna Düsseldorf 5:0 (2:0)

BAYERN: Maier – Dürnberger, Schwarzenbeck, Beckenbauer, Horsmann – J. Weiß, Zobel (75. Schuster), Kapellmann – Wunder, G. Müller, K.-H. Rummenigge.
DÜSSELDORF: Woyke – Baltes, Zimmermann, Hesse, Czernotzky – Zewe (66. Degen), Brei, Köhnen (55. Schonert) – Geye, Seel, Herzog.
Tore: 1:0 G. Müller (20.), 2:0 Zobel (41.), 3:0 K.-H. Rummenigge (53.), 4:0 Beckenbauer (58.), 5:0 Beckenbauer (83.).
Schiedsrichter: Walter Engel.

6. SPIELTAG

Schalke 04 – Bayern 2:2 (1:1)

SCHALKE: Mutibaric (78. Nigbur) – Sobieray, Rüssmann, Fichtel, H. Kremers – Lütkebohmert, Thiele, Bongartz – Dubski, Fischer, E. Kremers.
BAYERN: Maier – Dürnberger, Beckenbauer, Schwarzenbeck, Horsmann – J. Weiß, Zobel, Kapellmann (78. Torstensson) – K.-H. Rummenigge, G. Müller, Wunder.
Tore: 1:0 Sobieray (25.), 1:1 K.-H. Rummenigge (36.), 2:1 E. Kremers (68.), 2:2 Zobel (86.).
Gelb: Dubski, Thiele – Kapellmann, K.-H. Rummenigge.
Schiedsrichter: Volker Roth.

7. SPIELTAG

Bayern – Kickers Offenbach 3:1 (1:0)

BAYERN: Maier – Horsmann, Schwarzenbeck (34. Roth / 78. Torstensson), Beckenbauer, Dürnberger – J. Weiß, Zobel, Kapellmann – K.-H. Rummenigge, G. Müller, Wunder.
OFFENBACH: Helmschrot – Rohr, Berg, Rausch (70. Blechschmidt), Dr. Faß (13. Bihn) – Theis, Schmidradner, Bitz, Hickersberger – Janzon, Held.
Tore: 1:0 G. Müller (42., Foulelfmeter), 2:0 K.-H. Rummenigge (57.), 3:0 G. Müller (68.), 3:1 Schmidradner (78.).
Gelb: Dürnberger, Müller – Rausch.
Schiedsrichter: Rainer Waltert.

8. SPIELTAG

Borussia M'gladbach – Bayern 4:1 (1:0)

M'GLADBACH: Kleff – Vogts, Bonhof (21. Schäffer), Wittkamp, Klinkhammer – Stielike (73. Köppel), Wimmer, Danner – Simonsen, Jensen, Heynckes.
BAYERN: Maier – Horsmann, Schwarzenbeck, Beckenbauer, Dürnberger – Kapellmann (69. J. Weiß), Zobel, Torstensson – Wunder, Schuster, K.-H. Rummenigge (57. Marek).
Tore: 1:0 Stielike (15.), 2:0 Simonsen (56.), 3:0 Danner (65.), 3:1 Marek (75.), 4:1 Jensen (81.).
Gelb: Wittkamp – Schuster.
Schiedsrichter: Ferdinand Biwersi.

9. SPIELTAG

Bayern – Hannover 96 3:1 (1:0)

BAYERN: Maier – Horsmann, Schwarzenbeck, Beckenbauer, Dürnberger – J. Weiß (59. Schuster), Roth (79. Hansen), Torstensson – K.-H. Rummenigge, Marek, Wunder.
HANNOVER: Pauly – Stiller, Anders, Damjanoff, Höfer – Wesche, Weber, Lüttges (74. Dahl), Holz (67. Kaemmer) – Hayduk, Stegmayer.
Tore: 1:0 Roth (18.), 2:0 Torstensson (61.), 3:0 Roth (75.), 3:1 Hayduk (82.).
Gelb: – / Höfer.
Schiedsrichter: Manfred Wichmann.

10. SPIELTAG

1. FC Kaiserslautern – Bayern 2:1 (1:1)

K'LAUTERN: Hellström – Kroth, Diehl, Melzer, Wilhelmi (85. Schwarz) – R. Meier, Stickel, Riedl (62. Scheer) – Pirrung, Toppmöller, Sandberg.
BAYERN: S. Maier – Horsmann, Schwarzenbeck, Beckenbauer, Dürnberger – Roth, G. Weiß, Schuster (85. Marek), Kapellmann – K.-H. Rummenigge, Wunder.
Tore: 1:0 Toppmöller (34.), 1:1 Wunder (38.), 2:1 Toppmöller (85.).
Gelb: R. Meier – Dürnberger.
Schiedsrichter: Walter Eschweiler.

11. SPIELTAG

Bayern – Hamburger SV 1:0 (1:0)

BAYERN: Maier – Dürnberger, Schwarzenbeck, Beckenbauer, Horsmann – Roth, Zobel, Kapellmann – K.-H. Rummenigge, Torstensson, Wunder.
HAMBURG: Kargus – Kaltz, Nogly (46. Ripp), Blankenburg, Hidien – Bjørnmose, Bertl, Ettmayer – Memering, Reimann, Volkert (46. Sperlich).
Tor: 1:0 Kapellmann (13.).
Gelb: Kapellmann – Bjørnmose.
Schiedsrichter: Peter Gabor.

12. SPIELTAG

MSV Duisburg – Bayern 1:1 (1:1)

DUISBURG: Heinze – W. Schneider, Pirsig, Dietz – Bregmann, Jara, Bella, Bücker – Seliger (62. L. Schneider), Worm, Büssers (64. Krause).
BAYERN: Maier – Dürnberger, Schwarzenbeck, Beckenbauer, Horsmann – Zobel, Torstensson, J. Weiß, Kapellmann – K.-H. Rummenigge, Wunder.
Tore: 1:0 Dietz (6.), 1:1 Zobel (14.).
Gelb: W. Schneider – Torstensson.
Schiedsrichter: Herbert Lutz.

13. SPIELTAG

Bayern – Rot-Weiss Essen 5:1 (1:0)

BAYERN: Maier – Horsmann, Schwarzenbeck (78. Förster), Beckenbauer, Dürnberger – Roth, Zobel, Kapellmann – K.-H. Rummenigge, Torstensson, Wunder.
ESSEN: Blasey – Neues, Wörmer, Wieczorkowski, Huhse – Lindner, Lorant, Strauch, Bast – Burgsmüller (15. Finnern), Lippens.
Tore: 1:0 Wunder (18.), 2:0 Torstensson (50.), 3:0 Dürnberger (71., Foulelfmeter), 4:0 K.-H. Rummenigge (76.), 5:0 Wunder (83.), 5:1 Lippens (84.).
Schiedsrichter: Volker Roth.
Besonderes Vorkommnis: Bast verschießt Foulelfmeter (29.).

14. SPIELTAG

VfL Bochum – Bayern 3:1 (2:0)

BOCHUM: Scholz – Eggert, Tenhagen, Fromm, Lameck – Köper, Eggeling, Trimhold, Kaczor – Balte, Ellbracht (62. Pochstein).
BAYERN: Maier – Horsmann, Schwarzenbeck, Beckenbauer, Dürnberger – Roth, Zobel (39. J. Weiß), Kapellmann – Wunder, Torstensson, K.-H. Rummenigge.
Tore: 1:0 Trimhold (27.), 2:0 Tenhagen (30.), 3:0 Fromm (75.), 3:1 Kapellmann (80.).
Gelb: – / Kapellmann.
Schiedsrichter: Walter Horstmann.

Das 300. Tor von Gerd Müller (l.) in der Bundesliga: sein 1:0 gegen Hertha BSC am letzten Spieltag. Horst Wolter greift daneben. Müller trifft am 12. Juni 1976 noch viermal, Bayern siegt 7:4

15. SPIELTAG

Eintracht Frankfurt – Bayern 6:0 (5:0)

FRANKFURT: Wienhold – Reichel, Neuberger, Körbel, H. Müller – Weidle, Beverungen, Grabowski – Hölzenbein, Wenzel, Nickel.
BAYERN: Maier – Horsmann, Schwarzenbeck, Beckenbauer, Dürnberger – Roth, Marek, J. Weiß (46. Wunder) – Torstensson (61. Zobel), K.-H. Rummenigge, Kapellmann.
Tore: 1:0 Wenzel (8.), 2:0 Nickel (17.), 3:0 Grabowski (28.), 4:0 Hölzenbein (40.), 5:0 Neuberger (45.), 6:0 Nickel (61.).
Schiedsrichter: Walter Eschweiler.

16. SPIELTAG

Bayern – 1. FC Köln 1:2 (1:1)

BAYERN: Maier – Horsmann, Schwarzenbeck, Beckenbauer, Dürnberger – Roth, Zobel, Kapellmann – K.-H. Rummenigge, Marek (46. Torstensson), Wunder.
KÖLN: Schumacher – Konopka, Cullmann, Weber, Strack – Hein, He. Neumann, Flohe, Simmet – Glowacz, Löhr.
Tore: 1:0 K.-H. Rummenigge (15.), 1:1 Strack (41.), 1:2 Neumann (69.).
Gelb: Beckenbauer, Marek – Cullmann, Konopka, He. Neumann.
Schiedsrichter: Jan Redelfs.
Besonderes Vorkommnis: Schumacher hält Foulelfmeter von Dürnberger (59).

17. SPIELTAG

Hertha BSC – Bayern 2:1 (0:1)

HERTHA: Wolter – Sziedat, Brück, Kliemann, Weiner – Hermandung (64. Szymanek), Sidka, Beer – Grau, Kostedde, Horr.
BAYERN: Maier – Horsmann, Beckenbauer, Schwarzenbeck, Michelberger (31. J. Weiß) – Roth (71. U. Hoeneß), Zobel, Marek, Dürnberger – K.-H. Rummenigge, Kapellmann.
Tore: 0:1 Kapellmann (8.), 1:1 Szymanek (69.), 2:1 Horr (70.).
Gelb: Kliemann – Horsmann.
Schiedsrichter: Manfred Wichmann.
Besonderes Vorkommnis: Maier hält Foulelfmeter von Beer (29.).

18. SPIELTAG

Eintr. Braunschweig – Bayern 1:1 (0:0)

BRAUNSCHWEIG: Franke – Grzyb, Haebermann, Hollmann, Merkhoffer – Ristic, Dremmler, Handschuh, Erler (38. Konschal) – Frank, Gersdorff (38. Popivoda).
BAYERN: Maier – Hansen, Beckenbauer, Schwarzenbeck, Horsmann – Roth, Zobel, Kapellmann – G. Müller, K.-H. Rummenigge (48. Marek), U. Hoeneß (88. Künkel).
Tore: 0:1 Roth (53.), 1:1 Hollmann (82.).
Gelb: Merkhoffer – Kapellmann, Schwarzenbeck.
Schiedsrichter: Karl-Heinz Fork.

19. SPIELTAG

Bayern – Karlsruher SC 2:0 (1:0)

BAYERN: Maier – Dürnberger (49. Horsmann), Schwarzenbeck, Beckenbauer, Hansen – Roth, Zobel, K.-H. Rummenigge – U. Hoeneß, G. Müller, Kapellmann.
KARLSRUHE: Wimmer – Bredenfeld, Schäfer, Schäffner, Kalb – Struth, Trenkel, Ulrich – Berger, Flindt-Bjerg (74. Vogel), Kübler.
Tore: 1:0 U. Hoeneß (20.), 2:0 Roth (55.).
Schiedsrichter: Wolf-Dieter Ahlenfelder.

20. SPIELTAG

Werder Bremen – Bayern 0:0

BREMEN: Burdenski – Höttges, Assauer, Røntved, Kontny – Hiller, Röber, Kamp, Dietrich – Görts, Bracht.
BAYERN: Maier – Hansen, Schwarzenbeck, Beckenbauer, Dürnberger – Roth, Kapellmann, K.-H. Rummenigge, Zobel – G. Müller, U. Hoeneß.
Gelb: – / G. Müller.
Schiedsrichter: Rainer Waltert.

21. SPIELTAG

Bayern – KFC Uerdingen 05 2:0 (0:0)

BAYERN: Maier – Hansen, Beckenbauer, Schwarzenbeck, Dürnberger – Roth, B. Andersson, Kapellmann – U. Hoeneß, Müller, K.-H. Rummenigge.
UERDINGEN: Kroke – Stieber, Lenzke, Hahn, Brinkmann – F. Funkel, Willi (46. Hansel), Köstner – Lübeke, Wloka, Riege (80. Raschid).
Tore: 1:0 Müller (54., Foulelfmeter), 2:0 K.-H. Rummenigge (85.).
Schiedsrichter: Herbert Lutz.

22. SPIELTAG

Fortuna Düsseldorf – Bayern 1:1 (1:0)

DÜSSELDORF: Woyke – Baltes, Zimmermann, Kriegler, Hesse – Zewe, Seel, Brei – Geye, Mattsson, Herzog.
BAYERN: Maier – Hansen (62. B. Andersson), Schwarzenbeck, Beckenbauer, Horsmann – Roth, Dürnberger, Kapellmann, U. Hoeneß (81. Künkel) – K.-H. Rummenigge, G. Müller.
Tore: 1:0 Hesse (1.), 1:1 Beckenbauer (65.).
Gelb: – / Horsmann.
Schiedsrichter: Karl-Heinz Picker.

31. SPIELTAG

Bayern – VfL Bochum 4:0 (1:0)

BAYERN: Maier – Hansen, Beckenbauer, Schwarzenbeck, J. Weiß – Roth (36. Künkel), Zobel, Dürnberger – U. Hoeneß, G. Müller, K.-H. Rummenigge.
BOCHUM: Scholz – Lameck, Gerland, Franke, Miß – Köper, Tenhagen, Versen, Eggert (46. Pochstein) – Eggeling, Kaczor (72. Balte).
Tore: 1:0 Beckenbauer (33.), 2:0 Künkel (52.), 3:0 Müller (56.), 4:0 G. Müller (82., Foulelfmeter).
Gelb: – / Tenhagen. **Schiedsrichter:** Gert Meuser.

32. SPIELTAG

Bayern – Eintracht Frankfurt 1:1 (0:0)

BAYERN: Maier – Hansen, Beckenbauer, Schwarzenbeck, Horsmann – Roth, Dürnberger, Kapellmann – K.-H. Rummenigge, G. Müller, U. Hoeneß, .
FRANKFURT: Koitka – Reichel, Trinklein, Körbel, Neuberger – Kraus (30. Weidle), Grabowski, H. Müller, Beverungen, Nickel, Hölzenbein.
Tore: 1:0 Horsmann (58.), 1:1 Grabowski (59.).
Gelb: Beckenbauer, K.-H. Rummenigge, Schwarzenbeck – Körbel, Weidle. **Schiedsrichter:** Peter Gabor.

33. SPIELTAG

1. FC Köln – Bayern 1:0 (0:0)

KÖLN: Schumacher – Konopka, Gerber, Zimmermann, Hein – Simmet, Overath, Flohe – Glowacz (81. Neumann), D. Müller, Löhr (55. Prestin).
BAYERN: Maier – B. Andersson, Beckenbauer, Schwarzenbeck, Horsmann – K.-H. Rummenigge, Roth, Dürnberger – U. Hoeneß, G. Müller, Torstensson.
Tor: 1:0 Konopka (77., Foulelfmeter).
Schiedsrichter: Ferdinand Biwersi.

34. SPIELTAG

Bayern – Hertha BSC 7:4 (6:0)

BAYERN: Maier – Hansen, Schwarzenbeck, Beckenbauer (78. Seneca), Horsmann – Zobel, K.-H. Rummenigge, Dürnberger – U. Hoeneß, G. Müller, Künkel.
HERTHA: Wolter – Hanisch (28. Rasmussen), Hermandung, Brück, Sziedat – Weiner, Beer, Diefenbach, Sidka – Szymanek, Grau.
Tore: 1:0 G. Müller (3.), 2:0 G. Müller (18.), 3:0 G. Müller (23., Foulelfmeter), 4:0 G. Müller (31.), 5:0 Künkel (37.), 6:0 K.-H. Rummenigge (40.), 6:1 Weiner (72.), 6:2 Szymanek (82.), 7:2 G. Müller (84.), 7:3 Szymanek (87.), 7:4 Szymanek (89.).
Schiedsrichter: Wilfried Hilker.

Abschlusstabelle

Pl.	Verein	Spiele	G	U	V	Tore	Diff.	Punkte
1	M'gladbach (M)	34	16	13	5	66:37	+ 29	45:23
2	Hamburg	34	17	7	10	59:32	+ 27	41:27
3	Bayern*	34	15	10	9	72:50	+ 22	40:28
4	1. FC Köln	34	14	11	9	62:45	+ 17	39:29
5	Braunschweig	34	14	11	9	52:48	+ 4	39:29
6	Schalke	34	13	11	10	76:55	+21	37:31
7	Kaiserslautern	34	15	7	12	66:60	+ 6	37:31
8	RW Essen	34	13	11	10	61:76	– 6	37:31
9	Frankfurt (P)	34	13	10	11	79:58	+21	36:32
10	Duisburg	34	13	7	14	55:62	– 7	33:35
11	Hertha	34	11	10	13	59:61	– 2	32:36
12	Düsseldorf	34	10	10	14	47:57	– 10	30:38
13	Bremen	34	11	8	15	44:55	– 11	30:38
14	Bochum	34	12	6	16	49:62	– 13	30:38
15	Karlsruhe (A)	34	12	6	16	46:59	– 13	30:38
16	Hannover (A)	34	9	9	16	48:60	– 12	27:41
17	Offenbach	34	9	9	16	40:72	– 32	27:41
18	Uerdingen (A)	34	6	10	18	28:69	– 41	22:46

* Als Titelverteidiger im Europapokal der Landesmeister

DIE WEITEREN SIEGER DES JAHRES:

Europameister:
Tschechoslowakei

Europacup der Landesmeister:
FC Bayern

Europacup der Pokalsieger:
RSC Anderlecht

Uefa-Cup:
FC Liverpool

DFB-Pokal:
Hamburger SV

Alle Ergebnisse auf einen Blick

Waagerecht: alle Heimresultate. Senkrecht: alle Auswärtsresultate	M'gladbach	Hamburg	Bayern	Köln	Braunschweig	Schalke	Kaiserslautern	Essen	Frankfurt	Duisburg	Hertha	Düsseldorf	Bremen	Bochum	Karlsruhe	Hannover	Offenbach	Uerdingen
M'gladbach		1:1	4:1	2:1	0:0	0:2	3:0	1:2	4:2	3:0	1:1	1:0	3:0	1:1	4:0	2:0	2:0	6:1
Hamburg	0:0		0:1	2:1	4:0	4:1	2:0	4:1	4:2	3:0	2:1	3:1	1:2	5:3	3:0	3:0	2:0	0:0
Bayern	4:0	1:0		1:2	1:1	3:2	3:4	5:1	1:1	3:0	7:4	5:0	4:0	4:0	2:0	3:1	3:1	2:0
Köln	0:4	1:1	1:0		1:1	2:1	1:1	3:0	3:3	3:2	2:0	4:0	1:1	1:0	1:3	2:1	4:0	4:0
Braunschweig	0:0	1:0	1:1	0:0		4:1	2:0	1:1	2:0	3:1	5:2	3:1	3:2	1:1	2:0	3:2	5:1	1:0
Schalke	2:2	0:1	2:2	3:1	5:1		2:2	5:1	2:4	5:1	2:2	2:0	4:2	1:1	6:2	1:2	1:1	5:1
Kaiserslautern	0:3	2:0	2:1	1:1	3:1	1:3		5:0	3:1	3:0	5:0	2:1	4:0	2:1	3:1	2:2	2:2	1:2
Essen	1:3	1:1	3:3	2:3	2:2	0:0	5:1		4:3	5:2	3:1	2:2	2:0	1:0	1:0	1:0	2:2	2:1
Frankfurt	1:1	1:0	6:0	2:2	6:1	2:1	1:1	1:3		1:1	1:1	5:2	2:0	6:0	0:2	5:1	1:0	3:1
Duisburg	2:3	1:1	1:1	0:4	1:0	1:3	1:2	4:0	1:1		2:1	2:2	2:0	1:1	1:0	4:3	6:2	2:0
Hertha	3:0	1:1	2:1	2:1	1:0	2:1	3:0	2:2	4:4	1:2		2:2	0:0	4:1	1:1	1:0	1:0	5:0
Düsseldorf	1:1	1:0	1:1	0:0	3:3	1:2	5:1	5:2	1:1	1:3	2:1		3:0	3:1	0:2	3:0	0:0	2:0
Bremen	2:2	1:3	0:0	3:2	0:1	1:1	3:2	3:3	1:2	2:0	3:2	3:0		4:1	1:0	0:0	3:1	3:0
Bochum	2:0	0:3	3:1	1:0	2:0	1:4	2:0	2:1	5:3	1:2	2:0	0:1	0:3		4:2	2:0	5:1	3:0
Karlsruhe	2:4	3:2	1:2	3:1	0:2	2:2	3:5	1:2	1:0	2:2	3:0	1:0	2:0	2:2		3:2	2:1	1:0
Hannover	3:3	1:0	2:2	3:3	2:0	1:1	2:0	0:0	3:2	0:2	2:6	1:2	0:0	4:1	2:0		4:0	3:1
Offenbach	1:1	3:2	2:2	1:5	4:2	1:1	1:4	0:4	2:1	2:1	2:1	1:1	2:0	1:0	0:0	1:0		2:3
Uerdingen	1:1	0:1	2:1	1:1	0:0	3:2	2:2	1:1	0:5	0:4	1:1	2:0	2:1	0:0	1:1	1:1	1:2	

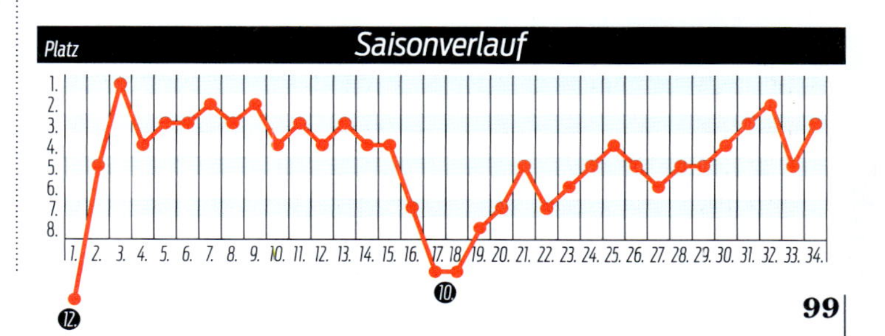

23. SPIELTAG

Bayern – Schalke 04 3:2 (3:0)

BAYERN: Maier – Horsmann, Schwarzenbeck, Beckenbauer, B. Andersson – Dürnberger, Zobel, U. Hoeneß – K.-H. Rummenigge, G. Müller, Kapellmann.
SCHALKE: Nigbur – Sobieray, Fichtel, Dubski, H. Kremers (46. Gede) – Thiele, Lütkebohmert, Oblak, Bongartz – Fischer, E. Kremers (56. Abramczik).
Tore: 1:0 Kapellmann (26.), 2:0 Dürnberger (37.), 3:0 G. Müller (41., Foulelfmeter), 3:1 Gede (50.), 3:2 Sobieray (62.).
Gelb: – / Sobieray. **Schiedsrichter:** Jan Redelfs.

24. SPIELTAG

Kickers Offenbach – Bayern 2:2 (1:1)

OFFENBACH: Helmschrot – Ritschel, Skala, Rausch, Theis – Bitz, Blechschmidt (46. Bihn), Hickersberger – Janzon, Bastrup, Held.
BAYERN: Maier – Hansen, Schwarzenbeck, Beckenbauer, Horsmann – Roth, Dürnberger, Zobel, Kapellmann – G. Müller, U. Hoeneß.
Tore: 0:1 G. Müller (8.), 1:1 Rausch (29.), 1:2 Roth (47.), 2:2 Held (72.).
Gelb: Bitz / –.
Schiedsrichter: Manfred Wichmann.

25. SPIELTAG

Bayern – Borussia M'gladbach 4:0 (2:0)

BAYERN: Maier – Hansen, Beckenbauer, Schwarzenbeck, Horsmann – Roth, Dürnberger, Kapellmann, K.-H. Rummenigge – G. Müller, U. Hoeneß.
M'GLADBACH: Kleff – Klinkhammer, Wittkamp, Vogts, Bonhof – Danner, Wimmer, Stielike – Simonsen, Jensen, Heynckes.
Tore: 1:0 Schwarzenbeck (7.), 2:0 U. Hoeneß (10.), 3:0 U. Hoeneß (59.), 4:0 G. Müller (64., Foulelfmeter).
Schiedsrichter: Walter Horstmann.

26. SPIELTAG

Hannover 96 – Bayern 2:2 (1:1)

HANNOVER: Pauly – Meyer, Damjanoff, Anders, Blumenthal – Kaemmer, Lüttges, Wunder – Hayduk, Stegmayer, Kulik.
BAYERN: Maier – Hansen, Beckenbauer, Schwarzenbeck, Horsmann – Dürnberger, Roth, Zobel (46. K.-H. Rummenigge), Kapellmann – U. Hoeneß, G. Müller.
Tore: 0:1 Kapellmann (16.), 1:1 Lüttges (45.), 2:1 Lüttges (47.), 2:2 Dürnberger (79.).
Schiedsrichter: Paul Kindervater.

27. SPIELTAG

Bayern – 1. FC Kaiserslautern 3:4 (1:1)

BAYERN: Maier – Dürnberger, Beckenbauer, Schwarzenbeck, Horsmann – Roth, Zobel, Kapellmann – U. Hoeneß, G. Müller, K.-H. Rummenigge.
K'LAUTERN: Hellström – Kroth, Melzer, Meier, Frosch – Schwarz, Riedl, Diehl – Sandberg, Toppmöller, Wilhelmi (67. Briegel).
Tore: 1:0 Kapellmann (6.), 1:1 Toppmöller (44.), 2:1 Roth (52.), 3:1 U. Hoeneß (54.), 3:2 Riedl (57.), 3:3 Toppmöller (62.), 3:4 Toppmöller (81.).
Gelb: Kapellmann, Zobel / –.
Schiedsrichter: Klaus Ohmsen.

28. SPIELTAG

Hamburger SV – Bayern 0:1 (0:0)

HAMBURG: Kargus – Kaltz, Nogly, Blankenburg, Hidien – Bjørnmose, Bertl, Memering – Zaczyk (78. Ettmayer), Reimann, Volkert (78. Sperlich).
BAYERN: Maier – B. Andersson, Schwarzenbeck, Beckenbauer, Horsmann – Zobel, J. Weiß (75. Förster), Kapellmann – K.-H. Rummenigge, G. Müller, Torstensson.
Tor: 0:1 G. Müller (74.).
Schiedsrichter: Paul Kindervater.

29. SPIELTAG

Bayern – MSV Duisburg 3:0 (1:0)

BAYERN: Maier – B. Andersson, Beckenbauer, Zobel, Horsmann – Roth, Dürnberger, Kapellmann – U. Hoeneß, G. Müller, K.-H. Rummenigge.
DUISBURG: Heinze – W. Schneider, Dietz, Pirsig, Bella – Bregmann, Jara (74. Bruckmann), Bücker – Seliger, Büssers, Thies (74. L. Schneider).
Tore: 1:0 G. Müller (39.), 2:0 G. Müller (63.), 3:0 G. Müller (72.).
Schiedsrichter: Eckhard Jensen.

30. SPIELTAG

Rot-Weiss Essen – Bayern 3:3 (0:0)

ESSEN: Blasey – Neues, Wörmer, Wieczorkowski, Huhse – Strauch, Lorant, Burgsmüller – Bast, Hrubesch, Lindner (46. Dörre).
BAYERN: Maier – Hansen, Schwarzenbeck, Beckenbauer, Zobel – Roth, Horsmann, Dürnberger – U. Hoeneß, G. Müller, K.-H. Rummenigge.
Tore: 1:0 Burgsmüller (55.), 2:0 Burgsmüller (65.), 2:1 G. Müller (72., Foulelfmeter), 3:1 Hrubesch (74., Foulelfmeter), 3:2 G. Müller (75.), 3:3 Beckenbauer (81.).
Gelb: – / K.-H. Rummenigge. **Schiedsrichter:** Herbert Lutz.

BAYERN-KRISE, EHE-KRISE, FINANZ-KRISE

Franz Beckenbauer flieht am Ende einer Saison, für die das 0:7 gegen Schalke exemplarisch ist, zu Cosmos New York

Die Fans danken Beckenbauer. Sie geben Manager Robert Schwan die Schuld für den Abgang

Sein Blick geht Mitte der zweiten Halbzeit zur Anzeigetafel im Olympiastadion. Da wird Gerd Müller „angst und bange". Dort, wo sonst fast immer sein Name steht, liest er nun dreimal den Namen „Fischer" und den Zwischenstand von 0:5. Es sind noch nicht einmal 70 Minuten gespielt. Müller fragt sich: „Wie soll das bloß ausgehen?"

Gute 25 Minuten später hat er die Antwort: 0:7. Rüdiger Abramczik hat das 6:0 in der 74. Minute erzielt, Klaus Fischer den Endstand in der 82. Minute. Es ist das schlimmste Debakel in der Bundesliga-Historie des FC Bayern München – passiert am 9. Oktober 1976 gegen Schalke 04 (9. Spieltag). Trainer Dettmar Cramer schiebt es auf die Personalnot: „Wir haben nur einen ersten Anzug. Dahinter steht vorläufig nicht eine zweite, sondern nur eine dritte Garnitur." Das stimmt zwar, das erklärt die Pleite aber nicht allein.

Hans-Georg „Katsche" Schwarzenbeck, der Gegenspieler von Klaus Fischer, muss fit gespritzt werden und versagt wie noch nie in seiner Karriere. Außerdem prallt er mit Sepp Maier zusammen, sodass dieser schon nach 15 Minuten am Unterarm verletzt ist. Es kommt einfach alles zusammen an diesem Tag.

Lachnummer FC Bayern. Das Rekord-Debakel trägt zum Gegentor-Rekord der Klubgeschichte gehörig bei. Nach 34 Spielen hat Sepp Maier 65-mal den Ball aus dem eigenen Tor geholt. Ähnlich derb wie das 0:7 wird das 0:3 gegen Eintracht Frankfurt (16. Spieltag) empfunden, das 1:3 bei Absteiger Tennis Borussia Berlin (22. Spieltag; Hinspiel: 9:0), das 0:5 beim HSV (28. Spieltag) und das 1:6 in Saarbrücken (30.).

Erstmals seit 1970 gewinnt Bayern keinen Pokal von Rang, auch wenn kurz vor Weihnachten 1976 der bedeutend klingende Weltpokal in die Trophäensammlung aufgenommen wird.

Das Spiel zwischen Europas und Südamerikas Kontinentalmeistern hat nur einen geringen Stellenwert. In München kommen bei Eis und Schnee am 23. November lediglich 18 000 Zuschauer, sie sehen späte Tore durch Gerd Müller und Jupp Kapellmann. Bei Cruzeiro Belo Horizonte im Rückspiel reicht am 21. Dezember ein torloses Remis, nun vor imposanten 113 714 Zuschauern. Die Spieler werden mit 10 000 D-Mark pro Kopf entlohnt.

Es ist die letzte Titelprämie, die Franz Beckenbauer in Münchner Diensten kassiert. Am Ende der Saison wechselt er nach 396 Bundesliga-Spielen und 44 Toren, vier Meisterschaften, vier Europacup- und vier Pokalsiegen zu Cosmos New York.

Sein Wechsel nach Amerika ist eine Seifenoper, in der viel getrickst und gelogen wird. Alles beginnt an jenem merkwürdigen September-Samstag 1976 in Bochum, als die Bayern aus einem 0:4- Rückstand nach 53 Spielminuten noch einen 6:5-Sieg machen. Dass Mister Clive Toye sich bewusst gewesen ist, ein geschichtsträchtiges Bundesliga-Spiel gesehen zu haben, darf bezweifelt werden, denn er kommt aus ei-

Der letzte Auftritt im Bayern-Trikot: Am 21. Mai 1977 betritt Franz Beckenbauer neben Gladbachs Kapitän Berti Vogts den Rasen des Olympiastadions. Mit seinem letzten Ballkontakt erzwingt Beckenbauer 90 Spielminuten später das 2:2, seinen Schlenzer fälscht Gladbachs Hans-Jürgen Wittkamp ins eigene Tor ab

nem Fußball-Entwicklungsland. Aber er ist ohnehin aus anderem Grund nach Deutschland gekommen. Der Präsident von Cosmos nimmt am Morgen vor dem Spiel im Hotel Krummenweg im rheinischen Breitscheid persönlich Kontakt zu Beckenbauer auf und macht ihm einen Wechsel nach New York schmackhaft. Über Wochen ziehen sich die Annäherungsversuche, Heiligabend überbringt dann ein Cosmos-Kurier ein schriftliches Vertragsangebot in Beckenbauers Grünwalder Villa.

Als Beckenbauer am 20. Januar 1977 auch von Steuerfahndern aufgesucht wird, nehmen die Dinge ihren Lauf. Der Superstar fühlt sich verfolgt. Am 6. April 1977 publiziert die „Welt", dass seine Ehe in der Krise sei und eine Sportfotografin die neue Frau an seiner Seite ist. Bayern-Krise, Ehe-Krise, Finanz-Krise – der Wechsel nach New York, der nach etlichen Dementis und glatten Lügen (Bayern-Manager Robert Schwan: „Franz bleibt bis 1978") am 2. Mai 1977 Fakt wird, ist eine Flucht in ein neues, ruhigeres Leben.

Beckenbauer will es so sehr, dass er 350 000 DM aus eigener Tasche zahlt, um die Ablöseforderung zu erfüllen. Die beträgt 1,75 Millionen DM und wird schließlich auch aus Amerika überwiesen. Beckenbauer kann es verschmerzen, denn „in Amerika habe ich eigentlich zum ersten Mal großes Geld verdient", sagt er Jahre später.

Mit der Kaiser-Zeit endet auch die Ära Schwan, dem erboste Fans die Schuld geben, weil er auch Beckenbauers Manager ist. Wütende Trainingsbesucher schreien bei seinem Anblick: „Hängt ihn." Mitglieder stellen dem Verein am 21. April sogar ein Ultimatum: „Entweder Schwan fliegt, oder wir treten aus." Am nächsten Tag wird Robert Schwan entlassen.

Mit dem Abgang des Liberos zerbricht die Erfolgsachse, um die ganz Europa die Bayern beneidet hat. Maier und Müller bleiben, aber ohne den Kaiser ist Bayern nicht mehr Bayern. Wo die Mannschaft es doch schon mit ihm kaum mehr ist.

Denn nach dem Aufschwung 1975/76 retten sich die Bayern am letzten Spieltag in letzter Minute dank des 2:2 gegen Gladbach mit knapper Not in den Uefa-Cup – als Tabellen-Siebter. Präsident Wilhelm Neudecker atmet durch: „Sonst hätte uns eine längere finanzielle Durststrecke gedroht." Das Ergebnis schmerzt lange, zumal Gladbach nun zum dritten Mal in Folge Deutscher Meister ist – und ausgerechnet von Udo Lattek trainiert wird. ⬢

Europapacup der Landesmeister

Bayerns Neuzugang Peter Gruber (l.) im Zweikampf mit Kiew-Superstar Oleg Blochin

Nach sechs Spielen ist alles vorbei

Die Mannschaft von Dettmar Cramer scheitert frühzeitig an der zu großen Aufgabe, den Landesmeistercup zum vierten Mal in Folge zu gewinnen. In Runde eins spaziert sie gegen den dänischen Meister Køge BK locker durch, siegt auswärts 5:0 und zu Hause 2:1. Aber schon beim tschechischen Meister Banik Ostrau hakt es, mit einer 1:2-Niederlage kehren die Bayern nach München zurück. Im Rückspiel bieten sie „Fußball der Extraklasse“, wie der „Münchner Merkur“ kommentiert, und gewinnen 5:0. Gerd Müller trifft doppelt und erzielt seine letzten beiden von 35 Toren im Landesmeistercup. Denn als Bayern im Viertelfinale auf Dynamo Kiew trifft, ist er verletzt. Sein Stellvertreter, Rainer Künkel, entscheidet zwar das Hinspiel (1:0), aber in Kiew nimmt die Partie ein böses Ende. Zwar hält Maier einen Elfmeter von Blochin, den zweiten Strafstoß aber verwandelt Burjak zum 1:0 (83.). Slobodjan (87.) sorgt wenig später für den 2:0-Endstand.

DFB-Pokal

Das 1:0 von Kapellmann (2. v. l.) gegen Hertha, Bayern verliert noch 2:4 n. V.

Hertha stoppt die Bayern im Viertelfinale

32 Tore schießen die Bayern und kommen doch nicht einmal ins Halbfinale. Gegen die Amateure von Hannover 96 (10:0 auswärts) und vom TV Unterboihingen (10:1 in München) machen sie es zweistellig, dazwischen deklassieren sie auch den HSV mit 5:1. Im Achtelfinale kommt es zu einem Novum der Pokalgeschichte: Das Los führt Profis und Amateure desselben Vereins zueinander, der Reiz bei Bayern I gegen Bayern II hält sich in Grenzen. Im Olympiastadion verlieren sich am 8. Januar 1977 nur 6500 Getreue. Die zweite Garnitur des FC Bayern wehrt sich nach Kräften und geht sogar in Führung. Gerd Müller verhindert mit einem Hattrick binnen neun Minuten und einem vierten Tor eine Blamage, am Ende heißt es 5:3 für die großen gegen die kleinen Bayern. Im Viertelfinale ist auch für die Profis Endstation: Bei Hertha BSC scheitern sie am 19. Februar nach Verlängerung und trotz zweimaliger Führung durch Jupp Kapellmann und Josef Weiß 2:4.

TRAINER

DETTMAR CRAMER gewinnt zwar als erster deutscher Trainer den Weltpokal, muss aber eingestehen: „Meine Mannschaft neigt mehr als jede andere zur Überheblichkeit, was mit den Erfolgen der Vergangenheit zusammenhängt.“

DIE TOP-ELF DER SAISON

Jupp Kapellmann

Udo Horsmann

DER SPIELER DES JAHRES

*Der „Fußballer des Jahres“ kommt wieder aus München: **Sepp Maier** erhält 122 Stimmen, nur vier mehr als Schalkes Torjäger Klaus Fischer. Nach diesem überaus knappen Ergebnis schreibt der „Kicker“: „Dabei sei es durchaus gestattet, den Maier-Sepp als umstrittenen Sieger zu bezeichnen.“ Denn nur die Torleute von drei Teams (Karlsruhe, TeBe Berlin, RW Essen) kassieren in der Bundesliga mehr Treffer. Aber Maiers Leistungen sind stabil, zum elften Mal in Folge bestreitet er alle 34 Bundesliga-Spiele.*

Der Kader

NAME	SPIELE	TORE
Sepp Maier	34	0
Björn Andersson	23	0
Franz Beckenbauer	33	3
Peter Gruber	16	1
Udo Horsmann	22	1
Hans-Josef Kapellmann	31	4
Hans-Georg Schwarzenbeck	31	1
Josef Weiß	11	0
Alfred Arbinger	6	0
Bernd Dürnberger	17	4
Eduard Kirschner	13	1
Erhan Önal	10	1
Franz Roth	20	1
Vesely Schenk	6	0
Kjeld Seneca	5	0
Conny Torstensson	33	4
Uli Hoeneß	27	9
Rainer Künkel	14	2
Gerd Müller	25	28
Wilhelm Reisinger	1	0
Karl-Heinz Rummenigge	31	12

ERHAN ÖNAL feiert sein einziges Tor für Bayern in insgesamt 18 Ligaspielen beim 3:0 gegen den FCK

Transfers

PETER GRUBER braucht nach seinem Aufstieg aus der Bayern-Jugend in den Profikader ein halbes Jahr, dann darf er am 18. Spieltag in Düsseldorf (0:0) erstmals in der Bundesliga auflaufen. Meist wird er als linker Außenverteidiger eingesetzt, kommt noch auf 16 Spiele in der Saison. Mit seinem einzigen Tor sorgt er am 21. Spieltag für den 1:0-Sieg gegen Hertha. Gruber bleibt bis zum Wechsel zu Dallas Tornado (USA) 1980 Ergänzungsspieler.

SPIELER	VON VEREIN	ABLÖSESUMME
Peter Gruber	FC Bayern Jugend	–
Alfred Arbinger	FC Vilshofen	–
Eduard Kirschner	1. FC Passau	–
Erhan Önal	FC Bayern Jugend	–
Wesley Schenk	FC Sportfreunde München	–
Wilhelm Reisinger	ASV Cham Jugend	–
Klaus Augenthaler	FC Bayern Jugend	–

Tops & Flops

KARL-HEINZ RUMMENIGGE Nach 5 (1974/75) und 8 Toren (75/76) erzielt er 12 Liga-Tore, debütiert am 6. Oktober in der Nationalelf, macht bis Saisonende 6 Länderspiele.

TOR DES JAHRES Gerd Müller erzielt im Europacup-Spiel in Ostrau per Flugkopfball sein zweites Tor des Jahres. Das erste Mal gewann er 1972 (Gemeinschaftsproduktion mit Günter Netzer).

BOCHUM-WUNDER Am 18. September 1976 wandelt Bayern beim VfL ein 0:4 (nach 53 Minuten) in ein 6:5 um. Eine in der Bundesliga einmalige Aufholjagd.

REDAKTION In der Stadionzeitung „Bayern Echo“ heißt es vor dem Duisburg-Spiel am 19. Spieltag: „Der Stern von Ronnie Worm ist im Sinken.“ Zumindest an diesem Tag eine totale Fehleinschätzung: Der Duisburger Mittelstürmer (Foto) trifft in der sechsten Minute zum 1:0 und in der neunten zum 2:0. Gerd Müller und Conny Torstensson können noch ausgleichen, es reicht aber nur zur Punkteteilung.

EUROPÄISCHER SUPERCUP Wie 1975/76 verliert Bayern wieder das Duell gegen den Pokalsieger: diesmal mit 2:1 (in München) und 1:4 gegen Anderlecht.

1. SPIELTAG

Bayern – Fortuna Düsseldorf 2:1 (0:1)

BAYERN: Maier – B. Andersson (40. Torstensson), Beckenbauer, Schwarzenbeck, Horsmann – J. Weiß, Dürnberger, Kapellmann – U. Hoeneß, G. Müller, K.-H. Rummenigge.
DÜSSELDORF: Woyke – Baltes, Zewe, Zimmermann, Kriegler – Bommer (78. Köhnen), Brei, Hickersberger – Geye, Seel, K. Allofs (78. Mattsson).
Tore: 0:1 Bommer (3.), 1:1 Dürnberger (70.), 2:1 G. Müller (74.).
Gelb: – / Kriegler. **Schiedsrichter:** Hermann Schröder.

2. SPIELTAG

MSV Duisburg – Bayern 5:2 (3:1)

DUISBURG: Heinze – Schneider, Bregmann, Pirsig, Dietz – Jara, Bücker, Büssers (68. Bella) – Seliger, Worm, Thies (86. Weber).
BAYERN: Maier – Schwarzenbeck, Beckenbauer, Dürnberger, Horsmann – J. Weiß, Torstensson, K.-H. Rummenigge – U. Hoeneß, G. Müller, Künkel.
Tore: 0:1 Torstensson (2.), 1:1 Bregmann (8.), 2:1 Thies (21.), 3:1 Seliger (34.), 4:1 Dietz (63.), 4:2 K.-H. Rummenigge (69.), 5:2 Schneider (87.).
Gelb: – / G. Müller. **Schiedsrichter:** Eckhard Jensen.

3. SPIELTAG

Bayern – Eintr. Braunschweig 2:2 (0:0)

BAYERN: Maier – B. Andersson, Beckenbauer, Schwarzenbeck, Horsmann – Dürnberger, Torstensson, Kapellmann – K.-H. Rummenigge, G. Müller, U. Hoeneß.
BRAUNSCHWEIG: Franke – Zembski, Haebermann, Hollmann, Merkhoffer – Ristic, Handschuh, Dremmler – Popivoda, Frank, Gersdorff.
Tore: 0:1 Hollmann (52.), 1:1 U. Hoeneß (60.), 2:1 Dürnberger (62.), 2:2 Frank (77.).
Gelb: – / Handschuh. **Schiedsrichter:** Gerd Hennig.

4. SPIELTAG

Hertha BSC – Bayern 1:1 (0:1)

HERTHA: Nigbur – Sziedat (46. Sidka), Brück, Kliemann, Weiner – Hermandung, Diefenbach, Beer – Szymanek, Horr, Grau.
BAYERN: Maier – B. Andersson, Beckenbauer, Schwarzenbeck, Horsmann – Dürnberger, Torstensson, Kapellmann – U. Hoeneß, G. Müller, K.-H. Rummenigge.
Tore: 0:1 U. Hoeneß (33.), 1:1 Szymanek (86., Foulelfmeter).
Gelb: Kliemann – Kapellmann, Maier.
Schiedsrichter: Walter Eschweiler.

5. SPIELTAG

Bayern – Tennis Borussia Berlin 9:0 (4:0)

BAYERN: Maier – B. Andersson, Beckenbauer, Schwarzenbeck, Horsmann (46. J. Weiß) – Dürnberger (53. Kirschner), Torstensson, Kapellmann – U. Hoeneß, G. Müller, K.-H. Rummenigge.
BERLIN: Birkenmeier – Schneider, Schmitz, Hanisch, Kraus – Zimmer (25. Stade), Schulz, Bruckhoff, Subklewe, Eggert – Sackewitz.
Tore: 1:0 Kapellmann (23.), 2:0 K.-H. Rummenigge (30.), 3:0 G. Müller (35.), 4:0 G. Müller (39.), 5:0 G. Müller (48.), 6:0 G. Müller (57.), 7:0 K.-H. Rummenigge (77.), 8:0 G. Müller (85.), 9:0 K.-H. Rummenigge (89.). **Gelb:** Schwarzenbeck / –.
Schiedsrichter: Heinz Quindeau.

6. SPIELTAG

VfL Bochum – Bayern 5:6 (3:0)

BOCHUM: Scholz – Gerland, Franke (11. Ellbracht), Herget, Lameck – Eggert, Miß, Tenhagen, Trimhold – Pochstein, Kaczor.
BAYERN: Maier – Horsmann, Beckenbauer, Schwarzenbeck, B. Andersson – Kapellmann, Torstensson (85. Künkel), Dürnberger – U. Hoeneß, G. Müller, K.-H. Rummenigge.
Tore: 1:0 Ellbracht (24.), 2:0 Kaczor (38.), 3:0 Ellbracht (43.), 4:0 Pochstein (53.), 4:1 K.-H. Rummenigge (55.), 4:2 Schwarzenbeck (57.), 4:3 G. Müller (63.), 4:4 G. Müller (74., Foulelfmeter), 4:5 U. Hoeneß (75.), 5:5 Kaczor (80.), 5:6 U. Hoeneß (89.).
Schiedsrichter: Walter Horstmann.

7. SPIELTAG

Bayern – 1. FC Köln 4:1 (2:0)

BAYERN: Maier – B. Andersson, Beckenbauer, Schwarzenbeck, Horsmann – Dürnberger, Torstensson (77. Roth), Kapellmann – U. Hoeneß, G. Müller, K.-H. Rummenigge.
KÖLN: Schumacher – Konopka, Gerber, Weber, Zimmermann – Simmet, Flohe, Overath – van Gool, D. Müller, Löhr.
Tore: 1:0 K.-H. Rummenigge (9.), 2:0 U. Hoeneß (41.), 2:1 Overath (60.), 3:1 U. Hoeneß (78.), 4:1 Dürnberger (79.).
Gelb: Torstensson/ –. **Schiedsrichter:** Ferdinand Biwersi.

8. SPIELTAG

Borussia Dortmund – Bayern 3:3 (0:1)

DORTMUND: Bertram – Huber, Nerlinger, Schwarze, Ackermann – Meyer, Segler, Wagner (77. Votava), Hartl – Kostedde, Schildt (43. Vöge).
BAYERN: Maier – B. Andersson, Beckenbauer, Schwarzenbeck, Horsmann – Dürnberger, Torstensson, U. Hoeneß, Kapellmann – K.-H. Rummenigge, G. Müller.
Tore: 0:1 K.-H. Rummenigge (44.), 0:2 G. Müller (54.), 1:2 Vöge (60.), 1:3 K.-H. Rummenigge (77.), 2:3 Kostedde (80.), 3:3 Hartl (89.).
Gelb: Meyer, Schwarze – Andersson.
Schiedsrichter: Volker Roth.

9. SPIELTAG

Bayern – Schalke 04 0:7 (0:2)

BAYERN: Maier – Horsmann, Beckenbauer, Schwarzenbeck (46. Arbinger), J. Weiß – Dürnberger, Kapellmann, K.-H. Rummenigge – U. Hoeneß, G. Müller, Künkel (46. Seneca).
SCHALKE: Maric – Thiele, Fichtel, Rüssmann, Sobieray – Lütkebohmert, Dubski (81. Bruns), Bongartz – Abramczik, Fischer, E. Kremers (51. Gede).
Tore: 0:1 Fischer (11.), 0:2 E. Kremers (44.), 0:3 Fischer (46.), 0:4 Dubski (64.), 0:5 Fischer (67.), 0:6 Abramczik (74.), 0:7 Fischer (82.). **Schiedsrichter:** Günter Linn.

10. SPIELTAG

Werder Bremen – Bayern 2:3 (1:1)

BREMEN: Burdenski – Geils, Røntved, Höttges, Kamp – Hiller, Röber, Bracht (76. Ohling) – Konschal, Meininger (30. Weist), Petrovic.
BAYERN: Maier – B. Andersson, Beckenbauer, Schwarzenbeck (56. Arbinger), Horsmann – Dürnberger, K.-H. Rummenigge, Torstensson, Kapellmann – G. Müller, U. Hoeneß.
Tore: 0:1 G. Müller (19.), 1:1 Weist (36.), 1:2 K.-H. Rummenigge (68.), 1:3 Geils (73., Eigentor), 2:3 Röber (88.).
Schiedsrichter: Karl-Heinz Fork.

11. SPIELTAG

Bayern – Hamburger SV 6:2 (1:1)

BAYERN: Maier – Horsmann, Beckenbauer, Torstensson, B. Andersson – Arbinger, Dürnberger, Kapellmann – U. Hoeneß, G. Müller, K.-H. Rummenigge.
HAMBURG: Kargus – Kaltz, Winkler, Ripp, Bjørnmose – Bertl, Zaczyk, Eigl – Sperlich, Reimann (65. Magath), Volkert.
Tore: 1:0 G. Müller (35.), 1:1 Reimann (43.), 2:1 Torstensson (49.), 2:2 Bjørnmose (54.), 3:2 G. Müller (61.), 4:2 Kapellmann (73.), 5:2 G. Müller (82.), 6:2 G. Müller (89.).
Gelb: – / Reimann. **Schiedsrichter:** Paul Kindervater.
Besonderes Vorkommnis: Kargus hält Foulelfmeter von G. Müller (38.).

12. SPIELTAG

1. FC Kaiserslautern – Bayern 1:1 (0:1)

K'LAUTERN: Hellström – Diehl, Melzer, Meier, Ritschel – Groh, Toppmöller, Riedl – Sandberg (78. Metzler), Pirrung, Briegel.
BAYERN: Maier – B. Andersson, Beckenbauer, Schwarzenbeck, Dürnberger – Arbinger (69. Roth), Torstensson, Kapellmann – U. Hoeneß, G. Müller, K.-H. Rummenigge.
Tore: 0:1 G. Müller (36.), 1:1 Pirrung (51.).
Gelb: Meier, Riedl – Kapellmann, Schwarzenbeck.
Schiedsrichter: Rainer Waltert.

13. SPIELTAG

Bayern – 1. FC Saarbrücken 5:1 (1:1)

BAYERN: Maier – Arbinger (66. Roth), Schwarzenbeck, Beckenbauer, Horsmann – Dürnberger, Torstensson, Kapellmann – U. Hoeneß, G. Müller, K.-H. Rummenigge.
SAARBRÜCKEN: Ferner – Traser, Zech, Schmitt, Förster – Semlitsch, Cremer, Acimovic (74. Marek) – Denz, Ellbracht, Berdoll.
Tore: 0:1 Cremer (22., Handelfmeter), 1:1 G. Müller (31.), 2:1 Dürnberger (50.), 3:1 Beckenbauer (66.), 4:1 U. Hoeneß (77.), 5:1 G. Müller (89., Foulelfmeter).
Schiedsrichter: Eckhard Jensen.

14. SPIELTAG

Rot-Weiss Essen – Bayern 1:4 (0:1)

ESSEN: Granzow – Strauch, Wieczorkowski (82. Huhse), Wörmer, Bönighausen – Lorant, Krostina, Fürhoff – Lund, Mill, Bast.
BAYERN: Maier – Dürnberger, Beckenbauer, Schwarzenbeck, Horsmann – Arbinger, Torstensson, Kapellmann – U. Hoeneß, G. Müller, K.-H. Rummenigge.
Tore: 0:1 G. Müller (21.), 0:2 Beckenbauer (50.), 0:3 G. Müller (76.), 0:4 U. Hoeneß (78.), 1:4 Bast (79.).
Schiedsrichter: Hermann Schröder.

Bayerns höchste Heimniederlage in der Bundesliga: das 0:7 gegen Schalke am 9. Spieltag. Klaus Fischer (2. v. r.) erzielt das letzte seiner vier Tore gegen Sepp Maier in der 82. Minute (Foto)

15. SPIELTAG

Karlsruher SC – Bayern 1:2 (0:1)

KARLSRUHE: Wimmer – Kalb, Bredenfeld, Ulrich, Radau – Schäfer, Struth (76. Krauth), Balevski (60. Flindt Bjerg) – Berger, Janzon, Kübler.
BAYERN: Maier – B. Andersson, Beckenbauer (46. Roth), Schwarzenbeck, Horsmann – Dürnberger, Torstensson, Kapellmann – K.-H. Rummenigge, G. Müller, U. Hoeneß.
Tore: 0:1 Horsmann (41.), 0:2 K.-H. Rummenigge (50.), 1:2 Struth (60., Foulelfmeter).
Gelb: – / Horsmann.
Schiedsrichter: Wolf-Dieter Ahlenfelder.

16. SPIELTAG

Bayern – Eintracht Frankfurt 0:3 (0:1)

BAYERN: Maier – B. Andersson, Schwarzenbeck, Torstensson, Horsmann – Roth, Dürnberger, Kapellmann – U. Hoeneß, G. Müller, K.-H. Rummenigge.
FRANKFURT: Koitka – H. Müller (52. Dörr), Trinklein, Kraus, Neuberger – Weidle, Nickel, Grabowski, Stepanovic – Hölzenbein, Wenzel.
Tore: 0:1 Nickel (30.), 0:2 Hölzenbein (74., Foulelfmeter), 0:3 Hölzenbein (77.).
Schiedsrichter: Walter Horstmann.

17. SPIELTAG

Borussia M'gladbach – Bayern 1:0 (0:0)

M'GLADBACH: Kneib – Klinkhammer, Wohlers, Schäffer, Bonhof – Kulik, Wimmer, Stielike (79. Ringels) – Simonsen, Köppel, Hannes.
BAYERN: Maier – B. Andersson, Beckenbauer, Schwarzenbeck, Horsmann – Dürnberger, Torstensson, Kapellmann – K.-H. Rummenigge, G. Müller, U. Hoeneß (73. Roth).
Tor: 1:0 Simonsen (52.).
Gelb: – / Dürnberger **Schiedsrichter:** Volker Roth.

18. SPIELTAG

Fortuna Düsseldorf – Bayern 0:0

DÜSSELDORF: Woyke – Baltes, Hickersberger, Zimmermann, Kriegler – Brei, K. Allofs, Zewe – Geye, Szymanek, Seel.
BAYERN: Maier – J. Weiß, Beckenbauer, Schwarzenbeck, Gruber (83. Seneca) – Roth (46. Kirschner), Schenk, Kapellmann, Torstensson – G. Müller, U. Hoeneß.
Gelb: – / Kapellmann, Schenk.
Schiedsrichter: Jan Redelfs.

19. SPIELTAG

Bayern – MSV Duisburg 2:2 (1:2)

BAYERN: Maier – J. Weiß, Schwarzenbeck, Beckenbauer, Gruber (83. Kirschner) – Roth, Torstensson, Kapellmann – U. Hoeneß, G. Müller, Önal.
DUISBURG: Heinze – Schneider, Pirsig, Bregmann, Dietz – Jara, Bücker, Bruckmann, Büssers – Seliger (67. Weber), Worm.
Tore: 0:1 Worm (6.), 0:2 Worm (9.), 1:2 Müller (33.), 2:2 Torstensson (58.).
Schiedsrichter: Ferdinand Biwersi.

20. SPIELTAG

Eintr. Braunschweig – Bayern 1:0 (0:0)

BRAUNSCHWEIG: Franke – Grzyb, Haebermann, Hollmann, Merkhoffer – Zembski, Handschuh, Dremmler – Popivoda, Frank, Holzer.
BAYERN: Maier – J. Weiß, Beckenbauer, Schwarzenbeck, Gruber – Roth, Torstensson, Kirschner, Schenk – K.-H. Rummenigge, U. Hoeneß.
Tor: 1:0 Handschuh (49.).
Gelb: – / Torstensson. **Schiedsrichter:** Wilfried Hilker.

21. SPIELTAG

Bayern – Hertha BSC 1:0 (0:0)

BAYERN: Maier – Schwarzenbeck, Beckenbauer, Gruber – Roth, Torstensson, Önal, Kapellmann – U. Hoeneß, Künkel (70. Kirschner), K.-H. Rummenigge.
HERTHA: Nigbur – Sziedat, Brück, Hermandung, Weiner, – Sidka, Beer, Rasmussen – Gersdorff, Granitza, Grau.
Tor: 1:0 Gruber (83.).
Gelb: – / Grau, Nigbur. **Schiedsrichter:** Werner Burgers.

22. SPIELTAG

Tennis Borussia Berlin – Bayern 3:1 (1:0)

BERLIN: Groß – Savkovic, Hochheimer, Jakobs, Schneider – (76. Schmitz), Baake, Schulz, Berkemeier – Stradt (89. Zimmer), Wendt, Sprenger.
BAYERN: Maier – Gruber, Beckenbauer, Schwarzenbeck, Horsmann – Roth (46. J. Weiß), U. Hoeneß, Torstensson – K.-H. Rummenigge, Önal (63. Kirschner), Kapellmann.
Tore: 1:0 Wendt (43.), 2:0 Baake (52.), 3:0 Wendt (76.), 3:1 Kirschner (83.).
Schiedsrichter: Rainer Waltert.

23. SPIELTAG

Bayern – VfL Bochum 1:1 (1:1)

BAYERN: Maier – B. Andersson, Beckenbauer, Gruber, J. Weiß – Roth (70. Kirschner), Torstensson, Kapellmann – U. Hoeneß, Künkel, K.-H. Rummenigge.
BOCHUM: Scholz – Fromm, Franke, Eggert, Lameck – Holz, Tenhagen, Trimhold, Herget – Kaczor, Eggeling (51. Pochstein), .
Tore: 0:1 Kaczor (13.), 1:1 Künkel (26.).
Schiedsrichter: Walter Niemann.

24. SPIELTAG

1. FC Köln – Bayern 3:0 (2:0)

KÖLN: Topalovic – Konopka, Cullmann (61. Strack), Gerber, Zimmermann – Simmet, Overath, Flohe – van Gool, D. Müller, Löhr (76. Prestin).
BAYERN: Maier – B. Andersson, Beckenbauer, Schwarzenbeck, Horsmann – Roth (71. Kirschner), Torstensson (61. Önal), Gruber, Kapellmann – K.-H. Rummenigge, Künkel.
Tore: 1:0 van Gool (8.), 2:0 van Gool (17.), 3:0 Beckenbauer (57., Eigentor).
Schiedsrichter: Walter Engel.

25. SPIELTAG

Bayern – Borussia Dortmund 1:2 (1:1)

BAYERN: Maier – B. Andersson, Horsmann, Beckenbauer, Gruber – Roth, J. Weiß, Torstensson, Kirschner (46. U. Hoeneß) – Künkel, K.-H. Rummenigge, .
DORTMUND: Bertram – Huber, Wagner (50. Votava), Nerlinger, Ackermann – Hartl (75. Wolf), Segler, Burgsmüller – Geyer, Kostedde, Lippens.
Tore: 1:0 Künkel (20.), 1:1 Kostedde (23.), 1:2 Huber (89.).
Gelb: Gruber – Votava. **Schiedsrichter:** Eckhard Jensen.

26. SPIELTAG

Schalke 04 – Bayern 0:0

SCHALKE: Maric – Sobieray, Fichtel, Rüssmann, Thiele – (36. Dubski), H. Kremers, Oblak, Bongartz (63. E. Kremers), Bittcher – Abramczik, Fischer.
BAYERN: Maier – B. Andersson, Beckenbauer, Schwarzenbeck, Gruber – Roth (69. Kirschner), Horsmann, Torstensson, Kapellmann – K.-H. Rummenigge, Künkel.
Gelb: – / Kapellmann, Kirschner, Torstensson.
Schiedsrichter: Theo Antz.

27. SPIELTAG

Bayern – Werder Bremen 1:0 (0:0)

BAYERN: Maier – Gruber, Beckenbauer, Schwarzenbeck, B. Andersson – Roth, Horsmann, Torstensson, Kapellmann – Künkel, Reisinger (70. Kirschner).
BREMEN: Burdenski – Geils, Höttges, Siegmann, Kamp – Hiller, Röber, Bracht – Konschal, Meininger, Petrovic (74. Görts).
Tor: 1:0 Roth (66.).
Schiedsrichter: Gerd Hennig.
Besonderes Vorkommnis: Burdenski hält Foulelfmeter von Beckenbauer (83.).

28. SPIELTAG

Hamburger SV – Bayern 5:0 (2:0)

HAMBURG: Kargus – Kaltz, Ripp, Nogly, Hidien – Memering, Zaczyk, Magath – Steffenhagen, Reimann (58. Keller), Volkert.
BAYERN: Maier – B. Andersson, Beckenbauer, Schwarzenbeck, Gruber – Horsmann (63. Kirschner), Roth, Torstensson (67. Önal), Kapellmann – K.-H. Rummenigge, Künkel.
Tore: 1:0 Zaczyk (19.), 2:0 Reimann (21.), 3:0 Memering (55.), 4:0 Volkert (67., Foulelfmeter), 5:0 Steffenhagen (73.).
Gelb: – / Gruber. **Schiedsrichter:** Werner Burgers.

29. SPIELTAG

Bayern – 1. FC Kaiserslautern 3:0 (2:0)

BAYERN: Maier – B. Andersson, Beckenbauer, Schwarzenbeck, Gruber – Roth, Önal (75. Horsmann, Torstensson), Kapellmann, K.-H. Rummenigge, G. Müller, Künkel.
K'LAUTERN: Hellström – Scheller, Melzer, Meier, Stickel – Groh, Wilhelmi (72. Schwarz), Riedl – Pirrung, Toppmöller, Metzler (46. Scheer).
Tore: 1:0 G. Müller (1.), 2:0 K.-H. Rummenigge (9.), 3:0 Önal (57.).
Gelb: – / Riedl. **Schiedsrichter:** Volker Roth.

30. SPIELTAG

1. FC Saarbrücken – Bayern 6:1 (2:0)

SAARBRÜCKEN: Ferner – Semlitsch, Schmitt, Zech, Förster (87. Bender) – Traser, Denz, Acimovic, Schuster – Ellbracht, Stegmayer.
BAYERN: Maier – B. Andersson, Beckenbauer, Schwarzenbeck, Gruber (62. Künkel) – Roth, Önal (56. Torstensson), J. Weiß – K.-H. Rummenigge, G. Müller, Kapellmann.
Tore: 1:0 Stegmayer (21.), 2:0 Stegmayer (40.), 3:0 Stegmayer (60.), 3:1 G. Müller (70.), 4:1 Stegmayer (75.), 5:1 Denz (80.), 6:1 Schuster (88.).
Gelb: – / Gruber, Schwarzenbeck.
Schiedsrichter: Wolf-Dieter Ahlenfelder.

31. SPIELTAG

Bayern – Rot-Weiss Essen 5:1 (1:0)

BAYERN: Maier – B. Andersson, Beckenbauer, Schwarzenbeck, Schenk – Roth, Torstensson (70. Önal), Kapellmann – K.-H. Rummenigge, G. Müller, Künkel (19. Kirschner).
ESSEN: Blasey – Neues, Huhse, Wörmer, Wieczorkowski – Lorant, Bast, Fürhoff (58. Zedler) – Mill, Hrubesch, Lund (69. Dörre).
Tore: 1:0 Beckenbauer (4.), 2:0 G. Müller (55.), 3:0 G. Müller (59.), 3:1 Hrubesch (64.), 4:1 G. Müller (84., Foulelfmeter), 5:1 G. Müller (86.). **Gelb:** K.-H. Rummenigge – Bast, Mill.
Schiedsr.: Heinz Quindeau.

32. SPIELTAG

Bayern – Karlsruher SC 5:0 (2:0)

BAYERN: Maier – Gruber, Schwarzenbeck, Beckenbauer, Schenk – Torstensson, Önal (62. Seneca), Kapellmann – U. Hoeneß, G. Müller, K.-H. Rummenigge.
KARLSRUHE: Wimmer – Bredenfeld (64. Komorowski), Ulrich, Struth, Kalb – Niedermayer, Schäfer, Kübler (62. Krauth) – Flindt Bjerg, Balevski, Janzon.
Tore: 1:0 Torstensson (37.), 2:0 Kapellmann (42.), 3:0 G. Müller (67.), 4:0 Kapellmann (88.), 5:0 U. Hoeneß (89.).
Gelb: Kapellmann / –. **Schiedsrichter:** Karl-Heinz Fork.

33. SPIELTAG

Eintracht Frankfurt – Bayern 2:1 (1:1)

FRANKFURT: Koitka – Weidle, Trinklein, Körbel, Neuberger – Kraus, Reichel, Nickel, Grabowski – Hölzenbein, Wenzel.
BAYERN: Maier – Gruber, Beckenbauer, Schwarzenbeck, Schenk – Önal (64. Seneca), Torstensson, Kapellmann – U. Hoeneß, G. Müller, K.-H. Rummenigge.
Tore: 0:1 K.-H. Rummenigge (32.), 1:1 Nickel (34.), 2:1 Hölzenbein (52.).
Gelb: Grabowski – Gruber, G. Müller, Schwarzenbeck.
Schiedsrichter: Winfried Walz.

34. SPIELTAG

Bayern – Borussia M'gladbach 2:2 (1:2)

BAYERN: Maier – Gruber, Beckenbauer, Schwarzenbeck, Schenk – B. Andersson, Torstensson (81. Seneca), Kapellmann – U. Hoeneß (74. Künkel), G. Müller, K.-H. Rummenigge.
M'GLADBACH: Kneib – Vogts, Wittkamp, Schäffer, Klinkhammer – Bonhof, Wohlers, Stielike, Wimmer – Simonsen, Heynckes (74. Kulik).
Tore: 0:1 Heynckes (20.), 0:2 Stielike (22.), 1:2 G. Müller (36.), 2:2 Wittkamp (90., Eigentor).
Schiedsrichter: Ferdinand Biwersi.

Abschlusstabelle

Pl.	Verein	Spiele	G	U	V	Tore	Diff.	Punkte
1	M'gladbach (M)	34	17	10	7	58:34	+ 24	44:24
2	Schalke	34	17	9	8	77:52	+ 25	43:25
3	Braunschweig	34	15	13	6	56:38	+ 18	43:25
4	Frankfurt	34	17	8	9	86:57	+ 29	42:26
5	1. FC Köln	34	17	6	11	83:61	+ 22	40:28
6	Hamburg (P)	34	14	10	10	67:56	+ 11	38:30
7	Bayern	34	14	9	11	74:65	+ 9	37:31
8	Dortmund (A)	34	12	10	12	73:64	+ 9	34:34
9	Duisburg	34	11	12	11	60:51	+ 9	34:34
10	Hertha	34	13	8	13	55:54	+ 1	34:34
11	Bremen	34	13	7	14	51:59	– 8	33:35
12	Düsseldorf	34	11	9	14	52:54	– 2	31:37
13	Kaiserslautern	34	12	5	17	53:59	– 6	29:39
14	Saarbrücken (A)	34	9	11	14	43:55	– 12	29:39
15	Bochum	34	11	7	16	47:62	– 15	29:39
16	Karlsruhe	34	9	10	15	53:75	– 22	28:40
17	TeBe Berlin (A)	34	6	10	18	47:85	– 38	22:46
18	RW Essen	34	7	8	19	49:103	– 54	22:46

DIE WEITEREN SIEGER DES JAHRES:

Europapcup der Landesmeister: FC Liverpool

Europacup der Pokalsieger: Hamburger SV

Uefa-Cup: Juventus Turin

DFB-Pokal: 1. FC Köln

Alle Ergebnisse auf einen Blick

Waagerecht: alle Heimresultate. Senkrecht: alle Auswärtsresultate	M'gladbach	Schalke	Braunschweig	Frankfurt	Köln	Hamburg	Bayern	Dortmund	Duisburg	Hertha	Bremen	Düsseldorf	Kaiserslautern	Saarbrücken	Bochum	Karlsruhe	TeBe Berlin	Essen
M'gladbach		2:0	1:1	1:3	3:1	0:0	1:0	1:1	1:1	2:1	3:1	3:1	0:0	3:0	4:2	5:1	3:0	6:0
Schalke	1:0		2:3	1:1	1:1	1:0	0:0	4:2	3:2	4:0	3:2	2:1	5:2	0:1	3:1	2:2	5:4	3:0
Braunschweig	1:1	1:0		3:1	4:2	0:1	1:0	3:1	1:1	2:2	0:1	0:0	2:1	1:0	2:0	3:3	3:1	6:0
Frankfurt	1:3	6:3	3:0		4:0	2:1	2:1	1:4	3:1	3:3	7:1	1:1	2:0	2:1	2:2	3:2	7:1	3:1
Köln	0:3	2:0	3:0	2:0		3:3	3:0	1:1	5:2	3:2	3:0	2:2	3:1	5:1	6:1	4:1	8:4	2:2
Hamburg	4:1	2:2	0:2	3:1	2:1		5:0	3:4	2:0	2:0	5:3	1:1	1:0	0:0	5:1	2:1	2:1	5:3
Bayern	2:2	0:7	2:2	0:3	4:1	6:2		1:2	2:2	1:0	1:0	2:1	3:0	5:1	1:1	5:0	9:0	5:1
Dortmund	0:0	2:2	0:0	2:2	1:2	4:4	3:3		2:1	2:1	2:4	1:2	5:2	2:1	0:2	7:2	4:0	4:2
Duisburg	3:2	2:2	1:1	4:3	1:1	0:0	5:2	0:0		1:1	3:0	1:0	1:0	2:3	0:0	3:1	1:1	4:0
Hertha	0:1	2:1	2:1	2:3	2:4	2:1	1:1	3:2	2:4		2:1	4:0	2:0	1:1	2:0	1:1	2:0	2:1
Bremen	1:0	1:1	2:2	2:1	2:1	2:2	2:3	3:0	2:2	1:0		0:2	2:0	1:0	2:0	1:1	0:0	3:1
Düsseldorf	0:1	1:2	1:3	1:2	1:3	2:0	0:0	3:2	2:0	2:3	3:2		2:3	5:1	1:0	3:0	0:0	4:4
Kaiserslautern	1:2	2:0	1:3	2:2	4:2	2:0	1:1	2:1	2:0	0:2	4:2	0:2*		1:0	2:0	3:1	3:1	7:1
Saarbrücken	2:2	2:3	1:2	2:2	3:1	3:2	6:1	2:2	1:0	1:1	2:0	0:0	2:2		0:1	1:1	0:0	2:1
Bochum	0:0	1:2	1:1	3:1	1:2	4:2	5:6	2:1	2:1	4:2	0:2	1:2	1:0	1:2		1:0	2:1	2:1
Karlsruhe	4:0	1:7	1:1	2:0	2:1	2:2	1:2	2:1	2:1	0:3	3:1	1:1	1:1	3:0	2:1		4:1	1:1
TeBe Berlin	0:1	1:3	0:0	1:1	3:2	1:1	3:1	2:3	1:5	2:0	2:4	4:2	4:2	1:1	1:1	4:2		2:2
Essen	1:0	2:2	2:1	1:8	0:3	1:2	1:4	1:5	1:5	2:2	0:0	5:3	3:2	1:0	3:3	3:2	1:0	

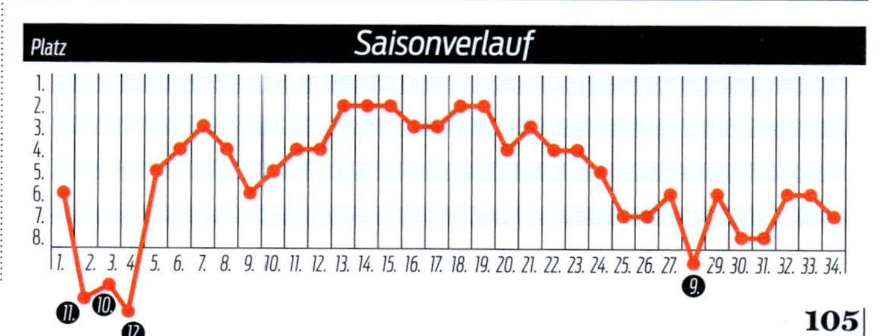

Dritte von fünf Pleiten im Krisenherbst: das 3:6 beim MSV Duisburg am 14. Spieltag. Das Spiel geht in die Annalen ein, mit Bernard Dietz (r.) erzielt ein Verteidiger vier Tore gegen Wolfgang Rausch, Sepp Maier und Udo Horsmann (v. l.). Und zwar die ersten vier Duisburger Treffer zum 1:0, 2:2, 3:3 und 4:3. Bis heute hat ein Abwehrspieler nie mehr vier Tore in einer Bundesliga-Partie geschossen

POSSE UM EINEN TRAI

Dettmar Cramer und Frankfurts Gyula Lorant wechseln mitten in der Saison die Seiten. Bayern spielt trotzdem seine schlechteste Saison

Das Jahr eins nach Franz Beckenbauer beginnt am Montag, 11. Juli 1977, als wäre nichts gewesen. Beim Trainingsauftakt an der Säbener Straße träumt Präsident Wilhelm Neudecker laut vom Gewinn des Uefa-Pokals, „der fehlt uns noch in der Sammlung". Und für den Meistertitel lobt er eine Prämie von 30 000 D-Mark pro Kopf aus. Die Bayern sind fast krampfhaft bemüht, nicht in das allgemeine Wehklagen im Umfeld einzustimmen.

Schon gar nicht, da wieder Derby-Zeit in München ist. 1860 ist nach sieben Jahren zurück in der Bundesliga, und es darf kein Zweifel daran bestehen, wer die Nummer 1 in der Stadt ist. Darauf weist Neudecker seine Spieler extra hin.

Er selbst hat seinen Job getan, glaubt er zumindest: „Wir sind vom Spielerpotenzial her besser als vergangene Saison." 2,6 Millionen DM, mehr denn je, hat der Klub in seine Zugänge investiert. Königstransfer ist der Jugoslawe Branko Oblak (von Schalke), der neue Spielmacher. „Er ist ja der Einzige, der lange Bälle schlagen kann", sagt Uli Hoeneß in erster Vorfreude.

Gerd Müller soll die Mannschaft führen, als neuer Kapitän für Beckenbauer. Das ist für den stillen Torjäger nicht gerade eine Paraderolle, seine Leistung leidet darunter aber nicht. Müller gewinnt 1977/78 das letzte Mal die Torjägerkanone, gemeinsam mit seinem Namensvetter Dieter Müller vom 1. FC Köln (beide 24 Treffer). Es ist der einzige Titel, der in dieser Spielzeit nach München geht, da kann Neudecker auch noch so viel Geld in Aussicht stellen.

Die Hinrunde verläuft katastrophal: Nach 17 Spielen stehen die Bayern auf Platz 15, nur einmal gibt es kein Gegentor (beim 3:0 gegen Dortmund am 11. Spieltag).

Die Lücke, die Beckenbauer hinterlassen hat, ist zu groß. Hans-Georg Schwarzenbeck klagt im Rückblick: „Die Orientierungslosigkeit saß so tief, dass wir mehr als ein Jahr brauchten, bis wir es halbwegs verdaut hatten." Es kommt vor, dass Spieler bei Rückpässen zum Libero „Franz" rufen, doch die Abwehr dirigiert jetzt Wolfgang Rausch. Der Ex-Offenbacher kann den Kaiser nicht ersetzen – niemand kann das.

Vom 12. bis 16. Spieltag verliert Bayern alle fünf Bundesliga-Begegnungen, sogar das Derby gegen die bis dahin sieglosen Löwen (1:3). Neudecker reißt der Geduldsfa-

NERTAUSCH

den, es kommt zum kuriosen Trainertausch mit Eintracht Frankfurt. Eine echte Posse. Die Chronologie:

28. November: Der Vorstand kontaktiert Uwe Klimaschefski von Zweitligist FC Homburg. Dettmar Cramer soll auf den vakanten Posten des Technischen Direktors abgeschoben werden. Er will Bedenkzeit.

29. November: Klimaschefski sagt ab und schickt Bayern das Flugticket zurück. So nimmt Neudecker Kontakt zu Eintracht-Chef Achaz von Thümen auf und bietet Cramer im Tausch gegen Frankfurts Gyula Lorant an.

30. November: Im Beisein Cramers telefoniert Neudecker mit Lorant. Fünf Stunden später ist der in München, man einigt sich per Handschlag auf einen Vertrag bis zum 30. Juni 1979. Abends fliegt Dettmar Cramer nach Frankfurt, um mit der Eintracht-Führung zu verhandeln. Ergebnislos gehen sie auseinander.

1. Dezember: Das Chaos ist perfekt, Cramer kommt direkt vom Münchner Flughafen und leitet das Bayern-Training. Frankfurt hat keinen Übungsleiter an diesem Tag, Bayern zwei. Lorant kehrt nach Frankfurt zurück, um fristlos zu kündigen.

2. Dezember: Lorant leitet erstmals das Bayern-Training, Eintracht ist immer noch ohne Coach.

Gibt ab 2. Dezember den Ton an: Trainer Gyula Lorant (r.) mit Assistent Pal Csernai

3. Dezember: Lorant feiert beim 4:2 gegen den 1. FC Kaiserslautern einen perfekten Einstand. Frankfurt punktet mit Spielertrainer Jürgen Grabowski in Braunschweig (1:1). Cramer sitzt auf der Tribüne, weil er sich noch nicht mit Bayern über die Abfindung geeinigt hat. Die erkämpft er sich mit der Androhung einer Kündigungsschutzklage vor dem Arbeitsgericht, kassiert schließlich 125 000 DM.

7. Dezember: Die Klubs treffen im Achtelfinal-Rückspiel um den Uefa-Cup aufeinander. Lorant hat das Hinspiel mit Frankfurt am 23. November 4:0 gewonnen, das Bundesliga-Spiel am 26. November ebenso hoch. Nun sitzt er auf der anderen Trainerbank, obwohl er der Eintracht zum Abschied versprochen hat, das nicht zu tun, und erlebt Bayerns dritte Niederlage gegen die Eintracht in Folge – diesmal mit 1:2. Cramer hat mehr Anstand und lässt Jürgen Grabowski den Vortritt.

Neudecker verspricht sich neue Impulse durch Gyula Lorant, dessen Rekordserie mit Frankfurt (22 Spiele ungeschlagen) hat ihm imponiert. Und Lorant macht das Psychospiel mit, stichelt in Richtung Cramer: „Ich muss völlig von vorn anfangen. Hier wurde seit Monaten schlecht und falsch gearbeitet."

Neue Töne in München. Auf den feingeistigen Dozenten Cramer folgt der grobe Polterer Lorant, der auch über seine Spieler herzieht und sich wenig Freunde macht. Uli Hoeneß tadelt er: „Er spielt nur für sich, weil er noch zur WM will."

Immerhin stoppt Gyula Lorant den freien Fall, aber Platz zwölf am Saisonende ist trotzdem Bayerns schlechteste Bundesliga-Platzierung aller Zeiten. Gerd Müller stellt konsterniert fest: „Über den Verlauf der Saison sollte man besser gar nicht reden, es ist teilweise zu peinlich." Immerhin bleibt Bayern Nr. 1 in München, 1860 steigt ab, und Frankfurt wird auch nur Siebter.

Neudecker erkennt: Diese Mannschaft braucht einen neuen Leitwolf. Und so nimmt er auf Rat von Hoeneß Kontakt mit einem verlorenen Sohn auf, der nach drei Jahren bei Real Madrid in die Bundesliga zurückgekehrt ist, gegen Bayern zwei Tore geschossen hat, sich aber in Braunschweig keineswegs glücklich fühlt: Paul Breitner. ●

Uefa-Cup

Sechstes und letztes Frankfurter Tor gegen Bayern: das 2:1 von Bernd Hölzenbein in München

Endstation schon vor der Winterpause

So furios, wie die Münchner ihre ersten Spiele im Uefa-Pokal beginnen, deutet nichts auf das jähe Ende hin. Norwegens Vertreter Mjøndalen IF wird im Olympiastadion mit 8:0 geschlagen, auswärts 4:0. In München schießen Karl-Heinz Rummenigge und Gerd Müller um die Wette, jeder trifft dreimal. In Runde zwei zeigen sich schon kleine Schwächen gegen Marek Stanke Dimitrov aus Bulgarien. Nach dem 3:0 im Hinspiel (Tore: zweimal Rummenigge, Müller) liegen die Bayern im Rückspiel zur Pause 0:2 zurück, retten sich vor 40 000 Zuschauern über die Zeit und ziehen in die dritte Runde ein. Gegen Eintracht Frankfurt ist nach dem 0:4 im Hinspiel das Aus praktisch besiegelt. Als Rummenigge im Rückspiel nach zwei Minuten seine Elf in Führung bringt, hoffen 15 000 Fans in München auf ein Wunder. Nach der Pause machen zwei Eintracht-Tore alles zunichte – 1:2. Erstmals seit 1969 kommt Bayern international nicht über den Winter.

DFB-Pokal

Hilf- und torlos in Homburg: Karl-Heinz Rummenigge (l.)

Zweitligist Homburg siegt in 3. Runde

Dreimal führt das Los die Mannschaft gegen Klubs aus dem Südwesten. In der 1. Runde am 10. August 1977 behaupten sich die Bayern bei Liga-Konkurrent 1. FC Saarbrücken knapp mit 2:1. Tore von Gerd Müller und Rainer Künkel wandeln den Pausenrückstand in einen Sieg um. Knapp sechs Wochen später (17. September) verlieren sie an gleicher Stelle im Ludwigsparkstadion das Bundesliga-Spiel 1:2. In der 2. Pokalrunde ist Zweitligist Eintracht Trier im Olympiastadion zu Gast und hält bis zum Seitenwechsel ein 1:1. Zwei Müller-Tore beenden den Spuk vor der Geisterkulisse von nur 7200 Zuschauern. Neun von zehn Plätzen bleiben in der riesigen Arena unbesetzt. Bis auf den letzten Platz ist dagegen das Homburger Waldstadion am 14. Oktober gefüllt. 20 000 frenetische Fans feuern in der dritten Hauptrunde den Zweitligisten FC Homburg an und sehen einen auch in dieser Höhe verdienten 3:1-Sieg. Ehrentreffer: Müller.

TRAINER

GYULA LORANT führt in München die Raumdeckung ein. Der Ex-Verteidiger war mit Ungarn 1954 im WM-Finale Deutschland 2:3 unterlegen. Seine Bilanz ist leicht positiv (7 Siege, 6 Remis, 5 Niederlagen).

DIE TOP-ELF DER SAISON

Bernd Dürnberger

Udo Horsmann

DER SPIELER DES JAHRES

*Mit Bayern ist **Sepp Maier** wochenlang im Abstiegskampf, die Nationalmannschaft gewinnt in Argentinien nur eins von sechs WM-Spielen und blamiert sich bei der Schmach von Córdoba gegen Österreich (2:3). Aber Maier, bei der WM viermal ohne Gegentor, wird wie im Vorjahr „Fußballer des Jahres“. Er profitiert von der spielerischen Krise des deutschen Fußballs. Gemeinsam mit Gerd Müller absolviert er am 18. Februar 1978 sein 400. Bundesliga-Spiel. Beide erhalten das Bundesverdienstkreuz.*

Der Kader

NAME	SPIELE	TORE
Sepp Maier	34	0
Klaus Augenthaler	23	2
Peter Gruber	14	0
Udo Horsmann	25	0
Hans-Josef Kapellmann	24	0
Wolfgang Rausch	34	2
Hans-Georg Schwarzenbeck	34	1
Josef Weiß	1	0
Bernd Dürnberger	27	2
Kurt Niedermayer	31	4
Branko Oblak	23	1
Erhan Önal	8	0
Franz Roth	10	1
Uli Hoeneß	30	11
Norbert Janzon	14	3
Rainer Künkel	15	2
Gerd Müller	33	24
Karl-Heinz Rummenigge	29	8

FRANZ ROTH (r.) absolviert seine letzten zehn von 322 Bundesliga-Spielen, wechselt zu Casino Salzburg

Transfers

WALTER JUNGHANS hat einige Angebote aus der Bundesliga, entscheidet sich für Bayern in der Hoffnung, Sepp Maier kurzfristig ablösen zu können. Der witzelt: „Mit mir als Torwart wird der Junghans zum Althans." Das stimmt nur bedingt: Nach Maiers Karriere-Ende debütiert der Hamburger am 11. August 1979 – nach zwei Jahren Wartezeit und im Alter von 20 Jahren. Bis 1982 spielt er 67-mal für Bayern in der Liga. Weitere Stationen: Schalke 04, Hertha BSC, Bayer Leverkusen und Fortuna Köln bis 1996.

SPIELER	VON VEREIN	ABLÖSESUMME
Wolfgang Rausch	Kickers Offenbach	450 000 DM
Kurt Niedermayer	Karlsruher SC	-
Branko Oblak	FC Schalke 04	800 000 DM
Norbert Janzon	Karlsruher SC	-
Walter Junghans	SC Victoria Hamburg	-

Tops & Flops

WILHELM NEUDECKER Trotz Talfahrt in allen drei Wettbewerben wird der Präsident am 3. April 1978 mit einem Rekordergebnis von 948:2 Stimmen im Amt bestätigt.

SCHALKE-REVANCHE Grandiose Wiedergutmachung für das 0:7 1976/77. Das 7:1 gegen den Tabellenführer am 9. Spieltag ist der höchste Bundesliga-Sieg einer dezimierten Elf (Rot für Weiß, 28.).

KLAUS AUGENTHALER wird nach seinem Sprung aus der Bayern-Jugend ins Profiteam gleich Leistungsträger, kommt auf 23 Saisoneinsätze (2 Tore).

K.-H. RUMMENIGGE lässt sich gegen 1860 (15. Sp.) von Erhard Hofeditz provozieren („Du rote Sau"), ohrfeigt ihn, sieht die einzige Rote Karte seiner Karriere.

LOKALDERBYS Wie zuvor nur 1967/68 bleibt Bayern in der Bundesliga gegen 1860 sieglos (1:3 und 1:1). Eine dritte Pleite gibt es in der Vorbereitung am 29. Juli 1977 – 1:2 vor 60 000 Fans.

AUSWÄRTSBILANZ Erstmals gelingt Bayern kein Auswärtssieg (nur 7 Remis). Von Dezember 1976 bis August 1978 sind es insgesamt 28 Spiele ohne Sieg.

1. SPIELTAG
VfB Stuttgart – Bayern 3:3 (2:2)
STUTTGART: Roleder – Martin, Holcer, K. Förster, Elmer (70. Schäfer) – Hattenberger, Ohlicher, H. Müller – Schmider, D. Hoeneß, Hitzfeld (46. Beck).
BAYERN: Maier – Niedermayer, Rausch, Schwarzenbeck, Horsmann – Gruber (73. U. Hoeneß), Kapellmann, Oblak – K.-H. Rummenigge, G. Müller, Janzon (66. Künkel).
Tore: 1:0 H. Müller (17., Foulelfmeter), 2:0 Elmer (33.), 2:1 Janzon (36.), 2:2 G. Müller (43.), 3:2 H. Müller (53., Foulelfmeter), 3:3 G. Müller (89.).
Gelb: – / Oblak.
Schiedsrichter: Dieter Dreher.

2. SPIELTAG
Bayern – FC St. Pauli 4:2 (3:2)
BAYERN: Maier – Niedermayer, Rausch, Schwarzenbeck, Horsmann – Kapellmann, Oblak, U. Hoeneß (66. Künkel) – K.-H. Rummenigge, G. Müller, Janzon (80. Önal).
ST. PAULI: Rynio – Sturz, Ferrin (60. Rosenfeld), Demuth, Tune Hansen – Oswald, Mannebach, Blau (60. Kulka), Höfert – Gerber, Neumann.
Tore: 1:0 G. Müller (12.), 2:0 G. Müller (32., Foulelfmeter), 3:0 G. Müller (37.), 3:1 Tune Hansen (43.), 3:2 Gerber (45.), 4:2 G. Müller (80.).
Gelb: Rausch / –.
Schiedsrichter: Heinz Quindeau.

3. SPIELTAG
Fortuna Düsseldorf – Bayern 4:2 (0:1)
DÜSSELDORF: Woyke – Brei, Zewe, Zimmermann, Baltes – Hickersberger, Schmitz, Allofs – Lund, Szymanek (46. Bommer), Seel.
BAYERN: Maier – Niedermayer, Rausch, Schwarzenbeck, Horsmann – Kapellmann, Oblak, U. Hoeneß (77. Önal) – K.-H. Rummenigge (83. Künkel), G. Müller, Janzon.
Tore: 0:1 Janzon (45.), 1:1 Allofs (49.), 2:1 Allofs (54.), 2:2 G. Müller (66.), 3:2 Zimmermann (82.), 4:2 Hickersberger (86.).
Schiedsrichter: Ferdinand Biwersi.

4. SPIELTAG
Bayern – 1. FC Köln 0:3 (0:1)
BAYERN: Maier – Niedermayer, Rausch, Schwarzenbeck, Horsmann – Kapellmann, Oblak, U. Hoeneß (69. Önal) – K.-H. Rummenigge, G. Müller, Janzon (61. Künkel).
KÖLN: Schumacher – Konopka, Gerber, Strack, Zimmermann – Simmet, Flohe, Neumann – van Gool, D. Müller, Löhr.
Tore: 0:1 Schwarzenbeck (5., Eigentor), 0:2 D. Müller (57.), 0:3 Konopka (83.).
Schiedsrichter: Walter Horstmann.

5. SPIELTAG
Werder Bremen – Bayern 1:1 (0:0)
BREMEN: Burdenski – Geils, Røntved, Höttges, Kamp – Hiller, Röber, Bracht – Konschal, Reinders (75. Görts), Dreßel (60. Meininger).
BAYERN: Maier – Niedermayer, Rausch, Schwarzenbeck, Gruber – Kapellmann , Oblak, Önal – K.-H. Rummenigge, G. Müller, Janzon.
Tore: 1:0 Röber (62.), 1:1 Niedermayer (68.).
Schiedsrichter: Rainer Waltert.

6. SPIELTAG
Bayern – VfL Bochum 1:1 (0:1)
BAYERN: Maier – Niedermayer, Rausch, Schwarzenbeck, Gruber – Kapellmann, Oblak, Önal (50. U. Hoeneß), K.-H. Rummenigge (72. Künkel), G. Müller, Janzon.
BOCHUM: Scholz – Tenhagen, Franke, Gerland, Lameck – Bast, Woelk, Eggert, Herget – Trimhold (61. Pochstein), Schwemmle (58. Holz).
Tore: 0:1 Tenhagen (12.), 1:1 G. Müller (61., Foulelfmeter).
Gelb: – / Schwemmle.
Schiedsrichter: Medardus Luca.

7. SPIELTAG
Bayern – Eintr. Braunschweig 3:2 (2:1)
BAYERN: Maier – Niedermayer, Rausch, Schwarzenbeck, Gruber – U. Hoeneß, Oblak, Kapellmann, Dürnberger – K.-H. Rummenigge (82. Künkel), G. Müller.
BRAUNSCHWEIG: Franke – Borg, Hollmann, Zembski, Merkhoffer – Breitner, Dremmler, Handschuh – Erler, Popivoda, Frank.
Tore: 1:0 G. Müller (14.), 1:1 Hollmann (20.), 2:1 U. Hoeneß (44.), 2:2 Breitner (72.), 3:2 G. Müller (73.).
Gelb: Oblak, Rausch / Borg, Popivoda.
Schiedsrichter: Wolf-Dieter Ahlenfelder.

8. SPIELTAG
1. FC Saarbrücken – Bayern 2:1 (1:1)
SAARBRÜCKEN: Ferner – E. Traser, Schmitt, Zech, B. Förster – H. Traser, Lorant, Denz – Schuster (88. Semlitsch), Ellbracht, Stegmayer.
BAYERN: Maier – Dürnberger, Rausch, Schwarzenbeck, Gruber – Oblak, Niedermayer, U. Hoeneß, Kapellmann, K.-H. Rummenigge (88. Künkel), G. Müller.
Tore: 1:0 Lorant (4., Foulelfmeter), 1:1 G. Müller (7.), 2:1 H. Traser (85.).
Rot: – / Kapellmann (88.).
Gelb: Lorant / Oblak, Rausch, Rummenigge
Schiedsrichter: Gerd Hennig.

9. SPIELTAG
Bayern – FC Schalke 04 7:1 (2:1)
BAYERN: Maier – Niedermayer, Rausch, Schwarzenbeck, Gruber – J. Weiß, Dürnberger, Oblak – U. Hoeneß, G. Müller, K.-H. Rummenigge.
SCHALKE: Groß – Sobieray (60. Lander), Fichtel, Rüssmann, Schipper – H. Kremers, Bittcher, Bongartz, Lütkebohmert – R. Abramczik, E. Kremers.
Tore: 1:0 Schwarzenbeck (24.), 2:0 Dürnberger (30.), 2:1 R. Abramczik (36.), 3:1 Hoeneß (59.), 4:1 Niedermayer (73.), 5:1 G. Müller (79.), 6:1 Rummenigge (85.), 7:1 Bongartz (90., Eigentor).
Rot: J. Weiß (28.) / –.
Gelb: G. Müller, Schwarzenbeck / –.
Schiedsrichter: Gert Meuser.

10. SPIELTAG
Hamburger SV – Bayern 2:2 (0:0)
HAMBURG: Kargus – Hidien, Kaltz, Nogly, Memering – Reimann, Keegan, Magath – Steffenhagen, Keller, Volkert.
BAYERN: Maier – Niedermayer, Rausch, Schwarzenbeck, Horsmann – Gruber, G. Müller, Dürnberger, Oblak – U. Hoeneß, K.-H. Rummenigge.
Tore: 0:1 Dürnberger (61.), 1:1 Keller (69.), 2:1 Reimann (78.), 2:2 U. Hoeneß (83.).
Schiedsrichter: Walter Engel.

11. SPIELTAG
Bayern – Borussia Dortmund 3:0 (2:0)
BAYERN: Maier – Niedermayer, Rausch, Schwarzenbeck, Gruber – Dürnberger, Horsmann, Augenthaler – U. Hoeneß, G. Müller, K.-H. Rummenigge.
DORTMUND: Bertram – Huber, Wagner, Theis (46. Vöge), Schneider – M. Votava, Segler, Burgsmüller, P. Geyer (67. Kostedde) – Held, Lippens.
Tore: 1:0 Augenthaler (20.), 2:0 G. Müller (35.), 3:0 Rummenigge (75.).
Schiedsrichter: Walter Horstmann.
Besonderes Vorkommnis: Bertram hält Foulelfmeter von G. Müller (49.).

12. SPIELTAG
Borussia M'gladbach – Bayern 2:0 (1:0)
M'GLADBACH: Kleff – Vogts, Schäfer, Wittkamp, Klinkhammer – H. Wimmer, Bonhof, Kulik (55. Wohlers) – Simonsen, Del'Haye, Heynckes (75. Hannes).
BAYERN: Maier – Gruber, Rausch, Schwarzenbeck (75. Roth), Horsmann – Niedermayer, Oblak, Dürnberger – U. Hoeneß, Augenthaler (46. Künkel), K.-H. Rummenigge.
Tore: 1:0 Heynckes (9.), 2:0 Heynckes (48.).
Gelb: – / Schwarzenbeck.
Schiedsrichter: Jan Redelfs.

13. SPIELTAG
Bayern – Hertha BSC 0:2 (0:1)
BAYERN: Maier – Niedermayer, Rausch, Schwarzenbeck, Gruber – Dürnberger, Augenthaler, Oblak (75. Roth) – U. Hoeneß (75. Künkel), G. Müller, K.-H. Rummenigge.
BERLIN: Nigbur – Sziedat, Kliemann, Brück, Weiner – Nüssing, Sidka, Beer, Kristensen – Granitza, Grau (69. Gersdorff).
Tore: 0:1 Grau (29.), 0:2 Gersdorff (89.).
Gelb: Oblak / –.
Schiedsrichter: Dr. Dieter Stäglich.

14. SPIELTAG
MSV Duisburg – Bayern 6:3 (1:2)
DUISBURG: Heinze – Fenten (75. Stolzenburg), Bregmann, D. Jakobs, Dietz – Bella, Jara, Büssers, Bücker – Seliger, Worm.
BAYERN: Maier – Niedermayer, Rausch, Schwarzenbeck, Gruber – Dürnberger, Oblak (46. Augenthaler), Kapellmann – K.-H. Rummenigge, G. Müller, Künkel (75. Horsmann).
Tore: 1:0 Dietz (20.), 1:1 Künkel (24.), 1:2 G. Müller (44., Foulelfmeter), 2:2 Dietz (49.), 2:3 G. Müller (57.), 3:3 Dietz (76.), 4:3 Dietz (78.), 5:3 Worm (83.), 6:3 Stolzenburg (85.).
Gelb: – / Kapellmann.
Schiedsrichter: Volker Roth.

15. SPIELTAG
Bayern – 1860 München 1:3 (1:0)
BAYERN: Maier – Niedermayer, Rausch, Schwarzenbeck, Gruber – Dürnberger, Kapellmann, U. Hoeneß – K.-H. Rummenigge, G. Müller, Künkel (61. Janzon).
1860: Hartmann – Scheller, Glavovic, Kohlhäufl, Bierofka (61. Agatha) – Nielsen, Hartwig, Herberth, Vöhringer – Metzler, Hofeditz.
Tore: 1:0 K.-H. Rummenigge (31.), 1:1 Scheller (46.), 1:2 Kohlhäufl (84.), 1:3 Scheller (90., Foulelfmeter).
Rot: K.-H. Rummenigge (90.) / –.
Gelb: Rausch / Glavovic.
Schiedsrichter: Ferdinand Biwersi.

16. SPIELTAG
Eintracht Frankfurt – Bayern 4:0 (2:0)
FRANKFURT: Koitka – H. Müller, Skala (9. Krobbach), Körbel, Neuberger – Weidle, Kraus, Nickel, Grabowski – Hölzenbein (82. Bihn), Wenzel.
BAYERN: Maier – Niedermayer, Rausch, Schwarzenbeck, Gruber – Dürnberger, Önal (79. Augenthaler), Roth (59. Künkel), Kapellmann – U. Hoeneß, G. Müller.
Tore: 1:0 Hölzenbein (4.), 2:0 Wenzel (38.), 3:0 Kraus (56.), 4:0 Grabowski (75.).
Gelb: H. Müller, Weidle / Kapellmann, Schwarzenbeck.
Schiedsrichter: Rainer Waltert.

17. SPIELTAG
Bayern – 1. FC Kaiserslautern 4:2 (2:0)
BAYERN: Maier – Kapellmann, Schwarzenbeck, Augenthaler, Niedermayer – Dürnberger, Rausch, Roth – U. Hoeneß, G. Müller, Janzon.
K'LAUTERN: Hellström – Diehl, Melzer, Meier, Groh – Toppmöller, Stickel, Riedl – Geye, Wendt, Briegel (77. Menges).
Tore: 1:0 Roth (3.), 2:0 G. Müller (29., Foulelfmeter), 2:1 Stickel (67.), 3:1 U. Hoeneß (70.), 3:2 Wendt (80.), 4:2 U. Hoeneß (89.).
Gelb: Kapellmann / –.
Schiedsrichter: Werner Burgers.

18. SPIELTAG
Bayern – VfB Stuttgart 2:0 (0:0)
BAYERN: Maier – Niedermayer (59. Künkel), Schwarzenbeck, Augenthaler, Horsmann – Rausch, Kapellmann, Dürnberger – U. Hoeneß (46. Gruber), G. Müller, Janzon.
STUTTGART: Roleder – Martin, Holcer, K. Förster, Elmer – Hattenberger, Ohlicher, Hadewicz, H. Müller – Kelsch, D. Hoeneß.
Tore: 1:0 Augenthaler (77.), 2:0 G. Müller (83.).
Gelb: – / K. Förster.
Schiedsrichter: Günter Linn.

19. SPIELTAG
FC St. Pauli – Bayern 0:0
ST. PAULI: Rynio – Frosch, Winkler, Demuth, Sturz – Milardovic, Oswald, Höfert, Blau – Gerber, Neumann (83. Tune Hansen).
BAYERN: Maier – Kapellmann, Schwarzenbeck, Augenthaler, Horsmann – Rausch, Roth, Dürnberger – U. Hoeneß, G. Müller, Janzon.
Schiedsrichter: Medardus Luca.

20. SPIELTAG
Bayern – Fortuna Düsseldorf 0:0
BAYERN: Maier – Kapellmann, Schwarzenbeck, Augenthaler, Horsmann – Rausch, Dürnberger, Roth (46. Niedermayer) – U. Hoeneß, G. Müller, Janzon.
DÜSSELDORF: Daniel – Brei, Zewe, Zimmermann, Baltes – Köhnen, He. Zimmer, K. Allofs, Hickersberger – Lund (68. Weikl), Seel.
Gelb: – / Hickersberger.
Schiedsrichter: Eckhard Jensen.

21. SPIELTAG
1. FC Köln – Bayern 2:0 (0:0)
KÖLN: Schumacher – Konopka, Gerber, Strack, He. Zimmermann – Cullmann, Flohe, He. Neumann – van Gool (75. Prestin), D. Müller, Okudera.
BAYERN: Maier – Kapellmann, Schwarzenbeck, Augenthaler, Horsmann – Oblak (78. Roth), Dürnberger, Rausch, K.-H. Rummenigge – G. Müller, U. Hoeneß.
Tore: 1:0 Neumann (58.), 2:0 van Gool (74.).
Gelb: – / Oblak.
Schiedsrichter: Volker Roth.

Erstes Tor gegen den Ex-Klub: Braunschweigs Neuzugang Paul Breitner überwindet Maier am 7. Spieltag zum 2:2, Bayern siegt 3:2. Auch im Rückspiel trifft Breitner, ab Juli 1978 spielt er nach vier Jahren wieder für den FCB

22. SPIELTAG

Bayern – Werder Bremen 3:1 (2:0)

BAYERN: Maier – Kapellmann (65. Niedermayer), Schwarzenbeck, Augenthaler, Horsmann – Rausch, Dürnberger, Oblak – U. Hoeneß, G. Müller, K.-H. Rummenigge.
BREMEN: Burdenski – Geils, Wessel, Siegmann, Hiller – Görts, Röber, Bracht, Konschal (83. Mense) – Dreßel, Reinders (46. Meininger).
Tore: 1:0 Rausch (16.), 2:0 K.-H. Rummenigge (29.), 2:1 Bracht (57.), 3:1 G. Müller (61.).
Schiedsrichter: Walter Eschweiler.

23. SPIELTAG

VfL Bochum – Bayern 2:1 (0:0)

BOCHUM: Scholz – Gerland, Tenhagen, Franke, Lameck – Versen, Eggert, Trimhold, Woelk – Abel (34. Pochstein, 69. Herget), Bast.
BAYERN: Maier – Niedermayer, Schwarzenbeck, Augenthaler, Horsmann – Rausch, Dürnberger, Roth – U. Hoeneß, G. Müller, K.-H. Rummenigge.
Tore: 1:0 Bast (75.), 2:0 Bast (85.), 2:1 Rausch (88.).
Gelb: – / Horsmann.
Schiedsrichter: Walter Engel.

24. SPIELTAG

Eintr. Braunschweig – Bayern 1:1 (0:0)

BRAUNSCHWEIG: Franke – Borg, Haebermann, Zembski, Merkhoffer – Grobe (65. Lübeke), Handschuh, Breitner – Dremmler, Aumeier, Popivoda.
BAYERN: Maier – Niedermayer, Schwarzenbeck, Augenthaler, Horsmann – Kapellmann, Rausch, Oblak (80. Dürnberger) – U. Hoeneß, G. Müller, K.-H. Rummenigge.
Tore: 0:1 K.-H. Rummenigge (51.), 1:1 Breitner (75.).
Gelb: Dremmler / Horsmann.
Schiedsrichter: Rainer Waltert.

25. SPIELTAG

Bayern – 1. FC Saarbrücken 7:1 (3:0)

BAYERN: Maier – Niedermayer, Schwarzenbeck, Augenthaler, Horsmann – Rausch (84. Janzon), Dürnberger (56. Künkel), Kapellmann – U. Hoeneß, G. Müller, K.-H. Rummenigge.
SAARBRÜCKEN: Ferner – B. Förster, Schmitt, Zech, Bender – Lorant, Denz, H. Traser – Ellbracht, Heck, Stegmayer.
Tore: 1:0 G. Müller (24.), 2:0 Niedermayer (35.), 3:0 G. Müller (44.), 4:0 U. Hoeneß (51.), 5:0 Niedermayer (62.), 6:0 K.-H. Rummenigge (63.), 7:0 Künkel (82.), 7:1 Lorant (90., Foulelfmeter).
Gelb: – / Lorant.
Schiedsrichter: Wolf-Dieter Ahlenfelder.

26. SPIELTAG

FC Schalke 04 – Bayern 3:2 (2:0)

SCHALKE: Maric – Ritschel, Fichtel (75. Larsson), Rüssmann, Dörmann – Bittcher, Lütkebohmert, Bongartz – R. Abramczik, Fischer, Demange.
BAYERN: Maier – Niedermayer, Schwarzenbeck, Augenthaler, Horsmann – Rausch, Roth, Kapellmann, K.-H. Rummenigge – G. Müller, Künkel.
Tore: 1:0 Fischer (5.), 2:0 R. Abramczik (42.), 2:1 Rummenigge (51.), 3:1 R. Abramczik (55.), 3:2 Müller (79., Foulelfmeter).
Gelb: Lütkebohmert / Niedermayer
Schiedsrichter: Klaus Ohmsen.

27. SPIELTAG

Bayern – Hamburger SV 2:0 (1:0)

BAYERN: Maier – Niedermayer, Schwarzenbeck, Augenthaler, Horsmann – Dürnberger, Rausch, Kapellmann – U. Hoeneß, G. Müller, K.-H. Rummenigge.
HAMBURG: Kargus – Kaltz, Ripp, Nogly (31. Hidien), Buljan – Memering, Bertl, Zaczyk (60. Volkert) – Magath, Steffenhagen, Keller.
Tore: 1:0 Hoeneß (6.), 2:0 G. Müller (89., Handelfmeter).
Gelb: – / Magath.
Schiedsrichter: Gerd Hennig.

28. SPIELTAG

Borussia Dortmund – Bayern 1:1 (0:0)

DORTMUND: Bertram – Huber, Wagner, Theis, Schneider – Meyer, Segler (83. Wolf), Burgsmüller – Kostedde, Geyer, Lippens.
BAYERN: Maier – Niedermayer, Schwarzenbeck, Augenthaler, Horsmann – Rausch, Dürnberger, Roth, Oblak (76. Janzon) – G. Müller, K.-H. Rummenigge.
Tore: 1:0 Geyer (51.), 1:1 Janzon (84.).
Gelb: Wagner / Augenthaler, G. Müller, Niedermayer.
Schiedsrichter: Medardus Luca.

29. SPIELTAG

Bayern – Borussia M'gladbach 1:1 (1:0)

BAYERN: Maier – Niedermayer, Schwarzenbeck, Augenthaler, Horsmann – Rausch, Dürnberger, Oblak – U. Hoeneß, G. Müller, K.-H. Rummenigge.
M'GLADBACH: Kleff – Vogts, Wohlers, Hannes, Bonhof – Nielsen, H. Wimmer, Kulik (74. Del'Haye) – Simonsen, Heynckes, Lienen.
Tore: 1:0 G. Müller (36.), 1:1 Del'Haye (87.).
Schiedsrichter: Jan Redelfs.

30. SPIELTAG

Hertha BSC – Bayern 3:1 (1:0)

BERLIN: Nigbur – Sziedat, Brück, Kliemann, Weiner – Nüssing, Sidka, Beer – Gründel (46. Grau), Gersdorff (79. Albert), Kristensen.
BAYERN: Maier – Niedermayer, Schwarzenbeck, Augenthaler, Horsmann – Rausch, Dürnberger, Oblak – U. Hoeneß, G. Müller, K.-H. Rummenigge.
Tore: 1:0 Nüssing (11.), 2:0 Sidka (69.), 2:1 Oblak (84.), 3:1 Brück (90., Foulelfmeter).
Gelb: – / K.-H. Rummenigge.
Schiedsrichter: Werner Burgers

31. SPIELTAG

Bayern – MSV Duisburg 3:2 (3:0)

BAYERN: Maier – Niedermayer (46. Janzon), Schwarzenbeck, Augenthaler, Horsmann – Dürnberger, Rausch (67. Önal), Oblak – U. Hoeneß, G. Müller, K.-H. Rummenigge.
DUISBURG: Heinze – Fenten (46. Stolzenburg), Bregmann, D. Jakobs, Dietz – Bella, Bücker, Büssers, Jara – Worm, Seliger.
Tore: 1:0 Hoeneß (16.), 2:0 Hoeneß (22.), 3:0 K.-H. Rummenigge (42.), 3:1 Worm (54.), 3:2 Bücker (88.).
Gelb: – / Büssers.
Schiedsrichter: Jörg Glasneck.

32. SPIELTAG

1860 München – Bayern 1:1 (0:0)

1860: Hartmann – Bierofka (46. Agatha), Scheller, Kohlhäufl, Hartwig – Nielsen, Vöhringer (89. Metzler), Herberth – Nachreiner, Hofeditz, Metzger.
BAYERN: Maier – Kapellmann, Schwarzenbeck, Augenthaler, Horsmann – Rausch, Oblak, Dürnberger – U. Hoeneß, G. Müller, K.-H. Rummenigge.
Tore: 0:1 U. Hoeneß (59.), 1:1 Vöhringer (68.).
Gelb: Scheller / Augenthaler.
Schiedsrichter: Walter Horstmann.

33. SPIELTAG

Bayern – Eintracht Frankfurt 2:1 (1:1)

BAYERN: Maier – Niedermayer (62. Dürnberger), Schwarzenbeck, Augenthaler, Horsmann – Rausch, Kapellmann, Oblak (75. Önal), K.-H. Rummenigge – U. Hoeneß, G. Müller.
FRANKFURT: Koitka – Reichel (68. Weidle), Neuberger, Krobbach, H. Müller – Kraus, Nachtweih (75. Stepanovic), Hölzenbein, Nickel – Grabowski, Wenzel.
Tore: 1:0 U. Hoeneß (11.), 1:1 Nickel (18.), 2:1 G. Müller (81., Foulelfmeter).
Schiedsrichter: Paul Kindervater.

34. SPIELTAG

1. FC Kaiserslautern – Bayern 5:0 (2:0)

K'LAUTERN: Hellström – Melzer, Neues, Meier, Briegel – Schwarz, Groh, Riedl (65. Stickel) – Geye, Toppmöller, Wendt.
BAYERN: Maier – Niedermayer, Schwarzenbeck, Augenthaler, Horsmann – Rausch, Kapellmann, Oblak (57. Dürnberger), K.-H. Rummenigge – G. Müller, U. Hoeneß.
Tore: 1:0 Toppmöller (20.), 2:0 Wendt (30.), 3:0 Toppmöller (58., Foulelfmeter), 4:0 Geye (74.), 5:0 Toppmöller (78.).
Schiedsrichter: Günter Risse.

Abschlusstabelle

Pl.	Verein	Spiele	G	U	V	Tore	Diff.	Punkte
1	Köln (P)	34	22	4	8	86:41	+45	48:20
2	M'gladbach (M)	34	20	8	6	86:44	+42	48:20
3	Hertha	34	15	10	9	59:48	+11	40:28
4	Stuttgart (A)	34	17	5	12	58:40	+18	39:29
5	Düsseldorf*	34	15	9	10	49:36	+13	39:29
6	Duisburg	34	15	7	12	62:59	+3	37:31
7	Frankfurt	34	16	4	14	59:52	+7	36:32
8	Kaiserslautern	34	16	4	14	64:63	+1	36:32
9	Schalke	34	14	6	14	47:52	–5	34:34
10	Hamburg	34	14	6	14	61:67	–6	34:34
11	Dortmund	34	14	5	15	57:71	–14	33:35
12	Bayern	34	11	10	13	62:64	–2	32:36
13	Braunschweig	34	14	4	16	43:53	–10	32:36
14	Bochum	34	11	9	14	49:51	–2	31:37
15	Bremen	34	13	5	16	48:57	–9	31:37
16	1860 München (A)	34	7	8	19	41:60	–19	22:46
17	Saarbrücken	34	6	10	18	39:70	–31	22:46
18	St. Pauli (A)	34	6	6	22	44:86	–42	18:50

* Europapokal der Pokalsieger (als unterlegener Finalist)

DIE WEITEREN SIEGER DES JAHRES:

Weltmeister:
Argentinien

Europacup der Landesmeister:
FC Liverpool

Cup der Pokalsieger:
RSC Anderlecht

Uefa-Cup:
PSV Eindhoven

DFB-Pokal:
1. FC Köln

Alle Ergebnisse auf einen Blick

Waagerecht: alle Heimresultate / Senkrecht: alle Auswärtsresultate	Köln	M'gladbach	Hertha	Stuttgart	Düsseldorf	Duisburg	Frankfurt	Kaiserslautern	Schalke	Hamburg	Dortmund	Bayern	Braunschweig	Bochum	Bremen	1860 München	Saarbrücken	St. Pauli
Köln		1:1	3:1	2:1	1:0	5:2	0:1	4:1	2:4	6:1	4:1	2:0	6:0	2:1	7:2	6:2	3:1	4:1
M'gladbach	2:5		2:1	3:1	3:2	1:3	2:0	2:2	2:1	2:1	12:0	2:0	3:1	2:2	4:0	2:1	6:1	2:1
Hertha	1:1	2:1		1:1	0:0	2:2	2:0	2:1	2:1	3:2	3:1	3:1	1:0	4:3	2:0	4:1	1:1	5:0
Stuttgart	3:0	2:0	1:0		1:1	1:0	2:1	3:0	6:1	1:2	4:1	3:3	5:0	3:1	2:0	3:1	1:0	1:0
Düsseldorf	5:1	1:3	0:0	1:0		0:0	2:1	4:1	1:1	3:1	1:0	4:2	2:0	1:1	2:0	2:0	2:1	3:1
Duisburg	1:2	1:1	2:1	2:1	0:0		3:0	3:2	1:0	5:2	1:2	6:3	3:1	0:0	2:0	1:1	5:0	4:3
Frankfurt	2:2	4:2	0:5	2:0	4:0	3:1		1:3	3:0	0:2	2:1	4:0	2:0	5:3	0:2	1:0	4:0	5:2
Kaiserslautern	0:2	0:3	2:0	0:4	3:2	6:1	2:0		0:0	3:0	4:0	5:0	2:1	4:1	2:1	1:0	2:1	2:1
Schalke	2:0	1:2	2:0	3:1	1:0	0:1	3:2	3:0		2:2	0:2	3:2	1:0	3:1	1:0	2:1	2:0	4:1
Hamburg	1:0	2:6	2:2	2:0	0:3	4:1	0:0	3:1	2:0		4:1	2:2	4:2	3:1	1:1	3:0	1:2	0:2
Dortmund	1:2	3:3	1:1	4:1	1:2	2:1	0:2	4:0	2:1	2:1		1:1	2:0	5:3	4:1	1:3	2:1	1:1
Bayern	0:3	1:1	0:2	2:0	0:0	3:2	2:1	4:2	7:1	2:0	3:0		3:2	1:1	3:1	1:3	7:1	4:2
Braunschweig	1:0	0:6	1:1	3:1	2:0	1:0	1:1	3:1	3:1	4:0	0:1	1:1		3:1	2:0	2:1	3:0	2:0
Bochum	0:0	0:0	5:0	1:0	2:1	1:2	0:1	0:1	1:1	2:1	1:0	2:1	1:1		2:0	2:0	4:2	4:0
Bremen	0:2	3:2	4:2	0:1	2:1	4:2	3:0	5:3	2:0	1:2	3:1	1:1	2:1	1:0		2:0	1:1	4:0
1860 München	1:3	1:1	2:3	1:2	0:1	4:0	2:4	2:2	0:0	2:2	0:2	1:1	1:0	2:0	0:0		2:0	4:1
Saarbrücken	1:0	0:1	2:2	1:1	1:1	1:2	0:0	3:3	2:1	3:5	2:2	2:1	0:1	0:1	1:1	1:1		4:0
St. Pauli	0:5	0:1	3:0	1:1	2:1	2:2	5:3	0:3	1:1	2:3	3:6	0:0	0:1	1:1	3:1	4:1	1:3	

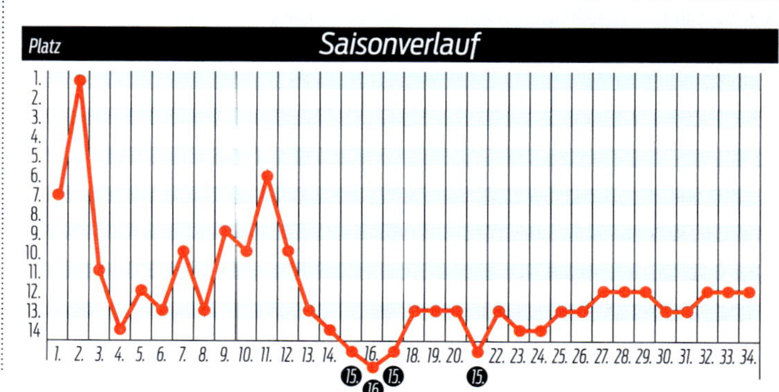

DIE MÄRZ-REV

Die Spieler meutern gegen Trainer Lorant, verhindern Max Merkel und stürzen so Präsident Wilhelm Neudecker. Gerd Müller flieht

Der Präsident tritt zurück, der beste deutsche Torjäger aller Zeiten ergreift die Flucht und wieder kein Titel – auch diese Saison wird grausam. Und dennoch wird sie eine der bedeutsamsten in der Geschichte von Bayern München. 1978/79 wird der Grundstein für die folgenden Jahrzehnte gelegt, es ist eine Zäsur. Uli Hoeneß und Paul Breitner spielen die Hauptrollen.

Hoeneß, als Spieler ein Auslaufmodell und im Kopf schon Manager, besorgt dem Klub einen neuen Sponsor. Lkw-Hersteller Magirus-Deutz zahlt 3,6 Millionen D-Mark für sechs Jahre Brustwerbung. Das Geld, so hat es sich Hoeneß von Präsident Wilhelm Neudecker ausbedungen, fließt komplett in den Transfer von Breitner. Allein die Ablöse an Eintracht Braunschweig frisst 1,96 Millionen DM.

Es ist eine erstaunliche Wandlung, die Breitner durchmacht. Ein Jahr zuvor, im Juli 1977, hat er nach seinem Wechsel von Real Madrid zur Eintracht noch gesagt: „Ich bin doch nicht vor drei Jahren von Bayern weggegangen, um dann zurückzukehren. Man verlässt doch auch nicht seine Firma und kehrt dann zurück." Und nach dem Punktspiel in München am 7. Spieltag 1977/78, bei dem er von wütenden Bayern-Fans gnadenlos ausgepfiffen wird, hat er gepestet: „Ich bedaure es, für diese Leute vier Jahre gespielt zu haben."

Doch im Frühjahr 1978, als ihm sein alter Freund Uli Hoeneß die Rückkehr schmackhaft macht, schert Breitner das Geschwätz von gestern nicht mehr. So trägt er nach drei Jahren bei Real Madrid und einem in Braunschweig ab Juli wieder das rote Bayern-Trikot.

Über seine neuen alten Mitspieler fällt Breitner ein vernichtendes Urteil: „Ich kam in eine völlig desolate Mannschaft, die bestenfalls Mittelmaß war, weil zu viele mittelmäßige Spieler auf der Gehaltsliste standen." Das Hauptproblem in den Augen des neuen Platzhirsches ist jedoch Trainer Gyula Lorant, den nicht nur Breitner für einen Tyrannen hält: „Ich habe so lange Stunk gemacht, bis der Trainer gehen musste."

Am zehnten Spieltag in Stuttgart beschimpfen sich Lorant und Breitner an der Außenlinie. Nach der 0:2-Niederlage verkündet Lorant, dass der vierköpfige Spielerrat nichts mehr zu sagen habe: „Keine Demokratie mehr, die ist abgeschafft. Jeder Spieler bekommt bei der Besprechung seine Anweisungen. Und wer nicht hört, fliegt nach 20 Minuten vom Platz runter."

Lorants Wille ist Gesetz. So lässt er auch Spielmacher Branko Oblak mit gebrochenem Zeh trainieren, der Zeugwart muss Oblaks Schuh aufschneiden – was an den Schmerzen nichts ändert.

Am 16. Spieltag kommt es in Düsseldorf zur kollektiven Arbeitsverweigerung. Wenn es je wirklich in der Bundesliga passiert ist, dass eine Mannschaft gegen ihren Trainer spielt, dann am 9. Dezember im Rheinstadion. Bayern verliert 1:7, verteidigt desolat. Gyula Lorant zetert: „Ich habe meinen Spielern ausdrücklich verboten, dass sie alle auf Abseits spielen. Das geschah entgegen allen Abmachungen. So dürfen sich vielleicht Amateure verhalten, nicht jedoch Profis."

Drei Tage später, am 12. Dezember, erscheint Neudecker vor dem Training in der Kabine und verkündet Lorants vorübergehende Freistellung. Er müsse am Meniskus operiert werden und sei krankgeschrieben. Es ist ein Rauswurf auf Raten, auch Neudecker hält nicht mehr zu dem Ungarn und vertraut Reportern an: „Ja, glauben Sie denn, ich hole den Verrückten zurück?" Nur Lorant glaubt das und tönt: „Von Beurlaubung kann keine Rede sein, ich komme mit der Peitsche zurück." Weit gefehlt: Sein

Die Mannschaft spielt gegen den Trainer: Am 9. Dezember 1978 verliert Bayern 1:7 in Düsseldorf, das letzte Spiel für Gyula Lorant

Gerd Müller (l.) am Ende: In Frankfurt wird er erstmals aus sportlichen Gründen ausgewechselt

Assistent Pal Csernai leitet jetzt die Mannschaft, weit sanfter und geschickter, aber auch nicht viel liebevoller. Lorant erscheint nie wieder, zum 28. Februar 1979 wird sein Vertrag aufgelöst.

Für Neudecker ist Csernai nur eine Übergangslösung, für die Stars ist er das nicht. Sie wollen ihn behalten, abgesehen von einem: Gerd Müller ist der letzte Lorant-Anhänger, und das muss er bitter bereuen. Am 3. Februar 1979 geschieht in Frankfurt schier Unglaubliches: Erstmals in seiner Karriere wird Müller in einem Bundesliga-Spiel aus Leistungsgründen ausgewechselt. In der 82. Minute, Norbert Janzon kommt. „Müller bringt die Leistung nicht mehr", erklärt Csernai. Der Mittelstürmer tobt: „Das ist ein Racheakt, weil ich bis zuletzt Lorant die Stange gehalten habe. Csernai ist für mich gestorben."

Eine Woche später macht er beim 4:0 gegen Dortmund sein letztes Bundesliga-Spiel, ein Tor schießt er in diesen 90 Minuten nicht mehr. Dann beruft sich Müller auf Neudeckers Freigabeversprechen und entschwindet mitten in der Saison nach Amerika zu den Fort Lauderdale Strikers.

Der Mann, dem Bayern fast alles zu verdanken hat, wie Uli Hoeneß und Franz Beckenbauer später stets betonen, flieht wie ein Dieb in der Nacht.

Nach Beckenbauer ist das zweite Glied der Achse weg, nur Sepp Maier bleibt und ist als neuer Kapitän gleich gefragt. Er ist der Kopf der sogenannten März-Revolution, die am 19. März sogar in der ARD-Tagesschau zum Thema wird.

Was ist geschehen? Neudecker will Max Merkel, 1966 Meister mit 1860 München und 1968 mit dem 1. FC Nürnberg, als neuen Trainer installieren, verspricht aber den Spielern, an Pal Csernai festzuhalten, sollten sie aus den Spielen in Braunschweig und Mönchengladbach (23. und 24. Spieltag) drei Punkte holen.

Nach dem 0:0 in Braunschweig erfahren die Profis, dass Merkel in jedem Fall kommt. Breitner und Maier inszenieren eine Abstimmung, die mit 16:0 gegen Merkel ausfällt – und damit auch gegen Neudecker, der sie hintergangen hat. Am Telefon droht Maier seinem Präsidenten: „Wenn Merkel Trainer wird, verweigern wir am Montag das Training."

Merkel kommt nicht und Neudecker nur auf Abschiedsbesuch in die Kabine. Seine letzten Worte als Bayern-Präsident spricht er am 19. März um exakt 9.05 Uhr: „Mit einem solchen Kapitän und dieser Mannschaft kann ich nicht weiter zusammenarbeiten. Ich wünsche Ihnen und Ihren Familien alles Gute. Auf Wiedersehen."

Es ist das Ende einer Epoche. Der Patron geht, der leutselige Willi Hoffmann, besser bekannt als „Champagner-Willi", kommt. Ihn fürchtet keiner. „Zum ersten Mal in der Geschichte des deutschen Fußballs hatten ein paar Spieler einen ganzen Klub übernommen", wertet 2006 der Autor des Bayern-Buches „Gute Freunde", Thomas Hüetlin, den unerhörten Vorgang.

Von allen Fesseln befreit stürmen die Bayern fünf Tage danach den Gladbacher Bökelberg (7:1), bleiben weitere sechs Spiele ungeschlagen, ehe sie im Nachholspiel in Duisburg am 8. Mai wieder einmal stolpern (1:3), dann auch noch in Nürnberg 2:4 verlieren und gegen Düsseldorf nur 1:1 spielen. Es reicht nur zu Platz vier. ●

DFB-Pokal

Weiß auf schwarz: das Aus in der zweiten Runde

Mega-Blamage gegen Osnabrück

So trist wie die Bundesliga endet auch die Pokalsaison. Im Europacup sind die Bayern gar nicht dabei, im DFB-Pokal nur zwei Runden. Zum Auftakt verzichten sie auf ihr Heimrecht und werfen den schwäbischen Bezirksligisten SSV Glött im Stadion von Gundelfingen vor rund 8000 Besuchern pflichtgemäß aus dem Wettbewerb: mühelos, aber auch glanzlos mit 5:0. Leichtes Spiel erwarten die Fans auch am 23. September 1978, als der Zweitligist VfL Osnabrück nach München kommt. Doch sie täuschen sich kolossal. Die frechen Osnabrücker spielen befreit auf und führen vor der Pause zweimal, ehe Gerd Müller mit seinem zweiten Treffer wenigstens für den 3:3-Gleichstand sorgt. Als Müller in der 51. Minute auf 4:3 erhöht, scheint alles seinen normalen Gang zu nehmen. Doch Treffer von Michael Strunck und des überragenden Andreas Wagner, der wie Müller drei Tore erzielt, machen die Sensation perfekt. Selbst Sepp Maier stürmt zum Ende der Partie mit und schießt sogar aus 20 Meter Distanz, kann die 4:5-Niederlage aber nicht mehr verhindern. „Man wird es für einen Druckfehler halten", witzelt Gästetrainer Radoslav Momirski. Die Mega-Blamage führt zum nächsten Hauskrach, Gyula Lorant geht auf die Mannschaft los („Das war ein Witz, eine Schande"), Paul Breitner verteidigt sie und greift seinerseits den Coach an: „Wir haben uns letzte Woche kaum auf dieses Spiel vorbereitet. Der Trainer hatte ja die gleiche Einstellung wie wir, aber das Glück, nicht mitspielen zu müssen."

Der 5:4-Siegtreffer: Andreas Wagner (M.) erzielt sein drittes Tor gegen Sepp Maier und Klaus Augenthaler (r.)

TRAINER

GYULA LORANT geht mit einem Punkteschnitt von 1,53 in 34 Spielen als drittschlechtester Trainer in Bayerns Bundesliga-Historie ein. Und als bis dahin teuerster: Er verdient 23 000 DM im Monat.

DIE TOP-ELF DER SAISON

Bernd Dürnberger

Udo Horsmann

DER SPIELER DES JAHRES

__Paul Breitner__ übernimmt nach vier Jahren in Madrid und Braunschweig sofort das Kommando. Er ist der Anführer in der Kabine und Sprachrohr nach draußen, vor ihm zittert sogar Kapitän Gerd Müller. Breitner geht aber auch mit Leistung voran, ist der Antreiber. Und: Mit zwölf Toren landet der Mittelfeldspieler knapp hinter Karl-Heinz Rummenigge (14) auf Platz zwei der internen Schützenliste, fünf davon sind Elfmeter.

Der Kader

NAME	SPIELE	TORE
Sepp Maier	34	0
Klaus Augenthaler	28	3
Peter Gruber	8	1
Udo Horsmann	34	2
Hans-Josef Kapellmann	28	1
Wolfgang Rausch	17	1
Hans-Georg Schwarzenbeck	34	3
Paul Breitner	33	12
Bernd Dürnberger	32	5
Martin Jol	9	0
Kurt Niedermayer	34	4
Branko Oblak	28	3
Uli Hoeneß	4	0
Norbert Janzon	18	9
Gerd Müller	19	9
Wilhelm Reisinger	4	1
Karl-Heinz Rummenigge	34	14

WOLFGANG RAUSCH verabschiedet sich nach 51 Bundesliga-Spielen seit 1977 zu Dallas Tornado

Transfers

MARTIN JOL ist einer von nur zwei Neuzugängen. Der Mittelfeldspieler aus Holland, der 1973 mit 16 Jahren Profi beim FC Den Haag wurde und 132 Spiele in der Ehrendivision bestritt, kann sich im wiedererstarkten Bayern-Kader aber nicht durchsetzen. Seine magere Bilanz: neun Bundesliga-Einsätze, einer im Pokal. Nach der Spielzeit kehrt er in seine Heimat zurück (zu Twente Enschede), spielt in England für West Bromwich und Coventry und beendet 1989 in Den Haag die Karriere. 2008 versucht sich Jol noch einmal in der Bundesliga, nun als Trainer des HSV. Mit einigem Erfolg: Er führt den Klub ins DFB- und Uefa-Cup-Halbfinale, wechselt nach einem Jahr zu Ajax Amsterdam.

SPIELER	VON VEREIN	ABLÖSESUMME
Paul Breitner	Eintracht Braunschweig	1,96 Mio. DM
Martin Jol	ADO Den Haag	–

Tops & Flops

ULI HOENESS steigt noch vor Saisonende wieder beim FC Bayern ein und wird am 1. Mai 1979 mit 27 Jahren jüngster Manager der Bundesliga-Geschichte.

GERD MÜLLER erzielt mit dem 1:0 gegen Gladbach (7. Sp.) sein 250. Heimtor in der Bundesliga. Gladbachs Trainer Udo Lattek schmeichelt: „Gerd, du Hund, du bist immer noch so gefährlich wie früher."

1000. BUNDESLIGA-TOR Bayern knackt am 8. Spieltag die Marke. Goldener Torschütze zum 1:1-Endstand bei Werder Bremen ist Wolfgang Rausch.

ULI HOENESS verliert seinen Stammplatz, wechselt nach vier Einsätzen zum 1. FC Nürnberg (elf Spiele), steigt in die 2. Liga ab, beendet seine Karriere wegen Knieverletzung.

GERD MÜLLER verlässt nach 427 Bundesliga-Spielen und 365 Toren Bayern im Zorn. In seiner letzten Saison erzielt der „Bomber der Nation" nur noch neun Tore. Was ihm bleibt, ist ewiger Ruhm.

BIELEFELD-SPIEL Am 10. März 1979 (22. Spieltag) unterliegt Bayern der Arminia mit 0:4. Es ist bis heute die höchste Heimniederlage gegen einen Aufsteiger.

1978/79

Letzte lustige Einlage: Sepp Maier fängt am 34. Spieltag beim bereits feststehenden Meister HSV neben einigen Bällen auch diesen Luftballon. Es ist sein letztes von 473 Bundesliga-Spielen. Am 14. Juli 1979 verletzt er sich bei einem Autounfall so schwer, dass er seine Karriere beenden muss

1. SPIELTAG

Borussia Dortmund – Bayern 1:0 (1:0)

DORTMUND: Immel – Schneider, Huber, Theis, Meyer – Segler, Votava, Burgsmüller – Vöge, Frank (46. Wagner), Geyer.
BAYERN: Maier – Jol, Schwarzenbeck, Augenthaler, Horsmann – Niedermayer, Oblak, Breitner, U. Hoeneß (46. Rausch), G. Müller, K.-H. Rummenigge.
Tor: 1:0 Burgsmüller (32.).
Gelb: Votava / Rausch.
Schiedsrichter: Günter Linn.

2. SPIELTAG

Bayern – MSV Duisburg 6:2 (4:1)

BAYERN: Maier – Niedermayer, Schwarzenbeck, Augenthaler, Horsmann – Rausch, Breitner (56. Jol), Dürnberger – Oblak (77. Reisinger), G. Müller, K.-H. Rummenigge.
DUISBURG: Schreiner – Fenten, Jakobs, Bregmann, Dietz – Fruck, Büssers, Jara – Weber (46. Alhaus), Seliger (77. Dronia), Worm.
Tore: 1:0 G. Müller (2.), 1:1 Büssers (8.), 2:1 Breitner (12.), 3:1 Augenthaler (21.), 4:1 K.-H. Rummenigge (40.), 4:2 Jara (49.), 5:2 Niedermayer (62.), 6:2 G. Müller (84.).
Gelb: G. Müller / –.
Schiedsrichter: Heinz Quindeau.

3. SPIELTAG

FC Schalke 04 – Bayern 2:1 (1:0)

SCHALKE: Groß – Dubski, Fichtel, Rüssmann, Schipper – Lütkebohmert (28. Elgert), Wagner, H. Kremers, Larsson – Abramczik, Fischer.
BAYERN: Maier – Niedermayer (54. Jol), Schwarzenbeck, Augenthaler, Horsmann – Rausch, Dürnberger, Breitner, Oblak – G. Müller, K.-H. Rummenigge (49. U. Hoeneß).
Tore: 1:0 Rüssmann (42.), 2:0 Fischer (52.), 2:1 Horsmann (81.).
Gelb: – / Rausch, K.-H. Rummenigge.
Schiedsrichter: Jan Redelfs.

4. SPIELTAG

Bayern – Eintracht Frankfurt 3:1 (3:1)

BAYERN: Maier – Niedermayer, Horsmann, Schwarzenbeck, Augenthaler – Rausch, Dürnberger, Breitner – G. Müller, Oblak (32. Kapellmann), K.-H. Rummenigge.
FRANKFURT: Koitka – H. Müller, Pezzey, Körbel, Neuberger – Lorant, Kraus (46. Borchers), Grabowski – Hölzenbein, Elsener, Wenzel (78. Nachtweih).
Tore: 1:0 Dürnberger (5.), 2:0 G. Müller (19.), 3:0 K.-H. Rummenigge (29.), 3:1 Neuberger (44.).
Gelb: – / Lorant.
Schiedsrichter: Günther Risse.

5. SPIELTAG

Arminia Bielefeld – Bayern 0:2 (0:1)

BIELEFELD: Stein – Krobbach, Moors, Pohl, Angele – Weidle, Köstner, Eilenfeldt – Schildt (26. Schröder), Ellbracht, Sackewitz.
BAYERN: Maier – Kapellmann, Schwarzenbeck, Niedermayer, Horsmann – Rausch, Breitner, Dürnberger, Janzon – G. Müller, K.-H. Rummenigge.
Tore: 0:1 Janzon (37.), 0:2 G. Müller (84.).
Gelb: Pohl / Dürnberger, Kapellmann, Schwarzenbeck.
Schiedsrichter: Walter Niemann.

6. SPIELTAG

Bayern – Eintr. Braunschweig 6:1 (4:0)

BAYERN: Maier – Jol, Niedermayer, Schwarzenbeck, Horsmann – Rausch, Breitner, Kapellmann, Dürnberger – G. Müller, K.-H. Rummenigge.
BRAUNSCHWEIG: Hain – Borg, Zembski, Hollmann, Merkhoffer – Grobe, Dremmler, Lübeke, Erler – Nickel, Popivoda.
Tore: 1:0 Breitner (9.), 2:0 K.-H. Rummenigge (24.), 3:0 Niedermayer (34.), 4:0 G. Müller (40.), 5:0 K.-H. Rummenigge (54.), 5:1 Nickel (74.), 6:1 Breitner (82.).
Schiedsrichter: Rainer Waltert.

7. SPIELTAG

Bayern – Borussia M'gladbach 3:1 (1:1)

BAYERN: Maier – Kapellmann, Schwarzenbeck, Niedermayer, Horsmann – Rausch, Breitner, Oblak, Dürnberger – G. Müller, K.-H. Rummenigge.
M'GLADBACH: Kneib – Ringels, Wohlers, Schäffer, Dudek (73. Lausen) – Bruns, Kulik (70. Amrath), Schäfer, Nielsen – Simonsen, Gores.
Tore: 1:0 G. Müller (9.), 1:1 Simonsen (41.), 2:1 Dürnberger (65.), 3:1 Breitner (90., Foulelfmeter).
Gelb: – / Gores, Lausen.
Schiedsrichter: Gert Meuser.
Besonderes Vorkommnis: Kneib hält Foulelfmeter von G. Müller (37.).

8. SPIELTAG

Werder Bremen – Bayern 1:1 (1:0)

BREMEN: Burdenski – Geils, Røntved, Siegmann, Hiller – Möhlmann, Röber, Bracht – Reinders, Wunder, Dreßel (9. Konschal).
BAYERN: Maier – Kapellmann, Schwarzenbeck, Niedermayer, Horsmann – Rausch, Dürnberger, Breitner, Oblak – G. Müller, K.-H. Rummenigge.
Tore: 1:0 Hiller (18.), 1:1 Rausch (65.).
Gelb: Røntved / Breitner, Niedermayer.
Schiedsrichter: Karl-Josef Assenmacher.
Besonderes Vorkommnis: Burdenski hält Foulelfmeter von G. Müller (68.).

9. SPIELTAG

Bayern – VfL Bochum 2:1 (1:1)

BAYERN: Maier – Jol (62. U. Hoeneß), Schwarzenbeck, Niedermayer, Horsmann – Rausch, Oblak, Dürnberger, Breitner – G. Müller, K.-H. Rummenigge.
BOCHUM: Mager – Gerland, Tenhagen, Woelk, Lameck – Versen (46. Abel), Eggert, Köper, Oswald – Bast, Eggeling (68. Blau).
Tore: 0:1 Eggert (15.), 1:1 Dürnberger (21.), 2:1 Horsmann (88.).
Gelb: – / Versen.
Schiedsrichter: Wilfried Heitmann.

10. SPIELTAG

VfB Stuttgart – Bayern 2:0 (0:0)

STUTTGART: Roleder – Martin, Holcer, K. Förster, Elmer – Hadewicz, Ohlicher, H. Müller – Kelsch, D. Hoeneß, Volkert (79. Hattenberger), .
BAYERN: Maier – Kapellmann, Schwarzenbeck, Niedermayer, Horsmann – Dürnberger, Rausch (77. Augenthaler), Oblak (79. U. Hoeneß), Breitner – G. Müller, K.-H. Rummenigge.
Tore: 1:0 D. Hoeneß (55.), 2:0 Kelsch (60.).
Gelb: – / Oblak, Schwarzenbeck.
Schiedsrichter: Wolf-Dieter Ahlenfelder.

11. SPIELTAG

Bayern – Hertha BSC 1:1 (0:0)

BAYERN: Maier – Kapellmann, Schwarzenbeck, Niedermayer, Horsmann – Rausch, Dürnberger, Breitner, Oblak – G. Müller, K.-H. Rummenigge.
BERLIN: Nigbur – Sziedat, Brück, Förster (56. Diefenbach), Weiner – Nüssing, Sidka (37. Rasmussen), Beer, Granitza – Gersdorff, Blechschmidt.
Tore: 0:1 Gersdorff (51.), 1:1 Müller (54.).
Schiedsrichter: Werner Burgers.

12. SPIELTAG

1. FC Köln – Bayern 1:1 (0:0)

KÖLN: Schumacher – Konopka, Cullmann, Schuster, Zimmermann – Glowacz, Flohe (83. Prestin), He. Neumann – van Gool, D. Müller, Willmer.
BAYERN: Maier – Niedermayer, Schwarzenbeck, Augenthaler, Horsmann – Rausch, Dürnberger, Breitner, Oblak – K.-H. Rummenigge, G. Müller.
Tore: 1:0 D. Müller (61.), 1:1 G. Müller (72.).
Gelb: Cullmann / Augenthaler, Rausch.
Schiedsrichter: Walter Horstmann.

13. SPIELTAG

Bayern – SV Darmstadt 98 1:1 (0:0)

BAYERN: Maier – Niedermayer, Schwarzenbeck, Augenthaler, Horsmann – Rausch (75. Kapellmann), Dürnberger, Breitner, Oblak – G. Müller, K.-H. Rummenigge.
DARMSTADT: Rudolf – Kleppinger, Bechtold, Westenberger, Frey – Kalb, Weiss, Weber, Eigl – Metz, Weiler (74. Hahn).
Tore: 1:0 Breitner (57., Foulelfmeter), 1:1 Hahn (89.).
Gelb: – / Kleppinger.
Schiedsrichter: Winfried Walz.

14. SPIELTAG

1. FC Kaiserslautern – Bayern 2:1 (2:0)

K'LAUTERN: Hellström – Schwarz, Neues, Briegel, Melzer – Groh, Riedl, Bongartz – Geye, Toppmöller, Pirrung (46. Wendt).
BAYERN: Maier – Niedermayer, Schwarzenbeck, Augenthaler, Horsmann – Rausch, Dürnberger, Breitner, Oblak – G. Müller, K.-H. Rummenigge.
Tore: 1:0 Toppmöller (30.), 2:0 Toppmöller (41.), 2:1 G. Müller (84.).
Gelb: Briegel / Breitner, Dürnberger, Niedermayer, Rausch.
Schiedsrichter: Dr. Dieter Stäglich.

15. SPIELTAG

Bayern – 1. FC Nürnberg 4:0 (2:0)

BAYERN: Maier – Niedermayer, Schwarzenbeck, Augenthaler, Horsmann – Dürnberger, Breitner, Oblak – Janzon, G. Müller (30. Kapellmann), K.-H. Rummenigge.
NÜRNBERG: M. Müller – Stocker, Dämpfling, Eder, Beierlorzer – Schöll, Schmider (78. J. Täuber), Lieberwirth, U. Hoeneß – K. Täuber, Heidenreich (46. Zivaljevic).
Tore: 1:0 Schwarzenbeck (4.), 2:0 Oblak (39.), 3:0 Breitner (53.), 4:0 Breitner (68., Foulelfmeter).
Gelb: Augenthaler / Beierlorzer.
Schiedsrichter: Volker Roth.

16. SPIELTAG

Fortuna Düsseldorf – Bayern 7:1 (2:1)

DÜSSELDORF: Daniel – Brei, Zewe, Zimmermann, Baltes – Weikl, Köhnen, K. Allofs, Schmitz – Seel (74. Lund), Günther.
BAYERN: Maier – Jol, Schwarzenbeck, Augenthaler, Horsmann – Niedermayer, Dürnberger (74. Kapellmann), Breitner, Oblak – Janzon, K.-H. Rummenigge.
Tore: 1:0 K. Allofs (1.), 1:1 Augenthaler (22.), 2:1 K. Allofs (24.), 3:1 Seel (51.), 4:1 Seel (58.), 5:1 Zimmermann (65., Foulelfmeter), 6:1 Günther (74.), 7:1 Günther (86.).
Schiedsrichter: Walter Engel.

17. SPIELTAG

Bayern – Hamburger SV 0:1 (0:1)

BAYERN: Maier – Kapellmann, Schwarzenbeck, Augenthaler, Horsmann – Niedermayer, Dürnberger, Breitner, Oblak – G. Müller, K.-H. Rummenigge.
HAMBURG: Kargus – Kaltz, Nogly, Buljan, Hidien – Hartwig, Memering, Bertl, Magath – Keegan, Hrubesch.
Tor: 0:1 Memering (19.).
Gelb: Augenthaler / Magath.
Schiedsrichter: Gerd Hennig.

18. SPIELTAG

Bayern – Borussia Dortmund 4:0 (2:0)

BAYERN: Maier – Kapellmann, Schwarzenbeck, Augenthaler, Horsmann – Niedermayer, Dürnberger, Breitner (89. Rausch), Oblak – G. Müller, K.-H. Rummenigge.
DORTMUND: Bertram – Hein (77. Vöge), Held, Theis, Schneider – Huber, Votava, Segler, Geyer – Burgsmüller, Lippens (77. Augustin).
Tore: 1:0 Dürnberger (9.), 2:0 Kapellmann (12.), 3:0 Schwarzenbeck (70.), 4:0 Oblak (80.).
Schiedsrichter: Medardus Luca.

19. SPIELTAG

MSV Duisburg – Bayern 3:1 (3:1)

DUISBURG: Heinze – Dronia, Jakobs, Bregmann, Dubski – Fruck, Büssers, Jara – Weber, Worm, Dietz.
BAYERN: Maier – Kapellmann, Horsmann, Schwarzenbeck, Augenthaler – Niedermayer, Dürnberger, Breitner, Oblak – Janzon, K.-H. Rummenigge.
Tore: 0:1 Oblak (8.), 1:1 Dietz (19.), 2:1 Büssers (25.), 3:1 Jara (38.).
Gelb: Fruck, Jara / –.
Schiedsrichter: Peter Gabor.

Die Partien gegen Dortmund und Duisburg fielen im Schneechaos aus, wurden am 10. Februar bzw. am 8. Mai (fünftletztes Spiel) nachgeholt. Insgesamt musste der DFB im Winter 1978/79 46 Spiele verlegen.

20. SPIELTAG

Bayern – FC Schalke 04 2:1 (0:1)

BAYERN: Maier – Kapellmann, Schwarzenbeck, Augenthaler, Horsmann – Niedermayer (46. Rausch), Dürnberger, Breitner – Oblak, G. Müller, K.-H. Rummenigge.
SCHALKE: Sandhofe – Schipper, Fichtel (46. Dörmann), Rüssmann, Lander – Wagner, Bittcher, Elgert – Abramczik, Fischer, Demange.
Tore: 0:1 Abramczik (45.), 1:1 K.-H. Rummenigge (48.), 2:1 Wagner (74., Eigentor).
Schiedsrichter: Walter Horstmann.

21. SPIELTAG

Eintracht Frankfurt – Bayern 2:1 (0:0)

FRANKFURT: Pahl – H. Müller, Neuberger, Körbel, Pezzey – Lorant, Kraus (46. Elsener), Hölzenbein, Grabowski – Wenzel, Borchers.
BAYERN: Maier – Kapellmann, Schwarzenbeck, Augenthaler, Horsmann – Niedermayer (86. Jol), Dürnberger, Breitner, G. Müller (82. Janzon) – Oblak, K.-H. Rummenigge.
Tore: 1:0 Pezzey (70.), 2:0 Borchers (76.), 2:1 K.-H. Rummenigge (85.).
Gelb: Pezzey / Breitner.
Schiedsrichter: Volker Roth.

22. SPIELTAG

Bayern – Arminia Bielefeld 0:4 (0:2)

BAYERN: Maier – Jol (55. Reisinger), Schwarzenbeck, Augenthaler, Horsmann – Niedermayer, Dürnberger, Kapellmann, Oblak – Janzon, K.-H. Rummenigge (65. Gruber).
BIELEFELD: Stein – Peitsch, Moors, Pohl, Angele – Weidle, Köstner, Pagelsdorf – Eilenfeldt (80. Ohlsson), Graul, Schröder (80. Sackewitz).
Tore: 0:1 Eilenfeldt (18.), 0:2 Eilenfeldt (23.), 0:3 Graul (51.), 0:4 Schröder (63.).
Gelb: Schwarzenbeck / –.
Schiedsrichter: Hans-Heinrich Barnick.

23. SPIELTAG

Eintr. Braunschweig – Bayern 0:0

BRAUNSCHWEIG: Franke – Zembski, Hollmann, Borg, Merkhoffer (74. Holzer) – Grobe, Handschuh (74. Erler), Dremmler, Krause – Popivoda, Nickel.
BAYERN: Maier – Kapellmann, Schwarzenbeck, Augenthaler, Horsmann – Oblak, Niedermayer, Dürnberger, Breitner – Janzon, K.-H. Rummenigge.
Gelb: Grobe / Augenthaler.
Schiedsrichter: Wolf-Dieter Ahlenfelder.

24. SPIELTAG

Borussia M'gladbach – Bayern 1:7 (1:5)

M'GLADBACH: Kneib – Schäffer, Schäfer, Hannes, Ringels, Bruns, Kulik, Lienen – Del'Haye (45. Gores), Simonsen, Amrath.
BAYERN: Maier – Kapellmann (46. Gruber), Schwarzenbeck, Augenthaler, Horsmann – Niedermayer, Dürnberger, Breitner – Oblak, Janzon, K.-H. Rummenigge.
Tore: 0:1 Schwarzenbeck (9.), 1:1 Amrath (14.), 1:2 K.-H. Rummenigge (17.), 1:3 Niedermayer (26.), 1:4 K.-H. Rummenigge (37.), 1:5 Janzon (45.), 1:6 K.-H. Rummenigge (75.), 1:7 Janzon (84.).
Gelb: Grobe / Augenthaler.
Schiedsrichter: Wolf-Dieter Ahlenfelder.

25. SPIELTAG

Bayern – Werder Bremen 4:0 (1:0)

BAYERN: Maier – Kapellmann, Augenthaler, Schwarzenbeck, Horsmann – Niedermayer, Dürnberger, Breitner – K.-H. Rummenigge, Jol (66. Rausch), Janzon.
BREMEN: Burdenski – Konschal (46. Wunder), Geils, Røntved, Kamp – Siegmann (79. Linz), Hiller, Bracht, Möhlmann – Reinders, Dreßel.
Tore: 1:0 Augenthaler (41.), 2:0 Dürnberger (57.), 3:0 Janzon (74.), 4:0 Breitner (89.).
Gelb: – / Reinders.
Schiedsrichter: Günter Risse.

26. SPIELTAG

VfL Bochum – Bayern 0:1 (0:0)

BOCHUM: Mager – Blau, Bast, Woelk, Lameck – Holz (53. Eggert), Trimhold, Tenhagen, Oswald – Abel, Eggeling (70. Kaczor).
BAYERN: Maier – Kapellmann, Schwarzenbeck, Augenthaler, Horsmann – Gruber, Niedermayer, Dürnberger, Breitner – K.-H. Rummenigge, Janzon.
Tor: 0:1 K.-H. Rummenigge (83.).
Gelb: Abel / Dürnberger, K.-H. Rummenigge.
Schiedsrichter: Helmut Treib.

27. SPIELTAG

Bayern – VfB Stuttgart 1:1 (0:0)

BAYERN: Maier – Kapellmann, Augenthaler, Schwarzenbeck, Horsmann – Niedermayer, Dürnberger, Gruber, Breitner – Janzon, K.-H. Rummenigge.
STUTTGART: Roleder – Martin, K. Förster, Holcer, B. Förster – Hattenberger (63. Ohlicher), Hadewicz, Müller – Kelsch, Hoeneß, Volkert.
Tore: 1:0 Janzon (67.), 1:1 Volkert (73., Foulelfmeter).
Schiedsrichter: Walter Eschweiler.

28. SPIELTAG

Hertha BSC – Bayern 1:1 (1:1)

BERLIN: Nigbur – Sziedat, Kliemann, Weiner, Diefenbach (65. Rasmussen) – Brück, Sidka, Nüssing – Agerbeck, Beer, Krämer.
BAYERN: Maier – Kapellmann, Schwarzenbeck, Augenthaler, Horsmann – Niedermayer, Dürnberger, Breitner, Gruber – Janzon, K.-H. Rummenigge.
Tore: 1:0 Beer (28.), 1:1 Breitner (45.).
Gelb: Kliemann / –.
Schiedsrichter: Franz-Josef Hontheim.

29. SPIELTAG

Bayern – 1. FC Köln 5:1 (4:0)

BAYERN: Maier – Kapellmann, Schwarzenbeck, Augenthaler, Horsmann – Niedermayer, Dürnberger, Breitner, Oblak – Janzon, K.-H. Rummenigge.
KÖLN: Schumacher – Konopka, Cullmann, Strack, Prestin – Schuster, Glowacz, He. Neumann – Okudera, D. Müller, Willmer (64. Engels).
Tore: 1:0 K.-H. Rummenigge (8.), 2:0 Niedermayer (13.), 3:0 Janzon (41.), 4:0 K.-H. Rummenigge (44.), 5:0 Janzon (67.), 5:1 Konopka (79.).
Schiedsrichter: Klaus Ohmsen.

30. SPIELTAG

SV Darmstadt 98 – Bayern 1:3 (1:1)

DARMSTADT: Rudolf – Kleppinger, Bechtold, Westenberger, Kalb – Hahn, Weiss, Drexler, Eigl – Weber (78. Metz), Cestonaro (34. Weiler).
BAYERN: Maier – Kapellmann, Schwarzenbeck, Augenthaler, Horsmann – Niedermayer, Dürnberger, Breitner –Oblak, Janzon, K.-H. Rummenigge.
Tore: 0:1 Breitner (17.), 1:1 Hahn (23.), 1:2 Janzon (57.), 1:3 Breitner (90., Foulelfmeter).
Gelb: Bechtold, Weiss / Niedermayer, Oblak.
Schiedsrichter: Rainer Waltert.

31. SPIELTAG

Bayern – 1. FC Kaiserslautern 1:0 (1:0)

BAYERN: Maier – Kapellmann, Schwarzenbeck, Augenthaler, Horsmann – Niedermayer, Dürnberger, Breitner, Oblak – Janzon, K.-H. Rummenigge.
K'LAUTERN: Hellström – Schuhmacher, Neues, Briegel, Meier – Melzer, Bongartz (56. Dobiasch), Schwarz, Riedl – Geye, Wendt (84. Pirrung).
Tor: 1:0 K.-H. Rummenigge (42.). **Gelb:** – / Bongartz.
Schiedsrichter: Dr. Dieter Stäglich.

32. SPIELTAG

1. FC Nürnberg – Bayern 4:2 (2:1)

NÜRNBERG: Hummel – Stocker, Weyerich, Eder, J. Täuber – Schöll, Beierlorzer, Lieberwirth (57. Berkemeier) – Schmider, Szymanek, K. Täuber (77. Heidenreich).
BAYERN: Maier – Kapellmann, Schwarzenbeck, Augenthaler, Horsmann – Niedermayer, Breitner, Gruber – K.-H. Rummenigge, Janzon, Oblak (50. Reisinger).
Tore: 1:0 K. Täuber (3.), 2:0 Lieberwirth (5.), 2:1 Breitner (18., Foulelfmeter), 3:1 Weyerich (60., Foulelfmeter), 3:2 Gruber (77.), 4:2 Szymanek (88.).
Gelb: Weyerich / Augenthaler, K.-H. Rummenigge.
Schiedsrichter: Werner Burgers.

33. SPIELTAG

Bayern – Fortuna Düsseldorf 1:1 (0:1)

BAYERN: Maier – Kapellmann, Schwarzenbeck, Augenthaler, Horsmann – Niedermayer, Dürnberger (57. Gruber), Breitner, Oblak – K.-H. Rummenigge, Janzon.
DÜSSELDORF: Daniel – Baltes, Zewe, Köhnen, Weikl – Schmitz, Bommer (81. Dusend), Zimmer (68. Fanz), T. Allofs – K. Allofs, Seel.
Tore: 0:1 K. Allofs (23.), 1:1 Janzon (76.).
Gelb: Schwarzenbeck / –.
Schiedsrichter: Heinz Quindeau.

34. SPIELTAG

Hamburger SV – Bayern 1:2 (0:0)

HAMBURG: Kargus – Kaltz, Nogly, Buljan, Hidien (77. Ripp) – Memering, Hartwig, Magath – Keegan, Hrubesch (51. Bertl), Reimann.
BAYERN: Maier – Kapellmann, Schwarzenbeck, Augenthaler, Horsmann (57. Gruber) – Niedermayer (72. Reisinger), Breitner, Oblak – Dürnberger, Janzon, K.-H. Rummenigge.
Tore: 0:1 Reisinger (73.), 1:1 Keegan (78.), 1:2 Rummenigge (80.).
Gelb: Hidien / –.
Schiedsrichter: Rainer Waltert.

Abschlusstabelle

Pl.	Verein	Spiele	G	U	V	Tore	Diff.	Punkte
1	Hamburg	34	21	7	6	78:32	+46	49:19
2	Stuttgart	34	20	8	6	73:34	+39	48:20
3	Kaiserslautern	34	16	11	7	62:47	+15	43:25
4	Bayern	34	16	8	10	69:46	+23	40:28
5	Frankfurt	34	16	7	11	50:49	+1	39:29
6	Köln (M, P)	34	13	12	9	55:47	+8	38:30
7	Düsseldorf	34	13	11	10	70:59	+11	37:31
8	Bochum	34	10	13	11	47:46	+1	33:35
9	Braunschweig	34	10	13	11	50:55	–5	33:35
10	M'gladbach*	34	12	8	14	50:53	–3	32:36
11	Bremen	34	10	11	13	48:60	–12	31:37
12	Dortmund	34	10	11	13	54:70	–16	31:37
13	Duisburg	34	12	6	16	43:56	–13	30:38
14	Hertha	34	9	11	14	40:50	–10	29:39
15	Schalke	34	9	10	15	55:61	–6	28:40
16	Bielefeld (A)	34	9	8	17	43:56	–13	26:42
17	Nürnberg (A)	34	8	8	18	36:67	–31	24:44
18	Darmstadt (A)	34	7	7	20	40:75	–35	21:47

* Als Titelverteidiger im Uefa-Cup

DIE WEITEREN SIEGER DES JAHRES:

Europacup der Landesmeister:
Nottingham Forest

Europacup der Pokalsieger:
FC Barcelona

Uefa-Cup:
Borussia Mönchengladbach

DFB-Pokal:
Fortuna Düsseldorf

Alle Ergebnisse auf einen Blick

Waagerecht: alle Heimresultate. Senkrecht: alle Auswärtsresultate

	Hamburg	Stuttgart	K'lautern	Bayern	Frankfurt	Köln	Düsseldorf	Bochum	Braunschweig	M'gladbach	Bremen	Dortmund	Duisburg	Hertha	Schalke	Bielefeld	Nürnberg	Darmstadt
Hamburg		1:1	3:0	1:2	4:0	6:0	2:1	1:1	2:0	3:0	2:2	5:0	3:0	4:1	4:2	3:1	4:1	2:1
Stuttgart	1:0		3:0	2:0	3:1	1:4	5:0	2:0	3:0	2:0	1:1	1:1	2:0	3:0	4:0	5:1	4:0	3:0
K'lautern	2:1	5:1		2:1	2:1	1:1	3:0	1:1	2:1	1:3	4:0	3:1	2:1	3:0	2:2	3:2	3:0	2:0
Bayern	0:1	1:1	1:0		3:1	5:1	1:1	2:1	6:1	3:1	4:0	4:0	6:2	1:1	2:1	0:4	4:0	1:1
Frankfurt	0:0	1:2	2:2	2:1		1:4	3:2	4:2	3:1	2:0	2:1	3:1	1:0	2:2	3:1	1:0	2:0	2:0
Köln	1:3	1:2	2:2	1:1	0:2		2:2	1:1	3:1	1:1	2:0	5:0	3:3	3:1	1:0	2:1	2:0	2:1
Düsseldorf	0:2	2:0	2:2	7:1	4:2	1:1		1:1	2:2	3:3	3:1	3:1	3:0	3:1	3:1	3:2	3:3	4:0
Bochum	2:1	1:2	2:2	0:1	0:0	2:5	2:2		3:0	0:0	3:0	4:1	0:0	1:0	2:2	1:0	2:1	1:2
Braunschweig	1:0	2:2	0:0	0:0	0:0	1:0	1:1	1:0		3:0	1:1	2:2	0:2	0:1	2:1	5:2	3:1	4:1
M'gladbach	4:3	0:0	5:1	1:7	1:3	2:0	1:0	2:0	2:3		4:0	2:2	0:2	0:2	0:0	4:1	3:1	3:1
Bremen	1:1	0:2	3:1	1:1	0:2	1:1	1:1	3:3	3:1	3:1		4:4	3:2	1:1	3:1	1:0	3:1	3:0
Dortmund	1:3	4:3	2:3	1:0	3:1	0:0	3:0	2:2	2:2	1:1	1:0		4:1	3:0	2:0	2:0	2:0	0:0
Duisburg	0:2	3:1	3:1	3:1	0:2	2:1	1:2	1:0	1:0	0:3	2:0	0:0		3:2	2:1	1:1	1:0	4:4
Hertha	1:3	0:0	0:3	1:1	4:1	0:2	4:1	1:1	2:2	1:0	0:2	4:0	1:0		1:1	1:2	4:1	1:0
Schalke	1:3	2:3	1:1	2:1	4:0	1:1	1:2	1:3	4:4	1:1	2:1	5:1	2:1	1:1		4:1	0:0	4:2
Bielefeld	0:0	1:1	0:1	0:2	0:0	1:0	2:0	1:2	2:2	0:2	1:3	4:3	1:1	0:0	3:2		2:0	5:0
Nürnberg	3:3	1:0	0:0	4:2	0:0	1:1	3:2	0:2	0:3	1:0	2:2	2:2	2:1	2:1	0:2	0:1		3:2
Darmstadt	1:2	1:7	2:2	1:3	2:0	0:1	1:6	3:1	1:1	2:0	3:0	3:2	2:0	0:0	1:2	1:1	1:3	

Saisonverlauf

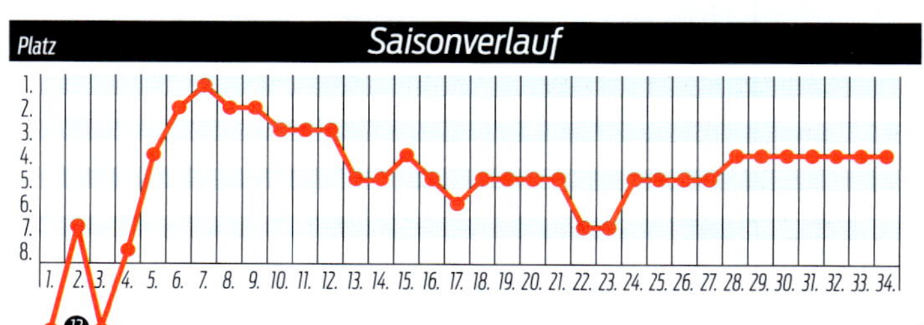

NACH SECHS JAHREN WIEDER MEISTER

Mit einer komplett neuen Führungsriege gelingt der Weg zurück an die Spitze. Sepp Maier und „Katsche" Schwarzenbeck müssen aufhören

In keinem Jahr seiner Bundesliga-Geschichte verliert der FC Bayern so viele Superstars wie 1979. Nach Gerd Müllers traurigem Abschied im Februar und der Beförderung von Uli Hoeneß auf den Managersessel im Mai sind nur noch drei Spieler aus dem WM-Endspiel von 1974 auf dem Mannschaftsfoto: Paul Breitner, Hans-Georg Schwarzenbeck und Sepp Maier. Als die Saison 1979/80 endet, ist nur noch einer am Ball: Breitner.

Am Samstagabend des 14. Juli 1979 geht die Karriere von Sepp Maier zu Ende. Die Bayern haben in der Vorbereitung in Ulm gespielt, und zumindest einer hat die Zuschauer nicht enttäuscht. Ein letztes Mal geht Maier in seiner Rolle als Spaßvogel auf, lässt seine Hose – zufällig – runterrutschen und baut eine kleine Sandburg in seinem Strafraum. Das Fußballvolk lacht.

Zurück an der Säbener Straße trinkt der Torhüter in der Vereinsgaststätte noch ein Bier, dann will er mit seinem Mercedes 450 SEL 6.9 schnell nach Hause. Denn ein Gewitter zieht auf, eines von der Sorte, das jeder Autofahrer fürchtet. Aquaplaning.

Was dann auf einer überschwemmten Umgehungsstraße kurz vor Anzing geschieht, schildert Maier in seinen Memoiren so: „Die Gefährlichkeit der Linkskurve, da, wo die Straße sich verengt, kannte ich wohl. Die Strecke ist etwas abschüssig, hängt ein bisschen zur Gegenfahrbahn hin. Kein Problem für meinen Wagen – normalerweise. Aber ich hatte einfach die Wassermenge unterschätzt, die sich in den ausgefahrenen Spuren in der Schräge gesammelt hatte. Ich bin gar nicht so schnell gefahren – vielleicht 80 Kilometer – da merkte ich,

Schon wieder gut gelaunt: Sepp Maier gibt zwei Wochen nach seinem Unfall Autogramme

wie ich die Gewalt über den Wagen verlor."

Maier rutscht auf die Gegenfahrbahn, prallt mit einem entgegenkommenden Mercedes zusammen. Ein hinter ihm fahrender Opel Kadett fährt auf. Maier ist bewusstlos und kommt wie die beiden Frauen in dem anderen Mercedes ins Krankenhaus Ebersberg. Die Ärzte diagnostizieren bei der Nummer 1 der Nation nur ein paar Rippenbrüche, einen Armbruch und eine Gehirnerschütterung.

Doch Uli Hoeneß, am Sonntagfrüh herbeigeeilt und mit einem Orthopädie-Professor im Schlepptau, ist skeptisch und bewirkt Maiers sofortige Verlegung ins Klinikum Großhadern. „Dieser Anordnung verdanke ich mein Leben", stellt Maier noch Jahrzehnte später fest.

Denn neue Röntgenbilder ergeben noch einen Zwerchfellriss, Leber und Lunge sind ebenfalls verletzt. Lebensgefahr, Not-Operation am Montagmorgen. „Ist doch ganz schön, wenn man prominent ist. Die richtigen Leute kümmern sich im richtigen Moment um dich", schreibt Sepp Maier in seinen Memoiren.

Aber sein Promi-Status hilft ihm beruflich nicht weiter. Während er an sein Comeback glaubt, wie besessen trainiert und von der Teilnahme an der EM 1980 träumt, sortiert ihn Pal Csernai aus: „Sepp ist seit dem Unfall in seiner eigenen Welt und will nicht wahrhaben, dass die Mannschaft in seiner Abwesenheit eine andere und sein Nachfolger Walter Junghans ein B-Nationalspieler geworden ist. Soll ich Walter jetzt einfach rauswerfen?", fragt Csernai im November 1979. Wie im Fall Müller gelingt es dem Ungarn nicht, einer Klublegende den würdigen Abschied zu verschaffen.

Sepp Maier, der in den 14 Bundesliga-Jahren des Klubs nur drei Spiele verpasst hat (alle 1965/66), wird nie mehr im Tor stehen. Seine Karriere ist im Alter von 35 Jahren unwiderruflich vorbei.

Was Csernai nicht stört, er hält es ohnehin für unumgänglich, das Team zu verjüngen, „worum sich meine Vorgänger Cramer und Lorant herumgedrückt haben". Csernai spricht mit Maier nur das Nötigste und forciert dessen Rücktritt. Den gibt Maier schließlich im Januar 1980 bekannt.

Ein anderer hofft da noch auf eine Zukunft, doch auch „Katsche" Schwarzenbeck hat keine mehr. Der „Putzer des Kaisers" bestreitet am 18. August 1979 auf Schalke sein 416. und letztes Bundesliga-Spiel, die Partie am 2. Spieltag endet 1:1. Ein schlecht vernarbter Muskelriss und eine chronische Achillessehnenentzündung am rechten Fuß machen die Fortsetzung der Karriere unmöglich. Dabei hat Csernai ihn als Libero eingeplant: „Jeder darf ausfallen, nur der Katsche nicht."

So sind Ende August 1979 alle wichtigen Positionen im Verein neu besetzt: Präsident Willi O. Hoffmann ist vier Monate im Amt und schlägt neue Töne an: „Ich will Spieler, die mitwirken, ich sehe sie als leitende Angestellte."

Manager Uli Hoeneß, seit vier Monaten verantwortlich, kämpft gegen Vorbehalte, weil er erst 27 Jahre alt ist und mit fast allen Profis noch gespielt hat. Hoeneß setzt neue Akzente, Dauerkartenkäufer erhalten einen Autogrammball dazu, 7500 Bälle müssen die Spieler in der Vorbereitung signieren. Und er erhöht die Siegprämien, die nach Tabellenplätzen gestaffelt sind. Maximal gibt es 4000 DM, kein Bundesliga-Verein zahlt mehr.

Pal Csernai führt die Mannschaft jetzt

In bayerischer Tracht auf dem Rathausbalkon: Torjäger Karl-Heinz Rummenigge, Trainer Pal Csernai und Kapitän Paul Breitner präsentieren den Fans die Meisterschale

seit sieben Monaten, Paul Breitner ist seit Maiers Unfall neuer Kapitän, Walter Junghans neuer Torwart – und Dieter Hoeneß neuer Mittelstürmer.

Bruder Uli hat den viel umworbenen 1,88-Meter-Hünen für 175 000 DM aus Stuttgart als Müller-Nachfolger verpflichtet. An einem seiner ersten Tage in München sagt Dieter Hoeneß forsch: „Wer Meister werden will, muss an Bayern vorbei."

Das schafft kein Klub 1979/80. Nach sechs Jahren Wartezeit holen sich die Bayern endlich wieder die Schale. Nach mühsamem Start und Platz sieben Ende Oktober sind sie nach der Hinrunde erstmals Tabellenführer und liefern sich bis zum 33. Spieltag ein Kopf-an-Kopf-Rennen mit Titelverteidiger HSV. Dann verlieren die Hamburger 1:2 in Leverkusen, die Bayern siegen 3:1 in Stuttgart und verteidigen am letzten Spieltag den Zwei-Punkte-Vorsprung mit einem 2:1 gegen Braunschweig.

Die fünfte Meisterschaft seit Start der Bundesliga. Die Fans stürmen den Rasen – und Breitner sagt in Erinnerung an seine harschen Abschiedsworte 1974: „Mensch, kann dieser Scheißverein jetzt feiern."

Uefa-Cup

Das 2:0 von Bruno Pezzey (Nr. 5). Frankfurt schafft die Verlängerung, gewinnt 5:1

Traditionelles Debakel in Frankfurt

Karl-Heinz Rummenigge ist der Mann der ersten Spiele, erzielt gegen Bohemians Prag (2:0 auswärts, 2:2 zu Hause) jeweils ein Tor und in der zweiten Runde beim 2:1 in Aarhus (Dänemark) beide Treffer. Im Rückspiel in München (3:1) geht er leer aus, Dieter Hoeneß schießt vor nur 4500 Zuschauern seine ersten beiden Europacup-Tore für Bayern. Dramatischer wird es gegen Roter Stern Belgrad im Achtelfinale: Die 2:0-Führung aus dem Hinspiel ist in Belgrad zur Pause aufgebraucht, nach 50 Minuten führen die Jugoslawen gar 3:0. Dann wird Dieter Hoeneß mit seinem zweiten Doppelschlag im Wettbewerb zum Retter. Nun folgen nur noch Gegner aus der Bundesliga, die 1979/80 fünf Vertreter im Viertelfinale stellt. Gegen Kaiserslautern (0:1, 4:1) gelingt der Einzug ins Halbfinale. Nach dem 2:0-Hinspielsieg gegen Eintracht Frankfurt gibt es im Waldstadion das fast schon traditionelle Debakel: 1:5 n. V., Ehrentreffer: Wolfgang Dremmler.

DFB-Pokal

Auf Schnee ausgerutscht: Aas, Augenthaler und Junghans (v. l.) nach dem 1:0 von Sommerer

Drittes Aus in Folge gegen Zweitligisten

Dreimal gehen die Bayern auf Reisen, zweimal geht es gut. In der ersten Hauptrunde schlagen sie den FC Östringen, der für 35 000 D-Mark das Heimrecht abgekauft hat, mit 10:1. Die Hoffnung der 11 000 Zuschauer auf ein Pokalwunder stirbt früh, Karl-Heinz Rummenigge trifft gegen den badischen Verbandsligisten in den ersten fünf Minuten zweimal. Rummenigge erzielt noch zwei Tore an diesem 25. August 1979, sein Sturmpartner Norbert Janzon insgesamt drei. In der 2. Runde ist Zweitligist Viktoria Köln Gegner, es reicht zu einem schmeichelhaften 3:1. Erst in der 84. Minute fällt durch das Tor von Einwechselspieler Wolfgang Dremmler die Entscheidung. Auf schneebedecktem Boden am 12. Januar 1980 rutschen die Bayern dann allerdings aus und verlieren bei der SpVgg. Bayreuth (2. Liga Süd) vor 17 400 Zuschauern mit 0:1 (Tor: Uwe Sommerer). Zum dritten Mal in Folge scheitern sie im DFB-Pokal an einem Zweitligisten.

TRAINER

PAL CSERNAI
Sein auf Raumdeckung basierendes „Pal-System" (4-4-2) ist neu in der Liga. Und sein Credo kommt bestens an: „Ein Team wie die Bayern kann man heutzutage nicht mehr nach dem Prinzip Befehl und Gehorsam führen."

DIE TOP-ELF DER SAISON

Bernd Dürnberger

Udo Horsmann

DER SPIELER DES JAHRES

Karl-Heinz Rummenigge *spielt die erfolgreichste Saison seiner Karriere, wird im sechsten Anlauf endlich Meister, mit 26 Treffern Bundesliga-Torschützenkönig, in Italien Europameister (2:1 im Finale gegen Belgien) und gewinnt die Journalisten-Wahl zum besten Spieler der EM, obwohl er in den vier Endrundenspielen selten wirklich glänzt. Rummenigge wird Deutschlands und Europas „Fußballer des Jahres". Mit Breitner führt er die Bayern-Mannschaft. Die beiden ergänzen sich so perfekt, dass die Boulevardpresse das Erfolgsgespann „Breitnigge" tauft.*

Der Kader

NAME	SPIELE	TORE
Walter Junghans	29	0
Manfred Müller	5	0
Einar Jan Aas	6	1
Klaus Augenthaler	34	2
Wolfgang Dremmler	26	0
Peter Gruber	3	0
Udo Horsmann	34	5
Hans-Georg Schwarzenbeck	2	0
Hans Weiner	34	1
Paul Breitner	32	10
Bernd Dürnberger	31	3
Wolfgang Kraus	22	1
Kurt Niedermayer	29	10
Branko Oblak	20	1
Dieter Hoeneß	32	16
Norbert Janzon	28	7
Wilhelm Reisinger	4	0
Karl-Heinz Rummenigge	34	26

MANFRED MÜLLER ersetzt Walter Junghans fünfmal in der Bundesliga, feiert vier Siege und ein Remis

Transfers

WOLFGANG DREMMLER kostet Bayern 800 000 D-Mark Ablöse an Eintracht Braunschweig. Der Verteidiger und Mittelfeldspieler, in seiner Profi-Karriere für Braunschweig (138 Bundesliga-Spiele/9 Tore) und Bayern (172 Bundesliga-Spiele/6 Tore bis 1986) aktiv, ist gleich Leistungsträger. In München erlebt er die erfolgreichste Zeit, wird viermal Meister (1980 bis 1986), dreimal Pokalsieger (1982 bis 1986) und Nationalspieler (27 Spiele, drei Tore von 1981 bis 1984; 1982 Vizeweltmeister).

SPIELER	VON VEREIN	ABLÖSESUMME
Manfred Müller	ESV Ingolstadt	–
Einar Jan Aas	Moss FK	–
Wolfgang Dremmler	Eintracht Braunschweig	800 000 DM
Hans Weiner	Hertha BSC	450 000 DM
Wolfgang Kraus	Eintracht Frankfurt	–
Dieter Hoeneß	VfB Stuttgart	175 000 DM

Tops & Flops

UDO HORSMANN erzielt beim 3:1 in Stuttgart am vorletzten Spieltag seinen einzigen Doppelpack in der Bundesliga (242 Einsätze), ebnet damit den Weg zur Meisterschaft.

TRANSFERPOLITIK Vier der sechs Neuzugänge werden Stammspieler: Dieter Hoeneß, Wolfgang Dremmler, Hans Weiner und Wolfgang Kraus. Manfred Müller ist ein starker Ersatztorwart.

DUISBURG Am 7. Spieltag gelingt mit 2:1 der zweite Bundesliga-Sieg beim MSV (zuvor 4:0 1974). Dagegen stehen acht Niederlagen und fünf Remis seit 1965.

EINAR JAN AAS ist der erste Norweger in der Bundesliga, soll neuer Libero werden, verkümmert aber auf der Ersatzbank. Bis 1981 kommt er nur auf 13 Liga-Einsätze.

NATIONALELF Im EM-Kader 1980 stehen nur zwei Bayern-Profis – Tiefstwert in der deutschen EM-Geschichte. Rummenigge spielt viermal (ein Tor), Walter Junghans bleibt ohne Einsatz.

HSV-SPIELE Gegen den Vizemeister bleibt die Mannschaft von Pal Csernai ohne Sieg, kommt zu Hause nur zu einem 1:1 und verliert in Hamburg 1:3.

Der höchste Saisonsieg: Am 28. Spieltag gewinnt Bayern gegen Werder Bremen 7:0. Torschütze zum 2:0: Dieter Hoeneß (r.) in der 39. Minute. In der 88. Minute markiert er mit seinem zweiten Treffer den Endstand

1. SPIELTAG

Bayern – Bayer Leverkusen 3:1 (2:0)

BAYERN: Junghans – Weiner, Schwarzenbeck, Augenthaler, Horsmann – Dürnberger, Breitner, Dremmler (81. Kraus) – K.-H. Rummenigge, D. Hoeneß, Janzon (83. Reisinger).
LEVERKUSEN: Bockholt – Posner, Gelsdorf, Demuth, Scheinert – Bruckmann, Glowacz (75. Gniech), Hörster, Eigl (75. Brücken) – Szech, Herzog.
Tore: 1:0 Dürnberger (3.), 2:0 K.-H. Rummenigge (12.), 3:0 Janzon (59.), 3:1 Demuth (62., Foulelfmeter).
Gelb: – / Posner.
Schiedsrichter: Gert Meuser.

2. SPIELTAG

FC Schalke 04 – Bayern 1:1 (0:1)

SCHALKE: Nigbur – Dzoni, Fichtel, Rüssmann, Kruse – Thiele, Boljat, Drexler, Berkemeier – Abramczik, Fischer.
BAYERN: Junghans – Weiner, Schwarzenbeck, Augenthaler, Horsmann – Kraus (48. Gruber), Dürnberger, Breitner, Dremmler – Janzon (46. D. Hoeneß), K.-H. Rummenigge.
Tore: 0:1 K.-H. Rummenigge (9.), 1:1 Dzoni (73., Foulelfmeter).
Gelb: Thiele / Dremmler.
Schiedsrichter: Günter Linn.

3. SPIELTAG

Bayern – Hamburger SV 1:1 (0:0)

BAYERN: Junghans – Dremmler, Weiner, Augenthaler, Horsmann – Niedermayer, Dürnberger, Breitner, Oblak (46. D. Hoeneß) – Janzon, K.-H. Rummenigge.
HAMBURG: Kargus – Kaltz, Nogly, Jakobs, Memering – Buljan, Hartwig, Magath – Reimann (37. Keegan), Hrubesch, Plücken.
Tore: 1:0 Augenthaler (61.), 1:1 Kaltz (81.).
Gelb: – / Nogly.
Schiedsrichter: Wolf-Dieter Ahlenfelder.

4. SPIELTAG

Borussia M'gladbach – Bayern 2:1 (2:0)

M'GLADBACH: Kneib – Schäffer, Hannes, Ringels, Fleer – Kulik (87. Wohlers), Schäfer, Nielsen (50. Danner) – Gores, Nickel, Lienen.
BAYERN: Junghans – Weiner, Niedermayer, Augenthaler, Horsmann – Kraus, Dürnberger, Breitner, Oblak (70. Reisinger) – Janzon, K.-H. Rummenigge (26. D. Hoeneß).
Tore: 1:0 Gores (22.), 2:0 Nickel (42.), 2:1 Dürnberger (58.).
Gelb: – / Horsmann, Kraus.
Schiedsrichter: Jan Redelfs.

5. SPIELTAG

VfL Bochum – Bayern 0:1 (0:1)

BOCHUM: Mager – Blau, Tenhagen, Woelk (46. Kaczor), Lameck – Bonacic, Bast, Knüwe, Gerresheim – Eggeling (75. Scheuch), Abel.
BAYERN: Junghans – Weiner, Niedermayer, Augenthaler, Horsmann – Kraus, Breitner, Dremmler, Dürnberger – Janzon, K.-H. Rummenigge.
Tor: 0:1 K.-H. Rummenigge (40.).
Schiedsrichter: Walter Horstmann.

6. SPIELTAG

Bayern – Hertha BSC 1:1 (0:0)

BAYERN: Junghans – Weiner, Niedermayer, Augenthaler, Horsmann – Kraus, Dürnberger, Breitner – K.-H. Rummenigge, D. Hoeneß, Janzon (73. Oblak).
BERLIN: Kleff – Diefenbach, Kliemann, Förster, Sziedat – Nüssing, Sidka (77. Brück), Rasmussen, Gersdorff – Agerbeck (77. Krämer), Milewski.
Tore: 1:0 Hoeneß (65.), 1:1 Gersdorff (88.).
Schiedsrichter: Gerd Hennig.

7. SPIELTAG

MSV Duisburg – Bayern 1:2 (1:0)

DUISBURG: Heinze – Dronia, Dietz, Steiner, Mirnegg – Dubski, Büssers, Fruck, Kempe (76. Saborowski), Jara – Hiegemann.
BAYERN: Junghans – Weiner, Niedermayer, Horsmann, Augenthaler – Kraus, Dürnberger, Breitner, Dremmler (46. Oblak) – Janzon (46. D. Hoeneß), K.-H. Rummenigge.
Tore: 1:0 Jara (2.), 1:1 K.-H. Rummenigge (76.), 1:2 Breitner (89.).
Gelb: Jara, Mirnegg / Janzon.
Schiedsrichter: Franz-Josef Hontheim.

8. SPIELTAG

Bayern – 1. FC Kaiserslautern 2:0 (1:0)

BAYERN: Junghans – Dremmler, Weiner, Augenthaler, Horsmann – Niedermayer, Dürnberger, Kraus (75. Gruber), Breitner – Janzon (85. Reisinger), K.-H. Rummenigge.
K'LAUTERN: Hellström – Wolf, Neues, Briegel, Groh – Melzer (67. Schwarz), Schuhmacher, Geye, Bongartz – Kaminke, Wendt.
Tore: 1:0 Niedermayer (38.), 2:0 Niedermayer (82.).
Gelb: – / Bongartz.
Schiedsrichter: Rainer Waltert.

9. SPIELTAG

Eintracht Frankfurt – Bayern 3:2 (0:1)

FRANKFURT: Funk – Müller (67. Lotterman), Neuberger, Körbel, Nachtweih (67. Nickel) – Lorant, Hölzenbein, Borchers, Grabowski – Karger, Cha.
BAYERN: Junghans – Dremmler, Weiner, Augenthaler, Horsmann – Niedermayer, Dürnberger (80. Janzon), Breitner, Kraus – D. Hoeneß, K.-H. Rummenigge.
Tore: 0:1 Horsmann (18.), 0:2 K.-H. Rummenigge (61.), 1:2 Körbel (67.), 2:2 Nickel (70.), 3:2 Karger (78.).
Gelb: Grabowski / –.
Schiedsrichter: Horst Joos.

10. SPIELTAG

Bayern – 1. FC Köln 1:2 (0:0)

BAYERN: Junghans – Dremmler, Weiner, Augenthaler, Horsmann – Niedermayer, Dürnberger, Kraus (72. Oblak), Breitner – D. Hoeneß, K.-H. Rummenigge.
KÖLN: Schumacher – Schuster, Strack, Gerber, Zimmermann – Cullmann, Okudera, Engels – Littbarski, Willmer, D. Müller.
Tore: 0:1 D. Müller (53.), 1:1 D. Hoeneß (60.), 1:2 Schuster (89.).
Gelb: – / Cullmann, Engels.
Schiedsrichter: Walter Engel.

11. SPIELTAG

Werder Bremen – Bayern 1:4 (0:2)

BREMEN: Burdenski – Otten, Möhlmann, Siegmann, Geils – Konschal (81. Hiller), Röber, Bracht, Kamp (72. Offermanns) – Reinders, Dreßel.
BAYERN: Junghans – Dremmler, Weiner, Augenthaler, Horsmann – Niedermayer, Dürnberger, Breitner, Kraus (70. Oblak) – D. Hoeneß, K.-H. Rummenigge.
Tore: 0:1 D. Hoeneß (32.), 0:2 K.-H. Rummenigge (44.), 1:2 Dreßel (53.), 1:3 D. Hoeneß (64.), 1:4 Niedermayer (80.).
Schiedsrichter: Helmut Treib.

12. SPIELTAG

Bayern – Bayer Uerdingen 3:0 (0:0)

BAYERN: Junghans – Dremmler, Weiner, Augenthaler, Horsmann – Niedermayer, Dürnberger (46. Janzon), Kraus, Breitner – D. Hoeneß, K.-H. Rummenigge.
UERDINGEN: Hesselbach – van de Loo, Hahn, Brinkmann, Lurz – Raschid, Ehmke (78. Kanders), Mostert, Held – Zimmer, Funkel.
Tore: 1:0 K.-H. Rummenigge (51.), 2:0 D. Hoeneß (66.), 3:0 Niedermayer (79.).
Gelb: Breitner, Dremmler / –.
Schiedsrichter: Jürgen Meßmer.

13. SPIELTAG

1860 München – Bayern 1:2 (0:1)

1860: Kleider – Sturz, Grünther, Strack, Scheller (50. Stering) – Kapellmann, Raubold, Flohe, Bitz – Metzler, Hofeditz.
BAYERN: Junghans – Dremmler, Weiner, Augenthaler, Horsmann – Dürnberger, Niedermayer, Breitner, Kraus – D. Hoeneß, K.-H. Rummenigge.
Tore: 0:1 Dürnberger (32.), 1:1 Flohe (65.), 1:2 D. Hoeneß (78.).
Schiedsrichter: Wolf-Dieter Ahlenfelder.

14. SPIELTAG

Bayern – Borussia Dortmund 4:2 (3:1)

BAYERN: Junghans – Dremmler, Weiner, Augenthaler, Horsmann – Niedermayer, Dürnberger, Breitner, Oblak (77. Janzon) – D. Hoeneß, K.-H. Rummenigge.
DORTMUND: Immel – Huber, Wagner, Meyer, Schneider – Hein, Votava, Holz (46. Runge), Burgsmüller – Geyer, Vöge.
Tore: 1:0 Niedermayer (3.), 2:0 Augenthaler (9.), 3:0 K.-H. Rummenigge (33.), 3:1 Huber (38., Foulelfmeter), 4:1 Breitner (65., Foulelfmeter), 4:2 Burgsmüller (81.).
Gelb: – / Huber, Meyer.
Schiedsrichter: Heinz Quindeau.

15. SPIELTAG

Fortuna Düsseldorf – Bayern 0:3 (0:2)

DÜSSELDORF: Daniel – Weikl, Zewe, Zimmermann, Baltes – Bruns (46. Dusend), Wirtz, Bommer – T. Allofs, Wenzel, Seel.
BAYERN: Junghans – Dremmler, Weiner, Augenthaler, Horsmann – Niedermayer, Dürnberger, Breitner, Janzon – K.-H. Rummenigge, D. Hoeneß.
Tore: 0:1 Janzon (23.), 0:2 K.-H. Rummenigge (25.), 0:3 K.-H. Rummenigge (65.).
Gelb: Baltes / Breitner, D. Hoeneß.
Schiedsrichter: Walter Niemann.
Besonderes Vorkommnis: Bruns verschießt Foulelfmeter (35.).

16. SPIELTAG

Bayern – VfB Stuttgart 4:0 (3:0)

BAYERN: Junghans – Dremmler, Augenthaler, Weiner, Horsmann – Niedermayer, Dürnberger, Breitner, –Janzon, D. Hoeneß, K.-H. Rummenigge.
STUTTGART: Welz – Martin, Rühle (46. Hadewicz), Holcer, B. Förster – Hattenberger, Schmider, Ohlicher, Müller – Kelsch, Volkert.
Tore: 1:0 K.-H. Rummenigge (10.), 2:0 D. Hoeneß (12.), 3:0 Breitner (28.), 4:0 Breitner (75.).
Gelb: – / Hattenberger.
Schiedsrichter: Medardus Luca.

17. SPIELTAG

Eintr. Braunschweig – Bayern 1:1 (0:0)

BRAUNSCHWEIG: Franke – Erler, Hollmann, Borg, Merkhoffer – Grobe, Trimhold, Tripbacher (70. Handschuh), Bruns – Popivoda, Eggeling.
BAYERN: Junghans – Dremmler, Weiner, Augenthaler, Horsmann – Niedermayer, Breitner (46. Kraus), Dürnberger – K.-H. Rummenigge, D. Hoeneß, Janzon (77. Oblak).
Tore: 1:0 Borg (46.), 1:1 Janzon (63.).
Gelb: Grobe / Dremmler.
Schiedsrichter: Günther Risse.

18. SPIELTAG

Bayer Leverkusen – Bayern 1:0 (0:0)

LEVERKUSEN: Bockholt – Scheinert, Bruckmann, Demuth, Posner – Hörster, Hermann, Eigl – Brücken (74. Gniech), Szech, Herzog.
BAYERN: Junghans – Dremmler, Weiner, Augenthaler, Horsmann – Niedermayer, Breitner, Dürnberger – K.-H. Rummenigge, D. Hoeneß, Janzon.
Tor: 1:0 Demuth (60., Handelfmeter).
Gelb: – / Breitner, Weiner.
Schiedsrichter: Wilfried Brückner.

19. SPIELTAG

Bayern – FC Schalke 04 3:1 (0:0)

BAYERN: M. Müller – Weiner, Aas, Augenthaler, Horsmann – Niedermayer, Kraus, Oblak – K.-H. Rummenigge, D. Hoeneß, Janzon.
SCHALKE: Nigbur – Bittcher, Fichtel, Rüssmann, Thiele – H. Kremers, Berkemeier (79. Kruse), Drexler – Abramczik, Fischer, Elgert.
Tore: 1:0 Kraus (56.), 2:0 K.-H. Rummenigge (67.), 2:1 Rüssmann (80., Foulelfmeter), 3:1 Niedermayer (83.).
Gelb: – / Bittcher.
Schiedsrichter: Jan Redelfs.

20. SPIELTAG

Hamburger SV – Bayern 3:1 (0:0)

HAMBURG: Kargus – Hartwig, Nogly, Jakobs, Memering – Kaltz (83. Hieronymus), Wehmeyer, Magath, Keegan – Reimann, Hrubesch.
BAYERN: Junghans – Weiner, Aas, Augenthaler, Horsmann – Niedermayer, Dürnberger (75. Janzon), Breitner – Oblak, D. Hoeneß, K.-H. Rummenigge.
Tore: 1:0 Hartwig (60.), 2:0 Augenthaler (76., Eigentor), 2:1 Janzon (86.), 3:1 Hrubesch (89.).
Gelb: – / Breitner. **Schiedsrichter:** Günter Linn.

21. SPIELTAG

Bayern – Borussia M'gladbach 3:1 (2:1)

BAYERN: M. Müller – Weiner, Aas, Augenthaler, Horsmann – Niedermayer, Dürnberger, Kraus, Janzon – D. Hoeneß, K.-H. Rummenigge.
M'GLADBACH: Kneib – Matthäus, Hannes, Schäffer, Bödeker – Schäfer, Kulik, Nielsen – Del'Haye, Nickel, Lienen.
Tore: 1:0 D. Hoeneß (17.), 2:0 Weiner (18.), 2:1 Schäfer (35.), 3:1 K.-H. Rummenigge (64.).
Gelb: Kraus, K.-H. Rummenigge / Matthäus.
Schiedsrichter: Franz-Josef Hontheim.
Besonderes Vorkommnis: Augenthaler verschießt Foulelfmeter (57.).

22. SPIELTAG

FC Bayern – VfL Bochum 3:0 (2:0)

BAYERN: M. Müller – Weiner, Aas, Augenthaler, Horsmann – Niedermayer (84. Reisinger), Breitner (12. Oblak), Kraus, Janzon – D. Hoeneß, K.-H. Rummenigge.
BOCHUM: Mager – Gerland (70. Bonacic), Bast, Woelk, Lameck – Blau, Knüwe, Tenhagen, Oswald (46. Pinkall) – Eggert, Abel.
Tore: 1:0 Horsmann (7.), 2:0 K.-H. Rummenigge (16.), 3:0 Aas (80.).
Schiedsrichter: Peter Gabor.

23. SPIELTAG

Hertha BSC – Bayern 1:1 (0:1)

BERLIN: Werner – Sziedat, Brück, Kliemann, Diefenbach – Rasmussen, Sidka, Krämer – Agerbeck, Dörflinger (85. Schlumberger), Remark.
BAYERN: M. Müller – Weiner, Niedermayer, Augenthaler, Horsmann – Kraus, Dürnberger, Breitner, Oblak (79. D. Hoeneß) – Janzon, K.-H. Rummenigge.
Tore: 0:1 Janzon (7.), 1:1 Remark (83.).
Gelb: Brück, Krämer / Kraus.
Schiedsrichter: Günther Risse.

24. SPIELTAG

Bayern – MSV Duisburg 3:1 (1:0)

BAYERN: M. Müller – Weiner, Augenthaler, Niedermayer (46. Aas), Horsmann – Kraus, Oblak, Breitner – Janzon, D. Hoeneß, K.-H. Rummenigge, .
DUISBURG: Heinze – Saborowski, Mirnegg, Steiner, Dubski – Dietz, Büssers (46. Kempe), Fruck, Jara – Seliger, Grillemeier.
Tore: 1:0 D. Hoeneß (22.), 1:1 Seliger (53.), 2:1 K.-H. Rummenigge (67.), 3:1 K.-H. Rummenigge (78.).
Gelb: K.-H. Rummenigge / Grillemeier, Kempe.
Schiedsrichter: Walter Niemann.

25. SPIELTAG

1. FC Kaiserslautern – Bayern 1:1 (0:1)

K'LAUTERN: Hellström – Melzer, Neues, Briegel, Dusek – Groh, Riedl, Bongartz – Geye, Wendt, Brummer.
BAYERN: Junghans – Weiner, Augenthaler, Dremmler, Horsmann – Kraus, Dürnberger, Breitner, Oblak – D. Hoeneß, K.-H. Rummenigge.
Tore: 0:1 K.-H. Rummenigge (35.), 1:1 Geye (60.).
Gelb: Groh / Augenthaler, Oblak.
Schiedsrichter: Werner Burgers.

26. SPIELTAG

Bayern – Eintracht Frankfurt 2:0 (2:0)

BAYERN: Junghans – Dremmler, Augenthaler, Weiner, Horsmann – Kraus, Dürnberger, Breitner (32. P. Gruber), Janzon – D. Hoeneß, K.-H. Rummenigge.
FRANKFURT: Funk – Müller, R. Gruber, Körbel, Nachtweih – Neuberger, Lorant, Nickel (46. Lotterman), Borchers – Karger, Cha.
Tore: 1:0 Lorant (32., Eigentor), 2:0 Horsmann (45.).
Gelb: – / Lorant.
Schiedsrichter: Gerd Hennig.

27. SPIELTAG

1. FC Köln – Bayern 2:4 (0:1)

KÖLN: Schumacher – Prestin, Schuster, Strack, Zimmermann – Cullmann, He. Neumann, Woodcock – Littbarski, D. Müller, Willmer.
BAYERN: Junghans – Dremmler, Weiner, Augenthaler, Horsmann – Kraus, Dürnberger, Breitner, Oblak – D. Hoeneß, K.-H. Rummenigge.
Tore: 0:1 D. Hoeneß (26.), 1:1 Müller (56.), 1:2 D. Hoeneß (58.), 2:2 Zimmermann (70.), 2:3 Breitner (85.), 2:4 Oblak (90.).
Gelb: – / Breitner, Oblak.
Schiedsrichter: Medardus Luca.

28. SPIELTAG

Bayern – Werder Bremen 7:0 (2:0)

BAYERN: Junghans – Dremmler, Weiner, Augenthaler, Horsmann – Niedermayer, Dürnberger, Breitner, Janzon – D. Hoeneß, K.-H. Rummenigge.
BREMEN: Burdenski – Geils, Möhlmann, Otten, Kamp (46. Steinkogler) – Hiller, Reinders, Röber, Bracht – Konschal (53. Offermanns), Dreßel.
Tore: 1:0 Breitner (27., Foulelfmeter), 2:0 D. Hoeneß (39.), 3:0 Janzon (53.), 4:0 K.-H. Rummenigge (57.), 5:0 K.-H. Rummenigge (62.), 6:0 Breitner (65.), 7:0 D. Hoeneß (88.).
Schiedsrichter: Karl-Josef Assenmacher.

29. SPIELTAG

Bayer Uerdingen – Bayern 1:3 (1:2)

UERDINGEN: Hesselbach – Hofmann, Hahn, Ehmke, van de Loo – Raschid, Steffensen, Funkel, Held – Mattsson (46. Heym), Kanders (70. Brinkmann).
BAYERN: Junghans – Dremmler, Weiner, Augenthaler, Horsmann – Niedermayer (75. Kraus), Dürnberger, Breitner – Oblak (70. Janzon), D. Hoeneß, K.-H. Rummenigge.
Tore: 0:1 K.-H. Rummenigge (10.), 0:2 Niedermayer (13.), 1:2 Raschid (17.), 1:3 D. Hoeneß (69.).
Schiedsrichter: Volker Roth.

30. SPIELTAG

Bayern – 1860 München 6:1 (4:1)

BAYERN: Junghans – Dremmler, Augenthaler, Weiner, Horsmann – Niedermayer, Dürnberger, Breitner – Janzon, D. Hoeneß (46. Oblak), K.-H. Rummenigge.
1860: Zander – Sturz (46. Herberth), Strack, Grünther, Scheller – Kapellmann, Wohlers (16. Bitz), Raubold, Stering – Hofeditz, Senzen.
Tore: 1:0 Janzon (6.), 2:0 Breitner (16.), 3:0 Niedermayer (20.), 4:0 K.-H. Rummenigge (31.), 4:1 Bitz (43.), 5:1 K.-H. Rummenigge (59.), 6:1 Breitner (79.).
Schiedsrichter: Heinz Aldinger.
Besonderes Vorkommnis: Zander hält Foulelfmeter von Breitner (16.).

31. SPIELTAG

Borussia Dortmund – Bayern 1:0 (1:0)

DORTMUND: Immel – Huber (82. Meyer), Dörmann, Koch, Schneider – Votava, Wagner, Burgsmüller, Holz (64. Hein) – Frank, Geyer.
BAYERN: Junghans – Dremmler, Weiner, Augenthaler, Horsmann – Niedermayer, Dürnberger (74. Aas), Breitner, Oblak (59. Janzon) – D. Hoeneß, K.-H. Rummenigge.
Tor: 1:0 Votava (21.).
Gelb: – / Augenthaler. **Schiedsrichter:** Walter Engel.

32. SPIELTAG

Bayern – Fortuna Düsseldorf 6:0 (2:0)

BAYERN: Junghans – Dremmler, Weiner, Augenthaler, Horsmann – Niedermayer, Dürnberger Breitner – D. Hoeneß, Janzon (46. Oblak), K.-H. Rummenigge.
DÜSSELDORF: Daniel – Weikl, Zewe (46. Wirtz), Zimmermann, Baltes – Wenzel (69. Dusend), Köhnen, T. Allofs, Bommer – K. Allofs, Seel.
Tore: 1:0 Niedermayer (24.), 2:0 K.-H. Rummenigge (31.), 3:0 Niedermayer (50.), 4:0 K.-H. Rummenigge (66.), 5:0 D. Hoeneß (74.), 6:0 K.-H. Rummenigge (78.).
Schiedsrichter: Walter Horstmann.

33. SPIELTAG

VfB Stuttgart – Bayern 1:3 (0:1)

STUTTGART: Roleder – K. Förster, Holcer, B. Förster, Elmer – Hadewicz (53. Klotz), Müller, Ohlicher, Schmider – Kelsch (78. Jank), Volkert.
BAYERN: Junghans – Dremmler, Weiner, Augenthaler, Horsmann – Dürnberger, Breitner, Niedermayer, Oblak – D. Hoeneß, K.-H. Rummenigge.
Tore: 0:1 Horsmann (45.), 0:2 Horsmann (61.), 1:2 Volkert (84., Foulelfmeter), 1:3 D. Hoeneß (86.).
Gelb: K. Förster, Holcer / Horsmann.
Schiedsrichter: Jürgen Meßmer.

34. SPIELTAG

Bayern – Eintr. Braunschweig 2:1 (1:0)

BAYERN: Junghans – Dremmler, Weiner, Augenthaler, Horsmann – Dürnberger, Breitner, Niedermayer – Janzon, D. Hoeneß, K.-H. Rummenigge.
BRAUNSCHWEIG: Hain – Erler, Hollmann, Borg, Merkhoffer – Bruns, Trimhold, Ellmerich (72. Heuschkel), Tripbacher – Geiger, Worm.
Tore: 1:0 Breitner (6., Foulelfmeter), 2:0 K.-H. Rummenigge (52.), 2:1 Worm (88.).
Schiedsrichter: Wolf-Dieter Ahlenfelder.

Abschlusstabelle

Pl.	Verein	Spiele	G	U	V	Tore	Diff.	Punkte
1	Bayern	34	22	6	6	84:33	+51	50:18
2	Hamburg (M)	34	20	8	6	86:35	+51	48:20
3	Stuttgart	34	17	7	10	75:53	+22	41:27
4	Kaiserslautern	34	18	5	11	75:53	+22	41:27
5	Köln	34	14	9	11	72:55	+17	37:31
6	Dortmund	34	14	8	12	64:56	+8	36:32
7	M'gladbach	34	12	12	10	61:60	+1	36:32
8	Schalke	34	12	9	13	40:51	−11	33:35
9	Frankfurt*	34	15	2	17	65:61	+4	32:36
10	Bochum	34	13	6	15	41:44	−3	32:36
11	Düsseldorf (P)	34	13	6	15	62:72	−10	32:36
12	Leverkusen (A)	34	12	8	14	45:61	−16	32:36
13	1860 München (A)	34	10	10	14	42:53	−11	30:38
14	MSV Duisburg	34	11	7	16	43:57	−14	29:39
15	Uerdingen (A)	34	12	5	17	43:61	−18	29:39
16	Hertha	34	11	7	16	41:61	−20	29:39
17	Bremen	34	11	3	20	52:93	−41	25:43
18	Braunschweig	34	6	8	20	32:64	−32	20:48

* Als Titelverteidiger im Uefa-Cup

DIE WEITEREN SIEGER DES JAHRES:

Europameister:
Deutschland

Europacup der Landesmeister:
Nottingham Forest

Europacup der Pokalsieger:
FC Valencia

Uefa-Cup:
Eintracht Frankfurt

DFB-Pokal:
Fortuna Düsseldorf

Alle Ergebnisse auf einen Blick

Waagerecht: alle Heimresultate. Senkrecht: alle Auswärtsresultate	Bayern	Hamburg	Kaiserslautern	Stuttgart	Köln	Dortmund	M'gladbach	Schalke	Frankfurt	Bochum	Düsseldorf	Leverkusen	1860 München	Duisburg	Uerdingen	Hertha	Bremen	Braunschweig
Bayern		1:1	2:0	4:0	1:2	4:2	3:1	3:1	2:0	3:0	6:0	3:1	6:1	3:1	3:0	1:1	7:0	2:1
Hamburg	3:1		1:0	3:2	3:0	4:0	3:0	4:0	5:0	3:1	1:0	3:0	6:1	1:2	2:2	5:1	5:0	2:0
Kaiserslautern	1:1	4:2		2:1	2:0	2:2	4:2	2:2	0:1	4:1	4:0	4:0	3:1	4:2	4:0	4:0	3:1	2:0
Stuttgart	1:3	2:2	3:1		3:0	1:2	4:0	0:0	4:2	1:3	5:1	3:2	1:1	2:0	2:0	5:0	5:1	2:0
Köln	2:4	2:3	2:0	2:2		4:1	4:4	3:1	2:2	2:1	1:1	4:0	2:1	2:3	1:0	2:2	4:1	8:0
Dortmund	1:0	2:2	6:2	2:4	3:1		1:1	2:1	0:1	2:2	5:3	2:1	0:0	3:1	3:1	4:1	5:0	2:0
M'gladbach	2:1	2:2	0:3	1:1	2:2	2:2		1:1	4:1	3:2	2:1	4:2	1:1	6:0	3:2	4:1	2:1	1:1
Schalke	1:1	1:0	2:1	0:4	1:1	2:2	1:0		1:0	1:0	2:2	0:2	3:0	1:2	1:2	1:0	3:0	1:0
Frankfurt	3:2	3:2	3:5	2:0	3:0	0:1	5:2	3:2		0:1	1:2	3:0	1:1	6:0	2:0	0:4	3:2	7:2
Bochum	0:1	0:3	0:0	0:1	2:0	2:2	0:0	0:0	1:0		0:0	4:2	2:0	3:0	1:0	2:1	5:2	2:1
Düsseldorf	0:3	1:1	6:1	6:2	3:6	2:1	1:4	4:1	1:3	1:4		1:1	4:0	1:0	3:1	4:0	4:1	3:2
Leverkusen	1:0	2:1	3:1	1:3	1:1	2:1	0:0	2:0	2:1	3:1	0:0		1:0	2:2	1:1	2:1	4:0	3:1
1860 München	1:2	0:2	3:2	1:1	1:1	0:2	0:0	3:0	2:1	1:0	2:0	2:2		2:1	4:0	0:1	4:1	2:0
Duisburg	1:2	3:0	1:1	1:1	0:2	1:0	3:0	1:2	1:0	0:1	0:2	5:0	1:0		2:2	2:2	4:1	0:0
Uerdingen	1:3	0:3	3:2	4:2	1:3	3:0	0:1	1:4	3:2	1:0	3:1	2:0	1:0	1:1		3:1	2:0	2:1
Hertha	1:1	0:6	0:2	4:2	1:0	3:2	3:1	0:2	1:0	1:0	3:0	3:0	1:1	0:1	3:0		0:0	0:0
Bremen	1:4	1:1	2:4	2:3	0:5	2:1	4:2	4:0	4:3	2:0	4:1	1:1	4:6	2:1	1:0	1:0		4:0
Braunschweig	1:1	1:1	0:1	0:2	2:1	1:0	0:3	1:1	2:3	3:0	2:3	3:1	0:0	2:0	1:1	3:1	1:2	

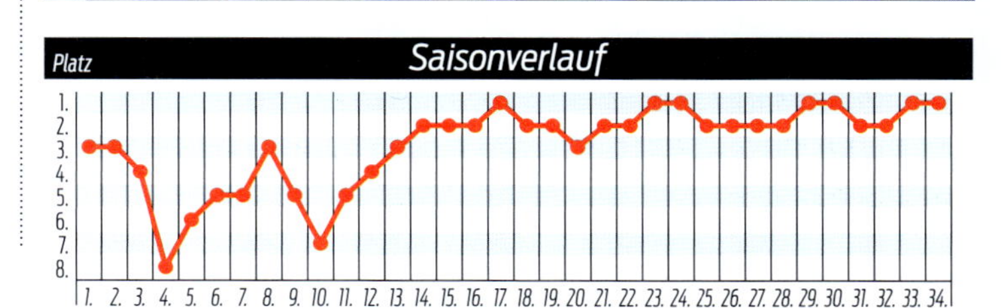

Ende der Siebziger- und Anfang der Achtzigerjahre elektrisiert das Nord-Süd-Duell zwischen dem HSV und Bayern die Fans. Der HSV wird 1979, 1982 und 1983 Meister, Bayern 1980 und 1981. Einen Grundstein zum Titel 1981 legt Bayern im September 1980 beim 2:1. Nicht immer kann Ditmar Jakobs (l.) Karl-Heinz Rummenigge stoppen. Der Flügelstürmer bringt seine Bayern später 1:0 in Führung

8 BREITNER

SIEGER IM NORD-SÜD-DERBY

In einem Duell auf Augenhöhe liefern sich die Bayern mit dem HSV einen erbitterten Meisterschaftskampf. Ihr großes Plus: das Duo „Breitnigge“

Nach der ersten Meisterschaft seit 1974 schweben die Bayern im Sommer 1980 wie auf Wolken. In den Münchner Tageszeitungen ist vom „Beginn einer neuen Ära“ die Rede, die Mannschaft habe ihre besten Zeiten noch vor sich. In bester Manier seines Vorgängers Wilhelm Neudecker fordert Präsident Willi O. Hoffmann von seinen Spielern: „Wir müssen den Europapokal holen!“ Karl-Heinz Rummenigge assistiert: „Ich sehe in Europa gegenwärtig keine Mannschaft, die sich so entwickelt hat und sich so entwickeln kann wie wir.“

Das empfindet auch Paul Breitner: „Die Mannschaft ist absolut intakt und wild entschlossen, weitere Steigerungen aus eigener Kraft herbeizuführen.“

Manager Uli Hoeneß versteht es, aus dem neuen Renommee bare Münze zu machen, Sponsor Magirus-Deutz zahlt nun 750 000 D-Mark statt 600 000 pro Saison.

Die Hierarchien sind klar abgesteckt: Uli Hoeneß führt mit Billigung von Willi O. Hoffmann den Verein, Trainer Pal Csernai und das Star-Duo Breitner und Rummenigge, vom Boulevard „Breitnigge“ getauft, lenken die Mannschaft, wenn auch nicht spannungsfrei. Rummenigge sagt einmal: „Csernai war der gewiefteste Taktiker, unter dem ich je gearbeitet habe. Menschlich gesehen war er sicherlich hart gesotten, einige Spieler hatten große Probleme mit ihm. Als Gesprächspartner akzeptierte er nur Breitner und mich.“

Aber: Das Pal-System, wie Präsident Hoffmann die Mischung aus Mann- und Raumdeckung im 4-4-2 bezeichnet, bringt den zweiten Titel in Folge. Es basiert auf fünf Punkten, die Csernai so erklärt:

„1. Der ballführende gegnerische Spieler wird von drei Seiten eingekreist, ein Netz wird gespannt.

2. Der Gegner wird zu Quer-, Rück- oder im Optimalfall zu Fehlpässen gezwungen.

3. Eine hohe Laufbereitschaft, eine noch höhere als bei der Manndeckung, ist erforderlich. Doch sie ist effizienter, jeder Schritt ergibt Sinn.

4. In der Längsrichtung des Spielfeldes zeichnet jeder Abwehr- und Mittelfeldmann für seinen Raum verantwortlich. Taucht dort ein Spieler auf, wird er angegriffen. Keiner wird verfolgt.

5. Die Stürmer sind, bis auf das Attackieren bis zur Mittellinie, weitgehend von Defensivaufgaben entbunden.“

Nach eineinhalb Jahren unter Csernai haben die Bayern das Pal-System verinnerlicht. 1980/81 verlieren sie nur drei Spiele, stellen den Vereinsrekord von 1971/72 ein und holen mit 53 Punkten nur zwei weniger als in der Rekordsaison. Und doch ist es „die schwerste Meisterschaft“, findet Csernai. Denn sein Team durchlebt ein Wellental der Gefühle.

Nach zwei Startsiegen in Karlsruhe (3:0) und gegen Dortmund (5:3) gibt es in Düsseldorf eine fürchterliche 0:3-Pleite. Csernai erkennt in Walter Junghans den Schuldigen und erklärt Manfred Müller zur neuen Nr. 1. Und er holt zur Generalkritik aus: „Der Erfolg veränderte einige negativ. Einige glaubten, nach dem Gewinn der Deutschen Meisterschaft alles schleifen lassen zu können. Wenn wir so weitermachen, sind wir in fünf Wochen weg vom Fenster.“

Prompt gewinnen die Bayern die folgenden neun Spiele (Vereinsrekord), dann folgt am 13. Spieltag die übliche Niederlage in Kaiserslautern, diesmal mit 2:4.

Tor gegen den Kaiser: Gerade hat Karl-Heinz Rummenigge (nicht im Foto) auf 1:2 beim HSV verkürzt. Franz Beckenbauer (l.) spielt seit November 1980 für die Hamburger und nun erstmals in der Bundesliga gegen seinen früheren Klub

Der 2:2-Ausgleich von Paul Breitner (2. v. l.) beim HSV. Die Wende im Titelrennen

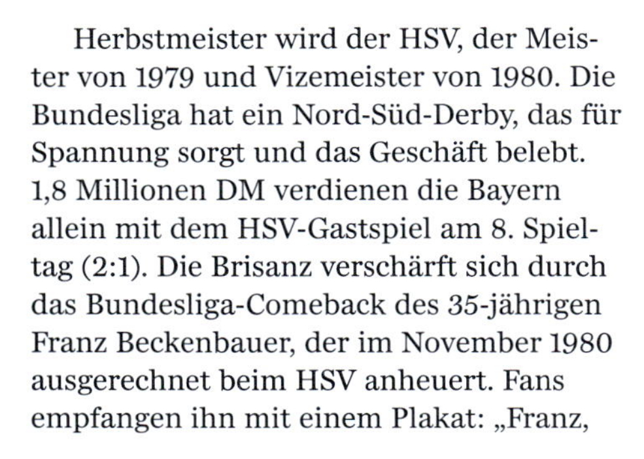

Herbstmeister wird der HSV, der Meister von 1979 und Vizemeister von 1980. Die Bundesliga hat ein Nord-Süd-Derby, das für Spannung sorgt und das Geschäft belebt. 1,8 Millionen DM verdienen die Bayern allein mit dem HSV-Gastspiel am 8. Spieltag (2:1). Die Brisanz verschärft sich durch das Bundesliga-Comeback des 35-jährigen Franz Beckenbauer, der im November 1980 ausgerechnet beim HSV anheuert. Fans empfangen ihn mit einem Plakat: „Franz, hol die Bayern vom Thron!“ Lange sieht es danach aus.

Denn im Frühjahr 1981 geraten die Bayern in eine ernste Krise, nach dem 0:3 in Leverkusen am 23. Spieltag kracht es zwischen Pal Csernai, der öffentlich Spieler tadelt, und Kapitän Paul Breitner. Der nennt die Schelte „dumm und primitiv“.

Während die Mannschaft unter Aufsicht von Co-Trainer Reinhard Saftig trainiert, schließen sich Csernai und Breitner am 9. März für 90 Minuten zur Aussprache in der Trainerkabine ein. Das Ergebnis des Krisengipfels: Rummenigge wird auf dem Platz entlastet und erhält mit Dieter Hoeneß einen festen Sturmpartner, die Spieler sollen am Biertisch die Streitigkeiten untereinander beilegen und sich zusammenraufen. Trotzdem reicht es im nächsten Spiel nur zu einem 1:1 gegen Stuttgart.

Am 25. Spieltag müssen die Bayern zum vorentscheidenden Gipfel nach Hamburg. Der HSV hat drei Punkte Vorsprung, nach 54 Minuten sind es gefühlte fünf: Felix Magath und Horst Hrubesch haben den HSV mit 2:0 in Führung gebracht. Ausgerechnet Breitner verschuldet mit einem missglückten Rückpass das zweite Tor.

Doch nun zeigt das „Breitnigge-Paar“, was es wert ist. In der 67. Minute erzielt Rummenigge („So was wurmt den Paul ungemein, er wollte das nicht auf sich sitzen lassen“) nach Pass von Breitner das Anschlusstor. Und in der 89. Minute gleicht Breitner mit einem Volleyschuss aus sechs Metern zum 2:2 aus. Aber der HSV führt immer noch mit drei Punkten Vorsprung.

Doch plötzlich schwächeln die Hamburger, verlieren ihre nächsten beiden Auswärtsspiele in Dortmund (2:6) und auf Schalke (1:2). So übernimmt Bayern am 28. Spieltag dank des 5:1 gegen Duisburg aufgrund des besseren Torverhältnisses die Tabellenspitze – und gibt sie mit sechs Siegen in den sechs verbleibenden Begegnungen auch nicht mehr her. Der siebte Meistertitel ist mit vier Punkten Vorsprung auf den HSV am Ende doch ungefährdet. ●

Europacup der Landesmeister

Der Ausgleich von Rummenigge (l.) gegen Liverpool. Das 1:1 ist wertlos

Liverpool stoppt Bayern im Halbfinale

Das Comeback im Landesmeister-Cup nach vier Jahren gelingt mit leichten Siegen in den ersten beiden Runden: 4:2 und 3:0 gegen Olympiakos Piräus, 5:1 und 1:2 gegen Ajax Amsterdam. Banik Ostrau im Viertelfinale (2:0 zu Hause, 4:2 in Ostrau) ist ebenfalls leichte Beute. In Ostrau schießen sich die Bayern im Frühjahr 1981 den Liga-Frust von der Seele. BILD schreibt: „Es gibt noch Wunder im Fußballsport. Bayern München spielte eine Halbzeit in Ostrau Superfußball und schoss Traumtore." Die sechs Tore entfallen auf sechs Schützen, auch Jürgen Röber, Zugang aus Bremen, trifft erstmals für Bayern. Im Halbfinale gegen Liverpool endet der Torrausch. In 180 Minuten bringen beide Teams nur je ein Tor zustande (0:0, 1:1), doch das des Engländers Ray Kennedy am 22. April im Rückspiel in München zählt nach Europacup-Arithmetik doppelt. „FC Bayern stürmte viel zu dumm! Das Finale verschenkt", titelt BILD nun.

DFB-Pokal

Begleitet von Autogrammjägern: Rummenigge vor dem 1:2 beim FCK

Neuer Albtraum in Kaiserslautern

Auch der zehnte Versuch, nach 1971 wieder den DFB-Pokal zu gewinnen, scheitert. Und wieder viel zu früh für Münchner Ansprüche. In der ersten Runde schlägt der FCB Bundesliga-Aufsteiger Arminia Bielefeld dank zweier Tore von Karl-Heinz Rummenigge 2:0, bereits nach 15 Minuten ist die Partie entschieden. Spannender wird es gegen Zweitligist Waldhof Mannheim, der in der zweiten Runde vor nur 5000 unentwegten Fans in München bis zur 78. Minute 2:1 führt. Rummenigge sorgt mit seinem zweiten Tor für den Ausgleich, Joker Karl Del'Haye und Udo Horsmann treffen in den letzten sieben Minuten zum 4:2. Am 22. November platzt auf dem Betzenberg der Traum vom Pokalgewinn: Hans-Peter Briegel und Hans-Günter Neues schießen den FCK eine Runde weiter, Klaus Augenthalers 2:1 (86.) kommt zu spät. Breitner ist wütend: „Da brauchen wir eigentlich nicht mehr hinzufahren. Die Pfälzer sind die Einzigen, vor denen wir Schiss haben."

TRAINER

PAL CSERNAI
verdient prächtig: 14 000 DM Grundgehalt pro Monat, pro Auswärtspunkt 2000 DM, pro Heimpunkt 1500 und 40 000 DM Meisterprämie. Präsident Hoffmann lobt ihn für seinen Umgang mit Spielern: „Er hat einen Doktortitel in Psychologie verdient."

DIE TOP-ELF DER SAISON

Bernd Dürnberge

Udo Horsmann

DER SPIELER DES JAHRES

Paul Breitner *spielt seine beste Saison nach seiner Rückkehr zum FCB im Sommer 1978. Dem Kapitän gelingen 17 Liga-Tore. Auch Bundestrainer Jupp Derwall entgeht das nicht, er begräbt den Streit des DFB mit Breitner und holt ihn im April 1981 (2:0 gegen Österreich) nach fünfeinhalb Jahren Abwesenheit in die Nationalelf zurück. Am 7. August 1981 wird Breitner erstmals „Fußballer des Jahres". Bayern gibt ihm einen neuen Vertrag bis 1982.*

Der Kader

NAME	SPIELE	TORE
Walter Junghans	19	0
Manfred Müller	17	0
Einar Jan Aas	7	0
Klaus Augenthaler	33	5
Wolfgang Dremmler	33	1
Günter Güttler	1	0
Udo Horsmann	34	4
Hans Weiner	31	1
Paul Breitner	30	17
Bernd Dürnberger	33	3
Wolfgang Kraus	30	6
Kurt Niedermayer	32	9
Pasi Rautiainen	1	0
Jürgen Röber	14	0
Karl Del'Haye	13	1
Dieter Hoeneß	27	10
Norbert Janzon	24	1
Reinhold Mathy	3	2
Karl-Heinz Rummenigge	34	29

PASI RAUTIAINEN ist Bayerns erster Profi aus Finnland. Im Winter 1981 wechselt er zu Werder Bremen

Transfers

KARL DEL'HAYE ist das Beispiel für einen Transferflop. Mit 1,3 Millionen DM Ablöse ist der flinke Stürmer der mit Abstand teuerste Bayern-Zugang der Spielzeit. Seine Gegenleistung: 13 Bundesliga-Einsätze, ein Tor. Der frischgebackene Europameister kommt erst 1982/83 über den Status eines Ergänzungsspielers hinaus, bestreitet bis zum Abschied 1985 74 Spiele (sieben Tore). Seine Verpflichtung bringt Bayern den Vorwurf ein, man habe nur einen Konkurrenten personell schwächen wollen.

SPIELER	VON VEREIN	ABLÖSESUMME
Günter Güttler	1. FC Herzogenaurach	–
Pasi Rautiainen	HJK Helsinki	–
Jürgen Röber	SV Werder Bremen	–
Karl Del'Haye	Bor. Mönchengladbach	1,3 Mio. DM
Reinhold Mathy	FC Bayern Jugend	–
Helmut Winklhofer	FC Fürstenzell	–

Tops & Flops

KURT NIEDERMAYER wird wie Wolfgang Dremmler Nationalspieler, debütiert am 11. Oktober 1980 gegen Holland (1:1). Es bleibt sein einziger Einsatz für den DFB.

ELFMETER Paul Breitner stellt in der Bundesliga einen Allzeit-Rekord auf: Zehnmal läuft er zum Elfmeter an, zehnmal verwandelt er. Gegen Kaiserslautern am 30. Spieltag trifft er sogar doppelt.

KARL-HEINZ RUMMENIGGE wird erneut Europas „Fußballer des Jahres" und Bundesliga-Torschützenkönig (29 Tore). Zweiter: Manni Burgsmüller (BVB, 27).

ULI HOENESS setzt im Derby-Hinspiel (3:1, 9. Spieltag) einen 100-Prozent-Topzuschlag durch, obwohl 1860 Heimrecht hat. Die Folge: 25 000 Plätze bleiben leer.

BETZENBERG Das Stadion bewahrt seinen Schrecken: Binnen 14 Tagen verliert Bayern in Kaiserslautern in der Bundesliga (2:4 am 8. November 1980) und im Pokal (1:2 am 22. November).

TORHÜTER Walter Junghans (19 Einsätze) und Manfred Müller (17) können beide nicht überzeugen, Grund für die Rotation von Trainer Pal Csernai.

1. SPIELTAG

Karlsruher SC – Bayern 0:3 (0:1)

KARLSRUHE: Wimmer – Groß, Struth, Ulrich, Dohmen – Fanz, Bold (60. Dittus), Trenkel, Wiesner – Günther, Schüler (59. Becker).
BAYERN: Junghans – Dremmler, Niedermayer, Augenthaler, Horsmann – Kraus, Breitner, Dürnberger (78. Janzon) – Del'Haye (62. Röber), D. Hoeneß, K.-H. Rummenigge.
Tore: 0:1 K.-H. Rummenigge (41.), 0:2 Breitner (77.), 0:3 Breitner (80., Foulelfmeter).
Gelb: – / Niedermayer. **Schiedsrichter:** Dr. Dieter Stäglich.

2. SPIELTAG

Bayern – Borussia Dortmund 5:3 (1:0)

BAYERN: Junghans – Dremmler, Weiner, Augenthaler, Horsmann – Niedermayer, Dürnberger, Breitner – Janzon, D. Hoeneß (81. Röber), K.-H. Rummenigge.
DORTMUND: Immel – Schneider, Wagner, Koch, Hein – Votava, Huber, Geyer, Burgsmüller – Abramczik, Edvaldsson.
Tore: 1:0 Breitner (42., Foulelfmeter), 1:1 Burgsmüller (50.), 2:1 Horsmann (70.), 3:1 Augenthaler (72.), 3:2 Burgsmüller (76.), 4:2 K.-H. Rummenigge (81.), 5:2 K.-H. Rummenigge (85.), 5:3 Votava (86.).
Gelb: – / Edvaldsson, Votava. **Schiedsrichter:** Walter Engel.

3. SPIELTAG

Fortuna Düsseldorf – Bayern 3:0 (0:0)

DÜSSELDORF: Daniel – Köhnen, Zewe, Theis (55. Brei), Wirtz – Weikl, Bommer, Wenzel – T. Allofs, K. Allofs, Seel.
BAYERN: Junghans – Dremmler, Weiner, Augenthaler, Horsmann – Niedermayer, Dürnberger, Breitner, Röber (67. Del'Haye) – Janzon (46. D. Hoeneß), K.-H. Rummenigge.
Tore: 1:0 Bommer (62.), 2:0 K. Allofs (84.), 3:0 T. Allofs (87.).
Schiedsrichter: Wilfried Heitmann.

4. SPIELTAG

Bayern – FC Schalke 04 5:1 (1:1)

BAYERN: M. Müller – Weiner, Niedermayer, Augenthaler, Horsmann – Dremmler, Kraus, Dürnberger (70. Röber), Janzon (70. Rautiainen) – D. Hoeneß, K.-H. Rummenigge.
SCHALKE: Nigbur – Bittcher, Rüssmann, Dzoni, Thiele – Danner (60. Siewert), Geier, Opitz, Jara – Wuttke (79. Mangold), Kügler.
Tore: 1:0 K.-H. Rummenigge (36.), 1:1 Kügler (43.), 2:1 K.-H. Rummenigge (52.), 3:1 Hoeneß (54.), 4:1 Augenthaler (57.), 5:1 D. Hoeneß (61.).
Gelb: – / Mangold, Thiele.
Schiedsrichter: Franz-Josef Hontheim.

5. SPIELTAG

Arminia Bielefeld – Bayern 1:2 (1:1)

BIELEFELD: Kneib – Büscher, Peitsch, Pohl, Steffensen – Eilenfeldt, Geils, Pagelsdorf, Krobbach – Schock, Sackewitz (77. Schröder).
BAYERN: M. Müller – Weiner, Niedermayer, Augenthaler, Horsmann – Breitner, Dremmler, Kraus, Dürnberger (69. Röber) – K.-H. Rummenigge, D. Hoeneß.
Tore: 0:1 Dremmler (9.), 1:1 Sackewitz (21.), 1:2 D. Hoeneß (77.).
Gelb: Geils / –.
Schiedsrichter: Walter Horstmann.

6. SPIELTAG

Bayern – Bayer Leverkusen 3:0 (1:0)

BAYERN: M. Müller – Horsmann, Niedermayer, Augenthaler, Weiner – Dürnberger (46. Janzon), Dremmler, Kraus, Breitner – K.-H. Rummenigge, D. Hoeneß.
LEVERKUSEN: Bockholt – Posner, Gelsdorf, Demuth, Hermann – Hörster (20. Gniech), Glowacz, Elmer, Vöge – Økland, Herzog.
Tore: 1:0 D. Hoeneß (45.), 2:0 Breitner (58.), 3:0 D. Hoeneß (76.).
Gelb: K.-H. Rummenigge / –.
Schiedsrichter: Peter Gabor.

7. SPIELTAG

VfB Stuttgart – Bayern 1:2 (0:1)

STUTTGART: Roleder – Hattenberger, Holcer, B. Förster, K. Förster – Martin, Ohlicher, H. Müller (69. Hadewicz) – Kelsch, Klotz, Schmider (46. Allgöwer).
BAYERN: M. Müller – Weiner, Niedermayer, Augenthaler, Horsmann – Dremmler, Kraus, Breitner (61. Röber), Dürnberger – K.-H. Rummenigge, D. Hoeneß.
Tore: 0:1 Dürnberger (32.), 0:2 Kraus (73.), 1:2 Klotz (88.).
Gelb: K. Förster, Holcer / Augenthaler.
Schiedsrichter: Gerd Hennig.

8. SPIELTAG

Bayern – Hamburger SV 2:1 (0:0)

BAYERN: M. Müller – Weiner (77. Röber), Niedermayer, Augenthaler, Horsmann – Dremmler, Kraus, Breitner, Dürnberger (70. Janzon) – K.-H. Rummenigge, D. Hoeneß.
HAMBURG: Koitka – Kaltz, Hieronymus, Hartwig, Jakobs – Wehmeyer, Groh, Memering, Magath – Hrubesch, Dreßel.
Tore: 1:0 K.-H. Rummenigge (62.), 1:1 Dreßel (67.), 2:1 Augenthaler (86.).
Schiedsrichter: Walter Eschweiler.

9. SPIELTAG

1860 München – Bayern 1:3 (0:2)

1860: Zander – Strack, Grünther, Scheller, Werner – Raubold (46. Herberth), Sidka, Wohlers – Nastase, Bitz, Völler.
BAYERN: Junghans – Weiner, Niedermayer, Augenthaler, Horsmann – Dremmler, Breitner (58. Janzon), Kraus, Dürnberger – K.-H. Rummenigge, D. Hoeneß (78. Röber).
Tore: 0:1 Niedermayer (18.), 0:2 Breitner (19., Foulelfmeter), 1:2 Nastase (62.), 1:3 K.-H. Rummenigge (70.).
Gelb: Werner / Augenthaler.
Schiedsrichter: Karl-Josef Assenmacher.

10. SPIELTAG

Bayern – VfL Bochum 3:1 (3:0)

BAYERN: Junghans – Dremmler, Niedermayer, Augenthaler, Horsmann – Kraus (83. Röber), Breitner, Dürnberger – Del'Haye, K.-H. Rummenigge, Janzon (83. Mathy).
BOCHUM: Mager – Zugcic, Bast, Knüwe, Lameck – Woelk, Blau, Gross, Oswald (83. Jakobs) – Abel (74. Kaczor), Pinkall.
Tore: 1:0 K.-H. Rummenigge (3.), 2:0 K.-H. Rummenigge (22.), 3:0 Dürnberger (29.), 3:1 Knüwe (84.).
Schiedsrichter: Werner Föckler.

11. SPIELTAG

MSV Duisburg – Bayern 0:1 (0:0)

DUISBURG: Heinze – Saborowski, Büssers, Steiner, Dietz – Dubski, Brings, Fruck, Szesni – Gores, Kempe (72. Steininger).
BAYERN: Junghans – Horsmann, Niedermayer, Augenthaler (23. Röber), Weiner – Dremmler, Breitner, Dürnberger, Kraus – K.-H. Rummenigge, D. Hoeneß.
Tor: 0:1 Niedermayer (77.).
Gelb: – / Horsmann.
Schiedsrichter: Klaus Ohmsen.

12. SPIELTAG

Bayern – 1. FC Nürnberg 4:2 (3:0)

BAYERN: Junghans – Weiner, Niedermayer, Augenthaler, Horsmann – Dremmler (66. Del'Haye), Kraus, Breitner (73. Güttler), Dürnberger – D. Hoeneß, K.-H. Rummenigge.
NÜRNBERG: Kargus – Stocker, Weyerich, Eder, Beierlorzer (66. Hintermaier) – Eggert, Heck, Schöll, Volkert – Oberacher, Heidenreich.
Tore: 1:0 K.-H. Rummenigge (10.), 2:0 Horsmann (20.), 3:0 K.-H. Rummenigge (30.), 4:0 K.-H. Rummenigge (59.), 4:1 Eder (83.), 4:2 Oberacher (85.).
Gelb: Rummenigge / Schöll, Weyerich.
Schiedsrichter: Günter Risse.

13. SPIELTAG

1. FC Kaiserslautern – Bayern 4:2 (1:2)

K'LAUTERN: Hellström – Briegel, Neues, Dusek – Eigendorf, Melzer, F. Funkel, Bongartz – Geye, Wendt, Brummer (54. Riedl).
BAYERN: Junghans – Weiner, Aas, Augenthaler, Horsmann – Dürnberger, Kraus, Niedermayer, Dremmler – D. Hoeneß, K.-H. Rummenigge.
Tore: 1:0 Bongartz (13.), 1:1 Niedermayer (21.), 1:2 D. Hoeneß (42.), 2:2 Funkel (50.), 3:2 Briegel (65.), 4:2 Melzer (75.).
Gelb: – / Aas, Augenthaler.
Schiedsrichter: Wolf-Dieter Ahlenfelder.

14. SPIELTAG

Bayern – 1. FC Köln 1:1 (1:1)

BAYERN: Junghans – Weiner, Aas, Augenthaler, Horsmann – Dremmler (46. Del'Haye), Niedermayer, Kraus, Dürnberger (77. Röber) – K.-H. Rummenigge, D. Hoeneß.
KÖLN: Schumacher – Konopka, Strack, Cullmann, Prestin – Engels, Bonhof, Willmer (75. Gerber), Botteron, Woodcock – D. Müller.
Tore: 1:0 Dürnberger (3.), 1:1 Strack (9.).
Gelb: – / Strack.
Schiedsrichter: Heinz Aldinger.

Klaus Augenthaler (l.) und Manfred Müller (M.) sind geschlagen: Am 19. Spieltag gelingt Dortmund der 1:1-Ausgleich. Torschütze ist nicht Manfred Burgsmüller (r.), sondern Hans-Joachim Wagner (nicht im Bild)

15. SPIELTAG

Eintracht Frankfurt – Bayern 0:0

FRANKFURT: Pahl – Sziedat, Pezzey, Körbel, Neuberger – Lorant, Lotterman, Hölzenbein, Nachtweih – Borchers, Cha.
BAYERN: Junghans – Weiner, Aas, Niedermayer, Horsmann – Dremmler, Breitner, Kraus, Dürnberger – Janzon, K.-H. Rummenigge.
Gelb: – / Junghans.
Schiedsrichter: Robert Walz.

16. SPIELTAG

Bayern – Borussia M'gladbach 4:0 (0:0)

BAYERN: Junghans – Weiner, Aas, Augenthaler, Horsmann – Dremmler, Breitner, Niedermayer, Dürnberger (46. Janzon) – D. Hoeneß, K.-H. Rummenigge.
M'GLADBACH: Sude – Schuhmacher, Bruns, Schäffer, Matthäus – Rahn (78. Frenken), Kulik, Nielsen, Veh (78. Fleer) – Thychosen, Lienen.
Tore: 1:0 D. Hoeneß (55.), 2:0 Augenthaler (59.), 3:0 Augenthaler (66.), 4:0 D. Hoeneß (70.).
Schiedsrichter: Volker Roth.

17. SPIELTAG

Bayer 05 Uerdingen – Bayern 2:2 (2:0)

UERDINGEN: Hesselbach – Schwarz, Hahn, Ehmke – Hofmann, Kanders, Raschid, Zimmer, Held – Steubing, Eggeling.
BAYERN: Junghans – Weiner (66. Del'Haye), Aas, Augenthaler, Horsmann – Breitner, Dremmler, Niedermayer, Dürnberger (46. Janzon) – D. Hoeneß, K.-H. Rummenigge.
Tore: 1:0 Raschid (34.), 2:0 Dremmler (38., Eigentor), 2:1 Weiner (52.), 2:2 Breitner (79., Foulelfmeter).
Gelb: Raschid / Aas.
Schiedsrichter: Rainer Waltert.

18. SPIELTAG

Bayern – Karlsruher SC 1:1 (0:1)

BAYERN: Junghans – Weiner (54. Del'Haye), Niedermayer, Augenthaler, Horsmann – Dremmler, Breitner, Kraus (73. Dürnberger), Janzon – K.-H. Rummenigge, D. Hoeneß.
KARLSRUHE: Wimmer – Groß, Fanz, Ulrich, Dohmen – Dittus, Trenkel, Bold – Krauth (79. Wiesner), Günther, Becker.
Tore: 0:1 Bold (18.), 1:1 Del'Haye (77.).
Schiedsrichter: Jan Redelfs.

19. SPIELTAG

Borussia Dortmund – Bayern 2:2 (1:1)

DORTMUND: Immel – Huber, Dörmann, Rüssmann, Hein – Votava, Burgsmüller, Schneider (78. Holz), Wagner – Abramczik, Geyer.
BAYERN: M. Müller – Weiner, Niedermayer, Augenthaler, Horsmann – Kraus, Dürnberger, Breitner, Dremmler – D. Hoeneß (40. Janzon), K.-H. Rummenigge.
Tore: 0:1 Breitner (4.), 1:1 Wagner (25.), 2:1 Huber (61., Foulelfmeter), 2:2 Kraus (86.).
Gelb: Dörmann, Wagner / –.
Schiedsrichter: Walter Horstmann.

20. SPIELTAG

Bayern – Fortuna Düsseldorf 3:2 (2:0)

BAYERN: M. Müller – Weiner (66. Röber), Niedermayer, Augenthaler, Horsmann – Kraus, Dremmler, Breitner, Dürnberger – K.-H. Rummenigge, Janzon (66. Del'Haye).
DÜSSELDORF: Daniel – Köhnen, Zewe, Theis, Löhr – T. Allofs, Dusend, Weikl, Seel – Wenzel, K. Allofs.
Tore: 1:0 Kraus (22.), 2:0 Breitner (39., Foulelfmeter), 2:1 Wenzel (51.), 2:2 K. Allofs (67.), 3:2 Kraus (76.).
Gelb: – / K. Allofs.
Schiedsrichter: Jürgen Meßmer.

21. SPIELTAG

FC Schalke 04 – Bayern 2:2 (1:0)

SCHALKE: Nigbur – Täuber (85. Siewert), Dzoni, Thiele – Bittcher, Drexler, Danner (77. Szymanek), Jara, Opitz – Fischer, Elgert.
BAYERN: M. Müller – Augenthaler, Niedermayer, Horsmann – Weiner, Breitner, Dürnberger (46. Del'Haye), Kraus, Dremmler – K.-H. Rummenigge, Janzon (72. Röber).
Tore: 1:0 Fischer (4.), 1:1 Kraus (50.), 1:2 K.-H. Rummenigge (66.), 2:2 Bittcher (88.).
Gelb: Thiele / –. **Schiedsrichter:** Medardus Luca.

22. SPIELTAG

Bayern – Arminia Bielefeld 5:1 (4:0)

BAYERN: M. Müller – Weiner, Aas, Augenthaler, Horsmann – Kraus, Niedermayer, Dürnberger – Del'Haye, K.-H. Rummenigge, Janzon.
BIELEFELD: Kneib – Geils, Bregmann, Pohl, Dronia – Eilenfeldt, Schnier (73. Krobbach), Schröder – Graul (46. Peitsch), Schock, Sackewitz.
Tore: 1:0 K.-H. Rummenigge (7., Foulelfmeter), 2:0 Janzon (8.), 3:0 Niedermayer (40.), 4:0 Niedermayer (43.), 4:1 Sackewitz (52.), 5:1 K.-H. Rummenigge (69.).
Gelb: Del'Haye / Pohl, Schröder.
Schiedsrichter: Klaus Clajus.

23. SPIELTAG

Bayer Leverkusen – Bayern 3:0 (3:0)

LEVERKUSEN: Bockholt – Posner, Gelsdorf, Demuth – Bruckmann, Hörster, Hermann, Glowacz – Vöge, Økland, Szech (75. Herzog).
BAYERN: M. Müller – Weiner, Aas (54. Del'Haye), Augenthaler (36. Kraus), Horsmann – Niedermayer, Dremmler, Breitner, Dürnberger– Janzon, K.-H. Rummenigge.
Tore: 1:0 Økland (4.), 2:0 Økland (19.), 3:0 Økland (24.).
Gelb: Vöge / Del'Haye, Niedermayer.
Schiedsrichter: Udo Horeis.

24. SPIELTAG

Bayern – VfB Stuttgart 1:1 (1:1)

BAYERN: M. Müller – Dremmler, Niedermayer, Augenthaler, Horsmann – Dürnberger, Kraus, Breitner – Del'Haye, K.-H. Rummenigge, Janzon.
STUTTGART: Greiner – Schäfer, K. Förster, Szatmari, B. Förster – Hadewicz, Ohlicher, Hattenberger, H. Müller – Kelsch, Allgöwer.
Tore: 0:1 Allgöwer (39.), 1:1 Breitner (45.).
Gelb: – / Kelsch. **Schiedsrichter:** Wolf-Dieter Ahlenfelder.

25. SPIELTAG

Hamburger SV – Bayern 2:2 (0:0)

HAMBURG: Koitka – Kaltz, Beckenbauer, Buljan, Jakobs – Groh, Hieronymus, Magath – Milewski (46. Reimann), Hrubesch, Memering.
BAYERN: M. Müller – Dremmler, Weiner, Augenthaler, Horsmann – Kraus (75. Niedermayer), Dürnberger, Breitner – Röber (71. Janzon), D. Hoeneß, K.-H. Rummenigge.
Tore: 1:0 Magath (48.), 2:0 Hrubesch (54.), 2:1 K.-H. Rummenigge (67.), 2:2 Breitner (89.).
Gelb: Groh / Kraus. **Schiedsrichter:** Walter Eschweiler.

26. SPIELTAG

Bayern – 1860 München 1:1 (0:0)

BAYERN: M. Müller – Dremmler, Weiner, Augenthaler, Horsmann – Niedermayer, Breitner, Kraus, Dürnberger – K.-H. Rummenigge, D. Hoeneß.
1860: Zander – Klinkhammer (64. Herberth), Grünther, Scheller, Strack – Raubold, Sidka, Wohlers – Senzen, Völler, Nastase.
Tore: 1:0 Horsmann (57.), 1:1 Scheller (78.).
Gelb: – / Grünther. **Schiedsrichter:** Dieter Pauly.

27. SPIELTAG

VfL Bochum – Bayern 1:3 (1:1)

BOCHUM: Mager – Gerland, Bast, Woelk, Lameck – Knüwe, Tenhagen, Jakobs, Oswald – Blau, Abel.
BAYERN: M. Müller (4. Junghans) – Dremmler, Augenthaler, Weiner, Horsmann – Niedermayer, Breitner, Kraus, Dürnberger – D. Hoeneß, K.-H. Rummenigge.
Tore: 1:0 Abel (4.), 1:1 Breitner (11., Foulelfmeter), 1:2 Horsmann (70.), 1:3 K.-H. Rummenigge (74.).
Gelb: Abel / –. **Schiedsrichter:** Franz-Josef Hontheim.

28. SPIELTAG

Bayern – MSV Duisburg 5:1 (2:1)

BAYERN: Junghans – Dremmler, Weiner, Augenthaler, Horsmann – Kraus, Breitner – Del'Haye, D. Hoeneß (67. Mathy), K.-H. Rummenigge, Janzon.
DUISBURG: Heinze – Fruck, Fenten, Büssers, Steiner, Mirnegg – Seliger, Kempe, Dietz – Steininger (55. Gores), Szesni.
Tore: 0:1 Dietz (13.), 1:1 K.-H. Rummenigge (21.), 2:1 K.-H. Rummenigge (32.), 3:1 K.-H. Rummenigge (47.), 4:1 K.-H. Rummenigge (53.), 5:1 Mathy (76.).
Schiedsrichter: Winfried Walz.

29. SPIELTAG

1. FC Nürnberg – Bayern 0:1 (0:0)

NÜRNBERG: Kargus – Stocker, Weyerich, Reinhardt, Beierlorzer – Eder, Heck, Brunner, Hintermaier – Oberacher (77. Lieberwirth), Volkert.
BAYERN: Junghans – Dremmler, Weiner, Augenthaler, Horsmann – Kraus, Breitner, Dürnberger – Janzon, D. Hoeneß, K.-H. Rummenigge.
Tor: 0:1 K.-H. Rummenigge (75.).
Schiedsrichter: Winfried Walz.

30. SPIELTAG

Bayern – 1. FC Kaiserslautern 3:0 (1:0)

BAYERN: Junghans – Dremmler, Weiner, Augenthaler, Horsmann – Niedermayer, Dürnberger, Breitner, Kraus (72. Janzon) – D. Hoeneß, K.-H. Rummenigge.
K'LAUTERN: Hellström – Wolf (75. Brummer), Neues, Dusek, Melzer – Briegel, Geye, F. Funkel, Bongartz – Wendt, Hofeditz.
Tore: 1:0 Niedermayer (42.), 2:0 Breitner (48., Foulelfmeter), 3:0 Breitner (62., Foulelfmeter).
Gelb: Dremmler / Dusek. **Schiedsrichter:** Dr. Dieter Stäglich.

31. SPIELTAG

1. FC Köln – Bayern 0:3 (0:2)

KÖLN: Schumacher – Prestin, Cullmann, Bonhof, Willmer – Konopka, Botteron (82. Knöppel), Engels – Littbarski, Müller, Woodcock (68. Hartmann).
BAYERN: Junghans – Dremmler, Weiner, Augenthaler, Horsmann – Niedermayer, Breitner, Dürnberger, Kraus – K.-H. Rummenigge, D. Hoeneß.
Tore: 0:1 Breitner (9., Foulelfmeter), 0:2 D. Hoeneß (15.), 0:3 Niedermayer (75.).
Gelb: Konopka / –. **Schiedsrichter:** Jan Redelfs.

32. SPIELTAG

Bayern – Eintracht Frankfurt 7:2 (0:0)

BAYERN: Junghans (65. M. Müller) – Dremmler, Weiner, Augenthaler, Horsmann – Niedermayer, Dürnberger (46. Janzon), Breitner, Kraus – D. Hoeneß, K.-H. Rummenigge.
FRANKFURT: Pahl – Lorant, Pezzey (75. Blättel), Gruber, Neuberger – Nachtweih, Trapp, Lotterman, Nickel – Borchers, Cha.
Tore: 1:0 Kraus (54.), 2:0 Breitner (60., Foulelfmeter), 3:0 Breitner (64.), 4:0 K.-H. Rummenigge (77., Foulelfmeter), 5:0 K.-H. Rummenigge (80.), 5:1 Borchers (81.), 6:1 Breitner (85.), 6:2 Cha (86.), 7:2 D. Hoeneß (90.).
Schiedsrichter: Walter Eschweiler.

33. SPIELTAG

Borussia M'gladbach – Bayern 1:4 (0:1)

M'GLADBACH: Kleff – Ringels, Hannes, Bödeker, Matthäus – Fleer, Bruns (58. Nielsen), Schäfer, Schmider (68. Loontiens) – Nickel, Lienen.
BAYERN: M. Müller – Horsmann, Weiner, Augenthaler, Dremmler – Kraus, Breitner, Dürnberger Niedermayer – D. Hoeneß, K.-H. Rummenigge.
Tore: 0:1 K.-H. Rummenigge (20.), 0:2 K.-H. Rummenigge (56.), 0:3 Niedermayer (63.), 1:3 Nielsen (76.), 1:4 K.-H. Rummenigge (89.).
Gelb: Fleer / Augenthaler, Horsmann, K.-H. Rummenigge.
Schiedsrichter: Werner Föckler.

34. SPIELTAG

Bayern – Bayer 05 Uerdingen 4:0 (0:0)

BAYERN: M. Müller – Horsmann, Weiner, Augenthaler, Dremmler – Dürnberger (46. Janzon), Kraus, Breitner, Niedermayer – D. Hoeneß (46. Mathy), K.-H. Rummenigge.
UERDINGEN: Hesselbach – Schwarz, Held, Brand (84. Steeger), van de Loo – Plücken (69. Heym), Raschid, Hofmann, Steubing – Eggeling, Kanders.
Tore: 1:0 Niedermayer (53.), 2:0 K.-H. Rummenigge (64.), 3:0 K.-H. Rummenigge (76., Foulelfmeter), 4:0 Mathy (87.).
Gelb: – / Eggeling, Plücken. **Schiedsrichter:** Manfred Uhlig.

Abschlusstabelle

Pl.	Verein	Spiele	G	U	V	Tore	Diff.	Punkte
1	Bayern (M)	34	22	9	3	89:41	+48	53:15
2	Hamburg	34	21	7	6	73:43	+30	49:19
3	Stuttgart	34	19	8	7	70:44	+26	46:22
4	Kaiserslautern	34	17	10	7	60:37	+23	44:24
5	Frankfurt	34	13	12	9	61:57	+4	38:30
6	M'gladbach	34	15	7	12	68:64	+4	37:31
7	Dortmund	34	13	9	12	69:59	+10	35:33
8	Köln	34	12	10	12	54:55	-1	34:34
9	Bochum	34	9	15	10	53:45	+8	33:35
10	Karlsruhe (A)	34	9	14	11	56:63	-7	32:36
11	Leverkusen	34	10	10	14	52:53	-1	30:38
12	Duisburg	34	10	9	15	45:58	-13	29:39
13	Düsseldorf (P)	34	10	8	16	57:64	-7	28:40
14	Nürnberg (A)	34	11	6	17	47:57	-10	28:40
15	Bielefeld (A)	34	10	6	18	46:65	-19	26:42
16	1860 München	34	9	7	18	49:67	-18	25:43
17	Schalke	34	8	7	19	43:88	-45	23:45
18	Uerdingen	34	8	6	20	47:79	-32	22:46

DIE WEITEREN SIEGER DES JAHRES:

Europacup der Landesmeister:
FC Liverpool

Europacup der Pokalsieger:
Dinamo Tiflis

Uefa-Cup:
Ipswich Town

DFB-Pokal:
Eintracht Frankfurt

Alle Ergebnisse auf einen Blick

Waagerecht: alle Heimresultate. Senkrecht: alle Auswärtsresultate	Bayern	Hamburg	Stuttgart	Kaiserslautern	Frankfurt	M'gladbach	Dortmund	Köln	Bochum	Karlsruhe	Leverkusen	Duisburg	Düsseldorf	Nürnberg	Bielefeld	1860 München	Schalke	Uerdingen
Bayern		2:1	1:1	3:0	7:2	4:0	5:3	1:1	3:1	1:1	3:0	5:1	3:2	4:2	5:1	1:1	5:1	4:0
Hamburg	2:2		1:3	3:2	3:1	2:1	2:1	2:0	2:1	3:1	2:0	0:0	2:1	1:0	4:1	4:1	7:1	2:1
Stuttgart	1:2	3:2		1:0	1:1	4:2	3:1	3:0	4:1	5:2	2:1	2:0	4:2	2:1	2:1	2:1	3:0	3:2
Kaiserslautern	4:2	2:2	1:0		2:0	3:2	1:1	5:1	0:0	1:0	3:1	1:1	3:0	3:1	1:3	3:2	2:0	4:2
Frankfurt	0:0	1:1	2:1	3:2		2:1	0:4	4:0	2:2	3:3	2:0	2:1	2:2	3:0	2:0	2:1	5:0	2:2
M'gladbach	1:4	2:2	1:3	1:0	2:2		1:0	2:0	2:1	3:3	1:0	4:1	2:2	1:4	4:2	3:2	3:1	7:1
Dortmund	2:2	6:2	3:3	2:2	2:1	0:3		2:2	1:3	3:3	5:3	5:1	2:1	1:0	5:0	4:1	2:2	2:1
Köln	0:3	0:3	3:1	2:2	5:0	2:3	2:1		2:2	4:0	1:1	1:0	1:2	2:2	1:0	4:1	0:2	3:0
Bochum	1:3	0:3	1:1	0:0	2:0	1:1	0:2	1:1		0:0	1:1	1:1	2:1	4:0	0:2	4:1	5:1	2:2
Karlsruhe	0:3	1:1	0:0	1:1	1:1	3:4	1:1	1:1	0:0		1:1	2:0	3:0	4:1	2:1	7:2	3:2	3:1
Leverkusen	3:0	1:2	1:1	0:1	3:2	1:5	4:1	1:1	2:0	3:0		1:1	2:0	1:1	2:0	1:1	4:0	4:1
Duisburg	0:1	2:0	0:3	1:1	0:0	4:0	2:1	3:4	0:3	2:2	2:4		2:1	2:0	1:1	1:0	5:1	3:2
Düsseldorf	3:0	2:3	3:1	0:2	2:2	2:1	2:2	0:0	1:1	1:2	4:3	0:1		2:2	3:1	2:1	3:3	4:2
Nürnberg	0:1	2:3	1:2	0:4	1:4	2:0	2:0	2:1	0:2	5:0	1:1	1:0	2:1		2:0	1:2	2:0	0:0
Bielefeld	1:2	0:2	1:0	0:1	1:1	2:3	1:0	2:5	3:3	4:1	1:1	2:1	3:0	0:2		3:2	1:0	3:1
1860 München	1:3	0:0	0:0	1:1	0:2	0:0	0:1	2:1	2:2	4:2	1:0	1:3	4:3	2:4	2:1		3:1	4:0
Schalke	2:2	2:1	3:2	0:2	1:4	2:2	1:2	1:2	0:6	1:0	3:1	2:2	0:4	1:1	2:2	1:0		3:1
Uerdingen	2:2	0:3	3:3	1:0	4:1	2:0	2:1	0:1	1:0	0:3	3:0	4:1	0:1	3:2	2:2	0:3	1:3	

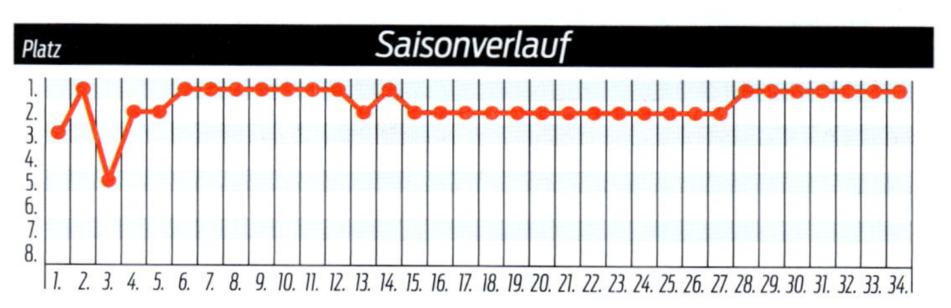

TITELTRAUM PLATZT AM 29. SPIELTAG

Nach 3:1-Führung gegen den HSV verlieren die Bayern noch 3:4. Sie haben ein Torwartproblem und grollen nach Saisonende

Der Himmel ist bewölkt an diesem Samstagnachmittag, auf dem Weg ins Stadion werden die Zuschauer nass. Festtagswetter ist etwas anderes. Aber über dem FC Bayern München lacht in den Stunden vor dem Anpfiff die Sonne. Drei Tage zuvor haben die Bayern erstmals seit 1976 wieder das Landesmeister-Finale erreicht, durch einen glänzenden 4:0-Rückspielsieg gegen ZSKA Sofia. Auch im DFB-Pokalfinale stehen sie seit zwei Wochen.

Dieter Hoeneß (M.) köpft das 1:0, später auch noch das 3:1. Der Sieg ist greifbar

Und nun bietet sich die große Chance, den hartnäckigsten Widersacher im Kampf um die Deutsche Meisterschaft zu schlagen. Der HSV kommt nach München, mit einem Punkt Vorsprung. Es steht der 29. Spieltag der Bundesliga an. Im Olympiastadion sind die Bayern bis zu jenem 24. April 1982 in 43 Bundesliga-Spielen ungeschlagen. Knisternde Spannung, das Stadion ist ausverkauft. 78 000 Zuschauer sorgen für eine Brutto-Einnahme von 1,6 Millionen DM.

Wenn in der Bundesliga-Geschichte je eine Begegnung den so inflationär angewandten Begriff vom „Top-Spiel" verdient gehabt hat, dann dieses Duell zwischen den großen Rivalen der frühen Achtziger. FC Bayern gegen den Hamburger SV, Zweiter gegen Erster, Deutscher Meister gegen den Vizemeister.

Der Trainer des HSV heißt seit Saisonstart Ernst Happel, der wohl größte Glücksgriff des jungen Managers Günter Netzer. Seit elf Spielen ist die Elf ungeschlagen. Die Bayern dagegen haben eine Woche zuvor in Frankfurt die Tabellenführung verloren und offenbaren das ganze Jahr über große Abwehrprobleme. Im Waldstadion kassieren sie bereits das zweite 3:4 des Monats (zuvor im Landesmeister-Hinspiel in Sofia), und Pal Csernai erwägt wieder einmal einen Torwartwechsel. Doch Manfred Müller hat seinen Muskelfaserriss noch nicht auskuriert, so steht der ungeliebte Walter Junghans zwischen den Pfosten. Seit Sepp Maier 1979 abgetreten ist, ist die Besetzung des Torwartpostens zur Lotterie verkommen.

Mit dem erfahreneren Manfred Müller gehen die Bayern in die Saison, nach drei Spielen übernimmt Junghans, nach acht ist Müller zurück – bis zur nächsten Verletzung zwei Wochen später. Drei Monate darf Junghans nun halten. Die nächste Zwangspause erfolgt nach dem 1:4 in Karlsruhe am 22. Spieltag – einem von sechs Pflichtspielen der Saison mit vier Gegentoren –, als Junghans wieder Tore angekreidet werden. Nun pausiert er für fünf Partien, ehe sich Müller wieder verletzt. Prompt patzt Junghans in Frankfurt beim 3:4, Csernai tobt öffentlich: „Er hat kein Bundesliga-Format."

Fieberhaft versuchen die Ärzte, Müller für das Spiel der Spiele fit zu bekommen, aber es reicht nicht: Als Schiedsrichter Werner Föckler um 15.30 Uhr anpfeift, steht er wieder im Kasten, der Mann „ohne Bundesliga-Format". Franz Beckenbauer sitzt derweil angeschlagen auf der Tribüne, der Kaiser muss wie schon im Hinspiel auf ein Wiedersehen mit seinem Ex-Klub verzichten – jedenfalls auf dem Platz.

Die Hamburger beginnen ungewohnt zurückhaltend, was Happel verstimmt: „Ich hatte keine Defensive angeordnet." Nach 23 Minuten feiert Bayern nach einem prächtigen Kopfball von Dieter Hoeneß die Führung – und die Wissenschaft einen Triumph. Ein Institut für Bio-Rhythmik hat die Tagesform aller Spieler untersucht und Dieter Hoeneß („Ich glaube an solche Dinge") ein „Super-Spiel" prophezeit. Hamburgs Jimmy Hartwig köpft nach 32 Minuten das 1:1, dabei soll er doch vor allem Karl-Heinz Rummenigge bewachen. Was gelingt.

Rummenigge geht leer aus, die Bühne betreten andere. Wie Udo Horsmann. Der biedere Linksverteidiger schließt nach 36 Minuten ein Solo mit einem harten Flachschuss zum 2:1 ab. Drei Tore zur Halbzeit und ein ansehnliches Spiel – da prasselt viel Beifall von den Rängen. Der „Kicker" entdeckt freilich auch „haarsträubende Fehler auf beiden Seiten, wie sie bei einem Spiel zweier absoluter Spitzenteams nicht zu erwarten wären".

Dazu zählt fraglos auch die Szene, die in der 64. Minute zum 3:1 führt. Es ist ein unglaubliches Tor. Dieter Hoeneß, der Mann mit dem günstigen Bio-Rhythmus, erwischt eine Flanke von Wolfgang Dremmler nur mit dem Hinterkopf, jede Rückgabe hat mehr Geschwindigkeit. Das HSV-Tor hütet Uli Stein, dessen Bio-Rhythmus auf dem „absoluten Tiefpunkt" steht – angeblich. Und nun kommt er, der Tiefpunkt: Stein glaubt, der Ball würde am Tor vorbeihüpfen und zieht die Hände zurück. Aber der Ball tropft über die Linie. 3:1 – der Bayern-Sieg ist nah, die Meisterschaft auch. Aber es kommt ganz anders!

Die folgenden 25 Minuten leiten das Ende der allzu kurzen „Breitnigge"-Ära ein.

Für den HSV ist Steins Missgeschick ein heilsamer Schock. „Das dumme dritte Tor hat uns so richtig wach gemacht", erzählt Nationalspieler Manfred Kaltz später. Das Signal zur Wende gibt der 20-jährige Thomas von Heesen. Am eigenen Strafraum schnappt er sich den Ball, und als er sich wieder von ihm trennt, liegt er im Bayern-Tor (70.). Ein 60-Meter-Solo bringt die Wende, das Spiel kippt.

Nun betritt Kopfball-Ungeheuer Horst Hrubesch, der Erste in der Torjägerliste, die Bühne. 75 Minuten ist er nicht zu sehen, dann kommt er nach Doppelpass mit Lars Bastrup mit dem Fuß zum Abschluss – 3:3 (76.). Der HSV ist wieder Tabellenführer, den Bayern zittern die Knie. Das Ende mit

Wenige Sekunden vor dem Abpfiff: HSV-Mittelstürmer Horst Hrubesch (M.) erwischt die Freistoßflanke von Felix Magath mit dem Kopf, überwindet Walter Junghans zum 4:3 für die Hamburger

Schrecken kommt in letzter Minute nach einem Freistoß, den Felix Magath von und mit links auf den Kopf von Hrubesch zirkelt. Horsmann und Klaus Augenthaler bedrängen ihn, aber Hrubesch setzt sich durch (90.) – das 3:4.

Und Junghans? Beweist einmal mehr, dass er wohl Spiele verlieren, aber keine gewinnen kann für den FC Bayern. Er zögert mit dem Herauslaufen, das 3:4 ist auch sein Tor. Schlusspfiff – auch für den Traum vom Triple. Bayern-Präsident Willi Hoffmann will Ernst Happel auf der Pressekonferenz schon zum Titel gratulieren und ihm einen Champagner der Marke „FC Bayern Krönung" überreichen. Der Grantler aus Wien lehnt dankend ab.

Die Bayern lecken ihre Wunden, Rummenigge erinnert sich: „Im Gegensatz zum 2:2 in Hamburg im Vorjahr waren wir es nun, die einen Knacks bekamen." Csernai hakt die Meisterschaft ab, die die Bayern schließlich nur als Dritter beenden, und sagt: „Jetzt konzentrieren wir uns auf unsere beiden Endspiele." Weil sie nur das unwichtigere (DFB-Pokal) gewinnen, ist in München nach dieser Saison jedoch niemand zufrieden. Csernais Saisonfazit: „Diese Saison hätte ein bösartiger Regisseur für uns nicht schlimmer gestalten können." ●

Europacup der Landesmeister

Das Siegtor von Aston Villas Peter Withe (l.) in der 67. Minute

Erste Niederlage im Europacup-Finale

Schweden-Meister Östers Växjo besiegen die Bayern auswärts 1:0 und zu Hause 5:0, auch bei Benfica Lissabon (0:0) bleiben sie ohne Gegentor. Im Rückspiel hat Dieter Hoeneß einen Glanztag und erzielt drei Treffer beim 4:1-Sieg. Auch im Viertelfinale tritt der FCB zunächst auswärts an, gewinnt 2:0 bei Universitatea Craiova (Rumänien). Tore: Rummenigge und Breitner. Das 1:1 im Rückspiel verfolgen nur 8000 Besucher im Olympiastadion. Im Halbfinale stehen die Bayern bei ZSKA Sofia nach nur 18 Minuten schon vor dem Aus, liegen 0:3 zurück. Am Ende wird es ein passables 3:4, das sie in München (4:0) locker wettmachen. So ziehen sie nach sechs Jahren wieder ins Landesmeister-Finale ein, erleben am 26. Mai 1982 in Rotterdam jedoch eine große Enttäuschung: Gegen Aston Villa heißt es trotz drückender Überlegenheit 0:1. Csernai kommentiert: „Wir haben den Cup verschenkt." Erstmals verliert Bayern ein Europapokal-Endspiel.

DFB-Pokal

Kopfballtor mit Kopfverband: das 4:2 von Hoeneß gegen Nürnberg

Nach elf Jahren wieder Pokalsieger

Nach Pflichtsiegen über den SC Jülich (8:0) und SV Neckargerach (5:1) feiern die Bayern auch gegen Bundesligist Dortmund einen hohen Sieg. Aber nur 8000 Zuschauer sehen in München das 4:0. Auch beim 3:0 im Achtelfinale bei Zweitligist Freiburger FC haben die Bayern wenig Mühe, dafür umso mehr im Viertelfinale bei Werder Bremen. Nach Rückstand (Tor: Uwe Reinders) droht lange Zeit das Aus, Paul Breitner rettet mit zwei Toren das 2:1 n. V. Im Halbfinale in Bochum hilft ein umstrittener Elfmeter, den Breitner zum 2:1-Erfolg verwandelt. Im Finale am 1. Mai 1982 erwischt der 1. FC Nürnberg den weit besseren Start, Reinhold Hintermaier und Werner Dressel bringen den Club 2:0 in Führung. Ab der 54. Minute drehen die Bayern das dramatische Spiel: Karl-Heinz Rummenigge, Wolfgang Kraus, Breitner (Elfmeter) und Dieter Hoeneß treffen zum 4:2-Endstand. Der sechste Pokalsieg für die Münchner.

TRAINER

PAL CSERNAI
bleibt nach dem verlorenen Europacup-Finale dem Empfang im Rathaus fern, verscherzt sich die Sympathien. Breitner geißelt: „Es geht nicht an, dass sich der Trainer in einer solchen Situation von der Mannschaft distanziert." Es kommt zum Riss.

DIE TOP-ELF DER SAISON

Bernd Dürnberger

Udo Horsmann

DER SPIELER DES JAHRES

*Im Pokalfinale ist **Dieter Hoeneß** der Held des Tages. Nach Zusammenprall mit Alois Reinhardt zieht er sich eine Kopfplatzwunde zu, die in der Pause ohne Betäubung genäht wird, und spielt 75 Minuten mit blutverschmiertem Kopfverband durch. Mit seinem berühmten Turban-Tor zum 4:2 setzt er sich selbst ein Denkmal. Es ist der krönende Abschluss einer starken Saison für den Mittelstürmer. 32 Pflichtspieltore erzielt er (21 in der Liga, 7 im Europacup, 4 im Pokal) – Rekord in seiner Profikarriere. Erstmals seit drei Jahren heißt Bayerns Torschützenkönig nicht Rummenigge.*

Der Kader

NAME	SPIELE	TORE
Walter Junghans	19	0
Manfred Müller	16	0
Klaus Augenthaler	33	6
Bertram Beierlorzer	17	0
Wolfgang Dremmler	31	2
Günter Güttler	8	2
Udo Horsmann	32	3
Hans Pflügler	6	0
Hans Weiner	26	0
Paul Breitner	29	18
Bernd Dürnberger	31	0
Peter Grünberger	2	0
Wolfgang Kraus	34	4
Kurt Niedermayer	19	5
Asgeir Sigurvinsson	17	1
Helmut Winklhofer	2	1
Karl Del'Haye	8	0
Thomas Herbst	2	0
Dieter Hoeneß	33	21
Reinhold Mathy	12	0
Karl-Heinz Rummenigge	32	14

BERTRAM BEIERLORZER debütiert am 13. Spieltag bei Bayern, steht in seinen 17 Einsätzen immer in der Startelf

Transfers

HANS PFÜGLER spielt sein Leben lang in Bayern, als Kind und zum Ende seiner Karriere in seiner Geburtsstadt Freising, dazwischen von 1975 bis 1997 und 2001/02 für die Jugend, Amateure und Profis des FC Bayern. Sein Bundesliga-Debüt gibt der blonde Verteidiger am 6. Spieltag in Braunschweig. Ab der Saison 1983/84 ist er bis 1992 nicht mehr wegzudenken aus Bayerns Abwehr, spielt 277-mal (36 Tore) in der Bundesliga und 57-mal im Europacup (7 Tore). Er wird fünfmal Meister, dreimal Pokalsieger, 1987 Nationalspieler und 1990 Weltmeister.

SPIELER	VON VEREIN	ABLÖSESUMME
Bertram Beierlorzer	1. FC Nürnberg	950 000 DM
Hans Pflügler	FC Bayern Jugend	-
Peter Grünberger	BSC Sendling	-
Asgeir Sigurvinsson	Standard Lüttich	950 000 DM
Thomas Herbst	Hertha Zehlendorf Jgd.	30 000 DM

Tops & Flops

K.-H. RUMMENIGGE erzielt am 23. September 1981 in Bochum zum zweiten Mal nach 1980 das Tor des Jahres: diesmal im DFB-Dress beim 7:1 gegen Finnland.

ULI HOENESS überlebt am 17. Februar 1982 auf dem Weg nach Hannover einen Flugzeugabsturz. Als einziger von vier Passagieren. Er zieht sich nur Knochenbrüche und eine Gehirnerschütterung zu.

SIEGREKORD Mit 5 Siegen zum Auftakt 1981/82 steigern die Bayern saisonübergreifend ihre Serie auf 13 Siege: Liga-Rekord. Es folgt ein 1:3 in Braunschweig.

PAUL BREITNER schwächelt nach seinem Rekord 1980/81 beim Elfmeter, verschießt am 1. und 19. Spieltag, trifft in der Bundesliga nur viermal (6., 9., 25., 27. Spieltag).

AUSWÄRTSBILANZ Zehn Niederlagen in fremden Stadien bedeuten die Einstellung des negativen Vereinsrekordes (wie 1967, 1975 und 1978). Kurios: Die Bayern spielen nicht einmal remis.

VFL BOCHUM zieht nicht in München. Am 17. Spieltag verlieren sich beim 1:0 4000 Fans im Olympiastadion – Bayerns absolute Minuskulisse in der Bundesliga.

1. SPIELTAG

Bayern – Bayer Leverkusen 6:2 (5:1)

BAYERN: M. Müller – Dremmler, Weiner, Augenthaler, Horsmann – Dürnberger, Niedermayer (75. Del'Haye), Breitner, Kraus – D. Hoeneß, K.-H. Rummenigge.
LEVERKUSEN: Greiner – Posner, Gelsdorf, Meul, Bruckmann – Hörster, Vöge (65. Elmer), Hermann, Herzog (45. Klimke) – Økland, Szech.
Tore: 1:0 K.-H. Rummenigge (14.), 2:0 Dremmler (19.), 3:0 Breitner (35.), 4:0 D. Hoeneß (40.), 5:0 Breitner (43.), 5:1 Økland (45.), 6:1 Niedermayer (60.), 6:2 Szech (72.).
Gelb: – / Hermann.
Schiedsrichter: Dieter Niebergall.
Besonderes Vorkommnis: Greiner hält Foulelfmeter von Breitner (75.)

2. SPIELTAG

SV Darmstadt 98 – Bayern 1:2 (0:1)

DARMSTADT: Rudolf – Beginski, Wagner, Westenberger, Zahn – Weiss, Hahn, Posniak, Bruckhoff – Vorreiter (73. Stetter), Cestonaro (46. Mattern).
BAYERN: M. Müller – Dremmler, Weiner, Augenthaler, Horsmann – Kraus, Breitner, Dürnberger, Niedermayer – D. Hoeneß, K.-H. Rummenigge.
Tore: 0:1 Niedermayer (45.), 0:2 D. Hoeneß (76.), 1:2 Posniak (77.).
Gelb: Vorreiter / K.-H. Rummenigge.
Schiedsrichter: Jan Redelfs.

3. SPIELTAG

Bayern – Werder Bremen 3:1 (1:1)

BAYERN: M. Müller – Dremmler, Weiner, Augenthaler, Horsmann – Niedermayer, Dürnberger, Breitner, Sigurvinsson (68. Kraus) – D. Hoeneß, K.-H. Rummenigge.
BREMEN: Burdenski – Konschal (80. Rautiainen), Fichtel, Gruber, Otten – Möhlmann, Kamp, Bracht, Meier – Reinders, Kostedde.
Tore: 0:1 Meier (15.), 1:1 D. Hoeneß (27.), 2:1 K.-H. Rummenigge (76.), 3:1 D. Hoeneß (78.).
Schiedsrichter: Dr. Dieter Stäglich.

4. SPIELTAG

Fortuna Düsseldorf – Bayern 1:2 (1:1)

DÜSSELDORF: Dreher – Löhr, Zewe, Theis (18. Kuczinski), Dusend – Bockenfeld, Weikl, Bommer, T. Allofs, Kanders (83. Thiele), Wenzel.
BAYERN: Junghans – Dremmler, Weiner, Augenthaler, Horsmann – Niedermayer (21. Sigurvinsson), Kraus, Breitner, Dürnberger – D. Hoeneß, K.-H. Rummenigge.
Tore: 1:0 Wenzel (9.), 1:1 Kraus (29.), 1:2 D. Hoeneß (69.).
Schiedsrichter: Walter Horstmann.

5. SPIELTAG

Bayern – Karlsruher SC 4:1 (1:0)

BAYERN: Junghans – Dremmler, Weiner, Augenthaler, Horsmann – Kraus, Breitner, Dürnberger, Sigurvinsson (6. Mathy) – D. Hoeneß (28. Del'Haye), K.-H. Rummenigge.
KARLSRUHE: Wimmer – Dohmen, Theiss, Ulrich, Becker – Groß, Bold, Trenkel, Wiesner – Günther (28. Hartung), Schüler.
Tore: 1:0 K.-H. Rummenigge (40.), 1:1 Schüler (48.), 2:1 Breitner (70.), 3:1 Breitner (76.), 4:1 Augenthaler (89.).
Gelb: – / Trenkel.
Schiedsrichter: Karl-Josef Assenmacher.

6. SPIELTAG

Eintr. Braunschweig – Bayern 3:1 (1:1)

BRAUNSCHWEIG: Franke – Geiger, Hollmann, Borg, Merkhoffer – Tripbacher, Grobe, Pahl, Kindermann – Zavisic, Worm.
BAYERN: Junghans – Dremmler, Weiner, Augenthaler, Horsmann – Güttler, Breitner (56. Pflügler), Kraus, Dürnberger – Mathy (56. Del'Haye), K.-H. Rummenigge.
Tore: 0:1 Breitner (38., Foulelfmeter), 1:1 Worm (45.), 2:1 Grobe (57.), 3:1 Zavisic (87.).
Gelb: – / Dremmler, Horsmann.
Schiedsrichter: Günter Risse.

7. SPIELTAG

Bayern – 1. FC Kaiserslautern 4:2 (2:1)

BAYERN: Junghans – Dremmler, Weiner, Augenthaler, Horsmann – Niedermayer, Dürnberger, Breitner, Kraus – D. Hoeneß, K.-H. Rummenigge.
K'LAUTERN: Reichel – Brehme, Eigendorf, Briegel, Dusek – Melzer, Wolf, Eilenfeldt, Bongartz – F. Funkel, Hübner (80. Hofeditz).
Tore: 1:0 D. Hoeneß (24.), 1:1 Briegel (32.), 2:1 D. Hoeneß (36.), 2:2 Eilenfeldt (70.), 3:2 Breitner (84.), 4:2 D. Hoeneß (88.).
Gelb: – / Brehme, Dusek.
Schiedsrichter: Wilfried Heitmann.

Das 0:1 gegen Frankfurt am 11. Spieltag: Joachim Löw (r.), der spätere Bundestrainer, erzielt eines seiner fünf Tore für die Eintracht. Udo Horsmann, Hans Weiner und Walter Junghans (v. l.) sind nur Zuschauer. Bayern siegt noch 3:2

8. SPIELTAG

Borussia Dortmund – Bayern 2:0 (1:0)

DORTMUND: Immel – Huber, Sobieray, Rüssmann, Bönighausen – Votava, Burgsmüller, Tenhagen, Koch – Abramczik, Klotz.
BAYERN: Junghans – Dremmler, Weiner, Augenthaler, Horsmann – Niedermayer, Dürnberger, Breitner (46. Sigurvinsson), Kraus (60. Del'Haye) – D. Hoeneß, K.-H. Rummenigge.
Tore: 1:0 Klotz (13.), 2:0 Burgsmüller (46.).
Schiedsrichter: Walter Engel.
Besonderes Vorkommnis: Burgsmüller verschießt Foulelfmeter (75.).

9. SPIELTAG

Bayern – 1. FC Nürnberg 1:1 (1:0)

BAYERN: M. Müller – Dremmler, Weiner, Augenthaler, Horsmann – Niedermayer, Dürnberger, Breitner, Kraus (65. Sigurvinsson) – D. Hoeneß, K.-H. Rummenigge.
NÜRNBERG: Kargus – Täuber, Weyerich, Stocker, Schöll – Eder, Glaser (65. Lieberwirth), Hintermaier, Heidenreich – Heck, Dreßel.
Tore: 1:0 Breitner (33., Foulelfmeter), 1:1 Hintermaier (73.).
Gelb: Niedermayer / Heck, Hintermaier.
Schiedsrichter: Peter Gabor.

10. SPIELTAG

1. FC Köln – Bayern 4:0 (1:0)

KÖLN: Schumacher – Konopka, Strack, Steiner, Willmer – Bonhof, Cullmann, K. Allofs – Littbarski, Fischer (84. Engels), Woodcock (73. Kroth).
BAYERN: M. Müller (20. Junghans) – Dremmler, Weiner, Augenthaler, Horsmann – Breitner, Niedermayer, Kraus (65. Del'Haye), Dürnberger – K.-H. Rummenigge, D. Hoeneß.
Tore: 1:0 Steiner (20.), 2:0 Woodcock (57.), 3:0 Kroth (83.), 4:0 Strack (86.).
Gelb: Strack / –.
Schiedsrichter: Werner Föckler.

11. SPIELTAG

Bayern – Eintracht Frankfurt 3:2 (3:1)

BAYERN: Junghans – Dremmler, Weiner, Augenthaler, Horsmann – Niedermayer, Kraus, Breitner, Dürnberger – D. Hoeneß, K.-H. Rummenigge.
FRANKFURT: Pahl – Sziedat, Pezzey, Körbel, Falkenmayer – Neuberger Lorant, Lotterman, Löw (77. Otto) – Anthes, Cha.
Tore: 0:1 Löw (19.), 1:1 Kraus (22.), 2:1 K.-H. Rummenigge (33.), 3:1 Niedermayer (37.), 3:2 Lotterman (71.).
Gelb: – / Lotterman.
Schiedsrichter: Jürgen Meßmer.

12. SPIELTAG

Hamburger SV – Bayern 4:1 (0:1)

HAMBURG: Stein – Hartwig, Jakobs, Groh, Memering – Wehmeyer, Kaltz, Milewski, Magath – Hrubesch, Bastrup.
BAYERN: Junghans – Dremmler, Weiner (60. Sigurvinsson), Augenthaler, Horsmann – Niedermayer, Dürnberger (81. Del'Haye), Breitner, Kraus – D. Hoeneß, K.-H. Rummenigge.
Tore: 0:1 Kraus (17.), 1:1 Hrubesch (47.), 2:1 Jakobs (65.), 3:1 Hrubesch (84.), 4:1 Bastrup (87.).
Gelb: Hartwig, Kaltz / Augenthaler.
Schiedsrichter: Wolf-Dieter Ahlenfelder.

13. SPIELTAG

Bayern – MSV Duisburg 4:0 (2:0)

BAYERN: Junghans – Dremmler, Beierlorzer, Augenthaler, Dürnberger – Niedermayer, Breitner, Kraus (46. Winklhofer), Sigurvinsson – D. Hoeneß, K.-H. Rummenigge.
DUISBURG: Heinze – Saborowski, Szesni, Fenten, Brings – Dietz, Dubski, Fruck, Kempe – Wohlfarth (46. Steininger), Gores (79. Helmes), .
Tore: 1:0 K.-H. Rummenigge (38.), 2:0 D. Hoeneß (43.), 3:0 K.-H. Rummenigge (54.), 4:0 D. Hoeneß (64.).
Gelb: Sigurvinsson / Kempe, Szesni.
Schiedsrichter: Udo Horeis.

14. SPIELTAG

VfB Stuttgart – Bayern 0:3 (0:1)

STUTTGART: Roleder – B. Förster, Szatmari, K. Förster – Hadewicz, Ohlicher, Allgöwer, Six – Beck (46. Adrion), Müller (74. Reichert), Kelsch.
BAYERN: Junghans – Dremmler, Beierlorzer, Augenthaler, Horsmann – Güttler, Kraus, Breitner, Dürnberger – K.-H. Rummenigge, D. Hoeneß.
Tore: 0:1 Breitner (30.), 0:2 D. Hoeneß (69.), 0:3 Breitner (82.).
Schiedsrichter: Gerd Hennig.

15. SPIELTAG

Bayern – Borussia M'gladbach 1:1 (1:0)

BAYERN: Junghans – Dremmler, Beierlorzer, Augenthaler, Horsmann – Kraus, Dürnberger, Breitner (46. Sigurvinsson), Güttler (66. Weiner) – D. Hoeneß, K.-H. Rummenigge.
M'GLADBACH: Kleff – Fleer, Hannes, Schäffer, Ringels – Matthäus, Bruns, Schäfer – Pinkall, Mill, Wuttke (46. Veh).
Tore: 1:0 K.-H. Rummenigge (6.), 1:1 Matthäus (56.).
Gelb: Beierlorzer / –.
Schiedsrichter: Volker Roth.

16. SPIELTAG

Arminia Bielefeld – Bayern 1:2 (0:1)

BIELEFELD: Kneib – Dronia, Bregmann, Hupe, Pohl – Schnier, Geils, Schröder (75. Pagelsdorf), Riedl – Reiß (46. Lienen), Schock.
BAYERN: Junghans – Weiner, Beierlorzer, Augenthaler, Horsmann – Dremmler, Breitner, Kraus, Sigurvinsson – D. Hoeneß, K.-H. Rummenigge.
Tore: 0:1 D. Hoeneß (44.), 0:2 Breitner (86.), 1:2 Schock (89.).
Gelb: Geils / –.
Schiedsrichter: Dr. Wolf-Rüdiger Umbach.

17. SPIELTAG

Bayern – VfL Bochum 1:0 (0:0)

BAYERN: Junghans – Weiner, Beierlorzer, Augenthaler, Horsmann – Dremmler, Breitner, Kraus, Dürnberger – D. Hoeneß, K.-H. Rummenigge.
BOCHUM: Mager – Oswald, Bast, Woelk, Jakobs – Blau, Abel, Bittorf, Lameck – Schreier, Patzke (79. Zagorny).
Tor: 1:0 Horsmann (76.).
Gelb: Augenthaler / –.
Schiedsrichter: Uwe Kasperowski.

18. SPIELTAG

Bayer Leverkusen – Bayern 0:2 (0:0)

LEVERKUSEN: Greiner – Posner, Gelsdorf, Demuth – Pier, Bruckmann (70. Eigl), Hermann, Knauf – Vöge, Szech (70. Herzog), Sackewitz.
BAYERN: Junghans – Weiner, Beierlorzer, Augenthaler, Horsmann – Dremmler, Kraus, Breitner, Dürnberger – D. Hoeneß, K.-H. Rummenigge.
Tore: 0:1 Dremmler (59.), 0:2 D. Hoeneß (84.).
Gelb: – / K.-H. Rummenigge.
Schiedsrichter: Franz-Josef Hontheim.

19. SPIELTAG

Bayern – SV Darmstadt 98 4:1 (2:0)

BAYERN: Junghans – Horsmann, Beierlorzer, Augenthaler, Weiner – Kraus, Dürnberger, Breitner, Dremmler – D. Hoeneß, K.-H. Rummenigge.
DARMSTADT: Berlepp – Bernecker (46. Hahn), Gerber, Westenberger, Beginski – Zahn, Stetter (68. Wagner), Posniak, Trapp – Cestonaro, Mattern.
Tore: 1:0 Augenthaler (33.), 2:0 D. Hoeneß (42.), 3:0 Augenthaler (66.), 3:1 Cestonaro (81.), 4:1 K.-H. Rummenigge (89.).
Gelb: Augenthaler / Beginski, Bernecker, Zahn.
Schiedsrichter: Hans Wahmann.
Besonderes Vorkommnis: Breitner verschießt Foulelfmeter (22.).

20. SPIELTAG

Werder Bremen – Bayern 2:0 (1:0)

BREMEN: Burdenski – Okudera, Fichtel, Gruber, Otten – Möhlmann, Kamp, Bracht – Reinders, Kostedde (85. Böhnke), Meier (85. Rautiainen).
BAYERN: M. Müller – Niedermayer (46. Grünberger), Augenthaler, Pflügler, Horsmann – Kraus, Mathy, Dremmler (46. K.-H. Rummenigge), Sigurvinsson – Del'Haye, D. Hoeneß.
Tore: 1:0 Reinders (6., Foulelfmeter), 2:0 Gruber (64.).
Gelb: – / Mathy.
Schiedsrichter: Walter Eschweiler.

21. SPIELTAG

Bayern – Fortuna Düsseldorf 7:0 (4:0)

BAYERN: Junghans – Niedermayer, Beierlorzer, Augenthaler, Horsmann – Kraus (75. Mathy), Dürnberger, Breitner (66. Sigurvinsson), Dremmler – D. Hoeneß, K.-H. Rummenigge.
DÜSSELDORF: Bücher – Kuczinski, Fach, Theis, Dusend – Hutka, Bockenfeld, Weikl, Bommer – Edvaldsson, T. Allofs.
Tore: 1:0 Kraus (10.), 2:0 Augenthaler (15.), 3:0 K.-H. Rummenigge (31.), 4:0 Breitner (45.), 5:0 Niedermayer (68.), 6:0 Niedermayer (79.), 7:0 Augenthaler (87.).
Schiedsrichter: Peter Corell.

22. SPIELTAG

Karlsruher SC – Bayern 4:1 (1:0)

KARLSRUHE: Wimmer – Becker, Theiss, Ulrich, Schüler – Wiesner, Dittus, Groß, Bold – Harforth (81. Hartung), Günther.
BAYERN: Junghans – Niedermayer, Beierlorzer, Augenthaler, Horsmann – Dremmler, Kraus (64. Weiner), Breitner, Dürnberger (64. Mathy) – D. Hoeneß, K.-H. Rummenigge.
Tore: 1:0 Günther (44.), 1:1 Breitner (66.), 2:1 Dittus (67.), 3:1 Günther (70.), 4:1 Groß (82.).
Gelb: – / Horsmann.
Schiedsrichter: Walter Eschweiler.

23. SPIELTAG

Bayern – Eintr. Braunschweig 3:1 (1:1)

BAYERN: M. Müller – Weiner, Beierlorzer, Augenthaler, Horsmann – Dremmler, Kraus, Breitner, Dürnberger – D. Hoeneß (55. Mathy), K.-H. Rummenigge.
BRAUNSCHWEIG: Franke – Tripbacher, Merkhoffer, Bruns, Lux – Geiger, Pahl, Kindermann, Grobe – Geyer, Worm.
Tore: 0:1 Geiger (8.), 1:1 Breitner (38., Foulelfmeter), 2:1 K.-H. Rummenigge (47.), 3:1 Breitner (82.).
Gelb: Augenthaler / –.
Schiedsrichter: Dieter Pauly.

24. SPIELTAG

1. FC Kaiserslautern – Bayern 2:1 (0:1)

K'LAUTERN: Reichel – Wolf (46. Hofeditz), Neues, Dusek, Brehme – Melzer, Eilenfeldt, Bongartz – Geye, Hübner, Brummer (90. Plath).
BAYERN: M. Müller – Dremmler, Beierlorzer, Pflügler, Horsmann – Kraus, Breitner, Dürnberger – K.-H. Rummenigge, D. Hoeneß, Mathy.
Tore: 0:1 K.-H. Rummenigge (43.), 1:1 Dusek (78.), 2:1 Eilenfeldt (83.).
Gelb: – / Horsmann, Mathy.
Schiedsrichter: Dr. Dieter Stäglich.

25. SPIELTAG

Bayern – Borussia Dortmund 3:1 (0:0)

BAYERN: M. Müller – Horsmann, Beierlorzer, Augenthaler, Niedermayer – Kraus, Dürnberger, Breitner, Dremmler – Mathy (46. D. Hoeneß), K.-H. Rummenigge.
DORTMUND: Immel – Koch, Loose, Rüssmann, Huber – Votava, Abramczik, Burgsmüller, Tenhagen – Klotz, Keser.
Tore: 1:0 D. Hoeneß (49.), 1:1 Burgsmüller (62.), 2:1 Breitner (80., Foulelfmeter), 3:1 D. Hoeneß (85.).
Gelb: – / Huber, Tenhagen.
Schiedsrichter: Volker Huster.

26. SPIELTAG

1. FC Nürnberg – Bayern 0:3 (0:1)

NÜRNBERG: Kargus – Täuber, Hintermaier, Reinhardt, Schöll – Weyerich, Eder (77. Eggert), Lieberwirth, Heidenreich – Heck, Dreßel (77. Brunner).
BAYERN: M. Müller – Weiner (76. Pflügler), Beierlorzer, Augenthaler, Horsmann – Dremmler, Sigurvinsson, Kraus, Dürnberger – Güttler, D. Hoeneß.
Tore: 0:1 Güttler (28.), 0:2 Güttler (49.), 0:3 Sigurvinsson (61.).
Gelb: Schöll / Güttler.
Schiedsrichter: Wolf-Dieter Ahlenfelder.

27. SPIELTAG

Bayern – 1. FC Köln 1:1 (1:1)

BAYERN: M. Müller – Dremmler, Beierlorzer, Augenthaler, Horsmann – Güttler (66. Sigurvinsson), Breitner, Kraus, Dürnberger – K.-H. Rummenigge, D. Hoeneß.
KÖLN: Schumacher – Prestin, Cullmann (46. Woodcock), Steiner, Willmer – Konopka, Strack, Bonhof, Engels – Littbarski, K. Allofs.
Tore: 1:0 Breitner (18., Foulelfmeter), 1:1 Littbarski (20.).
Gelb: – / K. Allofs, Bonhof.
Schiedsrichter: Walter Engel.

28. SPIELTAG

Eintracht Frankfurt – Bayern 4:3 (2:1)

FRANKFURT: Pahl – Lotterman, Pezzey, Körbel, Lorant – Neuberger, Nickel, Falkenmayer – Borchers (75. Löw), Cha, Nachtweih (83. Künast).
BAYERN: Junghans – Niedermayer (71. Weiner), Beierlorzer, Augenthaler, Horsmann – Dremmler, Breitner, Kraus, Dürnberger – K.-H. Rummenigge, D. Hoeneß.
Tore: 1:0 Nachtweih (16.), 2:0 Pezzey (23.), 2:1 Breitner (36.), 2:2 K.-H. Rummenigge (46.), 3:2 Körbel (55.), 3:3 Augenthaler (66.), 4:3 Künast (86.).
Schiedsrichter: Karl-Heinz Tritschler.

29. SPIELTAG

Bayern – Hamburger SV 3:4 (2:1)

BAYERN: Junghans – Beierlorzer, Weiner, Augenthaler, Horsmann – Dremmler, Kraus, Breitner, Dürnberger – K.-H. Rummenigge, D. Hoeneß.
HAMBURG: Stein – Kaltz, Jakobs, Hieronymus, Groh – von Heesen, Hartwig, Magath, Wehmeyer – Hrubesch, Bastrup.
Tore: 1:0 D. Hoeneß (23.), 1:1 Hartwig (32.), 2:1 Horsmann (36.), 3:1 D. Hoeneß (64.), 3:2 von Heesen (70.), 3:3 Hrubesch (76.), 3:4 Hrubesch (90.).
Gelb: Weiner / –.
Schiedsrichter: Werner Föckler.

30. SPIELTAG

MSV Duisburg – Bayern 2:3 (0:2)

DUISBURG: Heinze – Saborowski, Dietz, Zwamborn, Schacht – Dubski, Seliger, Szesni – Helmes, Steininger, Wohlfarth.
BAYERN: M. Müller – Beierlorzer, Weiner, Augenthaler, Horsmann – Kraus, Niedermayer, Mathy (46. Güttler), Dürnberger – K.-H. Rummenigge, D. Hoeneß.
Tore: 0:1 D. Hoeneß (29.), 0:2 Horsmann (31.), 1:2 Helmes (72.), 2:2 Seliger (74., Foulelfmeter), 2:3 K.-H. Rummenigge (79.).
Gelb: Zwamborn / –.
Schiedsrichter: Franz-Josef Hontheim.

31. SPIELTAG

Bayern – VfB Stuttgart 1:0 (0:0)

BAYERN: M. Müller – Niedermayer, Weiner, Augenthaler, Horsmann – Dremmler, Kraus, Breitner (89. Sigurvinsson), Dürnberger – K.-H. Rummenigge, D. Hoeneß.
STUTTGART: Roleder – Kelsch, Adrion, B. Förster, K. Förster – Hadewicz, Ohlicher, Allgöwer, Six – Reichert, D. Müller.
Tor: 1:0 Breitner (51.).
Gelb: Augenthaler / Hadewicz.
Schiedsrichter: Karl-Josef Assenmacher.

32. SPIELTAG

Borussia M'gladbach – Bayern 3:0 (1:0)

M'GLADBACH: Kleff – Veh, Hannes, Schäffer, Ringels – Matthäus, Rahn, Bruns (69. Mohren), Schäfer – Wuttke, Pinkall (77. Mill).
BAYERN: M. Müller – Niedermayer, Weiner, Augenthaler, Horsmann – Dremmler, Dürnberger (77. Sigurvinsson), Kraus, Breitner (22. Mathy) – D. Hoeneß, K.-H. Rummenigge.
Tore: 1:0 Hannes (39., Foulelfmeter), 2:0 Mohren (76.), 3:0 Wuttke (80.).
Gelb: Bruns, Hannes / D. Hoeneß.
Schiedsrichter: Wilfried Heitmann.

33. SPIELTAG

Bayern – Arminia Bielefeld 3:2 (2:1)

BAYERN: M. Müller – Pflügler, Weiner, Augenthaler, Horsmann – Kraus, Sigurvinsson, Güttler (46. Mathy) – Del'Haye (61. Herbst), D. Hoeneß, K.-H. Rummenigge.
BIELEFELD: Kneib (46. Diergardt) – Krobbach, Hupe, Bregmann, Dronia – Schröder, Geils, Reiß, Schnier – Lienen, Krumbein (58. Pagelsdorf).
Tore: 0:1 Reiß (20.), 1:1 D. Hoeneß (26., Foulelfmeter), 2:1 D. Hoeneß (45.), 2:2 Pagelsdorf (58.), 3:2 Rummenigge (88.).
Schiedsrichter: Renzo Peduzzi.

34. SPIELTAG

VfB Bochum – Bayern 3:1 (1:1)

BOCHUM: Zumdick – Storck, Bast, Knüwe, Jakobs – Blau, Bittorf (67. Zagorny), Woelk, Patzke – Schreier (46. Lemke), Abel.
BAYERN: M. Müller – Winklhofer, Augenthaler, Pflügler, Dürnberger – Güttler, Kraus, Sigurvinsson, Grünberger – D. Hoeneß (84. Herbst), Mathy.
Tore: 1:0 Patzke (33.), 1:1 Winklhofer (44.), 2:1 Patzke (68.), 3:1 Patzke (77.).
Schiedsrichter: Franz-Josef Hontheim.

Abschlusstabelle

Pl.	Verein	Spiele	G	U	V	Tore	Diff.	Punkte
1	Hamburg	34	18	12	4	95:45	+50	48:20
2	Köln	34	18	9	7	72:38	+34	45:23
3	Bayern (M)	34	20	3	11	77:56	+21	43:25
4	Kaiserslautern	34	16	10	8	70:61	+9	42:26
5	Bremen (A)	34	17	8	9	61:52	+9	42:26
6	Dortmund	34	18	5	11	59:40	+19	41:27
7	M'gladbach	34	15	10	9	61:51	+10	40:28
8	Frankfurt (P)	34	17	3	14	83:72	+11	37:31
9	Stuttgart	34	13	9	12	62:55	+7	35:33
10	Bochum	34	12	8	14	52:51	+1	32:36
11	Braunschweig (A)	34	14	4	16	61:66	–5	32:36
12	Bielefeld	34	12	6	16	46:50	–4	30:38
13	Nürnberg	34	11	6	17	53:72	–19	28:40
14	Karlsruhe	34	9	9	16	50:68	–18	27:41
15	Düsseldorf	34	6	13	15	48:73	–25	25:43
16	Leverkusen	34	9	7	18	45:72	–27	25:43
17	Darmstadt (A)	34	5	11	18	46:82	–36	21:47
18	Duisburg	34	8	3	23	40:77	–37	19:49

DIE WEITEREN SIEGER DES JAHRES:

Weltmeister:
Italien

Europacup der Landesmeister:
Aston Villa

Europacup der Pokalsieger:
FC Barcelona

Uefa-Cup:
IFK Göteborg

DFB-Pokal:
FC Bayern

Alle Ergebnisse auf einen Blick

Waagerecht: alle Heimresultate. Senkrecht: alle Auswärtsresultate

	Hamburg	Köln	Bayern	Kaiserslautern	Bremen	Dortmund	M'gladbach	Frankfurt	Stuttgart	Bochum	Braunschweig	Bielefeld	Nürnberg	Karlsruhe	Düsseldorf	Leverkusen	Darmstadt	Duisburg
Hamburg		3:1	4:1	4:0	5:0	2:2	1:1	2:0	1:1	2:2	4:2	3:1	6:1	3:3	6:1	0:0	6:1	7:0
Köln	1:1		4:0	3:4	4:2	1:0	3:0	2:0	3:0	1:0	3:0	0:1	4:1	2:0	3:0	5:2	1:1	3:0
Bayern	3:4	1:1		4:2	3:1	3:1	1:1	3:2	1:0	1:0	3:1	3:2	1:1	4:1	7:0	6:2	4:1	4:0
Kaiserslautern	1:1	1:1	2:1		1:1	2:1	3:2	6:2	3:2	3:3	5:3	4:0	2:1	2:1	1:1	5:2	3:1	3:0
Bremen	3:2	1:1	2:0	0:1		2:0	0:1	2:1	2:2	3:1	2:0	1:0	3:1	2:1	4:1	0:0	4:4	5:1
Dortmund	2:3	1:0	2:0	2:2	1:0		2:3	0:2	2:3	3:2	1:2	3:0	3:1	4:0	4:2	2:0	4:0	2:1
M'gladbach	1:3	0:2	3:0	2:2	2:4	0:1		1:0	0:0	4:2	4:2	3:1	4:2	2:2	3:0	3:1	6:1	4:2
Frankfurt	3:2	4:2	4:3	2:2	9:2	1:4	3:0		4:1	0:1	4:2	2:1	3:1	4:1	4:0	3:2	2:1	4:1
Stuttgart	1:2	1:1	0:3	4:0	2:4	0:2	2:2	5:2		3:0	2:0	2:3	1:2	5:1	3:2	4:2	1:0	4:1
Bochum	2:1	3:1	3:1	1:2	0:2	0:0	1:1	3:2	3:3		2:0	1:1	2:0	3:1	3:0	3:1	1:0	2:2
Braunschweig	2:1	4:4	3:1	2:1	1:1	0:1	0:1	4:1	2:0	2:1		3:1	4:2	0:0	4:2	5:1	3:0	2:1
Bielefeld	1:1	0:2	1:2	2:0	0:2	1:1	5:0	3:0	1:0	2:0	2:1		2:0	3:0	1:1	1:3	1:1	2:0
Nürnberg	0:3	1:3	0:3	4:2	2:1	3:0	3:2	5:3	0:0	2:1	4:0	1:0		3:1	2:2	3:2	1:1	0:0
Karlsruhe	2:2	1:4	4:1	1:1	3:0	0:2	1:1	2:2	0:2	2:2	2:1	2:1	3:2		1:0	1:2	3:1	2:0
Düsseldorf	3:3	1:1	1:2	4:2	0:0	0:0	0:2	2:2	2:3	2:1	1:1	4:1	1:1	2:0		5:1	2:2	2:0
Leverkusen	0:3	1:1	0:2	0:1	1:3	2:1	0:0	1:2	0:0	0:3	1:0	2:2	4:0	2:1	1:1		3:2	2:1
Darmstadt	2:2	2:4	1:2	0:0	1:1	1:3	1:1	1:4	3:3	2:0	2:3	1:0	2:1	2:6	2:2	1:3		3:2
Duisburg	1:2	1:0	2:3	3:1	0:1	1:2	0:1	4:2	1:2	1:0	5:2	1:3	3:2	1:1	2:1	2:1	0:2	

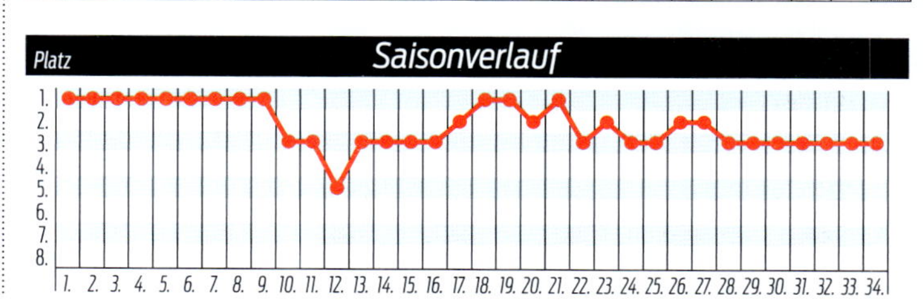

LAUTER BAUSTELLEN IN MÜNCHEN

Die im Tor wird schnell geschlossen, auch wenn Jean-Marie Pfaff mit einem Eigentor startet. Pal Csernai und Paul Breitner reißen neue auf

Die Spiele der Fußball-WM 1982 in Spanien verfolgt Uli Hoeneß voll von innerer Zufriedenheit, die nur jemand verspürt, der das Richtige getan hat. Nach dem Eröffnungsspiel schwärmt alle Welt von der belgischen Elf, die Weltmeister Argentinien 1:0 geschlagen hat. Und von deren Torwart, der die Weltstars Diego Armando Maradona und Mario Kempes schier zur Verzweiflung getrieben hat: Jean-Marie Pfaff.

Der erste Star der WM ist ein Bayern-Profi. Hoeneß hat den Torhüter des SK Beveren vor dem Turnier für eine Million DM verpflichtet. Das Problem zwischen den Pfosten, so glaubt er, ist nach Pfaffs glänzendem Auftritt gelöst. Dann kommt der 21. August, Saisonstart in Bremen.

An jenem Samstag wehen die ersten Herbstbrisen an der Weser. Die macht sich auch Bremens Uwe Reinders in der 44. Minute zunutze. Einen Einwurf von der linken Seite schleudert Reinders in hohem Bogen in Bayerns Strafraum. Pfaff verlässt sein Tor zögerlich, bremst sogar ab. Von Klaus Augenthaler und Bremens Norbert Siegmann behindert, steigt Pfaff hoch, will den Ball fangen, touchiert ihn bei seiner Bundesliga-Premiere aber nur mit den Fingerspitzen, ohne die Richtung maßgeblich zu verändern. Der Ball tropft hinter ihm auf und springt ins Tor. Eine fatale Berührung, denn erst durch Pfaffs Fehlgriff wird das erste Einwurftor der Bundesliga-Historie gültig. 0:1 – ein Eigentor. Es entscheidet das Spiel.

Pal Csernai tobt: „Das ist das schlimmste Tor, das wir in den vergangenen drei Jahren haben hinnehmen müssen." Und Jean-Marie Pfaff bedauert zerknirscht: „Es war ein Moment des Unglücks. Gerade als ich den Ball packen wollte, wehte ihn der Wind wieder hoch."

Ein paar Wochen später sieht der Belgier das Malheur lockerer: „Das Tor war positiv für mich. Es wurde zehnmal im Fernsehen wiederholt, dadurch wurde ich bekannt." Bei Sätzen wie diesen verspürt mancher etablierte Bayern-Star Zorn in sich aufsteigen. Denn der Mann, der das Torwartproblem lösen soll, bringt ein anderes mit in den hochsensiblen Kader. Pfaffs Profilneurose schürt Neid und Ablehnung. Es sei „schon fast peinlich, wie er sich der Presse anbiedert", stänkert ein Mitspieler, der anonym bleiben möchte.

Die Kollegen neiden Jean-Marie Pfaff seine Popularität, täglich erreichen ihn bis zu 600 Briefe. Aber wie sollen die Fans Pfaff auch nicht lieben bei solchen Großtaten: Im Achtelfinale des Pokalsieger-Cups entzaubert er die Stürmer von Tottenham Hotspur, am 9. Spieltag hält er gegen den alten und neuen Meister HSV in der Nachspielzeit einen Elfmeter des als fast unfehlbar geltenden Schützen Manfred Kaltz (53 Elfmeter-Tore bei 60 Versuchen in der Bundesliga). Es bleibt beim 2:2 im Heimspiel, Anhänger tragen Pfaff auf Schultern vom Platz.

Die Baustelle Tor, das zeigen auch die deutlich gesunkenen Gegentreffer, wird 1982/83 geschlossen. Am Saisonende sind es nur noch 33 gegenüber 56 in der Spielzeit 1981/82. Dafür öffnen sich andere Baustellen. Pal Csernai bekommt recht mit seiner Prognose, dass es seinen Superstars nach der WM an Motivation fehlen könne.

Und tatsächlich: Paul Breitner ist auf Abschiedstournee, verkündet im Sommer 1982 seinen Rücktritt aus der Nationalelf und im Winter sein Karriereende zum 30. Juni 1983. Einer wie Breitner lässt sich aber nicht hängen, im Rückblick sinniert er: „Es gab keinerlei resignative Gedankengänge. Ich glaube, dass ich in dieser Hinrunde so gut wie nie zuvor gespielt habe."

Weil dem tatsächlich so ist, spielt auch der FC Bayern eine gute Hinrunde, rangiert nach 17 Spielen nur zwei Punkte hinter dem ungeschlagenen HSV.

Aber dann kommt am 26. Spieltag das Spiel in Hamburg, in dem Breitner ein letztes Mal im Bayern-Dress trifft und den 1:1-Endstand erzielt, ehe er verletzt ausscheidet. Er erinnert sich: „Alles Schlimme war zusammengekommen. Bänderriss, Kapselriss, Absplitterungen im Sprunggelenk, und dazu war noch das Schien- und Wadenbein durchgerissen." In der 77. Minute muss er vom Platz.

Als Breitner verletzt ausscheidet, hat Bayern zwei Punkte Rückstand auf den HSV, als er sechs Wochen später am 33. Spieltag gegen Schalke für einen letzten Kurzeinsatz (18 Minuten) unerwartet zurückkehrt, sind es schon sechs, die Meisterschale ist längst außer Reichweite.

Die Kollegen haben es ohne seine harte Hand allzu locker angehen lassen, denkt Breitner. Zeit für einen Abgang mit lautem Türknall: „Ich kann mich nicht länger vor diese Mannschaft stellen. Was da 75 Minuten geboten wurde, war absolute Arbeitsverweigerung", giftet er nach dem 0:1 gegen die Königsblauen.

Breitner geht so, wie er 1970 aus Freilassing gekommen ist: als ein zorniger Mann, der sich lieber mal die Zunge verbrennt, als auf ihr herumzubeißen. Auf der abschließenden Asien-Reise überwirft er sich in Singapur nach einem Kabinenkrach auch noch mit Manager Uli Hoeneß. Eine Freundschaft fürs Leben nimmt sich eine jahrelange Auszeit. Pal Csernai ist da schon nicht mehr dabei. Auch der Trainer wird zur Baustelle 1982/83 – und das von Beginn an. Der Kicker nennt in seiner Saisonvorschau als das Hauptproblem: „Machtkampf zwischen Csernai und Breitner."

Das erste Einwurftor der Bundesliga: Jean-Marie Pfaff (hinten) wird von Klaus Augenthaler (r.) und Norbert Siegmann (l.) behindert, berührt den Ball nur mit den Fingerspitzen, der rutscht ihm über den Handschuh

Der Ball fällt ins Tor. 1:0 für Werder nach Reinders' Einwurf, es wird als Eigentor gewertet

Allerdings hat der Ungar nicht nur einen Widersacher. Nach dem Pokal-Aus in Braunschweig flüstert ein Insider der Presse: „Bayern wird bald der erste Tabellenführer sein, der seinen Trainer entlässt. Es kracht gewaltig im Gebälk."

Als in der Rückrunde die letzten Titelchancen schwinden, hat Csernai viele Spieler, Teile der Fans und Hauptsponsor Iveco gegen sich aufgebracht. Er sei „ein schlechter Werbeträger", sagt Direktor Herbert Jackisch. Karl-Heinz Rummenigge nennt Csernai später einen Mann, der „immer mit dem Rücken zur Wand stand, er suchte förmlich die Konfrontation. Teilweise kamen die Leute nur noch ins Stadion, um den Trainer auszupfeifen."

Vor dem Heimspiel gegen Kaiserslautern am 31. Spieltag schaltet Bayern-Mitglied Hans-Walter Wilde in der Münchner Zeitung „tz" eine Anzeige: „Wollen auch Sie, dass Hoffmann (Präsident) und Csernai weg müssen?" Und ein Bäcker überreicht Csernai einen Sarg in Kuchenform – der Gipfel der Geschmacklosigkeit, schmeckt der Kuchen auch noch so süß.

Bayern unterliegt 0:1 gegen den FCK. Um den beliebten Präsidenten, der noch zu Csernai hält, den Kopf zu retten, setzt sich Uli Hoeneß für die Entlassung des Meistertrainers am 16. Mai ein, zwei Tage nach der Pleite gegen Kaiserslautern. Reinhard Saftig übernimmt bis zum Saisonende.

Den neuen Trainer hat Hoeneß schon in der Hinterhand: Sein Name ist Udo Lattek. ⬢

Europacup der Pokalsieger

Aberdeens Torwart Jim Leighton packt vor Rummenigge zu

2:3 im Rückspiel – Endstation Aberdeen

Der Start in den Wettbewerb ist wenig verheißungsvoll. Dank Paul Breitners Auswärtstor beim 1:1 gegen Torpedo Moskau gelingt der Sprung in Runde zwei, das Rückspiel in München endet torlos. Die Zuschauer – nur 18 000 – bereuen ihr Kommen. Das gilt auch für das Achtelfinal-Rückspiel gegen Tottenham Hotspur. Nach dem 1:1 in London spielen die Bayern zwar groß auf und gewinnen nach Treffern von Dieter Hoeneß, Udo Horsmann, Breitner und Karl-Heinz Rummenigge mit 4:1 – bloß bekommen das die wenigsten Besucher wirklich mit. „Geisterspiel! 55 000 Fans sehen keines der fünf Tore", titelt die Tageszeitung „tz" nach dem Nebelspiel vom 3. November 1982. Im Viertelfinale trifft Bayern auf den vom jungen Alex Ferguson gecoachten FC Aberdeen aus Schottland. Wieder sehen die Münchner keine Tore (0:0), in Aberdeen reichen die Treffer von Klaus Augenthaler und Hans Pflügler nicht – das Spiel endet 2:3.

DFB-Pokal

Ronnie Worm überrascht mit direktem Freistoß Jean-Marie Pfaff – das 1:0

0:2 in Braunschweig in der 2. Runde

Nur drei Sekunden fehlen in der ersten Hauptrunde zur Mega-Blamage: Bis zur 90. Minute liegen die Bayern beim ASV Bergedorf 85, der in Trikots mit dem Schriftzug „Klein-Kleckersdorf" angetreten ist, zurück. Dann gleicht Dieter Hoeneß zum 1:1 gegen den Viertligisten aus Hamburg aus. Erst in der Verlängerung spielen die Münchner Profis ihre Überlegenheit aus, Hoeneß schafft den ersten Pokal-Hattrick in einer Verlängerung, Paul Breitner setzt den Schlusspunkt zum 5:1. Auch in der 2. Runde führt das Los in den Norden – und diesmal ist Endstation. Eintracht Braunschweig, das dem Team von Pal Csernai in den beiden Bundesliga-Partien 1982/83 jeweils ein 1:1 abtrotzt, wirft die Bayern am 16. Oktober 1982 mit 2:0 aus dem Pokal. Torschützen: Ronnie Worm und Reiner Hollmann (Elfmeter). Wolfgang Grobe, vor der Saison aus Braunschweig zum FCB gekommen, verschuldet die Standards, die zu den Toren führen.

TRAINER

PAL CSERNAI Die erste komplette Saison, in der er mit Bayern keinen Titel holt, wird ihm zum Verhängnis. So wird er am 16. Mai nach exakt 150 Bundesliga-Spielen entlassen. Abfindung: 100 000 DM. Seine letzte Bayern-Spielzeit seit 1978/79 findet Csernai „entwürdigend".

DIE TOP-ELF DER SAISON

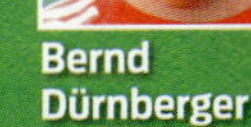
Bernd Dürnberger

Udo Horsmann

DER SPIELER DES JAHRES

*Die Verletzungspausen von Paul Breitner zwingen den zweiten Weltstar des Teams zu noch mehr Verantwortung. **Karl-Heinz Rummenigge** wird dem gerecht, ist wieder bester Bayern-Torjäger und viertbester der Bundesliga (20 Treffer). Torschützenkönig: Rudi Völler (23; Werder). Für die Nationalmannschaft erzielt der DFB-Kapitän 1982/83 die meisten Tore (sechs). Im Oktober 1982 sorgt er mit seinem Doppelschlag für den zweiten Sieg in Wembley (2:1) gegen den Erzrivalen England. Bayern verlängert seinen Vertrag bis 1987 und stoppt damit die Bemühungen von Juventus, Rummenigge zu verpflichten.*

Der Kader

NAME	SPIELE	TORE
Manfred Müller	8	0
Jean-Marie Pfaff	27	0
Klaus Augenthaler	28	5
Bertram Beierlorzer	9	0
Wolfgang Dremmler	27	1
Wolfgang Grobe	34	2
Günter Güttler	2	0
Udo Horsmann	31	4
Bernd Martin	3	0
Hans Pflügler	17	1
Paul Breitner	22	9
Bernd Dürnberger	27	2
Wolfgang Kraus	25	4
Norbert Nachtweih	28	1
Karl Del'Haye	31	3
Dieter Hoeneß	34	17
Reinhold Mathy	9	2
Karl-Heinz Rummenigge	34	20
Michael Rummenigge	1	0

MICHAEL RUMMENIGGE spielt am 33. Spieltag gegen Schalke erstmals in der Liga neben Bruder Karl-Heinz

Transfers

NORBERT NACHTWEIH hat sich in vielen Spielen gegen den FC Bayern als unnachgiebiger defensiver Mittelfeldspieler bewiesen, nun trägt er selbst das rote Trikot. Nachtweih, in der DDR aufgewachsen und im November 1976 auf einer Türkei-Reise der U-21-Auswahlmannschaft geflohen, bringt die Erfahrung von 120 Bundesliga-Spielen (26 Tore) für Eintracht Frankfurt mit, bis 1989 absolviert er 202 Bundesliga-Begegnungen (20 Tore) für seinen neuen Arbeitgeber. Dann wechselt er zum AS Cannes in die französische Première Division.

SPIELER	VON VEREIN	ABLÖSESUMME
Jean-Marie Pfaff	KSK Beveren	1 Mio. DM
Bernd Martin	VfB Stuttgart	600 000 DM
Wolfgang Grobe	Eintr. Braunschweig	1 Mio. DM
Norbert Nachtweih	Eintracht Frankfurt	1,5 Mio. DM
Michael Rummenigge	Borussia Lippstadt	–

Tops & Flops

KARL DEL'HAYE wird in seinem dritten Jahr beim FC Bayern plötzlich unverzichtbar, steht 31-mal in der Startelf, belebt das Spiel auf dem Flügel. Aber nur drei Tore.

WOLFGANG GROBE Der neue Innenverteidiger aus Braunschweig und Partner von Klaus Augenthaler läuft in allen 42 Pflichtspielen auf und verpasst keine Sekunde Spielzeit. Ein Dauerbrenner.

GEGENTORE IN HEIMSPIELEN Die Bayern kassieren im Olympiastadion nur neun Treffer, obwohl sie nur elf Siege und drei Remis holen. Vereinsrekord bis 1989.

BERND MARTIN Der Kurz-Nationalspieler (eine Minute 1979 gegen Wales) drückt fast ausschließlich die Bank. Klägliche drei Einsätze – ein Fehleinkauf für 600 000 DM.

WOLFGANG DREMMLER fliegt als erster Spieler der Klubgeschichte zweimal in einer Bundesliga-Saison vom Platz: am 10. Spieltag in Gladbach und am 31. Spieltag gegen Kaiserslautern.

KLAUS AUGENTHALER Der eisenharte Libero sieht achtmal die Gelbe Karte – Rekord in Bayerns Bundesliga-Historie bis 1982/83.

1. SPIELTAG

Werder Bremen – Bayern 1:0 (1:0)

BREMEN: Burdenski – Okudera, Fichtel, Siegmann, Otten – Kamp, Gruber, Bracht – Reinders, Völler (87. Schaaf), Meier (87. Böhnke).
BAYERN: Pfaff – Dremmler, Augenthaler, Grobe, Horsmann – Nachtweih, Dürnberger, Breitner, K.-H. Rummenigge – Del'Haye, D. Hoeneß, .
Tor: 1:0 Pfaff (44., Eigentor).
Gelb: – / Augenthaler, Grobe.
Schiedsrichter: Dieter Pauly.

2. SPIELTAG

Bayern – Fortuna Düsseldorf 1:0 (0:0)

BAYERN: Pfaff – Dremmler, Augenthaler, Grobe, Horsmann – Del'Haye, Breitner, Nachtweih, Dürnberger – D. Hoeneß, K.-H. Rummenigge.
DÜSSELDORF: Kleff – Weikl, Zewe, Theis, Löhr – Wenzel, Kuczinski, Bommer (78. Gores), Dusend (78. Thiele) – Kanders, Edvaldsson.
Tor: 1:0 Breitner (74., Foulelfmeter).
Gelb: – / Dusend.
Schiedsrichter: Dr. Wolf-Rüdiger Umbach.

3. SPIELTAG

Karlsruher SC – Bayern 0:4 (0:2)

KARLSRUHE: Wimmer – Becker, Theiss, Kleppinger, Zahn – Günther, Groß, Trenkel (66. Nadu), Bold – Hofeditz, Hagmayr.
BAYERN: Pfaff – Dremmler, Augenthaler, Grobe, Horsmann – Del'Haye, Breitner (64. Pflügler), Nachtweih, Dürnberger – D. Hoeneß, K.-H. Rummenigge.
Tore: 0:1 Günther (9., Eigentor), 0:2 K.-H. Rummenigge (24.), 0:3 Del'Haye (71.), 0:4 D. Hoeneß (88.).
Gelb: Hofeditz, Theiss / –.
Schiedsrichter: Dieter Niebergall.

4. SPIELTAG

Bayern – Bayer Leverkusen 5:0 (3:0)

BAYERN: Pfaff – Grobe, Augenthaler, Horsmann – Dremmler, Nachtweih, Dürnberger (75. Pflügler), Mathy – Del'Haye, D. Hoeneß, K.-H. Rummenigge.
LEVERKUSEN: Greiner – Hermann, Bruckmann, Wojtowicz, Gelsdorf – Hörster (75. Knauf), Winklhofer, Röber (62. Vöge), Posner – Økland, Waas.
Tore: 1:0 K.-H. Rummenigge (30.), 2:0 D. Hoeneß (34.), 3:0 Horsmann (38.), 4:0 D. Hoeneß (74.), 5:0 Gelsdorf (90., Eigentor).
Gelb: Nachtweih / Gelsdorf.
Schiedsrichter: Hans-Heinrich Barnick.

5. SPIELTAG

Arminia Bielefeld – Bayern 2:4 (1:2)

BIELEFELD: Isoaho – Geils, Wohlers, Hupe (28. Büscher), Pohl – Schnier, Rautiainen (69. Reiß), Pagelsdorf, Schröder – Grillemeier, Lienen.
BAYERN: Pfaff – Dremmler, Augenthaler, Grobe, Horsmann – Nachtweih, Dürnberger, Breitner – Del'Haye, D. Hoeneß (65. Mathy), K.-H. Rummenigge.
Tore: 0:1 Horsmann (17.), 0:2 Nachtweih (23.), 1:2 Pagelsdorf (39., Foulelfmeter), 2:2 Schröder (78.), 2:3 Augenthaler (83.), 2:4 K.-H. Rummenigge (90.).
Gelb: – / Horsmann.
Schiedsrichter: Franz-Josef Hontheim.

6. SPIELTAG

Bayern – Eintracht Frankfurt 4:0 (2:0)

BAYERN: Pfaff – Dremmler, Augenthaler, Grobe, Horsmann – Nachtweih, Breitner, Dürnberger – Del'Haye, D. Hoeneß (76. Mathy), K.-H. Rummenigge.
FRANKFURT: Pahl – Lorant, Pezzey, Körbel, Schreml – Borchers (55. Gulich), Falkenmayer, Nickel, Neuberger – Müller (72. Künast), Cha.
Tore: 1:0 D. Hoeneß (29.), 2:0 D. Hoeneß (39.), 3:0 Augenthaler (46.), 4:0 Mathy (89.).
Schiedsrichter: Dr. Dieter Stäglich.

7. SPIELTAG

VfL Bochum – Bayern 0:0

BOCHUM: Zumdick – Storck, Bast, Woelk, Jakobs – Oswald (84. Bittorf), Knüwe, Lameck, Patzke – Krella, Schreier.
BAYERN: Pfaff – Dremmler, Augenthaler, Grobe, Horsmann – Nachtweih, Dürnberger, K.-H. Rummenigge (80. Mathy), Breitner – Del'Haye, D. Hoeneß.
Gelb: – / Augenthaler.
Schiedsrichter: Volker Roth.

8. SPIELTAG

Bayern – Eintr. Braunschweig 1:1 (1:0)

BAYERN: Pfaff – Dremmler, Augenthaler, Grobe, Horsmann – Nachtweih, Dürnberger, Mathy (5. Kraus) – Del'Haye, D. Hoeneß, K.-H. Rummenigge.
BRAUNSCHWEIG: Franke – Geiger, Hollmann, Bruns, Merkhoffer – Tripbacher, Pahl, Borg, Studzizba – Zavisic, Keute.
Tore: 1:0 D. Hoeneß (28.), 1:1 Keute (65.).
Gelb: – / Pahl.
Schiedsrichter: Jakob Wippker.

9. SPIELTAG

Bayern – Hamburger SV 2:2 (0:2)

BAYERN: Pfaff – Dremmler, Augenthaler, Grobe, Horsmann – Kraus, Breitner, Nachtweih (46. Dürnberger) – Del'Haye, D. Hoeneß, K.-H. Rummenigge.
HAMBURG: Stein – Kaltz, Hieronymus, Jakobs, Wehmeyer – Hartwig, Rolff (81. Hansen), Magath, Groh – Hrubesch, Milewski (88. Bastrup).
Tore: 0:1 Milewski (27.), 0:2 Hrubesch (29.), 1:2 Breitner (49., Foulelfmeter), 2:2 K.-H. Rummenigge (65.).
Gelb: Augenthaler, Del'Haye / Hartwig.
Schiedsrichter: Walter Eschweiler.
Besonderes Vorkommnis: Pfaff hält Handelfmeter von Kaltz (90.).

10. SPIELTAG

Borussia M'gladbach – Bayern 0:0

M'GLADBACH: Sude – Ringels, Hannes, Schäffer – Matthäus, Veh, Rahn, Bruns (68. Pinkall), Borowka – Wuttke, Mill.
BAYERN: Pfaff – Augenthaler, Grobe, Horsmann – Dremmler, Nachtweih, Kraus, Dürnberger, Breitner – D. Hoeneß, K.-H. Rummenigge.
Rot: – / Dremmler (18.).
Gelb: Bruns, Hannes / D. Hoeneß.
Schiedsrichter: Wilfried Heitmann.

11. SPIELTAG

Bayern – VfB Stuttgart 4:0 (1:0)

BAYERN: Pfaff – Nachtweih, Augenthaler, Grobe, Horsmann – Dürnberger, Breitner, Kraus, Del'Haye – D. Hoeneß, K.-H. Rummenigge.
STUTTGART: Roleder – Schäfer, Niedermayer, K. Förster, B. Förster – Hadewicz, Ohlicher, Allgöwer – Kempe (46. Six), Kelsch, Reichert.
Tore: 1:0 D. Hoeneß (16.), 2:0 D. Hoeneß (60.), 3:0 K.-H. Rummenigge (67.), 4:0 K.-H. Rummenigge (88.).
Schiedsrichter: Karl-Josef Assenmacher.

12. SPIELTAG

Hertha BSC – Bayern 1:3 (0:2)

BERLIN: Quasten – Schneider, Gruler, Rasmussen, Ehrmantraut – Beck (46. Timme), Schmitz, Blau, Mohr – Killmaier, Remark.
BAYERN: Pfaff – Nachtweih, Augenthaler, Grobe, Horsmann – Kraus, Dürnberger, Breitner – Del'Haye, D. Hoeneß, K.-H. Rummenigge.
Tore: 0:1 K.-H. Rummenigge (13.), 0:2 Breitner (22.), 0:3 Augenthaler (69.), 1:3 Blau (77.).
Gelb: – / Del'Haye.
Schiedsrichter: Günter Risse.

13. SPIELTAG

Bayern – 1. FC Köln 0:1 (0:0)

BAYERN: Pfaff – Augenthaler, Grobe, Horsmann – Nachtweih, Breitner, Kraus, Dürnberger – Del'Haye, D. Hoeneß, K.-H. Rummenigge.
KÖLN: Schumacher – Prestin, Strack, Steiner, Willmer – Konopka (81. Bonhof), Engels, Sljivo, K. Allofs – Littbarski, Fischer.
Tor: 0:1 Littbarski (90.).
Gelb: Augenthaler, Breitner / Sljivo.
Schiedsrichter: Peter Gabor.

14. SPIELTAG

1. FC Kaiserslautern – Bayern 3:2 (1:2)

K'LAUTERN: Reichel – Wolf, Melzer, Dusek – Kitzmann (86. Brehme), Geye, Bongartz, Briegel – Eilenfeldt, Hübner (46. Brummer), T. Allofs.
BAYERN: Pfaff (46. M. Müller) – Martin, Horsmann, Grobe, Pflügler – Nachtweih, Kraus, Breitner, Dürnberger – D. Hoeneß, K.-H. Rummenigge.
Tore: 1:0 T. Allofs (7.), 1:1 K.-H. Rummenigge (16.), 1:2 Breitner (23.), 2:2 Eilenfeldt (63.), 3:2 Eilenfeldt (73.).
Gelb: – / Pflügler.
Schiedsrichter: Wolf-Dieter Ahlenfelder.

15. SPIELTAG

Bayern – Borussia Dortmund 3:0 (2:0)

BAYERN: M. Müller – Dremmler, Augenthaler, Grobe, Horsmann – Del'Haye (82. Güttler), Breitner (75. Nachtweih), Kraus, Dürnberger – K.-H. Rummenigge, D. Hoeneß.
DORTMUND: Immel – Huber, Rüssmann, Loose, Tenhagen – Burgsmüller, Raducanu, Koch, Zorc (46. Keser) – Abramczik, Klotz.
Tore: 1:0 K.-H. Rummenigge (17.), 2:0 K.-H. Rummenigge (30.), 3:0 D. Hoeneß (55.).
Gelb: Kraus / –.
Schiedsrichter: Karl-Heinz Tritschler.

16. SPIELTAG

FC Schalke 04 – Bayern 1:2 (0:1)

SCHALKE: Junghans – Lorant, Dietz, Stichler, Schipper – Kruse, Opitz, Geier (70. Clute-Simon), Bücker (60. Janzon) – Tüfekci, Abel.
BAYERN: Pfaff – Dremmler, Augenthaler, Grobe, Horsmann – Kraus, Nachtweih, Breitner, Dürnberger – D. Hoeneß, K.-H. Rummenigge.
Tore: 0:1 Breitner (15.), 0:2 Kraus (59.), 1:2 Nachtweih (70., Eigentor).
Gelb: Bücker / D. Hoeneß.
Schiedsrichter: Gerhard Theobald.

17. SPIELTAG

Bayern – 1. FC Nürnberg 1:0 (1:0)

BAYERN: Pfaff – Dremmler, Augenthaler, Grobe, Horsmann – Del'Haye, Kraus, Breitner, Dürnberger – D. Hoeneß, K.-H. Rummenigge.
NÜRNBERG: Kargus – Täuber, Reinhardt, Stocker, Eder – Schöll, Brunner, Botteron, Heidenreich (81. Schneider) – Heck, Dreßel.
Tor: 1:0 Grobe (9.).
Schiedsrichter: Jan Redelfs.

18. SPIELTAG

Bayern – Werder Bremen 1:1 (1:0)

BAYERN: Pfaff – Dremmler, Augenthaler, Grobe, Pflügler – Nachtweih, Dürnberger, K.-H. Rummenigge, Del'Haye – Mathy (46. Kraus), D. Hoeneß.
BREMEN: Burdenski – Kamp (79. Schaaf), Fichtel (68. Neubarth), Siegmann, Otten – Bracht, Sidka, Okudera, Gruber – Meier, Völler.
Tore: 1:0 D. Hoeneß (24.), 1:1 Völler (84.).
Gelb: – / Gruber.
Schiedsrichter: Dieter Pauly.

19. SPIELTAG

Fortuna Düsseldorf – Bayern 3:5 (1:2)

DÜSSELDORF: Kleff – Kuczinski, Zewe, Theis – Bockenfeld, Bommer, Fach, Dusend, Weikl – Edvaldsson, Wenzel.
BAYERN: Pfaff – Dremmler, Augenthaler, Grobe – Kraus, Nachtweih, Pflügler, Dürnberger – Del'Haye, D. Hoeneß, K.-H. Rummenigge.
Tore: 0:1 Kraus (24.), 0:2 K.-H. Rummenigge (32.), 1:2 Theis (42.), 2:2 Dusend (60.), 2:3 Grobe (65., Foulelfmeter), 3:3 Bockenfeld (67.), 3:4 Dürnberger (77.), 3:5 Dremmler (81.).
Gelb: Edvaldsson / Augenthaler, Dremmler.
Schiedsrichter: Hans-Peter Dellwing.

20. SPIELTAG

Bayern – Karlsruher SC 6:1 (5:0)

BAYERN: Pfaff – Dremmler, Augenthaler, Grobe, Pflügler – Nachtweih, Kraus, Dürnberger – Del'Haye, D. Hoeneß, K.-H. Rummenigge.
KARLSRUHE: Wimmer – Groß, Boysen, Kleppinger, Lazic – Walz (41. Dittus), Wiesner (77. Hagmayr), Trenkel, Zahn, – Günther, Hofeditz.
Tore: 1:0 K.-H. Rummenigge (10.), 2:0 K.-H. Rummenigge (12.), 3:0 Dürnberger (13.), 4:0 D. Hoeneß (27., Foulelfmeter), 5:0 K.-H. Rummenigge (45.), 6:0 Kleppinger (47., Eigentor), 6:1 Trenkel (72.).
Gelb: Del'Haye / Trenkel.
Schiedsrichter: Günter Risse.

21. SPIELTAG

Bayer Leverkusen – Bayern 1:1 (1:1)

LEVERKUSEN: Greiner – Winklhofer, Gelsdorf, Demuth, Posner – Hörster, Bittorf, Röber, Vöge – Økland, Waas.
BAYERN: Pfaff – Dremmler, Augenthaler, Grobe, Horsmann – Kraus, Breitner, Nachtweih, Del'Haye – D. Hoeneß, K.-H. Rummenigge.
Tore: 1:0 Röber (18.), 1:1 Augenthaler (34.).
Schiedsrichter: Walter Engel.

22. SPIELTAG

Bayern – Arminia Bielefeld 5:0 (3:0)

BAYERN: M. Müller – Dremmler, Augenthaler, Grobe, Horsmann – Del'Haye (67. Mathy), Breitner, Kraus (67. Pflügler), Nachtweih – D. Hoeneß, K.-H. Rummenigge.
BIELEFELD: Diergardt – Schnier, Pohl, Hupe, Geils – Büscher, Riedl (67. Krajczy), Schröder – Rautiainen (67. Meier), Grillemeier, Lienen.
Tore: 1:0 Breitner (2., Foulelfmeter), 2:0 D.Hoeneß (12.), 3:0 K.-H. Rummenigge (38.), 4:0 Breitner (61.), 5:0 D. Hoeneß (73.).
Gelb: – / Schnier, Schröder. **Schiedsrichter:** Volker Roth.

Torfestival in Düsseldorf am 19. Spieltag: Die 41 000 Zuschauer sehen acht Tore. Das 4:3 beim 5:3-Auswärtssieg erzielt Bernd Dürnberger (r.) in der 77. Minute gegen Wolfgang Kleff. Mitte: Fortuna-Libero Gerd Zewe

23. SPIELTAG

Eintracht Frankfurt – Bayern 1:0 (1:0)

FRANKFURT: Jüriens – Sziedat, Pezzey, Körbel, Falkenmayer – Schreml, Kroth, Nickel (68. Sievers), Trieb – Gulich (73. U. Müller), Cha.
BAYERN: M. Müller – Dremmler, Augenthaler, Grobe, Horsmann – Del'Haye, Kraus, Breitner, Nachtweih (73. Pflügler) – D. Hoeneß, K.-H. Rummenigge.
Tor: 1:0 Nickel (22.).
Gelb: Augenthaler / –.
Schiedsrichter: Karl-Josef Assenmacher.
Besonderes Vorkommnis: Jüriens hält Foulelfmeter von Breitner (77.).

24. SPIELTAG

Bayern – VfL Bochum 3:0 (0:0)

BAYERN: M. Müller – Nachtweih, Augenthaler, Grobe, Horsmann – Del'Haye, Kraus, Breitner, Dremmler – D. Hoeneß, K.-H. Rummenigge.
BOCHUM: Zumdick – Jakobs, Bast, Zugcic, Lameck – Kühn (74. Andersson), Woelk, Oswald, Patzke – Kramer (59. Pater), Schreier.
Tore: 1:0 Breitner (56., Foulelfmeter), 2:0 Del'Haye (63.), 3:0 K.-H. Rummenigge (65.).
Gelb: – / Lameck.
Schiedsrichter: Arturo Martino.

25. SPIELTAG

Eintr. Braunschweig – Bayern 1:1 (1:1)

BRAUNSCHWEIG: Franke – Lux, Studzizba, Borg, Merkhoffer – (60. Zavisic), Tripbacher, Hollmann, Geiger (77. Bruns), Kindermann – Keute, Worm.
BAYERN: M. Müller – Dremmler, Beierlorzer, Grobe, Horsmann – Kraus, Breitner, Pflügler (72. Mathy) – Del'Haye, D. Hoeneß, K.-H. Rummenigge.
Tore: 0:1 K.-H. Rummenigge (16.), 1:1 Worm (25.).
Gelb: – / Breitner, Grobe, K.-H. Rummenigge .
Schiedsrichter: Manfred Uhlig.

26. SPIELTAG

Hamburger SV – Bayern 1:1 (1:0)

HAMBURG: Stein – Kaltz, Hieronymus, Jakobs, Wehmeyer – Hartwig, Groh, Magath, Rolff – Milewski (60. von Heesen), Hrubesch.
BAYERN: M. Müller – Dremmler, Beierlorzer, Grobe, Horsmann – Kraus, Pflügler, Breitner (77. Nachtweih) – Del'Haye, D. Hoeneß, K.-H. Rummenigge.
Tore: 1:0 Kaltz (38., Foulelfmeter), 1:1 Breitner (52.).
Gelb: Hieronymus / Kraus, Müller.
Schiedsrichter: Dieter Pauly.

27. SPIELTAG

Bayern – Borussia M'gladbach 3:1 (1:0)

BAYERN: M. Müller – Martin, Beierlorzer, Grobe, Horsmann – Kraus, Dremmler, Pflügler – Del'Haye, D. Hoeneß, K.-H. Rummenigge.
M'GLADBACH: Kamps – Dreßen (46. Rahn), Hannes, Schäffer, Mohren – Matthäus, Schmider, Bruns, Schäfer (84. Brandts) – Mill, Reich.
Tore: 1:0 Del'Haye (33.), 2:0 K.-H. Rummenigge (53.), 3:0 Kraus (88.), 3:1 Bruns (90.).
Rot: – / Mill (77.).
Gelb: Beierlorzer, Del'Haye, Pflügler / Mill, Mohren, Reich.
Schiedsrichter: Klaus Clajus.

28. SPIELTAG

VfB Stuttgart – Bayern 1:1 (0:1)

STUTTGART: Grüninger – Schäfer, Niedermayer, K. Förster, B. Förster – Kempe (67. Habiger), Allgöwer, Ohlicher, Sigurvinsson –Reichert, Six (67. Kelsch).
BAYERN: Pfaff – Dremmler, Beierlorzer, Grobe, Horsmann – Del'Haye, Dürnberger, Kraus, Pflügler – Mathy (58. D. Hoeneß), K.-H. Rummenigge.
Tore: 0:1 Mathy (43.), 1:1 Habiger (82.).
Gelb: B. Förster / Grobe.
Schiedsrichter: Walter Eschweiler.

29. SPIELTAG

Bayern – Hertha BSC 4:0 (1:0)

BAYERN: Pfaff – Dremmler, Beierlorzer, Grobe, Horsmann – Augenthaler (81. Pflügler), Kraus (73. Nachtweih), Dürnberger – Del'Haye, D. Hoeneß, K.-H. Rummenigge.
BERLIN: Quasten – Timme (46. Beck), Gruler, Rasmussen, Ehrmantraut – Blau, Schmitz, Mohr, Schneider – Killmaier, Remark (72. Glöde).
Tore: 1:0 D. Hoeneß (12.), 2:0 Kraus (64.), 3:0 Horsmann (72.), 4:0 D. Hoeneß (83.).
Gelb: – / Ehrmantraut.
Schiedsrichter: Volker Huster.

30. SPIELTAG

1. FC Köln – Bayern 2:0 (1:0)

KÖLN: Schumacher – Prestin, Strack, Steiner, Willmer – Hönerbach, He. Neumann, Zimmermann, Engels – Littbarski, Fischer.
BAYERN: Pfaff – Dremmler, Beierlorzer, Grobe, Horsmann – Del'Haye, Augenthaler, Kraus, Dürnberger – D. Hoeneß, K.-H. Rummenigge.
Tore: 1:0 Strack (45.), 2:0 Steiner (65.).
Schiedsrichter: Franz-Josef Hontheim.

31. SPIELTAG

Bayern – 1. FC Kaiserslautern 0:1 (0:0)

BAYERN: Pfaff – Dremmler, Beierlorzer, Grobe, Horsmann – Kraus, Dürnberger, Augenthaler (78. Pflügler) – Del'Haye, D. Hoeneß, K.-H. Rummenigge.
K'LAUTERN: Reichel – Wolf, Dusek, Briegel, Melzer – Brehme, Eilenfeldt (85. Plath), Geye, Bongartz – Nilsson, Kitzmann (70. T. Allofs).
Tor: 0:1 Briegel (74.).
Rot: Dremmler (84.) / –. **Gelb:** Dremmler / –.
Schiedsrichter: Wolf-Dieter Ahlenfelder.

32. SPIELTAG

Borussia Dortmund – Bayern 4:4 (1:1)

DORTMUND: Immel – Huber, Rüssmann, Koch (63. Eggeling), Hein (59. Keser) – Tenhagen, Burgsmüller, Raducanu, Bönighausen – Abramczik, Klotz.
BAYERN: Pfaff – Nachtweih, Augenthaler, Grobe, Horsmann – Kraus, Dürnberger, Pflügler – Del'Haye, D. Hoeneß, K.-H. Rummenigge.
Tore: 0:1 D. Hoeneß (3.), 1:1 Raducanu (43.), 1:2 Horsmann (53.), 2:2 Raducanu (62.), 2:3 Augenthaler (70.), 3:3 Burgsmüller (79.), 4:3 Keser (81.), 4:4 K.-H. Rummenigge (81.).
Gelb: – / Augenthaler.
Schiedsrichter: Wilfried Heitmann.

33. SPIELTAG

Bayern – FC Schalke 04 0:1 (0:0)

BAYERN: Pfaff – Martin (46. M. Rummenigge), Beierlorzer (72. Breitner), Grobe, Horsmann – Nachtweih, Dürnberger, Pflügler – Del'Haye, D. Hoeneß, K.-H. Rummenigge.
SCHALKE: Junghans – Kruse, Dietz, Schipper, Lorant – Drexler, Bittcher, Opitz, Bücker – Tüfekci, Abel.
Tor: 0:1 Drexler (65.).
Gelb: K.-H. Rummenigge / Lorant, Opitz.
Schiedsrichter: Dieter Niebergall.

34. SPIELTAG

1. FC Nürnberg – Bayern 2:3 (2:1)

NÜRNBERG: Kargus – Stocker, Hintermaier, Weyerich, Täuber – Brunner, Heck, Botteron, Heidenreich (71. Schneider) – Trunk, Dreßel (79. Schlegel).
BAYERN: Pfaff – Beierlorzer (46. Güttler), Augenthaler, Grobe, Horsmann – Nachtweih, Pflügler, Dürnberger – Del'Haye, D. Hoeneß, K.-H. Rummenigge.
Tore: 1:0 Trunk (9.), 2:0 Trunk (22.), 2:1 K.-H. Rummenigge (40.), 2:2 D. Hoeneß (62.), 2:3 Pflügler (70.).
Gelb: Hintermaier, Kargus, Täuber / Augenthaler, Beierlorzer, D. Hoeneß, K.-H. Rummenigge.
Schiedsrichter: Winfried Walz.

Abschlusstabelle

Pl.	Verein	Spiele	G	U	V	Tore	Diff.	Punkte
1	Hamburg (M)	34	20	12	2	79:33	+ 46	52:16
2	Bremen	34	23	6	5	76:38	+ 38	52:16
3	Stuttgart	34	20	8	6	80:47	+ 33	48:20
4	Bayern (P)	34	17	10	7	74:33	+ 41	44:24
5	Köln	34	17	9	8	69:42	+ 27	43:25
6	Kaiserslautern	34	14	13	7	57:44	+ 13	41:27
7	Dortmund	34	16	7	11	78:62	+ 16	39:29
8	Bielefeld	34	12	7	15	46:71	– 25	31:37
9	Düsseldorf	34	11	8	15	63:75	– 12	30:38
10	Frankfurt	34	12	5	17	48:57	– 9	29:39
11	Leverkusen	34	10	9	15	43:66	– 23	29:39
12	M'gladbach	34	12	4	18	64:63	+ 1	28:40
13	Bochum	34	8	12	14	43:49	– 6	28:40
14	Nürnberg	34	11	6	17	44:70	– 26	28:40
15	Braunschweig	34	8	11	15	42:65	– 23	27:41
16	Schalke (A)	34	8	6	20	48:68	– 20	22:46
17	Karlsruhe	34	7	7	20	39:86	– 47	21:47
18	Hertha (A)	34	5	10	19	43:67	– 24	20:48

DIE WEITEREN SIEGER DES JAHRES:

Europacup der Landesmeister: Hamburger SV

Europacup der Pokalsieger: FC Aberdeen

Uefa-Cup: RSC Anderlecht

DFB-Pokal: 1. FC Köln

Alle Ergebnisse auf einen Blick

Waagerecht: alle Heimresultate. Senkrecht: alle Auswärtsresultate

	Hamburg	Bremen	Stuttgart	Bayern	Köln	Kaiserslautern	Dortmund	Bielefeld	Düsseldorf	Frankfurt	Leverkusen	M'gladbach	Bochum	Nürnberg	Braunschweig	Schalke	Karlsruhe	Hertha
Hamburg		1:1	2:0	1:1	2:1	1:1	5:0	3:1	2:0	3:0	3:0	4:3	0:0	3:0	4:0	6:2	4:0	1:1
Bremen	3:2		3:2	1:0	1:1	3:0	4:2	5:1	2:2	3:0	3:1	2:0	3:2	3:2	6:0	4:0	3:0	3:1
Stuttgart	1:2	4:1		1:1	2:1	1:1	2:1	2:2	1:1	4:1	5:3	3:2	5:2	3:0	4:0	2:1	4:1	4:1
Bayern	2:2	1:1	4:0		0:1	0:1	3:0	5:0	1:0	4:0	5:0	3:1	3:0	1:0	1:1	0:1	6:1	4:0
Köln	1:1	2:1	1:2	2:0		3:0	2:2	1:0	4:0	2:2	4:1	2:1	4:1	5:2	3:1	2:1	4:1	3:2
Kaiserslautern	2:2	2:1	2:3	3:2	3:2		0:2	3:0	3:1	3:0	2:0	3:0	1:0	2:1	3:2	2:0	7:0	2:2
Dortmund	1:3	0:0	1:1	4:4	2:0	4:0		11:1	1:2	4:1	3:3	4:6	3:1	4:0	3:2	2:0	4:3	2:1
Bielefeld	2:0	1:2	2:2	2:4	2:0	2:2	1:0		2:1	2:1	0:2	4:2	1:1	3:0	2:0	3:2	5:1	2:1
Düsseldorf	0:6	2:5	1:1	3:5	2:6	2:1	2:3	2:0		5:1	4:0	2:1	2:0	3:1	5:0	3:1	4:3	1:1
Frankfurt	1:1	0:1	3:0	1:0	3:0	2:2	3:1	2:1	2:2		5:0	3:0	0:1	3:0	0:1	3:2	2:0	3:1
Leverkusen	0:1	1:1	0:3	1:1	0:0	0:0	1:2	0:1	3:3	1:1		3:2	1:0	1:0	1:0	3:1	3:1	2:1
M'gladbach	1:1	1:2	1:4	0:0	1:4	4:2	2:3	3:0	5:0	3:1	3:1		3:1	1:2	3:0	0:0	5:0	3:1
Bochum	1:1	1:2	2:2	0:0	0:0	1:1	2:2	1:1	3:1	1:2	3:2	3:1		6:0	0:2	2:1	0:1	4:0
Nürnberg	2:2	2:0	0:5	2:3	2:1	1:1	3:2	1:1	3:1	3:0	0:1	1:0	1:1		0:0	3:2	3:1	4:2
Braunschweig	2:4	3:1	1:2	1:1	2:2	1:1	0:0	3:0	2:1	1:0	1:3	0:0	0:2	2:2		1:1	5:1	1:0
Schalke	1:2	0:2	1:3	1:2	1:4	0:0	1:2	5:0	3:3	3:2	2:0	2:4	2:0	0:1	3:3		1:0	2:0
Karlsruhe	1:2	1:2	1:2	0:4	1:1	1:1	2:0	1:1	2:1	1:0	2:2	2:0	0:0	2:1	3:1	2:2		1:1
Hertha	1:2	0:1	1:0	1:3	0:0	0:0	1:3	2:0	1:1	1:0	3:3	0:2	1:1	5:1	3:3	2:3	5:2	

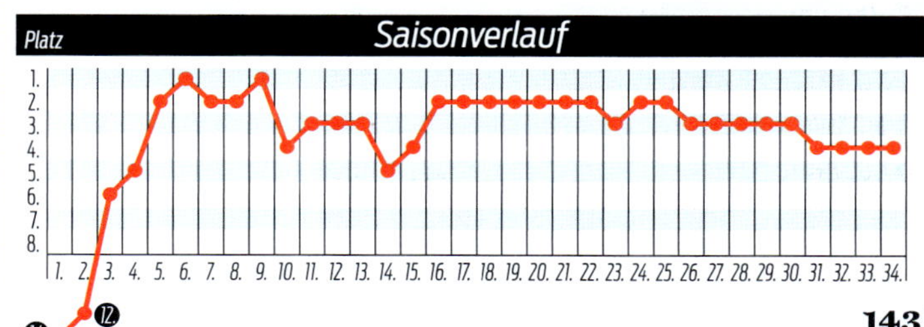

RUMMENIGGE-VERKAUF ENTSCHULDET BAYERN AUF EINEN SCHLAG

Der Superstar wechselt für 10,5 Millionen D-Mark zu Inter Mailand. Aber ein neuer Rummenigge macht von sich reden – Michael

Seit drei Jahren hat Uli Hoeneß die Gehälter nicht mehr erhöht, die maximale Siegprämie beträgt nur noch 3000 statt 4000 D-Mark. Das Olympiastadion wird immer leerer, im letzten Heimspiel 1982/83 gegen Schalke kommen nur noch 22 000 Zuschauer. Die Schulden des Vereins belaufen sich auf acht Millionen DM. Zwei Jahre lang haben die Bayern dem HSV beim Jubeln zugesehen, und nun hat auch noch Paul Breitner das sinkende Schiff verlassen.

Warum eigentlich, fragt sich Karl-Heinz Rummenigge bereits im Frühjahr 1983, soll ich bleiben? "Ich bin kein Typ, der bei einem mittelmäßigen Klub spielen will", lässt er wissen und flirtet offen mit italienischen Mannschaften.

Aber er gibt auch Grund für Optimismus: Udo Lattek kommt nach acht Jahren zurück, um viele Erfahrungen in Gladbach (1975 – 1979), Dortmund (1979 – 1981) und Barcelona (1981 – 1983) sowie zwei Europacupsiege (1979 und 1982) reicher.

Mit „dem letzten Geld, das wir noch haben" (Schatzmeister Fritz Scherer), verpflichtet der FCB zudem einen Nachfolger für Breitner: den dynamischen Dänen Søren Lerby. Er kostet 1,85 Millionen DM Ablöse an Ajax Amsterdam. Ex-Trainer Pal Csernai hat die Verpflichtung noch durchgedrückt, Lerby sieht das gelassen: „Ich habe einen Drei-Jahres-Vertrag mit dem Verein, nicht mit dem Trainer."

Wie es um Bayern bestellt ist, zeigen die anderen Namen auf der Einkaufsliste: Hans Meisel vom SC Freiburg, Stefan Dinauer vom FC Kempten (kein Ligaspiel 1983/84) und Reiner Maurer aus Unterhaching kosten zusammen 223 000 DM, Hansi Dorfner kommt aus der eigenen Jugend.

Die wird immer wichtiger auf dem „neuen Weg der Bayern", auf dem nicht nur der „Kicker" den Verein sieht. Michael Rummenigge und Hansi Pflügler etablieren sich im Jahr eins nach Breitner. Neu ist auch der Geist in der Kabine: „Bei mir kann, soll und muss gelacht werden", fordert Udo Lattek. Und er gibt das Ziel aus, das längst zwischen den Zeilen in der Vereinssatzung steht: „Wir wollen Meister werden!" Auch wenn ein Insider ihm flüstert: „Mit dieser Mannschaft spielst du gegen den Abstieg." Lattek mobilisiert den ganzen Verein.

Bayern verkauft 25 Prozent mehr Dauerkarten (5000). Eine Kundenbefragung ergibt, dass über 40 Prozent der Käufer nur wegen Lattek eine Karte erworben haben. „Macht 1,25 Millionen Mark Einnahmen, und wenn Lattek tatsächlich die Ursache dafür ist, dann hat der neue Trainer sein erstes Jahresgehalt schon wieder reingeholt", kommentiert die „Sport Illustrierte".

Am 6. Spieltag erobert Bayern mit dem 2:1 in Braunschweig die Tabellenspitze, der erste Sieg nach elf Jahren an der Hamburger Straße. Ein paar Wochen später feiert die „tz" Lattek als „Serien-Killer", weil seine Mannschaft auch nach acht Jahren den gefürchteten Betzenberg stürmt (1:0 am 15. Spieltag). Das Lob für den Psychotrick, im gelb-blauen Brasilien-Outfit beim 1. FC Kaiserslautern anzutreten statt in roten Hemden, um den Fluch zu bannen, gebührt allerdings Initiator Uli Hoeneß.

Nur Jean-Marie Pfaff bedroht wieder einmal den Betriebsfrieden. Nach einem Interview, in dem er sich über „hochnäsige und überbezahlte" deutsche Profis auslässt, findet er den Zeitungsausschnitt auf seinem Kabinenplatz wieder – versehen mit der Bemerkung „Du Arschloch".

Als Pfaff am 4. Dezember 1983 zu seinem 30. Geburtstag auch Fotografen einlädt, drehen Wolfgang Dremmler und Wolfgang Kraus vor dem Eingang des Lokals direkt wieder um. Pfaff selbst erkennt: „Der Dremmler und der Augenthaler, die hören im Spiel einfach nicht auf mich. Auch sonst ist mein Rat nicht gefragt."

Die Anhänger erleben 1983/84 viele schöne Stunden, im Olympiastadion (14 Siege, drei Unentschieden) bleibt Bayern ungeschlagen und hat in einer der spannendsten Spielzeiten der Bundesliga-Historie bis zum 1:1 in Dortmund am 33. Spieltag eine gute Titelchance. Das Ausgleichstor von Erdal Keser in der 79. Minute stoppt den Höhenflug, da nützt auch das 3:2 gegen Bayer Uerdingen am letzten Spieltag nichts mehr. Die Elf wird Vierter, einen Zähler hinter den punktgleichen Teams Stuttgart, HSV und Gladbach.

Karl-Heinz Rummenigge verspürt dennoch die gesamte Spielzeit das Bedürfnis nach Veränderung: „Ich will nicht so enden wie Gerd Müller", sagt er einmal. Die Kassenlage zwingt Bayern schließlich, den Widerstand aufzugeben. Am 13. März 1984 gibt der Verein auf einer Pressekonferenz

Eine Saison Sturmpartner: die Brüder Karl-Heinz und Michael Rummenigge (r.)

Abschied im Münchner Stil: Nach dem 3:2-Sieg gegen Uerdingen ehren Präsident Willi O. Hoffmann (r.) und Schatzmeister Fritz Scherer (l.) Karl-Heinz Rummenigge

seinen Wechsel zu Inter Mailand bekannt, was keinen mehr wirklich überrascht.

Inter zahlt rund 10,5 Millionen DM Ablöse und garantiert Bayern Einnahmen aus drei Privatspielen. Es ist der wichtigste Transfer der Vereinsgeschichte, der FCB entschuldet sich auf einen Schlag.

In München trösten sie sich: Sie haben ja noch einen Rummenigge – Michael, den kleinen Bruder, der 1982/93 im letzten Heimspiel debütiert hat. Udo Lattek vergleicht ihn mit Gerd Müller: „Er besitzt einen Torinstinkt, wie man ihn selten findet. Diese unerlernbare Eigenschaft machte ja einst Gerd Müller zum gefürchteten Torjäger. Und Michael hat gegenüber Gerd erhebliche technische Vorteile aufzuweisen."

Der Hochgelobte wird nach zwölf Bundesliga-Einsätzen Nationalspieler, am 26. Oktober 1983 in der EM-Qualifikation gegen die Türkei (5:1). Drei Jahre später absolviert er sein zweites und letztes Länderspiel. Mit seinem Elfmeter zum 8:7-Sieg im Pokalfinale gegen Borussia Mönchengladbach sorgt er dafür, dass Karl-Heinz Rummenigge mit einem letzten Titel im Gepäck nach Italien reisen kann.

Präsident Willi O. Hoffmann verabschiedet den Superstar nach zehn Jahren bei den Bayern mit salbungsvollen Worten: „Für berühmte Deutsche wie Karl und Otto den Großen oder Goethe hat Italien schon immer eine magische Anziehungskraft gehabt. Nun also zieht ein weiterer Kaiser über die Alpen, um sich dort krönen zu lassen, unser Karl-Heinz Rummenigge."

Uefa-Cup

1	-	0	11	KH.RUMMENIGGE	5.MIN
2	-	0	5	AUGENTHALER	17.MIN
3	-	0	9	M. RUMMENIGGE	19.MIN
4	-	0	2	DREMMLER	26.MIN
5	-	0	11	KH.RUMMENIGGE	31.MIN
6	-	0	6	LERBY	34.MIN
7	-	0	5	AUGENTHALER	41.MIN
8	-	0	10	DEL'HAYE	74.MIN
9	-	0	8	KRAUS	79.MIN
10	-	0	5	AUGENTHALER	80.MIN.

10:0 gegen Famagusta: die Anzeigetafel im Olympiastadion

Erster zweistelliger Sieg im Europacup

Nach dem 1:0 auf Zypern feiert Bayern im Rückspiel gegen Anorthosis Famagusta seinen ersten zweistelligen Europacup-Sieg, beim 10:0 schießt Abwehrchef Klaus Augenthaler erstmals drei Tore in einem Pflichtspiel. In Runde zwei entscheidet nach zwei torlosen Begegnungen gegen Paok Thessaloniki ein dramatisches Elfmeterschießen das Duell: 17 von 20 Schüssen sitzen, Jean-Marie Pfaff verwandelt den entscheidenden Elfmeter zum 9:8-Erfolg. In der dritten Runde verliert das Lattek-Team als letzter verbliebener Bundesligist gegen Tottenham (1:0, 0:2). Lattek: „Viele Spieler haben in der Kabine geweint. Aber ich mache keinem einen Vorwurf."

DFB-Pokal

Erfolgreiche Elfmeterschützen im Pokalfinale: Wolfgang Dremmler (l.) und Søren Lerby

Erstes Elfmeterschießen im Finale

Das Los zwingt die Bayern in allen Runden zum Reisen, die ersten vier Partien bleiben sie ohne Gegentor: 3:0 bei Zweitligist Hessen Kassel, 6:0 bei Oberligist FC Augsburg, 0:0 in Uerdingen und 1:0 im Wiederholungsspiel in München. Erst im Viertelfinale bei Oberligist 1. FC Bocholt (2:1) muss Jean-Marie Pfaff hinter sich greifen. Dann kommt der 2. Mai 1984, der Tag der offenen Tore: Bei Zweitligist Schalke blamiert sich Bayern fast und muss nach einem legendären 6:6 n. V. in die Wiederholung. Den dreimaligen Schalker Torschützen, den 18 Jahre alten Olaf Thon, will Lattek „am liebsten gleich mitnehmen". Auch im Rückspiel tun sich die Münchner schwer (3:2). Nach dem torreichsten Halbfinale in der Pokalgeschichte kommt es am 31. Mai in Frankfurt gegen Gladbach zum nächsten Novum – zum ersten Elfmeterschießen in einem DFB-Pokalfinale. Wolfgang Dremmler trifft in der regulären Spielzeit, im Elfmeterschießen vergeben zwei Borussen: Norbert Ringels und der kommende Münchner Lothar Matthäus. Bayerns Torschützen zum 7:6-Erfolg n. E.: Søren Lerby, Norbert Nachtweih, Wolfgang Grobe, Karl-Heinz Rummenigge, Dremmler, Bernd Martin, Michael Rummenigge. Klaus Augenthaler verschießt.

TRAINER

UDO LATTEK

Am 31. Mai 1983, dem Tag von Paul Breitners Abschiedsspiel, unterschreibt Lattek einen Ein-Jahres-Vertrag, kassiert 260 000 DM Jahresgehalt. Wie in seiner ersten Ära (ab 14. März 1970) gewinnt Lattek zunächst den DFB-Pokal.

DIE TOP-ELF DER SAISON

Bernd Dürnberger

Hans Pflügler

DER SPIELER DES JAHRES

In seiner zehnten und letzten Bundesliga-Saison wird ***Karl-Heinz Rummenigge*** *mit 26 Treffern zum dritten Mal Torschützenkönig. Seine Abschlussbilanz im Bayern-Dress: 310 Bundesliga-Spiele, 162 Tore. Bis heute hat nur Gerd Müller (365 Tore) öfter für die Münchner getroffen. In „Kalles" Schatten blüht Bruder Michael auf, zusammen kommen sie auf 37 Tore. Nur die Allofs-Brüder Klaus (1. FC Köln) und Thomas (1. FC Kaiserslautern) übertreffen die Rummenigges in der Bundesliga-Geschichte einmal: 1984/85 mit 45 Toren.*

Der Kader

NAME	SPIELE	TORE
Manfred Müller	2	0
Jean-Marie Pfaff	32	0
Klaus Augenthaler	31	2
Bertram Beierlorzer	23	0
Wolfgang Dremmler	22	1
Bernd Martin	5	0
Reiner Maurer	7	0
Hans Pflügler	30	6
Bernd Dürnberger	33	1
Wolfgang Grobe	21	7
Wolfgang Kraus	27	2
Søren Lerby	30	3
Norbert Nachtweih	30	4
Karl Del'Haye	22	3
Dieter Hoeneß	21	9
Reinhold Mathy	22	6
Hans Meisel	3	0
Karl-Heinz Rummenigge	29	26
Michael Rummenigge	33	11

WOLFGANG GROBE rückt von der Abwehr ins Mittelfeld auf, erzielt sieben Tore in 21 Liga-Einsätzen

Transfers

HANS DORFNER erlebt nach einer Saison in der Bayern-Jugend ein unbefriedigendes Jahr bei den Profis, bleibt ohne Einsatz. Zur Saison 1984/85 wird Dorfner zum 1. FC Nürnberg ausgeliehen, bestreitet in der 2. Liga 34 von 38 Partien, steigt mit seiner Mannschaft auf und kommt im August 1985 zum Bundesliga-Debüt. Im Juli 1986 holt ihn Bayern zurück, der Mittelfeldspieler wird Stammkraft. Seine Bilanz bis zum abermaligen Wechsel nach Nürnberg in der Winterpause 1990/91: 111 Bundesliga-Spiele (17 Tore) und drei Deutsche Meisterschaften. 1993 beendet er in Nürnberg seine Laufbahn.

SPIELER	VON VEREIN	ABLÖSESUMME
Reiner Maurer	SpVgg Unterhaching	–
Søren Lerby	Ajax Amsterdam	1,85 Mio. DM
Hans Meisel	SC Freiburg	–
Hans Dorfner	FC Bayern Jugend	–

Tops & Flops

+ DIETER HOENESS erzielt gegen Braunschweig (6:0) in 21 Minuten 5 Tore in Folge. Liga-Rekord, bis Robert Lewandowski 2015 gegen Wolfsburg fünfmal in neun Minuten trifft.

EWIGE TABELLE Mit dem 4:0 gegen Gladbach am 1. 10. 1983 löst Bayern den 1. FC Köln als Tabellenführer ab, zunächst für ein Spiel. Dauerhaft Erster ist der FCB seit dem 1:0 beim FCK am 26. 11. 1983.

TORAUSBEUTE In der Bundesliga-Rekordsaison mit 1097 Toren stellt Bayern mit 84 Treffern die beste Offensive aller 18 Teams (u. a. 9:0 gegen Offenbach).

– K.-H. RUMMENIGGE schießt jetzt die Elfmeter, vergibt innerhalb von drei Wochen (Braunschweig, Bochum am 22. und 24. Spieltag) zweimal, wird abgelöst.

EINKÄUFE Nur Søren Lerby wird Stammspieler. Hans Meisel kehrt nach drei Liga-Einsätzen, je zwei im DFB-Pokal und Europacup, nach der Hinrunde zum SC Freiburg zurück.

ZUSCHAUER Zum fünften Mal in Folge geht der Besucherschnitt zurück. Erstmals seit 1977/78 fallen die Bayern wieder unter die 30 000-Marke (29 615).

1983/84

1. SPIELTAG

Bayern – Bayer Leverkusen 2:1 (0:0)

BAYERN: Pfaff – Dremmler, Augenthaler, Beierlorzer, Dürnberger – Kraus (46. Pflügler), Grobe, Lerby – Del'Haye, M. Rummenigge (66. D. Hoeneß), K.-H. Rummenigge.
LEVERKUSEN: Vollborn – Posner, Bast, Gelsdorf, Wojtowicz – Winklhofer, Hörster, Röber, Bittorf (78. Vöge) – Cha, Waas.
Tore: 1:0 Pflügler (57.), 1:1 Waas (70.), 2:1 Posner (75., Eigentor).
Gelb: – / Hörster.
Schiedsrichter: Wolf-Günter Wiesel.

2. SPIELTAG

Arminia Bielefeld – Bayern 1:3 (1:2)

BIELEFELD: Kneib – Schnier, Wohlers, Pohl, Dronia – Kompodietas, Geils, Pagelsdorf (54. Westerwinter), Schröder – Grillemeier, Ozaki.
BAYERN: Pfaff – Dürnberger, Maurer, Augenthaler, Dremmler – Pflügler, Grobe, Lerby – Del'Haye, K.-H. Rummenigge, M. Rummenigge (78. D. Hoeneß).
Tore: 0:1 Del'Haye (8.), 1:1 Dronia (9.), 1:2 Grobe (34.), 1:3 K.-H. Rummenigge (89.).
Gelb: Dronia, Pohl, Schnier, Schröder / Augenthaler, Dürnberger.
Schiedsrichter: Hans-Heinrich Barnick.

3. SPIELTAG

Bayern – Fortuna Düsseldorf 1:1 (0:1)

BAYERN: Pfaff – Dremmler, Maurer, Augenthaler, Dürnberger – Grobe, Lerby, Pflügler – Del'Haye (71. Meisel), M. Rummenigge, K.-H. Rummenigge (46. D. Hoeneß).
DÜSSELDORF: Kleff – Bockenfeld, Zewe, Kuczinski, Löhr – Weikl, Fach, Dusend, Bommer – Edvaldsson, Wenzel (66. Ormslev).
Tore: 0:1 Wenzel (20.), 1:1 Grobe (52.).
Gelb: Augenthaler, Maurer, Pflügler / Ormslev.
Schiedsrichter: Dieter Niebergall.

4. SPIELTAG

Kickers Offenbach – Bayern 2:3 (1:2)

OFFENBACH: Herr – Grünewald, Peukert, Kutzop, Paulus – Franusch, Trapp – Bein, Sandner – Michelberger, Palacios.
BAYERN: Pfaff – Beierlorzer, Augenthaler, Maurer, Dürnberger – Grobe, Lerby, Nachtweih, Pflügler – Meisel (53. Mathy), M. Rummenigge.
Tore: 0:1 Pflügler (22.), 0:2 M. Rummenigge (37.), 1:2 Sandner (43.), 2:2 Michelberger (52.), 2:3 Grobe (54.).
Gelb: Grünewald, Kutzop / Lerby.
Schiedsrichter: Günter Risse.

5. SPIELTAG

Bayern – Werder Bremen 0:0

BAYERN: Pfaff – Dremmler, Augenthaler, Maurer (46. Mathy), Dürnberger – Del'Haye, Lerby, Grobe, Pflügler – Nachtweih (81. Kraus), M. Rummenigge.
BREMEN: Burdenski – Schaaf, Pezzey, Gruber, Okudera – Möhlmann, Meier (70. Bracht), Sidka – Reinders, Neubarth (70. Siegmann), Völler.
Schiedsrichter: Wolf-Dieter Ahlenfelder.

6. SPIELTAG

Eintr. Braunschweig – Bayern 1:2 (0:1)

BRAUNSCHWEIG: Franke – Kindermann (83. Schön), Pahl, Bruns, Merkhoffer – Hollmann, Tripbacher, Lux – Zavisic (46. Studzizba), Keute, Worm.
BAYERN: M. Müller – Dremmler, Augenthaler, Grobe, Dürnberger – Del'Haye (75. Mathy), Nachtweih, Lerby, Pflügler – M. Rummenigge, K.-H. Rummenigge.
Tore: 0:1 M. Rummenigge (6.), 0:2 Grobe (55.), 1:2 Lux (60.).
Gelb: Pahl / –.
Schiedsrichter: Dieter Pauly.

7. SPIELTAG

Bayern – Waldhof Mannheim 6:0 (2:0)

BAYERN: Pfaff – Dremmler, Augenthaler, Grobe, Dürnberger – Nachtweih, Lerby (80. Kraus), Pflügler – Del'Haye, M. Rummenigge (70. Mathy), K.-H. Rummenigge.
MANNHEIM: Zimmermann – Knapp, Sebert, Schlindwein, Dickgießer – Quaisser, Hein, A. Schön – Olaidotter (80. Böhni), Walter (70. Bauer), Makan.
Tore: 1:0 Dremmler (7.), 2:0 Del'Haye (11.), 3:0 M. Rummenigge (58.), 4:0 K.-H. Rummenigge (70.), 5:0 K.-H. Rummenigge (80.), 6:0 K.-H. Rummenigge (89., Foulelfmeter).
Gelb: – / Bauer.
Schiedsrichter: Rüdiger Wuttke.

8. SPIELTAG

VfL Bochum – Bayern 3:1 (1:0)

BOCHUM: Zumdick – Gerland, Knüwe, Lameck, Gothe – Zugcic, Schulz (85. Kühn), Oswald, Bönighausen – Kuntz (85. Pater), Schreier.
BAYERN: Pfaff – Dürnberger, Augenthaler, Grobe, Dremmler – Nachtweih (61. Mathy), Lerby, Pflügler – Del'Haye (46. Meisel), M. Rummenigge, K.-H. Rummenigge.
Tore: 1:0 Schulz (8.), 2:0 Oswald (57.), 3:0 Schulz (76.), 3:1 K.-H. Rummenigge (90.).
Gelb: – / Pflügler.
Schiedsrichter: Volker Roth.

9. SPIELTAG

Bayern – Borussia M'gladbach 4:0 (2:0)

BAYERN: Pfaff – Dremmler, Augenthaler, Maurer, Dürnberger – Kraus, Lerby, Pflügler – Del'Haye (61. Nachtweih), M. Rummenigge, K.-H. Rummenigge.
M'GLADBACH: Sude – Herlovsen, Bruns, Hannes, Frontzeck – Krauss, Rahn, Matthäus, Schäfer – Mill (85. Criens), Lienen.
Tore: 1:0 Lerby (34.), 2:0 K.-H. Rummenigge (40.), 3:0 Kraus (73.), 4:0 K.-H. Rummenigge (87., Foulelfmeter).
Gelb: K.-H. Rummenigge / Hannes, Lienen.
Schiedsrichter: Manfred Neuner.

10. SPIELTAG

1. FC Köln – Bayern 2:0 (0:0)

KÖLN: Schumacher – Prestin, Strack, Steiner, Hönerbach – Hartmann, Engels (87. Willmer), Haas (65. Reif) – Littbarski, Fischer, Allofs.
BAYERN: Pfaff – Dremmler, Augenthaler, Beierlorzer, Dürnberger – Del'Haye, Kraus, Lerby (46. Pflügler), Nachtweih (59. Mathy) – M. Rummenigge, K.-H. Rummenigge.
Tore: 1:0 Steiner (49.), 2:0 Littbarski (76.).
Gelb: Fischer / Augenthaler, M. Rummenigge.
Schiedsrichter: Wilfried Heitmann.

11. SPIELTAG

VfB Stuttgart – Bayern 1:0 (0:0)

STUTTGART: Roleder – Schäfer, Niedermayer, K. Förster, B. Förster – Buchwald, Ohlicher, Allgöwer, Sigurvinsson – Reichert (78. Kempe), Kelsch.
BAYERN: Pfaff – Dremmler, Augenthaler, Beierlorzer, Dürnberger – Kraus (70. Nachtweih), Lerby, Pflügler – Mathy (70. Del'Haye), M. Rummenigge, K.-H. Rummenigge.
Tor: 1:0 Kelsch (56.).
Gelb: K. Förster / Dremmler, Dürnberger, Lerby.
Schiedsrichter: Karl-Heinz Tritschler.

12. SPIELTAG

Bayern – 1. FC Nürnberg 4:2 (1:2)

BAYERN: Pfaff – Nachtweih, Augenthaler, Beierlorzer, Dürnberger – Del'Haye, Mathy, Kraus, Pflügler – K.-H. Rummenigge, M. Rummenigge.
NÜRNBERG: Kargus – A. Reinhardt, Grahammer, Eder, Lotterman – J. Täuber, T. Brunner, Burgsmüller, H. Heidenreich – Heck (81. Abramczik), Trunk.
Tore: 0:1 Burgsmüller (17.), 1:1 A. Reinhardt (18., Eigentor), 1:2 Burgsmüller (21.), 2:2 Augenthaler (64.), 3:2 M. Rummenigge (83.), 4:2 K.-H. Rummenigge (90.).
Gelb: Augenthaler / Grahammer.
Schiedsrichter: Jakob Wippker.

13. SPIELTAG

Eintracht Frankfurt – Bayern 0:0

FRANKFURT: Pahl – Kraaz, Sziedat, Körbel, Falkenmayer – Berthold (87. Schreml), Sievers, Mohr (69. Müller), Kroth – Borchers, J. Svensson.
BAYERN: Pfaff – Dremmler, Lerby, Beierlorzer, Dürnberger – Del'Haye, Nachtweih, Kraus, Pflügler – Mathy (72. D. Hoeneß), M. Rummenigge.
Gelb: Körbel / Del'Haye, Pflügler.
Schiedsrichter: Manfred Uhlig.

14. SPIELTAG

Bayern – Hamburger SV 1:0 (0:0)

BAYERN: Pfaff – Dremmler, Augenthaler, Beierlorzer, Dürnberger – Nachtweih, Kraus, Lerby, Pflügler – K.-H. Rummenigge, M. Rummenigge (66. Del'Haye).
HAMBURG: Stein – Wehmeyer, Groh, Jakobs, Schröder – von Heesen, Hartwig, Magath, Rolff – Schatzschneider, Wuttke.
Tor: 1:0 K.-H. Rummenigge (81.).
Gelb: Augenthaler, Beierlorzer / Hartwig, Jakobs, Magath, Schröder.
Schiedsrichter: Werner Föckler.

15. SPIELTAG

1. FC Kaiserslautern – Bayern 0:1 (0:0)

K'LAUTERN: Hellström – Wolf, Dusek, Briegel, Brehme – Melzer (83. Brummer), Eilenfeldt, T. Allofs – Geye, T. Nilsson, Hübner (67. Kitzmann).
BAYERN: Pfaff – Dremmler, Augenthaler, Beierlorzer, Dürnberger – Lerby, Kraus, Pflügler – Del'Haye, D. Hoeneß, M. Rummenigge.
Tor: 0:1 Augenthaler (60.).
Gelb: – / Augenthaler, Lerby.
Schiedsrichter: Dieter Pauly.
Besonderes Vorkommnis: Pfaff hält Foulelfmeter von Brehme (49.).

16. SPIELTAG

Bayern – Borussia Dortmund 1:0 (0:0)

BAYERN: Pfaff – Dremmler, Augenthaler, Beierlorzer – Nachtweih (46. Del'Haye), Lerby, Kraus, Pflügler, Dürnberger – D. Hoeneß, M. Rummenigge.
DORTMUND: Immel – Rüssmann, Zorc, Konopka – Storck (60. Lusch), Tenhagen, Raducanu, Bittcher, Koch – Keser (36. Reich), Dreßel.
Tor: 1:0 Lerby (52.).
Gelb: – / Storck.
Schiedsrichter: Gerhard Theobald.

17. SPIELTAG

Bayer Uerdingen – Bayern 1:1 (1:0)

UERDINGEN: Vollack – Hofmann, Herget, Buttgereit, van de Loo – Thomas, F. Funkel, Feilzer, Raschid – Sackewitz (64. Jusufi), Loontiens.
BAYERN: Pfaff – Dremmler, Augenthaler, Grobe, Dürnberger (73. Mathy) – Lerby, Pflügler, Nachtweih – M. Rummenigge (66. Del'Haye), D. Hoeneß, K.-H. Rummenigge.
Tore: 1:0 Loontiens (11.), 1:1 K.-H. Rummenigge (82.).
Gelb: – / Lerby, M. Rummenigge.
Schiedsrichter: Heinz Werner.

18. SPIELTAG

Bayer Leverkusen – Bayern 1:5 (0:1)

LEVERKUSEN: Vollborn – Posner, Bast, Gelsdorf – Saborowski, Röber, Vöge, Wojtowicz, Bittorf (66. Patzke) – Cha, Waas.
BAYERN: Pfaff – Dremmler, Augenthaler, Beierlorzer – Nachtweih, Grobe, Kraus, Dürnberger Pflügler – Mathy (46. M. Rummenigge), K.-H. Rummenigge.
Tore: 0:1 K.-H. Rummenigge (26.), 0:2 Grobe (53.), 0:3 M. Rummenigge (57.), 0:4 Pflügler (66.), 0:5 K.-H. Rummenigge (69.), 1:5 Vöge (84.).
Gelb: – / K.-H. Rummenigge.
Schiedsrichter: Hans-Peter Dellwing.

19. SPIELTAG

Bayern – Arminia Bielefeld 3:1 (2:0)

BAYERN: Pfaff – Dremmler, Augenthaler, Beierlorzer – Nachtweih, Grobe, Kraus, Dürnberger, Pflügler – M. Rummenigge, K.-H. Rummenigge.
BIELEFELD: Kneib – Schnier, Wohlers, Geils, Dronia – Hupe, Butz (46. Rautiainen), Pagelsdorf (56. Grillemeier), Büscher – Ozaki, Westerwinter.
Tore: 1:0 M. Rummenigge (10.), 2:0 M. Rummenigge (27.), 2:1 Rautiainen (65.), 3:1 K.-H. Rummenigge (70., Foulelfmeter).
Gelb: Pflügler / Hupe, Kneib.
Schiedsrichter: Hans-Joachim Osmers.

20. SPIELTAG

Fortuna Düsseldorf – Bayern 4:1 (3:0)

DÜSSELDORF: Kleff – Kuczinski, Zewe, Löhr – Bockenfeld, Bommer, Fach, Dusend (77. Theis), Weikl – Edvaldsson, Thiele.
BAYERN: Pfaff – Dremmler, Augenthaler, Beierlorzer (36. D. Hoeneß) – Mathy (67. Del'Haye), Grobe, Kraus, Nachtweih, Dürnberger – M. Rummenigge, K.-H. Rummenigge.
Tore: 1:0 Dusend (30.), 2:0 Thiele (32.), 3:0 Nachtweih (38., Eigentor), 3:1 Dürnberger (73.), 4:1 Edvaldsson (89.).
Gelb: – / Grobe.
Schiedsrichter: Dr. Wolf-Rüdiger Umbach.

Dynamisch: Klaus Augenthaler (r.) stürmt den Betzenberg, Gegenspieler Bruno Hübner ist kein Hindernis. Am 15. Spieltag gewinnt Bayern erstmals seit acht Jahren wieder in Kaiserslautern. Augenthaler sorgt in der 60. Minute für den 1:0-Siegtreffer

21. SPIELTAG

Bayern – Kickers Offenbach 9:0 (5:0)

BAYERN: Pfaff – Dremmler (78. Del'Haye), Kraus, Beierlorzer – Nachtweih, Lerby, Dürnberger, Pflügler – M. Rummenigge (75. Mathy), D. Hoeneß, K.-H. Rummenigge.
OFFENBACH: Herr – Martin (46. Sandner), Kutzop, Demuth, Grünewald – Höfer, Franusch, Trapp, Riedl, Bein – Hofeditz.
Tore: 1:0 K.-H. Rummenigge (4.), 2:0 M. Rummenigge (6.), 3:0 K.-H. Rummenigge (14.), 4:0 K.-H. Rummenigge (36.), 5:0 Nachtweih (45.), 6:0 Pflügler (48.), 7:0 D. Hoeneß (54.), 8:0 Höfer (71., Eigentor), 9:0 K.-H. Rummenigge (82.).
Schiedsrichter: Winfried Walz.

22. SPIELTAG

Bayern – Eintr. Braunschweig 6:0 (1:0)

BAYERN: Pfaff – Dremmler, Augenthaler, Beierlorzer, Dürnberger – Kraus (56. Lerby), Pflügler, Nachtweih – M. Rummenigge (82. Mathy), D. Hoeneß, K.-H. Rummenigge.
BRAUNSCHWEIG: Franke – Worm, Hollmann, Kindermann, Geiger – Ellmerich, P. Geyer, Lux, Studzizba (56. Partzsch) – Keute (72. Zerr), Zavisic.
Tore: 1:0 K.-H. Rummenigge (14.), 2:0 D. Hoeneß (68.), 3:0 D. Hoeneß (70.), 4:0 D. Hoeneß (76.), 5:0 D. Hoeneß (87.), 6:0 D. Hoeneß (89.).
Schiedsrichter: Hans Wahmann.
Besonderes Vorkommnis: Franke hält Foulelfmeter von K.-H. Rummenigge (24.).

23. SPIELTAG

Waldhof Mannheim – Bayern 0:0

MANNHEIM: Zimmermann – D. Tsionanis, Sebert, Schlindwein, Dickgießer – Quaisser, Scholz, A. Schön, Hein – Olaidotter (75. Remark), Walter (89. Knapp).
BAYERN: Pfaff – Dremmler, Augenthaler, Beierlorzer, Dürnberger – Pflügler, Nachtweih, Kraus, Lerby – M. Rummenigge (46. D. Hoeneß), K.-H. Rummenigge.
Gelb: Dickgießer, Scholz / Augenthaler, Dürnberger.
Schiedsrichter: Manfred Uhlig.

24. SPIELTAG

Bayern – VfL Bochum 5:1 (4:0)

BAYERN: Pfaff – Nachtweih, Augenthaler, Beierlorzer, Dürnberger – Kraus (58. Martin), Lerby, Pflügler – M. Rummenigge (76. Mathy), D. Hoeneß, K.-H. Rummenigge.
BOCHUM: Zumdick – Knüwe, Lameck, Woelk, Zagorny – Zugcic, Bönighausen, Oswald, Schulz – Benatelli (46. Pater), Schreier.
Tore: 1:0 M. Rummenigge (7.), 2:0 Pflügler (9.), 3:0 D. Hoeneß (14.), 4:0 K.-H. Rummenigge (44.), 5:0 D. Hoeneß (73.), 5:1 Schreier (89.). **Schiedsrichter:** Peter Gabor.
Besonderes Vorkommnis: Zumdick hält Foulelfmeter von K.-H. Rummenigge (80.).

25. SPIELTAG

Borussia M'gladbach – Bayern 3:0 (0:0)

M'GLADBACH: Sude – Krauss, Bruns, Herlovsen, Borowka, Frontzeck – Matthäus, Schäfer (60. Criens), Rahn – Mill (89. Ringels), Lienen.
BAYERN: Pfaff – Nachtweih, Augenthaler, Beierlorzer – Kraus, Lerby, Pflügler (17. Grobe), Dürnberger – M. Rummenigge, D. Hoeneß, K.-H. Rummenigge (46. Mathy).
Tore: 1:0 Mill (79.), 2:0 Criens (82.), 3:0 Mill (89.).
Gelb: Bruns / Augenthaler, Kraus, M. Rummenigge.
Schiedsrichter: Werner Föckler.

26. SPIELTAG

Bayern – 1. FC Köln 4:2 (0:2)

BAYERN: Pfaff – Nachtweih, Augenthaler, Beierlorzer, Dürnberger – Kraus (46. Grobe), Lerby, Pflügler – Del'Haye (66. Mathy), D. Hoeneß, K.-H. Rummenigge.
KÖLN: Schumacher – Hönerbach, Lefkes, Steiner, Prestin – Littbarski, Hartmann (55. Willmer), Engels, Mennie (74. Strack) – Fischer, Allofs.
Tore: 0:1 Engels (8.), 0:2 Littbarski (27.), 1:2 K.-H. Rummenigge (52.), 2:2 Nachtweih (72.), 3:2 Mathy (75.), 4:2 Mathy (85.).
Gelb: Nachtweih / –.
Schiedsrichter: Willi Jaus (ab 68. Linienrichter A. Martino).

27. SPIELTAG

Bayern – VfB Stuttgart 2:2 (1:1)

BAYERN: Pfaff – Beierlorzer (28. Kraus), Augenthaler, Dürnberger – Grobe, Nachtweih, Lerby, Pflügler – M. Rummenigge, D. Hoeneß, K.-H. Rummenigge.
STUTTGART: Roleder (46. Jäger) – K. Förster, Makan (46. A. Müller), Buchwald, B. Förster – Niedermayer, Ohlicher, Allgöwer, Sigurvinsson – Kelsch, Corneliusson.
Tore: 1:0 Grobe (15.), 1:1 K. Förster (17.), 2:1 Grobe (49., Foulelfmeter), 2:2 Sigurvinsson (67.).
Gelb: Dürnberger, Pflügler, K.-H. Rummenigge / K. Förster.
Schiedsrichter: Wolf-Dieter Ahlenfelder.

28. SPIELTAG

1. FC Nürnberg – Bayern 2:4 (2:1)

NÜRNBERG: Kargus – Giske, Eder, A. Reinhardt, Grahammer – T. Brunner, J. Täuber (85. H. Heidenreich), Lieberwirth, Lottermann – Trunk, Burgsmüller.
BAYERN: Pfaff – Nachtweih, Augenthaler (69. Martin), Maurer, Pflügler – Kraus, Grobe, Lerby – M. Rummenigge (46. Mathy), D. Hoeneß, K.-H. Rummenigge.
Tore: 1:0 A. Reinhardt (3.), 2:0 Lieberwirth (10.), 2:1 Pflügler (11.), 2:2 Mathy (48.), 2:3 Mathy (84.), 2:4 Nachtweih (90.).
Gelb: – / Martin.
Schiedsrichter: Rüdiger Wuttke.

29. SPIELTAG

Werder Bremen – Bayern 3:2 (2:0)

BREMEN: Burdenski – Schaaf, Pezzey, Gruber, Otten – Möhlmann, Sidka, Okudera, Meier (84. Siegmann) – Völler (52. Neubarth), Reinders.
BAYERN: M. Müller – Nachtweih, Grobe, Beierlorzer, Dürnberger – Kraus (37. Mathy), Lerby, Pflügler – M. Rummenigge (78. Del'Haye), D. Hoeneß, K.-H. Rummenigge.
Tore: 1:0 Völler (26.), 2:0 Sidka (29.), 2:1 M. Rummenigge (50.), 2:2 K.-H. Rummenigge (53.), 3:2 Neubarth (77.).
Gelb: – / Beierlorzer.
Schiedsrichter: Karl-Josef Assenmacher.

30. SPIELTAG

Bayern – Eintracht Frankfurt 3:0 (2:0)

BAYERN: Pfaff – Dürnberger, Augenthaler, Beierlorzer – Nachtweih, Grobe, Lerby (78. Kraus), Pflügler – M. Rummenigge, Mathy, K.-H. Rummenigge.
FRANKFURT: Pahl – Kraaz, Fruck, Körbel, Trieb – Sievers, Kroth (58. Mohr), Falkenmayer, Borchers (67. Krämer) – J. Svensson, U. Müller.
Tore: 1:0 K.-H. Rummenigge (13.), 2:0 K.-H. Rummenigge (39.), 3:0 Mathy (51.).
Schiedsrichter: Peter Corell.
Besonderes Vorkommnis: Körbel schießt Foulelfmeter über das Tor (34.).

31. SPIELTAG

Hamburger SV – Bayern 2:1 (2:0)

HAMBURG: Stein – Kaltz, Groh, Jakobs, Wehmeyer – Hartwig, von Heesen (76. Wuttke), Magath, Rolff – Milewski, Schatzschneider.
BAYERN: Pfaff – Nachtweih, Augenthaler, Beierlorzer, Dürnberger – M. Rummenigge, Grobe, Lerby, Pflügler (32. Martin) – Mathy (46. D. Hoeneß), K.-H. Rummenigge.
Tore: 1:0 Hartwig (21.), 2:0 Kaltz (31., Foulelfmeter), 2:1 D. Hoeneß (76.).
Gelb: – / D. Hoeneß. **Schiedsrichter:** Hans-Peter Dellwing.

32. SPIELTAG

Bayern – 1. FC Kaiserslautern 5:2 (2:2)

BAYERN: Pfaff – Martin, Augenthaler, Maurer, Dürnberger – Lerby, Nachtweih, Kraus – M. Rummenigge (46. Del'Haye), D. Hoeneß, K.-H. Rummenigge.
K'LAUTERN: Hellström – Wolf, Melzer, Dusek, Brehme – Briegel, Eilenfeldt (78. Hoos), Geye, T. Allofs – T. Nilsson, Hübner (87. Löchelt).
Tore: 1:0 K.-H. Rummenigge (2.), 1:1 T. Nilsson (32.), 1:2 Wolf (34.), 2:2 K.-H. Rummenigge (45.), 3:2 Kraus (65., Foulelfmeter), 4:2 Lerby (79., Foulelfmeter), 5:2 Del'Haye (83.).
Schiedsrichter: Wilfried Heitmann.

33. SPIELTAG

Borussia Dortmund – Bayern 1:1 (0:0)

DORTMUND: Immel – Storck, Zorc, Rüssmann, Koch (46. Huber) – Konopka, Bittcher, Tenhagen (60. Keser), Raducanu – Klotz, Wegmann.
BAYERN: Pfaff – Martin, Augenthaler, Grobe, Dürnberger – Lerby, Kraus (84. Del'Haye), Nachtweih – M. Rummenigge (69. Beierlorzer), D. Hoeneß, K.-H. Rummenigge.
Tore: 0:1 Nachtweih (55.), 1:1 Keser (79.).
Gelb: Huber, Konopka / –.
Schiedsrichter: Dieter Niebergall.

34. SPIELTAG

Bayern – Bayer Uerdingen 3:2 (1:1)

BAYERN: Pfaff – Dremmler, Augenthaler, Grobe, Dürnberger – Lerby, Nachtweih, Kraus – K.-H. Rummenigge, D. Hoeneß (46. Mathy), M. Rummenigge.
UERDINGEN: Vollack – Klinger, Herget, Brinkmann, Buttgereit – Raschid, F. Funkel, Hofmann, Jusufi – Feilzer, Gulich (46. Sackewitz).
Tore: 1:0 K.-H. Rummenigge (17.), 1:1 Feilzer (26.), 1:2 Sackewitz (75.), 2:2 Mathy (83.), 3:2 M. Rummenigge (87.).
Gelb: – / Brinkmann.
Schiedsrichter: Norbert Brückner.

Abschlusstabelle

Pl.	Verein	Spiele	G	U	V	Tore	Diff.	Punkte
1	VfB Stuttgart	34	19	10	5	79:33	+46	48:20
2	Hamburg (M)	34	21	6	7	75:36	+39	48:20
3	M'gladbach	34	21	6	7	81:48	+33	48:20
4	Bayern	34	20	7	7	84:41	+43	47:21
5	Bremen	34	19	7	8	79:46	+33	45:23
6	Köln (P)	34	16	6	12	70:57	+13	38:30
7	Leverkusen	34	13	8	13	50:50	0	34:34
8	Bielefeld	34	12	9	13	40:49	–9	33:35
9	Braunschweig	34	13	6	15	54:69	–15	32:36
10	Uerdingen (A)	34	12	7	15	66:79	–13	31:37
11	Mannheim (A)	34	10	11	13	45:58	–13	31:37
12	Kaiserslautern	34	12	6	16	68:69	–1	30:38
13	Dortmund	34	11	8	15	54:65	–11	30:38
14	Düsseldorf	34	11	7	16	63:75	–12	29:39
15	Bochum	34	10	8	16	58:70	–12	28:40
16	Frankfurt	34	7	13	14	45:61	–16	27:41
17	Offenbach (A)	34	7	5	22	48:106	–58	19:49
18	Nürnberg	34	6	2	26	38:85	–47	14:54

DIE WEITEREN SIEGER DES JAHRES:

Europameister: Frankreich

Europacup der Landesmeister: FC Liverpool

Europacup der Pokalsieger: Juventus Turin

Uefa-Cup: Tottenham Hotspur

DFB-Pokal: FC Bayern

Alle Ergebnisse auf einen Blick

Waagerecht: alle Heimresultate. Senkrecht: alle Auswärtsresultate	Stuttgart	Hamburg	M'gladbach	Bayern	Bremen	Köln	Leverkusen	Bielefeld	Braunschweig	Uerdingen	Mannheim	Kaiserslautern	Dortmund	Düsseldorf	Bochum	Frankfurt	Offenbach	Nürnberg
Stuttgart		0:1	0:0	1:0	3:0	3:2	2:2	1:0	3:0	4:0	0:0	5:1	3:1	6:0	4:2	2:2	5:1	7:0
Hamburg	0:2		2:1	2:1	4:0	2:2	3:0	2:0	3:0	2:2	2:3	3:2	7:2	5:2	2:1	0:2	6:0	4:0
M'gladbach	2:0	4:0		3:0	3:1	4:2	3:1	3:0	6:2	7:1	3:0	3:2	2:1	1:1	4:2	1:1	3:2	2:0
Bayern	2:2	1:0	4:0		0:0	4:2	2:1	3:1	6:0	3:2	6:0	5:2	1:0	1:1	5:1	3:0	9:0	4:2
Bremen	1:2	0:0	2:0	3:2		1:0	3:0	3:0	4:0	5:2	5:0	1:1	2:1	2:0	5:2	2:3	8:1	2:0
Köln	2:2	1:4	1:2	2:0	1:4		2:0	2:3	2:1	3:0	2:0	1:4	5:2	1:0	3:0	7:0	1:0	3:1
Leverkusen	1:1	2:0	1:2	1:5	0:0	2:1		0:0	3:0	3:1	0:1	2:0	4:2	2:0	3:0	2:2	3:1	3:0
Bielefeld	0:0	0:1	2:2	1:3	2:0	1:2	3:0		0:0	3:1	1:1	3:2	0:0	1:3	2:1	2:1	3:1	1:0
Braunschweig	1:0	0:0	3:1	1:2	1:2	2:2	0:0	2:0		1:2	3:2	4:0	5:0	4:1	3:1	4:3	4:4	1:0
Uerdingen	3:2	3:1	1:1	1:1	0:3	4:6	2:1	1:3	4:0		1:1	3:1	2:1	1:3	1:2	5:2	4:2	1:0
Mannheim	2:2	0:1	2:3	0:0	2:0	2:2	0:3	0:2	2:2	1:4		2:0	4:1	1:1	3:3	1:1	6:1	1:0
Kaiserslautern	2:2	0:2	0:2	0:1	3:3	2:2	3:0	6:0	3:1	5:2	2:0		2:2	5:2	2:0	1:0	1:1	4:2
Dortmund	0:3	1:2	4:1	1:1	2:3	0:0	3:0	1:0	0:2	2:1	4:1	1:0		6:0	1:1	2:0	4:1	3:1
Düsseldorf	3:0	2:3	4:1	4:1	3:4	2:0	2:2	0:0	4:0	1:1	1:2	1:5	7:0		1:1	4:2	5:0	2:1
Bochum	0:1	1:1	0:4	3:1	3:3	2:3	2:1	2:3	3:1	2:2	1:0	4:1	2:2	6:1		4:1	1:0	2:0
Frankfurt	1:3	0:0	1:1	0:0	0:0	0:2	2:2	1:1	1:2	2:2	1:3	3:0	2:2	3:0	1:0		3:0	3:1
Offenbach	1:2	0:4	4:3	2:3	3:7	2:0	0:2	2:2	1:2	3:2	0:2	3:2	0:0	5:1	2:2	2:1		3:1
Nürnberg	0:6	1:6	1:3	2:4	2:0	1:3	2:3	2:0	4:2	2:4	0:0	3:4	0:2	2:1	3:1	0:0	4:0	

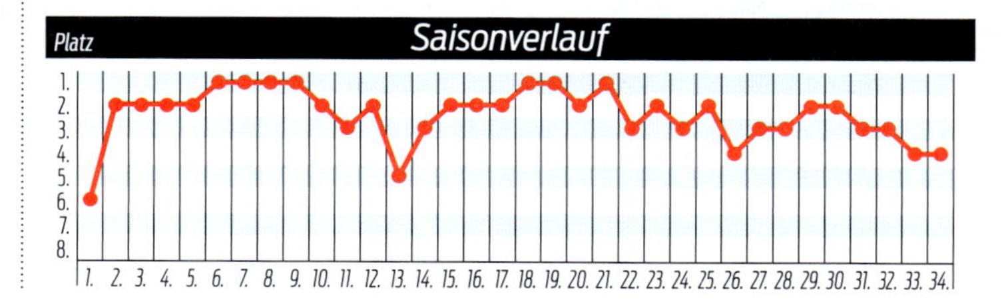

START-ZIEL-SIEG: 34 SP

Die Bayern emanzipieren sich schnell von Karl-Heinz Rummenigge. Und sie bekommen einen neuen Gegner: Werder Bremen

Die bis dahin höchste Ablösesumme in der Geschichte des deutschen Fußballs versetzt die Bayern vor ihrer 20. Bundesliga-Saison in eine ungewohnte Lage. Keiner redet von „müssen", keiner von „Druck". Als die rund 10,5 Millionen D-Mark für Karl-Heinz Rummenigge auf dem Konto sind, haben sich auch die letzten Sorgen von Schatzmeister Fritz Scherer verflüchtigt: „Wir hatten Angst, von ganz oben zu verschwinden", gibt er zu.

Uli Hoeneß steckt einem Journalisten im Vertrauen, die wirtschaftliche Lage sei so gut, „dass wir diese Saison eigentlich gar keine Zuschauer brauchen". Sein Vertrauen wird enttäuscht, das publizierte Zitat stärkt das Image von den arroganten Bayern.

Dabei gehen sie voller Demut in das Jahr eins nach Rummenigge, sie glauben nicht an die Klasse ihrer Mannschaft. Uli Hoeneß: „Erstmals seit vielen Jahren sind wir nicht im Zugzwang, nun unbedingt Meister werden oder den Europapokal erreichen zu müssen. Das wird lediglich ein Übergangsjahr." Platz fünf sei genug, „Hauptsache, wir kommen in den Uefa-Cup." Auch Trainer Udo Lattek stellt im Juli 1984 kurz vor Saisonbeginn fest: „Ich stehe auf dem Nullpunkt. Es ist wieder mal ein Neuanfang."

Doch die Bayern sind plötzlich befreit, wie emanzipiert. Klaus Augenthaler, der Rummenigge als Kapitän ablöst, sagt: „Wir haben uns alle gegen ihn profiliert." Stürmer Reinhold Mathy stellt nach den ersten Saisonspielen fest: „Man erhält jetzt mehr Ballkontakte, die einem helfen, ins Spiel zu kommen. Kalle war immer Anspielstation Nummer eins. Wenn der gerufen hat, dann bekam er jeden Ball. Heute werden die Bälle auf mehrere Spieler verteilt."

Und Verteidiger Bernd Martin erkennt schier Unglaubliches: „Vor allem in den ersten Spielen ohne Kalle wurden wir glatt unterschätzt." Was die Gegner bereuen: Die Münchner starten mit sechs Siegen in die Saison – Bundesliga-Rekord 1984. Dann erst verlieren sie Punkte, sogar beide beim 1:2 gegen Waldhof Mannheim.

Die Tabellenführung aber behalten sie. Seit dem ersten Spieltag stehen sie an der Spitze, da noch punktgleich mit Mönchengladbach und dem 1. FC Köln (alle 2:0 Punkte und 3:1 Tore). Und sie geben sie bis zum letzten Schiedsrichter-Pfiff der Saison Anfang Juni 1985 nicht mehr ab. Ein Start-Ziel-Sieg.

Das ist ihnen schon 1969 und 1973 gelungen, diesmal aber müssen sie bis zum 34. Spieltag um die Meisterschale zittern. Die große Ära des HSV neigt sich dem Ende zu, aber eine andere Mannschaft aus dem Norden bleibt ihnen hartnäckig auf den Fersen: Werder Bremen.

In der Hansestadt unterliegen die Bayern am 19. Spieltag 2:4, Udo Lattek verliert die Beherrschung. Auf der Pressekonferenz macht er aus seiner Antipathie zu Kollege

ELTAGE AN DER SPITZE

Otto Rehhagel keinen Hehl. Auf die Frage, warum die beiden Trainer ein angespanntes Verhältnis hätten, antwortet er: „Wir haben gar kein Verhältnis.“

Es ist ein hoch emotionales Duell mit Werder. In der Endphase der Saison verspricht Bremens Manager Willi Lemke jedem Bayern-Gegner „ein Fass Bier pro Punkt“. Der Psychotrick verfehlt allerdings letztlich seine Wirkung: Am letzten Spieltag verliert Werder 0:2 bei Borussia Dortmund, Bayern siegt 1:0 bei Eintracht Braunschweig. So weist die Bundesliga-Tabelle am Ende einen komfortablen Vier-Punkte-Vorsprung aus.

Es ist der Auftakt eines neuen Nord-Süd-Derbys, das die Bundesliga belebt. 1985 gewinnen die Bayern, weil sie dank der Rummenigge-Millionen den größten Kader haben (25 Profis und zwei Amateure) – und Uli Hoeneß nie besser einkauft als diesmal.

Kabinenfest nach dem 1:0 in Braunschweig am letzten Spieltag: Hansi Pflügler, Ludwig Kögl, Søren Lerby, Norbert Eder (mit Meisterschale), Lothar Matthäus, Bernd Dürnberger, Raimond Aumann, Wolfgang Dremmler (hinten v. l.), Reinhold Mathy, Jean-Marie Pfaff, Holger Willmer, Norbert Nachtweih (verdeckt), Bertram Beierlorzer und Dieter Hoeneß

Verteidiger Norbert Eder, die Mittelfeldspieler Lothar Matthäus und Holger Willmer sowie die Stürmer Roland Wohlfarth und Ludwig Kögl werden alle Stammspieler. Die Atmosphäre in der Mannschaft stimmt, es entwickelt sich eine neue Hierarchie. Matthäus registriert erfreut einen „gesunden Konkurrenzkampf“. Am meisten knistert es noch zwischen ihm und Søren Lerby, dem Matthäus vorhält: „Er hält den Ball zu lange.“ Mehr Hauskrach gibt es nicht in der Saison 1984/85.

Als Lattek am 17. Januar 1985 im Franziskaner-Keller seinen 50. Geburtstag nachfeiert, wird er sentimental und gesteht seinen Spielern: „Ich darf euch ja gar nicht im Alltag sagen, wie ich euch Kerle liebe, wie mir die Arbeit mit euch Spaß macht.“

Roland Wohlfarth (M.) mit dem 3:0 gegen Gladbach (29. Spieltag). Er trifft 1984/85 zwölfmal

„Große Nummer ohne große Namen“, betitelt das „Fußball Magazin“ seine Geschichte über den neuen Meister. Was sich auch in der deutschen Nationalmannschaft niederschlägt. In der WM-Qualifikation baut Franz Beckenbauer, der nach der enttäuschenden Europameisterschaft 1984 in Frankreich (Aus in der Vorrunde) Bundestrainer Jupp Derwall abgelöst hat, nur auf Matthäus. Erst zum Ende der Saison wird auch Augenthaler nach über einem Jahr Pause wieder berücksichtigt und Kögl auf der Mexiko-Reise im Juni 1985 Nationalspieler.

Auch Trainer Udo Lattek wird nicht müde zu betonen, dass „wir keine Super-Elf sind. Unsere angebliche Überlegenheit ist eine glatte Lüge.“ Für den „Kicker“ sind die Bayern ein „Meister aus Trotz“. Das bestätigt auch Lattek mit dieser Aussage: „Die größte Hilfe war Rummenigge – allein weil er weg war! Da mussten die anderen beweisen, dass sie auch ohne ihn was erreichen konnten.“

Europacup der Pokalsieger

Kein Durchkommen für Michael Rummenigge und Hansi Pflügler (r.) gegen Everton

Tor von Hoeneß im Halbfinale zu wenig

In der ersten Runde schaltet Bayern erwartungsgemäß die Norweger vom FK Moss mit 4:1 und 2:1 (auswärts) aus. Der neue, junge Linksverteidiger Hansi Pflügler trifft in München doppelt, Lothar Matthäus sieht im Hinspiel noch vor der Pause Rot. Auch gegen Trakia Plovdiv in der zweiten Runde legt die Mannschaft von Udo Lattek im Heimspiel den Grundstein zum Weiterkommen: Sie siegt 4:1, muss beim 0:2 in Bulgarien aber bis zum Schluss zittern. Ein Tor mehr für Plovdiv – und Bayern wäre ausgeschieden. Im Viertelfinale gegen den AS Rom folgen zwei überzeugende Spiele: Klaus Augenthaler und Dieter Hoeneß schießen die Tore beim 2:0 im Hinspiel, in Rom sorgen Matthäus und Ludwig Kögl für die Tore zum 2:1-Erfolg. Im Halbfinale ist wieder einmal gegen eine britische Mannschaft Endstation: Nach torlosem Hinspiel schießt Hoeneß die Bayern beim FC Everton zwar in Führung, die Partie endet aber 1:3.

DFB-Pokal

Wolfgang Schäfer (r.) verlädt Raimond Aumann – der 2:1-Siegtreffer

1. Finale in Berlin – Uerdingen siegt

Bei Zweitliga-Absteiger BV Lüttringhausen macht sich Zugang Roland Wohlfarth erstmals bezahlt, erzielt den 1:0-Siegtreffer. Leichter fällt es den Bayern in Runde zwei bei Friesen Hänigsen (8:0). Im Achtelfinale gegen Waldhof Mannheim (1:0) sticht Joker Dieter Hoeneß, im Viertelfinale bei Bayer Leverkusen hat Wohlfarth einen großen Tag und trägt zwei Tore zum 3:1-Erfolg bei. Ein umstrittener Elfmeterpfiff im Halbfinale gegen Vorjahresfinalist Gladbach bringt die Bayern ins Endspiel: Søren Lerby verwandelt zum 1:0 (101.). Erstmals nach dem 2. Weltkrieg wird das Finale wieder in Berlin ausgetragen, Gegner ist eine Mannschaft aus dem Bayer-Werk: Außenseiter Uerdingen. Dieter Hoeneß (8.) trifft früh zum 1:0, doch im Gegenzug fällt durch Horst Feilzer der Ausgleich. Wolfgang Dremmler fliegt nach 48 Minuten vom Platz, das Spiel kippt. Wolfgang Schäfer (66.) entscheidet es zugunsten Uerdingens. 2:1, der Endstand.

TRAINER

UDO LATTEK
„Von meinen elf Titeln bis jetzt ist mir dieser der liebste, weil er der schwierigste und daher auch der schönste war", sagt Lattek. Als erster Bayern-Trainer erreicht er die Marke von 200 Bundesliga-Spielen – am 3. Spieltag beim 3:1 in Uerdingen.

DIE TOP-ELF DER SAISON

Bernd Dürnberger

Holger Willmer

DER SPIELER DES JAHRES

Lothar Matthäus *erfüllt die hohen Erwartungen in seinem ersten Münchner Jahr und ist seine Ablöse (2,4 Mio. DM) wert. Für Udo Lattek ist er „das Herzstück" der Elf. Erstmals schießt ein Mittelfeldspieler in der Bundesliga die meisten Bayern-Tore – Matthäus trifft 16-mal. Beim 5:1-Sieg in der Tschechoslowakei am 30. April 1985 schießt er sein erstes Länderspieltor. Matthäus steht in München weit stärker im Fokus als in Mönchengladbach und staunt: „Nie hat man seine Ruhe. Daran muss ich mich erst gewöhnen."*

Der Kader

NAME	SPIELE	TORE
Raimond Aumann	20	0
Jean-Marie Pfaff	14	0
Klaus Augenthaler	32	5
Bertram Beierlorzer	12	0
Wolfgang Dremmler	29	1
Norbert Eder	34	2
Bernd Martin	8	0
Hans Pflügler	17	2
Holger Willmer	29	3
Bernd Dürnberger	20	2
Wolfgang Grobe	3	1
Søren Lerby	28	11
Lothar Matthäus	33	16
Norbert Nachtweih	25	3
Dieter Hoeneß	20	7
Ludwig Kögl	27	1
Reinhold Mathy	24	7
Michael Rummenigge	24	5
Roland Wohlfarth	32	12

REINHOLD MATHY macht Michael Rummenigge erhebliche Konkurrenz im Sturm, erzielt sieben Tore

Transfers

LUDWIG KÖGL dribbelt sich schnell in die Herzen der Fans. Der 1,71 m große Offensivspieler, den Uli Hoeneß bei 1860 entdeckt hat, bewältigt den Sprung aus der drittklassigen Bayernliga in die Bundesliga spielend leicht, kommt in seiner ersten Saison gleich auf 27 Einsätze. Einziges Manko: Er ist vor dem Tor zu ungefährlich. Kögl erzielt nur einen Treffer und in seiner gesamten Münchner Zeit bis 1990 nur acht in 149 Bundesliga-Begegnungen. Nach seiner ersten Saison wird er im Juni 1985 Nationalspieler, aber nur noch im November 1985 einmal berufen.

SPIELER	VON VEREIN	ABLÖSESUMME
Norbert Eder	1. FC Nürnberg	150 000 DM
Lothar Matthäus	Bor. Mönchengladbach	2,4 Mio. DM
Holger Willmer	1. FC Köln	-
Ludwig Kögl	TSV 1860 München	80 000 DM
Roland Wohlfarth	MSV Duisburg	1 Mio. €

Tops & Flops

BERTRAM BEIERLORZER ist zwar nur Reservist, aber mit dem Verteidiger verliert Bayern kein Bundesliga-Spiel. Seine Bilanz: zehn Siege, zwei Unentschieden.

FANS Die Euphorie um Udo Lattek, Liebling der Fans, hält weiter an: 32 764 Zuschauer (rund 2850 mehr als 1983/84) kommen im Schnitt, auswärts sogar 40 240. Zweimal Platz 1 in der Liga.

FRÜHERE ANGSTGEGNER Wie 1983/84 gewinnt der FCB wieder in Kaiserslautern und Braunschweig (zweimal 1:0), der Fluch ist endgültig vertrieben.

WILLI O. HOFFMANN Der Präsident gerät im März 1985 in die Schlagzeilen wegen fragwürdiger Bauherrenmodelle und Steuerhinterziehung (100 000 DM Strafe).

JEAN-MARIE PFAFF Der Belgier erlebt eine Seuchensaison, hat nur 14 Einsätze in der Bundesliga. Leisten-OP und Blinddarm-OP kosten ihn den Stammplatz. Raimond Aumann übernimmt.

ULI HOENESS wettet gegen Søren Lerby, dass der Däne keine 10 Saisontore erzielt. Am 25. Spieltag, Lerbys 6:0 gegen Düsseldorf, muss Hoeneß 1000 DM zahlen.

1. SPIELTAG

Arminia Bielefeld – Bayern 1:3 (0:1)

BIELEFELD: Kneib – Schnier (69. Ozaki), Wohlers, Hupe – Foda, Ellguth (74. Kühlhorn), Rautiainen, Dronia, Pohl – Pater, Reich.
BAYERN: Aumann – Eder, Augenthaler, Pflügler – Martin, Dremmler, Lerby, Matthäus, Nachtweih – Wohlfarth (86. Willmer), M. Rummenigge (61. Kögl).
Tore: 0:1 Dremmler (17.), 1:1 Reich (56.), 1:2 Nachtweih (67.), 1:3 Matthäus (81.).
Gelb: Dronia, Pohl / Lerby, M. Rummenigge.
Schiedsrichter: Peter Gabor.

2. SPIELTAG

Bayern – Werder Bremen 4:2 (2:1)

BAYERN: Aumann – Eder, Augenthaler, Pflügler – Martin, Dremmler, Nachtweih (46. Kögl), Matthäus, Lerby – M. Rummenigge, Wohlfarth (75. Grobe).
BREMEN: Burdenski – Schaaf, Pezzey, Kutzop, Otten (70. Hermann) – Möhlmann, Sidka, Okudera, Meier (47. Neubarth) – Reinders, Völler.
Tore: 1:0 M. Rummenigge (15.), 2:0 Lerby (39.), 2:1 Pezzey (43.), 3:1 Lerby (53.), 3:2 Neubarth (61.), 4:2 Lerby (87.).
Gelb: Pflügler / Pezzey.
Schiedsrichter: Manfred Uhlig.

3. SPIELTAG

Bayer Uerdingen – Bayern 1:3 (1:1)

UERDINGEN: Vollack – van de Loo, Herget, Brinkmann (81. Schäfer) – Klinger, W. Funkel, Wöhrlin, F. Funkel, Raschid – Feilzer (71. Thomas), Loontiens.
BAYERN: Aumann – Dürnberger, Augenthaler, Eder, Pflügler – Dremmler, Matthäus, Lerby, Kögl (76. Beierlorzer) – M. Rummenigge, Wohlfarth.
Tore: 1:0 Herget (10.), 1:1 Wohlfarth (44.), 1:2 Lerby (76.), 1:3 Matthäus (88.).
Gelb: Herget, Klinger / Augenthaler, Kögl, Lerby.
Schiedsrichter: Volker Roth.

4. SPIELTAG

Bayern – Borussia Dortmund 1:0 (0:0)

BAYERN: Aumann – Dürnberger, Augenthaler, Eder, Pflügler – Dremmler, Matthäus (66. Beierlorzer), Nachtweih, Willmer (46. Kögl) – Wohlfarth, M. Rummenigge.
DORTMUND: Immel – Egli, Rüssmann, Koch, Anderbrügge – Lusch, Schüler (61. Simmes), Raducanu, Zorc – Wegmann (70. Michel), Klotz.
Tor: 1:0 Matthäus (61.).
Gelb: Dremmler / –.
Schiedsrichter: Hans-Joachim Osmers.

5. SPIELTAG

Bayern – 1. FC Köln 2:0 (0:0)

BAYERN: Aumann – Martin, Augenthaler, Eder, Pflügler – Dürnberger, Beierlorzer, Matthäus, Nachtweih (46. Kögl) – Wohlfarth, M. Rummenigge.
KÖLN: Schumacher – Hartwig, Lefkes, Steiner, Gielchen – Haas (54. Hartmann), Hönerbach, Lehnhoff (71. Bein), Engels – Littbarski, K. Allofs.
Tore: 1:0 M. Rummenigge (75.), 2:0 Wohlfarth (90.).
Gelb: – / K. Allofs, Hartwig.
Schiedsrichter: Hans-Heinrich Barnick.

6. SPIELTAG

VfB Stuttgart – Bayern 1:3 (0:2)

STUTTGART: Roleder – Schäfer, B. Förster, K. Förster – Kempe (57. Lorch), Ohlicher, Allgöwer, Sigurvinsson, Müller (81. Reichert) – Claesen, Klinsmann.
BAYERN: Aumann – Dürnberger, Augenthaler, Eder, Pflügler – Dremmler, Matthäus, Lerby, Willmer – Wohlfarth, M. Rummenigge (71. Kögl).
Tore: 0:1 Pflügler (37.), 0:2 Dürnberger (44.), 1:2 Ohlicher (68.), 1:3 Wohlfarth (90.).
Gelb: – / Dremmler, Wohlfarth.
Schiedsrichter: Dieter Pauly.

7. SPIELTAG

Bayern – Waldhof Mannheim 1:2 (0:0)

BAYERN: Aumann – Eder, Augenthaler, Willmer – Dürnberger, Dremmler, Nachtweih, Matthäus, Kögl – M. Rummenigge (70. D. Hoeneß), Wohlfarth.
MANNHEIM: Pradt – Tsionanis, Sebert, Dickgießer – Kohler, Schlindwein, Scholz, Heck, Schön – Bührer (90. Remark), Walter (77. Knapp).
Tore: 1:0 Dürnberger (62.), 1:1 Schlindwein (67.), 1:2 Heck (75.).
Gelb: Wohlfarth / Bührer.
Schiedsrichter: Hans-Peter Dellwing.

8. SPIELTAG

Fortuna Düsseldorf – Bayern 0:2 (0:0)

DÜSSELDORF: Greiner – Edvaldsson, Zewe, Bunte – Bockenfeld, Bommer, Fach, Dusend (82. Fleer), Weikl – Thiele (31. Grabotin), Holmquist.
BAYERN: Aumann – Beierlorzer (46. D. Hoeneß), Augenthaler, Eder – Dürnberger, Dremmler, Matthäus, Nachtweih, Willmer – M. Rummenigge (75. Kögl), Wohlfarth.
Tore: 0:1 Zewe (68., Eigentor), 0:2 Wohlfarth (77.).
Gelb: Bommer / –.
Schiedsrichter: Dieter Niebergall.

9. SPIELTAG

Bayern – Eintracht Frankfurt 4:2 (3:0)

BAYERN: Aumann – Augenthaler, Eder, Willmer – Dürnberger, Lerby (82. Martin), Nachtweih, Matthäus, Dremmler – M. Rummenigge (72. D. Hoeneß), Wohlfarth.
FRANKFURT: Pahl – Sievers (60. Tobollik), Kroth, Körbel, Kraaz – Trieb, Berthold, Mohr, Falkenmayer – Müller, Svensson.
Tore: 1:0 Wohlfarth (9.), 2:0 M. Rummenigge (39.), 3:0 Wohlfarth (42.), 3:1 Berthold (48.), 4:1 Matthäus (82.), 4:2 Kroth (86.).
Gelb: Lerby / Berthold, Mohr.
Schiedsrichter: Werner Schütte.

10. SPIELTAG

FC Schalke 04 – Bayern 1:1 (0:1)

SCHALKE: Junghans – Kleppinger, Dietz, Schipper, Jakobs – Dierßen, Opitz (75. Berge), Thon, Memering (70. Kruse) – Schatzschneider, Täuber.
BAYERN: Aumann – Martin, Augenthaler, Eder, Willmer – Dürnberger, Lerby, Matthäus, Dremmler – M. Rummenigge, Wohlfarth.
Tore: 0:1 Augenthaler (31.), 1:1 Dietz (79.).
Schiedsrichter: Wilfried Heitmann.

11. SPIELTAG

Bayern – Hamburger SV 1:1 (1:0)

BAYERN: Aumann – Eder, Augenthaler, Willmer – Martin, Dremmler, Matthäus, Lerby, Dürnberger – M. Rummenigge (58. Mathy), Wohlfarth (86. D. Hoeneß).
HAMBURG: Stein – Hofmeister (46. Wuttke), Jakobs, Schröder – Kaltz, Soler, Rolff, Magath, Wehmeyer – McGhee, von Heesen.
Tore: 1:0 Wohlfarth (36.), 1:1 von Heesen (87.).
Gelb: Lerby / Magath, Schröder, Wuttke.
Schiedsrichter: Franz-Josef Hontheim.

12. SPIELTAG

Borussia M'gladbach – Bayern 3:2 (3:1)

M'GLADBACH: Sude – Krauss, Bruns, Hannes, Borowka – Herlovsen, Rahn, Lienen, Frontzeck – Mill (90. Herbst), Criens (77. Hochstätter).
BAYERN: Pfaff – Dremmler, Augenthaler, Eder, Willmer (75. Kögl) – Nachtweih, Matthäus, Lerby – Mathy, D. Hoeneß, Wohlfarth.
Tore: 1:0 Mill (21.), 1:1 Mathy (24.), 2:1 Borowka (27.), 3:1 Frontzeck (33.), 3:2 D. Hoeneß (87.).
Gelb: Mill / Augenthaler, Mathy, Nachtweih.
Schiedsrichter: Dieter Niebergall.

13. SPIELTAG

Bayern – VfL Bochum 2:2 (2:2)

BAYERN: Pfaff – Martin, Augenthaler, Eder – Dremmler, Matthäus, Grobe, Nachtweih (57. Kögl), Dürnberger – Mathy (77. D. Hoeneß), Wohlfarth.
BOCHUM: Zumdick – Knüwe, Tenhagen, Zugcic – Schulz, Woelk, Oswald, Lameck, Bönighausen (46. Kree) – Fischer, Kuntz.
Tore: 0:1 Oswald (6.), 1:1 Grobe (15.), 2:1 Mathy (18.), 2:2 Kuntz (24., Foulelfmeter).
Gelb: Dremmler, Dürnberger, Matthäus / Woelk, Zugcic.
Schiedsrichter: Gerd Zimmermann.

14. SPIELTAG

Bayer Leverkusen – Bayern 3:0 (1:0)

LEVERKUSEN: Vollborn – Geschlecht, Bast, Gelsdorf – Winklhofer, Hinterberger, Röber (87. Reinhardt), Hörster (87. Pomp), Giske – Waas, Cha.
BAYERN: Pfaff – Eder, Augenthaler, Willmer – Dremmler, Grobe (46. Kögl), Matthäus, Lerby, Nachtweih – Mathy, Wohlfarth (61. D. Hoeneß).
Tore: 1:0 Giske (8.), 2:0 Röber (64.), 3:0 Waas (76.).
Gelb: Bast, Hörster, Winklhofer / Eder, Lerby, Matthäus.
Schiedsrichter: Werner Föckler.

Toni Schumacher (l.) reklamiert Abseits – vergeblich: Das Tor von Dieter Hoeneß am 22. Spieltag in Köln zählt. Bayern führt in der 28. Minute 1:0. Hinten jubelt Søren Lerby

15. SPIELTAG

Bayern – Karlsruher SC 6:2 (3:1)

BAYERN: Pfaff – Dremmler, Augenthaler, Eder (46. Martin), Willmer – Nachtweih, Matthäus, Lerby – Mathy, Wohlfarth (70. Kögl), M. Rummenigge.
KARLSRUHE: Fuhr – Roth, Theiss, Pfitzner, Boysen (80. Nadu) – Keim, Löw, Becker, Dittus (53. Harforth) – Künast, Bühler.
Tore: 1:0 Mathy (10.), 1:1 Becker (19.), 2:1 Mathy (30.), 3:1 Matthäus (33.), 4:1 Lerby (47., Foulelfmeter), 4:2 Becker (68.), 5:2 Lerby (70.), 6:2 Augenthaler (85.).
Schiedsrichter: Rüdiger Wuttke.

16. SPIELTAG

1. FC Kaiserslautern – Bayern 0:1 (0:1)

K'LAUTERN: Ehrmann – Wolf, Bold, Dusek, Brehme (46. Majewski) – Melzer, Geye, Kitzmann – Eilenfeldt (20. Hoos), T. Allofs, Trunk.
BAYERN: Pfaff – Dremmler, Augenthaler, Eder, Willmer – Nachtweih, Matthäus, Lerby – Mathy (64. Kögl), Wohlfarth (80. D. Hoeneß), M. Rummenigge.
Tor: 0:1 Matthäus (42.).
Schiedsrichter: Hans-Joachim Osmers.
Besonderes Vorkommnis: Lerby verschießt Foulelfmeter (29.).

17. SPIELTAG

Bayern – Eintr. Braunschweig 3:0 (2:0)

BAYERN: Pfaff – Dremmler, Eder, Augenthaler, Willmer – Nachtweih, Matthäus, Lerby (75. Dürnberger) – Mathy, D. Hoeneß, M. Rummenigge (58. Kögl).
BRAUNSCHWEIG: Hoßbach – Geiger, Bruns, Pahl, Kindermann – Tripbacher, Posipal (46. Sackewitz), Gorski, Hintermaier (73. Scheike) – Worm, Lux.
Tore: 1:0 D. Hoeneß (7.), 2:0 Matthäus (45., Foulelfmeter), 3:0 Matthäus (66.).
Gelb: Matthäus / Lux.
Schiedsrichter: Anton Matheis.

18. SPIELTAG

Bayern – Arminia Bielefeld 3:3 (2:1)

BAYERN: Aumann – Dremmler, Augenthaler, Eder, Dürnberger – Lerby, Nachtweih (71. M. Rummenigge), Matthäus – Wohlfarth, Mathy, Kögl (46. D. Hoeneß).
BIELEFELD: Kneib – Büscher, Wohlers, Hupe, Schnier – Dronia, Foda, Borchers, Rautiainen, Schröder – Ozaki (88. Pater).
Tore: 1:0 Augenthaler (25.), 1:1 Dronia (31.), 2:1 Lerby (44.), 2:2 Borchers (60.), 2:3 Rautiainen (68.), 3:3 D. Hoeneß (73.).
Schiedsrichter: Dr. Wolf-Rüdiger Umbach.

19. SPIELTAG

Werder Bremen – Bayern 4:2 (2:1)

BREMEN: Burdenski – Schaaf, Pezzey, Otten, Okudera – Möhlmann, Sidka, Hermann, Meier – Völler, Reinders.
BAYERN: Aumann – Dremmler, Augenthaler, Eder, Willmer – Lerby, Dürnberger (30. M. Rummenigge), Matthäus, Nachtweih – Wohlfarth, Mathy.
Tore: 1:0 Völler (8.), 2:0 Reinders (12., Foulelfmeter), 2:1 Nachtweih (44.), 3:1 Hermann (48.), 3:2 Wohlfarth (61.), 4:2 Völler (71.).
Gelb: – / Augenthaler.
Schiedsrichter: Wolf-Dieter Ahlenfelder.

20. SPIELTAG

Bayern – Bayer 05 Uerdingen 2:1 (1:1)

BAYERN: Pfaff – Dremmler, Augenthaler, Eder – Dürnberger, Matthäus, Nachtweih, Lerby, Willmer – Wohlfarth (76. M. Rummenigge), Mathy (46. D. Hoeneß).
UERDINGEN: Vollack – Wöhrlin (83. Loontiens), Herget, van de Loo – Feilzer, W. Funkel, Brinkmann, F. Funkel, Raschid (58. Buttgereit) – Schäfer, Gudmundsson.
Tore: 0:1 Schäfer (9.), 1:1 Willmer (34.), 2:1 Hoeneß (72.).
Gelb: Augenthaler / Brinkmann.
Schiedsrichter: Udo Horeis.

21. SPIELTAG

Borussia Dortmund – Bayern 1:1 (1:1)

DORTMUND: Immel – Huber (14. Storck), Loose, Rüssmann, Kutowski – Bittcher, Zorc, Anderbrügge, Raducanu – Wegmann, Dreßel (71. Simmes).
BAYERN: Pfaff – Dremmler, Beierlorzer, Eder, Willmer – Lerby, Matthäus, Nachtweih (71. Mathy), Dürnberger – D. Hoeneß, Wohlfarth (90. M. Rummenigge).
Tore: 1:0 Anderbrügge (7.), 1:1 Matthäus (15., Foulelfmeter).
Gelb: – / Lerby, Nachtweih.
Schiedsrichter: Peter Gabor.

22. SPIELTAG

1. FC Köln – Bayern 0:2 (0:1)

KÖLN: Schumacher – Prestin, Steiner, Hönerbach, Geils (81. Dickel) – Lehnhoff, Hartwig, Bein, Engels, Gielchen (60. Strack) – K. Allofs.
BAYERN: Pfaff – Eder, Augenthaler, Willmer – Matthäus, Nachtweih, Lerby, Pflügler – Mathy (79. Beierlorzer), D. Hoeneß (48. Kögl), Wohlfarth.
Tore: 0:1 D. Hoeneß (28.), 0:2 Matthäus (89.).
Gelb: Hönerbach / –.
Schiedsrichter: Gerhard Theobald.

23. SPIELTAG

Bayern – VfB Stuttgart 3:2 (0:1)

BAYERN: Pfaff – Dremmler, Augenthaler, Eder, Willmer – Dürnberger (46. Kögl), Matthäus, Lerby, Pflügler – Mathy, M. Rummenigge (82. Beierlorzer).
STUTTGART: Roleder – Schäfer, Niedermayer, K. Förster, B. Förster – Kempe (73. Maurer), Ohlicher, Allgöwer, Müller – Reichert, Klinsmann.
Tore: 0:1 Ohlicher (41.), 0:2 Allgöwer (46.), 1:2 Lerby (53.), 2:2 Mathy (73.), 3:2 Matthäus (74., Foulelfmeter).
Rot: – / Ohlicher (82.).
Gelb: Augenthaler, Dremmler / Schäfer.
Schiedsrichter: Karl-Heinz Tritschler.

24. SPIELTAG

Waldhof Mannheim – Bayern 0:0

MANNHEIM: Zimmermann – Tsionanis, Sebert, Schlindwein – Kohler, Dickgießer, Scholz, Schön, Heck – Bührer (65. Walter), Klotz (82. Gaudino).
BAYERN: Pfaff – Dürnberger, Augenthaler, Willmer – Eder, Lerby, Pflügler, Matthäus, Nachtweih – Wohlfarth, Mathy.
Gelb: Dickgießer, Sebert / Augenthaler, Nachtweih, Pflügler.
Schiedsrichter: Robert Walz (ab 25. Linienrichter Bauer).

25. SPIELTAG

Bayern – Fortuna Düsseldorf 6:0 (2:0)

BAYERN: Pfaff – Dremmler, Augenthaler, Eder, Willmer – Matthäus, Pflügler, Lerby – Mathy (68. Dürnberger), Wohlfarth (60. M. Rummenigge), Kögl.
DÜSSELDORF: Greiner – Bockenfeld, Zewe, Kuczinski, Löhr – Weikl, Dusend, Bommer, Edvaldsson – Thiele, Holmquist.
Tore: 1:0 Lerby (20.), 2:0 Mathy (22.), 3:0 Augenthaler (50.), 4:0 Matthäus (69.), 5:0 Augenthaler (73.), 6:0 Lerby (83.).
Gelb: – / Bockenfeld.
Schiedsrichter: Kurt Röthlisberger.

26. SPIELTAG

Eintracht Frankfurt – Bayern 2:2 (0:0)

FRANKFURT: Gundelach – Sievers, Fruck, Körbel, Boy – Berthold, Kraaz, Mohr, Svensson – Müller, Tobollik.
BAYERN: Pfaff – Dremmler, Augenthaler, Eder, Willmer – Nachtweih, Mathy (62. M. Rummenigge), Lerby, Pflügler – Wohlfarth, Kögl.
Tore: 1:0 Berthold (49.), 2:0 Tobollik (69.), 2:1 M. Rummenigge (80.), 2:2 Eder (85.).
Gelb: – / Augenthaler.
Schiedsrichter: Karl-Josef Assenmacher.

27. SPIELTAG

Bayern – FC Schalke 04 3:0 (1:0)

BAYERN: Aumann – Dremmler, Eder (46. Beierlorzer), Pflügler, Willmer – Nachtweih, Lerby, Matthäus – Wohlfarth, D. Hoeneß (74. Mathy), Kögl.
SCHALKE: Junghans – Kruse, Dietz, Jakobs, Schipper – Kleppinger (67. Fichtel), Dierßen, Hartmann (46. Eilenfeldt), Thon – Schatzschneider, Täuber.
Tore: 1:0 Nachtweih (41.), 2:0 Willmer (61.), 3:0 Wohlfarth (78.).
Gelb: – / Täuber. **Schiedsrichter:** Wolf-Günter Wiesel.

28. SPIELTAG

Hamburger SV – Bayern 2:1 (2:0)

HAMBURG: Stein – Kaltz, Plessers, Jakobs – Groh, Magath, Rolff, Wehmeyer – Milewski, McGhee (31. Schröder), von Heesen
BAYERN: Pfaff – Pflügler, Augenthaler, Eder (31. D. Hoeneß), Willmer – Dremmler, Matthäus, Lerby, Nachtweih (76. Mathy) – Wohlfarth, Kögl.
Tore: 1:0 Plessers (5.), 2:0 McGhee (21.), 2:1 Wohlfarth (50.).
Gelb: Plessers / –.
Schiedsrichter: Dieter Pauly.

29. SPIELTAG

Bayern – Borussia M'gladbach 4:0 (1:0)

BAYERN: Aumann – Dremmler, Augenthaler, Eder – Nachtweih, Matthäus, Lerby, Willmer – Wohlfarth, D. Hoeneß (68. M. Rummenigge), Kögl (73. Mathy).
M'GLADBACH: Sude – Borowka, Bruns, Hannes, Ringels – Hochstätter, Herlovsen, Rahn (66. Dreßen), Lienen, Frontzeck (68. Herbst) – Mill.
Tore: 1:0 Hoeneß (34.), 2:0 Matthäus (48.), 3:0 Wohlfarth (64.), 4:0 Mathy (78.).
Gelb: – / Herlovsen. **Schiedsrichter:** Volker Roth.

30. SPIELTAG

VfL Bochum – Bayern 1:1 (0:1)

BOCHUM: Zumdick – Saborowski, Lameck, Knüwe, Kree (88. Kühn) – Benatelli, Woelk, Oswald, Schulz – Kuntz, Fischer.
BAYERN: Aumann – Dremmler, Augenthaler, Eder – Willmer, Lerby, Matthäus, Nachtweih – Wohlfarth (33. Mathy), D. Hoeneß, Kögl (80. Beierlorzer).
Tore: 0:1 Matthäus (28.), 1:1 Benatelli (70.).
Gelb: Saborowski / D. Hoeneß, Lerby, Wohlfarth.
Schiedsrichter: Franz-Josef Hontheim.

31. SPIELTAG

Bayern – Bayer Leverkusen 2:1 (1:1)

BAYERN: Aumann – Dremmler, Augenthaler, Eder (46. Beierlorzer), Willmer – Nachtweih (27. Mathy), Matthäus, Pflügler – Wohlfarth, D. Hoeneß, Kögl.
LEVERKUSEN: Vollborn – Winklhofer, Hörster, Reinhardt, Gelsdorf – Zechel (68. Hinterberger), Götz, Röber, Patzke, – Waas, Schreier (75. Schlegel).
Tore: 0:1 Götz (38.), 1:1 Eder (43.), 2:1 Willmer (58.).
Gelb: Augenthaler, Dremmler / Götz, Hörster, Winklhofer.
Schiedsrichter: Dieter Niebergall.
Besonderes Vorkommnis: Nachtweih verschießt Foulelfmeter (26.).

32. SPIELTAG

Karlsruher SC – Bayern 0:4 (0:1)

KARLSRUHE: Kargus – Hertwig (53. Künast), Theiss, Roth (69. Glückler), Boysen – Walz, Harforth, Dittus, Keim – Günther, Bühler.
BAYERN: Aumann – Dremmler, Augenthaler, Eder, Willmer – Matthäus, Lerby, Pflügler – Wohlfarth, Mathy (77. Beierlorzer), Kögl (79. M. Rummenigge).
Tore: 0:1 Matthäus (40.), 0:2 Kögl (46.), 0:3 Lerby (77.), 0:4 M. Rummenigge (90.).
Schiedsrichter: Joachim Kautschor.
Besonderes Vorkommnis: Kargus hält Foulelfmeter von Lerby (90.).

33. SPIELTAG

Bayern – 1. FC Kaiserslautern 3:0 (1:0)

BAYERN: Aumann – Dürnberger, Augenthaler, Eder, Pflügler – Willmer, Matthäus, Lerby – Wohlfarth (83. M. Rummenigge), D. Hoeneß (82. Mathy), Kögl.
K'LAUTERN: Ehrmann – Moser (69. Roos), Majewski, Dusek, Wolf, – Brehme (20. Schupp), Hoos, Melzer, Kitzmann – T. Allofs, Hübner.
Tore: 1:0 Matthäus (38.), 2:0 Wohlfarth (51.), 3:0 Pflügler (75.).
Schiedsrichter: Werner Schütte.

34. SPIELTAG

Eintr. Braunschweig – Bayern 0:1 (0:0)

BRAUNSCHWEIG: Franke – Kindermann, Hintermaier, Gorski, Ellmerich – Geiger, Tripbacher, Bruns, Posipal (70. Sackewitz) – Plagge, Worm.
BAYERN: Aumann – Dürnberger, Augenthaler, Eder, Willmer – Matthäus, Lerby, Pflügler – Wohlfarth (69. Beierlorzer), D. Hoeneß, Kögl (75. Mathy).
Tor: 0:1 D. Hoeneß (49.).
Schiedsrichter: Karl-Josef Assenmacher.

Abschlusstabelle

Pl.	Verein	Spiele	G	U	V	Tore	Diff.	Punkte
1	Bayern (P)	34	21	8	5	79:38	+ 41	50:18
2	Bremen	34	18	10	6	87:51	+ 36	46:22
3	Köln	34	18	4	12	69:66	+ 3	40:28
4	M'gladbach	34	15	9	10	77:53	+ 24	39:29
5	Hamburg	34	14	9	11	58:49	+ 9	37:31
6	Mannheim	34	13	11	10	47:50	– 3	37:31
7	Uerdingen	34	14	8	12	57:52	+ 5	36:32
8	Schalke (A)	34	13	8	13	63:62	+ 1	34:34
9	Bochum	34	12	10	12	52:54	– 2	34:34
10	Stuttgart (M)	34	14	5	15	79:59	+ 20	33:35
11	Kaiserslautern	34	11	11	12	56:60	– 4	33:35
12	Frankfurt	34	10	12	12	62:67	– 5	32:36
13	Leverkusen	34	9	13	12	52:54	– 2	31:37
14	Dortmund	34	13	4	17	51:65	– 14	30:38
15	Düsseldorf	34	10	9	15	53:66	– 13	29:39
16	Bielefeld	34	8	13	13	46:61	– 15	29:39
17	Karlsruhe (A)	34	5	12	17	47:88	– 41	22:46
18	Braunschweig	34	9	2	23	39:79	– 40	20:48

DIE WEITEREN SIEGER DES JAHRES:

Europacup der Landesmeister:
Juventus Turin

Europacup der Pokalsieger:
FC Everton

Uefa-Cup:
Real Madrid

DFB-Pokal:
Bayer Uerdingen

Alle Ergebnisse auf einen Blick

Waagerecht: alle Heimresultate. Senkrecht: alle Auswärtsresultate

	Bayern	Bremen	Köln	M'gladbach	Hamburg	Mannheim	Uerdingen	Schalke	Bochum	Stuttgart	Kaiserslautern	Frankfurt	Leverkusen	Dortmund	Düsseldorf	Bielefeld	Karlsruhe	Braunschweig
Bayern		4:2	2:0	4:0	1:1	1:2	2:1	3:0	2:2	3:2	3:0	4:2	2:1	1:0	6:0	3:3	6:2	3:0
Bremen	4:2		6:2	2:0	5:2	1:1	1:0	2:1	2:2	3:1	6:1	3:3	2:2	6:0	2:1	2:1	7:1	4:1
Köln	0:2	3:2		1:5	2:1	0:0	1:5	4:1	2:1	1:1	2:0	2:0	3:1	6:1	4:2	1:1	3:4	1:0
M'gladbach	3:2	1:1	2:3		0:1	3:0	0:0	3:1	4:3	2:1	7:0	3:3	1:1	1:1	0:2	2:0	3:3	10:0
Hamburg	2:1	2:0	3:1	1:1		5:2	1:1	2:0	3:1	3:1	3:2	2:0	1:1	4:2	1:2	4:0	0:0	5:0
Mannheim	0:0	1:1	1:2	1:3	3:1		2:1	5:2	2:0	1:1	1:1	3:1	2:1	1:2	2:1	0:0	3:0	2:0
Uerdingen	1:3	3:1	2:1	3:2	2:1	2:2		1:1	3:1	3:2	3:0	1:1	2:1	2:1	5:2	1:0	3:0	1:2
Schalke	1:1	2:2	2:3	4:1	3:0	4:0	2:0		2:3	4:3	1:1	1:3	4:2	3:1	1:0	3:0	3:1	3:2
Bochum	1:1	1:3	1:3	0:2	0:0	0:1	1:0	0:1		2:1	3:0	3:3	0:0	4:1	1:0	1:1	5:2	1:0
Stuttgart	1:3	1:3	3:1	2:3	1:1	3:0	5:2	1:0	1:2		5:0	4:2	4:1	2:0	5:2	2:0	5:0	6:1
Kaiserslautern	0:1	2:2	6:0	2:0	1:1	1:1	6:1	2:2	5:2	2:1		2:1	3:3	5:0	3:1	1:1	3:1	1:0
Frankfurt	2:2	1:3	1:4	1:1	1:0	7:2	3:2	1:1	1:1	2:0	1:1		2:0	2:1	2:2	3:0	4:2	2:0
Leverkusen	3:0	0:0	4:4	3:2	2:0	2:1	0:0	2:2	1:1	0:2	3:0	3:1		0:1	4:3	1:1	4:1	0:3
Dortmund	1:1	2:0	2:0	2:3	1:2	0:0	4:0	4:1	3:0	4:1	0:3	2:1	2:1		1:2	1:3	0:2	3:1
Düsseldorf	0:2	3:2	1:2	2:1	4:2	1:1	2:2	1:2	0:2	2:2	1:0	3:1	3:2	0:0		1:1	2:2	4:1
Bielefeld	1:3	3:4	1:0	3:3	4:1	0:1	1:0	2:1	2:3	2:7	1:1	2:2	1:1	3:0	1:1		4:1	3:2
Karlsruhe	0:4	1:1	1:4	0:1	1:1	3:2	0:4	2:2	1:1	1:1	0:0	2:2	0:0	2:4	2:2	4:0		4:1
Braunschweig	0:1	0:2	1:3	0:4	3:1	0:1	0:0	4:2	1:3	3:1	2:1	5:0	0:2	2:4	1:0	0:0	3:1	

Saisonverlauf

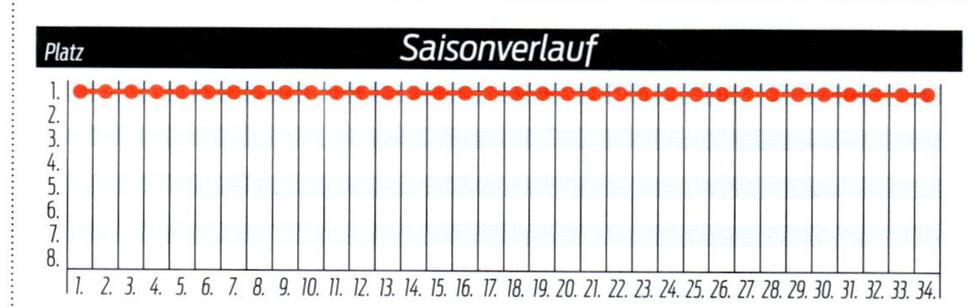

DER BERÜHMTESTE ELFMETER DER BUNDESLIGA

Bremens Michael Kutzop versagt am 33. Spieltag gegen Bayern. So kommt es noch zur Wende im Meisterschaftskampf

Das Wort ist schon eine Weile in der Welt. Manche sagen, spätestens seit dem Last-Minute-Tor von Hans-Georg „Katsche" Schwarzenbeck im Europacup-Finale 1974 gegen Atlético Madrid. Doch nie sprechen die Menschen öfter und erregter vom „Bayern-Dusel" als an diesem Dienstagabend im Bremer Weser-Stadion.

Es ist der 22. April 1986: Der Zweikampf zwischen Meister Bayern und Herausforderer Werder strebt der Entscheidung entgegen. Vorletzter Spieltag, Werder hat 48:16 Punkte und bis auf zwei Spieltage die ganze Saison die Bundesliga angeführt, Bayern (46:18) ist seit dem 25. Spieltag Tabellenzweiter. Mit einem Sieg kann die Elf von Otto Rehhagel vorzeitig die Meisterschaft gewinnen, der Spielplan hat Deutschland praktisch ein Endspiel geschenkt.

Kein Vorbericht kommt ohne Verweis auf die Vorgeschichte zu dieser Partie aus: Das Hinspiel am 23. November 1985 in München (16. Spieltag) hat die Spaltung der Fußballwelt in Bayern-Freunde und Bayern-Hasser gewaltig befördert. Die Münchner gewinnen zwar mit dem 3:1 beide Punkte, aber verlieren viele Sympathien.

Alles eskaliert nach Klaus Augenthalers Notbremse am durchgebrochenen Rudi Völler. Der Mittelstürmer überschlägt sich mehrfach, muss ausgewechselt werden. Nach nur 28 Minuten. „Auge" bekommt Gelb, dabei wäre Rot zwingend geboten. Schiedsrichter Gerhard Theobald verteidigt sich, er hätte „sonst keine Steigerungsmöglichkeit mehr" gehabt.

Doch damit ist die wilde Hatz eröffnet. Bremens Bruno Pezzey senst Lothar Matthäus um, der revanchiert sich und sieht Rot (44.). Weitere Brutalo-Fouls von Hansi Pflügler an Norbert Meier und Augenthaler

Der fatale Fehlschuss: In der 88. Minute verlädt Michael Kutzop (r.) zwar Bayern-Torwart Jean-Marie Pfaff, setzt aber den Ball an den Außenpfosten. Es bleibt beim 0:0. „Dieses Scheißgeräusch vergesse ich nie", wird der Bremer noch heute von der Erinnerung geplagt

Kutzop (r.) schlägt entsetzt die Hände über dem Kopf zusammen, Hansi Pflügler (l.) und Roland Wohlfarth jubeln. Hinten kniet Völler

an Benno Möhlmann folgen – es ist eine Schlacht. Werder-Präsident Franz Böhmert sagt in der Halbzeit zur Mannschaft: „Wir haben nur noch ein Ziel: gesund nach Hause zu kommen. Sieg oder Punktgewinn sind völlig unwichtig." In Unterzahl gewinnen die Bayern dank eines Doppelschlags von Dieter Hoeneß in der 64. und 66. Minute.

Beim verbalen Nachspiel gibt es nur Verlierer. „Wir spielen ja Fußball und nicht Tischtennis oder Schach", gibt Udo Lattek tatsächlich zum Besten. Rehhagel sagt, er könne Völler „eigentlich gar nicht mehr aufstellen, überall wird er brutalst umgetreten". Erst einmal wird Völler gar nicht mehr getreten, er ist mit einem Adduktorenabriss krankgeschrieben. Und Augenthaler erhält Morddrohungen.

Zwischen Uli Hoeneß und Manager-Kollege Willi Lemke entwickelt sich eine innige Feindschaft, die sich kaum von der zwischen Lattek und Rehhagel unterscheidet. Hoeneß nennt Lemke einen „Volksverhetzer. Der hat uns als Feindbild aufgebaut. Das ist Klassenkampf, reine Ideologie. Wir die arroganten Millionarios, sie die Underdogs der Bundesliga."

Im Februar 1985 folgt die nächste Eskalationsstufe: Völler kann nach drei Monaten noch immer nicht spielen, die Verletzung heilt nicht aus. DFB-Teamchef Franz Beckenbauer schickt ihn ausgerechnet zu Bayern-Arzt Dr. Hans-Wilhelm Müller-Wohlfahrt, der eine „weiche Leiste" diagnostiziert und zu dem Schluss kommt, Völlers Probleme hätten nichts mit Augenthalers Foul zu tun.

So verlangt der neue Bayern-Präsident Fritz Scherer, der Willi O. Hoffmann nach dessen Rücktritt am 9. Oktober 1985 folgt, am Tag der Operation (17. Februar 1986) im belgischen Leuwen eine Presseerklärung von Werder, dass Augenthalers Foul nicht ursächlich sei. Werder lehnt brüskiert ab und beharrt auf der Gegendiagnose des Vereinsarztes Dr. Karl Meschede („Eine Adduktorenverletzung infolge des Fouls und des Sturzes") und des belgischen Operateurs Marc Martens. Den hat übrigens Bayern-Torwart Jean-Marie Pfaff vermittelt.

Ausgerechnet gegen Bayern gibt Rudi Völler nach fast genau fünf Monaten Zwangspause sein Comeback, kommt in der 77. Minute für Norbert Meier auf das Feld. In der 88. Minute steht es noch immer 0:0. Da will Völler in Bayerns Strafraum Søren Lerby überlupfen, trifft aber nur dessen Gesicht. Doch Lerby reißt zum Schutz instinktiv beide Arme hoch, so vermutet Schiedsrichter Volker Roth ein Handspiel und zeigt auf den Elfmeterpunkt. Eine Fehlentscheidung, wie die Fernsehbilder des Privatsenders Sat.1 zeigen, der das Spiel live überträgt.

Der Masse der Fans ist es völlig egal, es scheint doch einen Fußball-Gott zu geben, eine ausgleichende Gerechtigkeit, die Werder und besonders Rudi Völler für alles entschädigt, was die Münchner ihnen angetan haben.

Exakt zwei Minuten und acht Sekunden dauert es, bis der berühmteste Elfmeter der Bundesliga-Geschichte ausgeführt werden kann. Bayerns Co-Trainer Egon Coordes hat den Ball aus Wut weggedroschen, und einen anderen gibt es offenbar nicht. Michael Kutzop ist der sicherste Elfmeterschütze der Welt, glauben alle. 17-mal ist er angetreten in der Liga, 17-mal hat er getroffen. Aber diesmal versagt er, das Tor und die Meisterschaft vor Augen.

Kutzop läuft schleppend an, täuscht Pfaff und setzt den Ball an den rechten Außenpfosten. „Vielleicht habe ich in diesen zwei Minuten zu viel Zeit gehabt nachzudenken", räsoniert Bremens Libero, der auch Unsportlichkeiten anmerkt: „Pflügler zog mich am Ohr, ein anderer Bayer bespuckte mich." Kurz danach ist Schluss, es bleibt beim 0:0.

Bremen weint, hat aber immer noch zwei Punkte Vorsprung. Die Entscheidung wird vertagt.

Vier Tage später am 26. April kommt es, wie es kommen muss: Bayern siegt gegen lustlose Gladbacher mit 6:0, Werder verliert beim hoch motivierten VfB Stuttgart 1:2. Beide Teams sind nach dem 34. Spieltag punktgleich. Doch die um neun Treffer bessere Tordifferenz spricht für den alten und neuen Meister Bayern München. Die „Dusel-Bayern". ●

Europacup der Landesmeister

Torschütze beim 2:1-Hinspielerfolg gegen Anderlecht: Dieter Hoeneß (r.)

Auch ohne Engländer scheitert Bayern

Nach den schrecklichen Zuschauer-Ausschreitungen mit 39 Toten vor dem Landesmeister-Finale zwischen Juventus Turin und dem FC Liverpool am 29. Mai 1985 im Brüsseler Heysel-Stadion werden die englischen Vereine von der Uefa für 1985/86 ausgeschlossen. Die Strafe für die von Liverpooler Fans ausgelöste Katastrophe. So gibt Udo Lattek, dessen Bayern fünfmal zuvor von englischen Vereinen gestoppt worden sind, das Ziel aus: „Nun wollen wir endlich den Pokal." Seine Mannschaft kommt dennoch nicht weit. Für die Polen von Gornik Zabrze (2:1 und 4:1 zu Hause) und Austria Wien (4:2 zu Hause und 3:3) reicht es noch, beim Sieg in München schießt Reinhold Mathy drei Tore. Aber im Viertelfinale ist bereits Schluss, diesmal ist der RSC Anderlecht unüberwindbar. Im Olympiastadion schlagen die Bayern Belgiens Meister 2:1 (Tore: Dieter Hoeneß und Roland Wohlfarth), Auswärts gibt es eine 0:2-Niederlage.

DFB-Pokal

Das 4:0 gegen Stuttgart von Michael Rummenigge (M.)

Nach 17 Jahren Pause wieder ein Double

Das zweite Double der Klub-Geschichte, 17 Jahre nach der Premiere 1969, verdient sich Bayern vor allem in fremden Stadien. Nach dem 3:1 bei Kickers Offenbach (3. Liga) und dem 3:1 beim 1. FC Saarbrücken wird die Siegesserie im Achtelfinale vom VfL Bochum kurz unterbrochen. Beim 1:1 am 13. November 1985 kommt Søren Lerby zweimal zum Einsatz: Nachmittags spielt er mit Dänemark in Dublin gegen Irland, per Charter-Jet und Porsche kommt er rechtzeitig zur 2. Halbzeit in Bochum an. Das Wiederholungsspiel (2:0) ist in dieser Pokalsaison das einzige in München, 6500 Menschen sehen ein 2:0. Im Viertelfinale stürmt Bayern den Kaiserslauterer Betzenberg (3:0), im Halbfinale schießen Michael Rummenigge und Dieter Hoeneß (20. und 27.) die Tore zum 2:0-Sieg bei Waldhof Mannheim. Michael Rummenigge (zwei Tore) trifft auch im Finale am 3. Mai, Roland Wohlfarth erzielt die anderen drei Treffer zum 5:2 gegen den VfB Stuttgart.

TRAINER

UDO LATTEK
Sein Vertrag endet 1986, er will aufhören, „bevor meine Tochter lesen kann, was über mich geschrieben wird". Aber Bayern bietet ihm einen neuen Kontrakt, den Lattek „nicht mal für fünf Millionen Mark" unterschreiben will. Am 30. Januar 1986 unterzeichnet er doch.

DIE TOP-ELF DER SAISON

Holger Willm

Hans Pflügler

DER SPIELER DES JAHRES

Norbert Eder *verpasst wie 1984/85 wieder kein Spiel, erzielt wieder zwei Tore und wird wieder Meister. Märchenhafte Jahre für den Verteidiger, der 1984 mit 28 Jahren zum FC Bayern kam. Und dann, einen Tag nach der Meisterschaft, kommt um 21.30 Uhr noch der Anruf des Teamchefs, der Eders Urlaubspläne (Italien) durchkreuzt. Franz Beckenbauer nimmt ihn mit ins WM-Trainingslager nach Malente und zur Endrunde nach Mexiko. Auch dort verpasst „Meister Eder" kein Spiel. Als Vizeweltmeister tritt er ab, sieben von neun Länderspielen bestreitet er bei einer WM – einmalig.*

Der Kader

NAME	SPIELE	TORE
Raimond Aumann	11	0
Jean-Marie Pfaff	24	0
Klaus Augenthaler	31	4
Bertram Beierlorzer	12	0
Wolfgang Dremmler	4	0
Norbert Eder	34	2
Hans Pflügler	34	6
Hans-Dieter Flick	6	0
Søren Lerby	31	8
Lothar Matthäus	23	10
Norbert Nachtweih	27	4
Manfred Schwabl	7	0
Holger Willmer	20	2
Helmut Winklhofer	13	2
Frank Hartmann	19	4
Dieter Hoeneß	31	15
Ludwig Kögl	22	0
Reinhold Mathy	19	2
Michael Rummenigge	31	10
Roland Wohlfarth	25	13

FRANK HARTMANN Der Neuzugang aus Hannover bestreitet 19 seiner 20 Spiele für Bayern 1985/86

Transfers

HELMUT WINKLHOFER versucht sich zum zweiten Mal beim FC Bayern, kehrt aus Leverkusen (1982 – 1985, 90 Bundesliga-Spiele) nach München zurück. Zu seinen zwei Bundesliga-Spielen (ein Tor) von 1980 bis 1982 kommen bis 1990 weitere 48 und zwei Tore hinzu. In Erinnerung bleibt er vielen Fans aber wegen seines Missgeschicks am 1. Spieltag 1985/86: In Uerdingen unterläuft ihm ein Eigentor aus 35 Metern. 0:1, der Endstand. Noch schlimmer: Die ARD stellt es für das „Tor des Monats" zur Wahl, es wird gewählt. Uli Hoeneß ist erbost, Winklhofer sieht das heute als „lustige Episode".

SPIELER	VON VEREIN	ABLÖSESUMME
Hans-Dieter Flick	SV Sandhausen	–
Manfred Schwabl	FC Bayern Jugend	–
Helmut Winklhofer	Bayer Leverkusen	–
Frank Hartmann	Hannover 96	–

Tops & Flops

LOTHAR MATTHÄUS tritt in der Bundesliga sechsmal zum Elfmeter an und verwandelt immer. Kein Spieler mit 100-Prozent-Quote trifft 1985/86 öfter als er.

DIETER HOENESS erobert sich im Stürmer-Sechskampf seinen Stammplatz zurück, bestreitet 31 Bundesliga-Spiele, schießt die meisten Tore (15) und fährt zur WM (zwei Einsätze, kein Tor).

AUFHOLJAGD Zum ersten und einzigen Mal in der Bundesliga-Geschichte wird mit Bayern eine Mannschaft Meister, die nur am letzten Spieltag Erster ist.

KLAUS AUGENTHALER erlebt nach Foul an Völler einen Spießrutenlauf, wird bei der WM nach zwei Spielen auch noch für den Rest des Turniers auf die Tribüne verbannt.

FORTUNA DÜSSELDORF Erstmals verliert Bayern in der Bundesliga beide Spiele gegen Düsseldorf. Am 9. Spieltag 0:4 im Rheinstadion, am 26. Spieltag 2:3 zu Hause – die einzige Rückrundenpleite.

FANS Nie kommen weniger Zuschauer ins Olympiastadion. Im Schnitt sind es nur 26 652. Immerhin sehen 70 000 das 6:0 gegen Gladbach am letzten Spieltag.

1985/86

Das Foul, das die Bundesliga entsetzt: Klaus Augenthaler stoppt Rudi Völler am 16. Spieltag mit brutaler Notbremse. Völler muss mit Adduktorenabriss ausgewechselt werden, schafft erst nach fünf Monaten das Comeback. Rechts: Frank Hartmann

1. SPIELTAG

Bayer Uerdingen – Bayern 1:0 (1:0)

UERDINGEN: Vollack – Herget, Wöhrlin, Brinkmann, W. Funkel – Klinger, Feilzer (76. Dämgen), F. Funkel, Buttgereit – Bommer, Gudmundsson (70. Edvaldsson).
BAYERN: Pfaff – Augenthaler, Winklhofer (46. Wohlfarth), Pflügler, Eder – Matthäus, Lerby, Dremmler, Nachtweih (76. M. Rummenigge) – D. Hoeneß, Kögl.
Tor: 1:0 Winklhofer (34., Eigentor).
Gelb: Herget / Lerby.
Schiedsrichter: Heinz Werner.

2. SPIELTAG

Bayern – VfB Stuttgart 4:1 (1:1)

BAYERN: Pfaff – Augenthaler, Winklhofer, Eder – Pflügler, Matthäus, Mathy, Lerby – M. Rummenigge, D. Hoeneß, Kögl.
STUTTGART: Roleder – Zietsch, Schäfer (79. Fritz), K. Förster, Nushöhr (79. Lorch) – Müller, Allgöwer, Buchwald, Sigurvinsson – Claesen, Klinsmann.
Tore: 0:1 Eder (7., Eigentor), 1:1 M. Rummenigge (33.), 2:1 Hoeneß (77.), 3:1 Matthäus (84.), 4:1 Mathy (88.).
Gelb: Lerby, Pflügler / Claesen, Förster.
Schiedsrichter: Manfred Neuner.

3. SPIELTAG

FC Schalke 04 – Bayern 0:1 (0:0)

SCHALKE: Junghans – Dietz – Kleppinger (65. Regenbogen), Schipper, Roth – Opitz, Dierßen, Hartmann, Kruse (82. Skibbe) – Thon, Täuber.
BAYERN: Pfaff – Augenthaler, Winklhofer, Pflügler – Eder, Lerby, Mathy (46. Wohlfarth), Matthäus – M. Rummenigge, D. Hoeneß, Kögl.
Tor: 0:1 M. Rummenigge (53.).
Gelb: Dierßen, Täuber / Kögl, Winklhofer.
Schiedsrichter: Hans-Peter Dellwing.

4. SPIELTAG

Bayern – Hannover 96 6:0 (1:0)

BAYERN: Pfaff – Eder, Beierlorzer – Winklhofer, Nachtweih, Schwabl, Augenthaler, Pflügler – Hartmann, D. Hoeneß, Kögl.
HANNOVER: Raps – Hellberg – Surmann, Ronge, Kuhlmey (37. Thiele) – Giesel, Thomas, Heidenreich, Baier – Gue, Reich.
Tore: 1:0 Nachtweih (17.), 2:0 Augenthaler (49.), 3:0 Hartmann (52.), 4:0 Pflügler (57.), 5:0 Winklhofer (61.), 6:0 Pflügler (67.).
Gelb: – / Baier, Giesel.
Schiedsrichter: Manfred Uhlig.

5. SPIELTAG

1. FC Saarbrücken – Bayern 1:1 (0:0)

SAARBRÜCKEN: Hallmann – Schlegel (62. Szesni) – Boysen, Müller, Kruszynski – Muntubila, Jambo, Jusufi, Blättel – Hönnscheidt, Seel (88. Berge).
BAYERN: Pfaff – Augenthaler – Winklhofer, Eder, Pflügler – Lerby, Matthäus, Nachtweih (64. Hartmann) – Mathy, D. Hoeneß, M. Rummenigge.
Tore: 1:0 Hönnscheidt (47.), 1:1 Matthäus (76., Foulelfmeter).
Gelb: – / Matthäus.
Schiedsrichter: Wolf-Dieter Ahlenfelder.

6. SPIELTAG

Bayern – Hamburger SV 2:0 (0:0)

BAYERN: Pfaff – Augenthaler – Eder, Pflügler – Winklhofer, Matthäus, M. Rummenigge (75. Beierlorzer), Lerby – Mathy (56. Hartmann), D. Hoeneß, Kögl.
HAMBURG: Stein – Plessers – Kaltz, Jakobs, Schröder (80. Balzis) – Lux, Rolff, Magath, Kroth (56. Wuttke), von Heesen, Gründel.
Tore: 1:0 Matthäus (69., Foulelfmeter), 2:0 Hartmann (87.).
Gelb: – / Plessers, Rolff.
Schiedsrichter: Karl-Josef Assenmacher.

7. SPIELTAG

1. FC Köln – Bayern 1:1 (0:1)

KÖLN: Schumacher – van de Korput, Prestin (33. Hartwig), Geils, Hönerbach – Lehnhoff (62. Häßler), Pizanti, Engels, Geilenkirchen – Littbarski, Dickel.
BAYERN: Pfaff – Augenthaler – Winklhofer, Eder, Pflügler – Matthäus, Lerby (46. Dremmler), M. Rummenigge – Hartmann (81. Wohlfarth), D. Hoeneß, Kögl.
Tore: 0:1 Augenthaler (2.), 1:1 Dickel (76.).
Gelb: – / Dremmler.
Schiedsrichter: Hans-Heinrich Barnick.

8. SPIELTAG

Bayern – 1. FC Nürnberg 2:1 (1:1)

BAYERN: Pfaff – Augenthaler – Winklhofer (77. Beierlorzer), Eder – Dremmler (33. Hartmann), Lerby, Willmer, Pflügler – Wohlfarth, D. Hoeneß, M. Rummenigge.
NÜRNBERG: Grüner – Güttler – T. Brunner, Grahammer, Wagner – Reuter, Bittorf, Dorfner, Geyer – Stenzel (70. H.J. Brunner), Eckstein.
Tore: 0:1 Reuter (20.), 1:1 Lerby (24.), 2:1 M. Rummenigge (55.).
Gelb: Lerby, Pfaff / Grahammer.
Schiedsrichter: Rainer Jupe.
Besonderes Vorkommnis: Pfaff hält Foulelfmeter von Grahammer (78.).

9. SPIELTAG

Fortuna Düsseldorf – Bayern 4:0 (1:0)

DÜSSELDORF: Schmadtke – Fach – Bockenfeld, Bunte, Keim – Dusend, Weikl, Thomas, Holmquist – Thiele, Demandt (65. Jakobs).
BAYERN: Pfaff – Augenthaler – Winklhofer, Eder (46. Hartmann) – Schwabl, Lerby, M. Rummenigge, Pflügler – Mathy (62. D. Hoeneß), Wohlfarth, Kögl.
Tore: 1:0 Keim (32.), 2:0 Holmquist (53.), 3:0 Demandt (62.), 4:0 Dusend (87.).
Gelb: Thiele, Thomas / Augenthaler, Eder, Hoeneß.
Schiedsrichter: Volker Roth.

10. SPIELTAG

Bayern – Waldhof Mannheim 3:1 (0:1)

BAYERN: Pfaff – Augenthaler – Winklhofer, Eder, Pflügler – Lerby, Nachtweih (80. Schwabl), M. Rummenigge – Hartmann, D. Hoeneß, Kögl.
MANNHEIM: Zimmermann – Sebert – Kohler, Schlindwein, Dickgießer – Quaisser, Scholz, Schön – Bührer (72. Walter), Gaudino (63. Hein), Remark.
Tore: 0:1 Remark (1.), 1:1 M. Rummenigge (67.), 2:1 Hartmann (72.), 3:1 Hartmann (89.).
Rot: – / Dickgießer (32.).
Gelb: Augenthaler, Lerby / Dickgießer, Quaisser.
Schiedsrichter: Karl-Heinz Tritschler.

11. SPIELTAG

VfL Bochum – Bayern 3:0 (1:0)

BOCHUM: Zumdick – Lameck – Kree, Oswald – Tenhagen, Benatelli, Schulz, Woelk, Wegmann (78. Kühn) – Leifeld (87. Knappheide), Kuntz.
BAYERN: Pfaff – Lerby – Eder, Pflügler – Winklhofer, Beierlorzer, Hartmann, Schwabl (66. Willmer), Nachtweih – D. Hoeneß (46. Mathy), Kögl.
Tore: 1:0 Kuntz (10.), 2:0 Kuntz (60.), 3:0 Kuntz (90.).
Gelb: Woelk / Beierlorzer, Hartmann, Winklhofer.
Schiedsrichter: Franz-Josef Hontheim.

12. SPIELTAG

Bayern – Eintracht Frankfurt 3:0 (1:0)

BAYERN: Pfaff – Augenthaler – Beierlorzer, Eder, Pflügler – Winklhofer, Lerby, Nachtweih – Wohlfarth, Mathy, M. Rummenigge (80. Kögl).
FRANKFURT: Gundelach – Theiss – Müller, Körbel, Boy (31. Kwiecien), Fruck – Sarroca (63. Bühler), Falkenmayer, Sievers – Friz, Svensson.
Tore: 1:0 Wohlfarth (15.), 2:0 Lerby (63.), 3:0 Wohlfarth (82.).
Gelb: Winklhofer, Wohlfarth / Falkenmayer, Sarroca.
Schiedsrichter: Klaus Broska.

13. SPIELTAG

1. FC Kaiserslautern – Bayern 0:2 (0:0)

K'LAUTERN: Ehrmann – Melzer (50. Löchelt) – Wolf, Dusek – Moser, Geye, Eilenfeldt, Brehme, Schupp (74. Roos) – Trunk, T. Allofs.
BAYERN: Pfaff – Augenthaler – Eder, Pflügler – Beierlorzer (50. Willmer), Winklhofer, Lerby, Nachtweih, M. Rummenigge – Wohlfarth (70. Hartmann), Mathy.
Tore: 0:1 Winklhofer (49.), 0:2 Eder (82.).
Gelb: – / M. Rummenigge.
Schiedsrichter: Karl-Josef Assenmacher.

14. SPIELTAG

Bayern – Borussia Dortmund 0:1 (0:1)

BAYERN: Pfaff – Augenthaler – Eder, Pflügler – Beierlorzer (69. D. Hoeneß), Nachtweih, Lerby, Willmer (46. Hartmann) – M. Rummenigge, Wohlfarth, Kögl.
DORTMUND: Immel – Pagelsdorf – Storck, Hupe, Kutowski – Zorc, Bittcher, Raducanu, Schüler – Wegmann, Hrubesch
Tor: 0:1 Bittcher (18.).
Gelb: Nachtweih / –.
Schiedsrichter: Horst-Peter Bruch.

15. SPIELTAG

Bayer Leverkusen – Bayern 1:2 (0:1)

LEVERKUSEN: Vollborn – Hörster – Zechel, Reinhardt – Schreier, Götz, Drews (86. Hantzidis), Hielscher, Patzke – Cha, Waas.
BAYERN: Aumann – Augenthaler – Eder, Pflügler – Flick, Lerby, Hartmann (62. Kögl), Matthäus, Nachtweih – Wohlfarth (86. D. Hoeneß), M. Rummenigge.
Tore: 0:1 Matthäus (9.), 1:1 Cha (46.), 1:2 Eder (82.).
Gelb: Schreier / Flick, Nachtweih.
Schiedsrichter: Dr. Wolf-Rüdiger Umbach.

16. SPIELTAG

Bayern – Werder Bremen 3:1 (1:1)

BAYERN: Pfaff – Augenthaler – Flick, Eder, Pflügler – Matthäus, Lerby, Nachtweih – Hartmann, M. Rummenigge, Kögl (46. D. Hoeneß).
BREMEN: Burdenski – Pezzey – Schaaf, Kutzop (71. Ordenewitz), Okudera – Sidka, Möhlmann, Votava, Meier – Völler (28. Neubarth), Burgsmüller.
Tore: 1:0 Nachtweih (11.), 1:1 Schaaf (42.), 2:1 D. Hoeneß (64.), 3:1 D. Hoeneß (66.).
Rot: Matthäus (44.) / –.
Gelb: Augenthaler, Lerby / –.
Schiedsrichter: Gerhard Theobald.
Besonderes Vorkommnis: Burdenski hält Foulelfmeter von Lerby (64.).

17. SPIELTAG

Borussia M'gladbach – Bayern 4:2 (2:0)

M'GLADBACH: Sude – Bruns – Hannes, Borowka – Dreßen, Herlovsen (57. Krisp), Rahn, Lienen, Frontzeck – Mill, Criens (70. Pinkall), .
BAYERN: Aumann – Augenthaler – Pflügler, Eder – Flick (28. Hartmann), Nachtweih, Lerby, M. Rummenigge, Willmer – Mathy (46. Kögl), D. Hoeneß.
Tore: 1:0 Criens (8.), 2:0 Criens (25.), 3:0 Rahn (58.), 3:1 M. Rummenigge (71., Foulelfmeter), 3:2 Nachtweih (76.), 4:2 Dreßen (78.).
Gelb: Rahn / Lerby, Willmer.
Schiedsrichter: Wolf-Günter Wiesel.

18. SPIELTAG

Bayern – Bayer Uerdingen 5:1 (4:1)

BAYERN: Aumann – Augenthaler– Eder, Pflügler – Flick (73. Hartmann), Nachtweih, Lerby, M. Rummenigge (77. Wohlfarth), Willmer – D. Hoeneß, Kögl.
UERDINGEN: Bäger – Herget – Wöhrlin (53. F. Funkel), W. Funkel – Buttgereit, Bommer, Klinger, Edvaldsson, Dämgen – Gudmundsson (46. Kirchhoff), Schäfer.
Tore: 1:0 D. Hoeneß (22.), 2:0 Lerby (26.), 3:0 Augenthaler (30.), 3:1 Schäfer (41.), 4:1 Pflügler (42.), 5:1 D. Hoeneß (80.).
Gelb: – / Schäfer. **Schiedsrichter:** Hans-Peter Dellwing.

19. SPIELTAG

VfB Stuttgart – Bayern 0:0

STUTTGART: Roleder – Zietsch – Schäfer, K. Förster – Hartmann, Allgöwer, Buchwald, Müller, Nushöhr – Klinsmann, Pasic (76. Wolff).
BAYERN: Aumann – Augenthaler – Flick, Eder – Dremmler, Nachtweih, Lerby, Willmer, Pflügler – D. Hoeneß, Kögl.
Gelb: –/ Augenthaler, Nachtweih.
Schiedsrichter: Wolf-Dieter Ahlenfelder.
Besonderes Vorkommnis: Aumann hält Foulelfmeter von Klinsmann (28.).

20. SPIELTAG
Bayern – FC Schalke 04 3:2 (1:1)
BAYERN: Aumann – Beierlorzer – Nachtweih – Eder, Pflügler – Matthäus, Lerby, Willmer – Wohlfarth (46. F. Hartmann), D. Hoeneß, Kögl (73. M. Rummenigge).
SCHALKE: Junghans – Dietz – Roth, Schipper, Kleppinger – F. Hartmann, Dierßen, Jakobs (64. Marquardt) – Regenbogen, Thon, Täuber (51. Opitz).
Tore: 0:1 Täuber (29.), 1:1 D. Hoeneß (43.), 2:1 Lerby (48.), 3:1 D. Hoeneß (70.), 3:2 Thon (89.).
Gelb: – / Dierßen.
Schiedsrichter: Franz-Josef Hontheim.

21. SPIELTAG
Hannover 96 – Bayern 0:5 (0:1)
HANNOVER: Rynio – Hellberg – Surmann, Geschlecht, Kuhlmey (12. Vjetrovic) – Giesel, Thomas, Fleer (46. Gue), Baier – Reich, Schaub.
BAYERN: Aumann – Augenthaler – Beierlorzer, Eder – Nachtweih (68. Hartmann), Matthäus, Willmer, M. Rummenigge, Pflügler – Wohlfarth, D. Hoeneß.
Tore: 0:1 M. Rummenigge (27.), 0:2 D. Hoeneß (53.), 0:3 Matthäus (61.), 0:4 Wohlfarth (73.), 0:5 D. Hoeneß (84.).
Schiedsrichter: Peter Gabor.

22. SPIELTAG
Bayern – 1. FC Saarbrücken 5:1 (1:1)
BAYERN: Aumann – Augenthaler – Pflügler, Eder – Nachtweih, Matthäus, Lerby, Willmer – Wohlfarth (78. Hartmann), D. Hoeneß, M. Rummenigge (78. Mathy).
SAARBRÜCKEN: Hallmann – Jusufi – Boysen, W. Müller, Kruszynski – Muntubila, Jambo, Mohr, Blättel (79. Berge) – D. Müller, Seel (17. Hönnscheidt).
Tore: 0:1 Muntubila (10.), 1:1 Pflügler (33.), 2:1 D. Hoeneß (48.), 3:1 Wohlfarth (51.), 4:1 M. Rummenigge (63.), 5:1 Matthäus (78., Foulelfmeter).
Rot: – / Muntubila (87.).
Gelb: – / Hallmann.
Schiedsrichter: Hans Wahmann.

23. SPIELTAG
Hamburger SV – Bayern 0:0
HAMBURG: Stein – Plessers – Lux, Jakobs, Homp – Schröder, Kroth (74. Balzis), Magath, Rolff, von Heesen – Gründel.
BAYERN: Aumann – Augenthaler – Eder – Nachtweih, Pflügler, Lerby, Matthäus (53. Mathy), Willmer – Wohlfarth, D. Hoeneß, M. Rummenigge.
Gelb: Jakobs / Hoeneß, Lerby.
Schiedsrichter: Dieter Pauly.

24. SPIELTAG
Bayern – 1. FC Köln 3:1 (2:0)
BAYERN: Aumann – Augenthaler – Eder, Pflügler – Nachtweih, Matthäus, Schwabl, Willmer – Mathy (46. Kögl), Wohlfarth, M. Rummenigge.
KÖLN: Schumacher – van de Korput – Prestin, Steiner, Geils – Lehnhoff, Häßler (30. Dickel, 77. Illgner), Gielchen, Hönerbach – Littbarski, K. Allofs.
Tore: 1:0 Matthäus (5., Foulelfmeter), 2:0 Wohlfarth (25.), 2:1 Lehnhoff (64.), 3:1 Matthäus (77., Foulelfmeter).
Rot: – / Schumacher (75.).
Gelb: Prestin, Schumacher / –.
Schiedsrichter: Werner Föckler.

25. SPIELTAG
1. FC Nürnberg – Bayern 0:1 (0:0)
NÜRNBERG: Heider – Reuter – Brunner, Giske, Grahammer – Philipkowski, Lieberwirth, Güttler (69. Dorfner), Geyer – Andersen, Eckstein (69. Stenzel).
BAYERN: Aumann – Augenthaler – Nachtweih, Eder (67. Flick), Pflügler – Matthäus, Lerby, Willmer – Wohlfarth, D. Hoeneß, M. Rummenigge.
Tor: 0:1 M. Rummenigge (62.).
Gelb: Lieberwirth / Eder, Nachtweih, Willmer.
Schiedsrichter: Joachim Kautschor.

26. SPIELTAG
Bayern – Fortuna Düsseldorf 2:3 (0:2)
BAYERN: Aumann (45. Pfaff) – Augenthaler (4. Beierlorzer) – Eder, Pflügler – Schwabl, Matthäus, Lerby, Willmer – Wohlfarth, D. Hoeneß, M. Rummenigge.
DÜSSELDORF: Schmadtke – Fach – Weikl, Kuczinski, Grabotin (20. Bunte) – Bockenfeld, Zewe, Keim, Dusend – Thiele (77. Jakobs), Demandt.
Tore: 0:1 Dusend (37.), 0:2 Fach (45.), 0:3 Dusend (49.), 1:3 Pflügler (63.), 2:3 Lerby (83.).
Gelb: M. Rummenigge / Bockenfeld, Dusend.
Schiedsrichter: Kurt Röthlisberger.

27. SPIELTAG
Waldhof Mannheim – Bayern 0:4 (0:4)
MANNHEIM: Zimmermann – Sebert – Tsionanis, Schlindwein, Dickgießer – Kohler, Quaisser, Scholz (46. Remark), Schön – Klotz (72. Rombach), Walter.
BAYERN: Pfaff – Beierlorzer – Pflügler, Eder – Nachtweih, Lerby, Willmer, Matthäus – Wohlfarth (46. Mathy), D. Hoeneß, M. Rummenigge (74. Hartmann).
Tore: 0:1 D. Hoeneß (7.), 0:2 Nachtweih (13.), 0:3 D. Hoeneß (15.), 0:4 Wohlfarth (34.).
Gelb: – / Beierlorzer, Nachtweih.
Schiedsrichter: Udo Horeis.

28. SPIELTAG
Bayern – VfL Bochum 6:1 (2:0)
BAYERN: Pfaff – Augenthaler – Nachtweih, Pflügler, Eder – Lerby, Willmer, Matthäus – Wohlfarth, D. Hoeneß (67. Mathy), M. Rummenigge (72. Kögl).
BOCHUM: Kleff – Kempe (46. Wielert) – Oswald, Kree, Woelk – Lameck, Kühn, Wegmann, Fischer – Leifeld (46. Knappheide), Kuntz.
Tore: 1:0 M. Rummenigge (11.), 2:0 Lerby (35.), 3:0 Willmer (54.), 4:0 Matthäus (66., Foulelfmeter), 5:0 Wohlfarth (67.), 5:1 Wielert (72.), 6:1 Augenthaler (82.).
Gelb: Nachtweih / –. **Schiedsrichter:** Volker Roth.

29. SPIELTAG
Eintracht Frankfurt – Bayern 2:2 (2:0)
FRANKFURT: Gundelach – Theiss – Körbel, Kraaz – Berthold, Sievers, Falkenmayer, Svensson, Kitzmann (72. Trieb) – Sarroca (70. Müller), Friz.
BAYERN: Pfaff – Augenthaler – Eder, Pflügler – Nachtweih, Matthäus, Lerby, Willmer (46. Mathy), M. Rummenigge – Wohlfarth, D. Hoeneß.
Tore: 1:0 Falkenmayer (12.), 2:0 Svensson (35.), 2:1 D. Hoeneß (60.), 2:2 Wohlfarth (78.).
Gelb: – / M. Rummenigge.
Schiedsrichter: Wilfried Heitmann.

30. SPIELTAG
Bayern – 1. FC Kaiserslautern 5:0 (4:0)
BAYERN: Pfaff – Augenthaler – Eder, Pflügler (76. Hartmann) – Nachtweih, Matthäus, Lerby, Willmer – Wohlfarth, D. Hoeneß, M. Rummenigge (65. Kögl).
K'LAUTERN: Graf – Geye – Moser, Dusek, Wolf – Melzer (69. Eilenfeld), Brehme, Wuttke, Spielberger – Schupp, Trunk (69. Roos).
Tore: 1:0 Lerby (15.), 2:0 Willmer (22.), 3:0 Lerby (34.), 4:0 Wohlfarth (37.), 5:0 M. Rummenigge (57.).
Schiedsrichter: Manfred Uhlig.

31. SPIELTAG
Borussia Dortmund – Bayern 0:3 (0:1)
DORTMUND: Immel – Huber – Storck, Hupe, Kutowski – Bittcher, Zorc, Raducanu, Loose (66. Anderbrügge) – Simmes, Wegmann.
BAYERN: Pfaff – Augenthaler – Nachtweih, Eder, Pflügler – Matthäus, Lerby (80. Schwabl), M. Rummenigge, Willmer – Wohlfarth, D. Hoeneß (80. Mathy).
Tore: 0:1 Pflügler (34.), 0:2 Wohlfarth (71.), 0:3 Wohlfarth (76.).
Schiedsrichter: Dr. Wolf-Rüdiger Umbach.

32. SPIELTAG
Bayern – Bayer Leverkusen 0:0
BAYERN: Pfaff – Augenthaler – Nachtweih, Eder, Pflügler – Matthäus, Lerby, Willmer (58. Kögl) – Wohlfarth, D. Hoeneß, M. Rummenigge (79. Mathy).
LEVERKUSEN: Vollborn – Hörster – Gelsdorf, A. Reinhardt, Hielscher – Götz, Hantzidis (69. Hinterberger), Schreier, Drews (73. K. Reinhardt) – Waas, Cha.
Gelb: Lerby / Gelsdorf, Götz, Hörster.
Schiedsrichter: Hans-Peter Dellwing.

33. SPIELTAG
Werder Bremen – Bayern 0:0
BREMEN: Burdenski – Pezzey – Schaaf, Kutzop, Otten – Wolter, Votava, Meier (77. Völler), Okudera – Neubarth, Burgsmüller.
BAYERN: Pfaff – Augenthaler – Nachtweih, Eder, Pflügler – Matthäus, Lerby, Mathy – Wohlfarth, D. Hoeneß, M. Rummenigge.
Gelb: Pezzey / Augenthaler, M. Rummenigge.
Schiedsrichter: Volker Roth.
Besonderes Vorkommnis: Kutzop verschießt Handelfmeter (88.).

34. SPIELTAG
Bayern – Borussia M'gladbach 6:0 (2:0)
BAYERN: Pfaff – Augenthaler – Eder, Pflügler – Nachtweih (76. Beierlorzer), Matthäus, Lerby, Mathy (77. Kögl) – Wohlfarth, D. Hoeneß, M. Rummenigge.
M'GLADBACH: Thorstvedt – Bruns – Krauss, Hannes, Winkhold – Borowka, Rahn, Lienen (60. Herbst), Frontzeck – Mill, Criens (60. Pinkall).
Tore: 1:0 Matthäus (1.), 2:0 D. Hoeneß (25.), 3:0 Wohlfarth (48.), 4:0 D. Hoeneß (58.), 5:0 Mathy (64.), 6:0 Wohlfarth (80.). **Gelb:** – / Mill. **Schiedsrichter:** Wolf-Günter Wiesel.

Abschlusstabelle

Pl.	Verein	Spiele	G	U	V	Tore	Diff.	Punkte
1	Bayern (M)	34	21	7	6	82:31	+51	49:19
2	Bremen	34	20	9	5	83:41	+42	49:19
3	Uerdingen (P)	34	19	7	8	63:60	+3	45:23
4	M'gladbach	34	15	12	7	65:51	+14	42:26
5	Stuttgart*	34	17	7	10	69:45	+24	41:27
6	Leverkusen	34	15	10	9	63:51	+12	40:28
7	Hamburg	34	17	5	12	52:35	+17	39:29
8	Mannheim	34	11	11	12	41:44	−3	33:35
9	Bochum	34	14	4	16	55:57	−2	32:36
10	Schalke	34	11	8	15	53:58	−5	30:38
11	Kaiserslautern	34	10	10	14	49:54	−5	30:38
12	Nürnberg (A)	34	12	5	17	51:54	−3	29:39
13	Köln	34	9	11	14	46:59	−13	29:39
14	Düsseldorf	34	11	7	16	54:78	−24	29:39
15	Frankfurt	34	7	14	13	35:49	−14	28:40
16	Dortmund	34	10	8	16	49:65	−16	28:40
17	Saarbrücken (A)	34	6	9	19	39:68	−29	21:47
18	Hannover (A)	34	5	8	21	43:92	−49	18:50

* Europapokal der Pokalsieger (als unterlegener Pokalfinalist)

DIE WEITEREN SIEGER DES JAHRES:

Weltmeister: Argentinien
Europacup der Landesmeister: Steaua Bukarest
Europacup der Pokalsieger: Dynamo Kiew
Uefa-Cup: Real Madrid
DFB-Pokal: FC Bayern

Alle Ergebnisse auf einen Blick

Waagerecht: alle Heimresultate. Senkrecht: alle Auswärtsresultate

	Bayern	Bremen	Uerdingen	M'gladbach	Stuttgart	Leverkusen	Hamburg	Mannheim	Bochum	Schalke	Kaiserslautern	Nürnberg	Köln	Düsseldorf	Frankfurt	Dortmund	Saarbrücken	Hannover
Bayern		3:1	5:1	6:0	4:1	0:0	2:0	3:1	6:1	3:2	5:0	2:1	3:1	2:3	3:0	0:1	5:1	6:0
Bremen	0:0		6:1	1:1	6:0	5:0	2:0	2:2	0:0	3:1	2:0	2:1	2:0	7:3	4:0	4:2	1:0	8:2
Uerdingen	1:0	1:0		1:1	1:4	2:1	0:3	1:0	3:2	3:2	3:1	6:2	3:2	5:2	1:0	2:0	2:1	3:3
M'gladbach	4:2	1:2	1:2		1:1	2:2	2:1	1:1	2:0	4:0	3:0	3:0	1:1	5:1	1:1	2:1	2:0	4:3
Stuttgart	0:0	2:1	0:2	0:0		2:2	1:0	3:1	0:4	0:1	2:0	3:1	5:0	5:0	2:1	4:0	3:1	7:0
Leverkusen	1:2	5:1	2:2	3:1	2:1		3:2	3:1	4:2	2:0	3:2	0:0	1:1	3:1	2:0	2:1	2:0	4:1
Hamburg	0:0	0:1	1:4	4:1	2:0	1:3		3:0	1:0	2:0	4:1	2:1	0:0	4:0	1:0	3:0	4:0	3:0
Mannheim	0:4	1:1	2:0	3:1	5:3	1:0	0:1		4:1	3:0	1:1	0:1	1:1	2:1	0:0	0:0	1:0	5:1
Bochum	3:0	2:3	1:2	2:2	0:2	1:1	2:0	0:1		1:1	3:2	2:1	2:0	5:3	2:1	6:1	3:1	3:2
Schalke	0:1	0:1	2:0	2:2	1:2	2:2	1:0	3:1	4:2		2:3	2:0	3:0	1:1	3:1	6:1	3:2	2:2
Kaiserslautern	0:2	3:0	5:1	1:1	2:2	4:1	1:2	0:0	2:0	0:0		0:3	1:0	2:0	1:1	2:0	1:1	1:0
Nürnberg	0:1	2:2	1:2	2:4	0:1	3:2	0:1	2:0	0:1	3:1	3:1		3:0	3:2	4:1	0:0	2:0	3:3
Köln	1:1	3:3	1:1	0:2	2:1	2:3	1:1	0:1	3:0	4:2	1:1	3:1		1:3	1:1	2:0	3:1	3:0
Düsseldorf	4:0	1:4	1:1	2:0	0:7	2:1	3:1	4:1	2:1	1:1	0:0	2:1	1:3		0:1	4:2	2:2	2:2
Frankfurt	2:2	0:2	1:1	1:1	1:1	1:0	3:0	0:0	1:0	3:0	1:1	1:1	2:2	2:0		2:1	1:3	1:3
Dortmund	0:3	1:1	5:2	2:3	2:0	1:1	1:1	0:0	1:0	1:1	4:2	1:4	5:1	1:2	4:2		3:1	2:0
Saarbrücken	1:1	1:1	1:2	1:3	1:1	3:1	2:2	2:1	0:1	3:2	0:6	3:0	1:2	1:1	2:2	1:1		2:1
Hannover	0:5	2:4	1:1	2:3	1:3	1:1	0:2	1:1	1:2	1:2	3:2	0:2	3:1	1:0	0:0	1:4	2:0	

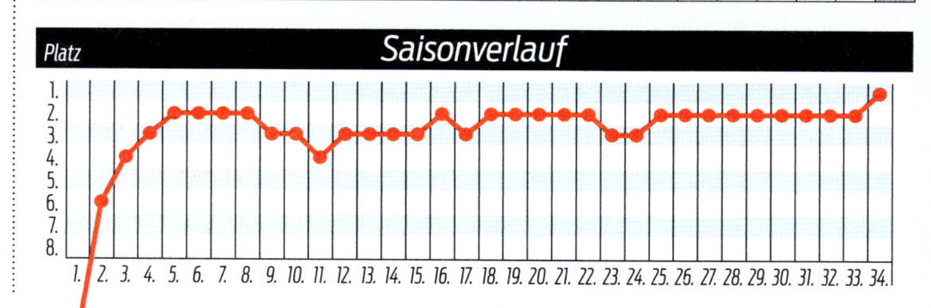

Mit elf Toren erfolgreichster Bayern-Stürmer: Roland Wohlfarth (M.) ist mit Volleyabnahme gegen den VfL Bochum erfolgreich – das 3:1 am 9. Spieltag. Endergebnis: 3:2

ZWEITER MEISTER-HATTRICK PERFEKT

Wie 1974 gewinnt Bayern den dritten Titel in Folge. Aber die heile Welt zerbricht. Udo Lattek geht, das Europacup-Finale endet im Fiasko

Die alte Saison ist noch längst nicht vergessen, als die neue beginnt. Bremens Torwart Dieter Burdenski bezeichnet die Bayern als „arroganteste Mannschaft“ der Bundesliga. „Für den deutschen Fußball wäre es besser gewesen, wir hätten den Titel

geholt“, ätzt er in seinem grenzenlosen Frust nach verpasster Meisterschaft. Das beeinflusst aber nicht die Meinung der Trainer.

Obwohl Udo Latteks Mannschaft erst am letzten Spieltag 1985/86 auf Platz 1 geklettert ist, prophezeien alle 18 Übungsleiter, dass der FC Bayern seinen Titel verteidigt. Auch Werder-Trainer Otto Rehhagel, der allerdings an seine Berufskollegen appelliert: „Schlagt die Bayern, stoppt die Langeweile in der Bundesliga!“

Uli Hoeneß gefällt die Antipathie, er kokettiert: „Das Feindbild haben andere ganz bewusst aufgebaut, aber wir leben nicht schlecht mit diesem Image. Das Schlimmste, was uns passieren könnte, wäre doch, wenn uns plötzlich alle lieben würden.“

Die Polarisierung hat vor allem den Vorteil, dass die Stadien überall voll sind, wo die Bayern antreten. Auch im Münchner Olympiastadion steigen die Besucherzahlen um fast 40 Prozent. Nach offiziellen DFB-Zahlen verdient der FCB 1986/87 pro Bundesliga-Spiel 762 328 DM, während der Liga-Schnitt 325 052 DM beträgt. So wächst der wirtschaftliche Abstand zu den Verfolgern von Spieltag zu Spieltag.

Sportlich tun sich die Bayern in der Hinrunde schwerer. Sie gewinnen nur achtmal, spielen achtmal unentschieden und verlieren am 12. Spieltag 0:3 gegen Bayer Leverkusen. Sie haben eben keinen Transfer der Kategorie „Platini oder Maradona“ getätigt, den Uli Hoeneß nach dem Abgang von Søren Lerby (zu AS Monaco) angekündigt hatte. Es ist nur Nürnberg-Leihgabe Hansi Dorfner zurückgekehrt, vom 1. FC Kaiserslautern kam zudem Nationalverteidiger Andreas Brehme, im Oktober noch der dänische Stürmer Lars Lunde aus der Schweiz – und Nachwuchsspieler Uli Bayerschmidt aus der eigenen Jugend. Die „Sport Illustrierte“ stellt fest: „Dieser Startruppe fehlt ihr Haupt, sie hat zum ersten Mal keinen Superstar vorzuzeigen.“

Lothar Matthäus, einer von fünf Vizeweltmeistern 1986 und für die Chefrolle vorgesehen (Udo Lattek: „Ich erwarte nun von ihm, dass er sich auch bei uns durchbeißt und eine Führungspersönlichkeit wird“), kann die in ihn gesetzten Erwartungen nicht erfüllen.

Erst in der längsten Winterpause der Liga-Historie (77 Tage) setzt der Meister wieder Maßstäbe. Als erster Bundesligist bezieht Bayern ein Trainingslager im arabischen Raum. Nach acht Tagen Bahrain kehren die Spieler wohlgestimmt ins kalte Deutschland zurück und verlieren in der Rückrunde kein Spiel mehr (29:5 Punkte). Hoeneß beziffert Bahrains Anteil am Meistertitel, der am 32. Spieltag nach dem 2:2 gegen Uerdingen feststeht, mit „mindestens 15 Prozent“. Nach 34 Spieltagen sind es sechs Punkte Vorsprung auf den HSV.

Der Anteil von Udo Lattek an der Mannschaftsleistung wird weit höher bewertet,

Beste Stimmung in der Bayern-Kabine nach der Ehrung zum Meister. Mittendrin Udo Lattek

weshalb die Verantwortlichen seinen abermaligen Abschiedswunsch (wie schon 1985/86) nicht erhören wollen. Bereits im November 1986 macht Lattek klar, dass er aufhören will, später fordert er einen Drei- bis Fünfjahresvertrag, denn „ich will endlich wissen, wohin ich gehöre“.

Darauf geht der Verein nicht ein. Anfang März 1987 ruft Hoeneß den Gladbacher Trainer Jupp Heynckes an, kurz darauf einigen sie sich auf einen Vertrag. Am 14. März 1987 erfahren die Bayern-Spieler, dass Lattek zum Saisonende geht. Augenthaler ist „geschockt – wie wir alle“.

Heynckes erklärt seinen bei der Borussia unverstandenen Wechsel nach München mit den Worten: „Ich habe dort bessere sportliche und finanzielle Möglichkeiten und kann meine Ziele eher verwirklichen als hier in Mönchengladbach.“

Zweieinhalb Monate später gewinnt dieser Satz erheblich an Bedeutung. Jupp Heynckes wird nach jenem schrecklichen Abend am 27. Mai in Wien mit offenen Armen in München erwartet. Völlig überraschend verlieren die Bayern das Europacup-Finale der Landesmeister gegen Außenseiter FC Porto 1:2. Die heile Welt ist zerbrochen. „Das ist die bitterste Niederlage meines Lebens. Ich muss mir gratulieren, dass ich aufhöre. Ich bin nicht mehr dazu in der Lage, die Verantwortung dafür zu tragen, dass Spieler nicht das bringen, was sie können“, klagt Udo Lattek. ●

Europacup der Landesmeister

Das legendäre Hackentor von Madjer (2. v. l.): Porto gleicht zum 1:1 aus – der Anfang vom Ende

Unnötige Finalniederlage gegen Porto

2:0 und 0:0 gegen Eindhoven, 2:0 und 1:1 gegen Austria Wien, 5:0 und 2:2 gegen Anderlecht, 4:1 gegen Real Madrid – bis zum 0:1 im Halbfinal-Rückspiel bei den Königlichen bleibt Bayern ungeschlagen. Dann kommt das Spiel, das noch heute alle Bayern-Fans schmerzt: das Finale gegen den FC Porto am 27. Mai 1987 in Wien. Uli Hoeneß sieht den Klub schon „am Anfang einer neuen Ära", Präsident Fritz Scherer hat eine Siegesrede fürs Bankett vorbereitet. Er wird sie niemals halten. Eine halbe Milliarde TV-Zuschauer in rund 70 Ländern sieht zwar einen starken, überlegenen FC Bayern, der in der 25. Minute durch ein Kopfballtor des 1,70 m kleinen Ludwig Kögl in Führung geht. Aber in der 77. Minute düpiert Rabah Madjer mit seinem Hackentor zum 1:1 die gesamte Abwehr, in der 80. Minute gelingt Juary Filho der 2:1-Siegtreffer für den portugiesischen Meister. Danach zerfleischen sich die Bayern selbst. Im Mittelpunkt der Kritik: Lothar Matthäus. Jean-Marie Pfaff greift seinen Kapitän an: „Er ist kein Chef!" Auch Hoeneß schiebt die Pleite auf „die nervlichen Probleme des Lothar Matthäus". Und Matthäus selbst sagt: „Ich will kein Chef mehr sein!"

DFB-Pokal

Bemüht, aber ohne Erfolg im Achtelfinale gegen Düsseldorf: Klaus Augenthaler (l.)

Traum von Titelverteidigung endet früh

Vier Monate nach dem Endspielsieg gegen den VfB Stuttgart (5:2) muss der Titelverteidiger schon wieder nach Berlin, siegt bei Drittligist Hertha BSC durch ein Tor von Roland Wohlfarth in vorletzter Minute 2:1. Der Stürmer ist auch im Zweitrundenspiel bei Bundesliga-Aufsteiger FC Homburg der Matchwinner, schießt die ersten beiden Treffer beim 3:1. Im Achtelfinale am 18. November 1986 endet der Traum von der Titelverteidigung jäh. Gegen „eine bessere Jugendmannschaft" von Fortuna Düsseldorf, so Uli Hoeneß, verliert Bayern im Rheinstadion 0:3. Die Tore fallen in den letzten 20 Minuten, als die Elf regelrecht einbricht. Lothar Matthäus kritisiert: „Wir sind überspielt, hoffentlich ist bald Winterpause."

TRAINER

UDO LATTEK
Sein zweiter Titel-Hattrick nach 1972 bis 1974 führt ihn zur achten Meisterschaft, Rekord im deutschen Fußball für einen Trainer. Und 299 Bundesliga-Spiele sind bis heute Vereinsrekord beim FC Bayern. Lattek wechselt als Technischer Direktor zum 1. FC Köln.

DIE TOP-ELF DER SAISON

Lars Lunde

Hans Pflügler

DER SPIELER DES JAHRES

***Jean-Marie Pfaff** spielt seine beste von sechs Spielzeiten in München, bleibt endlich verletzungsfrei und verpasst ebenso wie fünf weitere Bundesliga-Spieler keine Sekunde in der Liga. Aber 20 Siege feiert 1986/87 nur er. Pfaff kassiert lediglich 31 Gegentore, zweitbester Wert bis dahin beim FC Bayern (Bester: Sepp Maier 1972/73 mit 29 Treffern). Vertreter Robert Dekeyser kommt nur im DFB-Pokal zum Zug – beim 0:3 in Düsseldorf. Pfaff steht an diesem Abend im Tor der belgischen Nationalelf. Am Saisonende wird er noch Kinostar, agiert an der Seite von Pierre Brice im Film „Die zärtlichen Chaoten".*

Der Kader

NAME	SPIELE	TORE
Jean-Marie Pfaff	34	0
Klaus Augenthaler	25	4
Uli Bayerschmidt	1	0
Norbert Eder	32	1
Norbert Nachtweih	33	3
Hans Pflügler	32	7
Andreas Brehme	31	4
Hans Dorfner	17	1
Hans-Dieter Flick	19	1
Lothar Matthäus	31	14
Norbert Nachtweih	33	3
Holger Willmer	9	0
Helmut Winklhofer	17	0
Frank Hartmann	1	0
Dieter Hoeneß	26	7
Ludwig Kögl	21	2
Lars Lunde	21	2
Reinhold Mathy	11	2
Michael Rummenigge	31	8
Roland Wohlfarth	27	11

ANDREAS BREHME (l.) in seiner ersten von zwei Bayern-Spielzeiten. In 31 Partien erzielt er vier Tore

Transfers

LARS LUNDE wird im Oktober 1986, während der laufenden Saison, von den Young Boys Bern geholt. Der Däne kommt als Torschützenkönig der Schweizer Liga und frischgebackener Meister. Am 18. Oktober debütiert er bei Blau-Weiß 90 Berlin (1:1), drängt sich als Stammspieler auf und bestreitet bis zum Saisonende insgesamt 21 Bundesliga-Spiele (zwei Tore). Es ist seine erfolgreichste Saison in München, 1987/88 kommt er nur noch neunmal zum Einsatz (ein Tor) und wird im Sommer 1988 zum Schweizer Erstligisten FC Aarau verliehen. 1989 löst Bayern den Vertrag mit Lunde.

SPIELER	VON VEREIN	ABLÖSESUMME
Uli Bayerschmidt	FC Bayern Jugend	–
Andreas Brehme	1. FC Kaiserslautern	2 Mio. DM
Lars Lunde	Young Boys Bern	–
Hans Dorfner	1. FC Nürnberg	zurück nach Leihe

Tops & Flops

ELFMETERBILANZ Lothar Matthäus (Foto) verwandelt alle fünf Elfer in der Liga. Jean-Marie Pfaff pariert drei von fünf Strafstößen gegen Bayern, einer geht übers Tor.

REKORDMEISTER Mit dem zehnten Titel (1932, 1969, 1972, 1973, 1974, 1980, 1981, 1985, 1986, 1987) kann sich Bayern fortan alleiniger Rekordmeister nennen, zieht am 1. FC Nürnberg (9) vorbei.

AUSWÄRTSBILANZ Mit dem FCB verliert zum ersten Mal in der Bundesliga eine Mannschaft kein Auswärtsspiel. Die Bilanz: sechs Siege, elf Remis.

REINHOLD MATHY fällt in Ungnade, simuliert vor dem Europacup-Finale eine Verletzung. Sein Vertrag wird nach 100 Bundesliga-Spielen für Bayern aufgelöst.

BRASILIEN-PSYCHOTRICK Was 1983 beim FCK klappt (erster Sieg nach acht Jahren), misslingt in Frankfurt. In gelben Trikots und blauen Hosen gibt es ein 0:0, Bayern bleibt seit 1970 sieglos.

LEVERKUSEN-HEIMSPIEL Erstmals verliert Bayern zu Hause gegen den Werksklub. Das 0:3 am 12. Spieltag bleibt die einzige Saisonniederlage in der Liga.

1986/87

Die einzige Saisonniederlage: Am 12. Spieltag gegen Bayer Leverkusen muss Jean-Marie Pfaff dreimal hinter sich greifen, hier beim 0:2 in der 79. Minute durch Christian Hausmann (r.)

1. SPIELTAG

Bayern – Borussia Dortmund 2:2 (1:1)

BAYERN: Pfaff – Augenthaler – Eder, Pflügler – Nachtweih, Matthäus, Brehme, M. Rummenigge (74. Kögl) – Wohlfarth, D. Hoeneß, Mathy.
DORTMUND: de Beer – Pagelsdorf – Kutowski, Hupe – Storck, Lusch, Zorc, Raducanu, Helmer – Simmes, Mill (89. Anderbrügge).
Tore: 1:0 Wohlfarth (1.), 1:1 Simmes (30.), 2:1 Matthäus (50.), 2:2 Zorc (70.).
Gelb: Augenthaler / Kutowski.
Schiedsrichter: Peter Gabor.

2. SPIELTAG

Fortuna Düsseldorf – Bayern 0:3 (0:0)

DÜSSELDORF: Schmadtke – Fach – Keim, Wojtowicz – Kaiser, Weikl, Thomas, Dusend, Grabotin (70. Kremers) – Blättel, Demandt.
BAYERN: Pfaff – Augenthaler – Eder, Pflügler – Nachtweih, Mathy, Matthäus (82. Flick), Brehme, M. Rummenigge – Wohlfarth (66. Hartmann), D. Hoeneß.
Tore: 0:1 Mathy (68.), 0:2 Brehme (77.), 0:3 Mathy (89.).
Gelb: Wojtowicz / Brehme.
Schiedsrichter: Hans-Heinrich Barnick.

3. SPIELTAG

Bayern – 1. FC Köln 3:0 (2:0)

BAYERN: Pfaff – Augenthaler – Nachtweih, Eder – Mathy, Brehme (79. Dorfner), Matthäus, Pflügler, M. Rummenigge – Wohlfarth, D. Hoeneß (60. Kögl).
KÖLN: Schumacher – Olsen – Prestin, Steiner – Lehnhoff (66. Görtz), Häßler, Hönerbach (37. Engels), Geils, Pizanti – T. Allofs, K. Allofs.
Tore: 1:0 Pflügler (13.), 2:0 Wohlfarth (31.), 3:0 Wohlfarth (65.).
Schiedsrichter: Gerhard Theobald.

4. SPIELTAG

1. FC Nürnberg – Bayern 1:2 (1:0)

NÜRNBERG: Köpke – Reuter – Güttler, Giske – T. Brunner, Philipkowski, Nitsche (70. Schwabl), Lieberwirth (74. H.-J. Brunner), Grahammer – Andersen, Eckstein.
BAYERN: Pfaff – Augenthaler – Nachtweih, Eder – Mathy, Matthäus, Brehme, M. Rummenigge, Pflügler – Wohlfarth, D. Hoeneß.
Tore: 1:0 Philipkowski (32.), 1:1 Matthäus (47., Foulelfmeter), 1:2 Augenthaler (57.).
Gelb: Andersen, Philipkowski / Matthäus, Pfaff.
Schiedsrichter: Karl-Heinz Tritschler.
Besonderes Vorkommnis: Pfaff hält Foulelfmeter von Grahammer (58.).

5. SPIELTAG

Bayern – Hamburger SV 3:1 (2:1)

BAYERN: Pfaff – Augenthaler – Eder, Pflügler – Nachtweih, Mathy, Matthäus, Brehme, M. Rummenigge – Wohlfarth, Kögl.
HAMBURG: Stein – D. Jakobs – Kaltz, Plessers, Beiersdorfer, Hinz (46. Lux) – Jusufi, von Heesen, Homp – Gründel (53. Kastl), Okonski.
Tore: 1:0 Matthäus (5.), 1:1 Plessers (20.), 2:1 M. Rummenigge (45.), 3:1 Brehme (70.).
Gelb: Pflügler / –. **Schiedsrichter:** Dieter Pauly.

6. SPIELTAG

1. FC Kaiserslautern – Bayern 1:1 (0:1)

K'LAUTERN: Ehrmann – Moser, Dusek, Majewski, Hoos – Groh, Metz (46. Kohr), Schupp, Wuttke – Hartmann (60. Roos), Allievi.
BAYERN: Pfaff – Augenthaler – Nachtweih, Eder, Pflügler – Mathy (83. Dorfner), Matthäus, Brehme, M. Rummenigge – Wohlfarth (76. D. Hoeneß), Kögl.
Tore: 0:1 M. Rummenigge (36.), 1:1 Roos (64.).
Gelb: – / Augenthaler, Brehme, Mathy.
Schiedsrichter: Karl-Josef Assenmacher.

7. SPIELTAG

Bayern – Borussia M'gladbach 3:1 (1:0)

BAYERN: Pfaff – Augenthaler – Eder, Pflügler – Nachtweih, Mathy, Matthäus, Brehme (63. Flick), M. Rummenigge – Wohlfarth, D. Hoeneß (31. Dorfner).
M'GLADBACH: Kamps – Bruns – Dreßen, Frontzeck – Winkhold, Krauss, Rahn, Lienen, Borowka, Bakalorz – Budde (58. Brandts).
Tore: 1:0 Pflügler (45.), 2:0 Matthäus (55.), 3:0 Wohlfarth (58.), 3:1 Rahn (68.).
Gelb: Matthäus / Krauss, Lienen.
Schiedsrichter: Hans-Joachim Osmers.

8. SPIELTAG

Werder Bremen – Bayern 1:1 (1:0)

BREMEN: Burdenski – Sauer – Schaaf, Kutzop, Otten – Möhlmann, Wolter, Votava, Meier – Völler (27. Ordenewitz), Burgsmüller.
BAYERN: Pfaff – Augenthaler – Flick, Eder, Pflügler – Nachtweih, Matthäus, Dorfner (46. Kögl), Willmer – Wohlfarth, M. Rummenigge.
Tore: 1:0 Völler (27.), 1:1 Pflügler (75.).
Rot: – / Eder (61.).
Gelb: Kutzop, Möhlmann / Flick, Nachtweih.
Schiedsrichter: Werner Föckler.

9. SPIELTAG

Bayern – VfL Bochum 3:2 (2:1)

BAYERN: Pfaff – Augenthaler – Flick, Pflügler – Nachtweih, Matthäus, Dorfner (78. Mathy), Willmer – Wohlfarth, M. Rummenigge, Kögl.
BOCHUM: Zumdick – Kempe – Benatelli, Schulz, Kree – Wielert (46. Knäbel), Lameck, Woelk, Reekers – Leifeld, Nehl (67. Schick).
Tore: 1:0 M. Rummenigge (23.), 2:0 Pflügler (24.), 2:1 Lameck (44., Foulelfmeter), 3:1 Wohlfarth (60.), 3:2 Schulz (87.).
Gelb: Augenthaler, Matthäus, Pflügler / Leifeld.
Schiedsrichter: Bodo Kriegelstein.

10. SPIELTAG

Eintracht Frankfurt – Bayern 0:0

FRANKFURT: Gundelach – Berthold – Sievers, Körbel, Kraaz – Sarroca (73. Friz), Müller, Kraus, Binz – Mitchell, Smolarek.
BAYERN: Pfaff – Augenthaler – Nachtweih, Pflügler (15. Willmer) – Flick, Matthäus, Dorfner, Brehme (78. Winklhofer), M. Rummenigge – Mathy, Wohlfarth.
Gelb: – / Matthäus.
Schiedsrichter: Manfred Neuner.

11. SPIELTAG

Blau-Weiß 90 Berlin – Bayern 1:1 (0:1)

BERLIN: Mager – Haller – Hellmann, Schmidt – Schlegel (73. Riedle), Flad, Schüler, Vandereycken, Feilzer – Yula (46. Gaedke), Mattern.
BAYERN: Pfaff – Augenthaler – Nachtweih, Eder – Flick, Dorfner, Mathy (46. Lunde), Brehme, Willmer – Wohlfarth – M. Rummenigge.
Tore: 0:1 Augenthaler (2.), 1:1 Feilzer (85.).
Gelb: Haller, Mattern / Brehme, Dorfner.
Schiedsrichter: Bernd Kruse.

12. SPIELTAG

Bayern – Bayer Leverkusen 0:3 (0:1)

BAYERN: Pfaff – Augenthaler – Eder, Pflügler – Nachtweih, Flick, Matthäus, M. Rummenigge (72. Kögl), Brehme – Wohlfarth, Lunde (46. Mathy).
LEVERKUSEN: Vollborn – Hörster – Zanter, A. Reinhardt – Schreier, Rolff, Hausmann, Götz, Hinterberger – Waas, Cha.
Tore: 0:1 Götz (13.), 0:2 Hausmann (79.), 0:3 Götz (87.).
Gelb: Nachtweih, Wohlfarth / Hinterberger.
Schiedsrichter: Wolf-Günter Wiesel.

13. SPIELTAG

Waldhof Mannheim – Bayern 3:3 (2:0)

MANNHEIM: Zimmermann – Sebert – Kohler, D. Tsionanis – Scholz, Quaisser, Neun, Borchers (80. Török), Gaudino – Bührer, Walter (89. Trieb).
BAYERN: Pfaff – Augenthaler – Nachtweih, Pflügler – Eder, Brehme, Matthäus, Flick (58. D. Hoeneß), M. Rummenigge – Wohlfarth, Lunde.
Tore: 1:0 Gaudino (19.), 2:0 Walter (44.), 2:1 D. Hoeneß (69.), 3:1 Scholz (70.), 3:2 D. Hoeneß (73.), 3:3 Brehme (90.).
Gelb: Neun / Flick.
Schiedsrichter: Heinz Werner.

14. SPIELTAG

Bayern – FC Homburg 3:0 (2:0)

BAYERN: Pfaff – Augenthaler – Eder – Nachtweih, Matthäus, Brehme, M. Rummenigge (75. Flick), Pflügler – Wohlfarth, D. Hoeneß, Lunde.
HOMBURG: K. Scherer – Wojcicki – Lebong, Mörsdorf, Beck – Knoll, Dooley, Buncol, Jambo, Frenken (81. Müller) – Schäfer (60. Freiler).
Tore: 1:0 Matthäus (10., Handelfmeter), 2:0 Wohlfarth (40.), 3:0 Nachtweih (83.).
Gelb: – / Jambo.
Schiedsrichter: Klaus Broska.

15. SPIELTAG

Bayer Uerdingen – Bayern 0:0

UERDINGEN: Vollack – Herget (29. Witeczek) – Dämgen, W. Funkel, Wöhrlin – Bommer, Klinger, Edvaldsson, Buttgereit – Bierhoff (86. Basten), Kuntz.
BAYERN: Pfaff – Augenthaler – Pflügler, Nachtweih, Eder – Brehme, Matthäus, Dorfner, Flick – Wohlfarth, Lunde.
Gelb: W. Funkel, Herget / Lunde.
Schiedsrichter: Wilfried Heitmann.

16. SPIELTAG

Bayern – VfB Stuttgart 1:0 (1:0)

BAYERN: Pfaff – Augenthaler – Eder, Pflügler – Nachtweih, Flick (46. Willmer), Matthäus, Dorfner, Brehme – D. Hoeneß, Lunde (86. Kögl).
STUTTGART: Immel – Schröder – Hartmann, Buchwald – Zietsch, Strehmel, Schäfer, Perfetto (76. Bunk), Müller (68. Pasic) – Merkle, Allgöwer.
Tor: 1:0 Flick (14.).
Gelb: Dorfner, Eder / Schröder.
Schiedsrichter: Joachim Kautschor.

17. SPIELTAG

FC Schalke 04 – Bayern 2:2 (1:0)

SCHALKE: Macak – Hannes – Kruse, Kleppinger, M. Jakobs – Opitz, D. Roth, Patzke (58. S. Täuber), Thon – Bistram, K. Täuber (83. J. Wegmann).
BAYERN: Pfaff – Augenthaler – Pflügler, Nachtweih, Eder – Matthäus, Flick (31. Lunde), Brehme – Dorfner, D. Hoeneß, M. Rummenigge (70. Kögl).
Tore: 1:0 Hannes (23.), 2:0 K. Täuber (47.), 2:1 Matthäus (48.), 2:2 Augenthaler (82.).
Gelb: K. Täuber / Nachtweih.
Schiedsrichter: Peter Gabor.

18. SPIELTAG

Borussia Dortmund – Bayern 2:2 (0:2)

DORTMUND: de Beer – Pagelsdorf – Storck, Hupe, Kutowski (46. Simmes) – Lusch, Zorc, Raducanu, Helmer – Dickel, Mill (87. Keser).
BAYERN: Pfaff – Augenthaler – Nachtweih, Eder, Pflügler – Winklhofer, Matthäus, Dorfner, M. Rummenigge – Wohlfarth, Lunde.
Tore: 0:1 Wohlfarth (27.), 0:2 Wohlfarth (33.), 1:2 Dickel (75.), 2:2 Zorc (90.+2).
Gelb: Mill / –.
Schiedsrichter: Wolf-Günter Wiesel.

19. SPIELTAG

Bayern – Fortuna Düsseldorf 3:0 (0:0)

BAYERN: Pfaff – Augenthaler (29. D. Hoeneß) – Eder, Pflügler – Nachtweih, Dorfner, Matthäus (81. Winklhofer), Brehme, M. Rummenigge – Wohlfarth, Lunde.
DÜSSELDORF: Kargus – Keim – Wojtowicz, Kaiser – Bockenfeld, Weikl, Dusend, Blättel, Thomas – Jensen, Demandt.
Tore: 1:0 Matthäus (53.), 2:0 Pflügler (58.), 3:0 D. Hoeneß (64.).
Gelb: – / Kaiser.
Schiedsrichter: Kurt Witke.

20. SPIELTAG

1. FC Köln – Bayern 1:1 (1:0)

KÖLN: Illgner – Steiner – Hönerbach, M. Wollitz – Lehnhoff (79. Bein), Geils, Olsen, Engels, Görtz – Woodcock, K. Allofs.
BAYERN: Pfaff – Augenthaler – Eder, Pflügler – Nachtweih, Matthäus, Dorfner (67. Lunde), Brehme, M. Rummenigge – Wohlfarth (83. Winklhofer), D. Hoeneß.
Tore: 1:0 Woodcock (38.), 1:1 Augenthaler (68.).
Gelb: Görtz, Hönerbach / –.
Schiedsrichter: Wilfried Heitmann.

21. SPIELTAG

Bayern – 1. FC Nürnberg 4:0 (1:0)

BAYERN: Pfaff – Nachtweih – Eder, Pflügler – Winklhofer, Matthäus, Dorfner, Brehme – Wohlfarth (75. Kögl), D. Hoeneß, M. Rummenigge (64. Lunde).
NÜRNBERG: Köpke – Reuter – T. Brunner, Giske, Wagner – Schwabl, Grahammer, H.-J. Brunner (64. Geyer), Lieberwirth (64. Güttler) – Andersen, Eckstein.
Tore: 1:0 M. Rummenigge (9.), 2:0 Wohlfarth (56.), 3:0 D. Hoeneß (62.), 4:0 Matthäus (81.).
Schiedsrichter: Wolf-Dieter Ahlenfelder.

22. SPIELTAG

Hamburger SV – Bayern 1:2 (0:1)

HAMBURG: Stein – Plessers – Lux, D. Jakobs, Homp – Jusufi, von Heesen, Kroth (70. Dittmer), Okonski – Kastl, Schmöller.
BAYERN: Pfaff – Augenthaler – Eder, Pflügler – Nachtweih, Brehme, Matthäus, Dorfner – M. Rummenigge (90. Willmer), D. Hoeneß, Lunde.
Tore: 0:1 Lunde (26.), 1:1 Kastl (81.), 1:2 M. Rummenigge (87.).
Gelb: Dittmer, Lux, Plessers / Matthäus.
Schiedsrichter: Dieter Pauly.

23. SPIELTAG

Bayern – 1. FC Kaiserslautern 3:0 (2:0)

BAYERN: Pfaff – Augenthaler – Eder, Pflügler – Nachtweih (79. Winklhofer), Brehme, Matthäus, Dorfner, M. Rummenigge – D. Hoeneß, Lunde (79. Kögl).
K'LAUTERN: Ehrmann – Moser, Friedmann, Majewski, Hoos – Roos, Hartmann, Wuttke, Schupp (58. Spielberger) – Trunk, Allievi.
Tore: 1:0 D. Hoeneß (18.), 2:0 Lunde (38.), 3:0 Dorfner (79.).
Gelb: M. Rummenigge / Ehrmann, Schupp, Trunk.
Schiedsrichter: Hans-Jürgen Weber.
Besonderes Vorkommnis: Pfaff hält Foulelfmeter von Wuttke (89.).

24. SPIELTAG

Borussia M'gladbach – Bayern 0:1 (0:1)

M'GLADBACH: Kamps – Bruns – Borowka, Frontzeck – Winkhold, Krauss, Herlovsen, Hochstätter (55. Thiele), Dreßen – Criens, Lienen (77. Brandts).
BAYERN: Pfaff – Augenthaler (15. Winklhofer) – Nachtweih, Eder – Matthäus, Brehme, Dorfner (27. Lunde), Pflügler, M. Rummenigge – Wohlfarth, D. Hoeneß.
Tor: 0:1 D. Hoeneß (35.).
Gelb: Borowka, Dreßen, Krauss / Brehme, Nachtweih, Winklhofer. **Schiedsrichter:** Gerd Zimmermann.
Besonderes Vorkommnis: Frontzeck schießt Foulelfmeter über das Tor (59.).

25. SPIELTAG

Bayern – Werder Bremen 3:2 (1:2)

BAYERN: Pfaff – Eder – Winklhofer, Pflügler – Brehme, Matthäus, M. Rummenigge (83. Bayerschmidt), Willmer – Wohlfarth, D. Hoeneß, Lunde (46. Kögl).
BREMEN: Burdenski – Sauer – Kutzop (72. Hermann), Bratseth, Otten – Schaaf, Wolter, Votava, Meier – Völler (72. Burgsmüller), Ordenewitz.
Tore: 0:1 Völler (14.), 1:1 M. Rummenigge (34.), 1:2 Wolter (43.), 2:2 Pflügler (49.), 3:2 Matthäus (56.).
Gelb: Brehme / Ordenewitz, Otten, Schaaf.
Schiedsrichter: Hans-Peter Dellwing.

26. SPIELTAG

VfL Bochum – Bayern 1:2 (1:1)

BOCHUM: Zumdick – Kempe – Kree, Oswald, Zugcic (70. Schulz) – Woelk, Lameck, Knäbel, Reekers – Nehl (61. Legat), Leifeld.
BAYERN: Pfaff – Nachtweih – Pflügler, Eder – Winklhofer, Brehme, Matthäus, Kögl – Wohlfarth, D. Hoeneß, Lunde.
Tore: 1:0 Leifeld (15.), 1:1 Brehme (17.), 1:2 Matthäus (62.).
Gelb: Leifeld / Nachtweih.
Schiedsrichter: Hans-Joachim Osmers.
Besonderes Vorkommnis: Pfaff hält Foulelfmeter von Nehl (60.).

27. SPIELTAG

Bayern – Eintracht Frankfurt 2:1 (1:0)

BAYERN: Pfaff – Nachtweih – Eder, Winklhofer – Brehme, Augenthaler (46. Flick), M. Rummenigge, Pflügler – Wohlfarth, D. Hoeneß, Kögl.
FRANKFURT: Gundelach – Binz – Sievers, Körbel, Kraaz – U. Müller, Möller, Falkenmayer, Münn (79. Mitchell) – Turowski, Smolarek.
Tore: 1:0 Nachtweih (10.), 2:0 M. Rummenigge (51.), 2:1 Turowski (60.).
Gelb: – / Kraaz, Sievers.
Schiedsrichter: Hans-Peter Schäfer.

28. SPIELTAG

Bayern – Blau-Weiß 90 Berlin 2:0 (0:0)

BAYERN: Pfaff – Nachtweih – Eder – Winklhofer, Brehme, Matthäus (57. Flick), Kögl, Pflügler – Wohlfarth, D. Hoeneß, M. Rummenigge (46. Lunde).
BERLIN: Mager – Vandereycken – Schlegel, Brefort, Gerber (66. Mattern) – Gaedke, Hellmann, Schüler, Clarke (62. Dinauer), Flad – Riedle.
Tore: 1:0 Wohlfarth (57.), 2:0 Eder (61.).
Gelb: Pfaff, Pflügler / Schüler.
Schiedsrichter: Hellmut Krug.

29. SPIELTAG

Bayer Leverkusen – Bayern 0:0

LEVERKUSEN: Vollborn – Hörster – A. Reinhardt, de Keyser – Zanter, Schreier, Drews (81. Hinterberger), Rolff, Hausmann – Cha, Waas.
BAYERN: Pfaff – Nachtweih – Eder, Pflügler – Winklhofer, Brehme, Augenthaler (46. Flick), M. Rummenigge – Kögl – Wohlfarth, D. Hoeneß.
Gelb: – / Flick, Nachtweih.
Schiedsrichter: Gerhard Theobald.

30. SPIELTAG

Bayern – Waldhof Mannheim 3:0 (1:0)

BAYERN: Pfaff – Nachtweih – Eder, Pflügler – Winklhofer, Brehme (46. Flick), Matthäus, M. Rummenigge – Wohlfarth, D. Hoeneß (72. Lunde), Kögl.
MANNHEIM: Quasten – Sebert – Neun, Kohler, Dickgießer – Quaisser (46. D. Tsionanis), J. Müller (66. Gaudino), A. Schön, Trieb – Bührer, Walter.
Tore: 1:0 Wohlfarth (35.), 2:0 Pflügler (58.), 3:0 Matthäus (70., Foulelfmeter).
Gelb: Winklhofer / Quaisser, Sebert.
Schiedsrichter: Hans Puchalski.

31. SPIELTAG

FC Homburg – Bayern 2:2 (0:2)

HOMBURG: K. Scherer – Wojcicki – Hentrich (46. Brendel), Dooley, Ehrmantraut – Knoll, Jambo, Buncol, K. Müller – Schäfer (73. Stickroth), Freiler.
BAYERN: Pfaff – Nachtweih – Winklhofer, Eder, Pflügler – Brehme, Matthäus, Flick, M. Rummenigge (81. Lunde) – D. Hoeneß, Kögl.
Tore: 0:1 M. Rummenigge (19.), 0:2 Kögl (32.), 1:2 K. Müller (58.), 2:2 Freiler (64.).
Gelb: Müller / Flick. **Schiedsrichter:** Wolfgang Mierswa.

32. SPIELTAG

Bayern – Bayer Uerdingen 2:2 (1:2)

BAYERN: Pfaff – Nachtweih – Eder (23. Willmer), Pflügler – Winklhofer, Matthäus, Brehme, M. Rummenigge – Lunde (46. Wohlfarth), D. Hoeneß, Kögl.
UERDINGEN: Vollack – F. Funkel – Wöhrlin, W. Funkel (74. Raschid), Thommessen – Bommer, Herget, Edvaldsson, Buttgereit – Klinger, Kuntz.
Tore: 1:0 Matthäus (11., Foulelfmeter), 1:1 Klinger (21.), 1:2 Edvaldsson (39.), 2:2 D. Hoeneß (67.).
Gelb: Pflügler / –. **Schiedsrichter:** Norbert Brückner.

33. SPIELTAG

VfB Stuttgart – Bayern 1:3 (0:2)

STUTTGART: Immel – Zietsch – Gomminginger (46. A. Müller), Buchwald, Strehmel – Hartmann, Schröder, Allgöwer, Perfetto – Klinsmann, Schmitt (46. Merkle).
BAYERN: Pfaff – Nachtweih – Winklhofer, Eder, Willmer (39. Lunde) – Flick, Brehme, M. Rummenigge, Matthäus – D. Hoeneß, Kögl.
Tore: 0:1 Matthäus (31.), 0:2 Kögl (38.), 0:3 Matthäus (48., Foulelfmeter), 1:3 Klinsmann (59.).
Schiedsrichter: Wolf-Günter Wiesel.

34. SPIELTAG

Bayern – FC Schalke 04 1:0 (0:0)

BAYERN: Pfaff – Nachtweih – Winklhofer, Eder, Pflügler – Brehme, Matthäus, Flick, M. Rummenigge – D. Hoeneß, Kögl.
SCHALKE: Junghans – Kleppinger – Prus, Täuber, M. Jakobs – D. Roth, Kruse, Schipper, Thon – J. Wegmann, Marquardt (17. Bistram / 46. Patzke).
Tor: 1:0 Nachtweih (88.).
Schiedsrichter: Wilfried Heitmann.

Abschlusstabelle

Pl.	Verein	Spiele	G	U	V	Tore	Diff.	Punkte
1	Bayern (M, P)	34	20	13	1	67:31	+36	53:15
2	Hamburg	34	19	9	6	69:37	+32	47:21
3	M'gladbach	34	18	7	9	74:44	+30	43:25
4	Dortmund	34	15	10	9	70:50	+20	40:28
5	Bremen	34	17	6	11	65:54	+11	40:28
6	Leverkusen	34	16	7	11	56:38	+18	39:29
7	Kaiserslautern	34	15	7	12	64:51	+13	37:31
8	Uerdingen	34	12	11	11	51:49	+2	35:33
9	Nürnberg	34	12	11	11	62:62	0	35:33
10	Köln	34	13	9	12	50:53	−3	35:33
11	Bochum	34	9	14	11	52:44	+8	32:36
12	Stuttgart	34	13	6	15	55:49	+6	32:36
13	Schalke	34	12	8	14	50:58	−8	32:36
14	Mannheim	34	10	8	16	52:71	−19	28:40
15	Frankfurt	34	8	9	17	42:53	−11	25:43
16	Homburg (A)	34	6	9	19	33:79	−46	21:47
17	Düsseldorf	34	7	6	21	42:91	−49	20:48
18	BW Berlin (A)	34	3	12	19	36:76	−40	18:50

DIE WEITEREN SIEGER DES JAHRES:

Europacup der Landesmeister:
FC Porto

Europacup der Pokalsieger:
Ajax Amsterdam

Uefa-Cup:
IFK Göteborg

DFB-Pokal:
Hamburger SV

Alle Ergebnisse auf einen Blick

Waagerecht: alle Heimresultate. Senkrecht: alle Auswärtsresultate

	Bayern	Hamburg	M'gladbach	Dortmund	Bremen	Leverkusen	Kaiserslautern	Uerdingen	Nürnberg	Köln	Bochum	Stuttgart	Schalke	Mannheim	Frankfurt	Homburg	Düsseldorf	BW 90 Berlin
Bayern		3:1	3:1	2:2	3:2	0:3	3:0	2:2	4:0	3:0	3:2	1:0	1:0	3:0	2:1	3:0	3:0	2:0
Hamburg	1:2		3:1	4:2	3:0	2:1	2:0	2:1	1:1	1:0	1:1	2:0	4:0	1:0	2:0	3:1	4:1	2:1
M'gladbach	0:1	0:3		2:2	1:2	2:1	0:1	2:0	4:0	3:1	2:1	4:0	3:1	7:2	1:1	5:0	4:1	2:1
Dortmund	2:2	4:3	0:2		2:1	0:0	2:0	1:1	2:2	1:1	3:2	1:2	1:0	6:0	1:0	3:0	4:1	7:0
Bremen	1:1	2:1	1:7	5:0		1:0	1:0	5:1	5:3	2:1	0:0	1:0	0:0	4:2	4:1	6:0	5:2	2:0
Leverkusen	0:0	0:1	0:2	3:2	4:1		1:0	1:4	2:0	0:1	2:1	4:1	4:2	0:0	2:0	4:2	5:0	2:2
Kaiserslautern	1:1	0:4	1:1	2:3	1:3	1:1		1:0	2:1	5:1	4:1	3:0	5:1	3:2	2:1	5:0	3:1	2:0
Uerdingen	0:0	1:0	1:1	2:4	1:1	1:1	1:2		3:4	3:1	3:1	2:2	0:0	3:2	1:0	2:1	4:1	2:1
Nürnberg	1:2	3:3	2:0	1:2	5:1	1:1	2:1	1:1		1:1	3:3	2:1	2:1	1:1	1:0	2:2	4:3	7:2
Köln	1:1	1:1	2:4	2:0	3:0	1:4	2:2	1:2	3:1		1:0	0:0	3:2	2:1	0:0	3:0	1:0	1:1
Bochum	1:2	1:1	1:1	0:0	1:1	2:1	3:1	2:1	0:1	3:1		0:1	1:1	6:1	2:0	0:0	2:2	5:1
Stuttgart	1:3	1:1	2:4	3:0	4:0	1:0	1:1	2:0	1:1	5:1	2:4		4:0	2:1	4:1	4:0	3:0	1:1
Schalke	2:2	1:1	1:2	2:1	1:0	1:2	3:2	2:1	2:4	2:4	0:0	2:1		3:1	3:1	4:0	4:2	3:0
Mannheim	3:3	2:2	1:1	2:1	1:0	2:1	4:3	2:3	3:0	2:0	0:0	3:2	2:0		2:1	5:1	1:1	1:1
Frankfurt	0:0	1:3	4:0	0:4	2:2	1:0	2:2	1:0	1:0	1:2	1:1	3:1	0:1	2:1		4:0	5:0	1:3
Homburg	2:2	1:1	0:2	2:2	0:1	1:2	1:1	0:2	2:0	1:3	3:1	2:1	1:1	2:1	1:1		3:1	2:1
Düsseldorf	0:3	3:2	1:1	0:4	2:1	2:3	1:3	1:1	1:1	0:4	0:4	1:0	3:4	2:0	3:3	1:0		3:1
BW 90 Berlin	1:1	1:3	3:2	1:1	1:4	0:1	1:4	1:1	1:4	1:1	0:0	0:2	0:0	4:1	2:2	2:2	1:2	

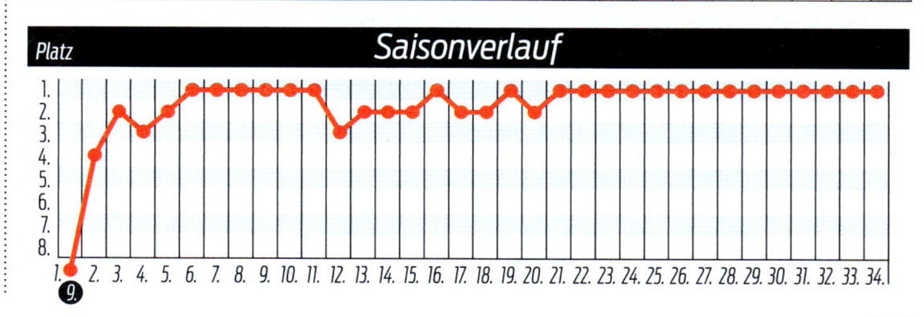

NEID, ZANK UND VIELE INTRIGEN

Die Bayern zerfleischen sich selbst, werden nur Vizemeister. Nach der Saison wechseln Lothar Matthäus und Andreas Brehme zu Inter

Volltreffer: HSV-Torwart Uli Stein schlägt Jürgen Wegmann im Supercup mit der Faust ins Gesicht

Die Saison beginnt mit einem der größten Eklats der deutschen Fußball-Geschichte – einem Faustschlag gegen Jürgen Wegmann. Den Mittelstürmer, wegen seiner Geschmeidigkeit und Gefährlichkeit „Kobra" genannt und für 1,1 Millionen D-Mark Ablöse von Schalke 04 nach München gekommen, trifft im ersten deutschen Supercup-Finale zwischen Meister und Pokalsieger eine rechte Gerade von HSV-Torwart Uli Stein im Gesicht.

Stein schlägt aus Frust über Wegmanns 2:1-Siegtreffer in der 87. Minute zu. Völlig unvermittelt, ehe Wegmann, der in Steins Fünfmeterraum liegt, jubeln kann. Der DFB sperrt den Torwart zehn Wochen, er verliert seinen Job beim HSV, wechselt nach Frankfurt. Und Wegmann, der Dieter Hoeneß nach dessen Rücktritt ersetzen soll, zahlt mit Schmerzen für sein zweites Tor im Finale. In der 60. Minute hat Wegmann bereits die Hamburger Führung durch Miroslav Okonski ausgeglichen. Immerhin sichert das 2:1 dem Top-Favoriten, auf den 17 der 18 Bundesliga-Kapitäne 1987/88 als Meister setzen (Ausnahme: Dortmunds Frank Mill), den ersten Titel der Ära Jupp Heynckes.

Wenige zweifeln, dass weitere hinzukommen werden. Obwohl Heynckes in seinen ersten sieben Trainerjahren in Mönchengladbach nichts gewonnen hat. Dabei sagt selbst Bayern-Präsident Fritz Scherer: „Es gehört Mumm dazu, einem Mann wie Udo Lattek zu folgen. Der Druck für Heynckes ist gewaltig."

Jupp Heynckes, auf dem Spielfeld in den Siebzigerjahren erbitterter Gegner der Bayern, gibt sich in den ersten Wochen in München handzahm, will sein Mimosen-Image abgelegt haben („Ich habe längst ein dickes Fell") und überzeugt sogar beim Häuten der Weißwurst.

Ziemlich falsch liegt er jedoch auf seinem eigentlichen Arbeitsfeld. Seine Spieler zeichne es aus, „dass sie auf dem Platz eine echte Mannschaft sind und nicht elf Individualisten wie bei vielen anderen Teams", sagt Heynckes blauäugig beim Trainingsstart am 3. Juli. Pure Harmonie hat es beim FC Bayern ohnehin selten gegeben, 1987/88 ist aber alles noch viel schlimmer. Es ist ein Jahr des Zanks und der Intrigen: Jürgen Wegmann gegen Roland Wohlfarth, Klaus Augenthaler und noch viele andere gegen Lothar Matthäus, Jean-Marie Pfaff gegen Raimond Aumann – überall gibt es Auseinandersetzungen.

Nur ein Beispiel: Nach dem letzten Spiel vor der Winterpause, dem 2:2 beim HSV (19. Spieltag), ätzt Ersatztorwart Aumann über seinen Rivalen: „Seit Wochen schon ist Pfaff brutal schlecht. Der Pfaff sollte lieber Bälle halten als auf Elefanten reiten." Eine Anspielung auf Pfaffs PR-Sucht.

Nach diesem Spiel widerlegt auch Kapitän Augenthaler seinen Trainer, als er feststellt: „In den letzten Wochen gab's ja nicht mal mehr Einzelkämpfer, sondern nur noch Einzelspieler bei uns. Eigentlich sind wir eine tote Truppe."

Die Spieler sind satt, der Supercup bleibt der einzige Pokal, erstmals seit 1982/83 gehen die Bayern in allen Wettbewerben leer aus.

Dabei fangen sie furios an, schon nach dem 6:0 gegen den HSV am 2. Spieltag

In der Mannschaft umstritten, von den Fans gefeiert: Lothar Matthäus (M.), hier im Spiel gegen Borussia Dortmund. Nach vier Jahren verlässt er den FC Bayern und wechselt zu Inter Mailand

gratuliert Sportschau-Moderator Klaus Schwarze gönnerhaft zur vierten Meisterschaft in Folge. Aber nach drei Siegen zum Auftakt folgt am vierten Spieltag bereits ein Tiefschlag: Mit dem 2:3 beim kleinen FC Homburg reißt die stolze Serie von 26 Auswärtsspielen ohne Niederlage.

Es ist die erste von sieben Pleiten auf fremden Plätzen in dieser Saison. Die schmerzlichste der Hinrunde: das 1:3 beim 1. FC Köln, wo Udo Lattek als Sportdirektor wirkt (8. Spieltag). Nach der Partie kommentierte die Deutsche Presse-Agentur: „Auf die Bayern kommen schwere Zeiten zu." Und Paul Breitner, ein kritischer Beobachter, stellt fest: „Ich habe die Bayern seit 17 Jahren nicht so schwach gesehen. Wenn es ganz böse wird, werden sie im Mittelfeld untergehen."

So böse wird es dann doch nicht. Aber mit dem 1:3 bei Werder Bremen am 26. Spieltag schwinden alle Träume. Noch spät am Abend jenes 26. März kündigt Uli Hoeneß nach der Rückkehr aus Bremen auf dem Flughafen München an: „Wir haben mit den Spielern gesprochen, wir haben ihnen gedroht. Alles ohne Erfolg. Jetzt werden wir die Konsequenzen ziehen, wir misten gnadenlos aus. Wir brauchen wieder junge, hungrige Leute."

In einer anderen Ecke des Flughafens steht Heynckes und sagt resigniert: „Diese Mannschaft ist nicht mehr zu motivieren." Immerhin reicht es in seinem achten Trainerjahr zu Rang zwei hinter Otto Rehhagels überragenden Bremern.

Der große Riss im Team zeigt sich auch noch einmal nach dem letzten Heimspiel gegen den VfB Stuttgart (2:1): Augenthaler ruft Matthäus, der mit einem Doppelschlag die Begegnung entscheidet, nach: „Wenn der Lothar in dieser Saison nur annähernd so aufgetrumpft hätte wie heute, dann stünden wir jetzt anders da."

Lothar Matthäus regt das nicht mehr auf, er ist sich längst mit Inter Mailand über einen Wechsel einig, nimmt gleich auch noch seinen Freund Andreas Brehme mit. Die beiden sind keine Heynckes-Freunde, der Abgang wird überdies durch 11,3 Millionen DM netto Ablöse versüßt.

Die Fans verabschieden Matthäus ebenso wie den abgeschobenen Torwart Pfaff, der zu Lierse SK in seine belgische Heimat wechselt, mit Sprechchören. In der Münchner „tz" rechnet Pfaff ab: „Die Spieler haben das Lachen verlernt, Kameradschaft gibt es nicht mehr." Heynckes lässt er wissen: „Ob der Trainer noch lange hier aushält, ist fraglich. Er ist nämlich ein viel zu anständiger Mensch für den FC Bayern."

Norbert Eder sieht das anders, auch er gehört wie Michael Rummenigge und Leihgabe Mark Hughes zu den Ausgemusterten: „Von Jupp Heynckes bin ich menschlich schwer enttäuscht."

Europacup der Landesmeister

Entscheidung in Madrid: das 2:0 von Michel gegen Pfaff

Bayern verschenkt 3:0 gegen Real

Mit ZFKA Sofia haben die Bayern in der ersten Runde wenig Probleme und stellen schon zu Hause die Weichen, Jürgen Wegmann trifft beim 4:0 doppelt. In Bulgarien (1:0) erzielt Ludwig Kögl eines seiner seltenen Tore. Im Achtelfinale folgt eine unerwartete 1:2-Niederlage bei Xamax Neuchâtel (Schweiz). Alain Sutter, der 1994 zu Bayern wechselt, erzielt das Siegtor. In München stehen die Bayern dicht vor dem Aus. Lothar Matthäus verschießt einen Elfmeter. Erst Hans Pflügler erlöst Mannschaft und Anhang in der 87. Minute mit dem 1:0, Wegmann erhöht noch auf ein 2:0. Ein Zittersieg. Im Viertelfinale endet das Hinspiel in München mit Schrecken: Souverän führt Bayern gegen Real Madrid bis zur 88. Minute mit 3:0 (Tore: Pflügler, Norbert Eder, Wohlfarth), dann patzt Jean-Marie Pfaff. Butragueño und Sánchez verkürzen auf 3:2. In Madrid scheitert der FCB. Das 2:0 zur Pause hat bis zum Ende Bestand (Tore: Jankovic, Michel).

DFB-Pokal

Vorentscheidung im Volksparkstadion: Heinz Gründel (3. v. l.) köpft das 2:0 für den HSV

1:2 beim HSV – Hoeneß kritisiert Schiri

Ein großartig aufgelegter Roland Wohlfarth schießt die Bayern an der Essener Hafenstraße ganz allein in die 2. Runde – alle drei Tore beim 3:1 gegen Rot-Weiss Essen gehen auf sein Konto. In Runde zwei wird es ungleich schwerer, Bayern trifft auf den alten Rivalen Gladbach. Nach dem 2:2 auf dem Bökelberg gibt es im Wiederholungsspiel in München wieder eine Verlängerung, zwei Tore von Michael Rummenigge zum 3:2-Sieg verhindern ein Elfmeterschießen. Im Achtelfinale gegen den 1. FC Nürnberg schießt Star-Leihgabe Mark Hughes sein erstes Pokaltor. 61 000 Zuschauer fiebern bis zuletzt, ehe Lothar Matthäus einen Elfmeter zum 3:1-Endstand verwandelt. Matthäus trifft auch am 8. März in Hamburg, doch diesmal ist es nur das Ehrentor zum 1:2 – der HSV ist im Viertelfinale Endstation. Uli Hoeneß macht Schiedsrichter Werner Föckler verantwortlich und brüllt ihn an: „Eine absolute Katastrophe, was Sie pfeifen!"

TRAINER

JUPP HEYNCKES
Schon nach der ersten Heimniederlage (1:3 gegen Dortmund am 18. Spieltag) rufen die Fans nach Udo Lattek. Heynckes gewinnt 22 Ligaspiele, mehr als in jeder Saison mit Gladbach, darf bleiben und seinen Zweijahresvertrag erfüllen.

DIE TOP-ELF DER SAISON

Andreas Breh

Hans Pflügler

DER SPIELER DES JAHRES

Hans Pflügler, *studierter Stahlbauingenieur, ist ein Muster an Beständigkeit. Zum dritten Mal in Folge beweist der linke Verteidiger seine Offensiv-Qualitäten, erzielt diesmal sechs Tore in 29 Bundesliga-Spielen. 1985/86 hat er ebenfalls sechsmal getroffen, 1986/87 siebenmal. Auch im Europacup trägt sich Pflügler in die Torschützenliste ein und markiert das erlösende 1:0 gegen Xamax Neuchâtel: „Mein wichtigstes Tor bisher." Am 25. März 1987 wird er beim 2:0 in Israel Nationalspieler, schafft den Sprung in den EM-Kader und spielt im Halbfinale gegen Holland (1:2).*

Der Kader

NAME	SPIELE	TORE
Raimond Aumann	9	0
Jean-Marie Pfaff	25	0
Klaus Augenthaler	24	5
Uli Bayerschmidt	3	1
Andreas Brehme	28	3
Norbert Eder	32	1
Hans Pflügler	29	6
Hans Dorfner	29	4
Armin Eck	18	1
Hans-Dieter Flick	27	1
Lothar Matthäus	26	17
Norbert Nachtweih	30	2
Helmut Winklhofer	17	0
Mark Hughes	18	6
Ludwig Kögl	22	1
Lars Lunde	9	1
Michael Rummenigge	32	10
Uwe Tschiskale	1	0
Jürgen Wegmann	27	13
Roland Wohlfarth	29	11

ARMIN ECK Der Billig-Einkauf von Bayernligist Bayreuth erweist sich als wertvoller Ergänzungsspieler

Transfers

MARK HUGHES verstärkt den Angriff als Leihspieler vom FC Barcelona, wo er 1986/87 neben Gary Lineker zweite Sturmspitze war, sich aber nicht durchsetzen konnte. Der Waliser gefällt mit seinem körperbetonten Spiel, wird nach 18 Bundesliga-Partien und sechs Toren aber nur ein Jahr später von seinem Heimatklub Manchester United zurück nach England beordert. Am 11. November 1987 schreibt Hughes Geschichte, als er zuerst für Wales in der Tschechoslowakei ein EM-Qualifikationsspiel bestreitet, dann nach München fliegt und abends in der Pokalbegegnung gegen Gladbach eingewechselt wird.

SPIELER	VON VEREIN	ABLÖSESUMME
Armin Eck	SpVgg Bayreuth	80 000 DM
Mark Hughes	FC Barcelona	ausgeliehen
Uwe Tschiskale	SG Wattenscheid 09	800 000 DM
Jürgen Wegmann	FC Schalke 04	1,1 Mio. DM

Tops & Flops

NORBERT EDER macht in seiner vierten Saison beim FC Bayern die meisten Pflichtspiele im Kader (43). Das bewahrt ihn nicht vor dem Rausschmiss. Er wechselt zum FC Zürich.

SCHALKE-SPIEL Das 8:1 am 27. Spieltag ist der höchste Sieg gegen die Königsblauen in einem Pflichtspiel bis heute, toppt das 7:1 (1977/78), das 6:0 (1969/70) und 5:0 (1966/67 und 1972/73).

LOTHAR MATTHÄUS übertrifft mit 17 Bundesliga-Toren alle Offensivspieler im Kader, wird Dritter in der Torjäger-Liste. Sieger: Jürgen Klinsmann (Stuttgart, 19).

RABAH MADJER wird als Neuzugang angekündigt, unterschreibt einen Vertrag für drei Jahre. Aber er besteht die sportmedizinische Untersuchung nicht, spielt nie für die Bayern.

UWE TSCHISKALE spielt nur zehn Minuten (gegen Hannover am 11. Spieltag). Im Winter wechselt der Einkauf vom Zweitligisten Wattenscheid (800 000 DM) zum späteren Absteiger Schalke.

OHRFEIGE Der Streit zwischen Pfaff und Aumann ist zuweilen handgreiflich: Am 5. Dezember 1987 ohrfeigt Pfaff den Widersacher beim Konditionstraining.

1. SPIELTAG

Borussia Dortmund – Bayern 1:3 (0:1)

DORTMUND: de Beer – Pagelsdorf – Hupe, Kutowski – Kleppinger, Zorc, MacLeod (79. Anderbrügge), Helmer (53. Simmes), Raducanu – Dickel, Mill.
BAYERN: Pfaff – Nachtweih – Winklhofer, Eder, Pflügler – Brehme, Matthäus (79. Flick), M. Rummenigge, Dorfner – Wohlfarth, Wegmann (69. Lunde).
Tore: 0:1 M. Rummenigge (35.), 0:2 Wohlfarth (50.), 1:2 Mill (52.), 1:3 Lunde (78.).
Schiedsrichter: Heinz Werner.

2. SPIELTAG

Bayern – Hamburger SV 6:0 (2:0)

BAYERN: Pfaff – Nachtweih – Eder – Winklhofer (78. Flick), Matthäus, Dorfner, Brehme, M. Rummenigge, Pflügler – Wohlfarth (83. Lunde), Wegmann.
HAMBURG: Pralija – Jakobs – Beiersdorfer, Kober (55. Labbadia) – Kaltz, von Heesen, Jusufi, Kroth, Hinz (36. Bein), Okonski – Kastl.
Tore: 1:0 Matthäus (25.), 2:0 Wegmann (45.), 3:0 M.Rummenigge (54.), 4:0 Wohlfarth (78.), 5:0 Wegmann (84.), 6:0 Matthäus (87.).
Schiedsrichter: Karl-Josef Assenmacher.

3. SPIELTAG

Bayern – Waldhof Mannheim 2:1 (2:0)

BAYERN: Pfaff – Nachtweih – Winklhofer, Eder – Brehme, Matthäus, Dorfner (84. Flick), M. Rummenigge, Pflügler – Wohlfarth, Wegmann (77. Lunde).
MANNHEIM: Zimmermann – Schön – Tsionanis, Dickgießer – Bockenfeld (57. Güttler), Müller, Neun, Lux (80. Finke), Trieb – Bührer, Lippmann.
Tore: 1:0 Wegmann (10.), 2:0 Wohlfarth (25.), 2:1 Trieb (69.).
Gelb: – / Schön.
Schiedsrichter: Hans-Jürgen Weber.

4. SPIELTAG

FC Homburg – Bayern 3:2 (1:0)

HOMBURG: Scherer – Wojcicki –Brendel (40. Ehrmantraut), Keim, Kruszynski – Stickroth, Dooley, Blättel, Ellmerich (66. Schäfer) – Martins, Freiler.
BAYERN: Pfaff – Augenthaler – Eder, Pflügler – Nachtweih, Brehme (80. Lunde), Matthäus, M. Rummenigge (67. Kögl), Dorfner – Wohlfarth, Wegmann.
Tore: 1:0 Freiler (30.), 1:1 Matthäus (49.), 2:1 Schäfer (67.), 3:1 Schäfer (77.), 3:2 Wegmann (87.).
Gelb: Kruszynski, Stickroth / –.
Schiedsrichter: Bernd Kruse.

5. SPIELTAG

Bayern – 1. FC Nürnberg 1:0 (1:0)

BAYERN: Pfaff – Augenthaler – Winklhofer, Eder – Nachtweih, Dorfner, Matthäus (13. Kögl), Brehme, Pflügler – Wohlfarth, Wegmann.
NÜRNBERG: Köpke – Dusend – Giske, Grahammer – Brunner, Dittwar, Schwabl, Reuter, Philipkowski (70. Eckstein) – Andersen, Greiner (46. Stenzel).
Tor: 1:0 Pflügler (31.).
Schiedsrichter: Joachim Kautschor.

6. SPIELTAG

Borussia M'gladbach – Bayern 2:0 (2:0)

M'GLADBACH: Kamps – Bruns – Herbst, Dreßen – Winkhold, Herlovsen, Hochstätter (89. Krisp), Bakalorz, Frontzeck – Rahn (65. Thiele), Criens.
BAYERN: Pfaff – Augenthaler – Nachtweih, Eder – Winklhofer, Brehme, Dorfner (59. M. Rummenigge), Kögl, Pflügler – Wohlfarth, Wegmann (65. Lunde).
Tore: 1:0 Rahn (37.), 2:0 Rahn (45., Foulelfmeter).
Gelb: Herlovsen / Pfaff.
Schiedsrichter: Hans-Peter Dellwing.

7. SPIELTAG

Bayern – Eintracht Frankfurt 3:2 (1:2)

BAYERN: Pfaff – Augenthaler – Eder, Pflügler – Winklhofer (46. Kögl), Nachtweih, Dorfner, Brehme, M. Rummenigge – Wohlfarth, Lunde (76. Wegmann).
FRANKFURT: Gundelach – Binz – Sievers, Körbel – Müller, Möller (67. Turowski), Schulz, Detari, Roth (55. Klepper) – Balzis, Smolarek.
Tore: 0:1 Smolarek (2.), 0:2 Schulz (37.), 1:2 Nachtweih (44.), 2:2 Augenthaler (54.), 3:2 Wohlfarth (62.).
Gelb: – / Binz.
Schiedsrichter: Manfred Neuner.

8. SPIELTAG

1. FC Köln – Bayern 3:1 (3:1)

KÖLN: Illgner – Steiner, Prestin (39. Hönerbach), Kohler – Häßler, Olsen, Littbarski, Engels, Görtz – Povlsen (81. Woodcock), T. Allofs.
BAYERN: Pfaff – Augenthaler – Winklhofer (46. Kögl), Eder (46. Flick), Pflügler – Nachtweih, Dorfner, Brehme, M. Rummenigge – Wohlfarth, Wegmann.
Tore: 0:1 Brehme (13.), 1:1 T. Allofs (16.), 2:1 Engels (27.), 3:1 Povlsen (45.).
Rot: – / Augenthaler (67.).
Gelb: Prestin / –.
Schiedsrichter: Wolf-Günter Wiesel.

9. SPIELTAG

Bayern – Werder Bremen 2:1 (0:0)

BAYERN: Pfaff – Nachtweih – Flick, Eder – Brehme, Dorfner, M. Rummenigge, Pflügler – Wohlfarth (46. Lunde), Wegmann, Kögl.
BREMEN: Reck – Sauer – Schaaf, Bratseth, Otten – Ruländer (78. Meier), Borowka, Votava, Hermann – Riedle (35. Burgsmüller), Ordenewitz.
Tore: 1:0 Pflügler (75.), 2:0 M. Rummenigge (82.), 2:1 Meier (88.).
Gelb: – / Borowka.
Schiedsrichter: Peter Gabor.

10. SPIELTAG

FC Schalke 04 – Bayern 1:4 (0:3)

SCHALKE: Heimen – Hannes – Prus, Kruse – Opitz (46. Klinkert), Schipper, Giesel, Edelmann (46. Götz), Goldbæk – Wollitz, Marquardt.
BAYERN: Aumann – Nachtweih – Winklhofer, Pflügler (78. Bayerschmidt) – Eder, Flick, Kögl, Dorfner, M. Rummenigge, – Lunde (74. Eck), Wegmann.
Tore: 0:1 Pflügler (9.), 0:2 M. Rummenigge (20.), 0:3 Kögl (25.), 1:3 Götz (67.), 1:4 M. Rummenigge (79.).
Gelb: – / Flick.
Schiedsrichter: Hans-Joachim Osmers.

11. SPIELTAG

Bayern – Hannover 96 4:1 (3:0)

BAYERN: Aumann – Nachtweih – Flick, Eder – Brehme, Dorfner, M. Rummenigge (75. Eck), Kögl, Pflügler – Wohlfarth (80. Tschiskale), Wegmann.
HANNOVER: Wulf – Knüwe – Geils, Kuhlmey – Surmann, Hobday, Dierßen, Müller (46. Palasz), Willmer –Kohn (46. Hartmann), Reich.
Tore: 1:0 Wohlfarth (13.), 2:0 Nachtweih (26.), 3:0 Wohlfarth (42.), 3:1 Reich (64.), 4:1 Brehme (75.).
Gelb: Nachtweih / Kuhlmey, Palasz.
Schiedsrichter: Peter Richmann.

12. SPIELTAG

Karlsruher SC – Bayern 0:1 (0:0)

KARLSRUHE: Famulla – Wöhrlin – Külbag (73. Patzschke), Süss, Kreuzer – Harforth, Spies, Trapp, Pilipovic – Raab (77. Fuchslocher), Glesius.
BAYERN: Aumann – Nachtweih – Flick, Eder, Pflügler – Brehme, Kögl, M. Rummenigge, Dorfner – Wegmann (77. Eck), Wohlfarth.
Tor: 0:1 M. Rummenigge (64.).
Gelb: Kreuzer / Flick.
Schiedsrichter: Wolf-Dieter Ahlenfelder.

13. SPIELTAG

Bayern – 1. FC Kaiserslautern 4:2 (4:1)

BAYERN: Pfaff – Nachtweih – Eder, Pflügler – Flick, Brehme, Dorfner (59. Winklhofer), M. Rummenigge, Kögl – Wohlfarth, Wegmann (78. Lunde).
K'LAUTERN: Ehrmann – Foda – Wolf (46. Schulz), Friedmann – Roos, Groh, Hartmann, Emmerling, Lelle – Kohr, Allievi.
Tore: 1:0 Wegmann (7.), 2:0 Wohlfarth (14.), 3:0 Dorfner (30.), 3:1 Kohr (35.), 4:1 Wegmann (36.), 4:2 Kohr (52.).
Gelb: – / Emmerling.
Schiedsrichter: Klaus Broska.

14. SPIELTAG

VfL Bochum – Bayern 0:2 (0:0)

BOCHUM: Zumdick – Kempe – Kree, Oswald– Reekers, Knäbel, Benatelli (66. Hantzidis), Woelk, Heinemann – Leifeld, Fischer (82. Epp).
BAYERN: Pfaff – Nachtweih – Pflügler, Eder – Flick, Brehme (39. Winklhofer), Matthäus (46. Wegmann), Dorfner, Kögl – Wohlfarth, M. Rummenigge.
Tore: 0:1 Flick (69.), 0:2 Wegmann (89.).
Gelb: Woelk / Pflügler.
Schiedsrichter: Rolf Blattmann.
Besonderes Vorkommnis: Woelk verschießt Foulelfmeter (17.).

15. SPIELTAG

Bayern – Bayer Uerdingen 3:0 (1:0)

BAYERN: Pfaff – Nachtweih – Eder, Pflügler – Winklhofer, Flick, Matthäus, Dorfner (73. Augenthaler) – Wohlfarth (77. Wegmann), Hughes, Kögl.
UERDINGEN: Vollack – Herget – Bommer, van de Loo, Funkel – Prytz, Klinger, Kuntz, Chmielewski – Witeczek (65. Kirchhoff), Mathy.
Tore: 1:0 Hughes (30.), 2:0 Matthäus (81.), 3:0 Wegmann (87.).
Gelb: Dorfner, Hughes, Pflügler / Mathy.
Schiedsrichter: Wilfried Heitmann.

16. SPIELTAG

VfB Stuttgart – Bayern 3:0 (1:0)

STUTTGART: Immel – Zietsch – Buchwald, Mirwald (79. Strehmel) – Schäfer, Hartmann – Allgöwer (62. Schütterle), Sigurvinsson, Gaudino – Klinsmann, Walter.
BAYERN: Pfaff – Nachtweih – Winklhofer (71. Wegmann), Eder – Flick, Dorfner, Matthäus, M. Rummenigge, Pflügler – Wohlfarth, Hughes (71. Kögl).
Tore: 1:0 Klinsmann (18.), 2:0 Walter (71.), 3:0 Hartmann (90.).
Gelb: – / Dorfner, Matthäus, Winklhofer.
Schiedsrichter: Dieter Pauly.

17. SPIELTAG

Bayern – Bayer Leverkusen 3:2 (2:0)

BAYERN: Pfaff – Nachtweih – Flick (73. Winklhofer), Eder – Augenthaler, Matthäus, Dorfner, M. Rummenigge, Pflügler – Wohlfarth, Hughes (80. Wegmann).
LEVERKUSEN: Vollborn – Hörster – Seckler, A. Reinhardt – Schreier, Rolff, Buncol (46. Tita), K. Reinhardt, Hausmann – Feinbier, Cha (64. Götz).
Tore: 1:0 Augenthaler (17.), 2:0 Wohlfarth (41.), 3:0 Rummenigge (69.), 3:1 Tita (79.), 3:2 Rolff (90.).
Gelb: Nachtweih / Seckler.
Schiedsrichter: Norbert Brückner.

18. SPIELTAG

Bayern – Borussia Dortmund 1:3 (1:2)

BAYERN: Pfaff – Nachtweih – Eder, Pflügler – Flick (59. Kögl), Augenthaler, Matthäus, Dorfner (84. Wohlfarth), M. Rummenigge – Wegmann, Hughes.
DORTMUND: de Beer – Pagelsdorf – Kutowski, Helmer – Kleppinger, Lusch, Spyrka (90. Hupe), Anderbrügge, MacLeod – Dickel (68. Storck), Simmes.
Tore: 0:1 Simmes (20.), 0:2 Anderbrügge (39.), 1:2 Augenthaler (45.), 1:3 Simmes (88.).
Schiedsrichter: Wolfgang Mierswa.

19. SPIELTAG

Hamburger SV – Bayern 2:2 (0:1)

HAMBURG: Koitka – Plessers – Jakobs, Kober – Kaltz, Homp, Möhlmann, von Heesen, Kroth – Labbadia, Okonski (62. Bein).
BAYERN: Pfaff – Nachtweih – Flick, Eder – Matthäus, Pflügler, Augenthaler, Brehme, M. Rummenigge (72. Kögl) – Wohlfarth, Hughes.
Tore: 0:1 Augenthaler (23.), 1:1 von Heesen (52.), 2:1 Kroth (66.), 2:2 Matthäus (75.).
Gelb: von Heesen / Brehme.
Schiedsrichter: Hans-Peter Dellwing.

20. SPIELTAG

Waldhof Mannheim – Bayern 1:2 (1:1)

MANNHEIM: Zimmermann – Cvetkovic – Finke, Dickgießer – Bockenfeld, Müller, Güttler, Schön, Trieb – Dais, Lux.
BAYERN: Pfaff – Augenthaler – Winklhofer (76. Kögl), Eder – Flick, Matthäus, Eck (66. M. Rummenigge), Brehme, Pflügler – Wohlfarth, Hughes.
Tore: 1:0 Bockenfeld (9.), 1:1 Pflügler (41.), 1:2 M. Rummenigge (83.).
Gelb: Dais, Finke, Zimmermann / Brehme, Hughes.
Schiedsrichter: Hellmut Krug.
Besonderes Vorkommnis: Zimmermann hält Foulelfmeter von Matthäus (90.).

21. SPIELTAG

Bayern – FC Homburg 6:0 (1:0)

BAYERN: Pfaff – Augenthaler – Flick (74. Winklhofer), Eder – Brehme (74. M. Rummenigge), Matthäus, Eck, Pflügler – Wohlfarth, Hughes, Kögl.
HOMBURG: Vollack – Blättel – Kruszynski, Keim, Hentrich – Geschlecht (63. Jambo), Stickroth, Dooley, Ehrmantraut – Dittmer, Freiler (88. Zeller).
Tore: 1:0 Wohlfarth (8.), 2:0 Brehme (54.), 3:0 Matthäus (58., Foulelfmeter), 4:0 Pflügler (72.), 5:0 Wohlfarth (77.), 6:0 M. Rummenigge (79.).
Schiedsrichter: Wolf-Dieter Ahlenfelder.

22. SPIELTAG

1. FC Nürnberg – Bayern 0:3 (0:2)

NÜRNBERG: Köpke – Reuter – Brunner, Giske, Grahammer – Schwabl, Philipkowski (77. Schneider), Dusend, Dittwar – Andersen (56. Stenzel), Eckstein.
BAYERN: Pfaff – Augenthaler – Nachtweih, Eder – Flick, Matthäus, Eck (70. M. Rummenigge), Pflügler – Wohlfarth, Hughes, Kögl (75. Brehme).
Tore: 0:1 Eck (9.), 0:2 Hughes (45.), 0:3 Matthäus (67., Foulelfmeter).
Gelb: Brunner / Augenthaler.
Schiedsrichter: Karl-Josef Assenmacher.

Der höchste Saisonsieg: das 8:1 gegen Schalke 04 am 27. Spieltag. Jürgen Wegmann (M.) trifft an diesem Nachmittag zweimal, zum 3:1 und 7:1 per Kopfball (Foto). Torwart Toni Schumacher reagiert nicht, steht wie angewurzelt auf der Linie

23. SPIELTAG

Bayern – Borussia M'gladbach 1:0 (0:0)

BAYERN: Pfaff – Augenthaler – Winklhofer (58. Kögl), Eder – Brehme, Matthäus, M. Rummenigge, Eck (80. Flick), Pflügler – Wohlfarth, Hughes.
M'GLADBACH: Kamps – Bruns – Frontzeck, Eichin – Winkhold, Krauss, Hochstätter, Bakalorz, Neun – Thiele (80. Budde), Criens.
Tor: 1:0 Matthäus (79.).
Gelb: Brehme / Bakalorz, Bruns, Hochstätter.
Schiedsrichter: Manfred Neuner.

24. SPIELTAG

Eintracht Frankfurt – Bayern 1:1 (0:0)

FRANKFURT: Stein – Binz – Schlindwein, Körbel – Sievers, Klepper, Detari, Smolarek, Münn – Turowski (84. Schulz), Haub (46. Kostner).
BAYERN: Pfaff – Augenthaler – Eder, Pflügler – Brehme, Matthäus, Dorfner, Eck, M. Rummenigge – Wohlfarth (77. Kögl), Hughes.
Tore: 1:0 Turowski (71.), 1:1 Matthäus (73., Foulelfmeter).
Gelb: Schlindwein / Brehme, Hughes.
Schiedsrichter: Dieter Pauly.

25. SPIELTAG

Bayern – 1. FC Köln 2:2 (1:0)

BAYERN: Pfaff – Augenthaler – Eder, Pflügler – Nachtweih, Matthäus, Dorfner (75. Flick), M. Rummenigge (80. Wegmann), Eck – Wohlfarth, Hughes.
KÖLN: Illgner – Steiner – Gielchen, Kohler – Häßler, Olsen (58. Woodcock), Littbarski, Görtz, Engels – Geilenkirchen, Povlsen (81. Hönerbach).
Tore: 1:0 Dorfner (26.), 2:0 Hughes (52.), 2:1 Geilenkirchen (58.), 2:2 Geilenkirchen (75.).
Gelb: Matthäus / Häßler, Olsen, Woodcock.
Schiedsrichter: Gerhard Theobald.

26. SPIELTAG

Werder Bremen – Bayern 3:1 (2:1)

BREMEN: Reck – Sauer – Bratseth, Borowka – Kutzop, Votava, Neubarth, Meier (82. Wolter), Otten (38. Hermann) – Ordenewitz, Riedle.
BAYERN: Aumann – Augenthaler – Eder, Brehme – Pflügler, Nachtweih, Eck, Matthäus (64. Wegmann), Dorfner (53. Kögl) – Hughes, M. Rummenigge.
Tore: 0:1 Matthäus (25., Handelfmeter), 1:1 Ordenewitz (26., Foulelfmeter), 2:1 Riedle (40.), 3:1 Riedle (85.).
Gelb: Kutzop, Riedle, Votava / Brehme, Hughes, Nachtweih.
Schiedsrichter: Joachim Kautschor.

27. SPIELTAG

Bayern – FC Schalke 04 8:1 (5:1)

BAYERN: Pfaff – Augenthaler – Nachtweih, Eder (77. Flick) – Brehme, Matthäus (81. Winklhofer), Dorfner, M. Rummenigge, Pflügler – Wegmann, Eck.
SCHALKE: Schumacher – Opitz – Edelmann, Schipper – Klinkert, Goldbæk (46. Kruse), Thon (65. Marquardt), M. Wollitz, Jakobs – Tschiskale, C.-D. Wollitz.
Tore: 0:1 Schipper (11.), 1:1 Matthäus (22., Foulelfmeter), 2:1 M. Rummenigge (25.), 3:1 Wegmann (31.), 4:1 Matthäus (39., Foulelfmeter), 5:1 Matthäus (42.), 6:1 Dorfner (79.), 7:1 Wegmann (80.), 8:1 Augenthaler (90.).
Gelb: Eder, M. Rummenigge / Schipper.
Schiedsrichter: Herbert Eli.

28. SPIELTAG

Hannover 96 – Bayern 2:1 (0:1)

HANNOVER: Raps – Hellberg – Geils, Surmann – Hobday, Dierßen (65. Müller), Drews, Dammeier, Willmer – Kohn (57. Grillemeier), Reich.
BAYERN: Pfaff – Augenthaler – Eder, Pflügler (84. Flick) – Nachtweih, Brehme, Matthäus, Dorfner, Eck – Hughes, M. Rummenigge (63. Wegmann).
Tore: 0:1 Pflügler (6.), 1:1 Hobday (58.), 2:1 Grillemeier (76.).
Gelb: Hellberg / Hughes. **Schiedsrichter:** Heinz Werner.

29. SPIELTAG

Bayern – Karlsruher SC 2:1 (1:1)

BAYERN: Aumann – Augenthaler – Flick – Nachtweih, Brehme, Matthäus, Dorfner, Bayerschmidt – Wohlfarth (46. Wegmann), Hughes (65. M. Rummenigge), Eck.
KARLSRUHE: Famulla – Bogdan – Metz, Süss, Trapp – Kreuzer, Harforth, Wöhrlin, Spies (89. Raab), Schmidt – Pilipovic (55. Hermann).
Tore: 0:1 Süss (23.), 1:1 Matthäus (24.), 2:1 Wegmann (90., Foulelfmeter).
Gelb: – / Spies, Trapp. **Schiedsrichter:** Rainer Boos.

30. SPIELTAG

1. FC Kaiserslautern – Bayern 3:1 (1:0)

K'LAUTERN: Serr – Groh – Wolf, Friedmann – Moser, Foda, Wuttke (86. Emmerling), Schupp, Hoos (88. Kranz) – Kohr, Lelle.
BAYERN: Aumann – Augenthaler – Nachtweih, Eder – Flick, Matthäus, Dorfner (65. Hughes), Brehme, Eck (65. M. Rummenigge) – Wohlfarth, Wegmann.
Tore: 1:0 Lelle (44.), 2:0 Kohr (55.), 3:0 Kohr (62.), 3:1 Wohlfarth (81.).
Gelb: Schupp / Augenthaler, Hughes, Wohlfarth.
Schiedsrichter: Hans-Jürgen Weber.

31. SPIELTAG

Bayern – VfL Bochum 5:0 (0:0)

BAYERN: Aumann – Augenthaler – Eder, Brehme – Flick (76. Eck), Nachtweih, Matthäus, Dorfner, M. Rummenigge – Wohlfarth (68. Wegmann), Hughes.
BOCHUM: Zumdick – Kempe – Oswald, Kree – Jackisch (86. Knäbel), Woelk, Iwan (66. Epp), Reekers, Legat – Nehl, Leifeld.
Tore: 1:0 Hughes (51.), 2:0 Eder (61.), 3:0 Hughes (62.), 4:0 Hughes (68.), 5:0 Dorfner (83.).
Gelb: Flick, Matthäus / –.
Schiedsrichter: Hans-Heinrich Barnick.

32. SPIELTAG

Bayer Uerdingen – Bayern 0:0

UERDINGEN: Kubik – Herget – Edvaldsson, Klinger – Bommer (75. Chmielewski), Fach, W. Funkel, Prytz, F. Funkel – Witeczek, Mathy (7. Kuntz).
BAYERN: Aumann – Augenthaler – Nachtweih, Eder – Flick, Matthäus, M. Rummenigge (57. Eck), Brehme, Dorfner – Wohlfarth, Hughes.
Gelb: – / Brehme, Flick, Rummenigge.
Schiedsrichter: Wolf-Günter Wiesel.
Besonderes Vorkommnis: Aumann hält Foulelfmeter von Prytz (51.).

33. SPIELTAG

Bayern – VfB Stuttgart 2:1 (1:0)

BAYERN: Pfaff – Augenthaler – Eder, Pflügler – Nachtweih, Dorfner (76. Kögl), Matthäus, M. Rummenigge (71. Eck), Brehme – Wegmann, Hughes.
STUTTGART: Immel – Allgöwer – Strehmel (46. Merkle), Buchwald – Schäfer, Hartmann, Schröder, Gaudino, Schütterle (62. Zietsch) – Walter, Klinsmann.
Tore: 1:0 Matthäus (9.), 2:0 Matthäus (49.), 2:1 Klinsmann (80.). **Rot:** Hughes (19.) / –.
Gelb: Pflügler – Schäfer, Strehmel, Zietsch.
Schiedsrichter: Norbert Brückner.

34. SPIELTAG

Bayer Leverkusen – Bayern 3:4 (3:1)

LEVERKUSEN: Dreher – Rolff – Zanter (60. Cha), Seckler – Hinterberger, de Keyser, Tita (62. Buncol), Hausmann, Reinhardt – Götz, Waas.
BAYERN: Aumann – Augenthaler – Flick, Bayerschmidt – Nachtweih, Brehme, Matthäus, Dorfner, M. Rummenigge (48. Wohlfarth) – Wegmann, Eck.
Tore: 1:0 Hausmann (3.), 2:0 Tita (8.), 3:0 Götz (18.), 3:1 Matthäus (20.), 3:2 Bayerschmidt (50.), 3:3 Wegmann (72.), 3:4 Wegmann (81.).
Schiedsrichter: Wilfried Heitmann.

Abschlusstabelle

Pl.	Verein	Spiele	G	U	V	Tore	Diff.	Punkte
1	Bremen	34	22	8	4	61:22	+39	52:16
2	Bayern (M)	34	22	4	8	83:45	+38	48:20
3	Köln	34	18	12	4	57:28	+29	48:20
4	Stuttgart	34	16	8	10	69:49	+20	40:28
5	Nürnberg	34	13	11	10	44:40	+4	37:31
6	Hamburg (P)	34	13	11	10	63:68	–5	37:31
7	M'gladbach	34	14	5	15	55:53	+2	33:35
8	Leverkusen	34	10	12	12	53:60	–7	32:36
9	Frankfurt	34	10	11	13	51:50	+1	31:37
10	Hannover (A)	34	12	7	15	59:60	–1	31:37
11	Uerdingen	34	11	9	14	59:61	–2	31:37
12	Bochum	34	10	10	14	47:51	–4	30:38
13	Dortmund	34	9	11	14	51:54	–3	29:39
14	Kaiserslautern	34	11	7	16	53:62	–9	29:39
15	Karlsruhe (A)	34	9	11	14	37:55	–18	29:39
16	Mannheim	34	7	14	13	35:50	–15	28:40
17	Homburg	34	7	10	17	37:70	–33	24:44
18	Schalke	34	8	7	19	48:84	–36	23:45

DIE WEITEREN SIEGER DES JAHRES:

Europameister: Holland

Europacup der Landesmeister: PSV Eindhoven

Europacup der Pokalsieger: KV Mechelen

Uefa-Cup: Bayer Leverkusen

DFB-Pokal: Eintracht Frankfurt

Alle Ergebnisse auf einen Blick

Waagerecht: alle Heimresultate. Senkrecht: alle Auswärtsresultate

	Bremen	Bayern	Köln	Stuttgart	Nürnberg	Hamburg	M'gladbach	Leverkusen	Frankfurt	Hannover	Uerdingen	Bochum	Dortmund	Kaiserslautern	Karlsruhe	Mannheim	Homburg	Schalke
Bremen		3:1	2:1	5:1	1:0	1:4	2:0	3:3	2:0	1:0	5:1	0:0	4:0	0:0	2:0	3:1	3:0	5:0
Bayern	2:1		2:2	2:1	1:0	6:0	1:0	3:2	3:2	4:1	3:0	5:0	1:3	4:2	2:1	2:1	6:0	8:1
Köln	2:0	3:1		1:1	3:1	1:0	4:1	0:0	1:1	2:0	2:0	2:2	2:0	2:1	4:0	3:0	3:0	3:1
Stuttgart	1:0	3:0	0:2		0:1	5:1	6:0	4:1	1:0	3:1	1:3	3:0	2:2	3:0	2:2	1:1	2:1	4:0
Nürnberg	0:0	0:3	1:2	0:0		2:2	3:0	2:1	1:1	1:3	3:1	2:1	0:0	3:2	4:0	1:1	2:0	1:1
Hamburg	0:0	2:2	3:0	3:0	2:2		2:1	3:2	2:2	3:3	3:1	2:2	4:3	5:1	0:4	1:1	2:1	5:2
M'gladbach	1:2	2:0	0:1	0:1	3:0	8:2		2:1	3:1	1:2	2:1	3:0	0:3	1:0	2:2	0:1	2:0	1:1
Leverkusen	1:3	3:4	1:1	2:1	1:1	2:0	2:1		1:3	2:0	0:0	0:0	2:2	2:0	0:0	1:0	2:1	3:2
Frankfurt	0:1	1:1	1:1	0:2	3:1	3:0	2:0	3:2		3:3	3:1	0:1	0:0	0:2	4:0	5:1	1:2	2:0
Hannover	0:1	2:1	0:3	3:3	1:2	3:1	2:4	6:1	1:2		0:0	1:0	2:3	1:0	3:2	3:1	5:1	3:1
Uerdingen	1:2	0:0	1:1	2:5	0:2	1:1	2:4	4:1	3:0	1:0		3:1	2:1	3:1	4:2	1:1	5:1	5:2
Bochum	0:1	0:2	0:0	5:1	3:0	4:0	1:2	3:1	1:0	1:1	1:4		2:0	1:1	5:0	1:0	4:4	1:3
Dortmund	0:0	1:3	1:2	2:2	1:1	2:3	1:1	2:2	3:1	3:3	4:2	1:2		3:0	0:2	0:1	2:0	4:1
Kaiserslautern	0:0	3:1	3:0	2:1	1:2	0:3	5:2	1:3	2:2	4:1	2:2	4:2	3:1		1:1	2:2	1:0	5:2
Karlsruhe	0:2	0:1	1:1	0:2	2:0	0:0	2:2	1:1	1:1	2:1	1:0	1:0	0:0	1:0		1:1	2:1	4:1
Mannheim	0:1	1:2	0:0	2:1	0:1	2:2	0:3	1:4	2:2	2:1	2:2	1:1	1:0	0:2	4:1		0:0	2:0
Homburg	1:1	3:2	1:0	2:2	0:4	0:2	0:0	1:1	5:2	1:1	2:2	1:1	0:3	3:2	1:0	1:1		3:1
Schalke	1:4	1:4	2:2	3:4	0:0	1:0	0:3	2:2	0:0	0:2	2:1	2:1	3:0	5:0	3:1	1:1	3:0	

Saisonverlauf

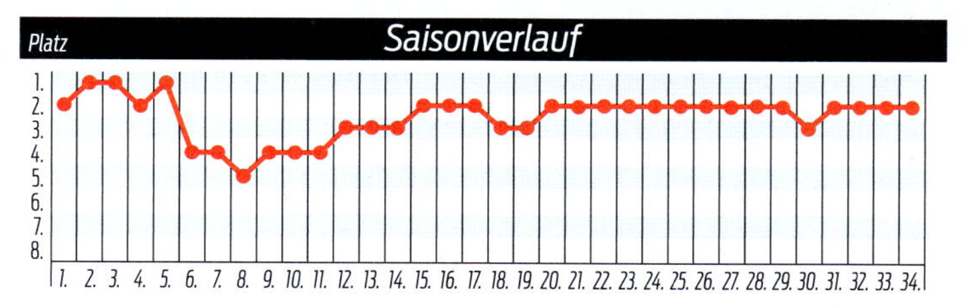

Eiskalter Handschlag: Christoph Daum gratuliert Jupp Heynckes (l.) zum 3:1-Sieg in Köln. Die Vorentscheidung in der Meisterschaft

EIN GANZES JAHR KRIEG DER WORTE

Heynckes gegen Daum. Lattek gegen Heynckes. Hoeneß gegen Daum. Bayern gegen Köln. Der Punktsieg geht nach München

Glückliche Sieger: Ludwig Kögl (l.) und der dreifache Torschütze in Köln, Roland Wohlfarth

Im Jahr, in dem das Privatfernsehen die Bundesliga erobert und die ARD-Sportschau nur noch zeigen darf, was RTL vom Spieltag übrig lässt, findet das spannendste Duell der Saison beinahe folgerichtig in einem TV-Studio seinen Höhepunkt. Am Samstag, 20. Mai 1989. Es ist das Vorspiel vor dem Showdown fünf Tage später, dem Gipfeltreffen zwischen dem 1. FC Köln und FC Bayern München am Donnerstag vor Pfingsten. Im „Aktuellen Sportstudio" des ZDF fliegen vor einem Millionen-Publikum die Giftpfeile.

Es ist die Eskalation eines Streits, der sich durch die ganze Spielzeit zieht. Bayern gegen Köln – selten sind zwei Titelaspiranten verfeindeter. Vor allem die Trainer bekriegen sich in nie erlebter Art.

Zunächst aber heißen die Kombattanten Udo Lattek und Jupp Heynckes. Lattek, seit 24. Februar 1988 Kolumnist der SPORT BILD und nicht mehr Sportdirektor des 1. FC Köln, greift im August 1988 Bayerns Trainer und dessen Mannschaftsführung an: „Heynckes hat es aus meiner Sicht verkehrt angefasst." Der entgegnet erst im November im „Spiegel", Lattek habe ihm 1987 „einen Sauhaufen" hinterlassen. Und Heynckes fragt schnippisch: „Müssen wir über den reden? Negatives will ich über ihn nicht sagen, und Positives fällt mir nicht ein." Lattek kontert: „Das zahle ich dem öffentlich auf Heller und Pfennig zurück."

Parallel entwickelt sich der Streit zwischen Heynckes und Christoph Daum. Auf einer Trainertagung während der Hinrunde bemerkt Heynckes in privater Runde, der junge Kollege Daum brauche einen Fallschirm, so tief werde er noch abstürzen. Die verbale Attacke kommt trotz vereinbarter Vertraulichkeit heraus, Daum geht auf Rachefeldzug.

Das Hinspiel beider Klubs am 14. Spieltag (2:0) gerät zur Schlacht. Hansi Pflügler schlitzt Kölns Andreas Gielchen im Zweikampf den Oberschenkel auf. Als er sich nach der Partie entschuldigen will, stößt Daum ihn in der Kölner Kabine gegen die Wand und wirft Pflügler raus. Und er beklagt „Bayerns brutale Spielweise". Heynckes entgegnet: „Den Daum nehme ich doch nicht für voll. Der hat doch den Stephan Engels förmlich auf den Hansi gehetzt. Er hat seine Mannschaft zu dieser harten Gangart getrieben."

Auch die Spieler entwickeln Abneigung. Weil Olaf Thon seinen Nationalmannschafts-Kollegen Pierre Littbarski veralbert (Einwurf auf dessen Rücken), droht der an, Thon in Köln „die Knochen zu brechen".

Bis zum Rückspiel am 25. Mai 1989 vergeht kaum ein Tag, an dem nicht gestichelt wird. Daum provoziert ständig: „Ich werde immer häufiger angerufen von Leuten, die wissen wollen, was der Unterschied zwischen Heynckes und einem großen Trainer sei." Oder: „Heynckes hat immer noch nicht kapiert, dass Fußball auch Showbusiness ist. Er wirkt immer noch so verkniffen wie auf seinem Bökelberg." Oder: „Er sollte künftig wieder mehr auf Mimik, Gesten und Äußerungen von Uli Hoeneß achten,

weil der doch die Musik macht.“ Oder: „Wenn die Bayern nicht Meister werden, wird sich Jupp hinsetzen und jammern: Ach, ich armer Kerl.“ Oder: „Die Wetterkarte ist interessanter als ein Gespräch mit Heynckes.“ Oder: „Heynckes könnte auch Werbung für Schlaftabletten machen.“

Der Attackierte lässt sich nie etwas anmerken, lehnt auch das Angebot eines TV-Duells im Bayerischen Rundfunk ab. Das kommentiert Daum so: „Er hat eben keinen Mumm.“ Ins ZDF-Sportstudio kommt Jupp Heynckes am 20. Mai nur, weil die Redaktion gedroht hat, ansonsten einen leeren Stuhl zu zeigen.

Heynckes bringt Hoeneß mit, Udo Lattek begleitet Daum, Bernd Heller moderiert, aber kommt am wenigsten zu Wort. Schnell wird klar: Es wird kein Friedensgipfel. Den Ton gibt Uli Hoeneß an, hält Daum dessen despektierliche Zitate vor. Daum dementiert, einige überhaupt gesagt zu haben, und bietet Hoeneß die Stirn: „Bayern maßt sich an, die Höhe der Gürtellinie festzulegen.“ Hoeneß prophezeit Daum: „Am Donnerstag *(der Tag des Spiels; d. Red.)* ist dein Weg zu Ende.“

Das Publikum johlt, es ist eine TV-Sternstunde. Nach der Sendung gehen sich alle aus dem Weg. Daum: „Mit dem Heynckes lasse ich mich nicht abschminken.“

In einer Umfrage von BILD („Wer hat Ihnen am besten gefallen?“) liegt Daum (47 %) vorn, dann kommen Lattek (30 %), Heynckes (15 %) und Hoeneß (8 %).

Wichtiger ist jedoch das Ergebnis auf dem Platz am 25. Mai. Die Bayern gewinnen nach einem der besten Spiele von Roland Wohlfarth, der alle Tore schießt, mit 3:1 – und eine Woche später am 32. Spieltag mit dem 5:0 gegen Bayer Uerdingen auch die Meisterschaft. Köln spielt nur 0:0 bei den Stuttgarter Kickers.

Der Titel ist das Ergebnis einer sportlich überraschend positiv verlaufenen Saison. Im Sommer 1988 hat Uli Hoeneß Platz fünf als Ziel ausgegeben mit der völlig neu formierten Mannschaft, aber am fünften Spieltag führen die Münchner erstmals die Bundesliga an und dauerhaft ab dem elften Spieltag. Fünf Punkte beträgt der Vorsprung am Ende der Saison auf Köln.

„Ich habe mich gehasst für das, was ich da getan habe. Aber manchmal muss man etwas tun, was nicht zum eigenen Charakter passt“, resümiert Hoeneß schließlich. „Unser Fehler war, dass wir Daum zu lange freien Raum gelassen haben. Leute wie Daum müssen wir in Zukunft schon im Keim ersticken.“

Uefa-Cup

Unaufhaltsam: Diego Maradona (M.) gegen Pflügler, Augenthaler und Flick (v. l.)

Maradonas Neapel eine Nummer zu groß

Erstmals seit 1983/84 startet Bayern wieder im Uefa-Cup und stellt nach dem 3:1-Hinspielsieg gegen Legia Warschau (zwei Tore von Olaf Thon in seinem ersten Europacup-Spiel) einen Vereinsrekord auf: Beim 7:3 in Warschau gelingen so viele Auswärtstore im Europacup wie noch nie. Drei Tore entfallen auf die Joker Jürgen Wegmann (zwei) und Armin Eck. Auf den Zweitrunden-Sieg gegen Dunajska Streda aus der Tschechoslowakei (3:1, 2:0) folgt das Wiedersehen mit Lothar Matthäus und Andreas Brehme. Zunächst kein schönes: Inter Mailand gewinnt 2:0 in München, beim Rückspiel am 7. Dezember 1988 kommt es jedoch zum „Wunder von Mailand". Entfesselte Bayern schießen vor der Pause binnen sechs Minuten drei Tore (Klaus Augenthaler, Jürgen Wegmann, Roland Wohlfarth) und retten ein 3:1 über die Zeit. Matthäus weint in der Kabine, Heynckes ist euphorisch: „Deutsche darf man nie abschreiben." Im Viertelfinale setzt sich der FCB gegen die Schotten von Heart of Midlothian durch (0:1, 2:0), im Halbfinale sind Diego Armando Maradona und der SSC Neapel eine Nummer zu groß. Auswärts verlieren die Bayern 0:2, zu Hause erkämpfen sie sich immerhin ein respektables 2:2 gegen den späteren Pokalsieger.

DFB-Pokal

Torschütze gegen Karlsruhe: Roland Wohlfarth im Laufduell gegen Oliver Kreuzer (l.) vom KSC

7000 Fans sehen Blamage im Achtelfinale

Furios wie selten starten die Bayern in den Pokal, Zweitligist Blau-Weiß 90 Berlin wird in der ersten Runde mit 11:2 bezwungen. Olaf Thon erzielt fünf Tore, zwei davon per Elfmeter. Uli Hoeneß ist begeistert und zahlt spontan 3000 DM Prämie pro Kopf, die es sonst nur für einen Bundesliga-Sieg gibt. Auch in Runde zwei gibt sich die Heynckes-Elf keine Blöße, gewinnt vor 18 000 Zuschauern in Lübeck 4:0 gegen Oberligist TuS Hoisdorf. Armin Eck trifft doppelt. Aber schon im Achtelfinale ist die Siegesserie beendet. Im Olympiastadion blamiert sich Bayern mit 3:4 gegen den Karlsruher SC – trotz 3:2-Führung. Nur 7000 Zuschauer sind Zeuge.

TRAINER

JUPP HEYNCKES

Hans Pflügler unkt vor Heynckes' neunter Bundesliga-Saison: „Dieser Trainer hat die Seuche, mit ihm wirst du nur Zweiter." Falsch: Er feiert seinen ersten Titel, erhält am 9. 1. 1989 einen neuen Vertrag bis 1991. Jahresgehalt: 500 000 DM.

DIE TOP-ELF DER SAISON

Ludwig Kögl

Hans Pflügler

DER SPIELER DES JAHRES

***Klaus Augenthaler** wird am 26. September 1988 31 Jahre alt und überhaupt immer wertvoller. Nach dem Abgang von Lothar Matthäus und Andreas Brehme ist „Auge" unumschränkter Chef. Der Libero schießt wichtige Tore und begeistert auch Franz Beckenbauer: „Es ist unbestritten, er ist in der Form seines Lebens", sagt der DFB-Teamchef, „aber ich kann nicht einen in die Nationalelf zurückholen, der mit 31 keine Perspektive mehr hat." Ein knappes Jahr später sind seine Worte Makulatur: Beckenbauer beruft Augenthaler am 6. September 1989 nach drei Jahren Pause wieder und wird mit ihm 1990 Weltmeister.*

Der Kader

NAME	SPIELE	TORE
Raimond Aumann	34	0
Klaus Augenthaler	31	6
Roland Grahammer	28	0
Erland Johnsen	13	0
Hans Pflügler	34	4
Stefan Reuter	32	0
Hans Dorfner	22	6
Armin Eck	21	1
Hans-Dieter Flick	30	2
Norbert Nachtweih	29	3
Olaf Thon	32	8
Helmut Winklhofer	1	0
Johnny Ekström	23	7
Ludwig Kögl	32	0
Jürgen Wegmann	31	13
Roland Wohlfarth	33	17

ERLAND JOHNSEN Der Neuzugang aus Norwegen kann sich nicht durchsetzen, wird Ersatzspieler

Transfers

JOHNNY EKSTRÖM bleibt trotz einer soliden Saison mit sieben Toren in 23 Bundesliga-Spielen nur ein Jahr, dann setzt er seine Tour quer durch Europa mit Stationen in Cannes (1989 – 1991), Göteborg (1992 – 1993 und 1997/98), Reggiana (1993), Betis Sevilla (1994), Dresden (1994/95) und Frankfurt (1995 – 1997) fort. Für Bayern, Dynamo Dresden und Eintracht Frankfurt läuft der Stürmer insgesamt 69-mal (16 Tore) in der Bundesliga auf, für Schwedens Nationalelf 47-mal (13 Tore).

SPIELER	VON VEREIN	ABLÖSESUMME
Roland Grahammer	1. FC Nürnberg	3,3 Mio. DM
Erland Johnsen	Moss FK	350 000 DM
Stefan Reuter	1. FC Nürnberg	3,3 Mio. DM
Olaf Thon	FC Schalke 04	3,4 Mio. DM
Johnny Ekström	FC Empoli	2,2 Mio. DM

Tops & Flops

MEISTERPRÄMIE Uli Hoeneß (Foto) ist spendabel, zahlt an jeden Spieler 40 000 DM aus, so viel wie nie. Beim letzten Titelgewinn 1987 gab es 30 000 DM.

STARTREKORD Die Bayern verlieren erstmals am 24. Spieltag (1:2 in Gladbach) und brechen den Rekord des HSV (18 Spiele) von 1983. Bis zum Saisonende folgen noch zwei Niederlagen.

TORE Bayern hat die beste Offensive der Liga (67 Tore). Und Roland Wohlfarth wird mit 17 Treffern (gemeinsam mit Thomas Allofs, Köln) Torschützenkönig.

DFB-VETO Uli Hoeneß (Foto) will den Fans den Eintritt erstatten, sollte Bayern am 12. Spieltag die Stuttgarter Kickers unter 3:0 schlagen. Der DFB stoppt ihn. Resultat: 3:0.

NORBERT NACHTWEIH Der Verteidiger verschuldet beide Gegentore beim 2:2 im Europacup gegen Neapel, wird ausgebuht und muss Bayern am Saisonende verlassen. Trotz Vertrags bis 1990.

ELFMETER Am 20. Spieltag gegen Stuttgart verschießt Olaf Thon seinen Strafstoß (27.), zwei Minuten später hält Raimond Aumann den von Fritz Walter.

Das Tor des Jahres 1988, gewählt von den Zuschauern der ARD-Sportschau: Jürgen Wegmann (l.) mit seinem spektakulären Seitfallzieher gegen den 1. FC Nürnberg. Mit dem 1:0 entscheidet er das Derby am 16. Spieltag

1. SPIELTAG

Bayern – Eintracht Frankfurt 3:0 (0:0)

BAYERN: Aumann – Augenthaler – Nachtweih, Grahammer (65. Kögl) – Reuter, Dorfner, Thon, Flick, Pflügler – Wohlfarth (58. Wegmann), Ekström.
FRANKFURT: Stein – Kostner (78. Gundelach) – Schlindwein, Körbel – D. Roth, Sievers, Binz, Heitkamp, Studer – Andersen, Gründel (71. Klepper).
Tore: 1:0 Augenthaler (75.), 2:0 Ekström (81.), 3:0 Augenthaler (90.).
Rot: – / Stein (76.). **Gelb:** – / Kostner, Körbel.
Schiedsrichter: Kurt Witke.

2. SPIELTAG

Karlsruher SC – Bayern 2:2 (0:1)

KARLSRUHE: Famulla – Bogdan – Wöhrlin (78. Hermann), Süss – Metz, M. Spies, Harforth, Kreuzer, Trapp – Glesius, Pilipovic (50. Simmes).
BAYERN: Aumann – Augenthaler – Nachtweih, Flick – Reuter, Thon, Dorfner (42. Johnsen), Pflügler, Eck – Ekström, Wohlfarth.
Tore: 0:1 Wohlfarth (11.), 1:1 Harforth (56.), 1:2 Thon (71.), 2:2 M. Spies (86.).
Rot: Harforth (75.) / –. **Gelb:** Harforth / Ekström, Reuter.
Schiedsrichter: Gerd Zimmermann.

3. SPIELTAG

Bayern – VfB Stuttgart 3:3 (1:1)

BAYERN: Aumann – Augenthaler – Nachtweih (67. Ekström), Flick – Reuter, Dorfner, Thon, Kögl (70. Eck), Pflügler – Wohlfarth, Wegmann.
STUTTGART: Immel – Allgöwer – Buchwald, Strehmel – Schäfer, Gaudino, Hartmann, Schröder, Sigurvinsson (73. Mirwald) – Walter (53. Schütterle), Klinsmann.
Tore: 0:1 Walter (7.), 1:1 Wohlfarth (38.), 1:2 Gaudino (55.), 1:3 Gaudino (74.), 2:3 Wegmann (82.), 3:3 Ekström (83.).
Gelb: Flick / Immel, Schäfer.
Schiedsrichter: Hans-Joachim Osmers.

4. SPIELTAG

Hamburger SV – Bayern 0:1 (0:0)

HAMBURG: Koitka – Jusufi – D. Jakobs, Beiersdorfer – Kaltz, Möhlmann (78. Klaus), Spörl (78. Bierhoff), von Heesen, Bein, J. Jensen – Labbadia.
BAYERN: Aumann – Augenthaler – Grahammer – Nachtweih, Flick, Reuter, Pflügler, Thon, Eck (70. Kögl) – Wohlfarth, Ekström (70. Wegmann).
Tor: 0:1 Wegmann (76.).
Gelb: Beiersdorfer, Möhlmann / Grahammer, Reuter.
Schiedsrichter: Karl-Josef Assenmacher.

5. SPIELTAG

Bayern – 1. FC Kaiserslautern 5:1 (2:0)

BAYERN: Aumann – Augenthaler – Flick – Nachtweih, Reuter, Eck (86. Johnsen), Thon, Pflügler – Wohlfarth, Ekström (74. Wegmann), Kögl.
K'LAUTERN: Ehrmann – Emig – Roos, Friedmann, Schulz – Hartmann, Wuttke, Foda, Dooley, Schupp – Kohr.
Tore: 1:0 Augenthaler (43.), 2:0 Wohlfarth (45.), 3:0 Ekström (59.), 4:0 Thon (62.), 4:1 Kohr (83.), 5:1 Nachtweih (90.+1).
Gelb: Augenthaler, Wohlfarth / Roos.
Schiedsrichter: Peter Richmann.

6. SPIELTAG

Bayer Leverkusen – Bayern 1:1 (1:1)

LEVERKUSEN: Vollborn – Rolff, Hörster, de Keyser – Cha, Buncol, K. Reinhardt – Waas, Schreier, Lesniak – K. Täuber (68. Hinterberger).
BAYERN: Aumann – Augenthaler – Grahammer – Nachtweih, Reuter, Flick, Thon, Pflügler, Kögl – Ekström (75. J. Wegmann), Wohlfarth.
Tore: 1:0 Lesniak (13.), 1:1 Wohlfarth (16.).
Gelb: Hörster, K. Täuber / Grahammer.
Schiedsrichter: Wilfried Heitmann.

7. SPIELTAG

Bayern – Borussia M'gladbach 3:0 (2:0)

BAYERN: Aumann – Augenthaler – Grahammer – Nachtweih, Reuter, Flick, Thon (50. Eck), Pflügler – Wohlfarth (77. Ekström), Wegmann, Kögl.
M'GLADBACH: Kamps – Bruns – Krauss, Eichin, Straka – Lange (46. Winkhold), Dreßen, Hochstätter, Effenberg (46. Rahn), Frontzeck – Criens.
Tore: 1:0 Wegmann (16.), 2:0 Augenthaler (19.), 3:0 J. Wegmann (75.).
Gelb: Aumann / Hochstätter, Krauss.
Schiedsrichter: Anton Matheis.

8. SPIELTAG

Werder Bremen – Bayern 2:2 (1:0)

BREMEN: Reck – Sauer (67. Schaaf) – Borowka, Otten – Kutzop, Votava, Meier, Hermann, Ordenewitz – Riedle, Burgsmüller.
BAYERN: Aumann – Augenthaler – Flick, Grahammer – Nachtweih, Reuter, Thon, Pflügler, Kögl – Wohlfarth, Wegmann.
Tore: 1:0 Meier (15.), 2:0 Burgsmüller (47.), 2:1 Wohlfarth (52.), 2:2 Wegmann (64.).
Gelb: Borowka, Kutzop / Nachtweih, Thon.
Schiedsrichter: Wolf-Günter Wiesel.

9. SPIELTAG

Bayern – Borussia Dortmund 1:1 (1:1)

BAYERN: Aumann – Augenthaler – Nachtweih, Grahammer – Reuter, Thon, Flick, Eck, Pflügler – Wohlfarth, Wegmann.
DORTMUND: de Beer – Pagelsdorf – Kutowski, Helmer – Storck (89. Nikolic), M. Rummenigge, Möller, MacLeod, Kroth – Mill, Dickel (75. Ruländer).
Tore: 0:1 Dickel (7.), 1:1 Wegmann (32.).
Gelb: Flick / Dickel, Mill, Pagelsdorf, Storck.
Schiedsrichter: Dr. Wolf-Rüdiger Umbach.

10. SPIELTAG

Hannover 96 – Bayern 0:0

HANNOVER: Raps – Hellberg – Kuhlmey, Geils – Zanter, Dierßen, Surmann, Drews, Dammeier – Schatzschneider, Kohn (74. Palasz).
BAYERN: Aumann – Augenthaler – Nachtweih, Grahammer – Reuter, Thon, Flick, Kögl, Pflügler – Wohlfarth, Wegmann.
Gelb: Surmann / Flick, Nachtweih.
Schiedsrichter: Gerhard Theobald.

11. SPIELTAG

Waldhof Mannheim – Bayern 0:3 (0:2)

MANNHEIM: Zimmermann – Cvetkovic – Finke, Dickgießer – Bockenfeld, Müller, Lux (66. Meyer), Dais (59. Siebrecht), Quaisser – Bührer, Freiler.
BAYERN: Aumann – Augenthaler – Grahammer, Nachtweih – Flick, Dorfner, Thon (70. Eck), Pflügler, Kögl – Wohlfarth, J. Wegmann.
Tore: 0:1 Pflügler (42.), 0:2 Wohlfarth (43.), 0:3 Dorfner (76.).
Gelb: Bockenfeld, Bührer, Finke / Pflügler, Wohlfarth.
Schiedsrichter: Klaus Broska.

12. SPIELTAG

Bayern – Stuttgarter Kickers 3:0 (2:0)

BAYERN: Aumann – Augenthaler – Nachtweih, Flick – Reuter, Dorfner, Thon (76. Eck), Pflügler, Kögl – Wohlfarth, Wegmann (76. Ekström).
STUTTGART: Laukkanen – Schön – Hein, Schlotterbeck – Elser, Schüler, Grabosch (73. Allgöwer), Ossen, Kleinhansl – Hjelm, Vollmer (83. Schindler).
Tore: 1:0 Thon (12.), 2:0 Augenthaler (26.), 3:0 Wohlfarth (58.).
Gelb: Nachtweih, Thon / Hjelm.
Schiedsrichter: Manfred Harder.

13. SPIELTAG

FC St. Pauli – Bayern 0:0

ST. PAULI: Ippig – Kocian – Duve – Trulsen, Olck, Gronau, Golke, Bargfrede, Zander, Ottens (71. Bistram) – Steubing.
BAYERN: Aumann – Augenthaler – Grahammer – Nachtweih, Reuter, Flick, Thon, Pflügler, Dorfner, Kögl – Wohlfarth (65. Wegmann).
Gelb: Golke, Kocian, Zander / Nachtweih, Reuter, Thon, Wohlfarth.
Schiedsrichter: Hellmut Krug.

14. SPIELTAG

Bayern – 1. FC Köln 2:0 (0:0)

BAYERN: Aumann – Augenthaler – Reuter, Grahammer (72. Eck) – Dorfner, Flick, Kögl, Thon, Pflügler – Wohlfarth, Wegmann (65. Ekström).
KÖLN: Illgner – Steiner – Gielchen (35. Engels), Kohler – Hönerbach, Häßler, Littbarski, Janßen (46. Götz), Görtz – Povlsen, T. Allofs.
Tore: 1:0 Wegmann (50.), 2:0 Pflügler (66.).
Gelb: Augenthaler / Kohler, Littbarski, Povlsen.
Schiedsrichter: Karl-Heinz Tritschler.

15. SPIELTAG

Bayer Uerdingen – Bayern 1:3 (0:0)

UERDINGEN: Kubik – F. Funkel – Klinger, W. Funkel – Scholtysik (83. Stickroth), Steffen, Herget, Chmielewski, Kleppinger – Mathy, Nijskens (78. Witeczek).
BAYERN: Aumann – Augenthaler – Grahammer, Reuter – Flick (10. Nachtweih), Dorfner, Thon, Pflügler, Kögl – Ekström, Wohlfarth.
Tore: 1:0 Nijskens (50.), 1:1 Wohlfarth (60.), 1:2 Ekström (82.), 1:3 Thon (90.).
Gelb: Herget, Klinger, Mathy / Dorfner, Wohlfarth
Schiedsrichter: Heinz Werner.

16. SPIELTAG

Bayern – 1. FC Nürnberg 1:0 (1:0)

BAYERN: Aumann – Augenthaler – Grahammer – Nachtweih, Reuter, Dorfner, Thon (83. Winklhofer), Kögl (61. Eck), Pflügler – Wegmann, Ekström.
NÜRNBERG: Köpke – Kuhn – Giske, Heidenreich (78. Stenzel) – T. Brunner, Philipkowski (78. Schneider), Schwabl, H.-J. Brunner, Lieberwirth – Dittwar – Sané.
Tor: 1:0 Wegmann (35.).
Rot: – / Lieberwirth (87.). **Gelb:** Augenthaler, Grahammer / –.
Schiedsrichter: Joachim Kautschor.

17. SPIELTAG

VfL Bochum – Bayern 0:0

BOCHUM: Zumdick – Kempe – Oswald, Woelk, Kree – Reekers (33. Legat), Benatelli, Rzehaczek, Nehl, Heinemann – Leifeld.
BAYERN: Aumann – Augenthaler – Grahammer – Nachtweih, Reuter, Dorfner, Eck (74. Kögl), Thon, Pflügler – Wohlfarth (74. Wegmann), Ekström.
Gelb: Nehl / Augenthaler, Wohlfarth.
Schiedsrichter: Wolfgang Mierswa.

18. SPIELTAG

Eintracht Frankfurt – Bayern 2:2 (0:0)

FRANKFURT: Stein – Binz – Körbel, Schlindwein (60. Klepper) – Roth, Gründel, Lasser, Bakalorz (79. Andersen), Studer – Turowski, Eckstein.
BAYERN: Aumann – Nachtweih – Grahammer, Johnsen – Reuter, Flick, Thon, Pflügler, Kögl – Wohlfarth, Wegmann.
Tore: 0:1 Wegmann (46.), 1:1 Körbel (54.), 2:1 Eckstein (72.), 2:2 Thon (73.).
Gelb: Schlindwein / Johnsen, Reuter.
Schiedsrichter: Manfred Neuner.

19. SPIELTAG

Bayern – Karlsruher SC 3:2 (2:0)

BAYERN: Aumann – Augenthaler – Nachtweih, Johnsen – Flick (75. Ekström), Thon, Grahammer, Pflügler, Kögl – Wohlfarth, Wegmann.
KARLSRUHE: Famulla – Bogdan – Süss, Kreuzer – Schmidt, Hermann, Harforth, Metz, Trapp – Simmes (37. Glesius / 43. Kastner), Pilipovic.
Tore: 1:0 Wegmann (27.), 2:0 Wohlfarth (34.), 2:1 Trapp (64.), 2:2 Hermann (73.), 3:2 Wohlfarth (75.).
Gelb: Grahammer, Pflügler / Hermann, Metz.
Schiedsrichter: Karl-Josef Assenmacher.

20. SPIELTAG

VfB Stuttgart – Bayern 1:2 (1:1)

STUTTGART: Trautner – Zietsch – Buchwald, N. Schmäler – Hartmann, O. Schmäler, Gaudino, Katanec, Sigurvinsson, Schröder – Walter (70. Schütterle).
BAYERN: Aumann – Augenthaler – Johnsen – Nachtweih, Reuter, Flick (52. Eck), Thon, Kögl, Pflügler – Wegmann, Wohlfarth (78. Ekström).
Tore: 1:0 Gaudino (3.), 1:1 Nachtweih (39.), 1:2 Ekström (80.).
Gelb: N. Schmäler, Zietsch / Augenthaler, Nachtweih.
Schiedsrichter: Dieter Pauly.
Besondere Vorkommnisse: Trautner hält Foulelfmeter von Thon (27.), Aumann hält Foulelfmeter von Walter (29.).

21. SPIELTAG

Bayern – Hamburger SV 1:0 (0:0)

BAYERN: Aumann – Augenthaler – Johnsen, Pflügler – Nachtweih, Reuter, Flick (78. Grahammer), Eck, Kögl – Wohlfarth (78. Ekström), Wegmann.
HAMBURG: Golz – Jakobs – Kober, Moser (81. Spörl) – Kaltz, Jusufi, Bein, von Heesen, Jensen – Merkle, Furtok (81. Klaus).
Tor: 1:0 Wegmann (58.).
Schiedsrichter: Gerhard Theobald.

22. SPIELTAG

1. FC Kaiserslautern – Bayern 1:1 (1:1)

K'LAUTERN: Ehrmann (46. Serr) – Emig – Friedmann, Foda – Roos, Hartmann, Wuttke (87. Hoos), Schupp, Dooley – Labbadia, Kohr.
BAYERN: Aumann – Augenthaler – Reuter, Johnsen – Nachtweih, Eck (65. J. Wegmann), Flick, Kögl, Pflügler – Wohlfarth, Ekström (72. Grahammer).
Tore: 0:1 Nachtweih (15.), 1:1 Roos (16.).
Gelb: Wuttke / Flick, Pflügler.
Schiedsrichter: Dr. Wolf-Rüdiger Umbach.

23. SPIELTAG

Bayern – Bayer Leverkusen 2:0 (0:0)

BAYERN: Aumann – Augenthaler – Grahammer, Johnsen, Pflügler – Reuter, Dorfner (68. Eck), Thon, Kögl – Wohlfarth (68. J. Wegmann), Ekström.
LEVERKUSEN: Vollborn – Seckler, Hörster (46. de Keyser), A. Reinhardt – Cha, Rolff, Buncol, Schreier, K. Reinhardt – Kastl (28. Feinbier), Waas.
Tore: 1:0 Thon (73.), 2:0 Eck (78.).
Schiedsrichter: Serge Muhmenthaler.

24. SPIELTAG

Borussia M'gladbach – Bayern 2:1 (1:1)

M'GLADBACH: Kamps – Bruns – Winkhold (11. Krauss), Eichin, Straka – Effenberg, Rekdal, Frontzeck, Neun – Hochstätter, Criens (46. Lange).
BAYERN: Aumann – Augenthaler – Grahammer, Johnsen (80. Flick) – Reuter, Dorfner, Thon (73. Eck), Pflügler – Ekström, Wohlfarth, Kögl.
Tore: 0:1 Ekström (24.), 1:1 Neun (45.), 2:1 Hochstätter (67.).
Gelb: – / Johnsen.
Schiedsrichter: Wolf-Günter Wiesel.

25. SPIELTAG

Bayern – Werder Bremen 0:0

BAYERN: Aumann – Augenthaler – Nachtweih, Grahammer (39. J. Wegmann) – Reuter, Dorfner (76. Ekström), Flick, Pflügler, Kögl – Thon, Wohlfarth.
BREMEN: Reck – Bratseth – Borowka, Otten – Wolter, Votava, Neubarth, Eilts, Hermann – Riedle, Ordenewitz (46. Schaaf).
Gelb: Dorfner / Eilts, Neubarth, Riedle.
Schiedsrichter: Hans-Jürgen Weber.

26. SPIELTAG

Borussia Dortmund – Bayern 1:1 (0:0)

DORTMUND: de Beer – Kroth – MacLeod, Helmer – Breitzke (81. Storck), Kutowski, Möller, Zorc, Rummenigge – Dickel, Mill (32. Lusch).
BAYERN: Aumann – Augenthaler – Nachtweih, Flick (46. Johnsen) – Reuter, Thon, Dorfner, Kögl, Pflügler – Wohlfarth (75. Ekström), Wegmann.
Tore: 1:0 Breitzke (46.), 1:1 Pflügler (53.).
Gelb: Kroth / Flick.
Schiedsrichter: Heinz Werner.

27. SPIELTAG

Bayern – Hannover 96 4:0 (4:0)

BAYERN: Aumann – Nachtweih – Reuter, Grahammer – Dorfner (46. Eck), Thon, Flick, Kögl, Pflügler – Wohlfarth, Wegmann.
HANNOVER: Raps – Zanter – Geils, Kuhlmey – Prange (38. Zechel), Groth, Surmann, Drews (70. Dierßen), Willmer – Kohn, Reich.
Tore: 1:0 Wegmann (10.), 2:0 Dorfner (13.), 3:0 Dorfner (32.), 4:0 Dorfner (34.).
Gelb: – / Kuhlmey, Reich.
Schiedsrichter: Edgar Steinborn.

28. SPIELTAG

Bayern – Waldhof Mannheim 1:0 (0:0)

BAYERN: Aumann – Nachtweih – Grahammer – Reuter, Flick (73. Eck), Dorfner, Thon, Pflügler, Kögl – Wegmann, Wohlfarth.
MANNHEIM: Zimmermann – Cvetkovic – Finke (76. Müller), Tsionanis – Bockenfeld, Güttler, Dais, Buric, Lux (80. Siebrecht), Dickgießer – Freiler.
Tor: 1:0 Thon (79.).
Gelb: Grahammer / Dais.
Schiedsrichter: Dieter Birlenbach.

29. SPIELTAG

Stuttgarter Kickers – Bayern 2:0 (1:0)

STUTTGART: Laukkanen – Keim – Schlotterbeck, Schwartz – Wolf, Ossen, Schüler, Hjelm, Schindler – Hotic, Vollmer (77. Fengler).
BAYERN: Aumann – Augenthaler – Nachtweih, Grahammer – Reuter (75. Ekström), Dorfner, Thon, Kögl (58. Eck), Pflügler – Wegmann, Wohlfarth.
Tore: 1:0 Wolf (18.), 2:0 Schüler (75.).
Gelb: Hjelm, Hotic, Schwartz, Vollmer / Augenthaler, Grahammer.
Schiedsrichter: Peter Richmann.

30. SPIELTAG

Bayern – FC St. Pauli 2:1 (1:0)

BAYERN: Aumann – Augenthaler – Nachtweih, Pflügler – Reuter, Dorfner (70. Flick), Thon, Grahammer, Kögl – Wohlfarth (78. Ekström), Wegmann.
ST. PAULI: Ippig – Gronau – Trulsen, Duve – Olck, Knäbel, Dahms (85. Ottens), Zander, Flad – Golke, Steubing (67. Großkopf).
Tore: 1:0 Wegmann (17.), 2:0 Pflügler (47.), 2:1 Duve (55.).
Gelb: – / Flad, Golke.
Schiedsrichter: Dr. Markus Merk.

31. SPIELTAG

1. FC Köln – Bayern 1:3 (1:1)

KÖLN: Illgner – Steiner – Gielchen (67. Götz), Kohler (80. Sturm) – Häßler, Olsen, Littbarski, Rahn, Görtz – T. Allofs, Povlsen.
BAYERN: Aumann – Augenthaler – Grahammer, Pflügler – Nachtweih, Reuter, Thon, Flick (87. Dorfner), Kögl – Wohlfarth, Wegmann (67. Johnsen).
Tore: 0:1 Wohlfarth (25.), 1:1 T. Allofs (32.), 1:2 Wohlfarth (85.), 1:3 Wohlfarth (89.).
Gelb: Littbarski / –.
Schiedsrichter: Wolf-Günter Wiesel.

32. SPIELTAG

Bayern – Bayer Uerdingen 5:0 (2:0)

BAYERN: Aumann – Augenthaler – Grahammer, Nachtweih – Reuter, Dorfner, Thon (67. Flick), Kögl, Pflügler – Wohlfarth, Ekström (70. Wegmann).
UERDINGEN: Kubik – Herget – Klinger (46. Chmielewski), W. Funkel (60. F. Funkel) – Kleppinger, Steffen, Mathy, Fach, Bartram – Witeczek, Kuntz.
Tore: 1:0 Ekström (20.), 2:0 Dorfner (25.), 3:0 Dorfner (75.), 4:0 Flick (82.), 5:0 Flick (90.).
Gelb: Kögl / Chmielewski. **Schiedsrichter:** Rainer Boos.

33. SPIELTAG

1. FC Nürnberg – Bayern 2:1 (2:1)

NÜRNBERG: Köpke – Dusend – Giske, Kuhn – Dittwar, Philipkowski (68. Korek), Schneider, Metschies, Wagner (87. Kristl) – Wirsching, Sané.
BAYERN: Aumann – Augenthaler – Grahammer, Pflügler – Reuter (46. Johnsen), Dorfner, Thon (46. Kögl), Flick, Eck – Wohlfarth, Wegmann.
Tore: 1:0 Wirsching (33.), 2:0 Sané (42.), 2:1 Augenthaler (44.).
Gelb: Kuhn / –. **Schiedsrichter:** Dieter Pauly.

34. SPIELTAG

Bayern – VfL Bochum 5:0 (2:0)

BAYERN: Aumann – Augenthaler – Grahammer, Pflügler – Reuter, Dorfner, Flick (75. Johnsen), Thon (75. Eck), Kögl – Wegmann, Wohlfarth.
BOCHUM: Zumdick – Kempe – Oswald, Kree – Rzehaczek, Heinemann, Woelk, Benatelli, Reekers – Leifeld, Nehl (75. Legat).
Tore: 1:0 Wohlfarth (5.), 2:0 Wohlfarth (14.), 3:0 Wohlfarth (69.), 4:0 Thon (72.), 5:0 Wohlfarth (76., Foulelfmeter).
Schiedsrichter: Manfred Neuner.

Abschlusstabelle

Pl.	Verein	Spiele	G	U	V	Tore	Diff.	Punkte
1	Bayern	34	19	12	3	67:26	+41	50:18
2	Köln	34	18	9	7	58:30	+28	45:23
3	Bremen (M)	34	18	8	8	55:32	+23	44:24
4	Hamburg	34	17	9	8	60:36	+24	43:25
5	VfB Stuttgart	34	16	7	11	58:49	+9	39:29
6	M'gladbach	34	12	14	8	44:43	+1	38:30
7	Dortmund	34	12	13	9	56:40	+16	37:31
8	Leverkusen	34	10	14	10	45:44	+1	34:34
9	Kaiserslautern	34	10	13	11	47:44	+3	33:35
10	St. Pauli (A)	34	9	14	11	41:42	–1	32:36
11	Karlsruhe	34	12	8	14	48:51	–3	32:36
12	Mannheim	34	10	11	13	43:52	–9	31:37
13	Uerdingen	34	10	11	13	50:60	–10	31:37
14	Nürnberg	34	8	10	16	36:54	–18	26:42
15	Bochum	34	9	8	17	37:57	–20	26:42
16	Frankfurt (P)	34	8	10	16	30:53	–23	26:42
17	Stuttg. Kickers (A)	34	10	6	18	41:68	–27	26:42
18	Hannover	34	4	11	19	36:71	–35	19:49

DIE WEITEREN SIEGER DES JAHRES:

Europacup der Landesmeister:
AC Mailand

Europacup der Pokalsieger:
FC Barcelona

Uefa-Cup:
SSC Neapel

DFB-Pokal:
Borussia Dortmund

Alle Ergebnisse auf einen Blick

Waagerecht: alle Heimresultate. Senkrecht: alle Auswärtsresultate

	Bayern	Köln	Bremen	Hamburg	Stuttgart	M'gladbach	Dortmund	Leverkusen	Kaiserslautern	St. Pauli	Karlsruhe	Mannheim	Uerdingen	Nürnberg	Bochum	Frankfurt	Stuttg. Kickers	Hannover
Bayern		2:0	0:0	1:0	3:3	3:0	1:1	2:0	5:1	2:1	3:2	1:0	5:0	1:0	5:0	3:0	3:0	4:0
Köln	1:3		2:0	1:2	3:0	3:1	2:0	3:0	2:2	4:2	6:1	1:0	1:1	1:1	1:0	3:2	5:1	1:0
Bremen	2:2	1:2		2:1	3:0	2:0	2:0	3:1	1:0	0:0	3:1	2:1	3:1	2:1	2:0	2:0	4:0	1:0
Hamburg	0:1	0:1	2:0		2:1	1:2	0:0	1:1	1:1	1:1	1:1	5:1	3:0	3:2	3:1	2:1	3:0	4:1
Stuttgart	1:2	2:0	3:3	4:2		2:1	1:3	0:0	3:1	2:1	2:0	2:0	2:2	4:0	3:1	2:0	4:0	2:1
M'gladbach	2:1	1:0	4:1	0:4	2:2		1:1	2:0	4:1	2:2	1:1	1:1	3:0	1:1	2:0	2:1	1:1	2:0
Dortmund	1:1	0:4	3:1	2:2	1:2	0:0		2:1	1:1	0:0	3:2	1:2	4:2	4:0	2:1	6:0	1:1	4:0
Leverkusen	1:1	0:0	1:0	1:2	0:0	3:1	2:0		0:1	2:2	1:0	3:0	2:2	3:0	1:1	2:2	1:3	3:1
Kaiserslautern	1:1	1:1	0:0	0:0	6:1	0:0	3:2	0:0		1:0	1:2	0:3	2:0	2:1	3:0	3:0	6:0	0:0
St. Pauli	0:0	0:1	1:3	1:2	2:1	1:1	1:0	2:0	1:1		1:0	2:1	5:1	0:1	1:0	2:0	1:0	1:1
Karlsruhe	2:2	0:0	1:0	2:2	2:0	2:2	0:0	2:3	4:1	3:1		2:1	0:1	1:1	1:3	1:3	1:0	2:0
Mannheim	0:3	2:1	1:1	0:0	3:4	4:1	0:3	1:1	0:4	2:1	2:0		3:3	2:1	2:2	1:0	2:2	1:1
Uerdingen	1:3	1:1	2:1	0:2	0:0	0:0	0:0	3:1	3:1	0:0	0:3	0:0		3:2	3:1	4:1	1:3	7:3
Nürnberg	2:1	0:2	0:1	1:4	1:0	0:0	1:1	1:1	1:1	5:3	1:3	1:0	1:0		3:1	1:1	3:3	1:0
Bochum	0:0	1:3	0:1	2:1	1:0	1:2	2:2	2:4	2:0	0:0	2:0	2:2	1:1	1:0		1:0	2:1	1:3
Frankfurt	2:2	1:0	0:0	0:1	1:3	1:1	2:1	1:1	3:2	1:1	1:0	0:0	0:2	1:0	1:1		1:2	1:0
Stuttg. Kickers	2:0	0:0	0:6	2:0	0:2	3:0	1:2	1:3	2:0	2:2	1:3	1:3	3:1	1:0	1:2	0:1		0:1
Hannover	0:0	2:2	2:2	2:3	2:0	0:1	1:5	2:2	0:0	2:2	2:3	0:2	0:5	2:2	3:2	1:1	3:4	

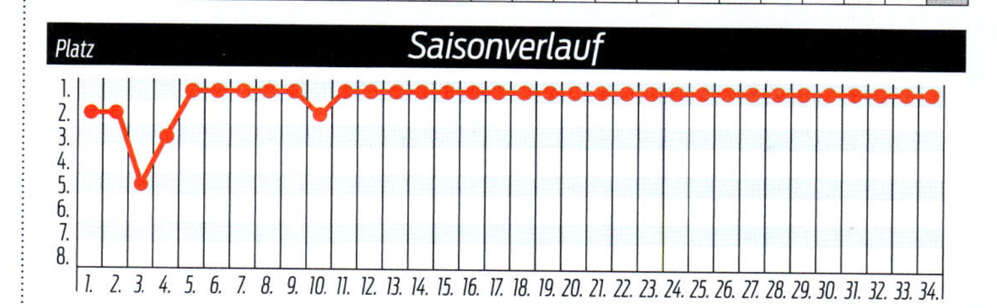

MEISTER-SEKT SCHMECKT LEICHT SCHAL

Nach einer durchschnittlichen Spielzeit begießen die Bayern ihren zwölften Titel. Die Millionen-Einkäufe „Mic und Mac" enttäuschen

Weltmeister 1990: die drei Bayern (v. l.) Franz Beckenbauer, Klaus Augenthaler und Stefan Reuter

Fast zehn Millionen D-Mark investieren die Bayern im Sommer 1989 in ihren Spielerkader. Als hätten sie eine bescheidene Saison hinter sich. Dabei sind sie Meister. Jedenfalls hinterlässt die Einkaufstour von Uli Hoeneß Spuren und macht nicht nur in der Bundesliga mächtig Eindruck.

Hoeneß schwächt den lästigen Konkurrenten 1. FC Köln, angelt sich Nationalvorstopper Jürgen Kohler (3,1 Millionen DM Ablöse). Mit dem Schotten Alan McInally, den er für 3,3 Millionen Mark von Aston Villa holt, und dem Jugoslawen Radmilo Mihajlovic (für 1,8 Mio. Mark von Dinamo Zagreb) kommen zwei Stürmer, von denen man sich Wunderdinge erzählt. Sie ersetzen Johnny Ekström, der freiwillig München verlässt und zum AS Cannes wechselt, und Jürgen Wegmann. Der geht unfreiwillig und trägt nun das Trikot von Borussia Dortmund. Jupp Heynckes hat auf die Anwesenheit der beiden keinen Wert mehr gelegt, allein mit Torschützenkönig Roland Wohlfarth will er weiterarbeiten.

Als Mann mit Perspektive kommt neben den Talenten Sven Scheuer, Manfred Bender, Thomas Kastenmaier und Rainer Aigner der defensive Mittelfeldspieler Thomas Strunz vom Zweitligisten MSV Duisburg (1,1 Mio. DM). Und Manfred Schwabl, der aus der Bayern-Jugend stammt und bereits 1985/86 sieben Bundesliga-Spiele für den FCB bestritten hat, wird vom 1. FC Nürnberg für 500 000 DM Ablöse zurückgeholt.

Hoeneß ist zufrieden: „Wir haben noch nie so konzentriert eingekauft. Früher hatten wir acht oder neun gleichwertige Spieler, heute 16 bis 17."

Und doch sind es eigentlich noch zu wenige. Wie nie zuvor wird der FC Bayern 1989/90 vom Verletzungspech verfolgt: Acht Operationen werden bis Weihnachten nötig, insgesamt fallen zwölf Spieler wochenlang aus. Schuld ist, da sind sich Hoeneß und Heynckes einig, der DFB. Wegen der bevorstehenden WM werden 21 Spieltage vor dem Jahreswechsel terminiert.

Für das Starensemble ist der Stress außergewöhnlich, die Nationalspieler bestreiten binnen 105 Tagen 33 Spiele – auch weil Hoeneß ganz wie zu Robert Schwans Zeiten in den 70er-Jahren den frischen Ruhm vermarktet und die Mannschaft auf Freundschaftsspiel-Reisen schickt.

Nach sechs Bundesliga-Spielen erleidet Jürgen Kohler Ende August bei einem Lehrgang der Nationalelf einen Außenbandriss im rechten Knöchel. Gefoult hat ihn Franz Beckenbauers Assistenztrainer Holger Osieck. Hoeneß ist höchst erregt: „Es ist unglaublich, dass ein Trainer einen Spieler verletzt. Die Rechnung bekommt der DFB." Er fordert eine Million Mark Schadensersatz – natürlich vergebens.

Rauschende Ballnächte gegen den 1. FC Köln (5:1 am fünften Spieltag) und den HSV (4:0 am siebten Spieltag) wechseln mit derben Enttäuschungen. Pleiten bei Waldhof Mannheim (0:1) und in Stuttgart (1:2) sowie gegen den neuen Konkurrenten im Titelkampf, Bayer Leverkusen, der am

Gedämpfte Freude: Alan McInally, Thomas Strunz, Hans Pflügler, Klaus Augenthaler, Stefan Reuter und Radmilo Mihajlovic (v. r.)

14. Spieltag für die einzige Heimniederlage der Saison sorgt (0:1), werfen die Auswahl von Jupp Heynckes zurück.

Kapitän Klaus Augenthaler konstatiert: „Keiner hat mehr Respekt vor uns!“ Und: „Wir sind doch keine Roboter. Der Körper holt sich irgendwann seine Pausen.“

Die deutliche 0:3-Niederlage am 9. November 1989 gegen den VfB Stuttgart im Pokal kommt dennoch überraschend. Es wird eine Krisensitzung anberaumt, die Stimmung ist aufgeheizt. Der „Kicker“ legt auf einer Doppelseite „die zehn Gründe für das Tief“ hin. Dazu gehören die Stareinkäufe „Mic und Mac“, Mihajlovic und McInally. Sie lassen nach verheißungsvollem Liga-Start gegen Nürnberg (alle Tore beim 3:2) stark nach. Augenthaler kritisiert: „Ich habe gedacht, wir hätten zwei Wunderstürmer verpflichtet. Aber die zwei da vorn machen gar nix.“ Hansi Dorfner legt nach: „Schonfrist für die Ausländer ist gut und schön, aber irgendwann müssen die auch Tore machen.“ Auch BILD lästert über „McNully und Mihailonix“.

Nach dem 21. Spieltag, dem 4:1 gegen den Karlsruher SC am 16. Dezember, führen die Münchner die Tabelle nur aufgrund des besseren Torverhältnisses vor Bayer Leverkusen an (beide 29:13 Punkte). In der üppigen Winterpause bis zum 23. Februar 1990 streicht Heynckes die Teilnahme an allen Hallenturnieren („Bis auf das Masters“) und verkündet: „Wenn alle fit sind, werden wir auch wieder Deutscher Meister.“ So kommt es wirklich.

Bayern spielt zwar sechsmal unentschieden, aber verliert kein Spiel mehr. Die vor der Saison befürchtete Langeweile befällt doch noch die Bundesliga. Am 32. Spieltag macht der Klub seine zwölfte Meisterschaft perfekt, nur 18 000 Augenzeugen sind beim Vollzug gegen den FC St. Pauli (1:0) dabei.

„Die Konkurrenz hat es uns zu leicht gemacht“, stellt Olaf Thon fest. „Für mich war es sehr spannend, mit wie viel Punkten Vorsprung der FC Bayern in diesem Jahr Deutscher Meister wird“, witzelt Präsident Fritz Scherer. Und Augenthaler spricht von einer „durch und durch unspektakulären Bundesliga-Saison“.

Für ihn und fünf Kollegen hat sie allerdings ein großartiges Nachspiel. Nach Hans Bauer (1954), Franz Beckenbauer, Sepp Maier, Hans-Georg Schwarzenbeck, Paul Breitner, Uli Hoeneß, Gerd Müller und Jupp Kapellmann (1974) bekommt der FC Bayern in Italien sechs neue Weltmeister: Augenthaler, Stefan Reuter, Kohler, Thon, Pflügler und Raimond Aumann.

Europacup der Landesmeister

Torschütze zum 2:1 im Rückspiel gegen Mailand: Alan McInally (l.). Rechts: Franco Baresi

Hoeneß trotzig nach dem Halbfinal-Aus

Bei den Glasgow Rangers siegt Bayern mit dem 18-jährigen Debütanten Sven Scheuer im Tor 3:1, das Rückspiel endet torlos. Auch Nentori Tirana (3:1 und 3:0 im Achtelfinale) ist keine Herausforderung. Im Viertelfinale gegen PSV Eindhoven setzt Uli Hoeneß nach dem knappen 2:1-Hinspielerfolg eine Prämie von 12 000 DM pro Kopf fürs Weiterkommen aus. In letzter Minute erlöst Augenthaler mit einem abgefälschten Freistoß zum 1:0-Sieg die Münchner. Hoeneß ist stolz: „Die Mannschaft war diesmal so cool wie der FC Bayern in seinen besten Zeiten." Im Halbfinale gegen AC Mailand endet der Auftritt auf Europas Bühne nach einem dramatischen Duell. Nach dem 0:1 in Mailand und dem 1:0 in München (Tor: Thomas Strunz) kommt es zur Verlängerung: Stefano Borgonovo erzielt das 1:1 (100.), das 2:1 von Alan McInally (106.) ist zu wenig. Hoeneß reagiert trotzig: „Das war das Beste, was ich je von unserer Mannschaft gesehen habe."

DFB-Pokal

1:0 gegen Frankfurt: das 50-Meter-Tor von Augenthaler (r.)

Die Mauer fällt, Bayern scheidet aus

Das Los führt die Bayern gleich in der 1. Runde zum Angstgegner Eintracht Frankfurt, wo sie zuletzt 1970 gewonnen haben. Was in der Bundesliga nie klappt, macht der Pokal möglich: Dank eines Wundertores von Klaus Augenthaler, eines Weitschusses aus dem Mittelkreis, ziehen sie mit 1:0 in die zweite Runde ein und besiegen Waldhof Mannheim 2:0. 20 000 Zuschauer sind Zeuge einer Premiere: Ludwig Kögl erzielt im Bayern-Dress erstmals zwei Pflichtspieltore. Das Achtelfinale beim VfB Stuttgart am 9. November 1989 entwickelt sich schnell zur Nebensache: An diesem Donnerstagabend werden zwischen Ost- und Westberlin die Grenzen geöffnet, das wiedervereinte Deutschland feiert vor dem Brandenburger Tor auf der Mauer. Es ist der Anfang vom Ende der deutschen Teilung. Die 0:3-Pleite des Meisters beim VfB ist nur noch eine Randnotiz. Übrigens: Trotz des Mauerfalls unterbricht die ARD die Liveübertragung nicht.

TRAINER

JUPP HEYNCKES
Die zweite Meisterschaft und knappe Halbfinal-Niederlage gegen Mailand macht Heynckes übermütig. Bei der Feier auf dem Marienplatz ruft er den Fans zu: „Ich verspreche euch allen, dass wir im nächsten Jahr den Europapokal holen."

DIE TOP-ELF DER SAISON

Ludwig Kögl

Hans Pflügler

DER SPIELER DES JAHRES

*Durch die Verletzungen von Olaf Thon (zweimal operiert, halbes Jahr Pause) rückt **Hans Dorfner** stärker in den Fokus. 29-mal steht der neue Bayern-Regisseur in der Bundesliga in der Startformation. Dorfner gewinnt an Profil, kritisiert sogar Jupp Heynckes öffentlich. Nach über einem Jahr Pause nominiert DFB-Teamchef Beckenbauer den kleinen Techniker wieder für die Nationalelf, beim 1:1 gegen Irland (6. 9. 1989) und 2:1 in der WM-Qualifikation gegen Wales (15. 11.) läuft Dorfner auf. Seine letzten beiden Länderspiele, obwohl Beckenbauer attestiert: „Er kann denken und das Spiel nach vorn treiben."*

Der Kader

NAME	SPIELE	TORE
Raimond Aumann	33	0
Sven Scheuer	1	0
Klaus Augenthaler	24	1
Roland Grahammer	28	1
Erland Johnsen	8	0
Jürgen Kohler	26	2
Hans Pflügler	33	3
Stefan Reuter	33	0
Manfred Bender	20	2
Hans Dorfner	29	5
Hans-Dieter Flick	22	1
Thomas Kastenmaier	9	1
Manfred Schwabl	25	3
Thomas Strunz	20	5
Olaf Thon	20	8
Ludwig Kögl	25	4
Alan McInally	31	10
Radmilo Mihajlovic	25	4
Roland Wohlfarth	24	13

ROLAND GRAHAMMER erzielt sein erstes Liga-Tor für Bayern: das letzte Saisontor, das 3:0 gegen BVB

Transfers

MANFRED „MANNI" BENDER setzt sich trotz der großen Konkurrenz, vor allem unter den namhaften Neuzugängen, durch und erhält in seiner ersten Saison 20 Einsätze. Überraschend, kommt er doch von Unterhaching aus der 3. Liga, er überspringt eine Klasse fast mühelos. Bender bleibt bis 1992.

SPIELER	VON VEREIN	ABLÖSESUMME
Sven Scheuer	FC Bayern Jugend	
Jürgen Kohler	1. FC Köln	3,1 Mio. DM
Manfred Bender	SpVgg Unterhaching	36 000 DM
Thomas Kastenmaier	FC Bayern Amateure	
Manfred Schwabl	1. FC Nürnberg	500 000 DM
Thomas Strunz	MSV Duisburg	1,1 Mio. DM
Alan McInally	Aston Villa	3,3 Mio. DM
Radmilo Mihajlovic	Dinamo Zagreb	1,8 Mio. DM
Rainer Aigner	TSV 1860 München	
Allan Nielsen	Esbjerg fB	

Tops & Flops

KLAUS AUGENTHALER Mit seinem Pokaltor gegen Frankfurt gewinnt der Libero die ARD-Wahl zum „Tor des Monats August", „Tor des Jahres" und „Tor des Jahrzehnts".

ENDE DER DURSTSTRECKE 21 Tage nach dem 1:0-Pokalsieg in Frankfurt beenden die Bayern auch in der Liga den Fluch und gewinnen nach 19 Jahren wieder ein Punktspiel bei der Eintracht (2:1).

SPONSOR Uli Hoeneß gewinnt Opel für die Trikotwerbung. Fünf Millionen DM zahlt der Autofabrikant pro Jahr – und das drei Jahre lang. Tolles Geschäft.

RADMILO MIHAJLOVIC Der Jugoslawe fabuliert von 15 Saisontoren, es werden nur vier in 25 Bundesliga-Einsätzen. Im Winter 1990/91 wechselt er zu Schalke.

ST.-PAULI-STREIT Vor der Partie am 15. Spieltag gegen Bayern (0:2) rufen die Hamburger im Stadionheft zum „Klassenkampf" gegen Bayern auf. Uli Hoeneß erwirkt, dass es eingestampft wird.

ZUSCHAUER In der 2. Europacup-Runde gegen Tirana kommen nur 11 500 Getreue. Hoeneß belohnt sie mit freiem Eintritt fürs Ligaspiel gegen Leverkusen.

1. SPIELTAG

Bayern – 1. FC Nürnberg 3:2 (1:1)

BAYERN: Aumann – Augenthaler – Grahammer, Kohler – Reuter, Dorfner (69. Schwabl), Thon (79. Flick), Pflügler, Kögl – Mihajlovic, McInally.
NÜRNBERG: Köpke – Dusend – Philipkowski, Brunner – Dittwar (76. Türr), Schneider, Drews (68. Kristl), Metschies, Hausmann – Sané, Klein.
Tore: 1:0 McInally (30.), 1:1 Hausmann (40.), 2:1 McInally (46.), 2:2 Türr (84.), 3:2 Mihajlovic (89.).
Schiedsrichter: Gerhard Theobald.

2. SPIELTAG

Borussia M'gladbach – Bayern 0:0

M'GLADBACH: Kamps – Klinkert, Straka, Eichin – Winkhold, Effenberg, Spies (82. Winter), Hochstätter, Neun – Max (67. Bruns) – Criens.
BAYERN: Aumann – Augenthaler – Grahammer, Kohler – Reuter, Flick, Thon (45. Schwabl), Pflügler, Dorfner – McInally, Mihajlovic (77. Bender).
Gelb: Effenberg / Flick.
Schiedsrichter: Hans-Joachim Osmers.

3. SPIELTAG

Bayern – FC Homburg 1:0 (0:0)

BAYERN: Aumann – Augenthaler – Grahammer, Kohler – Reuter, Thon, Flick (46. Kögl), Dorfner, Pflügler – McInally, Mihajlovic (65. Wohlfarth).
HOMBURG: Gundelach – Theiss – Herrmann, Finke – Gerstner, Ellguth (77. Hetmanski), Wohlert, Hoffmann (83. Gries), Homp – Jurgeleit, Baranowski.
Tor: 1:0 Kögl (70.).
Gelb: Augenthaler, Flick, Grahammer / Hetmanski, Hoffmann.
Schiedsrichter: Klaus Broska.

4. SPIELTAG

Karlsruher SC – Bayern 3:3 (2:3)

KARLSRUHE: Famulla – Bogdan – Kreuzer, Süss – Kastner (88. Bany), Schmidt, Harforth, Hermann, Trapp – Simmes (51. Schütterle), Sternkopf.
BAYERN: Aumann – Augenthaler – Kohler, Pflügler – Reuter, Dorfner, Thon, Flick (58. Schwabl), Kögl – Wohlfarth (79. Grahammer), McInally.
Tore: 0:1 Dorfner (5.), 1:1 Kreuzer (11.), 2:1 Kreuzer (18.), 2:2 Dorfner (28.), 2:3 Thon (36.), 3:3 Hermann (53.).
Gelb: Harforth, Kastner, Sternkopf / Kohler, Thon.
Schiedsrichter: Hellmut Krug.

5. SPIELTAG

Bayern – 1. FC Köln 5:1 (2:0)

BAYERN: Aumann – Augenthaler – Kohler – Grahammer, Reuter, Thon, Dorfner, Pflügler, Kögl (55. Schwabl) – McInally, Wohlfarth (82. Mihajlovic).
KÖLN: Illgner – Steiner – Higl, Giske – Gielchen (39. Janßen), Häßler, Dreßen, Rahn, Littbarski, Görtz – Ordenewitz (58. Götz).
Tore: 1:0 Wohlfarth (17.), 2:0 Thon (31.), 3:0 Dorfner (61.), 3:1 Götz (68.), 4:1 Thon (82., Foulelfmeter), 5:1 Thon (85.).
Gelb: – / Dreßen, Littbarski.
Schiedsrichter: Wolf-Günter Wiesel.

6. SPIELTAG

Waldhof Mannheim – Bayern 1:0 (0:0)

MANNHEIM: Zimmermann – Güttler – Dickgießer, Tsionanis – Müller, Buric (74. Haun), Dais, Siebrecht, Schindler – Freiler, Rudel (88. Trieb).
BAYERN: Aumann – Augenthaler (46. Johnsen) – Grahammer, Kohler – Reuter, Dorfner, Thon, Schwabl, Pflügler – McInally (73. Mihajlovic), Wohlfarth.
Tor: 1:0 Güttler (68.).
Gelb: – / Dorfner, Grahammer.
Schiedsrichter: Dieter Pauly.

7. SPIELTAG

Bayern – Hamburger SV 4:0 (2:0)

BAYERN: Aumann – Augenthaler – Grahammer, Johnsen – Reuter, Dorfner, Thon (71. Strunz), Schwabl (60. Kastenmaier), Pflügler – Wohlfarth, McInally.
HAMBURG: Golz – Jakobs – Beiersdorfer, Kober – Spörl, Jusufi, von Heesen, Eck (77. Bierhoff), Dammeier – Marin, Furtok.
Tore: 1:0 Thon (30.), 2:0 Wohlfarth (31.), 3:0 Kastenmaier (69.), 4:0 Wohlfarth (90.).
Gelb: – / Jakobs, Kober.
Schiedsrichter: Karl-Josef Assenmacher.

8. SPIELTAG

Eintracht Frankfurt – Bayern 1:2 (0:1)

FRANKFURT: Stein – Binz – Körbel, Roth – Gründel, Sievers (34. Sippel), Lasser (84. Klein), Bein, Falkenmayer, Studer – Andersen.
BAYERN: Aumann – Augenthaler – Johnsen – Grahammer, Reuter, Dorfner (37. Kastenmaier), Thon, Schwabl, Pflügler – Wohlfarth, McInally.
Tore: 0:1 McInally (35.), 1:1 Bein (55.), 1:2 Wohlfarth (80.).
Gelb: Falkenmayer, Sievers, Studer / –.
Schiedsrichter: Dr. Markus Merk.

9. SPIELTAG

Bayern – VfL Bochum 5:1 (2:0)

BAYERN: Scheuer – Augenthaler – Grahammer, Johnsen (63. Kastenmaier) – Reuter, Schwabl, Thon, Kögl, Pflügler – Wohlfarth (63. Mihajlovic), McInally.
BOCHUM: Zumdick – Kempe (41. Oswald) – Plomp, Reekers – Zanter, Rzehaczek (72. Nehl), Benatelli, Wegmann, Legat – Kohn, Leifeld.
Tore: 1:0 McInally (2.), 2:0 Schwabl (19.), 3:0 McInally (68.), 3:1 Kohn (70., Foulelfmeter), 4:1 Oswald (71., Eigentor), 5:1 Thon (73.).
Gelb: Pflügler / –.
Schiedsrichter: Wilfried Heitmann.

10. SPIELTAG

VfB Stuttgart – Bayern 2:1 (1:0)

STUTTGART: Immel – Allgöwer – Strehmel, Buchwald – Schäfer, Hartmann, Basualdo, Gaudino (75. Poschner), Frontzeck – Hotic, Walter (86. Schmäler).
BAYERN: Aumann – Augenthaler – Johnsen (59. Mihajlovic), Pflügler – Grahammer, Reuter, Schwabl (69. Kastenmaier), Thon, Kögl – McInally, Wohlfarth.
Tore: 1:0 Basualdo (43.), 2:0 Walter (62.), 2:1 Wohlfarth (69.).
Gelb: Frontzeck, Hotic / Grahammer, Reuter.
Schiedsrichter: Hans-Jürgen Weber.

11. SPIELTAG

Bayern – Bayer Uerdingen 3:0 (1:0)

BAYERN: Aumann – Augenthaler – Reuter, Grahammer, Pflügler – Schwabl (73. Kastenmaier), Dorfner, Thon, Kögl – McInally (77. Mihajlovic), Wohlfarth.
UERDINGEN: Grüninger – F. Funkel – Klinger, W. Funkel – Steffen (84. Kleppinger), Chmielewski (64. Kempkens), Mathy, Witeczek, Bartram – Stickroth, Laudrup.
Tore: 1:0 Thon (9., Foulelfmeter), 2:0 Wohlfarth (51.), 3:0 Thon (82.).
Gelb: Augenthaler / F. Funkel.
Schiedsrichter: Karl-Heinz Tritschler.

12. SPIELTAG

1. FC Kaiserslautern – Bayern 0:0

K'LAUTERN: Serr – Emig – Lutz, Stumpf – Roos, Scherr (46. Hartmann), Wuttke, Schupp, Dooley (75. Labbadia) – Kuntz, Allievi.
BAYERN: Aumann – Reuter – Grahammer, Johnsen, Kastenmaier – Flick, Schwabl, Dorfner, Kögl – Wohlfarth (65. Bender), McInally.
Gelb: Stumpf / Johnsen.
Schiedsrichter: Hans-Heinrich Barnick.

13. SPIELTAG

Fortuna Düsseldorf – Bayern 1:2 (0:2)

DÜSSELDORF: Schmadtke – Loose – Wojtowicz (81. Klotz), Werner – Kaiser, Chaloupka, Schütz, Büskens (31. Baffoe), Krümpelmann, Rada – Fuchs.
BAYERN: Aumann – Augenthaler – Johnsen – Reuter, Dorfner, Flick, Schwabl, Kögl, Pflügler – Wohlfarth (83. Kastenmaier), McInally (63. Mihajlovic).
Tore: 0:1 Schwabl (5.), 0:2 Wohlfarth (32.), 1:2 Augenthaler (60., Eigentor).
Gelb: Chaloupka / –.
Schiedsrichter: Wolfgang Mierswa.

14. SPIELTAG

Bayern – Bayer Leverkusen 0:1 (0:1)

BAYERN: Aumann – Augenthaler – Grahammer (79. Bender), Kohler – Reuter, Flick (34. Schwabl), Dorfner, Pflügler, Kögl – McInally, Mihajlovic.
LEVERKUSEN: Vollborn – Hörster – Kree, A. Reinhardt – Fischer, Jorginho, Schreier, Buncol, K. Reinhardt – Lesniak (87. Herrlich), Demandt (78. de Keyser).
Tor: 0:1 Lesniak (14.).
Gelb: Grahammer / Buncol, Herrlich, Jorginho, K. Reinhardt.
Schiedsrichter: Edgar Steinborn.

In voller Montur und feinen italienischen Halbschuhen im Tauchbecken: Uli Hoeneß trinkt mit (im Uhrzeigersinn) Klaus Augenthaler, Thomas Kastenmaier, Roland Grahammer, Ludwig Kögl und Roland Wohlfarth den Meister-Champagner

15. SPIELTAG

FC St. Pauli – Bayern 0:2 (0:0)

ST. PAULI: Ippig – Kocian (84. Manzi) – Trulsen, Schlindwein – Gronau, Großkopf (72. Ottens), Knäbel, Flad, Zander – Golke, Steubing.
BAYERN: Aumann – Augenthaler – Kastenmaier, Kohler – Reuter, Schwabl, Dorfner, Pflügler, Kögl (62. Strunz) – McInally, Mihajlovic (74. Bender).
Tore: 0:1 Strunz (79.), 0:2 Bender (86.).
Gelb: Flad, Kocian / Augenthaler, Dorfner, McInally.
Schiedsrichter: Klaus Broska.

16. SPIELTAG

Bayern – Werder Bremen 1:1 (0:0)

BAYERN: Aumann – Augenthaler – Kastenmaier, Kohler, Pflügler – Reuter, Dorfner, Schwabl (63. Grahammer), Strunz (46. Kögl) – Mihajlovic, McInally.
BREMEN: Reck – Bratseth – Borowka, Otten (74. Meier) – Bockenfeld (77. Sauer), Wolter, Eilts, Hermann – Riedle, Bode, Rufer.
Tore: 1:0 Kögl (68., Foulelfmeter), 1:1 Riedle (83.).
Gelb: Kohler, Grahammer / Eilts, Wolter.
Schiedsrichter: Manfred Neuner.

17. SPIELTAG

Borussia Dortmund – Bayern 2:2 (0:2)

DORTMUND: de Beer – Kroth (73. Wegmann) – MacLeod, Helmer, Schulz – Lusch (46. Breitzke), Zorc, Möller, Rummenigge – Dickel, Mill.
BAYERN: Aumann – Reuter – Grahammer, Kohler, Pflügler – Flick, Strunz, Dorfner, Schwabl (78. Johnsen) – Mihajlovic (77. McInally), Bender.
Tore: 0:1 Flick (26.), 0:2 Strunz (28.), 1:2 Breitzke (73.), 2:2 Möller (74.).
Gelb: Mill, Möller / Dorfner, Grahammer, Reuter, Strunz.
Schiedsrichter: Wolf-Günter Wiesel.

18. SPIELTAG

1. FC Nürnberg – Bayern 4:0 (1:0)

NÜRNBERG: Köpke – Bayerschmidt – Kuhn, Philipkowski – Brunner, Dusend, Schneider, Kristl, Metschies – Wirsching (85. Klein), Türr (82. Sané).
BAYERN: Aumann – Reuter – Flick (70. Kögl), Kohler, Pflügler – Schwabl, Dorfner, Strunz, Bender (70. Mihajlovic) – McInally, Wohlfarth.
Tore: 1:0 Brunner (34., Foulelfmeter), 2:0 Türr (55.), 3:0 Dusend (72.), 4:0 Kristl (75.).
Gelb: Kristl / McInally, Pflügler.
Schiedsrichter: Hans-Jürgen Weber.

19. SPIELTAG

Bayern – Borussia M'gladbach 2:0 (1:0)

BAYERN: Aumann – Reuter – Grahammer, Kohler, Pflügler – Strunz, Dorfner, Thon, Kögl (73. Bender) – Wohlfarth, Mihajlovic (73. McInally).
M'GLADBACH: Kamps – Bruns – Huschbeck (77. Budde), Eichin (84. Klinkert) – Krauss, Spies, Effenberg, Stefes, Straka – Belanov, Criens.
Tore: 1:0 Wohlfarth (5.), 2:0 McInally (76.).
Gelb: – / Effenberg.
Schiedsrichter: Manfred Harder.

20. SPIELTAG

FC Homburg – Bayern 1:3 (1:1)

HOMBURG: Gundelach – Ellguth – Finke (33. Westerbeek), Wohlert – Gerstner (89. Ockert), Herrmann, Jurgeleit, Hoffmann, Homp – Dittmer, Maciel.
BAYERN: Aumann – Reuter – Grahammer, Kohler – Strunz, Mihajlovic, Schwabl (73. Bender), Pflügler, Kögl – Wohlfarth, McInally.
Tore: 0:1 Mihajlovic (16.), 1:1 Maciel (19.), 1:2 McInally (72.), 1:3 McInally (90.).
Gelb: Dittmer, Ellguth, Gerstner / Schwabl, Wohlfarth.
Schiedsrichter: Peter Richmann (ab 46. Linienr. Funken).

21. SPIELTAG

Bayern – Karlsruher SC 4:1 (1:1)

BAYERN: Aumann – Reuter – Grahammer, Kohler, Pflügler – Strunz (79. Flick), Dorfner, Mihajlovic (35. Schwabl), Kögl – Wohlfarth, McInally.
KARLSRUHE: Famulla – Bogdan – Süss, Bany – Schmidt, Harforth, Metz, Kreuzer, Schütterle (59. Trapp) – Sternkopf (68. Kastner), Hermann.
Tore: 0:1 Süss (26.), 1:1 Wohlfarth (45.), 2:1 Wohlfarth (51.), 3:1 Schwabl (62.), 4:1 Wohlfarth (66.).
Gelb: Strunz / Bany, Hermann, Süss.
Schiedsrichter: Bodo Kriegelstein.

22. SPIELTAG

1. FC Köln – Bayern 1:1 (1:0)

KÖLN: Illgner – Steiner – Giske, Jensen – Janßen, Häßler, Littbarski, Higl, Britz – Sturm (66. Götz), Rahn (66. Ordenewitz).
BAYERN: Aumann – Augenthaler – Grahammer, Kohler (46. Bender), Pflügler – Reuter, Flick, Mihajlovic (46. Kögl), Strunz – Wohlfarth, McInally.
Tore: 1:0 Sturm (4.), 1:1 Kögl (55.).
Gelb: Britz / Grahammer.
Schiedsrichter: Gerhard Theobald.

23. SPIELTAG

Bayern – Waldhof Mannheim 2:0 (2:0)

BAYERN: Aumann – Augenthaler – Reuter, Kohler, Pflügler – Flick, Dorfner (57. Bender), Strunz, Kögl (74. Mihajlovic) – Wohlfarth, McInally.
MANNHEIM: Zimmermann – Güttler – Tsionanis, Dickgießer – Müller, Buric, Lux, Wörns, Schindler – Bührer (73. Meyer), Freiler.
Tore: 1:0 Augenthaler (6.), 2:0 Strunz (37.).
Schiedsrichter: Hans-Joachim Osmers.

24. SPIELTAG

Hamburger SV – Bayern 0:3 (0:1)

HAMBURG: Golz – Schröder – Beiersdorfer, Kober, –Moser (63. Marin), Jusufi, von Heesen, Spörl (46. Ballwanz), Eck – Nando, Furtok.
BAYERN: Aumann – Augenthaler – Grahammer, Kohler – Reuter, Strunz, Dorfner (61. Flick), Pflügler, Kögl – Wohlfarth (61. Bender), McInally.
Tore: 0:1 Dorfner (6.), 0:2 McInally (68.), 0:3 Bender (71.).
Gelb: – / Bender, McInally.
Schiedsrichter: Karl-Josef Assenmacher.

25. SPIELTAG

Bayern – Eintracht Frankfurt 1:0 (0:0)

BAYERN: Aumann – Augenthaler – Grahammer, Kohler, Pflügler – Reuter, Dorfner, Strunz, Kögl – Mihajlovic (71. Flick), Wohlfarth (61. Bender).
FRANKFURT: Stein – Binz – Körbel (46. Bindewald), Roth – Sievers (71. Turowski), Gründel, Bein, Falkenmayer, Studer – Andersen, Eckstein.
Tor: 1:0 Strunz (58.).
Gelb: Dorfner, Grahammer / Gründel, Roth.
Schiedsrichter: Dieter Pauly.

26. SPIELTAG

VfL Bochum – Bayern 0:0

BOCHUM: Wessels – Kempe – Oswald, Dressel – Rzehaczek, Benatelli, Wegmann, Nehl, Legat – Hubner (67. Ostermann), Leifeld.
BAYERN: Aumann – Augenthaler – Reuter, Grahammer – Schwabl, Flick (46. Bender), Strunz, Pflügler, Kögl – Wohlfarth, McInally.
Gelb: Wegmann / Grahammer, Reuter.
Schiedsrichter: Manfred Harder.

27. SPIELTAG

Bayern – VfB Stuttgart 3:1 (1:1)

BAYERN: Aumann – Augenthaler – Grahammer, Kohler, Pflügler – Reuter, Strunz, Dorfner, Kögl – Wohlfarth (73. Thon), McInally (46. Bender).
STUTTGART: Immel – N. Schmäler – Buchwald, Strehmel – Schäfer, Jüptner, Basualdo, Sigurvinsson (67. Rasmussen), Frontzeck – Walter (57. Kastl), Gaudino.
Tore: 0:1 Walter (22.), 1:1 Wohlfarth (26.), 2:1 Pflügler (65.), 3:1 Kohler (70.).
Gelb: Strunz / Schäfer.
Schiedsrichter: Hellmut Krug.

28. SPIELTAG

Bayer Uerdingen – Bayern 2:2 (0:1)

UERDINGEN: Grüninger – Fach – Zietsch (72. Mathy), W. Funkel – Paßlack, Klinger, Witeczek, Steffen, Bartram – Reich, Laudrup.
BAYERN: Aumann – Augenthaler – Reuter, Kohler, Pflügler – Flick, Dorfner, Strunz (17. McInally), Kögl (57. Bender) – Wohlfarth, Thon.
Tore: 0:1 McInally (34.), 1:1 Reich (48.), 1:2 Dorfner (65.), 2:2 W. Funkel (87.).
Gelb: – / Augenthaler, Reuter.
Schiedsrichter: Wolf-Günter Wiesel.

29. SPIELTAG

Bayern – 1. FC Kaiserslautern 3:0 (2:0)

BAYERN: Aumann – Grahammer, Kohler – Flick, Pflügler – Strunz (70. Schwabl), Dorfner, Thon (73. Mihajlovic), Kögl – McInally, Wohlfarth.
K'LAUTERN: Ehrmann – Stumpf – Dooley, Foda – Scherr, Lutz, Hotic, Emig (48. Kranz), Lelle – Labbadia (53. Schupp), Kuntz.
Tore: 1:0 Kögl (5.), 2:0 Wohlfarth (13.), 3:0 Pflügler (83.).
Gelb: Flick / Lutz.
Schiedsrichter: Peter Richmann.

30. SPIELTAG

Bayern – Fortuna Düsseldorf 0:0

BAYERN: Aumann – Augenthaler (60. Schwabl) – Reuter, Kohler, Pflügler – Flick, Dorfner, Thon (46. Bender), Strunz – Wohlfarth, McInally.
DÜSSELDORF: Schmadtke – Loose – Wojtowicz, Werner – Baffoe (73. Preetz), Schütz, Walz (46. Spanring), Kaiser, Büskens – Klotz, Krümpelmann.
Gelb: Reuter / –.
Schiedsrichter: Heinz Werner.

31. SPIELTAG

Bayer Leverkusen – Bayern 0:0

LEVERKUSEN: Vollborn – Hörster – Seckler, Kree – Fischer, Feinbier (65. Schreier), Jorginho, Buncol, Reinhardt – Lesniak (75. Demandt), Thom.
BAYERN: Aumann – Reuter – Grahammer, Kohler – Strunz, Dorfner (84. Flick), Thon, Kögl (67. Bender), Pflügler – Mihajlovic, McInally.
Gelb: – / Kohler, Kögl, Reuter, Strunz.
Schiedsrichter: Wilfried Heitmann.

32. SPIELTAG

Bayern – FC St. Pauli 1:0 (1:0)

BAYERN: Aumann – Reuter – Kohler, Pflügler – Grahammer, Flick, Dorfner, Thon (69. Bender), Schwabl – Mihajlovic, McInally.
ST. PAULI: Thomforde – Kocian – Duve, Trulsen – Olck, Knäbel, Gronau (23. Ulbricht), Dahms, Ottens – Steubing, (62. Großkopf), Manzi
Tor: 1:0 Pflügler (16.).
Gelb: Thon / Knäbel, Manzi.
Schiedsrichter: Lothar Löwer.

33. SPIELTAG

Werder Bremen – Bayern 2:2 (2:0)

BREMEN: Reck – Bratseth – Sauer, Borowka – Bockenfeld (80. Wolter), Votava, Harttgen, Eilts, Hermann – Bode, Rufer.
BAYERN: Aumann – Reuter – Grahammer, Kohler, Pflügler – Flick, Thon, Dorfner (46. Strunz), Schwabl – Mihajlovic, Bender.
Tore: 1:0 Harttgen (28.), 2:0 Harttgen (38.), 2:1 Kohler (48.), 2:2 Mihajlovic (71.).
Gelb: – / Aumann.
Schiedsrichter: Georg Dardenne.

34. SPIELTAG

Bayern – Borussia Dortmund 3:0 (1:0)

BAYERN: Aumann – Augenthaler – Reuter, Kohler, Grahammer – Strunz, Dorfner (46. Schwabl), Flick (78. Pflügler), Thon – Mihajlovic, Bender.
DORTMUND: de Beer – Helmer – Gorlukovitch, Nikolic – Zorc, Möller, Rummenigge (65. Strerath), MacLeod (46. Kroth), Schulz – Wegmann, Mill.
Tore: 1:0 Mihajlovic (6.), 2:0 Strunz (55.), 3:0 Grahammer (68.).
Schiedsrichter: Dr. Wolf-Rüdiger Umbach.

Abschlusstabelle

Pl.	Verein	Spiele	G	U	V	Tore	Diff.	Punkte
1	Bayern (M)	34	19	11	4	64:28	+36	49:19
2	Köln	34	17	9	8	54:44	+10	43:25
3	Frankfurt	34	15	11	8	61:40	+21	41:27
4	Dortmund (P)	34	15	11	8	51:35	+16	41:27
5	Leverkusen	34	12	15	7	40:32	+8	39:29
6	Stuttgart	34	15	6	13	53:47	+6	36:32
7	Bremen	34	10	14	10	49:41	+8	34:34
8	Nürnberg	34	11	11	12	42:46	−4	33:35
9	Düsseldorf (A)	34	10	12	12	41:41	0	32:36
10	Karlsruhe	34	10	12	12	32:39	−7	32:36
11	Hamburg	34	13	5	16	39:46	−7	31:37
12	Kaiserslautern	34	10	11	13	42:55	−13	31:37
13	St. Pauli	34	9	13	12	31:46	−15	31:37
14	Uerdingen	34	10	10	14	41:48	−7	30:38
15	M'gladbach	34	11	8	15	37:45	−8	30:38
16	Bochum	34	11	7	16	44:53	−9	29:39
17	Mannheim	34	10	6	18	36:53	−17	26:42
18	Homburg (A)	34	8	8	18	33:51	−18	24:44

DIE WEITEREN SIEGER DES JAHRES:

Weltmeister:
Deutschland

Europacup der Landesmeister:
AC Mailand

Europacup der Pokalsieger:
Sampdoria Genua

Uefa-Cup:
Juventus Turin

DFB-Pokal:
1. FC Kaiserslautern

Alle Ergebnisse auf einen Blick

Waagerecht: alle Heimresultate. Senkrecht: alle Auswärtsresultate

	Bayern	Köln	Frankfurt	Dortmund	Leverkusen	Stuttgart	Bremen	Nürnberg	Düsseldorf	Karlsruhe	Hamburg	Kaiserslautern	St. Pauli	Uerdingen	M'gladbach	Bochum	Mannheim	Homburg
Bayern		5:1	1:0	3:0	0:1	3:1	1:1	3:2	0:0	4:1	4:0	3:0	1:0	3:0	2:0	5:1	2:0	1:0
Köln	1:1		3:5	1:1	1:1	0:0	4:2	2:1	1:3	0:5	2:0	4:1	1:0	0:1	3:0	2:0	6:0	1:0
Frankfurt	1:2	3:1		0:2	0:3	5:1	1:0	5:1	2:0	1:1	2:0	1:1	4:1	2:1	3:0	4:0	3:1	1:1
Dortmund	2:2	0:0	0:0		1:1	2:0	4:1	2:1	1:0	2:0	1:0	1:1	3:1	1:0	3:0	0:1	2:0	3:0
Leverkusen	0:0	0:2	2:0	1:0		1:1	1:3	2:0	3:3	1:1	1:0	1:1	1:1	1:1	0:0	2:1	3:0	3:1
Stuttgart	2:1	3:1	1:1	3:1	0:0		3:1	4:0	4:0	2:0	3:0	0:1	4:0	1:0	4:0	1:0	1:0	2:2
Bremen	2:2	4:0	1:2	2:0	0:0	6:1		4:0	2:2	4:0	2:1	4:0	2:1	0:0	0:0	1:1	0:1	0:0
Nürnberg	4:0	1:1	1:1	1:3	2:2	0:2	1:1		3:0	2:0	2:0	0:0	0:1	1:1	2:0	2:1	2:0	2:0
Düsseldorf	1:2	1:1	1:2	1:1	2:0	4:2	2:1	0:0		0:0	1:1	1:1	7:0	2:1	0:1	2:2	0:0	1:0
Karlsruhe	3:3	0:0	1:0	2:1	2:1	1:0	2:1	0:0	2:2		2:0	0:0	0:0	0:0	0:1	2:0	4:0	0:2
Hamburg	0:3	0:2	1:1	1:1	0:1	1:0	4:0	1:0	1:0	1:0		3:0	0:0	6:0	3:0	1:4	1:0	2:0
Kaiserslautern	0:0	1:2	2:1	2:2	2:0	1:2	2:2	0:2	1:0	5:1	1:3		1:1	2:1	2:1	2:1	2:3	3:1
St. Pauli	0:2	1:1	2:2	2:1	3:0	0:0	0:0	0:1	1:0	1:1	0:0	0:2		1:1	2:1	2:0	2:1	1:1
Uerdingen	2:2	2:3	1:1	1:3	0:2	4:1	0:1	3:3	0:1	1:0	5:2	3:2	1:0		0:0	3:1	0:2	3:0
M'gladbach	0:0	0:2	2:1	0:0	1:1	3:1	4:0	3:0	3:1	0:0	1:3	3:1	4:1	0:1		1:2	2:0	0:0
Bochum	0:0	0:1	2:2	2:3	0:2	2:0	0:0	3:3	1:2	2:0	3:1	2:0	3:3	2:1	2:1		2:0	1:0
Mannheim	1:0	2:3	1:1	2:1	1:1	2:1	0:0	1:1	0:1	0:1	4:1	4:0	0:1	1:1	4:2	3:2		1:2
Homburg	1:3	0:1	2:3	3:3	2:1	4:2	1:1	0:1	1:0	2:0	0:1	2:2	0:2	1:2	1:3	1:0	2:1	

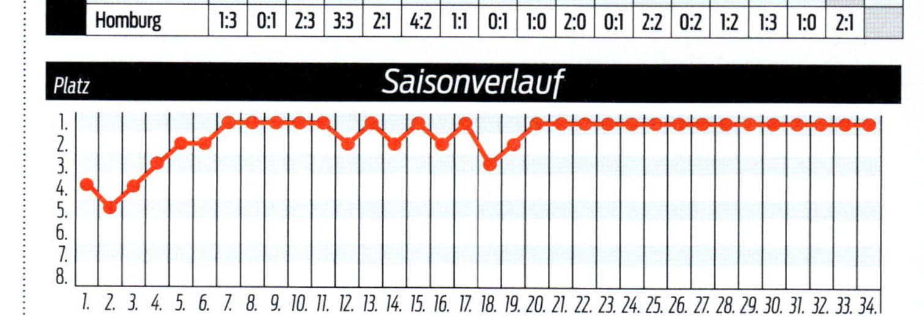

FC BAYERN MÜNCHEN
1990 – 2000

Lothar Matthäus (M.) drückt den Neunzigerjahren seinen Stempel auf. In seiner zweiten Schaffensperiode bei den Bayern (ab 1992) ist er der Antreiber der Mannschaft, behauptet sich auch gegen mehrere Gegner wie 1997 die Karlsruher Sergej Kirjakow, Waleri Schmarow und Edgar Schmitt (v. l.). 2000 feiert er seine siebte und letzte Deutsche Meisterschaft

ARROGANZ KOMMT VOR DEM FALL

Uli Hoeneß spricht vom besten Bayern-Team aller Zeiten. Neuzugang Stefan Effenberg bringt die ganze Liga gegen den Klub auf und beschimpft Trainer Jupp Heynckes. Meister wird Kaiserslautern

Klaus Augenthaler nimmt nach 404 Bundesliga-Spielen Abschied vom Profi-Fußball

Sieben Minuten sind noch zu spielen. Die Stimmung ist schlecht, die Zuschauer pfeifen. Es steht 0:1. Dann pfeift auch Schiedsrichter Hans-Peter Dellwing – Foulelfmeter im ersten Saisonspiel gegen Bayer Leverkusen. Wer soll schießen? Olaf Thon, Schütze Nummer eins, ist verletzt. Roland Wohlfarth wurde gefoult, sollte nicht antreten. Stefan Reuter verdrückt sich.

So geht Radmilo Mihajlovic vorsichtig zum Kreidepunkt. Doch dann kommt ein blonder Jüngling festen Schrittes, schickt den Rivalen weg, legt sich den Ball zurecht, läuft an und verwandelt eiskalt. Es ist Stefan Effenberg, 22 Jahre jung, aus Gladbach gekommen. Er gibt an diesem 11. August 1990 sein Liga-Debüt im Bayern-Dress.

Effenberg ist ein Mann ohne Nerven. Manch einer fühlt sich an den jungen Paul Breitner erinnert, der an gleicher Stelle 1974 im WM-Finale gegen die Holländer den Elfmeter zum 1:1 geschossen hat – auch der Linksverteidiger ignorierte Teamhierarchie und Stallorder. Und wie einst der temperamentvolle Breitner hat auch Effenberg alle Anlagen zu einem Anführer.

„In Gladbach habe ich doch auch die Elfmeter geschossen. Und in München sind die Tore nicht kleiner", sagt er keck.

Stefan Effenberg ist einer von drei Neuen, für die die Bayern tiefer denn je in die Taschen gegriffen haben. Über 13 Millionen D-Mark investieren sie in den Dänen Brian Laudrup (6 Mio.), Karlsruhes Supertalent Michael Sternkopf (3,4 Mio.) und eben „Effe" (4 Mio.). Wer seinen Fans – wie Jupp Heynckes ein paar Wochen zuvor – auf dem Marienplatz den Europapokal der Landesmeister verspricht, braucht die nötigen Spieler dafür. Uli Hoeneß glaubt, sie gefunden zu haben.

Im WM-Sommer 1990 sind die Bayern dem Größenwahn sehr nah. „Die Mannschaft ist die beste, die der FC Bayern München je hatte", tönt der Manager. „Sie bleibt die nächsten drei, vier Jahre zusammen. Nicht mal für 20 Millionen lasse ich einen gehen." Stefan Effenberg wähnt sich gar bei „der besten Mannschaft der Welt".

Um die hochgesteckten Ziele – dritter Meister-Hattrick und Europacupsieg – zu erreichen, holen sie sich in der Kreditabteilung ihrer Hausbank frisches Geld. Dabei haben sie dort schon sechs Millionen DM Schulden. „Wir haben von den italienischen Vereinen gelernt, Geld auszugeben, das wir nicht haben", erklärt Uli Hoeneß. Jedes Mittel scheint recht, um den alles dominierenden AC Mailand mit seinen Superstars Ruud Gullit und Marco van Basten abzulösen. Die Bundesliga läuft so nebenher, alle 18 Trainer tippen in einer Umfrage ohnehin wieder auf die Bayern.

Der Mann, der sich vom ersten Tag als Juniorchef gebärdet, ist nicht nur intern eine Reizfigur und wird zum Problem. Im Oktober sagt Stefan Effenberg in einem Interview mit dem „Kicker": „Die anderen sind einfach zu dumm, um den Titel zu gewinnen. Deshalb werden wir Meister." Frankfurts Trainer Jörg Berger klebt den betreffenden Zeitungsausschnitt an die Kabinenwand – als Motivationshilfe für seine Spieler. Auch überall sonst formiert sich Widerstand. Das Fanlied „Zieht den Bayern die Lederhosen aus" wird in jedem Stadion voller Inbrunst gebrüllt. Effenbergs Spruch hat den grassierenden Neid in Hass verwandelt. Bei einer Umfrage von „RTL" wünschen sich 50,6 Prozent der Teilnehmer die Bayern gar als Absteiger.

Dieser Wunsch geht natürlich nicht in Erfüllung, aber auch des Rekordmeisters Wünsche platzen. Glanzleistungen wie beim 6:1 gegen den HSV (11. Spieltag) und 3:0 in Stuttgart (20. Spieltag) wechseln mit unerklärlichen Blamagen gegen Kellerkinder. Im Olympiastadion gewinnen die Bayern nur neun von 17 Spielen, sogar der spätere Absteiger St. Pauli nimmt am 19. Spieltag beide Punkte mit (0:1).

Da sind die Worte, die Hoeneß vor der Winterpause an die Spieler gerichtet hat („In der Rückrunde dürfen wir kein Spiel mehr verlieren"), bereits Makulatur. Nach 21 Spieltagen ist die Mannschaft von Jupp Heynckes dennoch Tabellenführer (29:13 Punkte) – einen Zähler vor dem 1. FC Kaiserslautern, der 1989/90 bis zum Schluss um den Klassenerhalt gezittert hat.

Am 23. März 1991 kommt es zum Duell auf dem Betzenberg. Der FCK gewinnt unter denkwürdigen Umständen 2:1 und steht jetzt einen Punkt vor den Bayern an der

Ein Lautsprecher, der überall aneckt: Stefan Effenberg nach dem letzten Bundesliga-Spiel gegen Uerdingen. Nach seiner ersten Saison in München droht er mit Abgang

Spitze. Heynckes, der sich mit einem Ordner eine körperliche Auseinandersetzung liefert, lästert trotzdem: „Die können nur Ecken und Einwürfe." Hoeneß behauptet, dass „jeder, der Ahnung hat, weiß, dass Kaiserslautern nicht Deutscher Meister wird". Und Naseweis Effenberg sagt im ZDF-Sportstudio: „Die Lauterer können sich die Meisterschale bei uns in der Vitrine ansehen."

Die Pfälzer stört das herzlich wenig. Sie lassen T-Shirts mit kecken Sprüchen drucken: „Bayern ist laut, wir sind Lautern" und „Lieber Betzenberg als Effenberg". Sie bleiben auf Meisterschaftskurs. Nach dem 32. Spieltag scheint das Titelrennen entschieden. Kaiserslautern gewinnt in Bremen 2:1, Bayern verliert in Wattenscheid 2:3 und hat nun vier Punkte Rückstand. Die Nerven liegen blank, Stefan Effenberg gibt offen zu: „Heute waren wir zu dumm."

Noch schlimmer: Er kritisiert öffentlich Hans Pflügler und Thomas Strunz. Jupp Heynckes maßregelt den Mittelfeldspieler dafür in der Teamsitzung, Effenberg entgegnet: „Wenn Sie was von mir wollen, gehen wir raus!" Mancher interpretiert das als Androhung einer Tracht Prügel. Ein Eklat jedenfalls, den Klaus Augenthaler preisgibt. Effenberg fliegt aus dem Team, Heynckes nennt ihn einen „Flegel".

Am 33. Spieltag siegt Bayern 1:0 in Nürnberg, der FCK unterliegt daheim Gladbach 2:3. Bei zwei Punkten Rückstand keimt wieder leichte Hoffnung, die aber am letzten Spieltag mit dem 2:2 gegen Uerdingen schnell erlischt.

Stefan Effenberg („Den einen oder anderen Satz hätte ich besser nicht gesagt") droht nach seinem 45-Minuten-Einsatz mit Abgang und fährt mit einem Italienisch-Wörterbuch in den Urlaub. Er hofft auf ein Engagement in der Serie A, erhält allerdings keine Freigabe. Stefan Reuter und Jürgen Kohler dagegen zieht es mit Macht zu Juventus Turin, Klaus Augenthaler erklärt nach 404 Bundesliga-Spielen für die Bayern seinen Rücktritt vom Profisport.

Die angeblich unzerstörbare Mannschaft bricht auseinander. Heynckes sagt zerknirscht: „Künftig werden wir unsere Ziele nur noch intern äußern."

Das Schlusswort hat Manni Bender: „Es war eine saudumme Saison."

Europacup der Landesmeister

90. Minute in Belgrad: Aumann boxt den Augenthaler-Querschläger ins eigene Tor

Eigentor von Aumann in Belgrad

Im ersten Spiel haben die Bayern Mühe mit einem Fußballzwerg, gewinnen bei APOEL Nikosia 3:2. „Das war der Bayern-Dusel, ein herrliches Gefühl", sagt Stefan Effenberg. Beim 4:0 im Rückspiel gelingt Radmilo Mihajlovic ein Hattrick. Das 4:0 gegen ZSKA Sofia in Runde zwei ist Bayerns 100. Europapokal-Sieg (Rückspiel 3:0). Im Viertelfinale gelingt gegen den Finalgegner von 1987, den FC Porto, die späte Revanche, obwohl das Hinspiel im Olympiastadion nur 1:1 endet. Augenthaler fehlt in Porto wegen Rotsperre, mit dem letzten Aufgebot schaffen die Bayern ein kleines Wunder: 55 000-DM-Schnäppchen Christian Ziege und Manni Bender schießen die Tore zum 2:0-Sieg. Im Halbfinale folgt gegen Roter Stern Belgrad beim 1:2 die erste Heimniederlage im 45. Spiel des Landesmeister-Cups. In Belgrad boxt sich Aumann einen Augenthaler-Querschläger in letzter Minute ins Tor. 2:2 – aus der Traum vom nächsten Europacup-Titel.

DFB-Pokal

Spießrutenlaufen nach dem Abpfiff: Weltmeister Klaus Augenthaler

Erstmals fliegt Bayern in Runde eins raus

500 000 D-Mark Einnahmen plant Uli Hoeneß im DFB-Pokal ein. Die sind durch ein Spiel beim badischen Oberligisten FV 09 Weinheim natürlich nicht einzuspielen, zumal das Stadion aufgrund zu hoher Eintrittspreise (bis 45 DM) nur zu zwei Dritteln gefüllt ist. Wer aber unter den 10 000 Zuschauern weilt, die am 4. August 1990 die Bayern in der Provinz sehen, wird Augenzeuge einer Sensation. 27 Tage nach dem Gewinn der Weltmeisterschaft erleben Klaus Augenthaler und seine Nationalmannschafts-Kollegen Raimond Aumann, Jürgen Kohler, Stefan Reuter und Hans Pflügler nach viel zu kurzem Urlaub ein wahres Fiasko (Olaf Thon nicht im Kader). Weinheim schaltet durch ein Elfmetertor von Thomas Schwechheimer (26.) Bayern mit 1:0 aus. Thomas Strunz sieht vor dem Tor Rot. 25 Jahre später resümiert Schwechheimer: „Es hätte auch 2:0 oder 3:0 ausgehen können." Erstmals überhaupt fliegt Bayern schon in der 1. Pokalrunde raus.

TRAINER

JUPP HEYNCKES
Wie im ersten Jahr in München holt er keinen Titel. Am Tag vor dem Europacup-Spiel in Sofia (6. November 1990) verlängert Bayern seinen Vertrag um zwei Jahre bis zum 30. Juni 1993.

DIE **TOP-ELF** DER SAISON

Manfred Ber

Hans Pflügler

DER **SPIELER** DES JAHRES

*Jahr für Jahr setzen die Bayern **Roland Wohlfarth** hoch dotierte Konkurrenten vor die Nase – er überlebt sie alle. Johnny Ekström, Jürgen Wegmann und Mark Hughes sind schon lange wieder weg. Auch die Millionen-Einkäufe Alan McInally, Radmilo Mihajlovic und Brian Laudrup können nicht verhindern, dass „Wolle" zum dritten Mal in Folge Bayerns bester Torschütze wird. Diesmal sogar mit persönlichem Rekord. 21 Treffer überbietet auch sonst keiner in der Bundesliga, zum zweiten Mal nach 1988/89 gewinnt Wohlfarth die Torjäger-Kanone.*

Der Kader

NAME	SPIELE	TORE
Raimond Aumann	32	0
Sven Scheuer	2	0
Rainer Aigner	1	0
Klaus Augenthaler	27	2
Roland Grahammer	24	1
Jürgen Kohler	29	4
Markus Münch	2	0
Hans Pflügler	30	1
Stefan Reuter	30	4
Manfred Bender	33	5
Hans Dorfner	14	1
Stefan Effenberg	32	9
Allan Nielsen	1	0
Manfred Schwabl	23	1
Michael Sternkopf	9	1
Thomas Strunz	26	7
Olaf Thon	25	6
Christian Ziege	13	1
Brian Laudrup	33	9
Alan McInally	7	0
Radmilo Mihajlovic	9	0
Roland Wohlfarth	34	21

SVEN SCHEUER vertritt Stammtorwart Aumann gegen Bochum (2:2) und Karlsruhe (3:0), bleibt ohne Niederlage

Transfers

MICHAEL STERNKOPF gilt als eines der größten deutschen Talente, als der dribbelstarke Offensivspieler für 3,4 Millionen DM vom Karlsruher SC gekauft wird. Doch Sternkopf entwickelt sich nicht wirklich weiter, kann nie restlos das Stigma des Riesentalents, das sein Potenzial nicht abrufen kann, ablegen. Vor allem ist er zu harmlos vor dem Tor, schießt in 94 Bundesliga-Spielen für Bayern nur vier Tore. 1995 wechselt er nach Gladbach, 1997 zu Freiburg und im gleichen Jahr nach Bielefeld.

SPIELER	VON VEREIN	ABLÖSESUMME
Markus Münch	SV Sandhausen Jgd.	-
Stefan Effenberg	Bor. Mönchengladbach	4 Mio. DM
Michael Sternkopf	Karlsruher SC	3,4 Mio. DM
Christian Ziege	Hertha Zehlendorf Jgd.	55 000 DM
Brian Laudrup	Uerdingen 05	6 Mio. DM
Gerald Hillringhaus	SV Türk Gücü München	-

Tops & Flops

REKORD-TRANSFER Für Brian Laudrup (Foto) zahlt Bayern sechs Millionen DM Ablöse an Uerdingen. Liga-Rekord. Gegenwert: neun Tore. 1991/92 folgen nur noch zwei.

WATTENSCHEID-SPIEL Das 7:0 gegen den Aufsteiger am 24. November 1990 (15. Spieltag) ist nach dem 8:1 gegen Schalke 1987/88 der zweithöchste Sieg in der Ära von Jupp Heynckes.

UMSATZREKORD Auf der Jahreshauptversammlung meldet der Klub Rekorde: 16 756 Mitglieder, 1,434 Millionen DM Gewinn, 37,4 Millionen DM Umsatz.

ROT-FLUT Erstmals werden in einer Saison vier Bayern-Spieler vom Platz gestellt: Manfred Bender zweimal (in Köln, beim FCK), Radmilo Mihajlovic und Stefan Reuter.

JÜRGEN KOHLER Den Bayern unterlaufen 1990/91 zwei Eigentore, beide durch den Weltklasseverteidiger: am 4. Spieltag beim 3:2-Sieg in Karlsruhe (3:2), am 7. gegen den VfL Bochum (2:2).

HEIMBILANZ Mit 23:11 Punkten ist Bayern nur fünftbestes Heimteam (vier Punkte weniger als der FCK). Stark dagegen die Auswärtsbilanz: 22:12, Rang 1.

1990/91

1. SPIELTAG
Bayern – Bayer Leverkusen 1:1 (0:0)
BAYERN: Aumann – Augenthaler – Grahammer (68. Wohlfarth), Kohler, Pflügler – Reuter, Effenberg, Dorfner, Bender (58. Sternkopf) – Mihajlovic, Laudrup.
LEVERKUSEN: Vollborn – Hörster – Kree, A. Reinhardt – Jorginho, Feinbier (46. Lupescu), Schreier, Foda, K. Reinhardt – Kirsten (76. Fischer), Thom.
Tore: 0:1 Kirsten (63.), 1:1 Effenberg (83., Foulelfmeter).
Gelb: – / Jorginho, Hörster.
Schiedsrichter: Hans-Peter Dellwing

2. SPIELTAG
FC St. Pauli – Bayern 0:0
ST. PAULI: Thomforde – Kocian – Trulsen, Schlindwein – Olck, Dammann, Gronau, Dahms, Ottens – Golke, Knoflicek (90. Manzi).
BAYERN: Aumann – Augenthaler – Kohler, Pflügler – Grahammer, S. Reuter, Effenberg, Bender (65. Wohlfarth), Dorfner – Mihajlovic, B. Laudrup (71. McInally).
Gelb: Koczian, Golke, Knoflicek, Trulsen / McInally, B. Laudrup
Schiedsrichter: Edgar Steinborn

3. SPIELTAG
Bayern – VfB Stuttgart 2:1 (1:1)
BAYERN: Aumann – Augenthaler – Grahammer (46. Bender), Kohler – S. Reuter, Effenberg, Strunz, Dorfner, Pflügler – Laudrup, McInally (68. Wohlfarth).
STUTTGART: Immel – Allgöwer – Buchwald , Hartmann – Schnalke, Kramny (28. Jüptner), Gaudino, Basualdo, Frontzeck – Walter (73. O. Schmäler), Kögl.
Tore: 1:0 Strunz (6.), 1:1 Frontzek (30.), 2:1 Bender (62.)
Gelb: Strunz / Schnalke
Schiedsrichter: Gerhard Theobald

4. SPIELTAG
Karlsruher SC – Bayern 2:3 (1:2)
KARLSRUHE: Famulla – Bogdan – Kreuzer, Bany – Metz (33. Simmes), Schütterle, Geovani, L. Schmidt, Trapp – Glesius (60. Scholl), Hermann.
BAYERN: Aumann – Augenthaler – Grahammer, Kohler – Reuter, Effenberg (64. Bender), Strunz, Dorfner, Pflügler – Wohlfarth, Laudrup.
Tore: Tore: 0:1 Laudrup (9.), 0:2 Wohlfarth (20.), 1:2 Kohler (32., Eigentor), 2:2 (59. Hermann), 2:3 Reuter (64., Foulelfmeter).
Gelb: Geovani, Bogdahn, Kreuzer, L. Schmidt, Metz / Augenthaler, Grahammer
Schiedsrichter: Georg Dardenne

5. SPIELTAG
Bayern – 1. FC Kaiserslautern 4:0 (1:0)
BAYERN: Aumann – Augenthaler, Grahammer (15. Bender), Kohler, Pflügler – Reuter, Effenberg, Strunz, Dorfner – Laudrup, Wohlfarth (77. Mihajlovic).
K'LAUTERN: Ehrmann – Kadlec – Dooley, Kranz – Scherr, Schupp (80. Goldbæk), Ernst (58. Haber), Kuntz, Lelle, Hoffmann – Hotic.
Tore: 1:0 Wohlfarth (43.), 2:0 Dorfner (48.), 3:0 Strunz (53.), 4:0 Hotic (63., Eigentor).
Gelb: Effenberg / Schupp
Schiedsrichter: Jürgen Aust

6. SPIELTAG
Fortuna Düsseldorf – Bayern 1:2 (0:1)
DÜSSELDORF: Schmadtke – Wojtowicz – Hutwelker, Werner – Baffoe, Schütz, Kaiser (66. Walz), Krümpelmann, Büskens – T. Allofs, Andersen (67. Klotz).
BAYERN Aumann – Augenthaler – Reuter, Kohler, Pflügler – Effenberg, Dorfner (83. Schwabl), Strunz, Bender – Wohlfarth (73. Mihjaljovic) – Laudrup.
Tore: :0:1 Strunz (18.), 0:2 Bender (58.), 1:2 Hutwelker (89.).
Rot: Reuter (73.)
Gelb: Büskens, Kaiser, Hutwelker / Strunz, Augenthaler
Schiedsrichter: Manfred Harder

7. SPIELTAG
Bayern– VfL Bochum 2:2 (2:0)
BAYERN: Scheuer – Augenthaler – Effenberg, Kohler, Pflügler – Sternkopf (77. Schwabl), Dorfner, Strunz, Bender – Wohlfarth, Laudrup (46. McInally).
BOCHUM: Wessels – Kempe – Reekers, Oswald- Dressel (67. Peschel), Rzehaczek, Heinemann, Ridder, Legat – Wegmann (75. Hubner) – Kohn.
Tore: 1:0 Wohlfarth (4.), 2:0 Augenthaler (33.) – 2:1 Kohler (47., Eigentor), 2:2 Legat (84.).
Gelb: – / Reekers, Kempe, Wessels
Schiedsrichter: Wolfgang Mierswa.

8. SPIELTAG
Werder Bremen – Bayern 1:0 (0:0)
BREMEN: Reck – Sauer- Borowka, Bratseth – Wolter, Votava, Harttgen, Eilts, Hermann – Rufer, K. Allofs (87. Bode).
BAYERN: Aumann – Augenthaler – Strunz, Kohler – Schwabl, Effenberg (70. McInally), Dorfner, Pflügler, Bender – Laudrup (80. Mihajlovic), Wohlfarth.
Tor: Borowka (52.)
Gelb: Votava, Wolter / Kohler, Strunz, Wohlfarth
Schiedsrichter: Karl-Josef Assenmacher

9. SPIELTAG
Bayern – Borussia M'gladbach 4:1 (0:0)
BAYERN: Aumann – Augenthaler – Schwabl, Kohler, Pflügler – Sternkopf (46. Wohlfarth), Strunz, Dorfner, Bender – Laudrup, Mihajlovic (65. Thon).
M'GLADBACH: Kamps – Kastenmaier, Klinkert – Eichin, Schulz, Neun, Winter, Pflipsen (73. Wynhoff), Schneider – Hochstätter (73. Spies) – Max.
Tore: 1:0 Strunz (53., Foulelfmeter), 2:0 Wohlfarth (58.), 3:0 Wohlfarth (60.), 3:1 Kastenmaier (77.), 4:1 Kohler (89.).
Gelb: Mihajlovic / Hochstätter, Max, Eichin
Schiedsrichter: Werner Föckler

10. SPIELTAG
1. FC Köln – Bayern 4:0 (3:0)
KÖLN: Illgner – Götz – Giske, Gielchen – Baumann, Janßen (80. Wunderlich), Flick, Rudy (70. H. Andersen), Ordenewitz – Sturm, Banach.
BAYERN: Aumann – Augenthaler – Schwabl, Kohler, Pflügler – Strunz, Thon (46. Wohlfarth), Dorfner (31. Effenberg), Bender – Mihajlovic, B. Laudrup.
Tore: 1:0 Ordenewitz (3.), 2:0 Janßen (25.), 3:0 Banach (38.), 4:0 Sturm (66.)
Rot: Gielchen / Mihajlovic, Bender
Gelb: Ordenewitz, Rudy, Flick, Janßen – Dorfner
Schiedsrichter: Dr. Wolf-Rüdiger Umbach

11. SPIELTAG
Bayern – Hamburger SV 6:1 (3:1)
BAYERN: Aumann – Augenthaler – Reuter, Kohler, Pflügler – Strunz, Effenberg, Thon (62. Sternkopf), Dorfner – Laudrup (62. McInally), Wohlfarth.
HAMBURG: Golz – Jusufi – Beiersdorfer, Kober – Spörl, Stratos, von Heesen, Dammeier (62. Matysik), Eck – Furtok (59. Kaltz), Doll.
Tore: 1:0 Wohlfarth (3.), 2:0 Laudrup (17.), 2:1 Stratos (24.), 3:1 Pflügler (42.), 4:1 Strunz (48.), 5:1 Reuter (60.), 6:1 Sternkopf (78.)
Gelb: – / Kober
Schiedsrichter: Hans-Jürgen Weber

12. SPIELTAG
Eintracht Frankfurt – Bayern 1:4 (0:2)
FRANKFURT: Stein – Binz – Roth, Körbel – Gründel, Möller (44. Turowski), Falkenmayer, Bein, Studer (59. Weber) – Eckstein, Yeboah.
BAYERN: Aumann – Augenthaler – Reuter, Kohler, Pflügler – Thon (64. Bender), Strunz, Effenberg, Dorfner – Wohlfarth, Laudrup (78. MCInally).
Tore: 1:0 Wohlfarth (28.), 0:2 Laudrup (41.), 0:3 Effenberg (65.), 0:4 Kohler (77.).
Gelb: – / Thon
Schiedsrichter: Manfred Neuner

13 SPIELTAG
Bayern – Borussia Dortmund 2:3 (0:0
BAYERN: Aumann – Augenthaler – Reuter, Kohler, Pflügler – Strunz, Thon, Effenberg, Dorfner (46. Bender) – Wohlfarth, Laudrup (72. McInally).
DORTMUND: de Beer – Helmer – Gorlukowitsch, Quallo, Schulz – Lusch (63. Kutowski), Zorc, Rummenigge, Poschner – Povlsen, Strerath (72. Wegmann).
Tore: 1:0 Effenberg (70.), 1:1 Helmer (79.), 1:2 Wegmann (81.), 1:3 Povlsen (85.), 2:3 Thon (90.).
Gelb: – / Gorlukowitsch
Schiedsrichter: Alfons Berg

14. SPIELTAG
Hertha BSC – Bayern 0:0
BERLIN: Junghans – Halvorsen – Scheinhardt, Jakobs – Holzer, Gries, Mischke (75. Gowitzke), Schlegel, Görtz – Kruse, Unglaube (75. Klaus).
BAYERN: Aumann – Augenthaler – Strunz, Kohler – Reuter, Effenberg (83. Mihaljovic), Thon (63. Dorfner), Bender, Pflügler – Laudrup, Wohlfarth.
Gelb: Halvorsen, Görtz / Effenberg, Strunz
Schiedsrichter: Michael Prengel

15. SPIELTAG
Bayern – SG Wattenscheid 09 7:0 (3:0)
BAYERN: Aumann – Augenthaler – Grahammer, Kohler, Pflügler – Reuter, Schwabl (73. Thon), Effenberg, Bender – Wohlfarth, Laudrup.
WATTENSCHEID: Eilenberger – Moser, Neuhaus, Bach, Sobiech – Hartmann, Emmerling, Fink (75. Buckmaier), Kuhn (53. Kohr) – Sané, Tschiskale.
Tore: 1:0 Effenberg (7.), 2:0 Bender (13.), 3:0 Wohlfarth (33.), 4:0 Laudrup (53.), 5:0 Kohler (60.), 6:0 Wohlfarth (77.), 7:0 Laudrup (88.).
Gelb: – / Moser
Schiedsrichter: Karl-Heinz Tritschler
Besonderes Vorkommnis:
Reuter verschießt Foulelfmeter (30.)

16. SPIELTAG
Bayern – 1. FC Nürnberg 1:0 (1:0)
BAYERN: Aumann – Augenthaler – Grahammer, Kohler, Pflügler – Reuter, Effenberg, Schwabl (76. Thon), Bender (86. Strunz) – Wohlfarth, Laudrup.
NÜRNBERG: Kowarz – Kasalo – Philipkowski, T. Brunner – Wolf, Kurz, Dittwar, Oechler, Wagner (46. Hausmann), Metschies – Türr (68. Heidenreich).
Tor: 1:0 Wohlfarth (34.).
Gelb: Schwabl / Metschies, Wagner, Wolf
Schiedsrichter: Hellmut Krug

17. SPIELTAG
Bayer Uerdingen – Bayern 1:1 (0:0)
UERDINGEN: Dreher – Rolff – Kleppinger, W. Funkel – Steffen, Kempkens (72. Grein), Zietsch, Fach, Bartram, Chmielewski (60. Klein) – Witeczek.
BAYERN: Aumann – Augenthaler (68. Bender) – Grahammer, Kohler, Pflügler – Reuter, Thon, Effenberg , Strunz – Wohlfarth, Laudrup.
Tore: 0:1 Wohlfarth (55.), 1:1 Fach (86.)
Gelb: Kleppinger, Grein / Augenthaler, Pflügler, Strunz
Schiedsrichter: Dr. Markus Merk

18. SPIELTAG
Bayer Leverkusen – Bayern 1:2 (0:0)
LEVERKUSEN: Vollborn – Lupescu – Kree, Pagé – Jorginho, Schreier (72. Fischer), Foda, Thom, K. Reinhardt – Kirsten, Herrlich.
BAYERN: Aumann – Augenthaler – Grahammer (77. Schwabl), Kohler, Pflügler – Reuter, Thon, Effenberg, Bender – Laudrup, Wohlfarth
Tore: 1:0 Pagé, 1:1 Wohlfarth, 1:2 Laudrup
Gelb: Lupescu / Wohlfarth, Grahammer
Schiedsrichter: Werner Föckler

19. SPIELTAG
Bayern – FC St. Pauli 0:1 (0:1)
BAYERN: Aumann – Augenthaler – Grahammer (46. Schwabl), Kohler, Pflügler – Reuter, Effenberg, Thon, Bender (73. Ziege) – Wohlfarth, Laudrup.
ST. PAULI: Ippig – Kocian – Schlindwein, Trulsen – Sievers, Golke, Gronau, Knäbel, Hollerbach (67. Dammann), Zander – Knoflicek.
Tor: 0:1 Sievers (43.).
Gelb: Pflügler / Knovlicek, Knäbel, Trulsen
Schiedsrichter: Manfred Führer

…lanzlicht in einer Saison, die …ner Achterbahnfahrt gleicht: …oland Wohlfarth (M.) bringt sein …eam am elften Spieltag gegen …en HSV mit 1:0 in Führung. End…and: 6:1. Torwart Richard Golz …t machtlos. Rechts: Stefan Effen…erg, davor Dietmar Beiersdorfer

20. SPIELTAG

VfB Stuttgart – Bayern 0:3 (0:1)

STUTTGART: Immel – N. Schmäler (74. Gaudino) – Schäfer, Buchwald – Basualdo (46. Kögl), Allgöwer, Sammer, Hartmann, Frontzeck – Kastl, Sverrisson.
BAYERN: Aumann – Augenthaler – Kohler, Grahammer – Reuter, Effenberg, (78. Bender), Thon, Schwabl, Pflügler – Wohlfarth, Laudrup.
Tore: 0:1 Wohlfarth (32.), 0:2 Wohlfarth (47.), 0:3 Thon (87., Foulelfmeter).
Gelb: Basualdo, N. Schmäler / Effenberg
Schiedsrichter: Siegfried Kirschen

21. SPIELTAG

Bayern – Karlsruher SC 3:0 (1:0)

BAYERN: Scheuer – Reuter- Grahammer, Kohler, Pflügler – Schwabl, Effenberg, Thon, Bender (67. Sternkopf) – Wohlfarth, Laudrup (53. Ziege).
KARLSRUHE: Kahn – Bogdan – L. Schmidt, Kreuzer – Rapp, Harforth, Metz, Schütterle, Hermann – Scholl (46. Bany), Glesius (66. Reichert).
Tore: 1:0 Laudrup, 2:0 Effenberg, 3:0 Wohlfarth.
Gelb: – / Glesius
Schiedsrichter: Lothar Löwer

22. SPIELTAG

1. FC Kaiserslautern – Bayern 2:1 (0:1)

K'LAUTERN: Ehrmann – Kadlec – Kranz (82. Goldbæk), Stumpf – Schupp, Scherr, Haber, Hotic, Dooley, Hoffmann (46. Winkler) – Kuntz.
BAYERN: Aumann – Reuter – Kohler – Grahammer, Schwabl, Effenberg, Ziege, Bender, Pflügler – Wohlfarth, Laudrup (46. Sternkopf).
Tore: 0:1 Wohlfarth (4.), 1:1 Hotic (60.), 2:1 Kuntz (85.).
Rot: – / Bender.
Gelb: Kuntz, Scherr / Kohler, Schwabl.
Schiedsrichter: Karl-Josef Assenmacher

23. SPIELTAG

Bayern – Fortuna Düsseldorf 0:1 (0:0)

BAYERN: Aumann – Grahammer, Augenthaler (68. Strunz), Pflügler – Reuter, Schwabl, Thon, Effenberg, Bender (65. Ziege) – Wohlfarth, Laudrup.
DÜSSELDORF: Schmadtke – Loose – Wojtowicz, Werner – Kaiser, Schütz, Carracedo (58. Hey), Büskens, Albertz – T. Allofs, Andersen (89. Hutwelker).
Tor: 0:1 T. Allofs (64.).
Gelb: – / Schütz
Schiedsrichter: Wolf-Günter Wiesel

24. SPIELTAG

Vfl Bochum – Bayern 1:2 (1:0)

BOCHUM: Wessels – Kempe (52. Zanter) – Oswald, Reekers – Herrmann, Rzehaczek, Nehl, Wegmann (74. Leifeld), Heinemann, Legat – Milde.
BAYERN: Aumann – Augenthaler – Grahammer – Strunz (76. Schwabl), Reuter, Effenberg, Thon, Pflügler, Bender – Wohlfarth, Laudrup (88. Ziege).
Tore: 1:0 Heinemann (22., Foulelfmeter), 1:1 Bender (51.), 1:2 Wohlfarth (73.)
Gelb: Leifeld, Legat / Effenberg
Schiedsrichter: Manfred Harder

25. SPIELTAG

Bayern – Werder Bremen 1:1 (1:0)

BAYERN: Aumann – Augenthaler – Grahammer, Kohler, Bender – Reuter, Strunz, Thon, Schwabl (75. Münch) – Wohlfarth, Laudrup (46. Ziege).
BREMEN Reck – Neubarth – Bratseth, Borowka – Wolter, Votava, Harttgen (52. K. Allofs), Eilts, Hermann – Rufer, Bode.
Tore: 1:0 Wohlfarth (15.), 1:1 Rufer (56., Foulelfmeter)
Gelb: Münch / Neubarth
Schiedsrichter: Klaus Broska

26. SPIELTAG

Bor. M'gladbach – Bayern 1:1 (0:0)

M'GLADBACH: Kamps – Straka – Klinkert, Eichin – Kastenmaier, Schneider, Hochstätter, Meier (37. Pflipsen), Neun – Max, Criens.
BAYERN: Aumann – Augenthaler – Grahammer, Kohler (89. Sternkopf), Bender (81. Ziege) – Reuter, Strunz, Effenberg, Schwabl – Wohlfarth, Thon.
Tore: 1:0 Criens (77.), 1:1 Augenthaler (89.)1
Gelb: Eichin / Thon, Bender
Schiedsrichter: Dr. Markus Merk

27. SPIELTAG

Bayern – 1. FC Köln 2:2 (1:0)

BAYERN: Aumann – Grahammer, Augenthaler, Effenberg, Münch – Reuter, Thon (63. Schwabl), Strunz, Ziege (55. Bender) – Wohlfarth, Laudrup.
KÖLN: Illgner – Götz – Gielchen, K. Baumann – Greiner (87. Britz), Rudy, Littbarski, Higl, H. Andersen – Sturm (46. Banach), Ordenewitz.
Tore: 1:0 Laudrup (2.), 1:1 Banach (60.), 2:1 Schwabl (86.), 2:2 Götz (88.).
Gelb: Effenberg / Illgner
Schiedsrichter: Edgar Steinborn

28. SPIELTAG

Hamburger SV – Bayern 2:3 (1:1)

HAMBURG: Golz – Rohde – Beiersdorfer, Kober – Spörl, Stratos, Doll, Matysik, Eck – Furtok, Nando.
BAYERN: Aumann – Augenthaler – Effenberg, Grahammer – Schwabl, Thon, Reuter, Strunz, Bender – Laudrup (75. Ziege), Wohlfarth.
Tore: 0:1 Reuter (9.), 1:1 Nando (30), 2:1 Furtok (79.), 2:2 Thon (87.), 2:3 Reuter (90.).
Gelb: Kober / Effenberg, Grahammer, Strunz
Schiedsrichter: Hellmut Krug

29. SPIELTAG

Bayern – Eintracht Frankfurt 2:0 (0:0)

BAYERN: Aumann – Reuter – Grahammer, Kohler, Pflügler – Strunz (46. Bender), Thon, Effenberg, Schwabl – Laudrup, Wohlfarth (87. Sternkopf).
FRANKFURT: Stein – Binz – Roth, Körbel – Klein, Gründel, Möller, Bein, Studer – Turowski (77. Kruse), Sippel.
Tore: 1:0 Kohler (70.), 2:0 Effenberg (87.).
Gelb: Reuter / Körbel
Schiedsrichter: Bodo Kriegelstein

30. SPIELTAG

Borussia Dortmund – Bayern 2:3 (1:1)

DORTMUND: de Beer – Helmer – Gorlukovich, Kutowski – Nikolic, Rummenigge, Zorc, Poschner (87. Sterath), Schulz – Povlsen (58. Wegmann), Driller.
BAYERN: Aumann – Reuter – Grahammer, Kohler – Schwabl, Effenberg, Thon (62. Strunz), Bender (76. Ziege), Pflügler – Wohlfarth, Laudrup.
Tore: 1:0 Poschner (4.), 1:1 Grahammer (45.), 2:1 Rummenigge (55.), 2:2 Laudrup (62.), 2:3 Ziege (87.).
Gelb: Zorc, Poschner / Grahammer, Kohler
Schiedsrichter: Gerhard Theobald

31. SPIELTAG

Bayern – Hertha BSC 7:3 (3:1)

BAYERN: Aumann – Reuter – Aigner, Pflügler – Sternkopf, Strunz, Effenberg (70 . Ziege), Thon, Bender – Wohlfarth, Laudrup (84. A. Nielsen).
BERLIN: Sejna – Greiser – Scheinhardt, Holzer – Lünsmann, Schlegel, Rahn (57. Gowitzke), Zernicke, Görtz – Kretschmer, Unglaube (46. Celik).
Tore: 1:0 Thon (19.), 1:1 Kretschmer (37.), 2:1 Effenberg (38.), 3:1 Thon (44., Foulelfmeter), 4:1 Wohlfarth (50.), 5:1 Wohlfarth (53.), 5:2 Celik (58.), 6:2 Thon (72.), 7:2 Bender (74.), 7:3 Zernicke (87.)
Gelb: Ziege / Görtz, Holzer **Schiedsrichter:** Hans-Jürgen Kasper

32. SPIELTAG

SG Wattenscheid 09 – Bayern 3:2 (0:1)

WATTENSCHEID: Eilenberger – Neuhaus – Bach, Langbein – Moser, Hartmann, Ibrahim, Fink, Emmerling, Kontny (59. Sobiech) – Sané.
BAYERN: Aumann – Reuter – Grahammer, Kohler – Schwabl, Effenberg, Thon, Bender, Pflügler (68. Strunz) – Wohlfarth, Laudrup (68. Ziege)
Tore: 0:1 Effenberg (38.), 1:1 Hartmann (61.), 2:1 Neuhaus (69.), 2:2 Wohlfarth (87.), 3:2 Fink (89.)
Schiedsrichter: Wolf-Günter Wiesel

33. SPIELTAG

1. FC Nürnberg – Bayern 0:1 (0:1)

NÜRNBERG: Köpke – Dittwar – T. Brunner, Kurz – Metschies, Oechler, Dorfner, Wolf, Wagner (80. Türr) – Wirsching (46. Heidenreich), Eckstein.
BAYERN: Aumann – Reuter – Grahammer, Kohler, Pflügler – Schwabl, Strunz, Thon, Ziege (61. Bender) – Wohlfarth (74. Effenberg), Laudrup.
Tor: 0:1 Strunz (35.).
Gelb: Kurz, Dittwar / Schwabl, Ziege, Kohler.
Schiedsrichter: Hans-Jürgen Weber.
Bes. Vorkommnis: Aumann hält Foulelfmeter von Dittwar (57.)

34. SPIELTAG

Bayern – Bayer Uerdingen 2:2 (0:1)

BAYERN: Aumann – Augenthaler (66. Bender) – Grahammer, Kohler, Pflügler – Reuter, Strunz, Thon (46. Effenberg), Schwabl – Wohlfarth, Laudrup.
UERDINGEN: Dreher – Fach – Kleppinger, W. Funkel – Paßlack, Steffen, Rolff, Timofte, Klein – Chapuisat, Witeczek (80. Klauß).
Tore: 0:1 Witeczek (44.), 1:1 Strunz (51.), 2:1 Effenberg (54.), 2:2 Chapuisat (65.).
Gelb: Schwabl, Strunz / Rolff **Schiedsrichter:** Alfons Berg

Abschlusstabelle

Pl.	Verein	Spiele	G	U	V	Tore	Diff.	Punkte
1	Kaiserslautern (P)	34	19	10	5	72:45	+27	48:20
2	Bayern (M)	34	18	9	7	74:41	+33	45:23
3	Bremen	34	14	14	6	46:29	+17	42:26
4	Frankfurt	34	15	10	9	63:40	+23	40:28
5	Hamburg	34	16	8	10	60:38	+22	40:28
6	Stuttgart	34	14	10	10	57:44	+13	38:30
7	Köln	34	13	11	10	50:43	+7	37:31
8	Leverkusen	34	11	13	10	47:46	+1	35:33
9	M'gladbach	34	9	17	8	49:54	−5	35:33
10	Dortmund	34	10	14	10	46:57	−11	34:34
11	Wattenscheid (A)	34	9	15	10	42:51	−9	33:35
12	Düsseldorf	34	11	10	13	40:49	−9	32:36
13	Karlsruhe	34	8	15	11	46:52	−6	31:37
14	Bochum	34	9	11	14	50:52	−2	29:39
15	Nürnberg	34	10	9	15	40:54	−14	29:39
16	St. Pauli	34	6	15	13	33:53	−20	27:41
17	Uerdingen	34	5	13	16	34:54	−20	23:45
18	Hertha (A)	34	3	8	23	37:84	−47	14:54

DIE WEITEREN SIEGER DES JAHRES:

Europacup der Landesmeister:
Roter Stern Belgrad

Europacup der Pokalsieger:
Manchester United

Uefa-Cup:
Inter Mailand

DFB-Pokal:
Werder Bremen

Alle Ergebnisse auf einen Blick

Waagerecht: alle Heimresultate. Senkrecht: alle Auswärtsresultate

	Kaiserslautern	Bayern	Bremen	Frankfurt	Hamburg	Stuttgart	Köln	Leverkusen	M'gladbach	Dortmund	Wattenscheid	Düsseldorf	Karlsruhe	Bochum	Nürnberg	St. Pauli	Uerdingen	Hertha
Kaiserslautern		2:1	1:0	1:1	1:0	2:0	2:2	2:1	2:3	2:2	1:1	0:0	3:2	4:1	3:1	1:0	2:0	4:3
Bayern	4:0		1:1	2:0	6:1	2:1	2:2	1:1	4:1	2:3	7:0	0:1	3:0	2:2	1:0	0:1	2:2	7:3
Bremen	1:2	1:0		1:1	3:1	0:1	2:1	1:1	3:0	1:1	1:1	3:1	2:0	2:1	0:0	1:0	4:3	6:0
Frankfurt	4:3	1:4	0:0		0:6	4:0	1:0	3:1	5:1	3:1	4:0	5:1	3:0	1:1	0:1	1:1	4:0	5:1
Hamburg	1:3	2:3	3:2	0:1		2:0	1:1	3:1	3:0	4:0	0:0	1:0	2:2	1:0	4:0	5:0	2:0	2:0
Stuttgart	2:2	0:3	0:1	2:1	2:0		3:2	0:2	1:1	7:0	1:4	1:1	2:2	2:2	2:1	2:1	3:1	4:0
Köln	2:6	4:0	1:0	2:1	1:0	1:6		1:1	1:3	0:1	1:1	1:1	0:0	0:0	3:1	2:0	3:1	2:1
Leverkusen	2:2	1:2	0:0	2:2	2:2	0:0	2:0		2:5	1:2	2:1	1:1	1:0	4:2	2:2	3:1	1:0	3:1
M'gladbach	2:2	1:1	1:1	1:1	1:1	2:0	2:2	1:1		2:1	1:1	2:0	2:1	1:2	2:0	1:1	1:1	2:0
Dortmund	0:2	2:3	1:1	0:3	1:1	0:3	1:2	1:1	1:1		2:2	1:1	2:2	1:0	0:2	5:2	1:0	3:1
Wattenscheid	0:0	3:2	2:0	1:0	0:1	2:2	0:3	1:2	1:1	1:1		2:0	1:1	0:4	0:1	2:2	0:0	3:1
Düsseldorf	0:0	1:2	1:2	1:0	2:1	0:4	0:2	0:2	4:1	0:0	2:1		5:2	3:4	3:0	0:0	0:2	4:2
Karlsruhe	4:2	2:3	1:1	2:2	2:2	0:0	1:1	2:0	3:2	1:2	1:3	1:1		3:2	2:0	1:1	2:0	3:0
Bochum	0:2	1:2	1:2	0:0	0:1	1:1	1:0	3:1	3:0	2:2	0:0	0:0	0:1		0:0	3:0	0:2	4:2
Nürnberg	1:4	0:1	2:3	0:2	3:1	0:1	0:4	1:0	2:2	1:1	4:2	3:0	0:0	3:2		5:2	1:1	1:4
St. Pauli	1:0	0:0	0:0	1:1	0:2	2:2	2:0	1:0	1:1	0:2	1:1	2:3	2:0	3:3	0:0		1:1	2:2
Uerdingen	3:7	1:1	0:0	2:3	0:0	2:0	0:3	1:1	1:1	1:3	0:2	1:2	1:1	4:1	0:0	2:0		1:2
Hertha	0:2	0:0	0:0	1:0	1:4	0:2	0:0	1:2	1:1	2:2	2:3	0:1	1:1	2:4	2:4	1:2	0:0	

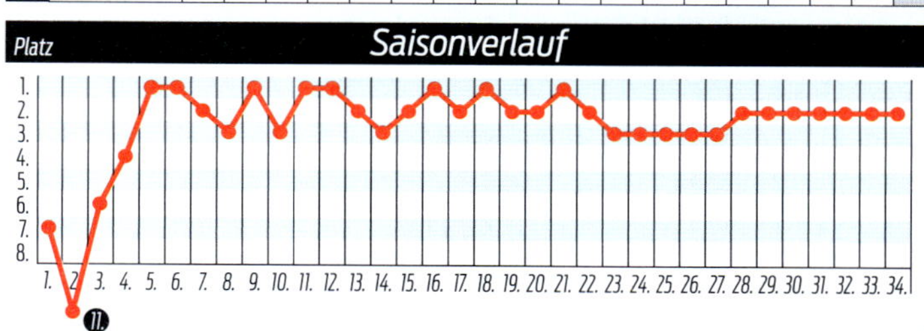

HOENESS ENTLÄSST ZWEI TRAINER

Jupp Heynckes muss in der Hinrunde gehen, Søren Lerby in der Rückrunde. Besserung bringt das nicht. Die Mannschaft ist in sich zerstritten und lange Zeit in Abstiegsnot

Zusammen auf der Bank und doch weit auseinander: Uli Hoeneß und Jupp Heynckes (r.)

Jupp Heynckes ist noch im Urlaub, da beginnt schon der Ärger. Aus Portugal droht er am 26. Juni 1991 in einem Interview mit SPORT BILD: „Wenn der Verein keine klare Linie fährt, wenn die Spieler immer mehr Macht bekommen, wenn ich sie nicht mehr kritisieren darf – dann sollen sie sich einen Gymnastiklehrer für 5000 Mark holen. Ich höre dann jedenfalls auf."

Die Aussage schreckt nicht nur Bayerns Vereinsführung auf, auch die Münchner Journaille wird aktiv. Ein von der „Abendzeitung" befragter Psychologe analysiert: „Das ist der Anfang vom Ende."

Die Fans sind da schon länger unruhig: Nach dem Abgang von Klaus Augenthaler, der zwar zum Termin für das Mannschafts-Foto erscheint, aber nur vereinzelt für die Amateure des Klubs spielt und die A-Jugend trainiert, und Hansi Dorfner (zum 1. FC Nürnberg) stehen mit Manfred Schwabl, Hansi Pflügler und Manfred Bender nur noch drei echte Bayern mit Profi-Erfahrung im Kader.

„Die Schafkopfrunde ist geplatzt", beklagt Schwabl. Ein Mosaikstein nur, aber ein bedeutender, der das Desaster 1991/92, der nach der Eingliederung der früheren DDR-Klubs Rostock und Dresden einzigen Bundesliga-Spielzeit mit 20 Teams, erklärt.

Uli Hoeneß spricht zwar vorausschauend von „einem Jahr der leisen Töne" und wäre „schon froh, wenn wir nicht in Abstiegsgefahr geraten", intern fordert er allerdings „Platz vier bis acht".

Erstmals seit Jahren vereinbaren die Bayern keine Meisterprämie, obwohl mit Torwart-Altmeister Toni Schumacher, Weltmeister Thomas Berthold, Oliver Kreuzer, Jan Wouters und Bruno Labbadia namhafte Spieler kommen sowie mit Bernardo und Mazinho zwei brasilianische Ballkünstler.

Alle verkennen die Situation. Ein auf Krawall getrimmter Trainer trifft auf „eine tote Mannschaft ohne Leitfiguren" (Zitat Franz Beckenbauer), in der sich die ersten Brasilianer der Klubgeschichte reichlich verloren vorkommen. Der Teamgeist ist auf dem Nullpunkt, die Egoisten Stefan Effenberg, Brian Laudrup und Thomas Berthold führen das Kommando, haben allerdings keine Anhänger im Kollegenkreis.

Mit Effenberg söhnt sich Heynckes in einem 45-minütigen Gespräch offiziell aus, doch der Bruch ist nicht mehr zu kitten. Heynckes: „Er hat sich so flegelhaft benommen und im Ton vergriffen, dass ich gesagt habe: Du bist nicht ganz richtig im Kopf, für dich ist der Zug abgefahren."

Als Erster gelangt er selbst an die Endstation. Am Tag nach der Pokal-Blamage gegen Homburg (2:4 n. V.), es ist der 18. August, eröffnet Uli Hoeneß die Treibjagd auf Jupp Heynckes: „Wir müssen jetzt am Dienstag das Heimspiel gegen Schalke gewinnen und dürfen in Dresden nicht verlieren. Ansonsten muss ich mir um den Trainer Gedanken machen."

Heynckes übersteht das Ultimatum: Gegen Schalke gewinnt seine Mannschaft 3:2, in Dresden 2:0. Dann folgt der nächste Tiefschlag: Bayern unterliegt am sechsten Spieltag dem VfL Bochum zu Hause 0:2. „Das Olympiastadion – Folterkammer der Bayern", titelt die „Abendzeitung".

Drei Tage nach dem 1:4 gegen die Stuttgarter Kickers (12. Spieltag) zieht Hoeneß die Notbremse: Er entbindet Jupp Heynckes am 8. Oktober von dessen Aufgaben, erstmals muss ein Bayern-Trainer schon in der Hinrunde gehen. Die Mannschaft ist mit 12:12 Punkten und einem negativen Torverhältnis (15:17) Tabellen-Zwölfter.

Jahre später spricht Hoeneß vom „größten Fehler meines Lebens", ein größerer Fehler schließt indes sich an: Er holt Søren Lerby als Nachfolger. Zwar mit Bayern-Vergangenheit (89 Bundesliga-Spiele von 1983 bis 1986), jedoch ohne jede Trainer-Erfahrung. Hoeneß verteidigt sich, „dass selbst der Trainerguru Udo Lattek ihn nach Köln holen wollte".

Der selbstbewusste Däne handelt als Erstes eine Meisterprämie von 100 000 DM aus, schon am nächsten Tag wird Hoeneß mulmig: „Als ich sein schlechtes Deutsch bei der ersten Spielersitzung hörte, wusste ich: Das wird nix." Die Auftritte werden noch schlechter. Borussia Dortmund vermasselt Lerby die Heimpremiere, gewinnt am 13. Spieltag 3:0 – aufgestachelt von Trainer Ottmar Hitzfeld, der Worte findet, die in der Bundesliga-Geschichte wohl einmalig sind: „Wo sollen wir denn sonst gewinnen, wenn nicht in München?"

Mitleid macht sich breit. Dieter Kürten sagt im ZDF-Sportstudio: „Nein, so möchten wir die Bayern, die bundesweit so viele Freunde haben, nun doch nicht sehen." Das Publikum applaudiert anhaltend.

Das Spiel, das Heynckes am 12. Spieltag den Job kostet: Bayern unterliegt den Stuttgarter Kickers 1:4. In der 89. Minute bereitet Karel Kula (r.) das Tor zum Endstand vor. Dimitrios Moutas (nicht im Bild) verwandelt. Torwart Gerald Hillringhaus wird von seinen Mitspielern wieder allein gelassen

Präsident Dr. Fritz Scherer sucht in tiefster Not Hilfe bei den Stars von gestern und gewinnt sie: Franz Beckenbauer und Karl-Heinz Rummenigge werden am 25. November zu Vizepräsidenten berufen. Die Abstiegsangst vertreiben sie nicht, sie können noch nicht einmal beschwichtigend auf die Profis einwirken. Stefan Effenberg wird im Dezember für ein Spiel suspendiert, weil er Lerby als Marionette Beckenbauers bezeichnet: „Wir Spieler sehen doch, was da abläuft.“ Toni Schumacher seufzt entsetzt: „Ich komme mir vor wie im Kindergarten.“

Nach der Hinrunde ist Bayern mit 16:18 Punkten zwei Zähler von der Abstiegszone entfernt. Vier Teams müssen absteigen, die Liga wird wieder auf 18 Teams verkleinert.

Anfang März 1992 muss Uli Hoeneß seinen zweiten Trainer der Saison feuern: Nach dem 0:4 bei Meister Kaiserslautern am 27. Spieltag übernimmt Erich Ribbeck den bayerischen Patienten von Søren Lerby und startet siegreich (2:0 gegen den HSV). „Ribbeck: Das Glück ist zurück“, frohlockt die „Abendzeitung“. Voreilig, wie sich herausstellt. Es folgen an den nächsten vier Spieltagen drei Niederlagen: 2:3 in Frankfurt, 1:3 gegen Nürnberg und 0:3 in Dortmund. Nach der letzten Partie in Karlsruhe (0:3) schließen die Bayern die Spielzeit als Zehnter ab. Hoeneß sagt lakonisch: „Die Saison ist nun mal verkorkst.“

Uefa-Cup

Ivan Nielsen verlädt Gerald Hillringhaus vom Elfmeterpunkt – das 2:1 für Kopenhagen

2:6 – Rekordniederlage im Europacup

Gegen den international zweitklassigen Gegner Cork City müssen die Bayern zum Auftakt des Wettbewerbs ums Weiterkommen zittern. In Irland reicht es vor 4000 Zuschauern zum 1:1 (Tor: Stefan Effenberg), im Olympiastadion erlösen Bruno Labbadia und Christian Ziege erst in der Schlussviertelstunde ihre Mannschaft. Das 2:0 klingt souveräner, als es ist. Das Hinspiel der zweiten Runde am 22. Oktober 1991 in Kopenhagen geht in die Annalen ein. Der FCB verliert mit Aushilfs-Libero Christian Ziege 2:6 bei BK 1903. Nie kassieren die Münchner in einem Europacupspiel mehr Gegentore. Mazinho erzielt das 1:0, Markus Münch das 2:6. Die BK-Fans singen: „Die Bayern sind eine Micky-Maus-Truppe." Søren Lerby schämt sich in seiner Heimatstadt: „Wir haben uns in ganz Europa total blamiert." Uli Hoeneß stellt fest: „Das war heute die schwärzeste Stunde in meiner Laufbahn." Der 1:0-Sieg im Rückspiel (Tor: Mazinho) ist bedeutungslos.

DFB-Pokal

Endgültiger K.o. gegen Homburg: Bernd Gries per Fallrückzieher zum 2:4

Wieder Niederlage im ersten Spiel

Die erste Runde überstehen die Bayern mit Leichtigkeit. Alle 20 Bundesligisten profitieren von einer Regeländerung, sie erhalten ein Freilos. Auch das Heimspiel in Runde zwei ist in den Köpfen bereits abgehakt – Zweitligist FC Homburg ist am 17. August 1991 im Olympiastadion zu Gast. Doch die Mannschaft von Jupp Heynckes blamiert sich fürchterlich. Nach 90 Minuten steht es immerhin noch 2:2, Neuzugang Mazinho erzielt beide Tore (1:0 in der 27. Minute, 2:2 in der 78.). In der Verlängerung hat Homburg allerdings mehr zuzusetzen und gewinnt 4:2. Von den mit 9000 Zuschauern nur spärlich besetzten Rängen schallen „Heynckes raus"-Rufe. Homburgs Präsident Manfred Ommer findet im Siegesrausch auch nachdenkliche Worte: „Es tut weh, den FC Bayern so zu sehen. Schade um diese große Mannschaft." Homburgs Tore: 1:1 Rodolfo Cardoso (64.), 1:2 Matthias Baranowski (77.), 2:3 Michael Kimmel (95.), 2:4 Bernd Gries (99.).

TRAINER

ERICH RIBBECK

Seine Trainerkarriere ist eigentlich seit 1988 beendet, aber als PR-Repräsentant von Sponsor Opel hält er Kontakt zu Bayern. Am 12. März übernimmt Ribbeck die Elf, bannt mit elf Punkten in elf Spielen die Abstiegsgefahr.

DIE TOP-ELF DER SAISON

Manfred Bender

Christian Ziege

DER SPIELER DES JAHRES

Obwohl er schon in der Vorbereitung Rot sieht (Revanchefoul im Derby gegen 1860) und am 4. Spieltag Gelb/Rot gegen Schalke und immer wieder provoziert („Ich spiele nur für die Kohle"), ist ***Stefan Effenberg*** *einer der wenigen Gewinner. Auswärts wird er ausgepfiffen, die Bayern-Fans feiern ihn, weshalb er zum Abschied Trikot und Schuhe in die Südkurve wirft. Trotz Vertrags bis 1994 flieht Effenberg zum AC Florenz. Er schießt so viele Bundesliga-Tore wie nie (10), und als Deutschland 1992 Vize-Europameister wird (0:2 im Finale gegen Dänemark) ist er der einzige Bayern-Spieler im Kader.*

Der Kader

NAME	SPIELE	TORE
Raimond Aumann	13	0
Uwe Gospodarek	1	0
Gerald Hillringhaus	17	0
Harald Schumacher	8	0
Markus Babbel	12	0
Thomas Berthold	30	1
Max Eberl	1	0
Roland Grahammer	20	0
Kurt Kremm	2	0
Oliver Kreuzer	36	1
Markus Münch	15	0
Hans Pflügler	14	0
Alois Reinhardt	5	1
Manfred Bender	24	2
Bernardo	4	0
Stefan Effenberg	33	10
Manfred Schwabl	29	0
Michael Sternkopf	26	1
Thomas Strunz	13	0
Olaf Thon	24	2
Jan Wouters	17	1
Christian Ziege	26	2
Bruno Labbadia	30	10
Brian Laudrup	20	2
Mazinho	28	8
Alan McInally	2	0
Thorsten Ott	1	0
Roland Wohlfarth	29	17

BRIAN LAUDRUP erzielt in seiner zweiten Saison nur noch zwei Tore, geht mit Effenberg zum AC Florenz

Transfers

MAX EBERL feiert nach zwölf Jahren in der Bayern-Jugend als aktueller Spieler des Amateur-Teams seinen einzigen Liga-Einsatz für Bayern, geht 1994 nach Bochum.

SPIELER	VON VEREIN	ABLÖSESUMME
Uwe Gospodarek	FC Bayern Jugend	-
Toni Schumacher	Fenerbahçe Istanbul	-
Markus Babbel	FC Bayern Jugend	-
Thomas Berthold	AS Rom	2,8 Mio. DM
Max Eberl	FC Bayern Jugend	-
Kurt Kremm	SpVgg Renningen	-
Oliver Kreuzer	Karlsruher SC	2,7 Mio. DM
Alois Reinhardt	Bayer 04 Leverkusen	-
Bernardo	FC São Paulo	1,8 Mio. DM
Jan Wouters	Ajax Amsterdam	2 Mio. DM
Bruno Labbadia	1. FC Kaiserslautern	1,6 Mio. DM
Mazinho	Atlético Bragantino	3,6 Mio. DM
Thorsten Ott	FC Bayern Jugend	-

Tops & Flops

TONI SCHUMACHER wird nach Verletzung von Aumann (Kreuzbandriss) und Scheuer Ende August 1991 kurzfristig verpflichtet, ist 37 Jahre alt. Er löst den enttäuschenden dritten Torhüter Hillringhaus ab, kommt am 15. Spieltag gegen Gladbach erstmals zum Einsatz. Nach acht Spielen, für die er mit je 5000 DM honoriert wird, ist seine Mission beendet. Aumann ist wieder fit. Schumacher wird Liebling der Fans.

BAYERNS 2000. TOR Mazinho schießt den Bundesliga-Jubiläumstreffer gegen Düsseldorf (22. Spieltag, zum 1:1). Bayern knackt als erster Klub die Marke.

OLIVER KREUZER fliegt zweimal mit Rot vom Platz (gegen Bochum, in Schalke), stellt den traurigen Vereinsrekord von Dremmler (1982/83) und Bender (1990/91) ein.

SØREN LERBY kommt in seinen 15 Bundesliga-Spielen auf den schlechtesten Punkteschnitt aller Bayern-Cheftrainer: 0,86 Punkte nach Zwei-Punkte-Wertung, 1,13 nach Drei-Punkte-Wertung.

BERNARDO prügelt sich mit Christian Ziege, floppt sportlich total. Nach vier Einsätzen ist sein Engagement beendet, er wechselt zu Internacional (Brasilien).

1. SPIELTAG

Werder Bremen – Bayern 1:1 (0:1)

BREMEN: Reck – Bratseth – Votava, Borowka – Bockenfeld (56. Kohn) – Harttgen (46. Schaaf), Eilts, Legat, Bode – Rufer, K. Allofs.
BAYERN: Aumann – Berthold – Babbel, Kreuzer – Schwabl, Strunz, Thon, Pflügler, Ziege (76. Bernardo) – Wohlfarth, Laudrup (69. Labbadia).
Tore: 0:1 Laudrup (25.), 1:1 Rufer (77.).
Gelb: Schaaf / Pflügler, Wohlfarth.
Schiedsrichter: Hans-Jürgen Weber

2. SPIELTAG

Bayern – Hansa Rostock 1:2 (1:1)

BAYERN: Aumann – Berthold – Kreuzer, Pflügler – Schwabl, Sternkopf (31. Grahammer), Strunz, Thon, Ziege (65. Labbadia) – Wohlfarth, Laudrup.
ROSTOCK: Kunath – Straka – März, Alms – Böger, Spies, Persigehl (40. Schlünz), Dowe, Wahl – Weichert, Sedlacek (63. Babendererde).
Tore: 1:0 Wohlfarth (3.), 1:1 Sedlacek (63.), 1:2 Wahl (68.).
Gelb: Kreuzer / Böger.
Schiedsrichter: Lothar Löwer.

3. SPIELTAG

Fortuna Düsseldorf – Bayern 0:1 (0:0)

DÜSSELDORF: Schmadtke – Loose – Aigner, Werner – Hutwelker, Schütz, Schreier (78. Andersen), Carracedo (88. Baffoe), Büskens, Hey, T. Allofs.
BAYERN: Aumann – Berthold – Babbel, Kreuzer, Grahammer – Schwabl, Strunz (68. Mazinho), Effenberg, Ziege – Labbadia, Laudrup (78. Wohlfarth).
Tor: 0:1 Mazinho (89.).
Gelb: Hutwelker / Grahammer, Strunz.
Schiedsrichter: Hans-Joachim Osmers.

4. SPIELTAG

Bayern – FC Schalke 04 3:2 (2:0)

BAYERN: Aumann – Berthold – Grahammer, Kreuzer, Ziege – Schwabl, Effenberg, Laudrup (76. Babbel), Bender – Labbadia, Mazinho.
SCHALKE: Lehmann – Güttler – Herzog, Schacht – Luginger, Schlipper (85. Gaber), Borodjuk, Freund, Anderbrügge (60. Bürger), Prus – Sendscheid.
Tore: 1:0 Bender (30.), 2:0 Effenberg (38., Foulelfmeter), 2:1 Sendscheid (52.), 3:1 Labbadia (54.), 3:2 Güttler (62., Foulelfmeter).
Gelb/Rot: Effenberg (81.) / –.
Gelb: Kreuzer, Schwabl / Güttler, Luginger.
Schiedsrichter: Michael Malbranc.
Besonderes Vorkommnis: Lehmann hält Foulelfmeter von Effenberg (80.).

5. SPIELTAG

Dynamo Dresden – Bayern 0:2 (0:1)

DRESDEN: Müller – Lieberam – Maucksch, Melzig – Scholz, Zander, Hauptmann, Pilz (82. Allievi), Büttner (62. Ratke) – Rösler, Gütschow.
BAYERN: Aumann – Berthold – Kreuzer, Babbel – Grahammer (74. Kremm), Schwabl, Laudrup, Bender, Ziege – Labbadia, Wohlfarth.
Tore: 0:1 Labbadia (45.), 0:2 Wohlfarth (62.).
Gelb: Lieberam, Zander / Bender, Grahammer, Ziege.
Schiedsrichter: Manfred Führer.

6. SPIELTAG

Bayern – VfL Bochum 0:2 (0:0)

BAYERN: Aumann – Berthold – Babbel (78. Bernardo), Kreuzer, Ziege – Schwabl, Effenberg, Sternkopf (75. Ott), Bender – Labbadia, Wohlfarth.
BOCHUM: Zumdick – Herrmann – Heinemann, Reekers – Helmig, Rzehaczek, Benatelli, Bonan (88. Türr), Wegmann, Eitzert – Epp.
Tore: 0:1 Bonan (59.), 0:2 Benatelli (81.).
Rot: Kreuzer (17.) / –.
Gelb: – / Eitzert, Helmig.
Schiedsrichter: Günther Habermann.

7. SPIELTAG

1. FC Köln – Bayern 1:1 (0:1)

KÖLN: Illgner – Götz – Giske, Trulsen (61. Heldt) – Greiner, Flick, Steinmann, Littbarski, Andersen (35. Fuchs) – Banach, Ordenewitz.
BAYERN: Hillringhaus – Ziege – Berthold, Babbel, Pflügler – Schwabl, Effenberg, Sternkopf, Bender – Wohlfarth, Labbadia.
Tore: 0:1 Effenberg (14.), 1:1 Banach (64.).
Gelb: Flick, Illgner, Ordenewitz / Labbadia.
Schiedsrichter: Hans-Peter Dellwing.

8. SPIELTAG

Bayern – 1. FC Kaiserslautern 1:0 (1:0)

BAYERN: Hillringhaus – Ziege – Berthold, Grahammer, Pflügler – Schwabl, Effenberg, Bernardo, Sternkopf (60. Babbel) – Labbadia, Wohlfarth (60. Mazinho).
K'LAUTERN: Ehrmann – W. Funkel – Schäfer, Dooley – Roos, Goldbæk, Hotic, Haber, Kranz (77. Vogel), Lelle (84. Degen) – Witeczek.
Tor: 1:0 Effenberg (16., Foulelfmeter).
Rot: – / W. Funkel (43.).
Gelb: Bernardo, Effenberg, Grahammer, Schwabl / Roos, Schäfer.
Schiedsrichter: Hellmut Krug.

9. SPIELTAG

Hamburger SV – Bayern 1:0 (1:0)

HAMBURG: Golz – Rohde – Kober, Beiersdorfer – Spörl, Hartmann, von Heesen (76. Bode), Matysik, Eck – Nando (71. Waas), Furtok.
BAYERN: Hillringhaus – Ziege – Grahammer (79. McInally), Kreuzer – Berthold, Schwabl, Effenberg, Bernardo (56. Bender), Pflügler – Labbadia, Mazinho.
Tor: 1:0 Eck (45.).
Gelb: – / Ziege.
Schiedsrichter: Alfons Berg.

10. SPIELTAG

Bayern – Eintracht Frankfurt 3:3 (1:1)

BAYERN: Hillringhaus – Ziege – Kreuzer, Pflügler – Berthold, Schwabl, Grahammer, Effenberg, Bender (74. Wohlfarth) – Labbadia, Mazinho (82. Babbel).
FRANKFURT: Stein – Binz – Bindewald, Weber – Nachtweih (46. Roth), Möller, Falkenmayer, Bein, Studer (67. Sippel) - Yeboah, Andersen.
Tore: 1:0 Labbadia (35.), 1:1 Andersen (36.), 2:1 Bender (47.), 2:2 Yeboah (54.), 3:2 Labbadia (55.), 3:3 Andersen (82.).
Gelb: Grahammer, Labbadia / Falkenmayer, Weber.
Schiedsrichter: Gerhard Theobald.

11. SPIELTAG

1. FC Nürnberg – Bayern 1:1 (0:0)

NÜRNBERG: Köpke – Zietsch – Brunner, Friedmann – Fengler (76. Dittwar), Oechler, Golke, Wolf (76. Wück), Eckstein, Wagner – Zarate.
BAYERN: Hillringhaus – Ziege – Berthold, Kreuzer, Pflügler – Schwabl, Grahammer, Sternkopf, Bender – Labbadia, Mazinho (46. Wohlfarth).
Tore: 0:1 Wohlfarth (72.), 1:1 Wück (80.).
Gelb: Wolf / Kreuzer.
Schiedsrichter: Manfred Neuner.

12. SPIELTAG

Bayern – Stuttgarter Kickers 1:4 (0:2)

BAYERN: Hillringhaus – Ziege – Berthold, Grahammer, Pflügler – Schwabl, Sternkopf (80. Kreuzer), Effenberg, Bender (80. Babbel) – Labbadia, Wohlfarth.
STUTTGART: Reitmaier – Keim – Ritter, Novodomsky – Wörsdörfer, Tattermusch, Kula, Schwartz, Imhof – Vollmer (88. Moutas), Marin (75. Richter).
Tore: 0:1 Kula (8.), 0:2 Marin (24.), 0:3 Keim (64.), 1:3 Wohlfarth (73.), 1:4 Moutas (89.).
Gelb: Pflügler, Ziege / –.
Schiedsrichter: Jürgen Aust.

13. SPIELTAG

Bayern – Borussia Dortmund 0:3 (0:1)

BAYERN: Hillringhaus – Grahammer, Berthold, Kreuzer, Pflügler (51. Münch) – Schwabl, Effenberg, Ziege, Bender – Labbadia (51. McInally), Mazinho.
DORTMUND: Klos – Helmer (83. Schmidt) – Kutowski, Schulz – Lusch, Franck, Rummenigge (63. Karl), Poschner, Reinhardt – Chapuisat, Povlsen.
Tore: 0:1 Rummenigge (25.), 0:2 Povlsen (47.), 0:3 Münch (86., Eigentor).
Gelb: Berthold / Franck, Karl, Kutowski, Rummenigge.
Schiedsrichter: Bernd Heynemann

14. SPIELTAG

VfB Stuttgart – Bayern 3:2 (2:1)

STUTTGART: Immel – Dubajic – Schneider, Buchwald – Buck, Kramny, Sverrisson, Sammer, Frontzeck – Walter (86. Kastl), Gaudino.
BAYERN: Hillringhaus – Ziege – Berthold, Kreuzer, Münch – Eberl (46. Labbadia), Effenberg, Thon, Grahammer, Bender (68. Sternkopf) – Mazinho.
Tore: 1:0 Gaudino (4.), 2:0 Walter (8.), 2:1 Berthold (23.), 3:1 Dubajic (72.), 3:2 Effenberg (78., Foulelfmeter).
Gelb: Frontzeck, Kramny / Berthold, Effenberg, Labbadia, Münch, Thon. **Schiedsrichter:** Michael Prengel.

15. SPIELTAG

Bayern – Borussia M'gladbach 3:0 (1:0)

BAYERN: Schumacher – Ziege – Babbel, Kreuzer – Berthold (72. Strunz), Schwabl, Effenberg, Thon, Bender – Labbadia, Mazinho.
M'GLADBACH: Kamps – Fach – Stadler (72. Wynhoff), Klinkert – Kastenmaier, Eichin, Schneider, Meier, Neun – Max, Salou.
Tore: 1:0 Mazinho (34.), 2:0 Effenberg (56.), 3:0 Mazinho (80.).
Gelb: – / Eichin, Kastenmaier.
Schiedsrichter: Dr. Markus Merk.
Besonderes Vorkommnis: Kamps hält Foulelfmeter von Thon (38.).

16. SPIELTAG

SG Wattenscheid 09 – Bayern 0:0

WATTENSCHEID: Mai – Greiser – Bach, Langbein – Moser, Hartmann, Schupp, Fink, Buckmaier – Sané, Ibrahim (66. Sobiech).
BAYERN: Schumacher – Ziege – Kreuzer, Babbel – Berthold, Effenberg, Schwabl, Thon, Bender – Labbadia (69. Wohlfarth), Mazinho.
Gelb: Sané / Labbadia, Schwabl.
Schiedsrichter: Hartmut Strampe.

17. SPIELTAG

Bayern – Bayer Leverkusen 2:2 (2:0)

BAYERN: Schumacher – Ziege – Kreuzer, Babbel – Sternkopf, Effenberg, Schwabl, Thon, Münch – Labbadia, Mazinho (80. Wohlfarth).
LEVERKUSEN: Vollborn – Foda – Wörns, Kree – Fischer, Jorginho, Lupescu (46. Lesniak), Nehl, Happe – Herrlich (79. Schröder), Thom.
Tore: 1:0 Labbadia (32.), 2:0 Labbadia (38.), 2:1 Happe (62.), 2:2 Kree (70.).
Gelb: Babbel, Kreuzer / Happe, Herrlich, Nehl.
Schiedsrichter: Rainer Boos.

18. SPIELTAG

MSV Duisburg – Bayern 1:1 (1:0)

DUISBURG: Macherey – Notthoff – Nijhuis, Gielchen – Azzouzi, Steininger, Woelk, Lienen, Tarnat – Ljutyj (79. Schmidt), Tönnies.
BAYERN: Schumacher – Ziege – Reinhardt, Kreuzer – Sternkopf, Schwabl, Effenberg, Thon (59. Münch), Bender – Labbadia, Mazinho (55. Wohlfarth).
Tore: 1:0 Nijhuis (30.), 1:1 Wohlfarth (84.).
Gelb: – / Effenberg, Thon.
Schiedsrichter: Hans-Jürgen Kasper.

19. SPIELTAG

Bayern – Karlsruher SC 1:0 (1:0)

BAYERN: Schumacher – Wouters – Kreuzer, Reinhardt – Berthold, Effenberg, Schwabl, Thon, Bender – Labbadia, Mazinho (62. Sternkopf).
KARLSRUHE: Kahn – Bogdan – Metz, Reich – Schütterle, Schmidt, Harforth, Rolff, Schuster (50. Hermann) – Carl (69. Schmarow), Scholl.
Tor: 1:0 Effenberg (8.).
Gelb: Kreuzer, Reinhardt / Carl, Scholl.
Schiedsrichter: Eugen Strigel.

20. SPIELTAG

Bayern – Werder Bremen 3:4 (0:2)

BAYERN: Schumacher – Ziege – Kreuzer, Reinhardt – Berthold, Effenberg, Wouters, Bender (46. Mazinho), Münch – Wohlfarth, Thon.
BREMEN: Reck – Bratseth – Votava, Borowka – Wolter (42. Bockenfeld), Schaaf, Harttgen, Eilts, Hermann – Rufer, Bode (40. Kohn).
Tore: 0:1 Rufer (7.), 0:2 Bode (30.), 0:3 Kohn (52.), 1:3 Mazinho (53.), 2:3 Reck (67., Eigentor), 2:4 Borowka (85.), 3:4 Mazinho (89.).
Gelb: Effenberg, Kreuzer / Kohn.
Schiedsrichter: Edgar Steinborn.

21. SPIELTAG

Hansa Rostock – Bayern 2:1 (0:0)

ROSTOCK: Hoffmann – Schulz (46. Sedlacek) – März, Alms – Böger, Persigehl, Spies, Machala, Dowe, Wahl – Weichert.
BAYERN: Schumacher – Reinhardt – Kreuzer – Berthold (79. Sternkopf), Wouters, Thon, Schwabl, Ziege, Bender – Wohlfarth, Mazinho.
Tore: 0:1 Reinhardt (63.), 1:1 Spies (72.), 2:1 Spies (77.).
Gelb: – / Wouters.
Schiedsrichter: Günther Habermann.

In seiner ersten Saison bei Bayern oft nur durch Fouls zu stoppen: Mazinho (l.) gegen Nürnbergs Thomas Brunner

22. SPIELTAG

Bayern – Fortuna Düsseldorf 3:1 (0:1)

BAYERN: Schumacher – Reinhardt – Berthold, Kreuzer – Effenberg, Schwabl, Wouters, Sternkopf, Bender (46. Ziege) – Wohlfarth, Mazinho.
DÜSSELDORF: Wittmann – Loose – Spanring, Werner – Schütz, Schreier (75. Trienekens), Drazic, Büskens, Albertz (63. Demandt) – Brögger, Hey.
Tore: 0:1 Spanring (32.), 1:1 Mazinho (74.), 2:1 Wouters (75.), 3:1 Wohlfarth (84., Foulelfmeter).
Schiedsrichter: Manfred Harder.

23. SPIELTAG

FC Schalke 04 – Bayern 1:1 (0:0)

SCHALKE Lehmann – Güttler – Prus (61. Leifeld), Mademann – Luginger, Schlipper, Freund, Borodjuk, Flad – Christensen (60. Mihajlovic), Sendscheid.
BAYERN: Aumann – Strunz – Grahammer, Kreuzer – Berthold, Thon, Effenberg, Wouters, Ziege – Wohlfarth (76. Sternkopf), Mazinho (61. Laudrup).
Tore: 0:1 Wohlfarth (53.), 1:1 Mihajlovic (87.).
Rot: – / Kreuzer (39.).
Gelb: Güttler / Aumann, Mazinho, Strunz, Wohlfarth.
Schiedsrichter: Hans-Peter Dellwing.

24. SPIELTAG

Bayern – Dynamo Dresden 1:2 (0:1)

BAYERN: Aumann – Strunz – Kreuzer, Grahammer – Thon, Berthold, Effenberg, Wouters, Ziege (71. Bender) – Wohlfarth, Mazinho (46. Laudrup).
DRESDEN: Müller – Mauksch – Schößler, Melzig – . Hauptmann, Scholz, Zander, Pilz (90. Page), Kmetsch – Rösler, Jähnig.
Tore: 0:1 Scholz (40.), 1:1 Wohlfarth (62.), 1:2 Zander (83.).
Gelb: Berthold / –.
Schiedsrichter: Wolf-Günter Wiesel.

25. SPIELTAG

VfL Bochum – Bayern 0:5 (0:3)

BOCHUM: Zumdick – Kempe – Dressel, Heinemann – Schwanke, Rzehaczek, Benatelli (33. Türr), Bonan, Wosz – Helmig, Epp (52. Milde).
BAYERN: Aumann – Strunz – Kreuzer, Grahammer – Schwabl, Effenberg, Wouters, Ziege (74. Sternkopf), Münch – Wohlfarth, Laudrup (77. Mazinho).
Tore: 0:1 Wohlfarth (8.), 0:2 Ziege (18.), 0:3 Wohlfarth (33.), 0:4 Wohlfarth (55.), 0:5 Ziege (55.).
Gelb: – / Grahammer, Kreuzer.
Schiedsrichter: Gerhard Theobald.

26. SPIELTAG

Bayern – 1. FC Köln 0:0

BAYERN: Aumann – Strunz – Kreuzer, Grahammer – Sternkopf (68. Hillringhaus), Schwabl, Effenberg, Wouters, Münch (85. Bender) – Wohlfarth, Laudrup.
KÖLN: Illgner – Götz – Giske, Baumann – Greiner, Trulsen (78. Higl), Littbarski, Heldt (90. Flick), Andersen – Fuchs, Ordenewitz.
Rot: Aumann (68.) / –.
Gelb: Kreuzer / –.
Schiedsrichter: Alfons Berg.

27. SPIELTAG

1. FC Kaiserslautern – Bayern 4:0 (1:0)

K'LAUTERN: Ehrmann – W. Funkel – Lutz, Dooley – Haber, Goldbæk, Hotic, Kuntz (77. Kadlec), Lelle – Witeczek, Vogel (25. Hoffmann).
BAYERN: Hillringhaus – Strunz – Kreuzer, Münch – Grahammer, Schwabl (6. Thon), Wouters, Effenberg, Bender – Wohlfarth (57. Labbadia), Laudrup.
Tore: 1:0 Witeczek (10.), 2:0 Hotic (68.), 3:0 Lelle (70.), 4:0 Kadlec (83.).
Rot: – / Grahammer (40.).
Gelb: Dooley / Effenberg, Thon, Wouters.
Schiedsrichter: Karl-Heinz Gläser.

28. SPIELTAG

Bayern – Hamburger SV 2:0 (0:0)

BAYERN: Hillringhaus – Strunz – Berthold, Kreuzer – Sternkopf, Effenberg, Wouters, Thon, Ziege (15. Bender) – Laudrup (67. Labbadia) – Wohlfarth.
HAMBURG: Bahr – Rohde – Beiersdorfer, Matysik – Spörl, Hartmann, Waas, Eck, Bode (47. Dammeier) – Nando (75. Eckel), Furtok.
Tore: 1:0 Wohlfarth (88.), 2:0 Thon (90.).
Gelb: Kreuzer, Sternkopf, Strunz, Wouters / Eck.
Schiedsrichter: Werner Föckler.

29. SPIELTAG

Eintracht Frankfurt – Bayern 3:2 (1:1)

FRANKFURT: Stein – Binz – Roth, Bindewald – F. Möller, A. Möller, Bein (90. Wolf), Falkenmayer, Weber – Yeboah, Andersen (88. Schmitt).
BAYERN: Aumann – Wouters – Kreuzer, Berthold – Sternkopf, Thon, Münch, Effenberg, Bender – Labbadia, Laudrup.
Tore: 1:0 Yeboah (25.), 1:1 Labbadia (37.), 2:1 A. Möller (49.), 3:1 Roth (64.), 3:2 Thon (69.).
Gelb/Rot: – / Berthold (63.).
Gelb: Falkenmayer, Weber / Effenberg.
Schiedsrichter: Hellmut Krug.

30. SPIELTAG

Bayern – 1. FC Nürnberg 1:3 (1:2)

BAYERN: Aumann – Wouters – Kreuzer, Münch –Sternkopf, Thon, Effenberg, Strunz (60. Schwabl), Bender – Labbadia, Mazinho (79. Laudrup).
NÜRNBERG: Köpke – Zietsch – Brunner, Friedmann – Dittwar, Oechler, Dorfner, Golke, Wagner – Zarate, Eckstein (17. Wück).
Tore: 1:0 Mazinho (2.), 1:1 Wück (18.), 1:2 Zarate (42., Foulelfmeter), 1:3 Zarate (88.).
Gelb: Labbadia, Wouters / Golke, Wagner.
Schiedsrichter: Karl-Josef Assenmacher.
Besonderes Vorkommnis: Köpke hält Foulelfmeter von Effenberg (82.).

31. SPIELTAG

Stuttgarter Kickers – Bayern 2:4 (1:2)

STUTTGART: Reitmaier – Keim – Ritter, Novodomsky – Schwartz (70. Imhof), Wolf, Hofacker, Richte – Vollmer (46. Kula), Moutas, Marin.
BAYERN: Aumann – Wouters – Berthold (74. Pflügler), Kreuzer, Münch – Sternkopf, Schwabl, Effenberg, Thon (50. Labbadia) – Wohlfarth, Mazinho.
Tore: 1:0 Moutas (8.), 1:1 Wohlfarth (21.), 1:2 Mazinho (38.), 2:2 Kula (53.), 2:3 Labbadia (55.), 2:4 Sternkopf (80.).
Gelb: Novodomsky / Pflügler, Thon.
Schiedsrichter: Hans-Joachim Osmers.

32. SPIELTAG

Borussia Dortmund – Bayern 3:0 (1:0)

DORTMUND: Klos – Helmer – Kutowski, Schulz – Lusch, Zorc, Rummenigge, Franck, Reinhardt – Povlsen (85. Mill), Chapuisat (88. Karl).
BAYERN: Hillringhaus – Thon – Berthold, Kreuzer – Sternkopf, Laudrup (76. Labbadia), Effenberg, Strunz, Bender – Wohlfarth, Mazinho.
Tore: 1:0 Rummenigge (20.), 2:0 Franck (59.), 3:0 Chapuisat (82.).
Gelb: – / Berthold, Effenberg, Sternkopf, Wohlfarth.
Schiedsrichter: Edgar Steinborn.

33. SPIELTAG

Bayern – VfB Stuttgart 1:0 (1:0)

BAYERN: Hillringhaus – Thon – Berthold, Kreuzer – Sternkopf, Schwabl, Effenberg, Strunz, Münch (78. Pflügler) – Wohlfarth (69. Laudrup), Mazinho.
STUTTGART: Immel – Dubajic – Schäfer, Buchwald – Buck (78. Kastl), Sammer, Sverrisson, Schneider (61. Kögl), Frontzeck – Walter, Gaudino.
Tor: 1:0 Effenberg (44.).
Rot: – / Schäfer (88.).
Gelb: Strunz, Thon / Frontzeck, Immel, Sammer, Sverrisson.
Schiedsrichter: Manfred Führer.
Besonderes Vorkommnis: Immel hält Foulelfmeter von Thon (81.).

34. SPIELTAG

Borussia M'gladbach – Bayern 1:1 (0:0)

M'GLADBACH: Kamps – Fach – Klinkert, Huschbeck – Kastenmaier, Pflipsen (77. Wynhoff), Schulz, Schneider, Neun – Max, Criens.
BAYERN: Hillringhaus – Thon – Berthold, Kreuzer – Sternkopf (87. Pflügler), Schwabl (74. Grahammer), Effenberg, Mazinho, Münch – Laudrup, Labbadia.
Tore: 0:1 Laudrup (56.), 1:1 Criens (60., Foulelfmeter).
Gelb: Fach, Huschbeck, Kastenmaier, Schulz / Effenberg, Kreuzer, Laudrup, Münch, Schwabl.
Schiedsrichter: Wolfgang Mierswa.

35. SPIELTAG

Bayern – SG Wattenscheid 09 5:2 (3:1)

BAYERN: Hillringhaus – Thon – Berthold, Kreuzer, (46. Grahammer) – Sternkopf, Wouters, Effenberg, Laudrup (59. Mazinho), Münch – Labbadia, Wohlfarth.
WATTENSCHEID: Eilenberger – Neuhaus – Bach, Emmerling – Moser, Fink (83. Greiser), Schupp (46. Buckmaier), Sidelnikow, Sobiech – Tschiskale, Sané.
Tore: 1:0 Wohlfarth (8.), 1:1 Fink (17.), 2:1 Effenberg (29.), 3:1 Labbadia (36.), 4:1 Effenberg (49., Foulelfmeter), 5:1 Labbadia (51.), 5:2 Bach (89.).
Gelb: Effenberg / Eilenberger, Fink, Neuhaus.
Schiedsrichter: Manfred Neuner.

36. SPIELTAG

Bayer Leverkusen – Bayern 2:1 (1:0)

LEVERKUSEN: Vollborn – Radschuweit – Wörns, Kree – Feinbier (85. Seckler), Fischer, Jorginho, Buncol, von Ahlen – Kirsten, Thom.
BAYERN: Gospodarek – Thon (64. Schwabl) – Berthold, Kreuzer – Sternkopf, Effenberg, Wouters, Laudrup (77. Mazinho), Grahammer – Labbadia, Wohlfarth.
Tore: 1:0 von Ahlen (7.), 2:0 Feinbier (59.), 2:1 Wohlfarth (79.).
Gelb: – / Labbadia, Sternkopf.
Schiedsrichter: Wieland Ziller.

37. SPIELTAG

Bayern – MSV Duisburg 4:2 (1:2)

BAYERN: Hillringhaus – Thon, Kreuzer, Pflügler – Sternkopf, Effenberg, Wouters, Laudrup (74. Mazinho), Münch (61. Schwabl) – Labbadia, Wohlfarth.
DUISBURG: Macherey – Woelk – Nijhuis, Gielchen – Azzouzi, Lienen, Notthoff, Kober, Tarnat – Struckmann (47. Bremser), Ljutyj (65. Hopp).
Tore: 0:1 Struckmann (16.), 1:1 Kreuzer (19.), 1:2 Struckmann (29.), 2:2 Wohlfarth (50.), 3:2 Effenberg (65.), 4:2 Wohlfarth (75.).
Gelb/Rot: – / Woelk (86.).
Gelb: Effenberg / Lienen.
Schiedsrichter: Lutz Michael Fröhlich.

38. SPIELTAG

Karlsruher SC – Bayern 3:0 (0:0)

KARLSRUHE: Kahn – Nowotny (52. Westerbeek) – Reich, Metz – Fritz, Schmidt, Rolff, Scholl, Mees (57. Krieg) – Carl, Schmarow.
BAYERN: Hillringhaus – Thon – Kreuzer, Pflügler – Sternkopf (46. Grahammer), Wouters, Effenberg, Laudrup, Ziege – Labbadia, Wohlfarth.
Tore: 1:0 Schmarow (57.), 2:0 Reich (69.), 3:0 Krieg (75.).
Gelb: Rolff / Thon.
Schiedsrichter: Michael Prengel.

Abschlusstabelle

Pl.	Verein	Spiele	G	U	V	Tore	Diff.	Punkte
1	Stuttgart	38	21	10	7	62:32	+30	52:24
2	Dortmund	38	20	12	6	66:47	+19	52:24
3	Frankfurt	38	18	14	6	76:41	+35	50:26
4	Köln	38	13	18	7	58:41	+17	44:32
5	Kaiserslautern (M)	38	17	10	11	58:42	+16	44:32
6	Leverkusen	38	15	13	10	53:39	+14	43:33
7	Nürnberg	38	18	7	13	54:51	+3	43:33
8	Karlsruhe	38	16	9	13	48:50	–2	41:35
9	Bremen (P)	38	11	16	11	44:45	–1	38:38
10	Bayern	38	13	10	15	59:61	–2	36:40
11	Schalke (A)	38	11	12	15	45:45	0	34:42
12	Hamburg	38	9	16	13	32:43	–11	34:42
13	M'gladbach	38	10	14	14	37:49	–12	34:42
14	Dresden	38	12	10	16	34:50	–16	34:42
15	Bochum	38	10	13	15	38:55	–17	33:43
16	Wattenscheid	38	9	14	15	50:60	–10	32:44
17	Stuttg. Kickers (A)	38	10	11	17	53:64	–11	31:45
18	Rostock	38	10	11	17	43:55	–12	31:45
19	Duisburg (A)	38	7	16	15	43:55	–12	30:46
20	Düsseldorf	38	6	12	20	41:69	–28	24:52

DIE WEITEREN SIEGER DES JAHRES:

Europameister:
Dänemark

Europacup der Landesmeister:
FC Barcelona

Europacup der Pokalsieger:
Werder Bremen

Uefa-Cup:
Ajax Amsterdam

DFB-Pokal:
Hannover 96

Alle Ergebnisse auf einen Blick

Waagerecht: alle Heimresultate. Senkrecht: alle Auswärts-resultate	VfB Stuttgart	Dortmund	Frankfurt	Köln	Kaiserslautern	Leverkusen	Nürnberg	Karlsruhe	Bremen	Bayern	Schalke	Hamburg	M'gladbach	Dresden	Bochum	Wattenscheid	Stuttg. Kickers	Rostock	Duisburg	Düsseldorf
VfB Stuttgart		4:2	1:2	1:0	4:1	2:0	2:0	1:0	1:1	3:2	1:0	3:2	0:1	1:1	4:1	1:1	3:1	3:0	2:0	3:1
Dortmund	0:0		2:2	3:1	3:1	3:1	3:2	1:0	2:1	3:0	2:0	2:2	2:2	4:0	1:1	1:1	3:1	4:1	2:1	3:1
Frankfurt	1:1	3:0		1:2	2:0	0:1	2:2	1:1	2:2	3:2	5:0	2:1	0:0	3:0	2:1	1:1	6:1	2:0	3:0	1:1
Köln	1:1	1:2	1:1		1:1	1:1	4:0	2:3	5:0	1:1	3:0	0:0	1:1	1:1	1:0	1:1	0:0	3:1	1:1	4:1
Kaiserslautern	0:0	4:0	1:1	2:1		2:1	3:0	3:0	2:2	4:0	1:1	0:0	4:2	4:1	1:1	3:2	4:3	3:0	2:1	2:0
Leverkusen	1:2	0:2	1:3	1:1	3:0		0:1	2:0	0:0	2:1	2:1	1:1	1:0	4:0	2:0	6:1	3:1	3:0	2:1	1:1
Nürnberg	4:3	2:1	1:3	4:0	3:2	1:0		1:2	1:0	1:1	0:1	1:1	2:1	1:1	1:0	3:1	2:0	0:0	1:1	3:1
Karlsruhe	0:0	2:2	0:2	0:1	2:1	0:0	1:0		2:1	3:0	1:0	4:1	2:0	1:0	1:1	1:2	3:1	2:1	2:2	1:5
Bremen	1:1	0:1	1:0	1:3	0:2	1:1	1:3	0:0		1:1	2:1	1:1	0:0	2:0	3:0	2:2	1:3	1:0	5:1	2:1
Bayern	1:0	0:3	3:3	0:0	1:0	2:2	1:3	1:0	3:4		3:2	2:0	3:0	1:2	0:2	5:2	1:4	1:2	4:2	3:1
Schalke	0:1	5:2	1:1	3:0	2:0	0:0	1:0	3:1	0:0	1:1		0:0	3:1	1:1	2:1	1:1	1:2	5:0	3:0	0:0
Hamburg	1:1	1:1	2:1	1:1	0:1	1:1	0:2	0:1	0:1	1:0	2:1		1:0	2:0	0:0	0:1	0:3	1:0	1:1	1:1
M'gladbach	0:1	1:1	1:1	2:2	1:0	2:2	1:0	1:0	0:2	1:1	1:1	1:0		1:0	1:2	1:0	2:1	1:1	0:0	3:1
Dresden	1:0	0:0	2:1	0:0	0:1	1:0	1:2	2:0	2:1	0:2	2:1	3:0	1:2		0:0	3:0	2:2	2:1	0:0	2:0
Bochum	0:2	0:0	0:0	2:2	0:0	0:2	0:3	1:3	2:2	0:5	1:0	2:3	3:1	1:0		1:1	2:2	3:2	2:1	3:0
Wattenscheid	1:3	0:1	2:4	1:2	1:0	3:0	1:1	1:1	0:1	0:0	1:2	1:1	3:2	3:0	1:2		4:1	0:0	2:0	4:1
Stuttg. Kickers	1:3	0:1	0:2	0:3	1:1	0:1	3:1	1:1	2:1	2:4	1:1	1:1	3:0	0:0	2:0	3:0		1:1	0:1	0:1
Rostock	2:0	5:1	2:1	1:1	0:1	2:2	4:0	1:2	0:0	2:1	2:0	1:2	2:1	3:0	0:2	1:1	2:2		0:0	3:1
Duisburg	1:0	0:1	3:6	1:3	1:1	1:2	3:0	6:2	0:0	1:1	2:0	0:1	1:1	3:0	1:1	0:0	1:1	2:0		2:2
Düsseldorf	0:3	1:1	1:2	1:3	1:0	1:1	1:2	2:3	0:0	0:1	1:1	1:0	1:1	1:3	3:0	4:3	1:3	0:0	1:1	

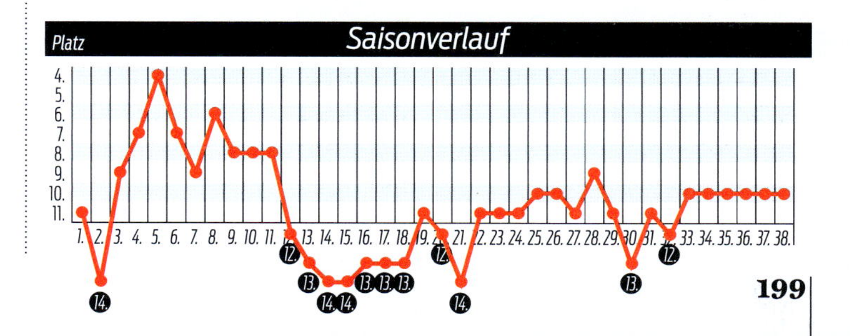

BAYERN WITTERN BETRUG

Karl-Heinz Rummenigge spricht von Hilfe des HSV für Werder im Meisterschafts-Kampf. Lothar Matthäus legt sich mit Uli Hoeneß an

Das Urteil über sie ist gespalten: Trainer Erich Ribbeck (l.) und Rückkehrer Lothar Matthäus

Die Nachricht platzt am Abend des 25. August 1992 in die Fußballwelt. Lothar Matthäus kehrt zu Bayern München zurück – vier Jahre nach seiner Flucht zu Inter Mailand im Sommer 1988. Bei dem Traditionsklub aus der norditalienischen Metropole hat sich Matthäus nicht mehr wohlgefühlt. Mitspieler, Trainer und Präsidiumsmitglieder hätten ihn nach seinem Kreuzbandriss am 12. April 1992 nicht oft genug besucht, bemängelt der Mittelfeldspieler fehlende Wertschätzung.

„Ich war bei Inter einfach nicht mehr zufrieden, deshalb habe ich den Kontakt zu den Bayern gesucht", gesteht er auf der Pressekonferenz am nächsten Tag und richtet gleich wieder alle Blicke auf sich. Lothar Matthäus trägt ein knallgelbes Sakko. Kapitän Raimond Aumann witzelt: „Die Aufteilung ist perfekt. Wir holen die Punkte, Lothar macht die ganze PR."

Offiziell ist der Plan natürlich ein anderer. „Wir wollen bewusst eine Hierarchie aufbauen, nachdem im vergangenen Jahr 19-Jährige meinten, sie wären die Chefs", sagt Vizepräsident Karl-Heinz Rummenigge, auch wenn er zu bedenken gibt: „Es ist ein riskanter Transfer, für ihn und für uns."

Lothar Matthäus, mittlerweile 31 Jahre alt und für die fast schon bescheidene Ablösesumme von 4,5 Millionen D-Mark zurückgekehrt, Olaf Thon (26) und der Holländer Jan Wouters (32) sind die auserwählten Führungsspieler in einer neu zusammengestellten Mannschaft.

Thomas Helmer kommt für 7,5 Millionen Euro Ablöse von Borussia Dortmund, der Brasilianer Jorginho für 5,6 Millionen von Bayer Leverkusen, Mehmet Scholl für 6 Millionen aus Karlsruhe. Nur Markus Schupp, Mittelfeldspieler aus Wattenscheid, ist etwas günstiger (2,5 Mio.). Bayern kann sich den Transferrekord von knapp 26,5 Millionen DM leisten, allein für die nach Florenz gewechselten Sorgenkinder Brian Laudrup und Stefan Effenberg erhält der Klub 17 Millionen DM.

„Vorsicht Freunde, der FC Bayern kommt zurück. Stark, selbstbewusst. Und er wird in diesem Spieljahr schon einige Rechnungen begleichen", heißt es nach einem demütigenden Jahr im vereinseigenen Jahrbuch. Passend dazu erscheint die neue Hymne „FC Bayern forever number one", von Andrew White gesungen – und seither von den Fans bei jedem Heimspiel.

Das Lied ist gleich Programm. Die Bayern gewinnen zum Auftakt 3:0 in Uerdingen, sind Tabellenführer, verlieren in der Hinrunde nur ein Spiel (1:3 gegen Werder am 11. Spieltag), auswärts gar keins und werden Herbstmeister. In der Rückrunde aber geraten sie etwas aus dem Takt.

0:0 in Dresden (21. Spieltag), 1:3 beim HSV (23.), 0:2 in Wattenscheid (24.), 1:4 bei Werder Bremen (28.), 2:4 in Karlsruhe (32.) – vor dem 33. Spieltag führen sie die Tabelle nur noch aufgrund des um zwei Treffer besseren Torverhältnisses vor Bremen an (beide 44:20 Punkte). Am Samstagnachmittag des 29. Mai 1993 sind sie Zweiter hinter

Vom Elfmeterpunkt erfolgreich: Bremens Wynton Rufer täuscht Torwart Uwe Gospodarek und gleicht in der 45. Minute zum 1:1 gegen Bayern aus. In der 52. Minute verwandelt er auch seinen zweiten Foulelfmeter in diesem Spiel, Werder siegt 4:1 und gewinnt damit nach dem 3:1 in der Hinrunde auch das zweite Duell in dieser Saison

dem Konkurrenten aus der Hansestadt. Punktgleich zwar, aber in der Tordifferenz nun einen Treffer schlechter: Werder hat 5:0 gegen den HSV gewonnen, Bayern lediglich 3:1 gegen Bochum.

Karl-Heinz Rummenigge ereifert sich über den Kantersieg gegen einen mit Reservisten gespickten HSV und spricht von einer „ganz miesen norddeutschen Provinz-Posse. Jeder, der die Tore sah, muss seine Zweifel kriegen." Und Trainer Erich Ribbeck grollt: „Bei mir kommt Wut hoch."

In der Tat: In diesem so wichtigen Spiel setzt HSV-Trainer Benno Möhlmann, für Werder 267-mal in der Bundesliga im Einsatz und dem Verein immer noch innig verbunden, Ersatztorwart Nils Bahr und im Mittelfeld den Vertragsamateur Oliver Möller ein. Die Gegenwehr der Hamburger, die in der 87. Minute und Nachspielzeit noch zwei Tore kassieren, ist beschämend. Am letzten Spieltag verspielt Bayern indes selbst alle Chancen beim 3:3 auf Schalke. Werder siegt 3:0 in Stuttgart, ist Meister.

Acht Plätze und elf Punkte sind die Bayern besser als im Vorjahr – und doch kein bisschen glücklicher. Uli Hoeneß seufzt auf der Abschlussfeier: „Wie soll ich zufrieden sein? Wir sind nur Zweiter geworden, ich will immer Erster sein." Erich Ribbeck dagegen sagt: „Mit dem zweiten Platz kann ich gut leben." Ein Satz, der nicht nach München passt. Weshalb die Erkenntnis wächst, dass dieser Trainer nicht nach München passt.

Das Urteil über Matthäus fällt ebenfalls gespalten aus. Bei seinem Heim-Debüt gegen Wattenscheid am 7. Spieltag (1:1) gibt es nach 11:1 Punkten die erste Enttäuschung der Saison. Schwache Spiele folgen und kübelweise Kritik. „Matthäus war der größte Fehleinkauf", schimpft ein Mitglied auf der Jahreshauptversammlung.

„Keiner muss mir sagen, dass ich schlecht war – auch Franz Beckenbauer nicht", grollt Matthäus. Zum Leidwesen widerlegt er auch die Hoffnungen, er sei in Italien gereift. Hoeneß maßregelt ihn im März im Bayerischen Fernsehen („Unser Pressesprecher"), Matthäus kontert Ende Mai: „So stark, wie mir Uli Hoeneß geschadet hat, kann er mir nicht mehr helfen."

Zwei Wochen später legt er gegen Hoeneß nach: „Er hat sich negativ verändert. Er hätte meine Leistungen kritisieren können, nicht aber mein Privatleben und meine Lebensgefährtin. Vielleicht hat er nicht verkraftet, dass ich in den letzten vier Jahren ein Weltstar geworden bin." Die Unruhe ist zurück in München.

DFB-Pokal

Niederlage gegen seine alten Kameraden: Bayern-Neuzugang Thomas Helmer (l.) im Duell mit Flemming Povlsen

6:7 n. E. gegen BVB – Mazinho vergibt

Mazinho verfehlt mit seinem Elfmeter das Tor von Stefan Klos ...

... und verlässt tieftraurig das Dortmunder Westfalenstadion

Erstmals seit der Saison 1978/79 treten die Bayern nur im DFB-Pokal an, nach 13 Spielzeiten sind sie wieder Zuschauer im Europacup. Aber auch der Auftritt im nationalen Pokalwettbewerb währt nicht lange. In der ersten Runde nimmt die Mannschaft von Erich Ribbeck die Hürde Borussia Neunkirchen noch souverän (6:0). Bruno Labbadia und Christian Ziege treffen doppelt, Olaf Thon und Neuling Markus Schupp erzielen die weiteren Tore beim Drittligisten. Dann kommt der 12. September 1992 in Dortmund. Vor 37 400 Zuschauern im Westfalenstadion gleicht Labbadia die frühe BVB-Führung aus. Mazinho stellt mit seinem 2:1 nach 58 Minuten die Weichen auf Sieg, doch als Olaf Thon in der 84. Minute vom Platz fliegt („Ich weiß nicht, warum) und in derselben Minute Stéphane Chapuisat ausgleicht, kippt das Spiel. Nach torloser Verlängerung fällt die Entscheidung vom Elfmeter-Punkt. Neun von zehn Schützen treffen, nur Mazinho nicht. Bayern ist nach dem 6:7 n. E. raus. Die Torfolge: 2:3 Manfred Schwabl, 3:3 Stefan Reuter, 3:4 Jan Wouters, 4:4 Gerhard Poschner, 4:5 Oliver Kreuzer, 5:5 Knut Reinhardt, Mazinho verschießt, 6:5 Stéphane Chapuisat, 6:6 Markus Schupp, 7:6 Michael Zorc.

TRAINER

ERICH RIBBECK Den Traum von der Meisterschaft erfüllt sich Ribbeck auch in seiner 16. Saison nicht. Immerhin schafft er ein stolzes Jubiläum: Am 28. März 1993 sitzt er in Hamburg zum 500. Mal in der Bundesliga auf der Trainerbank.

DIE TOP-ELF DER SAISON

Christian Ziege

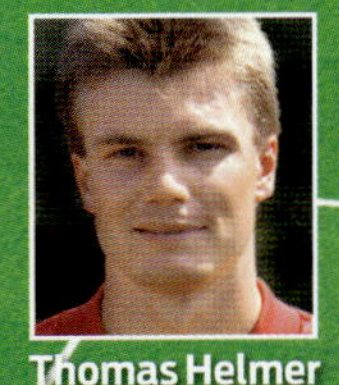

Thomas Helmer

DER SPIELER DES JAHRES

*Erich Ribbeck prophezeit es schon in der Hinrunde: „Mein nächster Nationalspieler wird vielleicht **Christian Ziege**." Der vielseitige Linksfüßer, im Sommer 1990 aus der Jugend von Hertha Zehlendorf Berlin gekommen, eigentlich Stürmer, aber auch als Libero geeignet, findet 1992/93 seinen Platz im linken Mittelfeld. Mit neun Toren kommt er auf dreimal so viele Treffer wie in seinen ersten beiden Bundesliga-Jahren zusammen – und tatsächlich bei der USA-Reise nach der Saison zu seinen ersten drei Länderspielen. Ziege debütiert am 10. Juni 1993 gegen Brasilien, sein erster von 72 Einsätzen.*

Der Kader

NAME	SPIELE	TORE
Raimond Aumann	32	0
Uwe Gospodarek	2	0
Roland Grahammer	2	0
Thomas Helmer	34	7
Jorginho	33	3
Oliver Kreuzer	30	5
Markus Münch	11	0
Alois Reinhardt	5	0
Harald Cerny	13	1
Lothar Matthäus	28	8
Mehmet Scholl	31	7
Markus Schupp	32	5
Manfred Schwabl	3	0
Michael Sternkopf	12	0
Olaf Thon	32	5
Jan Wouters	33	4
Christian Ziege	28	9
Bruno Labbadia	32	11
Mazinho	17	3
Roland Wohlfarth	21	4

HARALD CERNY kommt in seiner ersten Saison auf 13 Einsätze. Es folgen 1993/94 nur noch drei weitere

Transfers

MEHMET SCHOLL hat am letzten Spieltag 1991/92 im Trikot des Karlsruher SC noch beim 3:0 gegen Bayern geglänzt, nun ist der offensive Mittelfeldspieler selbst Bayern-Profi. In München gelingt ihm eine unglaubliche Karriere: Bis zu seinem Abschied 2007 gewinnt Scholl acht Meistertitel (FCB-Rekord gemeinsam mit Oliver Kahn), fünfmal wird er Pokalsieger und zweimal Europapokalsieger. In 334 Bundesliga-Spielen erzielt er 87 Tore.

SPIELER	VON VEREIN	ABLÖSESUMME
Thomas Helmer	Borussia Dortmund	7,5 Mio. DM
Jorginho	Bayer 04 Leverkusen	5,6 Mio. DM
Harald Cerny	FC Bayern Jugend	-
Mehmet Scholl	Karlsruher SC	6 Mio. DM
Markus Schupp	SG Wattenscheid 09	2,5 Mio. DM
Lothar Matthäus	Inter Mailand	4,5 Mio. DM
Dieter Frey	FC Augsburg	-

Tops & Flops

LOTHAR MATTHÄUS gewinnt mit seinem 2:1 in Leverkusen (14. Spieltag, erstes Tor nach Comeback) zum zweiten Mal nach 1990 die Wahl zum „Tor des Jahres".

BRUNO LABBADIA verdrängt Roland Wohlfarth (nach Saisonende zu Saint-Étienne) nach 8 Jahren aus der Stammelf, ist mit elf Bundesliga-Toren sowie drei im Pokal bester Bayern-Schütze.

ZUSCHAUER Im Schnitt passieren 46 058 pro Heimspiel die Stadiontore – Rekord seit 1965/66 und durchschnittlich 14 000 mehr als 1991/92 (32 084).

THOMAS BERTHOLD wird von Erich Ribbeck aussortiert, besteht aber auf Einhaltung seines Vertrages. Er sitzt ein Jahr auf der Tribüne und kassiert.

MANFRED SCHWABL bestreitet nach 77 Bundesliga-Spielen zwischen 1989 und 1992 für Bayern nur noch drei Partien, wechselt in der Winterpause 1992/93 wieder zum 1. FC Nürnberg.

TORJÄGER Der beste Bayern-Schütze (Labbadia) ist nur Achter in der Torjägerliste. Die Kanone holen sich Kirsten (Leverkusen) und Yeboah (Frankfurt, je 20).

Das Tor des Jahres 1992: Lothar Matthäus (Nr. 10) nimmt nach Eckball von der linken Seite aus 20 Metern Maß und verwandelt volley zum 2:1 in Leverkusen. Bayern gewinnt die Partie am 14. Spieltag 4:2

1. SPIELTAG

Bayer Uerdingen – Bayern 0:3 (0:1)

UERDINGEN: Dreher – Peschke – Paßlack, Posch – Gorlukowitsch, Bremser, Jüptner, Klein (68. Sassen), Kranz (80. Krümpelmann) – Adler, Bittengel.
BAYERN: Aumann – Thon – Kreuzer, Münch – Jorginho, Wouters, Schupp (87. Mazinho), Scholl, Helmer – Labbadia, Wohlfarth (77. Grahammer).
Tore: 0:1 Thon (21.), 0:2 Schupp (83.), 0:3 Helmer (85.).
Rot: Peschke (78.) / –.
Gelb: Klein / Jorginho, Kreuzer.
Schiedsrichter: Norbert Haupt.

2. SPIELTAG

Bayern – 1. FC Kaiserslautern 1:0 (1:0)

BAYERN: Aumann – Thon – Kreuzer, Helmer – Jorginho, Scholl, Wouters, Schupp, Ziege (72. Münch) – Labbadia, Wohlfarth (46. Grahammer).
K'LAUTERN: Serr – Kadlec – Eriksson, W. Funkel – Ritter – Haber, Lelle (46. Vogel), Wagner – Witeczek – Marin, Kuntz (76. Goldbæk).
Tor: 1:0 Labbadia (20.).
Gelb: Grahammer, Scholl, Ziege / –.
Schiedsrichter: Wieland Ziller.

3. SPIELTAG

Eintracht Frankfurt – Bayern 1:1 (1:0)

FRANKFURT: Stein – Binz – Bindewald, Roth – Okocha, Penksa (67. Wolf), Bommer, Studer, Weber – Kruse, Schmitt (69. Yeboah).
BAYERN: Aumann – Thon – Kreuzer, Helmer – Jorginho, Matthäus, Wouters, Scholl, Ziege – Labbadia, Mazinho (66. Cerny).
Tore: 1:0 Bommer (45.+1), 1:1 Kreuzer (50.).
Gelb: Weber / Wouters, Kreuzer.
Schiedsrichter: Günther Habermann.

4. SPIELTAG

Bayern – Dynamo Dresden 3:1 (0:0)

BAYERN: Aumann – Thon – Kreuzer, Helmer – Jorginho, Scholl, Wouters, Schupp, Ziege – Mazinho, Labbadia.
DRESDEN: Müller – Mauksch – Schößler, Wagenhaus – Hauptmann, Pilz, Stevic (73. Gütschow), Kern, Kmetsch – Jähnig, Rath.
Tore: 1:0 Jorginho (49.), 2:0 Labbadia (76.), 3:0 Labbadia (78.), 3:1 Gütschow (88., Foulelfmeter).
Gelb: Mazinho / Wagenhaus.
Schiedsrichter: Kurt Witke.

5. SPIELTAG

1. FC Köln – Bayern 1:3 (0:2)

KÖLN: Illgner – Christofte (47. Fuchs) – Baumann, Higl – Rudy, Janßen (65. Sturm), Flick, Littbarski, Heldt – Steinmann, Ordenewitz.
BAYERN: Aumann – Thon – Kreuzer, Helmer – Jorginho, Scholl (26. Münch), Wouters, Schupp, Ziege – Labbadia, Mazinho (58. Reinhardt).
Tore: 0:1 Kreuzer (33.), 0:2 Wouters (44.), 1:2 Ordenewitz (68.), 1:3 Ziege (78.).
Gelb: Baumann / Kreuzer, Helmer.
Schiedsrichter: Hartmut Strampe.

6. SPIELTAG

Bayern – Hamburger SV 4:0 (0:0)

BAYERN: Aumann – Thon – Kreuzer (72. Reinhardt), Helmer – Jorginho, Scholl, Wouters (71. Schwabl), Schupp, Ziege – Mazinho, Wohlfarth.
HAMBURG: Golz – Rohde – Kober, Matysik – Babbel (65. Bode), Dotchev (60. Letchkov), von Heesen, Eck, Hartmann, Spörl, – Weichert.
Tore: 1:0 Ziege (51.), 2:0 Wohlfarth (54.), 3:0 Helmer (59.), 4:0 Mazinho (64.).
Gelb: – / Weichert.
Schiedsrichter: Gerhard Theobald.

7. SPIELTAG

Bayern – SG Wattenscheid 09 1:1 (1:0)

BAYERN: Aumann – Thon – Kreuzer – Jorginho, Matthäus, Wouters, Scholl, Schupp, Helmer – Labbadia, Mazinho (18. Wohlfarth).
WATTENSCHEID: Eilenberger – Prinzen, Neuhaus, Bach – Emmerling, Buckmaier (79. Sané), Langbein (63. Tschiskale), Kula, Sobiech, Daniel – Lesniak.
Tore: 1:0 Thon (37., Foulelfmeter), 1:1 Sané (90.+3).
Gelb/Rot: Scholl (62.) / –.
Gelb: Kreuzer, Schupp, Matthäus / Bach, Prinzen, Tschiskale.
Schiedsrichter: Michael Malbranc.

8. SPIELTAG

Borussia Dortmund – Bayern 1:2 (0:1)

DORTMUND: Klos – Reuter – Schmidt, Kutowski – Povlsen, Zelic (70. Poschner), Rummenigge, Zorc, K. Reinhardt – Mill (71. Sippel), Chapuisat.
BAYERN: Aumann – Thon – Kreuzer, A. Reinhardt – Jorginho, Matthäus, Wouters, Schupp, Helmer – Cerny, Labbadia (83. Sternkopf).
Tore: 0:1 Helmer (31.), 0:2 Kreuzer (62.), 1:2 Rummenigge (84.).
Gelb: Zelic / Matthäus, Kreuzer.
Schiedsrichter: Bernd Heynemann.

9. SPIELTAG

Bayern – Borussia M'gladbach 2:2 (0:1)

BAYERN: Aumann – Thon – Kreuzer, Reinhardt (46. Scholl) – Sternkopf (80. Cerny), Matthäus, Wouters, Schupp, Helmer – Labbadia, Wohlfarth.
M'GLADBACH: Heyne – Schulz – Klinkert, Eichin – Kastenmaier, Pflipsen (76. Nielsen), Steffen (90.+1 Max), Criens Mølby, Schneider – Dahlin.
Tore: 0:1 Criens (26.), 1:1 Thon (52., Handelfmeter), 2:1 Helmer (89.), 2:2 Max (90.+4).
Gelb/Rot: – / Mølby (45.+3).
Gelb: Scholl / Criens, Schneider.
Schiedsrichter: Karl-Heinz Gläser.

10. SPIELTAG

1. FC Saarbrücken – Bayern 1:1 (1:0)

SAARBRÜCKEN: Brasas – Kostner – Beckenbauer, Eichmann – Lange, Stickroth, Wuttke (54. Fuhl), Kristl, Bürger – Wynalda, Krätzer (67. Sawitschew).
BAYERN: Aumann – Thon – Kreuzer, Cerny – Jorginho, Matthäus, Wouters (84. Sternkopf), Helmer, Schupp – Scholl, Labbadia.
Tore: 1:0 Kristl (27.), 1:1 Kreuzer (52.).
Gelb: Kostner, Eichmann / Wouters.
Schiedsrichter: Hellmut Krug.

11. SPIELTAG

Bayern – Werder Bremen 1:3 (0:1)

BAYERN: Aumann – Thon – Kreuzer, Helmer – Jorginho, Matthäus, Wouters, Schupp (35. Scholl), Ziege – Labbadia, Wohlfarth (62. Cerny).
BREMEN: Gundelach – Neubarth – Beiersdorfer, Borowka – Wolter, Votava, Eilts, Legat, Bode – Herzog (82. Harttgen), Rufer.
Tore: 0:1 Rufer (43., Handelfmeter), 0:2 Rufer (65.), 0:3 Herzog (69.), 1:3 Thon (85., Foulelfmeter).
Gelb: Jorginho, Matthäus, Scholl / Wolter.
Schiedsrichter: Hans-Peter Dellwing.

12. SPIELTAG

VfB Stuttgart – Bayern 2:3 (0:0)

STUTTGART: Immel – Dubajic – Schneider, Buchwald – Buck (75. Golke), Sverrisson, Strunz, Frontzeck, Kögl – Knup, Walter.
BAYERN: Aumann – Thon – Kreuzer, Cerny – Jorginho, Matthäus, Wouters, Ziege (81. Schupp), Helmer – Labbadia, Scholl (60. Reinhardt).
Tore: 1:0 Walter (53., Foulelfmeter), 1:1 Labbadia (54.), 1:2 Cerny (61.), 1:3 Ziege (69.), 2:3 Golke (87.).
Gelb: Strunz, Sverrisson / Kreuzer, Thon.
Schiedsrichter: Karl-Josef Assenmacher.

13. SPIELTAG

Bayern – 1. FC Nürnberg 1:0 (0:0)

BAYERN: Aumann – Thon (63. Scholl) – Kreuzer, Helmer – Jorginho, Matthäus, Wouters, Ziege, Münch – Wohlfarth (68. Mazinho), Labbadia.
NÜRNBERG: Köpke – Zietsch – Friedmann, Kurz – Oechler, Wolf, Dorfner, Fengler, Olivares – Weissenberger (62. Wück), Eckstein (79. T. Brunner).
Tor: 1:0 Helmer (87.).
Gelb/Rot: – / Zietsch (78.).
Gelb: Wouters, Thon / Friedmann, Fengler.
Schiedsrichter: Hans-Jürgen Weber.

14. SPIELTAG

Bayer Leverkusen – Bayern 2:4 (1:0)

LEVERKUSEN: Vollborn – Radschuweit – Wörns, Kree – Fischer, Scholz, Lupescu, Hapal (63. Tolkmitt), Happe (88. Rydlewicz) – Kirsten, Thom.
BAYERN: Aumann – Wouters – Kreuzer, Helmer – Jorginho, Schupp, Matthäus, Scholl (89. Schwabl), Ziege (76. Sternkopf) – Labbadia, Mazinho.
Tore: 1:0 Scholz (11.), 1:1 Ziege (58.), 1:2 Matthäus (69.), 1:3 Wouters (75.), 2:3 Thom (87.), 2:4 Labbadia (90.).
Gelb: Lupescu / Mazinho. **Schiedsrichter:** Dr. Markus Merk.

15. SPIELTAG

Bayern – Karlsruher SC 3:3 (2:2)

BAYERN: Aumann – Wouters – Kreuzer, Helmer – Jorginho, Matthäus, Schupp, Scholl, Ziege – Labbadia (70. Sternkopf), Mazinho.
KARLSRUHE: Kahn – Nowotny – Metz, Reich – Carl (26. Schmarow), Schütterle, Rolff, Bender, Wittwer – – Kirjakow, Krieg (69. Schuster).
Tore: 1:0 Mazinho (13.), 2:0 Ziege (21.), 2:1 Schmarow (35.), 2:2 Kreuzer (41., Eigentor), 3:2 Matthäus (72.), 3:3 Schütterle (84.).
Gelb: Mazinho, Wouters / Kirjakow, Schuster.
Schiedsrichter: Hartmut Strampe.

16. SPIELTAG

VfL Bochum – Bayern 2:2 (1:0)

BOCHUM: Zumdick – Herrmann – Dressel, Reekers – Schwanke, Rzehaczek (65. Wosz), Kempe, Wegmann, Bonan – Milde, Ljutyj (87. Heinemann).
BAYERN: Aumann – Thon – Kreuzer, Helmer – Jorginho, Matthäus, Wouters, Schupp, Ziege (81. Sternkopf) – Labbadia, Mazinho.
Tore: 1:0 Wegmann (1.), 1:1 Labbadia (49.), 2:1 Wegmann (71.), 2:2 Matthäus (89.).
Gelb: Herrmann, Milde / Kreuzer, Thon.
Schiedsrichter: Jürgen F. Wippermann.

17. SPIELTAG

Bayern – FC Schalke 04 1:1 (0:0)

BAYERN: Aumann – Thon – Kreuzer, Helmer – Jorginho, Matthäus, Wouters, Schupp (66. Schwabl), Ziege (57. Sternkopf) – Labbadia, Mazinho.
SCHALKE: Gehrke – Güttler – Spanring, Linke – Eigenrauch (64. Hey), Borodjuk, Freund, Anderbrügge, Büskens – Christensen, Mihajlovic.
Tore: 0:1 Freund (54.), 1:1 Linke (63., Eigentor).
Gelb: – / Gehrke, Freund.
Schiedsrichter: Günther Habermann.

18. SPIELTAG

Bayern – Bayer Uerdingen 2:0 (1:0)

BAYERN: Aumann – Thon – Helmer – Jorginho (83. Cerny), Matthäus, Wouters, Schupp (54. Scholl), Münch, Ziege – Wohlfarth, Labbadia.
UERDINGEN: Dreher – Peschke – Paßlack, Posch – Gorlukowitsch, Bremser, Sassen (66. Bittengel) Jüptner, Krümpelmann (83. Kühn), Kranz – Laessig.
Tore: 1:0 Labbadia (26.), 2:0 Labbadia (67.).
Gelb: – / Posch.
Schiedsrichter: Gerhard Theobald.

19. SPIELTAG

1. FC Kaiserslautern – Bayern 1:3 (0:1)

K'LAUTERN: Serr – Kadlec – W. Funkel, Ritter (58. Vogel) – Haber, Dooley, Eriksson, Hotic, Wagner (46. Goldbæk) – Kuntz, Witeczek.
BAYERN: Aumann – Thon – Cerny, Kreuzer – Jorginho, Matthäus, Wouters, Schupp (90.+2 Scholl), Helmer – Labbadia, Wohlfarth.
Tore: 0:1 Wohlfarth (9.), 0:2 Schupp (55.), 1:2 Kuntz (73.), 1:3 Jorginho (85.).
Gelb/Rot: – / Wohlfarth (79.).
Gelb: Goldbæk / Thon, Matthäus.
Schiedsrichter: Manfred Harder.

20. SPIELTAG

Bayern – Eintracht Frankfurt 1:0 (1:0)

BAYERN: Aumann – Thon – Kreuzer, Helmer – Jorginho, Matthäus (62. Scholl), Wouters, Schupp, Ziege – Labbadia, Mazinho (67. Cerny).
FRANKFURT: Stein – Binz – Zchadadse, Bindewald – Okocha (64. da Silva), Rahn (61. Andersen), Komljenovic, Bein, Weber – Anicic, Schmitt.
Tor: 1:0 Matthäus (28.).
Gelb: Matthäus, Scholl / Zchadadse.
Schiedsrichter: Eugen Strigel.

21. SPIELTAG

Dynamo Dresden – Bayern 0:0

DRESDEN: Müller – Maucksch – Wagenhaus, Melzig – Schößler, Kern, Stevic, Beuchel, Kmetsch – Zickler (71. Ratke), Rath (88. Schmäler).
BAYERN: Aumann – Thon – Kreuzer, Helmer – Jorginho, Matthäus, Wouters, Schupp, Ziege (69. Scholl) – Labbadia, Wohlfarth.
Rot: Wagenhaus (27.) / –.
Gelb: – / Jorginho.
Schiedsrichter: Karl-Josef Assenmacher.

22. SPIELTAG

Bayern – 1. FC Köln 3:0 (1:0)

BAYERN: Aumann – Thon – Kreuzer – Jorginho, Matthäus, Wouters, Schupp, Helmer, Ziege (46. Scholl) – Labbadia (66. Cerny), Wohlfarth.
KÖLN: Bade – Spyrka – Baumann (61. Fuchs), Trulsen – Greiner (75. Ordenewitz), Littbarski, Rudy, Steinmann, Keuler, Weiser – Sturm.
Tore: 1:0 Ziege (14.), 2:0 Wohlfarth (81.), 3:0 Schupp (83.).
Gelb: Schupp / Keuler, Trulsen, Steinmann.
Schiedsrichter: Peter Mölm.

23. SPIELTAG

Hamburger SV – Bayern 3:1 (1:0)

HAMBURG: Golz – Rohde – Babbel, Kober – Letchkov, Hartmann, von Heesen, Bäron (86. Bode), Eck – Furtok, Weichert (33. Matysik).
BAYERN: Aumann – Thon – Kreuzer (34. Münch), Helmer – Jorginho, Matthäus, Wouters, Schupp, Ziege – Labbadia (62. Scholl), Wohlfarth.
Tore: 1:0 von Heesen (23.), 2:0 Furtok (70.), 3:0 Eck (80.), 3:1 Jorginho (86.).
Gelb: – / Kreuzer, Wouters, Helmer.
Schiedsrichter: Bernd Heynemann.

24. SPIELTAG

SG Wattenscheid 09 – Bayern 2:0 (0:0)

WATTENSCHEID: Mai – Neuhaus – Prinzen, Emmerling, Moser, Wolters, Fink, Buckmaier, Sobiech (31. Ibrahim) – Tschiskale, Lesniak (81. Langbein).
BAYERN: Aumann – Thon – Cerny, Helmer – Jorginho, Schupp (57. Sternkopf), Wouters, Matthäus, Ziege (46. Scholl) – Labbadia, Wohlfarth.
Tore: 1:0 Ibrahim (72.), 2:0 Lesniak (79.).
Gelb: Lesniak / Schupp, Thon.
Schiedsrichter: Hans Fux.

25. SPIELTAG

Bayern – Borussia Dortmund 2:0 (0:0)

BAYERN: Aumann – Thon – Münch – Jorginho, Matthäus, Wouters, Schupp, Scholl, Helmer – Labbadia (65. Wohlfarth), Cerny (76. Ziege).
DORTMUND: Klos – Zelic – Kutowski, Schmidt – Reuter, Zorc, Rummenigge, Sammer, Karl (78. Lusch) – Poschner, Chapuisat.
Tore: 1:0 Wouters (51.), 2:0 Thon (82., Foulelfmeter).
Gelb: – / Poschner.
Schiedsrichter: Dr. Markus Merk.

26. SPIELTAG

Borussia M'gladbach – Bayern 2:2 (0:2)

M'GLADBACH: Heyne – Hochstätter – Klinkert, Eichin – Kastenmaier, Schneider, Pflipsen, Wynhoff (80. Nielsen), Neun – Max (46. Salou), Dahlin.
BAYERN: Aumann – Thon – Helmer, Münch – Jorginho, Matthäus, Wouters, Schupp, Ziege (72. Cerny) – Scholl (86. Sternkopf), Labbadia.
Tore: 0:1 Ziege (12.), 0:2 Scholl (25.), 1:2 Dahlin (46.), 2:2 Dahlin (71.).
Gelb: Hochstätter, Eichin / Schupp, Labbadia.
Schiedsrichter: Hartmut Strampe.

27. SPIELTAG

Bayern – 1. FC Saarbrücken 6:0 (4:0)

BAYERN: Gospodarek – Thon (37. Münch) – Wouters, Kreuzer – Jorginho, Schupp, Scholl (67. Sternkopf), Helmer, Ziege – Mazinho, Labbadia.
SAARBRÜCKEN: Brasas – Fuhl – Lust, Eichmann – Hönerbach, Lange (24. Stickroth), Kostner, Kristl, Bürger – Sawitschew, Wuttke (78. Krätzer).
Tore: 1:0 Labbadia (16.), 2:0 Scholl (25.), 3:0 Scholl (29.), 4:0 Kreuzer (44.), 5:0 Scholl (58.), 6:0 Labbadia (67.).
Gelb: Kreuzer, Mazinho / Eichmann, Kostner.
Schiedsrichter: Lothar Löwer.

28. SPIELTAG

Werder Bremen – Bayern 4:1 (1:1)

BREMEN: Reck – Neubarth – Beiersdorfer, Borowka – Wolter, Votava, Herzog, Legat, Bode (86. Kohn) – Hobsch, Rufer (82. Schaaf).
BAYERN: Gospodarek – Thon – Kreuzer, Helmer – Jorginho, Schupp, Matthäus, Scholl, Ziege – Labbadia (36. Wohlfarth), Mazinho.
Tore: 0:1 Ziege (29.), 1:1 Rufer (45., Foulelfmeter), 2:1 Rufer (52., Foulelfmeter), 3:1 Herzog (68.), 4:1 Hobsch (79.).
Gelb: Neubarth / Helmer, Scholl, Schupp, Gospodarek, Matthäus.
Schiedsrichter: Jürgen Aust.

29. SPIELTAG

Bayern – VfB Stuttgart 5:3 (2:2)

BAYERN: Aumann – Thon – Kreuzer – Jorginho, Schupp, Wouters, Matthäus, Helmer, Ziege (15. Sternkopf / 83. Münch) – Wohlfarth, Scholl.
STUTTGART: Immel – Dubajic (70. Kienle) – Schäfer, Strehmel – Buck, Strunz, Sverrisson, Gaudino, Buchwald – Kögl, Golke (79. Frontzeck).
Tore: 1:0 Helmer (3.), 1:1 Sverrisson (7.), 2:1 Schupp (24.), 2:2 Gaudino (37.), 3:2 Matthäus (52.), 4:2 Matthäus (56.), 5:2 Wohlfarth (61.), 5:3 Strunz (63.).
Gelb: Matthäus, Thon / Sverrisson, Buchwald, Strunz.
Schiedsrichter: Hellmut Krug.

30. SPIELTAG

1. FC Nürnberg – Bayern 0:0

NÜRNBERG: Köpke – Hintermaier – Brunner, Kurz – Brand, Kramny, Zietsch, Oechler, Wolf – Eckstein (90. Rösler), Wück.
BAYERN: Aumann – Thon (46. Münch) – Kreuzer, Helmer – Jorginho, Matthäus (46. Wohlfarth), Wouters, Schupp, Ziege – Labbadia, Scholl.
Gelb: – / Matthäus, Kreuzer.
Schiedsrichter: Karl-Heinz Gläser.

31. SPIELTAG

Bayern – Bayer Leverkusen 4:1 (2:0)

BAYERN: Aumann – Thon – Kreuzer, Helmer – Jorginho, Matthäus (56. Wohlfarth), Wouters, Schupp, Ziege – Labbadia (76. Mazinho), Scholl.
LEVERKUSEN: Vollborn – Foda – Wörns, Kree – Fischer, Scholz (72. Rydlewicz), Lupescu, von Ahlen (72. Herrlich) – Hapal, Kirsten, Thom.
Tore: 1:0 Helmer (23.), 2:0 Labbadia (41.), 2:1 Kirsten (47.), 3:1 Schupp (66.), 4:1 Scholl (85.).
Gelb: Wouters / von Ahlen. **Schiedsrichter:** Edgar Steinborn.

32. SPIELTAG

Karlsruher SC – Bayern 4:2 (3:0)

KARLSRUHE: Kahn – Nowotny – Reich, Schuster – Schmidt, Schmarow, Rolff, Klinge (87. Neustädter), Wittwer – Schütterle, Carl (70. Fritz).
BAYERN: Aumann – Thon (68. Wohlfarth) – Kreuzer, Helmer – Jorginho, Schupp, Wouters, Matthäus, Ziege – Scholl, Labbadia (64. Mazinho).
Tore: 1:0 Carl (24.), 2:0 Carl (34.), 3:0 Rolff (45.+1), 4:0 Schütterle (49.), 4:1 Mazinho (66.), 4:2 Ziege (90.+1).
Gelb: Schütterle, Klinge, Wittwer / Scholl.
Schiedsrichter: Manfred Harder.

33. SPIELTAG

Bayern – VfL Bochum 3:1 (3:0)

BAYERN: Aumann – Thon – Kreuzer – Jorginho, Wouters, Matthäus, Schupp, Helmer, Ziege – Scholl (73. Wohlfarth), Labbadia (59. Mazinho).
BOCHUM: Wessels – Herrmann – Reekers, Heinemann (34. Schwanke) – Christians, Wosz, Wegmann, Kempe, Kim (75. Milde), Eitzert – Aden.
Tore: 1:0 Scholl (29.), 2:0 Ziege (32.), 3:0 Matthäus (44.), 3:1 Wosz (74.).
Gelb: Thon, Kreuzer / Aden, Kempe. **Schiri:** Alfons Berg.

34. SPIELTAG

FC Schalke 04 – Bayern 3:3 (2:1)

SCHALKE: Gehrke – Güttler – Prus, Eigenrauch – Luginger, Borodjuk, Müller, Anderbrügge, Büskens – Mihajlovic (77. Mademann), Sendscheid (90.+1 Leifeld).
BAYERN: Aumann – Thon – Kreuzer, Helmer (72. Sternkopf) – Jorginho, Schupp (48. Wohlfarth), Wouters, Matthäus, Ziege – Labbadia, Scholl.
Tore: 1:0 Anderbrügge (4.), 1:1 Scholl (24.), 2:1 Borodjuk (34.), 2:2 Matthäus (74.), 2:3 Wouters (76.), 3:3 Borodjuk (86.).
Gelb/Rot: – / Kreuzer (82.).
Gelb: Müller, Güttler, Gehrke, Mademann / Labbadia.
Schiedsrichter: Lutz Michael Fröhlich.

Abschlusstabelle

Pl.	Verein	Spiele	G	U	V	Tore	Diff.	Punkte
1	Bremen	34	19	10	5	63:30	+33	48:20
2	Bayern	34	18	11	5	74:45	+29	47:21
3	Frankfurt	34	15	12	7	56:39	+17	42:26
4	Dortmund	34	18	5	11	61:43	+18	41:27
5	Leverkusen	34	14	12	8	64:45	+19	40:28
6	Karlsruhe	34	14	11	9	60:54	+6	39:29
7	Stuttgart (M)	34	12	12	10	56:50	+6	36:32
8	Kaiserslautern	34	13	9	12	50:40	+10	35:33
9	M'gladbach	34	13	9	12	59:59	0	35:33
10	Schalke	34	11	12	11	42:43	−1	34:34
11	Hamburg	34	8	15	11	42:44	−2	31:37
12	Köln	34	12	4	18	41:51	−10	28:40
13	Nürnberg	34	10	8	16	30:47	−17	28:40
14	Wattenscheid	34	10	8	16	46:67	−21	28:40
15	Dresden	34	7	13	14	32:49	−17	27:41
16	Bochum	34	8	10	16	45:52	−7	26:42
17	Uerdingen (A)	34	7	10	17	35:64	−29	24:44
18	Saarbrücken (A)	34	5	13	16	37:71	−34	23:45

DIE WEITEREN SIEGER DES JAHRES:

Champions League:
Olympique Marseille

Europacup der Pokalsieger:
AC Parma

Uefa-Cup:
Juventus Turin

DFB-Pokal:
Bayer Leverkusen

Alle Ergebnisse auf einen Blick

Waagerecht: alle Heimresultate. Senkrecht: alle Auswärtsresultate	Bremen	Bayern	Frankfurt	Dortmund	Leverkusen	Karlsruhe	Stuttgart	Kaiserslautern	M'gladbach	Schalke	Hamburg	Köln	Nürnberg	Wattenscheid	Dresden	Bochum	Uerdingen	Saarbrücken
Bremen		4:1	0:0	1:0	1:1	3:0	1:1	1:0	2:0	2:0	5:0	2:0	3:0	3:0	3:0	3:1	2:1	2:0
Bayern	1:3		1:0	2:0	4:1	3:3	5:3	1:0	2:2	1:1	4:0	3:0	1:0	1:1	3:1	3:1	2:0	6:0
Frankfurt	3:0	1:1		4:1	2:2	4:1	4:0	3:0	1:3	0:3	3:3	2:1	0:0	4:1	1:1	4:1	1:0	1:1
Dortmund	2:2	1:2	3:0		1:2	3:1	0:4	1:0	4:1	0:2	3:1	4:1	4:2	6:0	3:0	1:0	2:0	3:0
Leverkusen	2:2	2:4	1:1	3:3		5:1	4:0	2:0	4:0	6:1	1:1	3:0	2:1	3:1	0:0	3:1	1:0	1:1
Karlsruhe	5:2	4:2	4:1	3:0	1:1		1:1	1:1	4:2	0:0	1:0	3:1	1:1	2:1	3:1	1:0	4:0	2:2
Stuttgart	0:3	2:3	2:2	1:0	0:3	2:1		3:1	3:2	1:0	1:1	2:0	3:0	4:1	4:0	4:1	1:2	2:2
Kaiserslautern	3:1	1:3	0:2	0:0	4:0	2:3	0:0		0:0	3:0	2:2	1:0	2:0	4:1	2:0	3:1	2:1	1:1
M'gladbach	3:1	2:2	3:3	0:3	2:2	3:1	1:1	2:2		2:0	0:0	1:2	2:1	4:1	5:1	1:1	0:4	2:5
Schalke	0:0	3:3	0:0	0:0	2:1	2:2	1:0	4:0	1:2		0:0	1:0	0:0	3:4	2:0	0:3	1:1	2:2
Hamburg	0:0	3:1	1:2	1:2	0:0	1:2	1:1	2:2	0:2	1:2		3:0	0:1	1:1	1:1	2:0	3:0	2:0
Köln	0:0	1:3	0:1	0:1	1:0	2:0	3:1	0:3	1:2	2:1	2:2		2:0	3:0	3:1	1:0	5:0	4:2
Nürnberg	0:0	0:0	1:2	1:2	0:1	0:0	3:2	0:0	0:1	1:4	1:0	2:1		2:1	0:0	2:1	2:0	4:1
Wattenscheid	2:2	2:0	1:2	1:3	1:3	0:2	0:0	1:0	3:1	0:0	2:2	4:2	4:1		2:1	2:0	1:1	3:1
Dresden	2:3	0:0	0:2	3:0	2:0	3:0	0:0	1:3	1:0	1:0	1:1	3:0	1:2	2:1		0:0	1:1	0:0
Bochum	2:0	2:2	1:0	2:2	2:2	2:2	0:0	1:3	2:1	0:1	1:2	0:0	4:0	3:1	2:2		4:1	4:0
Uerdingen	0:2	0:3	2:0	0:2	2:1	1:1	3:3	0:5	1:3	4:2	0:2	0:0	2:1	1:1	1:1	2:1		1:1
Saarbrücken	0:4	1:1	0:0	3:1	3:1	2:0	1:4	2:0	0:4	1:3	0:3	0:3	0:1	0:1	1:1	1:1	3:3	

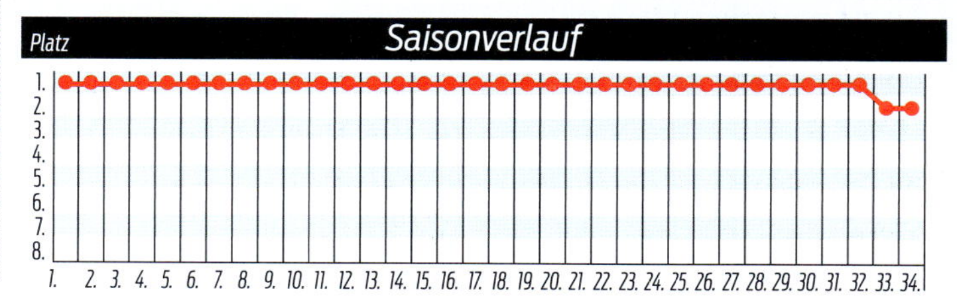

Das Tor, das keines ist und dennoch von Schiedsrichter Osmers gegeben wird: das vermeintliche 1:0 von Thomas Helmer (M.) gegen Nürnbergs Torwart Andreas Köpke. Der Ball rollt neben dem Pfosten auf die Tartanbahn

NÄCHSTE KAISER-ZEIT UND EIN PHANTOM-TOR

Franz Beckenbauer löst nach Weihnachten Erich Ribbeck auf dem Trainerposten ab und rettet die Meisterschaft. Das Spiel gegen Nürnberg muss nach einer kuriosen Szene wiederholt werden

Ruud Gullit kommt nicht nach München. Der Weltstar, Europameister mit Holland 1988 und Sieger im Landesmeistercup mit dem AC Mailand (1989 und 1990), sagt dem FC Bayern ab. Auch bei Andreas Möller, Weltmeister von 1990 und bei Juventus Turin unter Vertrag, und dem aktuellen Bundesliga-Torschützenkönig Anthony Yeboah (Eintracht Frankfurt) verlaufen im Sommer 1993 die Bemühungen um eine Verpflichtung im Sand.

So bescheiden sich die Münchner mit dem Kaiserslauterer Marcel Witeczek, dem Dresdner Alexander Zickler, einem Torjäger aus Kolumbien namens Adolfo Valencia (Spitzname: „El Tren“, der Zug) sowie Dietmar Hamann und Christian Nerlinger aus der eigenen Jugend. Spielern, die nicht gerade die Ambitionen auf die Meisterschaft stärken, „unser großes Ziel“, wie Vizepräsident Karl-Heinz Rummenigge sagt.

Monate später, in der November-Krise nach Pokalniederlagen in Norwich und Dresden, schwindet die Hoffnung noch mehr. Es droht das vierte titellose Jahr in Folge. Der „Kicker“ skizziert in großer Aufmachung: „Die Angst der Bayern vor dem Absturz!“ Immerhin gehen sie am 11. Dezember 1993 als Dritter in die Winterpause, nur einen Punkt hinter Tabellenführer Leverkusen und dem Zweiten Frankfurt.

Trainer Erich Ribbeck steht in der Kritik. Er will mit der Zeit gehen und hat den Libero abgeschafft, doch seine Viererkette ist löchrig. Vizepräsident Franz Beckenbauer moniert das. Jan Wouters bescheinigt Ribbeck in einer Teamsitzung, er sei „der schlechteste Trainer, den ich je gehabt habe". Jorginho mahnt, dass er unter Ribbeck den Spaß am Fußball verliere, und Raimond Aumann tritt als Kapitän zurück, „weil ich nie das Vertrauen des Trainers gespürt habe".

So beschließen Manager Uli Hoeneß, Präsident Fritz Scherer, Rummenigge und Beckenbauer am 13. Dezember Ribbecks Rauswurf. Aber erst am Tag nach Weihnachten einigen sie sich auf einen Neuen. Denn so lange zaudert der von Hoeneß auserkorene Nachfolger: Beckenbauer.

Er will nur einspringen, wenn sein Freund Ribbeck einverstanden ist und zurücktritt. Das tut er schließlich, der Handschlag ist golden: Ribbeck wird die volle Meisterprämie (250 000 DM) und das komplette Restgehalt bis zum 30. Juni 1994 (500 000 DM) versprochen. So beginnt die neue Kaiserzeit in München.

Franz Beckenbauer ist mittlerweile 48 Jahre alt, mit seinen Repräsentationspflichten fühlt er sich nicht ausgelastet. „Ganz nett, aber nicht meine Hauptaufgabe."

3000 Zuschauer verfolgen das erste Training am 7. Januar, darunter rund 100 Journalisten. „Es ist mir selbst ein vollkommenes Rätsel, warum ich mir diesen Job antue", kokettiert der Retter auf Zeit. Die Spieler müssen nun eine Stunde früher aufstehen, das Training beginnt um neun Uhr. Doch der Mann, dem nachgesagt wird, dass ihm alles gelingt, startet am 21. Spieltag mit einer 1:3-Heimpleite gegen den VfB Stuttgart. Die Profis glauben dennoch an Beckenbauer, Mehmet Scholl schwärmt: „Es ist etwas ganz Besonderes, unter ihm zu trainieren."

Mit dem 4:0 gegen den MSV Duisburg übernimmt Bayern am 23. Spieltag die Tabellenführung. Ein Rückschlag ist das 0:4 gegen den 1. FC Kaiserslautern am 31. Spieltag, dennoch führt die Kaiser-Elf (39:23) die Bundesliga noch mit zwei Punkten Vorsprung vor dem FCK an. In der Teamsitzung nach der Pleite zeigt Beckenbauer die zweite Halbzeit, in der alle Tore fallen, komplett im Video. Wortlos. Seine Spieler verstehen und verlieren keine der restlichen drei Partien, von denen eine Bundesliga-Geschichte schreibt. Denn sie findet zweimal statt, weil der DFB erstmals ein Spiel wegen einer Fehlentscheidung wiederholen lässt.

Samstag, 23. April 1994, Olympiastadion. Zu Gast ist der 1. FC Nürnberg, der um den Klassenerhalt bangt. In der 24. Minute erhält Bayern eine Ecke von rechts, die Marcel Witeczek mit links dicht vor das Tor schlägt. Torwart Andreas Köpke kommt zu Fall, Thomas Helmer an den Ball. Er schießt Köpke auf der Linie an und stochert den Abpraller mit einer tapsigen Bewegung am Tor vorbei.

Der Ball rollt auf die Tartanbahn. Köpke flachst seinen Kollegen aus der Nationalelf: „Den Ball am Tor vorbeizubringen war schwieriger, als ihn reinzuschießen."

Beckenbauer schlägt die Hände vors Gesicht und stöhnt: „Eigentlich muss das ein klares Tor sein." Jörg Jablonski findet das auch. Der Linienrichter, der an diesem Tag weltberühmt wird, hebt entschlossen die Fahne und signalisiert Tor. „Premiere"-Kommentator Fritz von Thurn und Taxis schreit ins Mikrofon: „Das ist eine furchtbare Fehlentscheidung." Die Entscheidung trifft letztlich Schiedsrichter Hans-Joachim Osmers, aber nur weil „Sportkamerad Jablonski" („BILD-Zeitung") so heftig winkt.

Sanitäts-Feldwebel Jablonski sagt am nächsten Tag: „Ich stehe genau an der Eckfahne und gucke in die Sonne. Der Spieler Helmer steht am hinteren Pfosten vor der Torlinie. Ich sehe, wie Köpke auf den Ball zustürzt und wie Helmer den Ball über die Linie bringt. Ich war hundertprozentig der Überzeugung, dass er hinter der Linie war. Weil Helmer zwischen den Pfosten gestanden und die Hacke genommen hatte. Deshalb hob ich die Fahne. Erste Zweifel kamen mir aber, als der Ball neben dem Tor lag. Zumal Köpke und einige Club-Spieler auf mich zustürmten. Ich habe nach bestem Wissen und Gewissen entschieden."

Franz Beckenbauer mit Meister-Zigarre: Seine Mission endet nach der Saison

Helmer will sich aus der Affäre ziehen und beteuert später: „Ich habe nichts gesehen." Die Aussage ist eine glatte Lüge, das Foto-Dokument des Spiels entlarvt ihn.

Mit 1:0 geht es in die Kabinen. Jablonski versichert Osmers: „Du brauchst dir keine Gedanken zu machen, der Ball war klar im Tor." Dann sehen sie auf einem Monitor, was fast alle gesehen haben – kein Tor.

Helmer schießt noch einen regulären Treffer zum 2:0. Nürnberg verkürzt in der 79. Minute, erhält gleich danach einen Foulelfmeter. Doch Manfred Schwabl, in der Winterpause 1992/93 aus München zum Club gewechselt, scheitert an Raimond Aumann. So bleibt es beim 2:1 – und nur deshalb gibt es ein Nachspiel.

„Hätte ich den Elfer verwandelt, hätten wir niemals Protest eingelegt", sagt Manfred Schwabl. Ein Punkt beim Tabellenführer wäre ein großer Erfolg gewesen. Und Osmers gesteht im Gespräch mit der „Welt", dass er bei Schwabls Schuss nicht ganz unparteiisch war: „Als er verschoss, war ich der Ohnmacht nahe."

Am nächsten Tag legt der 1. FC Nürnberg fristgerecht Protest ein. Am Dienstag, 26. April, tagt das Sportgericht und annulliert nach 311 Minuten Verhandlung die Wertung des Spiels. Die Volksseele in Fußball-Deutschland ist befriedigt.

Interessant ist die Begründung, mit der der DFB das Prinzip der Tatsachenentscheidung rettet. Osmers und Jablonski haben demnach zwei verschiedene Szenen bewertet, den ersten beziehungsweise den zweiten Schussversuch Helmers. Denn dass der Ball beim zweiten Versuch neben das Tor kullerte, konnte Osmers genau sehen. Er beanspruchte Jablonskis Hilfe beim ersten Versuch. Da diese aber nur Sekundenbruchteile auseinanderlagen, bezog Osmers Jablonskis Signal schlicht auf die falsche Szene.

Das Wiederholungsspiel steigt am Dienstag, 3. Mai. Zwischen vorletztem und letztem Spieltag, was eigentlich nicht sein soll. Es wird von Sat.1 live übertragen und eine klare Angelegenheit für die Bayern. Sie gewinnen 5:0 und mit dem 2:0 am letzten Spieltag gegen Schalke 04 auch die Meisterschaft.

Und der 1. FC Nürnberg steigt ab – punktgleich mit Freiburg, aber dem schlechteren Torverhältnis.

Uefa-Cup

Das 0:2 von Mark Bowen (M.) – Vorentscheidung im Hinspiel gegen Norwich

Biederes Team aus Norwich zu stark

Nach einem Jahr Abstinenz spielen die Bayern wieder international – im Uefa-Cup. Es wird ein kurzes Vergnügen. Der Auftakt bei Twente Enschede verläuft turbulent, eine 3:1-Führung ist schnell wieder verspielt, ehe Christian Ziege in letzter Minute das 4:3 erzielt. Es ist sein zweites Tor des Abends, zudem treffen die Europacup-Debütanten Christian Nerlinger und Mehmet Scholl. Das Rückspiel gewinnt Bayern nach Treffern von Lothar Matthäus, Ziege und einem Eigentor 3:0. In Runde zwei bestätigen die Bayern ihre Schwäche gegen englische Teams. Die äußerst biederen Gäste von Norwich City, ohne Nationalspieler in ihren Reihen, gewinnen in München 2:1 (Gegentor: Nerlinger). Als in Norwich Adolfo Valencia nach fünf Minuten das 1:0 gelingt, keimt Hoffnung. Nach 51 Minuten fällt der Ausgleich – es bleibt beim 1:1. Trainer Ribbeck konstatiert: „Wir sind im Hinspiel ausgeschieden. Mit der Leistung in Norwich bin ich sehr zufrieden."

DFB-Pokal

Vor dem Anpfiff noch entspannt, nach Abpfiff leidend: Markus Schupp (r.) im Gespräch mit Dresdens Piotr Nowak

Pokal-Aus im achten Jahr in Folge

In der ersten Runde müssen die Bayern zu Werder Bremen – jedoch nur zur zweiten Garnitur. Die Amateure leisten eine Stunde tapferen Widerstand und halten ein 1:1, dann ziehen die Münchner an und auf 5:1 davon. Bruno Labbadia schießt drei Tore, verletzt sich aber am Knie und fällt zwei Monate aus. In der 2. Runde treffen die Bayern wieder auf eine Reserve-Mannschaft – die von Carl Zeiss Jena. Jan Wouters und Christian Nerlinger verhindern mit ihren Toren zum 2:0 die Blamage beim Viertligisten. Die nächste Dienstreise führt in den Westen – zum Bundesliga-Konkurrenten Schalke 04. In der 87. Minute gleicht Oliver Kreuzer Schalkes Führung zum 1:1 aus, trifft auch in der Verlängerung zum 2:2. In letzter Minute sorgt Christian Ziege für den 3:2-Siegtreffer. Wie in den sieben Jahren zuvor endet die Reise im Pokal auch 1993/94 wieder vorzeitig: Im Achtelfinale gewinnt Dynamo Dresden durch ein spätes Tor von Olaf Marschall (89.) 2:1.

TRAINER

FRANZ BECKENBAUER
Als erstes amtierendes Vorstandsmitglied ist er auch Meistertrainer. Bilanz: neun Siege, zwei Remis, drei Niederlagen. Nach der Saison tritt Beckenbauer planmäßig ab.

DIE TOP-ELF DER SAISON

Christian Zie

Thomas Helmer

DER SPIELER DES JAHRES

*Franz Beckenbauer nennt **Lothar Matthäus** schlicht „meinen besten Spieler". Mit 33 Jahren blüht der Weltmeister noch einmal richtig auf – beim FC Bayern und in der Nationalmannschaft. Beckenbauer gibt ihm den Libero-Posten und die Kapitänsbinde, mehr Wertschätzung geht nicht. Matthäus schießt acht Tore in der Bundesliga, vier davon per Elfmeter. Am 17. November 1993 avanciert er gegen Brasilien mit seinem 104. Länderspiel zum deutschen Rekord-Nationalspieler, überflügelt Beckenbauer (103 Einsätze). Bei der WM 1994 in den USA bestreitet er alle fünf Spiele (ein Tor). Das Turnier endet mit dem 1:2 im Viertelfinal gegen Bulgarien im Frust.*

Der Kader

NAME	SPIELE	TORE
Raimond Aumann	32	0
Uwe Gospodarek	2	0
Thomas Helmer	28	2
Jorginho	24	2
Oliver Kreuzer	31	0
Markus Münch	10	0
Harald Cerny	3	0
Dieter Frey	12	1
Dietmar Hamann	5	1
Lothar Matthäus	33	8
Christian Nerlinger	32	9
Mehmet Scholl	27	11
Markus Schupp	32	4
Michael Sternkopf	21	2
Olaf Thon	15	1
Marcel Witeczek	27	3
Jan Wouters	16	1
Christian Ziege	29	3
Bruno Labbadia	20	7
Mazinho	1	0
Adolfo Valencia	25	11
Alexander Zickler	8	1

ALEXANDER ZICKLER Der Millionen-Transfer (2,3 Mio. DM aus Dresden) muss sich mit acht Liga-Einsätzen begnügen, schießt nur ein Tor

Transfers

ADOLFO VALENCIA hat einen vielversprechenden Spitznamen. Der Kolumbianer wird „El Tren" genannt – der Zug. Weil er mit der Wucht einer Lokomotive über den Fußballplatz stürmt. Sein Einstand ist formidabel mit zwei Toren beim 3:1 gegen den SC Freiburg (1. Spieltag). So ein Auftritt gelingt ihm im weiteren Verlauf der Spielzeit nur noch selten, elf Tore in 25 Bundesliga-Spielen lassen sich dennoch sehen. Valencias Engagement endet mit einem Kurzeinsatz am dritten Spieltag 1994/95, dann wechselt er zu Atlético Madrid.

SPIELER	VON VEREIN	ABLÖSESUMME
Dietmar Hamann	FC Bayern Jugend	–
Christian Nerlinger	FC Bayern Jugend	–
Marcel Witeczek	1. FC Kaiserslautern	5 Mio. DM
Adolfo Valencia	Independiente Santa Fe	5,1 Mio. DM
Alexander Zickler	SG Dynamo Dresden	2,3 Mio. DM

Tops & Flops

FRANZ BECKENBAUER beweist bei der Meisterfeier seine nach wie vor große Ballfertigkeit, legt beim Torwandschießen im ZDF-Sportstudio den Ball auf ein Bierglas und trifft.

ULI HOENESS spendet die Einnahmen aus dem Wiederholungsspiel gegen Nürnberg den Einwohnern von Gorazde (Bosnien), die vom Bürgerkrieg auf dem Balkan besonders betroffen sind.

CHRISTIAN NERLINGER wird in seiner ersten Profisaison sofort unverzichtbarer Stammspieler (32 Bundesliga-Einsätze) und erzielt auch noch neun Tore.

FRANZ BECKENBAUER kostet einer seiner legendären Wutanfälle 10 000 DM – Strafe für seine Kritik am DFB („hirnlose Juristen") wegen Wiederholung des Nürnberg-Spiels.

BRASILIEN-DRESS Bayern gräbt in Kaiserslautern das gelb-blaue Outfit aus, doch anders als am 26. November 1983 (1:0) misslingt der Psychotrick am 31. Spieltag bei der 0:4-Auswärtspleite.

GELB-FLUT Beim 1:3 in Freiburg (18. Spieltag) sehen Nerlinger, Jorginho, Wouters, Kreuzer und Matthäus Gelb, aber kein einziger Freiburger.

1. SPIELTAG

Bayern – SC Freiburg 3:1 (3:1)

BAYERN: Aumann – Jorginho, Matthäus, Helmer, Sternkopf – Zickler, Wouters, Schupp, Ziege (72. C. Nerlinger) – Valencia (59. Mazinho), Witeczek.
FREIBURG: Schmadtke – Heidenreich – Seeliger (76. Buric), Kohl – Braun, Zeyer, Cardoso, Todt, Linderer (60. Simon) – Spies, Freund.
Tore: 1:0 Schupp (8.), 2:0 Valencia (15.), 3:0 Valencia (24.), 3:1 Freund (37.).
Gelb: Matthäus / Cardoso.
Schiedsrichter: Karl-Josef Assenmacher.

2. SPIELTAG

Bayer Leverkusen – Bayern 2:1 (1:1)

LEVERKUSEN: Vollborn – Foda – Wörns, Melzig (32. Scholz) – Fischer (83. Hapal), Lupescu, Schuster, Happe, Sergio – Kirsten, Thom.
BAYERN: Aumann – Schupp, Kreuzer, Helmer, Thon (48. Sternkopf) – Scholl, Matthäus, Wouters, Ziege – Witeczek (73. C. Nerlinger), Zickler.
Tore: 1:0 Kirsten (2.), 1:1 Thon (26., Foulelfmeter), 2:1 Sergio (71.).
Gelb: Schuster, Kirsten, Sergio / Thon, Wouters.
Schiedsrichter: Hartmut Strampe.

3. SPIELTAG

Bayern – Dynamo Dresden 5:0 (2:0)

BAYERN: Aumann – Schupp, Kreuzer, Helmer (13. C. Nerlinger), Sternkopf – Scholl (76. Münch), Wouters, Matthäus, Ziege – Thon, Witeczek.
DRESDEN: Tschertschesow – N. Schmäler (61. Penksa) – Schößler, Maucksch – Kmetsch, Stevic (79. Rösler), Rath, Kern, Kranz – Jähnig, Marschall.
Tore: 1:0 Schupp (32.), 2:0 Nerlinger (45+2.), 3:0 Scholl (47.), 4:0 Ziege (50.), 5:0 Scholl (56.).
Schiedsrichter: Alfons Berg.

4. SPIELTAG

VfB Stuttgart – Bayern 2:2 (1:2)

STUTTGART: Immel – Dubajic – Berthold, Kracht – Buck, Sverrisson, Buchwald, Kögl, Frontzeck – Walter (82. Brdaric), Knup.
BAYERN: Aumann – Schupp, Kreuzer, Thon, Sternkopf – Scholl (69. Cerny), Matthäus (54. C. Nerlinger), Wouters, Ziege – Witeczek ,Valencia.
Tore: 0:1 Valencia (11.), 1:1 Frontzeck (13.), 1:2 Witeczek (15.), 2:2 Walter (46.).
Gelb/Rot: – / Sternkopf (88.).
Gelb: Dubajic, Kracht, Buchwald / Valencia, Kreuzer.
Schiedsrichter: Hans Fux.
Besonderes Vorkommnis: Immel hält Foulelfmeter von Thon (60.).

5. SPIELTAG

Bayern – VfB Leipzig 3:0 (1:0)

BAYERN: Aumann – Schupp, Kreuzer, Thon, Ziege – Scholl, Matthäus, Wouters, C. Nerlinger – Valencia (52. Cerny), Witeczek.
LEIPZIG: Kischko – Lindner, Edmond, Doyle – Hecking, Liebers, Heidrich (60. Bittencourt), Gabriel (62. Bredow), Trommer – Rische, Gräfe.
Tore: 1:0 Nerlinger (13.), 2:0 Matthäus (55.), 3:0 Schupp (88.).
Schiedsrichter: Jürgen Aust.

6. SPIELTAG

MSV Duisburg – Bayern 2:2 (1:1)

DUISBURG: Rollmann – Westerbeek – Wohlert, Nijhuis – Böger, Schmidt (84. Hopp), Steininger, Reinmayr (90+1. Tebeck), Tarnat – Közle, Weidemann.
BAYERN: Aumann – Schupp, Kreuzer, Thon, Ziege (30. Münch) – Sternkopf, Matthäus, Wouters, C. Nerlinger – Witeczek, Scholl.
Tore: 1:0 Közle (3.), 1:1 Wouters (20.), 2:1 Reinmayr (57.), 2:2 Scholl (90.).
Gelb: Reinmayr, Böger, Weidemann / Schupp.
Schiedsrichter: Karl-Josef Assenmacher.

7. SPIELTAG

Werder Bremen – Bayern 1:0 (0:0)

BREMEN: Reck – Bratseth – Beiersdorfer, Borowka – Wolter, Votava, Herzog (27. Basler), Eilts, Bode (88. Legat) – Hobsch, Rufer.
BAYERN: Aumann – Jorginho, Kreuzer, Matthäus, Ziege – Scholl, Schupp, Wouters, Sternkopf (64. C. Nerlinger) – Valencia, Witeczek.
Tor: 1:0 Hobsch (52.).
Gelb/Rot: – / Wouters (90+1.).
Gelb: Votava, Beiersdorfer / Schupp, Valencia, Wouters, Kreuzer, Matthäus. **Schiedsrichter:** Dr. Markus Merk.

8. SPIELTAG

Bayern – SG Wattenscheid 09 3:3 (1:1)

BAYERN: Aumann – Helmer (65. Sternkopf), Kreuzer, Münch – Zickler, Schupp, Matthäus, C. Nerlinger, Ziege – Witeczek, Valencia (57. Scholl).
WATTENSCHEID: Eilenberger – Neuhaus – Prinzen, Emmerling – Moser, Wolters, Fink, Buckmaier (81. Tschiskale), Hermann, Studer (71. Kula) – Lesniak.
Tore: 1:0 Witeczek (16.), 1:1 Lesniak (20.), 1:2 Lesniak (55.), 2:2 Nerlinger (56.), 3:2 Scholl (79.), 3:3 Lesniak (90+1.).
Gelb: Nerlinger, Helmer / Moser, Lesniak.
Schiedsrichter: Hans-Jürgen Kasper.

9. SPIELTAG

Borussia Dortmund – Bayern 1:1 (0:1)

DORTMUND: Klos – Zelic, Kutowski, Schulz – Freund (54. Sippel), Sammer, Zorc, Karl, Poschner – Riedle, Chapuisat.
BAYERN: Aumann – Helmer, Kreuzer, Matthäus – Jorginho, C. Nerlinger, Schupp, Wouters, Ziege (72. Zickler) – Scholl, Witeczek (90. Cerny).
Tore: 0:1 Scholl (27.), 1:1 Karl (65.).
Gelb: Zorc, Freund, Karl / Schupp, Nerlinger.
Schiedsrichter: Wieland Ziller.

10. SPIELTAG

Bayern – Hamburger SV 4:0 (1:0)

BAYERN: Gospodarek – Matthäus (75. Thon) – Kreuzer, Helmer – Jorginho, Schupp, Wouters, C. Nerlinger,Ziege – Labbadia (65. Valencia), Scholl.
HAMBURG: Golz – Kostner – Babbel, Kober (47. Bode) – Spörl, Hartmann, von Heesen, Sassen (74. Spies), Letchkov – Bäron, Ivanauskas.
Tore: 1:0 Helmer (40.), 2:0 Schupp (63.), 3:0 Valencia (74.), 4:0 Scholl (81.).
Gelb: Kreuzer, Matthäus, Jorginho / Hartmann, Babbel, Kostner. **Schiedsrichter:** Hans-Jürgen Weber.

11. SPIELTAG

1. FC Köln – Bayern 0:4 (0:1)

KÖLN: Illgner – Christofte (74. Sturm) – Greiner, Higl – Steinmann, Hauptmann (63. Fuchs), Rudy, Janßen, Heldt, Weiser – Lehmann.
BAYERN: Aumann – Matthäus – Kreuzer, Helmer – Jorginho, Schupp, C. Nerlinger, Scholl, Ziege – Labbadia (58. Valencia), Witeczek (72. Zickler).
Tore: 0:1 Scholl (14.), 0:2 Jorginho (62.), 0:3 Helmer (75.), 0:4 Zickler (77.).
Schiedsrichter: Hans-Joachim Osmers.

12. SPIELTAG

Bayern – Borussia M'gladbach 3:1 (3:0)

BAYERN: Aumann – Matthäus – Kreuzer, Helmer – Jorginho, Schupp, Wouters, C. Nerlinger, Ziege (82. Zickler) – Witeczek, Scholl (61. Valencia).
M'GLADBACH: Kamps – Hochstätter – Schneider (47. Eichin), Klinkert – Kastenmaier, Fach, Pflipsen, Wynhoff (69. Criens), Neun – Salou, Dahlin.
Tore: 1:0 Matthäus (4., Foulelfmeter), 2:0 Schneider (40., Eigentor), 3:0 Nerlinger (45.), 3:1 Pflipsen (51.).
Gelb: Jorginho / –. **Schiedsrichter:** Karl-Heinz Gläser.

13. SPIELTAG

Eintracht Frankfurt – Bayern 2:2 (1:2)

FRANKFURT: Stein – Binz – Bindewald, Roth – Okocha, Gaudino, Bein, Dickhaut, Weber – Mihajlovic (70. Andersen), Furtok.
BAYERN: Gospodarek – Matthäus – Kreuzer, Helmer – Jorginho, Schupp, Wouters, C. Nerlinger, Ziege – Witeczek , Valencia (46. Labbadia).
Tore: 1:0 Furtok (31.), 1:1 Nerlinger (35.), 1:2 Matthäus (45.), 2:2 Okocha (63.).
Gelb: – / Jorginho.
Schiedsrichter: Günther Habermann.

14. SPIELTAG

Bayern – 1. FC Kaiserslautern 4:0 (2:0)

BAYERN: Aumann – Matthäus – Kreuzer, Helmer, Schupp, Jorginho (78. Thon), Wouters, C. Nerlinger (72. Sternkopf), Ziege – Valencia, Witeczek.
K'LAUTERN: Ehrmann – Kadlec – Roos, Eriksson – Lusch, Ritter, Sforza, Brehme, Wagner – Kuntz, Marin (46. Haber).
Tore: 1:0 Ziege (16.), 2:0 Valencia (29.), 3:0 Valencia (59.), 4:0 Matthäus (68., Foulelfmeter).
Gelb: Matthäus, Ziege / –.
Schiedsrichter: Bernd Heynemann.

15. SPIELTAG

1. FC Nürnberg – Bayern 2:0 (1:0)

NÜRNBERG: Köpke – Kubik – Friedmann, Kurz – Wiesinger Golke, Schwabl, Sutter, Wolf – Criens (70. Wück), Zarate.
BAYERN: Aumann – Matthäus – Kreuzer, Helmer – Schupp, Jorginho, Wouters, C. Nerlinger, Ziege (60. Sternkopf) – Witeczek (46. Labbadia), Scholl.
Tore: 1:0 Golke (23.), 2:0 Criens (50.).
Schiedsrichter: Jürgen Aust.

16. SPIELTAG

Bayern – Karlsruher SC 1:0 (0:0)

BAYERN: Aumann – Helmer, Kreuzer, Matthäus – Jorginho, C. Nerlinger, Schupp, Sternkopf, Thon – Scholl (69. Zickler), Witeczek (80. Valencia).
KARLSRUHE: Kahn – Bilic, Schuster, Wittwer – Bender, Carl, Klinge, Rolff, Shmarov (77. Reich) – Kirjakow (72. Krieg), Schmitt.
Tor: 1:0 Sternkopf (50.).
Gelb: Thon / Schuster.
Schiedsrichter: Manfred Führer.

17. SPIELTAG

FC Schalke 04 – Bayern 1:1 (0:0)

SCHALKE: Gehrke – Güttler – Eigenrauch, Linke – Luginger, Scherr (46. Sendscheid), Nemec, Prus, Anderbrügge, Büskens – Eckstein (69. Mulder).
BAYERN: Aumann – Matthäus – Kreuzer – Schupp (61. Ziege), Jorginho, Thon, C. Nerlinger, Helmer, Sternkopf – Valencia (64. Labbadia), Witeczek.
Tore: 0:1 Nerlinger (73.), 1:1 Mulder (87.).
Gelb: Eigenrauch / –.
Schiedsrichter: Hartmut Strampe.

18. SPIELTAG

SC Freiburg – Bayern 3:1 (1:0)

FREIBURG: Schmadtke – Heidenreich – Vogel, Spanring – Braun, Zeyer (81. Seeliger), Todt, Cardoso (84. Freund), Schmidt, – Rraklli, Wassmer.
BAYERN: Aumann – Matthäus – Kreuzer, Helmer (67. Münch) – Schupp (46. Labbadia), Jorginho, Wouters, C. Nerlinger, Ziege – Thon, Witeczek.
Tore: 1:0 Wassmer (6.), 2:0 Wassmer (63.), 3:0 Wassmer (83.), 3:1 Labbadia (86.).
Gelb: – / Nerlinger, Jorginho, Wouters, Kreuzer, Matthäus.
Schiedsrichter: Dr. Volkmar Fischer.

19. SPIELTAG

Bayern – Bayer Leverkusen 1:1 (0:0)

BAYERN: Aumann – Thon – Kreuzer, Helmer – Jorginho, Scholl, Wouters (70. Sternkopf), C. Nerlinger (57. Schupp), Ziege – Valencia, Labbadia.
LEVERKUSEN: Vollborn – Foda – Wörns, Melzig (87. Kree) – Fischer, Lupescu, Thom, Hapal – Sergio (49. Rydlewicz), Nehl, Tolkmitt.
Tore: 0:1 Rydlewicz (53.), 1:1 Labbadia (58.).
Gelb: Wouters, Kreuzer / Wörns.
Schiedsrichter: Wieland Ziller.

20. SPIELTAG

Dynamo Dresden – Bayern 1:1 (1:0)

DRESDEN: Tshertschesow – Maucksch – Schößler, Schmäler – Kmetsch, Stevic, Rath, Nowak, Beuche – Penksa (62. Maglica), Marschall.
BAYERN: Aumann – Thon – Münch, Helmer – Jorginho, Schupp (59. Valencia), Matthäus, Wouters, Witeczek (46. Sternkopf) – Labbadia, Scholl.
Tore: 1:0 Marschall (21.), 1:1 Labbadia (84.).
Gelb: Nowak, Rath / Münch, Thon, Helmer, Matthäus.
Schiedsrichter: Karl-Josef Assenmacher.

Zum zweiten Mal Meister: Bruno Labbadia, bereits 1991 mit dem 1. FC Kaiserslautern Titelträger, umringt von Fans nach dem finalen 2:0 gegen Schalke 04

21. SPIELTAG

Bayern – VfB Stuttgart 1:3 (1:1)

BAYERN: Aumann – Matthäus – Kreuzer, Helmer – Jorginho, Schupp (73. Hamann), C. Nerlinger, Ziege – Scholl, Witeczek (46. Sternkopf) – Labbadia.
STUTTGART: Immel – Berthold, Buchwald – Dubajic – Buck, Strunz, Dunga, Frontzeck, Kögl (68. Kienle) – Knup, Walter (77. Schäfer).
Tore: 0:1 Buchwald (5.), 1:1 Matthäus (22., Handelfmeter), 1:2 Walter (49.), 1:3 Buck (84.).
Gelb: Schupp, Jorginho, Kreuzer / Berthold.
Schiedsrichter: Wolf-Günter Wiesel.

22. SPIELTAG

VfB Leipzig – Bayern 1:3 (0:3)

LEIPZIG: Kischko – Lindner – Hecking, Kracht – Däbritz, Heidrich, Anders, Trommer, Gabriel (46. Bittencourt) – Rische, Pancev.
BAYERN: Aumann – Matthäus – Kreuzer, Helmer – Frey, Schupp (28. Münch), C. Nerlinger, Ziege, Sternkopf (81. Witeczek), Scholl – Labbadia.
Tore: 0:1 Scholl (3.), 0:2 Nerlinger (4.), 0:3 Ziege (33.), 1:3 Anders (54.).
Rot: Kracht (88.) / –.
Gelb: Trommer, Bittencourt, Pancev / Ziege, Schupp, Nerlinger, Frey.
Schiedsrichter: Hellmut Krug.

23. SPIELTAG

Bayern – MSV Duisburg 4:0 (4:0)

BAYERN: Aumann – Matthäus – Kreuzer, Helmer – Frey, Jorginho, Scholl (71. Hamann), C. Nerlinger (71. Witeczek), Ziege – Labbadia, Valencia.
DUISBURG: Rollmann – Notthoff – Hopp (46. Tarnat), Wohlert – Böger (47. Nijhuis), Azzouzi, Steininger, Reinmayr, Schwartz – Közle, Weidemann.
Tore: 1:0 Nerlinger (5.), 2:0 Labbadia (35.), 3:0 Labbadia (37.), 4:0 Valencia (43.).
Gelb: Kreuzer / –.
Schiedsrichter: Manfred Harder.

24. SPIELTAG

Bayern – Werder Bremen 2:0 (0:0)

BAYERN: Aumann – Matthäus – Kreuzer (74. Münch), Helmer – Frey, Jorginho, Scholl, C. Nerlinger, Ziege – Labbadia, Valencia.
BREMEN: Reck – Bratseth – Beiersdorfer, Votava – Wolter Basler, Wiedener, Eilts (3. Hobsch), Legat – Rufer, Herzog.
Tore: 1:0 Nerlinger (48.), 2:0 Valencia (66.).
Rot: – / Basler (26.).
Gelb: Matthäus, Scholl, Kreuzer / Votava.
Schiedsrichter: Georg Dardenne.

25. SPIELTAG

SG Wattenscheid 09 – Bayern 1:3 (0:0)

WATTENSCHEID: Alter – Kula – Emmerling, Bach – Wolters, (67. Ibrahim), Moser, Fink, Löbe, Studer – Lesniak (85. Prinzen), Sané.
BAYERN: Aumann – Matthäus – Kreuzer, Helmer, Frey, Jorginho (66. Hamann), Schupp, C. Nerlinger, Ziege – Labbadia, Valencia (75. Witeczek).
Tore: 0:1 Valencia (51.), 0:2 Matthäus (64.), 0:3 Frey (69.), 1:3 Bach (88.).
Gelb: Fink / Schupp, Ziege.
Schiedsrichter: Lutz Michael Fröhlich.

26. SPIELTAG

Bayern – Borussia Dortmund 0:0

BAYERN: Aumann – Matthäus – Kreuzer, Helmer – Frey, Schupp, Scholl, C. Nerlinger, Ziege – Labbadia, Valencia.
DORTMUND: Klos – Sammer – Schmidt, Grauer – Reuter, Zorc, Kutowski, Poschner (85. Rodriguez), Reinhardt – Povlsen (79. Riedle), Chapuisat.
Gelb: Kreuzer, Schupp, Frey / Reuter, Povlsen, Kutowski, Klos.
Schiedsrichter: Hartmut Strampe.

27. SPIELTAG

Hamburger SV – Bayern 1:2 (0:0)

HAMBURG: Golz – Houbtchev – Babbel, Kober – Hartmann, Sassen (80. Spörl), Albertz – Letschkow (81. Andersen), von Heesen – Bäron, Ivanauskas.
BAYERN: Aumann – Matthäus – Helmer (69. Sternkopf), Kreuzer – Frey, Schupp, C. Nerlinger (61. Thon), Ziege – Scholl – Witeczek, Valencia.
Tore: 1:0 Albertz (53.), 1:1 Valencia (75.), 1:2 Sternkopf (77.).
Gelb: Ivanauskas / Matthäus.
Schiedsrichter: Edgar Steinborn.

28. SPIELTAG

Bayern – 1. FC Köln 1:0 (0:0)

BAYERN: Aumann – Matthäus – Kreuzer, Schupp – Frey (58. Labbadia), Jorginho (63. Thon), C. Nerlinger, Ziege – Sternkopf, Scholl – Valencia.
KÖLN: Illgner – Rudy – Higl – Baumann, Weiser – Steinmann, Hauptmann, Heldt (85. Arveladze), Andersen (54. Greiner) – Kohn, Sturm.
Tor: 1:0 Valencia (67.).
Gelb: Frey, Kreuzer, Nerlinger, Scholl / Higl, Hauptmann.
Schiedsrichter: Manfred Schmidt.

29. SPIELTAG

Borussia M'gladbach – Bayern 2:0 (0:0)

M'GLADBACH: Kamps – Schneider – Stadler – Nielsen, Andersson – Kastenmaier, Pflipsen (75. Fach), Wynhoff, Neun – Max (64. Herrlich), Dahlin.
BAYERN: Aumann – Matthäus – Helmer, Schupp – Frey, Jorginho, Thon, Ziege – Sternkopf, Scholl (90. Labbadia), (64. Hamann) – Valencia.
Tore: 1:0 Herrlich (88.), 2:0 Herrlich (90+1.).
Gelb: Wynhoff, Schneider / Scholl, Thon, Frey, Helmer.
Schiedsrichter: Bernd Heynemann.

30. SPIELTAG

Bayern – Eintracht Frankfurt 2:1 (1:1)

BAYERN: Aumann – Matthäus – Kreuzer, Helmer – Jorginho (69. Sternkopf), Schupp, Scholl, C. Nerlinger, Ziege – Valencia, Labbadia (76. Frey).
FRANKFURT: Stein – Binz – Komljenovic, Tskhadadze – Möller (72. Hagner), Gaudino, Dickhaut, Falkenmayer, Weber – Mihajlovic (59. Anicic), Yeboah.
Tore: 1:0 Scholl (39.), 1:1 Yeboah (45+2.), 2:1 Matthäus (54., Foulelfmeter).
Gelb/Rot: Helmer (73.) / –.
Gelb: Ziege, Helmer / Komljenovic, Weber, Anicic.
Schiedsrichter: Jürgen Aust.

31. SPIELTAG

1. FC Kaiserslautern – Bayern 4:0 (0:0)

K'LAUTERN: Ehrmann – Kadlec – Lutz, Funkel, Haber (46. Lusch), Roos, Sforza, Hengen, Brehme – Kuka, Wagner (75. Ritter).
BAYERN: Aumann – Matthäus – Frey, Kreuzer – Sternkopf, Jorginho, Schupp, Scholl, Ziege (18. C. Nerlinger) – Labbadia (83. Witeczek), Valencia.
Tore: 1:0 Wagner (58.), 2:0 Kuka (65.), 3:0 Sforza (84.), 4:0 Kuka (89.).
Gelb: Sforza, Roos / Jorginho, Labbadia.
Schiedsrichter: Manfred Harder.

32. SPIELTAG

Bayern – 1. FC Nürnberg 5:0 (0:0)

BAYERN: Aumann – Matthäus – Kreuzer, Helmer – Zickler, Schupp, Scholl, C. Nerlinger (71. Labbadia), Münch, Witeczek, Valencia (73. Hamann).
NÜRNBERG: Köpke – Kubik – Wolf, Kurz – Wiesinger, Golke, Zietsch (67. Zarate), Straube, Oechler – Sutter (84. Criens), Wück.
Tore: 1:0 Scholl (47.), 2:0 Scholl (59.), 3:0 Labbadia (79.), 4:0 Hamann (83.), 5:0 Labbadia (88.).
Gelb/Rot: – / Kubik (57.).
Gelb: Nerlinger / Straube, Wiesinger.
Schiedsrichter: Bernd Heynemann.

33. SPIELTAG

Karlsruher SC – Bayern 1:1 (1:1)

KARLSRUHE: Kahn – Wittwer – Bilic, Schuster – Schütterle (87. Metz), Reich (71. Krieg), Rolff, Nowotny, Schmarow – Carl, Kirjakow.
BAYERN: Aumann – Matthäus (46. Münch) – Kreuzer, Frey – Jorginho, C. Nerlinger, Schupp, Witeczek, Helmer – Sternkopf, Valencia, .
Tore: 0:1 Witeczek (8.), 1:1 Rolff (34.).
Gelb/Rot: Bilic (80.) / Jorginho (58.)
Gelb: – / Witeczek, Kreuzer, Frey, Valencia.
Schiedsrichter: Hellmut Krug.

34. SPIELTAG

Bayern – FC Schalke 04 2:0 (0:0)

BAYERN: Aumann – Matthäus – Kreuzer, Helmer – Frey (20. Jorginho), Schupp, Scholl, C. Nerlinger, Münch – Labbadia, Witeczek.
SCHALKE: Lehmann – Schierenberg – Linke (55. Dikhtiar), Herzog – Luginger, Nemec, Eigenrauch, Müller, Anderbrügge, Prus – Eckstein.
Tore: 1:0 Matthäus (50.), 2:0 Jorginho (60.).
Gelb: – / Eckstein, Herzog.
Schiedsrichter: Lutz Michael Fröhlich.

Abschlusstabelle

Pl.	Verein	Spiele	G	U	V	Tore	Diff.	Punkte
1	Bayern	34	17	10	7	68:37	+31	44:24
2	Kaiserslautern	34	18	7	9	64:36	+28	43:25
3	Leverkusen (P)	34	14	11	9	60:47	+13	39:29
4	Dortmund	34	15	9	10	49:45	+4	39:29
5	Frankfurt	34	15	8	11	57:41	+16	38:30
6	Karlsruhe	34	14	10	10	46:43	+3	38:30
7	Stuttgart	34	13	11	10	51:43	+8	37:31
8	Bremen (M)	34	13	10	11	51:44	+7	36:32
9	Duisburg (A)	34	14	8	12	41:52	–11	36:32
10	M'gladbach	34	14	7	13	65:59	+6	35:33
11	Köln	34	14	6	14	49:51	–2	34:34
12	Hamburg	34	13	8	13	48:52	–4	34:34
13	Dresden	34	10	14	10	33:44	–11	30:34*
14	Schalke	34	10	9	15	38:50	–12	29:39
15	Freiburg (A)	34	10	8	16	54:57	–3	28:40
16	Nürnberg	34	10	8	16	41:55	–14	28:40
17	Wattenscheid	34	6	11	17	48:70	–22	23:45
18	Leipzig (A)	34	3	11	20	32:69	–37	17:51

DIE WEITEREN SIEGER DES JAHRES:

Weltmeister:
Brasilien

Champions League:
AC Mailand

Europacup der Pokalsieger:
FC Arsenal

Uefa-Cup:
Inter Mailand

DFB-Pokal:
Werder Bremen

* Dresden Abzug von vier Punkten wegen Verstoß gegen Lizenzierungsauflagen

Alle Ergebnisse auf einen Blick

Waagerecht: alle Heimresultate. Senkrecht: alle Auswärtsresultate

	Bayern	Kaiserslautern	Leverkusen	Dortmund	Frankfurt	Karlsruhe	Stuttgart	Bremen	Duisburg	M'gladbach	Köln	Hamburg	Dresden	Schalke	Freiburg	Nürnberg	Wattenscheid	Leipzig
Bayern		4:0	1:1	0:0	2:1	1:0	1:3	2:0	4:0	3:1	1:0	4:0	5:0	2:0	3:1	5:0	3:3	3:0
Kaiserslautern	4:0		3:2	2:0	1:1	0:0	5:0	2:3	2:0	4:2	3:0	3:0	0:0	0:0	1:0	3:1	4:1	1:0
Leverkusen	2:1	3:2		2:1	2:2	3:1	1:1	2:2	2:1	0:1	2:1	1:2	1:1	5:1	2:1	4:0	1:1	3:1
Dortmund	1:1	2:1	1:0		2:0	2:1	1:2	3:2	2:1	3:0	2:1	2:1	4:0	1:1	3:2	4:1	2:0	0:1
Frankfurt	2:2	1:0	2:0	2:0		3:1	0:0	2:2	1:2	0:3	0:3	1:1	3:2	1:3	3:0	1:1	5:1	2:1
Karlsruhe	1:1	1:1	2:0	3:3	1:0		0:0	0:3	5:0	1:0	2:0	2:0	1:0	0:0	2:1	3:2	2:0	3:2
Stuttgart	2:2	1:1	1:4	2:2	0:2	3:0		0:0	4:0	3:0	1:1	4:0	3:0	3:0	0:4	1:0	3:0	0:0
Bremen	1:0	2:0	2:1	4:0	1:0	0:2	5:1		1:5	4:2	3:1	0:2	0:1	0:1	3:2	2:2	0:0	3:1
Duisburg	2:2	1:7	2:2	2:2	1:0	1:2	2:2	1:0		2:0	0:0	0:1	1:1	1:0	0:2	1:0	2:1	2:1
M'gladbach	2:0	3:1	2:2	0:0	0:4	1:2	0:2	3:2	4:1		4:1	2:2	2:1	3:2	1:1	2:0	3:3	6:1
Köln	0:4	0:2	1:1	2:0	2:3	2:1	3:1	2:0	1:0	0:4		3:0	0:1	1:1	2:0	0:1	3:2	3:1
Hamburg	1:2	1:3	2:1	0:0	3:0	1:1	3:2	1:1	0:1	1:3	2:4		1:1	4:1	1:1	5:2	2:1	3:0
Dresden	1:1	3:1	1:1	3:0	0:4	1:1	1:0	1:0	0:1	2:1	1:1	1:1		1:0	1:2	1:1	1:1	1:0
Schalke	1:1	2:0	1:1	1:0	1:3	2:0	0:1	1:1	1:3	2:1	1:2	1:0	0:0		1:3	1:2	4:1	3:1
Freiburg	3:1	2:3	1:0	4:1	1:3	3:3	2:1	0:0	1:2	3:3	2:4	0:1	0:1	2:3		0:0	4:1	1:0
Nürnberg	2:0	0:2	2:3	0:0	1:5	1:1	1:0	0:1	0:0	2:4	1:0	0:1	3:0	1:0	2:2		4:1	5:0
Wattenscheid	1:3	0:2	1:2	1:2	0:0	5:1	2:4	2:2	0:2	3:1	2:2	3:1	1:1	3:0	3:1	2:1		2:2
Leipzig	1:3	0:0	2:3	2:3	1:0	1:0	0:0	1:1	1:1	1:1	2:3	1:4	3:3	2:2	2:2	0:2	0:0	

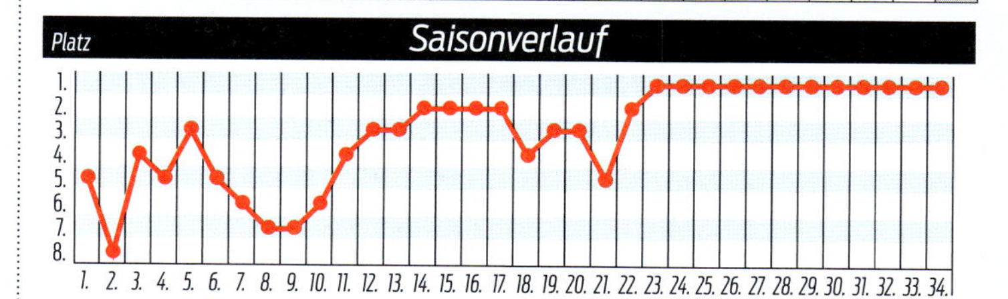

EIN JAHR VOLLER TIEFSCHLÄGE

Der neue Trainer Giovanni Trapattoni ist eine Fehlbesetzung, Neuzugang Papin enttäuscht, bei Lothar Matthäus reißt die Achillessehne, und dann werden die Bayern wieder ein Fall für das DFB-Gericht

Zweifacher Torschütze gegen Frankfurt: Christian Ziege (r.), hier beim direkten Freistoß

Bereits im Frühjahr 1994, als die Bayern noch um die Meisterschaft kämpfen, suchen sie schon einen Nachfolger für Franz Beckenbauer. Die Wahl fällt auf den Italiener Giovanni Trapattoni. Einen Welttrainer, dekoriert mit sieben Meisterschaften in der Serie A und fünf Europacup-Titeln. „Er ist einer der wenigen Menschen, vor dem ich den Hut ziehe", schwärmt Beckenbauer.

Und es kommen namhafte und ambitionierte Spieler: der neue Stern am Torwarthimmel, Oliver Kahn aus Karlsruhe (4,6 Millionen D-Mark Ablöse). Der Schweizer Alain Sutter (2,8 Mio. DM aus Nürnberg). Europas Fußballer des Jahres von 1991, der Franzose Jean-Pierre Papin (5,5 Mio. DM vom AC Mailand), sowie Heimkehrer Markus Babbel, der sich beim HSV zum gestandenen Verteidiger entwickelt hat.

Und dann strotzt die Meistermannschaft noch vor Hochbegabten: Mehmet Scholl, Christian Nerlinger, Christian Ziege und Alexander Zickler. Sie soll der „Mister", wie sie Trapattoni nennen, mit seiner väterlichen Art formen.

Doch schon im August 1994 wachsen die Zweifel. Sie wachsen nach Blamagen gegen Zwerge: Im DFB-Pokal scheidet Bayern gegen die Amateure aus Vestenbergsgreuth aus (0:1), das 1:5 in Freiburg am zweiten Bundesliga-Spieltag ist ein kleines Waterloo. Ein fataler Start für „Trap".

Präsident Fritz Scherer bedauert seinen neuen Trainer: „Er tut mir am meisten leid. Der Mann dachte, dass er hier eine Fußballmannschaft übernimmt."

Giovanni Trapattoni stellt sich bis zur Selbstverleugnung vor seine Spieler, die ihn nicht verstehen. Zehn Monate später, im Juni 1995, bilanziert er sein „schlimmstes Jahr" so: „Was das Wachsen dieser Mannschaft behindert hat, war ein gewisses Fehlverhalten an Disziplin. Taktisches Fehlverhalten, falsche Laufwege. Eine Art von Verhalten, das für mich völlig unbekannt, unfassbar war. Das war noch schwieriger als meine sprachlichen Probleme. Meine Stärke ist es, mit den Spielern zu reden. Hier konnte ich nur 60 Prozent bringen."

Als Franz Beckenbauer am 7. Oktober Präsident wird, gibt er trotz des Fehlstarts die Parole aus: „Wir wollen die Meisterschale jetzt zwei- bis dreimal in Folge sehen – im Original." Einen Monat später spricht er vom „FC Grauenvoll".

Auch mit dem bulgarischen Stürmer Emil Kostadinov, in der Winterpause ausgeliehen aus La Coruña, wird es nicht besser. Nach dem 1:1 gegen den MSV Duisburg am 10. März 1995 (21. Spieltag) streicht Beckenbauer sogar die Punktprämie von 1750 DM pro Kopf. Die Mentalität des Defensivfanatikers Trapattoni passt nicht zum FC Bayern, das elfte Unentschieden der Saison bringt wieder einen Punkt zu wenig.

Trapattoni ist da schon lange nicht mehr wohlgelitten. Kurz nach Neujahr, als Beckenbauer noch öffentlich Partei für seinen Trainer ergreift („Trapattoni ist eine unbestreitbare Bereicherung für den FC Bayern"), beschließt der Gepriesene bereits die Rückkehr nach Italien. Das Gerücht sickert zuerst aus der Druckerschwärze seiner Heimat-Gazetten. Die Bayern sind perplex und setzen ihm ein Ultimatum, sich bis zum Rückrundenstart am 18. Februar zu bekennen.

Sie loten aber schnell Alternativen aus und einigen sich bereits am 8. Februar mit Otto Rehhagel, seit 1981 Trainer von Werder Bremen und erklärter Gegner der Bayern, auf eine Zusammenarbeit. In Bremen kocht die Volksseele, kurz zuvor hat Bayern Werders Spielmacher Andreas Herzog einen Vertrag ab 1. Juni 1995 gegeben. Die Feindschaft entbrennt neu und heftig.

Am 11. Februar erklärt dann auch Trapattoni der „Gazzetta dello Sport": „Wir haben wirklich nicht geglänzt. Ich kann das alles nicht wiedergutmachen, indem ich die Zusage für die kommende Saison gebe. Ich werde nach Italien zurückkehren."

Es ist einer von vielen Tiefschlägen, die sie in München 1994/95 verdauen müssen. Oliver Kahn erleidet im November 1994 einen Kreuzbandriss. Papin, im Sommer schon mit einer Meniskusverletzung angereist, kommt nur auf sieben Bundesliga-Einsätze. Sutter (22 Spiele, ein Tor) nimmt neun Kilo ab – ein Bandwurm hat sich in seinem Körper eingenistet. Er will nicht zum Vereinsarzt gehen, sondern lässt sich aus weltanschaulichen Gründen von einem Heilpraktiker behandeln. Und dann reißt am 25. Januar 1995 Punkt 19.02 Uhr im Testspiel bei Arminia Bielefeld noch die linke Achillessehne von Lothar Matthäus. Der Libero fällt 297 Tage aus.

Hansi Pflügler, mittlerweile 35 Jahre alt

Die unheilvolle 72. Minute in Frankfurt: Dietmar Hamann steht an der Außenlinie zur Einwechslung bereit. Giovanni Trapattoni (r.) ahnt noch nichts von seinem Fehlgriff: Hamann ist der vierte Amateur im Spiel – das ist laut Regelwerk verboten. Bayern gewinnt zwar 5:2, das Sportgericht aber wertet die Partie als 0:2-Niederlage

und Leiter des Bayern-Fanshops, muss fast drei Jahre nach seinem letzten Bundesliga-Einsatz reaktiviert werden. Am 25. Spieltag gegen Kaiserslautern spielt er Libero. Die Partie endet 1:1 – es ist das 13. Remis in der Saison und das letzte.

Und dann kommt er – der Fehler, den Trapattoni auch nicht mehr gutmachen kann. Wie im Vorjahr beschäftigt der Klub im April das DFB-Sportgericht, diesmal aber sind die Münchner die Angeklagten.

15. April 1995, 26. Spieltag: In Frankfurt laufen die Bayern mit ihrem letzten Aufgebot auf. Mit Torwart Sven Scheuer und Verteidiger Samuel Kuffour hat Trapattoni zwei Amateure aufgestellt, nach 25 Minuten bringt er für Thomas Helmer den dritten – Marco Grimm. Und dann, die Stadionuhr zeigt 16.56 Uhr, beordert er Dietmar Hamann an den Spielfeldrand. Amateur Nummer Nr. 4 ist einer zu viel laut DFB-Statuten, sofern man keine Sondergenehmigung eingeholt hat.

Gegen Kaiserslautern haben die Bayern es noch getan, diesmal nicht. Pressechef Markus Hörwick sieht das Unheil kommen und verlässt eilig seinen Tribünenplatz. Doch die Wege sind weit im Waldstadion, es gibt keinen Aufzug. Als er unten ist, ist es schon zu spät: Dietmar Hamann ist im Spiel, für Profi Marcel Witeczek. Dieter Frey erzielt das 4:2, Christian Ziege das 5:2 – ein grandioser Sieg beim Angstgegner.

Die Spieler jubeln, die Fans auch. Erst allmählich wird allen der Fauxpas bewusst, die Eintracht legt Protest ein und erhält die Punkte. Das Spiel wird 2:0 für Frankfurt gewertet. Trapattoni nimmt die Schuld auf sich, Uli Hoeneß springt ihm bei: „Es ist auch meine Schuld und die von Klaus Augenthaler *(Co-Trainer; d. Red.)*. Peinlich ist es allemal."

Eine Woche nach Saisonschluss, dem 3:1 gegen Bremen, mit dem sie Otto Rehhagels Mannschaft von der Tabellenspitze stoßen, da Dortmund zeitgleich gegen den HSV gewinnt und Meister wird, können sie doch noch jubeln: Borussia Mönchengladbach gewinnt den DFB-Pokal gegen Wolfsburg (3:0), die Bayern sind damit als Sechster für den Uefa-Cup 1995/96 qualifiziert. ●

Champions League

Muss sich der Ajax-Übermacht beugen: Mehmet Scholl (l.)

2 Siege in 10 Spielen, aber Halbfinale

Erstmals nimmt Bayern an der 1992/93 eingeführten Champions League teil. Die Premiere bei Paris Saint-Germain missglückt (0:2), das erste Tor im zweiten Spiel bringt den ersten Sieg: Mehmet Scholl entscheidet das Heimspiel gegen Dynamo Kiew (1:0). Gegen Spartak Moskau gibt es zwei Unentschieden (1:1 und 2:2), nach dem 0:1 gegen PSG im fünften Spiel droht das Aus. Mit dem 4:1 in Kiew (zwei Tore Jean-Pierre Papin) am letzten Spieltag und Moskaus 1:4-Niederlage in Paris gelingt der Sprung auf Gruppenplatz zwei und damit ins Viertelfinale. Mit zwei Remis gegen IFK Göteborg (0:0 und 2:2 nach 2:0-Führung) qualifiziert sich das Team recht glücklich für das Halbfinale. Die Auswärtstor-Regel entscheidet, nach Rot für Ersatztorwart Sven Scheuer rettet sich Bayern in Unterzahl über die Zeit. Im Semifinale erweist sich Ajax Amsterdam als eine Nummer zu groß (0:0, 2:5). Immerhin: Bayern nimmt 23,4 Millionen DM ein.

DFB-Pokal

Ratlos über die indiskutable Leistung: Matthäus im Interview mit Dieter Kürten

Debakel gegen Vestenbergsgreuth

Wie schon nach der WM 1990 (Niederlage in Weinheim) scheitert Bayern auch nach der WM in den USA in der ersten Runde an einem Amateurklub. Und das bei der Pflichtspiel-Premiere von Giovanni Trapattoni. Der TSV Vestenbergsgreuth, ein Drittligist aus einem Dorf mit 360 Einwohnern, zieht ins Nürnberger Frankenstadion um, wo 24 200 Zuschauer die neuen Bayern sehen wollen. Das ZDF überträgt, als wenn die Redaktion geahnt hätte, dass es am 14. August 1994 eine Sensation gibt. Elf Nobodys trotzen elf Superstars. Das einzige Tor köpft ein Betriebsschlosser. Ein gewisser Roland Stein überwindet Oliver Kahn, auch er bestreitet seine erstes Pflichtspiel für den FCB, nach 43 Minuten zum 1:0. An den großen Tag des nicht mehr existierenden Klubs erinnert noch immer der „1:0-Tee“, den der heutige Präsident der Spielvereinigung Greuther Fürth und Geschäftsführer einer Teefabrik, Helmut Hack, eigens kreiert.

TRAINER

GIOVANNI TRAPATTONI
Der erste italienische Trainer in der Bundesliga, der wohlweislich nur für ein Jahr unterschrieben hat, erfreut sich bei den Spielern großer Beliebtheit. Als er geht, fließen Tränen.

DIE TOP-ELF DER SAISON

Christian Ziege

Markus Babbel

DER SPIELER DES JAHRES

*Nach zwei Jahren beim HSV etabliert sich **Markus Babbel** (zwölf Bundesliga-Spiele für Bayern 1991/92) auf Anhieb als Stammkraft in der Abwehr. Wegen Verletzungen läuft er allerdings nur 26-mal in der Bundesliga auf. In der Rückrunde spielt er immer durch. Bundestrainer Berti Vogts nominiert Babbel in fünf der sechs Länderspiele, in der Rangliste des „Kicker“ im Sommer 1995 wird er als bester deutscher Manndecker geführt.*

Der Kader

NAME	SPIELE	TORE
Uwe Gospodarek	2	0
Oliver Kahn	23	0
Sven Scheuer	10	0
Markus Babbel	26	2
Marco Grimm	1	0
Thomas Helmer	24	4
Jorginho	10	1
Oliver Kreuzer	25	1
Samuel Kuffour	9	0
Hans Pflügler	1	0
Dieter Frey	27	2
Dietmar Hamann	30	0
Lothar Matthäus	16	5
Christian Nerlinger	31	5
Mehmet Scholl	31	9
Markus Schupp	27	3
Michael Sternkopf	26	0
Alain Sutter	22	1
Marcel Witeczek	22	3
Christian Ziege	29	12
Emil Kostadinov	9	2
Mazinho	3	0
Jean-Pierre Papin	7	1
Adolfo Valencia	1	0
Alexander Zickler	29	9

DIETER FREY spielt seine absolut beste Saison für Bayern, erzielt in 27 Begegnungen zwei Tore

Transfers

SAMUEL KUFFOUR hat schon ein Jahr in der Jugend des FC Bayern gelernt, als er mit 17 Jahren in den Profikader aufrückt. Der athletische Verteidiger aus Ghana ist ein Rohdiamant, darf in seiner ersten Profisaison neunmal in der Bundesliga aushelfen. Ende 1995 wird er zum 1. FC Nürnberg verliehen, kehrt 1996/97 zurück und bleibt bis zu seinem Wechsel 2005 zu AS Rom Bayern-Profi. Größter Erfolg: der Champions-League-Sieg 2001.

SPIELER	VON VEREIN	ABLÖSESUMME
Oliver Kahn	Karlsruher SC	4,6 Mio. DM
Marco Grimm	VfB Gaggenau	–
Samuel Kuffour	FC Bayern Jugend	–
Alain Sutter	1. FC Nürnberg	2,8 Mio. DM
Emil Kostadinov	Deportivo La Coruña	ausgeliehen
Jean-Pierre Papin	AC Mailand	5,5 Mio. DM
Markus Babbel	Hamburger SV	zurück nach Leihe

Tops & Flops

DIETMAR HAMANN kommt in seiner zweiten Saison auf sensationelle 30 Bundesliga-Einsätze – und das als Amateur. 24-mal wird der Mittelfeldspieler eingewechselt.

ZUSCHAUER Trotz des unattraktiven Fußballs dringt Bayern in neue Dimensionen vor und knackt mit 54 389 Fans im Schnitt den Heimspielrekord des VfB Stuttgart von 1977/78 (53 186).

CHRISTIAN ZIEGE Der Allrounder spielt nur selten im Sturm, schießt aber die meisten Tore seines Teams: 12 Bundesliga-Treffer sind persönlicher Rekord.

JORGINHO Nach zwei Spielzeiten als Stammspieler darf der Brasilianer nur noch zehnmal in der Bundesliga auflaufen, wechselt nach der Saison nach Japan.

SAMUEL KUFFOUR fliegt in Karlsruhe (14. Spieltag) mit Gelb/Rot vom Platz (90.), weil er nach Behandlungspause unangemeldet auf den Platz rennt, um die Freistoßmauer zu komplettieren.

TORAUSBEUTE Nie in 52 Bundesliga-Jahren trifft eine Bayern-Mannschaft seltener ins gegnerische Tor: 55 Treffer sind absolute Minusleistung.

Trostspender: Nach dem 3:1 am letzten Spieltag versucht Mehmet Scholl (r.), den Bremer Mario Basler aufzurichten. Vergeblich: Werder hat die Meisterschaft verspielt

1. SPIELTAG

Bayern – VfL Bochum 3:1 (0:0)

BAYERN: Kahn – Kreuzer, Helmer – Matthäus – Sternkopf (63. Frey), Schupp, C. Nerlinger, Ziege (51. Hamann) – Scholl – Papin, Sutter.
BOCHUM: Wessels – Herrmann – Schneider, Stöver – von Ahlen (85. Frontzeck), Hubner, Wosz, Peschel, Wegmann, Christians – Wynalda (67. Aden).
Tore: 1:0 Scholl (69.), 2:0 Helmer (71.), 3:0 Nerlinger (73.), 3:1 Aden (88.).
Gelb: Sutter, Papin / Stöver.
Schiedsrichter: Edgar Steinborn.

2. SPIELTAG

SC Freiburg – Bayern 5:1 (3:1)

FREIBURG: Schmadtke – Heidenreich – Neitzel (77. Müller), Spanring – Braun, Zeyer, Todt, Cardoso, Kohl, Heinrich – Spies (56. Seretis).
BAYERN: Kahn – Matthäus – Kreuzer, Helmer – Frey, Hamann, Scholl, Schupp (61. Sternkopf), C. Nerlinger (21. Ziege) – Papin, Sutter.
Tore: 1:0 Spanring (11.), 2:0 Kohl (17.), 3:0 Cardoso (18.), 3:1 Ziege (33.), 4:1 Cardoso (59., Foulelfmeter), 5:1 Heinrich (68.).
Gelb/Rot: – / Papin (77.).
Gelb: Kohl / Schupp, Frey, Ziege, Papin, Helmer, Kreuzer.
Schiedsrichter: Hans-Jürgen Weber.

3. SPIELTAG

Bayern – Borussia M'gladbach 3:0 (2:0)

BAYERN: Kahn – Matthäus, Kreuzer, Helmer – Jorginho, Schupp, Scholl (78. Hamann), C. Nerlinger, Ziege – Valencia (59. Witeczek), Sutter.
M'GLADBACH: Kamps – Fach, Andersson, Klinkert, Neun – Kastenmaier (46. Hoersen), Effenberg, Hochstätter, Wynhoff – Herrlich, Salou (46. Max).
Tore: 1:0 Kreuzer (22.), 2:0 Nerlinger (33.), 3:0 Matthäus (85.).
Gelb: Matthäus, Scholl / Klinkert, Effenberg.
Schiedsrichter: Hartmut Strampe.

4. SPIELTAG

MSV Duisburg – Bayern 0:3 (0:3)

DUISBURG: Rollmann (46. Pieckenhagen) – Westerbeek – Hopp, Nijhuis (52. Jasarevic) – Böger, Schwartz, Steininger, Ljung – Schmidt (86. Azzouzi) – Közle, Krohm.
BAYERN: Kahn – Matthäus – Babbel, Helmer – Jorginho, Schupp, Scholl, C. Nerlinger (81. Hamann), Ziege – Witeczek, Sutter (65. Mazinho).
Tore: 0:1 Nerlinger (8.), 0:2 Witeczek (26.), 0:3 Helmer (42.).
Gelb: – / Kahn, Matthäus.
Schiedsrichter: Hans-Jürgen Kasper.
Besonderes Vorkommnis: Közle verschießt Foulelfmeter (4.).

5. SPIELTAG

Bayern – Hamburger SV 1:1 (0:1)

BAYERN: Kahn – Babbel, Helmer – Matthäus – Jorginho (56. Sternkopf), Schupp (73. Hamann), C. Nerlinger, Ziege – Mazinho, Witeczek, Sutter.
HAMBURG: Stein – Houbtchev – Fischer, Bach, Schnoor – Spörl, Hartmann, Letchkov (57. Sassen), Albertz – Bäron, Breitenreiter (61. Golz).
Tore: 0:1 Breitenreiter (16.), 1:1 Matthäus (85., Foulelfmeter).
Rot: – / Stein (60.).
Gelb: – / Schnoor, Bach, Bäron, Spörl, Fischer.
Schiedsrichter: Günther Habermann.

6. SPIELTAG

1860 München – Bayern 1:3 (0:1)

1860: Meier – Schmidt – Yanyali, Kutschera – Trares, Störzenhofecker, Schwabl, Strogies (80. Stevic), Nowak – Winkler, Pacult, .
BAYERN: Kahn – Matthäus – Babbel, Helmer – Frey, Mazinho (34. Hamann), Schupp (73. Zickler), C. Nerlinger, Ziege – Witeczek, Sutter.
Tore: 0:1 Schupp (31.), 0:2 Ziege (56.), 1:2 Pacult (79., Foulelfmeter), 1:3 Zickler (87.).
Rot: Winkler (70.), Schwabl (83.) / –.
Gelb/Rot: – / Nerlinger (36.).
Gelb: Trares, Schmidt, Störzenhofecker, Strogies, Yanyali / Frey, Ziege.
Schiedsrichter: Hellmut Krug.

7. SPIELTAG

Bayern – 1. FC Köln 2:2 (0:2)

BAYERN: Kahn – Helmer (41. Sternkopf) – Kreuzer – Frey, Jorginho (57. Zickler), Matthäus Scholl, Hamann, Ziege – Papin, Sutter.
KÖLN: Illgner – Stumpf – Higl, Greiner – Goldbæk (28. Polster), Rolff, Weiser (72. Kohn), Janßen, Steinmann, Rudy – Labbadia.
Tore: 0:1 Labbadia (43.), 0:2 Polster (44.), 1:2 Ziege (67.), 2:2 Zickler (83.).
Gelb: Sternkopf, Ziege, Scholl / Janßen, Rolff.
Schiedsrichter: Wolf-Günter Wiesel.

8. SPIELTAG

1. FC Kaiserslautern – Bayern 1:1 (1:0)

K'LAUTERN: Ehrmann – Kadlec – Roos, Lutz – Hengen (90+1. Lusch), M. Hamann, Sforza, Wagner, Brehme – Kuka, Marschall.
BAYERN: Kahn – Matthäus – Kreuzer, Babbel – Zickler, Schupp (74. D. Hamann), Scholl, C. Nerlinger, Ziege – Papin, Sutter (58. Sternkopf), .
Tore: 1:0 Kuka (9.), 1:1 Zickler (77.).
Gelb: Brehme / Schupp, Ziege.
Schiedsrichter: Bernd Heynemann.

9. SPIELTAG

Bayern – Eintracht Frankfurt 3:3 (1:1)

BAYERN: Kahn – Matthäus – Kreuzer, Babbel – Jorginho (69. Sternkopf), Frey, Scholl, C. Nerlinger, Ziege – Witeczek (61. Zickler), Sutter.
FRANKFURT: Köpke – Binz – Bindewald, Roth, Weber – Komljenovic, Dickhaut, Doll (79. Falkenmayer), Legat – Yeboah, Furtok (76. Okocha).
Tore: 0:1 Dickhaut (5.), 1:1 Babbel (37.), 1:2 Doll (55.), 2:2 Ziege (71.), 3:2 Sutter (83.), 3:3 Komljenovic (88.).
Gelb: Matthäus / Doll, Weber, Okocha.
Schiedsrichter: Hans-Jürgen Weber.

10. SPIELTAG

Borussia Dortmund – Bayern 1:0 (0:0)

DORTMUND: Klos – Julio Cesar – Schmidt, Kutowski (64. Tanko) – Freund, Möller, Reinhardt, Reuter, Zorc – Chapuisat (81. Franck), Riedle.
BAYERN: Kahn – Matthäus – Babbel, Kreuzer – Jorginho, Frey, Scholl (76. Hamann), C. Nerlinger, Sternkopf (81. Witeczek), Ziege – Zickler.
Tor: 1:0 Riedle (78.). **Gelb:** Reuter, Zorc / Babbel.
Schiedsrichter: Edgar Steinborn.

11. SPIELTAG

Bayern – VfB Stuttgart 2:2 (0:1)

BAYERN: Kahn – Matthäus – Kuffour, Kreuzer – Jorginho, Frey (61. Schupp), Scholl, C. Nerlinger, Ziege – Zickler, Sutter (61. Witeczek).
STUTTGART: Immel – Foda, Berthold – Strunz – Buck (87. Dubajic), Kienle, Dunga (75. Schneider), Poschner, Kögl – Kruse, Bobic.
Tore: 0:1 Poschner (17.), 0:2 Kienle (55.), 1:2 Zickler (64.), 2:2 Matthäus (82.).
Gelb: Frey, Matthäus, Ziege, Nerlinger / Berthold, Kruse, Strunz.
Schiedsrichter: Georg Dardenne.

12. SPIELTAG

Bayer Uerdingen – Bayern 1:1 (0:0)

UERDINGEN: Dreher – Peschke (7. Kühn) – Gorlukowitsch, Rahner – Paßlack, Jüptner, Steffen, Reinmayr (73. Bittengel), Heintze – Feldhoff, Laessig.
BAYERN: Kahn – Matthäus – Kuffour, Kreuzer, – Frey, Schupp, Scholl (57. Hamann), C. Nerlinger, Sternkopf – Zickler, Sutter (71. Witeczek).
Tore: 0:1 Matthäus (87., Foulelfmeter), 1:1 Paßlack (89.).
Gelb: Laessig, Paßlack / Frey, Kreuzer.
Schiedsrichter: Hartmut Strampe.

13. SPIELTAG

Bayern – FC Schalke 04 2:0 (0:0)

BAYERN: Kahn – Matthäus – Kuffour, Frey – Jorginho, Schupp (56. Hamann),Scholl, C. Nerlinger, Ziege – Zickler, Sutter (56. Papin).
SCHALKE: Lehmann – Thon – Herzog, Linke (67. Scherr) – Latal, Nemec, Eigenrauch, Müller (26. Ksienzyk), Anderbrügge, Büskens – Mulder.
Tore: 1:0 Papin (62.), 2:0 Jorginho (82.).
Rot: – / Thon (63.).
Gelb: Jorginho, Hamann / Eigenrauch, Herzog, Mulder.
Schiedsrichter: Bernhard Zerr.

14. SPIELTAG

Karlsruher SC – Bayern 2:2 (0:0)

KARLSRUHE: Reitmaier – Bilic, Nowotny, Schuster – Schmidt (56. Carl), Reich, Fink (59. Bonan), Bender, Tarnat – Kirjakow, Schmitt.
BAYERN: Kahn – Matthäus – Kuffour, Babbel – Sternkopf, Schupp, Scholl, C. Nerlinger, Frey – Zickler, Sutter (57. Hamann).
Tore: 0:1 Frey (50.), 1:1 Schmitt (51.), 1:2 Schupp (53.), 2:2 Carl (90+1.).
Gelb/Rot: – / Kuffour (90.), Schupp (90.+2).
Gelb: Schmitt, Carl, Bilic, Nowotny / Frey, Sternkopf.
Schiedsrichter: Hellmut Krug.

15. SPIELTAG

Bayern – Bayer Leverkusen 2:1 (1:1)

BAYERN: Kahn (33. Scheuer) – Helmer – Kreuzer, Babbel – Jorginho, Hamann (73. Sternkopf), Matthäus (81. Witeczek), C. Nerlinger, Ziege – Papin, Zickler.
LEVERKUSEN: Vollborn – Lupescu – Schuiteman, Happe – Thom (70. Neuendorf), Scholz, Schuster, Hapal, Lehnhoff – Kirsten (59. Wörns), Völler.
Tore: 0:1 Kirsten (31.), 1:1 Nerlinger (43.), 2:1 Matthäus (75., Foulelfmeter).
Gelb/Rot: – / Schuster (80.).
Gelb: Nerlinger, Scheuer / Völler, Hapal.
Schiedsrichter: Lutz Michael Fröhlich.

16. SPIELTAG

Bayern – Dynamo Dresden 2:1 (0:0)

BAYERN: Scheuer – Helmer – Kreuzer – Jorginho (63. Sternkopf), Hamann, Frey, Sutter, C. Nerlinger, Ziege – Papin, Zickler (51. Scholl).
DRESDEN: Tschertschesow – Lesiak – Kern, Hoßmang (63. Fuchs) – Maucksch, Sassen, Pilz, Rath (22. Beuchel), Spies, Kranz – Ekström.
Tore: 1:0 Ziege (57.), 2:0 Ziege (59.), 2:1 Lesiak (86.).
Gelb/Rot: – / Kern (80.).
Gelb: Hamann / Pilz, Kranz.
Schiedsrichter: Rainer Werthmann.

17. SPIELTAG

Werder Bremen – Bayern 0:0

BREMEN: Reck – Ramzy – Wolter, Schulz – Basler (85. Wiedener), Votava, Eilts, Herzog, Rufer, Bode – Hobsch.
BAYERN: Scheuer – Helmer – Kreuzer, Babbel – Sternkopf – Frey, Matthäus (71. Schupp), C. Nerlinger, Ziege – Scholl, Zickler (63. Hamann).
Gelb: Hobsch, Basler / Kreuzer, Schupp.
Schiedsrichter: Alfons Berg.

18. SPIELTAG

VfL Bochum – Bayern 1:2 (0:1)

BOCHUM: Wessels – Waldoch – Eberl, Stöver (55. Michalke) – Peschel, Heinemann, Herrmann, Wosz, Frontzeck – Baluszynski (80. Hubner), Wegmann.
BAYERN: Scheuer – Helmer – Kreuzer, Babbel – Sternkopf, Schupp, Scholl (64. Witeczek), C. Nerlinger, Frey – Kostadinov, Zickler (46. Hamann).
Tore: 0:1 Kostadinov (37.), 0:2 Helmer (49.), 1:2 Herrmann (72.).
Gelb: Herrmann, Wosz, Frontzeck / Frey.
Schiedsrichter: Edgar Steinborn.

19. SPIELTAG

Bayern – SC Freiburg 2:2 (1:2)

BAYERN: Scheuer – Helmer – Kreuzer, Babbel – Zickler, Schupp, Frey, C. Nerlinger, Sternkopf (53. Witeczek) – Scholl (82. Hamann), Kostadinov.
FREIBURG: Schmadtke – Sundermann, Heidenreich, Vogel – Kohl, Zeyer, Todt, Cardoso (89. Freund), Heinrich – Spies, Rraklli (70. Wassmer).
Tore: 0:1 Sundermann (4.), 0:2 Todt (30.), 1:2 Scholl (44.), 2:2 Helmer (69.).
Gelb: Sternkopf, Kreuzer, Frey, Zickler / Heinrich.
Schiedsrichter: Hans-Jürgen Weber.

20. SPIELTAG

Borussia M'gladbach – Bayern 2:2 (1:1)

M'GLADBACH: Kamps – Kastenmaier, Andersson, Klinkert, Hirsch – Hochstätter, Nielsen (69. Max), Effenberg, Wynhoff (76. Schneider) – Dahlin, Herrlich.
BAYERN: Scheuer – Helmer – Kreuzer, Babbel – Frey, Hamann, Scholl, C. Nerlinger, Ziege – Kostadinov (50. Sternkopf), Witeczek (70. Zickler).
Tore: 1:0 Dahlin (38.), 1:1 Kostadinov (42.), 2:1 Herrlich (69.), 2:2 Ziege (80.).
Gelb: Nielsen / Scholl, Kreuzer.
Schiedsrichter: Lutz Michael Fröhlich.

21. SPIELTAG

Bayern – MSV Duisburg 1:1 (1:0)

BAYERN: Scheuer – Helmer – Frey, Babbel – Sternkopf, Schupp, Scholl, C. Nerlinger, Ziege – Kostadinov (82. Zickler), Witeczek (70. Sutter).
DUISBURG: Gehrke – Westerbeek – Nijhuis, Wohlert – Böger, Hopp, Schütterle, Schalimow, Azzouzi (90+1 Schwartz) – Közle (65. Krohm), Marin.
Tore: 1:0 Scholl (30.), 1:1 Marin (67.).
Gelb: Kostadinov / Nijhuis, Westerbeek.
Schiedsrichter: Frank Fleske.

22. SPIELTAG

Hamburger SV – Bayern 1:1 (0:0)

HAMBURG: Golz – Houbtchev – Kober (46. Kovacevic), Bach – Spörl, Fischer, Kostner, Letchkov, Albertz – Ordenewitz (66. Breitenreiter), Kindvall, .
BAYERN: Gospodarek – Helmer – Kreuzer, Babbel – Frey, Schupp, Scholl, C. Nerlinger, Ziege – Kostadinov (82. Sternkopf), Sutter (61. Zickler).
Tore: 0:1 Scholl (69., Foulelfmeter), 1:1 Albertz (90.).
Rot: Kovacevic (85.) / –.
Gelb: Ordenewitz / Nerlinger, Helmer.
Schiedsrichter: Jürgen Jansen.

23. SPIELTAG

Bayern – 1860 München 1:0 (1:0)

BAYERN: Gospodarek – Helmer – Kreuzer, Babbel – Zickler, Frey, Scholl, C. Nerlinger, Ziege – Kostadinov (59. Hamann), Sutter (28. Schupp).
1860: Meier – Trares – Kutschera, Miller – Dowe, Stevic, Schwabl, Nowak, Rydlewicz (77. Störzenhofecker) – Winkler, Erhard.
Tor: 1:0 Scholl (11.). **Gelb:** Babbel, Kostadinov, Ziege / Stevic.
Schiedsrichter: Georg Dardenne.

24. SPIELTAG

1. FC Köln – Bayern 3:1 (1:1)

KÖLN: Illgner – Higl – Thiam, Baumann – Greiner, Rudy, Andersen, Steinmann (89. Zdebel), Weiser (82. Heldt) – Polster, Labbadia.
BAYERN: Scheuer – Helmer – Babbel, Kreuzer – Sternkopf, Hamann, Scholl (61. Schupp), C. Nerlinger, Frey – Kostadinov, Sutter (47. Zickler).
Tore: 1:0 Thiam (43.), 1:1 Babbel (45.), 2:1 Polster (62.), 3:1 Polster (73.).
Gelb: Andersen, Rudy / Nerlinger, Frey.
Schiedsrichter: Hans-Jürgen Kasper.

25. SPIELTAG

Bayern – 1. FC Kaiserslautern 1:1 (1:1)

BAYERN: Scheuer – Pflügler – Babbel, Kuffour – Sternkopf, Schupp, Scholl, Frey, Ziege – Zickler, Sutter (73. D. Hamann).
K'LAUTERN: Reinke – Kadlec – Roos, Ritter- Schäfer, Sforza, Lutz, Marschall (70. Haber), Brehme – Kuka, Kuntz (87. M. Hamann).
Tore: 0:1 Kuntz (43.), 1:1 Scholl (45.).
Gelb: Scholl, Pflügler / Ritter.
Schiedsrichter: Jürgen Aust.

26. SPIELTAG

Eintracht Frankfurt – Bayern 2:0*

FRANKFURT: Köpke – Binz – Bindewald, Roth, Dickhaut (46. Flick), Komljenovic – Penksa, Okocha, Reis, Weber – Anicic (65. Becker).
BAYERN: Scheuer – Helmer (25. Grimm) – Babbel, Frey, Kuffour – C. Nerlinger, Scholl, Schupp, Ziege – Zickler, Witeczek (72. Hamann).
Tore: 0:1 Schupp (6.), 1:1 Okocha (14.), 2:1 Reis (43.), 2:2 Witeczek (44.), 2:3 Ziege (48.), 2:4 Frey (80.), 2:5 Ziege (83.).
Gelb: Roth, Anicic / Schupp.
Schiedsrichter: Eugen Strigel.
* Die Partie (2:5) wird mit 2:0 Punkten und 2:0 Toren für Frankfurt gewertet. Bayern setzt einen Amateurspieler zu viel ein.

27. SPIELTAG

Bayern – Borussia Dortmund 2:1 (0:0)

BAYERN: Kahn – Kreuzer – Babbel, Kuffour – Sternkopf, Schupp, Scholl, C. Nerlinger, Ziege – Witeczek (66. Hamann), Sutter (46. Zickler).
DORTMUND: Klos – Zelic – Kurz (67. Mallam), Schmidt – Reuter, Zorc, Freund, Franck (64. Ricken), Reinhardt – Tanko, Riedle.
Tore: 1:0 Zickler (51.), 2:0 Ziege (69.), 2:1 Ricken (82.).
Gelb: – / Kurz, Freund.
Schiedsrichter: Hartmut Strampe.

28. SPIELTAG

VfB Stuttgart – Bayern 0:2 (0:1)

STUTTGART: Immel – Dubajic – Berthold, Foda – Kienle, Poschner, Kögl, Dunga (73. Covic), Mazingu-Dinzey (78. Bochtler) – Bobic, Elber.
BAYERN: Kahn – Kreuzer – Kuffour, Babbel – Sternkopf, Schupp (67. Hamann), Scholl (65. Frey), C. Nerlinger, Ziege – Zickler, Witeczek.
Tore: 0:1 Scholl (42., Handelfmeter), 0:2 Zickler (74.).
Gelb: Foda / Kreuzer.
Schiedsrichter: Edgar Steinborn.
Besonderes Vorkommnis: Elber verschießt Foulelfmeter (73.).

29. SPIELTAG

Bayern – Bayer Uerdingen 2:1 (1:1)

BAYERN: Kahn – Helmer – Kreuzer, Babbel – Sternkopf, Schupp (82. Hamann), Scholl, C. Nerlinger, Ziege – Zickler, Witeczek (71. Frey).
UERDINGEN: Dreher – Peschke – Gorlukowitsch, Grauer – Paßlack, Steffen, Rahner (75. Probierz), Wedau (74. Reinmayr), Bittengel – Laessig, Feldhoff.
Tore: 1:0 Nerlinger (14.), 1:1 Steffen (40., Foulelfmeter), 2:1 Scholl (52.).
Gelb: Babbel, Schupp / Rahner.
Schiedsrichter: Dr. Volkmar Fischer.

30. SPIELTAG

FC Schalke 04 – Bayern 0:3 (0:2)

SCHALKE: Lehmann – Thon – Herzog, Linke – Scherr (46. Anderbrügge), Müller (46. Kohn), Eigenrauch, Nemec, Büskens – Mulder, Latal.
BAYERN: Kahn – Helmer – Kreuzer, Babbel – Sternkopf, Frey, Scholl (74. Hamann), C. Nerlinger, Ziege – Zickler, Witeczek (86. Sutter).
Tore: 0:1 Ziege (16.), 0:2 Scholl (23.), 0:3 Zickler (90.).
Gelb: Nemec / Frey.
Schiedsrichter: Hans-Jürgen Kasper.

31. SPIELTAG

Bayern – Karlsruher SC 0:1 (0:1)

BAYERN: Kahn – Helmer – Kreuzer, Babbel – Sternkopf (51. Frey), Schupp (69. Hamann), Scholl, C. Nerlinger, Ziege – Zickler, Witeczek.
KARLSRUHE: Reitmaier – Wittwer – Schuster, Bilic – Metz, Häßler, Fink, Bender (69. Reich), Bonan – Kirjakow, Schmitt (46. Knup).
Tor: 0:1 Bender (19.). **Gelb:** Ziege / Bilic, Bonan.
Schiedsrichter: Jürgen Jansen.

32. SPIELTAG

Bayer Leverkusen – Bayern 2:0 (1:0)

LEVERKUSEN: Heinen – Schuster – Hapal, Lupescu, Münch, Happe – Lehnhoff, Thom, Sergio – Völler (89. Becker), Kirsten.
BAYERN: Kahn – Helmer – Kreuzer, Babbel – Sternkopf, Schupp (69. Hamann), Scholl, C. Nerlinger, Ziege – Witeczek (63. Sutter), Zickler.
Tore: 1:0 Kirsten (45+1), 2:0 Sergio (90.).
Gelb: Happe, Schuster / Sternkopf, Ziege, Nerlinger.
Schiedsrichter: Bernd Heynemann.
Besonderes Vorkommnis: Heinen hält Handelfmeter von Ziege (81.).

33. SPIELTAG

Dynamo Dresden – Bayern 0:1 (0:0)

DRESDEN: Tschertschesow – Mauckschk – Kern, Lesiak (76. Hoßmang) – Weichert, Jeremies, Pilz, Spies, Stammann – Rath, Dittgen (84. Andersen).
BAYERN: Kahn – Helmer – Kreuzer, Babbel – Sternkopf (62. Hamann), Schupp, Scholl, Frey, Ziege – Kostadinov (46. Witeczek), Zickler.
Tor: 0:1 Witeczek (88.). **Gelb:** – / Ziege, Kreuzer.
Schiedsrichter: Frank Kiefer.

34. SPIELTAG

Bayern – Werder Bremen 3:1 (2:1)

BAYERN: Kahn – Helmer – Kuffour, Babbel – Frey, Schupp, Scholl, C. Nerlinger, Ziege – Witeczek (70. Hamann), Zickler (79. Kostadinov).
Bremen: Gundelach – Neubarth – Ramzy, Schulz (28. Bestschastnych) – Borowka, Eilts, Votava – Basler, Herzog Bode – Hobsch (60. Bester).
Tore: 1:0 Ziege (14.), 1:1 Basler (39., Foulelfmeter), 2:1 Zickler (41.), 3:1 Zickler (78.).
Gelb: Ziege, Nerlinger / Eilts, Neubarth.
Schiedsrichter: Jürgen Aust.

Abschlusstabelle

Pl.	Verein	Spiele	G	U	V	Tore	Diff.	Punkte
1	Dortmund	34	20	9	5	67:33	+34	49:19
2	Bremen (P)	34	20	8	6	70:39	+31	48:20
3	Freiburg	34	20	6	8	66:44	+22	46:22
4	Kaiserslautern	34	17	12	5	58:41	+17	46:22
5	M'gladbach	34	17	9	8	66:41	+25	43:25
6	Bayern (M)	34	15	13	6	55:41	+14	43:25
7	Leverkusen	34	13	10	11	62:51	+11	36:32
8	Karlsruhe	34	11	14	9	51:47	+4	36:32
9	Frankfurt	34	12	9	13	41:49	−8	33:35
10	Köln	34	11	10	13	54:54	0	32:36
11	Schalke	34	10	11	13	48:54	−6	31:37
12	Stuttgart	34	10	10	14	52:66	−14	30:38
13	Hamburg	34	10	9	15	43:50	−7	29:39
14	1860 München (A)	34	8	11	15	41:57	−16	27:41
15	Uerdingen (A)	34	7	11	16	37:52	−15	25:43
16	Bochum (A)	34	9	4	21	43:67	−24	22:46
17	Duisburg	34	6	8	20	31:64	−33	20:48
18	Dresden	34	4	8	22	33:68	−35	16:52

DIE WEITEREN SIEGER DES JAHRES:

Champions League:
Ajax Amsterdam

Europacup der Pokalsieger:
Real Saragossa

Uefa-Cup:
AC Parma

DFB-Pokal:
Borussia Mönchengladbach

Alle Ergebnisse auf einen Blick

Waagerecht: alle Heimresultate. Senkrecht: alle Auswärtsresultate

	Dortmund	Bremen	Freiburg	Kaiserslautern	M'gladbach	Bayern	Leverkusen	Karlsruhe	Frankfurt	Köln	Schalke	Stuttgart	Hamburg	1860 München	Uerdingen	Bochum	Duisburg	Dresden
Dortmund		2:0	1:1	2:1	1:1	1:0	0:3	2:1	1:1	2:1	3:2	5:0	2:0	4:0	3:1	3:1	1:0	2:0
Bremen	3:1		5:1	2:2	1:0	0:0	3:2	2:1	2:0	2:2	2:1	4:0	1:4	2:0	6:1	3:0	5:1	1:0
Freiburg	1:1	1:3		4:1	1:1	5:1	1:1	2:1	2:0	4:2	3:0	2:0	3:0	1:1	1:0	1:2	3:0	3:1
Kaiserslautern	1:0	1:1	3:2		2:2	1:1	1:0	0:0	1:1	3:1	3:1	3:2	4:1	1:1	1:1	3:1	1:0	3:1
M'gladbach	3:3	2:0	1:2	4:0		2:2	3:3	2:2	2:0	0:0	0:1	3:1	2:1	2:0	1:0	7:1	1:0	2:0
Bayern	2:1	3:1	2:2	1:1	3:0		2:1	0:1	3:3	2:2	2:0	2:2	1:1	1:0	2:1	3:1	1:1	2:1
Leverkusen	2:2	1:2	2:4	0:1	3:1	2:0		0:0	4:0	3:1	2:2	3:1	3:1	0:2	1:1	1:3	2:0	2:2
Karlsruhe	0:0	3:1	2:0	3:3	2:4	2:2	2:4		1:1	0:0	2:2	3:1	2:0	3:1	2:1	2:2	4:1	5:3
Frankfurt	4:1	0:0	1:2	1:3	2:1	2:0	2:0	1:0		0:0	0:3	2:2	2:0	3:1	0:3	2:1	4:1	2:0
Köln	1:6	1:1	2:0	0:1	1:3	3:1	3:3	3:4	3:0		5:1	1:0	1:1	2:1	2:0	2:1	0:3	1:2
Schalke	0:0	4:2	1:2	0:1	1:1	0:3	3:2	0:0	0:0	3:1		1:1	0:1	6:2	2:0	3:2	0:0	4:0
Stuttgart	0:0	1:4	1:0	2:2	2:4	0:2	4:2	4:0	4:1	2:2	1:1		2:1	1:1	3:1	2:2	3:1	4:2
Hamburg	0:4	0:0	1:2	0:0	1:2	1:1	1:2	3:1	3:1	0:4	3:0	0:2		3:0	0:0	3:1	3:0	2:1
1860 München	1:5	1:2	4:0	1:3	2:0	1:3	1:1	1:0	2:1	2:1	0:1	0:2	1:1		1:1	4:0	1:1	3:1
Uerdingen	0:2	1:3	0:2	1:3	3:2	1:1	0:1	0:0	1:1	0:0	1:1	4:1	4:1	1:1		2:1	1:1	3:1
Bochum	0:2	1:3	1:3	0:2	0:2	1:2	1:3	0:1	0:1	1:0	5:1	4:0	0:0	2:2	2:1		1:0	2:0
Duisburg	2:3	0:2	1:2	3:2	0:2	0:3	0:2	0:0	1:0	1:3	2:2	2:0	0:5	1:1	2:0	3:1		1:1
Dresden	0:1	1:1	1:3	1:0	0:3	0:1	1:1	1:1	1:2	1:3	2:1	1:1	1:1	1:1	1:2	0:2	4:2	

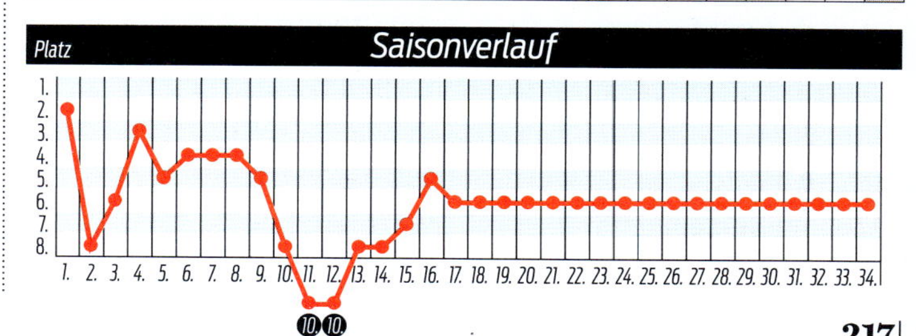

BAYERN VERGREIFEN SICH BEI TRAINERWAHL

Zum dritten Mal in vier Jahren: Nach Søren Lerby und Giovanni Trapattoni floppt auch Otto Rehhagel. Er wird schon ab September 1994 demontiert

Kommt am 31. Spieltag gegen Werder zum neuerlichen Comeback als Trainer: Franz Beckenbauer

Sie haben noch keinen Punkt geholt, da spricht man in München schon vom neuen „Dream-Team" des deutschen Fußballs. Die Einkäufe nähren Fantasien und Hoffnungen der Anhänger. Weltmeister Jürgen Klinsmann ist nach drei Jahren bei Inter Mailand (1989 - 1992), zwei Jahren beim AS Monaco und einem bei Tottenham Hotspur in die Bundesliga zurückgekehrt, das allein elektrisiert.

Auch Andreas Herzog, Ciriaco Sforza und Rückkehrer Thomas Strunz, für zusammen fast 17 Millionen Euro Ablöse bei Werder Bremen, dem 1. FC Kaiserslautern und dem VfB Stuttgart ausgelöst, heben das Starpotenzial erheblich an. „Wir haben jetzt eine Ansammlung von großen Spielern, so wie es der AC Mailand schon seit Jahren kennt", findet Uli Hoeneß. Der neue Trainer Otto Rehhagel hat zwölf Nationalspieler aus fünf Nationen im Kader - und er hat Druck. „Druck hat Bayern immer, aber so groß wie in dieser Saison war er in den vergangenen 15 Jahren nicht", stellt der noch verletzte Lothar Matthäus fest.

Nicht nur das ist für Otto Rehhagel nach 14 Jahren im beschaulichen Bremen neu. Er taucht in München in eine andere Welt ein. Wie Rehhagel schon am Tag nach Vertragsabschluss im Februar 1995 feststellt, als er die Eckdaten „Wort für Wort" in der Presse wiederfindet.

„Ich weiß, was mich erwartet", verkündet er vor Dienstantritt trotzig, „ich habe gelernt, mich auf jedem Parkett zu bewegen." Zum ersten Training kommen 6000 Zuschauer, Rehhagel muss seine Anweisungen an die Spieler in all dem Trubel per Megafon geben. Hollywood liegt nun an der Säbener Straße - und keiner eignet sich weniger zum Regisseur als der gelernte Anstreicher aus Essen, der sich gern als „Kind der Bundesliga" bezeichnet und noch so denkt und fühlt wie in deren Gründerzeit: „Ich stehe nicht jeden Tag stramm vor den Medien", kündigt Rehhagel an. Franz Beckenbauer überredet ihn, es doch zu tun: 30 Minuten - jeden Tag.

Die Bayern-Oberen geben spaßige Kappen in Auftrag mit der Aufschrift „Otto find ich gut", und anfangs glauben sie sogar daran. Mit sieben Siegen startet Rehhagel in die Saison und stellt einen Bundesliga-Rekord auf. Doch schon vor der ersten Niederlage, dem 1:3 beim BVB (8. Spieltag), geht der Ärger mit dem Uneinsichtigen los. Die Chronologie einer Demontage:

2. September: Rebellion der Ausgewechselten im Derby gegen 1860 München (2:0). Herzog reißt sich das Trikot vom Leib, Klinsmann brüllt: „Ist doch alles Scheiße."

28. September: Jean-Pierre Papin klagt: „Das Problem ist der Trainer, der spricht ja nicht mit uns."

12. Oktober: Rehhagel will Mehmet Scholl am 9. Spieltag gegen Gladbach nicht aufstellen, Beckenbauer verhindert das und nennt den Trainer im VIP-Raum einen „Wahnwitzigen". Scholl wird nach dem 1:2 grundsätzlich: „Wir spielen seit acht Wochen und haben noch immer keine Taktik."

14. Oktober: Thomas Helmer, Ersatz-Kapitän für Matthäus, droht mit Rücktritt, weil er von Rehhagel „immer Kontra kriegt, wenn ich was sage".

17. Oktober: Beckenbauer greift wieder ein, sagt salopp: „Den Otto kriegen wir schon hin, dass er lockerer wird."

21. Oktober: Bayern quält sich zu einem 1:0 auf St. Pauli (10. Spieltag). Beckenbauer tobt als Co-Kommentator am Mikrofon von „Premiere", spricht von einer „Schülermannschaft" und zürnt: „Die können froh sein, dass ich nicht mehr ihr Trainer bin." Rehhagel weist alle Vorwürfe zurück: „Ich bin Erster, ich habe recht. Wenn wir Fünfter sind, können wir reden."

24. Oktober: Die BILD zitiert Rehhagel: „Ich habe gedacht, die Spieler hätten Größe und Klasse. Aber jetzt habe ich das Gefühl, wir sind im Kindergarten." Und Scholl will weg: „So geht es auf keinen Fall weiter."

25. Oktober: In einer Presseerklärung distanziert sich der FC Bayern „von der Art und Weise, wie in den letzten Tagen über Otto Rehhagel berichtet wurde".

28. Oktober: Marcel Witeczek erfährt vor der Partie gegen den VfB Stuttgart erst im Stadion, dass er auf die Tribüne muss. Sein Kommentar: „Will der Trainer mich ärgern? Fakt ist, dass ich meine Chance nicht bekommen habe, dabei propagiert Rehhagel nach außen immer, dass er nicht nach Namen geht."

9. November: Ciriaco Sforza hat Verbesserungsvorschläge: „Pressing nach Ballverlust und den Gegner unter Druck setzen - solche Sachen muss man trainieren. Das klappt derzeit nicht, Sache des Trainers."

10. November: Scholl wird beim 0:0 in Rostock ausfallend, ruft in Richtung Trainerbank: „Halt's Maul, du Wichser."

17. November: Der Vorstand bittet zur Krisensitzung. Rehhagel wird gebeten, sich an die Münchner Verhältnisse anzupassen.

16. Dezember: Uli Hoeneß wird eine gute Woche nach dem 2:0 in Düsseldorf, mit

Das vorzeitige Aus für Otto Rehhagel: Am 27. April 1996 verliert seine Mannschaft 0:1 gegen Hansa Rostock. Noch am Abend nach der Pleite wird er entlassen

dem Bayern die Hinrunde als Tabellen-Zweiter abschließt, kryptisch: „Wir hätten auch den Mut, einen Trainer zu entlassen, der Tabellenerster ist und die Meisterschaft holt, wenn das Verhältnis zwischen Trainer und Mannschaft nicht stimmt."

11. Februar: Im Spiel beim HSV drückt Beckenbauer Scholl ins Team, Sat.1-Reporter Jörg Wontorra macht es öffentlich.

14. März: Karl-Heinz Rummenigge antwortet wenige Tage nach der 1:3-Pleite beim SC Freiburg (22. Spieltag) auf die Frage, ob Rehhagel noch der Richtige sei: „Dazu sage ich nichts."

27. April: Vor dem Spiel gegen Hansa Rostock (30. Spieltag) informiert der Vorstand den Spielerrat, dass Giovanni Trapattoni zurückkommt und Rehhagel zur neuen Saison ablösen soll. Bayern verliert das Heimspiel 0:1 und die Tabellenführung an die punktgleichen Dortmunder. Strunz meckert: „Jede Mannschaft hat mehr Disziplin und Fitness." Das sieht auch der Vorstand, Otto Rehhagel wird noch am Abend entlassen. Gründe: Mangel an Kommunikation, eintöniges Training, Starrsinn, Misserfolg. Uli Hoeneß erklärt: „Wir haben auf ihn eingeredet wie noch auf keinen Trainer zuvor, aber er hat sich nicht helfen lassen." Zum dritten Mal in den vergangenen vier Jahren haben sich die Bayern bei der Trainerwahl vergriffen, nach Lerby und Trapattoni nun bei Rehhagel.

Wie 1993/94 springt wieder Beckenbauer ein und sitzt beim 2:3 in Bremen am 31. Spieltag als erster Präsident der Bundesliga-Geschichte auch als verantwortlicher Trainer auf der Bank. Aber besser wird es unter ihm nicht. Nur noch gegen den 1. FC Köln gelingt ein Sieg (3:2), auf Schalke (1:2) und gegen Düsseldorf (2:2) verspielt seine Mannschaft die Meisterschaft endgültig.

Uefa-Cup

Die Bayern sind erstmals Uefa-Cup-Sieger. Kapitän Matthäus hält den Pokal

Erster Europacup-Titel seit 1976

In die Europacup-Saison, die so großartig endet, startet Bayern mit 0:1 gegen Lok Moskau, siegt aber auswärts 5:0. Auch in der 2. Runde gegen die Schotten von Raith Rovers wird es enger als erwartet (2:0, 2:1). Im Achtelfinale gegen Benfica Lissabon erzielt Jürgen Klinsmann im Hinspiel alle Tore (4:1), im Rückspiel zwei beim 3:1-Erfolg. Klinsmann und Mehmet Scholl treffen auch beim 2:1 im Viertelfinale gegen Nottingham. Im furiosen Rückspiel schaffen die Bayern den höchsten deutschen Europacupsieg in England (5:1). Nach dem 2:2 im Halbfinal-Hinspiel gegen den FC Barcelona steht Rehhagel schon vor dem Rauswurf, mit dem 2:1 in Camp Nou retten ihm die Spieler den Job. In den Finals gegen Girondins Bordeaux sitzt Franz Beckenbauer auf der Bank. In München gibt es ein glanzloses 2:0 (Tore: Helmer und Scholl), im Rückspiel treffen Scholl, Emil Kostadinov und Klinsmann zum 3:1 – Bayerns erster internationaler Titel nach 20 Jahren.

DFB-Pokal

Ohne Durchschlagskraft gegen Düsseldorfs Jörn Schwinkendorf: Jürgen Klinsmann (l.)

2. Runde: Erste Niederlage für Rehhagel

In vier Bundesliga-Spielen zwischen 1988 und 1992 unterliegen die Bayern zweimal den Stuttgarter Kickers, auch die Pokalpartie der ersten Runde 1995/96 gerät gegen die mittlerweile in die Regionalliga abgestiegene Mannschaft zur Qual: Verteidiger Markus Babbel entscheidet mit seinem 1:0 (39.) das Spiel. In der 2. Runde ist schon Endstation bei dem Klub, mit dem Otto Rehhagel 1980 zum ersten Mal Pokalsieger geworden ist: Fortuna Düsseldorf. Gerade in die Bundesliga aufgestiegen, kämpft die noch sieglose Mannschaft am 18. September 1995 die Bayern nieder. Darko Pancev bringt Fortuna früh in Führung (22.), in der 73. Minute gleicht Thomas Helmer zum 1:1 aus. Fortuna kontert, legt in der 79. Minute (Richard Cyron) und 90. (Thomas Seeliger) nach und siegt 3:1. Die erste Niederlage für Rehhagel. Frank Mill spottet: „In der Bayern-Abwehr spielt jeder, was er will. Vielleicht haben die ein System, ich habe keins erkannt."

TRAINER

OTTO REHHAGEL
1986 und 1991 sagt er noch Bayern ab, aber „ein drittes Mal konnte ich diese Offerte nicht ausschlagen". Im Nachhinein wäre es wohl besser gewesen. Seine Bilanz in der Bundesliga: 18 Siege, 4 Remis, 8 Niederlagen.

DIE TOP-ELF DER SAISON

Christian Zie

Markus Babbel

DER SPIELER DES JAHRES

***Jürgen Klinsmann** kommt aus London, um in München „endlich wieder einen Vereinstitel zu gewinnen" (1991 mit Inter Uefa-Cup-Sieger). Den Wunsch erfüllt er sich gewissermaßen selbst, stellt mit sagenhaften 15 Toren im Uefa-Cup einen Rekord in diesem Wettbewerb auf. Trotz interner Querelen, des Zerwürfnisses mit Lothar Matthäus, leidet Klinsmanns Leistung nie. Hinter Stuttgarts Fredi Bobic (17 Tore) wird er gemeinsam mit Sean Dundee (Karlsruhe) und Giovane Elber (Stuttgart, alle 16 Tore) Zweiter der Bundesliga-Torjägerliste und am Saisonende als einer von sieben Bayern-Spielern in England Europameister. Er ist Kapitän, nimmt den Pokal aus den Händen von Königin Elisabeth II. entgegen.*

Der Kader

NAME	SPIELE	TORE
Oliver Kahn	32	0
Michael Probst	2	0
Sven Scheuer	2	0
Markus Babbel	30	2
Thomas Helmer	32	4
Oliver Kreuzer	19	1
Dieter Frey	8	0
Dietmar Hamann	20	2
Andreas Herzog	28	2
Lothar Matthäus	19	1
Christian Nerlinger	28	4
Mehmet Scholl	30	10
Ciriaco Sforza	30	2
Thomas Strunz	24	4
Marcel Witeczek	20	0
Christian Ziege	33	3
Jürgen Klinsmann	32	16
Emil Kostadinov	18	5
Jean-Pierre Papin	20	2
Alexander Zickler	25	8

CIRIACO SFORZA (l.) verlässt nach nur 30 Bundesliga-Spielen Bayern wieder, wechselt zu Inter Mailand

Transfers

ANDREAS HERZOG belastet mit seinem Wechsel von Werder Bremen zum FC Bayern das ohnehin gespannte Verhältnis beider Klubs noch mehr. Für den Spielmacher aus Österreich wird der Transfer zum Reinfall: Herzog bleibt nur 1995/96 und kehrt nach 28 Bundesliga-Einsätzen (zwei Tore) in die Hansestadt zurück. Für Werder bestreitet Herzog von 1992 bis 2001 insgesamt 236 Liga-Spiele (57 Tore). 2002 schließt er sich seinem Heimatklub Rapid Wien an, sein Karriere-Ende erlebt er 2004 bei Los Angeles Galaxy. Für Österreich spielt er 103-mal.

SPIELER	VON VEREIN	ABLÖSESUMME
Michael Probst	SV Lohhof	–
Andreas Herzog	SV Werder Bremen	5,1 Mio. DM
Ciriaco Sforza	1. FC Kaiserslautern	6,6 Mio. DM
Thomas Strunz	VfB Stuttgart	5 Mio DM
Jürgen Klinsmann	Tottenham Hotspur	2,8 Mio. DM

Tops & Flops

JEAN-PIERRE PAPIN Das Sorgenkind hat am 30. August im Heimspiel gegen Uerdingen (3. Spieltag) seinen großen Moment. Papins Seitfallzieher zum 1:0 wird Tor des Jahres.

MICHAEL PROBST Der Ersatztorwart bleibt in beiden Bundesliga-Einsätzen ohne Gegentor: am 17. Spieltag beim 2:0 (90. Min Spielzeit), am 34. beim 2:2 (2. Halbzeit). Gegner ist jeweils Düsseldorf.

ZUSCHAUER Der Rekord des Vorjahrs (54 389 Fans) hält nur ein Jahr. 1995/96 kommen 59 766 pro Heimspiel – wieder eine Bundesliga-Bestleistung.

KLAUS AUGENTHALER vertritt im letzten Bundesliga-Spiel gegen Düsseldorf den erkrankten Beckenbauer, wechselt zur 2. Halbzeit vier Spieler ein (Probst, Witeczek, Herzog, Zickler). Erlaubt sind seit Saisonbeginn nur drei. Fortuna verzichtet auf einen Protest, es bleibt beim 2:2.

OLIVER KAHN sieht als zweiter Bayern-Torwart Rot in der Liga: gegen 1860 München (21. Sp.). Aumann sah 1992 Rot.

GLADBACH-HEIMSPIEL Erstmals im 31. Anlauf gewinnt die Borussia in München: 2:1 am 9. Spieltag.

1. SPIELTAG

Bayern – Hamburger SV 3:2 (1:1)

BAYERN: Kahn – Helmer – Kreuzer (46. Hamann), Babbel – Zickler, Strunz, Herzog (78. C. Nerlinger), Sforza, Scholl, Ziege – Klinsmann (81. Papin).
HAMBURG: Golz – Houbtchev – Schnoor (50. Kober), Henchoz – Jähnig, Kmetsch, Spörl (70. Fischer), Hartmann, Albertz – Breitenreiter, Ivanauskas (43. Kindvall).
Tore: 0:1 Spörl (2.), 1:1 Herzog (31.), 2:1 Helmer (51.), 3:1 Scholl (69.), 3:2 Fischer (75.).
Gelb: Ziege / Schnoor, Kmetsch, Spörl, Albertz.
Schiedsrichter: Georg Dardenne.

2. SPIELTAG

Karlsruher SC – Bayern 2:6 (1:3)

KARLSRUHE: Reitmaier – Wittwer (27. Schmitt) – Bilic (66. Reich), Schuster – Metz, Häßler, Fink, Bender, Tarnat – Knup, Kirjakow (63. Dundee).
BAYERN: Kahn – Strunz – Kreuzer, Helmer – Hamann, Babbel, Sforza, C. Nerlinger, Ziege (69. Frey) – Herzog (63. Scholl) – Zickler (74. Papin).
Tore: 0:1 Ziege (14.), 0:2 Kreuzer (17.), 0:3 Zickler (23.), 1:3 Knup (35.), 1:4 Hamann (57.), 1:5 Scholl (68., Foulelfmeter), 1:6 Zickler (72.), 2:6 Knup (79.).
Gelb: Bilic, Schmitt, Schuster / Kreuzer, Hamann.
Schiedsrichter: Bernd Heynemann.

3. SPIELTAG

Bayern – Bayer Uerdingen 2:0 (1:0)

BAYERN: Kahn – Strunz – Babbel, Helmer – Zickler (74. Witeczek), Hamann, Sforza, Herzog, Scholl, Ziege – Papin (74. Kostadinov).
UERDINGEN: Dreher – Peschke – Paßlack – Lusch, Dogan, Rahner, Steffen (60. Wedau), Bittengel (86. Jüptner), Heintze, – Meijer, Laessig.
Tore: 1:0 Papin (28.), 2:0 Helmer (69.).
Gelb: Strunz / Laessig, Meijer.
Schiedsrichter: Lutz Pohlmann.

4. SPIELTAG

1860 München – Bayern 0:2 (0:0)

1860: Meier – Trares – Kutschera (76. Lesniak), Miller – Rydlewicz, Schwabl, Borimirov, Jeremies, Stevic – Bodden (64. Greilich), Winkler.
BAYERN: Kahn – Strunz – Babbel, Helmer – Hamann, Scholl, Sforza, Herzog (63. Zickler), Ziege – Papin (73. C. Nerlinger), Klinsmann (73. Kostadinov).
Tore: 0:1 Ziege (74.), 0:2 Nerlinger (86.).
Gelb: Schwabl / Ziege, Helmer, Hamann.
Schiedsrichter: Hans-Jürgen Weber.

5. SPIELTAG

Bayern – SC Freiburg 2:0 (1:0)

BAYERN: Kahn – Strunz – Babbel, Helmer – Zickler, Scholl (68. C. Nerlinger), Sforza, Herzog (78. Hamann), Ziege – Papin (73. Witeczek), Klinsmann.
FREIBURG: Schmadtke – Vogel – Sundermann (84. Rath), Spanring – Kohl, Zeyer, Heidenreich (66. Freund), Todt, Borodjuk (66. Wassmer), Heinrich – Spies.
Tore: 1:0 Klinsmann (11.), 2:0 Klinsmann (90.).
Gelb: Babbel, Ziege, Helmer / Heidenreich.
Schiedsrichter: Michael Malbranc.

6. SPIELTAG

1. FC Kaiserslautern – Bayern 2:3 (1:2)

K'LAUTERN: Reinke – Brehme – Ritter, Koch – Lutz (46. Schäfer), Roos, Kadlec, Hengen (74. Hollerbach), Wagner – Kuka, Siegl (85. Marschall).
BAYERN: Kahn – Helmer – Babbel, Kreuzer – Zickler, Hamann, Sforza, C. Nerlinger, Ziege – Klinsmann, Herzog (65. Scholl).
Tore: 0:1 Babbel (14.), 1:1 Brehme (21., Foulelfmeter), 1:2 Sforza (45.), 2:2 Hengen (56.), 2:3 Babbel (87.).
Gelb: Schäfer, Ritter / Kreuzer, Zickler, Kahn.
Schiedsrichter: Hartmut Strampe.

7. SPIELTAG

Bayern – Bayer Leverkusen 1:0 (0:0)

BAYERN: Kahn – Helmer – Kreuzer, Babbel – Zickler, Herzog, Sforza, C. Nerlinger, Ziege – Papin (46. Scholl), Klinsmann.
LEVERKUSEN: Heinen – Fach – Wörns, Münch – Rodrigo, Lehnhoff (57. Rietpietsch), Schuster, Lupescu, Sergio (76. Feldhoff) – Kirsten, Völler (88. Ramon).
Tor: 1:0 Klinsmann (90., Foulelfmeter).
Gelb: Ziege, Kreuzer, Sforza / Lupescu, Sergio, Wörns.
Schiedsrichter: Hans-Jürgen Kasper.

8. SPIELTAG

Borussia Dortmund – Bayern 3:1 (1:0)

DORTMUND: Klos – Sammer – Kohler (69. Zorc), Schmidt – Reuter, Ricken (77. Sosa), Freund, Kree, Möller – Tanko (72. Berger), Herrlich.
BAYERN: Kahn – Strunz – Babbel, Helmer – Zickler (46. Hamann), Sforza, Herzog (46. Scholl), C. Nerlinger, Ziege – Kostadinov, Klinsmann (72. Witeczek).
Tore: 1:0 Reuter (41., Foulelfmeter), 1:1 Nerlinger (49.), 2:1 Sosa (79.), 3:1 Zorc (82.).
Gelb: Sammer / Strunz, Babbel, Kostadinov, Ziege.
Schiedsrichter: Edgar Steinborn.

9. SPIELTAG

Bayern – Borussia M'gladbach 1:2 (0:1)

BAYERN: Kahn – Strunz – Babbel, Helmer – Zickler (46. Papin), Hamann (73. Witeczek), Scholl, Sforza, Herzog, C. Nerlinger – Klinsmann.
M'GLADBACH: Kamps – Kastenmaier, Klinkert, Andersson, Neun – Schneider – Wynhoff (82. Stadler), Pflipsen (70. Hoersen), Frontzeck (88. Wolf) – Sternkopf, Effenberg.
Tore: 0:1 Effenberg (20.), 0:2 Herzog (81., Eigentor), 1:2 Papin (90.).
Gelb: Strunz, Sforza / Neun.
Schiedsrichter: Bernd Heynemann.

10. SPIELTAG

FC St. Pauli – Bayern 0:1 (0:1)

ST. PAULI: Thomforde – Dammann – Trulsen, Schlindwein – Hanke (69. Becker), Zmijani, Caligiuri (46. Szubert), Pröpper, Sobotzik (82. Driller), Mazingu-Dinzey – Savitchev.
BAYERN: Kahn – Strunz – Kreuzer, Helmer – Zickler, Hamann, Sforza, Herzog (81. C. Nerlinger), Ziege – Papin (73. Kostadinov), Klinsmann (87. Scholl).
Tor: 0:1 Klinsmann (10.).
Gelb: Schlindwein / Papin, Strunz.
Schiedsrichter: Georg Dardenne.

11. SPIELTAG

Bayern – VfB Stuttgart 5:3 (1:0)

BAYERN: Kahn – Strunz – Babbel, Helmer– Hamann, Scholl, Sforza, A. Herzog (81. C. Nerlinger), Ziege – Papin (81. Kostadinov), Klinsmann (46. Zickler).
STUTTGART: Ziegler – Berthold, H. Herzog, Verlaat, Bochtler – Buck (65. Haber), Foda, Balakov, Poschner (46. Kögl) – Elber, Bobic (74. Kruse).
Tore: 1:0 Strunz (45.+1), 2:0 Zickler (49.), 3:0 Scholl (63., Foulelfmeter), 3:1 Kruse (76.), 3:2 Elber (79.), 3:3 Elber (84.), 4:3 Zickler (85.), 5:3 Scholl (90., Foulelfmeter).
Gelb: Helmer / Elber, Poschner, Berthold, Foda, Ziegler.
Schiedsrichter: Hans-Jürgen Weber.

12. SPIELTAG

Eintracht Frankfurt – Bayern 4:1 (2:0)

FRANKFURT: Köpke – Dickhaut – Dworschak, Komljenovic – Rauffmann (86. Roth), Hagner (89. Becker), Binz, Schupp, Beuchel – Okocha, Mornar.
BAYERN: Kahn – Strunz – Babbel, Helmer – Hamann, C. Nerlinger, Sforza, Herzog (46. Kostadinov), Ziege (80. Witeczek) – Zickler, Klinsmann.
Tore: 1:0 Hagner (6.), 2:0 Mornar (28.), 2:1 Helmer (51.), 3:1 Hagner (74.), 4:1 Binz (87.).
Rot: Mornar (65.) / –.
Gelb: Schupp / Babbel, Helmer, Nerlinger, Hamann.
Schiedsrichter: Jürgen Aust.

13. SPIELTAG

Hansa Rostock – Bayern 0:0

ROSTOCK: Bräutigam – Schneider, Zallmann, März – Groth, Hofschneider, Weilandt (77. Rehbein), Beinlich, Studer – Breitkreutz (83. Markov), Baumgart.
BAYERN: Kahn – Strunz – Kreuzer, Helmer – Zickler, Babbel, Sforza, Herzog (75. Witeczek), Ziege – Papin (47. Kostadinov), Klinsmann (47. Scholl).
Gelb: Schneider / Helmer, Kreuzer.
Schiedsrichter: Alfons Berg.

14. SPIELTAG

Bayern – Werder Bremen 2:0 (1:0)

BAYERN: Kahn – Matthäus – Babbel – Zickler, Hamann, Strunz, Sforza, Herzog (70. Kreuzer), Ziege – Klinsmann, Scholl.
BREMEN: Rost – Wolter, Junior Baiano, Ramzy (46. Schulz), Bode – Wiedener, Votava, Eilts, Cardoso – Basler (33. Neubarth), Hobsch (46. Bestschastnych).
Tore: 1:0 Klinsmann (7.), 2:0 Zickler (87.).
Gelb: Sforza, Scholl, Herzog / Cardoso, Ramzy, Neubarth, Schulz.
Schiedsrichter: Hellmut Krug.

Oliver Kahn (r.) ist außer sich vor Wut, muss von Lothar Matthäus zurückgehalten werden. Am 21. Spieltag gegen 1860 sieht er wegen unsportlichen Verhaltens in der 43. Minute Rot. Er ist mit Olaf Bodden aneinandergeraten

15. SPIELTAG

1. FC Köln – Bayern 0:0

KÖLN: Illgner – Hauptmann – Thiam, Baumann – Zdebel, Janßen, Oliseh, Munteanu, Dziwior – Kohn (69. Gaißmayer), Polster.
BAYERN: Kahn – Matthäus (75. Witeczek) – Kreuzer, Helmer – Hamann (46. Kostadinov), C. Nerlinger, Sforza, Ziege – Scholl – Zickler, Klinsmann.
Gelb: Oliseh, Kohn, Janßen / Kostadinov, Scholl, Zickler, Kreuzer, Nerlinger.
Schiedsrichter: Lutz Michael Fröhlich.

16. SPIELTAG

Bayern – FC Schalke 04 4:0 (1:0)

BAYERN: Kahn – Matthäus – Babbel (71. Frey), Helmer – Hamann (66. Kostadinov), Sforza, C. Nerlinger, Ziege – Scholl (80. Witeczek) – Zickler, Klinsmann.
SCHALKE: Lehmann – Thon (83. Held) – Kurz (57. Latal), Linke – Müller (69. Prus), Nemec, Eigenrauch, Anderbrügge, Büskens – Max, Mulder.
Tore: 1:0 Sforza (22.), 2:0 Scholl (54.), 3:0 Nerlinger (62.), 4:0 Kostadinov (84.).
Gelb: – / Mulder.
Schiedsrichter: Bernhard Zerr.

17. SPIELTAG

Fortuna Düsseldorf – Bayern 0:2 (0:0)

DÜSSELDORF: Koch – Drazic – Katemann, Werner – Winkhold, Glavas (67. Pancev), Seeliger, Buncol (76. Minkwitz), Manga-Ubenga (76. Shala), Mehlhorn – Mill.
BAYERN: Probst – Matthäus – Kreuzer, Helmer – Hamann, Strunz (76. C. Nerlinger), Sforza, Ziege (74. Zickler) – Herzog – Kostadinov (87. Witeczek), Klinsmann.
Tore: 0:1 Hamann (47.), 0:2 Klinsmann (86., Foulelfmeter).
Rot: Winkhold (85.) / –.
Gelb: Winkhold / Matthäus, Strunz.
Schiedsrichter: Dr. Markus Merk.

18. SPIELTAG

Hamburger SV – Bayern 2:1 (0:1)

HAMBURG: Golz – Hartmann – Fischer (83. Ostermann), Henchoz, Hollerbach – Spörl, Kmetsch, Breitenreiter, Albertz – Ivanauskas (66. Jähnig), Bäron.
BAYERN: Kahn – Matthäus (73. Kreuzer) – Babbel, Helmer – Hamann (80. Frey), Sforza, C. Nerlinger, Scholl, Ziege – Zickler, Klinsmann.
Tore: 0:1 Scholl (28.), 1:1 Breitenreiter (85.), 2:1 Jähnig (89.).
Gelb: Hollerbach / Ziege, Zickler.
Schiedsrichter: Bernd Heynemann.

19. SPIELTAG

Bayern – Karlsruher SC 1:4 (0:1)

BAYERN: Kahn – Matthäus (76. Frey) – Babbel, Helmer – Zickler (33. Kostadinov), Strunz, Sforza, Herzog, Ziege – Scholl, Klinsmann.
KARLSRUHE: Reitmaier – Nowotny – Reich, Schuster – Metz, Häßler, Fink (87. Wittwer), Bender, Tarnat – Dundee (84. Knup), Kirjakow (64. Bähr).
Tore: 0:1 Dundee (15.), 0:2 Dundee (51.), 1:2 Scholl (55.), 1:3 Bender (73.), 1:4 Bender (78.).
Gelb: Herzog, Babbel / Fink, Kirjakow.
Schiedsrichter: Hartmut Strampe.

20. SPIELTAG

Bayer Uerdingen – Bayern 1:6 (0:1)

UERDINGEN: Dreher – Peschke – Paßlack, Rahner – Lusch, Wedau (66. Dogan), Bittengel, Steffen, Heintze – Lesniak (82. Laessig), Meijer.
BAYERN: Kahn – Matthäus – Babbel, Helmer (75. Kreuzer) – Strunz, Scholl, Sforza, C. Nerlinger, Ziege – Klinsmann, Zickler.
Tore: 0:1 Helmer (20.), 0:2 Heintze (52., Eigentor), 0:3 Klinsmann (57.), 0:4 Zickler (61.), 0:5 Scholl (85.), 1:5 Meijer (86.), 1:6 Strunz (88.).
Gelb: Rahner / Helmer, Matthäus.
Schiedsrichter: Günther Habermann.

21. SPIELTAG

Bayern – 1860 München 4:2 (4:1)

BAYERN: Kahn – Matthäus (45. Scheuer) – Babbel, Helmer – Strunz, Scholl (87. Herzog), Sforza, C. Nerlinger, Ziege – Zickler, Klinsmann.
1860: Meier – Trares – Brajkovic (46. Dowe), Greilich – Cerny, Jeremies, Schwabl, Nowak (73. Borimirov), Heldt (46. Hamann), – Winkler, Bodden.
Tore: 1:0 Klinsmann (7.), 2:0 Zickler (9.), 3:0 Zickler (20.), 4:0 Klinsmann (26.), 4:1 Bodden (33.), 4:2 Winkler (64.).
Rot: Kahn (43.) / Bodden (43.).
Gelb: Strunz / Trares, Schwabl, Hamann.
Schiedsrichter: Jürgen Jansen.

22. SPIELTAG

SC Freiburg – Bayern 3:1 (1:1)

FREIBURG: Schmadtke – Heidenreich – Müller, Spanring – Kohl (84. Sundermann), Zeyer, Todt, Sutter (72. Buric), Freund, – Jurcevic, Decheiver (89. Wassmer).
BAYERN: Scheuer – Matthäus – Kreuzer (84. Papin), Helmer – Strunz, Scholl, Sforza, C. Nerlinger, Ziege (65. Kostadinov) – Klinsmann, Zickler (46. Witeczek).
Tore: 0:1 Klinsmann (16., Foulelfmeter), 1:1 Decheiver (43.), 2:1 Decheiver (51.), 3:1 Todt (88.).
Rot: – / Helmer (90.).
Gelb: Zeyer / Kreuzer, Witeczek, Helmer, Matthäus.
Schiedsrichter: Georg Dardenne.

23. SPIELTAG

Bayern – 1. FC Kaiserslautern 2:0 (1:0)

BAYERN: Kahn – Matthäus – Kreuzer, Babbel – Strunz, Sforza, C. Nerlinger (71. Papin), Ziege – Scholl, Herzog – Klinsmann.
K'LAUTERN: Reinke – Brehme – Koch, Greiner (73. Riedl) – Schäfer, Roos, Kadlec, Arilson (66. Flock), Wollitz (46. Wegmann) – Kuka, Wagner.
Tore: 1:0 Herzog (12.), 2:0 Ziege (67.).
Gelb/Rot: Scholl (87.) / Koch (54.)
Gelb: – / Wagner.
Schiedsrichter: Hans-Jürgen Weber.

24. SPIELTAG

Bayer Leverkusen – Bayern 1:2 (1:1)

LEVERKUSEN: Heinen – Lupescu – Fach, Münch – Ramelow, Lehnhoff, Reyna, Neuendorf (56. Rietpietsch), Rodrigo (25. Sergio) – Völler, Kirsten (73. Feldhoff).
BAYERN: Kahn – Matthäus – Kreuzer, Helmer – Frey, Babbel, Herzog, C. Nerlinger, Ziege – Papin (72. Witeczek), Klinsmann (85. Kostadinov).
Tore: 0:1 Nerlinger (40.), 1:1 Sergio (41.), 1:2 Matthäus (55.).
Gelb: Fach / Frey, Matthäus, Kahn.
Schiedsrichter: Edgar Steinborn.

25. SPIELTAG

Bayern – Borussia Dortmund 1:0 (1:0)

BAYERN: Kahn – Matthäus – Kreuzer, Helmer – Scholl, Babbel, C. Nerlinger, Herzog, Ziege – Klinsmann, Papin.
DORTMUND: Klos – Sammer – Kohler, Júlio César – Reuter (83. Kree), Zorc, Ricken (73. Berger), Heinrich (77. Reinhardt), Freund – Riedle, Chapuisat.
Tor: 1:0 Scholl (38.).
Gelb: Kreuzer, Nerlinger, Matthäus / Freund, Sammer, Kohler.
Schiedsrichter: Dr. Markus Merk.

26. SPIELTAG

Borussia M'gladbach – Bayern 3:1 (2:1)

M'GLADBACH: Kamps – Kastenmaier, Klinkert, Andersson (46. Nielsen), Wolf – Hochstätter – Schneider (81. Hoersen), Effenberg, Wynhoff – Dahlin, Pettersson (69. Pflipsen).
BAYERN: Kahn – Kreuzer, Babbel – Helmer – Sforza, Scholl, C. Nerlinger, Ziege, Witeczek (73. Herzog) – Papin (79. Kostadinov), Klinsmann.
Tore: 1:0 Pettersson (21.), 1:1 Klinsmann (34.), 2:1 Pettersson (43.), 3:1 Wynhoff (89.).
Gelb: Hochstätter / Kreuzer, Ziege.
Schiedsrichter: Bernd Heynemann.

27. SPIELTAG

Bayern – FC St. Pauli 1:1 (0:1)

BAYERN: Kahn – Matthäus (75. Herzog) – Kreuzer (46. Witeczek), Helmer – Babbel (77. Hamann), Scholl, Sforza, C. Nerlinger, Ziege – Papin, Klinsmann.
ST. PAULI: Thomforde – Dammann – Trulsen, Pedersen – Hanke, Gronau, Mazingu-Dinzey – Schweißing, Driller (72. Scharping), Springer (72. Szubert) – Sobotzik.
Tore: 0:1 Schweißing (43.), 1:1 Klinsmann (90.).
Gelb: Scholl / Driller, Scharping.
Schiedsrichter: Rainer Werthmann.

28. SPIELTAG

VfB Stuttgart – Bayern 0:1 (0:0)

STUTTGART: Ziegler – Grimm, Schneider, Berthold, Bochtler (63. Gilewicz) – Haber, Foda, Balakov, Poschner – Kruse (78. H. Herzog), Elber.
BAYERN: Kahn – Matthäus (46. Kreuzer) – Babbel, Helmer – Hamann, Sforza, C. Nerlinger, A. Herzog (46. Scholl), Ziege – Klinsmann, Witeczek (78. Papin).
Tor: 0:1 Klinsmann (48.).
Rot: – / Hamann (30.).
Gelb: Bochtler, Foda, Berthold, Schneider / Kahn, Witeczek.
Schiedsrichter: Hellmut Krug.

29. SPIELTAG

Bayern – Eintracht Frankfurt 1:1 (0:1)

BAYERN: Kahn – Helmer – Kreuzer, Babbel – Strunz, Scholl, Sforza, C. Nerlinger (46. Papin), Ziege – Klinsmann, Witeczek (46. Herzog).
FRANKFURT: Köpke – Dickhaut – Kaymak, Komljenovic – Bunzenthal (83. Tskhadadze), Zelic, Schupp, Roth, Hagner – Okocha (21. Becker, 56. Falkenmayer), Mornar.
Tore: 0:1 Hagner (30.), 1:1 Scholl (48.).
Gelb: Nerlinger, Helmer, Ziege / Kaymak, Dickhaut.
Schiedsrichter: Lutz Michael Fröhlich.

30. SPIELTAG

Bayern – Hansa Rostock 0:1 (0:0)

BAYERN: Kahn – Matthäus – Babbel, Helmer – Strunz, Scholl, Sforza, C. Nerlinger (67. Papin), Ziege – Klinsmann, Witeczek (66. Herzog).
ROSTOCK: Bräutigam – Schneider, Zallmann, März – Lange, Weilandt, Rehbein (46. Breitkreutz, 77. Ehlers), Beinlich, Studer, – Akpoborie, Chalaskiewicz (65. Baumgart).
Tor: 0:1 Akpoborie (63.).
Gelb: Ziege, Matthäus, Strunz, Sforza / Zallmann, Studer.
Schiedsrichter: Jürgen Aust.

31. SPIELTAG

Werder Bremen – Bayern 3:2 (1:2)

BREMEN: Reck – Wolter – Junior Baiano, Ramzy – Scholz, Eilts, Votava, Cardoso (86. Wiedener), Bode – Basler, Hobsch (75. van Lent).
BAYERN: Kahn – Matthäus – Babbel – Frey (56. Hamann), Strunz, Helmer, Ziege – Sforza (86. Witeczek), Scholl – Kostadinov (55. Zickler), Klinsmann.
Tore: 0:1 Kostadinov (14.), 0:2 Kostadinov (23.), 1:2 Hobsch (42.), 2:2 Bode (49.), 3:2 Bode (66.).
Gelb: Scholz / Sforza.
Schiedsrichter: Edgar Steinborn.

32. SPIELTAG

Bayern – 1. FC Köln 3:2 (1:0)

BAYERN: Kahn – Matthäus – Babbel, Helmer – Strunz, Frey, Scholl (74. Herzog), Sforza, Ziege – Klinsmann (71. Witeczek), Kostadinov.
KÖLN: Illgner – Stumpf – Baumann, Thiam – Zdebel (32. Polster), Janßen (56. Braun), Oliseh, Munteanu (67. Andersen), Weiser – Kohn, Gaißmayer.
Tore: 1:0 Kostadinov (5.), 1:1 Matthäus (49., Eigentor), 2:1 Klinsmann (54.), 3:1 Kostadinov (62.), 3:2 Polster (79., Foulelfmeter).
Rot: – / Baumann (55.).
Gelb: – / Munteanu, Braun, Thiam.
Schiedsrichter: Bernhard Zerr.

33. SPIELTAG

FC Schalke 04 – Bayern 2:1 (1:1)

SCHALKE: Lehmann – Thon (47. Müller) – Eigenrauch, Linke – Latal (67. Scherr), Nemec, Dooley, Anderbrügge (88. Kurz), Büskens – Max, Mulder.
BAYERN: Kahn – Matthäus – Babbel, Helmer – Strunz, Hamann (46. Zickler), Herzog, C. Nerlinger, Ziege (63. Witeczek) – Klinsmann, Kostadinov (75. Papin).
Tore: 1:0 Thon (36.), 1:1 Strunz (45.+1), 2:1 Müller (90.+2).
Gelb: Müller / Strunz.
Schiedsrichter: Hartmut Strampe.

34. SPIELTAG

Bayern – Fortuna Düsseldorf 2:2 (0:2)

BAYERN: Kahn (46. Probst) – Matthäus – Babbel, Helmer – Frey (46. Witeczek), Strunz, Scholl (46. Herzog), C. Nerlinger, Ziege – Klinsmann, Kostadinov (46. Zickler).
DÜSSELDORF: Koch – Bach (21. Istenic) – Katemann, Werner – Winkhold, Glavas, Anfang (78. Mill), Judt, Drazic – Seeliger, Cyron (81. Buncol).
Tore: 0:1 Judt (6.), 0:2 Cyron (25.), 1:2 Klinsmann (72.), 2:2 Klinsmann (83.). **Rot:** – / Werner (57.).
Gelb: Scholl, Ziege, Strunz / Istenic.
Schiedsrichter: Lutz Wagner.

Abschlusstabelle

Pl.	Verein	Spiele	G	U	V	Tore	Diff.	Punkte
1	Dortmund (M)	34	19	11	4	76:38	+38	68
2	Bayern	34	19	5	10	66:46	+20	62
3	Schalke	34	14	14	6	45:36	+9	56
4	M'gladbach (P)	34	15	8	11	52:51	+1	53
5	Hamburg	34	12	14	8	52:47	+5	50
6	Rostock (A)	34	13	10	11	47:43	+4	49
7	Karlsruhe	34	12	12	10	53:47	+6	48
8	1860 München	34	11	12	11	52:46	+6	45
9	Bremen	34	10	14	10	39:42	−3	44
10	Stuttgart	34	10	13	11	59:62	−3	43
11	Freiburg	34	11	9	14	30:41	−11	42
12	Köln	34	9	13	12	33:35	−2	40
13	Düsseldorf (A)	34	8	16	10	40:47	−7	40
14	Leverkusen	34	8	14	12	37:38	−1	38
15	St. Pauli (A)	34	9	11	14	43:51	−8	38
16	Kaiserslautern	34	6	18	10	31:37	−6	36
17	Frankfurt	34	7	11	16	43:68	−25	32
18	Uerdingen	34	5	11	18	33:56	−23	26

DIE WEITEREN SIEGER DES JAHRES:

Europameister:
Deutschland

Champions League:
Juventus Turin

Europacup der Pokalsieger:
Paris Saint-Germain

Uefa-Cup:
FC Bayern

DFB-Pokal:
1. FC Kaiserslautern

Alle Ergebnisse auf einen Blick

Waagerecht: alle Heimresultate. Senkrecht: alle Auswärts-resultate	Dortmund	Bayern	Schalke	M'gladbach	Hamburg	Rostock	Karlsruhe	1860 München	Bremen	Stuttgart	Freiburg	Köln	Düsseldorf	Leverkusen	St. Pauli	K'lautern	Frankfurt	Uerdingen
Dortmund		3:1	0:0	2:1	1:1	1:2	4:1	3:1	1:1	6:3	3:2	3:0	3:0	2:0	1:0	1:1	6:0	5:0
Bayern	1:0		4:0	1:2	3:2	0:1	1:4	4:2	2:0	5:3	2:0	3:2	2:2	1:0	1:1	2:0	1:1	2:0
Schalke	1:2	2:1		3:3	3:0	1:3	2:1	1:1	2:1	2:0	3:0	0:0	1:1	1:1	2:0	1:1	2:0	1:1
M'gladbach	2:2	3:1	4:1		1:2	3:2	1:2	0:2	1:0	1:1	1:0	2:1	1:1	0:0	2:4	1:1	4:1	2:1
Hamburg	2:2	2:1	1:1	2:1		1:1	0:0	2:2	3:3	3:0	0:0	0:0	4:1	2:2	1:0	1:0	5:1	0:0
Rostock	3:2	0:0	1:2	2:3	2:0		1:1	0:3	2:1	3:3	1:0	0:1	0:0	1:2	2:0	3:0	1:1	1:0
Karlsruhe	5:0	2:6	0:1	4:0	3:1	0:2		1:1	1:1	1:2	1:1	1:0	3:1	1:4	2:2	0:0	1:1	2:0
1860 München	2:2	0:2	1:1	4:0	5:0	1:1	1:1		1:1	1:1	3:0	2:1	2:1	0:1	2:0	1:1	3:1	2:1
Bremen	2:2	3:2	1:2	2:0	2:1	0:2	1:0	2:0		2:2	0:2	0:1	1:1	2:1	1:1	1:1	1:1	1:0
Stuttgart	0:5	0:1	2:2	5:0	3:0	1:1	3:1	2:3	1:1		3:1	0:1	2:3	1:4	1:1	2:0	3:2	0:0
Freiburg	0:1	3:1	1:2	0:0	0:3	2:1	0:3	1:0	0:1	2:1		2:0	1:1	2:1	0:2	0:0	2:0	1:1
Köln	0:0	0:0	0:1	0:2	3:2	3:0	0:1	2:0	1:2	2:2	1:1		0:0	2:2	1:0	0:1	3:0	0:0
Düsseldorf	1:2	0:2	2:0	3:2	2:2	2:2	2:0	1:1	1:1	1:2	0:0	1:1		1:1	2:0	2:1	2:2	1:0
Leverkusen	1:1	1:2	0:0	0:0	0:1	2:0	1:2	2:1	2:2	0:0	0:1	1:2	0:0		1:1	1:1	2:0	2:1
St. Pauli	0:3	0:1	2:0	0:2	1:1	3:2	1:1	4:2	1:2	1:3	1:1	3:3	2:1	2:1		1:2	2:1	0:2
K'lautern	1:1	2:3	0:0	1:3	1:2	2:0	2:2	0:0	0:0	1:1	1:2	1:1	2:0	1:0	0:0		1:1	3:0
Frankfurt	3:4	4:1	0:3	0:2	1:4	1:3	2:2	4:2	1:0	2:2	0:1	1:0	3:0	1:1	2:2	3:1		1:0
Uerdingen	0:2	1:6	1:1	0:2	1:1	1:1	2:3	2:0	3:0	3:4	3:1	1:1	1:3	3:0	2:5	1:1	1:1	

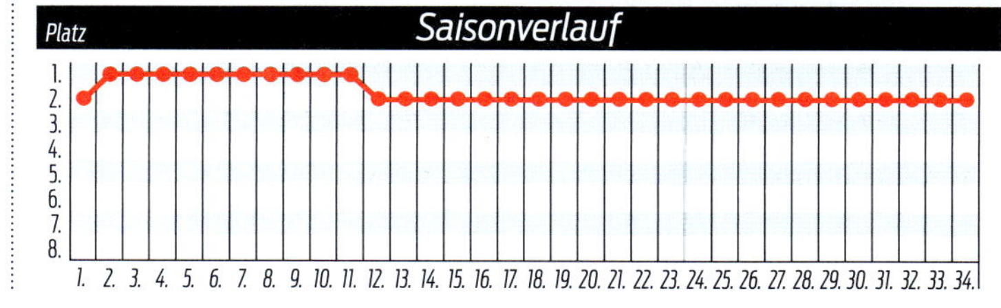

MEISTER – UND DOCH NUR FRUST

Der Tonnentritt von Klinsmann, der Dauerstreit mit Matthäus, das unattraktive Spiel von Trapattoni – am Ende freut sich keiner

Jubel nach dem 4:2 gegen Stuttgart: Bayern ist am 33. Spieltag wieder Meister

Der ganze Frust einer Saison, an der am Ende trotzdem die 14. Meisterschaft steht, entlädt sich in diesem einen Tritt. Er muss einfach raus am 10. Mai 1997. Der Ärger über Vertragsdetails, die immer wieder öffentlich werden, über „zwischenmenschliche Spannungen" im Kader, über die defensive Spielweise, die der neue, alte Trainer Giovanni Trapattoni so liebt, und die Auswechslung an diesem Samstag. Seine zwölfte schon 1996/97. Das Dutzend ist voll, das Maß auch. Jürgen Klinsmanns vorzeitiger Abgang im Spiel gegen den kommenden Absteiger SC Freiburg (31. Spieltag) schreibt Bundesliga-Geschichte.

63 000 Zuschauer sind in der Erwartung eines Schützenfestes gekommen, obwohl diese auch in der zweiten Ära Trapattoni eher selten sind. Wenn Bayern 1:0 führt, wechselt „Trap" oft Verteidiger für Stürmer ein. Hauptsache gewinnen, so lernt man es in Italien. Im Titelrennen mit Bayer Leverkusen darf sich der FC Bayern keinen Ausrutscher leisten, schon gar nicht gegen Freiburg. Aber es gibt einen – und einen Ausraster dazu.

An diesem Tag wird das Kuriositäten-Kabinett der Bundesliga um eine Episode bereichert, die so legendär werden wird wie das Helmer-Tor 1994, der Kutzop-Elfmeter 1986 oder der Pfostenbruch vom Bökelberg 1971: der Tonnentritt von München, der spektakulärste Wutausbruch eines ausgewechselten Spielers seit 1963.

Klinsmann ist Welt- und Europameister und Spielführer der Nationalmannschaft, aber der Stern des mittlerweile 32-Jährigen sinkt. Zwar stehen 13 Saisontore zu Buche, doch seine Form schwankt. Zwei Wochen zuvor macht SPORT BILD eine Leser-Umfrage und stellt unangenehme Fragen wie: Wie bewerten Sie Klinsmanns Fähigkeit, den Ball zuzupassen? Die Ballbehandlung war noch nie seine Stärke, jetzt bekommt es Klinsmann schwarz auf weiß: 52 Prozent der Leser votieren für „mittel", 38 % für „gut", 10 % für „schwach".

Mit Giovanni Trapattoni, bereits 1989 bis 1991 bei Inter Mailand sein Trainer, reibt er sich seit Saisonbeginn. Als der Italiener ihn im Derby gegen 1860 München (30. Spieltag) auswechselt, zischt Klinsmann: „Was wäre passiert, wenn sie das früher mit einem Rummenigge oder Hoeneß gemacht hätten? Wahrscheinlich bin ich zu brav." Das ändert sich.

In der 54. Minute gegen Freiburg steht es immer noch 0:0, Trapattoni wechselt Carsten Jancker ein und befiehlt Klinsmann auf den linken Flügel. Die Degradierung zur Randfigur passt Klinsmann nicht, „da haben wir uns angebrüllt". In der 80. Minute beordert Trapattoni dann Debütant Carsten Lakies aus der Amateurelf an den Spielfeldrand. Der Assistent hält die Tafel mit der Nummer 18 hoch. Jeder weiß, wer die 18 auf dem Rücken trägt – es ist das meistverkaufte Trikot jener Jahre.

Schimpfend geht Klinsmann vom Feld, macht mit den Händen ein „Finito"-Zeichen. Zum Saisonende wird er ohnehin gehen, das steht seit dem 19. März fest – dank Ausstiegsklausel kommt er aus seinem bis 1998 laufenden Vertrag. Sein Zorn entlädt sich an einer mannshohen Werbetonne eines Batterie-Herstellers neben der Ersatzbank. Mit Wucht tritt Klinsmann mit dem rechten Fuß ein Loch in die Mitte. Jahre später gesteht er: „Was keiner wusste: Ich habe mir bei dem Tritt gewaltig den Knöchel aufgeschürft an der Tonne. Doch davon ließ ich mir, vor Scham über den Ausbruch, nichts anmerken."

Während der Wirbel in der Presse noch tagelang anhält (BILD: „Der Amok-Tritt"), beruhigt sich Klinsmann schnell wieder. Er entschuldigt sich noch im Stadion bei Trapattoni, der sagt nur: „Schon vergessen." Auch vor der Presse spricht Klinsmann von „einem Riesenfehler" und „einer Überreaktion, es tut mir leid". Nicht mal eine Strafe muss er bezahlen. Die Tonne landet später beim Internet-Auktionshaus Ebay. Heute ist sie im Besitz eines Stuttgarter Feinkosthändlers, der sie 2006 für 3000 Euro ersteigert. Das Geld fließt in Klinsmanns Stiftung für notleidende Kinder. Auch der Batterie-Hersteller spendet einen Betrag, weil Klinsmann zu seinem Abschiedsspiel 1999 selbstironisch wieder in eine Tonne gleichen Modells tritt.

So findet einer der berühmtesten Ausraster der Bundesliga noch ein gutes Ende. Was auch für die Bayern-Saison 1996/97 gilt. Zwar bleibt es beim torlosen Remis gegen Freiburg, mit dem 4:2 gegen den VfB Stuttgart am vorletzten Spieltag macht die Mannschaft von Trapattoni aber den Titel klar. Selten spielt ein Meister unattraktiver. Udo Lattek sagt im Rückblick, er habe „während der gesamten Saison kein einzig wirklich gutes oder spektakuläres Spiel der Bayern gesehen".

Und nie wird bei einem Meister so viel gestritten wie 1996/97 beim FC Bayern. Der Zwist zwischen Lothar Matthäus und dem Gros der Spieler um Klinsmann, dem Matthäus seit Anfang 1996 vorwirft, er habe ihn aus der Nationalmannschaft gemobbt, „ist tödlich für die Mannschaft", stellt Uli Hoeneß schon im Herbst 1996 fest.

Es gibt Krisensitzungen im September im Partykeller von Thomas Strunz und im März im Taufkirchener Hotel Limmerhof.

Eklat am 10. Mai 1997 gegen den SC Freiburg: Jürgen Klinsmann tritt nach seiner Auswechslung voller Wut mit dem rechten Fuß in eine Werbetonne. Er verletzt sich, verschweigt aber seinen Schmerz

Mario Basler und Mehmet Scholl werden als egoistisch gescholten, Markus Babbel als überheblich. Präsident Franz Beckenbauer schimpft schließlich am 14. März: „Ihr seid's eine Scheiß-Mannschaft und nicht wert, dass ich mit euch zwei Stunden verbracht habe."

Der Versuch, Matthäus als Kapitän abzusetzen, wird von Beckenbauer verhindert. Aber demonstrativ läuft Matthäus am 23. Spieltag gegen Schalke ohne Spielführerbinde auf und wird von Trapattoni angebrüllt, den Spielbericht zu unterschreiben. Vor dem bedeutungslosen letzten Spiel in Gladbach (2:2), dem elften Remis der Saison, erfährt Klinsmann, Matthäus habe mit Uli Hoeneß um 10 000 Mark gewettet, dass Klinsmann unter 15 Saisontoren bleibt. Prompt schießt er am Bökelberg sein 15. Tor und jubelt ungewöhnlich heftig. Klinsmann geht im Zorn, aber als Sieger.

Uefa-Cup

Andoni Zubizarreta fängt die Flanke ab, Klinsmann springt ins Leere

Bayern scheitert wie 1969 in erster Runde

Das Unternehmen Titelverteidigung wird zum Fiasko. Wenn auch das Los kein besonders leichtes ist, kommt das Ausscheiden in der ersten Runde – zum zweiten Mal nach der Saison 1969/70 – völlig unerwartet. Schon nach dem Hinspiel beim FC Valencia besteht kaum noch Hoffnung, die Spanier gewinnen 3:0. Die Leistung „ist eine mittlere Katastrophe", zetert Präsident Franz Beckenbauer. Der Tiefpunkt: Alexander Zickler sieht kurz vor Schluss Rot, weil er dem italienischen Schiedsrichter Pairetto mit einer Geste Bestechlichkeit vorwirft. Für Zickler wird das teuer, er muss 10 000 DM Strafe zahlen. Im Rückspiel reicht es nur zu einem 1:0 (Eigentor Navarro, 3. Minute), weil Jürgen Klinsmann in der 15. Minute einen Elfmeter verschießt. Eigentlich ist Lothar Matthäus als Schütze vorgesehen. Beckenbauer tobt: „Wenn der Elfmeter reingeht, kommst weiter." 132 Tage nach dem Gewinn sind die Bayern den Uefa-Cup wieder los.

DFB-Pokal

Basler (Nr. 13) strauchelt gegen die Karlsruher Dirk Schuster und Thomas Ritter (r.)

0:1 im Viertelfinale beim Karlsruher SC

Das Fernziel ist das Finale in Berlin, aber nur in der ersten Hauptrunde treten die Bayern im Olympiastadion an und siegen bei Drittligist Tennis Borussia 3:0. Tore: Christian Nerlinger, Mehmet Scholl und Thomas Strunz. Strunz trifft auch in Gladbach – zum 1:1 in der 28. Minute. Dann entscheidet Alexander Zickler die hochklassige Partie mit seinem 2:1-Siegtreffer kurz vor Schluss. Im Achtelfinale leistet Werder Bremen heftigen Widerstand und geht in Führung, die Jürgen Klinsmann mit dem Pausenpfiff ausgleicht. Christian Ziege (65.) und Klinsmann (89.) sorgen mit ihren Toren für den 3:1-Erfolg. Ärger gibt es trotzdem: Mario Basler, mit 8,2 Millionen DM teuerster Transfer der Bundesliga, rebelliert wegen seiner Auswechslung gegen den Ex-Arbeitgeber. Im Viertelfinale endet die Pokalsaison: In Karlsruhe unterliegen die Bayern 0:1. Das Tor produzieren zwei Spieler, die sie kurz danach verpflichten: Vorbereiter Michael Tarnat und Schütze Thorsten Fink.

TRAINER

GIOVANNI TRAPATTONI
Zum zweiten Mal holt Bayern einen Trainer zurück (nach Udo Lattek 1983), aber diesmal schon nach nur einem Jahr. Am Ende steht der einzige Meistertitel eines italienischen Trainers in Deutschland.

DIE TOP-ELF DER SAISON

Christian Zieg

Thomas Helmer

DER SPIELER DES JAHRES

*Die dritte Saison von **Oliver Kahn** bei den Bayern ist seine bisher beste. Kein Bundesliga-Verein kassiert weniger Gegentore (34). „Der FC Bayern hat den Titelgewinn in erster Linie Kahn zu verdanken", sagt Udo Lattek. Beckenbauer bezeichnet ihn als herausragende Persönlichkeit der Saison, 51 Prozent von 288 Bundesliga-Profis wählen Kahn bei einer Umfrage zum „Torwart der Saison". Bei Bundestrainer Berti Vogts rückt er hinter Andreas Köpke an die zweite Stelle, kommt in der Saison 1996/97 zu zwei Länderspielen.*

Der Kader

NAME	SPIELE	TORE
Oliver Kahn	32	0
Sven Scheuer	2	0
Markus Babbel	31	2
Frank Gerster	3	0
Thomas Helmer	24	4
Oliver Kreuzer	9	0
Samuel Kuffour	22	0
Markus Münch	11	0
Mario Basler	27	8
Dietmar Hamann	23	1
Lothar Matthäus	28	1
Christian Nerlinger	32	5
Mehmet Scholl	23	5
Thomas Strunz	19	1
Marcel Witeczek	28	3
Christian Ziege	27	7
Carsten Jancker	22	1
Jürgen Klinsmann	33	15
Carsten Lakies	1	0
Ruggiero Rizzitelli	25	7
Alexander Zickler	33	7

RUGGIERO RIZZITELLI in seiner ersten von zwei Spielzeiten für Bayern. Er erzielt sieben Bundesliga-Tore

Transfers

MARIO BASLER überzeugt als offensiver Mittelfeldspieler, Freistoß- und Eckenschütze, ist in seiner ersten Saison mit acht Liga-Treffern zweitbester Torschütze. Aber er bestätigt auch seinen Ruf: Basler ist ein Lebemann, wird im Münchner Nachtleben gesichtet. Als er 1999 nach einer nächtlichen Wirtshaus-Rangelei vom Verein suspendiert wird und nach Kaiserslautern wechselt, sagt Uli Hoeneß, es habe einige private Verfehlungen gegeben.

SPIELER	VON VEREIN	ABLÖSESUMME
Frank Gerster	FC Bayern Jugend	–
Markus Münch	Bayer 04 Leverkusen	2,6 Mio. DM
Mario Basler	SV Werder Bremen	8,2 Mio. DM
Carsten Jancker	Rapid Wien	1,54 Mio. DM
Carsten Lakies	Darmstadt 98	–
Ruggiero Rizzitelli	FC Turin	–
Bernd Dreher	Uerdingen 05	500 000 DM

Tops & Flops

DERBY-WUNDER Am 30. Spieltag schaffen neun Bayern (Platzverweise für Ziege und Matthäus) gegen elf Löwen noch den 3:3-Ausgleich. Er gelingt Jancker (88. Minute).

FAIR PLAY Der Meister stellt auch die fairste Mannschaft der Saison, muss wie Schalke 04 nur zwei Platzverweise hinnehmen und kommt zudem mit den wenigsten Verwarnungen (57) aus.

REKORDJOKER Neuzugang Carsten Jancker wird 21-mal in der Liga eingewechselt – Rekord 1996/97. Nur gegen Karlsruhe (24. Sp.) spielt er 90 Minuten.

DERBY-BILANZ Erstmals seit dem Wiederaufstieg von 1860 München 1994/95 gewinnt Bayern kein Spiel, kommt zum 1:1 (13. Spieltag) und 3:3 (30. Spieltag).

LEVERKUSEN-GASTSPIEL Beim Vizemeister, der Elf von Christoph Daum, kassieren die Münchner die höchste Saisonniederlage (2:5) – die bis heute höchste gegen die Bayer-Mannschaft.

OLIVER KREUZER Der Verteidiger ist 30-mal im Kader, hat aber nur neun Einsätze. 21-mal 90 Minuten auf der Bank sind Saisonrekord 1996/97.

1996/97

1. SPIELTAG

FC St. Pauli – Bayern 1:2 (1:2)

ST. PAULI: Thomforde (39. Böse) – Dammann – Pedersen (37. Sobotzik), Eigner – Hanke, Trulsen, Gronau – Driller, Pröpper, Springer – Scharping (70. Emerson).
BAYERN: Kahn – Strunz, Matthäus, Helmer, Ziege – Hamann, Nerlinger – Basler (75. Witeczek), Scholl (75. Jancker) – Rizzitelli (65. Zickler), Klinsmann.
Tore: 1:0 Driller (19.), 1:1 Rizzitelli (35.), 1:2 Basler (37.).
Gelb: – / Nerlinger, Klinsmann.
Schiedsrichter: Georg Dardenne.

2. SPIELTAG

Bayern – VfL Bochum 1:1 (0:0)

BAYERN: Kahn – Strunz, Matthäus, Helmer, Ziege (66. Münch) – Hamann, Nerlinger – Basler (54. Zickler), Scholl – Rizzitelli, Klinsmann (69. Babbel).
BOCHUM: Gospodarek – Stickroth, Jack, Reis. Kracht – Mamic, Wosz, Közle (63. Baluszynski), Schreiber, Peschel (82. Tapalovic) – Donkov (83. Eberl)
Tore: 1:0 Rizzitelli (53.), 1:1 Peschel (73.).
Gelb: Matthäus / Közle, Donkov.
Schiedsrichter: Uwe Kemmling.

3. SPIELTAG

MSV Duisburg – Bayern 0:4 (0:2)

DUISBURG: Gehrke – Steffen – Nijhuis, Wohlert – Emmerling, Hirsch – Zeyer, Osthoff (87. Puschmann), Kienle (58. Anders) – Erceg (74. Löbe), Marin.
BAYERN: Kahn – Babbel, Matthäus, Helmer (70. Kreuzer), Ziege – Strunz, Nerlinger – Basler (30. Hamann), Witeczek – Klinsmann (75. Jancker), Zickler.
Tore: 0:1 Klinsmann (16.), 0:2 Ziege (24.), 0:3 Witeczek (60.), 0:4 Ziege (90.).
Gelb: Hirsch / Ziege, Strunz.
Schiedsrichter: Bernd Heynemann.

4. SPIELTAG

Bayern – Bayer Leverkusen 4:2 (3:1)

BAYERN: Kahn – Babbel, Matthäus, Helmer, Ziege – Strunz, Nerlinger – Zickler, Witeczek (83. Münch – Rizzitelli (56. Scholl), Klinsmann.
LEVERKUSEN: Heinen – Nowotny – Wörns, Happe – Lehnhoff (63. Neuendorf), N. Kovac – Ramelow – Rydlewicz, Sergio – Feldhoff, Meijer (87. Cardoni).
Tore: 0:1 Sergio (25.), 1:1 Zickler (26.), 2:1 Helmer (37.), 3:1 Klinsmann (45.), 4:1 Rizzitelli (49.), 4:2 Feldhoff (53.).
Gelb: Babbel, Klinsmann, Strunz / –.
Schiedsrichter: Alfons Berg.

5. SPIELTAG

Bayern – Arminia Bielefeld 1:0 (0:0)

BAYERN: Kahn – Babbel (56. Hamann), Matthäus, Helmer, Ziege – Strunz, Nerlinger, Scholl, Zickler – Klinsmann (61. Witeczek), Rizzitelli (72. Kreuzer).
BIELEFELD: Stein – Stratos – Meißner, Hobday – Silooy (68. Walter) – Bode, Reeb, Maas, Maul (56. Reina) – von Heesen, Kuntz.
Tor: 1:0 Ziege (59.).
Gelb: Scholl / Bode.
Schiedsrichter: Torsten Koop.

6. SPIELTAG

FC Schalke 04 – Bayern 1:1 (1:0)

SCHALKE: Lehmann – Thon – de Kock, Linke – Latal, Nemec – Müller (64. Eigenrauch), Anderbrügge (37. Büskens) – Wilmots – Mulder (82. Wagner), Max.
BAYERN: Kahn – Matthäus – Babbel, Kreuzer, Ziege – Strunz, Nerlinger – Zickler, Witeczek – Klinsmann (61. Scholl), Rizzitelli (81. Jancker).
Tore: 1:0 Max (36.), 1:1 Strunz (71.).
Gelb: Büskens / Nerlinger.
Schiedsrichter: Lutz Michael Fröhlich.

7. SPIELTAG

Bayern – Karlsruher SC 1:0 (1:0)

BAYERN: Kahn – Babbel, Kreuzer, Matthäus (35. Kuffour), Ziege – Zickler, Strunz, Nerlinger – Scholl (79. Basler) – Klinsmann, Rizzitelli (74. Witeczek).
KARLSRUHE: Reitmaier – Metz, Hengen (86. Schmitt), Reich – Fink, Keller, Tarnat, Krauss (83. Schroth) – Häßler, Wück (72. Carl) – Dundee.
Tor: 1:0 Zickler (19.).
Gelb: Kreuzer, Strunz / Tarnat, Wück.
Schiedsrichter: Hellmut Krug.

„Heul doch!" Lothar Matthäus (r.) zeigt dem Dortmunder Andreas Möller deutlich, was er von ihm hält

8. SPIELTAG

Werder Bremen – Bayern 3:0 (1:0)

BREMEN: Reck – Ramzy, Pfeifenberger, Schulz – Eilts, Todt, Wiedener – Brand, Herzog (72. Cardoso) – Labbadia, Bode.
BAYERN: Kahn – Babbel (76. Hamann), Kreuzer, Kuffour, Ziege – Strunz, Nerlinger – Basler (46. Witeczek), Scholl – Klinsmann (46. Zickler), Rizzitelli.
Tore: 1:0 Herzog (23., Foulelfmeter), 2:0 Herzog (47.), 3:0 Labbadia (70.).
Gelb: Labbadia / Strunz, Ziege.
Schiedsrichter: Jürgen Jansen.

9. SPIELTAG

Bayern – Hamburger SV 2:1 (1:0)

BAYERN: Kahn – Matthäus, Babbel, Kuffour – Ziege, Strunz (46. Hamann), Nerlinger – Zickler, Scholl (68. Münch) – Klinsmann, Rizzitelli (39. Witeczek).
HAMBURG: Golz – Fischer, Kovacevic, Schnoor – Hartmann –, Kmetsch, Spörl – Schopp (46. Salihamidzic), Schupp (80. Seitz) – Breitenreiter (70. Jähnig), Bäron.
Tore: 1:0 Zickler (7.), 1:1 Spörl (55.), 2:1 Nerlinger (63.).
Gelb: – / Kmetsch, Kovacevic, Schnoor.
Schiedsrichter: Herbert Fandel.

10. SPIELTAG

1. FC Köln – Bayern 2:4 (0:1)

KÖLN: Kraft – Kostner (64. Zdebel) – Baumann, Schmidt – Oliseh – Scherr, Andersen (66. Weiser) – Hauptmann, Munteanu – Polster, Vladoiu (59. Gaißmayer).
BAYERN: Kahn – Matthäus – Kuffour, Babbel – Hamann, Nerlinger – Basler (72. Witeczek), Münch, Scholl (82. Jancker) – Klinsmann, Zickler.
Tore: 0:1 Klinsmann (35.), 0:2 Scholl (56., Foulelfmeter), 1:2 Hauptmann (59.), 1:3 Klinsmann (68.), 2:3 Polster (77., Foulelfmeter), 2:4 Witeczek (90.+2).
Gelb: Munteanu, Schmidt / Nerlinger, Babbel, Matthäus.
Schiedsrichter: Dr. Markus Merk.

11. SPIELTAG

Bayern – Borussia Dortmund 0:0

BAYERN: Kahn – Matthäus – Babbel, Kuffour – Strunz, Nerlinger – Basler (65. Witeczek), Scholl, Münch (65. Hamann) – Klinsmann, Zickler.
DORTMUND: Klos – Feiersinger (30. Tretschok) – Kree, Kohler – Reuter – Zorc – Ricken (81. Kirovski), Lambert, Heinrich – Möller – Chapuisat (78. Herrlich).
Gelb: Matthäus, Basler / Kohler, Möller, Reuter.
Schiedsrichter: Lutz Michael Fröhlich.

12. SPIELTAG

Fortuna Düsseldorf – Bayern 0:2 (0:1)

DÜSSELDORF: Koch – Bach – Katemann, Seeliger – Winkhold, Istenic (76. Dobrowolski), Mehlhorn – Glavas, Judt (56. Anfang) – Yuran, Cyron (55. Nielsen).
BAYERN: Kahn – Matthäus (46. Kreuzer) – Kuffour, Babbel – Hamann, Nerlinger, Münch – Zickler (73. Jancker) – Scholl – Klinsmann, Rizzitelli (60. Witeczek).
Tore: 0:1 Hamann (38.), 0:2 Scholl (83.).
Gelb: – / Kuffour, Nerlinger.
Schiedsrichter: Edgar Steinborn.

13. SPIELTAG

Bayern – 1860 München 1:1 (1:0)

BAYERN: Kahn – Matthäus – Babbel, Kuffour (74. Witeczek), Münch – Nerlinger, Strunz – Zickler, Scholl (32. D. Hamann) – Klinsmann, Rizzitelli (84. Jancker).
1860: Meier – M. Hamann – Walker, Miller – Schwabl, Jeremies, Heldt (62. Kutschera) – Cerny, Nowak (69. Bender) – Pelé (83. Schröder) – Winkler.
Tore: 1:0 Babbel (34.), 1:1 Nowak (55.).
Gelb/Rot: – / Jeremies (57.).
Gelb: Nerlinger, Klinsmann, Matthäus, Kuffour / Winkler, Schwabl.
Schiedsrichter: Alfons Berg.
Besonderes Vorkommnis: Meier hält Foulelfmeter von Matthäus (78.).

14. SPIELTAG

SC Freiburg – Bayern 0:0

FREIBURG: Schmadtke – Rath, Spanring – Heidenreich – Korell (64. Wagner) Frey, Zeyer (79. Freund), Spies, Sternkopf – Wassmer, Decheiver.
BAYERN: Kahn – Helmer – Babbel, Kuffour – Basler, Matthäus, Ziege – Hamann, Witeczek – Klinsmann (65. Zickler), Rizzitelli.
Gelb: – / Matthäus.
Schiedsrichter: Bernd Heynemann.

15. SPIELTAG

Bayern – Hansa Rostock 2:1 (2:0)

BAYERN: Kahn – Helmer – Kuffour, Babbel – Hamann, Strunz, Nerlinger – Basler, Ziege – Rizzitelli (68. Zickler), Klinsmann.
ROSTOCK: Bräutigam – Zallmann – Gansauge, März – Hofschneider – Lange (59. Yasser), Weilandt (74. Barbarez), Studer – Beinlich – Baumgart (46. Micevski), Akpoborie.
Tore: 1:0 Basler (31., Foulelfmeter), 2:0 Basler (43.), 2:1 Akpoborie (64.).
Gelb: – / Gansauge, Hofschneider, Studer.
Schiedsrichter: Hellmut Krug.

16. SPIELTAG

VfB Stuttgart – Bayern 1:1 (0:1)

STUTTGART: Wohlfahrt – Herzog, Verlaat, Berthold, – Hagner (67. Buck), Soldo, Poschner, Legat – Balakov – Elber, Bobic.
BAYERN: Kahn – Helmer – Babbel, Kuffour – Basler, Strunz, Matthäus, Nerlinger, Ziege – Klinsmann (76. Jancker), Rizzitelli.
Tore: 0:1 Basler (7., Handelfmeter), 1:1 Verlaat (80.).
Rot: Poschner (83.) / –.
Gelb: Legat, Bobic / Nerlinger.
Schiedsrichter: Hartmut Strampe.

17. SPIELTAG

Bayern – Borussia M'gladbach 1:0 (0:0)

BAYERN: Scheuer – Kreuzer – Babbel, Kuffour, Hamann, Matthäus, Nerlinger, Ziege – Basler – Zickler, Klinsmann.
M'GLADBACH: Kamps – Klinkert, Andersson, Fournier – Paßlack, Kastenmaier (75. Nielsen), Schneider – Effenberg, Wynhoff – Pettersson (71. Juskowiak), Dahlin.
Tor: 1:0 Klinsmann (51.).
Gelb: Kuffour / Dahlin, Klinkert, Pettersson, Effenberg.
Schiedsrichter: Jürgen Aust.

18. SPIELTAG

Bayern – FC St. Pauli 3:0 (1:0)

BAYERN: Kahn – Matthäus (33. Nerlinger) – Babbel, Helmer, Hamann, Strunz, Ziege – Basler (71. Kuffour), Scholl (71. Witeczek) – Zickler, Klinsmann.
ST. PAULI: Thomforde – Dammann – Pedersen (78. Bochtler), Stanislawski – Eigner, Trulsen, Scherz – Driller, Springer (46. Scharping) – Pröpper, Pisarev (61. Emerson).
Tore: 1:0 Klinsmann (28.), 2:0 Helmer (53.), 3:0 Klinsmann (75.).
Gelb: Ziege / Scherz. **Schiedsrichter:** Frank Fleske.

19. SPIELTAG

VfL Bochum – Bayern 1:1 (0:0)

BOCHUM: Gospodarek – Waldoch, Kracht, Reis – Tapalovic – Közle (77. Michalke), Stickroth, Schreiber (69. Mamic) – Wosz – Donkov (58. Jack), Baluszynski.
BAYERN: Kahn – Matthäus – Babbel, Kuffour – Hamann – Basler, Strunz (75. Nerlinger), Ziege – Scholl – Klinsmann, Zickler (85. Jancker).
Tore: 1:0 Kracht (55.), 1:1 Klinsmann (65.).
Gelb: Schreiber, Stickroth / Kuffour.
Schiedsrichter: Bernd Heynemann.

20. SPIELTAG

Bayern – MSV Duisburg 5:2 (2:0)

BAYERN: Scheuer – Matthäus (67. Kreuzer) – Helmer, Kuffour – Hamann, Nerlinger – Basler (73. Jancker), Ziege, Witeczek (75. Münch) – Klinsmann, Zickler.
DUISBURG: Gill – Emmerling – Nijhuis, Reiter – Hopp (63. Steffen), Wohlert – Bicanic (62. Puschmann) – Hirsch, Zeyer – Osthoff, Salou.
Tore: 1:0 Basler (3.), 2:0 Klinsmann (26.), 3:0 Ziege (48.), 4:0 Reiter (53., Eigentor), 5:0 Ziege (59.), 5:1 Nijhuis (72.), 5:2 Nijhuis (83.).
Gelb: – / Osthoff, Zeyer, Hopp, Hirsch.
Schiedsrichter: Uwe Kemmling.
Besonderes Vorkommnis: Basler verschießt Handelfmeter (61.).

21. SPIELTAG

Bayer Leverkusen – Bayern 5:2 (3:0)

LEVERKUSEN: Heinen – Nowotny – Wörns, Happe – Zé Elias – Heintze – Ramelow, N. Kovac (83. R. Kovac) – Rydlewicz (72. Meijer), Sergio – Feldhoff (90. Kirsten).
BAYERN: Kahn – Matthäus – Helmer – Babbel, Münch – Nerlinger, Strunz (52. Witeczek) – Basler, Scholl – Zickler (64. Jancker), Klinsmann.
Tore: 1:0 Sergio (5.), 2:0 Rydlewicz (37.), 3:0 Feldhoff (42.), 3:1 Nerlinger (64.), 3:2 Basler (71.), 4:2 Feldhoff (80.), 5:2 Feldhoff (84.).
Gelb: N. Kovac / Basler, Kahn, Klinsmann, Nerlinger.
Schiedsrichter: Edgar Steinborn.

22. SPIELTAG

Arminia Bielefeld – Bayern 2:0 (2:0)

BIELEFELD: Stein – Meißner, Schäfer, Silooy – Maas, Reeb – Bode (61. Brendesaether), Breitkreutz (89. von Heesen), Maul, – Kuntz, Reina (83. Fuchs).
BAYERN: Kahn – Helmer, Kreuzer (46. Jancker), Kuffour – Nerlinger, Witeczek (79. Gerster) – Ziege – Basler, Matthäus – Klinsmann, Zickler.
Tore: 1:0 Kuntz (11.), 2:0 Kuntz (29.).
Gelb: – / Basler, Ziege, Kreuzer.
Schiedsrichter: Georg Dardenne.

23. SPIELTAG

Bayern – FC Schalke 04 3:0 (1:0)

BAYERN: Kahn – Matthäus – Babbel, Helmer – Witeczek (83. Kuffour), Nerlinger – Zickler, Ziege –Basler (76. Gerster) – Rizzitelli (65. Jancker), Klinsmann.
SCHALKE: Lehmann – de Kock, Linke, Thon – van Hoogdalem, Müller (46. Anderbrügge) – Eigenrauch (78. Regenbogen), Büskens – Nemec (73. Held) – Max, Mulder.
Tore: 1:0 Helmer (13.), 2:0 Nerlinger (89.), 3:0 Klinsmann (90.+1).
Gelb: Nerlinger, Witeczek, Matthäus, Klinsmann / de Kock, Linke.
Schiedsrichter: Dr. Markus Merk.

24. SPIELTAG

Karlsruher SC – Bayern 0:2 (0:1)

KARLSRUHE: Reitmaier – Wittwer (76. Schroth) – Reich, Ritter, Bähr (59. Carl), Schuster – Fink – Keller, Wück – Dundee, Kirjakow.
BAYERN: Kahn – Matthäus – Babbel, Helmer – Witeczek (78. Kuffour), Nerlinger – Zickler, Ziege – Basler (87. Gerster) – Rizzitelli, Jancker.
Tore: 0:1 Zickler (30.), 0:2 Zickler (90.).
Gelb: Reich / Matthäus.
Schiedsrichter: Hellmut Krug.

25. SPIELTAG

Bayern – Werder Bremen 1:0 (1:0)

BAYERN: Kahn – Matthäus – Babbel (89. Kuffour), Helmer – Witeczek, Nerlinger, Ziege – Zickler, Basler (72. Hamann) – Rizzitelli, Klinsmann (71. Jancker).
BREMEN: Reck – Schierenbeck, Ramzy, Lellek (20. Schulz) – Eilts – Bode – Wiedener (78. van Lent), Frings – Unger – Herzog – Labbadia (81. Hobsch).
Tor: 1:0 Zickler (1.).
Gelb: Jancker / Schulz, Reck.
Schiedsrichter: Jürgen Jansen.

26. SPIELTAG

Hamburger SV – Bayern 0:3 (0:2)

HAMBURG: Golz – Schnoor – Kovacevic, Kück (46. Friis-Hansen), Schopp, Salihamidzic (46. Bäron) – Hartmann, Kmetsch – Spörl – Cardoso – Breitenreiter.
BAYERN: Kahn – Matthäus – Babbel, Helmer – Witeczek, Nerlinger – Zickler, Ziege – Basler – Klinsmann, Rizzitelli.
Tore: 0:1 Klinsmann (16.), 0:2 Basler (43.), 0:3 Helmer (64.).
Rot: Spörl (19.) / –.
Gelb: Kovacevic / Babbel.
Schiedsrichter: Bernd Heynemann.

27. SPIELTAG

Bayern – 1. FC Köln 3:2 (1:0)

BAYERN: Kahn – Matthäus – Babbel, Helmer – Strunz (61. Witeczek), Nerlinger, Ziege – Zickler – Basler (68. Scholl) – Klinsmann (74. Jancker), Rizzitelli.
KÖLN: Kraft – Kostner (90.+1 Gaißmayer) – Schmidt, Baumann – Oliseh – Cichon (74. Scherr), Hauptmann, Munteanu, Andersen (79. Zdebel) – Vladoiu, Polster.
Tore: 1:0 Rizzitelli (42.), 2:0 Klinsmann (51.), 3:0 Rizzitelli (59.), 3:1 Scherr (79.), 3:2 Zdebel (89.).
Gelb/Rot: – / Oliseh (86.).
Schiedsrichter: Hartmut Strampe.

28. SPIELTAG

Borussia Dortmund – Bayern 1:1 (1:1)

DORTMUND: Klos – Feiersinger – Kohler, Kree – Lambert, Zorc (73. Herrlich) – Möller, Heinrich – Ricken (78. Tretschok) – Riedle, Chapuisat.
BAYERN: Kahn – Matthäus – Babbel, Helmer – Hamann, Nerlinger, Ziege – Zickler –Basler (85. Witeczek) – Rizzitelli (88. Scholl), Klinsmann (74. Jancker).
Tore: 1:0 Riedle (2.), 1:1 Rizzitelli (3.).
Gelb: Möller, Feiersinger / Basler, Matthäus, Nerlinger, Ziege.
Schiedsrichter: Alfons Berg.

29. SPIELTAG

Bayern – Fortuna Düsseldorf 5:0 (4:0)

BAYERN: Kahn – Matthäus – Babbel, Helmer – Witeczek – Hamann, Nerlinger (57. Strunz) – Zickler – Basler (79. Jancker) – Klinsmann, Rizzitelli (61. Scholl).
DÜSSELDORF: Koch – Fach – Katemann, Seeliger (61. Pasic) – Istenic, Trienekens, Tolkmitt (47. Niestroj), Drazic – Dobrowolski – Younga-Mouhani (47. Judt), Yuran.
Tore: 1:0 Nerlinger (6.), 2:0 Basler (35.), 3:0 Rizzitelli (38.), 4:0 Zickler (45.), 5:0 Matthäus (51.).
Schiedsrichter: Bernhard Zerr.

30. SPIELTAG

1860 München – Bayern 3:3 (2:1)

1860: Berg – Trares – M. Hamann, Greilich – Stevic (76. Borimirov), Walker – Cerny, Nowak, Bender (81. Böhme), Heldt (64. Pelé) – Bodden.
BAYERN: Kahn – Matthäus – Babbel, Helmer – D. Hamann (46. Scholl) Strunz, Nerlinger, Ziege – Zickler – Klinsmann (70. Jancker), Rizzitelli (74. Münch).
Tore: 1:0 Heldt (15.), 2:0 Heldt (18.), 2:1 Klinsmann (45.), 2:2 Scholl (57.), 3:2 Böhme (82.), 3:3 Jancker (88.).
Gelb/Rot: – / Ziege (71.), Matthäus (83.).
Gelb: M. Hamann, Nowak, Greilich, Borimirov / Kahn, Nerlinger, Helmer.
Schiedsrichter: Hans-Jürgen Weber.
Besonderes Vorkommnis: Kahn hält Foulelfmeter von Heldt (18.).

31. SPIELTAG

Bayern – SC Freiburg 0:0

BAYERN: Kahn – Helmer – Babbel, Kuffour – Basler – Hamann (46. Scholl), Münch – Zickler (54. Jancker), Witeczek, – Klinsmann (80. Lakies), Rizzitelli.
FREIBURG: Schmadtke – Sundermann, Korell, Vogel – Frontzeck – Buric, Sternkopf (82. Freund) – Kohl (74. Rath), Heidenreich (80. Guezmir) – Jurcevic, Spies.
Gelb: Jancker / Heidenreich, Schmadtke.
Schiedsrichter: Frank Fleske.

32. SPIELTAG

Hansa Rostock – Bayern 0:3 (0:1)

ROSTOCK: Bräutigam – März, Hofschneider, Rehmer (75. Zallmann) – Weilandt (55. Barbarez), Gansauge – Lange, Studer – Beinlich –Akpoborie, Chalaskiewicz (55. Micevski).
BAYERN: Kahn – Helmer – Babbel, Kuffour – Witeczek, Nerlinger, Ziege – Scholl (64. Zickler) – Basler – Rizzitelli (70. Jancker), Klinsmann.
Tore: 0:1 Ziege (33.), 0:2 Klinsmann (56.), 0:3 Scholl (62.).
Gelb: Beinlich, Akpoborie, März / Rizzitelli, Nerlinger.
Schiedsrichter: Hellmut Krug.

33. SPIELTAG

Bayern – VfB Stuttgart 4:2 (2:1)

BAYERN: Kahn – Helmer – Kuffour, Babbel – Ziege – Basler (66. Zickler) – Witeczek (83. Hamann), Nerlinger – Scholl – Rizzitelli (71. Jancker) Klinsmann.
STUTTGART: Wohlfahrt – Schneider, Verlaat, Herzog, (76. Djordjevic) – Haber, Poschner – Schwarz, Hagner (77. Posch) – Balakov – Bobic, Elber.
Tore: 0:1 Schwarz (17.), 1:1 Ziege (20.), 2:1 Scholl (45.+3), 2:2 Bobic (51.), 3:2 Rizzitelli (65.), 4:2 Witeczek (78.).
Gelb/Rot: – / Balakov (23.).
Gelb: Rizzitelli / Hagner, Verlaat, Elber, Wohlfahrt, Schwarz, Herzog, Bobic. **Schiedsrichter:** Dr. Markus Merk.

34. SPIELTAG

Borussia M'gladbach – Bayern 2:2 (1:1)

M'GLADBACH: Kamps – Paßlack (71. Schulz-Winge), Fournier, Klinkert, Neun – Lupescu – Schneider (89. Stadler), Wynhoff (56. Ketelaer), Pflipsen – Dahlin, Pettersson.
BAYERN: Kahn – Helmer – Babbel, Kuffour – Witeczek, Nerlinger, Ziege – Scholl (67. Hamann) – Basler (46. Zickler) – Rizzitelli (79. Jancker), Klinsmann.
Tore: 0:1 Klinsmann (42.), 1:1 Paßlack (45.), 2:1 Pflipsen (47.), 2:2 Nerlinger (87.).
Gelb: – / Scholl, Ziege. **Schiedsrichter:** Alfons Berg.

Abschlusstabelle

Pl.	Verein	Spiele	G	U	V	Tore	Diff.	Punkte
1	Bayern	34	20	11	3	68:34	+34	71
2	Leverkusen	34	21	6	7	69:41	+28	69
3	Dortmund (M)	34	19	6	9	63:41	+22	63
4	Stuttgart	34	18	7	9	78:40	+38	61
5	Bochum (A)	34	14	11	9	54:51	+3	53
6	Karlsruhe	34	13	10	11	55:44	+11	49
7	1860 München	34	13	10	11	56:56	0	49
8	Bremen	34	14	6	14	53:52	+1	48
9	Duisburg (A)	34	12	9	13	44:49	−5	45
10	Köln	34	13	5	16	62:62	0	44
11	M'gladbach	34	12	7	15	46:48	−2	43
12	Schalke*	34	11	10	13	35:40	−5	43
13	Hamburg	34	10	11	13	46:60	−14	41
14	Bielefeld (A)	34	11	7	16	46:54	−8	40
15	Rostock	34	11	7	16	35:46	−11	40
16	Düsseldorf	34	9	6	19	26:57	−31	33
17	Freiburg	34	8	5	21	43:67	−24	29
18	St. Pauli	34	7	6	21	32:69	−37	27

* Schalke als Titelverteidiger im Uefa-Cup

DIE WEITEREN SIEGER DES JAHRES:

Champions League:
Borussia Dortmund

Europacup der Pokalsieger:
FC Barcelona

Uefa-Cup:
Schalke 04

DFB-Pokal:
VfB Stuttgart

Alle Ergebnisse auf einen Blick

Waagerecht: alle Heimresultate. Senkrecht: alle Auswärtsresultate

	Bayern	Leverkusen	Dortmund	Stuttgart	Bochum	Karlsruhe	1860	Bremen	Duisburg	Köln	M'gladbach	Schalke	Hamburg	Bielefeld	Rostock	Düsseldorf	Freiburg	St. Pauli
Bayern		4:2	0:0	4:2	1:1	1:0	1:1	1:0	5:2	3:2	1:0	3:0	2:1	1:0	2:1	5:0	0:0	3:0
Leverkusen	5:2		4:2	0:0	2:0	3:1	3:0	2:1	1:0	4:2	3:0	2:0	5:0	1:0	4:1	0:1	5:3	3:0
Dortmund	1:1	3:1		1:1	2:0	1:1	4:1	2:1	2:0	2:1	1:3	1:0	1:1	5:0	3:0	4:0	3:1	2:1
Stuttgart	1:1	1:2	4:1		3:1	1:0	1:1	2:1	0:2	4:0	5:0	4:0	4:1	4:2	5:1	0:2	4:2	3:0
Bochum	1:1	2:2	1:0	2:1		3:1	2:2	3:2	1:0	2:2	2:0	0:1	3:1	1:1	1:0	3:1	3:2	6:0
Karlsruhe	0:2	1:1	1:1	0:2	2:3		3:0	1:3	1:0	4:1	1:1	0:0	3:1	5:2	1:1	2:0	3:0	4:0
1860	3:3	3:0	1:3	2:5	0:1	1:1		0:3	1:1	2:1	3:0	2:1	2:1	1:3	2:0	3:0	4:0	4:2
Bremen	3:0	1:1	0:4	2:2	5:1	1:0	1:1		0:2	3:2	1:0	3:0	0:0	2:1	1:1	1:0	1:0	2:1
Duisburg	0:4	1:3	3:2	3:1	1:1	2:2	2:3	3:2		3:0	4:2	0:1	1:1	0:0	0:1	0:0	1:4	1:0
Köln	2:4	4:0	1:3	1:5	2:0	4:1	1:0	4:1	2:5		4:0	3:1	2:2	2:5	0:2	2:0	1:0	0:1
M'gladbach	2:2	2:2	5:1	0:1	6:2	1:3	1:0	4:1	0:1	2:1		0:0	3:0	0:0	2:0	2:0	4:3	0:0
Schalke	1:1	1:2	1:3	1:0	1:1	0:1	4:1	1:1	4:0	1:1	0:0		2:0	0:0	2:0	0:1	0:2	0:0
Hamburg	0:3	0:2	2:1	0:4	2:2	2:0	2:3	3:2	1:1	0:4	2:1	1:0		2:2	1:1	2:1	5:1	3:0
Bielefeld	2:0	0:1	2:0	2:0	3:1	1:2	2:3	3:1	1:1	1:4	0:2	0:1	1:1		1:3	1:0	2:0	1:2
Rostock	0:3	1:0	0:1	2:2	0:0	2:2	2:4	0:1	0:1	0:0	1:0	0:1	0:1	3:1		3:1	3:1	3:1
Düsseldorf	0:2	0:0	2:0	0:4	2:2	0:3	0:0	4:1	1:1	0:3	1:0	1:3	1:1	1:2	0:2		2:1	2:0
Freiburg	0:0	1:2	1:2	1:1	0:1	1:1	2:2	3:2	2:0	1:3	1:0	2:3	0:4	2:1	1:0	1:2		4:0
St. Pauli	1:2	3:1	0:1	2:1	2:1	2:4	0:0	0:3	0:2	0:0	1:3	4:4	2:2	2:3	0:1	3:0	2:0	

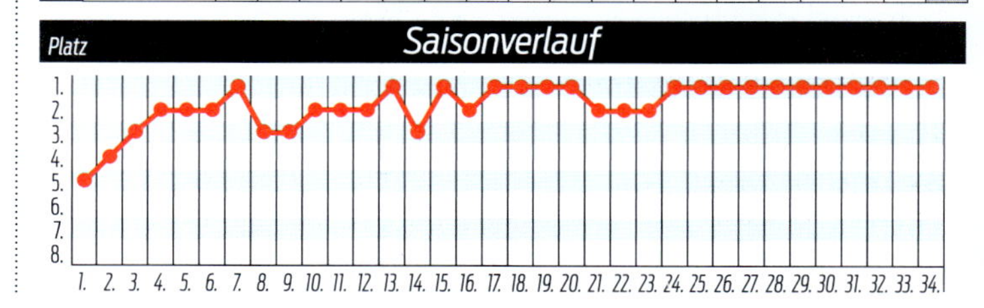

LEGENDÄRE WUTREDE VON TRAPATTONI

Am 10. März 1998 hängt nach drei Niederlagen und Anklagen der Spieler der Haussegen schief. Dann tritt der Trainer vor die Presse

Der Tag, der Giovanni Trapattoni in Deutschland unsterblich machen wird, beginnt mit einem Espresso. Ehefrau Paola macht das Frühstück, er verabschiedet sich mit einem Kuss. Es ist halb neun Uhr morgens in Cusano Milanino, als der Trainer seinen Opel Omega startet. 550 Kilometer sind es bis München, Säbener Straße. Alles ist wie immer an einem Dienstagmorgen nach einem Bundesliga-Spieltag. Trapattoni kehrt nach dem freien Montag bei der Familie zur Arbeit zurück.

Aber eigentlich ist nichts wie immer: Zum ersten Mal hat seine Mannschaft drei Bundesliga-Spiele in Folge verloren. 1:2 bei Aufsteiger Hertha BSC (23. Spieltag), 0:2 gegen den späteren Absteiger 1. FC Köln und schließlich 0:1 auf Schalke. Schon nach einer Pleite beginnt beim FC Bayern gewöhnlich eine Krise, nun haben sie eine handfeste. Sieben Punkte beträgt der Rückstand nach 25 Spieltagen auf Sensations-Aufsteiger 1. FC Kaiserslautern unter Trainer Otto Rehhagel.

Am 27. April 1996 ist Rehhagel in München entlassen worden, am 1. Spieltag 1997/98 hat er sich revanchiert und mit Kaiserslautern 1:0 im Olympiastadion gewonnen, zu Beginn der Rückrunde 2:0 auf dem Betzenberg – und nun ist die Meisterschaft greifbar nah. Eine Genugtuung.

Es gibt Kritik aus allen Richtungen, als Trapattoni am 10. März 1998 in die Landeshauptstadt zurückkehrt. Der Italiener ist das gewohnt. Was er nicht gewohnt ist und nun nicht mehr zu dulden bereit, sind die Frechheiten seiner aufmüpfigen Spieler. Wie vor und nach dem verlorenen Schalke-Spiel: Als der Bus im Parkstadion vorfährt, steigen alle Spieler aus – bis auf zwei. Mehmet Scholl und Mario Basler machen einen zehnminütigen Sitzstreik, weil sie auch während des Spiels sitzen müssen. Auf der Ersatzbank. Die Egoismen wirken auch nach Klinsmanns Abgang zu Sampdoria Genua und der Entmachtung von Lothar Matthäus, der am 6. Juni 1997 sein 256-Seiten-Buch „Mein Tagebuch“ vorstellt, in dem er ausführlich Münchner Interna ausplaudert, und daraufhin das Kapitänsamt verliert, zerstörerisch.

Nach dem 0:1 sind es die beiden Sitzenbleiber, die sich vor der Kamera über ihre Reservistenrolle beklagen. Und Thomas Strunz, der seine Auswechslung nach magerer Leistung nicht versteht. Von der defensiven Taktik ganz zu schweigen. Zwei Wochen zuvor, in Berlin, hat er dem Trainer widersprochen: „Ich kann nicht akzeptieren, dass er behauptet, ich sei nicht fit.“

Trapattoni erfährt von der Klage seiner Spieler auf dem Heimweg nach Mailand. Ein Freund liest ihm vor, was in den deutschen Zeitungen steht. Da fängt es an, in Trapattoni zu brodeln. Und so schreibt er seine legendäre Wutrede, aus der die Passagen „Was erlauben Strunz?“ und „Die waren schwach wie eine Flasche leer“ und „Ich habe fertig“ unverwüstbarer Kult sind.

„Dieses Verhalten der Spieler war für Giovanni die größte Enttäuschung“, sagt sein Assistent Egon Coordes am Tag, als die Bayern-Welt erbebt. Zur Pressekonferenz, für die es keinen speziellen Anlass gibt, erscheint Trapattoni mit einem Bündel Papieren. Pressechef Markus Hörwick ist irritiert, das hat der Trainer noch nie gemacht. Trapattoni wartet nicht auf Fragen, er legt sofort los und wirft nur welche auf. Was er wie gemeint hat während des 190-sekündigen Wortschwalls wird noch tagelang diskutiert. Aber eines ist sicher: Trapattoni ist

Giovanni Trapattoni in Rage: Wort- und gestenreich rechnet er am 10. März 1998 mit den Bayern ab, nennt die Form einiger Spieler „wie Flasche leer". Pressechef Markus Hörwick (hinten) beobachtet das Spektakel

Siegesserie am Ende der Saison: Carsten Jancker schießt den 3:0-Endstand gegen Bremen

wütend. Die Halsader schwillt bei seiner Rede an, er haut mit der flachen Hand aufs Pult und brüllt.

Trapattoni stellt an diesem 10. März seine Spieler ins Achtung, wie es noch kein Trainer vor ihm in der Bundesliga getan hat. In einem eigentümlichen Kauderwelsch. „Ich bin müde jetzt Vater diese Spieler, eh, verteidige immer diese Spieler. Ich habe immer die Schulde über diese Spieler", sagt er. Jeder versteht: Dieser Riss ist nicht mehr zu kitten.

Als Trapattoni fertig ist, ruft einer aus dem Publikum „Bravo". Es gibt sogar verhaltenen Applaus. Pressesprecher Hörwick stürmt sofort in die Vorstandssitzung und meldet: „Der Trap ist eben völlig ausgeflippt." Franz Beckenbauer entgegnet: „Geh, Markus, übertreibst wieder." Hörwick wettet mit ihm, dass es Trapattoni in die Abendnachrichten schaffen würde, und bekommt recht. Das „Heute Journal" des ZDF eröffnet damit sogar die Sendung.

Die Sympathien sind aufseiten des Trainers. Beim nächsten Heimspiel gegen den VfL Bochum hängt ein Transparent am Zaun der Südkurve: „Grazie Trap!" In einer Umfrage unter fast 300 Bundesliga-Profis loben 65 Prozent die Rede. Auch Lothar Matthäus ist angetan: „Trapattoni war viel zu lange viel zu lieb." Der Vorstand verhängt Geldstrafen für das Rebellen-Trio, Scholl, Basler und Strunz müssen jeder 20 000 D-Mark Strafe zahlen.

Vizepräsident Karl-Heinz Rummenigge stellt fest: „Die Spieler hatten in Trapattoni einen Vater, sie werden ihn künftig von einer anderen Seite kennenlernen. Sie haben sich das Paradies zerstört."

Gegen Bochum gibt es trotzdem nur ein 0:0, Trapattoni teilt dem Vorstand kurz danach mit, dass er zum Saisonende geht. Das setzt noch einmal Kräfte frei. Es gibt keine Niederlage mehr und fünf Siege in acht Spielen. Mit nur zwei Punkten Rückstand auf Kaiserslautern wird Bayern Vizemeister und gewinnt den Pokal. Aber am Ende lacht nur Otto Rehhagel. „Er kann noch siebenmal Meister werden, trotzdem wird er kein Trainer für den FC Bayern", grollt Uli Hoeneß. Er hat schon einen neuen Mann gefunden, es beginnt die Ära Ottmar Hitzfeld.

Champions League

Sieger im Viertelfinal-Duell gegen Carsten Jancker: der Ex-Bayer Jürgen Kohler (l.)

In den letzten 360 Minuten ohne Tor

Die Rückkehr in die Champions League nach zwei Jahren Uefa-Cup beginnt vielversprechend. Mit drei Siegen (2:0 gegen Besiktas Istanbul, 3:1 bei IFK Göteborg, 5:1 gegen Paris Saint-Germain) ist Bayern zur Halbzeit Tabellenführer. In Paris setzt es die erste Niederlage (1:3), mit dem 2:0 in Istanbul wahrt die Mannschaft die Führung in Gruppe E. Im letzten Spiel gegen Göteborg (0:1, Eigentor Markus Babbel) verspielt Bayern fast den Gruppensieg, zieht vor den punktgleichen Franzosen ins Viertelfinale ein. Im ersten Bundesliga-Duell der Champions League ist Borussia Dortmund der Gegner. In der regulären Spielzeit fallen weder in München noch in Dortmund Tore. Die Entscheidung zugunsten des BVB fällt in der Verlängerung, Stéphane Chapuisat erzielt in der 109. Minute das siegbringende 1:0. In den letzten 360 Minuten des Wettbewerbs bleibt Bayern ohne Tor. Beste Torschützen: Jancker (4), Elber und Helmer (je 3).

DFB-Pokal

Sieht nicht wie ein Sieger aus, ist aber einer: Mario Basler

Erster Pokalsieg nach zwölf Jahren

Mit einem 16:1 gegen Landesligist DJK Waldberg startet Bayern in den Wettbewerb – Vereinsrekord im Pokal. Nach dem 7:6 n. E. beim VfL Wolfsburg sagt Giovane Elber: „Ich glaube, so wird man Pokalsieger." Der Neuzugang vom VfB Stuttgart wird recht behalten: Im Achtelfinale gewinnt Bayern in Kaiserslautern 2:1, im Viertelfinale 2:0 gegen Leverkusen, auch das Halbfinale gegen den VfB Stuttgart gerät zur unerwartet leichten Übung (3:0). Dietmar Hamann, Mehmet Scholl und Michael Tarnat erzielen die Tore in den ersten 25 Minuten vor 32 000 Fans im Olympiastadion. Das Berliner Olympiastadion ist am 16. Mai 1998 randvoll. Finalgegner Duisburg geht durch Bachirou Salou in Führung (20.), die Markus Babbel aus dem Gewühl ausgleicht (70.). In der 89. Minute tritt Mario Basler aus halblinker Position einen Freistoß. Alle verpassen den Ball, Torwart Thomas Gill auch – das 2:1. Nach zwölf Jahren ist Bayern wieder Pokalsieger.

TRAINER

GIOVANNI TRAPATTONI
Am 12. September verlängert er seinen 1998 auslaufenden Vertrag bis 2000, da ist die Welt noch in Ordnung. Im März dann nicht mehr. Seine Bundesliga-Bilanz bei Bayern: 102 Spiele, 54 Siege, 33 Remis, 15 Niederlagen, ein Titel.

DIE TOP-ELF DER SAISON

Michael Tarna

Thomas Helmer

DER SPIELER DES JAHRES

*Nach dem Sommertheater um sein indiskretes „Tagebuch" der Saison 1996/97 (Honorar: 400 000 DM) konzentriert sich **Lothar Matthäus** wieder auf den Sport. Weniger Verantwortung und Angriffsflächen – mehr Leistung. Obwohl bereits 37 Jahre alt, verlängert Bayern im März 1998 den Vertrag mit dem Libero um zwei Jahre. Paul Breitner fordert: „Matthäus muss mit zur WM." Bundestrainer Vogts springt über seinen Schatten („Unter mir macht er kein Länderspiel mehr") und holt Matthäus nach dreieinhalb Jahren zurück. Die WM endet im Viertelfinale (0:3 gegen Kroatien) mit einer herben Enttäuschung.*

Der Kader

NAME	SPIELE	TORE
Oliver Kahn	34	0
Markus Babbel	30	1
Alexander Bugera	1	0
Frank Gerster	5	0
Thomas Helmer	28	1
Samuel Kuffour	17	2
Bixente Lizarazu	19	0
Michael Tarnat	32	5
Mario Basler	22	5
Thorsten Fink	33	1
Dietmar Hamann	28	2
Lothar Matthäus	25	3
Christian Nerlinger	33	4
Mehmet Scholl	32	9
Thomas Strunz	16	3
Giovane Elber	28	11
Carsten Jancker	29	13
Ruggiero Rizzitelli	20	4
Alexander Zickler	29	4

GIOVANE ELBER bewahrt sich seine glänzende Form aus Stuttgart, erzielt in seiner ersten Saison elf Tore

Transfers

BIXENTE LIZARAZU hat 1996 Gegner Girondins Bordeaux in den beiden Uefa-Cup-Endspielen als Kapitän aufs Feld geführt, nach einem Jahr bei Athletic Bilbao schließt sich der Verteidiger aus dem französischen Baskenland Bayern an und bleibt mit Unterbrechung von einer Saison bis 2006 in München. Er wird sechsmal Meister, fünfmal Pokalsieger und einmal Champions-League-Sieger – eine beeindruckende Bilanz. In 183 Bundesliga-Spielen kommt Lizarazu auf sieben Tore, ist eine der herausragenden Persönlichkeiten der Bayern.

SPIELER	VON VEREIN	ABLÖSESUMME
Alexander Bugera	FC Bayern Jugend	-
Bixente Lizarazu	Athletic Bilbao	9 Mio. DM
Michael Tarnat	Karlsruher SC	4,8 Mio. DM
Thorsten Fink	Karlsruher SC	5 Mio. DM
Giovane Elber	VfB Stuttgart	13 Mio. DM

Tops & Flops

CARSTEN JANCKER Nach einem Tor 1996/97 explodiert der Mittelstürmer förmlich, erzielt die meisten Bayern-Treffer (13). Nie schießt er mehr in der Bundesliga.

GIOVANE ELBER Am 21. Spieltag gegen den HSV schießt der Brasilianer Bayerns schnellstes Bundesliga-Tor – nach 11,4 Sekunden. Den Liga-Rekord hält Kevin Volland (Leverkusen) mit 9 Sek.

AUSWÄRTSSTÄRKE In der Auswärtstabelle sind die Bayern Erster, holen 29 Punkte (acht Siege, fünf Remis, vier Niederlagen). Zweiter: FCK (27 Punkte).

MARKUS BABBEL fliegt im Heimspiel gegen Stuttgart (10. Spieltag) nach 193 Sekunden wegen Handspiels vom Platz. Der bis dahin schnellste Platzverweis der Liga.

ULI HOENESS Nach dem Derby gegen 1860 (2:2, 13. Spieltag) sagt er, man werde Schiedsrichter Hellmut Krug „künftig ablehnen". Nützt nichts: Krug pfeift Bayern bis 2003 noch 16-mal in der Liga.

ELFMETER Erst am 29. Spieltag gegen Werder bekommt Bayern einen Elfmeter, Scholl verwandelt. Es bleibt der einzige der Saison, Minusrekord wie 2002/03.

1. SPIELTAG

Bayern – 1. FC Kaiserslautern 0:1 (0:0)

BAYERN: Kahn – Matthäus – Babbel, Helmer – Fink (74. C. Nerlinger), Strunz – Lizarazu – Scholl, Basler (55. Hamann) – Rizzitelli (55. Jancker), Elber.
K'LAUTERN: Reinke – Kadlec – Koch (31. Hristov), Schjønberg – Roos, Schäfer – Ratinho (75. Reich), Wagner – Sforza – Kuka, Marschall.
Tor: 0:1 Schjønberg (80.).
Gelb: Matthäus, Fink, Strunz, Lizarazu / Sforza, Marschall, Wagner, Reinke.
Schiedsrichter: Lutz Michael Fröhlich.

2. SPIELTAG

Borussia M'gladbach – Bayern 1:1 (1:0)

M'GLADBACH: Kamps – Chiquinho, Klinkert (58. Fournier), Paßlack, Schneider – Lupescu, Witeczek – Effenberg, Pflipsen – Pettersson (89. Hochstätter), Juskowiak (59. Wynhoff).
BAYERN: Kahn – Matthäus – Babbel, Helmer – Strunz, Hamann (66. Fink), C. Nerlinger – Basler (66. Scholl), Tarnat – Rizzitelli (86. Jancker), Elber.
Tore: 1:0 Pettersson (17.), 1:1 Strunz (55.).
Gelb: Effenberg / Basler, Nerlinger, Strunz, Tarnat.
Schiedsrichter: Hartmut Strampe.

3. SPIELTAG

Bayern – VfL Wolfsburg 5:2 (3:1)

BAYERN: Kahn – Babbel, Helmer – Matthäus – Lizarazu (56. Hamann) – Fink, Strunz – Basler – Scholl (57. Tarnat) (78. C. Nerlinger) – Rizzitelli, Elber.
WOLFSBURG: Zimmermann – Tomcic, Heidenreich, Kovacevic – Kapetanovic, Keller, Novotny (33. Dammeier) – Ballwanz (70. Stammann), Reyna – Ratke, Präger (70. Meissner).
Tore: 1:0 Elber (10.), 2:0 Strunz (13.), 3:0 Rizzitelli (20.), 3:1 Reyna (40.), 4:1 Elber (59.), 5:1 Rizzitelli (69.), 5:2 Meissner (86.).
Gelb: – / Kovacevic, Tomcic.
Schiedsrichter: Georg Dardenne.

4. SPIELTAG

Hamburger SV – Bayern 0:2 (0:1)

HAMBURG: Butt – Fischer, Schnoor, Böger – Spörl, Zeyer (67. Babatz), Kmetsch, Jepsen (58. Uysal) – Salihamidzic – Weetendorf (58. Cardoso), Dembinski.
BAYERN: Kahn – Matthäus – Babbel, Helmer – Fink, C. Nerlinger – Hamann (67. Scholl), Lizarazu (46. Tarnat), Basler – Elber (51. Zickler), Rizzitelli.
Tore: 0:1 Basler (23.), 0:2 Zickler (82.).
Gelb: Kmetsch / Lizarazu, Helmer, Basler, Fink.
Schiedsrichter: Jürgen Jansen.

5. SPIELTAG

Hansa Rostock – Bayern 1:3 (0:0)

ROSTOCK: Bräutigam – Rehmer, Zallmann, März – Weilandt (65. Yasser), Gansauge – Lange, Studer (66. Pamic) – Barbarez – Baumgart (46. Micevski), Majak.
BAYERN: Kahn – Matthäus – Babbel, Helmer – Fink, C. Nerlinger – Basler, Tarnat – Scholl (82. Zickler) – Elber (65. Hamann), Rizzitelli (59. Jancker).
Tore: 0:1 Scholl (58.), 0:2 Nerlinger (69.), 1:2 Pamic (85.), 1:3 Jancker (87.).
Rot: – / Hamann (90.+1).
Gelb: Gansauge, Yasser / Babbel, Basler, Scholl, Jancker.
Schiedsrichter: Bernhard Zerr.

6. SPIELTAG

Bayern – Hertha BSC 3:0 (1:0)

BAYERN: Kahn – Matthäus – Babbel, Helmer – Tarnat, Strunz (83. Gerster) – C. Nerlinger, Scholl (72. Fink) – Zickler – Elber, Rizzitelli (63. Jancker).
BERLIN: Fiedler – Herzog, van Burik, Sverrisson – Mazingu-Dinzey – Schmidt – Veit – Covic, Rekdal (90.+1 Arnold) – Roy (78. Lakies), Kruse (78. Hartmann).
Tore: 1:0 Elber (42.), 2:0 Jancker (75.), 3:0 Strunz (77.).
Gelb: Scholl, Helmer, Jancker / Kruse, Herzog, Mazingu.
Schiedsrichter: Hans-Jürgen Weber.

7. SPIELTAG

1. FC Köln – Bayern 1:3 (1:2)

KÖLN: Kraft – Kostner – Baumann, Schuster – Cichon (80. Vucevic) – Thiam (72. Rychkov), Tretschok (72. Rösele), Munteanu, Andersen – Gaißmayer, Polster.
BAYERN: Kahn – Matthäus (32. Babbel) – Kuffour, Helmer – Zickler (90. Lizarazu), Fink, C. Nerlinger, Tarnat – Strunz – Elber (74. Scholl), Jancker.
Tore: 0:1 Jancker (11.), 0:2 Nerlinger (21.), 1:2 Tretschok (32.), 1:3 Scholl (90.+3).
Gelb: Baumann / Jancker, Elber, Zickler.
Schiedsrichter: Herbert Fandel.

8. SPIELTAG

Bayern – FC Schalke 04 1:1 (0:1)

BAYERN: Kahn – Helmer – Babbel – Kuffour, C. Nerlinger – Tarnat, Strunz – Zickler (46. Fink), Scholl – Elber (77. Lizarazu), Jancker.
SCHALKE: Lehmann – Schierenberg – Linke, Müller, Latal (84. van Hoogdalem), Held, Büskens – Nemec, Wilmots, Klujew – Eijkelkamp (81. Mulder).
Tore: 0:1 Wilmots (26.), 1:1 Tarnat (51.).
Gelb: Babbel / Klujew, Nemec.
Schiedsrichter: Edgar Steinborn.

9. SPIELTAG

VfL Bochum – Bayern 2:3 (1:2)

BOCHUM: Gospodarek – Stickroth – Kracht, Fahrenhorst (62. Bastürk) – Dickhaut – Reis (75. Michalke) – Peschel (72. Közle), Hofmann – Wosz – Gülünoglu, Yuran.
BAYERN: Kahn – Helmer – Babbel, Kuffour – Fink – Basler (55. Zickler), Hamann (90. Lizarazu), C. Nerlinger, Tarnat – Jancker, Elber (26. Scholl).
Tore: 1:0 Gülünoglu (16.), 1:1 Basler (23.), 1:2 Basler (34.), 1:3 Zickler (56.), 2:3 Yuran (64.).
Gelb/Rot: Kracht (81.) / –.
Gelb: – / Nerlinger, Tarnat.
Schiedsrichter: Alfons Berg.

10. SPIELTAG

Bayern – VfB Stuttgart 3:3 (1:1)

BAYERN: Kahn – Helmer – Babbel, Kuffour – Tarnat – Hamann, C. Nerlinger – Basler (74. Zickler), Scholl (28. Fink) – Jancker, Elber (87. Gerster).
STUTTGART: Wohlfahrt – Haber, Verlaat, Berthold – Soldo, Yakin – Hagner, Poschner, Balakov – Akpoborie, Bobic.
Tore: 1:0 Jancker (13.), 1:1 Yakin (14.), 2:1 Hamann (60.), 2:2 Berthold (62.), 2:3 Akpoborie (68.), 3:3 Kuffour (84.).
Rot: Babbel (4.) / –.
Gelb: Scholl / Soldo, Yakin.
Schiedsrichter: Bernd Heynemann.

11. SPIELTAG

Karlsruher SC – Bayern 1:1 (1:0)

KARLSRUHE: Reitmaier – Hengen, Metz, Regis – Reich, Schepens – Keller – Häßler, Wück (68. Krauss) – Dundee (83. Gilewicz), Schroth.
BAYERN: Kahn – Helmer – Kuffour, Tarnat – Fink, C. Nerlinger – Zickler (46. Scholl), Basler, Hamann – Elber (82. Rizzitelli), Jancker.
Tore: 1:0 Schroth (40.), 1:1 Tarnat (78.).
Gelb: Regis, Wück, Metz / Nerlinger.
Schiedsrichter: Georg Dardenne.

12. SPIELTAG

Bayern – Werder Bremen 2:0 (1:0)

BAYERN: Kahn – Helmer – Kuffour, Fink – Hamann, C. Nerlinger – Basler (85. Gerster), Tarnat – Scholl, – Elber, Jancker (71. Zickler).
BREMEN: Reck – Ramzy, Trares, Wicky – Eilts (77. Wiedener) – Frey, Pfeifenberger, Brand (66. Harttgen), Bode – Flo (71. van Lent), Frings.
Tore: 1:0 Jancker (33.), 2:0 Basler (71.).
Gelb: Jancker, Scholl / Ramzy, Eilts.
Schiedsrichter: Jörg Keßler.

13. SPIELTAG

1860 München – Bayern 2:2 (1:1)

1860: Meier – Jeremies – Kientz, Gorges – Stevic, Walker – Bender, Heldt (70. Böhme) – Cerny – Borimirov (82. Bodden), Winkler.
BAYERN: Kahn – Helmer – Babbel, Kuffour – Hamann, C. Nerlinger, Tarnat – Basler (72. Fink) – Scholl – Jancker (62. Zickler), Elber (83. Strunz).
Tore: 1:0 Heldt (9.), 1:1 Hamann (35.), 2:1 Winkler (52.), 2:2 Basler (54.).
Rot: – / Kuffour (68.).
Gelb: Gorges, Stevic, Heldt, Jeremies / Babbel, Basler.
Schiedsrichter: Hellmut Krug.

14. SPIELTAG

Bayern – Arminia Bielefeld 1:0 (1:0)

BAYERN: Kahn – Helmer – Babbel, Fink – Hamann, C. Nerlinger, Tarnat – Scholl, Basler – Elber, Jancker (74. Zickler).
BIELEFELD: Koch – Stratos (80. Breitkreutz) – Meißner, Schäfer – Reeb – Maas, Bode (66. Maul), Reina – Sternkopf (66. Gerber), Kuntz – Daei.
Tor: 1:0 Elber (24.).
Gelb: – / Stratos, Maas.
Schiedsrichter: Uwe Kemmling.

15. SPIELTAG

Bayer Leverkusen – Bayern 4:2 (1:2)

LEVERKUSEN: Heinen – R. Kovac, Wörns – Happe – Ramelow – Emerson (9. N. Kovac, 68. Frydek), Heintze, Lehnhoff, Beinlich – Kirsten, Meijer (82. Rink).
BAYERN: Kahn – Matthäus – Kuffour, Helmer – Tarnat – Hamann, Fink (78. Babbel), C. Nerlinger – Scholl (61. Zickler) – Elber (79. Rizzitelli), Jancker.
Tore: 0:1 Elber (6.), 0:2 Jancker (25.), 1:2 Heintze (45.+1), 2:2 Kirsten (69.), 3:2 Kirsten (90.+1), 4:2 Kirsten (90.+2).
Rot: Wörns (33.) / –.
Gelb: Rink / Matthäus, Tarnat, Kahn, Kuffour.
Schiedsrichter: Bernd Heynemann.

16. SPIELTAG

Bayern – MSV Duisburg 3:0 (2:0)

BAYERN: Kahn – Matthäus (79. Kuffour) – Babbel, Helmer – Hamann, C. Nerlinger, Tarnat – Basler (75. Zickler), Scholl – Elber, Rizzitelli (68. Fink).
DUISBURG: Gill – Komljenovic, Emmerling, Wohlert – Osthoff – Puschmann, Hirsch (62. Vana), Neun – Zeyer – Spies, Salou.
Tore: 1:0 Helmer (10.), 2:0 Rizzitelli (37.), 3:0 Scholl (72.).
Gelb: Babbel, Rizzitelli / Neun.
Schiedsrichter: Torsten Koop.

17. SPIELTAG

Borussia Dortmund – Bayern 0:2 (0:2)

DORTMUND: Klos – Reuter, Feiersinger, Julio Cesar – Kirovski, Sousa, Freund (46. Zorc), Heinrich – Möller, But, Gambo (58. Timm).
BAYERN: Kahn – Babbel, Helmer, Kuffour – Hamann, C. Nerlinger – Basler, Tarnat – Scholl (31. Fink) – Jancker, Elber (76. Zickler).
Tore: 0:1 Jancker (36.), 0:2 Elber (40.).
Gelb: Feiersinger, Sousa / Hamann.
Schiedsrichter: Hartmut Strampe.

18. SPIELTAG

1. FC Kaiserslautern – Bayern 2:0 (1:0)

K'LAUTERN: Reinke – Kadlec – Koch, Schjønberg – Roos – Ratinho (69. Rische), Wagner – Buck, Sforza – Kuka (67. Reich), Hristov.
BAYERN: Kahn – Matthäus (46. Fink) – Babbel, Helmer – Tarnat – Hamann, C. Nerlinger – Zickler (75. Gerster), Scholl – Elber (75. Rizzitelli), Jancker.
Tore: 1:0 Hamann (45., Eigentor), 2:0 Hristov (85.).
Gelb: Wagner, Reich / Scholl, Zickler, Nerlinger, Tarnat.
Schiedsrichter: Lutz Michael Fröhlich.

19. SPIELTAG

Bayern – Borussia M'gladbach 3:2 (1:0)

BAYERN: Kahn – Matthäus – Babbel, Fink – Tarnat – Hamann, C. Nerlinger – Basler (90.+1 Gerster) – Zickler – Elber, Jancker (73. Rizzitelli).
M'GLADBACH: Kamps – Paßlack, Andersson, Klinkert – Hoersen (74. Chiquinho), Effenberg – Schneider, Wynhoff – Pflipsen (53. Voronin) – Juskowiak (53. Ketelaer), Pettersson.
Tore: 1:0 Jancker (21.), 2:0 Jancker (50.), 3:0 Nerlinger (52.), 3:1 Effenberg (63.), 3:2 Pettersson (87.).
Gelb: Basler, Tarnat / Effenberg, Paßlack.
Schiedsrichter: Herbert Fandel.

Mit neun Toren drittbester Bayern-Torschütze: Mittelfeldspieler Mehmet Scholl erzielt am 29. Spieltag das 2:0 gegen Werders Torwart Oliver Reck

20. SPIELTAG

VfL Wolfsburg – Bayern 2:3 (1:2)

WOLFSBURG: Zimmermann – Keller – Kryger, Kovacevic – Greiner, Deering (46. Tyszkiewicz), Dammeier, Novotny – Reyna – Präger, Stevanovic (76. Jensen).
BAYERN: Kahn – Matthäus – Babbel, Fink – Hamann, C. Nerlinger – Zickler, Kuffour – Scholl – Jancker, Elber (35. Rizzitelli).
Tore: 0:1 Scholl (5.), 0:2 Jancker (26.), 1:2 Reyna (45.), 2:2 Dammeier (47.), 2:3 Kuffour (79.).
Gelb: Präger / Kahn, Babbel.
Schiedsrichter: Jürgen Aust.

21. SPIELTAG

Bayern – Hamburger SV 3:0 (2:0)

BAYERN: Kahn – Matthäus – Fink, Helmer (64. Lizarazu) – Tarnat – Hamann, C. Nerlinger – Basler (59. Zickler), Scholl – Jancker, Elber (74. Strunz).
HAMBURG: Golz – Böger (5. Gravesen), Schnoor, Panadic – Fischer, Kmetsch, Zeyer (74. Dembinski) Hertzsch – Spörl – Salihamidzic, Yeboah (46. Trejgis).
Tore: 1:0 Elber (1.), 2:0 Elber (41.), 3:0 Jancker (56.).
Gelb: – / Kmetsch, Schnoor.
Schiedsrichter: Hans-Jürgen Weber.

22. SPIELTAG

Bayern – Hansa Rostock 2:0 (2:0)

BAYERN: Kahn – Matthäus (60. Babbel) – Fink, Helmer – Tarnat – Hamann, C. Nerlinger – Zickler, Scholl – Jancker, Rizzitelli (57. Strunz).
ROSTOCK: Pieckenhagen – Weilandt – Gansauge, Rehmer – Lange, Bosz (85. Ewen), Ehlers (46. Studer), Majak – Micevski, Dowe – Pamic (46. Baumgart).
Tore: 1:0 Zickler (16.), 2:0 Tarnat (18.).
Gelb: Helmer, Hamann, Nerlinger / Dowe, Gansauge.
Schiedsrichter: Jörg Keßler.

23. SPIELTAG

Hertha BSC – Bayern 2:1 (1:0)

BERLIN: Kiraly – van Burik, Karl, Sverrisson – Veit, A. Schmidt, Mazingu-Dinzey – Covic (90. Fährmann), Arnold (87. O. Schmidt) – Preetz, Thom.
BAYERN: Kahn – Matthäus – Fink, Helmer – Lizarazu (57. Zickler) – Hamann, Tarnat – Basler, Scholl – Rizzitelli, Jancker (57. Strunz).
Tore: 1:0 Preetz (18.), 2:0 Covic (70.), 2:1 Preetz (84., Eigentor).
Gelb: Karl / Rizzitelli, Hamann, Scholl.
Schiedsrichter: Alfons Berg.

24. SPIELTAG

Bayern – 1. FC Köln 0:2 (0:0)

BAYERN: Kahn – Matthäus – Babbel, Helmer – Hamann, C. Nerlinger – Tarnat (60. Lizarazu) – Basler (46. Zickler), Scholl (70. Strunz) – Elber, Jancker.
KÖLN: Menger – Hauptmann – Schmidt, Schuster – Thiam, Baumann, Münch – Tretschok, Munteanu – Azizi (89. Rösele), Vladoiu (85. Cichon).
Tore: 0:1 Münch (49., Foulelfmeter), 0:2 Azizi (63.).
Gelb: Babbel / Baumann, Tretschok, Munteanu.
Schiedsrichter: Hartmut Strampe.

25. SPIELTAG

FC Schalke 04 – Bayern 1:0 (1:0)

SCHALKE: Lehmann – de Kock, Thon, Linke – Büskens – Latal, Nemec, Anderbrügge (87. Eigenrauch) – van Hoogdalem – Eijkelkamp (82. Goossens) – Max (75. Kurz).
BAYERN: Kahn – Helmer – Babbel, Fink (78. Lizarazu) – Tarnat – Strunz (58. Scholl), Hamann, C. Nerlinger – Zickler (58. Basler) – Elber, Jancker.
Tor: 1:0 Linke (19.).
Rot: Linke (73.) / –.
Gelb: Latal, Nemec / Nerlinger, Jancker, Hamann, Lizarazu.
Schiedsrichter: Jürgen Aust.

26. SPIELTAG

Bayern – VfL Bochum 0:0

BAYERN: Kahn – Matthäus (46. Fink) – Babbel, Helmer – Basler (20. Zickler), Hamann, C. Nerlinger, Tarnat (81. Lizarazu) – Scholl – Rizzitelli, Elber.
BOCHUM: Ernst – Dickhaut, Mamic, Waldoch – Reis, Schreiber – Sundermann, Hofmann – Wosz (90.+1 Winkler) – Baluszynski (46. Bastürk) – Donkov (67. Buckley).
Gelb: – / Reis, Dickhaut.
Schiedsrichter: Torsten Koop.

27. SPIELTAG

VfB Stuttgart – Bayern 0:3 (0:2)

STUTTGART: Wohlfahrt – Berthold, Verlaat, Spanring – Soldo (30. Stojkovski), Yakin (76. Lisztes) – Djordjevic (46. Hagner), Poschner – Balakov – Raducioiu – Ristic.
BAYERN: Kahn – Matthäus – Babbel, Kuffour – Lizarazu –Fink – Hamann, C. Nerlinger – Scholl (63. Strunz) – Elber (77. Zickler), Jancker (85. Tarnat).
Tore: 0:1 Fink (21.), 0:2 Scholl (40.), 0:3 Zickler (78.).
Gelb: Yakin / Fink.
Schiedsrichter: Alfons Berg.

28. SPIELTAG

Bayern – Karlsruher SC 1:1 (0:1)

BAYERN: Kahn – Matthäus – Babbel, Helmer (46. Zickler) – Fink, Lizarazu (46. Tarnat) – Hamann (68. Kuffour), C. Nerlinger – Scholl – Elber, Jancker.
KARLSRUHE: Reitmaier – Buchwald – Reich, Regis – Metz (51. Kolinger), Ritter – Hengen (77. Schepens), Keller – Häßler – Guié-Mien (77. Krauss) – Schroth.
Tore: 0:1 Regis (45.+1), 1:1 Elber (76.).
Gelb: – / Ritter.
Schiedsrichter: Lutz Wagner.

29. SPIELTAG

Werder Bremen – Bayern 0:3 (0:1)

BREMEN: Reck – Wicky – Todt, Ramzy – Eilts – Bode – Kunz, Frey (68. van Lent) – Herzog (46. Brand) – Frings (46. Labbadia), Flo.
BAYERN: Kahn – Matthäus – Babbel, Kuffour – Fink, Hamann, C. Nerlinger – Scholl (87. Bugera), Tarnat – Elber (13. Zickler / 54. Lizarazu), Jancker.
Tore: 0:1 Scholl (7., Foulelfmeter), 0:2 Scholl (61.), 0:3 Jancker (81.).
Gelb: Reck, Frey / Jancker, Nerlinger.
Schiedsrichter: Georg Dardenne.

30. SPIELTAG

Bayern – 1860 München 3:1 (2:0)

BAYERN: Kahn – Matthäus – Fink, Kuffour – Babbel, Lizarazu – Hamann, C. Nerlinger, Tarnat – Scholl (78. Strunz) – Jancker (70. Rizzitelli).
1860: Meier – Greilich (46. Pelé), Walker – Jeremies – Stevic, Zelic – Cerny, Heldt (76. Borimirov) – Bender (46. Ouakili) – Hobsch, Winkler.
Tore: 1:0 Scholl (39.), 2:0 Jancker (43.), 3:0 Matthäus (47.), 3:1 Ouakili (73.).
Gelb: Nerlinger / Walker, Winkler, Jeremies.
Schiedsrichter: Bernd Heynemann.

31. SPIELTAG

Arminia Bielefeld – Bayern 4:4 (2:3)

BIELEFELD: Koch – Stratos – Schäfer (38. Reeb), Zafirov – Maas – Bode (73. Gerber), Maul – Sternkopf, Kuntz – Reina, Daei.
BAYERN: Kahn – Babbel, Matthäus, Kuffour – Fink – Hamann, C. Nerlinger, Tarnat, Lizarazu – Jancker (64. Zickler), Scholl (78. Rizzitelli).
Tore: 1:0 Maas (3.), 1:1 Tarnat (28.), 1:2 Babbel (35.), 2:2 Sternkopf (40.), 2:3 Nerlinger (45.+2), 3:3 Stratos (74.), 4:3 Kuffour (82., Eigentor), 4:4 Matthäus (89.).
Gelb: Stratos / Hamann, Kuffour, Matthäus.
Schiedsrichter: Bernhard Zerr.

32. SPIELTAG

Bayern – Bayer Leverkusen 2:1 (1:0)

BAYERN: Kahn – Matthäus – Kuffour, Helmer – Fink, Tarnat, Lizarazu – Babbel – C. Nerlinger – Rizzitelli (69. Basler), Zickler.
LEVERKUSEN: Heinen – Nowotny – Wörns (46. Ledwon), Happe – Ramelow – R. Kovac, Heintze – Frydek – Lehnhoff (49. Rink) – Kirsten (49. Feldhoff), Meijer.
Tore: 1:0 Tarnat (16.), 2:0 Rizzitelli (49.), 2:1 Rink (83.).
Gelb: – / Wörns, Ledwon, Feldhoff.
Schiedsrichter: Edgar Steinborn.

33. SPIELTAG

MSV Duisburg – Bayern 0:0

DUISBURG: Gill – Wohlert, Komljenovic – Vana – Wolters, Hajto, Hirsch – Tøfting (87. Puschmann), Zeyer – Salou, Spies.
BAYERN: Kahn – Babbel, Matthäus, Helmer – Lizarazu – Fink, C. Nerlinger, Tarnat (60. Basler) – Zickler (46. Strunz) – Jancker, Rizzitelli (46. Scholl).
Gelb: Tøfting / Nerlinger, Tarnat.
Schiedsrichter: Bernd Heynemann.

34. SPIELTAG

Bayern – Borussia Dortmund 4:0 (0:0)

BAYERN: Kahn – Babbel, Matthäus, Helmer – Lizarazu – Fink, C. Nerlinger, Tarnat – Basler (66. Strunz) – Jancker (50. Elber), Scholl (68. Rizzitelli).
DORTMUND: Klos – Freund, Binz, Kohler – Reuter, But – Timm (71. Pedersen), Ricken, Heinrich – Gambo (68. Zorc), Chapuisat.
Tore: 1:0 Scholl (47.), 2:0 Matthäus (48.), 3:0 Elber (83.), 4:0 Elber (90.+1).
Gelb: Basler, Elber / Binz.
Schiedsrichter: Jörg Keßler.
Besonderes Vorkommnis: Kahn hält Foulelfmeter von Reuter (33.).

Abschlusstabelle

Pl.	Verein	Spiele	G	U	V	Tore	Diff.	Punkte
1	Kaiserslautern (A)	34	19	11	4	63:39	+24	68
2	Bayern (M)	34	19	9	6	69:37	+32	66
3	Leverkusen	34	14	13	7	66:39	+27	55
4	Stuttgart (P)	34	14	10	10	55:49	+6	52
5	Schalke	34	13	13	8	38:32	+6	52
6	Rostock	34	14	9	11	54:46	+8	51
7	Bremen	34	14	8	12	43:47	–4	50
8	Duisburg*	34	11	11	12	43:44	–1	44
9	Hamburg	34	11	11	12	38:46	–8	44
10	Dortmund	34	11	10	13	57:55	+2	43
11	Hertha (A)	34	12	7	15	41:53	–12	43
12	Bochum	34	11	8	15	41:49	–8	41
13	1860 München	34	11	8	15	43:54	–11	41
14	Wolfsburg (A)	34	11	6	17	38:54	–16	39
15	M'gladbach	34	9	11	14	54:59	–5	38
16	Karlsruhe	34	9	11	14	48:60	–12	38
17	Köln	34	10	6	18	49:64	–15	36
18	Bielefeld	34	8	8	18	43:56	–13	32

DIE WEITEREN SIEGER DES JAHRES:

Weltmeister: Frankreich

Champions League: Real Madrid

Europacup der Pokalsieger: FC Chelsea

Uefa-Cup: Inter Mailand

DFB-Pokal: FC Bayern

* als Pokalfinalist Teilnahme am Europapokal der Pokalsieger

Alle Ergebnisse auf einen Blick

Waagerecht: alle Heimresultate. Senkrecht: alle Auswärtsresultate	K'lautern	Bayern	Leverkusen	Stuttgart	Schalke	Rostock	Bremen	Duisburg	Hamburg	Dortmund	Hertha	Bochum	1860	Wolfsburg	M'gladbach	Karlsruhe	Köln	Bielefeld
K'lautern		2:0	0:3	4:3	3:0	4:3	1:3	1:0	2:1	1:1	1:0	3:0	1:0	4:0	3:2	0:0	3:2	3:1
Bayern	0:1		2:1	3:3	1:1	2:0	2:0	3:0	3:0	4:0	3:0	0:0	3:1	5:2	3:2	1:1	0:2	1:0
Leverkusen	1:1	4:2		6:1	0:0	1:1	4:1	2:1	5:0	2:2	0:1	3:2	2:2	2:1	1:1	6:1	4:0	0:0
Stuttgart	0:1	0:3	1:0		0:0	2:1	1:0	1:1	5:2	0:0	4:1	2:0	1:1	2:1	3:0	3:0	1:1	1:0
Schalke	1:1	1:0	2:1	3:4		0:0	0:1	1:1	2:2	1:0	1:0	2:0	2:0	1:1	2:0	2:0	1:0	2:1
Rostock	2:2	1:3	1:2	1:1	4:1		1:2	2:1	2:1	3:1	4:0	2:2	3:0	0:1	2:0	4:2	1:2	2:1
Bremen	1:1	0:3	2:1	2:2	2:1	1:1		2:2	0:0	2:1	0:2	1:0	3:3	3:1	1:0	2:4	3:0	2:1
Duisburg	1:1	0:0	1:1	0:3	1:0	0:1	2:1		3:0	0:0	0:1	2:0	0:2	2:2	4:5	1:0	2:2	2:1
Hamburg	1:1	0:2	0:1	0:0	1:1	0:1	2:1	1:0		1:3	1:1	2:1	1:2	1:2	2:2	3:1	2:1	2:0
Dortmund	2:2	0:2	0:1	3:1	2:2	3:2	2:2	3:0	0:1		3:0	5:2	2:3	2:1	1:2	2:2	3:0	3:2
Hertha	2:0	2:1	2:2	3:0	1:4	1:1	0:2	1:3	0:2	1:1		2:2	2:0	1:0	2:2	3:1	1:0	1:1
Bochum	1:3	2:3	0:0	0:2	3:0	1:3	0:1	0:0	0:0	2:1	2:1		1:0	2:1	3:1	3:3	2:1	1:0
1860	1:3	2:2	3:4	1:3	1:0	0:1	0:1	0:1	1:1	4:2	3:1	0:2		2:1	2:0	2:2	1:0	1:0
Wolfsburg	2:1	2:3	1:0	1:0	0:0	1:1	1:0	0:2	1:1	1:4	2:1	0:2	1:0		0:2	1:2	1:1	2:0
M'gladbach	1:3	1:1	2:2	0:0	0:1	5:2	0:0	0:3	1:1	1:1	4:2	2:1	5:1	0:2		1:1	4:1	0:0
Karlsruhe	2:4	1:1	1:1	4:2	0:0	3:0	3:1	1:2	0:1	0:1	0:2	1:1	0:0	2:1	2:5		3:1	3:1
Köln	0:0	1:3	2:2	4:2	0:2	0:0	2:0	3:2	1:2	4:2	2:0	2:1	2:3	5:3	3:2	0:1		3:5
Bielefeld	2:2	4:4	2:1	2:1	1:1	0:1	3:0	3:3	0:3	3:1	1:3	0:2	1:1	0:1	3:1	2:1	2:1	

Saisonverlauf

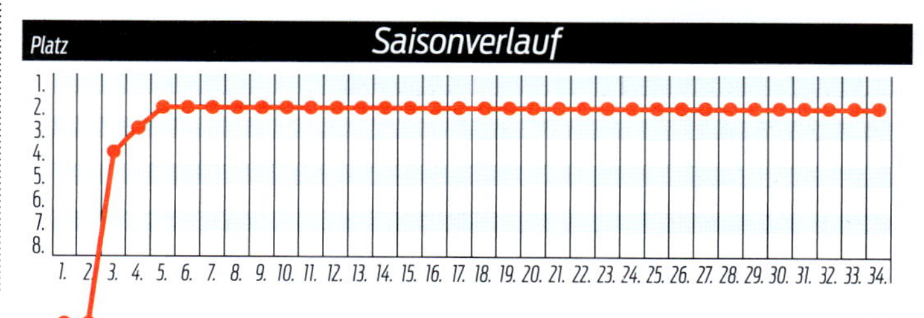

Der Freistoß-König der Bayern: Am 8. Spieltag bei Schalke 04 verwandelt Mario Basler (l.) in der 15. Minute zum 2:0. In der Mauer versteckt sich Markus Babbel, links wartet Carsten Jancker auf einen Abpraller. Übrigens: Auch Basler gehört zu den Stars, die zahlen müssen

HITZFELD REITET DIE

Mit fünfstelligen Geldstrafen diszipliniert der neue Trainer die Spieler. Die Saison endet dennoch in grenzenloser Enttäuschung

Er ist jünger als Otto Rehhagel und Giovanni Trapattoni, die beide bei Amtsantritt in München Mitte 50 sind. Er ist 49 Jahre alt, hat keine Sprachprobleme, und er ist der erfolgreichste deutsche Trainer auf dem Markt: Ottmar Hitzfeld.

Nach sieben guten Jahren bei Borussia Dortmund, zwei Meistertiteln (1995 und 1996) und dem Champions-League-Triumph 1997, ausgerechnet errungen im Wohnzimmer der Bayern, dem Münchner Olympiastadion (3:1 gegen Juventus Turin), hat Ottmar Hitzfeld nun das Kommando an der Säbener Straße.

Der Trainer ist deutsch, der Kader wird immer internationaler. Mit Bixente Lizarazu steht schon seit einem Jahr ein Franzose im Aufgebot, der im Juli 1998 als gefeierter Weltmeister zum Trainingsauftakt erscheint. Auch der Brasilianer Giovane Elber belebt seit zwölf Monaten das Spiel. Hinzu kommen in diesem Sommer der Bosnier Hasan Salihamidzic (vom HSV), der Tscheche David Jarolim (aus der eigenen Jugend) und der Iraner Ali Daei von Absteiger Arminia Bielefeld, der 1999 Asiens Fußballer des Jahres wird.

Insgesamt stehen 18 Nationalspieler im Kader, das ist ganz im Sinne von Uli Hoeneß. Der hat nach der Enttäuschung des Vorjahres analysiert: „Wir brauchen mehr Druck und Konkurrenz. Damit wir die Leute wieder zum Laufen bringen. Ich bin wieder zum Hardliner geworden.“

Die harte Welle reitet auch der nette Herr Hitzfeld, der wie Vorgänger Trapattoni den Ruf eines Gentlemans hat. Und der Gentleman bittet zur Kasse: Er diszipliniert die Spieler mit Geldstrafen in fünfstelliger Höhe. Im September erwischt es Rückkeh-

Der Vulkan der Bayern: Oliver Kahn schüchtert Dortmunds Stéphane Chapuisat mit einem Kung-Fu-Tritt ein

Nur nach dem ersten Spieltag stehen die Bayern nicht an der Spitze, mit acht Punkten Vorsprung überwintern sie, Franz Beckenbauer schwärmt unter dem Weihnachtsbaum: „Das ist die beste Mannschaft, die der FC Bayern je hatte." Das haben zwar schon einige in den Jahrzehnten zuvor gesagt, doch die Dominanz ist erdrückend: Ihre Serie von acht Siegen ohne Gegentor zwischen dem 13. Dezember 1998 (2:0 gegen Leverkusen) und dem 20. März 1999 (1:0 gegen Werder) markiert einen Bundesliga-Rekord und tötet schon im Frühjahr alle Spannung im Meisterschafts-Kampf.

Die Serie reißt am 24. Spieltag in Dortmund (2:2), doch auch der Punkt ist nach 0:2-Rückstand bis zur 58. Spielminute und einem gehaltenen Elfmeter von Kahn (77.) ein gefühlter Sieg. Kahns Ausraster gegen Heiko Herrlich (Knabbern am Ohr) und Stéphane Chapuisat (angedeuteter Kung-Fu-Tritt) stehen symbolhaft für den Ehrgeiz und die Verbissenheit, mit der die Mannschaft ihre Ziele ansteuert. Am 31. Spieltag ist die Meisterschaft eingefahren, so früh wie seit 1973 nicht mehr. Die Bayern müssen gegen Hertha BSC nicht einmal gewinnen (1:1).

An diesem 9. Mai träumen die Bayern-Fans vom Triple. Denn die Mannschaft hat auch die Endspiele in der Champions League und im DFB-Pokal erreicht. Fünf Wochen später, am 12. Juni, sind sie desillusioniert – nach der zweiten finalen Pleite.

Schon nach dem 1:2 gegen Manchester United brechen alte und neue Gräben auf. Mehmet Scholl wird dabei belauscht, wie er zu Fans über Lothar Matthäus, der sich in der 81. Minute auswechseln ließ, sagt: „Der geht doch immer raus, wenn es eng wird, das müsst ihr doch langsam wissen." Der demontierte Kapitän Thomas Helmer, nur auf der Ersatzbank, zeigt den Stinkefinger, als Hitzfeld ihn bei den Auswechslungen übergeht. Und wieder bittet der Gentleman zur Kasse: „Solches Verhalten kann ich mir nicht bieten lassen."

Nach dem 5:6 n. E. im Pokalfinale gegen Werder Bremen fährt niemand gut gelaunt in den Urlaub. Franz Beckenbauer zieht dennoch ein positives Fazit: „Mit Sachverstand, Autorität und Feingefühl hat Hitzfeld Ruhe in den Verein gebracht und das Team im Griff."

HARTE WELLE

rer Stefan Effenberg, der nach sechs Jahren in Florenz und Gladbach (ab 1994) wieder zum Kader gehört. Nach einem Mannschaftsabend wird er mit 1,07 Promille am Steuer angehalten. Die offenbar gut informierte Polizeistreife wartet morgens um drei Uhr vor seinem Haus. Führerschein weg, Geld auch. Hitzfeld verzeiht zwar („1,07 Promille ist ja nicht wirklich viel"), aber da alles in der Zeitung steht, muss der Verein reagieren. Strafe: 10 000 D-Mark.

Lothar Matthäus kostet ein Werbespot auf Skiern die gleiche Summe, schließlich war er doch verletzt. Auch Mario Basler (trotz Grippe in der Disco, 10 000 DM) und Elber (5000 DM für Gelb wegen Ballwegschlagens) werden von Hitzfeld bestraft.

Seine Art ist genau die richtige für die nach wie vor nicht sonderlich homogene Mannschaft mit den schwierigen Charakteren Matthäus, Effenberg, Basler, Thomas Strunz und Mehmet Scholl. Hitzfeld wehrt den Anfängen, ahnt er doch: „Das wird alles noch viel schlimmer mit den jungen Millionären, die von den Medien und den Privatsendern hofiert werden." Oliver Kahn lobt im Oktober 1998: „Dieser Trainer hat eine klare und konsequente Linie."

Auch sportlich. Hitzfeld schafft die Stammplätze ab, denn „es kann nicht jeder sieben-, achtmal im Monat spielen". Aber er gibt allen das Gefühl dazuzugehören. „Rotation wird bestimmt zum Fußball-Begriff der Saison", ahnt Effenberg. Nur er und Kahn sind davon kaum betroffen.

Dass die Neuzugänge wirkliche Verstärkungen sind, ist ebenfalls ein Baustein des Erfolgs. Jens Jeremies (von 1860 München) und Thomas Linke (Schalke 04) erobern sich sofort einen Stammplatz.

Champions League

Der 2:1-Siegtreffer von Ole Gunnar Solskjær (Nr. 10). Man United holt den Pokal

Frustbesäufnis nach Finalniederlage

Als Vizemeister müssen sich die Bayern für die Champions League qualifizieren, haben gegen FK Obilic aus Jugoslawien keine Probleme (4:0, 1:1). Die Gruppenphase schließen sie mit drei Siegen (1:0 und 2:1 gegen Barcelona, 2:0 gegen Brøndby), zwei Remis (2:2 und 1:1 gegen Man United) und einer Niederlage (1:2 bei Brøndby) als Erster ab. Für das Erreichen des Viertelfinals gegen Kaiserslautern erhält jeder Spieler 300 000 DM, wertvoller sind die beiden Siege (2:0 und auswärts 4:0). Mario Basler ist der Held im Halbfinale gegen Dynamo Kiew. Nach dem 3:3 auswärts schießt er die Bayern per Traumtor zum 1:0 ins Finale. Auch am 26. Mai gegen Man United erzielt Basler das 1:0 – per Freistoß. In der Nachspielzeit drehen die Engländer das Spiel in 102 Sekunden: Zweimal tritt David Beckham eine Ecke von links, zweimal fällt ein Tor: das 1:1 durch Sheringham (90. + 1), das 1:2 durch Solskjær (90. + 3). Die Nacht endet in einem Frustbesäufnis.

DFB-Pokal

Der letzte Fehlschuss: Rost pariert den Elfmeter von Lothar Matthäus

Bremens Torwart Rost Held im Finale

Der Weg in ihr elftes Pokalfinale führt die Bayern in fünf Spielen viermal auf Reisen. Bei Regionalligist LR Ahlen siegen sie mühelos 5:0, bei Zweitligist Fürth im Elfmeterschießen 4:3, im Achtelfinale beim Vorjahresfinalisten MSV Duisburg 4:2, im Halbfinale gegen Zweitligist Rot-Weiß Oberhausen 3:1 (in Gelsenkirchen). Nur im Viertelfinale haben sie Heimrecht, schlagen den VfB Stuttgart wie 1997/98 im Halbfinale wieder 3:0. Die fünfte Reise, die in den Endspielort Berlin, endet mit einer Niederlage. Am 12. Juni 1999 trotzt Werder Bremen den Bayern in 120 Minuten ein 1:1 ab. Carsten Jancker gleicht mit dem Pausenpfiff die Bremer Führung durch Maximow (4.) aus. Dann geht es ins Elfmeterschießen. Die Torfolge: 2:1 Bode, 2:2 Salihamidzic, Kahn hält gegen Todt, 2:3 Daei, 3:3 Bogdanovic, 3:4 Tarnat, 4:4 Wicky, 4:5 Jancker, 5:5 Eilts, Effenberg übers Tor, 6:5 Rost. Der Bremer Torwart pariert anschließend gegen Matthäus, Bremen ist Pokalsieger.

TRAINER

OTTMAR HITZFELD
Sein offener Umgang mit den Stars gefällt Spielern und Führung. Schon in der Winterpause verlängert Bayern den Zwei-Jahres-Vertrag um weitere drei Spielzeiten bis 2003.

DIE TOP-ELF DER SAISON

Bixente Lizara

Thomas Linke

DER SPIELER DES JAHRES

18 Jahre nach Paul Breitner (1981) wird wieder ein Bayern-Star „Fußballer des Jahres“: ***Lothar Matthäus****. Nie gibt es einen älteren Spieler, der diese Auszeichnung erhält. Matthäus ist 38 Jahre alt. Sein Vorsprung ist überragend, die Addition der Stimmen aller Verfolger reicht an seine 556 nicht heran. Vizepräsident Karl-Heinz Rummenigge, 1980 „Fußballer des Jahres“, lobt: „Wenn ich einen herausstellen soll aus einer hervorragenden Mannschaft, dann ist es Matthäus.“ Späte Genugtuung für den alten Leitwolf.*

Der Kader

NAME	SPIELE	TORE
Bernd Dreher	4	0
Oliver Kahn	30	0
Sven Scheuer	3	0
Markus Babbel	27	1
Alexander Bugera	2	0
Thomas Helmer	21	2
Nils-Eric Johansson	2	0
Samuel Kuffour	15	0
Thomas Linke	27	1
Bixente Lizarazu	19	2
Michael Tarnat	20	1
Mario Basler	27	5
Stefan Effenberg	31	8
Thorsten Fink	28	0
David Jarolim	1	0
Jens Jeremies	30	1
Lothar Matthäus	25	1
Hasan Salihamidzic	30	3
Mehmet Scholl	13	4
Thomas Strunz	24	4
Ali Daei	23	6
Giovane Elber	21	13
Berkant Göktan	1	0
Carsten Jancker	26	13
Alexander Zickler	26	7

HASAN SALIHAMIDZIC steht nur in 10 seiner 30 Bundesliga-Spiele die volle Distanz auf dem Platz

Transfers

ALI DAEI ist der erste Iraner in der Bundesliga. 1997 wechselt er aus Doha nach Bielefeld, erzielt in 25 Spielen sieben Tore, wird prompt von den Bayern verpflichtet, bleibt aber nur ein Jahr. Nach sechs Toren in 23 Bundesliga-Spielen wechselt der Mittelstürmer zu Hertha BSC (59 Spiele, sechs Tore bis 2002), unterschreibt dann einen Vertrag in Dubai. Für den Iran bestreitet er 149 Länderspiele (109 Tore).

SPIELER	VON VEREIN	ABLÖSESUMME
Nils-Eric Johansson	FC Bayern Jugend	–
Thomas Linke	FC Schalke 04	–
Stefan Effenberg	Bor. Mönchengladbach	8,5 Mio. DM
David Jarolim	FC Bayern Jugend	–
Jens Jeremies	TSV 1860 München	1,6 Mio. DM
Hasan Salihamidzic	Hamburger SV	–
Ali Daei	Arminia Bielefeld	5,1 Mio. DM
Berkant Göktan	FC Bayern Jugend	–

Tops & Flops

OLIVER KAHN bleibt zwischen dem 4.12.1998 (2:2 in Bochum, 87. Min.) und dem 3.4.1999 (2:2 in Dortmund, 14. Min.) 736 Minuten unbezwungen – Liga-Rekord bis 2003.

REKORD-BAYERN Beste Heimmannschaft, beste Auswärtsmannschaft, beste Hinrunden- und beste Rückrundenmannschaft – die Bayern sind in allen relevanten Statistiken vorn.

REKORDVORSPRUNG Mit 15 Punkten Vorsprung auf Leverkusen gewinnen die Bayern den Titel. Bundesliga-Rekord bis 2003 (Bayern 16 Punkte vor Stuttgart).

OLIVER KAHN verursacht gegen Gladbach (29. Spieltag) einen Elfmeter, sieht Gelb, kassiert das 0:1 (25.), schlägt wütend den Ball weg und sieht Gelb/Rot. Bayern siegt 4:2.

THOMAS HELMER Nie spielt der Kapitän seltener (21-mal), wird wg. Stinkefinger gegen Hitzfeld nach dem Spiel gegen Man United suspendiert. Nach 191 Spielen und 24 Toren (1992 – 1999) für Bayern wechselt er zum FC Sunderland.

HERTHA-SPIELE Erstmals seit der Saison 1979/80 gelingt kein Sieg gegen die Berliner (0:1 auswärts, 1:1 zu Hause).

1. SPIELTAG
VfL Wolfsburg – Bayern 0:1 (0:0)
WOLFSBURG: Reitmaier – O'Neil – Kryger, Kovacevic, Kleeschätzky – Nowak – Kapetanovic (73. Greiner), Akonnor – Reyna (69. Dammeier) – Präger, Juskowiak (57. Baumgart).
BAYERN: Kahn – Matthäus (71. Linke) – Babbel, Helmer – Strunz (46. Fink) – Jeremies, Tarnat (46. Lizarazu) – Effenberg – Zickler, Salihamidzic – Elber.
Tor: 0:1 Elber (64.).
Gelb: Präger, Nowak / Tarnat, Fink, Matthäus.
Schiedsrichter: Georg Dardenne.

2. SPIELTAG
Bayern – MSV Duisburg 3:1 (1:1)
BAYERN: Kahn – Babbel, Matthäus, Helmer – Strunz – Fink, Lizarazu (79. Tarnat) – Effenberg – Basler (82. Jeremies) – Jancker (71. Daei), Elber.
DUISBURG: Gill – Wohlert, Emmerling (20. Vana), Komljenovic – Hoersen, Neun – Wolters, Hirsch – Wedau (68. Tøfting) – Moravcik (71. Beierle) – Spies.
Tore: 1:0 Jancker (20.), 1:1 Wedau (23.), 2:1 Strunz (63.), 3:1 Effenberg (86., Foulelfmeter).
Gelb: Elber / Neun.
Schiedsrichter: Uwe Kemmling.

3. SPIELTAG
Bayern – Hansa Rostock 6:1 (0:0)
BAYERN: Kahn – Matthäus – Babbel (77. Kuffour), Helmer – Fink – Strunz (64. Jeremies), Effenberg, Lizarazu – Basler (64. Zickler), Elber – Jancker.
ROSTOCK: Pieckenhagen – Zallmann – Rehmer, Yasser – Lange, Weilandt – Majak – Ramdane, Dowe (62. Breitkreutz) – Neuville (75. Gansauge) – Pamic (62. Agali).
Tore: 1:0 Effenberg (50., Foulelfmeter), 2:0 Helmer (53.), 3:0 Lizarazu (56.), 3:1 Ramdane (65.), 4:1 Zickler (72.), 5:1 Jancker (73.), 6:1 Elber (85.).
Gelb: Strunz, Lizarazu, Babbel / Agali.
Schiedsrichter: Hellmut Krug.

4. SPIELTAG
SC Freiburg – Bayern 0:2 (0:2)
FREIBURG: Golz – Hoffmann, Korell, Müller – Kohl, Kobiashvili, Frontzeck (68. Pavlin) – Weißhaupt, Baya – Ben Slimane (68. Sellimi), Iashvili (83. Günes).
BAYERN: Kahn – Babbel, Matthäus, Helmer – Jeremies, Lizarazu – Strunz – Effenberg – Basler (79. Zickler) – Elber (90. Salihamidzic) – Jancker (70. Daei).
Tore: 0:1 Elber (21.), 0:2 Strunz (35.).
Gelb: – / Effenberg, Matthäus, Strunz.
Schiedsrichter: Herbert Fandel.

5. SPIELTAG
Bayern – Hamburger SV 5:3 (2:1)
BAYERN: Kahn – Matthäus – Babbel, Helmer (65. Linke) – Strunz (75. Jeremies), Fink, Tarnat – Effenberg – Basler (46. Salihamidzic) – Daei, Elber.
HAMBURG: Butt – Fischer, Panadic, Hoogma, Hertzsch – Groth, Ernst (61. Grammozis), Hollerbach – Gravesen (72. Trejgis) – Kiriakov (61. Dembinski), Yeboah.
Tore: 1:0 Daei (9.), 1:1 Yeboah (23.), 2:1 Daei (39.), 3:1 Effenberg (58.), 3:2 Butt (69., Foulelfmeter), 4:2 Effenberg (71., Foulelfmeter), 4:3 Groth (74.), 5:3 Elber (89.).
Gelb: Matthäus, Kahn, Effenberg, Elber / Ernst, Groth.
Schiedsrichter: Lutz Michael Fröhlich.

6. SPIELTAG
Werder Bremen – Bayern 0:1 (0:0)
BREMEN: Rost – Trares – Wojtala, Todt – Wiedener (79. Kunz) – Maximow (84. Flo), Eilts – Roembiak, Wicky – Bode, Frings (72. Herzog).
BAYERN: Kahn – Matthäus – Babbel, Linke – Jeremies, Lizarazu – Strunz – Effenberg (89. Kuffour) – Salihamidzic (82. Tarnat) – Elber, Daei (72. Jancker).
Tor: 0:1 Elber (88.).
Gelb: Wojtala / Babbel, Elber.
Schiedsrichter: Alfons Berg.

7. SPIELTAG
Bayern – Borussia Dortmund 2:2 (2:1)
BAYERN: Kahn – Babbel, Matthäus, Linke – Fink, Jeremies – Lizarazu – Effenberg (78. Göktan) – Salihamidzic (78. Tarnat), Elber – Jancker (70. Daei).
DORTMUND: Klos – Feiersinger – Kohler, Nijhuis, Baumann – Hengen (46. Freund), Nerlinger – Ricken, Möller, Barbarez (89. But) – Chapuisat (80. Häßler).
Tore: 0:1 Chapuisat (17.), 1:1 Elber (39.), 2:1 Jancker (40.), 2:2 Nerlinger (50.).
Gelb: Lizarazu, Jancker, Elber / Ricken, Hengen, Nijhuis.
Schiedsrichter: Edgar Steinborn.

8. SPIELTAG
FC Schalke 04 – Bayern 1:3 (1:2)
SCHALKE: Schober – Eigenrauch, van Hoogdalem – Müller (69. Latal) – Held, Nemec, Kmetsch (14. Kliouev, 72. Wolf) Büskens – van Kerckhoven – Mandirali – Eijkelkamp.
BAYERN: Kahn – Linke, Jeremies, Helmer (23. Kuffour) – Babbel, Fink, Lizarazu – Effenberg – Basler (83. Tarnat) – Jancker, Elber (58. Zickler).
Tore: 0:1 Eigenrauch (3., Eigentor), 0:2 Basler (15.), 1:2 Eijkelkamp (20.), 1:3 Jancker (64.).
Gelb: Nemec, Wolf / Fink, Basler, Kuffour, Jeremies.
Schiedsrichter: Hartmut Strampe.

9. SPIELTAG
Bayern – 1. FC Kaiserslautern 4:0 (2:0)
BAYERN: Kahn – Babbel, Jeremies, Kuffour (64. Linke), Lizarazu – Fink, Tarnat – Effenberg – Basler (64. Zickler), Daei – Elber (75. Salihamidzic).
K'LAUTERN: Reinke – Ramzy – Roos (72. Schäfer) – Koch (46. Hrutka), Ibrahim – Ballack – Riedl, Sforza – Reich, Hristov – Rösler (46. Rische).
Tore: 1:0 Basler (10.), 2:0 Daei (45.+2), 3:0 Elber (52.), 4:0 Elber (56.).
Gelb: Elber, Tarnat, Effenberg / Hrutka.
Schiedsrichter: Bernd Heynemann.

10. SPIELTAG
Eintracht Frankfurt – Bayern 1:0 (1:0)
FRANKFURT: Nikolov – Houbtchev – Bindewald, Kutschera – Pedersen (76. Pisont) – Brinkmann (64. Zampach), Schur, Weber – Schneider, Sobotzik – Yang (79. Westerthaler).
BAYERN: Kahn – Matthäus – Babbel (37. Linke), Kuffour (46. Daei) – Lizarazu – Strunz, Jeremies – Effenberg – Basler – Jancker, Salihamidzic (70. Zickler).
Tor: 1:0 Sobotzik (32.).
Gelb/Rot: – / Jancker (61.)
Gelb: Schur, Bindewald, Weber, Schneider / Effenberg, Strunz.
Schiedsrichter: Hans-Jürgen Weber.

11. SPIELTAG
Bayern – 1860 München 3:1 (0:0)
BAYERN: Kahn – Kuffour, Matthäus (82. Helmer), Linke – Lizarazu – Strunz, Jeremies (75. Fink) – Effenberg – Basler – Zickler (75. Salihamidzic) – Elber.
1860: Hofmann – Greilich, Vanenburg, Kientz – Tyce (47. Heldt) – Stevic (72. Borimirov), Zelic – Cerny – Ouakili (60. Mazingu), – Winkler, Schroth.
Tore: 1:0 Jeremies (60.), 2:0 Zickler (64.), 3:0 Linke (87.), 3:1 Kientz (90.+1).
Gelb: Lizarazu, Strunz, Elber / Stevic, Zelic, Vanenburg.
Schiedsrichter: Herbert Fandel.

13. SPIELTAG
Bayern – VfB Stuttgart 2:0 (0:0)
BAYERN: Kahn – Babbel, Matthäus (78. Linke), Kuffour – Strunz, Lizarazu – Jeremies – Effenberg (66. Fink) – Basler (65. Salihamidzic) – Daei, Elber.
STUTTGART: Wohlfahrt – Thiam, Verlaat, Berthold – Schneider (61. Poschner) – Soldo, Rost (77. Ristic) – Lisztes – Balakov – Akpoborie, Bobic.
Tore: 1:0 Effenberg (49.), 2:0 Daei (90.+3).
Gelb: Babbel, Elber / Schneider, Wohlfahrt, Berthold.
Schiedsrichter: Jürgen Jansen.

14. SPIELTAG
Hertha BSC – Bayern 1:0 (0:0)
BERLIN: Kiraly – Rekdal, Herzog (6. Sverrisson) – Veit, van Burik – Tretschok, Mandreko (46. Dardai) – Covic – Wosz – Preetz, Tchami (60. Hartmann).
BAYERN: Kahn – Matthäus – Babbel, Helmer – Jeremies (67. Basler), Lizarazu – Fink, Tarnat – Salihamidzic (63. Elber), Zickler (75. Jancker) – Daei.
Tor: 1:0 Preetz (68.).
Gelb/Rot: van Burik (57.) / –.
Gelb: – / Salihamidzic, Jeremies, Kahn.
Schiedsrichter: Uwe Kemmling.

15. SPIELTAG
Bayern – 1. FC Nürnberg 2:0 (1:0)
BAYERN: Kahn – Linke, Helmer – Strunz, Lizarazu – Jeremies – Fink – Effenberg (78. Tarnat) – Basler (71. Salihamidzic) – Elber – Jancker (68. Zickler).
NÜRNBERG: Hilfiker – Lösch – Grasser (46. Polunin), Täuber – Rahner – Günther (68. Weigl) – Nikl (46. Skoog), Baumann, Gerber – Wiesinger – Kurth.
Tore: 1:0 Elber (37.), 2:0 Lizarazu (63.).
Gelb: Effenberg / Günther, Täuber, Lösch.
Schiedsrichter: Georg Dardenne.

Zum dritten Mal Deutscher Meister, zum ersten Mal mit den Bayern: Ottmar Hitzfeld mit Meisterschale im Kreis seiner Spieler

16. SPIELTAG
VfL Bochum – Bayern 2:2 (1:1)
BOCHUM: Ernst – Kuntz – Sundermann, Joppe – Schreiber (78. Bemben) – Schindzielorz, Reis – Ion (63. Bastürk), Hofmann (64. Toplak) – Drincic, Buckley.
BAYERN: Kahn – Kuffour (46. Salihamidzic), Helmer – Babbel, Matthäus (80. Linke) – Lizarazu – Fink (46. Strunz), Jeremies – Basler – Jancker, Elber.
Tore: 1:0 Hofmann (3.), 1:1 Jancker (45.+1), 2:1 Kuntz (87., Foulelfmeter), 2:2 Strunz (88., Handelfmeter).
Gelb: – / Matthäus, Helmer, Babbel.
Schiedsrichter: Bernd Heynemann.
Besonderes Vorkommnis: Ernst hält Foulelfmeter von Basler (39.).

17. SPIELTAG
Bayern – Bayer Leverkusen 2:0 (2:0)
BAYERN: Kahn – Babbel, Matthäus (71. Strunz), Linke – Lizarazu – Jeremies – Tarnat (75. Fink) – Effenberg – Basler – Jancker (70. Zickler), Elber.
LEVERKUSEN: Matysek – Zivkovic (46. N. Kovac), R. Kovac – Nowotny, Happe – Ramelow – Emerson – Reeb, Zé Roberto – Meijer (82. Rink) – Kirsten (82. Reichenberger).
Tore: 1:0 Tarnat (20.), 2:0 Elber (30.).
Rot: – / R. Kovac (76.).
Gelb: Babbel / Zé Roberto, Nowotny, Zivkovic, Ramelow.
Schiedsrichter: Alfons Berg.

*12. SPIELTAG**
Borussia M'gladbach – Bayern 0:2 (0:2)
M'GLADBACH: Enke – Asanin, Andersson, Klinkert – Eichin (68. Anagnostou), Schneider – Hausweiler, Ketelaer – Pflipsen – Pettersson, Polster (52. Feldhoff).
BAYERN: Kahn – Linke, Jeremies (72. Helmer), Kuffour – Strunz, Fink, Effenberg – Basler (78. Bugera), Tarnat – Jancker (69. Salihamidzic), Elber.
Tore: 0:1 Effenberg (8.), 0:2 Effenberg (27., Foulelfmeter).
Gelb: Ketelaer, Pettersson / Jeremies.
Schiedsrichter: Hellmut Krug.

18. SPIELTAG
Bayern – VfL Wolfsburg 3:0 (1:0)
BAYERN: Kahn – Babbel, Linke – Matthäus (83. Fink), Lizarazu – Strunz, Jeremies – Effenberg – Basler (74. Salihamidzic) – Jancker (88. Bugera) – Elber.
WOLFSBURG: Reitmaier – Thomsen, Ballwanz, Kryger – Nowak, Dammeier (75. Breitenreiter), Stammann – Greiner (53. Kapetanovic) – Akonnor (53. Reyna) – Präger, Baumgart.
Tore: 1:0 Jancker (40.), 2:0 Elber (86.), 3:0 Salihamidzic (90.+2, Foulelfmeter).
Gelb: Babbel / Reyna, Nowak, Breitenreiter, Präger.
Schiedsrichter: Lutz Michael Fröhlich.

* Nachholspiel am 16. Dezember

19. SPIELTAG
MSV Duisburg – Bayern 0:3 (0:2)
DUISBURG: Stauce – Hajto, Emmerling, Wohlert – Tøfting, Komljenovic – Wolters, Neun – Bugera (66. Wedau) – Spies (66. Andersen), Beierle.
BAYERN: Kahn – Babbel (44. Helmer / 76. Fink), Matthäus, Linke – Lizarazu – Salihamidzic – Jeremies, Effenberg – Basler (80. Zickler) – Elber, Jancker.
Tore: 0:1 Jancker (26.), 0:2 Effenberg (41.), 0:3 Helmer (71.).
Gelb: Wolters / Effenberg.
Schiedsrichter: Edgar Steinborn.

20. SPIELTAG
Hansa Rostock – Bayern 0:4 (0:0)
ROSTOCK: Pieckenhagen – Gansauge (77. Agali), Weilandt, Holetschek – Milinkovic (80. Breitkreutz) – Lange, Wibran, Yasser, Emara (70. Dowe) – Majak – Neuville.
BAYERN: Kahn – Babbel, Matthäus, Linke – Strunz (68. Scholl), Jeremies, Lizarazu – Effenberg – Zickler (68. Salihamidzic) – Jancker (82. Daei), Elber.
Tore: 0:1 Elber (69.), 0:2 Jancker (80.), 0:3 Elber (87.), 0:4 Matthäus (89.).
Gelb: Majak, Gansauge, Lange / Babbel, Matthäus, Strunz, Jeremies.
Schiedsrichter: Bernhard Zerr.

21. SPIELTAG
Bayern – SC Freiburg 2:0 (1:0)
BAYERN: Kahn – Babbel, Helmer, Kuffour – Lizarazu – Jeremies, Tarnat (64. Salihamidzic) – Effenberg – Zickler (74. Scholl) – Elber (68. Basler) – Daei.
FREIBURG: Golz – Hoffmann, Schwinkendorf – Hermel (75. Hampl), Kobiashvili – Günes (85. Rietpietsch), Pavlin – Kohl – Weißhaupt – Sellimi (75. Müller), Ben Slimane.
Tore: 1:0 Schwinkendorf (30., Eigentor), 2:0 Daei (79.).
Gelb: Tarnat, Effenberg / Günes.
Schiedsrichter: Hans-Jürgen Weber.

22. SPIELTAG
Hamburger SV – Bayern 0:2 (0:2)
HAMBURG: Butt – Vogel – Fischer, Hoogma, Hertzsch (37. Kiriakov) – Ernst (37. Curtijan), Gravesen – Groth, Hollerbach – Yeboah, Dembinski (65. Doll).
BAYERN: Kahn – Matthäus – Babbel, Kuffour – Strunz (46. Zickler), Tarnat – Jeremies (46. Fink), Effenberg – Basler – Elber (43. Daei), Salihamidzic.
Tore: 0:1 Butt (12., Eigentor), 0:2 Salihamidzic (41.).
Gelb: Hollerbach, Fischer / Babbel, Effenberg, Fink.
Schiedsrichter: Hellmut Krug.

23. SPIELTAG

Bayern – Werder Bremen 1:0 (0:0)

BAYERN: Kahn – Linke, Helmer – Jeremies – Strunz, Tarnat – Fink (66. Matthäus) – Effenberg – Scholl (69. Jancker), Zickler (26. Salihamidzic) – Daei.
BREMEN: Rost – Benken, Wojtala, Trares (46. Maximow), Skripnik – Wiedener (89. Weetendorf), Eilts – Wicky – Herzog – Bogdanovic (83. Ailton) – Bode.
Tor: 1:0 Jancker (87.).
Gelb: Salihamidzic, Tarnat / Wicky, Skripnik.
Schiedsrichter: Jürgen Aust.

24. SPIELTAG

Borussia Dortmund – Bayern 2:2 (2:0)

DORTMUND: Lehmann – Reuter, Kohler – Baumann, Dede – Stevic, Nerlinger (59. But) – Möller – Ricken – Herrlich (82. Salou), Chapuisat (53. Feiersinger).
BAYERN: Kahn – Linke, Helmer, Kuffour – Strunz (46. Zickler), Fink, Tarnat – Effenberg – Basler (46. Salihamidzic), Scholl – Jancker (79. Daei).
Tore: 1:0 Herrlich (14.), 2:0 Herrlich (32.), 2:1 Zickler (58.), 2:2 Jancker (63.).
Rot: – / Kuffour (36.). **Gelb/Rot:** Reuter (51.) / –.
Gelb: Nerlinger / Strunz, Linke.
Schiedsrichter: Bernd Heynemann.
Besonderes Vorkommnis: Kahn hält Foulelfmeter von Ricken (77.).

25. SPIELTAG

Bayern – FC Schalke 04 1:1 (0:0)

BAYERN: Kahn – Babbel, Helmer, Linke – Strunz (46. Salihamidzic) – Tarnat – Fink – Effenberg – Basler (72. Jancker), Zickler (72. Scholl) – Daei.
SCHALKE: Reck – Thon (12. Müller) – de Kock – Tapalovic (64. van Kerckhoven), Büskens – van Hoogdalem – Alpugan, Nemec – Held – Mulder – Max.
Tore: 1:0 Zickler (49.), 1:1 Held (62.).
Gelb: – / Müller. **Schiedsrichter:** Alfons Berg.

26. SPIELTAG

1. FC Kaiserslautern – Bayern 2:1 (2:1)

K'LAUTERN: Reinke – Sforza – Koch, Schjønberg – Schäfer – Roos (61. Hrutka) – Wagner (52. Ballack) – Ratinho – Buck (30. Riedl) – Marschall, Rische.
BAYERN: Kahn (46. Dreher) – Linke, Helmer – Babbel, Salihamidzic – Tarnat – Fink – Strunz – Scholl (61. Jancker) – Basler, Zickler – Daei (80. Jarolim).
Tore: 0:1 Daei (5.), 1:1 Buck (29.), 2:1 Rische (43.).
Gelb: Wagner, Marschall / Scholl, Basler, Fink, Helmer, Strunz, Salihamidzic.
Schiedsrichter: Lutz Michael Fröhlich.

27. SPIELTAG

Bayern – Eintracht Frankfurt 3:1 (2:0)

BAYERN: Dreher – Matthäus (60. Fink) – Babbel, Linke – Strunz, Jeremies (88. Daei) – Effenberg, Salihamidzic – Basler, Zickler (64. Scholl) – Jancker.
FRANKFURT: Nikolov – Bindewald, Kutschera, Pedersen – Janßen – Zampach (66. U. Schneider), Schur – B. Schneider, Brinkmann (46. Sobotzik) – Westerthaler (61. Stojak), Fjørtoft.
Tore: 1:0 Bindewald (27., Eigentor), 2:0 Zickler (34.), 3:0 Strunz (72.), 3:1 Fjørtoft (80.).
Gelb: Linke, Jancker / Schur, Bindewald.
Schiedsrichter: Jürgen Jansen.
Besonderes Vorkommnis: Effenberg verschießt Foulelfmeter (8.).

28. SPIELTAG

1860 München – Bayern 1:1 (0:0)

1860: Hofmann – Gorges – Kurz – Zelic, Tyce – Cerny, Vanenburg (78. Ouakili), Malz (78. Hobsch), Heldt – Winkler, Schroth.
BAYERN: Kahn – Babbel, Linke (65. Helmer) – Matthäus – Strunz, Jeremies, Effenberg, Tarnat – Salihamidzic (85. Zickler), Scholl (74. Daei) – Jancker.
Tore: 0:1 Babbel (76.), 1:1 Kurz (89.).
Gelb: Winkler / Babbel. **Schiedsrichter:** Uwe Kemmling.

29. SPIELTAG

Bayern – Borussia M'gladbach 4:2 (1:1)

BAYERN: Kahn – Babbel, Helmer (46. Linke) – Jeremies (66. Scholl) – Fink (26. Dreher), Tarnat – Salihamidzic – Effenberg – Basler, Zickler – Jancker.
M'GLADBACH: Enke – Eberl, Klinkert (32. Reiter), Schneider, Frontzeck – Sopic, Hausweiler (75. Pflipsen), Asanin – Witeczek – Polster, Pettersson.
Tore: 0:1 Polster (25., Foulelfmeter), 1:1 Basler (32.), 1:2 Pettersson (54.), 2:2 Zickler (68.), 3:2 Zickler (69.), 4:2 Scholl (84.).
Rot: – / Schneider (83.).
Gelb/Rot: Kahn (26.) / –.
Gelb: Salihamidzic, Tarnat, Jancker, Zickler, Basler / Pettersson, Hausweiler, Reiter. **Schiedsrichter:** Lutz Wagner.

30. SPIELTAG

VfB Stuttgart – Bayern 0:2 (0:0)

STUTTGART: Ziegler – Kies, Soldo, Verlaat, Carnell – Endress (13. Oswald) – Rost, Lisztes (74. Frommer) – Zeyer – Akpoborie (66. Blessin), Bobic.
BAYERN: Dreher – Matthäus (70. Jeremies) – Linke, Kuffour – Fink – Babbel, Salihamidzic – Effenberg – Basler, Scholl (77. Jancker) – Daei (65. Zickler).
Tore: 0:1 Scholl (62.), 0:2 Jancker (82.).
Rot: Verlaat (83.) / –.
Gelb: Bobic, Endress, Wohlfahrt, Rost / Linke, Babbel, Basler.
Schiedsrichter: Georg Dardenne.

31. SPIELTAG

Bayern – Hertha BSC 1:1 (1:0)

BAYERN: Kahn (54. Scheuer) – Kuffour, Matthäus (46. Fink), Linke – Salihamidzic, Jeremies, Tarnat – Effenberg – Basler, Zickler – Jancker (46. Daei).
BERLIN: Kiraly – Veit, Herzog (64. Covic / 79. Aracic), Sverrisson – Rekdal – Schmidt, Neuendorf, Hartmann – Sanneh – Wosz – Preetz.
Tore: 1:0 Jancker (12.), 1:1 Schmidt (72.).
Gelb: Basler / Veit, Herzog.
Schiedsrichter: Torsten Koop.

32. SPIELTAG

1. FC Nürnberg – Bayern 2:0 (0:0)

NÜRNBERG: Köpke – Baumann – van Eck – Nikl, Günther – Störzenhofecker (86. Reinhardt), Oechler – Driller, Gerber – Ciric (82. Grasser), Kurth (46. Weigl).
BAYERN: Scheuer – Linke (82. Johansson), Helmer – Matthäus (46. Jeremies) – Babbel, Tarnat – Effenberg – Fink – Salihamidzic (46. Zickler), Scholl – Daei.
Tore: 1:0 Ciric (70.), 2:0 Driller (81.).
Gelb: Störzenhofecker, Günther / Daei.
Schiedsrichter: Dr. Markus Merk.

33. SPIELTAG

Bayern – VfL Bochum 4:2 (0:1)

BAYERN: Kahn – Kuffour, Matthäus, Helmer – Strunz – Jeremies (71. Fink) – Salihamidzic – Effenberg (46. Scholl) – Basler, Zickler (75. Daei) – Jancker.
BOCHUM: Ernst – Fahrenhorst, Sundermann, Waldoch – Bastürk (71. Gülünoglu), Gaudino, Hofmann, Schindzielorz, Schreiber (5. Toplak), Zeyer – Buckley (61. Mahdavikia).
Tore: 0:1 Gaudino (43.), 1:1 Basler (50.), 2:1 Jancker (60.), 2:2 Zeyer (64.), 3:2 Scholl (78.), 4:2 Salihamidzic (89.).
Gelb: Jeremies / Fahrenhorst, Zeyer.
Schiedsrichter: Lutz Michael Fröhlich.

34. SPIELTAG

Bayer Leverkusen – Bayern 1:2 (0:1)

LEVERKUSEN: Matysek (80. Vollborn) – Zivkovic, Nowotny, Kovac (75. Happe) – Reeb – Emerson, Heintze – Lehnhoff (49. Ledwon), Zé Roberto – Meijer – Kirsten.
BAYERN: Scheuer – Babbel, Linke – Matthäus (82. Johansson) – Fink – Strunz, Salihamidzic – Effenberg – Basler, Scholl (82. Zickler) – Daei (89. Jancker).
Tore: 0:1 Basler (12.), 0:2 Scholl (62.), 1:2 Kirsten (80.).
Gelb: – / Matthäus, Basler.
Schiedsrichter: Edgar Steinborn.

Abschlusstabelle

Pl.	Verein	Spiele	G	U	V	Tore	Diff.	Punkte
1	Bayern (P)	34	24	6	4	76:28	+48	78
2	Leverkusen	34	17	12	5	61:30	+31	63
3	Hertha	34	18	8	8	59:32	+27	62
4	Dortmund	34	16	9	9	48:34	+14	57
5	K'lautern (M)	34	17	6	11	51:47	+4	57
6	Wolfsburg	34	15	10	9	54:49	+5	55
7	Hamburg	34	13	11	10	47:46	+1	50
8	Duisburg	34	13	10	11	48:45	+3	49
9	1860 München	34	11	8	15	49:56	−7	41
10	Schalke	34	10	11	13	41:54	−13	41
11	Stuttgart	34	9	12	13	41:48	−7	39
12	Freiburg (A)	34	10	9	15	36:44	−8	39
13	Bremen	34	10	8	16	41:47	−6	38
14	Rostock	34	9	11	14	49:58	−9	38
15	Frankfurt (A)	34	9	10	15	44:54	−10	37
16	Nürnberg (A)	34	7	16	11	40:50	−10	37
17	Bochum	34	7	8	19	40:65	−25	29
18	M'gladbach	34	4	9	21	41:79	−38	21

DIE WEITEREN SIEGER DES JAHRES:

Champions League:
Manchester United

Europacup der Pokalsieger:
Lazio Rom

Uefa-Cup:
AC Parma

DFB-Pokal:
Werder Bremen

Alle Ergebnisse auf einen Blick

Waagerecht: alle Heimresultate. Senkrecht: alle Auswärtsresultate	Bayern	Leverkusen	Hertha	Dortmund	K'lautern	Wolfsburg	Hamburg	Duisburg	1860	Schalke	Stuttgart	Freiburg	Bremen	Rostock	Frankfurt	Nürnberg	Bochum	M'gladbach
Bayern		2:0	1:1	2:2	4:0	3:0	5:3	3:1	3:1	1:1	2:0	2:0	1:0	6:1	3:1	2:0	4:2	4:2
Leverkusen	1:2		2:2	3:1	2:2	3:0	1:2	2:0	1:1	1:1	0:0	1:1	2:0	3:1	2:1	3:0	2:0	4:1
Hertha	1:0	0:1		3:0	1:1	2:0	6:1	1:3	2:1	2:0	2:0	1:0	1:0	2:0	3:1	3:0	4:1	4:1
Dortmund	2:2	1:0	3:0		1:0	2:1	2:1	2:0	3:1	3:0	3:0	2:1	2:1	2:0	3:1	3:0	0:1	1:1
K'lautern	2:1	0:1	4:3	1:0		1:1	1:0	3:0	1:1	4:1	1:1	0:2	4:0	3:2	2:1	2:0	2:3	2:1
Wolfsburg	0:1	1:0	2:1	0:0	2:1		4:1	4:2	1:0	0:0	3:2	1:1	2:4	1:1	2:0	1:1	4:1	7:1
Hamburg	0:2	0:0	0:4	0:0	2:0	1:1		4:1	3:0	2:2	3:1	2:1	1:1	1:0	0:1	2:0	1:0	3:0
Duisburg	0:3	0:0	0:0	3:2	3:1	6:1	2:3		1:1	1:2	2:0	1:0	2:0	4:1	2:1	1:1	2:0	2:2
1860	1:1	0:2	2:0	2:0	1:2	2:3	0:0	0:0		4:5	1:1	2:0	1:3	2:1	4:1	1:2	2:1	3:1
Schalke	1:3	0:1	0:0	1:1	0:2	2:0	1:4	2:0	2:2		1:0	1:1	1:2	1:0	2:3	2:2	2:2	1:0
Stuttgart	0:2	0:1	0:0	2:1	4:0	1:2	3:1	0:0	0:1	2:1		3:1	1:0	1:1	2:0	0:0	4:2	2:2
Freiburg	0:2	1:1	0:2	2:2	0:1	0:0	0:0	2:2	1:2	0:2	2:0		0:2	3:0	2:0	1:0	1:1	2:1
Bremen	0:1	2:2	2:1	1:1	0:1	0:1	0:0	1:1	4:1	1:0	2:2	2:3		0:3	1:2	2:3	1:1	4:1
Rostock	0:4	1:1	1:2	2:0	2:1	3:3	0:1	3:0	4:1	2:2	3:0	0:2	2:1		2:2	1:1	3:0	1:1
Frankfurt	1:0	2:3	1:1	2:0	5:1	0:1	2:2	0:0	2:3	1:2	1:1	3:1	0:2	2:2		3:2	1:0	0:0
Nürnberg	2:0	2:2	0:0	0:0	1:1	1:1	1:1	0:2	1:5	3:0	2:2	1:2	1:1	2:2	2:2		2:2	2:0
Bochum	2:2	1:5	2:0	0:1	1:2	0:2	2:0	0:2	2:0	1:2	3:3	1:2	2:0	2:3	0:0	0:3		2:1
M'gladbach	0:2	2:8	2:4	0:2	0:2	5:2	2:2	0:2	2:0	3:0	2:3	3:1	0:1	1:1	1:1	0:2	2:2	

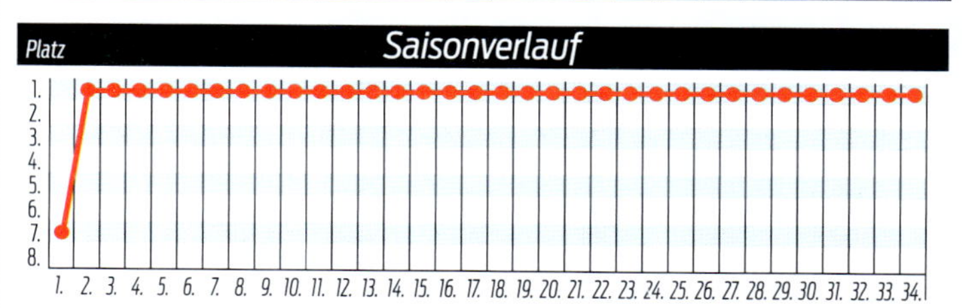

Gute Kunde aus Unterhaching: Uli Hoeneß (l.) und Ottmar Hitzfeld erfahren von der 0:2-Niederlage Leverkusens im 14 Kilometer entfernten Sportpark. Bayern verteidigt nach dem 3:1 gegen Werder Bremen den Meistertitel

UNTERHACHING MAC GRÖSSTE GES

Am letzten Spieltag schlägt der kleine Münchner Vorstadtklub Tabellenführer Leverkusen und beschert Bayern den 16. Titel

Die Niederlage gegen Manchester United im Champions-League-Finale ist immer noch nicht verdaut, als Ottmar Hitzfeld am 5. Juli aus dem Mallorca-Urlaub an die Säbener Straße zurückkehrt. In der ersten Besprechung der neuen Saison schärft er den Spielern ein, das Vergangene vergangen sein zu lassen und eine Trotzreaktion zu zeigen. „Ich habe allen klar gemacht, dass es nur um den Erfolg des FC Bayern geht. Enttäuschungen bieten auch die Chance, sich neue Ziele zu setzen."

Zwei Wochen später gewinnt seine Mannschaft den ersten Titel, wenn es auch nur zum dritten Mal in Folge der Ligapokal ist (2:1 gegen Bremen). Aber der Erfolg hebt die Moral und füllt die Vereinskasse mit 2,5 Millionen D-Mark. Es bleibt eine Momentaufnahme. Viele Verletzungen werfen Bayern zurück, so dass Uli Hoeneß vor dem ersten Bundesliga-Spiel gegen den HSV am 14. August gesteht: „Wir gehen schlecht vorbereitet in die Saison."

Die Begegnung endet 2:2, es folgt eine 0:2-Niederlage in Leverkusen. Nach zwei Spielen haben die Bayern erst einen Punkt, aber wieder viele unerfreuliche Diskussionen. Mario Basler lehnt das neue Vertragsangebot ab, weil er „mindestens so viel"

HT DAS CHENK

wie Kapitän Stefan Effenberg verdienen will. Auch Mehmet Scholl fühlt sich unterbezahlt und schwärmt vom Ausland. Markus Babbel hat ein Angebot von Real Madrid, will aber nach Liverpool, was der FC Bayern nicht will, da Real mehr zahlen würde. Sein letztes Jahr sei es aber „auf jeden Fall". Ebenso wie bei Lothar Matthäus.

Der Libero will seine Karriere in Amerika ausklingen lassen. Er hat im Mai 1999 einen Vertrag in New York bei den Metro Stars unterschrieben und bei der Vorstellung die legendären Worte gesprochen: „I hope we have a little bit lucky." Deutschland lacht. Weniger lustig finden das die Mitspieler, denn der Arbeitsbeginn ist am 1. Januar 2000. Oliver Kahn meckert: „Von Lothars Seite wäre es besser gewesen, er wäre gleich gegangen, oder er würde die ganze Saison bleiben."

Auf Drängen der Bayern schiebt Matthäus seinen Wechsel um zwei Monate auf, am 4. März 2000 endet beim 0:2 in Stuttgart seine Bundesliga-Karriere aber definitiv nach 464 Einsätzen – mit der Auswechslung in der 55. Minute.

Hitzfeld muss in den ersten Wochen gleich wieder Geldstrafen verhängen: 5000 DM für Giovane Elber (Reha-Training verschlafen), 10 000 DM für Bixente Lizarazu, der Matthäus im Training ohrfeigt. „Bei uns sind ja keine zwölf kleinen Buben versammelt, sondern 20 Millionäre. Deshalb wird es immer scheppern", stellt Hoeneß fatalistisch-nüchtern fest.

Am 16. Oktober scheppert es erneut: Der Verein suspendiert Basler und Ersatztorwart Sven Scheuer und fordert sie auf, sich einen neuen Verein zu suchen. Fünf Tage zuvor sind beide bei einem nächtlichen Ausflug in Regensburg in eine Wirthausrangelei verwickelt worden, um 3 Uhr in der Früh muss die Polizei eingreifen. Basler spielt nie wieder für Bayern und wechselt zum 1. FC Kaiserslautern, Scheuer findet 2000 in der Türkei (Adanaspor) einen neuen Arbeitgeber.

Zwei Wochen später, am 30. Oktober, gibt es endlich positive Nachrichten: Durch das 5:0 gegen Wolfsburg (10. Spieltag) übernehmen die Münchner die Tabellenführung vor der punktgleichen Borussia aus Dortmund. Als eigentlicher Gegner allerdings kristallisiert sich Bayer Leverkusen heraus, nach 17 Spieltagen zwei Punkte hinter Herbstmeister Bayern auf Platz zwei. Die Werkself wird vom „alten Feind" Christoph Daum trainiert, dessen Fehde mit Jupp Heynckes und Uli Hoeneß aus der Saison 1988/89 auch nach elf Jahren noch präsent ist. Daum ist fest entschlossen „den Bayern die Meisterschale abzujagen". Er wird von Hoeneß zurechtgewiesen, Leverkusen stünde „auch in 100 Jahren nicht vor Bayern". Am 27. Spieltag ist Leverkusen Tabellenführer. Das Hitzfeld-Team spielt nur 1:1 in Wolfsburg, profitiert aber am 29. Spieltag seinerseits vom Punktverlust des rheinischen Rivalen in Rostock (1:1). Mit 61 Punkten stehen beide Mannschaften nun punktgleich an der Spitze.

Als Jens Jeremies am 30. Spieltag das Derby gegen 1860 München mit einem kuriosen Brust-Eigentor zum 1:2 entscheidet, fühlt sich das nach einer Vorentscheidung

Das fatale Eigentor von Michael Ballack (r.) zum 0:1 in Unterhaching – der Anfang vom Ende

im Meisterschaftskampf an. Leverkusen verteidigt bis zum großen Saisonfinale die Drei-Punkte-Führung auf Bayern, muss im letzten Spiel bei Sensations-Aufsteiger Unterhaching (Platz 10), einem Klub am Stadtrand von München, antreten. Bayern spielt zeitgleich gegen Werder Bremen.

Der 20. Mai 2000: Die Tatorte liegen nur 14 Kilometer auseinander. Der DFB schickt seinen Präsidenten Egidius Braun samt Meisterschale in den kleinen Sportpark nach Unterhaching, im Olympiastadion liegt nur eine Kopie. Die Bayern müssen Werder schlagen und mit ihrem etwas besseren Torverhältnis (plus drei) auf ein großes Wunder hoffen – die Niederlage des scheinbar sicheren Meisters Leverkusen.

Mit Psycho-Spielchen heizen die Münchner das Nah-Duell an. „Als Leverkusener Spieler würde ich, wenn das jetzt nichts wird, jahrelang das Kotzen kriegen", sagt Effenberg. Und Jeremies meint: „Wir sind mental am stärksten, wir können diese Qualität am besten abrufen. Deshalb werden wir Meister." Und Uli Hoeneß will an Daums Körpersprache erkannt haben: „Der hat die Hosen voll."

Dann geschieht das Unerwartete tatsächlich: Erstmals überhaupt verspielt eine Bundesliga-Mannschaft am letzten Spieltag einen Drei-Punkte-Vorsprung. Michael Ballack leitet in der 20. Minute mit seinem Eigentor Leverkusens Niederlage ein – da führen die Bayern schon 3:0 (Endstand: 3:1). In der 72. Minute köpft Markus Oberleitner, der 1996/97 in der Hinrunde keine Sekunde bei den Bayern spielen darf und über Düsseldorf im Sommer 1997 nach Unterhaching kommt, das entscheidende 2:0.

Tränen bei Bayer Leverkusen, Ekstase in München. Die 16. Meisterschaft, findet Hoeneß, „ist so großartig wie 1986, als wir im letzten Spiel noch die Bremer abfingen. Nur diesmal kam der Titel noch überraschender." Für den Verlierer hat er dennoch mitfühlende Worte parat: „Daum tut mir leid, das ist ganz ehrlich gemeint. Da ist keine Schadenfreude dabei."

Champions League

Reals Nicolas Anelka überwindet im Halbfinal-Rückspiel Kahn zum 1:1. Bayern siegt 2:1, es reicht nicht

Real erst entzaubert, dann gescheitert

Die Reform der Champions League zwingt den Top-Vereinen ein Mammutprogramm auf. Die Einführung einer zweiten Gruppenphase vor dem Viertelfinale fordert ihnen zwölf Spiele ab – auch den Bayern. Vorrunde: 2. Platz, 2:1 und 1:2 gegen Eindhoven, 1:0 und 1:1 gegen Glasgow Rangers, zweimal 1:1 gegen Valencia. In der zweiten Gruppenphase sind die Duelle mit Real Madrid (4:2 auswärts und 4:1) der sportliche und atmosphärische Höhepunkt der Saison. Die weiteren Ergebnisse: 1:1 und 2:1 gegen Rosenborg Trondheim, 2:1 und 0:2 gegen Dynamo Kiew. Als Tabellenerster ziehen die Bayern ins Viertelfinale ein und schalten den FC Porto aus: Nach dem 1:1 auswärts gelingt Thomas Linke in letzter Minute das 2:1 im Rückspiel. Im Halbfinale ist erneut Real Madrid, das Manchester United ausschaltet, der Gegner. Bayern kann die Gala-Auftritte nicht wiederholen und scheidet gegen den kommenden Europacupsieger mit 0:2 und 2:1 aus.

DFB-Pokal

Pokalsieger: Hasan Salihamidzic (l.) und Giovane Elber, Torschütze im Finale gegen Werder

Das dritte Double Pokal/Meisterschaft

Der Modus erlaubt es den Bayern, erst in der dritten Hauptrunde einzugreifen (Freilose für die deutschen Mannschaften im Europacup). Beim Regionalliga-Verein SV Meppen leitet Carsten Jancker mit seinem Führungstor in der ersten Minute den 4:1-Endstand ein. Zweitligist Waldhof Mannheim ist im Achtelfinale ebenso keine Hürde (3:0) wie Mainz 05, ebenfalls aus der 2. Liga, im Viertelfinale (3:0). Nur 11 200 Zuschauer erleben den Sieg im Olympiastadion. Noch weniger wollen das Halbfinale sehen (10 000), dabei ist der Gegner erstklassig: Hansa Rostock. Bis zur 58. Minute bleibt es torlos, dann schießt Roque Santa Cruz zwei Tore, das dritte beim 3:2-Sieg markiert Samuel Kuffour. Im Finale gelingt Bayern eine überzeugende Revanche für die Elfmeter-Niederlage 1999 gegen Werder: Giovane Elber, Paulo Sérgio und Mehmet Scholl sind die Torschützen beim 3:0-Erfolg. Das dritte Double Pokal/Meisterschaft ist perfekt.

TRAINER

OTTMAR HITZFELD

So erfolgreich ist noch kein Bayern-Trainer gestartet. Das Double schafft Hitzfeld als dritter Trainer nach Branko Zebec (1969) und Udo Lattek (1986). Mit nun vier Meisterschaften steht er bereits an dritter Stelle der erfolgreichsten Bundesliga-Trainer (hinter Lattek und Weisweiler).

DIE TOP-ELF DER SAISON

Michael Tarna

Bixente Lizarazu

DER SPIELER DES JAHRES

Bei der enttäuschenden EM in Belgien und Holland (Aus in der Vorrunde) ist er noch der Beste – und das gilt auch für seine Bayern-Saison. ***Oliver Kahn*** *geht hoch dekoriert aus der Spielzeit 1999/2000 heraus. Ende 1999 wird er zum „Welttorwart des Jahres" gekürt und im Sommer 2000 zum „Fußballer des Jahres" in Deutschland. Mit deutlichem Vorsprung vor seinem Kapitän Stefan Effenberg, dessen Stellvertreter Kahn im Double-Jahr wird.*

Der Kader

NAME	SPIELE	TORE
Bernd Dreher	6	0
Oliver Kahn	27	0
Stefan Wessels	2	0
Patrik Andersson	16	0
Markus Babbel	26	1
Samuel Kuffour	18	2
Thomas Linke	27	1
Bixente Lizarazu	22	1
Michael Tarnat	26	1
Mario Basler	2	0
Stefan Effenberg	27	2
Thorsten Fink	26	0
Jens Jeremies	30	3
Lothar Matthäus	15	1
Hasan Salihamidzic	30	4
Mehmet Scholl	25	6
Andrew Sinkala	1	0
Thomas Strunz	9	0
Michael Wiesinger	13	1
Slawomir Wojciechowski	3	1
Giovane Elber	26	14
Carsten Jancker	23	9
Roque Santa Cruz	28	5
Paulo Sérgio	28	13
Alexander Zickler	14	7

ROQUE SANTA CRUZ Der Paraguayer trifft am 3. Spieltag zum 1:0 gegen Unterhaching. Im Alter von 18 Jahren und 12 Tagen wird er Bayerns jüngster Torschütze in der Bundesliga

Transfers

PAULO SÉRGIO ist einer der vielen Brasilianer, die in Leverkusen erste Bundesliga-Erfahrung sammeln. 1993 unterschreibt er einen Vertrag bei Bayer, wechselt 1997 zu AS Rom und kehrt 1999 nach Deutschland zurück – für 13,2 Millionen DM zum FC Bayern. Mit 13 Toren wird er in seiner ersten Saison hinter Landsmann Giovane Elber zweitbester Torschütze. Sérgio bleibt bis 2002 in München, bestreitet insgesamt 77 Bundesliga-Spiele (21 Tore).

SPIELER	VON VEREIN	ABLÖSESUMME
Stefan Wessels	FC Bayern Jugend	–
Patrik Andersson	Bor. Mönchengladbach	6 Mio. DM
Michael Wiesinger	1. FC Nürnberg	2,5 Mio. DM
Slawomir Wojciechowski	FC Aarau	1,4 Mio. DM
Paulo Sérgio	AS Rom	13,2 Mio. DM
Roque Santa Cruz	Olimpia Asunción	10 Mio. DM
Andrew Sinkala	Nchanga Rangers FC	–

Tops & Flops

GLÜCKWUNSCH 100 Jahre wird Bayern im Februar 2000. „Wenn es den FC Bayern nicht gäbe, müsste man ihn erfinden“, gratuliert Innenminister Otto Schily (Foto).

MICHAEL TARNAT Als in Frankfurt (5. Sp.) Oliver Kahn und Bernd Dreher binnen 7 Minuten verletzt vom Platz müssen (55. und 62. Min.), stellt sich der Mittelfeldspieler ins Tor, hält den 2:1-Sieg fest.

MICHAEL WIESINGER Der Neuzugang ist der personifizierte Punktegarant: In keinem seiner 13 Bundesliga-Einsätze geht er als Verlierer vom Feld.

ATTACKE Beim Spiel in Freiburg (29. Spieltag) wird Oliver Kahn (Foto) von einem Golfball, geworfen von einem 16 Jahre alten Schüler auf der Stehtribüne, an der linken Schläfe getroffen. Kahn zieht sich eine blutende Platzwunde zu, spielt nach Behandlung weiter. Freiburger Anhänger werfen auch Bananen in seinen Strafraum, provozieren Kahn verbal. Bayern gewinnt 2:1 (Siegtreffer: Scholl, 87. Min).

DERBY-BILANZ Erstmals verliert Bayern beide Bundesliga-Spiele gegen 1860 München (0:1, 1:2). Die Hinspiel-Pleite ist die erste gegen 1860 seit 22 Jahren.

1. SPIELTAG

Bayern – Hamburger SV 2:2 (1:1)

BAYERN: Dreher – Matthäus (63. Strunz) – Babbel, Linke, Lizarazu – Jeremies (72. Elber), Tarnat – Scholl – Salihamidzic (67. Basler), Zickler, Jancker.
HAMBURG: Butt – Gravesen – Hertzsch, Panadic, Kovac – Groth, Grammozis – Cardoso (90. Ernst) – Mahdavikia, Präger – Yeboah (72. Hashemian).
Tore: 1:0 Babbel (33.), 1:1 Kovac (35.), 1:2 Präger (84.), 2:2 Elber (90.+3). **Gelb:** Scholl, Jancker / Cardoso.
Schiedsrichter: Dr. Markus Merk.

2. SPIELTAG

Bayer Leverkusen – Bayern 2:0 (0:0)

LEVERKUSEN: Matysek – R. Kovac, Nowotny, Happe – Emerson, Ramelow – Schneider, Zé Roberto (77. Hejduk) – Ponte, Neuville (90. Hoffmann), Kirsten.
BAYERN: Dreher – Babbel, P. Andersson, Linke – Lizarazu – Strunz (80. Salihamidzic), Jeremies, Tarnat – Scholl – Sergio (69. Elber), Santa Cruz (74. Jancker).
Tore: 1:0 Kirsten (79.), 2:0 Neuville (85.).
Gelb: Ponte, Kovac / Jeremies, Scholl.
Schiedsrichter: Alfons Berg.

3. SPIELTAG

Bayern – SpVgg Unterhaching 1:0 (1:0)

BAYERN: Dreher – Babbel, Matthäus, Linke – Lizarazu – Jeremies – Strunz (75. Effenberg), Scholl (85. Elber), Sergio – Santa Cruz, Jancker (79. Basler).
UNTERHACHING: Wittmann – Bergen (82. Haber) – Seifert, Strehmel – Grassow, Schwarz, Straube (79. Mar. Zimmermann) – Mat. Zimmermann – Oberleitner (46. Kögl) – Rraklli, Seitz.
Tor: 1:0 Santa Cruz (40.).
Gelb: Jeremies, Matthäus / Seifert, Seitz, Grassow.
Schiedsrichter: Jürgen Aust.

4. SPIELTAG

MSV Duisburg – Bayern 1:2 (0:2)

DUISBURG: Menger – Emmerling (79. Bugera) – Wohlert, Kovacevic, Schneider – Tøfting, Hirsch – Wolters (52. Hoersen), Zeyer – Spies (56. Beierle), Osthoff.
BAYERN: Dreher – P. Andersson, Linke – Matthäus – Strunz, Jeremies (67. Fink), Tarnat – Effenberg – Salihamidzic, Sergio (81. Scholl), Santa Cruz (86. Elber).
Tore: 0:1 Tarnat (7.), 0:2 Linke (42.), 1:2 Osthoff (67.).
Gelb: Hirsch, Schneider, Emmerling, Wohlert / Effenberg, Salihamidzic, Strunz.
Schiedsrichter: Edgar Steinborn.

5. SPIELTAG

Eintracht Frankfurt – Bayern 1:2 (1:0)

FRANKFURT: Nikolov – Bindewald, Janßen, Kutschera – Kracht – Schur (33. Dombi), Weber (85. Falk) – Guié-Mien – Heldt – Salou, Fjørtoft (65. Yang).
BAYERN: Kahn (55. Dreher / 62. Tarnat) – Linke, Kuffour – Strunz – Salihamidzic, Lizarazu –Fink, Effenberg – Wiesinger (37. Scholl) – Jancker, Elber.
Tore: 1:0 Salou (20.), 1:1 Elber (66.), 1:2 Kuffour (80.).
Gelb: Kuffour, Strunz, Lizarazu / –.
Schiedsrichter: Bernd Heynemann.
Besonderes Vorkommnis: Kahn hält Foulelfmeter von Fjørtoft (52.).

6. SPIELTAG

Bayern – VfB Stuttgart 0:1 (0:0)

BAYERN: Kahn – Linke (77. Tarnat), Matthäus, P. Andersson (29. Kuffour) – Lizarazu – Strunz, Jeremies – Effenberg – Scholl – Jancker (70. Santa Cruz), Elber.
STUTTGART: Wohlfahrt – Thiam, Berthold, Todt, Keller – Soldo – Pinto (60. Catizone), Lisztes – Gerber – Balakov (88. Endress) – Ganea (82. Hosny).
Tor: 0:1 Balakov (75., Foulelfmeter).
Gelb: Effenberg, Kuffour / Ganea, Berthold, Todt.
Schiedsrichter: Lutz Michael Fröhlich.

7. SPIELTAG

FC Schalke 04 – Bayern 1:1 (0:0)

SCHALKE: Schober – Eigenrauch, Waldoch, Nemec (86. Büskens) – Thon – Alpugan – Oude Kamphuis, van Kerckhoven – Wilmots – Asamoah, Sand (90.+2 Goossens).
BAYERN: Kahn – Babbel, Matthäus (46. Jeremies), Kuffour – Fink – Salihamidzic, Lizarazu – Effenberg – Wiesinger (68. Scholl), Santa Cruz – Jancker (68. Elber).
Tore: 1:0 Wilmots (51.), 1:1 Effenberg (90.).
Gelb/Rot: – / Kuffour (79.).
Gelb: Sand, Nemec / Matthäus, Effenberg, Lizarazu, Salihamidzic.
Schiedsrichter: Hartmut Strampe.

8. SPIELTAG

Bayern – Hertha BSC 3:1 (2:0)

BAYERN: Kahn – Babbel (66. P. Andersson), Matthäus, Linke – Jeremies, Lizarazu – Salihamidzic, Effenberg (66. Fink) – Sergio (77. Tarnat), Elber – Jancker.
BERLIN: Kiraly – Helmer – Sverrisson (46. Rekdal), Herzog (79. Covic), Konstantinidis – Dardai, Michalke – Wosz, Deisler – Daei, Preetz (65. Aracic).
Tore: 1:0 Elber (4.), 2:0 Sergio (14.), 3:0 Sergio (61.), 3:1 Wosz (82.).
Gelb: Linke / Helmer, Wosz.
Schiedsrichter: Uwe Kemmling.

9. SPIELTAG

1. FC Kaiserslautern – Bayern 0:2 (0:0)

K'LAUTERN: Reinke – Ramzy – Schjønberg – Koch (65. Buck), Strasser (54. Reich) – Komljenovic (82. Tare) – Ratinho, Sforza, Wagner – Djorkaeff, Marschall.
BAYERN: Wessels – P. Andersson, Jeremies, Linke – Fink, Tarnat – Salihamidzic (46. Babbel) – Effenberg – Sergio (68. Lizarazu), Santa Cruz, Jancker (77. Elber).
Tore: 0:1 Santa Cruz (52.), 0:2 Elber (86.).
Gelb: Djorkaeff, Wagner, Komljenovic / –.
Schiedsrichter: Hellmut Krug.

10. SPIELTAG

Bayern – VfL Wolfsburg 5:0 (3:0)

BAYERN: Wessels – Babbel, Matthäus (75. Salihamidzic), Kuffour – Strunz, Effenberg (46. Jeremies), Fink, Tarnat – Scholl (69. Wiesinger) – Santa Cruz, Elber.
WOLFSBURG: Reitmaier – O'Neil, Thomsen, Kryger – Biliskov – Dammeier, Nowak (75. Akonnor), Weiser – Feldhoff (35. Maltritz), Wück (61. Juskowiak), Akpoborie.
Tore: 1:0 Elber (11.), 2:0 Santa Cruz (15.), 3:0 Elber (26.), 4:0 Elber (78.), 5:0 Wiesinger (89.).
Gelb: Kuffour / O'Neil.
Schiedsrichter: Jürgen Jansen.

11. SPIELTAG

SSV Ulm 1846 – Bayern 0:1 (0:1)

ULM: Laux – Stadler, Unsöld, Marques, Radoki (90. Trkulja) – Otto –Pleuler (60. Scharinger), Maier – Gora – van de Haar, Zdrilic (80. Leandro).
BAYERN: Kahn – P. Andersson, Kuffour – Jeremies – Tarnat, Lizarazu (29. Fink) – Salihamidzic – Effenberg – Santa Cruz (70. Elber) – Jancker, Zickler (70. Scholl).
Tor: 0:1 Jancker (44.).
Gelb: Radoki, Maier / Effenberg, Zickler, Andersson.
Schiedsrichter: Dr. Markus Merk.

12. SPIELTAG

Bayern – SC Freiburg 6:1 (3:1)

BAYERN: Kahn – Babbel, Matthäus (62. Fink), Linke – Jeremies – Tarnat – Effenberg – Sergio, Scholl (60. Kuffour) – Jancker, Elber (31. Zickler).
FREIBURG: Golz – Schumann, Diarra – Kondé – Kobiaschwili – Zeyer – Willi – Korell (65. Ramdane), Baya – Sellimi (77. Ben Slimane), Weißhaupt (78. Bruns).
Tore: 1:0 Jeremies (4.), 2:0 Matthäus (13.), 2:1 Sellimi (14.), 3:1 Sergio (44.), 4:1 Jancker (71.), 5:1 Zickler (76.), 6:1 Jancker (87.).
Gelb/Rot: Babbel (58.) / –.
Gelb: Matthäus, Scholl, Zickler / Korell, Baya, Willi, Zeyer.
Schiedsrichter: Georg Dardenne.

13. SPIELTAG

1860 München – Bayern 1:0 (0:0)

1860: Hoffmann – Kurz, Vanenburg (75. Paßlack), Greilich (70. Stranzl) – Tapalovic, Riedl – Cerny (84. Borimirov), Tyce – Häßler – Max, Agostino.
BAYERN: Kahn – Linke, Jeremies, Kuffour – Tarnat– Fink – Salihamidzic – Effenberg – Santa Cruz (46. Sergio), Scholl (74. Zickler), Jancker.
Tor: 1:0 Riedl (85.). **Gelb:** Tyce / Effenberg, Tarnat.
Schiedsrichter: Bernd Heynemann.

14. SPIELTAG

Bayern – Borussia Dortmund 1:1 (1:0)

BAYERN: Kahn – Babbel, P. Andersson, Kuffour, Tarnat – Fink, Jeremies (87. Wiesinger) – Scholl (58. Salihamidzic) – Sergio, Jancker, Zickler (72. Santa Cruz).
DORTMUND: Lehmann – Reuter – Wörns, Nijhuis, Kohler (75. Baumann) – Stevic, Nerlinger (46. Bobic) – Evanilson – Ricken (80. But), Addo – Herrlich.
Tore: 1:0 Jeremies (23.), 1:1 Kohler (50.).
Gelb: Zickler, Kuffour, Jancker, Babbel / Nerlinger, Wörns, Lehmann, Ricken.
Schiedsrichter: Herbert Fandel.

15. SPIELTAG

Hansa Rostock – Bayern 0:3 (0:1)

ROSTOCK: Bräutigam – Schneider, Holetschek (38. Weilandt), Ehlers – Yasser, Lantz – Wibran, Majak (85. Emara) – Brand – Baumgart, Arvidsson (58. Agali).
BAYERN: Kahn – Babbel (46. Linke), Kuffour – Matthäus – Salihamidzic, Fink, Jeremies, Tarnat – Wiesinger, Sergio (79. Sinkala) – Santa Cruz (72. Jancker).
Tore: 0:1 Sergio (45.), 0:2 Sergio (54.), 0:3 Santa Cruz (65.).
Gelb: Holetschek, Majak / Babbel, Salihamidzic, Fink.
Schiedsrichter: Uwe Kemmling.

16. SPIELTAG

Bayern – Arminia Bielefeld 2:1 (1:1)

BAYERN: Kahn – Linke (46. Babbel), Kuffour, Matthäus – Salihamidzic, Jeremies, Tarnat – Effenberg (72. Fink) – Wiesinger (46. Santa Cruz) – Sergio, Jancker.
BIELEFELD: Koch – Peeters, Straal, Klitzpera – Stratos – Meißner (32. Bagheri), Waterink (80. Wichniarek), Böhme (74. Rydlewicz) – Weissenberger – Göktan, Labbadia.
Tore: 0:1 Labbadia (5.), 1:1 Salihamidzic (29.), 2:1 Salihamidzic (58., Foulelfmeter).
Gelb: – / Labbadia, Böhme, Waterink, Klitzpera.
Schiedsrichter: Florian Meyer.

17. SPIELTAG

Werder Bremen – Bayern 0:2 (0:0)

BREMEN: Rost – Frings, Trares (76. Seidel), Baumann – Bode – Maximow, Eilts, Dabrowski – Herzog – Ailton, Pizarro.
BAYERN: Kahn – Linke, Kuffour – Matthäus – Babbel, Jeremies, Tarnat – Effenberg – Sergio (90.+1 Wiesinger), Salihamidzic (86. Zickler), Jancker (80. Santa Cruz).
Tore: 0:1 Jancker (71.), 0:2 Sergio (82.).
Rot: Eilts (79.) / –.
Gelb: Pizarro, Baumann, Maximow / Kuffour, Jeremies.
Schiedsrichter: Lutz Michael Fröhlich.

18. SPIELTAG

Hamburger SV – Bayern 0:0

HAMBURG: Butt – Hoogma, Panadic, Hertzsch – Fischer – Gravesen, Kovac – Cardoso – Mahdavikia, Yeboah, Präger.
BAYERN: Kahn – Babbel, Linke, Tarnat – Matthäus – Effenberg, Jeremies – Scholl – Sergio, Salihamidzic (73. Santa Cruz), Elber (88. Zickler).
Gelb: Fischer, Gravesen / Jeremies, Elber, Matthäus.
Schiedsrichter: Bernd Heynemann.
Besonderes Vorkommnis: Butt hält Foulelfmeter von Effenberg (68.).

19. SPIELTAG

Bayern – Bayer Leverkusen 4:1 (2:0)

BAYERN: Kahn – Babbel, Linke – Matthäus (73. Fink) – Jeremies – Salihamidzic, Tarnat – Effenberg – Sergio, Scholl (80. P. Andersson), Elber (87. Zickler).
LEVERKUSEN: Matysek – Hoffmann (57. Reeb), Nowotny, R. Kovac – Emerson – Schneider, Zé Roberto (74. Rink) – Ballack, Beinlich – Ponte (58. Brdaric), Neuville.
Tore: 1:0 Hoffmann (2., Eigentor), 2:0 Effenberg (45.), 3:0 Scholl (56.), 3:1 Ballack (65.), 4:1 Zickler (90.+1).
Gelb: Jeremies, Salihamidzic, Matthäus / Ponte, Ballack, Beinlich.
Schiedsrichter: Dr. Markus Merk.

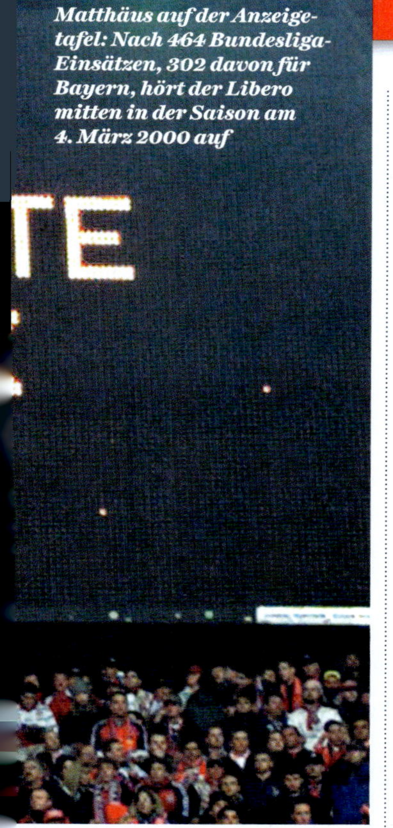

Letzte Worte an Lothar Matthäus auf der Anzeigetafel: Nach 464 Bundesliga-Einsätzen, 302 davon für Bayern, hört der Libero mitten in der Saison am 4. März 2000 auf

20. SPIELTAG

SpVgg Unterhaching – Bayern 0:2 (0:0)

UNTERHACHING: Wittmann – Bergen – Bucher, Seifert, Straube – Haber (82. García), Mat. Zimmermann, Schwarz – Oberleitner (76. Méndez) – Rraklli, Seitz (76. Breitenreiter).
BAYERN: Kahn – Babbel, P. Andersson, Linke, Lizarazu – Fink – Salihamidzic, Effenberg – Sergio (90.+1 Wojciechowski), Santa Cruz (46. Elber) – Zickler (70. Scholl).
Tore: 0:1 Sergio (72.), 0:2 Scholl (90.+3).
Gelb: Haber / Kahn.
Schiedsrichter: Uwe Kemmling.

21. SPIELTAG

Bayern – MSV Duisburg 4:1 (0:0)

BAYERN: Kahn – Linke, Kuffour – Matthäus (66. Fink) – Salihamidzic, Jeremies, Lizarazu – Effenberg – Sergio, Elber (77. Zickler), Scholl (80. Wiesinger).
DUISBURG: Stauce – Schneider – Hajto, Wohlert – Büskens – Hirsch – Osthoff – Wolters, Tøfting – Spies (71. Beierle), Reiss.
Tore: 1:0 Sergio (63.), 2:0 Elber (68.), 2:1 Wolters (75.), 3:1 Lizarazu (77.), 4:1 Zickler (87.).
Gelb: Jeremies / Osthoff, Büskens, Hirsch.
Schiedsrichter: Torsten Koop.

22. SPIELTAG

Bayern – Eintracht Frankfurt 4:1 (1:0)

BAYERN: Kahn – Babbel, Kuffour – Salihamidzic, Jeremies, Tarnat – Fink (84. Wiesinger) – Effenberg (79. P. Andersson) – Sergio (76. Elber), Zickler, Santa Cruz.
FRANKFURT: Heinen – Kutschera, Houbtchev, Schur – Weber – Mutzel (77. Guie-Mien) – Gebhardt – Sobotzik, Heldt – Reichenberger, Salou.
Tore: 1:0 Zickler (34.), 2:0 Sergio (46., Foulelfmeter), 2:1 Reichenberger (49.), 3:1 Zickler (63.), 4:1 Elber (85.).
Gelb: – / Schur.
Schiedsrichter: Hellmut Krug.

23. SPIELTAG

VfB Stuttgart – Bayern 2:0 (0:0)

STUTTGART: Wohlfahrt – Thiam, Berthold, Bordon, Schneider – Soldo – Pinto (89. Kuka), Gerber – Lisztes, Balakov (90.+2 Endress) – Ganea (87. Dundee).
BAYERN: Dreher – Linke, Matthäus (55. P. Andersson), Lizarazu – Salihamidzic, Jeremies, Tarnat – Effenberg – Santa Cruz (67. Elber), Scholl (63. Sergio), Jancker.
Tore: 1:0 Balakov (50.), 2:0 Lisztes (69.).
Gelb: Thiam, Berthold, Schneider / Jancker, Tarnat, Lizarazu.
Schiedsrichter: Jürgen Aust.

24. SPIELTAG

Bayern – FC Schalke 04 4:1 (1:0)

BAYERN: Kahn – Linke (73. P. Andersson), Jeremies, Kuffour – Lizarazu – Salihamidzic, Fink (76. Wiesinger) Effenberg – Zickler (73. Sergio), Elber – Santa Cruz.
SCHALKE: Reck – Waldoch, Happe (64. Alpugan) – Müller (63. van Hoogdalem), Oude Kamphuis, Kmetsch – Latal – Wilmots – Asamoah (73. Hajnal), Mpenza – Sand.
Tore: 1:0 Kuffour (42.), 2:0 Zickler (47.), 3:0 Zickler (66.), 4:0 Santa Cruz (68.), 4:1 Mpenza (81.).
Gelb: Salihamidzic, Zickler, Elber / Happe.
Schiedsrichter: Lutz Michael Fröhlich.

25. SPIELTAG

Hertha BSC – Bayern 1:1 (0:1)

BERLIN: Kiraly – Sverrisson, van Burik, Konstantinidis – Rehmer – Schmidt (72. Daei) – Deisler, Hartmann – Wosz – Preetz, Alves.
BAYERN: Kahn – Linke, Kuffour – Jeremies (80. Tarnat) – Babbel, Lizarazu – Fink, Effenberg – Scholl – Sergio (77. Zickler), Elber (82. Santa Cruz).
Tore: 0:1 Jeremies (32.), 1:1 Alves (76.).
Gelb: Sverrisson / Kahn, Effenberg, Babbel.
Schiedsrichter: Herbert Fandel.

26. SPIELTAG

Bayern – 1. FC Kaiserslautern 2:2 (1:2)

BAYERN: Kahn – Babbel, Jeremies, Kuffour – Salihamidzic, Fink (58. Santa Cruz), Lizarazu – Effenberg – Scholl (86. Tarnat), Sergio – Elber.
K'LAUTERN: G. Koch – Sforza – H. Koch, Schjønberg, Roos (57. Komljenovic) – Basler, Ramzy – Buck, Reich (59. Pettersson) – Djorkaeff, Tare (63. Marschall).
Tore: 0:1 Djorkaeff (20.), 1:1 Elber (22.), 1:2 Reich (30.), 2:2 Elber (61.). **Gelb:** Effenberg, Fink, Scholl / Schjønberg, Ramzy, Tare.
Schiedsrichter: Bernhard Zerr.

27. SPIELTAG

VfL Wolfsburg – Bayern 1:1 (0:1)

WOLFSBURG: Reitmaier – Ballwanz – Greiner, Biliskov, Maltritz – Sebescen (84. Däbritz), Weiser – Nowak – Munteanu (72. Akonnor) – Akpoborie (70. Feldhoff), Juskowiak.
BAYERN: Kahn – Babbel, P. Andersson, Kuffour, Tarnat – Jeremies, Salihamidzic, Fink – Elber, Jancker (89. Santa Cruz), Sergio.
Tore: 0:1 Jancker (29.), 1:1 Juskowiak (60.).
Rot: – / Elber (81.). **Gelb:** Greiner, Munteanu / Jeremies, Salihamidzic, Sergio, Fink.
Schiedsrichter: Edgar Steinborn.

28. SPIELTAG

Bayern – SSV Ulm 1846 4:0 (2:0)

BAYERN: Kahn – Babbel, Linke – Jeremies – Lizarazu – Fink – Salihamidzic (83. Tarnat) – Effenberg (72. Santa Cruz) – Sergio (73. Wojciechowski), Scholl – Jancker.
ULM: Laux – Bodog, Marques, Stadler, Kinkel (46. Unsöld) – Maier, Grauer – Scharinger, Radoki – Leandro, Pleuler (46. Wise).
Tore: 1:0 Scholl (20.), 2:0 Sergio (24., Handelfmeter), 3:0 Jancker (63.), 4:0 Wojciechowski (85.).
Gelb: Fink, Salihamidzic / Kinkel, Stadler.
Schiedsrichter: Torsten Koop.

29. SPIELTAG

SC Freiburg – Bayern 1:2 (1:1)

FREIBURG: Golz – Müller, Diarra – Hermel – Willi (59. Weißhaupt), Kobiaschwili – Zeyer – Ramdane (82. Ben Slimane), Baya – Sellimi (74. Bruns), Iaschwili.
BAYERN: Kahn – Linke, Jeremies, Kuffour – Fink – Salihamidzic, Lizarazu – Effenberg – Sergio (88. Babbel), Jancker (74. Santa Cruz) – Elber (74. Scholl).
Tore: 1:0 Kobiaschwili (11.), 1:1 Jancker (23.), 1:2 Scholl (87., Foulelfmeter). **Rot:** – / Kuffour (16.).
Gelb: Kobiaschwili, Müller, Diarra / Effenberg, Jancker, Elber.
Schiedsrichter: Uwe Kemmling.

30. SPIELTAG

Bayern – 1860 München 1:2 (1:2)

BAYERN: Kahn – Babbel, Linke (67. Tarnat) – Jeremies – Salihamidzic, Fink (80. Santa Cruz), Lizarazu – Effenberg (41. Jancker) – Scholl, Sergio, Elber.
1860: Hoffmann – Zelic, Kurz – Greilich (66. Paßlack), Stranzl, – Tyce (46. Tapalovic) – Cerny, Cizek (46. Prosenik) – Häßler – Max, Agostino.
Tore: 0:1 Max (22.), 1:1 Scholl (29.), 1:2 Jeremies (40., Eigentor).
Gelb: Jeremies, Tarnat, Lizarazu, Scholl / Tyce, Greilich, Zelic.
Schiedsrichter: Herbert Fandel.

31. SPIELTAG

Borussia Dortmund – Bayern 0:1 (0:1)

DORTMUND: Lehmann – Reuter – Nijhuis – Evanilson, Dedé – Stevic – Addo (84. Ikpeba), Möller – Barbarez – Reina (67. Ricken), Bobic.
BAYERN: Kahn – Babbel, P. Andersson, Linke, Lizarazu – Fink, Jeremies, Tarnat – Salihamidzic (90.+2 Wiesinger), Sergio – Jancker (88. Santa Cruz).
Tor: 0:1 Salihamidzic (30.). **Gelb:** Evanilson, Stevic, Möller / Fink, Tarnat, Jeremies. **Schiedsrichter:** Dr. Markus Merk.

32. SPIELTAG

Bayern – Hansa Rostock 4:1 (0:1)

BAYERN: Kahn – Salihamidzic, Babbel, Linke (84. Lizarazu), Tarnat – Jeremies, Wojciechowski (46. Wiesinger) – Scholl – Sergio – Elber, Jancker (82. Santa Cruz).
ROSTOCK: Pieckenhagen – Benken, Weilandt, Zallmann – Emara – Wibran, Lantz (66. Brand) – Lange – Breitkreutz – Agali (68. Arvidsson), Kovacec (60. Baumgart).
Tore: 0:1 Agali (18.), 1:1 Sergio (58.), 2:1 Elber (62.), 3:1 Sergio (80.), 4:1 Scholl (82.).
Gelb: Elber / Benken, Pieckenhagen, Agali, Lange.
Schiedsrichter: Jürgen Aust. **Besonderes Vorkommnis:** Pieckenhagen hält Foulelfmeter von Sergio (81.).

33. SPIELTAG

Arminia Bielefeld – Bayern 0:3 (0:3)

BIELEFELD: Ziegler – Klitzpera, Stratos Meißner – Bode, Hofschneider (59. Peeters), Maul – Weissenberger, Böhme (79. Rydlewicz) – van der Ven (79. Wichniarek), Labbadia.
BAYERN: Kahn – Babbel, P. Andersson, Linke, Lizarazu – Fink – Salihamidzic, Effenberg (73. Strunz), Sergio (83. Wiesinger) – Santa Cruz, Elber (59. Scholl).
Tore: 0:1 Salihamidzic (28.), 0:2 Elber (33.), 0:3 Elber (42.).
Gelb: Meißner, Hofschneider / Elber.
Schiedsrichter: Lutz Michael Fröhlich.

34. SPIELTAG

Bayern – Werder Bremen 3:1 (3:1)

BAYERN: Kahn – Babbel, P. Andersson, Linke, Lizarazu – Fink – Salihamidzic – Effenberg – Sergio, Scholl – Jancker (44. Santa Cruz / 49. Zickler / 55. Strunz).
BREMEN: Rost – Barten, Bode, Eilts, Tjikuzu – Frings (23. Dabrowski), Herzog, Trares (38. Maximow), Wicky – Ailton (69. Bogdanovic), Pizarro.
Tore: 1:0 Jancker (2.), 2:0 Jancker (12.), 3:0 Sergio (16.), 3:1 Bode (40.).
Gelb: Effenberg, Salihamidzic / Ailton, Tjikuzu, Herzog.
Schiedsrichter: Dr. Markus Merk.

Abschlusstabelle

Pl.	Verein	Spiele	G	U	V	Tore	Diff.	Punkte
1	Bayern (M)	34	22	7	5	73:28	+45	73
2	Leverkusen	34	21	10	3	74:36	+38	73
3	Hamburg	34	16	11	7	63:39	+24	59
4	1860 München	34	14	11	9	55:48	+7	53
5	Kaiserslautern	34	15	5	14	54:59	–5	50
6	Hertha	34	13	11	10	39:46	–7	50
7	Wolfsburg	34	12	13	9	51:58	–7	49
8	Stuttgart	34	14	6	14	44:47	–3	48
9	Bremen (P)	34	13	8	13	65:52	+13	47
10	Unterhaching (A)	34	12	8	14	40:42	–2	44
11	Dortmund	34	9	13	12	41:38	+3	40
12	Freiburg	34	10	10	14	45:50	–5	40
13	Schalke	34	8	15	11	42:44	–2	39
14	Frankfurt*	34	12	5	17	42:44	–2	39
15	Rostock	34	8	14	12	44:60	–16	38
16	Ulm (A)	34	9	8	17	36:62	–26	35
17	Bielefeld (A)	34	7	9	18	40:61	–21	30
18	Duisburg	34	4	10	20	37:71	–34	22

DIE WEITEREN SIEGER DES JAHRES:

Europameister: Frankreich

Champions League: Real Madrid

Uefa-Cup: Galatasaray Istanbul

DFB-Pokal: FC Bayern

*Frankfurt wurden zwei Punkte wegen Verstoßes gegen Lizenzbestimmungen abgezogen. Bei Punkt- und Torgleichheit mit Schalke entschied der bessere direkte Vergleich (0:0, 2:0) für Schalke über die Platzierung

Alle Ergebnisse auf einen Blick

Waagerecht: alle Heimresultate. Senkrecht: alle Auswärtsresultate

	Bayern	Leverkusen	Hamburg	1860	K'lautern	Hertha	Wolfsburg	Stuttgart	Bremen	Unterhaching	Dortmund	Freiburg	Frankfurt	Schalke	Rostock	Ulm	Bielefeld	Duisburg
Bayern		4:1	2:2	1:2	2:2	3:1	5:0	0:1	3:1	1:0	1:1	6:1	4:1	4:1	4:1	4:0	2:1	4:1
Leverkusen	2:0		2:2	1:1	3:1	3:1	4:1	1:0	3:2	2:1	3:1	1:1	4:1	3:2	1:1	4:1	4:1	3:0
Hamburg	0:0	0:2		2:0	2:1	5:1	2:2	3:0	0:0	3:0	1:1	2:0	1:0	3:1	1:0	1:2	5:0	6:1
1860	1:0	1:2	0:0		2:1	2:1	1:2	1:1	1:0	2:1	0:3	3:1	2:0	3:3	4:3	4:1	5:0	4:1
K'lautern	0:2	1:3	2:0	1:1		1:2	2:2	1:2	4:3	4:2	1:0	0:2	1:0	2:1	2:2	6:2	0:2	3:2
Hertha	1:1	0:0	2:1	1:1	0:1		0:0	1:1	1:1	2:1	0:3	0:0	1:0	2:1	5:2	3:0	2:0	2:1
Wolfsburg	1:1	3:1	4:4	2:1	3:2	2:3		0:2	2:7	2:2	1:0	2:1	1:0	0:0	2:0	1:2	2:0	1:0
Stuttgart	2:0	1:2	1:3	1:3	0:1	1:0	2:5		0:0	0:2	1:2	1:0	0:2	0:2	3:1	2:0	3:3	4:2
Bremen	0:2	1:3	2:1	1:3	5:0	4:1	2:2	2:1		2:2	3:2	5:2	3:1	0:1	2:1	2:2	3:1	4:0
Unterhaching	0:2	2:0	1:1	1:1	1:2	1:1	1:1	2:0	1:0		1:0	1:0	1:0	3:1	1:1	1:0	2:0	2:0
Dortmund	0:1	1:1	0:1	1:1	0:1	4:0	2:1	1:1	1:3	1:3		1:1	1:0	1:1	3:0	1:1	1:3	2:2
Freiburg	1:2	0:0	0:2	3:0	2:1	0:1	1:1	0:2	2:1	4:3	1:1		2:3	2:1	5:0	2:0	1:1	3:0
Frankfurt	1:2	1:2	3:0	3:1	0:1	4:0	4:0	0:1	1:0	3:0	1:1	2:0		0:2	0:0	2:1	2:1	2:2
Schalke	1:1	1:1	1:3	2:2	1:2	1:1	1:1	3:0	3:1	1:0	0:0	2:2	0:0		0:2	0:0	1:1	3:0
Rostock	0:3	1:1	3:3	0:0	4:2	0:1	1:1	1:4	1:1	1:1	1:0	1:1	3:1	1:0		2:1	2:1	3:1
Ulm	0:1	1:9	1:2	3:0	3:1	0:1	2:0	1:1	2:1	1:0	0:1	1:1	3:0	1:1	1:1		2:0	0:3
Bielefeld	0:3	1:2	3:0	2:2	1:2	1:1	0:0	1:2	2:2	1:0	0:2	2:1	1:1	1:2	2:2	4:1		0:1
Duisburg	1:2	0:0	1:1	3:0	2:2	0:0	2:3	1:3	0:1	2:0	2:2	1:2	2:3	1:1	2:2	0:0	0:3	

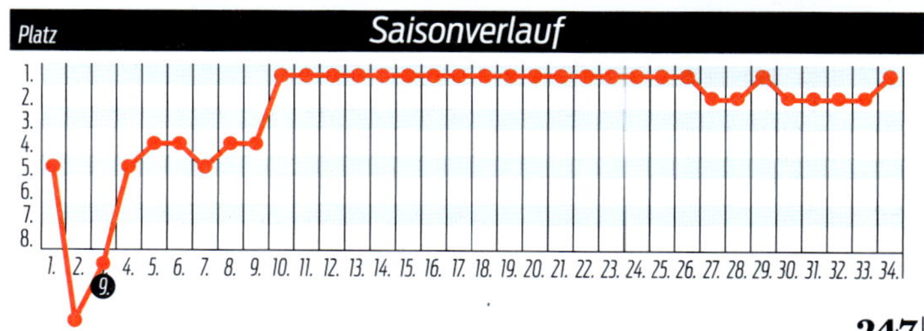

Oliver Kahn ist das Gesicht der Bayern im ersten Jahrzehnt des neuen Jahrtausend. „Immer weiter, immer weiter" – diese Siegermentalität treibt den Torhüter an und er wiederum seine Mitspieler. Sechsmal wird Kahn zwischen 2000 und seinem Abschied 2008 noch Meister. Den emotionalsten Titel feiert er 2001 in Hamburg, als Bayern in der Nachspielzeit Schalke 04 im Fernduell abfängt.

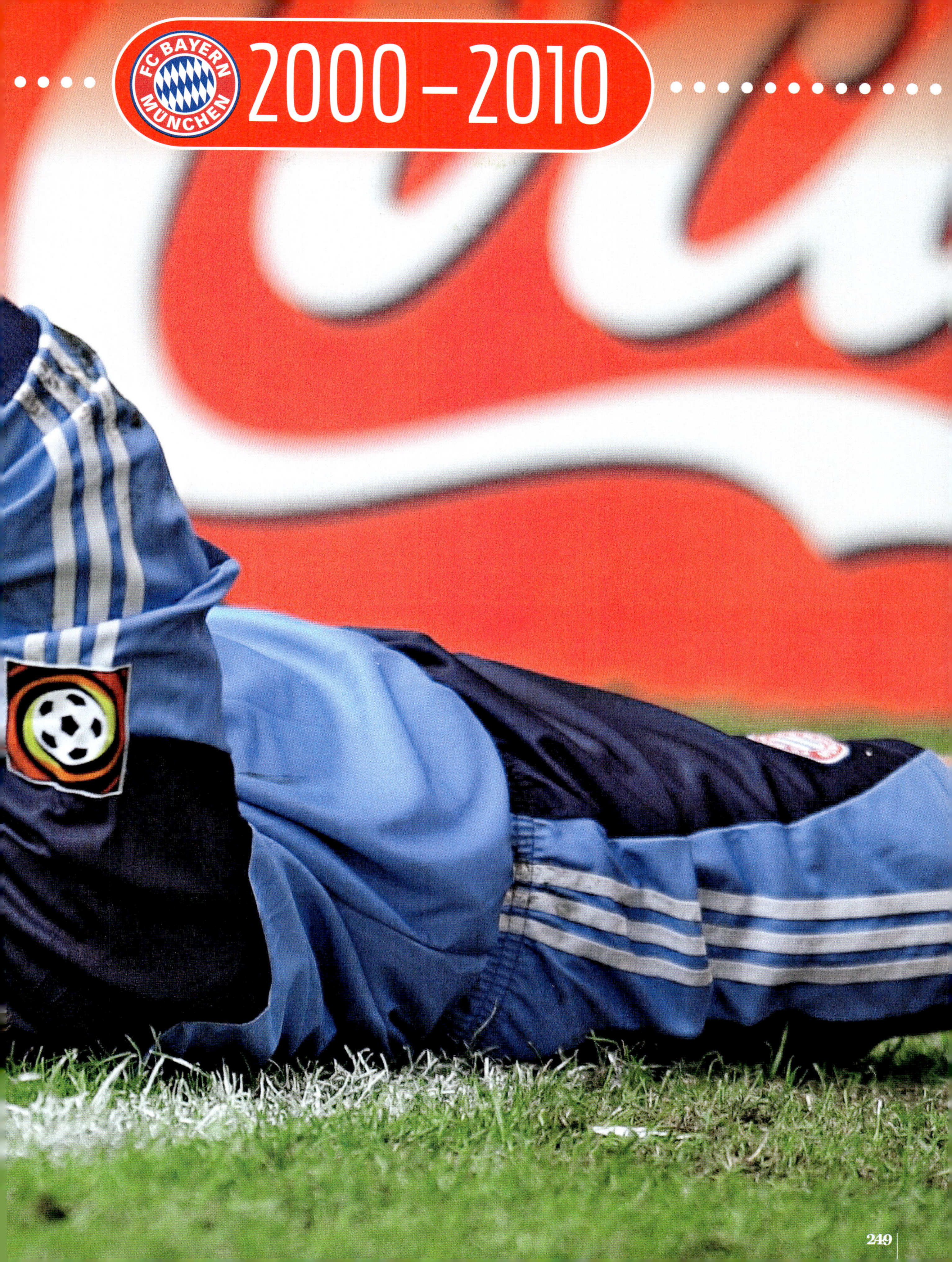
FC BAYERN MÜNCHEN

Letzter Spieltag in Hamburg, letzte Minute der Saison: Stefan Effenberg (hinten) tippt den Ball beim Freistoß an, Patrik Andersson (l. verdeckt) schießt das 1:1 gegen den HSV – die Meisterschaft

SCHALKE FEIERT VIER MINUTEN DIE MEISTERSCHAFT

Dann schießt Patrik Andersson beim HSV das 1:1 – mit der letzten Ballberührung der ganzen Saison. Und wieder hat Bayern den Titel. Vier Tage später kommt es noch besser

Als die Bundesliga im Jahr 2013 50 Jahre alt wird, gibt es eine Menge Umfragen. Ranglisten werden erstellt. Über vieles lässt sich trefflich streiten, über eines nicht: Das dramatischste Finale um die Meisterschaft sieht die Liga am 19. Mai 2001. Und wieder gewinnen es die Bayern, denen ihr dritter Titel-Hattrick glückt. Der Bayern-Dusel ist nie größer als in dieser Spielzeit.

Es ist das Jahr einer verrückten Kettenreaktion. Der Mai 2001 im Schnelldurchlauf: ohne Zickler kein Andersson. Ohne Andersson keine Schale. Ohne Schale wohl kein Champions-League-Pokal in Mailand.

Doch der Reihe nach: Im Jahr eins nach dem Abgang von Lothar Matthäus schleppen sich die Bayern durch die Saison und eine intensive Champions League mit sage und schreibe 17 Spielen. Die Hinrunde wird überlagert von der Eskalation des Streits mit Leverkusens Trainer Christoph Daum. Im Oktober 2000 wird dem designierten Bundestrainer Kokainkonsum nachgewiesen. Uli Hoeneß macht den Fall öffentlich, Daum flieht in einer Nacht- und Nebelaktion in die USA, verliert seinen Job in Leverkusen, darf den beim DFB nicht antreten. Rudi Völler wird deutscher Teamchef. Auch Hoeneß steht im Fegefeuer, die Anfeindungen reichen bis zu Morddrohungen.

Völlig außer sich vor Freude: Patrik Andersson feiert seinen Meistertreffer

Für die Beliebtheit des Klubs ist die Geschichte nicht förderlich, sportlich läuft es auch nicht. Die Meisterschaft ist für die Mannschaft von Ottmar Hitzfeld schnödes Alltagsgeschäft, dementsprechend spielt sie auch – im Energiesparmodus. Neun Spiele verlieren die Bayern, so viele wie in den beiden Vorjahren zusammen.

Vor allem gegen Teams aus den Niederungen der Liga können sich die Spieler nicht zusammenreißen: Sie unterliegen zu Hause Rostock (0:1, 7. Spieltag), bei Aufsteiger Cottbus (0:1, 8. Spieltag), gegen die Absteiger Frankfurt (1:2, 13. Spieltag) und Unterhaching (0:1, 22. Spieltag). Und attraktiv spielen sie auch nicht mehr. Der Zuschauerschnitt im Olympiastadion sinkt von 51 471 auf 49 528.

Härtester Widersacher sind die Schalker von Trainer Huub Stevens, die am 12. Spieltag Bayern 3:2 bezwingen und am 29. Spieltag mit dem 3:1 in München die Tabellenführung übernehmen. Alle drei Tore der Königsblauen erzielt Ebbe Sand. 52 Punkte haben sie nun auf dem Konto, zwei mehr als der FCB. Nach dem 32. Spieltag sind beide Teams punktgleich, Schalke hat aber das bessere Torverhältnis.

Doch dann kommt Alexander Zickler. Der 33. Spieltag: Biergartenwetter, ausverkauftes Olympiastadion, „Finale! Finale!"-Sprechchöre hallen durch das weite Rund, weil die Bayern drei Tage zuvor gegen Real Madrid das Champions-League-Finale erreicht haben. Aber gegen Kaiserslautern geht wenig. „Es sieht ein bisschen lustlos aus, wie sie spielen", findet der verletzte FCK-Kapitän Mario Basler.

Hitzfeld zieht nacheinander alle Joker, die Bayern belagern das Lauterer Tor, kommen auf 15:1 Ecken, aber nach Toren steht es 1:1. Der letzte Joker heißt Zickler, Hitzfeld bringt ihn in der 89. Minute für Hasan Salihamidzic. Und zwei Minuten später erzielt Zickler aus 14 Metern Distanz mit einem Volleyschuss in den rechten Winkel das 2:1. Mitten in den ekstatischen Jubel platzt die Nachricht vom 1:0 des VfB Stuttgart in der Nachspielzeit gegen Schalke.

Nur sieben Sekunden liegen zwischen beiden Toren. „Da steckt Magie dahinter", jubelt Hitzfeld für seine Verhältnisse ausgelassen. Bayern ist wieder Erster, hat drei Punkte Vorsprung auf Schalke, aber die um drei Treffer schlechtere Tordifferenz.

„Die Mannschaft hat unglaublichen Charakter, jeder geht über seine Grenzen", frohlockt Uli Hoeneß und fordert: „Jetzt müssen wir es packen." In Hamburg, am 19. Mai 2001. An dem Tag für die Geschichtsbücher. Ein Unentschieden reicht zur dritten Meisterschaft in Folge, und so spielen die Bayern auch. Sie halten bis zur 90. Minute ein 0:0, dann köpft Sergej Barbarez das 1:0 für den HSV. Schalke, zu Hause mit 5:3 gegen Unterhaching in Führung, wäre Meister. Die Bayern sind konsterniert, auf der Tribüne raunt Vizepräsident Karl-Heinz Rummenigge seinem Präsidenten Franz Beckenbauer zu: „Es ist gelaufen."

Doch einer will sich nicht mit Platz zwei abfinden – Oliver Kahn. Er rüttelt seine Vordermänner auf, schüttelt sich durch, peitscht sie an: „Wir müssen weitermachen. Immer weitermachen, immer weiter."

Und tatsächlich: Um 17.18 Uhr, schon in der Nachspielzeit, grätscht HSV-Verteidiger Tomas Ujfalusi den Ball in Bedrängnis zu Torwart Mathias Schober. Der nimmt ihn in die Hand, Schiedsrichter Dr. Markus Merk interpretiert das als Regelverstoß und entscheidet auf indirekten Freistoß acht Meter vor dem HSV-Tor.

Auf Schalke feiern sie schon die Meisterschaft, Tausende Fans haben den Rasen gestürmt. Sie sind in dem Irrglauben, die Begegnung in Hamburg sei beendet.

Kahn läuft über den ganzen Platz, ist voller Adrenalin, will den Freistoß schießen. Kapitän Stefan Effenberg schickt ihn weg, weshalb sich Kahn als Unruhestifter vor der Mauer betätigt. Effenberg, eigentlich vorgesehen als Freistoßschütze, verzichtet wegen der zu kurzen Distanz und ruft den Schweden Patrik Andersson herbei. Sie brauchen einen Mauerbrecher. Mit Kunst ist dieser Titel nicht mehr zu gewinnen, es passt zu dieser Bayern-Saison. Effenberg flüstert dem Abwehrchef zu: „Komm her. Ich tipp den Ball an, wir brauchen deine Kraft."

Um 17.20 Uhr, mit der letzten Ballberührung der ganzen Saison, trifft Andersson flach ins kurze Eck. Er findet eine Lücke, wo eigentlich keine sein kann. 1:1. Bayern ist Meister. Schalke, das sich seit 4:38 Minuten als Meister wähnt, weint. Grausamer hat noch keiner den Titel verloren. Kahn rennt wie von Sinnen zur Eckfahne, reißt sie aus der Verankerung, plumpst auf den Rücken, jubelt wie besessen.

Die Minuten nähren den Mythos vom Sieger-Gen dieses Klubs. „Weil wir immer an uns glauben. Wir wissen, dass wir immer reagieren und ein Tor schießen können", sagt Effenberg später.

Feiern können sie den Triumph nicht gebührend, es wartet noch ein Termin in Mailand. Vier Tage später.

Champions League

Überwältigt nach dem 6:5 n. E. gegen Valencia: die Bayern mit Kapitän Stefan Effenberg (M.) an der Spitze

Nach 25 Jahren Pokal wieder in München

Als Erster der Gruppe F ziehen die Bayern in die zweite Gruppenphase ein. Die Ergebnisse: 3:1 und 0:0 gegen Helsingborg, 3:1 und 1:1 gegen Trondheim, 0:1 und 2:0 gegen Paris. Ähnlich schwer tun sie sich in der nächsten Runde, unterliegen nach 1:0 gegen Lyon, 2:2 bei Arsenal, 1:0 und 3:0 gegen Spartak Moskau blamabel 0:3 in Lyon. Doch die Niederlage ist der Schlüssel zum Titel: Beim mitternächtlichen Bankett schimpft Franz Beckenbauer: „Das ist nicht Fußball, das ist Uwe-Seeler-Traditionsmannschaft, Altherrenfußball." Er rät den Profis, sich am besten gleich „einen anderen Beruf" zu suchen. Die Wutrede trifft die Spieler, noch in der Nacht beschließen sie auf Effenbergs Hotelzimmer, es allen zu zeigen. Im Viertelfinale besiegen sie Manchester United zweimal (1:0, 2:1), im Halbfinale mit den gleichen Resultaten Real Madrid. Im Finale gegen Valencia gibt es schon während der regulären Spielzeit drei Elfmeter: Mendieta trifft (2.), Scholl verschießt (6.), Effenberg gleicht zum 1:1 aus (50.). Es kommt zum Elfmeterschießen: Sérgio übers Tor, 1:2 Mendieta, 2:2 Salihamidzic, 2:3 Carew, 3:3 Zickler, Kahn hält gegen Zahovic, Cañizares hält gegen Andersson, Kahn hält gegen Carboni, 4:3 Effenberg, 4:4 Baraja, 5:4 Lizarazu, 5:5 González, 6:5 Linke, Kahn hält gegen Pellegrino. „25 Jahre – da ist das Ding", brüllt Elfmeterheld Kahn bei der Feier auf dem Marienplatz.

DFB-Pokal

Mega-Blamage: Kahn (l.) pariert keinen Elfmeter, Magdeburg jubelt

Aus im Elfmeterschießen in Magdeburg

Der Titelverteidiger beschert dem FC Schönberg (Oberliga Nord) das Spiel des Lebens. 16 000 Zuschauer hoffen auf eine Sensation, die bleibt aus. Mehmet Scholl, Alexander Zickler, Thorsten Fink und Carsten Jancker schießen die Bayern beim 4:0 wenig berauschend in die zweite Hauptrunde. Doch da straucheln die Bayern schon: Der 1. FC Magdeburg spielt nur in der Oberliga Nordost, wächst aber über sich hinaus und gewinnt 5:3 n. E. Kahn hält keinen Ball, Jens Jeremies und Giovane Elber verschießen.

DIE TOP-ELF DER SAISON

TRAINER

OTTMAR HITZFELD
Seine ruhige Hand lässt die Mannschaft alle Stürme überstehen, nach Udo Lattek ist Hitzfeld der zweite Bundesliga-Trainer, der einen Meister-Hattrick schafft.

Hasan Salihamidzic

Thomas Linke

DER SPIELER DES JAHRES

*Die Sportpresse kürt **Oliver Kahn,** bis zum Finale der Champions League nicht als „Elfmeter-Töter" bekannt, in Zeiten spielerischer Tristesse zum „Fußballer des Jahres" 2000. Kahn ist der fünfte Torwart, dem diese Auszeichnung zuteil wird, dabei liegt da der Tag von Mailand noch vor ihm. Sein unbändiger Wille hat zuweilen aber fatale Folgen: Am 24. Spieltag, beim 2:3 in Rostock, fliegt Kahn vom Platz, weil er bei einer Ecke in der Nachspielzeit den Ball ins Hansa-Tor faustet – Gelb/Rot (90. +3).*

Der Kader

NAME	SPIELE	TORE
Bernd Dreher	1	0
Oliver Kahn	32	0
Stefan Wessels	1	0
Patrik Andersson	22	1
Samuel Kuffour	23	1
Thomas Linke	28	0
Bixente Lizarazu	15	0
Willy Sagnol	27	0
Michael Tarnat	23	1
Stefan Effenberg	20	4
Thorsten Fink	24	1
Owen Hargreaves	14	0
Jens Jeremies	21	1
Hasan Salihamidzic	31	4
Mehmet Scholl	29	9
Ciriaco Sforza	20	0
Thomas Strunz	5	0
Michael Wiesinger	6	0
Antonio Di Salvo	6	0
Giovane Elber	27	15
Berkant Göktan	1	0
Carsten Jancker	25	12
Paulo Sérgio	26	5
Roque Santa Cruz	19	5
Alexander Zickler	24	3

WILLY SAGNOL etabliert sich gleich in seinem ersten von knapp neun Jahren bei Bayern als Stammspieler

Transfers

OWEN HARGREAVES spielt schon seit 1997 in Bayerns Jugend und seit 1999/2000 für die Amateure des Vereins, als er 2000 gleich am ersten Spieltag zu seinem Profidebüt kommt. Beim 4:1 gegen Hertha wird der Kanadier mit britischem Pass in der 83. Minute eingewechselt. Der kampf- und laufstarke Mittelfeldspieler bestreitet 2000/01 14 Bundesliga-Spiele, seinen Durchbruch feiert Hargreaves im Halbfinal-Rückspiel gegen Real Madrid, als er den gesperrten Stefan Effenberg so gut ersetzt, dass er auch im Finale ran darf – in der Startelf. Ab Mitte der zweiten Halbzeit gegen Valencia stellt Hargreaves sogar Effenberg in den Schatten.

SPIELER	VON VEREIN	ABLÖSESUMME
Willy Sagnol	AS Monaco	15,4 Mio. DM
Owen Hargreaves	FC Bayern Jugend	–
Ciriaco Sforza	1. FC Kaiserslautern	4,6 Mio. DM
Antonio Di Salvo	SC Paderborn	–

Tops & Flops

PATRIK ANDERSSON In 38 Bundesliga-Spielen für Bayern (1999 – 2001) schießt der Schwede nur ein Tor, dafür aber das wichtigste im ganzen Jahrzehnt: das 1:1 beim HSV.

CARSTEN JANCKER Der Stürmer ist der Frühzünder, erzielt die drei schnellsten Bayern-Tore der Saison: 3. Minute gegen Schalke (29. Sp.), 5. Min. in Stuttgart (4. Sp.) und gegen Leverkusen (15. Sp.).

DORTMUND-SPIEL Am 11. Spieltag gewinnt Bayern 6:2, der torreichste Saisonsieg ist auch der höchste gegen den BVB seit dem Rekordspiel 1971 (11:1).

CIRIACO SFORZA wird zum zweiten Mal verpflichtet (erstmals 1995), ist als Libero auserkoren, aber oft verletzt und kommt nur auf 20 Bundesliga-Spiele.

DORTMUND-SPIEL Am 28. Spieltag erhalten die Bayern beim 1:1 gegen den BVB achtmal Gelb (FCB-Rekord in der Bundesliga), einmal Gelb/Rot (Lizarazu) und einmal Rot (Effenberg).

PUNKTAUSBEUTE Nur 63 Punkte holen die Bayern, nie gibt es seit Einführung der Drei-Punkte-Regel (zur Saison 1995/96) einen schwächeren Meister.

1. SPIELTAG

Bayern – Hertha BSC 4:1 (1:0)

BAYERN: Kahn – Sagnol, P. Andersson, Linke, Tarnat – Fink (83. Hargreaves) – Wiesinger, Scholl – Sforza – Jancker (83. Salihamidzic), Santa Cruz (67. Zickler).
BERLIN: Kiraly – van Burik, Tretschok (85. Simunic), Sverrisson (71. Sanneh) – Rehmer, Schmidt (71. Daei), Hartmann – Beinlich – Deisler, Wosz – Preetz.
Tore: 1:0 Scholl (9., Foulelfmeter), 2:0 Jancker (66.), 3:0 Zickler (81.), 4:0 Salihamidzic (88.), 4:1 Daei (89.).
Gelb: Sforza / –.
Schiedsrichter: Dr. Markus Merk.

2. SPIELTAG

VfL Bochum – Bayern 0:3 (0:3)

BOCHUM: van Duijnhoven – Stickroth, Mamic (73. Milinovic) – Bemben (42. Toplak), Meichelbeck – Schindzielorz, Dickhaut – Peschel, Bastürk, Buckley – Weber (80. Covic).
BAYERN: Kahn – Sagnol, P. Andersson, Linke, Tarnat (78. Lizarazu) – Fink – Salihamidzic, Sforza, Scholl – Jancker (70. Di Salvo), Zickler (10. Santa Cruz).
Tore: 0:1 Jancker (17.), 0:2 Santa Cruz (19.), 0:3 Jancker (22.).
Gelb: Schindzielorz / –.
Schiedsrichter: Alfons Berg.
Besonderes Vorkommnis: Van Duijnhoven hält Foulelfmeter von Salihamidzic (40.).

3. SPIELTAG

Bayern – VfL Wolfsburg 3:1 (2:0)

BAYERN: Kahn – Salihamidzic, P. Andersson, Kuffour (46. Linke), Tarnat – Fink – Sforza – Wiesinger, Scholl – Santa Cruz (60. Zickler / 67. Sagnol), Jancker.
WOLFSBURG: Reitmaier – O'Neil, Biliskov (70. Kryger) – Hengen (73. Munteanu) – Nowak, Akonnor – Sebescen, Weiser – Kühbauer – Maric (80. Rische), Juskowiak.
Tore: 1:0 Scholl (19., Foulelfmeter), 2:0 Jancker (37.), 2:1 Akonnor (59.), 3:1 Fink (87.).
Gelb: – / O'Neil, Akonnor, Kryger, Kühbauer.
Schiedsrichter: Lutz Wagner.

4. SPIELTAG

VfB Stuttgart – Bayern 2:1 (1:1)

STUTTGART: Hildebrand – Meißner, Soldo, Bordon, Carnell – Thiam – Lisztes – Pinto (73. Seitz), Gerber – Balakov (90. Endress) – Ganea (66. Dundee).
BAYERN: Kahn – Sagnol, P. Andersson (77. Strunz), Linke, Lizarazu – Fink – Sforza (70. Hargreaves) – Scholl – Salihamidzic, Santa Cruz (46. Di Salvo) – Jancker.
Tore: 0:1 Jancker (5.), 1:1 Thiam (30.), 2:1 Balakov (62.).
Gelb: Hildebrand, Bordon, Carnell / Santa Cruz, Salihamidzic, Fink.
Schiedsrichter: Bernd Heynemann.

5. SPIELTAG

Bayern – SpVgg Unterhaching 3:1 (1:1)

BAYERN: Wessels – Sagnol, Linke (46. Salihamidzic), Kuffour, Tarnat – Strunz – Sforza – Hargreaves, Scholl (76. Fink) – Elber (46. Jancker), Santa Cruz.
UNTERHACHING: Tremmel – Strehmel – Seifert, Grassow – Straube – Schwarz, Hirsch (78. Spizak) – Haber – Copado, Kögl (73. Oberleitner) – Breitenreiter (74. Zdrilic).
Tore: 0:1 Schwarz (21.), 1:1 Elber (37.), 2:1 Scholl (70., Foulelfmeter), 3:1 Jancker (83.).
Gelb: Jancker, Salihamidzic / –.
Schiedsrichter: Jürgen Jansen.

6. SPIELTAG

1. FC Köln – Bayern 1:2 (1:1)

KÖLN: Pröll – Cichon (78. Donkov) – Cullmann, Sichone – Scherz, Hauptmann, Voigt – Lottner (78. Baranek), Kreuz – Arveladze (84. Kurth), Timm.
BAYERN: Kahn – Sagnol (82. Göktan), P. Andersson, Kuffour, Tarnat – Fink – Strunz – Hargreaves (46. Sforza), Salihamidzic – Elber (75. Linke), Santa Cruz.
Tore: 0:1 Elber (15.), 1:1 Scherz (41.), 1:2 Santa Cruz (73.).
Schiedsrichter: Hellmut Krug.

7. SPIELTAG

Bayern – Hansa Rostock 0:1 (0:1)

BAYERN: Kahn – Salihamidzic, Linke, Kuffour (46. Wiesinger), Lizarazu – Sforza – Strunz (63. Hargreaves), Fink – Scholl – Jancker, Elber (76. Di Salvo).
ROSTOCK: Pieckenhagen – Schröder, Jakobsson, Oswald – Wibran, Lantz, Emara – Brand (88. Weilandt) – Rydlewicz – Baumgart (61. Majak) – Arvidsson (71. Kovacec).
Tor: 0:1 Brand (15.).
Gelb: Linke / Lantz, Rydlewicz.
Schiedsrichter: Alfons Berg.

8. SPIELTAG

Energie Cottbus – Bayern 1:0 (1:0)

COTTBUS: Piplica – Sebök – Hujdurovic, Beeck – Matyus – Scherbe, Latoundji (72. Bittencourt), Akrapovic – Micevski (90. Vata) – Helbig, Labak (79. Kobylanski).
BAYERN: Kahn – Sagnol, P. Andersson, Linke, Tarnat – Wiesinger (46. Salihamidzic), Jeremies, Fink (46. Sergio) – Scholl – Jancker, Elber (62. Santa Cruz).
Tor: 1:0 Sebök (16.).
Gelb: Akrapovic / Tarnat, Scholl, Jancker, Salihamidzic, Sagnol.
Schiedsrichter: Dr. Markus Merk.

9. SPIELTAG

Bayern – 1860 München 3:1 (1:0)

BAYERN: Kahn – Sagnol, P. Andersson, Sforza, Tarnat – Jeremies – Fink – Salihamidzic – Scholl (76. Wiesinger), Sergio (66. Zickler) – Elber (84. Santa Cruz).
1860: Jentzsch – Cerny – Paßlack, Ehlers – Borimirov, Tyce (76. Max) – Bierofka – Riedl (52. Agostino), Mykland – Häßler – Beierle.
Tore: 1:0 Elber (45.+2), 2:0 Salihamidzic (56.), 3:0 Elber (64.), 3:1 Häßler (75.).
Gelb/Rot: – / Borimirov (82.).
Gelb: Jeremies / Bierofka, Beierle, Ehlers, Mykland.
Schiedsrichter: Jürgen Aust.

10. SPIELTAG

Werder Bremen – Bayern 1:1 (1:1)

BREMEN: Rost – Frings, Eilts (66. Barten), Baumann, Krstajic – Wicky, Ernst – Banovic (76. Stalteri), Herzog, Bode – Ailton.
BAYERN: Kahn – Sagnol, Sforza, P. Andersson, Tarnat – Jeremies, Fink – Scholl – Salihamidzic (84. Jancker), Sergio (81. Zickler) – Elber.
Tore: 0:1 Sergio (6.), 1:1 Ailton (11., Foulelfmeter).
Gelb: Frings, Krstajic / Kahn, Fink, Scholl.
Schiedsrichter: Herbert Fandel.

11. SPIELTAG

Bayern – Borussia Dortmund 6:2 (3:1)

BAYERN: Kahn – Sagnol, P. Andersson, Sforza, Tarnat – Jeremies (67. Strunz), Fink – Scholl (85. Santa Cruz) – Salihamidzic, Sergio (67. Zickler) – Elber.
DORTMUND: Lehmann – Nijhuis – Wörns – Heinrich – Metzelder, Dedé – Addo, Ricken – Evanilson (59. Ikpeba), Reina (73. Tanko) – Herrlich.
Tore: 0:1 Herrlich (2.), 1:1 Salihamidzic (8.), 2:1 Elber (10.), 3:1 Scholl (39.), 4:1 Scholl (59.), 5:1 Sergio (63.), 5:2 Addo (71.), 6:2 Salihamidzic (83.).
Gelb/Rot: – / Heinrich (84.).
Gelb: Elber, Jeremies, Scholl, Fink / Dedé, Addo, Lehmann, Nijhuis.
Schiedsrichter: Hartmut Strampe.

12. SPIELTAG

FC Schalke 04 – Bayern 3:2 (0:1)

SCHALKE: Reck – Hajto, Waldoch, van Kerckhoven, Nemec, van Hoogdalem – Latal (55. Asamoah), Büskens – Möller – Sand, Mpenza.
BAYERN: Kahn – Sagnol, P. Andersson, Sforza, Tarnat – Jeremies – Effenberg, Scholl (73. Jancker) – Salihamidzic (73. Zickler), Elber (85. Santa Cruz), Sergio.
Tore: 0:1 Elber (34.), 1:1 Möller (58.), 1:2 Sergio (59.), 2:2 Asamoah (68.), 3:2 Sand (71.).
Gelb: Nemec, Büskens, van Hoogdalem / Tarnat, Sergio, Jeremies, Effenberg, Salihamidzic.
Schiedsrichter: Bernd Heynemann.

13. SPIELTAG

Bayern – Eintracht Frankfurt 1:2 (1:1)

BAYERN: Kahn – Sagnol (78. Zickler), Kuffour, Sforza, Tarnat – Jeremies (64. Jancker), Fink – Effenberg (64. Scholl) – Salihamidzic, Sergio – Elber.
FRANKFURT: Heinen – Houbtchev – Preuß (59. Bindewald), Kracht, Wimmer – Schur – Lösch (46. Rasiejewski), Branco – Heldt – Fjørtoft, Reichenberger (85. Sobotzik).
Tore: 1:0 Sergio (13.), 1:1 Schur (38.), 1:2 Fjørtoft (63.).
Gelb: Elber, Tarnat / Kracht.
Schiedsrichter: Edgar Steinborn.

14. SPIELTAG

SC Freiburg – Bayern 1:1 (1:1)

FREIBURG: Golz – Kondé, Diarra – Kobiaschwili – Kehl – Willi – Zeyer – But (75. Hermel) – Baya – Ramdane (90. Weißhaupt), Sellimi (75. Coulibaly).
BAYERN: Kahn – Sforza – Linke, Kuffour – Fink (74. Jeremies) – Salihamidzic, Tarnat (80. Lizarazu) – Effenberg – Sergio (74. Zickler) – Jancker, Elber.
Tore: 0:1 Jancker (18.), 1:1 But (26.).
Gelb: Kondé, But, Baya, Zeyer / Effenberg, Jancker, Linke, Salihamidzic, Kahn. **Schiedsrichter:** Herbert Fandel.

Das Tor, das den Bayern wieder alle Chancen im Titelrennen eröffnet: Alexander Zicklers (l.) 2:1 gegen Kaiserslautern (hier gegen Hany Ramzy) am 33. Spieltag

15. SPIELTAG

Bayern – Bayer Leverkusen 2:0 (1:0)

BAYERN: Kahn – Linke, Sforza, Kuffour – Sagnol, Jeremies (69. Fink), Tarnat – Effenberg – Elber (81. Zickler), Sergio – Jancker (66. Scholl).
LEVERKUSEN: Matysek – Zivkovic, Nowotny, R. Kovac – Reeb (75. Ojigwe) – Ramelow, Vranjes – Ballack (27. Ponte) – Neuville, Zé Roberto – Kirsten (74. Rink).
Tore: 1:0 Jancker (5.), 2:0 Elber (48.).
Rot: – / Ponte (52.).
Gelb: Sagnol, Effenberg, Jancker, Kuffour / R. Kovac, Kirsten.
Schiedsrichter: Hellmut Krug.

16. SPIELTAG

1. FC Kaiserslautern – Bayern 0:0

K'LAUTERN: G. Koch – H. Koch, Yakin – Grammozis, Ramzy – Strasser – Hristov, Pettersson – Buck – Djorkaeff (83. Marschall) – Lokvenc (59. Klose).
BAYERN: Kahn – Linke, Kuffour – Tarnat – Sforza – Salihamidzic – Fink, Effenberg – Sergio, Scholl (46. Zickler) – Elber (68. Jancker).
Gelb: H. Koch / Tarnat, Linke, Salihamidzic, Kahn, Jancker, Effenberg.
Schiedsrichter: Jürgen Aust.

17. SPIELTAG

Bayern – Hamburger SV 2:1 (0:1)

BAYERN: Kahn – Kuffour (46. Santa Cruz), Sforza – Linke, Tarnat – Jeremies – Effenberg – Salihamidzic, Sergio (76. P. Andersson) – Scholl – Elber (86. Zickler).
HAMBURG: Butt – Hoogma, Panadic – Ujfalusi, Hollerbach – Tøfting, Kovac (82. Doll), Mahdavikia (74. Yilmaz), Präger (66. Heinz) – Barbarez – Meijer.
Tore: 0:1 Barbarez (28.), 1:1 Elber (64.), 2:1 Elber (68.).
Gelb: Sergio, Tarnat / Kovac, Ujfalusi, Barbarez, Panadic.
Schiedsrichter: Hartmut Strampe.

18. SPIELTAG

Hertha BSC – Bayern 1:3 (1:2)

BERLIN: Kiraly – Rehmer, van Burik, Sverrisson – Hartmann – Dardai, Tretschok, Beinlich (66. Sanneh) – Wosz (66. Daei) – Alves, Preetz.
BAYERN: Kahn – Linke, Sforza, Kuffour – Salihamidzic – Jeremies, Effenberg, Fink – Santa Cruz (88. Sergio), Zickler – Elber (80. Scholl).
Tore: 0:1 Santa Cruz (17.), 1:1 Preetz (25.), 1:2 Effenberg (33., Foulelfmeter), 1:3 Zickler (60.).
Gelb: van Burik / Jeremies, Sforza.
Schiedsrichter: Alfons Berg.

19. SPIELTAG

Bayern – VfL Bochum 3:2 (1:1)

BAYERN: Kahn – P. Andersson, Sforza (73. Hargreaves), Linke – Salihamidzic, Jeremies, Lizarazu (69. Tarnat) – Effenberg – Scholl, Zickler (70. Sergio) – Elber.
BOCHUM: van Duijnhoven – Stickroth – Fahrenhorst, Milinovic, Dickhaut (55. Sundermann) – Colding, Freier, Mandreko – Bastürk – Maric (79. Rietpietsch), Christiansen (46. Drincic).
Tore: 1:0 Effenberg (21.), 1:1 Bastürk (41.), 2:1 Elber (53.), 2:2 Bastürk (59.), 3:2 Effenberg (89.).
Gelb: – / Mandreko. **Schiedsrichter:** Edgar Steinborn.

20. SPIELTAG

VfL Wolfsburg – Bayern 1:3 (1:2)

WOLFSBURG: Reitmaier – Kryger, Ifejiagwa (74. Munteanu) – Hengen, Nowak (57. Schnoor) – Sebescen, Akonnor, Weiser, Kühbauer – Juskowiak, Akpoborie (18. Maric).
BAYERN: Kahn – Kuffour, Jeremies, Linke – Fink – Sagnol, Salihamidzic – Effenberg – Scholl (81. Hargreaves), Zickler (81. Jancker) – Elber (87. Sergio).
Tore: 0:1 Elber (13.), 1:1 Juskowiak (27.), 1:2 Scholl (45.), 1:3 Elber (59.).
Gelb: – / Kuffour.
Schiedsrichter: Lutz Michael Fröhlich.

21. SPIELTAG

Bayern – VfB Stuttgart 1:0 (1:0)

BAYERN: Kahn – Kuffour, Jeremies, Linke – Sagnol, Lizarazu – Fink – Effenberg – Sergio, Zickler (68. Scholl) – Elber (73. Jancker).
STUTTGART: Hildebrand – Marques, Bordon – Schneider (67. Tiffert), Carnell – Soldo – Thiam, Gerber (66. Adhemar) – Pinto, Balakov – Ganea.
Tor: 1:0 Elber (8.).
Gelb: Lizarazu, Effenberg, Sagnol, Scholl / Gerber.
Schiedsrichter: Uwe Kemmling.

22. SPIELTAG

SpVgg Unterhaching – Bayern 1:0 (0:0)

UNTERHACHING: Tremmel – Strehmel – Bucher, Seifert – Schwarz (85. Cizek) – Haber, Hirsch – Mat. Zimmermann, Spizak – Oberleitner (76. Breitenreiter) – Rraklli (72. Straube).
BAYERN: Kahn – Kuffour (67. Salihamidzic), Jeremies, Linke – Sagnol, Fink, Tarnat – Hargreaves (70. Di Salvo) – Scholl – Sergio – Zickler (46. Elber).
Tor: 1:0 Spizak (57.).
Gelb: – / Hargreaves, Fink.
Schiedsrichter: Lutz Wagner.

23. SPIELTAG

Bayern – 1. FC Köln 1:1 (0:1)

BAYERN: Kahn – Jeremies, Linke – Salihamidzic (80. Sagnol), Lizarazu – Fink, Tarnat (46. Scholl) – Effenberg – Sergio – Elber – Jancker.
KÖLN: Pröll – Dziwior, Sichone – Cullmann, Keller – Voigt – Springer – Timm, Lottner (90.+3 Hauptmann), Kreuz (90. Baranek) – Donkov (70. Dworrak).
Tore: 0:1 Kreuz (25.), 1:1 Jancker (65.).
Gelb: Jancker / Sichone, Voigt, Cullmann.
Schiedsrichter: Bernd Heynemann.

24. SPIELTAG

Hansa Rostock – Bayern 3:2 (1:1)

ROSTOCK: Pieckenhagen – Jakobsson – Lantz, Benken, Emara – Schröder – Rydlewicz (90.+3 Oswald), Wibran – Baumgart – Agali, Salou (84. Zallmann).
BAYERN: Kahn – Kuffour, Jeremies, Linke – Sagnol – Fink (69. Sergio), Lizarazu (84. Tarnat) – Effenberg – Salihamidzic (84. Jancker), Scholl – Elber.
Tore: 1:0 Agali (29.), 1:1 Kuffour (33.), 2:1 Salou (51.), 3:1 Jakobsson (61.), 3:2 Jeremies (66.).
Gelb/Rot: – / Kahn (90.+3).
Gelb: Lantz, Agali / Lizarazu, Effenberg, Jeremies, Elber.
Schiedsrichter: Dr. Markus Merk.

25. SPIELTAG

Bayern – Energie Cottbus 2:0 (2:0)

BAYERN: Dreher – P. Andersson, Linke – Sagnol (62. Sergio), Lizarazu – Fink – Effenberg – Salihamidzic, Scholl (86. Hargreaves) – Jancker (90.+3 Di Salvo), Elber.
COTTBUS: Piplica – Vata, Sebök, Matyus- Scherbe – Reghecampf, Akrapovic – Kobylanski – Miriuta – Bittencourt (61. Rödlund), Labak (61. Latoundji).
Tore: 1:0 Scholl (24.), 2:0 Effenberg (38.).
Gelb: Linke, Jancker, Sergio / Sebök.
Schiedsrichter: Michael Weiner.

26. SPIELTAG

1860 München – Bayern 0:2 (0:0)

1860: Jentzsch – Hoffmann, Votava, Riseth – Stranzl (54. Bierofka) – Cerny, Borimirov, Tyce – Häßler – Max (66. Agostino), Schroth.
BAYERN: Kahn – Kuffour, P. Andersson, Linke – Jeremies (68. Fink), Lizarazu – Effenberg – Salihamidzic, Scholl (69. Sergio) – Elber, Jancker (12. Sagnol).
Tore: 0:1 Elber (48.), 0:2 Sergio (80.).
Gelb: – / Jeremies, Salihamidzic, Scholl.
Schiedsrichter: Hellmut Krug.

27. SPIELTAG

Bayern – Werder Bremen 2:3 (0:1)

BAYERN: Kahn – Kuffour, Linke (26. P. Andersson) – Jeremies (62. Jancker) – Sagnol, Tarnat – Fink (26. Salihamidzic) – Effenberg – Sergio, Zickler – Elber.
BREMEN: Rost – Frings, Verlaat, Krstajic (81. Barten), Bode – Eilts, Baumann – Banovic (90.+2 Ailton), Stalteri – Herzog (46. Trares) – Pizarro.
Tore: 0:1 Pizarro (25., Foulelfmeter), 1:1 Elber (47.), 1:2 Bode (58.), 2:2 Jancker (67.), 2:3 Pizarro (88.).
Gelb: Elber, Jeremies, Effenberg, Tarnat / Banovic, Baumann, Verlaat.
Schiedsrichter: Florian Meyer.

28. SPIELTAG

Borussia Dortmund – Bayern 1:1 (0:1)

DORTMUND: Lehmann – Wörns, Metzelder (64. Reina) – Oliseh – Evanilson, Dedé – Heinrich – Ricken (71. Nerlinger) – Rosicky – Addo (87. Nijhuis) – Bobic.
BAYERN: Kahn – Kuffour, P. Andersson, Linke, Lizarazu – Salihamidzic – Jeremies, Effenberg – Scholl (80. Sergio) – Elber (83. Zickler), Santa Cruz (56. Sagnol).
Tore: 0:1 Santa Cruz (6.), 1:1 Bobic (52.).
Rot: Evanilson (90.+3) / Effenberg (55.).
Gelb/Rot: – / Lizarazu (35.).
Gelb: Addo, Oliseh / Kuffour, Elber, Jeremies, Linke, Salihamidzic, Scholl, Kahn, Sagnol.
Schiedsrichter: Hartmut Strampe.

29. SPIELTAG

Bayern – FC Schalke 04 1:3 (1:1)

BAYERN: Kahn – Sagnol, P. Andersson (69. Hargreaves), Kuffour, Tarnat – Salihamidzic – Jeremies – Scholl, Sergio (69. Zickler) – Jancker, Santa Cruz (81. Wiesinger).
SCHALKE: Reck – Hajto, Waldoch – Nemec, Büskens – van Hoogdalem – Böhme – Asamoah (89. Latal), Möller – Sand, Mpenza.
Tore: 1:0 Jancker (3.), 1:1 Sand (14.), 1:2 Sand (48.), 1:3 Sand (76.).
Gelb: Kuffour, Jeremies, Sagnol, Salihamidzic / Möller, Waldoch.
Schiedsrichter: Jürgen Aust.

30. SPIELTAG

Eintracht Frankfurt – Bayern 0:2 (0:1)

FRANKFURT: Heinen – Bindewald, Berntsen (73. Streit), Kracht – Wimmer (60. Sobotzik), Schur (46. Reichenberger), Preuß, Branco – Heldt – Guié-Mien, Kryszalowicz.
BAYERN: Kahn – Kuffour, P. Andersson, Linke – Salihamidzic, Hargreaves, Lizarazu – Scholl – Sergio – Zickler (90.+1 Di Salvo), Santa Cruz (83. Tarnat).
Tore: 0:1 Scholl (22.), 0:2 Tarnat (90.+2).
Gelb: Bindewald / Zickler. **Schiedsrichter:** Jürgen Jansen.

31. SPIELTAG

Bayern – SC Freiburg 1:0 (0:0)

BAYERN: Kahn – Kuffour (63. Sergio), P. Andersson, Linke – Sagnol, Effenberg, Hargreaves – Salihamidzic – Santa Cruz (77. Elber), Scholl (74. Tarnat) – Jancker.
FREIBURG: Golz – Schumann, Diarra – Kehl – Kobiaschwili – Willi (77. Ramdane) – But (62. Tanko), Zeyer, Baya (72. Coulibaly) – Sellimi, Iaschwili.
Tor: 1:0 Scholl (65.).
Gelb: Effenberg / –.
Schiedsrichter: Edgar Steinborn.

32. SPIELTAG

Bayer Leverkusen – Bayern 0:1 (0:0)

LEVERKUSEN: Matysek – R. Kovac, Lúcio, Nowotny – Placente – Ramelow – Reeb (61. Brdaric) – Ballack, Zé Roberto – Neuville, Kirsten.
BAYERN: Kahn – Kuffour (61. Salihamidzic), P. Andersson, Linke – Sagnol, Jeremies, Lizarazu – Effenberg – Sergio (23. Santa Cruz), Zickler (62. Sforza) – Jancker.
Tor: 0:1 Santa Cruz (87.).
Gelb: Ballack / Jeremies, Linke.
Schiedsrichter: Bernd Heynemann.

33. SPIELTAG

Bayern – 1. FC Kaiserslautern 2:1 (0:1)

BAYERN: Kahn – Kuffour, P. Andersson, Linke – Lizarazu – Salihamidzic (89. Zickler), Effenberg, Sforza, Hargreaves (85. Sagnol) – Jancker, Santa Cruz (67. Elber).
K'LAUTERN: G. Koch – H. Koch, Komljenovic, Schjønberg – Buck (70. Pettersson), Ramzy, Grammozis, Strasser (77. Bjelica) – Lokvenc – Klose, Djorkaeff.
Tore: 0:1 Lokvenc (5.), 1:1 Jancker (56.), 2:1 Zickler (90.+1).
Gelb: Jancker, Salihamidzic / Strasser, Grammozis.
Schiedsrichter: Lutz Wagner.

34. SPIELTAG

Hamburger SV – Bayern 1:1 (0:0)

HAMBURG: Schober – Hoogma – Hertzsch, Ujfalusi, Hollerbach – Tøfting, Kientz (77. Bester) – Heinz – Mahdavikia (90.+3 Fischer), Präger (77. Yilmaz) – Barbarez.
BAYERN: Kahn – Kuffour, P. Andersson, Linke – Sagnol, Lizarazu – Effenberg, Hargreaves – Jancker (78. Zickler), Scholl (68. Sergio) – Elber (88. Santa Cruz).
Tore: 1:0 Barbarez (90.), 1:1 Andersson (90.+5).
Gelb: Heinz, Hertzsch, Hollerbach, Tøfting / Scholl, Kuffour.
Schiedsrichter: Dr. Markus Merk.

Abschlusstabelle

Pl.	Verein	Spiele	G	U	V	Tore	Diff.	Punkte
1	Bayern (M/P)	34	19	6	9	62:37	+25	63
2	Schalke	34	18	8	8	65:35	+30	62
3	Dortmund	34	16	10	8	62:42	+20	58
4	Leverkusen	34	17	6	11	54:40	+14	57
5	Hertha	34	18	2	14	58:52	+6	56
6	Freiburg	34	15	10	9	54:37	+17	55
7	Bremen	34	15	8	11	53:48	+5	53
8	Kaiserslautern	34	15	5	14	49:54	–5	50
9	Wolfsburg	34	12	11	11	60:45	+15	47
10	Köln (A)	34	12	10	12	59:52	+7	46
11	1860 München	34	12	8	14	43:55	–12	44
12	Rostock	34	12	7	15	34:47	–13	43
13	Hamburg	34	10	11	13	58:58	0	41
14	Cottbus (A)	34	12	3	19	38:52	–14	39
15	Stuttgart	34	9	11	14	42:49	–7	38
16	Unterhaching	34	8	11	15	35:59	–24	35
17	Frankfurt	34	10	5	19	41:68	–27	35
18	Bochum (A)	34	7	6	21	30:67	–37	27

DIE WEITEREN SIEGER DES JAHRES:

Champions League:
FC Bayern

Uefa-Cup:
FC Liverpool

DFB-Pokal:
Schalke 04

Alle Ergebnisse auf einen Blick

Waagerecht: alle Heimresultate
Senkrecht: alle Auswärtsresultate

	Bayern	Schalke	Dortmund	Leverkusen	Hertha	Freiburg	Bremen	K'lautern	Wolfsburg	Köln	1860	Rostock	Hamburg	Cottbus	Stuttgart	Unterhaching	Frankfurt	Bochum
Bayern		1:3	6:2	2:0	4:1	1:0	2:3	2:1	3:1	1:1	3:1	0:1	2:1	2:0	1:0	3:1	1:2	3:2
Schalke	3:2		0:0	0:0	3:1	0:0	1:1	5:1	2:1	2:1	2:0	2:0	0:1	3:0	2:1	5:3	4:0	2:1
Dortmund	1:1	0:4		1:3	2:0	1:0	0:0	1:2	2:1	3:3	2:3	1:0	4:2	2:0	0:0	3:0	6:1	5:0
Leverkusen	0:1	0:3	2:0		4:0	1:3	3:0	4:2	2:0	4:1	0:0	1:2	1:1	1:3	4:0	1:0	1:0	1:0
Hertha	1:3	0:4	1:0	1:1		2:2	4:1	2:4	1:3	4:2	3:0	1:0	4:0	3:1	2:0	2:1	3:0	4:0
Freiburg	1:1	3:1	2:2	0:1	1:0		0:1	5:2	4:1	0:0	0:3	0:0	0:0	4:1	4:0	2:0	5:2	5:0
Bremen	1:1	2:1	1:2	3:3	3:1	3:1		1:2	2:3	2:1	2:0	3:0	3:1	3:1	1:0	0:0	1:1	2:0
K'lautern	0:0	3:2	1:4	0:1	0:1	0:2	2:0		0:0	3:1	3:2	0:1	2:1	1:1	1:0	4:0	4:2	0:1
Wolfsburg	1:3	2:0	1:1	2:0	2:1	1:2	1:1	4:0		6:0	0:1	2:1	4:4	1:1	2:2	6:1	3:0	0:0
Köln	1:2	2:2	0:0	1:1	1:0	0:1	1:3	0:1	0:0		4:0	5:2	4:2	4:0	3:2	1:1	4:1	2:0
1860	0:2	1:1	1:0	1:0	0:1	3:1	2:1	0:4	2:2	3:1		2:1	2:1	0:1	2:1	0:2	2:2	2:4
Rostock	3:2	0:4	1:2	2:1	0:2	0:0	5:2	1:0	1:1	2:1	0:0		1:0	1:0	1:1	2:2	0:2	2:0
Hamburg	1:1	2:0	2:3	1:3	1:2	5:0	2:1	1:1	3:2	1:1	2:2	2:1		2:1	2:2	1:1	2:0	3:0
Cottbus	1:0	4:1	1:4	1:2	3:0	0:2	3:1	0:2	0:0	0:2	2:3	1:0	4:2		2:1	1:0	2:0	2:0
Stuttgart	2:1	1:0	0:2	4:1	0:1	0:0	2:1	6:1	2:1	0:3	2:2	1:0	3:3	1:0		2:2	4:1	1:1
Unterhaching	1:0	0:2	1:4	1:2	5:2	1:1	0:0	0:0	0:3	0:0	3:2	1:1	2:1	2:1	0:0		2:0	2:1
Frankfurt	0:2	0:0	1:1	1:3	0:4	3:0	1:2	3:1	1:2	1:5	1:0	4:0	1:1	1:0	2:1	3:0		3:0
Bochum	0:3	1:1	1:1	3:2	1:3	1:3	1:2	0:1	2:1	2:3	1:1	1:2	0:4	1:0	0:0	3:0	2:1	

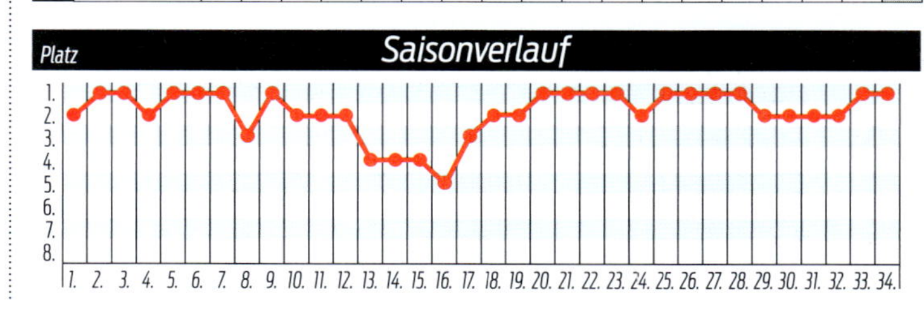

HERBSTHOCH IST TRÜG

Vom 7. bis 12. Spieltag holt Bayern sechs Siege und 21:2 Tore, dann beginnt mit dem Comeback von Stefan Effenber

Nach dem Triumph in der Champions League denkt Ottmar Hitzfeld bereits auf dem Rückflug von Mailand nach München an Rücktritt. Uli Hoeneß verweigert das Begehren und überredet den Trainer vielmehr zu einer vorzeitigen Vertragsverlängerung. Hitzfeld unterschreibt schließlich bis 2004. Doch der Glanz ist weg. In sein viertes Jahr beim FC Bayern geht er mit einem Sack voll Sorgen. Er fühlt sich ausgebrannt, muss eine satte Mannschaft motivieren und – das ist besonders heikel – wochenlang den Abschied einer zunehmend umstrittenen Führungsfigur moderieren: Stefan Effenberg, Hitzfelds wichtigstem Mitstreiter der vergangenen Jahre neben Oliver Kahn.

Die Saison 2001/02 wird der Beginn eines Umbruchs. Der anstehende Abgang von Effenberg, dessen Vertrag nicht verlängert wird, ist nur die pikanteste Personalie. Eine sportlich immens wichtige ist der Transfer von Abwehrchef Patrik Andersson, der ein besser dotiertes Angebot des FC Barcelona annimmt. Die Bayern-Bosse beschränken sich bei ihrer Suche nach frischem, hungrigen Personal auf den Transfermarkt der Bundesliga.

Die Brüder Robert Kovac (15 Millionen

Sekunden vor dem Auswärtsspiel beim FC St. Pauli (v. r.): Stefan Effenberg, Oliver Kahn, Thorsten Fink, Samuel Kuffour und Thomas Linke. Bayern unterliegt 1:2, die Hamburger feiern sich als „Weltpokalsiegerbesieger“

ERISCH

r Meister-Sturz

DM aus Leverkusen) und Nico (11 Mio. DM vom HSV), Claudio Pizarro (16,4 Mio. DM aus Bremen) und Pablo Thiam (ablösefrei vom VfB Stuttgart) sind allesamt keine Leitwölfe. Hitzfeld will die Struktur des erfolgreichen Kaders nicht wesentlich verändern, womöglich der erste Fehler.

Die Bayern starten schwach, verlieren in den ersten Wochen der Saison den Ligapokal (0:1 gegen Hertha BSC), den Bundesliga-Auftakt in Gladbach (0:1) und den Uefa-Supercup gegen den FC Liverpool (2:3). Es sind böse Vorboten.

Das Herbsthoch bietet mit sechs Siegen und 21:2 Toren (7. bis 12. Spieltag) ein trügerisches Bild, wie sich herausstellen wird. Die drei Wochen vom 10. bis 12. Spieltag bleiben die einzigen an der Tabellenspitze. „Wir ließen uns von den guten Leistungen blenden und dachten, wir könnten den Umbruch so leicht wegstecken wie kein anderer Klub in Europa“, erkennt Uli Hoeneß im Rückblick, „das war ein Fehler, da sind wir ein bisschen zu überheblich geworden, weil wir sagten, die Verletzten *(Scholl, Jeremies, Salihamidzic; d. Red.)* kommen zurück, die werden reingepusht. Aber da kam ein Bruch.“

Auch weil Effenberg, der vom 2. bis 12. Spieltag wegen einer Entzündung im rechten Mittelfuß nicht zur Verfügung steht, sein Comeback gibt. Das 0:1 in Bremen markiert den Beginn eines Tiefs, das am Ende den Titel kostet. Und zugleich den sportlichen Niedergang von Effenberg, mit dem die Bayern von 17 Spielen nur sechs gewinnen. Obwohl der Kapitän nicht mehr sein Leistungsniveau erreicht und das Spiel verlangsamt und berechenbarer macht, hält Hitzfeld bedingungslos an ihm fest. Eine bei den Bossen und im Mannschaftskreis umstrittene Entscheidung.

Bayern-Berater Paul Breitner nennt Effenberg gar „einen Pseudo-Regisseur“. Vom 13. bis 19. Spieltag gewinnt der FC Bayern kein Ligaspiel – mit dem 1:5 beim FC Schalke als absolutem Tiefpunkt. Damit nicht genug: Am 21. Spieltag verliert die Hitzfeld-Mannschaft auch noch 1:2 beim kommenden Absteiger FC St. Pauli. Die Hamburger feiern ihren Erfolg mit einem speziellen T-Shirt: „Weltpokalsiegerbesieger“ steht auf der Brust, sie spielen damit auf Bayerns 1:0 gegen Boca Juniors Ende November 2001 an.

Was schon 1974/75 und 1987/88 misslingt, schlägt wieder fehl – die vierte Meisterschaft in Folge, „das, was noch keine Mannschaft vorher erreicht hat, diesen historischen Rekord“ (Effenberg). Uli Hoeneß kommentiert das nonchalant: „Es ist auch für uns ganz sympathisch, einmal von unten nach oben zu schauen.“ Dabei fehlen in der Endabrechnung dank einer starken

Erfolgserlebnis gegen den späteren Meister BVB: das 1:0 von Salihamidzic beim 2:0-Auswärtssieg

Rückrunde, die Bayern mit 35 Punkten als beste aller Bundesliga-Mannschaften abschließt, nur zwei Zähler auf Meister Borussia Dortmund. Selbst am letzten Spieltag ist noch eine Chance auf ein Überholmanöver möglich. Das 3:2 gegen Rostock ist allerdings wertlos, weil Dortmund zeitgleich Werder Bremen besiegt und Vizemeister Leverkusen die Hertha (beide 2:1).

Dass man überhaupt noch diese Ausgangsposition erreicht hat, verdanken die Bayern ihrer starken Abwehr. Sie kassieren lediglich 25 Gegentore (neuer Vereinsrekord), allerdings enden aufgrund der zu vorsichtigen, teils höchst unattraktiven Spielweise, auch gleich vier Partien 0:0.

Der 34. Spieltag endet in Missstimmung. Der Verein will Stefan Effenberg nach vier erfolgreichen Jahren einen „würdigen Abschied“ bereiten, doch wegen einer akuten Sehnenscheiden-Entzündung am Sprunggelenk fällt der Kapitän aus. Hitzfeld wehrt sich entschieden gegen die Vermutung, es sei „eine Alibi-Verletzung“. Bei der Verabschiedung des 33-Jährigen mischen sich unter den Applaus auch zahlreiche Pfiffe. Effenberg zeigt sich dennoch versöhnlich: „Die Mannschaft und ich persönlich haben hier in vier Jahren etwas geschaffen, was sehr schwer zu toppen sein wird. Das Größte war der Champions-League-Sieg. Das steht über allen Dingen.“

So bleiben die Bayern eine Fußnote 2001/02, jener Saison, in der Bayer Leverkusen endgültig „Vizekusen“ wird mit drei zweiten Plätzen in Meisterschaft, DFB-Pokal (2:4 gegen Schalke) und Champions League (1:2 gegen Real Madrid).

Champions League

Effenberg (r.) scheitert im Hinspiel gegen Real mit Elfmeter, später trifft er zum 1:1

Real wie 1999/2000 zu stark für Bayern

Das Unternehmen Titelverteidigung läuft gut an. Ungeschlagen überstehen die Bayern die Vorrunde und werden mit 14 Punkten Gruppensieger vor Sparta Prag (11). Die Ergebnisse: 0:0 und 1:0 gegen Prag, 3:1 und 5:1 gegen Spartak Moskau (schon 2000/01 Gruppengegner), 2:2 und 3:1 gegen Feyenoord Rotterdam. In der zweiten Gruppenphase kommt es zum Wiedersehen mit Manchester United, dem Finalgegner von 1999. Hin- und Rückspiel enden jeweils remis (0:0 und 1:1). United wird mit der klar besseren Tordifferenz gegenüber Bayern (plus 7 Tore) Gruppensieger, weil sich der FCB gegen Nantes (1:0 und 2:1) und Boavista Porto (0:0 und 1:0) in der Offensive schwertut. Nach zwölf Spielen noch unbezwungen, ziehen die Bayern ins Viertelfinale gegen Real Madrid ein. Wie 1999/2000 endet die Europacup-Saison wieder im Duell mit den Königlichen. Nach dem 2:1 im Hinspiel (Tore: Effenberg 82., Pizarro 88.) verlieren sie in Madrid 0:2.

DFB-Pokal

Rot für Samuel Kuffour im Halbfinale beim FC Schalke

Schalke gewinnt Halbfinale in Überzahl

Zunächst fordern zwei Drittligisten die Bayern. In Paderborn gibt es einen leichten 5:1-Sieg, erst in vorletzter Minute gelingt dem Gastgeber der Ehrentreffer. Beim VfL Osnabrück ist es ungleich spannender (2:0), auch weil Robert Kovac vom Platz fliegt. Das erste Treffen mit einem Bundesligisten, das Achtelfinale gegen den VfL Wolfsburg, wird ein Zuschussgeschäft. Den 2:1-Heimspielerfolg sehen am 23. Januar 2002 nur 4000 Zuschauer. Im Viertelfinale fallen Tore auf dem ausverkauften Betzenberg erst im Elfmeterschießen. Der Lauterer Lincoln schießt in der regulären Spielzeit einen Elfmeter an den Pfosten, Nenad Bjelica verfehlt im Elfmeterschießen das Tor von Oliver Kahn. Bayern siegt 5:3. Auch bei Titelverteidiger Schalke steht es nach 90 Minuten 0:0. In die Verlängerung gehen die Bayern nach Samuel Kuffours Platzverweis in Unterzahl und müssen sich beugen: Marco van Hoogdalem und Jörg Böhme sichern das 2:0.

TRAINER

OTTMAR HITZFELD
Er gewinnnt zwar erstmals den Weltpokal, der eher bedeutungslose Titel kann jedoch nicht die enttäuschende Saison aufwerten.

DIE TOP-ELF DER SAISON

Bixente Lizarazu

Samuel Kuffour

DER SPIELER DES JAHRES

Oliver Kahn verteidigt 2001 seinen Titel als „Fußballer des Jahres". Er bleibt 19 Saisonspiele ohne Gegentor, bricht den Bundesliga-Rekord des Bremers Oliver Reck (1987/88 und 1992/93) und des Schalkers Norbert Nigbur (1971/72; je 18 Spiele) und hält die Bestleistung, bis Manuel Neuer sie 2014/15 auf 20 Spiele erhöht. Kahns Paraden führen die Nationalmannschaft ins WM-Finale 2002, da allerdings patzt er beim Tor zum 0:1 gegen Brasilien. Das Spiel endet 0:2. Kahn wird zum besten Spieler der WM gekürt und Zweiter hinter dem Brasilianer Ronaldo bei der Weltfußballer-Wahl.

Der Kader

NAME	SPIELE	TORE
Oliver Kahn	32	0
Stefan Wessels	2	0
Robert Kovac	29	0
Samuel Kuffour	21	0
Thomas Linke	20	0
Bixente Lizarazu	25	1
Willy Sagnol	28	1
Michael Tarnat	10	0
Stefan Effenberg	17	2
Markus Feulner	1	0
Thorsten Fink	28	2
Owen Hargreaves	29	0
Steffen Hofmann	1	0
Jens Jeremies	10	0
Niko Kovac	16	2
Hasan Salihamidzic	19	5
Mehmet Scholl	18	6
Ciriaco Sforza	16	1
Pablo Thiam	12	0
Giovane Elber	30	17
Carsten Jancker	18	0
Paulo Sérgio	23	3
Claudio Pizarro	30	15
Roque Santa Cruz	22	5
Alexander Zickler	13	1

CARSTEN JANCKER erzielt in seiner letzten Bundesliga-Saison für Bayern kein Tor mehr. Gesamtbilanz: 143 Spiele, 48 Tore

Transfers

NIKO KOVAC kann sich anders als sein Bruder Robert nicht bei den Bayern durchsetzen. Nach fünf Zweitliga-Jahren bei Hertha (1991 bis 1996), drei Bundesliga-Spielzeiten in Leverkusen (77 Spiele) und zwei beim HSV (55 Spiele) schaffte er in seinen beiden Bayern-Jahren bis 2003 nur 34 Einsätze (drei Tore) in der Bundesliga. Zur Saison 2003/04 kehrt er zu Hertha zurück, 2006 bis 2009 lässt er in Salzburg seine Karriere ausklingen. Für Kroatien spielt der gebürtige Berliner 83-mal in der Nationalelf.

SPIELER	VON VEREIN	ABLÖSESUMME
Robert Kovac	Bayer Leverkusen	15 Mio. DM
Markus Feulner	FC Bayern Jugend	–
Steffen Hofmann	FC Bayern Jugend	–
Niko Kovac	Hamburger SV	11 Mio. DM
Pablo Thiam	VfB Stuttgart	–
Claudio Pizarro	SV Werder Bremen	16,4 Mio. DM

Tops & Flops

SERIENHELDEN Vom 22. Spieltag bis zum Saisonende bleibt Bayern 13 Bundesliga-Spiele (darunter neun Siege) ungeschlagen. Rekord in der Ära Ottmar Hitzfeld.

CLAUDIO PIZARRO verdrängt Carsten Jancker als Sturmpartner von Giovane Elber, wird mit 15 Toren in 30 Bundesliga-Einsätzen zweitbester Bayern-Torjäger (Platz sieben in der Bundesliga).

ROBERT KOVAC wird der Dauerbrenner unter den Neuzugängen. Der neue Abwehrchef steht 28-mal in der Bundesliga-Startelf, keiner schafft mehr.

ERSATZHEMDEN Vor dem Auswärtsspiel in Köln am 11. Spieltag ist Zeugwart Charly Ehmann im Urlaub, seine Tochter Veronika packt nur rote Trikots ein. In Rot aber spielen die Kölner und wollen partout nicht wechseln. So streifen die Bayern weiße Trainingsleibchen ohne Nummern über ihre roten Trikots, siegen 2:0.

OLIVER KAHN verliert gegen Cottbus (24. Spieltag) die Bodenhaftung, drängt sich beim Stand von 6:0 für den Foulelfmeter auf. Tomislav Piplica pariert seinen schwachen Schuss (90. +1), Kahn erzielt zeitlebens kein Bundesliga-Tor.

Das 1:0 von Roque Santa Cruz beim VfB Stuttgart (25. Spieltag): Der Stürmer überwindet in der 32. Minute Torwart Timo Hildebrand. Santa Cruz gelingen in der Saison fünf Bundesliga-Tore

1. SPIELTAG

Borussia M'gladbach – Bayern 1:0 (1:0)

M'GLADBACH: Stiel – Eberl, Korell, Pletsch, Witeczek – Nielsen – Hausweiler, Demo (84. Asanin) – Korzynietz (72. Küntzel), van Lent, van Houdt (78. Ulich).
BAYERN: Kahn – Salihamidzic, R. Kovac, Linke, Lizarazu – Hargreaves, Effenberg, N. Kovac (78. Zickler) – Sergio (46. Scholl) – Jancker (68. Santa Cruz), Elber).
Tor: 1:0 van Lent (23.).
Gelb: – / Effenberg, Jancker, N. Kovac, Hargreaves.
Schiedsrichter: Edgar Steinborn.

2. SPIELTAG

Bayern – FC Schalke 04 3:0 (3:0)

BAYERN: Kahn – R. Kovac, Thiam, Linke – Lizarazu – Salihamidzic, N. Kovac, Hargreaves – Scholl (85. Fink) – Pizarro (85. Jancker), Elber (71. Zickler).
SCHALKE: Reck – Hajto, Nemec (46. Kmetsch), Waldoch – Asamoah (76. Vermant), Böhme, Möller, Oude Kamphuis (46. van Hoogdalem), van Kerckhoven – Mpenza, Sand.
Tore: 1:0 Pizarro (6.), 2:0 Scholl (13.), 3:0 N. Kovac (40.).
Gelb: Lizarazu, Linke / Hajto, Sand, Asamoah, van Hoogdalem.
Schiedsrichter: Herbert Fandel.

3. SPIELTAG

Bayer Leverkusen – Bayern 1:1 (0:0)

LEVERKUSEN: Butt – Lucio, Nowotny – Sebescen, Placente – Ramelow – Vranjes – Schneider, Bastürk – Kirsten (76. Brdaric), Neuville.
BAYERN: Kahn – R. Kovac, Thiam, Linke – Salihamidzic, Lizarazu – N. Kovac (77. Jancker), Hargreaves – Scholl (68. Sagnol) – Elber (89. Santa Cruz), Pizarro.
Tore: 1:0 Kirsten (69.), 1:1 Elber (79.).
Gelb: Ramelow, Sebescen, Vranjes / Pizarro, R. Kovac, Elber, Hargreaves, Thiam.
Schiedsrichter: Hellmut Krug.

4. SPIELTAG

Bayern – FC St. Pauli 2:0 (2:0)

BAYERN: Kahn – Kuffour, Thiam, Linke – Sagnol (78. Salihamidzic), Lizarazu – Hargreaves – Sforza (68. Fink) – Jancker, Sergio (18. Zickler) Elber.
ST. PAULI: Bulat – Stanislawski – Deniz Baris (65. Meggle) Amadou, Scheinhardt – Held – Lotter (56. Inceman) Bürger, Rahn (57. Racanel) – Patschinski, Rath.
Tore: 1:0 Sforza (13.), 2:0 Elber (45.).
Gelb: Linke / Bürger, Inceman.
Schiedsrichter: Jürgen Jansen.

5. SPIELTAG

Borussia Dortmund – Bayern 0:2 (0:1)

DORTMUND: Lehmann – Wörns, Kohler (70. Bobic) – Evanilson Dedé – Reuter, Oliseh –Ricken – Rosicky, Amoroso – Koller.
BAYERN: Kahn – Sagnol, Kuffour, Linke, Lizarazu – Fink – N. Kovac – Salihamidzic, Sforza (46. Hargreaves) – Santa Cruz (79. Thiam), Jancker (78. Pizarro).
Tore: 0:1 Salihamidzic (22.), 0:2 Santa Cruz (58.).
Gelb: Wörns / Fink, Kuffour.
Schiedsrichter: Lutz Michael Fröhlich.

6. SPIELTAG

Bayern – SC Freiburg 1:0 (0:0)

BAYERN: Kahn – Sagnol, Kuffour, Linke (39. R. Kovac), Lizarazu – N. Kovac (68. Jancker), Fink (32. Thiam) – Sforza – Salihamidzic – Elber, Pizarro.
FREIBURG: Golz – Müller (22. Konde), Diarra – Kobiashwili – Kehl, Tskitishwili (74. Willi), Zeyer – Coulibaly – Tanko – Sellimi, Iaschwili (81. Gerber).
Tor: 1:0 Elber (89.).
Gelb: Fink / Kobiashvili.
Schiedsrichter: Michael Weiner.

7. SPIELTAG

Energie Cottbus – Bayern 0:3 (0:2)

COTTBUS: Piplica – Sebök – da Silva, Matyus – Hujdurovic (46. Labak) – Akrapovic – Reghecampf, Kobylanski (46. Vincze), Miriuta – Topic, Brasilia.
BAYERN: Kahn – Sagnol, Kuffour, R. Kovac, Tarnat – Thiam – Salihamidzic (74. Sergio), Fink (81. Sforza) – Zickler (24. N. Kovac) – Santa Cruz, Pizarro.
Tore: 0:1 Zickler (2.), 0:2 Pizarro (3.), 0:3 Piplica (74., Eigentor).
Gelb: Hujdurovic / N. Kovac, Salihamidzic, Tarnat.
Schiedsrichter: Jürgen Aust.

8. SPIELTAG

Bayern – VfB Stuttgart 4:0 (2:0)

BAYERN: Kahn – Sagnol, Kuffour (78. Hargreaves), R. Kovac, Lizarazu – Thiam, Fink (46. Sforza) – Salihamidzic (67. Santa Cruz), Sergio – Elber, Pizarro.
STUTTGART: Hildebrand – Hinkel, Marques (66. Rundio), Wenzel, Carnell (64. Kocholl) – Meißner, Endress, Todt – Hleb (71. Adhemar), Seitz – Balakov.
Tore: 1:0 Elber (10.), 2:0 Elber (13.), 3:0 Elber (61.), 4:0 Sergio (90.).
Rot: – / Meißner (19.).
Gelb: – / Todt, Hleb.
Schiedsrichter: Florian Meyer.

9. SPIELTAG

1860 München – Bayern 1:5 (1:2)

1860: Jentzsch – Zelic (62. Dheedene) – Greilich, Riseth (46. Wiesinger) – Cerny – Hoffmann – Borimirov, Bierofka – Häßler – Schroth, Agostino (73. Winkler).
BAYERN: Kahn – Sagnol, Kuffour, R. Kovac Lizarazu – Fink – Hargreaves (87. Sforza), Sergio (81. Tarnat) – Salihamidzic – Santa Cruz (75. Pizarro), Elber.
Tore: 1:0 Bierofka (9.), 1:1 Santa Cruz (28.), 1:2 Fink (45.), 1:3 Salihamidzic (57.), 1:4 Elber (80.), 1:5 Pizarro (87., Foulelfmeter).
Gelb: Cerny, Schroth, Borimirov, Greilich / –.
Schiedsrichter: Hellmut Krug.

10. SPIELTAG

Bayern – 1. FC Kaiserslautern 4:1 (3:0)

BAYERN: Kahn – Sagnol, Kuffour, R. Kovac, Lizarazu (77. Tarnat) – Fink (77. Sforza) – Hargreaves – Salihamidzic, Sergio – Iber (69. Pizarro), Santa Cruz.
K'LAUTERN: G. Koch – H. Koch, Hengen, Knavs (46. Klos) – Ramzy – Ratinho, Strasser – Grammozis – Lincoln (46. Pettersson) – Lokvenc, Klose.
Tore: 1:0 Santa Cruz (16.), 2:0 Salihamidzic (23.), 3:0 Salihamidzic (29., Foulelfmeter), 3:1 H. Koch (82., Foulelfmeter), 4:1 Pizarro (90.+1).
Gelb: – / Grammozis.
Schiedsrichter: Jürgen Jansen.

11. SPIELTAG

1. FC Köln – Bayern 0:2 (0:1)

KÖLN: Pröll – Sichone (75. Reich), Dziwior Cullmann – Reeb, Keller (75. Baranek) – Sinkala – Lottner (42. Springer) – Scherz, Kreuz – Kurth.
BAYERN: Kahn – Sagnol (71. Hargreaves), Kuffour, R. Kovac, Tarnat – Thiam, Fink (86. Sforza), Sergio, Zickler – Santa Cruz Pizarro (90.+1 Hofmann).
Tore: 0:1 Pizarro (27.), 0:2 Pizarro (70.).
Gelb: Keller, Baranek / Zickler.
Schiedsrichter: Lutz Michael Fröhlich.

12. SPIELTAG

Bayern – Hamburger SV 3:0 (0:0)

BAYERN: Kahn – Sagnol, Kuffour, R. Kovac, Lizarazu – Fink, Hargreaves (70. Sforza) – Salihamidzic, Sergio – Santa Cruz (42. Zickler), Pizarro.
HAMBURG: Pieckenhagen – Hoogma – Hertzsch –Panadic – Maltritz (75. Präger), Groth, Ujfalusi, Hollerbach – Tøfting (74. Meijer) – Heinz, Barbarez.
Tore: 1:0 Sergio (70.), 2:0 Pizarro (84.), 3:0 Pizarro (89.).
Gelb: Sforza / Präger.
Schiedsrichter: Alfons Berg.

13. SPIELTAG

Werder Bremen – Bayern 1:0 (1:0)

BREMEN: Rost – Baumann, Verlaat, Krstajic – Tjikuzu, Skripnik – Frings – Ernst – Lisztes (88. Borowski) – Ailton, Bode (79. Stalteri).
BAYERN: Kahn – Sagnol, Kuffour, R. Kovac, Lizarazu – Fink – Effenberg (46. Sforza) – Salihamidzic (46. Zickler), Sergio – Pizarro, Elber (77. Jancker).
Tor: 1:0 Skripnik (41., Foulelfmeter).
Gelb: Verlaat, Krstajic, Stalteri / Effenberg, Lizarazu, Zickler.
Schiedsrichter: Herbert Fandel.

14. SPIELTAG

Bayern – 1. FC Nürnberg 0:0

BAYERN: Kahn – Sagnol, Linke, R. Kovac, Tarnat – Fink (73. Sforza) – Effenberg (46. N. Kovac) – Hargreaves, Sergio – Pizarro (70. Elber), Jancker.
NÜRNBERG: Kampa – Sanneh, Kos, Nikl, Wiblishauser – Paßlack (70. Krzynowek), Larsen, Tavcar, Müller – Michalke (86. Möckel), Rink (75. Driller).
Gelb: Sergio, Linke / Nikl, Wiblishauser.
Schiedsrichter: Michael Weiner.
Besonderes Vorkommnis: Kampa hält Foulelfmeter von Pizarro (12.).

15. SPIELTAG

Hertha BSC – Bayern 2:1 (0:0)

BERLIN: Fiedler – Schmidt (69. Daei), van Burik, Sverrisson, Simunic – Maas (62. Neuendorf), Dardai, Tretschok (90.+1 Lapaczinski) – Goor, Marcelinho, Preetz.
BAYERN: Wessels – Sagnol, Kuffour, Linke, Lizarazu – Fink, Sforza (73. Hargreaves) – N. Kovac (82. Scholl) – Sergio, – Elber (72. Pizarro), Zickler.
Tore: 0:1 N. Kovac (46.), 1:1 Neuendorf (71.), 2:1 Dardai (84.).
Gelb: Simunic, Goor, van Burik / Kuffour, Fink.
Schiedsrichter: Jürgen Aust.

16. SPIELTAG

Bayern – VfL Wolfsburg 3:3 (2:1)

BAYERN: Wessels – Sagnol, Kuffour, R. Kovac, Lizarazu – Thiam, Hargreaves – N. Kovac (74. Jancker), Scholl (60. Sergio), – Elber, Pizarro (69. Zickler).
WOLFSBURG: Reitmaier – Biliskov, Franz, Schnoor (23. Rau), Kryger – Karhan, Kühbauer, Munteanu – Ponte (89. Sarpei), Petrov – Maric (83. Klimowicz).
Tore: 1:0 Pizarro (11.), 2:0 Elber (18.), 2:1 Maric (44.), 2:2 Kühbauer (52.), 3:2 Pizarro (56.), 3:3 Maric (71.).
Gelb: N. Kovac, Lizarazu / Kühbauer, Franz, Kryger, Munteanu.
Schiedsrichter: Torsten Koop.

17. SPIELTAG

Hansa Rostock – Bayern 1:0 (0:0)

ROSTOCK: Schober – Lange, Jakobsson, Oswald, Emara – Rydlewicz, Lantz, Wibran (90.+2 Weilandt), Yasser (83. Hirsch) – Beierle, Arvidsson (90. Kovacec).
BAYERN: Kahn – Thiam, Linke, R. Kovac (46. N. Kovac)Tarnat – Hargreaves, Fink – Effenberg – Zickler (66. Scholl) – Elber (78. Jancker), Pizarro.
Tor: 1:0 Hirsch (86.).
Gelb: Lantz, Yasser / R. Kovac, Linke, Jancker, Effenberg, Fink.
Schiedsrichter: Edgar Steinborn.

18. SPIELTAG

Bayern – Borussia M'gladbach 0:0

BAYERN: Kahn – Thiam (88. Sforza), Linke ,R. Kovac, Tarnat – Hargreaves – N. Kovac, Effenberg –Scholl (68. Zickler) – Pizarro, Elber.
M'GLADBACH: Stiel – Pletsch, Nielsen, Asanin (65. Witeczek) – Eberl, Hausweiler, Münch – Ulich (78. Demo) – Korzynietz, van Houdt (70. Mieciel), van Lent.
Gelb: N. Kovac / Hausweiler, Münch.
Schiedsrichter: Knut Kircher.

19. SPIELTAG

FC Schalke 04 – Bayern 5:1 (2:0)

SCHALKE: Reck – Oude Kamphuis, Waldoch, van Hoogdalem, Matellan – Nemec (82. Kmetsch) – Wilmots (81. Asamoah), Möller, Böhme – Sand, Mpenza (85. Vermant).
BAYERN: Kahn – Sagnol, Linke, R. Kovac, Tarnat – Jeremies (67. Fink) – Thiam, Effenberg – Santa Cruz, Scholl (81. Hargreaves) – Elber (67. Pizarro).
Tore: 1:0 Mpenza (34.), 2:0 Sand (35.), 2:1 Scholl (49.), 3:1 Böhme (54.), 4:1 van Hoogdalem (75.), 5:1 Oude Kamphuis (90.+1).
Rot: – / Tarnat (41.).
Gelb: Wilmots / Effenberg.
Schiedsrichter: Lutz Michael Fröhlich.

20. SPIELTAG

Bayern – Bayer Leverkusen 2:0 (0:0)

BAYERN: Kahn – Sagnol, Linke, R. Kovac, Kuffour – Fink, Effenberg (90. Jeremies), Hargreaves – Scholl – Elber (90. Sergio), Jancker (78. Pizarro).
LEVERKUSEN: Butt – Kleine, Nowotny – Zivkovic, Ramelow, Placente – Schneider, Ballack – Zé Roberto – Neuville (62. Brdaric), Berbatov (57. Kirsten).
Tore: 1:0 Elber (67.), 2:0 Effenberg (71., Foulelfmeter).
Gelb: Kovac, Hargreaves, Elber / Ballack, Nowotny.
Schiedsrichter: Herbert Fandel.

21. SPIELTAG

FC St. Pauli – Bayern 2:1 (2:0)

ST. PAULI: Henzler – Gibbs, Stanislawski – Kovalenko, Berre (66. Trulsen), Kientz, Bajramovic, Rahn – Meggle – Rath (88. Deniz Baris), Patschinski.
BAYERN: Kahn – Sagnol, Linke, R. Kovac, Kuffour – Fink (64. Elber) – Sforza (46. Scholl), Effenberg, Hargreaves – Jancker (46. Sergio), Pizarro.
Tore: 1:0 Meggle (30.), 2:0 Patschinski (33.), 2:1 Sagnol (88.).
Gelb: Berre, Gibbs, Meggle / Hargreaves, Fink.
Schiedsrichter: Hellmut Krug.

22. SPIELTAG

Bayern – Borussia Dortmund 1:1 (0:0)

BAYERN: Kahn – Sagnol, Kuffour, R. Kovac, Lizarazu – Jeremies (69. Santa Cruz) – Hargreaves, Effenberg – Scholl (88. Sergio) – Jancker (75. Pizarro), Elber.
DORTMUND: Lehmann – Wörns, Kohler – Reuter, Dede – Kehl, Heinrich (37. Evanilson) – Ricken (65. Amoroso) – Ewerthon, Rosicky (80. Stevic), Koller.
Tore: 0:1 Amoroso (78.), 1:1 Elber (81.).
Gelb: Jancker, Kahn, Lizarazu, Kuffour, Kovac / Reuter, Evanilson.
Schiedsrichter: Edgar Steinborn.

23. SPIELTAG

SC Freiburg – Bayern 0:2 (0:2)

FREIBURG: Golz – Kondé, Müller – Zeyer (71. But), Hermel – Tskitischwili, Kobiaschwili – Coulibaly – Sellimi (46. Tanko) – Bruns (65. Ramdane), Iaschwili.
BAYERN: Kahn – Sagnol, Kuffour, R. Kovac, Lizarazu – Jeremies, Fink – Effenberg, Scholl (71. Sergio) – Santa Cruz (81. Pizarro), Elber (85. Jancker).
Tore: 0:1 Lizarazu (32.), 0:2 Elber (41.).
Schiedsrichter: Dr. Markus Merk.

24. SPIELTAG

Bayern – Energie Cottbus 6:0 (3:0)

BAYERN: Kahn – Sagnol, Kuffour, Linke, Lizarazu – Hargreaves Fink (41. Jeremies) – Effenberg (65. Feulner) – Scholl (69. Elber) – Jancker, Pizarro.
COTTBUS: Piplica – Scherbe – Matyus, Kaluzny – Hujdurovic, – Schröter (79. Wawrzyczek), Rost – Reghecampf, Miriuta (62. Thielemann) – Kobylansk – Topic (74. Reichenberger).
Tore: 1:0 Pizarro (15.), 2:0 Effenberg (35., Foulelfmeter), 3:0 Scholl (45.+1), 4:0 Scholl (48.), 5:0 Pizarro (55.), 6:0 Elber (74.).
Rot: – / Matyus (44.), Reghecampf (58.).
Gelb: Fink / Hujdurovic, Topic.
Schiedsrichter: Florian Meyer.
Besonderes Vorkommnis: Piplica hält Foulelfmeter von Kahn (90.+1).

25. SPIELTAG

VfB Stuttgart – Bayern 0:2 (0:2)

STUTTGART: Hildebrand – Hinkel, Meira, Bordon, Wenzel (46. Gerber) – Soldo, Todt (64. Carnell) – Hleb, Seitz – Balakov (45.+1 Dundee) – Ganea.
BAYERN: Kahn – Sagnol, Kuffour, R. Kovac, Lizarazu, (46. Linke) – Fink – Hargreaves – Effenberg – Scholl (69. Sergio) – Santa Cruz (69. Pizarro), Elber.
Tore: 0:1 Santa Cruz (32.), 0:2 Scholl (39.).
Gelb: Bordon, Carnell / Effenberg, Lizarazu, Kovac.
Schiedsrichter: Jürgen Aust.

26. SPIELTAG

Bayern – 1860 München 2:1 (0:0)

BAYERN: Kahn – Sagnol, Linke, Sforza, Tarnat (67. Pizarro) – Jeremies, Fink – Hargreaves – Sergio – Santa Cruz (85. Jancker), Elber (85. Zickler).
1860: Jentzsch – Votava – Borimirov, Kurz, Pfuderer – Stranzl – Wiesinger (86. Ehlers), Weissenberger (64. Häßler), Bierofka – Max, Pürk (64. Schroth).
Tore: 1:0 Sergio (73.), 1:1 Stranzl (75.), 2:1 Fink (90.).
Gelb: Elber / Stranzl, Kurz, Pfuderer.
Schiedsrichter: Alfons Berg.
Besonderes Vorkommnis: Tarnat verschießt Foulelfmeter (31.).

27. SPIELTAG

1. FC Kaiserslautern – Bayern 0:0

K'LAUTERN: Koch – Hengen, Knavs, Strasser – Grammozis – Ratinho, Bjelica – Basler (73. Pettersson), Hristov – Klose, Lokvenc.
BAYERN: Kahn – Sagnol, Linke, R. Kovac, Lizarazu – Hargreaves, Fink – Effenberg – Santa Cruz (82. Sergio), Zickler (46. Pizarro), Elber.
Gelb/Rot: Grammozis (77.) / –.
Gelb: Lokvenc, Ratinho / Linke, Pizarro, Elber.
Schiedsrichter: Torsten Koop.
Besonderes Vorkommnis: Kahn hält Foulelfmeter von Basler (12.).

28. SPIELTAG

Bayern – 1. FC Köln 3:0 (0:0)

BAYERN: Kahn – Hargreaves, Sforza, R. Kovac, Lizarazu – Jeremies (46. Salihamidzic), Fink – Effenberg – Santa Cruz, Sergio (84. N. Kovac), Elber.
KÖLN: Pröll – Cichon – Cullmann (73. Keller), Song, Sichone – Balitsch, Lottner, Voigt – Scherz, Springer, Kurth.
Tore: 1:0 Elber (64.), 2:0 Salihamidzic (83., Foulelfmeter), 3:0 Elber (88.).
Gelb: – / Cullmann, Sichone.
Schiedsrichter: Peter Gagelmann.

29. SPIELTAG

Hamburger SV – Bayern 0:0

HAMBURG: Pieckenhagen – Hertzsch, Hoogma, Ujfalusi – Fukal, Hollerbach – Maltritz, Albertz – Barbarez (90. Christensen), Romeo, Meijer (87. Präger).
BAYERN: Kahn – Linke, R. Kovac, Lizarazu – Hargreaves, Fink – Salihamidzic – Effenberg – Santa Cruz (71. Pizarro) Sergio (71. Scholl, 84. N. Kovac) – Elber.
Gelb: Romeo, Barbarez, Hoogma, Hollerbach / Lizarazu, Hargreaves, Salihamidzic, Linke.
Schiedsrichter: Herbert Fandel.

30. SPIELTAG

Bayern – Werder Bremen 2:2 (1:1)

BAYERN: Kahn – Sagnol, Linke, R. Kovac, Tarnat (64. Lizarazu) – Fink – N. Kovac – Effenberg – Santa Cruz, Pizarro, Elber (65. Salihamidzic).
BREMEN: Rost – Stalteri, Verlaat, Krstajic, Skripnik – Baumann (72. Wehlage) – Ernst – Lisztes (60. Banovic) – Frings – Bode (66. Klasnic), Ailton.
Tore: 1:0 Pizarro (21.), 1:1 Ailton (23., Foulelfmeter), 2:1 Santa Cruz (55.), 2:2 Krstajic (90.+2).
Gelb: Fink, Sagnol / Lisztes, Klasnic.
Schiedsrichter: Jürgen Aust.

31. SPIELTAG

1. FC Nürnberg – Bayern 1:2 (0:2)

NÜRNBERG: Kampa – Nikl, Kos, Sanneh, Wolf – Larsen (67. Frey) – Müller, Krzynowek – Jarolim (89. Villa) – Cacau, Rink (81. Gomis).
BAYERN: Kahn – Sagnol, Linke, R. Kovac, Lizarazu – Hargreaves, N. Kovac (81. Jeremies) – Effenberg – Salihamidzic (88. Sergio), Elber (76. Santa Cruz), Pizarro.
Tore: 0:1 Elber (12.), 0:2 Pizarro (42.), 1:2 Krzynowek (73., Foulelfmeter).
Gelb/Rot: Kos (74.) / –.
Gelb: Wolf / Hargreaves, Kahn, R. Kovac.
Schiedsrichter: Hellmut Krug.

32. SPIELTAG

Bayern – Hertha BSC 3:0 (0:0)

BAYERN: Kahn – Sagnol, Kuffour, R. Kovac, Lizarazu, – Fink, Hargreaves – Salihamidzic, Scholl (70. Santa Cruz) – Elber, Pizarro (86. Jancker).
BERLIN: Kiraly – Schmidt, van Burik, Simunic, Hartmann – Marx (46. Sverrisson), Beinlich, Tretschok – Marcelinho – Alves (76. Daei), Preetz.
Tore: 1:0 Hartmann (68., Eigentor), 2:0 Elber (82.), 3:0 Pizarro (83.). **Rot:** – / van Burik (34.).
Gelb: Sagnol, Fink / Tretschok, Beinlich, Hartmann.
Schiedsrichter: Uwe Kemmling.

33. SPIELTAG

VfL Wolfsburg – Bayern 0:1 (0:1)

WOLFSBURG: Reitmaier – Biliskov, Rytter, Schnoor, Weiser – Sarpei, Karhan – Ponte, Munteanu (67. Akonnor) – Juskowiak (56. Petrov), Klimowicz (18. Maric).
BAYERN: Kahn – Kuffour, R. Kovac – Sagnol, Lizarazu – Fink, Hargreaves (46. Jeremies) – Salihamidzic, Scholl (67. Santa Cruz) – Elber (73. N. Kovac), Pizarro.
Tor: 0:1 Biliskov (34., Eigentor).
Gelb: Sarpei / Pizarro, Jeremies, Lizarazu.
Schiedsrichter: Alfons Berg.

34. SPIELTAG

Bayern – Hansa Rostock 3:2 (1:0)

BAYERN: Kahn – Sagnol, Kuffour, R. Kovac, Lizarazu – Fink – Hargreaves (79. Jeremies) – Salihamidzic (73. Sergio), Scholl – Santa Cruz (70. Jancker), Elber.
ROSTOCK: Klewer – Lange, Jakobsson, Hill, Emara – Hirsch (88. Weilandt) – Lantz, Maul – Rydlewicz, Baumgart (69. Hansen) – Arvidsson (77. Kovacec).
Tore: 1:0 Baumgart (40., Eigentor), 2:0 Scholl (56.), 2:1 Hansen (82.), 3:1 Elber (83.), 3:2 Lantz (89.).
Gelb: – / Hirsch, Emara. **Schiedsrichter:** Jürgen Jansen.

Abschlusstabelle

Pl.	Verein	Spiele	G	U	V	Tore	Diff.	Punkte
1	Dortmund	34	21	7	6	62:33	+29	70
2	Leverkusen	34	21	6	7	77:38	+39	69
3	Bayern (M)	34	20	8	6	65:25	+40	68
4	Hertha	34	18	7	9	61:38	+23	61
5	Schalke (P)	34	18	7	9	52:36	+16	61
6	Bremen	34	17	5	12	54:43	+11	56
7	Kaiserslautern	34	17	5	12	62:53	+9	56
8	Stuttgart	34	13	11	10	47:43	+4	50
9	1860 München	34	15	5	14	59:59	0	50
10	Wolfsburg	34	13	7	14	57:49	+8	46
11	Hamburg	34	10	10	14	51:57	−6	40
12	M'gladbach (A)	34	9	12	13	41:53	−12	39
13	Cottbus	34	9	8	17	36:60	−24	35
14	Rostock	34	9	7	18	35:54	−19	34
15	Nürnberg (A)	34	10	4	20	34:57	−23	34
16	Freiburg	34	7	9	18	37:64	−27	30
17	Köln	34	7	8	19	26:61	−35	29
18	St. Pauli (A)	34	4	10	20	37:70	−33	22

DIE WEITEREN SIEGER DES JAHRES:

Weltmeister: Brasilien

Champions League: Real Madrid

Uefa-Cup: Feyenoord Rotterdam

DFB-Pokal: Schalke 04

Alle Ergebnisse auf einen Blick

Waagerecht: alle Heimresultate / Senkrecht: alle Auswärtsresultate	Dortmund	Leverkusen	Bayern	Hertha	Schalke	Bremen	K'lautern	Stuttgart	1860	Wolfsburg	Hamburg	M'gladbach	Cottbus	Rostock	Nürnberg	Freiburg	Köln	St. Pauli
Dortmund		1:1	0:2	3:1	1:1	2:1	3:0	1:0	2:1	4:0	1:0	3:1	3:0	2:0	2:0	0:2	2:1	1:1
Leverkusen	4:0		1:1	2:1	0:1	1:2	2:1	4:1	4:0	2:1	4:1	5:0	2:0	2:0	4:2	4:1	2:0	3:1
Bayern	1:1	2:0		3:0	3:0	2:2	4:1	4:0	2:1	3:3	3:0	0:0	6:0	3:2	0:0	1:0	3:0	2:0
Hertha	0:2	2:1	2:1		2:0	3:1	5:1	2:0	2:1	2:0	6:0	3:0	2:3	1:0	2:0	1:1	3:0	2:2
Schalke	1:0	3:3	5:1	0:0		1:4	3:0	2:1	1:0	1:2	2:0	2:0	2:0	3:1	2:1	3:0	3:1	4:0
Bremen	1:1	2:1	1:0	0:3	3:0		1:0	1:2	1:3	1:0	0:1	1:0	3:2	4:3	3:0	3:2	1:1	3:2
K'lautern	1:0	2:4	0:0	4:1	0:0	2:1		2:2	1:3	3:2	2:2	3:2	4:0	3:1	2:1	3:0	2:1	5:1
Stuttgart	3:2	0:2	0:2	0:0	3:0	0:0	4:3		0:1	2:1	3:0	1:1	0:0	2:1	2:3	3:0	0:0	2:0
1860	1:3	1:4	1:5	0:3	1:2	3:1	0:4	3:3		2:1	1:1	2:2	1:0	2:0	1:0	5:2	3:0	4:2
Wolfsburg	1:1	3:1	0:1	1:3	3:1	2:0	2:0	0:2	1:3		0:1	3:1	2:1	4:0	5:0	1:1	5:1	1:1
Hamburg	3:4	1:1	0:0	4:0	0:0	0:4	2:3	2:0	2:1	1:1		3:3	5:2	0:1	3:1	1:1	4:0	4:3
M'gladbach	1:2	0:1	1:0	3:1	0:0	1:0	0:2	2:2	2:4	0:2	2:1		0:0	0:2	1:0	2:2	4:0	2:2
Cottbus	0:2	2:3	0:3	1:0	2:0	2:1	0:2	0:0	1:1	3:3	1:0	3:3		3:0	1:0	2:0	2:3	4:0
Rostock	0:2	0:3	1:0	1:1	1:3	0:1	2:1	1:1	2:2	1:2	1:1	1:1	0:0		1:0	4:0	3:0	1:0
Nürnberg	2:2	1:0	1:2	1:3	0:3	0:4	0:2	2:4	2:1	3:0	0:0	1:2	2:0	2:0		2:0	2:0	0:0
Freiburg	1:5	2:2	0:2	1:3	2:0	3:0	3:1	0:2	1:3	0:0	4:3	0:1	3:1	1:1	2:0		0:0	2:2
Köln	0:2	1:2	0:2	1:1	1:1	0:0	0:1	0:0	2:0	0:4	2:1	0:2	0:0	4:2	1:2	2:0		2:1
St. Pauli	1:2	2:2	2:1	0:0	0:2	0:3	1:1	1:2	0:3	3:1	0:4	1:1	4:0	0:1	2:3	1:0	1:2	

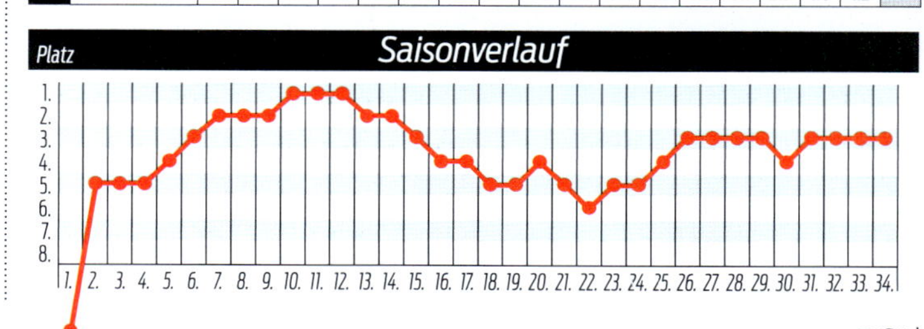

Das 1:0 von Giovane Elber (M.) beim VfL Wolfsburg in der 59. Minute. Claudio Pizarro erhöht später noch auf 2:0, Bayern ist am 30. Spieltag vorzeitig Meister

ZU GRO
KLEIN

Ende Oktober 2002 ist die Bayern-Welt wieder einmal zerbrochen. In der Champions League kommt erstmals in der Vorrunde das Aus – und das bereits nach fünf Spielen. Mit dem 1:2 bei Deportivo La Coruña am 29. Oktober zementiert die Mannschaft den letzten Tabellenplatz in Gruppe G. Der Ruf ist dahin, Uli Hoeneß beklagt einen Einnahmeverlust in zweistelliger Millionenhöhe, 15 Millionen Euro sollen es sein.

Ein Aus in der ersten Runde im wichtigsten Europacup-Wettbewerb ist den Bayern zuvor nur einmal widerfahren, im Landesmeistercup 1969/70. Vorstandschef Karl-Heinz Rummenigge wählt in seiner Bankettrede im nordspanischen La Coruña drastische Worte, spricht von einem „schwarzen Tag für den FC Bayern", von einem „Albtraum". Rummenigge mit zitternder Stimme und aschfahlem Gesicht: „Was wir hier erlebt haben, ist nicht nur eine Enttäuschung, das ist eine Blamage, das ist eine Schande für den FC Bayern."

Zermürbt: Die Bosse Karl-Heinz Rummenigge und Franz Beckenbauer beim Europacup-Bankett

Präsident Franz Beckenbauer stuft das Aus als „indiskutable Leistung" ein, als „Blamage", die Mannschaft spiele ohne „Leidenschaft", sei „zu leblos".

Nach solchen Worten ist die Entlassung des Trainers eigentlich nur noch Formsache. Doch die Bosse, vor allem Manager Uli Hoeneß, halten an Ottmar Hitzfeld fest. Er stünde nicht zur Disposition, da man auch im fünften Jahr seit Dienstbeginn 1998 keinerlei Verschleißerscheinungen erkennen könne. Glatt gelogen ist das, wie man heute weiß. Und Hitzfeld selbst?

Der General schaltet in den Attacke-Modus. Jetzt erst recht, aufgeben ist keine Option. Er sagt: „Ich bin ein Fighter und keiner, der nur den Trainer macht, wenn die Sonne scheint." Er kritisiert seine Spieler: „Einige werden mit dem Druck beim FC Bayern nicht fertig."

Rummenigge ermahnt die Profis: „Wörter wie Disziplin – auch außerhalb des Platzes –, wie Kampf, wie Leidenschaft müssen bei uns wieder Hauptwörter werden." Womit er besonders Nationaltorhüter Oliver Kahn meint, seit der WM 2002 in Asien als „Titan" verehrt. Dessen für ihn ungewöhnliche Eskapaden als Discogänger und Golfspieler während einer Verletzungspause Ende Oktober sorgen für mächtig Unruhe in München.

Und das alles nach nur vier Monaten einer Spielzeit, die trotz der Abstellung von elf Spielern zur Weltmeisterschaft glänzend begonnen hat. Von Verschleiß ist im Juli und August 2002 nichts zu spüren. Rummenigge spricht nach der Verpflichtung von Michael Ballack, vorgesehen als Effenberg-Nachfolger, sowie Supertalent Sebastian Deisler und Zé Roberto (für insgesamt rund 25 Millionen Euro Ablöse) zu Saisonbeginn wieder einmal vom „besten Bayern-Kader aller Zeiten".

Die Presse feiert die Mannschaft nach ersten furiosen und spielerisch im Vergleich zum Vorjahr überzeugenden Auftritten in der Champions-League-Qualifikation und Bundesliga als „weißes Ballett". Wie Real Madrid treten die Bayern auswärts in komplett weißer Spielkleidung an. Am 4. Spieltag stehen sie nach dem 3:1 im Stadtderby gegen 1860 München erstmals an der Tabellenspitze und geben diese Position bis zum Saisonende nicht mehr ab.

Vom 13. Spieltag, dem 1:0 gegen den VfL Wolfsburg, bis zum 19. Spieltag (0:0 in Bielefeld) bleibt das Team siebenmal hintereinander ohne Gegentor, am Saisonende steht 17-mal die Null. Für seine Kritik am „Titan" Kahn feiert sich Rummenigge: „Sie müssen sich auch mal einen Spieler herauspicken und ihn gnadenlos vor dem Rest der Mannschaft zusammenstauchen, damit alle die Lage kapieren. Und Sie müssen den gleichen Spieler dann wieder aufbauen, streicheln, je nach Bedarf."

Ohne den Europacup-Stress, der mit dem 3:3 gegen Lens am 13. November endet, ändert auch Ottmar Hitzfeld seine Methodik und lässt die Stars wieder intensiver trainieren. Das kommt in der Vorstandsetage gut an. Bayern steuert ungefährdet und teilweise von den Gegnern unterfordert der Meisterschaft in der 40. Bundesliga-Saison entgegen. Bereits am 30. Spieltag, dem 2:0 in Wolfsburg am 26. April 2003, ist der Titel perfekt. Am Saisonende trennen den Titelträger und Vizemeister VfB Stuttgart 16 Punkte. „Zu groß für die Liga, zu klein für Europa", kommentiert die „Süddeutsche Zeitung" treffend.

SS FÜR DIE LIGA, ZU ÜR EUROPA

Nach dem Vorrunden-Aus in der Champions League steuern die Bayern einer ungefährdeten Meisterschaft entgegen

Michael Ballack gibt dem Bayern-Spiel mehr Wucht und Zielstrebigkeit in der Offensive, erzielt zehn Tore und lässt den nach Wolfsburg gewechselten Stefan Effenberg vergessen. „Ich kam nach München, um Titel zu holen“, bilanziert Ballack, „dass es gleich im ersten Jahr klappt, ist für mich etwas Besonderes, etwas Großes.“ Er holt gleich zwei, denn der DFB-Pokal endet für Bayern ebenfalls im Triumph (3:1 gegen Kaiserslautern). Das Double ist dennoch bloß ein Trostpreis – so hoch sind sie, die Ansprüche in München.

„Ohne unser frühes Ausscheiden aus der Champions League wäre eine solch souveräne Meisterschaft nicht möglich gewesen“, gibt Uli Hoeneß indes auch zu. Die Bundesliga als Kinderspiel, doch die Ziele sind ganz andere. „Ich glaube, die Konkurrenz ist froh, wenn wir in der nächsten Saison wieder länger in der Champions League dabei sind“, sagt Oliver Kahn.

Den Fans ruft der Kapitän bei der Meisterfeier auf dem Marienplatz zu: „Nächstes Jahr greifen wir wieder richtig an! Dann sind wir wieder da, wo wir hinwollen!“ An Europas Spitze.

Champions League

Der personifizierte Bayern-Schreck: Roy Makaay (l.) gelingen vier Tore in zwei Spielen gegen Bayern

Nur zwei Unentschieden in der Vorrunde

Der Kurzauftritt schreibt Vereinsgeschichte, denn die Bayern bleiben in allen sechs Gruppenspielen sieglos. Siege gibt es nur in der Qualifikation gegen Partizan Belgrad (3:0 und 3:1). Das 2:3 am 1. Spieltag gegen La Coruña ist die erste Europacup-Heimpleite seit fast fünf Jahren. Ein Holländer namens Roy Makaay zerlegt Bayern im Olympiastadion mit seinen drei Treffern beinahe im Alleingang – und ist ab sofort auf dem Radar der Münchner. In Lens holt das Team den ersten von nur zwei Punkten (1:1), Verteidiger Thomas Linke trifft. Schon im zweiten Heimspiel, dem 1:2 gegen AC Mailand, fällt die Vorentscheidung. Drei Wochen später verliert Bayern auch in Mailand 1:2, „Pippo" Inzaghi schießt drei der vier Tore und wird zum zweiten Bayern-Schreck des Wettbewerbs. Der andere, Roy Makaay, zerstört in La Coruña in der 89. Minute die letzten Hoffnungen – wieder verliert Bayern 1:2. Die Europacup-Saison endet mit dem 3:3 gegen Lens.

DFB-Pokal

Das 2:0 im Pokalfinale gegen Kaiserslautern: Michael Ballack lässt Tim Wiese beim Foulelfmeter keine Chance

Das vierte Double Pokal/Meisterschaft

Bei der Reservemannschaft von Werder Bremen (3:0) beginnen die Bayern ihren Weg zum vierten Double. Ein Doppelschlag von Hasan Salihamidzic und Roque Santa Cruz binnen drei Minuten reicht in der zweiten Runde gegen Aufsteiger Hannover 96. 8000 Zuschauer erleben das 2:1 im Olympiastadion. Im Achtelfinale gegen Schalke kommen 20 000 Fans, sie sehen erst im Elfmeterschießen Tore. Bayern gewinnt 5:4. Im Viertelfinale ist der Auftritt gegen Zweitligist 1. FC Köln ein leichtes Spiel, der 18 Jahre alte Bastian Schweinsteiger trifft beim 8:0 erstmals für das Profiteam. Auch im Halbfinale haben die Bayern Heimrecht, Elbers Doppelschlag sorgt für die Entscheidung gegen Leverkusen (3:1). Im Finale am 31. Mai bringt Michael Ballack seine Mannschaft gegen Kaiserslautern mit Toren in der 3. und 10. Minute 2:0 in Führung, Claudio Pizarro erhöht auf 3:0 (50.). Miroslav Klose gelingt nur noch das Ehrentor zum 3:1.

TRAINER

OTTMAR HITZFELD
Mit Dortmund und Bayern ist er in der Champions League und im Uefa-Cup immer mindestens ins Viertelfinale gekommen, das Aus nennt er eine „riesige Enttäuschung". Aber er wird in seinem elften Bundesliga-Jahr bereits zum sechsten Mal Meister.

DIE TOP-ELF DER SAISON

Zé Roberto

Bixente Lizarazu

DER SPIELER DES JAHRES

__Michael Ballack,__ der Mann, der neben Oliver Kahn an Deutschlands Einzug ins WM-Finale den größten Anteil hat, kommt als „Fußballer des Jahres" 2002 nach München. Er verteidigt 2003 den Titel, gewinnt den DFB-Pokal (Foto) und nach 1998 (mit Kaiserslautern) seine zweite Meisterschaft. „Das ist für mich etwas Großes", sagt der Mittelfeldspieler, kritisiert aber auch Hitzfelds taktisches System: „Mannschaften im 4-4-2 haben keine torgefährlichen Mittelfeldspieler." Seine Systemkritik kostet ihn 10 000 Euro Strafe.

Der Kader

NAME	SPIELE	TORE
Oliver Kahn	33	0
Stefan Wessels	1	0
Robert Kovac	24	0
Samuel Kuffour	20	1
Thomas Linke	32	0
Bixente Lizarazu	26	2
Willy Sagnol	23	2
Michael Tarnat	11	0
Michael Ballack	26	10
Sebastian Deisler	8	0
Markus Feulner	10	0
Thorsten Fink	10	0
Owen Hargreaves	25	1
Jens Jeremies	29	0
Niko Kovac	18	1
Zvjezdan Misimovic	1	0
Hasan Salihamidzic	12	2
Mehmet Scholl	18	4
Bastian Schweinsteiger	14	0
Pablo Thiam	4	0
Piotr Trochowski	3	0
Zé Roberto	31	1
Giovane Elber	33	21
Claudio Pizarro	31	15
Roque Santa Cruz	14	5
Alexander Zickler	12	4

ZÉ ROBERTO erzielt nur ein Saisontor, das aber bringt Bayern drei Punkte: das 1:0 in Rostock am 9. Spieltag

Transfers

BASTIAN SCHWEINSTEIGER darf erstmals für das Profiteam der Bayern im bedeutungslosen letzten Champions-League-Spiel gegen Lens auflaufen (3:3, 13. November 2002). In der Bundesliga debütiert der Mittelfeldspieler, der 1998 aus der Jugend von 1860 Rosenheim nach München kommt, am 7. Dezember im Spiel beim VfB Stuttgart. Ein Kurzeinsatz von acht Minuten. Bis zum Saisonende schließen sich weitere 13 Liga-Einsätze an, davon einer über 90 Minuten (32. Sp. gegen Hertha).

SPIELER	VON VEREIN	ABLÖSESUMME
Michael Ballack	Bayer 04 Leverkusen	6 Mio. €
Sebastian Deisler	Hertha BSC	9 Mio. €
Zvjezdan Misimovic	FC Bayern Jugend	-
Bastian Schweinsteiger	FC Bayern Jugend	-
Piotr Trochowski	FC Bayern Jugend	-
Zé Roberto	Bayer 04 Leverkusen	9,5 Mio. €

Tops & Flops

GIOVANE ELBER wird in der letzten Bayern-Saison vor dem Wechsel nach Lyon erstmals Torschützenkönig, teilt sich mit Bochums Thomas Christiansen (beide 21 Tore) den Titel.

OLIVER KAHN übersteht 803 Spielminuten ohne Gegentor (12. Spieltag, 7. Min. gegen BVB, bis 20. Spieltag, 90.+2 gegen HSV) und übertrifft seinen eigenen Rekord von 736 Minuten (1998/99).

REKORD-VORSPRUNG Die 16 Punkte auf Vizemeister VfB Stuttgart sind eine neue Bestmarke seit Einführung der Drei-Punkte-Regel 1995/96.

SEBASTIAN DEISLER Das Supertalent, für 9 Mio. Euro Ablöse plus 9 Mio. Handgeld gekommen, fehlt verletzt bis Februar, macht nur acht Ligaspiele (0 Tore, 3 Assists).

KIRCH-VERTRAG Im Februar kommt heraus, dass Bayern von TV-Vermarkter Kirch 20,5 Mio. Euro erhalten hat, um die neue Zentralvermarktung zu akzeptieren. Die Liga tobt. DFL-Strafe: 3 Mio. Euro.

WERDER-SPIELE Nur gegen Bremen bleiben die Bayern punktlos, schießen am 11. Spieltag (0:2) und 28. Spieltag daheim (0:1) nicht einmal ein Tor.

2002/03

1. SPIELTAG
Borussia M'gladbach – Bayern 0:0
M'GLADBACH: Stiel – Eberl, Kluge, Strasser, Münch – Korell, Hausweiler – Ulich (67. Ketelaer) – Korzynietz, van Hout (77. Witeczek), van Houdt (80. Aidoo).
BAYERN: Kahn – Sagnol, R. Kovac, Linke, Tarnat – Jeremies – Ballack – Salihamidzic, Zé Roberto (68. Zickler) – Scholl (75. Hargreaves), Elber (80. Pizarro).
Gelb: Korell / Linke.
Schiedsrichter: Hellmut Krug.

2. SPIELTAG
Bayern – Arminia Bielefeld 6:2 (3:0)
BAYERN: Kahn – Sagnol, Kuffour, Linke, Hargreaves – Jeremies (74. Fink) – Ballack – Salihamidzic (81. Zickler), Zé Roberto (74. Scholl) – Pizarro – Elber.
BIELEFELD: Hain – Murawski, Reinhardt, Bogusz (27. Lense) – Kauf, Albayrak – Dabrowski – Dammeier – Brinkmann (67. Diabang) – Vata (83. Sinisterra), Wichniarek.
Tore: 1:0 Elber (18.), 2:0 Ballack (26.), 3:0 Elber (41.), 3:1 Wichniarek (51.), 4:1 Elber (65.), 5:1 Pizarro (81.), 6:1 Elber (85.), 6:2 Diabang (89.).
Gelb: – / Bogusz, Dabrowski.
Schiedsrichter: Peter Gagelmann.

3. SPIELTAG
Hamburger SV – Bayern 0:3 (0:1)
HAMBURG: Pieckenhagen – Hertzsch (78. Kitzbichler), Hoogma, Ujfalusi – Hollerbach – Baur (69. Ledesma) – Wicky (69. Antar), Albertz – Heinz – Romeo, Meijer.
BAYERN: Kahn – Hargreaves, R. Kovac, Linke, Tarnat (73. Thiam) – Ballack, Jeremies, Salihamidzic, Zé Roberto (75. Scholl) – Elber, Pizarro (89. Zickler).
Tore: 0:1 Pizarro (25.), 0:2 Pizarro (85.), 0:3 Zickler (90.).
Gelb: Hoogma, Hollerbach, Meijer / Ballack.
Schiedsrichter: Lutz Michael Fröhlich.

4. SPIELTAG
Bayern – 1860 München 3:1 (1:1)
BAYERN: Kahn – Sagnol, Kuffour, Linke, Lizarazu – Jeremies (82. Fink) – Ballack – Salihamidzic, Zé Roberto (73. Hargreaves) – Pizarro, Elber.
1860: Jentzsch – Meyer, Riseth (66. Ehlers) Costa, Pürk (60. Suker) – Kurz – Borimirov (79. Lauth), Cerny – Häßler – Max, Schroth.
Tore: 0:1 Max (14.), 1:1 Salihamidzic (40.), 2:1 Pizarro (52.), 3:1 Elber (76.).
Gelb: Elber, Lizarazu, Linke, Salihamidzic / Meyer, Riseth, Pürk, Max.
Schiedsrichter: Jürgen Aust.

5. SPIELTAG
1. FC Nürnberg – Bayern 1:2 (1:1)
NÜRNBERG: Kampa –Petkovic – Nikl (72. Stehle), Kos – Sanneh – Frey (82. Todorovic), Larsen – Müller – Jarolim – Cacau, Ciric (69. Driller).
BAYERN: Kahn – Sagnol, R. Kovac, Linke, Tarnat – Jeremies (90. Fink) – Salihamidzic, Ballack – Zé Roberto (77. Hargreaves) – Pizarro (81. Zickler) – Elber.
Tore: 0:1 Ballack (13.), 1:1 Ciric (36., Foulelfmeter), 1:2 Ballack (52.).
Gelb: Cacau / Jeremies, Salihamidzic.
Schiedsrichter: Dr. Markus Merk.

6. SPIELTAG
Bayern – Energie Cottbus 3:1 (1:1)
BAYERN: Kahn – Salihamidzic, Kuffour (46. Jeremies), R. Kovac, Tarnat – Fink – Hargreaves, Zé Roberto (83. Linke) – Ballack (79. N. Kovac) – Elber, Zickler.
COTTBUS: Piplica – Kaluzny – Beeck, Berhalter – da Silva – Akrapovic – Schröter, Latoundji – Reghecampf (65. Thielemann), Vagner (18. Jungnickel) – Rink (79. Juskowiak).
Tore: 0:1 Rink (20.), 1:1 Zickler (45.+1), 2:1 Ballack (47.), 3:1 Elber (76.).
Gelb: – / Beeck, Akrapovic, Kaluzny.
Schiedsrichter: Thorsten Kinhöfer.

7. SPIELTAG
Bayer Leverkusen – Bayern 2:1 (1:0)
LEVERKUSEN: Butt – Ramelow, Lúcio – Zivkovic, Ojigwe – Balitsch – Schneider (83. Vranjes), Babic – Neuville (59. Bierofka) – Bastürk (90.+1 Simak) – Brdaric.
BAYERN: Kahn – R. Kovac, Jeremies (46. Elber), Linke – Thiam (72. Feulner), Hargreaves (46. Tarnat) – N. Kovac – Ballack – Salihamidzic, Zé Roberto – Pizarro.
Tore: 1:0 Lúcio (9.), 2:0 Bierofka (63.), 2:1 Salihamidzic (89.).
Gelb/Rot: Brdaric (37.) / –.
Gelb: Schneider, Ojigwe, Zivkovic / Jeremies, Kahn, R. Kovac, Ballack, N. Kovac.
Schiedsrichter: Hellmut Krug.

8. SPIELTAG
Bayern – VfL Bochum 4:1 (2:0)
BAYERN: Kahn – Sagnol, Kuffour, Linke, Tarnat (68. Lizarazu) – Jeremies – Ballack – Salihamidzic (68. Hargreaves) – Zé Roberto (77. Scholl) – Pizarro, Elber.
BOCHUM: Vander – Colding, Reis, Fahrenhorst, Bemben (74. Vriesde) – Schindzielorz, Tapalovic,Gudjonsson (46. Christiansen) – Freier, Buckley (75. Hashemian) – Wosz.
Tore: 1:0 Elber (27.), 2:0 Pizarro (39.), 3:0 Pizarro (66.), 3:1 Schindzielorz (77.), 4:1 Elber (90.).
Gelb: – / Bemben, Tapalovic.
Schiedsrichter: Herbert Fandel.

9. SPIELTAG
Hansa Rostock – Bayern 0:1 (0:0)
ROSTOCK: Schober – Wimmer, Jakobsson, Kovar, Maul – Aduobe (86. Meggle) – Lantz, Persson (76. Vorbeck) – Rydlewicz (86. Arvidsson), Prica – Salou.
BAYERN: Kahn – Sagnol, Kuffour, Tarnat, R. Kovac – Jeremies – Ballack (86. Linke) – Hargreaves (68. Scholl), Zé Roberto – Pizarro (76. Santa Cruz) – Elber.
Tor: 0:1 Zé Roberto (73.).
Gelb: – / Sagnol, Elber, Ballack, Scholl.
Schiedsrichter: Michael Weiner.

10. SPIELTAG
Bayern – Hannover 96 3:3 (1:2)
BAYERN: Wessels – Sagnol (14. Thiam), Kuffour, R. Kovac, Lizarazu – Jeremies – Ballack – Salihamidzic (41. Zé Roberto), Scholl – Pizarro (68. Santa Cruz) – Elber.
HANNOVER: Sievers – Cherundolo, Konstantinidis, Zuraw, Stefulj – Lala, Jaime – Krupnikovic (84. de Guzman) – Stendel (90.+1 Stajner), Idrissou – Bobic.
Tore: 1:0 Elber (4.), 1:1 Zuraw (17.), 1:2 Stendel (44.), 2:2 Scholl (75.), 3:2 Elber (80.), 3:3 Kuffour (82., Eigentor).
Gelb: Jeremies / Bobic, Lala.
Schiedsrichter: Torsten Koop.

11. SPIELTAG
Werder Bremen – Bayern 2:0 (1:0)
BREMEN: Borel – Baumann, Verlaat (52. Skripnik), Krstajic – Stalteri, Ernst, Magnin (83. Wehlage) – Lisztes, Micoud – Charisteas, Daun (75. Reich).
BAYERN: Kahn – Sagnol, Kuffour, Linke, Lizarazu, – Jeremies (70. Fink), Hargreaves – Salihamidzic, Scholl (42. Zé Roberto) – Santa Cruz (65. Zickler), Pizarro.
Tore: 1:0 Daun (17.), 2:0 Krstajic (80.).
Gelb: – / Fink.
Schiedsrichter: Hellmut Krug.

12. SPIELTAG
Bayern – Borussia Dortmund 2:1 (0:1)
BAYERN: Kahn – Sagnol (80. N. Kovac), Kuffour, Linke, Lizarazu – Jeremies (76. Fink), Hargreaves (46. Pizarro) – Salihamidzic, Ballack – Santa Cruz – Elber.
DORTMUND: Lehmann – Wörns, Metzelder (63. Kehl) – Dedé (36. Madouni) – Frings, Reuter – Heinrich – Rosicky – Ewerthon, Amoroso (63. Ricken) – Koller.
Tore: 0:1 Koller (7.), 1:1 Santa Cruz (62.), 2:1 Pizarro (65.).
Gelb/Rot: – / Frings (41.), Lehmann (66.).
Gelb: Elber / Dedé, Koller, Kehl.
Schiedsrichter: Michael Weiner.

13. SPIELTAG
Bayern – VfL Wolfsburg 1:0 (1:0)
BAYERN: Kahn – Salihamidzic (63. R. Kovac), Kuffour, Linke, Lizarazu – Jeremies – Ballack – Scholl (68. Feulner), Zé Roberto – Santa Cruz, Elber (87. Pizarro).
WOLFSBURG: Reitmaier – Sarpei, Franz, Biliskov, Rau (79. Maric) – Karhan, Munteanu (46. Präger) – Effenberg – Petrov, Ponte – Klimowicz.
Tor: 1:0 Santa Cruz (27.).
Gelb: Elber, Scholl / Franz, Sarpei.
Schiedsrichter: Dr. Markus Merk.

14. SPIELTAG
1. FC Kaiserslautern – Bayern 0:2 (0:2)
K'LAUTERN: Wiese – Basler – Klos, Lembi (42. Bjelica) – Riedl, Hengen (46. Mifsud), Grammozis – Teber, Lincoln, (67. Ratinho), Timm – Klose.
BAYERN: Kahn – R. Kovac, Linke – Kuffour, Lizarazu – N. Kovac, Jeremies (59. Thiam) – Ballack – Santa Cruz, Scholl (73. Zé Roberto) – Elber (73. Pizarro).
Tore: 0:1 Ballack (9.), 0:2 Santa Cruz (16.).
Gelb: Lembi, Bjelica, Basler / Lizarazu.
Schiedsrichter: Lutz Michael Fröhlich.

Das „Tor des Monats“ im Februar 2003: Mehmet Scholl (l.) erzielt es mit direktem Freistoß am 21. Spieltag gegen 1860 München. Es ist das 1:0 in der 58. Minute. Scholl schießt auch noch das 2:0 und das 5:0

15. SPIELTAG
Bayern – Hertha BSC 2:0 (1:0)
BAYERN: Kahn – Kuffour, R. Kovac, Linke, Lizarazu – Jeremies (82. N. Kovac) – Ballack – Scholl (68. Hargreaves) – Zé Roberto – Santa Cruz, Elber (71. Pizarro).
BERLIN: Kiraly – Rehmer, van Burik, Simunic (80. Preetz) – Friedrich – Dardai (68. Marx), Schmidt – Beinlich – Karwan (58. Pinto), Goor – Marcelinho.
Tore: 1:0 Ballack (40.), 2:0 Ballack (71., Foulelfmeter).
Gelb: Kahn / Karwan, van Burik.
Schiedsrichter: Jürgen Jansen.

16. SPIELTAG
VfB Stuttgart – Bayern 0:3 (0:2)
STUTTGART: Hildebrand – Hinkel, Meira, Bordon (72. Schneider), Gerber (46. Wenzel) – Meißner – Tiffert (64. Ganea), Hleb – Balakov – Amanatidis, Kuranyi.
BAYERN: Kahn – Hargreaves, R. Kovac, Linke, Lizarazu – Jeremies (88. Fink) – N. Kovac (83. Schweinsteiger) – Ballack – Santa Cruz – Zickler (78. Zé Roberto) – Elber.
Tore: 0:1 Zickler (29.), 0:2 Santa Cruz (33.), 0:3 Santa Cruz (68.).
Gelb: Hinkel, Meißner / N. Kovac.
Schiedsrichter: Edgar Steinborn.

17. SPIELTAG
Bayern – FC Schalke 04 0:0
BAYERN: Kahn – Hargreaves (81. Feulner), R. Kovac, Linke, Lizarazu – Jeremies – N. Kovac (71. Schweinsteiger) – Ballack Zé Roberto – Santa Cruz – Elber.
SCHALKE: Rost – Oude Kamphuis (53. Rodríguez), van Hoogdalem, Matellán – Poulsen, Kmetsch, Vermant, van Kerckhoven – Möller –Sand, Asamoah (46. Hanke).
Gelb: Ballack, Jeremies, R. Kovac / Möller.
Schiedsrichter: Jürgen Aust.

18. SPIELTAG
Bayern – Borussia M'gladbach 3:0 (1:0)
BAYERN: Kahn – Hargreaves (88. Schweinsteiger), R. Kovac, Linke, Lizarazu – Jeremies – Ballack – Scholl (80. Kuffour), Zé Roberto – Pizarro (80. Zickler), Elber.
M'GLADBACH: Stiel – Eberl, Korell (71. Embers), Pletsch, Witeczek – Hausweiler, Demo (63. van Lent), Strasser – Aidoo, Korzynietz (79. Küntzel) – Skoubo.
Tore: 1:0 Hargreaves (25.), 2:0 Zickler (85.), 3:0 Elber (89.).
Gelb: Ballack, Lizarazu / Eberl.
Schiedsrichter: Knut Kircher.

19. SPIELTAG
Arminia Bielefeld – Bayern 0:0
BIELEFELD: Hain – Rauw, Reinhardt, Hansen – Kauf, Dabrowski, Dammeier – Brinkmann, Vata (87. Bogdanovic), Cha (67. Heinz) – Diabang.
BAYERN: Kahn – Kuffour, R. Kovac, Linke, Lizarazu – Jeremies – Hargreaves, Schweinsteiger (72. Feulner) – Zickler – Pizarro, Elber.
Gelb: Dabrowski, Vata / Jeremies, Linke.
Schiedsrichter: Uwe Kemmling.

20. SPIELTAG
Bayern – Hamburger SV 1:1 (1:0)
BAYERN: Kahn – Kuffour, R. Kovac, Linke, Lizarazu – Hargreaves, N. Kovac – Scholl (89. Zickler), Zé Roberto (86. Deisler) – Pizarro – Elber.
HAMBURG: Pieckenhagen – Fukal, Hoogma, Ujfalusi, Hollerbach – Maltritz, Benjamin – Cardoso (62. Meijer) – Mahdavikia, Takahara – Barbarez.
Tore: 1:0 Pizarro (11.), 1:1 Takahara (90.+2).
Gelb: – / Benjamin, Ujfalusi.
Schiedsrichter: Lutz Wagner.

21. SPIELTAG
1860 München – Bayern 0:5 (0:0)
1860: Jentzsch – Stranzl, Votava, Hoffmann – Cerny, Kurz (65. Suker) – Meyer – Borimirov, Weissenberger – Lauth (65. Max), Schroth.
BAYERN: Kahn – Hargreaves (76. Sagnol), R. Kovac, Linke, Lizarazu – Jeremies, Ballack – Scholl, Schweinsteiger (61. Zé Roberto) – Elber (79. Deisler), Pizarro.
Tore: 0:1 Scholl (58.), 0:2 Scholl (69.), 0:3 Lizarazu (72.), 0:4 Pizarro (78.), 0:5 Scholl (80.).
Gelb: Kurz / Jeremies.
Schiedsrichter: Lutz Michael Fröhlich.

22. SPIELTAG
Bayern – 1. FC Nürnberg 2:0 (1:0)
BAYERN: Kahn – Hargreaves (68. Sagnol), R. Kovac, Linke, Lizarazu – Jeremies – Ballack – Scholl (86. Zickler), Zé Roberto (77. Deisler) – Pizarro – Elber.
NÜRNBERG: Kampa – Petkovic, Wolf, Nikl (46. Krzynowek) – Stehle, Larsen – Junior, Jarolim, Möller – Driller (79. Michalke), Ciric (18. Cacau).
Tore: 1:0 Lizarazu (17.), 2:0 Elber (59.).
Gelb: Kovac, Pizarro / Stehle, Cacau.
Schiedsrichter: Jürgen Jansen.

23. SPIELTAG

Energie Cottbus – Bayern 0:2 (0:1)

COTTBUS: Lenz – Schröter, da Silva, Berhalter, Löw – Rost, Reghecampf (75. Kobylanski) Latoundji, Gebhardt – Topic, Vagner (67. Juskowiak).
BAYERN: Kahn – Hargreaves, R. Kovac, Linke, Lizarazu – Jeremies (28. N. Kovac) – Ballack – Scholl (81. Sagnol), Zé Roberto –Pizarro, Elber (81. Deisler).
Tore: 0:1 Ballack (33.), 0:2 Ballack (58.).
Gelb: Topic, Berhalter / Ballack, Pizarro, N. Kovac.
Schiedsrichter: Jürgen Aust.

24. SPIELTAG

Bayern – Bayer Leverkusen 3:0 (2:0)

BAYERN: Kahn – Sagnol, R. Kovac, Kuffour, Lizarazu – Jeremies – Ballack (22. N. Kovac) – Scholl (67. Schweinsteiger), Zé Roberto (77. Santa Cruz) – Pizarro, Elber.
LEVERKUSEN: Butt – Balitsch, Zivkovic, Juan, Placente – Ramelow, Babic – Schneider, Bastürk – Bierofka (65. Brdaric) – Neuville (46. Schoof).
Tore: 1:0 Pizarro (3.), 2:0 Elber (22.), 3:0 Elber (76.).
Gelb: R. Kovac / Placente, Zivkovic, Ramelow.
Schiedsrichter: Herbert Fandel.

25. SPIELTAG

VfL Bochum – Bayern 1:4 (0:2)

BOCHUM: van Duijnhoven – Reis – Vriesde, Tapalovic – Colding, Meichelbeck (68. Mandreko) – Gudjonsson – Freier, Wosz (88. Fahrenhorst), Buckley – Hashemian (60. Christiansen).
BAYERN: Kahn – Sagnol, R. Kovac, Linke, Lizarazu – Hargreaves – N. Kovac – Schweinsteiger (77. Deisler), Zé Roberto (86. Zickler) – Pizarro (77. Santa Cruz), Elber.
Tore: 0:1 Pizarro (18.), 0:2 Elber (36.), 0:3 N. Kovac (48.), 0:4 Sagnol (88.), 1:4 Christiansen (90.+1).
Schiedsrichter: Dr. Markus Merk.

26. SPIELTAG

Bayern – Hansa Rostock 1:0 (0:0)

BAYERN: Kahn – Sagnol, R. Kovac, Linke, Lizarazu, – Hargreaves, N. Kovac – Schweinsteiger (46. Santa Cruz), Zé Roberto – Pizarro – Elber.
ROSTOCK: Schober – Kovar, Jakobsson, Hill, Hirsch – Lantz (76. Arvidsson), Persson – Wibran – Meggle (76. Prica) – Di Salvo, Salou.
Tor: 1:0 Kovar (60., Eigentor).
Schiedsrichter: Lutz Wagner.

27. SPIELTAG

Hannover 96 – Bayern 2:2 (2:0)

HANNOVER: Tremmel – Cherundolo, Konstantinidis, Vinicius, van Hintum (68. Schuler) – Popescu – Lala, Krupnikovic (77. de Guzman) – Stajner (86. Stendel), Idrissou – Bobic.
BAYERN: Kahn – Sagnol, Kuffour, Linke, Lizarazu (61. Tarnat) – Hargreaves, N. Kovac (67. Trochowski) – Schweinsteiger (46. Feulner), Zé Roberto – Pizarro – Elber.
Tore: 1:0 Stajner (35.), 2:0 Vinicius (44.), 2:1 Sagnol (77.), 2:2 Pizarro (85.).
Gelb: Popescu / Zé Roberto, Sagnol, Tarnat.
Schiedsrichter: Hellmut Krug.

28. SPIELTAG

Bayern – Werder Bremen 0:1 (0:1)

BAYERN: Kahn – Sagnol, R. Kovac, Linke, Lizarazu (78. Tarnat) – N. Kovac – Schweinsteiger (78. Misimovic) – Feulner (46. Trochowski), Zé Roberto – Pizarro – Elber.
BREMEN: Borel – Stalteri, Barten, Krstajic, Schulz, – Baumann – Banovic, Lisztes (82. Borowski) – Micoud – Charisteas (85. Daun), Ailton (90.+2 Reich).
Tor: 0:1 Micoud (13.).
Gelb: N. Kovac, R. Kovac / Banovic, Barten.
Schiedsrichter: Torsten Koop.

29. SPIELTAG

Borussia Dortmund – Bayern 1:0 (0:0)

DORTMUND: Weidenfeller – Wörns, Madouni – Evanilson, Dedé – Reuter (75. Demel), Kehl – Rosicky (87. Leandro) – Ricken – Ewerthon (59. Amoroso), Koller.
BAYERN: Kahn – Sagnol, Kuffour, Linke, Lizarazu (79. Tarnat) – Jeremies (72. Feulner) – N. Kovac (82. Trochowski) – Hargreaves, Zé Roberto – Pizarro –Elber.
Tor: 1:0 Amoroso (61., Handelfmeter).
Gelb: Wörns / Kovac.
Schiedsrichter: Dr. Markus Merk.

30. SPIELTAG

VfL Wolfsburg – Bayern 0:2 (0:0)

WOLFSBURG: Ramovic – Rytter, Biliskov, Schnoor, Weiser – Karhan (64. Präger), Thiam – Rau – Ponte (77. Madsen), Petrov – Klimowicz (63. Maric).
BAYERN: Kahn – Sagnol, R. Kovac, Linke, Lizarazu – Jeremies (85. Fink) – Ballack – Schweinsteiger (79. Feulner) – Zé Roberto – Pizarro, Elber (72. Santa Cruz).
Tore: 0:1 Elber (59.), 0:2 Pizarro (83.).
Gelb: Rau, Schnoor / –. **Schiedsrichter:** Herbert Fandel.

31. SPIELTAG

Bayern – 1. FC Kaiserslautern 1:0 (0:0)

BAYERN: Kahn – Sagnol, Kuffour, Linke, Tarnat – Jeremies (74. N. Kovac) – Ballack – Schweinsteiger (68. Feulner), Zé Roberto – Santa Cruz (38. Pizarro) – Elber.
K'LAUTERN: Wiese – Grammozis, Klos, Lembi, Tchato – Sforza – Hristov (77. Anfang) – Domínguez (67. Mifsud), Lokvenc, Timm (46. Bjelica) – Klose.
Tor: 1:0 Kuffour (86.). **Gelb:** Sagnol, Ballack / Lembi, Tchato.
Schiedsrichter: Uwe Kemmling.

32. SPIELTAG

Hertha BSC – Bayern 3:6 (1:5)

BERLIN: Kiraly – Friedrich, Rehmer (40. Madlung), Simunic, Hartmann – Dardai – Marx – Goor (70. Alves) – Marcelinho – Preetz, Luizão (39. Neuendorf).
BAYERN: Kahn – Sagnol, Kuffour, Linke, Lizarazu – Jeremies (80. N. Kovac) – Ballack (86. Fink) – Deisler (79. Feulner), Schweinsteiger – Pizarro – Elber.
Tore: 1:0 Ballack (5., Eigentor), 1:1 Elber (19.), 1:2 Pizarro (22.), 1:3 Pizarro (23.), 1:4 Elber (32.), 1:5 Elber (45.), 2:5 Marcelinho (59., Foulelfmeter), 2:6 Ballack (85.), 3:6 Marcelinho (88.). **Gelb:** Rehmer, Neuendorf, Madlung / Schweinsteiger. **Schiedsrichter:** Edgar Steinborn.

33. SPIELTAG

Bayern – VfB Stuttgart 2:1 (0:0)

BAYERN: Kahn – Sagnol, Kuffour, Linke Lizarazu – Jeremies (76. Fink) – Ballack – Deisler (68. Schweinsteiger), Zé Roberto (68. Scholl) – Pizarro, Elber.
STUTTGART: Hildebrand – Mutzel (74. Marques), Meira, Wenzel, Gerber – Soldo, Meißner – Tiffert Balakov, Hleb (46. Amanatidis) – Ganea (46. Dundee).
Tore: 1:0 Elber (46.), 2:0 Elber (75.), 2:1 Dundee (82.).
Gelb: – / Meira.
Schiedsrichter: Dr. Markus Merk.

34. SPIELTAG

FC Schalke 04 – Bayern 1:0 (1:0)

SCHALKE: Rost – Waldoch, Matellán, Oude Kamphuis, van Kerckhoven – Kmetsch – da Silva Pinto, Möller (86. Varela), Böhme – Mpenza (78. Asamoah), Agali (21. Sand).
BAYERN: Kahn – Sagnol (72. Hargreaves), R. Kovac, Linke, Lizarazu – Jeremies (72. N. Kovac) – Ballack – Deisler (61. Scholl), Zé Roberto – Pizarro, Elber.
Tor: 1:0 Oude Kamphuis (38.).
Gelb: Böhme, van Kerckhoven, Kmetsch / Ballack, Linke.
Schiedsrichter: Florian Meyer.

Abschlusstabelle

Pl.	Verein	Spiele	G	U	V	Tore	Diff.	Punkte
1	Bayern	34	23	6	5	70:25	+45	75
2	Stuttgart	34	17	8	9	53:39	+14	59
3	Dortmund (M)	34	15	13	6	51:27	+24	58
4	Hamburg	34	15	11	8	46:36	+10	56
5	Hertha	34	16	6	12	52:43	+9	54
6	Bremen	34	16	4	14	51:50	+1	52
7	Schalke (P)	34	12	13	9	46:40	+6	49
8	Wolfsburg	34	13	7	14	39:42	-3	46
9	Bochum (A)	34	12	9	13	55:56	-1	45
10	1860 München	34	12	9	13	44:52	-8	45
11	Hannover (A)	34	12	7	15	47:57	-10	43
12	M'gladbach	34	11	9	14	43:45	-2	42
13	Rostock	34	11	8	15	35:41	-6	41
14	Kaiserslautern*	34	10	10	14	40:42	-2	40
15	Leverkusen	34	11	7	16	47:56	-9	40
16	Bielefeld (A)	34	8	12	14	35:46	-11	36
17	Nürnberg	34	8	6	20	33:60	-27	30
18	Cottbus	34	7	9	18	34:64	-30	30

* als unterlegener Pokalfinalist im Uefa-Cup

DIE WEITEREN SIEGER DES JAHRES:

Champions League: AC Mailand

Uefa-Cup: FC Porto

DFB-Pokal: FC Bayern

Alle Ergebnisse auf einen Blick

Waagerecht: alle Heimresultate
Senkrecht: alle Auswärtsresultate

	Bayern	Stuttgart	Dortmund	Hamburg	Hertha	Bremen	Schalke	Wolfsburg	Bochum	1860	Hannover	M'gladbach	Rostock	K'lautern	Leverkusen	Bielefeld	Nürnberg	Cottbus
Bayern		2:1	2:1	1:1	2:0	0:1	0:0	1:0	4:1	3:1	3:3	3:0	1:0	1:0	3:0	6:2	2:0	3:1
Stuttgart	0:3		1:0	1:1	3:1	0:1	1:1	2:0	3:2	4:1	3:0	4:0	1:1	1:1	3:0	3:0	0:2	0:0
Dortmund	1:0	3:1		1:1	2:2	1:2	1:1	2:2	4:1	1:0	2:0	1:0	2:0	3:1	2:0	0:0	4:1	1:1
Hamburg	0:3	3:2	1:1		1:0	1:0	3:1	2:0	1:1	1:0	2:1	1:0	2:0	2:0	4:1	1:0	4:0	1:1
Hertha	3:6	1:1	2:1	2:0		0:1	4:2	2:2	1:0	6:0	2:0	1:2	3:1	2:0	1:1	0:0	2:1	3:1
Bremen	2:0	3:1	1:4	2:1	4:2		2:1	0:1	2:0	1:2	1:2	2:0	0:0	5:3	3:2	2:2	4:1	0:1
Schalke	1:0	2:0	2:2	3:0	0:0	1:1		1:0	1:2	1:1	0:2	2:1	2:2	2:2	0:1	1:1	1:1	3:0
Wolfsburg	0:2	1:2	2:0	2:1	2:0	3:1	1:2		2:0	1:1	1:0	1:0	1:0	2:2	2:0	2:0	0:2	3:2
Bochum	1:4	3:1	0:0	1:1	3:0	1:4	0:2	4:2		1:1	1:2	1:1	0:1	1:1	2:1	0:3	2:1	5:0
1860	0:5	0:1	0:0	1:1	1:0	3:0	3:0	2:2	2:4		0:1	2:0	0:2	0:0	0:3	3:1	2:2	3:0
Hannover	2:2	1:2	0:3	2:2	0:1	4:4	0:2	3:1	2:2	1:3		2:2	3:1	2:1	1:2	0:0	4:2	1:3
M'gladbach	0:0	1:1	1:0	2:0	0:2	4:1	2:2	2:0	2:2	0:1	1:0		3:0	3:0	2:2	3:0	2:0	3:0
Rostock	0:1	1:1	0:1	0:0	0:1	1:0	3:1	1:0	1:1	1:4	1:2	3:1		2:2	1:3	3:0	2:0	0:0
K'lautern	0:2	1:2	0:0	2:0	2:1	1:0	1:3	2:0	0:2	0:0	0:1	2:0	1:0		1:0	1:1	5:0	4:0
Leverkusen	2:1	0:1	1:1	2:3	4:1	3:0	1:3	1:1	2:4	3:0	1:3	2:2	1:2	1:0		3:1	0:2	0:3
Bielefeld	0:0	0:1	0:0	2:1	0:1	3:0	2:1	1:0	1:3	2:1	0:1	4:1	3:0	1:1	2:2		0:1	2:2
Nürnberg	1:2	1:2	1:2	1:3	0:3	1:0	0:0	1:1	1:3	1:2	3:1	2:1	0:1	1:0	0:1	0:0		2:2
Cottbus	0:2	2:3	0:4	0:0	0:2	0:1	0:1	0:1	2:1	3:4	3:0	1:1	0:4	1:3	1:1	2:1	2:1	

Saisonverlauf

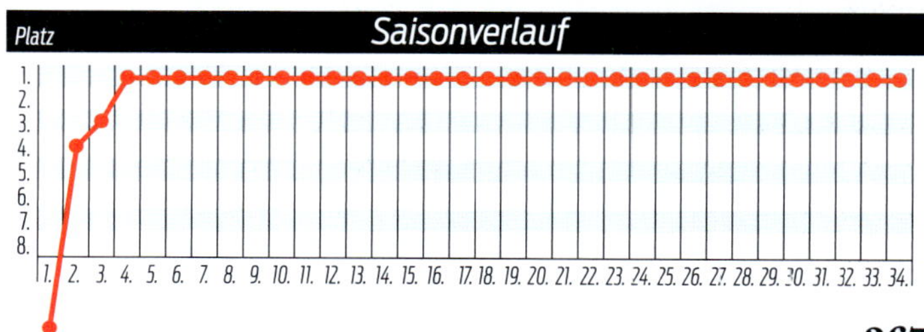

GENERAL HITZFELD MUSS GEHEN

Die Spieler nutzen die Gutmütigkeit des Trainers schamlos aus. Nach dem 1:3 gegen Werder Bremen und verlorener Meisterschaft zieht Bayern die Reißleine

Die Vorentscheidung im Titelrennen: Ailton zirkelt den Ball um Thomas Linke – 3:0 für Werder

Es ist ein gemütliches Beisammensein im Hause Hoeneß im Münchner Vorort Ottobrunn. Susi, die Frau des Bayern-Managers, hat gekocht, und so sitzen Hausherr Uli und der befreundete Gast der Familie in Begleitung seiner Ehefrau Beatrix an jenem Abend Mitte Mai 2004 bis tief in die Nacht zusammen. Nach dem Essen wird Zigarre geraucht. Da hat Ottmar Hitzfeld bereits Gewissheit: Er ist seinen Job als Bayern-Trainer los – ein Jahr vor dem ursprünglich auf Ende Juni 2005 datierten Vertragsende.

Nach sechs Jahren findet die Ära Hitzfeld ihren Abschluss. Der „General" hat die Champions League, viermal die Meisterschaft und zweimal den DFB-Pokal gewonnen. Doch im letzten Jahr geht der mittlerweile 55 Jahre alte Trainer leer aus. Schönen Fußball spielt seine Mannschaft schon lange nicht mehr, nur die des neuen deutschen Meisters Werder Bremen.

Die Entscheidung kommt für Hitzfeld nicht überraschend. Der Abschied zeichnet sich bereits Ende April 2004 ab, als die Bayern-Bosse mit Stuttgarts Trainer Felix Magath eine Vereinbarung ab der Saison 2005/06 erzielen und Hitzfeld sowie seinem Assistenten Michael Henke mitteilen, dass ihre Arbeitspapiere über 2005 hinaus nicht verlängert werden.

Aus Sicht von Franz Beckenbauer, Karl-Heinz Rummenigge und Uli Hoeneß hat sich das früher so erfolgreiche Miteinander zwischen Cheftrainer und Mannschaft verschlissen. Zahlreiche Spieler nutzen Hitzfelds Gutmütigkeit aus, kommen zu spät zum Training, versäumen medizinische Termine. Selbst Geldstrafen helfen nicht mehr. Was sind schon 10 000 oder 20 000 Euro für einen Jungmillionär?

Das Merkwürdige: Erst lassen die Spieler ihren Vorgesetzten hängen, dann ergreifen sie Partei für ihn. „Hitzfeld ist ein Weltklasse-Trainer. Er steht zu Unrecht in der Diskussion. Die Art und Weise, wie die Spiele verloren wurden, ist nicht in Ordnung", sagt etwa Michael Ballack.

Ausschlaggebend für die vorzeitige Trennung ist das verheerende 1:3 gegen Werder Bremen am 32. Spieltag. Vor allem die ersten 45 Minuten am 8. Mai 2004 im Münchner Olympiastadion sind eine Demütigung. Ivan Klasnic nutzt in der 19. Minute einen schweren Patzer von Oliver Kahn zum 1:0, Johan Micoud erhöht mit elegantem Lupfer auf 2:0 (26.), Werder-Torjäger Ailton, der mit 28 Treffern Torschützenkönig 2003/04 wird, sorgt mit traumhaftem Schlenzer (35.) für den 3:0-Halbzeitsstand. Roy Makaay gelingt nur noch der 1:3-Ehrentreffer. Werder baut seinen Vorsprung auf neun Punkte gegenüber dem FC Bayern aus und feiert in Bayerns Wohnzimmer die Meisterschaft. „Das Spiel hat die Welt verändert. Da ist mir klar geworden, dass wir nicht noch ein Jahr durchstehen mit Hitzfeld. Nach dem Spiel fiel es mir wie Schuppen von den Augen: Es geht nicht", sagt Uli Hoeneß. Und Rummenigge gesteht: „Die Bremer haben uns eine Lektion erteilt. Ich kann mich nicht erinnern, wann wir zuletzt zur Halbzeit 0:3 zurückgelegen haben."

Eine Woche später verliert Bayern ausgerechnet auch noch bei Hitzfelds designiertem Nachfolger Magath. Nach dem 1:3 in Stuttgart steht sogar die direkte Qualifikation für die Champions League auf dem Spiel. Deshalb zieht Hoeneß die Reißleine und gibt seinem Freund Ottmar bei jenem Abendessen in „lockerer, gelöster Atmosphäre" (Hoeneß) den Laufpass zum Saisonende. Hitzfeld akzeptiert, Hoeneß beobachtet „nicht den Hauch einer Sorgenfalte in seinem Gesicht".

Womöglich ist es die pure Erleichterung. Hitzfeld, stets loyal und integer, sagt später: „Uli hat mir mitgeteilt, dass der Verein anders plant. Ich bin nicht blind. Zwar war ich auch immer ein Kämpfer und hätte weitermachen wollen, auch wenn der Druck groß gewesen wäre. Das wollte der Verein aber nicht, weil der Druck auf alle Beteiligten immens groß geworden wäre."

Der Abschied immerhin versöhnt: Bayern gewinnt am letzten Spieltag gegen Freiburg 2:0 und sichert die Vizemeisterschaft nach einer Saison, in der die Mannschaft kein einziges Mal Tabellenführer ist und fußballerisch laut Franz Beckenbauer oft nur „Stückwerk ohne Spielfreude" bietet. Der Präsident lästert öffentlich: „In der Mannschaft stimmt die ganze Bewegung nicht. Einer hat den Ball, die anderen

Wie ein Maikäfer: Oliver Kahn krabbelt dem Ball hinterher, erreicht ihn aber nicht. Seinen schweren Fehler nutzt Bremens Ivan Klasnic zum 1:0 in der 19. Minute

schauen zu. Jede andere Mannschaft läuft mehr und schneller."

Beckenbauer bemängelt die physische Verfassung, die tatsächlich zu wünschen übrig lässt. Ein vernichtendes Urteil für den Übungsleiter Hitzfeld, dessen Kader aus 15 aktuellen und zwei ehemaligen Nationalspielern besteht und vor der Saison mit Defensiv-Spezialist Martín Demichelis aus Argentinien und Torjäger Roy Makaay verstärkt wird. Der Holländer wird für die Rekord-Ablöse von 18,75 Millionen Euro von Deportivo La Coruña verpflichtet.

Makaay, der Publikumsliebling Giovane Elber (jetzt in Lyon) ersetzt, ist einer der wenigen Lichtblicke im Kader. Mit 23 Toren wird er zweitbester Bundesliga-Torschütze. Die Problemzone ist die Abwehr: 2003/04 kassiert Bayern mit dem in allen Wettbewerben entscheidend schwächelnden Oliver Kahn 39 Tore in der Bundesliga, die Abwehr um Thomas Linke, Samuel Kuffour und Robert Kovac bleibt nur elfmal (im Vorjahr 17-mal) ohne Gegentreffer.

Und dann wird Sebastian Deisler noch krank: Im November 2003 lässt er sich wegen Depressionen in einer Münchner Spezialklinik behandeln. „Es ging nicht mehr anders. Ich wollte niemanden in der Klinik sehen, noch nicht einmal meine Eltern. Ich war krank. Ich konnte nicht einschlafen, weil ich Angst vor dem Aufwachen hatte. Manchmal hatte ich sogar Angst: Wenn ich einschlafe, wache ich nie wieder auf", erzählt er später über seine Leidenszeit. Der Fall entfacht eine Debatte über Leistungsdruck im Profifußball. Deisler kehrt erst im Mai auf den Platz zurück und nimmt einen zweiten Anlauf.

Champions League

Artistische Leistung: Zidane erzielt das 1:0 für Real im Rückspiel

Drittes Aus gegen Real in vier Jahren

Die Gruppenphase in der Champions League gerät zur Qual, nur zwei Spiele gewinnen die Bayern: Das erste (2:1 gegen Celtic Glasgow) und das letzte (1:0 gegen Anderlecht). Dazwischen liegt das Wiedersehen mit Giovane Elber, der mit Olympique Lyon in München 2:1 gewinnt und das Siegtor erzielt. In Anderlecht (1:1), Lyon (1:1) und Glasgow (0:0) reicht es zum Remis. Neun Punkte genügen für Platz zwei in Gruppe A hinter Lyon. Roy Makaay erzielt fünf der sechs Tore, darunter der entscheidende Elfmeter zum 1:0 gegen Anderlecht. Im Achtelfinale ist Real Madrid, bereits 1999/00 und 2001/02 Gegner in der K.o.-Runde, erneut zu stark für das Hitzfeld-Team. Ein gravierender Patzer von Oliver Kahn, der in der 93. Minute einen Freistoß von Roberto Carlos zum 1:1 durchrutschen lässt, sorgt für eine schlechte Ausgangslage. Die Zeitung „El Mundo“ spottet: „Kahn ging wie eine alte, schwangere Frau zu Boden.“ Kahn kündigt zwar an: „Dann muss ich eben das Rückspiel ganz allein gewinnen.“ Doch dazu kommt es nicht. Nur Zinédine Zidane trifft vor 75 000 Fans im Bernabéu, Real siegt 1:0.

DFB-Pokal

Der Held von Aachen: Erik Meijer, Torschütze zum 2:1

Oliver Kahn patzt im Viertelfinale

Roque Santa Cruz entscheidet das Auftaktspiel bei Borussia Neunkirchen (5:0) mit drei Toren fast allein. In der zweiten Hauptrunde gegen Zweitligist 1. FC Nürnberg blamieren sich die Bayern beinahe und müssen nach 120 Minuten (1:1) im Heimspiel ins Elfmeterschießen. Michael Ballack und Jens Jeremies patzen, aber auch drei Nürnberger – nach dem 8:7 n. E. ist der Weg ins Achtelfinale frei. Das Heimspiel gegen den HSV fällt weit leichter, Claudio Pizarro, Roy Makaay und Hasan Salihamidzic sorgen für einen 3:0-Erfolg. Am 4. Februar 2004 ist auf dem Aachener Tivoli jedoch Endstation. Zweitligist Alemannia gewinnt das Viertelfinale 2:1. Oliver Kahn lässt sich beim 0:1 von Stefan Blank aus 30 Metern überwinden. Ballack gleicht noch aus, Erik Meijer stürzt die Münchner schließlich.

TRAINER

OTTMAR HITZFELD
Mit 204 Bundesliga-Spielen ist er in der Klubrangliste Zweiter hinter Udo Lattek (299). Auch was die Titelsammlung angeht (4-mal Meister, 2-mal Pokalsieger, je 1-mal Europacup- und Weltpokalsieger) reiht sich Hitzfeld hinter Lattek ein.

DIE TOP-ELF DER SAISON

Zé Roberto

Bixente Lizarazu

DER SPIELER DES JAHRES

Bastian Schweinsteiger*, jetzt 19 Jahre alt, erkämpft sich in seiner zweiten Saison einen Stammplatz im Mittelfeld, absolviert 33 Pflichtspiele, davon 26 in der Bundesliga (vier Tore). Nach der Saison nimmt Schweinsteiger an zwei EM-Endrunden teil: zunächst an der U-21-EM im eigenen Land, dann mit der A-Nationalmannschaft in Portugal, wo er in allen drei Partien zum Einsatz kommt. Beide Turniere enden mit herben Pleiten: U 21 und Nationalteam werden jeweils Gruppendritter und scheiden nach der Vorrunde aus.*

Der Kader

NAME	SPIELE	TORE
Oliver Kahn	33	0
Michael Rensing	2	0
Martín Demichelis	14	2
Robert Kovac	19	0
Samuel Kuffour	23	1
Christian Lell	4	0
Thomas Linke	21	0
Bixente Lizarazu	26	1
Tobias Rau	8	0
Willy Sagnol	27	1
Michael Ballack	28	7
Sebastian Deisler	11	4
Markus Feulner	2	0
Thorsten Fink	1	0
Owen Hargreaves	25	2
Jens Jeremies	23	1
Zvjezdan Misimovic	2	0
Hasan Salihamidzic	33	4
Mehmet Scholl	5	0
Bastian Schweinsteiger	26	4
Piotr Trochowski	10	1
Zé Roberto	30	2
Giovane Elber	4	1
Roy Makaay	32	23
Claudio Pizarro	31	11
Roque Santa Cruz	29	5

MICHAEL RENSING vertritt Kahn zweimal, bleibt gegen HSV und Schalke (ab 61.) ohne Gegentor

Transfers

MARTÍN DEMICHELIS erfüllt die Erwartungen in seiner ersten Saison nur teilweise. Der Millionen-Einkauf von River Plate (Argentinien) darf in der Bundesliga nur 14-mal auflaufen, erzielt dabei aber immerhin zwei Tore. Zwischen dem 18. und 34. Spieltag kommt er nur sechsmal zum Einsatz, nie über die vollen 90 Minuten. Kurzzeitig schiebt ihn Hitzfeld sogar ins Reserveteam ab. 2004/05 wird der Defensiv-Spezialist mit dem starken Kopfballspiel dann Stammspieler, absolviert bis 2010/11 insgesamt 174 Ligaspiele (13 Tore). Demichelis wird je viermal Meister und Pokalsieger.

SPIELER	VON VEREIN	ABLÖSESUMME
Michael Rensing	FC Bayern Jugend	–
Martín Demichelis	River Plate Buenos A.	5 Mio. €
Christian Lell	FC Bayern Jugend	–
Tobias Rau	VfL Wolfsburg	2,25 Mio. €
Roy Makaay	Deportivo La Coruña	18,75 Mio. €

Tops & Flops

ROY MAKAAY erzielt nicht nur die meisten Bayern-Tore in der Bundesliga (23), sondern trifft auch noch sechsmal in der Champions League und zweimal im DFB-Pokal.

HEIMSTÄRKE In der Heimtabelle werden die Bayern Erster. 42 Punkte sind mit Abstand Saisonbestwert (Werder: 39 Punkte). Dagegen stehen nur magere 26 Zähler in der Auswärtsbilanz.

MICHAEL BALLACK wird zusammen mit Leverkusens brasilianischem Profi França bester Vorbereiter in der Bundesliga. Beiden gelingen 13 Assists.

TOBIAS RAU Der Verteidiger kommt als Nationalspieler aus Wolfsburg (2,25 Mio. Euro), wird in der Bundesliga aber nur achtmal eingesetzt und verpasst die EM in Portugal.

ROT-FLUT Fünf Platzverweise sind Rekord in der Ära Hitzfeld. Ballack erwischt es gleich zweimal mit Gelb/Rot, Novum in seiner Karriere. Glatt Rot sehen Zé Roberto, Linke und Salihamidzic.

ELFMETER-FLUT Gegen kein Team werden 2003/04 mehr Elfmeter gepfiffen (acht; gleichauf mit 1860 und Kaiserslautern). Sieben werden verwandelt.

Gegen Dortmund glücklos: Roy Makaay, mit Abstand erfolgreichster Bayern-Stürmer, bleibt in beiden Spielen ohne Tor. Beim 0:2 im Rückspiel bekämpft er sich mit Dedé

1. SPIELTAG

Bayern – Eintracht Frankfurt 3:1 (3:0)

BAYERN: Kahn – Salihamidzic, R. Kovac, Linke, Rau, (84. Sagnol) – Hargreaves (83. Jeremies) – Ballack, Deisler, Zé Roberto (72. Scholl) – Pizarro – Elber.
FRANKFURT: Nikolov – Puljiz, Cipi, Keller, Wiedener – Montero (77. Kreuz) – Schur – Skela, Bürger (46. Dragusha), Cha – Jones (46. Lexa).
Tore: 1:0 Zé Roberto (16.), 2:0 Salihamidzic (20.), 3:0 Pizarro (42.), 3:1 Skela (68.).
Gelb: Hargreaves / Schur, Keller.
Schiedsrichter: Knut Kircher.

2. SPIELTAG

Hannover 96 – Bayern 3:3 (3:1)

HANNOVER: Tremmel – Cherundolo, Konstantinidis, Vinicius, de Guzman – Lala, Krupnikovic (76. Stefulj) – Simak (62. Brdaric) – Stajner, Idrissou – Christiansen (62. Dabrowski).
BAYERN: Kahn – Salihamidzic, R. Kovac (86. Jeremies), Linke, Rau (46. Sagnol) – Hargreaves – Ballack – Deisler (46. Schweinsteiger), Zé Roberto – Pizarro – Elber.
Tore: 1:0 Krupnikovic (9.), 2:0 Stajner (27.), 2:1 Ballack (39.), 3:1 Christiansen (43.), 3:2 Pizarro (49.), 3:3 Hargreaves (90.+1).
Rot: Idrissou (83.) / –.
Gelb: de Guzman, Krupnikovic / Elber.
Schiedsrichter: Jürgen Aust.

3. SPIELTAG

Bayern – VfL Bochum 2:0 (2:0)

BAYERN: Kahn – Salihamidzic, Kuffour, Linke, Lizarazu (77. Sagnol) – Jeremies, Hargreaves – Deisler (78. Schweinsteiger), Zé Roberto – Pizarro – Makaay (77. Elber).
BOCHUM: van Duijnhoven – Kalla, Oliseh, Fahrenhorst – Colding, Bönig – Zdebel (60. B. Gudjonsson), T. Gudjonsson – Wosz (46. Diabang) – Freier – Madsen (67. Hashemian).
Tore: 1:0 Pizarro (21.), 2:0 Deisler (26.).
Gelb: Lizarazu, Linke / Fahrenhorst.
Schiedsrichter: Peter Gagelmann.

4. SPIELTAG

Hamburger SV – Bayern 0:2 (0:1)

HAMBURG: Pieckenhagen – Benjamin, Hoogma, Ujfalusi, Rahn (71. Kling) – Schlicke – Maltritz (71. Wicky), Beinlich – Takahara, Barbarez – Romeo (55. Jacobsen).
BAYERN: Kahn – Sagnol, R. Kovac, Linke, Lizarazu – Ballack (82. Schweinsteiger), Jeremies – Salihamidzic – Zé Roberto (81. Deisler) – Pizarro (75. Elber) – Makaay.
Tore: 0:1 Pizarro (14.), 0:2 Elber (78.).
Gelb/Rot: Benjamin (52.) / –.
Gelb: Hoogma, Wicky / Zé Roberto, Ballack, Linke.
Schiedsrichter: Dr. Markus Merk.

5. SPIELTAG

VfL Wolfsburg – Bayern 3:2 (1:0)

WOLFSBURG: Jentzsch – Rytter (72. Munteanu), Biliskov – Sarpei, Weiser – Schnoor, Thiam (81. Karhan) – Menseguez (90. Präger), Petrov – Baiano, Klimowicz.
BAYERN: Kahn – Sagnol, Kuffour, Linke, Rau (62. Zé Roberto, 72. Feulner) – Hargreaves – Schweinsteiger (72. Fink) – Salihamidzic, Scholl – Santa Cruz – Makaay.
Tore: 1:0 Baiano (11.), 1:1 Schweinsteiger (49.), 1:2 Makaay (59.), 2:2 Baiano (83.), 3:2 Klimowicz (89.).
Gelb: Thiam, Petrov / Linke, Rau, Schweinsteiger, Feulner.
Schiedsrichter: Lutz Michael Fröhlich.

6. SPIELTAG

Bayern – Bayer Leverkusen 3:3 (1:2)

BAYERN: Kahn – Sagnol, R. Kovac, Linke, Lizarazu – Hargreaves – Ballack – Schweinsteiger (59. Pizarro), Zé Roberto – Santa Cruz (75. Salihamidzic) – Makaay (79. Rau).
LEVERKUSEN: Butt – Schneider, Juan, Lúcio, Placente – Ramelow – Bierofka (77. Bastürk), Babic, Ponte – Neuville (68. Lucic), França (65. Berbatov).
Tore: 0:1 Ramelow (10.), 1:1 Makaay (25.), 1:2 França (34.), 2:2 Santa Cruz (64.), 3:2 Ballack (69.), 3:3 Bastürk (81.).
Rot: Zé Roberto (57.) / –.
Gelb: Ballack, Kovac, Sagnol / Juan, Ramelow, Ponte, Bastürk.
Schiedsrichter: Florian Meyer.
Besonderes Vorkommnis: Butt hält Foulelfmeter von Ballack (28.).

7. SPIELTAG

Hansa Rostock – Bayern 1:2 (0:1)

ROSTOCK: Schober – Kovar, Kientz, Hill, Melkam – Aduobe – Tjikuzu, Lantz, Persson (46. Rydlewicz) – Max, Plassnegger.
BAYERN: Kahn – Kuffour, R. Kovac, Linke, Lizarazu – Demichelis – Ballack – Salihamidzic, Schweinsteiger (71. Trochowski) – Santa Cruz (70. Pizarro) – Makaay.
Tore: 0:1 Santa Cruz (30.), 1:1 Linke (47., Eigentor), 1:2 Makaay (86.).
Gelb: Melkam, Lantz, Kientz / Ballack, Demichelis.
Schiedsrichter: Herbert Fandel.

8. SPIELTAG

Bayern – Hertha BSC 4:1 (2:0)

BAYERN: Kahn – Salihamidzic, R. Kovac, Kuffour, Lizarazu – Demichelis – Ballack (84. Lell) – Hargreaves, Schweinsteiger (80. Deisler) – Pizarro (66. Santa Cruz), Makaay.
BERLIN: Kiraly – Rehmer, Friedrich, Simunic, Hartmann – N. Kovac, Dardai (86. Mladenov) – Pinto, Goor (64. Wichniarek) – Neuendorf – Bobic.
Tore: 1:0 Makaay (22.), 2:0 Ballack (45.+1), 3:0 Schweinsteiger (58.), 3:1 N. Kovac (65.), 4:1 Salihamidzic (88.).
Gelb: Salihamidzic, Lizarazu / Hartmann, Pinto.
Schiedsrichter: Michael Weiner.

9. SPIELTAG

Borussia M'gladbach – Bayern 0:0

M'GLADBACH: Stiel – Korzynietz, Asanin, Strasser, Ojigwe (62. Obradovic) – Gaede – Ulich, Demo (78. van Hout), Kolkka – Sverkos (70. Aidoo), van Lent.
BAYERN: Kahn – Salihamidzic (46. Lell), R. Kovac, Kuffour, Lizarazu – Demichelis, Jeremies (46. Trochowski) – Deisler, Ballack – Makaay (74. Santa Cruz), Pizarro.
Gelb: Strasser / Salihamidzic. **Schiedsrichter:** Knut Kircher.

10. SPIELTAG

Bayern – 1. FC Kaiserslautern 4:1 (2:0)

BAYERN: Kahn – Salihamidzic, R. Kovac, Linke, Lizarazu (66. Lell) – Demichelis – Ballack – Deisler, Zé Roberto (67. Jeremies) – Santa Cruz (71. Pizarro) – Makaay.
K'LAUTERN: Wiese – Grammozis, Lembi, Mettomo, Tchato – Hengen, Anfang – Kosowski, Domínguez (32. Altintop) – Timm – Klose.
Tore: 1:0 Deisler (1.), 2:0 Makaay (27.), 3:0 Deisler (69.), 3:1 Klose (78.), 4:1 Makaay (80.).
Gelb: Demichelis / Hengen.
Schiedsrichter: Torsten Koop.
Besonderes Vorkommnis: Kahn hält Foulelfmeter von Klose (76.).

11. SPIELTAG

FC Schalke 04 – Bayern 2:0 (1:0)

SCHALKE: Rost – Hajto, Waldoch, Matellán, Kobiaschwili – Oude Kamphuis, Poulsen (24. Vermant) – da Silva Pinto (71. Trojan), Asamoah – Hanke (84. Glieder), Sand.
BAYERN: Kahn – Salihamidzic, R. Kovac, Linke, Lizarazu – Demichelis – Ballack – Deisler (38. Jeremies), Zé Roberto (71. Scholl) – Santa Cruz (69. Pizarro) – Makaay.
Tore: 1:0 Hajto (16., Foulelfmeter), 2:0 Oude Kamphuis (79.).
Rot: – / Linke (32.).
Gelb: Kobiaschwili, Hajto, Waldoch / R. Kovac, Demichelis, Lizarazu.
Schiedsrichter: Edgar Steinborn.

12. SPIELTAG

Bayern – Borussia Dortmund 4:1 (1:0)

BAYERN: Kahn – Sagnol, Kuffour, R. Kovac, Lizarazu – Jeremies – Ballack – Deisler (64. Zé Roberto), Salihamidzic – Santa Cruz (74. Pizarro) – Makaay.
DORTMUND: Weidenfeller – Metzelder, Reuter, Wörns – Fernández, Brzenska, Jensen – Senesie, Ricken – Koller, Ewerthon (82. Odonkor).
Tore: 1:0 Ballack (27.), 1:1 Koller (49.), 2:1 Sagnol (50.), 3:1 Salihamidzic (72.), 4:1 Pizarro (90.+1).
Gelb/Rot: – / Brzenska (43.).
Gelb: Salihamidzic / Fernández, Ewerthon.
Schiedsrichter: Dr. Markus Merk.

13. SPIELTAG

1860 München – Bayern 0:1 (0:1)

1860: Hofmann – Görlitz, Hoffmann, Costa, Tyce – Stranzl – Schwarz (82. Agostino) – Cerny (83. Davids), Weissenberger (72. Kioyo) – Lauth, Schroth.
BAYERN: Kahn – Sagnol, Kuffour, R. Kovac, Lizarazu – Jeremies – Hargreaves (90.+1 Schweinsteiger) – Ballack – Salihamidzic – Santa Cruz (75. Pizarro) – Makaay.
Tor: 0:1 Makaay (34.).
Rot: – / Salihamidzic (61.).
Gelb/Rot: Görlitz (60.) / –.
Gelb: Stranzl / Ballack, Makaay.
Schiedsrichter: Herbert Fandel.

14. SPIELTAG

Bayern – 1. FC Köln 2:2 (1:1)

BAYERN: Kahn – Salihamidzic, R. Kovac, Demichelis, Lizarazu (73. Rau) – Hargreaves – Schweinsteiger (77. Feulner), Ballack – Zé Roberto – Santa Cruz (46. Makaay), Pizarro.
KÖLN: Wessels – Cullmann, Cichon, Dogan – Schröder, Springer, Voigt – Kringe (72. Federico), Sinkala – Podolski (88. Scherz), Voronin (89. Ebbers).
Tore: 0:1 Voronin (35.), 1:1 Pizarro (43.), 2:1 Pizarro (49.), 2:2 Springer (60.).
Gelb: – / Springer, Cichon.
Schiedsrichter: Uwe Kemmling.

15. SPIELTAG

Werder Bremen – Bayern 1:1 (0:0)

BREMEN: Reinke – Davala, Ismaël, Baumann, Stalteri – Ernst – Lisztes, Borowski – Micoud – Ailton, Klasnic.
BAYERN: Kahn – Salihamidzic, Kuffour, R. Kovac (71. Demichelis), Lizarazu – Hargreaves – Ballack – Zé Roberto (73. Sagnol) – Santa Cruz, Pizarro – Makaay.
Tore: 1:0 Ailton (58., Foulelfmeter), 1:1 Pizarro (79.).
Gelb: Lisztes / Kuffour, Hargreaves.
Schiedsrichter: Knut Kircher.

16. SPIELTAG

Bayern – VfB Stuttgart 1:0 (0:0)

BAYERN: Kahn – Sagnol, Kuffour, Linke, Lizarazu – Hargreaves, Ballack – Salihamidzic (72. Schweinsteiger), Santa Cruz (61. Zé Roberto) – Pizarro – Makaay (89. Misimovic).
STUTTGART: Hildebrand – Hinkel, Meira, Wenzel, Lahm (76. Branco) – Vranjes – Tiffert (79. Cacau), Hleb – Heldt – Kuranyi, Szabics (63. Amanatidis).
Tor: 1:0 Makaay (75.).
Gelb: Salihamidzic, Ballack, Sagnol / Szabics, Hinkel.
Schiedsrichter: Dr. Markus Merk.

17. SPIELTAG

SC Freiburg – Bayern 0:6 (0:3)

FREIBURG: Golz – Kondé, Diarra – Riether, Berner (46. Cairo) – Zeyer, Tskitischwili – Bajramovic (44. Hermel) – Antar – Sanou (64. Coulibaly), Iaschwili.
BAYERN: Kahn – Sagnol, Demichelis (90. Lell), Linke, Rau – Hargreaves, Schweinsteiger (71. Jeremies) – Salihamidzic (84. Trochowski), Zé Roberto – Pizarro – Makaay.
Tore: 0:1 Demichelis (6.), 0:2 Salihamidzic (23.), 0:3 Makaay (28.), 0:4 Pizarro (61.), 0:5 Makaay (67.), 0:6 Trochowski (87.).
Gelb: Diarra / Rau.
Schiedsrichter: Florian Meyer.

18. SPIELTAG

Eintracht Frankfurt – Bayern 1:1 (1:1)

FRANKFURT: Nikolov – Preuß, Hertzsch, Chris – Günther, Bürger – Schur – Skela, Kreuz – Cha (76. Lexa) – Amanatidis.
BAYERN: Kahn – Sagnol, Demichelis (46. Linke), Kuffour, Lizarazu – Schweinsteiger (68. Salihamidzic), Hargreaves – Ballack – Pizarro (66. Santa Cruz), Zé Roberto – Makaay.
Tore: 0:1 Makaay (1.), 1:1 Skela (45.+3, Foulelfmeter).
Gelb: Bürger, Nikolov, Schur, Günther / Demichelis, Ballack.
Schiedsrichter: Jürgen Jansen.

19. SPIELTAG

Bayern – Hannover 96 3:1 (1:0)

BAYERN: Kahn – Sagnol, Kuffour, Linke, Lizarazu – Hargreaves – Salihamidzic, Ballack – Zé Roberto – Pizarro (78. Jeremies) Makaay (79. Santa Cruz).
HANNOVER: Ziegler – Cherundolo (46. Jaime), Konstantinidis, Vinicius, Kléber – Krupnikovic, de Guzman – Schröter, Mathis (66. Svitlica), Stendel (32. Schuler) – Brdaric.
Tore: 1:0 Ballack (10.), 2:0 Zé Roberto (66.), 3:0 Makaay (78.), 3:1 Svitlica (82.).
Gelb/Rot: Ballack (76.) / de Guzman (90.).
Gelb: – / Cherundolo.
Schiedsrichter: Lutz Michael Fröhlich.

20. SPIELTAG

VfL Bochum – Bayern 1:0 (1:0)

BOCHUM: van Duijnhoven – Colding, Kalla, Fahrenhorst, Edu – Oliseh, Zdebel – Wosz (71. Gudjonsson) – Freier (87. Meichelbeck), Madsen (60. Diabang), Hashemian.
BAYERN: Kahn – Sagnol (46. Santa Cruz), Kuffour, R. Kovac, Lizarazu – Salihamidzic, Hargreaves – Schweinsteiger (74. Trochowski) – Zé Roberto – Pizarro – Makaay.
Tor: 1:0 Madsen (8.).
Gelb: Hashemian, Wosz, Edu / Schweinsteiger.
Schiedsrichter: Lutz Wagner.

21. SPIELTAG

Bayern – Hamburger SV 1:0 (0:0)

BAYERN: Rensing – Sagnol, Kuffour, R. Kovac (46. Demichelis), Lizarazu – Schweinsteiger, Hargreaves – Salihamidzic, Zé Roberto (69. Trochowski) – Santa Cruz – Makaay.
HAMBURG: Wächter – Wicky (88. Benjamin), Reinhardt, Schlicke, Hollerbach – Beinlich, Jarolim, Kling (62. Rahn) – Mahdavikia, Barbarez – Takahara (68. Romeo).
Tor: 1:0 Demichelis (87.).
Gelb: Hargreaves, Kuffour / Wicky, Hollerbach.
Schiedsrichter: Knut Kircher.

22. SPIELTAG

Bayern – VfL Wolfsburg 2:0 (1:0)

BAYERN: Kahn – Sagnol, Kuffour, R. Kovac, Salihamidzic – Demichelis (46. Jeremies) – Schweinsteiger – Ballack – Zé Roberto (84. Trochowski) – Pizarro (68. Santa Cruz) – Makaay.
WOLFSBURG: Ramovic – Rytter, Biliskov, Schnoor, Weiser (86. Menséguez) – Karhan, Thiam (89. Sarpei) – D'Alessandro, Petrov – Klimowicz, Topic.
Tore: 1:0 Makaay (11.), 2:0 Schweinsteiger (76.).
Gelb: Sagnol, Demichelis, Jeremies / Rytter, Topic, Biliskov.
Schiedsrichter: Thorsten Kinhöfer.

23. SPIELTAG

Bayer Leverkusen – Bayern 1:3 (0:1)

LEVERKUSEN: Butt – Balitsch, Juan, Nowotny (46. Lucic), Placente – Ramelow (52. Kaluzny) – Fritz, Bierofka (62. Neuville) – Schneider – França, Berbatov.
BAYERN: Kahn – Sagnol (65. Jeremies), Kuffour, R. Kovac, Salihamidzic – Hargreaves – Ballack –Schweinsteiger, Zé Roberto (83. Trochowski) – Santa Cruz (78. Pizarro) – Makaay.
Tore: 0:1 Makaay (40.), 0:2 Ballack (58.), 0:3 Makaay (77.), 1:3 Schneider (90.+1).
Gelb: Fritz, Balitsch / Zé Roberto, Hargreaves.
Schiedsrichter: Herbert Fandel.

24. SPIELTAG

Bayern – Hansa Rostock 3:3 (2:0)

BAYERN: Kahn – Salihamidzic, Kuffour, R. Kovac, Rau – Jeremies (74. Scholl) – Ballack – Schweinsteiger, Zé Roberto – Santa Cruz (61. Pizarro) – Makaay.
ROSTOCK: Schober – Möhrle, Persson, Hill – Tjikuzu, Maul – Rydlewicz (88. Plassnegger), Lantz, Rasmussen (80. Madsen), – Max, Arvidsson (85. Di Salvo).
Tore: 1:0 Jeremies (3.), 2:0 Makaay (9.), 2:1 Max (53.), 2:2 Arvidsson (65.), 2:3 Rasmussen (72.), 3:3 Makaay (76., Foulelfmeter).
Gelb: – / Maul, Arvidsson, Persson.
Schiedsrichter: Uwe Kemmling.

25. SPIELTAG

Hertha BSC – Bayern 1:1 (1:1)

BERLIN: Fiedler – Madlung, Simunic, Rehmer (64. Cagara) – Chahed, Dardai, Fathi – Neuendorf (80. Bobic) – Reina, Marcelinho – Rafael (83. Pinto).
BAYERN: Kahn – Sagnol (86. Scholl), Kuffour, Linke, Lizarazu – Hargreaves – Schweinsteiger (61. Salihamidzic), Ballack – Zé Roberto – Santa Cruz – Makaay.
Tore: 0:1 Makaay (8.), 1:1 Marcelinho (43., Foulelfmeter).
Gelb: Rafael / Sagnol, Schweinsteiger, Lizarazu.
Schiedsrichter: Jürgen Jansen.

26. SPIELTAG

Bayern – Borussia M'gladbach 5:2 (2:0)

BAYERN: Kahn – Sagnol, Jeremies, Kuffour, Lizarazu – Hargreaves – Ballack – Schweinsteiger (84. Linke), Zé Roberto (88. Salihamidzic) – Santa Cruz (85. Pizarro) – Makaay.
M'GLADBACH: Reitmaier – Pletsch, Gaede, Strasser – Korzynietz, Hausweiler (46. Broich), Carnell – Ulich (63. Kluge), Demo (75. van Hout) – van Lent, Sverkos.
Tore: 1:0 Kuffour (21.), 2:0 Santa Cruz (39.), 3:0 Makaay (48., Foulelfmeter), 3:1 Sverkos (54.), 3:2 Sverkos (65., Foulelfmeter), 4:2 Hargreaves (88.), 5:2 Ballack (90.+1).
Gelb: Kuffour / Carnell.
Schiedsrichter: Michael Weiner.

27. SPIELTAG

1. FC Kaiserslautern – Bayern 0:2 (0:0)

K'LAUTERN: Wiese – Reuter (75. Boskovic), Knavs, Wenzel, Drescher – Riedl, Bjelica, Malz – Hristov – Altintop (85. Lehmann), Lokvenc.
BAYERN: Kahn – Sagnol (23. Salihamidzic), Jeremies, Kuffour, Lizarazu – Hargreaves – Schweinsteiger, Ballack – Zé Roberto (79. Trochowski) – Santa Cruz (84. Pizarro) – Makaay.
Tore: 0:1 Makaay (47.), 0:2 Santa Cruz (77.).
Gelb/Rot: Malz (28.) / –.
Gelb: Bjelica / Jeremies, Kahn.
Schiedsrichter: Lutz Michael Fröhlich.

28. SPIELTAG

Bayern – FC Schalke 04 2:1 (1:1)

BAYERN: Kahn (61. Rensing) – Salihamidzic, Jeremies, Kuffour, Lizarazu – Hargreaves – Ballack – Schweinsteiger (64. Pizarro), Zé Roberto – Santa Cruz – Makaay (83. Linke).
SCHALKE: Heimeroth – Lamotte, Kläsener, van Kerckhoven Rodriguez (73. Hanke) – Vermant, Kobiaschwili – Delura, Böhme (66. Seitz) – Altintop – Sand (77. Glieder).
Tore: 0:1 Vermant (4., Foulelfmeter), 1:1 Makaay (8.), 2:1 Makaay (64.).
Gelb: – / Rodriguez.
Schiedsrichter: Stefan Trautmann.

29. SPIELTAG

Borussia Dortmund – Bayern 2:0 (0:0)

DORTMUND: Warmuz – Demel (46. Odonkor), Wörns, Bergdølmo, Jensen – Kehl – Dedé – Gambino (88. Senesie) – Rosicky (79. Leandro) – Ewerthon – Koller.
BAYERN: Kahn – Kuffour, Jeremies, Linke, Salihamidzic – Hargreaves – Ballack – Schweinsteiger (65. Pizarro), Zé Roberto (84. Trochowski) – Santa Cruz (86. Demichelis), Makaay.
Tore: 1:0 Ewerthon (55., Foulelfmeter), 2:0 Wörns (61.).
Gelb/Rot: – / Ballack (68.).
Gelb: Dedé / Kuffour, Jeremies.
Schiedsrichter: Dr. Markus Merk.

30. SPIELTAG

Bayern – 1860 München 1:0 (0:0)

BAYERN: Kahn – Salihamidzic, Jeremies, Linke, Lizarazu – Hargreaves – Schweinsteiger – Santa Cruz, Zé Roberto – Pizarro (83. Demichelis) – Makaay.
1860: Hofmann – Cerny, Stranzl, Costa, Hoffmann – Kurz (29. Meyer) – Görlitz, Lehmann (73. Kioyo), Tyce (80. Shao) – Agostino, Schroth.
Tor: 1:0 Santa Cruz (50.).
Gelb: Schweinsteiger / Stranzl, Costa, Meyer.
Schiedsrichter: Jürgen Jansen.

31. SPIELTAG

1. FC Köln – Bayern 1:2 (1:1)

KÖLN: Wessels – Dogan, Sinkiewicz, Sichone – Schröder, Springer, Voigt – Feulner, Sinkala (82. Streit) – Podolski – Scherz.
BAYERN: Kahn – Salihamidzic, Jeremies, Linke, Lizarazu – Hargreaves – Ballack – Santa Cruz (73. Schweinsteiger), Zé Roberto (82. Trochowski) – Pizarro – Makaay (90.+1 Misimovic).
Tore: 1:0 Podolski (24.), 1:1 Pizarro (40.), 1:2 Schweinsteiger (75.).
Gelb: Dogan, Sinkala, Sinkiewicz / Pizarro, Kahn.
Schiedsrichter: Thorsten Kinhöfer.

32. SPIELTAG

Bayern – Werder Bremen 1:3 (0:3)

BAYERN: Kahn – Salihamidzic, Jeremies, Linke, Lizarazu – Hargreaves – Ballack – Schweinsteiger (46. Santa Cruz), Zé Roberto – Pizarro, Makaay.
BREMEN: Reinke – Stalteri, Ismaël (71. Lagerblom), Krstajic, Schulz (56. Skripnik) – Baumann – Borowski, Ernst – Micoud – Ailton, Klasnic (86. Valdez).
Tore: 0:1 Klasnic (19.), 0:2 Micoud (26.), 0:3 Ailton (35.), 1:3 Makaay (56.). **Gelb:** Ballack / Ailton, Ismaël, Klasnic.
Schiedsrichter: Edgar Steinborn.

33. SPIELTAG

VfB Stuttgart – Bayern 3:1 (1:0)

STUTTGART: Hildebrand – Hinkel, Meira (69. Zivkovic), Bordon, Lahm – Soldo (72. Vranjes) – Meißner, Hleb (79. Gerber) – Heldt – Szabics, Kuranyi.
BAYERN: Kahn – Salihamidzic, Demichelis (59. Kuffour), Linke, Lizarazu (61. Deisler) – Jeremies – Hargreaves, Ballack – Zé Roberto – Santa Cruz (68. Pizarro), Makaay.
Tore: 1:0 Szabics (19.), 2:0 Szabics (52.), 3:0 Kuranyi (54.), 3:1 Pizarro (77.).
Gelb: Heldt / Zé Roberto, Ballack, Salihamidzic, Hargreaves, Jeremies, Pizarro. **Schiedsrichter:** Lutz Michael Fröhlich.

34. SPIELTAG

Bayern – SC Freiburg 2:0 (1:0)

BAYERN: Kahn – Sagnol, Kuffour, R. Kovac, Lizarazu (87. Rau) – Jeremies, Ballack – Deisler (46. Schweinsteiger), Zé Roberto – Pizarro (66. Santa Cruz) – Makaay.
FREIBURG: Reinard – Müller (59. Schumann), Diarra – Kruppke, Riether, Berner (34. Zeyer) – Tskitischwili – Antar – Cairo (77. Guie-Mien), Coulibaly – Iaschwili.
Tore: 1:0 Deisler (18.), 2:0 Lizarazu (73., Foulelfmeter).
Gelb: Jeremies, Kovac, Lizarazu / Müller.
Schiedsrichter: Michael Weiner.

Abschlusstabelle

Pl.	Verein	Spiele	G	U	V	Tore	Diff.	Punkte
1	Bremen	34	22	8	4	79:38	+41	74
2	Bayern (M/P)	34	20	8	6	70:39	+31	68
3	Leverkusen	34	19	8	7	73:39	+34	65
4	Stuttgart	34	18	10	6	52:24	+28	64
5	Bochum	34	15	11	8	57:39	+18	56
6	Dortmund	34	16	7	11	59:48	+11	55
7	Schalke	34	13	11	10	49:42	+7	50
8	Hamburg	34	14	7	13	47:60	-13	49
9	Rostock	34	12	8	14	55:54	+1	44
10	Wolfsburg	34	13	3	18	56:61	-5	42
11	M'gladbach	34	10	9	15	40:49	-9	39
12	Hertha	34	9	12	13	42:59	-17	39
13	Freiburg (A)	34	10	8	16	42:67	-25	38
14	Hannover	34	9	10	15	49:63	-14	37
15	Kaiserslautern*	34	11	6	17	39:62	-23	36
16	Frankfurt (A)	34	9	5	20	36:53	-17	32
17	1860 München	34	8	8	18	32:55	-23	32
18	Köln (A)	34	6	5	23	32:57	-25	23

*Kaiserslautern wurden wegen Verstoßes gegen Lizenzierungsauflagen drei Punkte abgezogen.

DIE WEITEREN SIEGER DES JAHRES:

Europameister: Griechenland

Champions League: FC Porto

Uefa-Cup: FC Valencia

DFB-Pokal: Werder Bremen

Alle Ergebnisse auf einen Blick

Waagerecht: alle Heimresultate. Senkrecht: alle Auswärtsresultate

	Bremen	Bayern	Leverkusen	Stuttgart	Bochum	Dortmund	Schalke	Hamburg	Rostock	Wolfsburg	M'gladbach	Hertha	Freiburg	Hannover	K'lautern	Frankfurt	1860	Köln
Bremen		1:1	2:6	1:3	3:1	2:0	4:1	6:0	3:0	5:3	1:1	4:0	1:1	0:0	1:0	3:1	2:1	3:2
Bayern	1:3		3:3	1:0	2:0	4:1	2:1	1:0	3:3	2:0	5:2	4:1	2:0	3:1	4:1	3:1	1:0	2:2
Leverkusen	1:3	1:3		2:0	1:3	3:0	3:1	1:0	3:0	4:2	1:0	4:1	4:1	4:0	6:0	1:2	2:2	2:0
Stuttgart	4:4	3:1	2:3		1:1	1:0	0:0	0:0	2:0	1:0	1:1	0:0	4:1	3:1	2:0	3:1	2:0	0:0
Bochum	0:0	1:0	1:0	0:0		3:0	1:2	1:1	0:0	1:0	1:0	2:2	3:0	3:1	4:0	1:0	4:0	4:0
Dortmund	2:1	2:0	2:2	0:2	4:1		0:1	3:2	4:1	4:0	3:1	1:1	1:0	6:2	1:1	2:0	3:1	1:0
Schalke	0:0	2:0	2:3	0:0	0:2	2:2		4:1	0:1	1:1	2:1	3:0	3:0	2:2	4:1	1:1	0:0	2:1
Hamburg	1:1	0:2	3:1	2:1	1:1	0:2	2:2		2:1	2:0	2:1	2:0	4:1	0:3	3:2	2:1	3:1	4:2
Rostock	3:1	1:2	0:2	0:2	0:2	2:1	3:1	3:0		3:1	1:2	0:1	4:1	3:1	4:0	3:0	3:0	1:1
Wolfsburg	0:2	3:2	0:1	1:5	3:2	2:4	1:1	5:1	3:1		1:3	3:0	4:0	2:1	4:1	1:0	3:1	2:0
M'gladbach	1:2	0:0	0:0	0:1	2:2	2:1	2:0	3:0	1:1	0:2		1:1	2:2	1:0	2:1	0:2	3:1	1:0
Hertha	0:3	1:1	1:4	1:0	1:1	6:2	1:3	1:1	1:1	1:0	2:1		0:0	2:3	3:0	1:2	1:1	3:1
Freiburg	2:4	0:6	1:0	0:1	4:2	2:2	2:1	0:0	2:2	3:2	4:1	2:3		4:1	1:0	1:0	1:0	3:0
Hannover	1:5	3:3	2:2	0:1	2:2	1:1	1:2	3:2	3:3	0:0	2:0	1:3	3:0		0:1	3:0	1:1	1:0
K'lautern	0:1	0:2	0:0	1:0	2:2	1:1	0:2	4:0	3:2	3:2	2:2	4:2	2:2	1:0		1:0	0:1	1:0
Frankfurt	0:1	1:1	1:2	0:2	3:2	0:1	3:0	2:3	1:1	3:2	3:1	0:0	3:0	2:2	1:3		0:3	2:0
1860	0:2	0:1	1:1	0:3	3:1	0:2	1:1	1:2	1:4	1:0	1:2	1:1	1:1	0:2	2:1	1:0		2:1
Köln	1:4	1:2	0:0	2:2	1:2	1:0	0:2	0:1	4:0	2:3	1:0	3:0	1:0	1:2	1:2	2:0	1:3	

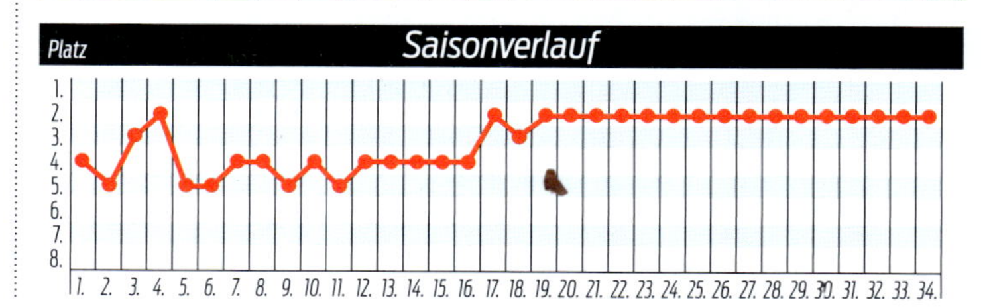

33 Jahre lang Heimspielstätte: das Olympiastadion mit seinem prächtigen Zeltdach. Nach 564 Bundesliga-Partien zieht der FC Bayern Ende der Saison in die Allianz Arena am Stadtrand um

LETZTES SPIEL IM OLY

Nach dem 6:3 gegen Nürnberg erlebt Neu-Trainer Felix Magath seine Meistertaufe. Ein Titel nach etlichen Irrungen und Wirrungen

Seine Erwartungen formuliert Karl-Heinz Rummenigge so: „Es gibt drei Dinge, für die Felix Magath steht: Ordnung, Disziplin und Fitness", sagt er und gibt seinem neuen Trainer, den er als „Kulturschock für Bayern" bezeichnet, einen Freifahrtschein: „Felix kann machen, was er will, Hauptsache er hat Erfolg."

Magath, 51 Jahre alt und von Bayern für eine Million Euro aus seinem bis Ende Juni 2005 laufenden Vertrag in Stuttgart herausgekauft, ist vor allem für die Profis ein Kulturschock. Er macht gleich seinem Spitznamen „Quälix" alle Ehre, sieht sich anders als Ottmar Hitzfeld nicht als Freund der Spieler. Magath kommt mit der Empfehlung, den VfB Stuttgart gerade in die Champions League geführt zu haben, auch wenn er immer noch das Image des im Abstiegskampf erprobten und gestählten „Feuerwehrmannes" hat.

In der Vorbereitung sehen die Bayern, oft in Bleiwesten gepackt, mehr Medizin- als Fußbälle. Magath wundert sich über das Leistungsvermögen: „Die Spieler dachten, sie würden gut trainieren. Und ich dachte mir: Was ist denn hier los? Warum arbeiten die so schlecht?"

Vor großen Namen schreckt er auch nicht zurück, entsendet EM-Teilnehmer Bastian Schweinsteiger erst einmal zu den Amateuren. Jens Jeremies, Samuel Kuffour (beide nur sieben Bundesliga-Spiele 2004/05) und Alexander Zickler (ein Spiel), allesamt Champions-League-Helden von 2001, werden aufs Abstellgleis geschickt. Und der sensible Sebastian Deisler bekommt bei seinem Versuch, wieder Anschluss zu finden, nicht genug Streicheleinheiten, absolviert aber immerhin 23 Spiele.

Die neue Zeitrechnung unter dem autoritären Trainer führt schnurstracks in die Krise: Am 3. Spieltag in Leverkusen bricht die Elf regelrecht auseinander (1:4). Lúcio, 12-Millionen-Euro-Neuzugang, wird an alter Wirkungsstätte ausgewechselt und droht: „Wenn das weiter passiert, kriegt Magath Probleme."

Nach fünf Spieltagen rangiert Bayern mit acht Punkten nur auf Tabellenplatz sechs – der schlechteste Saisonstart seit 25 Jahren. Dabei haben die Bosse ihrem Wunschtrainer zum Dienstantritt neben Lúcio auch Mittelfeldspieler Torsten Frings geschenkt (für 9,25 Millionen Euro von Borussia Dortmund). Frings ist als neuer Adjutant für Mittelfeld-Chef Michael Ballack vorgesehen. Was aber in der Nationalelf funktioniert, klappt bei Bayern nicht.

Ein erstes Hoffnungszeichen ist der 4:0-Sieg gegen Ajax Amsterdam in der

MPIASTADION

Meister im Konfetti-Regen: Claudio Pizarro, Hasan Salihamidzic und Roy Makaay (v. l.)

Champions League am 28. September, Magath stellt später fest: „Von da an wussten die Spieler, dass es möglich ist, meine Philosophie, nach vorne zu spielen und Tore zu erzielen, umzusetzen."

In der Bundesliga dauern die Irrungen und Wirrungen an, nach dem 0:1 gegen Schalke (8. Spieltag) ist Bayern Vierter mit sechs Punkten Rückstand auf Spitzenreiter Stuttgart. Aus dem Kulturschock wird ein Kulturkampf, dann raufen sich Trainer und Mannschaft zusammen. Weil der Schüler der unnahbaren Meistertrainer Ernst Happel und Branko Zebec widerstrebend auf seine Stars zugeht und viele Einzelgespräche mit den Führungsspielern Oliver Kahn und Michael Ballack führt.

Es geht um Themen wie Bettruhe und Trainingszeiten. Unter Magath müssen die Stars am Spieltag schon um acht Uhr aus den Federn – und wann trainiert wird, erfahren sie oft erst am Vortag. Magath gibt nach, so vereinen sich plötzlich unterschiedliche Welten. Mit dem 2:0 bei Hansa Rostock am 9. Spieltag startet Bayern eine Serie mit sechs Siegen in sieben Auftritten. Nach dem 3:1 gegen Kaiserslautern (14. Spieltag) übernimmt die Mannschaft erstmals in dieser Saison die Tabellenführung. Nur ein einziges Mal wird Bayern noch verdrängt: am 25. Spieltag vom härtesten Verfolger FC Schalke, der die Münchner zum zweiten Mal mit 1:0 bezwingt. Drei Punkte Vorsprung hat Schalke, verliert aber bereits am 26. Spieltag wieder den Platz durch das 1:2 in Mainz. Bayern gewinnt die restlichen neun Spiele der Saison – und mit komfortablen 14 Punkten Vorsprung den Titel. Das Ziel ist bereits am 31. Spieltag nach dem souveränen 4:0 beim 1. FC Kaiserslautern erreicht, Torjäger Roy Makaay erzielt drei seiner 22 Saisontreffer.

Uli Hoeneß verspricht in seiner Euphorie allen Vereinsmitarbeitern ein zusätzliches Monatsgehalt als Meisterprämie. Und Magath, nun der „Magier" genannt und nicht mehr „Quälix", wird erstmals mit Weißbier geduscht, es ist seine Titeltaufe. „Für mich hat sich ein Lebenstraum erfüllt, das kann ich ohne Übertreibung sagen", meint Teetrinker Magath beseelt vom Alkohol. Er spürt „eine Riesenerleichterung. Ich wusste immer: Ich muss erst einmal selbst Titel holen, um akzeptiert zu werden."

Das Ende der Saison steht unter dem Zeichen eines besonderen Abschieds: Mit dem Spiel gegen Nürnberg verabschiedet sich der Rekordmeister nach 564 Bundesliga-Partien in 33 Jahren aus dem Olympiastadion. Vor den Toren der Stadt hat Bayern gemeinsam mit 1860 München ein neues Stadion gebaut, die Allianz Arena.

Auf Antrag bei der DFL wird den Champions aus München die Schale am 33. Spieltag vor heimischem Publikum überreicht. Das 6:3 gegen die Franken am 14. Mai 2005 hat nur einen Schönheitsfleck: Das letzte Tor im Olympiastadion erzielt Samuel Slovak – für den Club.

Champions League

Das 3:1 von Frank Lampard. Chelsea schlägt Bayern im Hinspiel 4:2

Zweite London-Reise enttäuschend

Die Vorrunde gerät wieder zu Makaay-Festspielen. Der Holländer erzielt sieben der zwölf Tore, allein vier gegen seine Landsleute von Ajax Amsterdam (4:0). Es ist der Höhepunkt einer ansonsten schwächlichen Gruppenphase. Gegen Maccabi Tel Aviv siegt Bayern 1:0 (auswärts) und 5:1, gegen Juventus Turin setzt es zwei 0:1-Niederlagen, im Rückspiel in Amsterdam reicht es zum 2:2. Mit zehn Punkten, sechs weniger als Juventus, wird Bayern Zweiter. Das Achtelfinale gegen den FC Arsenal steht im Zeichen des Duells der besten deutschen Torhüter, Oliver Kahn und Jens Lehmann. Kahn kassiert in der Summe ein Tor weniger, Bayern kommt weiter (3:1 und 0:1 auswärts). Die nächste London-Reise führt zur Endstation: Beim FC Chelsea verliert der Meister 2:4, das Rückspiel ist in der 80. Minute gelaufen, als Didier Drogba das 1:2 erzielt. In der Nachspielzeit schießen Mehmet Scholl und Paolo Guerrero noch einen 3:2-Sieg heraus.

DFB-Pokal

Zum zwölften Mal Pokalsieger: die Bayern um Kapitän Kahn (M.)

2:1 gegen Schalke nach Liga-Pleiten

Mit dem überragenden Torverhältnis von 23:3 holen die Bayern zum zwölften Mal den DFB-Pokal und zum fünften Mal das Double. Fünftligist TSV Völpke (Sachsen-Anhalt) ist ein dankbares Los zum Auftakt, Roque Santa Cruz glückt beim 6:0-Erfolg ein Hattrick. Heftiger wehrt sich in der zweiten Hauptrunde Regionalligist VfL Osnabrück, der erst durch ein Tor von Roy Makaay in letzter Minute 3:2 bezwungen wird. Es folgen glatte Siege gegen Bundesligisten, alle ohne Gegentor: 3:0 im Achtelfinale gegen Stuttgart, 7:0 im Viertelfinale in Freiburg (vier Tore von Claudio Pizarro) und 2:0 im Halbfinale in Bielefeld. Im Finale glückt die Revanche für die beiden 0:1-Niederlagen in der Bundesliga gegen Schalke. Bayern gewinnt 2:1. Makaay bringt Bayern in der 42. Minute in Führung, Lincoln gleicht per Foulelfmeter in der 45. Minute aus. Held des Tages ist Hasan Salihamidzic, der eine Minute nach seiner Einwechslung das Siegtor schießt (76.).

TRAINER

FELIX MAGATH

In seiner neunten Bundesliga-Saison wird er endlich Meister. Vorher war er vorwiegend in Retter-Mission für den HSV, Frankfurt, Werder und Stuttgart im Einsatz. Als erster Bayern-Trainer nach Zebec (1969) holt Magath gleich im ersten Jahr das Double.

DIE TOP-ELF DER SAISON

Owen Hargreaves

Martín Demichelis

DER SPIELER DES JAHRES

Nach 2002 und 2003 wird ***Michael Ballack*** *zum dritten Mal Deutschlands „Fußballer des Jahres". Im Bayern-Trikot trifft der Chef der Münchner und der Nationalmannschaft 18-mal in Pflichtspielen – 13-mal in der Bundesliga (Ballacks Bayern-Rekord, Platz 10 in der Torschützenliste), dreimal im Pokal und zweimal in der Champions League. Der neue Bundestrainer Jürgen Klinsmann befördert Ballack im Sommer 2004 zum Kapitän der deutschen Auswahl.*

Der Kader

NAME	SPIELE	TORE
Oliver Kahn	32	0
Michael Rensing	4	0
Martín Demichelis	23	0
Andreas Görlitz	7	0
Robert Kovac	22	0
Samuel Kuffour	7	0
Thomas Linke	11	0
Bixente Lizarazu	13	0
Lúcio	32	3
Tobias Rau	5	0
Willy Sagnol	22	1
Michael Ballack	27	13
Sebastian Deisler	23	4
Torsten Frings	29	3
Owen Hargreaves	27	1
Jens Jeremies	7	0
Hasan Salihamidzic	29	2
Mehmet Scholl	20	3
Bastian Schweinsteiger	26	3
Zé Roberto	22	1
Paolo Guerrero	13	6
Vahid Hashemian	9	0
Roy Makaay	33	22
Claudio Pizarro	23	11
Roque Santa Cruz	4	0
Alexander Zickler	1	0

BIXENTE LIZARAZU Der Franzose spielt in der Hinserie 2004/05 für Olympique Marseille, kehrt im Winter zu Bayern zurück

Transfers

TORSTEN FRINGS ergreift Ende 2004/05 schon wieder die Flucht und wechselt nach 29 Bundesliga-Spielen (drei Tore) zu Werder Bremen. Ein Minusgeschäft: Die Bayern kassieren nur fünf Millionen Euro Ablöse, gezahlt haben sie zu Beginn der Saison an Borussia Dortmund fast das Doppelte (9,25 Mio.). Bei Werder Bremen erlebt Frings seine beste Zeit, bestreitet von 1997 bis 2002 und 2005 bis 2011 326 Ligaspiele (36 Tore). Seine Karriere beendet er in Toronto, im Januar 2017 tritt er seinen ersten Bundesliga-Trainerjob an (bei Darmstadt 98).

SPIELER	VON VEREIN	ABLÖSESUMME
Andreas Görlitz	TSV 1860 München	2,5 Mio. €
Lúcio	Bayer 04 Leverkusen	12 Mio. €
Torsten Frings	Borussia Dortmund	9,25 Mio. €
Paolo Guerrero	FC Bayern Jugend	–
Vahid Hashemian	VfL Bochum	2 Mio. €

Tops & Flops

PAOLO GUERRERO Der Peruaner ist der Top-Joker der Liga, trifft bei neun Einwechslungen fünfmal. Nur Bremens Nelson Valdez hält mit, braucht aber 17 Einsätze.

SCHOLL UND ZICKLER Die Offensivspieler feiern ihre jeweils siebte Meisterschaft und stellen den Bundesliga- sowie Bayern-Rekord von Lothar Matthäus und Klaus Augenthaler ein.

BETZENBERG-REKORD Mit dem höchsten Bundesliga-Sieg in Kaiserslautern überhaupt, dem 4:0 am 31. Spieltag, wird Bayern vorzeitig Meister.

VAHID HASHEMIAN Die Skeptiker behalten recht: Für den Zugang aus Bochum ist Bayern eine Nummer zu groß (neun Einsätze, kein Tor). Er wechselt nach Hannover.

SAMUEL KUFFOUR Der populäre Ghanaer (nur sieben Liga-Spiele) wird in der Rückrunde gar nicht mehr eingesetzt. Sein Vertrag wird aufgelöst, Kuffour wechselt im Frust zu AS Rom.

SÜNDER Vier Spiele beendet der FCB in Unterzahl: Kuffour (in Rostock), Lúcio (in Gladbach), Salihamidzic (in Nürnberg) sehen Rot, Görlitz (gegen Hertha) Gelb/Rot.

1. SPIELTAG

Hamburger SV – Bayern 0:2 (0:1)

HAMBURG: Pieckenhagen – Wicky (70. Beinlich), van Buyten, Reinhardt, Kling – Benjamin – Jarolim, Rahn (80. Takahara) – Barbarez – Mpenza, Romeo.
BAYERN: Kahn – Görlitz, Lúcio, Linke, Salihamidzic – Frings (78. Demichelis) – Deisler, Ballack – Zé Roberto – Santa Cruz (60. Scholl), Makaay (46. Hashemian).
Tore: 0:1 Ballack (22.), 0:2 Deisler (71.).
Gelb: Jarolim, Kling, Beinlich / Frings.
Schiedsrichter: Jürgen Jansen.

2. SPIELTAG

Bayern – Hertha BSC 1:1 (0:1)

BAYERN: Kahn – Görlitz, Lúcio, Linke, Salihamidzic – Frings (88. Kuffour) – Scholl – Ballack – Deisler (79. Hargreaves), Zé Roberto (46. Santa Cruz) – Makaay.
BERLIN: Fiedler – Friedrich, van Burik, Simunic, Gilberto (90.+1. Neuendorf) – Dardai, Kovac – Marx (24. Madlung) – Marcelinho, –Wichniarek (80. Fathi), Bobic.
Tore: 0:1 Marcelinho (15.), 1:1 Makaay (47.).
Gelb/Rot: Görlitz (86.) / –.
Gelb: Frings, Linke / Dardai, Kovac, Madlung, Friedrich, Marcelinho.
Schiedsrichter: Thorsten Kinhöfer.

3. SPIELTAG

Bayer Leverkusen – Bayern 4:1 (1:0)

LEVERKUSEN: Butt – Schneider, Juan, Roque Junior, Placente – Ramelow – Freier (66. Bierofka), Krzynowek – Ponte (69. Balitsch) – França (84. Babic), Berbatov.
BAYERN: Kahn – Salihamidzic, Lúcio (60. Demichelis), Linke, Hargreaves – Frings – Deisler, Zé Roberto (60. R. Kovac) – Ballack – Santa Cruz, Makaay.
Tore: 1:0 Berbatov (20.), 2:0 França (52.), 3:0 França (57.), 4:0 Berbatov (59.), 4:1 Ballack (84.).
Gelb: Ramelow, Ponte / Linke.
Schiedsrichter: Herbert Fandel.

4. SPIELTAG

Bayern – Arminia Bielefeld 1:0 (1:0)

BAYERN: Kahn – Görlitz, Lúcio, Linke, Rau – Frings, Ballack Salihamidzic (46. Deisler), Zé Roberto (62. Schweinsteiger) – Hashemian (82. Hargreaves), Makaay.
BIELEFELD: Hain – Lense, Langkamp, Gabriel, Schuler – Kauf, Dammeier (66. Porcello) – Owomoyela (72. Maric), Buckley – Skela – Küntzel (75. Duro).
Tor: 1:0 Makaay (26.).
Gelb: Schweinsteiger / Gabriel.
Schiedsrichter: Michael Weiner.

5. SPIELTAG

Borussia Dortmund – Bayern 2:2 (1:0)

DORTMUND: Warmuz – Evanilson, Demel, Wörns Jensen – Oliseh, Kehl – Kringe – Ewerthon (90.+2 Madouni), Odonkor (70. Dedé) – Koller.
BAYERN: Kahn – Salihamidzic (73. Görlitz), Lúcio, Linke, Rau – Jeremies (73. Hargreaves) – Schweinsteiger, Frings – Zé Roberto – Hashemian (46. Pizarro), Makaay.
Tore: 1:0 Ewerthon (44.), 2:0 Ewerthon (69., Foulelfmeter), 2:1 Lúcio (88.), 2:2 Makaay (90.+1).
Gelb: Odonkor, Wörns, Kringe / Linke, Zé Roberto.
Schiedsrichter: Dr. Markus Merk.

6. SPIELTAG

Bayern – SC Freiburg 3:1 (2:1)

BAYERN: Kahn – Salihamidzic, Lúcio, Linke, Rau – Jeremies (46. Hargreaves) – Ballack, Frings – Zé Roberto (61. Schweinsteiger) – Pizarro – Makaay.
FREIBURG: Golz – Schumann, Diarra, Mohamad – Riether – Willi (58. Kruppke), Tskitischwili – Coulibaly, Sanou (71. Antar) – Dorn, Iaschwili (76. Tanko).
Tore: 0:1 Sanou (3.), 1:1 Makaay (19.), 2:1 Frings (45.), 3:1 Ballack (72.).
Gelb: Rau, Jeremies, Frings / Riether, Kruppke.
Schiedsrichter: Lutz Michael Fröhlich.

7. SPIELTAG

Werder Bremen – Bayern 1:2 (0:1)

BREMEN: Reinke – Stalteri, Ismaël, Fahrenhorst (7. Lagerblom / 62. Valdez), Schulz – Borowski – Ernst, Magnin – Micoud – Klasnic (46. Charisteas), Klose.
BAYERN: Kahn – Kuffour, Lúcio, Linke, Salihamidzic – Hargreaves (81. Jeremies), Frings (59. Schweinsteiger) – Deisler (52. Demichelis), Ballack, Zé Roberto – Makaay.
Tore: 0:1 Ballack (20.), 0:2 Schweinsteiger (75.), 1:2 Klose (81.).
Gelb: Klasnic, Ernst, Magnin / Deisler, Linke, Hargreaves, Zé Roberto.
Schiedsrichter: Herbert Fandel.

8. SPIELTAG

Bayern – FC Schalke 04 0:1 (0:0)

BAYERN: Kahn – Kuffour (79. Sagnol), Linke, Lúcio, Salihamidzic – Hargreaves – Schweinsteiger, Frings (83. Demichelis) – Deisler (46. Görlitz), Ballack – Makaay.
SCHALKE: Rost – Oude Kamphuis, Bordon, Krstajic, Pander – Altintop, Poulsen – Kobiaschwili – Sand – Asamoah (90. Hanke), Ailton (67. Varela).
Tor: 0:1 Asamoah (76.).
Gelb: Ballack, Frings, Kuffour / Asamoah, Poulsen, Altintop.
Schiedsrichter: Manuel Gräfe.

9. SPIELTAG

Hansa Rostock – Bayern 0:2 (0:0)

ROSTOCK: Schober – Möhrle, Lapaczinski (84. Biran), Madsen – D. Rasmussen, Persson (84. Meggle), Lantz, T. Rasmussen – Di Salvo, Arvidsson (84. Rydlewicz), Prica.
BAYERN: Kahn – Kuffour, R. Kovac, Linke, Salihamidzic – Sagnol, Hargreaves (55. Scholl), Schweinsteiger (84. Demichelis) – Frings – Hashemian (55. Guerrero), Makaay.
Tore: 0:1 Sagnol (82.), 0:2 Scholl (85.).
Rot: D. Rasmussen (37.) / Kuffour (75.).
Gelb: Di Salvo / Hargreaves, Schweinsteiger.
Schiedsrichter: Lutz Wagner.

10. SPIELTAG

Bayern – VfL Wolfsburg 2:0 (2:0)

BAYERN: Kahn – Görlitz, Lúcio, R. Kovac, Salihamidzic – Sagnol, Hargreaves – Frings (84. Demichelis), Schweinsteiger (72. Scholl) – Pizarro, Makaay.
WOLFSBURG: Jentzsch – Rytter, Quiroga, Hofland, Weiser – Karhan, Thiam – D'Alessandro (63. Schnoor) – Brdaric (75. Topic), Klimowicz (83. Hrgovic), Petrov.
Tore: 1:0 Pizarro (24.), 2:0 Pizarro (45.).
Gelb: Görlitz / Schnoor.
Schiedsrichter: Stefan Trautmann.

11. SPIELTAG

Borussia M'gladbach – Bayern 2:0 (0:0)

M'GLADBACH: Kampa – Korzynietz, Pletsch, van Kerckhoven, Ziege – Gaede – Ulich, Kluge (78. van Hout) – Heinz (67. Broich) – Neuville, Sverkos (85. Schlaudraff).
BAYERN: Kahn – Görlitz (68. Frings), Lúcio, R. Kovac, Rau (58. Linke) – Sagnol, Hargreaves – Ballack, Zé Roberto (46. Schweinsteiger) – Makaay, Pizarro.
Tore: 1:0 Pletsch (49.), 2:0 van Hout (83.).
Rot: – / Lúcio (54.).
Gelb: Ziege, Korzynietz / Rau, Linke.
Schiedsrichter: Knut Kircher.

12. SPIELTAG

Bayern – Hannover 96 3:0 (1:0)

BAYERN: Kahn – Kuffour, R. Kovac, Demichelis, Salihamidzic – Ballack – Hargreaves (77. Jeremies), Schweinsteiger (46. Scholl) – Frings – Pizarro (67. Guerrero), Makaay, .
HANNOVER: Enke – Cherundolo, Mertesacker, Zuraw, Tarnat – Lala (63. Stajner), de Guzman, Schröter, Krupnikovic – Christiansen (63. Leandro), Stendel.
Tore: 1:0 Pizarro (3.), 2:0 Makaay (80.), 3:0 Guerrero (90.).
Gelb: Ballack, Schweinsteiger / Lala, Stendel.
Schiedsrichter: Lutz Michael Fröhlich.

13. SPIELTAG

VfL Bochum – Bayern 1:3 (0:0)

BOCHUM: van Duijnhoven – Colding, Kalla, Knavs, Meichelbeck – Preuß, Zdebel – Wosz – Madsen, Trojan (83. Misimovic) – Lokvenc.
BAYERN: Kahn – Sagnol, Lúcio, R. Kovac, Salihamidzic – Hargreaves (68. Scholl), Ballack – Frings, Schweinsteiger (83. Demichelis) – Pizarro (46. Guerrero) – Makaay.
Tore: 1:0 Lokvenc (66.), 1:1 Guerrero (77.), 1:2 Guerrero (81.), 1:3 Colding (82., Eigentor).
Gelb: Preuß, Zdebel, Lokvenc / Salihamidzic, Sagnol.
Schiedsrichter: Manuel Gräfe.

14. SPIELTAG

Bayern – 1. FC Kaiserslautern 3:1 (2:1)

BAYERN: Kahn – Sagnol, Lúcio, R. Kovac, Salihamidzic – Hargreaves (71. Deisler), Ballack – Schweinsteiger (65. Scholl) – Frings – Pizarro – Makaay (60. Guerrero).
K'LAUTERN: Wiese – Lembi (40. Grammozis), Hertzsch, Wenzel, Tchato – Riedl, Sforza, Engelhardt – Timm (63. Teber) – Zandi (86. Gjasula) – Altintop.
Tore: 0:1 Riedl (7.), 1:1 Pizarro (12.), 2:1 Frings (26.), 3:1 Guerrero (64.).
Gelb: Hargreaves, Frings / Hertzsch, Grammozis, Tchato.
Schiedsrichter: Michael Weiner.

15. SPIELTAG

Bayern – 1. FSV Mainz 05 4:2 (3:0)

BAYERN: Kahn (46. Rensing) – Kuffour, Lúcio, Demichelis, Salihamidzic – Hargreaves (50. Deisler), Ballack – Zé Roberto (82. Hashemian) – Scholl – Makaay, Pizarro.
MAINZ: Wache – Nikolic, Friedrich, Noveski, Weigelt – Gerber, Babatz, Kramny (46. Weber), da Silva – Casey (77. Jovanovic), Auer (46. Weiland).
Tore: 1:0 Pizarro (14.), 2:0 Scholl (35.), 3:0 Makaay (45.+2), 3:1 Babatz (84.), 4:1 Ballack (88.), 4:2 Weber (90.).
Gelb: Ballack / Nikolic.
Schiedsrichter: Peter Gagelmann.

16. SPIELTAG

1. FC Nürnberg – Bayern 2:2 (1:1)

NÜRNBERG: Schäfer – Wolf, Cantaluppi, Nikl, L. Müller – S. Müller, Larsen – Mintal (55. Wagefeld), Banovic – Vittek (70. Kießling), Schroth.
BAYERN: Kahn – Sagnol, Lúcio, R. Kovac, Salihamidzic – Hargreaves, Ballack – Frings, Schweinsteiger (55. Zé Roberto) – Makaay, Pizarro (83. Guerrero).
Tore: 1:0 Mintal (23.), 1:1 Makaay (26., Handelfmeter), 1:2 Zé Roberto (60.), 2:2 Banovic (74., Foulelfmeter).
Rot: – / Salihamidzic (73.).
Gelb/Rot: Wolf (25.) / –.
Gelb: L. Müller, Larsen / Ballack, Zé Roberto.
Schiedsrichter: Florian Meyer.

17. SPIELTAG

Bayern – VfB Stuttgart 2:2 (0:1)

BAYERN: Kahn – Kuffour (46. Schweinsteiger), Lúcio, Demichelis, Rau (88. Hashemian) – Hargreaves, Ballack – Frings, Zé Roberto (61. Guerrero) – Pizarro – Makaay.
STUTTGART: Hildebrand – Stranzl, Babbel, Delpierre – Hinkel, Meißner, Lahm – Tiffert, Hleb (77. Heldt) – Kuranyi, Cacau (90.+2 Gerber).
Tore: 0:1 Meißner (29.), 0:2 Kuranyi (64.), 1:2 Pizarro (67.), 2:2 Guerrero (88.).
Gelb: Demichelis, Lúcio, Hargreaves, Ballack / Meißner, Kuranyi.
Schiedsrichter: Herbert Fandel.

18. SPIELTAG

Bayern – Hamburger SV 3:0 (1:0)

BAYERN: Kahn – Salihamidzic, Lúcio, R. Kovac, Lizarazu (8. Schweinsteiger) – Hargreaves – Frings, Zé Roberto (46. Jeremies) – Scholl (81. Zickler) – Pizarro – Makaay.
HAMBURG: Pieckenhagen – Brecko, Reinhardt, van Buyten, Klingbeil (64. Donde) – Wicky – Jarolim, Trochowski (15. Benjamin) – Barbarez – Takahara (54. Moreira), Mpenza.
Tore: 1:0 Pizarro (21.), 2:0 Schweinsteiger (48.), 3:0 Makaay (55.).
Gelb: Frings, Jeremies / Jarolim, Barbarez.
Schiedsrichter: Lutz Wagner.

19. SPIELTAG

Hertha BSC – Bayern 0:0

BERLIN: Fiedler – Friedrich, van Burik, Simunic – N. Kovac – Marx, Gilberto (88. Fathi) – Bastürk – Marcelinho, Reina (72. Neuendorf) – Rafael (81. Bobic).
BAYERN: Kahn – Frings, Lúcio, R. Kovac, Salihamidzic – Hargreaves, Ballack – Schweinsteiger (80. Zé Roberto), Scholl (85. Jeremies) – Pizarro (46. Guerrero) – Makaay.
Gelb: Bastürk, N. Kovac, Marcelinho / Salihamidzic, Scholl.
Schiedsrichter: Thorsten Kinhöfer.

20. SPIELTAG

Bayern – Bayer Leverkusen 2:0 (1:0)

BAYERN: Kahn – Frings (46. Sagnol), Lúcio, R. Kovac, Salihamidzic – Ballack – Hargreaves, Schweinsteiger (61. Demichelis) – Zé Roberto (85. Deisler) – Makaay, Guerrero.
LEVERKUSEN: Butt – Schneider, Juan, Nowotny, Placente (65. Babic) – Ramelow – Freier, Krzynowek – Ponte (72. Donovan) – Berbatov, Voronin (80. França).
Tore: 1:0 Makaay (45.+2, Foulelfmeter), 2:0 Guerrero (67.).
Gelb: Ballack / Ponte, Juan, Ramelow, Nowotny.
Schiedsrichter: Michael Weiner.

21. SPIELTAG

Arminia Bielefeld – Bayern 3:1 (1:0)

BIELEFELD: Hain – Lense, Borges, Gabriel, Bogusz – Kauf, Dammeier (74. Fink) – Owomoyela, Porcello (90.+1 Leon), Buckley – Vata (87. Küntzel).
BAYERN: Kahn – Salihamidzic (63. Pizarro), Lúcio, R. Kovac,

Duell der Nationalmannschafts-Kollegen: Michael Ballack (M.) köpft am 7. Spieltag das 1:0 gegen Werder, Miroslav Klose (r.) reckt sich vergeblich

Lizarazu – Ballack – Sagnol, Hargreaves (50. Scholl) – Frings (75. Deisler) – Guerrero, Makaay.
Tore: 1:0 Porcello (23.), 2:0 Buckley (61.), 2:1 Lúcio (80.), 3:1 Buckley (83.).
Gelb: Dammeier, Lense / Kovac, Guerrero.
Schiedsrichter: Florian Meyer.

22. SPIELTAG

Bayern – Borussia Dortmund 5:0 (4:0)

BAYERN: Kahn – Sagnol, Lúcio (69. Frings), R. Kovac, Lizarazu – Demichelis – Salihamidzic (46. Deisler), Zé Roberto – Scholl (63. Schweinsteiger) – Pizarro, Makaay.
DORTMUND: Weidenfeller – Metzelder, Brzenska, Wörns, Dedé – Kehl – Kruska (46. Rosicky), Kringe – Smolarek, Ricken (62. Ewerthon) – Koller.
Tore: 1:0 Salihamidzic (4.), 2:0 Makaay (6.), 3:0 Pizarro (28.), 4:0 Makaay (34.), 5:0 Makaay (54.).
Gelb: – / Kringe, Metzelder. **Schiedsrichter:** Dr. Markus Merk.

23. SPIELTAG

SC Freiburg – Bayern 0:1 (0:0)

FREIBURG: Reinard – Riether (28. Schumann), Chisaneischwili, Mohamad, Ibertsberger – Aogo, Bajramovic (61. Antar) – Cairo, Coulibaly, Kruppke – Sanou (77. Dorn).
BAYERN: Kahn – Sagnol, Lúcio, R. Kovac, Lizarazu – Demichelis – Salihamidzic (46. Scholl / 78. Hargreaves), Zé Roberto – Deisler (61. Frings) – Pizarro, Makaay.
Tor: 0:1 Deisler (52.). **Gelb:** – / Lizarazu, Lúcio.
Schiedsrichter: Lutz Michael Fröhlich.

24. SPIELTAG

Bayern – Werder Bremen 1:0 (1:0)

BAYERN: Kahn – Sagnol, Lúcio, R. Kovac, Schweinsteiger (84. Hargreaves) – Demichelis – Salihamidzic (62. Deisler), Frings – Ballack – Makaay, Pizarro (55. Guerrero).
BREMEN: Reinke – Stalteri, Ismaël, Pasanen, Schulz (69. Hunt) – Baumann (61. Jensen), Borowski, Ernst – Micoud – Klose (76. Zidan), Valdez.
Tor: 1:0 Ballack (7.).
Gelb: Kovac, Demichelis / Micoud, Baumann, Ernst, Reinke.
Schiedsrichter: Dr. Markus Merk.

25. SPIELTAG

FC Schalke 04 – Bayern 1:0 (0:0)

SCHALKE: Rost – Oude Kamphuis, Bordon, Krstajic, Pander – Vermant, Kobiaschwili – Lincoln (90.+1 Rodríguez) – Asamoah (8. Altintop), Sand, Ailton.
BAYERN: Kahn – Sagnol, Lúcio, Demichelis, Lizarazu (87. Linke) – Hargreaves – Salihamidzic (72. Hashemian), Deisler (46. Schweinsteiger) – Ballack – Pizarro, Guerrero.
Tor: 1:0 Lincoln (69.).
Gelb: Krstajic, Kobiaschwili / Ballack, Lúcio.
Schiedsrichter: Herbert Fandel.

26. SPIELTAG

Bayern – Hansa Rostock 3:1 (1:1)

BAYERN: Kahn – Sagnol, Lúcio, R. Kovac, Lizarazu – Demichelis – Deisler (46. Schweinsteiger), Zé Roberto, Ballack – Pizarro, Makaay (67. Frings).
ROSTOCK: Schober – Hartmann (81. Rasmussen), Möhrle, Lapaczinski, Maul – Lantz, Persson – Vorbeck, Litmanen (58. Rydlewicz), Prica – Di Salvo (58. Allbäck).
Tore: 0:1 Möhrle (16.), 1:1 Lúcio (41.), 2:1 Pizarro (65.), 3:1 Ballack (89., Foulelfmeter).
Gelb: Lizarazu, Schweinsteiger, Pizarro / Lantz, Möhrle, Persson, Di Salvo, Hartmann. **Schiedsrichter:** Florian Meyer.

27. SPIELTAG

VfL Wolfsburg – Bayern 0:3 (0:2)

WOLFSBURG: Jentzsch – Rytter (46. Sarpei), Franz, Hofland, Schnoor – Thiam – Karhan (71. Menseguez), Fischer – Topic, Petrov (50. D'Alessandro) – Brdaric, .
BAYERN: Kahn – Sagnol, Lúcio, R. Kovac, Lizarazu – Demichelis (67. Deisler) – Frings, Schweinsteiger – Ballack – Makaay (56. Scholl), Pizarro (6. Guerrero).
Tore: 0:1 Schweinsteiger (29.), 0:2 Hofland (45., Eigentor), 0:3 Frings (55.).
Gelb: Hofland, Fischer / Kovac.
Schiedsrichter: Lutz Michael Fröhlich.

28. SPIELTAG

Bayern – Borussia M'gladbach 2:1 (0:0)

BAYERN: Kahn – Sagnol, Lúcio, R. Kovac, Lizarazu (46. Zé Roberto) – Demichelis (59. Scholl) – Salihamidzic, Schweinsteiger (82. Deisler) – Ballack – Makaay, Guerrero.
M'GLADBACH: Keller – Fukal, Moore, van Kerckhoven, Daems – Ulich, Kluge, Böhme (70. Strasser) – Jansen – Heinz – Neuville.
Tore: 0:1 Ulich (65.), 1:1 Scholl (66.), 2:1 Ballack (84.).
Gelb/Rot: – / Moore (69.).
Gelb: Demichelis, Sagnol / Ulich.
Schiedsrichter: Manuel Gräfe.

29. SPIELTAG

Hannover 96 – Bayern 0:1 (0:0)

HANNOVER: Enke – Cherundolo, Mertesacker, Zuraw, Tarnat (62. Stajner) – Lala, Vinicius, de Guzman – Krupnikovic – Schröter – Kaufman (62. Christiansen).
BAYERN: Kahn – Sagnol, Lúcio, R. Kovac, Salihamidzic (79. Deisler) – Demichelis – Schweinsteiger (87. Hargreaves), Frings, Zé Roberto (68. Scholl) – Makaay, Pizarro.
Tor: 0:1 Hargreaves (90.).
Gelb: Vinicius / Schweinsteiger.
Schiedsrichter: Lutz Wagner.

30. SPIELTAG

Bayern – VfL Bochum 3:1 (2:0)

BAYERN: Kahn – Demichelis, Lizarazu, Lúcio, Sagnol – Ballack, Frings (54. Salihamidzic), Hargreaves, Zé Roberto (55. Deisler) – Makaay, Pizarro (81. Hashemian).
BOCHUM: van Duijnhoven – Colding (75. Zdebel), Tapalovic, Meichelbeck, Bönig – Preuß – Misimovic, Wosz (15. Vander) – Bechmann, Edu – Diabang (75. Grote).
Tore: 1:0 Pizarro (9.), 2:0 Ballack (26.), 2:1 Tapalovic (51.), 3:1 Makaay (63.).
Rot: – / van Duijnhoven (15.).
Gelb: Demichelis / Tapalovic.
Schiedsrichter: Knut Kircher.

31. SPIELTAG

1. FC Kaiserslautern – Bayern 0:4 (0:2)

K'LAUTERN: Ernst – Lembi, Hertzsch, Mettomo, Blank – Riedl, Engelhardt – Sforza (46. Jancker), Kosowski (46. Tchato), – Altintop, Amanatidis.
BAYERN: Rensing – Sagnol (72. Scholl), Lúcio, R. Kovac, Lizarazu – Hargreaves (51. Deisler), Frings, Zé Roberto (51. Schweinsteiger) – Ballack – Makaay, Pizarro.
Tore: 0:1 Ballack (19.), 0:2 Makaay (35.), 0:3 Makaay (48.), 0:4 Makaay (67.).
Gelb: Riedl, Engelhardt, Hertzsch, Lembi / Hargreaves.
Schiedsrichter: Thorsten Kinhöfer.

32. SPIELTAG

1. FSV Mainz 05 – Bayern 2:4 (1:2)

MAINZ: Wetklo – Abel, Friedrich, Noveski, Weigelt (87. Casey) – Babatz (62. N. Weiland), Balitsch, da Silva (77. D. Weiland) – Thurk, Gerber – Auer.
BAYERN: Rensing – Sagnol, Lúcio, R. Kovac, Lizarazu (46. Salihamidzic) – Demichelis – Deisler (88. Jeremies), Schweinsteiger – Ballack – Scholl (85. Hashemian) – Makaay.
Tore: 0:1 Makaay (17.), 1:1 Auer (35.), 1:2 Ballack (42.), 2:2 Thurk (59.), 2:3 Makaay (82.), 2:4 Makaay (89.).
Gelb: Friedrich / –.
Schiedsrichter: Lutz Wagner.

33. SPIELTAG

Bayern – 1. FC Nürnberg 6:3 (5:0)

BAYERN: Kahn – Sagnol (52. Salihamidzic), Lúcio, Demichelis, Lizarazu – Hargreaves (46. Frings) – Deisler, Zé Roberto – Ballack (56. Scholl) – Makaay, Pizarro.
NÜRNBERG: Schäfer – Reinhardt, Hajto (46. Paulus), Nikl, L. Müller – Wagefeld, Lagerblom (46. Slovak) – Banovic, S. Müller – Mintal, Schroth (67. Kießling).
Tore: 1:0 Pizarro (8.), 2:0 Ballack (24.), 3:0 Makaay (31.), 4:0 Makaay (41., Foulelfmeter), 5:0 Deisler (44.), 5:1 Demichelis (52., Eigentor), 6:1 Deisler (78.), 6:2 Slovak (80.), 6:3 Slovak (83.).
Gelb: Pizarro / Mintal, Lagerblom.
Schiedsrichter: Lutz Michael Fröhlich.

34. SPIELTAG

VfB Stuttgart – Bayern 1:3 (0:2)

STUTTGART: Hildebrand – Hinkel, Meira, Babbel, Gerber (46. Elson) – Soldo (71. Szabics) – Meißner, Stranzl – Hleb – Kuranyi, Cacau (46. Streller).
BAYERN: Kahn (46. Rensing) – Sagnol, Lúcio, R. Kovac, Lizarazu – Demichelis – Salihamidzic, Schweinsteiger (77. Santa Cruz) – Deisler (39. Scholl), Ballack – Makaay.
Tore: 0:1 Ballack (27.), 0:2 Salihamidzic (30.), 0:3 Makaay (72.), 1:3 Szabics (88.).
Gelb: Stranzl, Gerber / Deisler, Sagnol.
Schiedsrichter: Herbert Fandel.

Abschlusstabelle

Pl.	Verein	Spiele	G	U	V	Tore	Diff.	Punkte
1	Bayern	34	24	5	5	75:33	+42	77
2	Schalke	34	20	3	11	56:46	+10	63
3	Bremen (M/P)	34	18	5	11	68:37	+31	59
4	Hertha	34	15	13	6	59:31	+28	58
5	Stuttgart	34	17	7	10	54:40	+14	58
6	Leverkusen	34	16	9	9	65:44	+21	57
7	Dortmund	34	15	10	9	47:44	+3	55
8	Hamburg	34	16	3	15	55:50	+5	51
9	Wolfsburg	34	15	3	16	49:51	–2	48
10	Hannover	34	13	6	15	34:36	–2	45
11	Mainz (A)*	34	12	7	15	50:55	–5	43
12	K'lautern	34	12	6	16	43:52	–9	42
13	Bielefeld (A)	34	11	7	16	37:49	–12	40
14	Nürnberg (A)	34	10	8	16	55:63	–8	38
15	M'gladbach	34	8	12	14	35:51	–16	36
16	Bochum	34	9	8	17	47:68	–21	35
17	Rostock	34	7	9	18	31:65	–34	30
18	Freiburg	34	3	9	22	30:75	–45	18

* über die Fair-Play-Wertung im Uefa-Cup

DIE WEITEREN SIEGER DES JAHRES:

Champions League:
FC Liverpool

Uefa-Cup:
ZSKA Moskau

DFB-Pokal:
FC Bayern

Alle Ergebnisse auf einen Blick

Waagerecht: alle Heimresultate / Senkrecht: alle Auswärtsresultate	Bayern	Schalke 04	Bremen	Hertha BSC	Stuttgart	Leverkusen	Dortmund	Hamburg	Wolfsburg	Hannover	Mainz	K'lautern	Bielefeld	Nürnberg	M'gladbach	Bochum	Rostock	Freiburg
Bayern		0:1	1:0	1:1	2:2	2:0	5:0	3:0	2:0	3:0	4:2	3:1	1:0	6:3	2:1	3:1	3:1	3:1
Schalke 04	1:0		2:1	1:3	3:2	3:3	1:2	1:2	3:0	1:0	2:1	2:1	2:1	4:1	3:2	3:2	0:2	1:1
Bremen	1:2	1:0		0:1	1:2	2:2	2:0	1:1	1:2	3:0	0:0	1:1	3:0	4:1	2:0	4:0	3:2	4:1
Hertha BSC	0:0	4:1	1:1		0:0	3:1	0:1	4:1	3:1	0:0	1:1	1:1	3:0	2:1	6:0	2:2	1:1	3:1
Stuttgart	1:3	3:0	1:2	1:0		3:0	2:0	2:0	0:0	1:0	4:2	1:1	2:1	2:4	1:0	5:2	4:0	1:0
Leverkusen	4:1	0:3	2:1	3:3	1:1		0:1	3:0	2:1	2:1	2:0	2:0	3:2	2:2	5:1	4:0	3:0	4:1
Dortmund	2:2	0:1	1:0	2:1	0:2	1:0		0:2	1:2	1:1	3:0	4:2	1:1	2:2	1:1	1:0	2:1	2:0
Hamburg	0:2	1:2	1:2	2:1	2:1	1:0	2:3		3:1	0:2	2:1	2:1	0:2	4:3	0:0	0:1	3:0	4:0
Wolfsburg	0:3	3:0	2:3	2:3	3:0	2:2	1:2	1:0		1:0	4:3	2:1	5:0	0:1	2:1	3:0	4:0	0:1
Hannover	0:1	1:0	1:4	0:1	0:0	0:3	1:3	2:1	3:0		2:0	3:1	0:1	1:0	2:1	3:0	0:1	2:2
Mainz	2:4	2:1	2:1	0:3	2:3	2:0	1:1	2:1	0:2	2:0		3:2	0:0	0:1	1:1	1:0	3:1	5:0
K'lautern	0:4	2:0	1:2	0:2	2:3	0:0	1:0	2:1	0:0	0:2	2:0		2:1	1:3	1:0	1:2	2:1	3:0
Bielefeld	3:1	0:2	2:1	1:0	0:2	1:0	1:0	3:4	1:2	0:1	1:1	0:2		3:1	0:0	1:2	1:1	3:1
Nürnberg	2:2	0:2	1:2	0:0	1:1	2:4	2:2	1:3	4:0	1:1	1:2	1:3	1:2		0:0	2:1	3:0	3:0
M'gladbach	2:0	1:3	3:1	0:0	2:0	1:1	2:3	1:3	1:0	0:2	1:1	2:0	1:0	2:1		2:2	2:2	3:2
Bochum	1:3	0:2	1:4	2:2	2:0	2:2	2:2	1:2	5:1	1:0	2:6	1:1	1:1	3:1	3:0		0:1	3:1
Rostock	0:2	2:2	0:4	2:1	2:1	0:2	1:1	0:6	1:2	1:3	2:0	2:3	1:1	0:2	0:0	3:1		0:0
Freiburg	0:1	2:3	0:6	1:3	2:0	1:3	2:2	1:1	1:0	0:0	1:2	1:2	2:3	2:3	1:1	1:1	0:0	

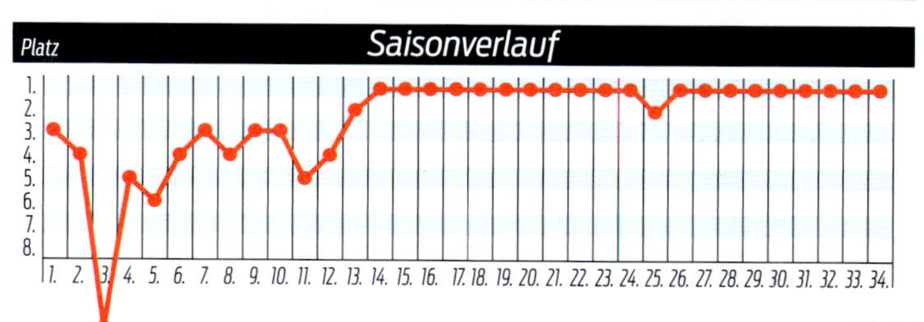

KRISE TROTZ DES NÄCHSTEN DOUBLES

Nach glänzender Hinrunde wird Felix Magath plötzlich angezweifelt, Michael Ballack verlässt den Verein im Frust

Die neue Heimstatt des Rekordmeisters: die Allianz Arena in Fröttmaning

Es ist kurz vor Weihnachten – und Uli Hoeneß ganz beseelt. Der Manager hat großartige Laune, seine Bayern stehen am Ende des Kalenderjahres 2005 ganz oben und sind in allen Wettbewerben prächtig im Rennen. Um seiner Laune Ausdruck zu verleihen, bemüht Hoeneß einen Vergleich mit einem Kinoklassiker: „Es ist wie in dem Film mit Jack Nicholson: Besser geht's nicht", sagt er selbstzufrieden.

Bayern setzt in der Bundesliga mit 44 von 51 möglichen Punkten Maßstäbe. 14 Hinrunden-Siege bedeuten Liga-Rekord.

„Was die Mannschaft in diesem Jahr geleistet hat", freut sich Felix Magath, „ist überragend." Zum Glanz und Glamour passt der neue Fußball-Tempel, die Allianz Arena in Fröttmaning. 340 Millionen Euro kostet der Bau des Stadions im Norden der Stadt, mit dem Umzug vom Olympiastadion beginnt im Sommer 2005 ein neues Zeitalter.

Der Bundesliga-Auftakt am 5. August endet mit einem standesgemäßen 3:0 gegen Borussia Mönchengladbach. Owen Hargreaves geht als erster Liga-Torschütze in der Arena in die Geschichte ein.

Die Münchner fühlen sich wohl in ihrer schicken Heimat. Erst im sechsten Heimspiel kassiert Oliver Kahn das erste Gegentor, gleich in der ersten Minute gegen Werder Bremen. Miroslav Klose ist der Torschütze. Und erst im zwölften Heimspiel, das wie alle anderen bis dahin 66 000 Zuschauer im ausverkauften Rund sehen, gibt Bayern erstmals Punkte ab, die schmerzen aber noch nicht einmal besonders. Der HSV gewinnt am 4. März 2006 (24. Spieltag) 2:1 in München.

Die Mannschaft von Magath steht nur am ersten und neunten Spieltag nicht an der Tabellenspitze, nach dem 1:2 sind es immer noch acht Punkte Vorsprung auf die Verfolger Werder Bremen und Hamburg.

Vier Tage später, am 8. März, kommt es zum Bruch. Unvermittelt und heftig. Mit der derben 1:4-Niederlage im Achtelfinale der Champions League beim AC Mailand ist der Anfang vom Ende der Magath-Ära gemacht, auch wenn der Vertrag des Trainers im Sommer 2006 vorzeitig um ein Jahr bis 2008 verlängert wird und Magath noch fast ein Jahr im Amt bleibt. Das Ausscheiden aus der Champions League, ein

Das erste Tor in der neuen Arena: Owen Hargreaves (l.) nutzt am 5. August 2005 die Chance und schießt in der 28. Minute das 1:0 gegen Gladbach (rechts: Jeff Strasser). Bayern siegt 3:0

„Albtraum", eine „Demütigung", wie Karl-Heinz Rummenigge es nennt, führt zu einer kompletten Umkehr der Stimmung.

Rummenigge sieht sich die Begegnung noch einmal komplett auf Video an und sagt Tage später: „Ich habe selten so viele katastrophale individuelle Fehler gesehen." Magath dagegen sucht die Schuld vor allem beim Schiedsrichter und sagt trotzig: „Das Aus in der Champions League macht uns diese Saison nicht kaputt."

Uli Hoeneß aber will mehr: „Auf Dauer ist es mir zu wenig, das Double zu gewin-

nen." Magath wird später sagen: „Ich habe versucht, mich nicht zu ärgern, aber es ist mir leider nicht immer gelungen." Es sind erste feine Risse, und es wird gemunkelt, was auf allen Magath-Stationen vorher gemunkelt worden ist: dass er jeder Mannschaft zwar schnell helfen kann, aber keine weiterentwickeln.

Philipp Lahm, im Juni 2003 von den Bayern-Amateuren in die Bundesliga zum VfB Stuttgart gewechselt und nach zwei Jahren Ausleihe im Sommer 2005 zurückgekommen, wehrt sich dagegen, dass man „international nur Mittelmaß" sein soll. Der Linksverteidiger gibt jedoch ehrlich zu: „Diese Bilanz ist nicht gut und verbesserungswürdig. Unser Ziel war zumindest das Viertelfinale."

Eine Trennung vollzieht sich viel schneller als die von Magath: die von Michael Ballack. Im Herbst 2005 kommt es zum Knall. Wochenlang verhandeln der Verein und der Mittelfeldspieler über eine Vertragsverlängerung. Angeblich sollen die Bayern-Bosse bereit sein, Ballack 36 Millionen Euro für vier weitere Jahre in München zu zahlen. Als allerdings ein Treffen mit dem Mittelfeldspieler und dessen Berater entgegen einer zuvor getroffenen Vereinbarung ergebnislos endet, ziehen die Bayern ihr Angebot offiziell zurück.

Vorstandschef Rummenigge diskutiert den Fall auf der Jahreshauptversammlung im November sogar öffentlich und erntet für die Haltung des Bayern-Vorstandes großen Applaus. Der bei den Fans nicht sonderlich beliebte Ballack macht gute Miene zum bösen Spiel.

Wie seine Mitspieler schleppt auch er sich ab dem 8. März bis Saisonende durch. Auf die Stimmung schlägt auch die schleichende Demontage von Oliver Kahn, der im April 2006 seinen Platz im Tor der Nationalmannschaft an Arsenal-Profi Jens Lehmann verliert, und die erneute Verletzung des gerade wieder aufblühenden Sebastian Deisler. Er wird im März wieder am Knie operiert und verpasst die WM 2006, das Sommermärchen.

Die Leichtigkeit und die Dominanz der ersten Saisonmonate sind weg, die Leistungen nur noch Durchschnitt. Am 29. Spieltag verliert Bayern 0:3 in Bremen, der HSV ist nur noch vier Punkte dahinter auf Tuchfühlung. Die 20. Meisterschaft lassen sich die Münchner dennoch nicht nehmen, nach dem 1:1 am 33. Spieltag in Kaiserslautern sind sie uneinholbar, weil der HSV zeitgleich 2:4 in Berlin verliert.

Da sind die Bayern bereits seit einer Woche Pokalsieger. Erstmals in der Geschichte der Bundesliga verteidigt eine Mannschaft das Double. Der „Kicker" kommentiert: „Viel Erfolg, wenig Freude."

Michael Ballack, der nach der WM 2006 zum FC Chelsea nach England wechselt, empfindet das anders: „Niemand kann erwarten, dass man die Champions League gewinnt", verteidigt er sich, „wir haben das Double, das ist riesig für uns."

Rummenigge wird zitiert, man wolle mit Magath „über die fehlende Spielfreude und Leidenschaft" reden, „bis auf wenige Ausnahmen" sei man mit der Rückrunde unzufrieden. So sprechen sie nur in München nach dem Gewinn eines Doubles – nirgendwo anders.

Felix Magath schließlich beklagt sich: „Unsere außergewöhnliche Leistung wurde zu wenig gewürdigt."

Champions League

Das 1:0 von Filippo Inzaghi (M.) beim 4:1. Er überwindet Oliver Kahn mit Flugkopfball

Inzaghi wieder der Bayern-Schreck

Mit drei knappen Siegen starten die Bayern in die Champions League. Bei Rapid Wien (1:0) trifft Paolo Guerrero, gegen den FC Brügge (1:0) und Juventus Turin (2:1), wie ein Jahr zuvor Gruppengegner, schafft es überraschend Abwehrspieler Martín Demichelis auf die Anzeigetafel – und erstmals in der Champions League Sebastian Deisler. Deisler ist auch beim 1:2 in Turin Torschütze, für Juventus ist David Trézéguet zweimal erfolgreich. Mit dem 4:0 gegen Rapid Wien am fünften Spieltag ist der Einzug ins Achtelfinale gesichert. Den Gruppensieg verspielen die Bayern im letzten Spiel beim FC Brügge, das Tor von Claudio Pizarro reicht zum 1:1. Am Ende hat Juventus 15 Punkte, Bayern 13. So müssen die Münchner im Achtelfinale gegen AC Mailand zuerst zu Hause antreten, was sie unbedingt vermeiden wollten. Das Spiel endet 1:1 (Tor: Ballack). In Mailand schießt Bayern-Schreck Inzaghi wieder zwei Tore, Milan gewinnt 4:1.

DFB-Pokal

Zwei Tore im Halbfinale, das goldene im Endspiel: Claudio Pizarro

Claudio Pizarro der Pokalheld

Auf ihrem Weg zum 13. Pokalsieg kassieren die Bayern zwei Tore, noch eines weniger als 2004/05. Der Weg beginnt da, wo er endet: in Berlin. Der MSV Neuruppin, Oberligist aus Brandenburg, ist im Olympiastadion Gastgeber und verliert 0:4. Bei Zweitligist Erzgebirge Aue (1:0) erlöst Michael Ballack mit dem späten 1:0-Siegtreffer (80.) seine Mannschaft. Im Achtelfinale gegen den HSV heißt der Retter Owen Hargreaves, er sorgt in der Verlängerung (113.) für den 1:0-Siegtreffer. Auch im Viertelfinale gegen Mainz 05 müssen die Münchner in die Verlängerung, gewinnen 3:2. Die Tore erzielen die Peruaner Claudio Pizarro (2) und Joker Paolo Guerrero. Im Halbfinale bei Drittligist St. Pauli schlägt wieder Pizarros Stunde. Bis zur 84. Minute steht es nur 1:0, dann glückt ihm ein Doppelschlag zum 3:0. Der Pokal ist 2004/05 Pizarros Wettbewerb, denn auch im Finale gegen Eintracht Frankfurt ist er der entscheidende Torschütze zum 1:0 (59.).

TRAINER

FELIX MAGATH Die Titel drei und vier im zweiten Jahr sind eine glänzende Ausbeute. Trotz der Kritik nach dem Aus in der Champions League wird sein 2007 auslaufender Vertrag im WM-Sommer bis 30. Juni 2008 verlängert. Die Bayern wollen seine Position stärken.

DIE TOP-ELF DER SAISON

Zé Roberto

Philipp Lahm

DER SPIELER DES JAHRES

*Abwehrchef **Lúcio** absolviert seine 30 Bundesliga-Spiele alle über die volle Distanz, erzielt bei seinen oft wilden Ausflügen in die gegnerische Hälfte zwei Tore. In der Rangliste des „Kicker wird der Brasilianer als notenbester Verteidiger der Saison geführt. Schon im Dezember 2005 verlängern die Bayern seinen 2007 auslaufenden Vertrag bis 2010. Unverzichtbar ist Lúcio auch für Brasilien: Bei der WM in Deutschland bestreitet er alle fünf Spiel von der ersten bis zur 90. Minute, kann aber das Aus seiner Mannschaft im Viertelfinale (0:1 gegen Frankreich) nicht verhindern.*

Der Kader

NAME	SPIELE	TORE
Bernd Dreher	1	0
Oliver Kahn	31	0
Michael Rensing	6	0
Martín Demichelis	27	1
Valérien Ismaël	30	0
Philipp Lahm	20	0
Bixente Lizarazu	18	0
Lúcio	30	2
Willy Sagnol	31	1
Michael Ballack	26	14
Sebastian Deisler	16	0
Julio Dos Santos	1	0
Owen Hargreaves	16	1
Jens Jeremies	13	0
Ali Karimi	20	2
Andreas Ottl	8	1
Hasan Salihamidzic	21	2
Mehmet Scholl	18	3
Bastian Schweinsteiger	30	3
Zé Roberto	27	1
José Paolo Guerrero	14	4
Roy Makaay	31	17
Claudio Pizarro	26	11
Roque Santa Cruz	13	4

ALI KARIMI Der Iraner, Neuzugang vor der Saison, gefällt als Ergänzungsspieler, erzielt zwei Tore in 20 Liga-Auftritten

Transfers

VALÉRIEN ISMAËL beginnt sein Engagement beim FC Bayern übermotiviert. Das erste Bundesliga-Spiel gegen Gladbach (3:0) ist für den Franzosen bereits nach 43 Minuten beendet – er sieht Gelb/Rot. Nach dem Abgang von Robert Kovac etabliert er sich allerdings schnell als Partner von Lúcio in der Innenverteidigung. 30 Bundesliga-Spiele bestreitet Ismaël 2005/06, im folgenden Jahr kommt nur noch eins hinzu. Grund: Am 15. August 2006 bricht er sich das Schien- und Wadenbein.

SPIELER	VON VEREIN	ABLÖSESUMME
Valérien Ismaël	Werder Bremen	8,5 Mio. €
Philipp Lahm	VfB Stuttgart	nach Leihe zurück
Julio dos Santos	Club Cerro Porteño	2,7 Mio. €
Ali Karimi	Al-Ahli Sports Club	–
Andreas Ottl	FC Bayern Jugend	–
Stefan Maierhofer	SV Langenrohr	–

Tops & Flops

MEHMET SCHOLL Sein Beitrag zum Titelgewinn ist bescheiden: 18 Einsätze, keiner über 90 Minuten, drei Tore. Aber es ist seine achte Meisterschaft – deutscher Rekord.

SIEGESSERIE Die 2004/05 gestartete Serie mit neun Siegen wird auf 15 Spiele ausgebaut. Sie reißt erst am 7. Spieltag beim 0:2 in Hamburg. 15 Siege in Folge bedeuten Bundesliga-Rekord.

ZUSCHAUER Die Fans strömen in die neue Allianz Arena, der Schnitt steigt um fast 12 000 Besucher pro Spiel von 53 143 (2004/05) auf 65 107.

HSV-SPIELE Gegen den Bundesliga-Dino verlieren die Bayern beide Partien (0:2 und 1:2). Das gibt es seit 24 Jahren nicht. 1981/82 unterliegen sie 1:4 und 3:4.

JULIO DOS SANTOS Der Nationalspieler aus Paraguay kommt in der Winterpause für zwei Millionen Euro Ablöse als Ballack-Ersatz. Er läuft einmal auf, am letzten Spieltag gegen Dortmund.

BREMEN-SPIEL Das 0:3 beim Vizemeister am 29. Spieltag ist die höchste Saisonniederlage. Bastian Schweinsteiger leitet sie mit einem Eigentor ein.

1. SPIELTAG

Bayern – Borussia M'gladbach 3:0 (1:0)

BAYERN: Kahn – Sagnol, Lúcio, Ismaël, Hargreaves – Demichelis – Deisler (46. Karimi), Salihamidzic (46. Lizarazu) – Ballack – Makaay, Santa Cruz (73. Jeremies).
M'GLADBACH: Keller – Bögelund, Helveg (44. Zé António), Strasser, Jansen – Oude Kamphuis – Broich (72. Elber), Kluge – Heinz – Sverkos, Neuville.
Tore: 1:0 Hargreaves (28.), 2:0 Makaay (86.), 3:0 Makaay (89.).
Gelb/Rot: Ismaël (43.) / –.
Gelb: Lúcio, Ballack / Oude Kamphuis, Kluge.
Schiedsrichter: Manuel Gräfe.

2. SPIELTAG

Bayer Leverkusen – Bayern 2:5 (1:3)

LEVERKUSEN: Butt – Castro, Juan, Roque Junior (74. Madouni), Athirson – Schneider (76. Babic), Ramelow – Freier (65. Barnetta), Krzynowek – Berbatov, Voronin.
BAYERN: Kahn – Sagnol, Lúcio, Demichelis, Lizarazu – Hargreaves – Salihamidzic (46. Ottl), Karimi (59. Zé Roberto) – Ballack – Makaay, Santa Cruz (80. Deisler).
Tore: 0:1 Ballack (3.), 0:2 Makaay (11.), 1:2 Berbatov (32., Foulelfmeter), 1:3 Karimi (35.), 1:4 Makaay (57.), 1:5 Makaay (60.), 2:5 Babic (82.).
Gelb: Ramelow / –.
Schiedsrichter: Dr. Markus Merk.

3. SPIELTAG

Bayern – Hertha BSC 3:0 (0:0)

BAYERN: Kahn – Sagnol, Lúcio, Ismaël, Lizarazu (51. Jeremies) – Hargreaves – Karimi (61. Deisler), Zé Roberto (81. Scholl) – Ballack – Makaay, Pizarro.
BERLIN: Tremmel – Friedrich, van Burik, Madlung, Simunic – Kovac (56. Okoronkwo) – Marx (67. Boateng / 70. Samba), Neuendorf – Bastürk – Marcelinho – Rafael.
Tore: 1:0 Ballack (47.), 2:0 Scholl (85.), 3:0 Makaay (87.).
Gelb: – / Marx, Simunic, Neuendorf, Madlung, Rafael.
Schiedsrichter: Thorsten Kinhöfer.

4. SPIELTAG

1. FC Nürnberg – Bayern 1:2 (1:1)

NÜRNBERG: Schäfer – Lense, Wolf (53. Paulus), Nikl, Pinola – Cantaluppi – Polak (58. Wagefeld) – Saenko (67. Slovak), Banovic – Kießling, Daun.
BAYERN: Kahn – Sagnol, Lúcio, Ismaël, Lizarazu – Hargreaves – Karimi (46. Zé Roberto), Schweinsteiger (87. Jeremies) – Ballack – Guerrero, Pizarro (60. Santa Cruz).
Tore: 1:0 Pinola (20.), 1:1 Guerrero (21.), 1:2 Ballack (60.).
Gelb: Wolf, Pinola, Saenko, Cantaluppi / Hargreaves, Zé Roberto.
Schiedsrichter: Michael Weiner.

5. SPIELTAG

Bayern – Hannover 96 1:0 (1:0)

BAYERN: Kahn – Sagnol, Lúcio, Ismaël, Hargreaves (46. Schweinsteiger) – Demichelis – Deisler (76. Salihamidzic), Zé Roberto – Karimi (70. Scholl) – Guerrero, Makaay.
HANNOVER: Enke – Cherundolo, Mertesacker, Tarnat, Zuraw (85. Halfar) – Dabrowski, Lala, Stajner, Yankov (67. Vinicius) – Brdaric, Hashemian (67. Hahne).
Tor: 1:0 Demichelis (9.).
Gelb: – / Enke.
Schiedsrichter: Lutz Wagner.

6. SPIELTAG

Eintracht Frankfurt – Bayern 0:1 (0:0)

FRANKFURT: Nikolov – Rehmer, Vasoski – Preuß (76. Ochs), Spycher – Chris – Jones – Köhler – Meier (64. Weissenberger) – van Lent (85. Copado) – Amanatidis.
BAYERN: Kahn – Sagnol, Lúcio, Ismaël, Lizarazu – Demichelis – Deisler (54. Scholl), Salihamidzic (66. Guerrero) – Schweinsteiger, Karimi (73. Zé Roberto) – Makaay.
Tor: 0:1 Guerrero (72.).
Gelb: Chris, Jones / Deisler.
Schiedsrichter: Knut Kircher.

7. SPIELTAG

Hamburger SV – Bayern 2:0 (1:0)

HAMBURG: Wächter – Demel (70. Reinhardt), Boulahrouz, van Buyten, Atouba – Beinlich – Jarolim, Trochowski – van der Vaart (82. Ziegler) – Lauth (68. Mpenza), Barbarez.
BAYERN: Kahn – Sagnol, Lúcio, Ismaël , Lizarazu (61. Scholl) – Demichelis – Salihamidzic (46. Guerrero), Zé Roberto – Ballack, Karimi (46. Schweinsteiger) – Makaay.
Tore: 1:0 van der Vaart (10.), 2:0 Trochowski (62.).
Gelb: Jarolim, Barbarez, Demel / Ballack, Makaay, Guerrero.
Schiedsrichter: Florian Meyer.

8. SPIELTAG

Bayern – VfL Wolfsburg 2:0 (0:0)

BAYERN: Dreher – Sagnol, Lúcio, Ismaël, Schweinsteiger – Jeremies – Deisler, Zé Roberto (77. Salihamidzic) – Karimi (51. Scholl) – Makaay, Santa Cruz (70. Guerrero).
WOLFSBURG: Jentzsch – Alex, Quiroga, Hofland, Neziri – Karhan (56. Schnoor), Sarpei – D'Alessandro – Hanke, Klimowicz (79. Makiadi), Marlet (72. Menseguez).
Tore: 1:0 Santa Cruz (66.), 2:0 Lúcio (90.+1).
Gelb: – / Alex, D'Alessandro.
Schiedsrichter: Dr. Markus Merk.

9. SPIELTAG

FC Schalke 04 – Bayern 1:1 (0:1)

SCHALKE: Rost – Rafinha, Bordon, Rodríguez (80. Varela), Krstajic – Poulsen – Ernst (46. Altintop), Kobiaschwili – Lincoln – Larsen– Kuranyi (60. Sand).
BAYERN: Kahn – Ottl, Lúcio, Ismaël, Schweinsteiger – Demichelis – Deisler (82. Karimi), Zé Roberto (46. Salihamidzic) – Ballack – Santa Cruz (90. Pizarro), Makaay.
Tore: 0:1 Santa Cruz (19.), 1:1 Larsen (90.+3, Foulelfmeter).
Rot: – / Demichelis (90.+4).
Gelb: Ernst, Krstajic / Santa Cruz, Kahn, Salihamidzic, Makaay, Ballack.
Schiedsrichter: Michael Weiner.

10. SPIELTAG

Bayern – MSV Duisburg 4:0 (2:0)

BAYERN: Kahn – Sagnol, Lúcio, Ismaël, Schweinsteiger – Jeremies – Deisler, Zé Roberto (60. Scholl) – Ballack (46. Karimi) – Makaay, Santa Cruz (69. Pizarro).
DUISBURG: Koch – Wolters, Möhrle, Biliskov, Meyer – Bælum – Tjikuzu, Grlic (77. Anfang), Bugera – van Houdt (66. Ahanfouf), Kurth (66. Rietpietsch).
Tore: 1:0 Ballack (27.), 2:0 Zé Roberto (33.), 3:0 Santa Cruz (59.), 4:0 Pizarro (90.+1).
Gelb: – / Grlic.
Schiedsrichter: Babak Rafati.

11. SPIELTAG

1. FC Köln – Bayern 1:2 (1:0)

KÖLN: Wessels – Sinkiewicz, Schlicke, Alpay – Lell, Matip (80. Grammozis), Rahn (80. Benschneider) – Mokhtari – Streit, Podolski – Scherz (68. Helmes).
BAYERN: Kahn – Sagnol, Lúcio, Ismaël, Schweinsteiger (67. Scholl) – Demichelis – Ballack – Deisler (77. Ottl), Zé Roberto – Makaay, Santa Cruz (46. Pizarro).
Tore: 1:0 Scherz (28.), 1:1 Lúcio (54.), 1:2 Ballack (74.).
Gelb: Streit, Lell, Helmes / Zé Roberto, Sagnol, Schweinsteiger, Deisler.
Schiedsrichter: Lutz Wagner.

12. SPIELTAG

Bayern – Werder Bremen 3:1 (3:1)

BAYERN: Kahn – Sagnol, Lúcio, Ismaël, Schweinsteiger (83. Hargreaves) – Demichelis – Deisler (55. Jeremies), Zé Roberto – Ballack (66. Karimi) – Pizarro, Makaay.
BREMEN: Reinke – Owomoyela, Andreasen, Naldo, Schulz – Baumann (33. Vranjes) – Frings, Borowski – Micoud – Klose, Valdez (46. Hunt).
Tore: 0:1 Klose (1.), 1:1 Schweinsteiger (3.), 2:1 Pizarro (34.), 3:1 Makaay (44.).
Schiedsrichter: Herbert Fandel.

13. SPIELTAG

Arminia Bielefeld – Bayern 1:2 (0:0)

BIELEFELD: Hain – Korzynietz, Westermann, Borges, Schuler (46. Rau) – Fink, Dammeier – Vata, Küntzel (84. Pinto) – Zuma, Boakye.
BAYERN: Kahn – Sagnol, Lúcio, Ismaël, Lizarazu (63. Lahm) – Demichelis – Schweinsteiger (46. Deisler), Scholl (78. Guerrero), Zé Roberto – Makaay, Pizarro.
Tore: 1:0 Boakye (60.), 1:1 Pizarro (82.), 1:2 Pizarro (90.+2).
Gelb: Zuma / Ismaël.
Schiedsrichter: Florian Meyer.

14. SPIELTAG

Bayern – 1. FSV Mainz 05 2:1 (1:1)

BAYERN: Kahn – Sagnol, Lúcio, Ismaël, Lizarazu (46. Lahm) – Demichelis (46. Hargreaves) – Deisler, Schweinsteiger – Karimi (78. Jeremies) – Makaay, Pizarro.
MAINZ: Wache – Demirtas (84. Antoneli), Friedrich, Noveski, Weigelt – Pekovic (68. Geißler) – Ruman (68. Gerber), da Silva – Thurk, Zidan – Auer.
Tore: 1:0 Pizarro (28.), 1:1 Auer (34.), 2:1 Pizarro (55.).
Gelb: Deisler, Ismaël, Lúcio / Pekovic, Auer.
Schiedsrichter: Thorsten Kinhöfer.

15. SPIELTAG

VfB Stuttgart – Bayern 0:0

STUTTGART: Hildebrand – Stranzl, Meira, Delpierre, Magnin – Soldo – Tiffert, Gentner (64. Grønkjær), Hitzlsperger (79. Carevic) – Ljuboja, Tomasson (72. Gomez).
BAYERN: Kahn – Sagnol, Ismaël, Demichelis, Lizarazu (66. Jeremies) – Hargreaves – Deisler, Schweinsteiger (46. Lahm) – Ballack – Makaay (76. Karimi), Pizarro.
Rot: – / Deisler (42.).
Gelb: Magnin, Meira, Soldo / Sagnol, Kahn, Ballack.
Schiedsrichter: Dr. Markus Merk.

16. SPIELTAG

Bayern – 1. FC Kaiserslautern 2:1 (1:1)

BAYERN: Kahn – Sagnol, Lúcio, Ismaël, Lahm – Demichelis – Karimi (69. Schweinsteiger), Zé Roberto (74. Jeremies) – Ballack – Makaay, Pizarro (90. Guerrero).
K'LAUTERN: Macho – Hertzsch, Pletsch, Schönheim, Blank – Lembi, Engelhardt – Altintop, Skela, Bellinghausen (83. Halfar) – Sanogo.
Tore: 1:0 Ballack (26.), 1:1 Sanogo (39.), 2:1 Makaay (54., Foulelfmeter).
Gelb: Demichelis, Sagnol, Ballack / –.
Schiedsrichter: Manuel Gräfe
Besonderes Vorkommnis: Kahn hält Foulelfmeter von Skela (59.).

17. SPIELTAG

Borussia Dortmund – Bayern 1:2 (0:0)

DORTMUND: Weidenfeller – Degen, Hünemeier, Metzelder, Kringe – Kehl – Kruska, Sahin – Odonkor (86. Saka), Buckley (65. Gambino), Smolarek.
BAYERN: Kahn – Sagnol, Lúcio, Ismaël, Lizarazu – Demichelis (38. Ottl) – Hargreaves (63. Schweinsteiger), Zé Roberto – Karimi (88. Jeremies) – Makaay, Pizarro.
Tore: 0:1 Karimi (52.), 0:2 Pizarro (73.), 1:2 Kringe (79.).
Rot: Saka (89.) / –.
Gelb: Gambino / Ottl, Zé Roberto.
Schiedsrichter: Herbert Fandel.

18. SPIELTAG

Borussia M'gladbach – Bayern 1:3 (0:1)

M'GLADBACH: Keller – Fukal, Zé António, Strasser, Daems – El Fakiri (68. Broich) – Kluge, Jansen – Polanski – Sonck (74. Kahe), Neuville.
BAYERN: Kahn – Sagnol, Lúcio, Ismaël, Lizarazu – Demichelis – Schweinsteiger (54. Salihamidzic), Zé Roberto (83. Lahm) – Ballack – Pizarro – Makaay (80. Guerrero).
Tore: 0:1 Makaay (13.), 0:2 Ballack (55.), 1:2 Sonck (56.), 1:3 Makaay (69.).
Gelb: Fukal / Demichelis.
Schiedsrichter: Dr. Markus Merk.

19. SPIELTAG

Bayern – Bayer Leverkusen 1:0 (1:0)

BAYERN: Kahn – Sagnol (89. Jeremies), Lúcio, Ismaël, Lizarazu – Demichelis – Salihamidzic (63. Schweinsteiger), Zé Roberto (83. Lahm) – Ballack – Makaay, Pizarro.
LEVERKUSEN: Butt – Juan, Ramelow (73. Freier), Madouni – Schneider, Rolfes, Stenman – Voronin, Barnetta (85. Papadopulos), Athirson (66. Krzynowek) – Berbatov.
Tor: 1:0 Ballack (36.).
Gelb: Sagnol, Schweinsteiger / Juan, Athirson, Ramelow, Voronin.
Schiedsrichter: Babak Rafati.

20. SPIELTAG

Hertha BSC – Bayern 0:0

BERLIN: Tremmel – Friedrich, van Burik, Fathi – Chahed, Kovac – Cairo (73. Marx), Bastürk, Boateng, Cairo (73. Marx) – Marcelinho – Sverkos (67. Pantelic).
BAYERN: Kahn – Salihamidzic, Lúcio, Ismaël, Lahm – Demichelis – Deisler (59. Karimi), Schweinsteiger (84. Ottl) – Ballack – Pizarro, Makaay (65. Guerrero).
Gelb: Boateng / Ballack.
Schiedsrichter: Herbert Fandel.

21. SPIELTAG

Bayern – 1. FC Nürnberg 2:1 (1:1)

BAYERN: Kahn – Sagnol, Lúcio, Ismaël, Lizarazu (46. Lahm) – Demichelis – Schweinsteiger (75. Salihamidzic), Zé Roberto – Ballack – Makaay (88. Karimi), Pizarro.
NÜRNBERG: Schäfer – Wolf, Cantaluppi, Nikl (65. Glauber) – Reinhardt, Pinola – Mnari – Saenko, Kießling (76. Schroth) – Polak (82. Chedli) – Vittek.
Tore: 1:0 Makaay (27.), 1:1 Vittek (35.), 2:1 Ballack (54.).
Gelb: Ballack / Wolf, Pinola, Mnari.
Schiedsrichter: Knut Kircher.

Weißbierdusche nach der 20. Meisterschaft: Felix Magath steht da – sinnbildlich – schon im Regen, auch wenn er als erster Trainer in der Bundesliga das Double verteidigt

22. SPIELTAG

Hannover 96 – Bayern 1:1 (0:0)

HANNOVER: Enke – Cherundolo, Mertesacker, Zuraw, Tarnat – Vinicius – Balitsch, Dabrowski – Stajner (63. Lala) – Hashemian (80. Delura), Brdaric (85. Troest).
BAYERN: Kahn (52. Rensing) – Sagnol, Ismaël, Demichelis, Lizarazu (61. Scholl) – Lahm – Karimi, Zé Roberto (46. Schweinsteiger) – Ballack – Makaay, Pizarro.
Tore: 1:0 Brdaric (56.), 1:1 Ballack (89.).
Gelb: Delura / Scholl, Karimi.
Schiedsrichter: Lutz Wagner.

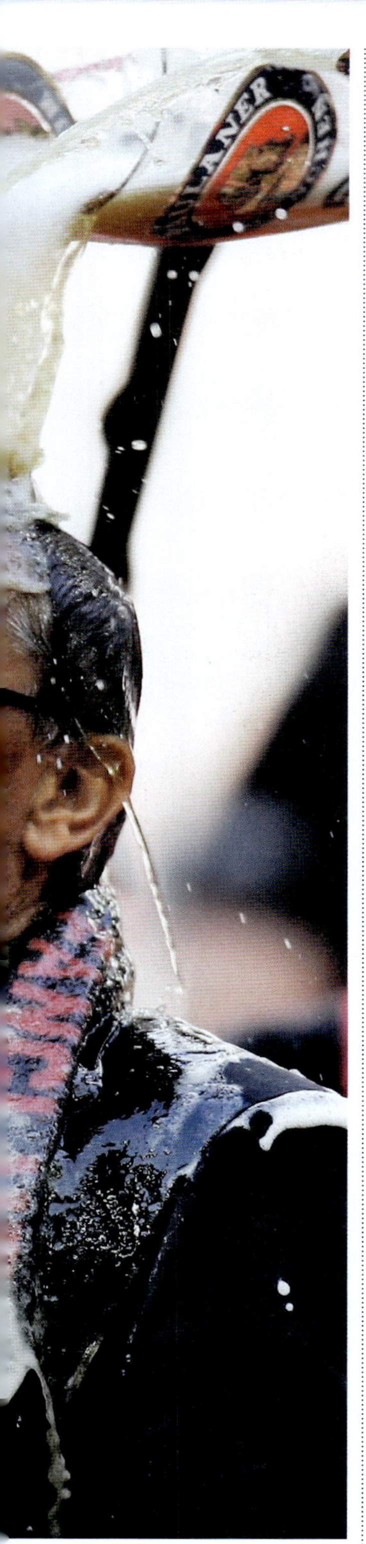

23. SPIELTAG

Bayern – Eintracht Frankfurt 5:2 (3:1)

BAYERN: Rensing – Sagnol (81. Salihamidzic), Lúcio, Ismaël, Lizarazu (49. Lahm) – Demichelis (74. Karimi) – Deisler, Schweinsteiger – Ballack – Pizarro, Guerrero.
FRANKFURT: Nikolov – Ochs, Rehmer, Vasoski, Reinhard – Jones – Preuß, Chris – Meier – Amanatidis (67. Cha), Copado (82. Köhler).
Tore: 1:0 Guerrero (21.), 1:1 Preuß (32.), 2:1 Ballack (33.), 3:1 Guerrero (42.), 4:1 Ballack (62.), 4:2 Meier (84.), 5:2 Pizarro (85.).
Gelb: – / Jones. **Schiedsrichter:** Peter Gagelmann.

24. SPIELTAG

Bayern – Hamburger SV 1:2 (0:1)

BAYERN: Kahn – Sagnol, Lúcio, Ismaël, Lahm – Demichelis – Deisler (46. Schweinsteiger), Salihamidzic (46. Karimi / 61. Scholl) – Ballack – Pizarro, Makaay.
HAMBURG: Wächter – Mahdavikia, Boulahrouz, Demel, Atouba – de Jong – Jarolim, Trochowski (90. Reinhardt) – van der Vaart (67. Klingbeil) – Takahara (87. Fillinger), Barbarez.
Tore: 0:1 Demel (16.), 1:1 Scholl (83.), 1:2 de Jong (89.).
Gelb: Pizarro, Ballack, Schweinsteiger / Takahara, Jarolim, Mahdavikia, van der Vaart, de Jong.
Schiedsrichter: Florian Meyer.

25. SPIELTAG

VfL Wolfsburg – Bayern 0:0

WOLFSBURG: Jentzsch – Quiroga, Hofland, van der Heyden – Sarpei, Thiam (84. Fischer), van der Leegte, Menseguez (86. Lamprecht) – Karhan – Hanke, Hoogendorp (77. Marlet).
BAYERN: Kahn – Sagnol, Lúcio, Ismaël, Lahm – Demichelis (69. Jeremies) – Salihamidzic (68. Scholl), Schweinsteiger – Ballack – Guerrero, Pizarro.
Gelb: Thiam, Sarpei, Hofland / Salihamidzic.
Schiedsrichter: Manuel Gräfe.

26. SPIELTAG

Bayern – FC Schalke 04 3:0 (0:0)

BAYERN: Kahn – Sagnol, Demichelis, Ismaël, Lahm (65. Lizarazu) – Hargreaves – Salihamidzic (85. Ottl), Zé Roberto – Ballack – Pizarro, Guerrero (54. Makaay).
SCHALKE: Rost – Rafinha, Bordon, Krstajic, Kobiaschwili – Poulsen (59. Sand) – Ernst, Bajramovic (28. Rodríguez / 62. Varela) – Lincoln – Asamoah, Larsen.
Tore: 1:0 Salihamidzic (48.), 2:0 Pizarro (56.), 3:0 Makaay (89.).
Gelb: Sagnol, Hargreaves, Ismaël / Bajramovic, Poulsen, Bordon.
Schiedsrichter: Lutz Wagner.

27. SPIELTAG

MSV Duisburg – Bayern 1:3 (1:0)

DUISBURG: G. Koch – Wolters (80. Aygün), Biliskov, Bælum, Meyer – Caligiuri, Tararache (90. Bodzek) – Willi, Bugera (80. Kurth) – Lavric, Ahanfouf.
BAYERN: Kahn (12. Rensing) – Hargreaves, Lúcio, Ismaël, Lizarazu (46. Lahm) – Demichelis – Salihamidzic, Zé Roberto – Scholl (70. Schweinsteiger) – Makaay, Pizarro.
Tore: 1:0 Ahanfouf (40., Foulelfmeter), 1:1 Salihamidzic (66.), 1:2 Makaay (71.), 1:3 Pizarro (80.).
Gelb: Bugera, Ahanfouf, Wolters, Tararache / Lizarazu, Lúcio, Hargreaves, Demichelis, Pizarro.
Schiedsrichter: Babak Rafati.

28. SPIELTAG

Bayern – 1. FC Köln 2:2 (2:2)

BAYERN: Kahn (46. Rensing) – Sagnol, Lúcio, Ismaël, Lahm – Hargreaves – Salihamidzic (75. Schweinsteiger), Zé Roberto (62. Scholl) – Ballack – Makaay, Guerrero.
KÖLN: Bade – Cullmann, Sinkiewicz, Alpay – Matip – Lell (89. Rahn), Feulner (46. Grammozis), Cabanas, Streit – Scherz (61. Helmes), Podolski.
Tore: 0:1 Scherz (12.), 1:1 Sagnol (29.), 1:2 Streit (36.), 2:2 Makaay (39.).
Gelb: Ballack, Salihamidzic / Sinkiewicz, Podolski, Lell.
Schiedsrichter: Dr. Jochen Drees.

29. SPIELTAG

Werder Bremen – Bayern 3:0 (1:0)

BREMEN: Wiese – Pasanen, Fahrenhorst, Naldo, Schulz – Vranjes – Owomoyela (86. Andreasen), Borowski – Micoud (56. Jensen) – Klose, Valdez (75. Klasnic).
BAYERN: Kahn – Sagnol, Ismaël, Demichelis, Lahm – Hargreaves – Salihamidzic (46. Zé Roberto), Schweinsteiger (80. Guerrero) – Ballack – Makaay, Pizarro (80. Santa Cruz).
Tore: 1:0 Schweinsteiger (33., Eigentor), 2:0 Jensen (79.), 3:0 Borowski (83.).
Gelb: Borowski, Schulz, Vranjes / Lahm, Hargreaves, Sagnol.
Schiedsrichter: Dr. Markus Merk.

30. SPIELTAG

Bayern – Arminia Bielefeld 2:0 (0:0)

BAYERN: Rensing – Sagnol, Lúcio, Ismaël, Lahm – Hargreaves – Salihamidzic (46. Schweinsteiger), Zé Roberto (64. Scholl) – Ballack – Pizarro, Makaay (84. Santa Cruz).
BIELEFELD: Hain – Korzynietz, Westermann, Gabriel, Schuler – Kauf, Kucera – Kobylik (76. Zuma), Küntzel (46. Pinto / 76. Borges) – Boakye, Dalovic.
Tore: 1:0 Ballack (69.), 2:0 Scholl (73.).
Gelb: – / Pinto.
Schiedsrichter: Michael Weiner.

31. SPIELTAG

1. FSV Mainz 05 – Bayern 2:2 (2:2)

MAINZ: Wetklo – Demirtas, Friedrich, Noveski, Rose – Pekovic – Babatz, da Silva – Thurk (82. Ruman) – Zidan, Casey.
BAYERN: Kahn – Sagnol, Lúcio, Demichelis, Lahm – Hargreaves – Schweinsteiger (87. Salihamidzic), Zé Roberto (79. Scholl) – Ballack – Makaay, Pizarro (85. Santa Cruz).
Tore: 1:0 Zidan (9.), 2:0 Friedrich (13.), 2:1 Makaay (29.), 2:2 Makaay (37., Foulelfmeter).
Gelb: Thurk, Pekovic, Casey / Pizarro, Ballack.
Schiedsrichter: Florian Meyer.

32. SPIELTAG

Bayern – VfB Stuttgart 3:1 (2:1)

BAYERN: Kahn – Sagnol, Lúcio, Demichelis, Lahm – Hargreaves – Schweinsteiger (85. Ottl), Zé Roberto – Santa Cruz (75. Scholl) – Makaay, Pizarro.
STUTTGART: Hildebrand – Meira, Babbel, Delpierre – Hinkel, Soldo, Beck (62. Gomez) – Tiffert (46. Magnin), Tomasson, Grønkjær – Ljuboja.
Tore: 0:1 Ljuboja (6.), 1:1 Santa Cruz (11.), 2:1 Pizarro (44.), 3:1 Schweinsteiger (46.).
Gelb: Hargreaves / Tomasson.
Schiedsrichter: Lutz Wagner.

33. SPIELTAG

1. FC Kaiserslautern – Bayern 1:1 (1:0)

K'LAUTERN: Fromlowitz – Hertzsch, Beda, Schönheim (46. Pletsch), Bellinghausen – Lembi, Engelhardt – Reinert (65. Mikic), Skela, Halfar – Altintop (77. Borbely).
BAYERN: Kahn – Sagnol, Lúcio, Demichelis, Lahm – Ottl – Schweinsteiger (79. Salihamidzic), Zé Roberto (65. Scholl) – Ballack – Santa Cruz (46. Makaay), Pizarro.
Tore: 1:0 Altintop (26.), 1:1 Ottl (68.).
Gelb: Hertzsch / –.
Schiedsrichter: Knut Kircher.

34. SPIELTAG

Bayern – Borussia Dortmund 3:3 (1:1)

BAYERN: Kahn (46. Rensing) – Sagnol, Lúcio, Ismaël, Lizarazu – Jeremies (69. Zé Roberto) – Schweinsteiger, dos Santos – Ballack – Santa Cruz (88. Scholl), Makaay.
DORTMUND: Gentenaar – Degen, Brzenska, Dedé, Kringe – Kruska – Caliskan (70. Gambino), Sahin – Odonkor (60. van der Gun), Smolarek (78. Amoah) – Koller.
Tore: 0:1 Koller (2.), 1:1 Makaay (6.), 2:1 Schweinsteiger (48.), 3:1 Ballack (50.), 3:2 Degen (64.), 3:3 Koller (76.).
Gelb: Schweinsteiger / Gambino.
Schiedsrichter: Babak Rafati.

Abschlusstabelle

Pl.	Verein	Spiele	G	U	V	Tore	Diff.	Punkte
1	Bayern (M/P)	34	22	9	3	67:32	+35	75
2	Bremen	34	21	7	6	79:37	+42	70
3	Hamburg	34	21	5	8	53:30	+23	68
4	Schalke	34	16	13	5	47:31	+16	61
5	Leverkusen	34	14	10	10	64:49	+15	52
6	Hertha	34	12	12	10	52:48	+4	48
7	Dortmund	34	11	13	10	45:42	+3	46
8	Nürnberg	34	12	8	14	49:51	−2	44
9	Stuttgart	34	9	16	9	37:39	−2	43
10	M'gladbach	34	10	12	12	42:50	−8	42
11	Mainz	34	9	11	14	46:47	−1	38
12	Hannover	34	7	17	10	43:47	−4	38
13	Bielefeld	34	10	7	17	32:47	−15	37
14	Frankfurt (A)*	34	9	9	16	42:51	−9	36
15	Wolfsburg	34	7	13	14	33:55	−22	34
16	K'lautern	34	8	9	17	47:71	−24	33
17	Köln (A)	34	7	9	18	49:71	−22	30
18	Duisburg (A)	34	5	12	17	34:63	−29	27

* als unter egener Pokalfinalist im Uefa-Cup

DIE WEITEREN SIEGER DES JAHRES:

Weltmeister: Italien

Champions League: FC Barcelona

Uefa-Cup: FC Sevilla

DFB-Pokal: FC Bayern

Alle Ergebnisse auf einen Blick

Waagerecht: alle Heimresultate. Senkrecht: alle Auswärtsresultate	Bayern	Bremen	Hamburg	Schalke 04	Leverkusen	Hertha BSC	Dortmund	Nürnberg	Stuttgart	M'gladbach	Mainz	Hannover	Bielefeld	Frankfurt	Wolfsburg	K'lautern	Köln	Duisburg
Bayern		3:1	1:2	3:0	1:0	3:0	3:3	2:1	3:1	3:0	2:1	1:0	2:0	5:2	2:0	2:1	2:2	4:0
Bremen	3:0		1:1	0:0	2:1	0:3	3:2	6:2	1:1	2:0	4:2	5:0	5:2	4:1	6:1	0:2	6:0	2:0
Hamburg	2:0	1:2		1:0	0:2	2:1	2:4	3:0	0:2	2:0	1:0	1:1	2:1	1:1	0:1	3:0	3:1	2:0
Schalke 04	1:1	2:1	0:2		7:4	0:0	0:0	2:0	3:2	1:1	1:0	2:0	3:1	2:0	2:2	2:1	1:1	3:0
Leverkusen	2:5	1:1	0:1	1:1		1:2	2:1	2:2	1:1	2:1	1:2	0:0	1:1	2:1	4:0	5:1	2:1	3:2
Hertha BSC	0:0	1:2	4:2	1:2	1:5		0:0	1:1	2:0	2:2	3:1	1:1	1:0	2:0	3:0	3:0	2:4	3:2
Dortmund	1:2	0:1	1:1	1:2	1:2	2:0		2:1	0:0	2:1	1:1	0:2	2:0	1:1	3:2	2:1	2:1	2:0
Nürnberg	1:2	3:1	2:1	1:1	1:1	2:1	1:2		0:1	5:2	3:0	1:1	2:3	0:1	1:0	3:2	2:1	3:0
Stuttgart	0:0	0:0	1:2	2:0	0:2	3:3	0:0	1:0		1:1	2:1	2:2	1:1	0:2	2:1	1:0	2:3	0:1
M'gladbach	1:3	2:1	0:0	0:0	1:1	2:2	2:1	0:1	1:1		1:0	2:2	2:0	4:3	1:1	4:1	2:0	2:1
Mainz	2:2	0:2	1:3	1:0	3:1	2:2	1:1	4:1	1:2	3:0		0:0	1:1	2:2	5:1	0:2	4:2	1:1
Hannover	1:1	0:0	2:1	1:2	2:2	2:2	1:2	1:1	3:3	1:1	2:2		0:1	2:0	2:4	5:1	1:0	1:1
Bielefeld	1:2	0:1	0:2	0:1	1:0	3:0	1:0	0:0	2:1	0:2	2:0	4:1		1:0	0:1	0:0	3:2	0:2
Frankfurt	0:1	0:1	1:2	0:1	1:4	1:1	2:0	1:0	1:1	0:2	0:0	0:1	3:0		1:1	2:2	6:3	5:2
Wolfsburg	0:0	1:1	0:1	0:0	2:1	1:1	2:2	1:1	0:1	2:0	0:3	2:1	0:0	1:0		2:2	1:1	1:1
K'lautern	1:1	1:5	0:3	0:2	2:2	0:2	3:3	1:3	1:1	3:0	0:2	1:0	2:0	1:2	3:2		2:2	5:3
Köln	1:2	1:4	0:1	2:2	0:3	0:1	0:0	3:4	0:0	2:1	1:0	1:4	4:2	1:1	3:0	2:3		3:1
Duisburg	1:3	3:5	0:2	1:1	1:3	2:1	1:1	1:0	1:1	1:1	0:0	0:0	1:1	0:1	1:0	2:2	1:1	

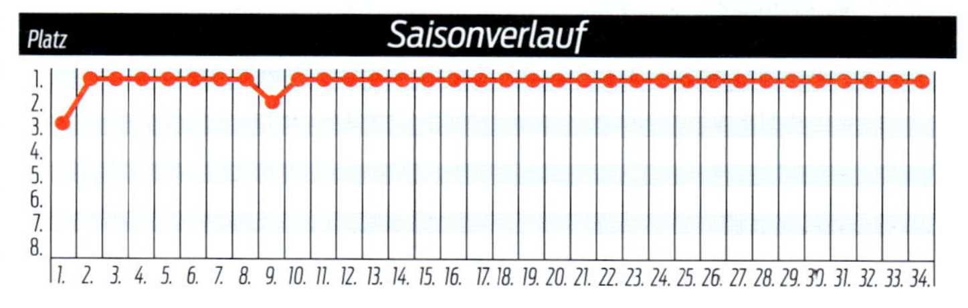

MAGATH ENTGLEITEN

Am 31. Januar 2007 wird er gefeuert, Ottmar Hitzfeld kommt zurück. Der Aufschwung bleibt aus. Und dann gibt auch noch Sebastian Deisler auf

Der eine Trainer erfährt von seiner Entlassung im Radio, der andere traut sich am Telefon nicht, „Nein!“ zu sagen. Am 31. Januar 2007 ist es kalt und frostig in München, vor allem an der Säbener Straße. Felix Magath wird nach zweieinhalb Jahren gefeuert, und die alte Liebe zwischen dem FC Bayern und seinem Erfolgstrainer Ottmar Hitzfeld flammt plötzlich wieder auf.

Das kommt so: Zu Beginn seiner dritten Saison in München kämpft Magath mit den Nachwehen des WM-Sommermärchens. Bastian Schweinsteiger, Philipp Lahm und der nach der WM vom 1. FC Köln für 10 Millionen Euro Ablöse verpflichtete Lukas Podolski, mit seinen 21 Jahren das größte deutsche Sturmtalent, sind umschwärmte und gefeierte Stars, aber sie bekommen den Alltag in der Bundesliga nicht hin. Später spricht Oliver Kahn, in dem das Feuer noch lodert, weil er bei der WM in sechs von sieben Spielen auf der Ersatzbank sitzt, von einer Saison, „in der nichts ging“, von einer der „schlechtesten Spielzeiten, die ich in meinen 14 Jahren in München erlebt habe. Wir haben die Bayern-Mentalität nicht entwickelt“, kritisiert Kahn, „die zwei Doubles haben zufrieden gemacht. Die Mannschaft zeigte mit ihrer Körpersprache nicht, dass sie Meister werden wollte.“

Nur nach dem fünften Spieltag, dem 2:1 gegen Alemannia Aachen, stehen die Bayern an der Tabellenspitze. Eine Woche später verlieren sie 0:1 in Wolfsburg und stürzen auf Platz vier. Das Mindestziel Platz drei, das Ticket zur lukrativen Champions League, ist fortan ständig in Gefahr.

Dabei haben sie sich bemüht, die Abgänge von Michael Ballack, Zé Roberto, Jens Jeremies und Bixente Lizarazu aufzufangen. Aber der wuchtige Abwehrhüne Daniel van Buyten (vom HSV) und Mark van Bommel, immerhin der einzige Volltreffer auf dem Transfermarkt, sind keine kreativen Spieler. Die von Magath Ende der Saison 2005/06 angekündigte Steigerung („Wir werden das spielerische Moment wieder in den Vordergrund stellen“) bleibt aus.

Nach Ende der Hinrunde liegen die Bayern mit drei Punkten Rückstand auf Tabellenführer Werder Bremen und dem punktgleichen FC Schalke dennoch aussichtsreich im Rennen. Uli Hoeneß fühlt sich bestätigt. Bereits Ende November sagt er: „Der Nikolaus war noch nie der Osterhase. Am Ende werden wir vorn sein.“ Er selbst glaubt noch an den Meister-Hattrick unter Felix Magath: „Es müsste mit dem Teufel zugehen, wenn wir in der Rückrunde nicht viel besser spielen als in der Vorrunde.“

Aber es geht mit dem Teufel zu. In der Nacht vom 7. auf den 8. Januar 2007 wird Hoeneß im Trainingslager in Dubai aus

Bayern am Boden: Martín Demichelis, Philipp Lahm, Oliver Kahn, Daniel van Buyten und Lúcio (v. l.) können am 22. Spieltag nicht das 1:0 von Aachens Alexander Klitzpera (l., Nr. 3) verhindern. Es bleibt der einzige Treffer an diesem Nachmittag. Hinten sieht Bastian Schweinsteiger erstaunt zu

DIE SPIELER

dem Bett geklopft. Der Besucher hat sich zwar telefonisch angekündigt, aber so schnell hat Hoeneß nicht mit ihm gerechnet. Vor seiner Tür steht Sebastian Deisler, der Hochbegabte mit dem schweren Gemüt und den kaputten Knien. Noch im Bademantel erfährt Hoeneß, dass Deisler seine Karriere beenden will. Mit gerade 27 Jahren. Die beiden reden die ganze Nacht, Deisler schläft nach Stunden im Gästezimmer der Manager-Suite ein.

Nächste Nacht reden sie wieder, übernächste auch, jede Nacht bis zur Abreise aus Dubai. Hoeneß kämpft um Sebastian Deisler – vergebens. Am 16. Januar laden die Bayern in München zu einer Pressekonferenz. Hoeneß eröffnet sie Punkt zwölf Uhr: „Es ist kein angenehmer Anlass, weswegen wir Sie hergebeten haben. Ich mache es kurz, Sebastian Deisler beendet seine Fußballkarriere“, sagt er.

Deisler macht es nicht viel länger: „Klar kann ich noch so ein bisschen mitspielen, aber mit der richtigen Freiheit ist es vorbei. Ich habe kein Vertrauen mehr in mein Knie. Ich bin glücklich mit meiner Entscheidung, das bin ich.“

Die Bayern sind es nicht, schon gar nicht in ihrer Situation. Die internen Probleme sitzen zu tief. Das Glück hat Magath verlassen, der Kontakt zu seiner Mannschaft ist ihm entglitten. Die Spieler wirken verunsichert, leblos und stumm wie in ihrer Beziehung zum Trainer. Einzelgespräche werden zu grotesken Sitzungen – beinahe ohne Worte. Der Trainer starrt dann in seine Teetasse und wartet, bis der Einbestellte etwas sagt. Die Aura der Angst, die Magath erzeugt, verhindert ein vertrauensvolles Miteinander.

Und nun auch Erfolge. Auf das 2:3 zum Rückrundenstart in Dortmund folgt ein miserables 0:0 gegen den VfL Bochum am 19. Spieltag, ein sportlicher Offenbarungseid. 2000 Plätze bleiben an diesem 31. Januar in der Allianz Arena leer. Nach dem Spiel ruft Hoeneß seinen Freund Ottmar Hitzfeld an. Der Trainer pausiert seit der Trennung von Bayern im Juni 2004 und arbeitet als TV-Experte.

„Ottmar, würdest du uns helfen?“, fragt der Bayern-Manager. „Eine kluge Formulierung“, wie Hitzfeld im Rückblick gesteht, „denn da kann man ja nicht Nein sagen. Ich hatte nicht geplant, wieder zurückzugehen.“ So sagt er spontan „Ja“.

Felix Magath hört auf der Autofahrt zur Säbener Straße die Meldung im Radio, dass seine Entlassung bevorstehe. Als er auf der Geschäftsstelle ankommt, teilt ihm Hoeneß die sofortige Kündigung mit. In einer eilig aufgesetzten Pressemitteilung dankt Bayern für „sehr gute Arbeit mit großartigen Erfolgen“, doch als Klub-Verantwortliche müsse man „die aktuellen Entwicklungen sehen und darauf reagieren“. Magath reagiert kühl: „Es war mir immer klar, dass es ein Engagement auf Zeit ist.“ Später tritt er nach: „Man hätte im Umfeld versuchen können, die Position des Trainers zu stärken, damit er wieder mehr Einfluss nehmen kann. Das ist leider nicht geschehen.“

Am Freitag, 2. Februar, sitzt Ottmar Hitzfeld nach mehr als zweieinhalb Jahren wieder auf der Trainerbank. In Nürnberg. Bayern unterliegt 0:3 und rangiert nun elf Punkte hinter Spitzenreiter Schalke.

Der Aufschwung unter dem vor allem menschlich so geschätzten Fußballlehrer Hitzfeld bleibt auch in den kommenden Monaten aus. Bis zum letzten Spieltag verharren die Bayern auf Rang vier, der schlechtesten Platzierung seit zwölf Jahren. Erstmals seit elf Jahren verpassen die Bayern die Champions League.

Beim kommenden Meister VfB Stuttgart (0:2, 30. Spieltag) sind sie so chancenlos, dass Hoeneß noch auf der Rückfahrt beschließt, den Kader kolossal aufzurüsten. ⬢

Am 2. Februar 2007 wieder auf der Trainerbank: Ottmar Hitzfeld vor dem Spiel in Nürnberg

Champions League

Bedrückte Mienen: Podolski, Hargreaves und Lahm (v. l.) nach dem 0:2 gegen Milan

Sieg gegen Real, wieder Aus gegen Milan

International läuft es viel besser als in der Bundesliga. Die Vorrunde mit Inter Mailand, Spartak Moskau und Sporting Lissabon übersteht die Elf von Felix Magath ungeschlagen und wird mit 12 Punkten Gruppensieger. Vier Begegnungen lang bleibt Bayern sogar ohne Gegentor, bezwingt Moskau 4:0, siegt bei Inter 2:0 und in Lissabon 1:0. Das schmucklose 0:0 gegen die Portugiesen sichert bereits das Achtelfinale. Zwei Treffer von Claudio Pizarro in Moskau verhindern die erste Niederlage (2:2). Im Endspiel um dem Gruppensieg gegen Inter (1:1) trifft endlich auch Roy Makaay. Im Achtelfinale schlägt Bayern Dauer-Rivale Real Madrid – 1999/00, 2001/02 und 2003/04 Gegner in der K.o.- Phase – nach 2:3 auswärts 2:1. Makaay schießt das schnellste Tor der Champions League (nach zehn Sekunden), obwohl Real Anstoß hat. Das Aus kommt wie 2005/06 wieder gegen den AC Mailand, diesmal im Viertelfinale (2:2 auswärts, 0:2 zu Hause).

DFB-Pokal

Das 4:2 von Jan Schlaudraff (r.) – ein Kunstschuss

Aachen stoppt Bayern im Achtelfinale

Nur fünf Monate nach dem Pokal-Halbfinale 2005/06 treten die Bayern in der ersten Hauptrunde schon wieder am Hamburger Millerntor an. Und wieder tun sie sich schwer beim Drittligisten St. Pauli. Direkt nach der Pause (46.) gleicht Lukas Podolski mit seinem ersten Pflichtspieltor für Bayern St. Paulis Führung aus, erst ein Eigentor in der 105. Minute durch Patrik Borger verhilft zu einem 2:1-Sieg. Auch die 2. Runde gerät zur Qual: Im Heimspiel gegen Zweitligist Kaiserslautern reicht es nur zu einem 1:0 (Tor: Andreas Ottl). Am 20. Dezember 2006, im Achtelfinale, müssen die Bayern auf den Aachener Tivoli. Die Alemannia spielt nach 36 Jahren wieder in der Bundesliga und schlägt den Titelverteidiger in einem begeisternden Spiel. Zur Pause führt Aachen 3:0, Podolski und Mark van Bommel verkürzen, dann entscheidet Jan Schlaudraff mit seinem 4:2 die Partie. Erinnerungen an das 1:2 in Aachen 2003/04 werden wach.

TRAINER

OTTMAR HITZFELD
Nach Lattek und Trapattoni ist Hitzfeld der dritte Trainer, den Bayern zurückholt. Der zunächst bis Saisonende laufende Vertrag wird demonstrativ um ein Jahr verlängert, die Schuld für die schwache Saison gibt man Magath.

DIE TOP-ELF DER SAISON

Philipp Lahm

DER SPIELER DES JAHRES

*Die Bayern verpflichten **Mark van Bommel** am 1. August 2006 kurz nach dem 0:4 im Vorbereitungsspiel beim FC Barcelona. Der Holländer ist nur Ersatzspieler in Barcelona, hat aber keine Eingewöhnungsprobleme in München und füllt nach Ballacks Abgang sofort das Machtvakuum.*
Unter Hitzfeld avanciert er zum „aggressive leader". Bezeichnend: Kein Bayern-Spieler bekommt mehr Gelbe Karten (10) als van Bommel. Bilanz: sechs Bundesliga-Tore, vier Torvorlagen.

Der Kader

NAME	SPIELE	TORE
Bernd Dreher	1	0
Oliver Kahn	32	0
Michael Rensing	1	0
Martín Demichelis	26	3
Andreas Görlitz	11	0
Mats Hummels	1	0
Valérien Ismaël	1	0
Philipp Lahm	34	1
Christian Lell	12	0
Lúcio	25	0
Willy Sagnol	23	1
Daniel van Buyten	31	3
Sebastian Deisler	4	0
Julio Dos Santos	4	0
Stephan Fürstner	1	0
Owen Hargreaves	9	0
Ali Karimi	13	1
Andreas Ottl	24	1
Hasan Salihamidzic	29	4
Mehmet Scholl	14	1
Bastian Schweinsteiger	27	4
Mark van Bommel	29	6
Stefan Maierhofer	2	0
Roy Makaay	33	16
Louis C. Ngwat-Mahop	1	0
Claudio Pizarro	33	8
Lukas Podolski	22	4
Roque Santa Cruz	26	2

DANIEL VAN BUYTEN gelingen drei Tore, gegen Cottbus (16. Spieltag) der 2:1-Siegtreffer

Transfers

LUKAS PODOLSKI steht in seiner ersten Bayern-Saison nur in vier seiner 22 Bundesliga-Partien die volle Spielzeit auf dem Platz, seine vier Tore sind sein schlechtester Liga-Wert bis dahin. Die 10 Millionen Euro Ablöse kann der Linksaußen nicht rechtfertigen. Auch die nächsten zwei Spielzeiten verlaufen kaum besser, Ende 2008/09 verlässt Podolski nach drei Jahren, 71 Bundesliga-Spielen und 15 Toren München wieder und kehrt zu seinem Heimatverein 1. FC Köln zurück.

SPIELER	VON VEREIN	ABLÖSESUMME
Mats Hummels	FC Bayern Jugend	–
Daniel van Buyten	Hamburger SV	8 Mio. €
Stephan Fürstner	FC Bayern Jugend	–
Mark van Bommel	FC Barcelona	6 Mio. €
Louis Ngwat-Mahop	DC de Yaoundé	–
Lukas Podolski	1. FC Köln	10 Mio. €

Tops & Flops

MEHMET SCHOLL Der Abgang des Publikumslieblings glückt: Am 34. Spieltag schießt er in seiner 15. und letzten Saison für Bayern sein erstes Saisontor (2:0 gegen Mainz).

FAIR-PLAY-MEISTER Die Bayern kommen endlich wieder ohne Platzverweis durch die Saison – wie nur noch Bremen. Werders Spieler erhalten aber mehr Verwarnungen (65 gegenüber 58).

ZUSCHAUER Allen Enttäuschungen zum Trotz: Nie kommen mehr Menschen zu den Heimspielen, im Schnitt 66 704. Auslastung in der Arena: 96,7 Prozent.

HANNOVER-SPIEL Erstmals seit 21 Jahren (9. November 1985, 0:1 gegen Dortmund) verliert Bayern ein Heimspiel gegen einen Tabellenletzten: 0:1 am 11. Spieltag.

AUSWÄRTSBILANZ Sie ist erstmals seit 1994 negativ (7 Siege, 2 Unentschieden, acht Niederlagen). 23 Punkte sind Bayerns niedrigster Wert seit Einführung der Drei-Punkte-Regelung 1995/96.

ZWEITE HALBZEIT Nach den Ergebnissen der zweiten 45 Minuten wäre Bayern nur Tabellen-13. Ein Tiefstwert wie in den Jahren 1991/92 und 1974/75.

Abstauber: Am 24. Spieltag schaltet Hasan Salihamidzic (M.) in der 30. Minute am schnellsten und drückt den Ball zum 1:0 bei Hertha BSC über die Linie. Bayern siegt 3:2. Einer von nur sieben Auswärtssiegen

1. SPIELTAG

Bayern – Borussia Dortmund 2:0 (1:0)

BAYERN: Kahn – Sagnol, Lúcio, van Buyten, Lahm – Hargreaves, Ottl – Salihamidzic (90. dos Santos), Schweinsteiger (85. Scholl) – Makaay (88. Podolski), Santa Cruz.
DORTMUND: Weidenfeller – Degen (66. Odonkor), Brzenska, Metzelder, Dede – Kehl (19. Sahin / 78. Smolarek) – Kruska, Kringe – Pienaar – Valdez, Frei.
Tore: 1:0 Makaay (24.), 2:0 Schweinsteiger (55.).
Gelb: Makaay / Kruska, Frei.
Schiedsrichter: Knut Kircher.

2. SPIELTAG

VfL Bochum – Bayern 1:2 (0:1)

BOCHUM: Skov-Jensen – Lense, Maltritz, Drsek, Bönig (79. Butscher) – Ilicevic (76. van Hout), Dabrowski (76. Hille), Zdebel, Trojan – Misimovic – Fabio Junior.
BAYERN: Kahn – Sagnol, Lúcio, van Buyten, Lahm – Ottl, Demichelis – Salihamidzic, Schweinsteiger (90.+1 dos Santos) – Makaay (78. Podolski), Santa Cruz (86. Pizarro).
Tore: 0:1 Makaay (42.), 1:1 Fabio Junior (52.), 1:2 Lahm (65.).
Gelb: Maltritz / Demichelis, Schweinsteiger.
Schiedsrichter: Babak Rafati.

3. SPIELTAG

Bayern – 1. FC Nürnberg 0:0

BAYERN: Kahn – Sagnol, Lúcio, van Buyten, Lahm – Ottl (57. Scholl), Demichelis – Salihamidzic, Schweinsteiger – Makaay (58. Podolski), Santa Cruz (79. Pizarro).
NÜRNBERG: Schäfer – Reinhardt, Wolf, Glauber, Pinola – Galasek – Mnari – Banovic (79. Mintal) – Polak (75. Kristiansen) – Saenko – Schroth.
Gelb: Sagnol, Salihamidzic / Wolf.
Schiedsrichter: Thorsten Kinhöfer.

4. SPIELTAG

Arminia Bielefeld – Bayern 2:1 (1:1)

BIELEFELD: Hain – Bollmann, Westermann, Borges (79. Danneberg), Schuler – Kamper, Marx (46. Kucera), Kauf, Böhme – Eigler (64. Masmanidis), Wichniarek.
BAYERN: Kahn – Sagnol, Lúcio, van Buyten, Lahm – Hargreaves (23. Demichelis) – van Bommel, Schweinsteiger (70. Salihamidzic) – Santa Cruz, Pizarro – Podolski (77. Scholl).
Tore: 0:1 van Bommel (6.), 1:1 Wichniarek (25.), 2:1 Kamper (84.).
Gelb: Wichniarek, Marx, Böhme / van Bommel.
Schiedsrichter: Florian Meyer.

5. SPIELTAG

Bayern – Alemannia Aachen 2:1 (1:1)

BAYERN: Kahn – Sagnol, Lúcio, van Buyten, Lahm – van Bommel (90. dos Santos), Ottl – Santa Cruz (76. Karimi), Schweinsteiger (65. Demichelis) – Pizarro, Makaay.
AACHEN: Nicht – da Silva Pinto, Herzig, Sichone, Leiwakabessy – Plaßhenrich – Reghecampf (65. Fiel), Dum (75. Noll) – Rösler (78. Ibisevic) – Schlaudraff, Ebbers.
Tore: 0:1 Dum (38.), 1:1 Pizarro (39.), 2:1 van Bommel (55.).
Gelb: Kahn, Lúcio / da Silva Pinto, Schlaudraff, Reghecampf.
Schiedsrichter: Markus Schmidt.

6. SPIELTAG

VfL Wolfsburg – Bayern 1:0 (1:0)

WOLFSBURG: Jentzsch – Möhrle, Madlung, Hofland, Stegmayer – Sarpei, Santana, van der Leegte, Krzynowek (60. Karhan) – Makiadi (84. Hoogendorp), Hanke (69. Lamprecht).
BAYERN: Kahn – Sagnol, Lúcio, van Buyten, Lahm – Ottl (46. Karimi) – van Bommel – Salihamidzic (46. Santa Cruz), Schweinsteiger – Pizarro, Makaay (76. Podolski).
Tor: 1:0 Hanke (36.).
Gelb: van der Leegte, Lamprecht / Schweinsteiger.
Schiedsrichter: Dr. Markus Merk.

7. SPIELTAG

Bayern – Hertha BSC 4:2 (2:0)

BAYERN: Kahn – Sagnol, Lúcio, van Buyten, Lahm – Ottl – van Bommel (46. Demichelis), Schweinsteiger – Makaay (85. dos Santos) – Pizarro (61. Scholl), Podolski.
BERLIN: Fiedler – Friedrich, van Burik, Simunic, Fathi – Dardai – Chahed (85. Lakic), Boateng, Ebert (56. Cairo) – Pantelic, Gimenez (46. Okoronkwo).
Tore: 1:0 Makaay (9.), 2:0 Sagnol (15.), 3:0 Pizarro (53.), 3:1 Fathi (58.), 3:2 Pantelic (73.), 4:2 Podolski (78.).
Gelb: Demichelis / Boateng, Ebert, Cairo.
Schiedsrichter: Babak Rafati.

8. SPIELTAG

Werder Bremen – Bayern 3:1 (2:1)

BREMEN: Wiese – Fritz, Mertesacker, Naldo, Womé – Baumann – Frings, Vranjes (83. Andreasen) – Diego (90.+2 Pasanen) – Klose, Hunt (80. Almeida).
BAYERN: Kahn – Sagnol, Lúcio (74. Demichelis), van Buyten, Lahm – Ottl – van Bommel (67. Salihamidzic), Schweinsteiger – Pizarro, Podolski (67. Karimi) – Makaay.
Tore: 1:0 Diego (11.), 2:0 Womé (34.), 2:1 Makaay (37.), 3:1 Lúcio (62., Eigentor).
Gelb: Diego / Schweinsteiger, Sagnol.
Schiedsrichter: Herbert Fandel.

9. SPIELTAG

Bayern – Eintracht Frankfurt 2:0 (2:0)

BAYERN: Kahn – Sagnol, Demichelis, van Buyten, Lahm (63. Salihamidzic) – Ottl – van Bommel, Schweinsteiger – Santa Cruz (75. Karimi) – Pizarro (88. Maierhofer), Makaay.
FRANKFURT: Nikolov – Russ, Kyrgiakos, Vasoski – Ochs, Huggel, Fink – Streit (78. Köhler), Weissenberger (57. Meier), Takahara (67. Spycher) – Amanatidis.
Tore: 1:0 Makaay (24.), 2:0 van Bommel (29.).
Gelb/Rot: – / Vasoski (65.).
Schiedsrichter: Florian Meyer.
Besonderes Vorkommnis: Nikolov hält Foulelfmeter von Pizarro (44.).

10. SPIELTAG

FC Schalke 04 – Bayern 2:2 (2:1)

SCHALKE: Neuer – Rafinha, Bordon (59. Hoogland), Krstajic, Rodriguez (72. Pander) – Varela (77. Hamit Altintop), Bajramovic, Kobiashvili – Halil Altintop, Lövenkrands – Kuranyi.
BAYERN: Kahn – Sagnol, Demichelis, van Buyten, Lahm – Ottl – van Bommel (82. Karimi), Schweinsteiger – Santa Cruz (80. Salihamidzic) – Makaay, Pizarro.
Tore: 1:0 Lövenkrands (13.), 2:0 Kobiashvili (20.), 2:1 Ottl (45.), 2:2 Makaay (52.).
Gelb: Bordon / Ottl, van Bommel, van Buyten.
Schiedsrichter: Knut Kircher.

11. SPIELTAG

Bayern – Hannover 96 0:1 (0:1)

BAYERN: Kahn – Salihamidzic, van Buyten, Demichelis, Lahm (81. Maierhofer) – Ottl – van Bommel, Schweinsteiger – Karimi (66. Scholl) – Makaay (73. Santa Cruz), Pizarro.
HANNOVER: Enke – Cherundolo, Vinicius, Zuraw, Tarnat – Balitsch, Yankov – Rosenthal (79. Andersson), Bruggink (75. Fahrenhorst), Huszti (85. Hashemian) – Stajner
Tor: 0:1 Huszti (43.). **Gelb:** Schweinsteiger, van Bommel / –.
Schiedsrichter: Thorsten Kinhöfer.

12. SPIELTAG

Bayer Leverkusen – Bayern 2:3 (0:1)

LEVERKUSEN: Butt – Schwegler, Madouni, Juan, Babic – Ramelow – Rolfes (46. Kießling) – Schneider (71. Athirson), Barnetta – Barbarez, Voronin.
BAYERN: Kahn – Sagnol, Demichelis, van Buyten, Lahm – Ottl (81. Scholl) – van Bommel, Salihamidzic (90.+1 Lell) – Schweinsteiger – Makaay, Pizarro.
Tore: 0:1 Salihamidzic (33.), 1:1 Kießling (48.), 2:1 Athirson (80.), 2:2 Demichelis (83.), 2:3 Pizarro (86.).
Gelb: Barnetta / Salihamidzic.
Schiedsrichter: Dr. Markus Merk.

13. SPIELTAG

Bayern – VfB Stuttgart 2:1 (2:1)

BAYERN: Kahn – Sagnol, Demichelis, van Buyten, Lahm – Ottl – van Bommel, Salihamidzic – Schweinsteiger (72. Lell) – Makaay (90.+2 Deisler), Pizarro (88. Santa Cruz).
STUTTGART: Hildebrand – Hilbert, Tasci, Delpierre, Boka – Pardo – Gentner (54. Meira), Khedira (61. Bierofka) – da Silva (79. Streller) – Cacau, Gomez.
Tore: 0:1 Gomez (8.), 1:1 Makaay (27.), 2:1 Pizarro (36.).
Gelb: van Bommel / Pardo, Cacau.
Schiedsrichter: Michael Weiner.

14. SPIELTAG

Hamburger SV – Bayern 1:2 (1:0)

HAMBURG: Wächter – Benjamin, Reinhardt, Mathijsen, Atouba – Wicky (87. Berisha), van der Vaart (84. Fillinger) – Mahdavikia, Trochowski – Sanogo, Guerrero (84. Ljuboja).
BAYERN: Kahn – Sagnol, Demichelis (46. Lúcio), van Buyten, Lahm – Ottl (46. Deisler) – van Bommel, Salihamidzic – Schweinsteiger – Makaay (89. Santa Cruz), Pizarro.
Tore: 1:0 van der Vaart (18., Foulelfmeter), 1:1 Makaay (56.), 1:2 Pizarro (78.).
Gelb: Wicky, Atouba, Guerrero / Demichelis, Kahn, Sagnol, Lahm.
Schiedsrichter: Thorsten Kinhöfer.

15. SPIELTAG

Bayern – Borussia M'gladbach 1:1 (1:1)

BAYERN: Kahn – Sagnol, Lúcio, van Buyten, Lahm – Demichelis (46. Deisler) – van Bommel, Salihamidzic (69. Santa Cruz) – Schweinsteiger – Makaay, Pizarro.
M'GLADBACH: Keller – Helveg, Svensson, Zé Antonio, Levels (10. Compper) – Thijs – Kirch (82. Degen), Kluge (76. Polanski) – Insúa – Delura – Kahê.
Tore: 1:0 Demichelis (23.), 1:1 Delura (33.).
Gelb: van Bommel / Svensson.
Schiedsrichter: Dr. Markus Merk.

16. SPIELTAG

Bayern – Energie Cottbus 2:1 (1:0)

BAYERN: Kahn – Sagnol, Lúcio, van Buyten, Lahm – Demichelis – Ottl (46. Deisler), Salihamidzic (67. Podolski) – Schweinsteiger – Makaay, Pizarro (78. Santa Cruz).
COTTBUS: Piplica – Szelesi, McKenna, Mitreski (90. Rivic), Ziebig (67. Kioyo) – da Silva, Kukielka, Bandrowski – Baumgart (74. Shao), Munteanu – Radu.
Tore: 1:0 Schweinsteiger (42.), 1:1 Baumgart (52.), 2:1 van Buyten (54.).
Gelb: Sagnol / Radu, Ziebig.
Schiedsrichter: Florian Meyer.

17. SPIELTAG

1. FSV Mainz 05 – Bayern 0:4 (0:2)

MAINZ: Wetklo – Demirtas, Friedrich, Noveski, Rose – Azaouagh (70. Ruman), Babatz (46. Amri), Vrancic, Feulner (63. Gerber) – Szabics, Jovanovic.
BAYERN: Kahn – Sagnol (74. Lell), Lúcio, van Buyten, Lahm – van Bommel – Ottl, Salihamidzic – Schweinsteiger (69. Santa Cruz) – Makaay (69. Podolski), Pizarro.
Tore: 0:1 Salihamidzic (31.), 0:2 Makaay (45.+2), 0:3 Pizarro (64.), 0:4 Schweinsteiger (66.).
Schiedsrichter: Knut Kircher.

18. SPIELTAG

Borussia Dortmund – Bayern 3:2 (1:2)

DORTMUND: Weidenfeller – Degen, Brzenska, Metzelder, Dedé – Kruska – Tinga, Kringe – Pienaar (86. Amedick) – Frei (73. Sahin), Smolarek (46. Valdez).
BAYERN: Kahn – Sagnol, Lúcio, van Buyten, Lahm – van Bommel (79. Scholl) – Salihamidzic (46. Demichelis), Karimi (61. Podolski) – Schweinsteiger – Pizarro, Makaay.
Tore: 1:0 Frei (12.), 1:1 van Buyten (25.), 1:2 Makaay (42.), 2:2 Frei (57.), 3:2 Tinga (59.).
Gelb: Pienaar, Weidenfeller / van Bommel, Pizarro.
Schiedsrichter: Manuel Gräfe.

19. SPIELTAG

Bayern – VfL Bochum 0:0

BAYERN: Kahn – Ottl (72. Santa Cruz), Lúcio, van Buyten, Lahm – Demichelis – van Bommel, Salihamidzic – Schweinsteiger – Pizarro (46. Podolski), Makaay.
BOCHUM: Drobny – Schröder, Maltritz, Yahia, Bönig – Dabrowski, Zdebel – Trojan (77. Ilicevic) – Epalle, Misimovic (90. Drsek) – Gekas (85. Fábio Júnior).
Gelb: Ottl / Epalle, Schröder.
Schiedsrichter: Dr. Jochen Drees.

20. SPIELTAG

1. FC Nürnberg – Bayern 3:0 (1:0)

NÜRNBERG: Schäfer – Reinhardt, Wolf, Spiranovic (46. Beauchamp), Pinola (19. Polak) – Galasek – Mnari (84. Banovic) – Gresko – Vittek, Schroth, Saenko.
BAYERN: Kahn – Sagnol, Lúcio, van Buyten, Lahm – van Bommel, Hargreaves – Salihamidzic (46. Podolski), Schweinsteiger (80. Scholl) – Pizarro (72. Santa Cruz), Makaay.
Tore: 1:0 Saenko (13.), 2:0 Schroth (71.), 3:0 Vittek (86.).
Gelb: Pinola, Wolf, Vittek, Schroth / Lahm, Schweinsteiger, Hargreaves.
Schiedsrichter: Michael Weiner.

21. SPIELTAG

Bayern – Arminia Bielefeld 1:0 (1:0)

BAYERN: Kahn – Salihamidzic, Lúcio, van Buyten, Lahm – Demichelis – van Bommel, Ottl (65. Görlitz) – Karimi – Makaay (60. Pizarro), Podolski (88. Santa Cruz).
BIELEFELD: Hain – Korzynietz, Westermann (12. Bollmann), Gabriel, Schuler – Marx (72. Vata), Kauf – Kamper, Masmanidis – Zuma – Eigler (58. Wichniarek).
Tor: 1:0 Makaay (8.).
Gelb: Salihamidzic, Demichelis / Schuler, Marx.
Schiedsrichter: Babak Rafati.

22. SPIELTAG

Alemannia Aachen – Bayern 1:0 (1:0)

AACHEN: Straub – Stehle, Klitzpera, Herzig, Leiwakabessy – Plaßhenrich – Reghecampf, Lehmann (75. Heidrich) – Schlaudraff (90.+2 Fiél) – Rösler – Ibisevic (56. Dum).
BAYERN: Kahn – Salihamidzic, Lúcio, van Buyten, Lahm – Demichelis – Sagnol (70. Podolski), van Bommel (61. Scholl) – Schweinsteiger – Santa Cruz (46. Pizarro), Makaay.
Tor: 1:0 Klitzpera (10.).
Gelb: Klitzpera, Plaßhenrich, Dum / van Buyten, Schweinsteiger, Sagnol, Salihamidzic, Demichelis.
Schiedsrichter: Manuel Gräfe.

23. SPIELTAG

Bayern – VfL Wolfsburg 2:1 (1:0)

BAYERN: Kahn – Salihamidzic, Lúcio, Lell, Lahm – Hargreaves – van Bommel – Görlitz (73. Scholl), Schweinsteiger (90.+2 Ottl) – Podolski (73. Makaay), Pizarro.
WOLFSBURG: Jentzsch – Quiroga, Madlung (46. Möhrle), Hofland, Stegmayer – van der Leegte – Makiadi, Krzynowek – Marcelinho (72. Santana) – Hanke, Klimowicz (76. Boakye).
Tore: 1:0 Podolski (26., Foulelfmeter), 2:0 van Bommel (55.), 2:1 Makiadi (79.).
Gelb: Görlitz, van Bommel / Hofland, Madlung, Quiroga, van der Leegte. **Schiedsrichter:** Thorsten Kinhöfer.

24. SPIELTAG

Hertha BSC – Bayern 2:3 (0:2)

BERLIN: Fiedler – Friedrich, van Burik, Simunic, Boateng (59. Fathi) – Dardai (81. Éde), Mineiro (86. Schorch) – Ebert, Gilberto – Giménez, Pantelic.
BAYERN: Kahn – Sagnol, Lúcio, van Buyten, Lahm – Hargreaves (66. Demichelis) – Görlitz (59. Schweinsteiger), van Bommel, Salihamidzic – Makaay (73. Pizarro), Podolski.
Tore: 0:1 Salihamidzic (30.), 0:2 Podolski (31.), 1:2 Giménez (58.), 1:3 Makaay (68.), 2:3 van Burik (82.).
Gelb/Rot: Simunic (90.+2) / –.
Gelb: Pantelic, Fathi / Demichelis.
Schiedsrichter: Herbert Fandel.

25. SPIELTAG

Bayern – Werder Bremen 1:1 (1:0)

BAYERN: Kahn – Sagnol, Lúcio, van Buyten (73. Demichelis), Lahm – Hargreaves – Salihamidzic, van Bommel, Schweinsteiger (82. Santa Cruz) – Podolski, Pizarro (46. Makaay).
BREMEN: Wiese – Fritz, Mertesacker, Naldo, Womé – Frings – Vranjes (61. Rosenberg), Jensen (46. Schulz) – Diego – Hunt, Almeida (79. Owomoyela).
Tore: 1:0 Podolski (7.), 1:1 Rosenberg (66.).
Gelb: Sagnol / Fritz, Womé.
Schiedsrichter: Dr. Markus Merk.

26. SPIELTAG

Eintracht Frankfurt – Bayern 1:0 (0:0)

FRANKFURT: Nikolov – Vasoski, Chris (64. Russ), Kyrgiakos – Ochs, Fink, Spycher – Preuß, Köhler – Takahara, Thurk (72. Amanatidis).
BAYERN: Kahn – Sagnol, Lúcio, van Buyten, Lahm – Hargreaves – Salihamidzic (72. Görlitz), van Bommel, Schweinsteiger (83. Scholl) – Makaay, Podolski (68. Pizarro).
Tor: 1:0 Preuß (78.).
Gelb: Thurk / van Bommel, Sagnol, Pizarro.
Schiedsrichter: Michael Weiner.

27. SPIELTAG

Bayern – FC Schalke 04 2:0 (1:0)

BAYERN: Kahn – Sagnol, Lúcio (84. Demichelis), van Buyten, Lahm – Ottl – Salihamidzic, van Bommel, Schweinsteiger (87. Lell) – Podolski, Makaay (71. Pizarro).
SCHALKE: Neuer – Rafinha, Bordon, Krstajic, Pander – Ernst – Bajramovic (65. Özil), Kobiaschwili – Hal. Altintop (74. Asamoah), Løvenkrands (36. Larsen) – Kuranyi.
Tore: 1:0 Makaay (3.), 2:0 Salihamidzic (78.).
Gelb: Sagnol, Kahn / Krstajic, Ernst, Rafinha.
Schiedsrichter: Herbert Fandel.

28. SPIELTAG

Hannover 96 – Bayern 1:2 (1:0)

HANNOVER: Enke – Cherundolo, Fahrenhorst, Zuraw, Vinicius – Lala (73. Hashemian), Balitsch – Rosenthal, Bruggink (53. Yankov), Huszti – Stajner.
BAYERN: Kahn – Lell, Demichelis, van Buyten, Lahm – Ottl – Görlitz (46. Santa Cruz), van Bommel, Schweinsteiger – Pizarro, Makaay (62. Podolski).
Tore: 1:0 Bruggink (44.), 1:1 Demichelis (53.), 1:2 Schweinsteiger (71.).
Rot: Fahrenhorst (79.) / –.
Gelb: Balitsch, Lala / Lahm, Lell.
Schiedsrichter: Manuel Gräfe.

29. SPIELTAG

Bayern – Bayer Leverkusen 2:1 (1:0)

BAYERN: Kahn – Lell, Lúcio, van Buyten, Lahm – Hargreaves – Salihamidzic, van Bommel (89. Ismael), Santa Cruz (80. Görlitz) – Podolski (74. Pizarro), Makaay.
LEVERKUSEN: Adler – Castro, Callsen-Bracker, Haggui (64. Madouni), Stenman (84. Papadopulos) – Schwegler (78. Athirson), Rolfes – Freier, Barbarez, Barnetta – Voronin.
Tore: 1:0 van Bommel (30.), 2:0 Makaay (47.), 2:1 Voronin (60.).
Gelb: Makaay / Voronin, Barbarez, Barnetta.
Schiedsrichter: Knut Kircher.

30. SPIELTAG

VfB Stuttgart – Bayern 2:0 (2:0)

STUTTGART: Hildebrand – Osorio, Meira, Delpierre, Magnin – Pardo – Khedira, Hitzlsperger – Hilbert (77. Beck), Lauth (61. da Silva) – Cacau (86. Streller).
BAYERN: Kahn – Lell, Lúcio, van Buyten, Lahm – van Bommel, Hargreaves – Salihamidzic (83. Karimi), Santa Cruz (73. Görlitz) – Podolski (46. Pizarro), Makaay.
Tore: 1:0 Cacau (23.), 2:0 Cacau (25.).
Gelb: – / Kahn, Podolski, van Bommel.
Schiedsrichter: Dr. Markus Merk.

31. SPIELTAG

Bayern – Hamburger SV 1:2 (1:0)

BAYERN: Kahn – Lell, Lúcio, Demichelis, Lahm – Ottl – van Bommel – Salihamidzic, Karimi (67. Görlitz) – Makaay, Pizarro (89. Santa Cruz).
HAMBURG: Rost – Benjamin, Abel, Mathijsen, Atouba – de Jong (69. Guerrero) – Jarolim – Demel (56. Mahdavikia), Sorín – van der Vaart (82. Laas) – Olic.
Tore: 1:0 Pizarro (35.), 1:1 van der Vaart (71.), 1:2 Guerrero (76.).
Gelb/Rot: – / Atouba (90.).
Gelb: van Bommel, Salihamidzic / –.
Schiedsrichter: Thorsten Kinhöfer.

32. SPIELTAG

Borussia M'gladbach – Bayern 1:1 (0:1)

M'GLADBACH: Heimeroth – Bøgelund, Svensson, Zé Antonio, Compper – Svärd – El Fakiri (46. Marin), Jansen – Kluge (89. Fleßers) – Rafael (79. Lamidi), Insúa.
BAYERN: Rensing – Lell, Lúcio, van Buyten, Lahm – Demichelis – Ottl – Görlitz (64. Scholl), Karimi (87. Fürstner) – Pizarro, Makaay (74. Santa Cruz).
Tore: 0:1 Makaay (12.), 1:1 Kluge (52.).
Gelb: Svärd / Demichelis, Lell.
Schiedsrichter: Michael Weiner.

33. SPIELTAG

Energie Cottbus – Bayern 0:3 (0:2)

COTTBUS: Piplica – Baumgart, McKenna, Mitreski, Cvitanovic – Rost (68. Skela), Kukielka – Bandrowski, Munteanu (68. Gunkel) – Radu, Kioyo (64. Shao).
BAYERN: Kahn – Lell, Demichelis, van Buyten (46. Görlitz), Lahm – Santa Cruz, van Bommel, Ottl, Karimi (88. Ngwat Mahop) – Pizarro, Makaay (65. Scholl).
Tore: 0:1 Makaay (33., Foulelfmeter), 0:2 van Buyten (35.), 0:3 Santa Cruz (61.).
Gelb: Rost, Cvitanovic, McKenna, Baumgart / –.
Schiedsrichter: Peter Gagelmann.

34. SPIELTAG

Bayern – 1. FSV Mainz 05 5:2 (3:0)

BAYERN: Dreher – Salihamidzic (88. Görlitz), Demichelis (52. Hummels), Lell, Lahm – van Bommel, Ottl – Santa Cruz, Karimi – Scholl (57. Pizarro) – Makaay.
MAINZ: Wetklo – Demirtas, Friedrich, Subotic, Rose – Feulner, Pekovic (55. Vrancic), Andreasen, Soto (71. Gerber) – Amri, Niculae (55. Cha).
Tore: 1:0 Santa Cruz (30.), 2:0 Scholl (33.), 3:0 van Bommel (38.), 3:1 Amri (55.), 4:1 Karimi (63.), 5:1 Pizarro (74.), 5:2 Feulner (76.).
Gelb: Santa Cruz / Pekovic. **Schiedsrichter:** Babak Rafati.

Abschlusstabelle

Pl.	Verein	Spiele	G	U	V	Tore	Diff.	Punkte
1	Stuttgart	34	21	7	6	61:37	+24	70
2	Schalke	34	21	5	8	53:32	+21	68
3	Bremen	34	20	6	8	76:40	+36	66
4	Bayern (M/P)	34	18	6	10	55:40	+15	60
5	Leverkusen	34	15	6	13	54:49	+5	51
6	Nürnberg *	34	11	15	8	43:32	+11	48
7	Hamburg	34	10	15	9	43:37	+6	45
8	Bochum (A)	34	13	6	15	49:50	-1	45
9	Dortmund	34	12	8	14	41:43	-2	44
10	Hertha	34	12	8	14	50:55	-5	44
11	Hannover	34	12	8	14	41:50	-9	44
12	Bielefeld	34	11	9	14	47:49	-2	42
13	Cottbus (A)	34	11	8	15	38:49	-11	41
14	Frankfurt	34	9	13	12	46:58	-12	40
15	Wolfsburg	34	8	13	13	37:45	-8	37
16	Mainz	34	8	10	16	34:57	-23	34
17	Aachen (A)	34	9	7	18	46:70	-24	34
18	M'gladbach	34	6	8	20	23:44	-21	26

* als Pokalsieger im UEFA-Cup

DIE WEITEREN SIEGER DES JAHRES:

Champions League:
AC Mailand

Uefa-Cup:
FC Sevilla

DFB-Pokal:
1. FC Nürnberg

Alle Ergebnisse auf einen Blick

Waagerecht: alle Heimresultate. Senkrecht: alle Auswärtsresultate

	Stuttgart	Schalke 04	Bremen	Bayern	Leverkusen	Nürnberg	Hamburg	Bochum	Dortmund	Hertha BSC	Hannover	Bielefeld	Cottbus	Frankfurt	Wolfsburg	Mainz	Aachen	M'gladbach
Stuttgart		3:0	4:1	2:0	3:0	0:3	2:0	1:0	1:3	0:0	2:1	3:2	2:1	1:1	0:0	2:0	3:1	1:0
Schalke 04	1:0		2:0	2:2	0:1	1:0	0:2	2:1	3:1	2:0	2:1	2:1	2:0	1:1	2:0	4:0	2:1	2:0
Bremen	2:3	0:2		3:1	2:1	1:0	0:2	3:0	1:3	3:1	3:0	3:0	1:1	1:2	2:1	2:0	3:1	3:0
Bayern	2:1	2:0	1:1		2:1	0:0	1:2	0:0	2:0	4:2	0:1	1:0	2:1	2:0	2:1	5:2	2:1	1:1
Leverkusen	3:1	3:1	0:2	2:3		2:0	1:2	1:4	2:1	2:1	0:1	1:2	3:1	2:2	1:1	1:1	3:0	1:0
Nürnberg	4:1	0:0	1:2	3:0	3:2		0:2	1:1	1:1	2:1	3:1	1:1	1:0	2:2	1:1	1:1	1:0	1:0
Hamburg	2:4	1:2	1:1	1:2	0:0	0:0		0:3	3:0	1:1	0:0	1:1	1:1	3:1	1:0	2:2	4:0	1:1
Bochum	2:3	2:1	0:6	1:2	1:3	0:2	2:1		2:0	1:3	2:0	2:1	0:1	4:3	0:1	0:1	2:2	2:0
Dortmund	0:1	2:0	0:2	3:2	1:2	0:0	1:0	1:1		1:2	2:2	1:1	2:3	2:0	1:0	1:1	0:0	1:0
Hertha BSC	2:2	2:0	1:4	2:3	2:3	2:1	2:1	3:3	0:1		4:0	1:1	0:1	1:0	2:1	1:2	2:1	2:1
Hannover	1:2	1:1	2:4	1:2	1:1	0:3	0:0	0:2	4:2	5:0		1:1	2:0	1:1	2:2	1:0	0:3	1:0
Bielefeld	2:3	0:1	3:2	2:1	0:0	3:2	1:1	1:3	1:0	2:2	3:1		3:1	2:4	0:0	1:0	5:1	0:2
Cottbus	0:0	2:4	0:0	0:3	2:1	1:1	2:2	0:0	2:3	2:0	0:1	2:1		0:1	3:2	2:0	0:2	3:1
Frankfurt	0:4	1:3	2:6	1:0	3:1	2:2	2:2	0:3	1:1	1:2	2:0	0:3	1:3		0:0	0:0	4:0	1:0
Wolfsburg	1:1	2:2	0:2	1:0	3:2	1:1	1:0	3:1	0:2	0:0	1:2	2:3	0:0	2:2		3:2	1:2	1:0
Mainz	0:0	0:3	1:6	0:4	1:3	2:1	0:0	2:1	1:0	1:1	1:2	1:0	4:1	1:1	1:2		1:3	3:0
Aachen	2:4	0:1	2:2	1:0	2:3	1:1	3:3	2:1	1:4	0:4	1:4	2:0	1:2	2:3	2:2	2:1		4:2
M'gladbach	0:1	0:2	2:2	1:1	0:2	0:0	0:1	0:2	1:0	3:1	0:1	1:0	2:0	1:1	3:1	1:1	0:0	

Saisonverlauf

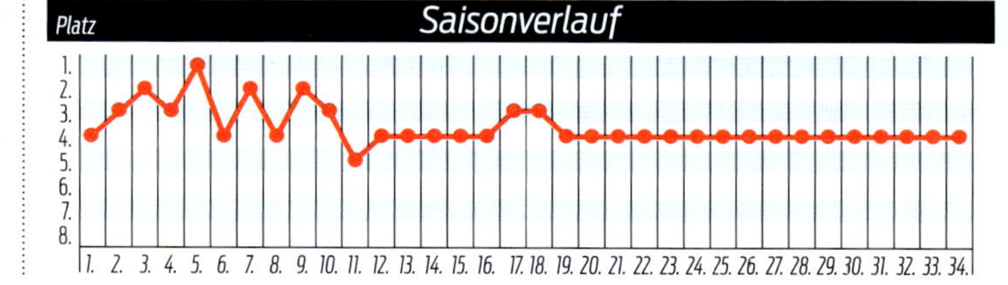

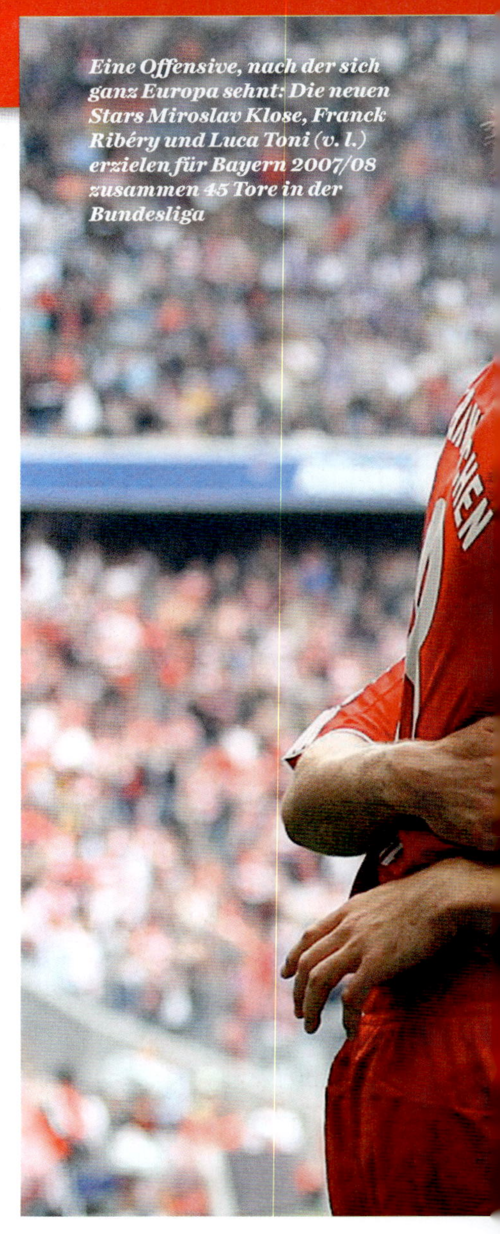
Eine Offensive, nach der sich ganz Europa sehnt: Die neuen Stars Miroslav Klose, Franck Ribéry und Luca Toni (v. l.) erzielen für Bayern 2007/08 zusammen 45 Tore in der Bundesliga

88 MILLIONEN EURO FÜR NEUE SPIELER

Nie investiert Bayern so viel Geld wie in dieser Saison und kauft den Meistertitel zurück. Aber wieder gibt es mächtig Aufruhr

Der Zeitenwechsel wird in einem Hotel vollzogen, mitten in der Sommerpause. Die Bayern-Bosse wählen einen weit glamouröseren Ort als den heimeligen, aber beengten Presseraum an der Säbener Straße für ihre große Show: das Fünf-Sterne-Hotel „Westin Grand" am Arabellapark.

Am 7. Juni 2007 berichten Manager Uli Hoeneß und Vorstandschef Karl-Heinz Rummenigge voller Stolz von ihren schwierigen, europaweiten Verhandlungen, in denen sie zwei spektakuläre Neuzugänge nach München lotsen: Mittelstürmer Luca Toni, 2006 Weltmeister mit Italien, der für elf Millionen Euro Ablöse vom AC Florenz kommt, und Flügelstürmer Franck Ribéry, 2006 Vizeweltmeister mit Frankreich, für den Bayern 25 Millionen Euro Ablöse an Olympique Marseille überweist.

Damit nicht genug: Auch die deutschen Nationalspieler Marcell Jansen (14 Mio. Euro Ablöse) und Miroslav Klose (15 Mio.) verstärken die Mannschaft, dazu Bayerns Pokalschreck Jan Schlaudraff aus Aachen (1,2 Mio.) und der Argentinier José Ernesto Sosa (9 Mio.). Zudem wird Zé Roberto von Nacional Montevideo ausgeliehen und kehrt nach einem Jahr zum FCB zurück, Hamit Altintop kommt ablösefrei von Schalke 04, und in der Winterpause 2007/08 wird auch noch der Brasilianer Breno (12 Mio.) verpflichtet.

Insgesamt 88 Millionen Euro lassen sich die Bayern die Auffrischung ihres Kaders kosten – natürlich ein Bundesliga-Rekord.

Für den kostspieligen Umbau greifen die Bosse das eigentlich unantastbare Festgeldkonto an. „Wir gingen extrem in Vorlage", gesteht Finanzvorstand Karl Hopfner das Wagnis ein.

Der Auftrag an Ottmar Hitzfeld ist klar: Er muss mit dem Luxuskader Meister werden und Pokalsieger – und den Uefa-Cup holen. „Die große Anspannung, ob die Rechnung aufgehen würde, war täglich zu spüren", sagt er einmal. Und Kapitän Oliver Kahn stellt fest: „Dieser Verein platzt in dieser Saison fast, so viel Druck wird aufgebürdet wegen der Investitionen und der Pflicht, Meister werden zu müssen." Die Rechnung geht fast auf.

Die neuen Bayern legen gleich am ersten Spieltag mit dem 3:0 gegen Hansa Rostock los, nehmen Platz eins ein und geben ihn bis zum Saisonende am 17. Mai 2008 nicht mehr her. Die „Galaktischen", so nennt die „Süddeutsche Zeitung" diese Bayern, werden souverän Meister. Vollzug melden sie mit einem ausnahmsweise unspektakulären 0:0 am 31. Spieltag in Wolfsburg, am Ende haben sie zehn Punkte Vorsprung auf Bremen. Uli Hoeneß sieht sich am Ziel, das er ein Jahr zuvor nach dem Debakel ausgegeben hat: „Wir müssen dafür sorgen, dass wieder Wehklagen einsetzt, wenn uns die anderen in der Tabelle mit dem Fernglas zuschauen."

Abschied im Mai 2008: Oliver Kahn winkt ein letztes Mal seinem Münchner Publikum zu

Zwei Spieler prägen die Saison, die außer der 21. Meisterschaft den DFB-Pokal bringt, aber nicht den Uefa-Cup: Franck Ribéry und Luca Toni. Der Franzose ist ein Spaßmacher und Spaßbringer. Unkompliziert, fröhlich, frech wie bei seinem in die Tormitte gelupften Elfmeter in Bremen (2. Spieltag, 31. Minute). Am Ende leuchtet auf der Anzeigetafel ein 0:4.

München ist für Ribéry, der in ärmlichen Verhältnissen in Boulogne-sur-Mer aufgewachsen ist und seinem Vater beim Straßenbau helfen musste, ein Paradies. „Ich habe nicht erwartet, dass es so schnell so gut laufen würde. Ich habe Spaß bei

Bayern, das gibt mir Kraft und Selbstvertrauen“, sagt er bald.

Sein optisch so ungleicher, hünenhafter Kumpel Luca Toni, Typ Frauenschwarm, steht Ribéry in nichts nach. Toni, in Italien „il Bomber“ gerufen, trifft in seinem ersten Jahr häufiger als Gerd Müller in dessen erster Bundesliga-Saison (14 Tore). 24 Treffer erzielt Luca Toni und wird gleich Torschützenkönig. Sein Markenzeichen: der Jubel, ein angedeutetes Ohrschrauben, das „Avete capito?“ („Habt ihr verstanden?“) bedeutet.

Aber die Stimmung ist in der Allianz Arena nicht immer gut, bemängeln Mitglieder auf der Jahreshauptversammlung im November und geben den VIP-Gästen auf teuren Sitzen und in Logen die Schuld: „Mit einem Champagner-Glas in der Hand kann man schlecht klatschen.“

Uli Hoeneß antwortet in einem legendären Wutausbruch, der Giovanni Trapattoni alle Ehre gemacht hätte. „Eure Scheiß-Stimmung. Da seid ihr doch für verantwortlich“, bellt er und belehrt das einfache Volk, dass die zahlungskräftigen Menschen in den Logen es ja erst möglich machen würden, dass die Stehplätze nur sieben Euro kosten. Alles „populistische Scheiße“.

Dieser Sturm legt sich wieder, ein anderer Vorfall ist nicht reparabel. Karl-Heinz Rummenigge rüffelt Trainer Ottmar Hitzfeld nach dem 2:2 gegen die Bolton Wanderers (8. November) und trifft den Trainer hart. Hitzfeld habe es mit seiner Rotation übertrieben und den zahlenden Zuschauern damit den Spaß an der Veranstaltung genommen. „Fußball ist keine Mathematik“, zischt Rummenigge.

Jeder weiß: Hitzfeld („Ich hoffe, dass ich das Fußball-Einmaleins kann“) ist studierter Mathematik-Lehrer und gekränkt. Bereits im Dezember verkündet er intern seinen Abschied zum Saisonende. Uli Hoeneß trägt es mit Fassung: „Ein Trainer kann bei Bayern München höchstens drei Jahre arbeiten, dann wird er in dieser Medienstadt verschlissen.“

Schon am 11. Januar 2008 stellt er den nächsten Übungsleiter vor: Jürgen Klinsmann, Macher des WM-Sommermärchens und der Mann, der 1997 nach einem krachenden Tonnentritt aus der Medienstadt München geflohen ist, soll im Sommer 2008 übernehmen.

Bei der Verabschiedung am 17. Mai 2008 weint Ottmar Hitzfeld, seinem Nachfolger gibt er eine schwere Hypothek mit auf den Weg: „Ich erwarte, dass Jürgen Klinsmann die erfolgreiche Arbeit weiterführt.“

Und noch einer, der eine Ära geprägt hat, geht nach dem 4:1 gegen Hertha BSC. Oliver Kahn beendet seine Karriere mit Rekorden: Er wird zum achten Mal Meister, und 21 Gegentreffer für die Bayern sind Bundesliga-Spitze. Die Bestmarke von Bremen aus der Saison 1987/88 wird um ein Tor unterboten. Hoeneß feiert Kahn: „Er spielt nicht wie 38, sondern wie mit 25.“ ⬢

Uefa-Cup

Das 1:0 für Zenit: Pawel Pogrebnjak mit direktem Freistoß

0:4 in St. Petersburg ist der Tiefpunkt

Mit 1:0 und 2:0 gegen Belenenses Lissabon qualifiziert sich die Elf für die Gruppenphase, die sie als Erster abschließt. Ergebnisse: 3:2 bei Roter Stern Belgrad, 2:2 gegen Bolton, 1:1 bei Sporting Braga, 6:0 gegen Aris Saloniki. Runde der letzten 32 Teams: 2:2 und 5:1 gegen FC Aberdeen. Achtelfinale: 5:0 und 1:2 gegen Anderlecht. Viertelfinale: 1:1 und 3:3 n. V. gegen Getafe. Selbst Karl-Heinz Rummenigge spricht nach dem Drama vom „Bayern-Dusel". Im Halbfinale gegen Zenit St. Petersburg folgt der Saison-Tiefpunkt: Bayern scheidet mit 0:4 in Russland aus (Hinspiel: 1:1).

DFB-Pokal

Doppeltorschütze im Finale: Luca Toni (M.) erzielt das 1:0

Dank Toni 14. Pokal-Triumph

Blamagen haben die Bayern in ihrer Pokalgeschichte einige erlebt, in der ersten Hauptrunde droht wieder eine: Drittligist Wacker Burghausen zwingt sie ins Elfmeterschießen. Beim Stand von 3:3 kann Markus Palionis Burghausen in die nächste Runde schießen, Oliver Kahn pariert und den nächsten Schuss auch noch. Es reicht zum 5:4 n. E. Auch in der zweiten Runde hält der Gegner lange prächtig mit – der neue Zweitligist Borussia Mönchengladbach. Zwei späte Tore von Luca Toni zum 3:1-Endstand brechen den Bann. Erst das 5:2 im Achtelfinale gegen Viertligist Wuppertaler SV, der in der Schalker Arena Heimrecht hat, ist souverän. Das Viertelfinale gegen 1860 München wird zum nächsten Zitterspiel. 120 Minuten hält der Zweitligist ein 0:0, dann schenkt Schiedsrichter Peter Gagelmann Bayern einen Elfmeter. Franck Ribéry verwandelt mit der letzten Aktion des Spiels zum 1:0 n. V. Auch im Halbfinale gegen den VfL Wolfsburg schießt Ribéry das 1:0, Miroslav Klose erhöht auf 2:0. Diesmal ist es ein verdienter Sieg. Das vierte Mal müssen die Bayern in diesem Pokalwettbewerb im Finale in die Verlängerung: BVB-Stürmer Mladen Petric gleicht (90. + 2) Tonis Führungstreffer aus der 11. Minute aus. In 103. Minute sichert der Italiener mit seinem 2:1 den 14. Pokalsieg und Double Nummer 7.

TRAINER

OTTMAR HITZFELD

„Was bei uns passiert, das ist nicht normal." Mit dieser Kritik an den Münchner Verhältnissen begründet Hitzfeld am 3. Januar 2008 seinen Ausstieg zum Saisonende. Er geht als Double-Sieger, allein dieses Kunststück gelingt ihm zum dritten Mal.

DIE TOP-ELF DER SAISON

Zé Roberto

Philipp Lahm

DER SPIELER DES JAHRES

*Auch wer die Bayern nicht mag, sieht **Franck Ribéry** gern spielen. Der kleine Franzose begeistert Fußball-Deutschland, verkörpert einen aussterbenden Spielertypus. Mit seinen Haken und Dribblings stellt er jeden Gegner vor Probleme. In der Bundesliga schießt Ribéry elf Tore, bereitet acht vor. Auch im Uefa-Cup (3 Tore/7 Vorlagen) und im DFB-Pokal (2/4) setzt er starke Akzente. Die Sportpresse wählt ihn zum „Fußballer des Jahres" – als erst zweiten Ausländer überhaupt (nach Ailton, 2004).*

Der Kader

NAME	SPIELE	TORE
Oliver Kahn	26	0
Michael Rensing	10	0
Breno	1	0
Martín Demichelis	28	1
Philipp Lahm	22	0
Christian Lell	29	1
Lúcio	24	1
Willy Sagnol	9	0
Daniel van Buyten	19	1
Hamit Altintop	23	3
Marcell Jansen	17	0
Toni Kroos	12	0
Andreas Ottl	19	3
Franck Ribéry	28	11
Jan Schlaudraff	8	0
Bastian Schweinsteiger	30	1
José Ernesto Sosa	15	0
Mark van Bommel	27	2
Zé Roberto	30	5
Miroslav Klose	27	10
Lukas Podolski	25	5
Luca Toni	31	24
Sandro Wagner	4	0

PHILIPP LAHM widersteht einem Angebot des FC Barcelona, verlängert am Saisonende seinen Vertrag vorzeitig bis 2012

Transfers

BRENO wird in der Winterpause für völlig überhöhte 12 Mio. Euro geholt. Bis zum Saisonende kommt der 18-jährige Abwehrspieler nur einmal in der Liga zum Einsatz, bis Vertragsende 2012 21-mal. Ein Flop.

SPIELER	VON VEREIN	ABLÖSESUMME
Breno	FC São Paulo	12 Mio. €
Hamit Altintop	FC Schalke 04	–
Marcell Jansen	Borussia M'gladbach	14 Mio. €
Toni Kroos	FC Bayern Jugend	–
Franck Ribéry	Olympique Marseille	25 Mio. €
Jan Schlaudraff	Alemannia Aachen	1,2 Mio. €
José Ernesto Sosa	Estudiantes de La Plata	9 Mio. €
Miroslav Klose	SV Werder Bremen	15 Mio. €
Luca Toni	AC Florenz	11 Mio. €
Sandro Wagner	FC Bayern Jugend	–
Zé Roberto	Club Nacional	ausgeliehen
Thomas Kraft	FC Bayern Jugend	–

Tops & Flops

TONI KROOS Das Talent, nach einem Jahr in der Jugend in den Profikader aufgerückt, wird am 25. 10. in Belgrad Bayerns jüngster Europacup-Torschütze (17 Jahre, 294 Tage).

OLIVER KAHN Der Torwart beendet seine Karriere nicht nur mit den meisten Meisterschaften, sondern auch mit den meisten Bundesliga-Siegen aller Zeiten: In 557 Einsätzen sind es 310.

FANS 69 230 Besucher passen 2007/08 in die Allianz Arena. Und so viele kommen zu jedem Spiel. 100 Prozent Auslastung – mehr geht nicht. Vereinsrekord.

JAN SCHLAUDRAFF Als EM-Kandidat 2008 kommt er aus Aachen, bei Bayern drückt er fast nur die Bank (8 Liga-Einsätze). Abgang nach einem Jahr (zu Hannover).

HSV-KOMPLEX Nur gegen Hamburg kann der Meister nicht gewinnen, trennt sich zweimal 1:1. Der HSV ist als einziger Bundesliga-Klub auch nach drei Jahren in der Allianz Arena ungeschlagen.

MARK VAN BOMMEL fliegt zweimal mit Gelb/Rot vom Platz: gegen den HSV (21. Spieltag, 90 + 2 Minuten) und den VfL Bochum (27. Spieltag, 27. Minute).

1. SPIELTAG

Bayern – Hansa Rostock 3:0 (1:0)

BAYERN: Kahn – Lahm, Lúcio, Demichelis, Jansen – Zé Roberto, van Bommel – Ribéry (79. Sosa), Schweinsteiger (74. Altintop) – Klose (86. Wagner), Toni.
ROSTOCK: Wächter – Lense, Sebastian, Orestes, Pearce – Beinlich (60. Bülow) – Stein, Rahn (60. Langen) – Yelen (83. Menga) – Cetkovic, Kern.
Tore: 1:0 Toni (14.), 2:0 Klose (66.), 3:0 Klose (85.).
Gelb: – / Beinlich, Orestes, Stein.
Schiedsrichter: Markus Schmidt.

2. SPIELTAG

Werder Bremen – Bayern 0:4 (0:1)

BREMEN: Wiese – Pasanen, Mertesacker, Naldo, Schulz – Baumann – Vranjes (61. Alberto), Jensen – Diego – Sanogo, – Almeida (61. Schindler).
BAYERN: Kahn – Lell, Lúcio, Demichelis, Lahm – van Bommel (82. Ottl), Zé Roberto – Schweinsteiger, Ribéry – Toni (89. Wagner), Klose (46. Altintop), .
Tore: 0:1 Ribéry (31., Foulelfmeter), 0:2 Toni (51.), 0:3 Altintop (79.), 0:4 Ottl (87.).
Gelb: Naldo / Demichelis.
Schiedsrichter: Dr. Markus Merk.

3. SPIELTAG

Bayern – Hannover 96 3:0 (1:0)

BAYERN: Kahn – Lell, Lúcio, Demichelis, Lahm – van Bommel, Zé Roberto (89. Ottl) – Altintop, Schweinsteiger – Ribéry, Toni (31. Wagner).
HANNOVER: Enke – Cherundolo, Kleine, Fahrenhorst, Halfar – Lala – Balitsch – Bruggink (69. Huszti) – Rosenthal (61. Stajner), Lauth (46. Yankov) – Hanke.
Tore: 1:0 Toni (28.), 2:0 van Bommel (69.), 3:0 Altintop (86.).
Gelb/Rot: – / Lala (45.).
Gelb: Wagner, Schweinsteiger / Lauth, Rosenthal, Bruggink, Kleine, Yankov.
Schiedsrichter: Thorsten Kinhöfer.

4. SPIELTAG

Hamburger SV – Bayern 1:1 (0:0)

HAMBURG: Rost – Boateng, Reinhardt, Mathijsen, Atouba – Jarolim, de Jong – Castelen, Trochowski (78. Choupo-Moting), Olic (74. Zidan) – Guerrero.
BAYERN: Kahn – Lell, Lúcio, Demichelis, Lahm – van Bommel, Zé Roberto – Altintop, Schweinsteiger (64. Podolski) – Ribéry (90.+2 Wagner) – Klose (88. Sosa).
Tore: 0:1 Klose (70.), 1:1 Zidan (87.).
Gelb: Guerrero, de Jong, Olic, Atouba / Zé Roberto, Schweinsteiger, Lell.
Schiedsrichter: Florian Meyer.

5. SPIELTAG

Bayern – FC Schalke 04 1:1 (0:1)

BAYERN: Kahn – Lell, Lúcio, Demichelis, Jansen – van Bommel, Zé Roberto – Schweinsteiger (67. Hamit Altintop), Ribéry – Toni (74. Podolski), Klose.
SCHALKE: Neuer – Rafinha, Westermann, Bordon, Pander – Jones, Ernst – Rakitic (83. Azaouagh) – Asamoah (71. Hal. Altintop), Løvenkrands (71. Özil) – Kuranyi.
Tore: 0:1 Rakitic (36.), 1:1 Klose (54.).
Gelb: Zé Roberto / Jones.
Schiedsrichter: Herbert Fandel.

6. SPIELTAG

Karlsruher SC – Bayern 1:4 (0:2)

KARLSRUHE: Miller – Görlitz (62. Kapllani), Eggimann, Franz, Eichner – Porcello, Mutzel – Timm, Hajnal, Carnell (43. Iashvili) – Freis (79. Staffeldt).
BAYERN: Kahn – Lell, Lúcio, Demichelis, Jansen – Ottl, van Bommel (46. Zé Roberto) – Altintop, Ribéry (77. Schweinsteiger) – Toni (67. Podolski), Klose.
Tore: 0:1 Toni (5.), 0:2 Klose (20.), 0:3 Altintop (49.), 1:3 Porcello (52.), 1:4 Zé Roberto (75.).
Gelb: – / Hajnal, Franz. **Schiedsrichter:** Peter Gagelmann.

7. SPIELTAG

Bayern – Energie Cottbus 5:0 (0:0)

BAYERN: Kahn – Lell, van Buyten, Demichelis, Jansen – van Bommel, Zé Roberto (72. Kroos) – Altintop, Ribéry (72. Schweinsteiger) – Klose, Toni (72. Podolski).
COTTBUS: Piplica – Angelov, da Silva, Mitreski, Cvitanovic – Rost, Kukielka – Shao (63. Baumgart), Skela, Rangelov – Sørensen (63. Kioyo).
Tore: 1:0 Klose (59.), 2:0 Demichelis (63.), 3:0 Toni (69.), 4:0 Klose (75.), 5:0 Klose (89.).
Gelb: Demichelis / da Silva.
Schiedsrichter: Michael Weiner.

8. SPIELTAG

Bayer Leverkusen – Bayern 0:1 (0:1)

LEVERKUSEN: Adler – Castro, Haggui, Friedrich, Sarpei (83. Bulykin) – Vidal (74. Dum), Rolfes – Kießling, Barbarez, Barnetta – Gekas (71. Papadopulos).
BAYERN: Rensing – Lell, Demichelis, Lúcio, Jansen – van Bommel, Zé Roberto (88. Ottl) – Altintop, Ribéry – Toni, Klose (50. Schweinsteiger).
Tor: 0:1 Toni (40.).
Gelb: Kießling, Friedrich, Castro / Lell.
Schiedsrichter: Knut Kircher.

9. SPIELTAG

Bayern – 1. FC Nürnberg 3:0 (2:0)

BAYERN: Rensing – Lell, Lúcio, Demichelis, Jansen – Ottl, Zé Roberto – Altintop (70. Schlaudraff), Schweinsteiger (80. van Bommel) – Ribéry (80. Podolski) – Toni.
NÜRNBERG: Blazek – Spiranovic, Wolf (29. Schmidt), Beauchamp, Reinhardt – Galasek – Kluge, Mnari (46. Kennedy) – Misimovic – Mintal, Saenko (59. Adler).
Tore: 1:0 Toni (31.), 2:0 Zé Roberto (40.), 3:0 Toni (81.).
Gelb: Altintop / Mintal, Kluge, Spiranovic.
Schiedsrichter: Babak Rafati.

10. SPIELTAG

VfL Bochum – Bayern 1:2 (1:1)

BOCHUM: Lastuvka – Concha, Maltritz (81. Drsek), Yahia, Pfertzel – Schröder, Zdebel (25. Imhof) – Sestak, Grote – Bechmann – Epalle (74. Mieciel).
BAYERN: Rensing – Lell, Lúcio, Demichelis, Jansen – van Bommel, Zé Roberto – Altintop (72. Schweinsteiger), Ribéry (90.+2 Schlaudraff) – Klose (77. Podolski), Toni.
Tore: 1:0 Grote (11.), 1:1 Ribéry (35.), 1:2 Schweinsteiger (78.).
Gelb: Concha, Mieciel, Grote / Altintop, Klose, van Bommel.
Schiedsrichter: Herbert Fandel.

11. SPIELTAG

Borussia Dortmund – Bayern 0:0

DORTMUND: Weidenfeller – Degen, Brzenska, Kovac, Dedé – Tinga, Blaszczykowski (82. Klimowicz), Kringe – Valdez (78. Federico), Buckley – Petric.
BAYERN: Rensing – Lell, Lúcio, Demichelis, Jansen – van Bommel (87. Ottl), Zé Roberto – Sosa (65. Altintop), Schweinsteiger – Toni (69. Podolski), Klose.
Gelb: Tinga, Valdez, Klimowicz / Schweinsteiger.
Schiedsrichter: Dr. Markus Merk.

12. SPIELTAG

Bayern – Eintracht Frankfurt 0:0

BAYERN: Kahn – Lell, Lúcio, Demichelis, Lahm – van Bommel, Zé Roberto (85. Podolski) – Altintop (67. Schweinsteiger), Ribéry (76. Schlaudraff) – Toni, Klose.
FRANKFURT: Nikolov – Galindo, Chris, Russ – Ochs, Inamoto, Spycher – Preuß, Weissenberger (72. Köhler) – Amanatidis, Takahara (82. Thurk).
Gelb: Altintop / Chris, Inamoto, Preuß.
Schiedsrichter: Florian Meyer.

13. SPIELTAG

VfB Stuttgart – Bayern 3:1 (3:0)

STUTTGART: Schäfer – Tasci, Meira, Delpierre, Magnin – Pardo – Hilbert, Hitzlsperger – Bastürk (46. Khedira) – Gomez (79. Beck), Cacau (74. Marica).
BAYERN: Kahn – Lell (46. Schweinsteiger), Lúcio, Demichelis, Lahm – Altintop, Zé Roberto – Ribéry, Kroos (72. van Buyten) – Toni, Podolski (46. Klose).
Tore: 1:0 Gomez (10.), 2:0 Bastürk (30.), 3:0 Gomez (42.), 3:1 Toni (86.).
Rot: – / Lúcio (70.).
Gelb: Cacau, Pardo, Tasci, Schäfer / Podolski, Schweinsteiger, Ribéry.
Schiedsrichter: Thorsten Kinhöfer.

14. SPIELTAG

Bayern – VfL Wolfsburg 2:1 (1:0)

BAYERN: Kahn – Lell, van Buyten, Demichelis, Lahm – Zé Roberto, van Bommel – Altintop, Ribéry (86. Kroos) – Klose, Toni.
WOLFSBURG: Jentzsch – Baier (84. Josué), Simunek, Costa, Van der Heyden – Gentner, Madlung – Dejagah, Krzynowek (76. Radu) – Marcelinho – Grafite (46. Dzeko).
Tore: 1:0 Klose (35.), 2:0 Ribéry (50.), 2:1 Dejagah (71.).
Gelb: – / Baier.
Schiedsrichter: Knut Kircher.

Auch die achte Meisterschaft macht noch Freude: Oliver Kahn präsentiert nach seinem letzten Pflichtspiel für Bayern die Meisterschale. Nach 429 Bundesliga-Spielen für den Klub und 557 insgesamt beendet der „Titan" seine Karriere

15. SPIELTAG

Arminia Bielefeld – Bayern 0:1 (0:1)

BIELEFELD: Hain (46. Fernández) – Korzynietz, Kucera, Gabriel, Schuler (81. Böhme) – Kauf – Zuma, Kirch, Marx, Kamper – Wichniarek.
BAYERN: Kahn – Lell, van Buyten, Demichelis, Lahm – van Bommel, Zé Roberto– Kroos (75. Altintop), Ribéry – Toni, Klose (87. Ottl).
Tor: 0:1 Ribéry (22.).
Gelb: Gabriel / Toni.
Schiedsrichter: Michael Weiner.

16. SPIELTAG

Bayern – MSV Duisburg 0:0

BAYERN: Kahn – Lell (70. Sagnol), van Buyten, Demichelis, Lahm – van Bommel, Zé Roberto (70. Schweinsteiger) – Sosa, Ribéry – Klose, Toni (75. Podolski).
DUISBURG: Starke – Weber, Roque Junior (76. Filipescu), Schlicke (48. Fernando), Willi (37. Lamey) – Grlic – Tararache – Mokhtari – Georgiev, Idrissou – Lavric.
Rot: – / Idrissou (81.).
Gelb: van Bommel / Tararache, Starke.
Schiedsrichter: Babak Rafati.

17. SPIELTAG

Hertha BSC – Bayern 0:0

BERLIN: Drobny – Friedrich, von Bergen, Simunic, Fathi – Dardai (89. Chahed), Mineiro – Lustenberger (72. Piszczek), Gilberto – Grahn – Pantelic.
BAYERN: Rensing – Lell, van Buyten, Demichelis, Lahm – van Bommel, Zé Roberto – Schweinsteiger, Ribéry, Podolski (82. Schlaudraff) – Klose.
Gelb: Dardai / Schweinsteiger.
Schiedsrichter: Dr. Markus Merk.

18. SPIELTAG

Hansa Rostock – Bayern 1:2 (0:2)

ROSTOCK: Wächter – Langen, Orestes, Gledson, Stein – Rathgeb – Bartels, Kern, Yelen (83. Dorn), Rahn (83. Cetkovic) – Agali (87. Hähnge).
BAYERN: Kahn – Sagnol, Lúcio, Demichelis, Lahm – van Bommel, Zé Roberto – Sosa, Ribéry (46. Altintop) – Klose (77. Ottl), Toni.
Tore: 0:1 Ribéry (11.), 0:2 Toni (43.), 1:2 Kern (52.).
Gelb: Agali, Stein, Rahn / van Bommel, Sagnol.
Schiedsrichter: Florian Meyer.

19. SPIELTAG

Bayern – Werder Bremen 1:1 (1:1)

BAYERN: Kahn – Sagnol (79. Sosa), Lúcio, Demichelis, Lahm – van Bommel, Zé Roberto – Altintop, Schweinsteiger (66. Kroos) – Klose (75. Podolski), Toni.
BREMEN: Wiese – Pasanen, Mertesacker, Baumann, (66. Owomoyela), Tosic – Jensen – Borowski, Hunt – Diego – Rosenberg, Harnik (60. Özil).
Tore: 0:1 Diego (6.), 1:1 Zé Roberto (32.).
Gelb: Zé Roberto, Kahn, van Bommel, Podolski / Jensen, Wiese, Hunt, Baumann, Borowski.
Schiedsrichter: Thorsten Kinhöfer.
Besonderes Vorkommnis: Wiese hält Foulelfmeter von Toni (29.).

20. SPIELTAG

Hannover 96 – Bayern 0:3 (0:0)

HANNOVER: Enke – Cherundolo, Ismaël (46. Vinicius), Fahrenhorst,Schulz – Balitsch, Lala (69. Bruggink) – Krebs, Rosenthal, Huszti (76. Hashemian) – Hanke.
BAYERN: Kahn – Sagnol (69. Lell), Lúcio, van Buyten Lahm – van Bommel (84. Ottl), Zé Roberto – Altintop, Schweinsteiger – Klose (84. Podolski), Toni.
Tore: 0:1 Toni (58.), 0:2 Toni (64.), 0:3 Toni (82.).
Gelb: Ismaël, Balitsch, Cherundolo / van Buyten.
Schiedsrichter: Dr. Markus Merk.

21. SPIELTAG

Bayern – Hamburger SV 1:1 (0:0)

BAYERN: Kahn – Lell, Lúcio, van Buyten, Lahm – van Bommel, Zé Roberto, Altintop, Schweinsteiger (60. Ribéry) – Klose (74. Podolski), Toni.
HAMBURG: Rost – Demel, Reinhardt, Mathijsen, Benjamin – Kompany, de Jong – Jarolim (81. Boateng), Trochowski, Olic (78. van der Vaart) – Guerrero (86. Zidan).
Tore: 0:1 Olic (59.), 1:1 Zé Roberto (66.).
Gelb/Rot: van Bommel (90+2.) / –.
Gelb: Lell / Jarolim, Kompany, Guerrero, Boateng.
Schiedsrichter: Lutz Wagner.

22. SPIELTAG

FC Schalke 04 – Bayern 0:1 (0:1)

SCHALKE: Neuer – Rafinha, Bordon, Krstajic, Westermann – Grossmüller, Ernst – Rakitic (61. Zé Roberto) – Asamoah, Sanchez (61. Halil Altintop) – Kuranyi.
BAYERN: Kahn – Lell, Lúcio, van Buyten, Jansen – Demichelis – Hamit Altintop, Schweinsteiger – Ribéry (78. Ottl) – Klose (84. Schlaudraff), Toni.
Tor: 0:1 Klose (14.).
Gelb: Rafinha, Ernst / Jansen, Lell.
Schiedsrichter: Herbert Fandel.

23. SPIELTAG

Bayern – Karlsruher SC 2:0 (1:0)

BAYERN: Kahn – Lell, Lúcio, van Buyten, Jansen – Demichelis (86. Ottl) – Schweinsteiger – Altintop, Ribéry (89. Kroos) – Toni, Klose (80. Sosa).
KARLSRUHE: Miller – Görlitz, Stoll, Franz, Eichner – Mutzel (80. Kapllani), Porcello (76. Staffeldt) – Timm (46. Freis) Hajnal, Iashvili – Kennedy.
Tore: 1:0 Toni (41.), 2:0 Ribéry (64.).
Gelb: Demichelis / Stoll.
Schiedsrichter: Dr. Jochen Drees.

24. SPIELTAG

Ernergie Cottbus – Bayern 2:0 (2:0)

COTTBUS: Tremmel – Radeljic, Mitreski, Cvitanovic, Ziebig – Angelov, Bassila, Rivic (84. Vasiljevic), Skela (90+2. Müller), Sörensen – Jelic (68. Shao).
BAYERN: Kahn – Lell (66. Podolski), Lúcio, van Buyten, Lahm (46. Jansen) – Zé Roberto, Schweinsteiger (46. Sosa), Altintop, Ribéry – Klose, Toni.
Tore: 1:0 Jelic (18.), 2:0 Jelic (38.).
Gelb: Radeljic, Rivic, Mitreski, Sörensen, Angelov, Ziebig / Schweinsteiger, Lell, Lúcio.
Schiedsrichter: Thorsten Kinhöfer.
Besonderes Vorkommnis: Tremmel hält Foulelfmeter von Ribéry (28.).

25. SPIELTAG

Bayern – Bayer Leverkusen 2:1 (1:0)

BAYERN: Kahn – Lahm, Lúcio, Demichelis, Jansen – van Bommel, Zé Roberto – Altintop, Ribéry (77. Schweinsteiger) – Klose (77. Podolski) – Toni.
LEVERKUSEN: Adler – Castro, Friedrich, Haggui, Sarpei – Rolfes, Kießling (78. Bulykin), Barnetta, Schneider – Barbarez (46. Vidal) – Gekas (46. Freier).
Tore: 1:0 Toni (17.), 2:0 Toni (59.), 2:1 Bulykin (83.).
Gelb: van Bommel / Vidal, Castro, Sarpei.
Schiedsrichter: Florian Meyer.

26. SPIELTAG

1. FC Nürnberg – Bayern 1:1 (1:0)

NÜRNBERG: Blazek – Kristiansen, Wolf, Abardonado, Pinola – Galasek – Engelhardt – Misimovic (89. Mintal) – Vittek (76. Charisteas), Saenko – Koller.
BAYERN: Kahn – Lell (62. Sosa), Lúcio, van Buyten, Jansen – Ottl (72. Schweinsteiger), Zé Roberto – Lahm, Ribéry – Klose (46. Podolski), Toni.
Tore: 1:0 Misimovic (44.), 1:1 Podolski (81.).
Gelb: Wolf, Engelhardt, Misimovic / Zé Roberto, Klose.
Schiedsrichter: Manuel Gräfe.

27. SPIELTAG

Bayern – VfL Bochum 3:1 (1:1)

BAYERN: Kahn – Lell, Lúcio, Demichelis, Lahm – van Bommel, Zé Roberto (72. Sosa), Schweinsteiger (66. Ottl, Ribéry – Toni, Podolski (66. Klose).
BOCHUM: Lastuvka – Pfertzel, Maltritz, Yahia, Bönig – Imhof – Schröder (79. Mieciel), Fuchs (76. Epalle) – Azaouagh (46. Bechmann) – Sestak – Auer.
Tore: 0:1 Azaouagh (4.), 1:1 Lúcio (31.), 2:1 Ribéry (74., Handelfmeter), 3:1 Lell (88.).
Gelb/Rot: van Bommel (27.) / –.
Gelb: – / Fuchs, Imhof, Auer, Pfertzel.
Schiedsrichter: Michael Weiner.

28. SPIELTAG

Bayern – Dortmund 5:0 (4:0)

BAYERN: Kahn (46. Rensing) – Lell, van Buyten, Demichelis, Lahm – Ottl, Zé Roberto, Sagnol (61. Kroos), Schweinsteiger (70. Sosa) – Podolski, Toni.
DORTMUND: Ziegler – Degen, Hummels (46. Kovac), Wörns, Dede – Tinga, Kehl, Valdez (73. Blaszczykowski), Kringe – Frei, Petric (46. Klimowicz).
Tore: 1:0 Podolski (3.), 2:0 Zé Roberto (8.), 3:0 Toni (18.), 4:0 Toni (22.), 5:0 Ottl (67.).
Gelb: Zé Roberto / Tinga. **Schiedsrichter:** Dr. Markus Merk.

29. SPIELTAG

Eintracht Frankfurt – Bayern 1:3 (1:0)

FRANKFURT: Pröll – Ochs, Russ, Galindo, Spycher – Inamoto – Fink (80. Caio), Köhler, Fenin, Weissenberger (71. Heller) – Amanatidis.
BAYERN: Rensing – Sagnol (78. Lahm), Lúcio, van Buyten, Lell – Schweinsteiger, Ottl, Sosa, Kroos (46. Podolski) – Ribéry (67. Schlaudraff), Toni.
Tore: 1:0 Köhler (29.), 1:1 van Buyten (60.), 1:2 Toni (74.), 1:3 Toni (85.).
Gelb: Fenin / Lúcio. **Schiedsrichter:** Babak Rafati.

30. SPIELTAG

Bayern – VfB Stuttgart 4:1 (1:1)

BAYERN: Rensing – Lell, van Buyten, Demichelis, Jansen – van Bommel, Ottl, Sagnol (57. Zé Roberto), Schweinsteiger (57. Ribéry) – Toni, Klose (69. Podolski).
STUTTGART: Schäfer – Osorio, Tasci, Delpierre (77. Pischorn), Magnin (37. Boka) – Pardo, Hilbert, da Silva – Bastürk – Cacau, Gomez (76. Marica).
Tore: 1:0 Toni (8.), 1:1 da Silva (19.), 2:1 van Bommel (55.), 3:1 Ribéry (75.), 4:1 Ribéry (76.).
Gelb: Ribéry, Schweinsteiger, Podolski / Delpierre, Osorio.
Schiedsrichter: Florian Meyer.

31. SPIELTAG

VfL Wolfsburg – Bayern 0:0

WOLFSBURG: Benaglio – Baier, Costa, Simunek, Schäfer – Hasebe, Riether, Gentner (61. Dejagah) – Marcelinho (75. Ljuboja) – Dzeko (61. Krzynowek), Grafite.
BAYERN: Rensing – van Bommel, Sagnol, van Buyten (72. Breno) Demichelis, Jansen (46. Lell) – Ottl, Sosa, Schweinsteiger (63. Kroos) – Podolski, Toni.
Gelb: Simunek / Lell, van Bommel.
Schiedsrichter: Herbert Fandel.

32. SPIELTAG

Bayern – Arminia Bielefeld 2:0 (1:0)

BAYERN: Kahn – Lell, Lúcio, van Buyten, Lahm – van Bommel (72. Ottl), Zé Roberto – Ribéry (82. Schlaudraff), Sosa (72. Kroos) – Podolski, Toni.
BIELEFELD: Fernández – Kucera, Mijatovic, Bollmann, Schuler – Kauf, Tesche, Kirch (77. Nkosi), Kamper, Eigler (67. Zuma) – Wichniarek (67. Halfar).
Tore: 1:0 Ribéry (26.), 2:0 Podolski (47.).
Gelb: – / Bollmann.
Schiedsrichter: Dr. Jochen Drees.

33. SPIELTAG

MSV Duisburg – Bayern 2:3 (0:3)

DUISBURG: Starke – Lamey, Avalos, Schlicke, Caceres (84. Neumayr) – Maicon (67. Niculescu) Tararache, Georgiev, Veigneau – Lavric, Daun (76. Vrucina).
BAYERN: Kahn – Sagnol, van Buyten, Demichelis, Jansen (82. Lell) – van Bommel (73. Zé Roberto), Ottl, Sosa, Schweinsteiger – Schlaudraff (73. Kroos) Podolski, .
Tore: 0:1 Ottl (3.), 0:2 Podolski (18.), 0:3 Podolski (20.), 1:3 Tararache (48.), 2:3 Daun (54.).
Gelb: Tararache / van Bommel.
Schiedsrichter: Michael Weiner.

34. SPIELTAG

Bayern – Hertha BSC 4:1 (3:0)

BAYERN: Kahn (88. Rensing) – Lahm, van Buyten, Demichelis, Jansen – van Bommel, Zé Roberto – Schweinsteiger, Ribéry (67. Kroos) – Podolski (67. Klose), Toni.
BERLIN: Drobny – Chahed, Friedrich, von Bergen, Skacel (66. Bieler) – Mineiro, Kacar, Lustenberger (64. Dardai), Raffael, Piszczek – Pantelic (71. Domovchiyski).
Tore: 1:0 Toni (3.), 2:0 Toni (27.), 3:0 Ribéry (33.), 4:0 Toni (61.), 4:1 Domovchiyski (84.). **Schiedsrichter:** Dr. Markus Merk.

Abschlusstabelle

Pl.	Verein	Spiele	G	U	V	Tore	Diff.	Punkte
1	Bayern	34	22	10	2	68:21	+47	76
2	Bremen	34	20	6	8	75:45	+30	66
3	Schalke 04	34	18	10	6	55:32	+23	64
4	Hamburg	34	14	12	8	47:26	+21	54
5	Wolfsburg	34	15	9	10	58:46	+12	54
6	Stuttgart (M)	34	16	4	14	57:57	0	52
7	Leverkusen	34	15	6	13	57:40	+17	51
8	Hannover	34	13	10	11	54:56	−2	49
9	Frankfurt	34	12	10	12	43:50	−7	46
10	Hertha BSC	34	12	8	14	39:44	−5	44
11	Karlsruhe (A)	34	11	10	13	38:53	−15	43
12	Bochum	34	10	11	13	48:54	−6	41
13	Dortmund*	34	10	10	14	50:62	−12	40
14	Cottbus	34	9	9	16	35:56	−21	36
15	Bielefeld	34	8	10	16	35:60	−25	34
16	Nürnberg (P)	34	7	10	17	35:51	−16	31
17	Rostock (A)	34	8	6	20	30:52	−22	30
18	Duisburg (A)	34	8	5	21	36:55	−19	29

* als unterlegener DFB-Pokalfinalist für den UEFA-Cup qualifiziert

DIE WEITEREN SIEGER DES JAHRES:

Europameister: Spanien

Champions League: Manchester United

Uefa-Cup: Zenit St. Petersburg

DFB-Pokal: FC Bayern

Alle Ergebnisse auf einen Blick

Waagerecht: alle Heimresultate. Senkrecht: alle Auswärtsresultate

	Bayern	Bremen	Schalke	Hamburg	Wolfsburg	Stuttgart	Leverkusen	Hannover	Frankfurt	Hertha BSC	Karlsruhe	Bochum	Dortmund	Cottbus	Bielefeld	Nürnberg	Rostock	Duisburg
Bayern		1:1	1:1	1:1	2:1	4:1	2:1	3:0	0:0	4:1	2:0	3:1	5:0	5:0	2:0	3:0	3:0	0:0
Bremen	0:4		5:1	2:1	0:1	4:1	5:2	6:1	2:1	3:2	4:0	1:2	2:0	2:0	8:1	2:0	1:0	1:2
Schalke	0:1	1:1		1:1	1:2	4:1	1:1	1:1	1:0	1:0	0:2	1:0	4:1	5:0	3:0	2:1	1:0	2:1
Hamburg	1:1	0:1	0:1		2:2	4:1	1:0	1:1	4:1	2:1	7:0	3:0	1:0	0:0	1:1	1:0	2:0	0:1
Wolfsburg	0:0	1:1	1:1	1:1		4:0	1:2	3:2	2:2	0:0	1:2	0:1	4:0	3:0	1:3	3:1	1:0	2:1
Stuttgart	3:1	6:3	2:2	1:0	3:1		1:0	0:2	4:1	1:3	3:1	1:0	1:2	3:0	2:2	3:0	4:1	1:0
Leverkusen	0:1	0:1	1:0	1:1	2:2	3:0		2:0	0:2	1:2	3:0	2:0	2:2	0:0	4:0	4:1	3:0	4:1
Hannover	0:3	4:3	2:3	0:1	2:2	0:0	0:3		2:1	2:2	2:2	3:2	2:1	4:0	2:2	2:1	3:0	2:1
Frankfurt	1:3	1:0	2:2	2:1	2:3	1:4	2:1	0:0		1:0	0:1	1:1	1:1	2:1	2:1	1:3	1:0	4:2
Hertha BSC	0:0	1:2	1:2	0:0	2:1	3:1	0:3	1:0	0:3		3:1	2:0	3:2	0:0	1:0	1:0	1:3	2:0
Karlsruhe	1:4	3:3	0:0	1:1	3:1	1:0	2:2	1:2	0:1	2:1		1:3	3:1	1:1	0:0	2:0	1:2	1:0
Bochum	1:2	2:2	0:3	2:1	5:3	1:1	2:0	2:1	0:0	1:1	2:2		3:3	3:3	3:0	3:3	1:2	1:1
Dortmund	0:0	3:0	2:3	0:3	2:4	3:2	2:1	1:3	1:1	1:1	1:1	2:1		3:0	6:1	0:0	1:0	1:3
Cottbus	2:0	0:2	1:0	2:0	1:2	0:1	2:3	5:1	2:2	2:1	2:0	1:2	0:2		1:0	1:1	2:1	1:2
Bielefeld	0:1	1:1	0:2	0:1	0:1	2:0	1:0	0:2	2:2	2:0	1:0	2:0	2:2	1:1		3:1	4:2	0:2
Nürnberg	1:1	0:1	0:2	0:0	1:0	0:1	1:2	2:2	5:1	2:1	0:2	1:1	2:0	1:1	2:2		1:1	2:0
Rostock	1:2	1:2	1:1	1:3	0:1	2:1	1:2	0:3	1:0	0:0	0:0	2:0	0:1	3:2	1:1	1:2		2:0
Duisburg	2:3	1:3	0:2	0:1	1:3	2:3	3:2	1:1	0:1	1:2	0:1	0:2	3:3	0:1	3:0	1:0	1:1	

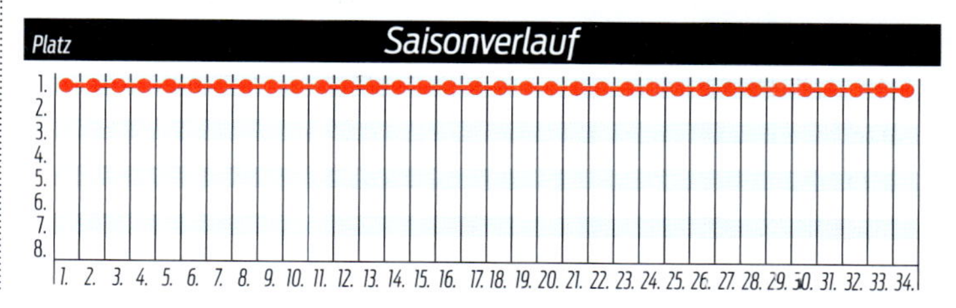

PROJEKT KLINSMANN SCHEITERT

Bayern suspendiert den neuen Trainer nach zehn Monaten. Das Engagement stellt sich als großes Missverständnis heraus

Der Ruf ist grandios, als er in München startet: Jürgen Klinsmann gilt als Reformer und Querdenker, führt neue Trainingsinhalte ein. Aber im Bundesliga-Geschäft ist er überfordert, seine Spieler kritisieren seine taktischen Schwächen

Jupp Heynckes übernimmt am 30. Spieltag das Team auf Bitte seines Freundes Uli Hoeneß (l.)

Mit den vier Buddha-Statuen, die Jürgen Klinsmann auf der Dachterrasse des neuen Leistungszentrums aufstellen lässt, fängt alles an. Sie stehen sinnbildlich für seine allzu kurze Amtszeit, bereits zwei Monate nach seinem Antritt am 30. Juni 2008 werden sie wieder entfernt. Dabei sollen sie bloß ein schlichtes Deko-Element sein und Ruhe vermitteln.

Ziel der buddhistischen Lehre ist es, aus eigener Kraft die Reinheit und Vollkommenheit des Geistes zu erlangen. Jürgen Klinsmann, Bundestrainer von 2004 bis 2006 und Architekt des WM-Sommermärchens, scheitert kolossal.

Weil er ein Querdenker ist, ein Erneuerer, ein Reformer, weil er ab seinem Amtsantritt beim DFB „den ganzen Laden auseinandernehmen" wollte und dies auch tut, verpflichten die Bayern-Bosse Klinsmann. Nach Fitness-Fanatiker Felix Magath und Retro-Trainer Ottmar Hitzfeld verkörpert Klinsmann beim FC Bayern die dritte Stilrichtung in kurzer Zeit. Die Münchner streben den Aufbruch in die Moderne an und gewähren ihrem Hoffnungsträger freie Hand. So betätigt sich Klinsmann zunächst wirklich als Architekt, lässt den Profi-Bereich des Trainingsgeländes umbauen, ein echtes Leistungszentrum entsteht. Mit neuen Kabinen und Fitnessräumen, von denen der Verein bis heute profitiert. Mit Tischtennisplatten und Rattan-Gartenmöbeln vor der Kabinentür, geschützt durch ein Sonnensegel. Auf dem Dach wird eine Lounge eingerichtet, die vier weißen Buddha-Figuren sind von Weitem zu sehen.

„Wir werden ein Energiefeld aufbauen, das den Spielern viel Spaß machen wird", sagt Klinsmann euphorisch. Den Fußballern und ihren Partnerinnen bietet er Yoga an, Sprach- und Kochkurse, im Spielerbereich entsteht eine Bibliothek. Alles für Körper und Geist.

Der Reformer bringt einen international zusammengesetzten Trainer- und Betreuerstab mit, die Anweisungen werden auf Englisch gegeben oder in der jeweiligen Sprache des Spielers. Klinsmanns Taktiktrainer ist ein US-Amerikaner und heißt Martín Vásquez. In dessen Verpflichtung sehen die Bayern im Nachhinein einen Grund für das Scheitern. „Ich muss mich dafür entschuldigen. Wir hätten sagen sollen, dass er sich einen deutschen Co-Trainer nehmen soll, das war auch ein Fehler von uns", gesteht Karl-Heinz Rummenigge 2015.

Der frühere Weltklassestürmer Klinsmann macht im Training so leidenschaftlich mit, als wäre er noch selbst aktiv, fordert „One-Touch-Fußball", mehr Tempo im Spiel nach vorn. Klinsmanns Maxime wird zum Bumerang, er muss sich schnell an seinem meistzitierten Ausspruch messen lassen: „Ich will jeden Spieler jeden Tag besser machen, auf und außerhalb des Platzes."

Neues Personal will er kaum, das Team ist nach der Shoppingtour im Sommer 2007 glänzend bestückt. Es kommen nur Schnäppchen: Mittelfeldspieler Tim Borowski aus Bremen, Jörg Butt, zunächst als Ersatztorhüter, von Benfica Lissabon, dazu Leihspieler Massimo Oddo und im Winter noch Landon Donovan.

Der prominenteste Zugang ist der frühere Bayern-Profi Christian Nerlinger, der von 1986 bis 1998 für die Münchner die Stiefel geschnürt hat. Er wird Sportdirektor, als Vorgriff auf den bevorstehenden Ausstieg von Manager Uli Hoeneß, der ihn einarbeiten soll. Es wird eine harte Lehrzeit: Christian Nerlinger muss viel erklären, was er nicht zu verantworten hat.

Aus den ersten vier Bundesliga-Spielen holen die Bayern acht Punkte, sind Zweiter hinter dem HSV. Dann empfangen sie am

5. Spieltag Werder Bremen. Nach 67 Minuten steht es 0:5, Tim Borowski gestaltet mit einem Doppelpack zum 2:5 das Ergebnis noch etwas milder. Es ist die bis dahin höchste Pleite in der Allianz Arena.

„Jürgen Klapptnix“, lästert BILD. Die Mannschaft wirkt planlos, der Trainer überfordert. Mark van Bommel, Miroslav Klose und Philipp Lahm wundern sich über fehlendes und teils merkwürdiges Taktiktraining. In seinen Memoiren schreibt Lahm 2011: „Nach sechs Wochen wussten alle Spieler, dass es nicht gehen würde.“ Die Münchner Tageszeitung „AZ“ fragt Klinsmann: „Azubi oder Visionär?“

Klinsmann reagiert, stellt auf eine defensivere Spielweise um. Mit der besten, weil temporeichsten und hochklassigsten Bundesliga-Partie seit Langem, dem 2:1 gegen Sensations-Aufsteiger Hoffenheim am 16. Spieltag, schließt Bayern zur Spitze auf, liegt punktgleich hinter Hoffenheim auf Platz zwei. So verschafft sich Klinsmann etwas Luft – aber nur für kurze Zeit.

Am 21. Spieltag verliert Bayern 1:2 gegen Aufsteiger 1. FC Köln, am 22. gibt es ein trostloses 0:0 in Bremen. An diesem 1. März 2009 ist Klinsmanns Mannschaft nur noch Tabellenfünfter, wird drei Tage später im Pokal-Viertelfinale von Bayer Leverkusen vorgeführt (4:2). Noch grauenvoller ist der Auftritt am 26. Bundesliga-Spieltag in Wolfsburg: Die Münchner unterliegen am 4. April 1:5, Wolfsburgs Torjäger Grafite düpiert beim letzten Tor die gesamte Hintermannschaft, umkurvt seine Gegner im Slalom und schließt schließlich per Hacke ab. „Mit diesem Sieg haben wir Bayern Herz und Seele genommen“, sagt Grafite.

Nur vier Tage danach, am 8. April, erleben sie im Champions-League-Halbfinale beim FC Barcelona die „Nacht der Schande“, unterliegen 0:4. „Es wurde der Stolz der Bayern mit Füßen getreten“, klagt Rummenigge. Und Zé Roberto sagt: „Wir haben eine Mannschaft, die Meister in der Bundesliga werden kann. Für die Champions League reicht es nicht.“ Die Betonung liegt auf dem Wort „kann“.

Dabei wird der Marktwert des Vereins nach einer Studie des Wirtschaftsmagazins „Forbes“ im April 2009 auf 1,11 Milliarden Euro bemessen, Platz vier in Europa. Als am 25. April, am 29. Bundesliga-Spieltag, nach dem 0:1 daheim gegen Schalke auch das Minimalziel, die Qualifikation für die Champions League 2009/10, in Gefahr gerät, beendet Bayern das auf mindestens zwei Jahre angelegte Projekt. Klinsmann wird am 27. April suspendiert.

Jupp Heynckes, als Freund der Familie Hoeneß an jenem Wochenende zu Gast am Tegernsee und im Stadion und einst von den Bayern entlassen (am 8. Oktober 1991), lässt sich zu einem Kurz-Comeback überreden. Der Helfer in der Not holt 13 von 15 möglichen Punkten, rettet am 34. Spieltag im 1500. Bundesliga-Spiel des Vereins (2:1 gegen Stuttgart) Platz zwei und die direkte Champions-League-Qualifikation.

Wolfsburg, das Team von Ex-Trainer Felix Magath, holen die Bayern nicht mehr ein. „Wenn wir unsere Leistung gebracht hätten, wären wir lange vor Saisonende Meister gewesen“, kritisiert Lahm, „hätten wir 10, 15 Tore weniger kassiert, stünden wir ganz oben. Wir haben zu viel Wert darauf gelegt, Hurra-Fußball zu spielen.“

Champions League

Demichelis, Lell und Butt (v. l.) können Lionel Messi nicht stoppen – das 3:0 für Barça

Beckenbauer: „Eine Katastrophe"

In der Vorrunde werden die Bayern Gruppensieger. Zwei Siege gegen Steaua Bukarest (1:0, 3:0) und je vier Punkte gegen Olympique Lyon (1:1, 3:2) und den AC Florenz (3:0, 1:1) erbringen 14 der 18 möglichen Punkte. Miroslav Klose erzielt die meisten Tore (5). Im spektakulären Achtelfinale gegen Sporting Lissabon markieren die Bayern mit dem Gesamtergebnis von 12:1 einen Rekord in der Champions League (5:0 auswärts, 7:1). Und doch gibt es Ärger, weil in den Medien berichtet wird, die Mannschaft habe in Lissabon ohne Klinsmanns Wissen die Taktik geändert. Der FC Bayern antwortet mit einer Presseerklärung: „Es hat keine Entscheidung der Spieler über ein anderes Spielsystem gegeben." Im Viertelfinale in Barcelona steht schon nach einer Halbzeit das Aus fest: Die Katalanen führen 4:0, belassen es aber dabei. „Eine Katastrophe, eine Demütigung. Es stimmt hinten und vorne nicht", schimpft Präsident Beckenbauer. Rückspiel: 1:1.

DFB-Pokal

2:0 für Leverkusen: Arturo Vidal (Nr. 23) köpft wuchtig ein

Bayern wacht im Viertelfinale zu spät auf

Drittligist Rot-Weiß Erfurt macht Jürgen Klinsmanns Pflichtspiel-Premiere beim FC Bayern zur Zitterpartie. In der ersten Hauptrunde gleicht Erfurt dreimal die Münchner Führung aus, erst auf das 3:4 von Toni Kroos haben die Thüringer keine Antwort mehr. Das Zweitrunden-Heimspiel gegen Zweitligist 1. FC Nürnberg wird durch Tim Borowskis Tor zum 2:0 in vorletzter Minute entschieden. Den souveränsten Auftritt legen die Bayern im Achtelfinale beim VfB Stuttgart hin, führen zur Halbzeit 3:0 und gewinnen schließlich 5:1 gegen die vom Ex-Bayern-Profi Markus Babbel trainierten Schwaben. Das Team eines weiteren früheren Bayern-Profis wird im Viertelfinale zum Stolperstein: Bruno Labbadias Leverkusener gewinnen in Düsseldorf mit 4:2. Nach 70 Minuten scheint die Partie entschieden, Leverkusen führt 3:0. Lúcio und Miroslav Klose verkürzen auf 2:3 (72. und 74. Minute), Stefan Kießling erzielt in der Nachspielzeit das 4:2.

TRAINER

JÜRGEN KLINSMANN

Sein erster Bundesliga-Job bringt ihm rund fünf Millionen Euro Jahresgehalt ein – und null Ruhm. Von 29 Ligaspielen gewinnt er nur 16. Im Sommer 2009 kehrt er in die USA zurück, wird dort 2011 National-trainer.

DIE TOP-ELF DER SAISON

Zé Roberto

Philipp Lahm

DER SPIELER DES JAHRES

*Ein Tor hat **Philipp Lahm** in drei Bundesliga-Spielzeiten für Bayern erzielt (2006/07), in dieser Saison trifft der linke Außenverteidiger gleich dreimal: beim 4:1 gegen Hertha (3. Spieltag), beim wichtigen 2:1 gegen Hoffenheim (16. Spieltag) und beim 3:0 in Bochum (24. Spieltag). Lahm verrichtet zuverlässig seine Arbeit in Verein und Nationalmannschaft, verpasst Ende Oktober/Anfang November wegen einer Sprunggelenksverletzung vier Bundesliga-Spiele und wegen einer Wadenverhärtung auch das 0:4 in Barcelona.*

Der Kader

NAME	SPIELE	TORE
Jörg Butt	8	0
Michael Rensing	26	0
Breno	4	0
Martín Demichelis	29	4
Philipp Lahm	28	3
Christian Lell	20	0
Lúcio	32	1
Massimo Oddo	18	0
Daniel van Buyten	18	3
Hamit Altintop	11	2
Tim Borowski	26	5
Landon Donovan	6	0
Toni Kroos	7	0
Thomas Müller	4	0
Andreas Ottl	22	0
Franck Ribéry	25	9
Bastian Schweinsteiger	31	5
José Ernesto Sosa	17	2
Mark van Bommel	29	2
Zé Roberto	29	4
Miroslav Klose	26	10
Lukas Podolski	24	6
Luca Toni	25	14

MASSIMO ODDO verlässt Bayern nach seinen 18 Spielen wieder, wechselt zu US Lecce (Italien)

Transfers

TIM BOROWSKI wechselt ablösefrei von Werder Bremen nach München. Der Nationalspieler kann sich keinen Stammplatz erkämpfen, spielt nur vom 10. bis 12. Bundesliga-Spieltag über die volle Distanz und hat seinen besten Auftritt beim 2:5 gegen seinen früheren Klub. In 45 Minuten gelingen ihm zwei seiner fünf Saisontore. Anfang März fällt er verletzt aus, spielt ab dem 23. Spieltag nur noch 38 Minuten in der Bundesliga. Im Juli 2009 wird Borowski von Trainer Louis van Gaal aussortiert, kehrt für 750 000 Euro Ablöse zu Werder zurück.

SPIELER	VON VEREIN	ABLÖSESUMME
Jörg Butt	Benfica Lissabon	–
Massimo Oddo	AC Mailand	ausgeliehen
Tim Borowski	SV Werder Bremen	–
Landon Donovan	Los Angeles Galaxy	ausgeliehen
Thomas Müller	FC Bayern Jugend/II	–

Tops & Flops

THOMAS MÜLLER wird zu Saisonbeginn aus der Jugend in den Drittliga-Kader hochgezogen, kommt aber schon am ersten Spieltag zu seinem Profi-Debüt, als er gegen den HSV eingewechselt wird (79.). Ende der Spielzeit hat er drei weitere Kurzeinsätze, sein Champions-League-Debüt gibt Müller im Achtelfinale gegen Lissabon, erzielt den 7:1-Endstand.

JUPP HEYNCKES ist der einzige wahre Gewinner in der Saison, bleibt ungeschlagen (vier Siege, ein Remis) und schafft 2008/09 den besten Punkteschnitt (2,6) aller Bundesliga-Trainer.

LANDON DONOVAN wird auf Wunsch von Klinsmann am 1. Januar 2009 auf Leihbasis bis zum 15. März verpflichtet, die Bundesliga ist aber wie schon 2005 (in Leverkusen) für den US-Nationalspieler eine Nummer zu groß. Nachwuchstrainer Hermann Gerland hält ihn sogar für die zweite Mannschaft ungeeignet. Donovan bestreitet nur sechs Liga-Spiele.

MICHAEL RENSING Der Kahn-Nachfolger ist dem Druck nicht gewachsen. Klinsmann hält zu lange an ihm fest, nach der Wolfsburg-Pleite verliert er seinen Stammplatz. Butt wird die neue Nr. 1.

Nur ein Gegner – und doch keine Chance: Der Wolfsburger Grafite narrt am 26. Spieltag (v. l.) Rensing, Ottl, Lahm und Breno und schießt mit der Hacke das 5:1. Das Tor des Jahres 2009

1. SPIELTAG

Bayern – Hamburger SV 2:2 (2:1)

BAYERN: Rensing – Lell, Lúcio, van Buyten, Lahm – van Bommel – Schweinsteiger (65. Borowski), Zé Roberto (81. Ottl) – Kroos – Klose (79. T. Müller), Podolski.
HAMBURG: Rost – Boateng (30. Demel), Reinhardt (52. Kompany), Mathijsen, Benjamin – de Jong – Jarolim – Pitroipa (77. Atouba), Trochowski – Guerrero – Olic.
Tore: 1:0 Schweinsteiger (12.), 2:0 Podolski (16., Foulelfmeter), 2:1 Guerrero (25.), 2:2 Trochowski (57., Foulelfmeter).
Gelb: van Bommel / Jarolim, Guerrero, de Jong, Benjamin.
Schiedsrichter: Thorsten Kinhöfer.

2. SPIELTAG

Borussia Dortmund – Bayern 1:1 (1:0)

DORTMUND: Ziegler – Rukavina, Subotic, Hummels, Schmelzer – Hajnal, Kehl – Blaszczykowski (77. Owomoyela), Kringe – Valdez, Zidan (64. Sadrijaj).
BAYERN: Rensing – Lell, Lúcio, van Buyten, Lahm – van Bommel – Ottl – Altintop (64. Kroos), Schweinsteiger – Klose (46. Borowski), Toni (77. Podolski).
Tore: 1:0 Blaszczykowski (8.), 1:1 Borowski (74.).
Gelb/Rot: – / van Bommel (23.).
Gelb: Rukavina, Hummels / Toni, Kroos, Lahm.
Schiedsrichter: Herbert Fandel.

3. SPIELTAG

Bayern – Hertha BSC 4:1 (1:0)

BAYERN: Rensing – Lúcio, Demichelis, van Buyten – Lell (71. Sosa), Ottl, Lahm – Schweinsteiger (71. Borowski), Zé Roberto – Toni, Klose (71. Podolski).
BERLIN: Drobny – Friedrich, von Bergen, Kaká – Kacar, Cicero – Piszczek (57. Chahed), Stein – Ebert (37. Lustenberger), Raffael, – Pantelic.
Tore: 1:0 Toni (12.), 2:0 Lahm (54.), 3:0 Schweinsteiger (56., Foulelfmeter), 4:0 Klose (70., Foulelfmeter), 4:1 Pantelic (84.).
Gelb: – / Kacar, Stein, Friedrich.
Schiedsrichter: Michael Kempter.

4. SPIELTAG

1. FC Köln – Bayern 0:3 (0:0)

KÖLN: Mondragón – McKenna, Geromel, Mohamad, Brecko – Petit, Matip (65. Broich) – Radu (77. Vucicevic), Antar, Chihi (65. Sanou) – Novakovic.
BAYERN: Rensing – Lúcio, Demichelis, van Buyten – Lell (67. Oddo), Ottl, Lahm – Schweinsteiger (70. Borowski), Zé Roberto – Klose (57. Podolski), Toni.
Tore: 0:1 Toni (53.), 0:2 Toni (60.), 0:3 Podolski (90+1.).
Gelb: Brecko / –. **Schiedsrichter:** Michael Weiner.

5. SPIELTAG

Bayern – Werder Bremen 2:5 (0:2)

BAYERN: Rensing – Lúcio, Demichelis, van Buyten (46. Borowski) – Lell (46. Oddo), van Bommel, Lahm – Schweinsteiger, Zé Roberto (67. Sosa) – Podolski, Toni.
BREMEN: Wiese – Prödl, Mertesacker, Naldo, Boenisch – Baumann (46. Hunt) – Vranjes, Özil (77. Niemeyer) – Diego – Rosenberg (70. Sanogo), Pizarro.
Tore: 0:1 Rosenberg (30.), 0:2 Naldo (45.), 0:3 Özil (54.), 0:4 Pizarro (59.), 0:5 Rosenberg (67.), 1:5 Borowski (71.), 2:5 Borowski (85.).
Gelb: Demichelis / Baumann, Vranjes.
Schiedsrichter: Thorsten Kinhöfer.

6. SPIELTAG

Hannover 96 – Bayern 1:0 (1:0)

HANNOVER: Enke – Cherundolo, Vinicius, Fahrenhorst, Rausch – Balitsch, Schulz – Stajner (90+2. Krebs), Schlaudraff, Huszti (90. Lala) – Forssell (77. Hanke).
BAYERN: Rensing – Lell (14. Oddo), Demichelis, Breno, Lahm – van Bommel, Ottl (64. Podolski) – Sosa, Borowski (46. Ribéry) – Klose, Toni.
Tor: 1:0 Huszti (23.).
Gelb: – / Demichelis. **Schiedsrichter:** Knut Kircher.

7. SPIELTAG

Bayern – VfL Bochum 3:3 (2:1)

BAYERN: Rensing – Oddo, Lúcio, van Buyten, Lahm – Demichelis, Zé Roberto (78. Borowski) – Schweinsteiger (69. Sosa), Ribéry – Toni, Klose (69. Podolski).
BOCHUM: Fernandes – Pfertzel, Maltritz, Mavraj, Fuchs – Schröder – Dabrowski – Freier (72. Grote), Azaouagh – Sestak – Kaloglu.
Tore: 1:0 van Buyten (15.), 1:1 Kaloglu (29.), 2:1 Zé Roberto (45+1.), 3:1 Zé Roberto (68.), 3:2 Dabrowski (83.), 3:3 Grote (85.).
Gelb: Sosa, Oddo / Freier, Mavraj, Kaloglu.
Schiedsrichter: Babak Rafati.

8. SPIELTAG

Karlsruher SC – Bayern 0:1 (0:0)

KARLSRUHE: Miller – Celozzi, Sebastian, Franz, Eichner – Mutzel (79. Aduobe), Porcello – Freis, da Silva, Iaschwili (85. Carnell) – Kennedy (72. Kapllani).
BAYERN: Rensing – Oddo, Lúcio, Demichelis, Lahm – van Bommel, Zé Roberto – Schweinsteiger, Ribéry (59. Borowski) – Toni (40. Podolski), Klose (89. Kroos).
Tor: 0:1 Klose (86.).
Gelb: Freis, Mutzel, Eichner / Ribéry, van Bommel.
Schiedsrichter: Florian Meyer.

9. SPIELTAG

Bayern – VfL Wolfsburg 4:2 (1:2)

BAYERN: Rensing – Oddo (46. Borowski), Lúcio, Demichelis, Lell – van Bommel, Zé Roberto – Schweinsteiger, Ribéry – Klose, Podolski (76. Ottl).
WOLFSBURG: Benaglio – Riether, Madlung, Barzagli, Schäfer – Josué – Hasebe (57. Gentner), Santana (64. Dejagah) – Misimovic (80. Saglik) – Grafite, Dzeko.
Tore: 0:1 Grafite (31., Foulelfmeter), 0:2 Dzeko (33.), 1:2 Ribéry (41.), 2:2 van Bommel (54.), 3:2 Borowski (63.), 4:2 Schweinsteiger (80.).
Gelb: Klose, Borowski, Lell / Barzagli, Santana.
Schiedsrichter: Dr. Jochen Drees.

10. SPIELTAG

Eintracht Frankfurt – Bayern 1:2 (0:0)

FRANKFURT: Nikolov – Ochs, Russ, Galindo, Spycher – Fink – Steinhöfer (85. Tsoumou), Toski (71. Ljubicic) – Fenin, Korkmaz (80. Mahdavikia) – Liberopoulos.
BAYERN: Rensing – Oddo, Lúcio, Demichelis, Zé Roberto – van Bommel – Schweinsteiger, Borowski, Ribéry – Klose, Podolski (80. Ottl).
Tore: 1:0 Demichelis (55., Eigentor), 1:1 Klose (65.), 1:2 Ribéry (70.).
Gelb: Toski, Spycher, Ochs / Oddo, Schweinsteiger, Ribéry, Borowski, Zé Roberto, Rensing.
Schiedsrichter: Manuel Gräfe.

11. SPIELTAG

Bayern – Arminia Bielefeld 3:1 (1:1)

BAYERN: Rensing – Lell, Lúcio, Demichelis, Zé Roberto – Ottl (46. Podolski), van Bommel – Schweinsteiger (46. Kroos), Borowski, Ribéry (85. Sosa) – Klose.
BIELEFELD: Eilhoff – Fischer (73. Kauf), Herzig, Bollmann, Schuler (66. Rau) – Kucera, Tesche – Katongo, Marx (81. Aigner), Kamper – Wichniarek.
Tore: 1:0 Klose (25.), 1:1 Wichniarek (30., Foulelfmeter), 2:1 Ribéry (76.), 3:1 Podolski (84., Foulelfmeter).
Rot: – / Tesche (82.).
Gelb: Ottl / Herzig, Fischer, Kamper, Wichniarek, Kauf.
Schiedsrichter: Markus Schmidt.

12. SPIELTAG

FC Schalke 04 – Bayern 1:2 (1:2)

SCHALKE: Neuer – Rafinha, Westermann, Bordon, Kobiaschwili – Jones, Ernst (83. Asamoah) – Rakitic (60. Sánchez) – Farfán, Altintop (72. Streit) – Kuranyi.
BAYERN: Rensing – Oddo, Lúcio, Demichelis, Zé Roberto (62. Lell) – van Bommel, Borowski – Kroos (89. Sosa), Ribéry – Toni (72. Ottl), Klose.
Tore: 0:1 Toni (3.), 1:1 Farfán (5.), 1:2 Ribéry (31.).
Gelb: Ernst, Rakitic / Borowski, Lúcio, Zé Roberto, Demichelis.
Schiedsrichter: Knut Kircher.

13. SPIELTAG

Borussia M'gladbach – Bayern 2:2 (0:1)

M'GLADBACH: Gospodarek – Levels, Brouwers (46. van den Bergh), Daems, Gohouri – Paauwe (77. Colautti) – Alberman (68. Matmour), Bradley – Baumjohann, Marin – Friend.
BAYERN: Rensing – Lell, Lúcio, Demichelis, Lahm (66. Borowski) – van Bommel – Zé Roberto – Schweinsteiger (65. Sosa), Ribéry – Klose (79. Kroos), Toni.
Tore: 0:1 Toni (21.), 0:2 Ribéry (65., Foulelfmeter), 1:2 Friend (78.), 2:2 Bradley (81.).
Gelb: Gohouri / Lell, Schweinsteiger, Sosa.
Schiedsrichter: Michael Weiner.

14. SPIELTAG

Bayern – Energie Cottbus 4:1 (2:1)

BAYERN: Rensing – Oddo, Demichelis (46. van Buyten), Lúcio, Lahm – van Bommel, Zé Roberto (73. Ottl) – Schweinsteiger (64. Kroos), Ribéry – Toni, Klose.
COTTBUS: Tremmel – Radeljic, Kukielka, Atan, Ziebig – Rost, Kurth – Rivic (46. Sørensen), Skela, Iliev (74. Jula) – Rangelov (58. Jelic).
Tore: 0:1 Skela (25.), 1:1 Ribéry (29.), 2:1 Demichelis (38.), 3:1 Klose (54.), 4:1 Toni (59.).
Schiedsrichter: Michael Kempter.

15. SPIELTAG

Bayer Leverkusen – Bayern 0:2 (0:0)

LEVERKUSEN: Adler – Castro, Friedrich, Henrique, Kadlec – Rolfes – Renato Augusto (83. Gekas), Vidal (46. Sarpei), Barnetta – Kießling, Helmes.
BAYERN: Rensing – Oddo, Lúcio, van Buyten, Lahm – Ottl, Zé Roberto – Schweinsteiger, Ribéry – Toni (75. Borowski), Klose.
Tore: 0:1 Toni (59.), 0:2 Klose (82.).
Gelb: Vidal, Henrique / Toni, Ottl.
Schiedsrichter: Herbert Fandel.

16. SPIELTAG

Bayern – 1899 Hoffenheim 2:1 (0:0)

BAYERN: Rensing – Oddo, Lúcio, van Buyten, Lahm – van Bommel, Zé Roberto – Schweinsteiger (61. Borowski), Ribéry – Toni, Klose.
HOFFENHEIM: Haas – Beck, Jaissle, Compper, Ibertsberger – Luiz Gustavo – Weis, Carlos Eduardo (90.+2 Vorsah) – Obasi (74. Salihovic), Ba – Ibisevic, .
Tore: 0:1 Ibisevic (49.), 1:1 Lahm (60.), 2:1 Toni (90.+2).
Gelb: Zé Roberto, Rensing, Borowski / Ba, Obasi, Beck.
Schiedsrichter: Florian Meyer.

17. SPIELTAG

VfB Stuttgart – Bayern 2:2 (1:0)

STUTTGART: Lehmann – Osorio, Tasci, Delpierre, Träsch – Khedira, Hitzlsperger – Hilbert (81. Schieber), Simak (76. Bastürk) – Marica (33. Gomez), Cacau.
BAYERN: Rensing – Oddo, Lúcio, Demichelis, Lahm – van Bommel, Zé Roberto – Schweinsteiger (73. Altintop), Borowski (76. Ottl) – Klose, Toni (88. van Buyten).
Tore: 1:0 Khedira (45.+1), 1:1 Borowski (48.), 1:2 Toni (66.), 2:2 Khedira (90.).
Rot: – / Oddo (85.).
Gelb: Tasci, Delpierre / Lúcio, van Bommel, Klose.
Schiedsrichter: Thorsten Kinhöfer.

18. SPIELTAG

Hamburger SV – Bayern 1:0 (1:0)

HAMBURG: Rost – Demel, Reinhardt (64. Boateng), Mathijsen, Jansen – Jarolim, Benjamin – Pitroipa, Trochowski – Guerrero, Petric.
BAYERN: Rensing – Lell (65. Altintop), Lúcio, Demichelis, Lahm – van Bommel, Zé Roberto (71. Borowski) – Schweinsteiger (77. Donovan), Ribéry – Klose, Toni.
Tor: 1:0 Petric (44.).
Gelb: Benjamin, Pitroipa, Boateng, Demel / Demichelis, van Bommel.
Schiedsrichter: Knut Kircher.

19. SPIELTAG

Bayern – Borussia Dortmund 3:1 (1:1)

BAYERN: Rensing – Lell, Lúcio, Demichelis, Lahm – van Bommel, Zé Roberto – Schweinsteiger (72. Altintop), Ribéry – Klose (90.+2 Borowski), Toni (72. Donovan).
DORTMUND: Weidenfeller – Owomoyela, Santana, Subotic, Lee – Tinga (46. Sahin) – Boateng, Kringe (83. Kehl) – Hajnal – Valdez, Frei (74. Zidan).
Tore: 0:1 Valdez (2.), 1:1 Zé Roberto (24.), 2:1 Klose (87.), 3:1 Klose (90.+1).
Gelb: Lell / Hajnal, Weidenfeller, Boateng.
Schiedsrichter: Michael Kempter.

20. SPIELTAG

Hertha BSC – Bayern 2:1 (1:0)

BERLIN: Drobny – Stein, Friedrich, Simunic, Rodnei (87. Cufre) – Dardai, Nicu – Ebert (90+2. Chermiti), Babic – Raffael – Voronin (90. Domovchiyski).
BAYERN: Rensing – Lell (58. Borowski), Lúcio, Demichelis, Lahm – van Bommel, Zé Roberto – Schweinsteiger, Ribéry – Klose, Toni (35. Donovan).
Tore: 1:0 Voronin (38.), 1:1 Klose (61.), 2:1 Voronin (77.).
Gelb: Raffael, Dardai / –.
Schiedsrichter: Florian Meyer.

21. SPIELTAG

Bayern – 1. FC Köln 1:2 (0:2)

BAYERN: Rensing – Oddo, Demichelis, van Buyten, Lahm – van Bommel, Zé Roberto (64. Borowski) – Schweinsteiger (46. Altintop), Ribéry – Klose, Podolski (46. Donovan).
KÖLN: Mondragón – Brecko, Geromel, McKenna, Matip – Petit, Pezzoni – Brosinski (76. Sanou), Ehret (85. Broich) – Vucicevic (90. Boateng) – Novakovic.
Tore: 0:1 Ehret (22.), 0:2 Brosinski (34.), 1:2 van Buyten (84.).
Gelb: van Buyten, Oddo / Pezzoni, Brecko.
Schiedsrichter: Babak Rafati.

22. SPIELTAG

Werder Bremen – Bayern 0:0

BREMEN: Vander – Fritz, Mertesacker, Naldo, Pasanen – Frings – Tziolis (70. Jensen), Özil – Diego – Pizarro (89. Rosenberg), Almeida (17. Boenisch).
BAYERN: Rensing – Oddo, Lúcio, Demichelis, Zé Roberto – van Bommel, Borowski (78. Ottl) – Altintop (77. Donovan), Schweinsteiger (46. Podolski) – Ribéry – Klose.
Rot: Naldo (15.) / –.
Gelb: Pasanen / van Bommel.
Schiedsrichter: Manuel Gräfe.

23. SPIELTAG

Bayern – Hannover 96 5:1 (3:1)

BAYERN: Rensing – Oddo, Lúcio, van Buyten (76. Breno), Lahm – Demichelis – Altintop (65. Ottl), Zé Roberto, Schweinsteiger – Klose, Podolski (80. Donovan).
HANNOVER: Enke – Cherundolo, Fahrenhorst, Schulz, Tarnat (46. Rausch) – Andreasen, Balitsch – Stajner, Bruggink (65. Forssell), Krzynowek (70. Rosenthal) – Schlaudraff.
Tore: 0:1 Stajner (15.), 1:1 van Buyten (20.), 2:1 Klose (25.), 3:1 Altintop (34.), 4:1 Podolski (73.), 5:1 Demichelis (89.).
Gelb: – / Tarnat, Fahrenhorst
Schiedsrichter: Dr. Jochen Drees.

24. SPIELTAG

VfL Bochum – Bayern 0:3 (0:1)

BOCHUM: Fernandes – Concha, Pfertzel, Fabian, Fuchs – Imhof, Dabrowski – Sestak (74. Grote), Azaouagh – Epalle (85. Freier) – Mieciel (64. Hashemian).
BAYERN: Rensing – Lell, Lúcio, van Buyten, Lahm – van Bommel, Demichelis – Schweinsteiger, Zé Roberto – Klose (30. Sosa), Podolski.
Tore: 0:1 Zé Roberto (32.), 0:2 Lahm (60.), 0:3 Demichelis (90.).
Rot: Pfertzel (48.) / –.
Gelb: Fabian / Podolski, Lahm, Zé Roberto.
Schiedsrichter: Michael Weiner.
Besonderes Vorkommnis: Podolski verschießt Foulelfmeter (49.).

25. SPIELTAG

Bayern – Karlsruher SC 1:0 (1:0)

BAYERN: Rensing – Lell, Lúcio, Demichelis, Lahm – van Bommel, Zé Roberto – Schweinsteiger, Sosa (72. Ottl), Ribéry – Podolski (83. van Buyten).
KARLSRUHE: Miller – Görlitz, Drpic, Langkamp, Eichner – Mutzel, Engelhardt (77. Federico) – Celozzi (66. Stindl), da Silva, Timm – Freis (77. Kapllani).
Tor: 1:0 Sosa (34.).
Gelb: Ribéry, van Bommel, Demichelis, Rensing / Mutzel, Engelhardt, Miller.
Schiedsrichter: Guido Winkmann.

26. SPIELTAG

VfL Wolfsburg – Bayern 5:1 (1:1)

WOLFSBURG: Benaglio (89. Lenz) – Pekarik (85. Dejagah), Simunek, Barzagli, Schäfer – Josué – Riether, Gentner – Misimovic – Grafite (85. Okubo), Dzeko.
BAYERN: Rensing – Lell, Lúcio (66. Ottl), Breno, Lahm (80. Borowski) – van Bommel, Zé Roberto – Schweinsteiger (70. Sosa), Ribéry – Toni, Podolski.
Tore: 1:0 Gentner (44.), 1:1 Toni (45.), 2:1 Dzeko (63.), 3:1 Dzeko (65.), 4:1 Grafite (74.), 5:1 Grafite (77.).
Gelb: Josué / van Bommel, Lúcio, Toni.
Schiedsrichter: Thorsten Kinhöfer.

27. SPIELTAG

Bayern – Eintracht Frankfurt 4:0 (3:0)

BAYERN: Butt – Lell (46. Oddo), Lúcio (64. Breno), Demichelis, Zé Roberto – van Bommel, Ottl – Sosa, Schweinsteiger – Ribéry (64. Podolski) – Toni.
FRANKFURT: Nikolov – Ochs, Russ, Bellaid, Köhler – Fink, Chris – Steinhöfer (73. Mahdavikia), Meier (64. Bajramovic), Korkmaz (64. Caio) – Liberopoulos.
Tore: 1:0 Ribéry (3.), 2:0 Toni (17.), 3:0 Lúcio (36.), 4:0 Schweinsteiger (48.).
Gelb: Lell / Ochs. **Schiedsrichter:** Dr. Jochen Drees.

28. SPIELTAG

Arminia Bielefeld – Bayern 0:1 (0:0)

BIELEFELD: Eilhoff – Lamey, Mijatovic, Bollmann, Schuler – Kauf – Katongo, Tesche (79. Janjic), Marx, Munteanu (79. Halfar) – Wichniarek.
BAYERN: Butt – Lell, Lúcio, Demichelis, Lahm – van Bommel, Ottl – Sosa (58. Altintop), Schweinsteiger (83. Borowski) – Ribéry – Toni (90.+4 T. Müller).
Tor: 0:1 Toni (64.).
Gelb: Schuler, Bollmann, Lamey, Mijatovic / van Bommel, Toni, Demichelis. **Schiedsrichter:** Florian Meyer.

29. SPIELTAG

Bayern – FC Schalke 04 0:1 (0:1)

BAYERN: Butt – Lell (74. Borowski), Lúcio, Demichelis, Lahm – van Bommel, Ottl (46. Podolski) – Sosa (69. Hamit Altintop), Zé Roberto – Ribéry – Toni.
SCHALKE: Neuer – Rafinha, Westermann, Krstajic, Pander (71. Engelaar) – Jones, Kobiaschwili – Farfán, Hal. Altintop (66. Höwedes), Sánchez (89. Asamoah) – Kuranyi.
Tor: 0:1 Hal. Altintop (21.).
Gelb/Rot: Ribéry (76.) / Jones (70.).
Gelb: van Bommel, Borowski / Krstajic, Rafinha, Sánchez.
Schiedsrichter: Herbert Fandel.

30. SPIELTAG

Bayern – Borussia M'gladbach 2:1 (2:1)

BAYERN: Butt – Lell (46. Oddo), Lúcio, Demichelis, Lahm – van Bommel – Altintop (81. Ottl), Schweinsteiger – Zé Roberto, – Toni, Podolski (78. T. Müller).
M'GLADBACH: Bailly – Stalteri, Brouwers, Dante, Daems – Galasek – Callsen-Bracker (74. Marin) – Levels (80. Neuville), Bradley, Paauwe (65. Colautti) – Matmour.
Tore: 1:0 Schweinsteiger (33.), 1:1 Daems (38., Foulelfmeter), 2:1 Altintop (42.). **Gelb:** – / Brouwers, Stalteri, Matmour.
Schiedsrichter: Babak Rafati.

31. SPIELTAG

Energie Cottbus – Bayern 1:3 (1:1)

COTTBUS: Tremmel – Pavicevic, Burca, Atan, Ziebig – Kukielka, Rost – Angelov (78. Rivic), Skela, Iliev (70. Sørensen) – Rangelov (46. Jula).
BAYERN: Butt – Oddo (56. Ribéry), Lúcio, Demichelis, Lahm – van Bommel – Altintop, Sosa – Schweinsteiger – Toni (85. van Buyten), Podolski (85. T. Müller).
Tore: 0:1 Sosa (23.), 1:1 Iliev (44.), 1:2 Demichelis (62.), 1:3 Podolski (66.).
Gelb: Rost, Atan / Oddo. **Schiedsrichter:** Knut Kircher.
Besonderes Vorkommnis: Tremmel hält Foulelfmeter von Ribéry (90.+1).

32. SPIELTAG

Bayern – Bayer Leverkusen 3:0 (0:0)

BAYERN: Butt – Lúcio, van Buyten, Demichelis, Lahm – van Bommel – Sosa (70. Zé Roberto), Schweinsteiger (86. Ottl), Ribéry – Toni (86. Klose), Podolski.
LEVERKUSEN: Adler – Castro, Friedrich, Sinkiewicz, Kadlec – Vidal (70. Barnetta), Rolfes – Renato Augusto, Kroos (90. Schwegler) – Helmes, Kießling.
Tore: 1:0 Toni (47.), 2:0 Ribéry (58.), 3:0 Podolski (71.).
Gelb: Ribéry / Kadlec, Castro, Friedrich, Sinkiewicz, Vidal.
Schiedsrichter: Thorsten Kinhöfer.

33. SPIELTAG

1899 Hoffenheim – Bayern 2:2 (2:2)

HOFFENHEIM: Hildebrand – Ibertsberger (46. Janker), Vorsah, Compper, Luiz Gustavo – Weis, Salihovic – Carlos Eduardo (84. Terrazzino) – Obasi, Ba – Wellington (46. Fabricio).
BAYERN: Butt – Lúcio, van Buyten, Demichelis, Lahm – van Bommel – Sosa (62. Zé Roberto), Ribéry – Schweinsteiger (86. Borowski), Toni, Podolski (80. Klose).
Tore: 0:1 Ribéry (16.), 1:1 Ba (21.), 2:1 Carlos Eduardo (28.), 2:2 Toni (44.).
Gelb: Luiz Gustavo, Salihovic / Schweinsteiger, Lahm, Demichelis.
Schiedsrichter: Michael Weiner.

34. SPIELTAG

Bayern – VfB Stuttgart 2:1 (1:0)

BAYERN: Butt – Lúcio, van Buyten, Demichelis, Lahm – van Bommel – Sosa, Schweinsteiger (77. Ottl), Ribéry – Toni (79. Klose), Podolski (88. Borowski).
STUTTGART: Lehmann – Träsch (69. Schieber), Boulahrouz, Niedermeier, Magnin – Khedira, Hitzlsperger (84. Marica) – Hilbert, Gebhart (60. Elson) – Gomez, Cacau.
Tore: 1:0 Boulahrouz (15., Eigentor), 2:0 van Bommel (59.), 2:1 Gomez (63.). **Gelb:** van Bommel / Hitzlsperger.
Schiedsrichter: Florian Meyer.

Abschlusstabelle

Pl.	Verein	Spiele	G	U	V	Tore	Diff.	Punkte
1	Wolfsburg	34	21	6	7	80:41	+39	69
2	Bayern (M/P)	34	20	7	7	71:42	+29	67
3	Stuttgart	34	19	7	8	63:43	+20	64
4	Hertha BSC	34	19	6	9	48:41	+7	63
5	Hamburg	34	19	4	11	49:47	+2	61
6	Dortmund	34	15	14	5	60:37	+23	59
7	Hoffenheim (A)	34	15	10	9	63:49	+14	55
8	Schalke	34	14	8	12	47:35	+12	50
9	Leverkusen	34	14	7	13	59:46	+13	49
10	Bremen*	34	12	9	13	64:50	+14	45
11	Hannover	34	10	10	14	49:69	–20	40
12	Köln (A)	34	11	6	17	35:50	–15	39
13	Frankfurt	34	8	9	17	39:60	–21	33
14	Bochum	34	7	11	16	39:55	–16	32
15	M'gladbach (A)	34	8	7	19	39:62	–23	31
16	Cottbus	34	8	6	20	30:57	–27	30
17	Karlsruhe	34	8	5	21	30:54	–24	29
18	Bielefeld	34	4	16	14	29:56	–27	28

* als DFB-Pokalsieger für den UEFA-Cup qualifiziert

DIE WEITEREN SIEGER DES JAHRES:

Champions League: FC Barcelona

Uefa-Cup: Schachtar Donezk

DFB-Pokal: Werder Bremen

Alle Ergebnisse auf einen Blick

Waagerecht: alle Heimresultate. Senkrecht: alle Auswärtsresultate	Wolfsburg	Bayern	Stuttgart	Hertha BSC	Hamburg	Dortmund	Hoffenheim	Schalke	Leverkusen	Bremen	Hannover	Köln	Frankfurt	Bochum	M'gladbach	Cottbus	Karlsruhe	Bielefeld
Wolfsburg		5:1	4:1	2:1	3:0	3:0	4:0	4:3	2:1	5:1	2:1	2:1	2:2	2:0	3:0	3:0	1:0	4:1
Bayern	4:2		2:1	4:1	2:2	3:1	2:1	0:1	3:0	2:5	5:1	1:2	4:0	3:3	2:1	4:1	1:0	3:1
Stuttgart	4:1	2:2		2:0	1:0	2:1	3:3	2:0	0:2	4:1	2:0	1:3	2:0	2:0	2:0	2:0	3:1	0:0
Hertha BSC	2:2	2:1	2:1		2:1	1:3	1:0	0:0	1:0	2:1	3:0	2:1	2:1	2:0	2:1	0:1	4:0	1:1
Hamburg	1:3	1:0	2:0	1:1		2:1	1:0	1:1	3:2	2:1	2:1	0:1	1:0	3:1	1:0	2:0	2:1	2:0
Dortmund	0:0	1:1	3:0	1:1	2:0		0:0	3:3	1:1	1:0	1:1	3:1	4:0	1:1	2:1	1:1	4:0	6:0
Hoffenheim	3:2	2:2	0:0	0:1	3:0	4:1		1:1	1:4	0:0	2:2	2:0	2:1	0:3	1:0	2:0	4:1	3:0
Schalke	2:2	1:2	1:2	1:0	1:2	1:1	2:3		1:2	1:0	3:0	1:0	1:0	1:0	3:1	4:0	2:0	0:0
Leverkusen	2:0	0:2	2:4	0:1	1:2	2:3	5:2	2:1		1:1	4:0	2:0	1:1	1:1	5:0	1:1	0:1	2:2
Bremen	2:1	0:0	4:0	5:1	2:0	3:3	5:4	1:1	0:2		4:1	3:1	5:0	3:2	1:1	3:0	1:3	1:2
Hannover	0:5	1:0	3:3	2:0	3:0	4:4	2:5	1:0	1:0	1:1		2:1	1:1	1:1	5:1	0:0	3:2	1:1
Köln	1:1	0:3	0:3	1:2	1:2	0:1	1:3	1:0	0:2	1:0	2:1		1:1	1:1	2:4	1:0	0:0	1:1
Frankfurt	0:2	1:2	2:2	0:2	2:3	0:2	1:1	1:2	0:2	0:5	4:0	2:2		4:0	4:1	2:1	2:1	1:1
Bochum	2:2	0:3	1:2	2:3	1:1	0:2	1:3	2:1	2:3	0:0	0:2	1:2	2:0		2:2	3:2	2:0	2:0
M'gladbach	1:2	2:2	1:3	0:1	4:1	1:1	1:1	1:0	1:3	3:2	3:2	1:2	1:2	0:1		1:3	1:0	1:1
Cottbus	2:0	1:3	0:3	1:3	1:2	0:1	0:3	0:2	3:0	2:1	3:1	0:2	2:3	1:1	0:1		1:0	2:1
Karlsruhe	2:1	0:1	0:2	4:0	3:2	0:1	2:2	0:3	3:3	1:0	2:3	0:2	0:1	1:0	0:0	0:0		0:1
Bielefeld	0:3	0:1	2:2	1:1	2:4	0:0	0:2	0:2	2:1	2:2	2:2	2:0	0:0	1:1	0:2	1:1	1:2	

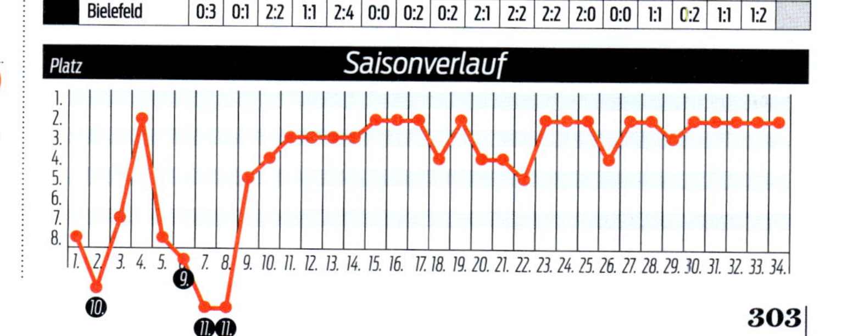

Drei Tore gegen Bochum (33. Spieltag): Thomas Müller. Das 1:0 (o.) erzielt er mit der Brust

EIN HOLLÄNDER MÜNCHEN VE

Der neue Trainer Louis van Gaal regiert eigenwillig, duldet keine Widerworte, serviert Altstars ab und fördert die Jugend, steht vor der Entlassung, hat schließlich aber großen Erfolg

Eines der lustigsten Geheimnisse über Louis van Gaal plaudert Luca Toni erst im Februar 2011 aus. Da ist der Mittelstürmer längst weg aus München und spielt wieder in Italien Fußball. Es geschieht im Sommer 2009, kurz nach Dienstantritt des Trainers beim FC Bayern. Er ist der uneingeschränkte Chef. Und das verdeutlicht van Gaal den Spielern in jedem Training und jeder Besprechung. Widerrede verboten.

Einmal zieht der Holländer vor versammelter Mannschaft blank, lässt im Auditorium des FC Bayern, einem neu gebauten Besprechungsraum, die Hosen herunter. „Der Trainer wollte uns klarmachen, dass er jeden Spieler auswechseln kann – egal, wie er heißt, weil er Eier hat", erzählt Toni in einem Interview mit SPORT BILD. „So etwas habe ich noch nicht erlebt, das war total verrückt. Ich habe aber nicht viel gesehen, ich saß in der letzten Reihe."

Louis van Gaal sieht sich als neuer König der Bayern und sagt in seiner Antrittsrede vor den Journalisten: „Ich bin ein Prozesstrainer und ein Kommunikator. Die Spieler werden das merken, weil ich ihnen meine Philosophie schnell beibringen werde." Namen und Verdienste interessieren ihn nicht. Das spürt nicht nur Luca Toni, der nur noch

Erwirbt sich bei seiner ersten Ehrung auf dem Rathausbalkon am Münchner Marienplatz den Ruf eines „Feierbiestes“: Louis van Gaal (vorn). Der Holländer unterhält Mannschaft und Fans gleichermaßen

MACHT RÜCKT

zu vier Bundesliga-Einsätzen kommt und im Winter zu AS Rom flüchtet. Den verdienten Innenverteidiger Lúcio schickt van Gaal vor dem ersten Training weg, wütend flüchtet der Brasilianer nach 144 Bundesliga-Spielen, drei Meisterschaften und drei Pokalsiegen mit den Bayern in die italienische Serie A zu Inter Mailand.

Auch mit den Neuzugängen Anatolij Tymoschtschuk, Mario Gomez und Arjen Robben, der am 28. August kurz vor Transferschluss für 24 Millionen Euro Ablöse von Real Madrid gekauft wird, ist er nicht unbedingt einverstanden: „Mit diesen Einkäufen habe ich nichts zu tun.“

Es knistert in München beinahe jeden Tag. Aber van Gaal zeigt auch Herz für die Jugend und Verstand bei der Talenteschau, setzt trotz des Luxus-Kaders bedingungslos auf den Nachwuchs. Er macht Thomas Müller, 2008/09 viermal in der Bundesliga im Einsatz, ebenso wie Verteidiger Holger Badstuber, der aus Bayerns Jugend kommt, zu Stammspielern. Alle bewundern den Mut des eigenwilligen Trainers.

Darunter leiden die millionenschweren Stars Miroslav Klose und Mario Gomez, die nur noch beim Bundestrainer Joachim Löw gesetzt sind. Auch Franck Ribéry hat schon mehr Vertrauen von einem Trainer gespürt und entwickelt Fluchtpläne.

Der Erfolg gibt van Gaal recht. Badstuber und Müller werden Nationalspieler und fahren zur WM 2010 nach Südafrika, wo Müller mit fünf Treffern sogar Torschützenkönig wird. In der Liga spielt er beeindruckend effektiv – ob im rechten, offensiven Mittelfeld, als hängende Spitze oder Mittelstürmer. 13 Tore gelingen ihm in seiner ersten kompletten Saison, dazu noch zehn Torvorlagen. Nie zuvor startet ein Nobody, der aus der zweiten Mannschaft zu den Profis kommt, bei den Bayern so durch. Plötzlich „müllert“ es wieder beim FC Bayern, die Vergleiche mit Gerd Müller, dem legendären „Bomber der Nation“, sind schnell da. Den 64-Jährigen sieht man täglich an der Säbener Straße, weil er die zweite Mannschaft als Co-Trainer unterstützt und seinem jungen Namensvetter Tipps gibt. Thomas Müller nennt Gerd Müller seinen „Onkel im Geiste“.

Van Gaal macht die Bayern-Stars zu Schülern, lässt sie die einfachsten Dinge wie Flachpässe stundenlang einstudieren. Lautstark kommentiert er im Training das Fußball-Abc. „Der Ball darf nicht hoppelen“, ruft er oder schreit nach einem Fehler: „Das kann meine Oma besser!“ Und ein entsetztes „Unglaublich“ kündigt gewöhnlich die nächste Schimpftirade an.

Das Pass- und Positionsspiel soll verbessert werden, aber es hakt zu Beginn. Die Fans sind vom Ballgeschiebe – quer, vor, zurück, quer – genervt. Nach zwölf Spieltagen mit nur fünf Siegen ist Bayern Achter. Van Gaals Schützlinge haben den geforderten Spielstil, ausgerichtet auf Ballbesitz und Dominanz, noch nicht verinnerlicht.

Die von ihm geholten Spieler Danijel Pranjic und Edson Braafheid schlagen nicht ein, spielen aber trotzdem. Gegenüber den Bossen zeigt sich van Gaal beratungsresistent. „Er lässt sich von nichts und niemandem beeinflussen“, klagt Uli Hoeneß, der van Gaal intern „unbelehrbar“ nennt. Da geht Philipp Lahm in die Offensive. Er will den Trainer stützen, will endlich Kontinuität und gibt – an der Pressestelle des Vereins vorbei – der „Süddeutschen Zeitung“ ein Interview, das am 7. November 2009 erscheint und im Verein wie eine Bombe einschlägt. Lahm bemängelt die Transfers („Ich glaube, in der Vergangenheit lief das nicht immer glücklich“), lobt die internationalen Konkurrenten Manchester United und FC Barcelona („Die geben ein System vor, und dann kauft man Personal für dieses System“) und kritisiert das Mittelfeld: „Wir brauchen Spieler, die man aus der Abwehr immer anspielen kann. Ich glaube einfach, unser größtes Problem liegt im Mittelfeld. Wo ist jemand, der mal was bewegt, der den Ball zur Seite mitnimmt, nach vorne schaut und irgendwie den Ball durchsteckt, dass man nachrücken kann? Das passiert bei uns kaum.“

Zwei Tage später, am trainingsfreien 9. November, wird Lahm vom Vorstand einbestellt. Karl-Heinz Rummenigge, Hoeneß und Christian Nerlinger knöpfen sich den Verteidiger zwei Stunden lang vor und verhängen eine Rekordstrafe von 50 000 Euro. Lahm reagiert gelassen: „Das ist viel Geld, aber ich finde, ich habe es gut investiert.“ Denn er habe nur dem Verein dienen wollen – und seinem Trainer.

Im Dezember steht Louis van Gaal trotzdem kurz vor der Entlassung, das 4:1 bei Juventus Turin im letzten Champions-League-Gruppenspiel am 8. Dezember, gleichbedeutend mit dem Einzug ins Achtelfinale, ist der Wendepunkt.

Die Lernphase ist beendet, Bayern spielt plötzlich dominanten und attraktiven Fußball – und erfolgreichen. Vom 14. Spieltag, dem 3:0 in Hannover, bis zum 22., dem 3:1 gegen Dortmund, gelingen neun Siege in Folge. Am 24. Spieltag nach dem 1:0 gegen den HSV löst Bayern die Mannschaft aus Leverkusen an der Tabellenspitze ab, führt zum ersten Mal seit 652 Tagen wieder die Bundesliga an. Lediglich einmal (am 28. Spieltag) zieht eine andere Mannschaft (Schalke) vorbei. Aufgrund der weit besseren Tordifferenz feiern sie in München nach dem 3:1 gegen Bochum bereits am 33. Spieltag die Meisterschaft, am 15. Mai nach dem 4:0 im Pokalfinale gegen Werder Bremen sogar das Double. „Van Gaal hat einen Superjob gemacht“, lobt Hoeneß trotz zwiespältiger Gefühle. Und Kapitän Mark van Bommel, der verlängerte Arm des Trainers, sagt: „Wir haben nicht die besten Einzelspieler, aber die beste Mannschaft.“

Champions League

Mehr Genugtuung geht nicht: Lúcio und Kinder

Aussortierter Lúcio holt mit Inter Pokal

Erst im letzten Gruppenspiel, dem 4:1 bei Juventus Turin, gelingt der Sprung auf Platz zwei und mit 10 Punkten neben Bordeaux (16 Punkte) der Einzug ins Achtelfinale. Weitere Ergebnisse: 3:0 und 1:0 gegen Maccabi Haifa, 1:2 und 0:2 gegen Girondins Bordeaux, 0:0 im Hinspiel gegen Juventus. Das Achtelfinale gestaltet Bayern aufgrund der Auswärtstore-Regelung siegreich gegen Florenz (2:1, 2:3 auswärts), besteht mit den gleichen Ergebnissen das Viertelfinale gegen Man United (2:1, 2:3 auswärts nach 0:3-Rückstand). Ivica Olic und Arjen Robben sind die Torschützen in England. Das Halbfinale gegen Lyon ist eine klare Angelegenheit (1:0, 3:0 auswärts), aber Franck Ribéry sieht im Hinspiel Rot und ist im Finale gegen Inter Mailand gesperrt. Am 22. Mai winkt das Triple, doch gegen den dritten italienischen Gegner der Saison unterliegt Bayern nach Toren von Diego Milito 0:2 (35., 70.). Bei Inter jubelt ein Mann, den van Gaal aussortiert hat: Lúcio.

DFB-Pokal

In Double-T-Shirts: Mark van Bommel (l.) und Arjen Robben

Höchster Finalsieg in Bayerns Historie

Ein bescheidenes 3:1 beim Sechstligisten SpVgg. Neckarelz steht am Anfang der Pokalsaison. Das 5:0 in der 2. Runde gegen Zweitligist RW Oberhausen ist viel souveräner, das 4:0 im Achtelfinale beim früheren Angstgegner Eintracht Frankfurt eindrucksvoll. Nach einer halben Stunde mit zwei Toren von Miroslav Klose und einem von Thomas Müller ist alles entschieden, Luca Toni stellt den 4:0-Endstand her. Zweitligist Fürth stürmt im Viertelfinale mit dem Mut der Verzweiflung und führt zur Pause in München 2:1, am Ende gewinnen die Bayern 6:2. Das Halbfinale auf Schalke, dem neuen Klub von Ex-Trainer Felix Magath, gewinnen sie 1:0 n. V. Arjen Robben ist in der 112. Minute der Schütze des goldenen Tores. Das schon dritte Pokalfinale gegen Werder Bremen wird ein Spaziergang (4:0): Robben (35.), Ivica Olic (51.), Franck Ribéry (63.) und Bastian Schweinsteiger (83.) sorgen für den höchsten Finalsieg in Bayerns Historie – und Double Nummer 8.

TRAINER

LOUIS VAN GAAL
Der erste Meistertrainer in der Bundesliga, der aus Holland kommt, ist selbstverliebt: Bei seiner Vorstellung bezeichnet sich der 57-Jährige selbst als „arrogant, dominant, ehrlich, arbeitsam, innovativ, aber auch warm und familiär".

Holger Badstuber

DER SPIELER DES JAHRES

*Für 24 Millionen Euro holen die Bayern **Arjen Robben** am 28. August 2009 von Real Madrid. Sein Einstand gegen Wolfsburg am 4. Spieltag ist vielversprechend, der Flügelstürmer mit dem starken linken Fuß schießt nach seiner Einwechslung die Tore zum 2:0 und 3:0. Und so macht er weiter: 16 Tore und acht Torvorlagen in 24 Bundesliga-Einsätzen, vier teils entscheidende Tore in der Champions League wie das 2:3 bei Manchester United, drei im DFB-Pokal. Der Transfer ist ein Volltreffer. Bei der WM in Südfafrika erreicht Robben mit seinen Holländern das Finale (0:1 n. V. gegen Spanien) und wird zum „Fußballer des Jahres" 2010 gewählt.*

Der Kader

NAME	SPIELE	TORE
Jörg Butt	31	0
Michael Rensing	4	0
David Alaba	3	0
Holger Badstuber	33	1
Edson Braafheid	9	0
Breno	3	0
Diego Contento	9	0
Martin Demichelis	21	1
Philipp Lahm	34	0
Daniel van Buyten	31	6
Hamit Altintop	15	0
Alexander Baumjohann	3	0
Thomas Müller	34	13
Andreas Ottl	4	0
Danijel Pranjic	20	1
Franck Ribéry	19	4
Arjen Robben	24	16
Bastian Schweinsteiger	33	2
José Ernesto Sosa	3	0
Anatolij Tymoschtschuk	21	0
Mark van Bommel	25	1
Mario Gomez	29	10
Miroslav Klose	25	3
Ivica Olic	29	11
Luca Toni	4	0

IVICA OLIC verdrängt Miroslav Klose aus der Startelf, ist mit elf Toren drittbester Bayern-Torschütze

Transfers

MARIO GOMEZ hat in Louis van Gaal keinen Fürsprecher und es entsprechend schwer in seiner ersten Bayern-Saison (nur 10 Tore). Dennoch etabliert er sich, wird Stammkraft und erzielt bis zu seinem Abschied 2012/13 allein in der Bundesliga noch 65 Tore für den Klub. Er geht als Triple-Sieger.

SPIELER	VON VEREIN	ABLÖSESUMME
David Alaba	FC Bayern Jugend	–
Holger Badstuber	FC Bayern Jugend	–
Edson Braafheid	FC Twente Enschede	2 Mio. €
Diego Contento	FC Bayern Jugend	–
Alexander Baumjohann	Borussia M'gladbach	–
Danijel Pranjic	SC Heerenveen	7,7 Mio. €
Arjen Robben	Real Madrid	24 Mio. €
Anatolij Tymoschtschuk	Zenit St. Petersburg	11 Mio. €
Mario Gomez	VfB Stuttgart	30 Mio. €
Ivica Olic	Hamburger SV	–

Tops & Flops

PHILIPP LAHM verpasst in der Bundesliga-Saison keine Sekunde. Das schaffen nur noch Manuel Neuer (Schalke), Roel Brouwers (Gladbach) und Neven Subotic (BVB).

BESUCHERANSTURM Wieder ist die Arena in allen 17 Heimspielen ausverkauft. Da die Kapazität vor der Saison erweitert wird, gibt es einen Vereinsrekord: 69 247 passieren pro Spiel den Einlass.

DORTMUND-SPIEL Am 5. Spieltag feiert Bayern seinen höchsten Auswärtssieg beim BVB (5:1). Torschützen: Müller (2), Gomez, Schweinsteiger und Ribéry.

DAVID ALABA wird von van Gaal dreimal eingesetzt, am 25. (1:1 in Köln) und 26. Spieltag (2:1 gegen Freiburg) geht es gut. Beim 1:2 in Frankfurt am 27. Spieltag verschuldet der 17-jährige Verteidiger beide Tore. Das vorläufige Ende eines Experiments.

MIROSLAV KLOSE schießt nie weniger Bundesliga-Tore als 2009/10 (drei), steht nur elfmal in der Startformation.

ROTSÜNDER Beim 1:2 in Bordeaux (drittes Gruppenspiel) fliegen Thomas Müller und Daniel van Buyten vom Platz – Vereinsrekord im Europapokal.

1. SPIELTAG

1899 Hoffenheim – Bayern 1:1 (1:1)

HOFFENHEIM: Hildebrand – Beck, Simunic, Compper, Ibertsberger – Weis (62. Vukcevic), Vorsah, Salihovic – Obasi (87. Terrazzino), Ibisevic (67. Maicosuel), Carlos Eduardo.
BAYERN: Rensing – Lahm, van Buyten, Badstuber, Pranjic – Altintop, van Bommel (80. Tymoschtschuk), Schweinsteiger (84. Braafheid), Baumjohann (73. T. Müller) – Gomez, Olic.
Tore: 0:1 Olic (25.), 1:1 Obasi (41.).
Gelb: – / van Bommel, Müller.
Schiedsrichter: Babak Rafati.

2. SPIELTAG

Bayern – Werder Bremen 1:1 (0:1)

BAYERN: Rensing – Lahm, van Buyten, Badstuber, Pranjic – Tymoschtschuk – Altintop (78. T. Müller), Schweinsteiger – Sosa (62. Ribéry) – Klose (46. Olic), Gomez.
BREMEN: Wiese – Fritz, Mertesacker, Pasanen, Boenisch (73. Tosic) – Frings, Borowski – Marin (62. Niemeyer), Özil (85. Almeida) – Hunt – Sanogo.
Tore: 0:1 Özil (39.), 1:1 Gomez (72.).
Gelb: Schweinsteiger / Fritz.
Schiedsrichter: Manuel Gräfe.

3. SPIELTAG

1. FSV Mainz 05 – Bayern 2:1 (2:0)

MAINZ: H. Müller – Heller, Bungert, Noveski (66. Löw), van der Heyden – Hoogland, Karhan, Svensson (61. Pekovic), Ivanschitz (81. Hyka), Schürrle – Bancé.
BAYERN: Rensing – Lahm, van Buyten, Badstuber, Braafheid – Tymoschtschuk, Schweinsteiger – Altintop (33. T. Müller), Pranjic (38. Olic) – Klose (72. Sosa), Gomez.
Tore: 1:0 Ivanschitz (25.), 2:0 Bancé (37.), 2:1 Noveski (47., Eigentor).
Schiedsrichter: Thorsten Kinhöfer.

4. SPIELTAG

Bayern – VfL Wolfsburg 3:0 (1:0)

BAYERN: Butt – Lahm, van Buyten, Badstuber, Pranjic (58. Braafheid) – Tymoschtschuk – Altintop (46. Robben), Schweinsteiger – T. Müller, Olic (63. Ribéry), Gomez.
WOLFSBURG: Benaglio – Riether, Madlung, Barzagli, Schäfer, Santana (77. Martins) – Dejagah (77. Ziani), Gentner, Misimovic – Dzeko, Grafite.
Tore: 1:0 Gomez (27.), 2:0 Robben (68.), 3:0 Robben (80.).
Schiedsrichter: Michael Kempter.

5. SPIELTAG

Borussia Dortmund – Bayern 1:5 (1:1)

DORTMUND: Weidenfeller – Owomoyela, Subotic, Santana, Dedé – Hummels – Tinga, Sahin – Blaszczykowski (71. Valdez), Zidan (61. Großkreutz), Rangelov (61. Barrios).
BAYERN: Butt – Lahm, van Buyten, Badstuber, Braafheid – Tymoschtschuk – Altintop (46. T. Müller), Schweinsteiger – Robben, Olic, Gomez (46. Ribéry).
Tore: 1:0 Hummels (10.), 1:1 Gomez (36.), 1:2 Schweinsteiger (49.), 1:3 Ribéry (65.), 1:4 T. Müller (78.), 1:5 T. Müller (88.).
Schiedsrichter: Knut Kircher.

6. SPIELTAG

Bayern – 1. FC Nürnberg 2:1 (0:0)

BAYERN: Butt – Lahm, van Buyten, Badstuber, Pranjic (80. Braafheid) – Tymoschtschuk, Schweinsteiger, Robben, Olic (68. Klose), T. Müller – Gomez (46. Ribéry).
NÜRNBERG: Schäfer – Diekmeier, Maroh, Pinola, Bieler – Kluge, Nordtveit – Risse (65. Choupo-Moting), Gündogan, Eigler – Vidosic (83. Bunjaku).
Tore: 1:0 Olic (55.), 1:1 Choupo-Moting (73.), 2:1 van Buyten (82.).
Schiedsrichter: Florian Meyer.

7. SPIELTAG

Hamburger SV – Bayern 1:0 (0:0)

HAMBURG: Rost – Demel (46. Berg), Rozehnal, Mathijsen, Boateng – Jarolim, Zé Roberto – Trochowski (90.+1. Tesche), Aogo – Petric, Elia.
BAYERN: Butt – Breno, van Buyten, Badstuber – Lahm, Tymoschtschuk (63. Ottl), T. Schweinsteiger (81. Klose) – Robben, T. Müller, Ribéry – Olic (66. Gomez).
Tor: 1:0 Petric (72.).
Gelb: Zé Roberto, Aogo / Ribéry, Tymoschtschuk, Schweinsteiger.
Schiedsrichter: Michael Weiner.

8. SPIELTAG

Bayern – 1. FC Köln 0:0

BAYERN: Butt – Lahm, van Buyten, Badstuber, Braafheid – Ottl – T. Müller, Schweinsteiger – Sosa (46. Gomez), Ribéry (46. Pranjic) – Klose (71. Olic).
KÖLN: Mondragón – Schorch, Geromel, Mohamad (74. McKenna), Brecko – Freis, Petit, Pezzoni, Ehret (80. Matip) – Ishiaku, Podolski (90.+2 Sanou).
Gelb: Braafheid / Freis, Geromel, Brecko, Matip.
Schiedsrichter: Lutz Wagner.

9. SPIELTAG

SC Freiburg – Bayern 1:2 (0:1)

FREIBURG: Pouplin – Cha, Krmas, Bastians, Butscher – Flum (82. Bektasi), Banovic – Abdessadki, Schuster (64. Targamadze), Makiadi (64. Reisinger) – Idrissou.
BAYERN: Butt – Lahm, van Buyten, Badstuber, Braafheid – van Bommel (72. Ottl) – Tymoschtschuk, Schweinsteiger – T. Müller (88. Altintop) – Toni (71. Gomez), Klose.
Tore: 0:1 Müller (42.), 0:2 Cha (68., Eigentor), 1:2 Reisinger (90.+2).
Schiedsrichter: Manuel Gräfe.

10. SPIELTAG

Bayern – Eintracht Frankfurt 2:1 (0:0)

BAYERN: Butt – Lahm, Badstuber, Pranjic – Tymoschtschuk (62. Gomez), van Bommel, Schweinsteiger, T. Müller – van Buyten, Klose (59. Robben), Toni (86. Demichelis).
FRANKFURT: Nikolov – Franz, Chris, Russ, Spycher – Ochs, Teber, Meier (77. Fenin), Bajramovic, Schwegler – Liberopoulos.
Tore: 0:1 Meier (60.), 1:1 Robben (69.), 2:1 van Buyten (88.).
Schiedsrichter: Dr. Jochen Drees.

11. SPIELTAG

VfB Stuttgart – Bayern 0:0

STUTTGART: Lehmann – Osorio (14. Hilbert), Tasci, Delpierre, Boka – Träsch (66. Gebhart), Kuzmanovic – Hleb, Schieber, Hitzlsperger – Marica (80. Pogrebnjak).
BAYERN: Butt – Lahm, van Buyten (82. Demichelis), Badstuber, Braafheid (90.+1 Altintop) – Tymoschtschuk, van Bommel, Schweinsteiger, T. Müller – Klose (67. Toni), Gomez.
Gelb: Delpierre, Kuzmanovic, Gebhart / van Bommel, Toni.
Schiedsrichter: Michael Kempter.

12. SPIELTAG

Bayern – FC Schalke 04 1:1 (1:1)

BAYERN: Butt – Lahm, Demichelis, van Buyten, Badstuber (64. Altintop) – van Bommel – Tymoschtschuk, T. Müller, Schweinsteiger – Klose (75. Gomez), Toni (46. Robben).
SCHALKE: Neuer – Höwedes (46. Zambrano), Westermann, Bordon, Schmitz – J. Matip – Rafinha (70. Mineiro), Moritz – Sánchez (54. Pliatsikas) – Farfán, Kuranyi.
Tore: 1:0 van Buyten (31.), 1:1 J. Matip (43.).
Gelb: Robben, Schweinsteiger / Sánchez, Kuranyi, Schmitz, Zambrano.
Schiedsrichter: Florian Meyer.

13. SPIELTAG

Bayern – Bayer Leverkusen 1:1 (1:1)

BAYERN: Butt – Lahm, van Buyten, Demichelis, Badstuber – Tymoschtschuk, van Bommel – T. Müller (69. Olic), Klose (77. Baumjohann), Schweinsteiger – Gomez.
LEVERKUSEN: Adler – Schwaab (72. Sarpei), M. Friedrich, Hyypiä, Castro – Vidal, Reinartz – Barnetta (82. Bender), Kroos – Kießling, Derdiyok.
Tore: 1:0 Gomez (8.), 1:1 Kießling (14.).
Gelb: van Bommel / –.
Schiedsrichter: Knut Kircher.

14. SPIELTAG

Hannover 96 – Bayern 0:3 (0:1)

HANNOVER: Fromlowitz – da Silva Pinto (78. Krzynowek), Haggui, C. Schulz, Rausch – Balitsch – Stajner, Rosenthal (86. Rama), Djakpa (68. Hanke) – Bruggink – Ya Konan.
BAYERN: Butt – Lahm, van Buyten, Demichelis, Badstuber – van Bommel, Schweinsteiger – T. Müller, Pranjic (76. Ottl) – Gomez, Olic (85. Baumjohann).
Tore: 0:1 Müller (19.), 0:2 Olic (47.), 0:3 Gomez (90.).
Schiedsrichter: Thorsten Kinhöfer.

Erster Bundesliga-Sieg unter Louis van Gaal: Am 4. Spieltag besiegt seine Elf den amtierenden Meister Wolfsburg 3:0, Mario Gomez (l. hinter Torwart Diego Benaglio) gelingt in der 27. Minute der Führungstreffer

15. SPIELTAG

Bayern – Borussia M'gladbach 2:1 (1:1)

BAYERN: Butt – Lahm, van Buyten (72. Breno), Demichelis, Badstuber – van Bommel, Schweinsteiger – T. Müller, Pranjic (79. Tymoschtschuk) – Gomez, Olic (59. Robben).
M'GLADBACH: Bailly – Levels, Brouwers, Dante, Jaurès – Marx, Bradley (79. Bobadilla) – Reus, Arango – Matmour (87. Neuville), Friend,.
Tore: 1:0 Gomez (19.), 1:1 Brouwers (28.), 2:1 Badstuber (75.).
Gelb: van Bommel, Tymoschtschuk, Gomez / Bradley, Levels.
Schiedsrichter: Michael Weiner.

16. SPIELTAG

VfL Bochum – Bayern 1:5 (0:3)

BOCHUM: Heerwagen – Concha, Maltritz, Mavraj, Fuchs – Dabrowski, Pfertzel – Freier (35. Azaouagh), Dedic (76. Hashemian) – Prokoph, Sestak (76. Epalle).
BAYERN: Butt – Lahm, van Buyten (64. Breno), Demichelis, Badstuber – van Bommel, Schweinsteiger (57. Robben) – T. Müller (84. Tymoschtschuk), Pranjic – Gomez, Olic.
Tore: 0:1 Gomez (23.), 0:2 Mavraj (33., Eigentor), 0:3 Olic (43.), 0:4 Olic (50.), 0:5 Pranjic (56.), 1:5 Fuchs (76.).
Gelb: Azaouagh, Pfertzel / van Bommel.
Schiedsrichter: Florian Meyer.

17. SPIELTAG

Bayern – Hertha BSC 5:2 (3:0)

BAYERN: Butt – Lahm, van Buyten, Demichelis, Badstuber (72. Braafheid) – Schweinsteiger, Pranjic – Robben, T. Müller (63. Altintop) – Gomez, Olic (80. Klose).
BERLIN: Drobny – Friedrich, Janker, von Bergen, Pejcinovic – Piszczek, Lustenberger, Cicero, Nicu (67. Kringe) – Raffael, Ramos.
Tore: 1:0 van Buyten (16.), 2:0 Gomez (31.), 3:0 Robben (33.), 4:0 T. Müller (60.), 4:1 Ramos (71.), 5:1 Olic (77.), 5:2 Raffael (90.).
Gelb: – / Cicero.
Schiedsrichter: Marco Fritz.

18. SPIELTAG

Bayern – 1899 Hoffenheim 2:0 (1:0)

BAYERN: Butt – Lahm, van Buyten, Demichelis, Badstuber – van Bommel (90. Tymoschtschuk), Schweinsteiger – Robben, T. Müller (77. Pranjic) – Olic (63. Klose), Gomez.
HOFFENHEIM: Hildebrand – Beck, Simunic, Compper, Ibertsberger – Salihovic – Zuculini (72. Eichner), Vukcevic (46. Ludwig) – Maicosuel – Ba (87. Terrazzino), Ibisevic.
Tore: 1:0 Demichelis (35.), 2:0 Klose (86.).
Gelb: – / Vukcevic, Salihovic, Simunic.
Schiedsrichter: Thorsten Kinhöfer.

19. SPIELTAG

Werder Bremen – Bayern 2:3 (1:2)

BREMEN: Wiese – Fritz, Mertesacker, Naldo, Abdennour – Frings – Borowski (58. Rosenberg), Hunt – Özil – Almeida, Marin.
BAYERN: Butt (46. Rensing) – Lahm, van Buyten, Demichelis, Badstuber – van Bommel, Schweinsteiger – Robben (81. Klose), T. Müller – Gomez, Olic (68. Ribéry).
Tore: 1:0 Hunt (10.), 1:1 T. Müller (25.), 1:2 Olic (35.), 2:2 Almeida (75.), 2:3 Robben (78.).
Gelb: Wiese / van Bommel, Demichelis.
Schiedsrichter: Knut Kircher.

20. SPIELTAG

Bayern – 1. FSV Mainz 3:0 (0:0)

BAYERN: Butt – Lahm, van Buyten, Demichelis, Badstuber – van Bommel, Schweinsteiger – Robben, T. Müller – Gomez (76. Klose), Olic (58. Ribéry).
MAINZ: H. Müller – Bungert, Svensson, Noveski, Hoogland – Karhan, Polanski – Ivanschitz (69. Amri), Simak (46. Soto), Schürrle – Bancé (74. Szalai).
Tore: 1:0 van Buyten (58.), 2:0 Gomez (75.), 3:0 Robben (86.).
Gelb: Demichelis / Ivanschitz.
Schiedsrichter: Babak Rafati.
Besonderes Vorkommnis: H. Müller hält Foulelfmeter von Butt (32.).

21. SPIELTAG

VfL Wolfsburg – Bayern 1:3 (0:2)

WOLFSBURG: Lenz – Riether, Madlung, Barzagli, Schäfer – Josué – Hasebe (61. Pekarik), Gentner – Misimovic (72. Kahlenberg) – Grafite, Dzeko.
BAYERN: Butt – Lahm, van Buyten, Demichelis, Badstuber – van Bommel, Schweinsteiger – Robben (81. Klose), T. Müller – Gomez, Olic (46. Ribéry).
Tore: 0:1 Robben (2.), 0:2 van Buyten (26.), 0:3 Ribéry (57.), 1:3 Grafite (90.).
Gelb: Hasebe, Gentner / Olic, Demichelis.
Schiedsrichter: Manuel Gräfe.
Besonderes Vorkommnis: Butt hält Foulelfmeter von Grafite (66.).

22. SPIELTAG

Bayern – Borussia Dortmund 3:1 (1:1)

BAYERN: Butt – Lahm, van Buyten, Demichelis, Badstuber – van Bommel, Schweinsteiger – Robben (82. Altintop), Ribéry (72. Olic) – T. Müller, Gomez.
DORTMUND: Ziegler – Owomoyela, Subotic, Hummels, Schmelzer – Bender, Sahin – Blaszczykowski (74. Götze), Großkreutz – Zidan (74. Hajnal), Barrios (85. Le Tallec).
Tore: 0:1 Zidan (5.), 1:1 van Bommel (21.), 2:1 Robben (50.), 3:1 Gomez (65.).
Schiedsrichter: Knut Kircher.

23. SPIELTAG

1. FC Nürnberg – Bayern 1:1 (0:1)

NÜRNBERG: Schäfer – Diekmeier, Wolf, Breno, Pinola – Ottl, Tavares, Gündogan – Frantz (71. Risse), Bunjaku (85. Eigler) – Charisteas (46. Choupo-Moting).
BAYERN: Butt – Lahm, Demichelis, Badstuber, Contento – van Bommel, Schweinsteiger – Robben (46. Altintop), T. Müller – Gomez, Olic (70. Klose).
Tore: 0:1 T. Müller (38.), 1:1 Gündogan (54.).
Gelb: Bunjaku, Eigler / Altintop.
Schiedsrichter: Thorsten Kinhöfer.

24. SPIELTAG

Bayern – Hamburger SV 1:0 (0:0)

BAYERN: Butt – Lahm, Demichelis, Badstuber, Contento – van Bommel, Schweinsteiger – Robben (89. Tymoschtschuk), Ribéry – T. Müller (79. Olic), Gomez (65. Klose).
HAMBURG: Rost (46. Hesl) – Demel, Rozehnal, Mathijsen, Boateng – Jarolim (82. Torun), Zé Roberto – Trochowski, Elia – Berg (68. Pitroipa), Petric.
Tor: 1:0 Ribéry (78.).
Gelb: van Bommel, Schweinsteiger / Boateng, Demel.
Schiedsrichter: Lutz Wagner.

25. SPIELTAG

1. FC Köln – Bayern 1:1 (1:0)

KÖLN: Mondragón – McKenna, Geromel, Mohamad, Brecko – Petit – Maniche, Matuschyk – Novakovic, Freis (90.+3 Ehret) – Podolski (90. Tosic).
BAYERN: Butt – Lahm, van Buyten, Badstuber, Contento (73. Alaba) – van Bommel, Schweinsteiger – Altintop (56. Ribéry), T. Müller – Olic (56. Klose), Gomez.
Tore: 1:0 Podolski (31.), 1:1 Schweinsteiger (58.).
Gelb: Maniche, Petit / van Buyten, Schweinsteiger.
Schiedsrichter: Babak Rafati.

26. SPIELTAG

Bayern – SC Freiburg 2:1 (0:1)

BAYERN: Butt – Lahm, van Buyten, Badstuber, Alaba – van Bommel, Pranjic (71. Tymoschtschuk) – Robben, T. Müller – Klose, Olic.
FREIBURG: Pouplin – Mujdza (75. Williams), Toprak, Butscher, Bastians – Schuster – Abdessadki, Flum (87. Cisse), Makiadi (72. Banovic), Jäger – Idrissou.
Tore: 0:1 Makiadi (31.), 1:1 Robben (76.), 2:1 Robben (83., Foulelfmeter).
Gelb: Pranjic, T. Müller, Lahm / Abdessadki, Banovic, Idrissou, Toprak.
Schiedsrichter: Markus Schmidt.

27. SPIELTAG

Eintracht Frankfurt – Bayern 2:1 (0:1)

FRANKFURT: Nikolov – S. Jung, Chris, Russ, Spycher (83. Tsoumou) – Heller (79. Korkmaz), Schwegler, Meier, Köhler – Caio (74. Fenin), Halil Altintop.
BAYERN: Butt – Lahm, van Buyten (80. Hamit Altintop), Badstuber, Alaba – van Bommel, Schweinsteiger – Robben, Pranjic (65. Tymoschtschuk) – T. Müller, Klose.
Tore: 0:1 Klose (6.), 1:1 Tsoumou (87.), 2:1 Fenin (89.).
Gelb: – / Klose, Badstuber.
Schiedsrichter: Michael Weiner.

28. SPIELTAG

Bayern – VfB Stuttgart 1:2 (1:1)

BAYERN: Butt – Lahm, van Buyten, Badstuber, Contento – van Bommel, Schweinsteiger – T. Müller (82. Demichelis), Pranjic (46. Ribéry) – Klose, Olic (46. Robben).
STUTTGART: Lehmann – Boulahrouz, Niedermeier, Delpierre, Molinaro – Träsch, Khedira (34. Kuzmanovic) – Gebhart (87. Hilbert), Hleb – Cacau, Marica (72. Pogrebnjak).
Tore: 1:0 Olic (32.), 1:1 Träsch (41.), 1:2 Marica (50.).
Gelb: van Bommel / Cacau.
Schiedsrichter: Florian Meyer.

29. SPIELTAG

FC Schalke 04 – Bayern 1:2 (1:2)

SCHALKE: Neuer – Höwedes (85. Schmitz), Westermann, Bordon, Rafinha – J. Matip (43. Baumjohann) – Kluge (59. Hao), Rakitic – Edu, Farfán – Kuranyi.
BAYERN: Butt – Lahm, van Buyten (22. Demichelis), Badstuber, Contento – Altintop, van Bommel, Schweinsteiger, Ribéry (68. Pranjic) – T. Müller, Olic (70. Gomez).
Tore: 0:1 Ribéry (25.), 0:2 T. Müller (26.), 1:2 Kuranyi (31.).
Gelb/Rot: Bordon (90.+4) / Altintop (41.).
Gelb: Rafinha, Kuranyi / Demichelis, Butt.
Schiedsrichter: Manuel Gräfe.

30. SPIELTAG

Bayer Leverkusen – Bayern 1:1 (0:0)

LEVERKUSEN: Adler – Castro (51. Sarpei), M. Friedrich, Reinartz, Kadlec – L. Bender, Vidal – Barnetta, Kroos – Derdiyok, Kießling.
BAYERN: Butt – Lahm, van Buyten, Demichelis, Badstuber – van Bommel (83. Pranjic), Schweinsteiger – Robben, Ribéry – Gomez (80. Klose), Olic (57. T. Müller).
Tore: 0:1 Robben (51., Foulelfmeter), 1:1 Vidal (59.).
Gelb: Vidal / Badstuber, T. Müller, van Bommel, Schweinsteiger.
Schiedsrichter: Knut Kircher.

31. SPIELTAG

Bayern – Hannover 96 7:0 (3:0)

BAYERN: Butt – Lahm, van Buyten, Demichelis, Contento – van Bommel, Schweinsteiger (82. Tymoschtschuk) – Robben, Ribéry (69. Gomez) – T. Müller, Olic (69. Pranjic).
HANNOVER: Fromlowitz – Cherundolo, Haggui, Eggimann, C. Schulz (37. Schlaudraff) – Stajner (46. Chahed), Schmiedebach, Balitsch, da Silva Pinto, Djakpa (54. Rausch) – Ya Konan.
Tore: 1:0 Olic (21.), 2:0 Robben (30.), 3:0 T. Müller (44.), 4:0 Olic (49.), 5:0 Robben (50.), 6:0 T. Müller (62.), 7:0 Robben (90.+1).
Gelb: van Bommel / C. Schulz, Djakpa.
Schiedsrichter: Markus Wingenbach.

32. SPIELTAG

Borussia M'gladbach – Bayern 1:1 (0:0)

M'GLADBACH: Bailly – Levels, Brouwers, Dante, Daems – Marx, Bradley – Herrmann (81. Colautti), Arango – Reus (90.+1 Meeuwis) – Bobadilla (81. Friend).
BAYERN: Butt – Lahm, van Buyten (64. Tymoschtschuk), Demichelis (46. Contento), Badstuber – Schweinsteiger, Pranjic – Robben, Ribéry – T. Müller (66. Klose), Olic.
Tore: 1:0 Reus (60.), 1:1 Klose (73.).
Gelb: Bobadilla, Levels / van Buyten, Badstuber, Klose.
Schiedsrichter: Michael Weiner.

33. SPIELTAG

Bayern – VfL Bochum 3:1 (2:0)

BAYERN: Butt – Lahm, Demichelis, Badstuber, Contento – van Bommel, Schweinsteiger (84. Tymoschtschuk) – Robben, T. Müller (71. Klose), Ribéry – Olic (79. Gomez).
BOCHUM: Heerwagen – Concha (27. Yahia), Maltritz, Mavraj, Bönig – Freier (60. Holtby), Maric, Azaouagh, Fuchs – Sestak (54. Hashemian), Dedic.
Tore: 1:0 T. Müller (18.), 2:0 T. Müller (20.), 3:0 T. Müller (69.), 3:1 Fuchs (85.).
Gelb: Demichelis, van Bommel / –.
Schiedsrichter: Markus Schmidt.

34. SPIELTAG

Hertha BSC – Bayern 1:3 (0:1)

BERLIN: Drobny – Stein, A. Friedrich, Janker, Kobiaschwili – Lustenberger (86. Gekas) – Kacar – Piszczek (66. Ebert), Raffael, Cicero – Ramos.
BAYERN: Butt – Lahm, van Buyten, Badstuber, Contento – van Bommel (46. Pranjic), Schweinsteiger – Robben, T. Müller, Ribéry (60. Altintop) – Olic (78. Klose).
Tore: 0:1 Olic (20.), 1:1 Ramos (59.), 1:2 Robben (74.), 1:3 Robben (87.).
Schiedsrichter: Florian Meyer.

Abschlusstabelle

Pl.	Verein	Spiele	G	U	V	Tore	Diff.	Punkte
1	Bayern	34	20	10	4	72:31	+ 41	70
2	Schalke	34	19	8	7	53:31	+ 22	65
3	Bremen (P)	34	17	10	7	71:40	+ 31	61
4	Leverkusen	34	15	14	5	65:38	+ 27	59
5	Dortmund	34	16	9	9	54:42	+ 12	57
6	Stuttgart	34	15	10	9	51:41	+ 10	55
7	Hamburg	34	13	13	8	56:41	+ 15	52
8	Wolfsburg (M)	34	14	8	12	64:58	+ 6	50
9	Mainz (A)	34	12	11	11	36:42	–6	47
10	Frankfurt	34	12	10	12	47:54	–7	46
11	Hoffenheim	34	11	9	14	44:42	+ 2	42
12	M'gladbach	34	10	9	15	43:60	–17	39
13	Köln	34	9	11	14	33:42	–9	38
14	Freiburg (A)	34	9	8	17	35:59	–24	35
15	Hannover	34	9	6	19	43:67	–24	33
16	Nürnberg (A)	34	8	7	19	32:58	–26	31
17	Bochum	34	6	10	18	33:64	–31	28
18	Hertha	34	5	9	20	34:56	–22	24

DIE WEITEREN SIEGER DES JAHRES:

Weltmeister:
Spanier

Champions League:
Inter Mailand

Europa League:
Atlético Madrid

DFB-Pokal:
FC Bayern

Alle Ergebnisse auf einen Blick

Waagerecht: alle Heimresultate. Senkrecht: alle Auswärtsresultate

	FC Bayern	Schalke 04	Bremen	Leverkusen	Dortmund	Stuttgart	Hamburg	Wolfsburg	Mainz	E. Frankfurt	Hoffenheim	M'gladbach	Köln	Freiburg	Hannover	Nürnberg	Bochum	Hertha BSC
FC Bayern		1:1	1:1	1:1	3:1	1:2	1:0	3:0	3:0	2:1	2:0	2:1	0:0	2:1	7:0	2:1	3:1	5:2
Schalke 04	1:2		0:2	2:2	2:1	2:1	3:3	1:2	1:0	2:0	2:0	3:1	2:0	0:1	2:0	1:0	3:0	2:0
Bremen	2:3	0:2		2:2	1:1	2:2	1:1	2:2	3:0	2:3	2:0	3:0	1:0	4:0	0:0	4:2	3:2	2:1
Leverkusen	1:1	0:2	0:0		1:1	4:0	4:2	2:1	4:2	4:0	1:0	3:2	0:0	3:1	3:0	4:0	2:1	1:1
Dortmund	1:5	0:1	2:1	3:0		1:1	1:0	1:1	0:0	2:3	1:1	3:0	1:0	1:0	4:1	4:0	2:0	2:0
Stuttgart	0:0	1:2	0:2	2:1	4:1		1:3	3:1	2:2	2:1	3:1	2:1	0:2	4:2	2:0	0:0	1:1	1:1
Hamburg	1:0	2:2	2:1	0:0	4:1	3:1		1:1	0:1	0:0	0:0	2:3	3:1	2:0	0:0	4:0	0:1	1:0
Wolfsburg	1:3	2:1	2:4	2:3	1:3	2:0	2:4		3:3	3:1	4:0	2:1	2:3	2:2	4:2	2:3	4:1	1:5
Mainz	2:1	0:0	1:2	2:2	1:0	1:1	1:1	0:2		3:3	2:1	1:0	1:0	3:0	1:0	1:0	0:0	2:1
E. Frankfurt	2:1	1:4	1:0	3:2	1:1	0:3	1:1	2:2	2:0		1:2	1:2	1:2	2:1	2:1	1:1	2:1	2:2
Hoffenheim	1:1	0:0	0:1	0:3	1:2	1:1	5:1	1:2	0:1	1:1		2:2	0:2	1:1	2:1	3:0	3:0	5:1
M'gladbach	1:1	1:0	4:3	1:1	0:1	0:0	1:0	0:4	2:0	2:0	2:4		0:0	1:1	5:3	2:1	1:2	2:1
Köln	1:1	1:2	0:0	0:1	2:3	1:5	3:3	1:3	1:0	0:0	0:4	1:1		2:2	0:1	3:0	2:0	0:3
Freiburg	1:2	0:0	0:6	0:5	3:1	0:1	1:1	1:0	1:0	0:2	0:1	3:0	0:0		1:2	2:1	1:1	0:3
Hannover	0:3	4:2	1:5	0:0	1:1	1:0	2:2	0:1	1:1	2:1	0:1	6:1	1:4	5:2		1:3	2:3	0:3
Nürnberg	1:1	1:2	2:2	3:2	2:3	1:2	0:4	0:2	2:0	1:1	0:0	1:0	1:0	0:1	0:2		0:1	3:0
Bochum	1:5	2:2	1:4	1:1	1:4	0:2	1:2	1:1	2:3	1:2	2:1	3:3	0:0	1:2	0:3	0:0		1:0
Hertha BSC	1:3	0:1	2:3	2:2	0:0	0:1	1:3	0:0	1:1	1:3	0:2	0:0	0:1	0:4	1:0	1:2	0:0	

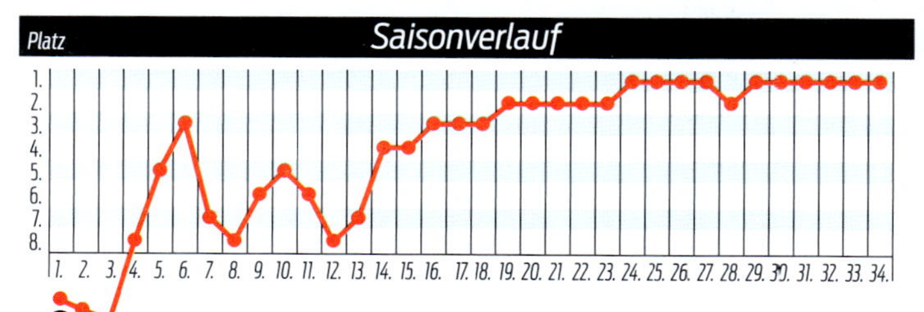

FC BAYERN MÜNCHEN

Der Vorzeige-Bayer in der jetzigen Dekade: Thomas Müller, hier im Zweikampf mit dem Gladbacher Martin Stranzl, ist das (inoffizielle) Sprachrohr der Mannschaft. Mit seinem bayerischen Charme steigt er zum beliebtesten Spieler im deutschen Fußball auf. Ihm gelingt eine Bilderbuch-Karriere: 2010 erstmals Meister und Pokalsieger, 2013 Champions-League-Sieger, 2014 Weltmeister – viel mehr geht nicht

LOGISCHE TRENNUNG IN FÜNF AKTEN

Louis van Gaal stürzt über die schwachen Leistungen seiner Mannschaft, seine Arroganz, Frechheit und Sturheit

Der „Rotweinfrieden von Cluj", der nur ein Scheinfrieden ist: Louis van Gaal und Uli Hoeneß

Es soll ein Signal sein an Mannschaft und Öffentlichkeit. Doch in Wahrheit ist es eine Mischung aus Trotz und Unsicherheit. Die Bayern-Bosse verlängern Ende September 2010 den Vertrag mit Louis van Gaal, der bis zum 30. Juni 2011 läuft, vorzeitig um ein Jahr. Der Zeitpunkt macht das Unterfangen höchst ungewöhnlich. Denn zwei Tage zuvor hat der Meister sein Heimspiel gegen Sensations-Tabellenführer Mainz 05 mit 1:2 verloren und steht nach sechs Spieltagen mit nur acht Punkten auf Rang neun.

Erneut ist es ein katastrophaler Saisonstart, Vorstandsboss Karl-Heinz Rummenigge, im Gegensatz zu Präsident Uli Hoeneß noch ein Befürworter des holländischen Trainers, sagt: „Nach einem Sieg kann jeder Verträge verlängern. Deshalb ist es auch ein ganz gutes Zeichen für die Öffentlichkeit, dass wir jetzt auch nach einer Niederlage weiterhin den Stellenwert des Trainers zu schätzen wissen."

Rummenigge will den Druck an die Spieler weitergeben und van Gaal aus der Schusslinie nehmen. Außerdem glaubt er an einen ähnlichen Saisonverlauf wie 2009/10, als Bayern erst am 24. Spieltag die Tabellenführung übernommen hat.

„Wir haben wieder eine schwierige Zeit, und der Vorstand zeigt Vertrauen. Das ist eine große Unterstützung", freut sich Louis van Gaal. Kurz nach der Vertragsverlängerung gelingt den Bayern in der Champions League ein 2:1-Erfolg beim FC Basel, wenige Tage später folgt die Ernüchterung: 0:2 beim kommenden Meister Dortmund. Die Münchner sind nach sieben Spielen Zwölfter. „Es kann nicht sein, dass wir mit diesem Kader 13 Punkte Rückstand haben", beklagt sich nun Rummenigge.

Zwei Tage später kommt es in den Südtiroler Stuben von Münchens Promi-Koch Alfons Schuhbeck zu einem grotesken Szenario. Es ist der erste von fünf Akten, an deren Ende die Trennung vom allzu stolzen und sturen Holländer steht.

6. Oktober 2010: Gemeinsam mit ZDF-Moderatorin Katrin Müller-Hohenstein stellt van Gaal seine zwei Bände dicke Autobiografie „Biografie & Vision" vor. Neben Ehefrau Truus sitzt die komplette Bayern-Führung in der ersten Reihe: AG-Vorstandschef Karl-Heinz Rummenigge, Klub-Präsident Hoeneß, Finanzboss Karl Hopfner und Sportdirektor Christian Nerlinger. Im Anschluss an die Lesung überreicht van Gaal ihnen sein neues Werk und merkt dabei oberlehrerhaft an: „Damit sie mich noch besser verstehen." Zu Rummenigge sagt er in arrogantem Tonfall: „Für Sie ist das auch wichtig zu lesen."

Die Bosse schweigen sich aus, Hoeneß spricht nur: „Kritik gehört dazu. Man muss sich immer die Wahrheit sagen, man kommt nicht immer zusammen, aber das muss ja auch nicht sein."

Gegenüber Journalisten kritisiert van Gaal: „Manchmal stört es mich, dass sich Karl-Heinz Rummenigge oder Uli Hoeneß einmischen und ein offenes Ohr für Spieler haben. Das bringt Unruhe und kostet viel Energie – auch für die beiden selbst." Hochmut kommt vor dem Fall.

30. Oktober 2010: Trotz vier Siegen in fünf Pflichtspielen inklusive des 4:2 gegen den SC Freiburg am Tag zuvor (10. Spieltag) attackiert Hoeneß in der Sendung „Sky90" den Holländer scharf: „Es ist schwierig, mit ihm zu reden. Weil er anderer Leute Meinung nicht akzeptiert. Aber ein Verein ist heute keine One-Man-Show mehr." Ein Ausbruch, „natürlich nicht spontan", sagt

Vorentscheidung im Titelkampf: Mats Hummels (3. v. l.) köpft das Tor zum 3:1-Endstand, Dortmund gewinnt am 24. Spieltag in der Allianz Arena und hat jetzt 16 Punkte Vorsprung auf Bayern

Hoeneß, bei dem er van Gaal auch sportliche Fehler ankreidet. Schließlich gebe es vier, fünf Spieler, „die hier permanent falsch eingeschätzt werden".

2. November 2010: Vor dem Champions-League-Auswärtsspiel in Cluj (Rumänien) erklärt van Gaal auf einer Pressekonferenz: „Ich bin sehr enttäuscht, sehr enttäuscht, dass mein Präsident so etwas sagt über mich." Danach treffen sich die Widersacher hinter verschlossenen Türen zum Krisengipfel. Nach dem lockeren 4:0 sitzen Hoeneß und van Gaal beim Bankett demonstrativ nebeneinander, stoßen an. Doch die Blicke verraten: Beim erklärten „Rotweinfrieden von Cluj" handelt es sich in Wahrheit um einen Scheinfrieden.

Das Tischtuch ist zerschnitten. Denn das, was man von van Gaals Mannschaft erwartet, passiert in Dortmund. Zum Ende der Hinrunde hat der BVB von Trainer Jürgen Klopp satte 14 Punkte Vorsprung auf die Münchner. Nur die souveräne Vorrunde in der Champions League mit fünf Siegen in sechs Partien rettet den Holländer.

In der Winterpause stellt sich der Coach gegen Star-Einkäufe und überrascht alle mit einer Personalentscheidung: Der unerfahrene Torhüter Thomas Kraft (22) soll ab der Rückrunde den Routinier Jörg Butt (36) ablösen. Die Bosse schäumen. Schließlich steht hinter den Kulissen längst der Transfer von Schalkes Torhüter Manuel Neuer für die kommende Saison fest, nun macht sich Kraft falsche Hoffnungen.

6. März 2011: Nach „acht katastrophalen Tagen" (Rummenigge), dem 1:3 gegen Dortmund, dem Halbfinal-Aus im DFB-Pokal gegen Schalke (0:1) und dem 1:3 in Hannover (25. Spieltag), dem „absoluten Tiefpunkt der Saison", wie Rummenigge findet, tagen die Verantwortlichen fünf Stunden lang, gewähren ihrem Trainer aber eine Schonfrist bis Saisonende.

Im Sommer soll der Vertrag dann vorzeitig gelöst werden. Mit Hoeneß-Freund Jupp Heynckes, nun bei Bayer Leverkusen in Lohn und Brot, hat man bereits einen Nachfolger gefunden.

9. April 2011: Nach einem trostlosen 1:1 in Nürnberg (29. Spieltag), bei dem Thomas Kraft mit einem dicken Patzer das Gegentor verschuldet, bestellt der Vorstand Louis van Gaal ein. Dem Trainer ist klar, was passieren wird. So verabschiedet er sich auf der Rückfahrt über Busmikrofon von seiner Mannschaft.

Van Gaal wird entlassen, sein Assistent Andries Jonker übernimmt für die letzten fünf Spiele und rettet wenigstens noch den dritten Platz, der zur Champions-League-Qualifikation berechtigt.

„Wir haben das Worst-Case-Szenario, die Europa League, vermieden", sagt Nerlinger, und Hoeneß wirft van Gaal hinterher: „Mit Kraft hat doch die ganze Scheiße angefangen." Rummenigge bilanziert: „Louis van Gaal ist ein sehr guter Trainer, gescheitert ist der Mensch van Gaal." ●

Champions League

Wieder gegen Inter ausgeschieden: Gomez, Lahm und Müller (v. l.)

Lúcio: Zweiter Triumph gegen van Gaal

Mit fünf Siegen (2:0 gegen AS Rom, 2:1 und 3:0 gegen FC Basel, 3:2 und 4:0 gegen Cluj) und einer überflüssigen Niederlage (2:3 in Rom nach 2:0-Führung) marschieren die Bayern durch die Vorrunde, werden Gruppenerster. Im Achtelfinale kommt es zur Endspielpaarung 2009/10 – die große Chance, sich für das 0:2 gegen Inter Mailand zu rehabilitieren. Es scheint zu gelingen: Mario Gomez schießt in letzter Minute des Hinspiels im Giuseppe-Meazza-Stadion das 1:0-Siegtor. Im Rückspiel in München gleicht Gomez Inters Führung (3., Eto'o) aus (21.), Thomas Müller erhöht auf 2:1 (31.) – und doch scheitern die Bayern: Wesley Sneijder (63.) und Goran Pandev (88.) führen Inter noch zum Sieg und aufgrund der Auswärtstore-Regelung ins Viertelfinale. Was bleibt, ist eine Mischung aus Spott und Mitleid. Sieger Lúcio sagt: „Mein Herz schlägt immer noch für Bayern. Nachdem Trainer van Gaal nun geht, kann Uli Hoeneß mich ja anrufen."

DFB-Pokal

Schalkes Siegtreffer im Halbfinale: Raúl (2. v. l.) köpft das 1:0

1:0 – Raúls erster Sieg in München

Im Kölner Bundesliga-Stadion hält Fünftligist Germania Windeck 43 Minuten ein 0:0, dann sorgen Miroslav Klose und Franck Ribéry mit einem Doppelschlag vor der Pause für das 2:0. Endstand: 4:0. Bastian Schweinsteiger ist der Matchwinner in der zweiten Runde: Im Heimspiel gegen Bremen, das durch den Ex-Bayern Claudio Pizarro in Führung geht (2.), erzielt er die Treffer zum 2:1-Sieg (27., 75.). Im Achtelfinale in Stuttgart siegt Bayern durch drei Tore von Thomas Müller, Klose und Ribéry in den letzten neun Minuten 6:3. Nach zwei Pokalniederlagen in Aachen (03/04 und 06/07) bestehen die Bayern diesmal die Prüfung im Viertelfinale (4:0), entscheiden die Partie aber erst in der letzten Viertelstunde durch Tore von Müller (2) und Arjen Robben. Der alternde Weltstar Raúl, der mit Real nie in München gewonnen hat und nun für Schalke spielt, entscheidet das Halbfinale, köpft in der 15. Minute das siegbringende 1:0.

DIE TOP-ELF DER SAISON

TRAINER

LOUIS VAN GAAL
Nach 63 Bundesliga-Spielen ist der Holländer seinen Job in München los, seine Bilanz ist schwächlich: 35 Siege, 17 Remis, 11 Niederlagen. Nachfolger Andries Jonker bringt die Saison ungeschlagen zu Ende (4-1-0).

Franck Ribé

Danijel Pranjic

DER SPIELER DES JAHRES

*Vom Bayern-Stürmer Nr. 4 (nach Aussage von Louis van Gaal im Juli 2010) binnen eines Jahres zum Bundesliga-Stürmer Nummer 1: **Mario Gomez** schreibt ein Fußballmärchen. Er wird Torschützenkönig und kommt den Größten des Vereins ziemlich nah: Seine 28 Tore hat zuletzt in der Bundesliga Karl-Heinz Rummenigge überboten (1980/81, 29 Tore), mehr als seine fünf Dreierpacks schafft nur Gerd Müller 1971/72 (sechs). Insgesamt schießt Gomez 45 Pflichtspiel-Tore für Bayern und sieben für Deutschland – es ist sein absolutes Rekordjahr.*

Der Kader

NAME	SPIELE	TORE
Jörg Butt	23	0
Thomas Kraft	12	0
David Alaba	2	0
Holger Badstuber	23	0
Edson Braafheid	3	0
Breno	13	0
Diego Contento	14	0
Martín Demichelis	6	1
Philipp Lahm	34	3
Daniel van Buyten	21	2
Hamit Altintop	14	2
Toni Kroos	27	1
Luiz Gustavo	14	1
Thomas Müller	34	12
Andreas Ottl	15	0
Danijel Pranjic	28	0
Franck Ribéry	25	7
Arjen Robben	14	12
Bastian Schweinsteiger	32	4
Anatolij Tymoschtschuk	26	3
Mark van Bommel	13	0
Mario Gomez	32	28
Miroslav Klose	20	1
Ivica Olic	6	0

MARK VAN BOMMEL überwirft sich mit Louis van Gaal und wechselt am 25. Januar 2011 zum AC Mailand

Transfers

LUIZ GUSTAVO wechselt zum 1. Januar 2011 von 1899 Hoffenheim zum FC Bayern – und löst damit ein Erdbeben in Hoffenheim aus. 1899-Trainer Ralf Rangnick hat sich gegen den Verkauf des defensiven Mittelfeldspielers gewehrt, wird von dem Transfer überrascht. Rangnick, dem ein spannungsgeladenes Verhältnis zu Investor Dietmar Hopp nachgesagt wird, kündigt daraufhin zum 1. Januar sein Arbeitsverhältnis. Der Brasilianer gibt am 18. Spieltag gegen den VfL Wolfsburg seinen Einstand bei Bayern, bestreitet 14 Bundesliga-Spiele in der Rückrunde und bleibt bis Ende der Saison 2012/13 (64 Bundesliga-Spiele). Im Sommer 2013 wechselt er zum Bundesliga-Konkurrenten VfL Wolfsburg.

SPIELER	VON VEREIN	ABLÖSESUMME
Luiz Gustavo	1899 Hoffenheim	17 Mio. €
Toni Kroos	Bayer 04 Leverkusen	nach Leihe zurück

Tops & Flops

AUSWÄRTSREKORD Das 8:1 bei St. Pauli (33. Spieltag) ist Bayerns höchster Bundesliga-Auswärtssieg. Torschützen: Gomez (3), Robben und Ribéry (je 2), van Buyten.

DAUERBRENNER Wie 2009/10 bestreitet Philipp Lahm alle 3060 Bundesliga-Minuten, stellt den Vereinsrekord für Feldspieler ein. Nur noch Rainer Ohlhauser (1968 – 1970), Uli Hoeneß (1972 – 1974) und Udo Horsmann (1979 – 1981) spielen zwei Jahre durch.

RÜCKRUNDENMEISTER Mit 36 Punkten (50:20 Tore) ist Bayern die Nr. 1.

ELFMETER Von sechs Strafstößen sitzen nur drei. Besonders eklatant ist die Schwäche zwischen dem 11. und 18. Spieltag, als Bastian Schweinsteiger (11., Foto), Mario Gomez (12.) und Philipp Lahm (18.) verschießen. Lahm trifft während dieser Periode immerhin zweimal (12. und 16. Spieltag).

TORFLAUTE Vom 2. bis 4. Spieltag bleibt Bayern torlos, stellt damit den Negativ-Vereinsrekord in der Bundesliga ein (19. – 21. Spieltag 1977/78).

JOKER Nur Klose (20. Spieltag in Bremen) gelingt ein Tor nach Einwechslung.

Das erste Spiel von Interimstrainer Andries Jonker: Bayern schlägt am 30. Spieltag Leverkusen 5:1. Mario Gomez trägt Franck Ribéry, Bayerns letzten Torschützen an diesem Tag, auf Händen

1. SPIELTAG

Bayern – VfL Wolfsburg 2:1 (1:0)

BAYERN: Butt – Lahm, van Buyten, Badstuber, Contento – van Bommel, Schweinsteiger – T. Müller, Kroos (73. Pranjic), Ribéry – Klose (73. Gomez).
WOLFSBURG: Benaglio – Pekarik (46. Misimovic), Kjær, Barzagli, Schäfer – Josué – Riether, Cicero – Ziani (77. Dejagah), Mandzukic (88. Grafite) – Dzeko.
Tore: 1:0 T. Müller (9.), 1:1 Dzeko (55.), 2:1 Schweinsteiger (90.+1).
Gelb: van Bommel / Pekarik, Cicero, Barzagli.
Schiedsrichter: Thorsten Kinhöfer.

2. SPIELTAG

1. FC Kaiserslautern – Bayern 2:0 (2:0)

K'LAUTERN: Sippel – Dick, Amedick, Rodnei, Jessen – Bilek – Kirch, Tiffert (90. B. Schulz), Ilicevic – Nemec (53. Walch) – Lakic (78. Hoffer).
BAYERN: Butt – Lahm, van Buyten, Badstuber, Contento (63. Pranjic) – van Bommel, Schweinsteiger – Olic (63. Kroos), T. Müller, Ribéry – Klose (75. Gomez).
Tore: 1:0 Ilicevic (36.), 2:0 Lakic (37.).
Gelb/Rot: Ilicevic (90.+2) / –.
Gelb: – / T. Müller.
Schiedsrichter: Florian Meyer.

3. SPIELTAG

Bayern – Werder Bremen 0:0

BAYERN: Butt – Lahm, van Buyten (73. Demichelis), Badstuber, Contento – van Bommel, Schweinsteiger – T. Müller, Klose (46. Kroos), Ribéry – Olic (78. Gomez).
BREMEN: Wiese – Fritz, Prödl, Pasanen, Silvestre – Bargfrede, Frings – Marin (85. Almeida), Wesley (69. Borowski), Hunt (90.+1 D. Jensen) – Arnautovic.
Schiedsrichter: Knut Kircher.

4. SPIELTAG

Bayern – 1. FC Köln 0:0

BAYERN: Butt – Lahm, van Buyten, Badstuber, Contento – van Bommel, Schweinsteiger – Kroos, T. Müller, Ribéry – Klose (71. Gomez).
KÖLN: Mondragón – Brecko, Geromel, Pezzoni, Ehret – Petit – Freis, Yalcin (66. Lanig), Jajalo (85. Matuschyk), Clemens (90. Ionita) – Podolski.
Gelb: – / Brecko.
Schiedsrichter: Felix Zwayer.

5. SPIELTAG

1899 Hoffenheim – Bayern 1:2 (1:0)

HOFFENHEIM: Haas – Beck, Simunic, Vorsah, Compper (60. Ibertsberger) – Luiz Gustavo – Rudy, Weis (46. Vukcevic), Salihovic, Ba (77. Mlapa) – Ibisevic.
BAYERN: Butt – Lahm, van Buyten, Badstuber, Contento (46. Pranjic) – van Bommel, Schweinsteiger – Kroos (46. Olic), T. Müller, Ribéry (64. Altintop) – Klose.
Tore: 1:0 Ibisevic (1.), 1:1 T. Müller (62.), 1:2 van Buyten (90.+1).
Gelb: Weis / Altintop, van Bommel.
Schiedsrichter: Thorsten Kinhöfer.

6. SPIELTAG

Bayern – 1. FSV Mainz 05 1:2 (1:1)

BAYERN: Butt – Lahm, van Buyten, Badstuber, Pranjic – van Bommel, Schweinsteiger – T. Müller, Kroos (82. Tymoschtschuk) – Klose (75. Gomez), Olic (62. Altintop).
MAINZ: Wetklo – Bungert (64. Schürrle), Svensson, Noveski, Fuchs – Polanski, Karhan, M. Caligiuri – Holtby (46. Zabavnik) – Allagui, Szalai (82. Heller).
Tore: 0:1 Allagui (15.), 1:1 Svensson (45., Eigentor), 1:2 Szalai (77.).
Gelb: – / Fuchs, Svensson.
Schiedsrichter: Babak Rafati.

7. SPIELTAG

Borussia Dortmund – Bayern 2:0 (0:0)

DORTMUND: Weidenfeller – Piszczek, Subotic, Hummels, Schmelzer – S. Bender, Sahin (87. da Silva) – Blaszczykowski, Kagawa (75. Lewandowski), Großkreutz – Barrios (85. Feulner).
BAYERN: Butt – Lahm, van Buyten (46. Demichelis), Badstuber, Braafheid (61. Olic) – van Bommel, Pranjic – T. Müller, Schweinsteiger, Kroos – Gomez.
Tore: 1:0 Barrios (51.), 2:0 Sahin (60.).
Gelb: – / Demichelis, Olic, Schweinsteiger.
Schiedsrichter: Florian Meyer.

8. SPIELTAG

Bayern – Hannover 96 3:0 (1:0)

BAYERN: Butt – Lahm, Tymoschtschuk, Badstuber, Braafheid (65. Schweinsteiger) – Ottl, Pranjic – T. Müller, Altintop, Kroos – Gomez.
HANNOVER: Fromlowitz – Cherundolo, Avevor, C. Schulz, Rausch – Schmiedebach, da Silva Pinto (26. Djakpa) – Stoppelkamp (78. Schlaudraff), Stindl – Ya Konan, Forssell (60. Hanke).
Tore: 1:0 Gomez (21.), 2:0 Gomez (77.), 3:0 Gomez (90.).
Gelb: Gomez, Badstuber, Tymoschtschuk / Ya Konan.
Schiedsrichter: Marco Fritz

9. SPIELTAG

Hamburger SV – Bayern 0:0

HAMBURG: Rost (43. Drobny) – Benjamin, Westermann, Mathijsen, Jansen – Rincón – Pitroipa, Zé Roberto, Trochowski – Guerrero (62. Petric), van Nistelrooy (71. Choupo-Moting).
BAYERN: Butt – Lahm, Tymoschtschuk, Badstuber, Pranjic – Ottl, Schweinsteiger – Altintop, Kroos, T. Müller – Gomez (86. Olic).
Gelb: Mathijsen / Pranjic, Schweinsteiger.
Schiedsrichter: Manuel Gräfe.

10. SPIELTAG

Bayern – SC Freiburg 4:2 (1:0)

BAYERN: Butt – Lahm, Tymoschtschuk, Demichelis, Pranjic – Ottl, Schweinsteiger – Altintop (46. van Buyten), Kroos, T. Müller (76. Braafheid) – Gomez.
FREIBURG: Baumann – Mujdza, Barth, Toprak, Bastians – Schuster – Nicu (62. Reisinger), Abdessadki (77. Pamic), (81. Williams), Makiadi, Putsila – Cissé.
Tore: 1:0 Demichelis (39.), 2:0 Gomez (61.), 2:1 Reisinger (64.), 3:1 Tymoschtschuk (72.), 4:1 Kroos (80.), 4:2 Braafheid (87., Eigentor). **Gelb:** – / Putsila, Cissé, Toprak.
Schiedsrichter: Peter Gagelmann.

11. SPIELTAG

Borussia M'gladbach – Bayern 3:3 (1:2)

M'GLADBACH: Heimeroth – Levels, Anderson, Daems, Schachten (46. Brouwers) – Bradley, Neustädter – Herrmann (82. Matmour), Idrissou (46. De Camargo) – Reus, Bobadilla.
BAYERN: Butt – Lahm, van Buyten, Demichelis, Pranjic (81. Alaba) – Altintop, Tymoschtschuk, Schweinsteiger, Ottl (70. T. Müller), Kroos – Gomez.
Tore: 1:0 Herrmann (5.), 1:1 Gomez (11.), 1:2 Schweinsteiger (40.), 2:2 Reus (56.), 3:2 De Camargo (60.), 3:3 Lahm (84.).
Gelb: Schachten / –.
Schiedsrichter: Knut Kircher.
Besonderes Vorkommnis: Schweinsteiger schießt Foulelfmeter an den Pfosten (43.).

12. SPIELTAG

Bayern – 1. FC Nürnberg 3:0 (1:0)

BAYERN: Butt – Lahm, van Buyten, Demichelis (46. Breno), Pranjic – Tymoschtschuk, Ottl – Altintop (56. T. Müller), Schweinsteiger, Kroos (70. Ribéry) – Gomez.
NÜRNBERG: Schäfer – Judt, Nilsson, Wolf, Pinola – Simons – Ekici (74. Mak), Gündogan, Hegeler (46. Frantz), Eigler (79. Cohen) – Schieber.
Tore: 1:0 Gomez (10.), 2:0 Lahm (57., Foulelfmeter), 3:0 Gomez (75.).
Gelb: Pranjic / Schäfer. **Schiedsrichter:** Thorsten Kinhöfer.
Besonderes Vorkommnis: Gomez schießt Foulelfmeter über das Tor (87.).

13. SPIELTAG

Bayer Leverkusen – Bayern 1:1 (1:1)

LEVERKUSEN: Adler – Schwaab (58. Castro), M. Friedrich, Hyypiä, Kadlec – Vidal, Renato Augusto (90.+2 Bender), Rolfes, Sam, Barnetta (80. Balitsch) – Derdiyok.
BAYERN: Butt – Lahm, van Buyten, Breno, Pranjic – Tymoschtschuk (61. Ribéry), Ottl – T. Müller, Schweinsteiger, Kroos – Gomez.
Tore: 0:1 Gomez (34.), 1:1 Vidal (45.+2, Foulelfmeter).
Gelb: Castro, Friedrich / Lahm, Ribéry.
Schiedsrichter: Florian Meyer.

14. SPIELTAG

Bayern – Eintracht Frankfurt 4:1 (1:1)

BAYERN: Butt – Lahm, van Buyten (46. Demichelis), Breno, Pranjic – Tymoschtschuk, Kroos – T. Müller, Schweinsteiger (65. van Bommel), Ribéry – Gomez.
FRANKFURT: Nikolov – Ochs, Vasoski, Russ, S. Jung – Schwegler – Heller, Meier (82. Caio), Halil Altintop (87. Amanatidis), Kittel (60. Fenin) – Gekas.
Tore: 1:0 Tymoschtschuk (29.), 1:1 Gekas (33.), 2:1 T. Müller (59.), 3:1 Gomez (61.), 4:1 Tymoschtschuk (88.).
Gelb: Ribéry / –. **Schiedsrichter:** Felix Zwayer.

15. SPIELTAG

FC Schalke 04 – Bayern 2:0 (0:0)

SCHALKE: Neuer – Uchida, Höwedes, Metzelder, Schmitz – Kluge, Rakitic – Edu (73. Papadopoulos), Jurado (77. Pander) – Raúl (60. Farfán), Huntelaar.
BAYERN: Butt – Lahm, Breno, Tymoschtschuk, Contento – van Bommel (74. Pranjic), Kroos – T. Müller, Schweinsteiger (84. van Buyten), Ribéry – Gomez.
Tore: 1:0 Jurado (58.), 2:0 Höwedes (67.).
Gelb: – / Kroos. **Schiedsrichter:** Peter Gagelmann.

16. SPIELTAG

Bayern – FC St. Pauli 3:0 (1:0)

BAYERN: Butt – Lahm, Tymoschtschuk, Breno, Contento – van Bommel, Kroos – Altintop, Schweinsteiger, Ribéry – T. Müller.
ST. PAULI: Kessler – Rothenbach, Morena, Gunesch, Volz (46. Bruns) – Boll (62. Asamoah) – Bartels, Lehmann, Kruse (71. Hain), Oczipka – Ebbers.
Tore: 1:0 Altintop (16.), 2:0 Lahm (72., Foulelfmeter), 3:0 Ribéry (79.).
Rot: – / Kessler (68.).
Gelb: – / Volz. **Schiedsrichter:** Babak Rafati.

17. SPIELTAG

VfB Stuttgart – Bayern 3:5 (0:3)

STUTTGART: Ulreich – Bicakcic (60. Boulahrouz), Tasci, Delpierre, Molinaro – Träsch, Kuzmanovic (68. Gentner) – Gebhart (46. Harnik), Boka – Cacau, Pogrebnjak.
BAYERN: Butt – Lahm, Tymoschtschuk, Breno, Contento – van Bommel, Ottl – Altintop (46. Pranjic), T. Müller (77. Alaba), Ribéry – Gomez (68. Klose).
Tore: 0:1 Gomez (31.), 0:2 T. Müller (36.), 0:3 Ribéry (43.), 1:3 Harnik (49.), 1:4 Gomez (52.), 1:5 Gomez (54.), 2:5 Harnik (65.), 3:5 Gentner (70.).
Gelb: Träsch, Tasci, Pogrebnjak / Tymoschtschuk.
Schiedsrichter: Thorsten Kinhöfer.

18. SPIELTAG

VfL Wolfsburg – Bayern 1:1 (0:1)

WOLFSBURG: Benaglio – Riether, Kjær, A. Friedrich, Schäfer – Josué (69. Pekarik), Cicero (46. Cigerci) – Dejagah, Diego (88. Kahlenberg), Mandzukic – Grafite.
BAYERN: Kraft – Lahm, Breno, Badstuber, Pranjic (82. Ottl) – van Bommel, Tymoschtschuk (69. Luiz Gustavo) – T. Müller, Schweinsteiger, Ribéry (25. Robben) – Gomez.
Tore: 0:1 T. Müller (7.), 1:1 Riether (86.).
Gelb: Mandzukic, Josué / Schweinsteiger, Badstuber.
Schiedsrichter: Manuel Gräfe.
Besondere Vorkommnisse: Lahm schießt Foulelfmeter an den Pfosten (21.), Kraft hält Foulelfmeter von Grafite (45.+3).

19. SPIELTAG

Bayern – 1. FC Kaiserslautern 5:1 (1:0)

BAYERN: Kraft – Lahm, Tymoschtschuk, Badstuber, Pranjic – van Bommel, Luiz Gustavo (85. Breno) – Robben (74. Altintop), Schweinsteiger, T. Müller – Gomez.
K'LAUTERN: Sippel – Dick, Amedick, Rodnei, Bugera (76. Jessen) – Petsos (66. Amri) – Kirch, Tiffert, Moravek (66. Hoffer), Ilicevic – Nemec.
Tore: 1:0 Robben (45.+1), 2:0 Gomez (46.), 2:1 Moravek (62.), 3:1 Gomez (80.), 4:1 Gomez (85.), 5:1 T. Müller (90.+1).
Gelb: – / Kirch, Tiffert, Bugera.
Schiedsrichter: Markus Schmidt.

20. SPIELTAG

Werder Bremen – Bayern 1:3 (0:0)

BREMEN: Wiese – Pasanen, Mertesacker, Prödl, Silvestre – Frings – Fritz (80. Wagner), Bargfrede, Hunt (89. Mielitz) – Pizarro, Marin (67. Trinks).
BAYERN: Kraft – Lahm, Tymoschtschuk, Badstuber, Luiz Gustavo – Ottl, Pranjic – Robben, Schweinsteiger (69. Klose), T. Müller – Gomez (81. Breno).
Tore: 1:0 Mertesacker (47.), 1:1 Robben (65.), 1:2 Mertesacker (76., Eigentor), 1:3 Klose (86.).
Rot: Wiese (88.) / –.
Gelb: Pizarro, Prödl / Schweinsteiger, Robben.
Schiedsrichter: Thorsten Kinhöfer.

21. SPIELTAG

1. FC Köln – Bayern 3:2 (0:2)

KÖLN: Rensing – Brecko, Geromel, Mohamad, Eichner – Lanig, Matuschyk – Clemens (90.+1 Yalcin), Podolski, Peszko (90. Ehret) – Novakovic (82. Jajalo).
BAYERN: Kraft – Lahm, Tymoschtschuk, Badstuber, Luiz Gustavo (78. Klose) – Ottl, Pranjic – Altintop (62. Ribéry), Schweinsteiger, T. Müller – Gomez.
Tore: 0:1 Gomez (22.), 0:2 Altintop (43.), 1:2 Clemens (55.), 2:2 Novakovic (62.), 3:2 Novakovic (73.).
Gelb: – / Badstuber, Lahm. **Schiedsrichter:** Felix Zwayer.

22. SPIELTAG

Bayern – 1899 Hoffenheim 4:0 (2:0)

BAYERN: Kraft – Lahm, Tymoschtschuk, Badstuber, Luiz Gustavo – Pranjic, Schweinsteiger – Robben (84. Altintop), T. Müller, Ribéry – Gomez.
HOFFENHEIM: Starke – Beck, Vorsah (46. Simunic), Compper, Ibertsberger – Alaba – Rudy (20. Weis), Salihovic – Vukcevic (77. Sigurdsson), Babel – Ibisevic.
Tore: 1:0 Gomez (2.), 2:0 T. Müller (15.), 3:0 Robben (63.), 4:0 Robben (81.).
Gelb: – / Weis, Simunic, Beck, Salihovic.
Schiedsrichter: Peter Gagelmann.

23. SPIELTAG

1. FSV Mainz 05 – Bayern 1:3 (0:1)

MAINZ: H. Müller – Fuchs, Kirchhoff, Noveski, Zabavnik – Polanski (84. Fathi), M. Caligiuri (63. Soto) – Risse, Schürrle – Allagui, Sliskovic (55. Holtby).
BAYERN: Kraft (46. Butt) – Lahm, Tymoschtschuk, Badstuber (64. Kroos), Luiz Gustavo – Pranjic, Schweinsteiger – Robben, T. Müller (80. Breno), Ribéry – Gomez.
Tore: 0:1 Schweinsteiger (9.), 0:2 T. Müller (50.), 0:3 Gomez (77.), 1:3 Allagui (84.).
Gelb: Fuchs, Holtby / Badstuber.
Schiedsrichter: Knut Kircher.

24. SPIELTAG

Bayern – Borussia Dortmund 1:3 (1:2)

BAYERN: Kraft – Lahm, Tymoschtschuk, Badstuber (46. Breno), Luiz Gustavo (58. Kroos) – Schweinsteiger, Pranjic – Robben, T. Müller (78. Klose), Ribéry – Gomez.
DORTMUND: Langerak – Piszczek, Subotic, Hummels, Schmelzer – S. Bender, Sahin (89. Kehl) – Götze, Lewandowski, Großkreutz (82. da Silva) – Barrios (74. Blaszczykowski).
Tore: 0:1 Barrios (9.), 1:1 Luiz Gustavo (15.), 1:2 Sahin (18.), 1:3 Hummels (60.).
Gelb: Robben, Schweinsteiger / Lewandowski, Schmelzer, Sahin.
Schiedsrichter: Manuel Gräfe.

25. SPIELTAG

Hannover 96 – Bayern 3:1 (1:0)

HANNOVER: Zieler – Cherundolo, Haggui, Pogatetz, C. Schulz – Schmiedebach, da Silva Pinto – Stindl (87. Eggimann), Rausch (77. Chahed) – Schlaudraff (81. Stoppelkamp), Abdellaoue.
BAYERN: Kraft – Lahm, Tymoschtschuk (46. van Buyten), Breno, Badstuber (46. Ottl) – Kroos (69. Klose), Pranjic – Robben, T. Müller, Ribéry – Gomez.
Tore: 1:0 Abdellaoue (16.), 2:0 Rausch (51.), 2:1 Robben (55.), 3:1 da Silva Pinto (62.).
Rot: – / Breno (73.).
Gelb: Abdellaoue, Stindl, da Silva Pinto / Kroos.
Schiedsrichter: Dr. Jochen Drees.

26. SPIELTAG

Bayern – Hamburger SV 6:0 (1:0)

BAYERN: Kraft – Lahm, van Buyten, Luiz Gustavo (67. Badstuber), Pranjic – Kroos, Schweinsteiger – Robben (70. Altintop), T. Müller, Ribéry – Gomez (73. Klose).
HAMBURG: Rost – Rincón, Kacar, Westermann, Aogo – Jarolim, Zé Roberto – Ben-Hatira (66. Jansen), Elia – Guerrero (68. Tesche), Petric.
Tore: 1:0 Robben (40.), 2:0 Robben (47.), 3:0 Robben (55.), 4:0 Ribéry (64.), 5:0 T. Müller (79.), 6:0 Westermann (85., Eigentor).
Gelb: Ribéry, Klose / Guerrero.
Schiedsrichter: Michael Weiner.

27. SPIELTAG

SC Freiburg – Bayern 1:2 (1:1)

FREIBURG: Baumann – Mujdza, Toprak, Barth, Bastians – Schuster – D. Caligiuri (86. Butscher), Flum (78. Reisinger), Makiadi, Putsila (89. Yano) – Cissé.
BAYERN: Kraft – Lahm, van Buyten, Luiz Gustavo, Pranjic – Kroos (78. Tymoschtschuk), Schweinsteiger – Robben (30. Altintop), T. Müller (71. Klose), Ribéry – Gomez.
Tore: 0:1 Gomez (9.), 1:1 Cissé (17.), 1:2 Ribéry (88.).
Gelb: Schuster, Reisinger / –.
Schiedsrichter: Peter Gagelmann.
Besonderes Vorkommnis: Kraft hält Foulelfmeter von Cissé (14.).

28. SPIELTAG

Bayern – Borussia M'gladbach 1:0 (0:0)

BAYERN: Kraft – Lahm, Luiz Gustavo, Badstuber, Pranjic – Kroos (72. Ottl), Schweinsteiger – Robben, T. Müller (72. Klose), Ribéry – Gomez.
M'GLADBACH: Bailly – Jantschke, Stranzl, Dante, Daems – Nordtveit, Neustädter – Herrmann (63. Matmour), (86. Brouwers), Arango – Reus, Hanke (72. Idrissou).
Tor: 1:0 Robben (77.).
Gelb: Lahm, Robben / Reus.
Schiedsrichter: Christian Dingert.

29. SPIELTAG

1. FC Nürnberg – Bayern 1:1 (0:1)

NÜRNBERG: Schäfer – Chandler, Wollscheid, Wolf, Pinola – Simons – Cohen, Gündogan (33. Hegeler), Ekici (83. Mintal) – Eigler, Mak (66. Schieber).
BAYERN: Kraft – Lahm, Luiz Gustavo, Badstuber, Pranjic (46. Contento) – Kroos (46. Tymoschtschuk), Schweinsteiger – Robben, T. Müller (63. Klose), Ribéry – Gomez.
Tore: 0:1 T. Müller (5.), 1:1 Eigler (60.).
Rot: – / Robben (90.+3).
Gelb: Wolf, Wollscheid / Kroos, Badstuber.
Schiedsrichter: Knut Kircher.

30. SPIELTAG

Bayern – Bayer Leverkusen 5:1 (4:0)

BAYERN: Butt – Lahm, van Buyten (84. Breno), Luiz Gustavo, Pranjic (15. Contento) – Tymoschtschuk, Schweinsteiger (80. Ottl) – T. Müller, Klose, Ribéry – Gomez.
LEVERKUSEN: Adler – Balitsch, Schwaab, Reinartz, Castro (46. Bender) – Vidal (80. Kadlec), Rolfes – Sam, Ballack, Renato Augusto (56. Kießling) – Derdiyok.
Tore: 1:0 Rolfes (7., Eigentor), 2:0 Gomez (28.), 3:0 Gomez (44.), 4:0 Gomez (45.+1), 4:1 Derdiyok (62.), 5:1 Ribéry (75.).
Gelb: Tymoschtschuk / Vidal.
Schiedsrichter: Manuel Gräfe.

31. SPIELTAG

Eintracht Frankfurt – Bayern 1:1 (0:0)

FRANKFURT: Fährmann – S. Jung, Rode, Russ, Köhler – Schwegler, Clark – Ochs, Halil Altintop, Fenin (90.+4 Caio) – Gekas (89. Heller).
BAYERN: Butt – Lahm, van Buyten, Luiz Gustavo, Contento – Tymoschtschuk (69. Kroos), Schweinsteiger – T. Müller, Klose, Ribéry – Gomez.
Tore: 1:0 Rode (53.), 1:1 Gomez (89., Foulelfmeter).
Gelb: Köhler, Ochs, Jung, Fenin / Schweinsteiger, Gomez, Luiz Gustavo.
Schiedsrichter: Dr. Jochen Drees.

32. SPIELTAG

Bayern – FC Schalke 04 4:1 (3:1)

BAYERN: Butt – Lahm, van Buyten, Badstuber, Contento (72. Ottl) – Tymoschtschuk, Schweinsteiger – Robben, T. Müller (85. Kroos), Ribéry – Gomez (83. Klose).
SCHALKE: Neuer – Uchida, Papadopoulos, Metzelder, Sarpei (46. Baumjohann) – J. Matip (79. Escudero) – Kluge, Annan – Farfán, Jurado – Raúl (46. Edu).
Tore: 1:0 Robben (6.), 1:1 Badstuber (7., Eigentor), 2:1 T. Müller (13.), 3:1 Gomez (19.), 4:1 T. Müller (84.).
Gelb: Ribéry / Metzelder, Farfán.
Schiedsrichter: Peter Gagelmann.

33. SPIELTAG

FC St. Pauli – Bayern 1:8 (0:2)

ST. PAULI: Kessler – Thorandt (46. Ebbers), Morena, Eger, Lechner – Lehmann (68. Kalla), Daube – Kruse, Takyi (46. Bruns), Bartels – Asamoah.
BAYERN: Butt – Lahm, van Buyten, Luiz Gustavo (44. Badstuber), Contento – Tymoschtschuk, Schweinsteiger (69. Kroos) – Robben, T. Müller (69. Klose), Ribéry – Gomez.
Tore: 0:1 Gomez (10.), 0:2 van Buyten (32.), 0:3 Gomez (52.), 0:4 Robben (54.), 0:5 Ribéry (74.), 1:5 Eger (78.), 1:6 Robben (84.), 1:7 Gomez (86.), 1:8 Ribéry (88.).
Gelb: Bartels, Lechner, Bruns / T. Müller, Ribéry.
Schiedsrichter: Thorsten Kinhöfer.

34. SPIELTAG

Bayern – VfB Stuttgart 2:1 (1:1)

BAYERN: Butt – Lahm, van Buyten, Badstuber, Contento – Tymoschtschuk (65. Ottl), Schweinsteiger – Robben, Klose (65. Kroos), T. Müller – Gomez (87. Pranjic).
STUTTGART: Ulreich – Boulahrouz, Tasci, Niedermeier, Boka – Träsch (86. Didavi), Kuzmanovic – Harnik, Hajnal (82. Gentner), Okazaki – Pogrebnjak (78. Schipplock).
Tore: 0:1 Okazaki (24.), 1:1 Gomez (37.), 2:1 Schweinsteiger (71.).
Gelb: Klose, van Buyten / Boka, Niedermeier.
Schiedsrichter: Florian Meyer.

Abschlusstabelle

Pl.	Verein	Spiele	G	U	V	Tore	Diff.	Punkte
1	Dortmund	34	23	6	5	67:22	+45	75
2	Leverkusen	34	20	8	6	64:44	+20	68
3	Bayern (M/P)	34	19	8	7	81:40	+41	65
4	Hannover	34	19	3	12	49:45	+4	60
5	Mainz	34	18	4	12	52:39	+13	58
6	Nürnberg	34	13	8	13	47:45	+2	47
7	Kaiserslautern (A)	34	13	7	14	48:51	–3	46
8	Hamburg	34	12	9	13	46:52	–6	45
9	Freiburg	34	13	5	16	41:50	–9	44
10	Köln	34	13	5	16	47:62	–15	44
11	Hoffenheim	34	11	10	13	50:50	0	43
12	Stuttgart	34	12	6	16	60:59	+1	42
13	Bremen	34	10	11	13	47:61	–14	41
14	Schalke*	34	11	7	16	38:44	–6	40
15	Wolfsburg	34	9	11	14	43:48	–5	38
16	M'gladbach	34	10	6	18	48:65	–17	36
17	Frankfurt	34	9	7	18	31:49	–18	34
18	St. Pauli (A)	34	8	5	21	35:68	–33	29

* als DFB-Pokalsieger für den UEFA-Cup qualifiziert

DIE WEITEREN SIEGER DES JAHRES:

Champions League:
FC Barcelona

Europa League:
FC Porto

DFB-Pokal:
Schalke 04

Alle Ergebnisse auf einen Blick

Waagerecht: alle Heimresultate. Senkrecht: alle Auswärtsresultate

	Dortmund	Leverkusen	Bayern	Hannover	Mainz	Nürnberg	Kaiserslautern	Hamburg	Freiburg	Köln	Hoffenheim	Stuttgart	Bremen	Schalke	Wolfsburg	M'gladbach	Frankfurt	St. Pauli
Dortmund		0:2	2:0	4:1	1:1	2:0	5:0	2:0	3:0	1:0	1:1	1:1	2:0	0:0	2:0	4:1	3:1	2:0
Leverkusen	1:3		1:1	2:0	0:1	0:0	3:1	1:1	2:2	3:2	2:1	4:2	2:2	2:0	3:0	3:6	2:1	2:1
Bayern	1:3	5:1		3:0	1:2	3:0	5:1	6:0	4:2	0:0	4:0	2:1	0:0	4:1	2:1	1:0	4:1	3:0
Hannover	0:4	2:2	3:1		2:0	3:1	3:0	3:2	3:0	2:1	2:0	2:1	4:1	0:1	1:0	0:1	2:1	0:1
Mainz	0:2	0:1	1:3	0:1		3:0	2:1	0:1	1:1	2:0	4:2	2:0	1:1	0:1	0:1	1:0	3:0	2:1
Nürnberg	0:2	1:0	1:1	3:1	0:0		1:3	2:0	1:2	3:1	1:2	2:1	1:3	2:1	2:1	0:1	3:0	5:0
Kaiserslautern	1:1	0:1	2:0	0:1	0:1	0:2		1:1	2:1	1:1	2:2	3:3	3:2	5:0	0:0	3:0	0:3	2:0
Hamburg	1:1	2:4	0:0	0:0	2:4	1:1	2:1		0:2	6:2	2:1	4:2	4:0	2:1	1:3	1:1	1:0	0:1
Freiburg	1:2	0:1	1:2	1:3	1:0	1:1	2:1	1:0		3:2	3:2	2:1	1:3	1:2	2:1	3:0	0:0	1:3
Köln	1:2	2:0	3:2	4:0	4:2	1:0	1:3	3:2	1:0		1:1	1:3	3:0	2:1	1:1	0:4	1:0	1:0
Hoffenheim	1:0	2:2	1:2	4:0	1:2	1:1	3:2	0:0	0:1	1:1		1:2	4:1	2:0	1:3	3:2	1:0	2:2
Stuttgart	1:3	1:4	3:5	2:1	1:0	1:4	2:4	3:0	0:1	0:1	1:1		6:0	1:0	1:1	7:0	1:2	2:0
Bremen	2:0	2:2	1:3	1:1	0:2	2:3	1:2	3:2	2:1	4:2	2:1	1:1		1:1	0:1	1:1	0:0	3:0
Schalke	1:3	0:1	2:0	1:2	1:3	1:1	0:1	0:1	1:0	3:0	0:1	2:2	4:0		1:0	2:2	2:1	3:0
Wolfsburg	0:3	2:3	1:1	2:0	3:4	1:2	1:2	0:1	2:1	4:1	2:2	2:0	0:0	2:2		2:1	1:1	2:2
M'gladbach	1:0	1:3	3:3	1:2	2:3	1:1	0:1	1:2	2:0	5:1	2:0	2:3	1:4	2:1	1:1		0:4	1:2
Frankfurt	1:0	0:3	1:1	0:3	2:1	2:0	0:0	1:3	0:1	0:2	0:4	0:2	1:1	0:0	3:1	0:1		2:1
St. Pauli	1:3	0:1	1:8	0:1	2:4	3:2	1:0	1:1	2:2	3:0	0:1	1:2	1:3	0:2*	1:1	3:1	1:3	

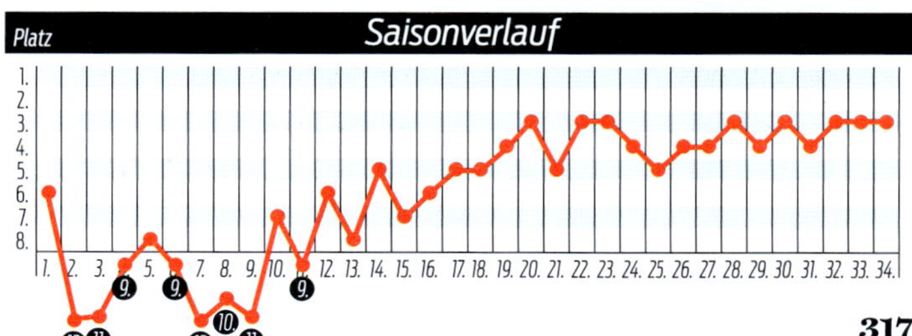

86. Minute in Dortmund: Roman Weidenfeller hält den schwach geschossenen Elfmeter von Arjen Robben (M.), Dortmund gewinnt 1:0. Die Vorentscheidung in der Meisterschaft

EIN JAHR WIE EINST

Zweiter in der Bundesliga, Zweiter im Pokal, Zweiter in der Champions League. Jupp Heynckes erlebt eine tränenreiche Rückkehr

Uli Hoeneß hat beruflich nach eigener Anschauung nie einen größeren Fehler gemacht, als Jupp Heynckes zu entlassen. Damals, am 8. Oktober 1991. 20 Jahre ist das her, und nun gibt ihm das Schicksal die Chance, es wiedergutzumachen. Der Kurzeinsatz von Heynckes im Frühjahr 2009 hat beide Seiten wieder neugierig aufeinander gemacht. Und das, was der Fußballlehrer danach in Leverkusen (Vizemeister 2011) geleistet hat, macht den Versuch noch reizvoller. So vollzieht sich das spektakulärste aller Trainer-Comebacks, die in München gar nicht so selten sind.

Ein anderer Mensch soll er geworden sein über die Jahre. Verständnisvoller, nicht mehr so verbissen. „Ich bin heute viel kommunikativer", versichert Jupp Heynckes bei seinem ersten Auftritt an der Säbener Straße im Juli 2011. Das ist wichtig in einer Medienstadt wie München, in der er sich in der ersten Ära so manches Scharmützel mit den Journalisten geliefert hat.

Eines ist aber in all den Jahren gleich geblieben: Beim FC Bayern zählen nur Titel. „Zu glauben, da kommt ein älterer Herr, der zum Schluss noch ein wenig Spaß haben will, wäre ein großer Fehler", warnt Vorstandsboss Karl-Heinz Rummenigge die Presseleute – und die Konkurrenten.

Mit 66 Jahren, da fängt die letzte, große Herausforderung für Jupp Heynckes an. Das erste von zwei Kapiteln wird jedoch ein tränenreiches. Die Geschichte dieser verrückten Saison ist auch die eines Serien-Verlierers, eines zweiten „Vizekusen". Eines FC Bayern, der dreimal Zweiter wird und den Stempel mit dem schaurigen Schlagwort „Vize-Triple" bekommt.

Die Saison 2011/12 ist auch eine Geschichte der Elfmeter-Dramen, bei denen ein Mann im Mittelpunkt steht: nicht Manuel Neuer, der von Schalke 04 für 30 Millionen Euro Ablöse kommt und schon lange vor seiner Vertragsunterschrift von den Bayern-Ultras angefeindet wird (wie beim Pokal-Halbfinale 2011). Neuer ist oft der Held im Nervenspiel vom Punkt, sogar als

Nach dem Elfmeter: BVB-Verteidiger Neven Subotic verhöhnt Robben, empfindet dessen elfmeterreifen Sturz als Schwalbe

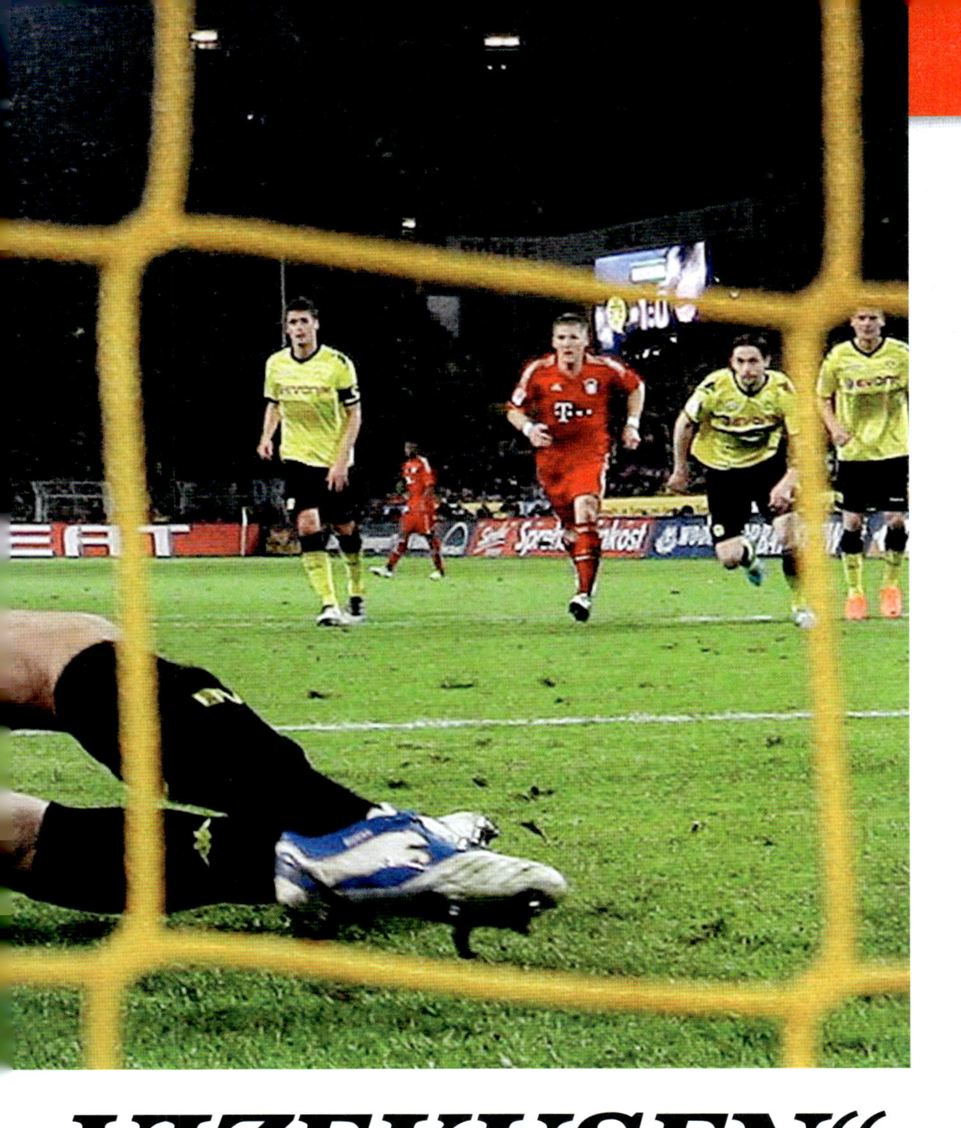

„VIZEKUSEN“

Schütze. Die Rede ist von Arjen Robben, der wie Bastian Schweinsteiger im entscheidenden Moment versagt.

Lange sieht es nach einer Erfolgssaison aus. Der FC Bayern, mit einem 0:1 gegen Gladbach in die Bundesliga gestartet, hat nach sechs Siegen in Folge und 21:0 Toren vor dem achten Spieltag acht Punkte Vorsprung auf Dortmund. Der ganze Ballast der Ära Louis van Gaal fällt ab, die Balance zwischen Abwehr und Angriff stimmt wieder. Mit Neuer und dem neuen Innenverteidiger Jérôme Boateng wächst die Anzahl der deutschen Nationalspieler auf acht. Die Gegner beneiden Heynckes um diese Mannschaft, die bis Weihnachten souverän durch alle Wettbewerbe stürmt.

Philipp Lahm, seit Januar 2011 Kapitän, tönt: „Wir werden immer mehr Qualität haben als Dortmund.“

Nach dem Wintertrainingslager in Katar, schwärmt Heynckes von „der besten Vorbereitung, die ich je erlebt habe“, doch am 18. Spieltag folgt die zweite Niederlage gegen Gladbach (1:3). Nach dem 1:1 beim HSV am 20. Spieltag ist Bayern nur noch Zweiter hinter Dortmund.

Rummenigge ist perplex: „Wir fragen uns alle, was in der Winterpause mit dieser Mannschaft passiert ist.“

Der Frust führt zu Spannungen. Thomas Müller und Boateng geraten am 24. Spieltag in Leverkusen aneinander, es bleibt bei einem heftigen Schubser des Verteidigers – aber vor aller Augen. Was Franck Ribéry und Arjen Robben in der Halbzeit des ersten Champions-League-Halbfinals gegen Real Madrid treiben, zeigt keine Kamera. Heraus kommt es doch, denn beim nächsten Spiel in Bremen sitzt der Holländer mit einem Veilchen auf der Ersatzbank. Schläger Ribéry wird zur Kasse gebeten, im Raum steht ein Strafgeld von 50 000 Euro.

Die Elfmeter-Krise befällt Bayern schon zwei Wochen vorher, am 11. April 2012. Vor diesem 30. Bundesliga-Spieltag führt Dortmund die Tabelle mit drei Punkten Vorsprung auf die Münchner an, mit einem Sieg im Signal Iduna Park würde das Heynckes-Team dank der besseren Tordifferenz am amtierenden Meister vorbeiziehen.

Es entwickelt sich ein enges Spiel, lange ohne Tore. Nach dem 1:0 von Robert Lewandowski in der 77. Minute, der mit der Hacke einen Schuss von Kevin Großkreutz die entscheidende Richtungsänderung gibt und Manuel Neuer überrascht, drängt Bayern auf den Ausgleich – und erhält in der 86. Minute nach zweifelhaftem Fall von Robben einen Elfmeter.

Robben, wegen seines Egoismus intern „Ego-Robben“ und „Alleinikow“ genannt, schießt selbst – und den Ball direkt in die Hände von BVB-Torwart Roman Weidenfeller. Minuten später lässt er noch eine Riesenchance aus viel kürzerer Distanz aus. Der Titelkampf ist vorentschieden, Dortmund zieht auf sechs Punkte davon.

Zum Schaden kommt für den Verlierer des Abends noch kaiserlicher Hohn. „Es hat bei mir das Gesetz gegeben, dass der Gefoulte nicht schießt“, lästert Ehrenpräsident Franz Beckenbauer, „vielleicht gibt es dieses Gesetz nicht mehr, oder es ist noch nicht bis Holland vorgedrungen.“

Erstmals seit 1996 scheitert der FC Bayern nach einem titellosen Bundesliga-Jahr auch in der Saison darauf – obwohl er mit 73 Punkten drei Zähler mehr holt als in seiner Meistersaison 2009/10 und bester Vizemeister seit Einführung der Drei-Punkte-Regel 1995/96 wird.

Robbens Elfmeter-Malaise ist damit nicht zu Ende. Zwar verwandelt er im Halbfinalrückspiel in Madrid einen Strafstoß zum 1:2 und rettet seine Mannschaft ins Elfmeterschießen, das Bayern gewinnt. Aber im ersehnten „Finale dahoam“ gegen den FC Chelsea versagt er wieder.

Eine Woche nach der deftigen 2:5-Pleite im Pokalfinale gegen Dortmund und der Einsicht von Philipp Lahm („Es gibt eine Mannschaft, die derzeit national über uns steht“) schiebt Robben beim Stand von 1:1 auch Chelsea-Keeper Petr Cech den Ball in die Arme. Im Elfmeterschießen tritt er nicht mehr an, dafür Manuel Neuer – mit Erfolg. Den letzten Elfmeter für Bayern vergibt Schweinsteiger, Chelsea gewinnt 5:4 n. E. „Wir können nicht sagen, dass alles in Ordnung ist, wenn wir dreimal Zweiter sind“, befindet Uli Hoeneß bei der Trauerbewältigungsfeier im „Postpalast“.

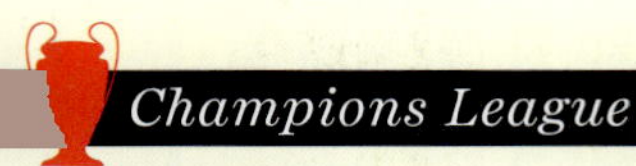

Champions League

Der entscheidende Fehlschuss: Schweinsteiger setzt den Ball im Duell mit Chelseas Torwart Petr Cech an den Pfosten

4:5 gegen Chelsea im „Finale dahoam"

Bayern muss als Bundesliga-Dritter 2010/11 in die Qualifikation, besteht diese mit 2:0 und 1:0 gegen den FC Zürich. Die weiteren Runden: Sieger Gruppe A (2:0 und 3:1 gegen Villarreal, 2:0 und 0:2 gegen Man City, 1:1 und 3:2 gegen SSC Neapel). Achtelfinale: 0:1 und 7:0 gegen den FC Basel. Viertelfinale: zweimal 2:0 gegen Marseille. Halbfinale: 2:1 und 4:3 n. E. gegen Real Madrid. Im Elfmeterschießen hält Neuer gegen Cristiano Ronaldo und Kaká, Ramos schießt übers Tor. Da fallen die Fehlschüsse von Lahm und Kroos nicht ins Gewicht. Schweinsteiger behält beim fünften Schuss die Nerven, schießt Bayern ins „Finale dahoam". Gegen einen extrem defensiv eingestellten FC Chelsea steht es am 19. Mai nach 120 Minuten 1:1 (Tore: Müller, Drogba), Robben vergibt einen Strafstoß (95.). Torfolge Elfmeterschießen: 2:1 Lahm, Mata vergibt, 3:1 Gomez, 3:2 David Luiz, 4:2 Neuer, 4:3 Lampard, Olic vergibt, 4:4 Cole, Schweinsteiger vergibt, 4:5 Drogba.

DFB-Pokal

3:1 von Lewandowski (l.) nach Fehler von Boateng (M.). Neuer ist geschlagen

2:5 – meiste Gegentore in einem Finale

Beim Zweitliga-Aufsteiger Braunschweig gelingt mit 3:0 ein souveräner Start in den Wettbewerb. Gegen den nächsten Zweitligisten, den FC Ingolstadt, gibt es sogar ein 6:0. Erst der dritte Gegner aus der 2. Bundesliga, der VfL Bochum, ist ein härterer Widersacher. Arjen Robben erlöst seine Bayern Sekunden vor dem Abpfiff mit dem 2:1. Beim VfB Stuttgart im Viertelfinale sind Franck Ribéry und Mario Gomez die Torschützen zum 2:0-Sieg. Im Halbfinale bei Borussia Mönchengladbach steht es nach 120 Minuten 0:0, im Elfmeterschießen treffen David Alaba, Ribéry, Philipp Lahm und Toni Kroos. Manuel Neuer pariert einen Elfmeter, Dante schießt übers Tor. Im Pokalfinale gegen Dortmund (2:5) gleicht Robben die Führung von Kagawa per Elfmeter aus, Hummels und Lewandowski (3) machen den BVB mit ihren Toren zum Pokalsieger. Ribéry gelingt das zwischenzeitliche 2:4. Nie kassiert Bayern in einem Finale mehr Tore.

TRAINER

JUPP HEYNCKES

Der älteste Trainer (66) in Bayerns Bundesliga-Geschichte feiert ein stolzes Jubiläum: sein 600. Bundesliga-Spiel auf der Bank (6:0 bei Hertha). Am Ende geht er aber zum dritten Mal als Bayern-Trainer nach 1987/88 und 1990/91 komplett leer aus.

DIE TOP-ELF DER SAISON

Franck Ribé

Philipp Lahm

DER SPIELER DES JAHRES

***Toni Kroos**, 2010/11 nach zwei Lehrjahren in Leverkusen zurückgekehrt, blüht unter seinem alten, neuen Trainer Jupp Heynckes am alten, neuen Arbeitsplatz auf. Kroos etabliert sich besonders als Vorbereiter, legt zu zehn Toren in der Bundesliga auf, schießt selbst vier. Aus dem Talent wird ein Mann, auf den auch Bundestrainer Joachim Löw setzt. Kroos spielt bei der EM 2012 als einer von acht Bayern-Profis, das Turnier endet aber genauso wie die Saison der Münchner mit einer Enttäuschung (1:2 im Halbfinale gegen Italien).*

Der Kader

NAME	SPIELE	TORE
Jörg Butt	1	0
Manuel Neuer	33	0
David Alaba	30	2
Holger Badstuber	33	0
Jérôme Boateng	27	0
Diego Contento	11	0
Philipp Lahm	31	0
Rafinha	24	0
Daniel van Buyten	13	4
Toni Kroos	31	4
Luiz Gustavo	28	1
Thomas Müller	34	7
Danijel Pranjic	7	0
Franck Ribéry	32	12
Arjen Robben	24	12
Bastian Schweinsteiger	22	3
Anatolij Tymoschtschuk	23	0
Takashi Usami	3	0
Mario Gomez	33	26
Ivica Olic	20	2
Nils Petersen	9	2

RAFINHA ersetzt weite Strecken der Saison Lahm, der bis zum 25. Spieltag links spielt, als rechter Verteidiger

Transfers

JÉRÔME BOATENG hat ein bescheidenes Jahr in der Premier League hinter sich, als er von Manchester City zu Bayern wechselt. Wegen Verletzung zu Beginn und Ende der Spielzeit 2010/11 kann er nur 16-mal für die Citizens in der Liga auflaufen. In der Bundesliga zeigt er schnell wieder seine alte Klasse, die ihn von 2007 bis 2010 beim Hamburger SV ausgezeichnet hat, agiert aber zu oft zu wild im Zweikampf und ist ein Sicherheitsrisiko. Gegen Hannover lässt er sich am 10. Spieltag zu einer Tätlichkeit hinreißen, sieht Rot in der 28. Minute.

SPIELER	VON VEREIN	ABLÖSESUMME
Manuel Neuer	FC Schalke 04	30 Mio. €
Jérôme Boateng	Manchester City	13,5 Mio. €
Rafinha	FC Genua 1893	5,5 Mio €
Takashi Usami	Gamba Osaka	ausgeliehen
Nils Petersen	FC Energie Cottbus	2,8 Mio. €

Tops & Flops

MANUEL NEUER bleibt vom 2. bis einschließlich 9. Spieltag acht Bundesliga-Partien ohne Gegentor – ebenso Vereinsrekord wie nur sechs Heimgegentore 2011/12.

BLITZTOR 23 Sekunden braucht Mario Gomez am 29. Spieltag gegen Augsburg für das 1:0, das schnellste Tor der Saison. Auch im Hinspiel (12. Spieltag) trifft er zum 1:0, da aber erst nach 15 Minuten.

JOKER-MEISTER Zehn Einwechselspieler treffen, deutlicher Bestwert der Saison (vor Stuttgart/7). Top-Joker: Arjen Robben mit drei Toren.

CHRISTIAN NERLINGER verliert nach der Saison seinen Job als Sportdirektor. Den zuweilen unglücklich agierenden früheren Bayern-Profi ersetzt Matthias Sammer, der seinen Posten als DFB-Sportdirektor nach sechs Jahren aufgibt.

THOMAS MÜLLER erlebt in der Bundesliga seine erste größere Flaute, bleibt vom 7. bis zum 21. Spieltag 1157 Minuten ohne Treffer.

BVB-KOMPLEX Bayern verliert alle drei Pflichtspiele (zweimal 0:1 in der Liga), mit 2010/11 sind es nun fünf in Serie.

2011/12

1. SPIELTAG

Bayern – Borussia M'gladbach 0:1 (0:0)

BAYERN: Neuer – Rafinha, Boateng (76. Petersen), Badstuber, Lahm – Robben, Schweinsteiger, Kroos (60. Ribéry), Luiz Gustavo, T. Müller – Gomez.
M'GLADBACH: ter Stegen – Jantschke (90. Marx), Brouwers, Dante, Daems – Reus (90.+2 Rupp), Nordtveit, Neustädter, Arango – Hanke (83. Herrmann), De Camargo.
Tor: 0:1 De Camargo (62.).
Gelb: – / De Camargo.
Schiedsrichter: Babak Rafati.

2. SPIELTAG

VfL Wolfsburg – Bayern 0:1 (0:0)

WOLFSBURG: Benaglio – Hasebe, Kjær, Russ, Schäfer – Ochs (46. Dejagah), Träsch, Josué, Salihamidzic (69. Koo) – Helmes (88. Lakic), Mandzukic.
BAYERN: Neuer – Rafinha, Boateng, Badstuber, Lahm – T. Müller (69. Usami, 90.+2. van Buyten), Luiz Gustavo, Kroos (86. Olic), Schweinsteiger, Ribéry – Gomez.
Tor: 0:1 Luiz Gustavo (90.+1).
Gelb: – / Kroos, Lahm, Rafinha.
Schiedsrichter: Knut Kircher.

3. SPIELTAG

Bayern – Hamburger SV 5:0 (3:0)

BAYERN: Neuer – Rafinha, van Buyten, Badstuber, Lahm – Robben (66. Alaba), Tymoschtschuk, T. Müller, Schweinsteiger, Ribéry (71. Olic) – Gomez (76. Petersen).
HAMBURG: Drobny – Diekmeier (68. Tesche), Bruma, Mancienne, Aogo – Rincón, Westermann, Jarolim, Jansen – Töre (68. Kacar), Son (87. Elia)
Tore: 1:0 van Buyten (13.), 2:0 Ribéry (17.), 3:0 Robben (34.), 4:0 Gomez (56.), 5:0 Olic (80.).
Gelb: Tymoschtschuk, Rafinha / Aogo, Westermann, Mancienne, Jansen. **Schiedsrichter:** Michael Weiner.

4. SPIELTAG

1. FC Kaiserslautern – Bayern 0:3 (0:1)

K'LAUTERN: Trapp – Dick, Rodnei, Amedick, Jessen – Walch (62. Sukuta-Pasu), Tiffert, De Wit (57. Fortounis), Petsos (87. Orban), Ilicevic – Shechter.
BAYERN: Neuer – Boateng, van Buyten, Badstuber, Lahm – Alaba (83. Luiz Gustavo), Tymoschtschuk, T. Müller, Schweinsteiger (88. Kroos), Ribéry – Gomez (85. Petersen).
Tore: 0:1 Gomez (37., Handelfmeter), 0:2 Gomez (55.), 0:3 Gomez (69.).
Rot: Ilicevic (90.) / –.
Gelb: Petsos, Rodnei, Fortounis / Alaba.
Schiedsrichter: Peter Gagelmann.
Besonderes Vorkommnis: Trapp hält Foulelfmeter von Gomez (55.).

5. SPIELTAG

Bayern – SC Freiburg 7:0 (3:0)

BAYERN: Neuer – Rafinha, Boateng, Badstuber, Lahm (63. Contento) – T. Müller, Luiz Gustavo, Kroos, Schweinsteiger, Ribéry (73. Alaba) – Gomez (73. Petersen).
FREIBURG: Baumann – Nicu (46. Mujdza), Barth, Krmas, Bastians – Makiadi (84. Abdessadki), Flum, Reisinger, Schuster, Jendrisek (46. Dembélé) – Cissé.
Tore: 1:0 Gomez (8.), 2:0 Ribéry (26.), 3:0 Ribéry (41.), 4:0 Gomez (52.), 5:0 Gomez (55.), 6:0 Gomez (71., Foulelfmeter), 7:0 Petersen (90.).
Schiedsrichter: Tobias Welz.

6. SPIELTAG

FC Schalke 04 – Bayern 0:2 (0:1)

SCHALKE: Fährmann – Uchida, Höwedes, Matip, Fuchs – Farfán, Kluge (57. Draxler), Papadopoulos, Raúl, Holtby (84. Marica) – Huntelaar (66. Pukki).
BAYERN: Neuer – Rafinha, Boateng, Badstuber, Lahm – T. Müller, Luiz Gustavo (43. Tymoschtschuk), Kroos (90.+1 Contento), Schweinsteiger, Ribéry – Petersen (71. Alaba).
Tore: 0:1 Petersen (21.), 0:2 T. Müller (75.).
Gelb: Kluge / Badstuber. **Schiedsrichter:** Florian Meyer.

7. SPIELTAG

Bayern – Bayer Leverkusen 3:0 (2:0)

BAYERN: Neuer – Rafinha, van Buyten, Badstuber, Lahm – T. Müller, Tymoschtschuk, Kroos (78. Robben), Schweinsteiger, Ribéry (82. Alaba) – Gomez (65. Luiz Gustavo).
LEVERKUSEN: Leno – da Costa (64. Bellarabi), Reinartz, Toprak (85. Friedrich), Castro – Balitsch, Bender, Augusto, Rolfes, Sam – Kießling.
Tore: 1:0 T. Müller (5.), 2:0 van Buyten (19.), 3:0 Robben (90.).
Gelb: van Buyten / Kießling, Toprak, Reinartz, Sam.
Schiedsrichter: Manuel Gräfe.

Der letzte Höhepunkt im Spiel gegen den HSV (3. Spieltag): Ivica Olic (l.), der fünfte Bayern-Torschütze an diesem Tag, köpft in der 80. Minute das 5:0. Torwart Jaroslav Drobny ist chancenlos

8. SPIELTAG

1899 Hoffenheim – Bayern 0:0

HOFFENHEIM: Starke – Beck, Vorsah, Compper, Braafheid – Williams (69. Kaiser), Rudy, Sigurdsson (85. Schipplock) – Babel, Firmino (73. Musona), Obasi.
BAYERN: Neuer – Boateng, van Buyten (75. Luiz Gustavo), Badstuber, Lahm – T. Müller, Tymoschtschuk, Kroos, Schweinsteiger, Ribéry (46. Robben) – Gomez (58. Alaba).
Gelb: Musona / Tymoschtschuk, Schweinsteiger, Lahm, Kroos.
Schiedsrichter: Thorsten Kinhöfer.

9. SPIELTAG

Bayern – Hertha BSC 4:0 (3:0)

BAYERN: Neuer – Boateng, van Buyten, Badstuber, Lahm (78. Contento) – T. Müller (73. Alaba), Tymoschtschuk, Kroos, Schweinsteiger, Ribéry – Gomez (75. Olic).
BERLIN: Kraft – Lell, Hubnik, Mijatovic, Kobiaschwili – Ebert (46. Lustenberger), Ottl, Raffael, Niemeyer, Ben-Hatira (61. Morales) – Lasogga (70. Ramos).
Tore: 1:0 Gomez (5.), 2:0 Ribéry (7.), 3:0 Schweinsteiger (13.), 4:0 Gomez (69., Foulelfmeter).
Gelb: – / Raffael.
Schiedsrichter: Michael Weiner.

10. SPIELTAG

Hannover 96 – Bayern 2:1 (1:0)

HANNOVER: Zieler – Cherundolo, Haggui, Pogatetz, Schulz (46. Rausch) – Stindl, Schmiedebach, da Silva Pinto, Pander – Abdellaoue (79. Ya Konan), Schlaudraff (71. Chahed).
BAYERN: Neuer – Rafinha (68. Alaba), Boateng, Badstuber (87. Petersen), Lahm – T. Müller, Luiz Gustavo, Kroos, Schweinsteiger, Ribéry – Gomez (83. Olic).
Tore: 1:0 Abdellaoue (23., Foulelfmeter), 2:0 Pander (50.), 2:1 Alaba (83.).
Rot: – / Boateng (28.).
Gelb/Rot: Cherundolo (63.) / –.
Gelb: Schulz, da Silva Pinto, Schmiedebach, Zieler / Ribéry.
Schiedsrichter: Manuel Gräfe.

11. SPIELTAG

Bayern – 1. FC Nürnberg 4:0 (3:0)

BAYERN: Neuer – Rafinha, van Buyten, Badstuber, Lahm – T. Müller (77. Olic), Tymoschtschuk, Kroos (74. Luiz Gustavo), Schweinsteiger (71. Alaba), Ribéry – Gomez.
NÜRNBERG: Stephan – Judt (46. Hegeler), Wollscheid, Klose, Plattenhardt – Chandler, Cohen (62. Wießmeier), Simons, Kamavuaka, Esswein (71. Frantz) – Pekhart.
Tore: 1:0 Gomez (2.), 2:0 Schweinsteiger (19.), 3:0 Ribéry (39.), 4:0 Gomez (68.).
Gelb: Luiz Gustavo / Judt, Cohen.
Schiedsrichter: Florian Meyer.

12. SPIELTAG

FC Augsburg – Bayern 1:2 (0:2)

AUGSBURG: Amsif – Reinhardt, Callsen-Bracker, Langkamp, Verhaegh – Baier, Brinkmann (59. Gogia), Hosogai, Davids (80. Rafael), Werner – Mölders (75. Kapllani).
BAYERN: Neuer – Rafinha (68. Luiz Gustavo), van Buyten, Badstuber, Lahm – T. Müller, Tymoschtschuk, Kroos (89. Contento), Alaba, Ribéry (90.+1 Pranjic) – Gomez.
Tore: 0:1 Gomez (15.), 0:2 Ribéry (28.), 1:2 Hosogai (59.).
Rot: – / Tymoschtschuk (90.+3).
Gelb: Reinhardt / Rafinha, Ribéry.
Schiedsrichter: Felix Zwayer.

13. SPIELTAG

Bayern – Borussia Dortmund 0:1 (0:0)

BAYERN: Neuer – Rafinha (79. Petersen), Boateng, Badstuber, Lahm – Robben (72. Alaba), Luiz Gustavo, T. Müller (72. Olic), Kroos, Ribéry – Gomez.
DORTMUND: Weidenfeller – Piszczek, Santana, Hummels, Schmelzer – Götze, Bender, Kagawa (89. Perisic), Kehl (79. Leitner), Großkreutz – Lewandowski (90. Barrios).
Tor: 0:1 Götze (65.).
Gelb: Luiz Gustavo, Badstuber / Kehl.
Schiedsrichter: Peter Gagelmann.

14. SPIELTAG

1. FSV Mainz 05 – Bayern 3:2 (1:0)

MAINZ: Wetklo – Pospech, Bungert, Svensson, Fathi – N. Müller (75. Choupo-Moting), Baumgartlinger, Soto, Caligiuri – Allagui (90.+1 Ujah), Ivanschitz (86. Schönheim).
BAYERN: Neuer – Boateng (68. Rafinha), van Buyten, Badstuber, Lahm – T. Müller, Luiz Gustavo (52. Olic), Kroos, Alaba, Ribéry – Gomez.
Tore: 1:0 Ivanschitz (10.), 1:1 van Buyten (56.), 2:1 Caligiuri (65.), 3:1 Bungert (74.), 3:2 van Buyten (79.).
Gelb: Baumgartlinger, Bungert, Wetklo / Luiz Gustavo, Gomez.
Schiedsrichter: Knut Kircher.

15. SPIELTAG

Bayern – Werder Bremen 4:1 (1:0)

BAYERN: Neuer – Boateng, van Buyten, Badstuber, Lahm – T. Müller (90.+1 Contento), Luiz Gustavo, Kroos, Alaba (60. Robben), Ribéry (90.+1 Pranjic) – Gomez.
BREMEN: Mielitz – Sokratis, Wolf, Naldo, Ignjovski – Fritz, Bargfrede, Marin (74. Wagner), Hunt – Pizarro, Arnautovic (46. Rosenberg, 84. Wesley).
Tore: 1:0 Ribéry (22.), 1:1 Rosenberg (52.), 2:1 Robben (69., Foulelfmeter), 3:1 Ribéry (77.), 4:1 Robben (83., Foulelfmeter).
Rot: – / Hunt (81.). **Gelb:** Kroos / Wolf, Sokratis.
Schiedsrichter: Florian Meyer.

16. SPIELTAG

VfB Stuttgart – Bayern 1:2 (1:1)

STUTTGART: Ulreich – Boka, Tasci, Rodríguez, Molinaro – Harnik, Kvist, Hajnal (87. Niedermeier), Gentner (70. Cacau), Gebhart – Schieber (70. Pogrebnjak).
BAYERN: Neuer – Rafinha, van Buyten, Badstuber, Lahm – Robben (85. Boateng), Tymoschtschuk, T. Müller (79. Luiz Gustavo), Kroos, Ribéry (79. Alaba) – Gomez.
Tore: 1:0 Gentner (6.), 1:1 Gomez (13.), 1:2 Gomez (57.).
Gelb/Rot: Molinaro (29.) / –.
Gelb: Gentner, Boka, Niedermeier / Müller, Badstuber, Rafinha, Gomez.
Schiedsrichter: Manuel Gräfe.

17. SPIELTAG

Bayern – 1. FC Köln 3:0 (0:0)

BAYERN: Neuer – Rafinha, van Buyten, Badstuber, Lahm – Robben (76. Luiz Gustavo), Tymoschtschuk, T. Müller (52. Alaba), Kroos, Ribéry – Gomez (78. Olic).
KÖLN: Rensing – Brecko (14. Makino), Sereno, McKenna, Geromel, Jemal – Clemens (68. Roshi), Riether, Jajalo, Peszko – Podolski (68. Freis).
Tore: 1:0 Gomez (48.), 2:0 Alaba (63.), 3:0 Kroos (88.).
Gelb/Rot: Ribéry (33.) / –.
Gelb: – / Sereno, Jajalo, Peszko, McKenna.
Schiedsrichter: Guido Winkmann.

18. SPIELTAG

Borussia M'gladbach – Bayern 3:1 (2:0)

M'GLADBACH: ter Stegen – Jantschke, Stranzl, Brouwers, Daems – Herrmann (89. Marx), Nordtveit, Neustädter, Arango – Reus (90.+3 Leckie), Hanke (82. De Camargo).
BAYERN: Neuer – Boateng (66. Rafinha), van Buyten (76. Luiz Gustavo), Badstuber, Lahm – Robben, Tymoschtschuk (57. Alaba), T. Müller, Schweinsteiger, Kroos – Gomez.
Tore: 1:0 Reus (11.), 2:0 Herrmann (41.), 3:0 Herrmann (71.), 3:1 Schweinsteiger (76.).
Gelb: Arango / –.
Schiedsrichter: Thorsten Kinhöfer.

19. SPIELTAG

Bayern – VfL Wolfsburg 2:0 (0:0)

BAYERN: Neuer – Rafinha, Boateng, Badstuber, Lahm – Robben, Schweinsteiger, T. Müller (66. Luiz Gustavo), Kroos, Ribéry (89. Alaba) – Gomez (75. Olic).
WOLFSBURG: Benaglio – Träsch, Russ, Felipe, Rodríguez – Hasebe (82. Polter), Chris (41. Koo), Jiracek (66. Sio), Schäfer – Dejagah, Mandzukic.
Tore: 1:0 Gomez (60.), 2:0 Robben (90.+2).
Gelb: Rafinha / Russ, Hasebe.
Schiedsrichter: Felix Zwayer.

20. SPIELTAG

Hamburger SV – Bayern 1:1 (1:0)

HAMBURG: Drobny – Diekmeier, Westermann, Rajkovic, Aogo – Sala (75. Ilicevic), Rincón, Jarolim (90.+2 Tesche), Jansen – Petric (71. Son), Guerrero.
BAYERN: Neuer – Tymoschtschuk (61. Alaba), Boateng, Badstuber, Lahm – Robben, Schweinsteiger, T. Müller, Kroos (64. Olic), Ribéry – Gomez.
Tore: 1:0 Sala (23.), 1:1 Olic (71.).
Gelb: Westermann, Rincón / Boateng, Kroos.
Schiedsrichter: Knut Kircher.

21. SPIELTAG

Bayern – 1. FC Kaiserslautern 2:0 (2:0)

BAYERN: Neuer – Rafinha, Boateng, Badstuber, Lahm – T. Müller (56. Robben), Luiz Gustavo, Kroos (82. Tymoschtschuk), Alaba, Ribéry (78. Olic) – Gomez.
K'LAUTERN: Trapp – Dick, Yahia, Abel, Jessen – Olcay Sahan, Tiffert, Petsos (82. Zellner), Fortounis (64. Derstroff), Sukuta-Pasu (64. Shechter) – Wagner.
Tore: 1:0 Gomez (6.), 2:0 Müller (30.).
Gelb: Lahm / Petsos, Wagner.
Schiedsrichter: Markus Schmidt.

22. SPIELTAG

SC Freiburg – Bayern 0:0

FREIBURG: Baumann – Sorg, Diagné (65. Guédé), Höhn, Schmid – Rosenthal, Flum, Makiadi, Caligiuri – Santini (76. Reisinger), Jendrisek (81. Dembélé).
BAYERN: Neuer – Rafinha (46. Robben), Boateng, Badstuber, Lahm – T. Müller, Luiz Gustavo, Kroos, Alaba, Ribéry – Gomez (73. Olic).
Gelb: Diagné, Rosenthal / Ribéry.
Schiedsrichter: Peter Gagelmann.

23. SPIELTAG

Bayern – FC Schalke 04 2:0 (1:0)

BAYERN: Neuer – Rafinha, Boateng, Badstuber, Lahm – Robben, Luiz Gustavo, T. Müller (89. Tymoschtschuk), Alaba, Ribéry – Gomez (72. Olic).
SCHALKE: Hildebrand – Höwedes, Papadopoulos, Metzelder (84. Uchida), Fuchs – Farfán, Matip (65. Holtby), Höger, Draxler (57. Obasi) – Huntelaar, Raúl.
Tore: 1:0 Ribéry (36.), 2:0 Ribéry (55.).
Gelb: Ribéry / Fuchs, Höger.
Schiedsrichter: Michael Weiner.

24. SPIELTAG

Bayer Leverkusen – Bayern 2:0 (0:0)

LEVERKUSEN: Leno – Schwaab, Friedrich (46. Derdiyok), Toprak, Kadlec – Castro, Reinartz, Renato Augusto (89. Rolfes), Bender, Schürrle (83. Bellarabi) – Kießling.
BAYERN: Neuer – Rafinha, Boateng, Badstuber, Lahm – T. Müller (82. Petersen), Luiz Gustavo, Kroos (74. Olic), Alaba, Robben – Gomez (61. Ribéry).
Tore: 1:0 Kießling (79.), 2:0 Bellarabi (90.).
Gelb: Toprak, Reinartz / Boateng, Luiz Gustavo, Rafinha.
Schiedsrichter: Manuel Gräfe.

25. SPIELTAG

Bayern – 1899 Hoffenheim 7:1 (5:0)

BAYERN: Neuer – Lahm, Boateng (46. Tymoschtschuk), Badstuber, Alaba – Robben, Luiz Gustavo, T. Müller (62. Schweinsteiger), Kroos, Ribéry – Gomez (57. Olic).
HOFFENHEIM: Starke – Williams, Vestergaard, Compper, Braafheid – Vukcevic (87. Kaiser), Weis (87. Mlapa), Vorsah, Rudy, Firmino (62. Wieser) – Babel.
Tore: 1:0 Gomez (5.), 2:0 Robben (12., Foulelfmeter), 3:0 Kroos (18.), 4:0 Robben (29.), 5:0 Gomez (35.), 6:0 Gomez (48.), 7:0 Ribéry (58.), 7:1 Luiz Gustavo (85., Eigentor).
Gelb: – / Vukcevic.
Schiedsrichter: Marco Fritz.

26. SPIELTAG

Hertha BSC – Bayern 0:6 (0:3)

BERLIN: Kraft (46. Burchert) – Perdedaj (46. Morales), Hubnik, Janker, Bastians – Rukavytsya, Lell, Niemeyer, Ottl, Ramos (72. Lasogga) – Raffael.
BAYERN: Neuer – Lahm, Boateng, Badstuber, Alaba – Robben (70. Pranjic), Luiz Gustavo, T. Müller (61. Tymoschtschuk), Kroos, Ribéry (73. Rafinha) – Gomez.
Tore: 0:1 Müller (9.), 0:2 Robben (12.), 0:3 Robben (19., Foulelfmeter), 0:4 Gomez (50., Foulelfmeter), 0:5 Kroos (51.), 0:6 Robben (67., Foulelfmeter).
Gelb: Raffael, Hubnik, Morales / Boateng.
Schiedsrichter: Tobias Welz.

27. SPIELTAG

Bayern – Hannover 96 2:1 (1:0)

BAYERN: Neuer – Lahm, Boateng, Badstuber, Alaba – Robben, Luiz Gustavo, Kroos (78. T. Müller), Pranjic (57. Tymoschtschuk), Ribéry – Olic (61. Gomez).
HANNOVER: Zieler – Cherundolo, Eggimann, Pogatetz, Pander – Stindl, Schmiedebach, da Silva Pinto (61. Schlaudraff), Rausch – Diouf, Abdellaoue (66. Ya Konan).
Tore: 1:0 Kroos (36.), 2:0 Gomez (68.), 2:1 Ya Konan (74.).
Gelb: Pranjic / Cherundolo, Ya Konan.
Schiedsrichter: Guido Winkmann.

28. SPIELTAG

1. FC Nürnberg – Bayern 0:1 (0:0)

NÜRNBERG: Schäfer – Feulner, Maroh, Wollscheid, Pinola – Chandler, Balitsch (68. Cohen), Didavi (77. Bunjaku), Simons, Hlousek (46. Mak) – Pekhart.
BAYERN: Neuer – Lahm, Boateng, Badstuber, Contento – Robben, Tymoschtschuk (55. Schweinsteiger), T. Müller, Kroos (80. Luiz Gustavo), Pranjic (57. Ribéry) – Gomez.
Tore: 0:1 Robben (69.).
Gelb: Wollscheid, Chandler / Luiz Gustavo, Robben.
Schiedsrichter: Felix Zwayer.

29. SPIELTAG

Bayern – FC Augsburg 2:1 (1:1)

BAYERN: Neuer – Lahm, Boateng, Badstuber, Alaba – Robben, Tymoschtschuk (53. Kroos), T. Müller, Schweinsteiger, Ribéry (90.+1 Contento) – Gomez.
AUGSBURG: Jentzsch – Verhaegh, Sankoh, Langkamp, Ostrzolek – Ndjeng (75. Werner), Koo, Hosogai (82. Hain), Baier, Bellinghausen – Rafael (55. Callsen-Bracker).
Tore: 1:0 Gomez (1.), 1:1 Koo (23.), 2:1 Gomez (60.).
Gelb: Badstuber / –. **Schiedsrichter:** Florian Meyer.

30. SPIELTAG

Borussia Dortmund – Bayern 1:0 (0:0)

DORTMUND: Weidenfeller – Piszczek, Subotic, Hummels, Schmelzer – Blaszczykowski (89. Owomoyela), Gündogan (74. Perisic), Kagawa (74. Leitner), Kehl, Großkreutz – Lewandowski.
BAYERN: Neuer – Lahm, Boateng, Badstuber, Alaba – Robben, Luiz Gustavo, T. Müller (61. Schweinsteiger), Kroos, Ribéry – Gomez (75. Olic).
Tor: 1:0 Lewandowski (77.). **Schiedsrichter:** Knut Kircher.
Besonderes Vorkommnis: Weidenfeller hält Foulelfmeter von Robben (86.).

31. SPIELTAG

Bayern – 1. FSV Mainz 05 0:0

BAYERN: Neuer – Rafinha, Boateng, Badstuber, Contento – Robben, Tymoschtschuk, T. Müller (79. Kroos), Schweinsteiger, Alaba (46. Ribéry) – Olic (61. Gomez).
MAINZ: H. Müller – Pospech, Kirchhoff, Noveski, Zabavnik – N. Müller (74. Bungert), Baumgartlinger (61. Polanski), Soto, Caligiuri – Szalai, Ivanschitz (57. Choupo-Moting).
Gelb: Badstuber / N. Müller.
Schiedsrichter: Markus Schmidt.

32. SPIELTAG

Werder Bremen – Bayern 1:2 (0:0)

BREMEN: Wiese – Stevanovic, Affolter, Naldo, Schmitz – Junuzovic, Trybull, Trinks (68. Arnautovic), Hunt – Rosenberg (81. Füllkrug), Pizarro.
BAYERN: Neuer – Rafinha, Tymoschtschuk, Luiz Gustavo, Contento – Usami, Pranjic (64. Kroos), T. Müller, Schweinsteiger, Olic (64. Ribéry) – Petersen (70. Gomez).
Tore: 1:0 Naldo (51.), 1:1 Naldo (75., Eigentor), 1:2 Ribéry (90.).
Schiedsrichter: Manuel Gräfe.

33. SPIELTAG

Bayern – VfB Stuttgart 2:0 (1:0)

BAYERN: Butt – Rafinha, Tymoschtschuk, Badstuber, Contento – Usami (56. Schweinsteiger), Luiz Gustavo, T. Müller, Pranjic (74. Robben), Olic – Gomez (46. Alaba).
STUTTGART: Ulreich – Sakai, Rodríguez, Niedermeier, Molinaro – Harnik (79. Traoré), Kvist (46. Cacau), Hajnal, Gentner, Okazaki (64. Schieber) – Ibisevic.
Tore: 1:0 Gomez (32.), 2:0 T. Müller (90.+2).
Gelb: Rafinha / Niedermeier.
Schiedsrichter: Thorsten Kinhöfer.

34. SPIELTAG

1. FC Köln – Bayern 1:4 (0:1)

KÖLN: Rensing – Brecko, McKenna, Geromel, Eichner – Riether, Lanig (69. Buchtmann), Pezzoni, Peszko – Jajalo (46. Novakovic), Podolski.
BAYERN: Neuer – Lahm, Tymoschtschuk, Boateng, Contento – Robben (75. Rafinha), Schweinsteiger, T. Müller, Kroos (69. Alaba), Ribéry (71. Badstuber) – Gomez.
Tore: 0:1 Müller (34.), 0:2 Geromel (52., Eigentor), 0:3 Robben (54.), 1:3 Novakovic (63.), 1:4 Müller (85.).
Gelb: Peszko / Schweinsteiger.
Schiedsrichter: Florian Meyer.

Abschlusstabelle

Pl.	Verein	Spiele	G	U	V	Tore	Diff.	Punkte
1	Dortmund	34	25	6	3	80:25	+55	81
2	Bayern	34	23	4	7	77:22	+55	73
3	Schalke	34	20	4	10	74:44	+30	64
4	M'gladbach	34	17	9	8	49:24	+25	60
5	Leverkusen	34	15	9	10	52:44	+8	54
6	Stuttgart	34	15	8	11	63:46	+17	53
7	Hannover	34	12	12	10	41:45	–4	48
8	Wolfsburg	34	13	5	16	47:60	–13	44
9	Bremen	34	11	9	14	49:58	–9	42
10	Nürnberg	34	12	6	16	38:49	–11	42
11	Hoffenheim	34	10	11	13	41:47	–6	41
12	Freiburg	34	10	10	14	45:61	–16	40
13	Mainz	34	9	12	13	47:51	–4	39
14	Augsburg (A)	34	8	14	12	36:49	–13	38
15	Hamburg	34	8	12	14	35:57	–22	36
16	Hertha (A)	34	7	10	17	38:64	–26	31
17	Köln	34	8	6	20	39:75	–36	30
18	Kaiserslautern	34	4	11	19	24:54	–30	23

DIE WEITEREN SIEGER DES JAHRES:

Europameisterschaft: Spanien

Champions League: FC Chelsea

Europa League: Atlético Madrid

DFB-Pokal: Borussia Dortmund

Alle Ergebnisse auf einen Blick

Waagerecht: alle Heimresultate. Senkrecht: alle Auswärtsresultate

	Dortmund	Bayern	Schalke	M'gladbach	Leverkusen	Stuttgart	Hannover	Wolfsburg	Bremen	Nürnberg	Hoffenheim	Freiburg	Mainz	Augsburg	Hamburg	Hertha	Köln	Kaiserslautern
Dortmund		1:0	2:0	2:0	1:0	4:4	3:1	5:1	1:0	2:0	3:1	4:0	2:1	4:0	3:1	1:2	5:0	1:1
Bayern	0:1		2:0	0:1	3:0	2:0	2:1	2:0	4:1	4:0	7:1	7:0	0:0	2:1	5:0	4:0	3:0	2:0
Schalke	1:2	0:2		1:0	2:0	3:1	3:0	4:0	5:0	4:0	3:1	4:2	1:1	3:1	3:1	4:0	5:1	1:2
M'gladbach	1:1	3:1	3:0		2:2	1:1	2:1	4:1	5:0	1:0	1:2	0:0	1:0	0:0	1:1	0:0	3:0	1:0
Leverkusen	0:0	2:0	0:1	1:2		2:2	1:0	3:1	1:0	0:3	2:0	0:2	3:2	4:1	2:2	3:3	1:4	3:1
Stuttgart	1:1	1:2	3:0	0:3	0:1		3:0	3:2	4:1	1:0	2:0	4:1	4:1	2:1	1:2	5:0	2:2	0:0
Hannover	2:1	2:1	2:2	2:1	0:0	4:2		2:0	3:2	1:0	2:1	0:0	1:1	2:2	1:1	1:1	4:1	2:1
Wolfsburg	1:3	0:1	2:1	0:0	3:2	1:0	4:1		3:1	2:1	1:2	3:2	2:2	1:2	2:1	2:3	1:0	1:0
Bremen	0:2	1:2	2:3	2:2	1:1	2:0	3:0	4:1		0:1	1:1	5:3	0:3	1:1	2:0	2:1	3:2	2:0
Nürnberg	0:2	0:1	4:1	1:0	1:4	2:2	1:2	1:3	1:1		0:2	1:2	3:3	1:0	1:1	2:0	2:1	1:0
Hoffenheim	1:0	0:0	1:1	1:0	0:1	1:2	0:0	3:1	1:2	2:3		1:1	1:1	2:2	4:0	1:1	1:1	1:1
Freiburg	1:4	0:0	2:1	1:0	0:1	1:2	1:1	3:0	2:2	2:2	0:0		1:2	1:0	1:2	2:2	4:1	2:0
Mainz	1:2	3:2	2:4	0:3	2:0	3:1	1:1	0:0	1:3	2:1	0:4	3:1		0:1	0:0	1:3	4:0	4:0
Augsburg	0:0	1:2	1:1	1:0	1:4	1:3	0:0	2:0	1:1	0:0	0:2	2:2	2:1		1:0	3:0	2:1	2:2
Hamburg	1:5	1:1	1:2	0:1	1:1	0:4	1:0	1:1	1:3	2:0	2:0	1:3	0:0	1:1		2:2	3:4	1:1
Hertha	0:1	0:6	1:2	1:2	3:3	1:0	0:1	1:4	1:0	0:1	3:1	1:2	0:0	2:2	1:2		3:0	1:2
Köln	1:6	1:4	1:4	0:3	0:2	1:1	2:0	0:3	1:1	1:2	2:0	4:0	1:1	3:0	0:1	1:0		1:1
Kaiserslautern	2:5	0:3	1:4	1:2	0:2	0:2	1:1	0:0	0:0	0:2	1:2	1:0	3:1	1:1	0:1	1:1	0:1	

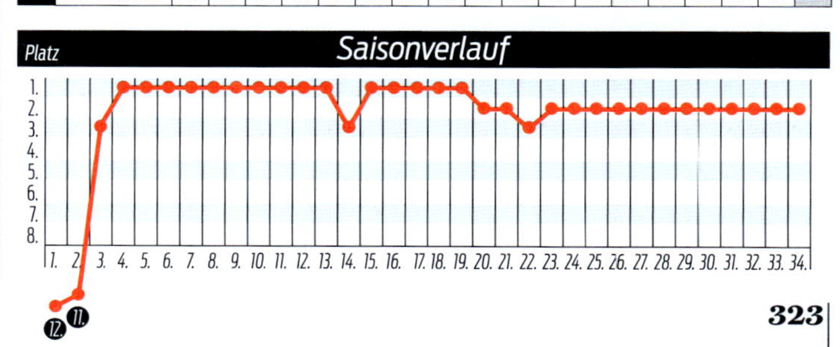

GRÖSSTES JAH

Mit dem Triumph in Meisterschaft, Champions League und Pokal gelingt das Triple. Aber der Fall Hoeneß wirft lange Schatten

Bereits am 6. April 2013 erlebt Jupp Heynckes seinen ersten persönlichen Höhenflug in dieser Saison. Kurz vor halb sechs Uhr an diesem Samstagnachmittag nehmen die Bayern-Spieler ihren Trainer in die Mitte, heben Heynckes hoch und werfen ihn mehrmals in die Luft. Seit Wochen ist es nur eine Frage der Zeit, wann die Münchner ihren 22. Meistertitel in der Bundesliga einfahren. So überlegen führen sie seit dem ersten Spieltag vor Titelverteidiger Borussia Dortmund.

In Frankfurt ist es so weit. Nach Rechtsflanke von Philipp Lahm überrascht Bastian Schweinsteiger in der 52. Minute Eintracht-Torwart Oka Nikolov mit einem sehenswerten Hackentor. Das 1:0 – dabei bleibt es bis Abpfiff. Bayern baut sein Konto auf uneinholbare 75 Punkte aus und feiert am 28. Spieltag die Meisterschaft, so früh wie nie zuvor ein Klub in der Bundesliga. „Es ist fantastisch, ein bewegender Moment", gibt Heynckes Einblick in sein Gefühlsleben, „ich freue mich vor allem für meine Spieler. Sie haben geerntet, was sie über das ganze Jahr geleistet haben."

Dafür sorgt auch Matthias Sammer. Der neue Sportdirektor, ausgestattet mit einem Drei-Jahres-Vertrag, appelliert schon in seiner ersten Rede am 3. Juli 2012, dass für Selbstmitleid nach den verlorenen Finals gegen Dortmund und Chelsea kein Platz mehr sei. „Wir brauchen Aufbruchstimmung. Wir müssen sofort erfolgreich sein."

Mit seiner Energie und Einstellung – Sammer ermahnt die Spieler immer wieder zu profihaftem Verhalten – entwickelt er sich zum wichtigsten Helfer von Jupp Heynckes. Trotz der Zugänge von Javi Martínez aus Bilbao, Mario Mandzukic aus Wolfsburg, Dante aus Gladbach und Xherdan Shaqiri vom FC Basel, die zusammen fast 70 Millionen Euro Ablöse kosten, nennt ihn Ehrenpräsident Franz Beckenbauer den „wichtigsten Transfer".

Die Rekordjagd nach zwei enttäuschenden Spielzeiten im Schatten des BVB beginnt im August 2012 mit einem 3:0-Sieg in Fürth. Bayern gewinnt die ersten acht Bundesliga-Spiele (Rekord), kassiert dann zu Hause mit dem 1:2 gegen Leverkusen die einzige Niederlage der Saison. Nach 14 Spieltagen ist die Heynckes-Mannschaft Herbstmeister, so früh wie noch kein andere seit 1963. Sie holt die meisten Siege in der Liga-Historie (29), nimmt die wenigsten Gegentreffer hin (18) und erzielt die beste Tordifferenz (+ 80). Und sie beendet die meisten Spiele ohne Gegentor (21). Vom 18. Spieltag, dem 2:0 gegen Fürth, bis zum 31., dem 1:0 gegen Freiburg, gewinnt sie alle 14 Begegnungen.

Nach der mit 25 Punkten Vorsprung gewonnenen Meisterschaft – natürlich auch eine Bestleistung – frohlockt Präsident Uli Hoeneß: „Dieser Titel ist was ganz Besonderes. Dortmund hat uns zwei Spielzeiten richtig geärgert, und das ist eine wunderbare Antwort."

„Wir waren tief verletzt", sagt Jupp Heynckes im Rückblick. „Nach dem K.o. gegen Chelsea haben wir uns im Verein korrigiert und gingen neue Wege mit einem qualitativ vergrößerten Kader."

Dass bereits vor Saisonbeginn intern bekannt wird, Heynckes habe seiner Frau versprochen, im Sommer 2013 seine Karriere

Am Ziel aller Träume: Die Bayern sind am 25. Mai 2013 wieder Champions-League-Sieger. In erster Reihe feiern (v. l.) Franck Ribéry, Thomas Müller, Philipp Lahm, Mario Mandzukic, Arjen Robben und Manuel Neuer

Rekordmeister im Rekordtempo: Nach 28 Spielen sind die Bayern bereits Meister – zum 22. Mal

R DER BAYERN

zu beenden, bewirkt keinerlei Autoritätsverlust, eher eine noch größere Fokussierung. Dass aber die Bayern-Bosse noch vor Weihnachten hinter seinem Rücken mit Pep Guardiola, bis Ende 2011/12 Wundertrainer des FC Barcelona, verhandeln und den Kontrakt im Januar 2013 perfekt machen, wurmt Heynckes. Sie erwähnen nebenbei sein baldiges Karriere-Ende, Heynckes wollte es selber bekannt geben.

Es kränkt ihn und führt ihn noch dichter an seine Bewunderer – seine Spieler, die mit ihm eine verschworene Einheit bilden. Nie ist mehr Liebe zwischen einem Bayern-Trainer und seinen Spielern als 2012/13.

Heynckes bezieht Philipp Lahm und Bastian Schweinsteiger in seine Gedankenspiele ein, der Austausch wird intensiver, enger. Und auch taktisch machen sich die Fortschritte bezahlt. „Unser Umschaltspiel hat sich in beide Richtungen verbessert", sagt Kapitän Lahm, „anders als früher haben wir jetzt einen Plan, wie man verteidigt." Ein letzter Gruß an Louis van Gaal.

Lahm und Schweinsteiger, bis dahin auch mit der Nationalelf bei großen Turnieren gescheitert (WM-Dritter 2006 und 2010, Vize-Europameister 2008, EM-Halbfinale 2012) wollen endlich einen großen internationalen Titel. Die „Goldene Generation" hat genug von Silber. „Wir waren einfach heiß", sagt Lahm einmal und gibt zu, dass die verschiedenen Rekorde die Mannschaft zusätzlich motiviert haben.

Am 25. Mai 2013 ist Borussia Dortmund, das in beiden direkten Bundesliga-Duellen den Münchnern ein 1:1 abtrotzt, wieder Gegner: im Londoner Wembley-Stadion. Mit dem 2:1-Erfolg rehabilitieren sich die Bayern nicht nur für das verlorene „Finale dahoam" und holen nach 2001 endlich wieder den Champions-League-Pokal, auch Arjen Robben genießt plötzlich ungeteilte Zuneigung. Kurz vor Schluss erzielt er, ein Jahr zuvor Versager vom Elfmeterpunkt, den Siegtreffer.

Eine Woche später, am 1. Juni, siegen die Bayern dann auch noch im DFB-Pokalendspiel gegen den VfB Stuttgart 3:2 und beschließen mit dem Triple das erfolgreichste Jahr der Vereinsgeschichte.

Und doch liegt ein Schatten auf dem nun glücklichsten Verein Europas. Im Januar erstattet Uli Hoeneß Selbstanzeige wegen persönlichen Steuerbetrugs aus Börsengewinnen in Millionenhöhe, am 20. April wird das bundesweit publik. Hoeneß, der in Talkshows gern als Moralist auftritt, ruiniert seinen Ruf und den seines Vereins. „Ich habe Tag und Nacht gezockt", sagt er.

Öffentlich gerät Hoeneß in Bedrängnis, intern sind die Reihen geschlossen. Er bleibt Präsident. Und am 6. Mai stimmen die Mitglieder des Aufsichtsrats dafür, dass er auch in diesem Gremium Vorsitzender bleibt. Mit 8:0. Der klarste Sieg im ganzen Jahr. Gegen den HSV gewinnt Bayern am 27. Spieltag nur 9:2.

Champions League

89. Minute in Wembley: Arjen Robben schiebt den Ball an Roman Weidenfeller vorbei – 2:1

Matchwinner Robben: 2:1 gegen den BVB

Auf dem Weg zum Gruppensieg vor dem punktgleichen FC Valencia (beide 13) rutschen die Bayern einmal aus: mit 1:3 bei BATE Borissow. Die weiteren Ergebnisse: 2:1 und 1:1 gegen Valencia, 1:0 und 6:1 gegen OSC Lille, 4:1 gegen Borissow. Im Achtelfinale spielen sie beim FC Arsenal begeisternd auf (3:1), zittern sich beim 0:2 im Rückspiel aber ins Viertelfinale. In den nächsten beiden Runden gibt es nur noch überzeugende Siege: zweimal 2:0 gegen Juventus Turin im Viertelfinale, 4:0 und 3:0 im Halbfinale gegen den FC Barcelona. Am Samstag, 25. Mai 2013, kommt es in Wembley zum rein deutschen Finale mit Dortmund. Nach torloser erster Hälfte, in der der BVB besser ist und Franck Ribéry mit Glück einem Platzverweis entgeht (Schlag gegen Lewandowski), gelingt Mario Mandzukic das 1:0 (60.). Ilkay Gündogan gleicht per Foulelfmeter aus (68.). In der 89. Minute verwertet Arjen Robben ein Zuspiel von Ribéry zum 2:1.

DFB-Pokal

Der Endspielheld: Mario Gomez mit Pokal

Gomez-Doppelpack: 3:2 gegen Stuttgart

Mit zwei 4:0-Siegen gegen Zweitligisten starten die Bayern in den Pokal, geben sich bei Aufsteiger Jahn Regensburg und gegen den 1. FC Kaiserslautern keine Blöße. Im Bayern-Derby beim FC Augsburg, 2011/12 in die Bundesliga aufgestiegen, geht es hoch her. Trotz eines Platzverweises gegen Franck Ribéry (47.) gewinnen die Münchner 2:0. Im Viertelfinale gegen Titelverteidiger Dortmund ist Arjen Robben kurz vor Ende der ersten Halbzeit der einzige Torschütze (1:0) – eine Genugtuung für den Holländer. Im Halbfinale gegen Wolfsburg gibt es ein Schützenfest, auch wenn der VfL lange mithält. In der 77. Minute wird Mario Gomez beim Stand von 3:1 eingewechselt, neun Minuten später steht es nach seinem Joker-Hattrick 6:1. Im Endspiel gegen den VfB Stuttgart steht Gomez in der Startelf und erhöht nach dem 1:0 von Thomas Müller (37., Foulelfmeter) auf 3:0 (48. und 61.). Martin Harnik bringt den VfB noch mit einem Doppelpack auf 3:2 heran.

TRAINER

JUPP HEYNCKES
Schöner kann keine Trainerkarriere enden. Mit 68 Jahren gewinnt er als Erster das Triple mit einem deutschen Klub. Nur Otto Rehhagel (832 Spiele) kommt auf noch mehr Bundesliga-Einsätze als Heynckes (642). Er geht als „Trainer des Jahres" 2013.

DIE TOP-ELF DER SAISON

Toni Kroos

David Alaba

DER SPIELER DES JAHRES

*Zum ersten und einzigen Mal in seiner Karriere wird **Bastian Schweinsteiger** zum „Fußballer des Jahres" gekürt, mit knappem Vorsprung vor seinen Mitspielern Franck Ribéry und Thomas Müller. Nie erzielt Schweinsteiger mehr Bundesliga-Tore als in dieser Saison (sieben). Selbst eine Sprunggelenksverletzung und die folgende OP im April 2013 bringen ihn in vierwöchiger Verletzungspause nicht aus dem Rhythmus. In Klub und Nationalelf wächst er zur Leitfigur heran. Mit 28 Jahren, endlich.*

Der Kader

NAME	SPIELE	TORE
Manuel Neuer	31	0
Tom Starke	3	0
David Alaba	23	3
Holger Badstuber	12	0
Jérôme Boateng	26	2
Diego Contento	5	0
Dante	29	1
Javi Martínez	27	3
Philipp Lahm	29	0
Rafinha	13	2
Daniel van Buyten	13	0
Emre Can	4	1
Pierre Emile Højbjerg	2	0
Toni Kroos	24	6
Luiz Gustavo	22	4
Thomas Müller	28	13
Franck Ribéry	27	10
Arjen Robben	16	5
Bastian Schweinsteiger	28	7
Xherdan Shaqiri	26	4
Anatolij Tymoschtschuk	16	1
Mario Gomez	21	11
Mario Mandzukic	24	15
Claudio Pizarro	20	6

HOLGER BADSTUBER erleidet am 1. Dezember 2012 einen Kreuzbandriss und während der Reha im Frühjahr eine Re-Ruptur. Erst im August 2014 kann er wieder spielen

Transfers

MARIO MANDZUKIC verdrängt Mario Gomez aus der Stammformation, wird mit 15 Toren erfolgreichster Bayern-Schütze. Der Kroate ist ein aggressiver Spieler und schwieriger Charakter, der es wie zuvor in Wolfsburg (2010 – 2012) nur zwei Jahre in München aushält (33 Tore in 54 Bundesliga-Spielen) und 2014 zu Atlético Madrid wechselt.

SPIELER	VON VEREIN	ABLÖSESUMME
Tom Starke	TSG 1899 Hoffenheim	–
Dante	Borussia M'gladbach	4,7 Mio. €
Javi Martínez	Athletic Bilbao	40 Mio. €
Emre Can	FC Bayern Jugend	–
Pierre Emile Højbjerg	Brøndby IF	–
Xherdan Shaqiri	FC Basel 1893	11,8 Mio. €
Mario Mandzukic	VfL Wolfsburg	13 Mio. €
Mitchell Weiser	1. FC Köln Jugend	800 000 €
Lukas Raeder	FC Schalke 04 Jugend	–

Tops & Flops

GROSSVERDIENER Jeder Bayern-Profi kassiert prächtig Prämien: 200 000 Euro für die Meisterschaft, 200 000 für den Pokal, 400 000 für den Europacup.

CLAUDIO PIZARRO Beim 9:2 gegen den HSV (27. Sp.) erzielt er vier Tore, bereitet zwei vor. Beste Einzelleistung eines Bayern seit den fünf Toren von Dieter Hoeneß 1984 gegen Braunschweig (6:0).

AUSWÄRTSBILANZ Die Bayern überstehen wie 1986/87 die Saison ohne Niederlage auf fremdem Platz (15 Siege, 2 Remis) – noch ein Bundesliga-Rekord.

MARIO GOMEZ Weniger Liga-Spiele denn je (21), lediglich elf Tore, nur ein Sekunden-Einsatz in Wembley. Gomez rückt ins 2. Glied, wechselt im Sommer 2013 nach Florenz.

ANATOLIJ TYMOSCHTSCHUK kommt auch in der vierten Saison nicht über den Status eines Ergänzungsspielers hinaus (16 Liga-Einsätze, elf als Joker), kehrt im Sommer 2013 zu Zenit zurück.

FEHLSTARTER Im letzten Saisonspiel in Gladbach (4:3) kassieren die Bayern drei Tore in den ersten zehn Minuten – einmalig in ihrer Bundesliga-Geschichte.

1. SPIELTAG

SpVgg Greuther Fürth – Bayern 0:3 (0:1)

FÜRTH: Grün – Nehrig, Kleine, Mavraj, Schmidtgal – Klaus, Tyrala (69. Stieber), Fürstner, Prib, Sararer – Fall (62. Azemi).
BAYERN: Neuer – Lahm, Boateng, Dante, Badstuber – T. Müller, Luiz Gustavo, Shaqiri (72. Schweinsteiger), Kroos (88. Tymoschtschuk), Robben – Mandzukic (81. Pizarro).
Tore: 0:1 T. Müller (43.), 0:2 Mandzukic (59.), 0:3 Kleine (79., Eigentor).
Gelb: Fall, Kleine / Luiz Gustavo, Boateng.
Schiedsrichter: Peter Gagelmann.

2. SPIELTAG

Bayern – VfB Stuttgart 6:1 (3:1)

BAYERN: Neuer – Lahm, Boateng, Dante, Badstuber – T. Müller, Luiz Gustavo, Kroos, Schweinsteiger (77. Martínez), Ribéry (73. Shaqiri) – Mandzukic (69. Pizarro).
STUTTGART: Ulreich – Sakai, Tasci, Rodríguez, Boka – Harnik (89. Traoré), Kvist, Hajnal (46. Torun), Gentner, Okazaki (69. Bah) – Ibisevic.
Tore: 0:1 Harnik (25.), 1:1 T. Müller (32.), 2:1 Kroos (33.), 3:1 Luiz Gustavo (43.), 4:1 Mandzukic (47.), 5:1 T. Müller (49.), 6:1 Schweinsteiger (51.).
Rot: – / Ibisevic (74.).
Gelb: Boateng / Gentner.
Schiedsrichter: Thorsten Kinhöfer.

3. SPIELTAG

Bayern – 1. FSV Mainz 05 3:1 (2:0)

BAYERN: Neuer – Lahm, Boateng, Dante, Badstuber – T. Müller, Luiz Gustavo, Kroos, Schweinsteiger, Shaqiri (75. Martínez) – Mandzukic (89. Pizarro).
MAINZ: Wetklo – Pospech, Bungert, Noveski, Zabavnik – Baumgartlinger, Risse (37. Szalai), Kirchhoff, N. Müller, Caligiuri (37. Soto) – Choupo-Moting (79. Ivanschitz).
Tore: 1:0 Mandzukic (2.), 2:0 Schweinsteiger (13.), 2:1 Szalai (59., Foulelfmeter), 3:1 Kroos (90.+2).
Gelb: Luiz Gustavo / Kirchhoff, Bungert.
Schiedsrichter: Markus Schmidt.

4. SPIELTAG

FC Schalke 04 – Bayern 0:2 (0:0)

SCHALKE: Unnerstall – Höwedes, Papadopoulos, Matip, Fuchs – Farfán, Jones (78. Höger), Holtby (63. Barnetta), Neustädter, Draxler (63. Afellay) – Huntelaar.
BAYERN: Neuer – Lahm, Boateng, Dante, Badstuber – T. Müller, Luiz Gustavo, Kroos, Schweinsteiger (89. Tymoschtschuk), Robben (84. Shaqiri) – Mandzukic (70. Martínez).
Tore: 0:1 Kroos (55.), 0:2 T. Müller (58.).
Gelb: Fuchs, Matip / –. **Schiedsrichter:** Knut Kircher.

5. SPIELTAG

Bayern – VfL Wolfsburg 3:0 (1:0)

BAYERN: Neuer – Lahm, Boateng, Dante, Badstuber – Robben (68. Kroos), Martínez (72. Tymoschtschuk), Shaqiri, Schweinsteiger, Ribéry – Mandzukic (79. Pizarro).
WOLFSBURG: Benaglio – Fágner, Naldo (67. Träsch), Pogatetz, Rodríguez – Diego, Josué, Kahlenberg (67. Vieirinha), Knoche, Olic – Dost (81. Jönsson).
Tore: 1:0 Schweinsteiger (24.), 2:0 Mandzukic (57.), 3:0 Mandzukic (65.).
Gelb: Schweinsteiger / Kahlenberg.
Schiedsrichter: Christian Dingert.

6. SPIELTAG

Werder Bremen – Bayern 0:2 (0:0)

BREMEN: Mielitz – Gebre Selassie, Prödl, Sokratis, Fritz – Arnautovic (87. Bargfrede), De Bruyne, Junuzovic, Hunt, Elia (59. Füllkrug) – Petersen (77. Akpala).
BAYERN: Neuer – Lahm, Boateng, Dante, Badstuber – T. Müller, Luiz Gustavo, Kroos (58. Shaqiri), Schweinsteiger (75. Martínez), Ribéry – Pizarro (58. Mandzukic).
Tore: 0:1 Luiz Gustavo (81.), 0:2 Mandzukic (83.).
Gelb: Sokratis, Arnautovic / Schweinsteiger, Luiz Gustavo.
Schiedsrichter: Michael Weiner.

7. SPIELTAG

Bayern – 1899 Hoffenheim 2:0 (1:0)

BAYERN: Neuer – Lahm, Boateng, Dante, Badstuber – T. Müller (26. Shaqiri), Martínez (86. Luiz Gustavo), Kroos, Schweinsteiger, Ribéry (89. Rafinha) – Mandzukic.
HOFFENHEIM: Casteels – Beck, Delpierre, Compper, Johnson – Ochs (73. Schröck), Williams, Rudy, Usami (63. Volland) – Firmino, Joselu (63. Derdiyok).
Tore: 1:0 Ribéry (19.), 2:0 Ribéry (47.).
Gelb: – / Williams, Beck, Firmino.
Schiedsrichter: Tobias Stieler.

8. SPIELTAG

Fortuna Düsseldorf – Bayern 0:5 (0:2)

DÜSSELDORF: Giefer – Levels (46. Bellinghausen), Langeneke, Juanan, van den Bergh – Cha, Bodzek, Lambertz, Kruse – Ilsø (46. Voronin), Schahin (82. Rafael).
BAYERN: Neuer – Lahm, Boateng, Dante, Badstuber – T. Müller, Luiz Gustavo, Kroos (70. Martínez), Schweinsteiger (82. Rafinha), Ribéry – Mandzukic (77. Alaba).
Tore: 0:1 Mandzukic (28.), 0:2 Luiz Gustavo (36.), 0:3 T. Müller (55.), 0:4 T. Müller (86.), 0:5 Rafinha (87.).
Gelb: Levels, Lambertz, van den Bergh / Dante.
Schiedsrichter: Felix Zwayer.

9. SPIELTAG

Bayern – Bayer Leverkusen 1:2 (0:1)

BAYERN: Neuer – Lahm, Boateng, Dante, Badstuber (46. Shaqiri) – T. Müller, Luiz Gustavo (59. Robben), Kroos, Schweinsteiger (74. Pizarro), Alaba – Mandzukic.
LEVERKUSEN: Leno – Carvajal, Wollscheid, Toprak, Hosogai – Bender, Castro (90. Friedrich), Reinartz, Schürrle (83. Hegeler), Rolfes – Kießling (83. Sam).
Tore: 0:1 Kießling (42.), 1:1 Mandzukic (77.), 1:2 Sam (87.).
Gelb: Dante, Mandzukic, Shaqiri / Carvajal.
Schiedsrichter: Florian Meyer.

10. SPIELTAG

Hamburger SV – Bayern 0:3 (0:1)

HAMBURG: Adler – Diekmeier, Mancienne, Westermann, Jansen – Son, Badelj, Rincón (46. Rudnevs), Arslan, Beister (59. Aogo) – van der Vaart.
BAYERN: Neuer – Lahm, Boateng, Dante, Alaba – T. Müller, Luiz Gustavo (56. Martínez), Kroos (75. Tymoschtschuk), Schweinsteiger, Ribéry (83. Rafinha) – Mandzukic.
Tore: 0:1 Schweinsteiger (39.), 0:2 T. Müller (48.), 0:3 Kroos (53.).
Gelb: Diekmeier, Jansen / Ribéry, Martínez.
Schiedsrichter: Knut Kircher.

11. SPIELTAG

Bayern – Eintracht Frankfurt 2:0 (1:0)

BAYERN: Neuer – Lahm, Boateng (32. van Buyten), Dante, Alaba – Robben, Martínez, Kroos (71. Tymoschtschuk), Schweinsteiger, Ribéry – Pizarro (58. T. Müller).
FRANKFURT: Trapp – Jung, Demidov, Anderson, Oczipka – Aigner (58. Occéan), Schwegler (84. Lanig), Rode, Inui – Meier, Matmour.
Tore: 1:0 Ribéry (44.), 2:0 Alaba (77., Foulelfmeter).
Gelb: – / Aigner, Inui, Demidov.
Schiedsrichter: Marco Fritz.

12. SPIELTAG

1. FC Nürnberg – Bayern 1:1 (0:1)

NÜRNBERG: Schäfer – Chandler, Nilsson, Klose, Pinola – Kiyotake (80. Korczowski), Feulner, Simons, Frantz (66. Esswein), Gebhart – Polter (89. Plattenhardt).
BAYERN: Neuer – Rafinha (62. Lahm), van Buyten, Dante, Alaba – T. Müller, Tymoschtschuk (53. Martínez), Kroos, Schweinsteiger, Shaqiri – Mandzukic (77. Pizarro).
Tore: 0:1 Mandzukic (3.), 1:1 Feulner (46.).
Gelb/Rot: Gebhart (76.) / –.
Gelb: Chandler, Polter / Kroos, Schweinsteiger.
Schiedsrichter: Manuel Gräfe.

13. SPIELTAG

Bayern – Hannover 96 5:0 (3:0)

BAYERN: Neuer – Lahm, Dante, Badstuber, Alaba – T. Müller (75. Shaqiri), Martínez, Kroos, Schweinsteiger (70. Tymoschtschuk), Ribéry – Mandzukic (66. Gomez).
HANNOVER: Zieler – Cherundolo, Eggimann, Haggui, Rausch – Stindl, Schmiedebach (41. Schulz), da Silva Pinto, Huszti – Sobiech (46. Abdellaoue), Diouf (79. Nikci).
Tore: 1:0 Martínez (3.), 2:0 Kroos (24.), 3:0 Ribéry (37.), 4:0 Dante (63.), 5:0 Gomez (67.).
Gelb: Mandzukic, Schweinsteiger / Sobiech, Stindl, Schulz.
Schiedsrichter: Felix Zwayer.

14. SPIELTAG

SC Freiburg – Bayern 0:2 (0:1)

FREIBURG: Baumann – Sorg, Flum, Diagné, Hedenstad – Schmid, Makiadi (82. Lais), Schuster, Caligiuri – Rosenthal (89. Freis), Kruse.
BAYERN: Neuer – Lahm, Dante, Badstuber, Alaba – T. Müller, Martínez, Shaqiri (64. Tymoschtschuk), Kroos (75. Rafinha), Ribéry – Gomez (58. Pizarro).
Tore: 0:1 Müller (12., Handelfmeter), 0:2 Tymoschtschuk (79.).
Rot: Diagné (18.) / –.
Gelb: Caligiuri / Neuer.
Schiedsrichter: Florian Meyer.

15. SPIELTAG

Bayern – Borussia Dortmund 1:1 (0:0)

BAYERN: Neuer – Lahm, Dante, Badstuber (37. Boateng), Alaba – T. Müller, Martínez, Kroos, Schweinsteiger, Ribéry – Mandzukic (86. Gomez).
DORTMUND: Weidenfeller – Piszczek, Subotic (81. Santana), Hummels, Schmelzer – Götze (90. Schieber), Blaszczykowski (73. Perisic), Bender, Gündogan, Reus – Lewandowski.
Tore: 1:0 Kroos (67.), 1:1 Götze (74.).
Schiedsrichter: Peter Gagelmann.

16. SPIELTAG

FC Augsburg – Bayern 0:2 (0:1)

AUGSBURG: Amsif – Vogt, Sankoh (71. Hain), Klavan, de Jong – Musona (90. Petrzela), Koo, Callsen-Bracker, Baier, Werner – Mölders (67. Bancé).
BAYERN: Neuer – Lahm, Boateng, Dante, Alaba – T. Müller (78. Tymoschtschuk), Martínez, Kroos (86. Rafinha), Schweinsteiger, Ribéry – Mandzukic (61. Gomez).
Tore: 0:1 Müller (40., Handelfmeter), 0:2 Gomez (63.).
Schiedsrichter: Dr. Jochen Drees.

17. SPIELTAG

Bayern – Borussia M'gladbach 1:1 (0:1)

BAYERN: Neuer – Lahm, Boateng, Dante, Alaba – T. Müller (80. Pizarro), Martínez (38. Shaqiri), Kroos, Schweinsteiger, Ribéry – Mandzukic (57. Gomez).
M'GLADBACH: ter Stegen – Jantschke, Stranzl, Brouwers, Wendt – Marx – Herrmann (79. Rupp), Nordtveit, Cigerci (76. Xhaka), Arango – Hanke (75. De Camargo).
Tore: 0:1 Marx (21., Handelfmeter), 1:1 Shaqiri (59.).
Gelb: Dante / Nordtveit, Cigerci.
Schiedsrichter: Tobias Welz.

18. SPIELTAG

Bayern – SpVgg Greuther Fürth 2:0 (1:0)

BAYERN: Neuer – Lahm, van Buyten, Dante, Alaba – T. Müller (70. Robben), Martínez, Kroos (70. Shaqiri), Schweinsteiger, Ribéry – Mandzukic (85. Gomez).
FÜRTH: Hesl – Zimmermann, Kleine, Sobiech, Baba – Sararer (87. Klaus), Petsos, Pekovic, Fürstner, Stieber (90. Park) – Nöthe (67. Azemi).
Tore: 1:0 Mandzukic (26.), 2:0 Mandzukic (61.).
Gelb: Martínez / Baba.
Schiedsrichter: Markus Schmidt.

19. SPIELTAG

VfB Stuttgart – Bayern 0:2 (0:0)

STUTTGART: Ulreich – Rüdiger, Tasci, Niedermeier, Molinaro – Harnik, Kvist, Gentner, Traoré (64. Torun) – Ibisevic, Okazaki (64. Holzhauser).
BAYERN: Neuer – Lahm, van Buyten, Dante, Alaba – T. Müller, Martínez, Kroos, Schweinsteiger, Ribéry (88. Shaqiri) – Mandzukic (88. Gomez).
Tore: 0:1 Mandzukic (50.), 0:2 T. Müller (72.).
Gelb/Rot: Harnik (80.) / –.
Gelb: Rüdiger, Kvist / Kroos.
Schiedsrichter: Florian Meyer.

20. SPIELTAG

1. FSV Mainz 05 – Bayern 0:3 (0:1)

MAINZ: Wetklo – Pospech, Kirchhoff, Noveski, Zabavnik – N. Müller, Baumgartlinger, Soto (62. Zimling), Malli (46. Risse) – Parker (84. Caligiuri), Ivanschitz.
BAYERN: Neuer – Lahm, van Buyten, Dante, Alaba – T. Müller,

2012/13

Die Pokalsammlung von Jupp Heynckes in seiner letzten Saison (v. l.): Champions-League-Trophäe, Deutscher Supercup 2012 (2:1 im Finale gegen Dortmund), Meisterschale und DFB-Pokal

Martínez, Kroos (82. Luiz Gustavo), Schweinsteiger, Ribéry (76. Robben) – Mandzukic (76. Gomez).
Tore: 0:1 T. Müller (41.), 0:2 Mandzukic (50.), 0:3 Mandzukic (57.). **Gelb:** Zabavnik, N. Müller, Risse / –.
Schiedsrichter: Michael Weiner.

21. SPIELTAG

Bayern – FC Schalke 04 4:0 (2:0)

BAYERN: Neuer – Lahm (73. Rafinha), Boateng, Dante, Alaba – Robben, Martínez, Kroos, Schweinsteiger (73. Luiz Gustavo), Ribéry (73. Contento) – Gomez.
SCHALKE: Hildebrand – Höwedes, Matip, Metzelder, Kolasinac – Barnetta, Höger (64. Raffael), Neustädter, Jones, Bastos (72. Farfán) – Pukki (78. Edu).
Tore: 1:0 Alaba (19., Foulelfmeter), 2:0 Schweinsteiger (32.), 3:0 Alaba (51.), 4:0 Gomez (63.).
Gelb: – / Höger. **Schiedsrichter:** Peter Gagelmann.

22. SPIELTAG

VfL Wolfsburg – Bayern 0:2 (0:1)

WOLFSBURG: Benaglio – Hasebe, Naldo, Madlung, Schäfer – Vieirinha (75. Helmes), Träsch (75. Fágner), Polak, Diego, Olic (65. Perisic) – Dost.
BAYERN: Neuer – Lahm, van Buyten, Dante, Alaba – T. Müller, Luiz Gustavo, Kroos (78. Tymoschtschuk), Schweinsteiger, Ribéry (78. Robben) – Mandzukic (83. Gomez).
Tore: 0:1 Mandzukic (36.), 0:2 Robben (90.+2.).
Gelb: Madlung, Vieirinha, Dost, Hasebe, Naldo / Ribéry, Dante.
Schiedsrichter: Felix Zwayer.

23. SPIELTAG

Bayern – Werder Bremen 6:1 (2:0)

BAYERN: Neuer – Lahm, Boateng, Dante, Contento – Robben, Martínez (52. Tymoschtschuk), Shaqiri (72. Pizarro), Luiz Gustavo, Ribéry – Gomez.
BREMEN: Mielitz – Gebre Selassie, Prödl, Lukimya, Schmitz – De Bruyne, Ignjovski, Hunt (46. Pavlovic), Junuzovic, Arnautovic – Petersen.
Tore: 1:0 Robben (25.), 2:0 Martínez (29.), 3:0 Gebre Selassie (49., Eigentor), 4:0 Gomez (51.), 4:1 De Bruyne (58.), 5:1 Ribéry (86.), 6:1 Gomez (89.).
Rot: – / Prödl (44.). **Gelb:** – / Junuzovic, Pavlovic.
Schiedsrichter: Marco Fritz.

24. SPIELTAG

1899 Hoffenheim – Bayern 0:1 (0:1)

HOFFENHEIM: Gomes – Ochs, Abraham, Vestergaard, Johnson – Schröck (76. Derdiyok), Williams, Weis, Usami (46. Firmino) – De Camargo, Volland (70. Joselu).
BAYERN: Starke – Lahm, Boateng, Dante, Alaba – T. Müller, Martínez, Shaqiri (64. Luiz Gustavo), Schweinsteiger, Ribéry – Gomez (75. Mandzukic).
Tor: 0:1 Gomez (38.).
Gelb: Williams, Schröck, Derdiyok / Boateng.
Schiedsrichter: Thorsten Kinhöfer.

25. SPIELTAG

Bayern – Fortuna Düsseldorf 3:2 (1:1)

BAYERN: Neuer – Lahm, van Buyten, Boateng, Alaba – T. Müller (72. Pizarro), Luiz Gustavo, Kroos (68. Shaqiri), Schweinsteiger, Ribéry – Mandzukic (61. Gomez).
DÜSSELDORF: Giefer – Balogun, Latka, Malezas, van den Bergh – Lambertz (75. Schahin), Bodzek, Tesche, Bellinghausen – Kruse, Bolly (64. Fink).
Tore: 0:1 Bolly (16.), 1:1 Müller (45.), 1:2 Lambertz (71.), 2:2 Ribéry (73.), 3:2 Boateng (86.).
Gelb: Luiz Gustavo / Latka, van den Bergh.
Schiedsrichter: Tobias Stieler.

26. SPIELTAG

Bayer Leverkusen – Bayern 1:2 (0:1)

LEVERKUSEN: Leno – Carvajal, Wollscheid, Schwaab, Boenisch – Bender, Castro, Reinartz (61. Hegeler), Schürrle (46. Sam), Rolfes – Kießling.
BAYERN: Neuer – Rafinha, Boateng, Dante, Alaba – Robben (73. van Buyten), Martínez, Schweinsteiger, Luiz Gustavo (79. Tymoschtschuk), Shaqiri – Gomez (71. Pizarro).
Tore: 0:1 Gomez (37.), 1:1 Rolfes (75.), 1:2 Wollscheid (87., Eigentor).
Gelb: Carvajal, Castro, Schwaab / Neuer.
Schiedsrichter: Peter Gagelmann.

27. SPIELTAG

Bayern – Hamburger SV 9:2 (5:0)

BAYERN: Neuer – Lahm (61. Rafinha), Boateng, Dante, Luiz Gustavo – Robben (65. T. Müller), Martínez, Kroos, Schweinsteiger, Shaqiri (65. Ribéry) – Pizarro.
HAMBURG: Adler – Diekmeier, Bruma, Westermann, Aogo – Skjelbred, Rincón (57. Rajkovic), Badelj (81. Kacar), Son (57. Arslan) – van der Vaart, Rudnevs.
Tore: 1:0 Shaqiri (5.), 2:0 Schweinsteiger (19.), 3:0 Pizarro (30.), 4:0 Robben (33.), 5:0 Pizarro (45.), 6:0 Pizarro (53.), 7:0 Robben (54.), 8:0 Pizarro (68.), 8:1 Bruma (75.), 9:1 Ribéry (76.), 9:2 Westermann (86.).
Schiedsrichter: Guido Winkmann.

28. SPIELTAG

Eintracht Frankfurt – Bayern 0:1 (0:0)

FRANKFURT: Nikolov – Jung, Zambrano, Anderson, Oczipka – Aigner, Russ (71. Stendera), Rode, Inui – Lanig (30. Celozzi), Matmour (75. Lakic).
BAYERN: Neuer – Lahm, Boateng, Dante, Alaba – Robben (63. Ribéry), Martínez, T. Müller (63. Luiz Gustavo), Schweinsteiger, Shaqiri – Gomez (75. Pizarro).
Tor: 0:1 Schweinsteiger (52.).
Gelb: Aigner / Luiz Gustavo, Martínez.
Schiedsrichter: Florian Meyer.
Besonderes Vorkommnis: Alaba verschießt Foulelfmeter (27.).

29. SPIELTAG

Bayern – 1. FC Nürnberg 4:0 (3:0)

BAYERN: Starke – Rafinha, van Buyten, Boateng, Contento – Shaqiri (71. Højbjerg), Tymoschtschuk, Can, Ribéry – Pizarro, Gomez.
NÜRNBERG: Schäfer – Balitsch, Nilsson, Klose (55. Plattenhardt), Pinola – Kiyotake, Feulner, Simons, Frantz (83. Ildiz), Esswein – Pekhart (46. Chandler).
Tore: 1:0 Boateng (5.), 2:0 Gomez (17.), 3:0 Rafinha (24.), 4:0 Shaqiri (56.).
Gelb: Rafinha / Nilsson, Pinola.
Schiedsrichter: Michael Weiner.
Besonderes Vorkommnis: Starke hält Foulelfmeter von Simons (47.).

30. SPIELTAG

Hannover 96 – Bayern 1:6 (0:3)

HANNOVER: Zieler – Cherundolo (66. Sakai), Djourou, Schulz, Pander – Stindl, Hoffmann, da Silva Pinto (46. Ya Konan), Rausch – Schlaudraff, Diouf (79. Abdellaoue).
BAYERN: Neuer – Rafinha, van Buyten, Boateng, Alaba – T. Müller (46. Robben), Tymoschtschuk, Luiz Gustavo, Ribéry (46. Shaqiri) – Pizarro, Gomez (63. Can).
Tore: 0:1 Stindl (16., Eigentor), 0:2 Ribéry (22.), 0:3 Gomez (40.), 0:4 Gomez (62.), 0:5 Pizarro (71.), 1:5 Hoffmann (84.), 1:6 Pizarro (86.).
Gelb: – / Boateng.
Schiedsrichter: Felix Zwayer.

31. SPIELTAG

Bayern – SC Freiburg 1:0 (1:0)

BAYERN: Starke – Rafinha, van Buyten, Boateng, Contento – Shaqiri, Tymoschtschuk (84. Martínez), Luiz Gustavo, Can (74. Ribéry) – Pizarro, Mandzukic (74. Gomez).
FREIBURG: Baumann – Mujdza, Höhn, Diagné, Sorg – Schmid, Ginter, Makiadi, Caligiuri – Flum (64. Santini), Kruse.
Tor: 1:0 Can (35.). **Gelb:** Tymoschtschuk / Caligiuri.
Schiedsrichter: Christian Dingert.

32. SPIELTAG

Borussia Dortmund – Bayern 1:1 (1:1)

DORTMUND: Weidenfeller – Großkreutz, Subotic, Santana, Schmelzer – Blaszczykowski (84. Bender), Kehl (71. Reus), Gündogan (14. Leitner), Sahin, Schieber – Lewandowski.
BAYERN: Neuer – Rafinha, van Buyten, Boateng, Contento – Shaqiri, Tymoschtschuk, Luiz Gustavo, Alaba (90.+2 Højbjerg) – Pizarro (76. T. Müller), Gomez (67. Can).
Tore: 1:0 Großkreutz (11.), 1:1 Gomez (23.).
Gelb/Rot: – / Rafinha (65.).
Gelb: Blaszczykowski / Tymoschtschuk, Luiz Gustavo, Boateng, Can. **Schiedsrichter:** Peter Gagelmann.
Besonderes Vorkommnis: Neuer hält Handelfmeter von Lewandowski (60.).

33. SPIELTAG

Bayern – FC Augsburg 3:0 (0:0)

BAYERN: Neuer – Lahm, van Buyten, Dante, Alaba – Robben (70. Shaqiri), Martínez, T. Müller (82. Luiz Gustavo), Schweinsteiger, Ribéry – Mandzukic (70. Gomez).
AUGSBURG: Manninger – Verhaegh, Reinhardt, Klavan, Ostrzolek – Hahn, Moravek (65. Koo), Baier, Ji, Werner (79. Oehrl) – Mölders (56. Vogt).
Tore: 1:0 T. Müller (69.), 2:0 Shaqiri (82.), 3:0 Luiz Gustavo (87.).
Gelb: – / Moravek. **Schiedsrichter:** Marco Fritz.

34. SPIELTAG

Borussia M'gladbach – Bayern 3:4 (3:2)

M'GLADBACH: ter Stegen – Jantschke, Stranzl, Brouwers, Wendt – Herrmann (78. Younes), Nordtveit, Xhaka, Arango – Hanke (84. de Jong), Hrgota (65. Rupp).
BAYERN: Neuer – Lahm, Boateng, Dante, Alaba – Robben (81. Shaqiri), Martínez, T. Müller (81. Pizarro), Schweinsteiger, Ribéry – Mandzukic (75. Gomez).
Tore: 1:0 Stranzl (4.), 2:0 Hanke (5.), 2:1 Martínez (7.), 3:1 Nordtveit (10.), 3:2 Ribéry (18.), 3:3 Ribéry (53.), 3:4 Robben (59.).
Schiedsrichter: Thorsten Kinhöfer.

Abschlusstabelle

Pl.	Verein	Spiele	G	U	V	Tore	Diff.	Punkte
1	Bayern	34	29	4	1	98:18	+80	91
2	Dortmund (M,P)	34	19	9	6	81:42	+39	66
3	Leverkusen	34	19	8	7	65:39	+26	65
4	Schalke	34	16	7	11	58:50	+8	55
5	Freiburg	34	14	9	11	45:40	+5	51
6	Frankfurt (A)	34	14	9	11	49:46	+3	51
7	Hamburg	34	14	6	14	42:53	–11	48
8	M'gladbach	34	12	11	11	45:49	–4	47
9	Hannover	34	13	6	15	60:62	–2	45
10	Nürnberg	34	11	11	12	39:47	–8	44
11	Wolfsburg	34	10	13	11	47:52	–5	43
12	Stuttgart*	34	12	7	15	37:55	–18	43
13	Mainz	34	10	12	12	42:44	–2	42
14	Bremen	34	8	10	16	50:66	–16	34
15	Augsburg	34	8	9	17	33:51	–18	33
16	Hoffenheim	34	8	7	19	42:67	–25	31
17	Düsseldorf (A)	34	7	9	18	39:57	–18	30
18	Fürth (A)	34	4	9	21	26:60	–34	21

* als unterlegener DFB-Pokalfinalist für den UEFA-Cup qualifiziert

DIE WEITEREN SIEGER DES JAHRES

Champions League: FC Bayern

Europa League: FC Chelsea

DFB-Pokal: FC Bayern

Alle Ergebnisse auf einen Blick

Waagerecht: alle Heimresultate. Senkrecht: alle Auswärtsresultate

	Bayern	Dortmund	Leverkusen	Schalke 04	Freiburg	E. Frankfurt	Hamburg	M'gladbach	Hannover	Nürnberg	Wolfsburg	Stuttgart	Mainz	Bremen	Augsburg	Hoffenheim	Düsseldorf	Greuther Fürth
Bayern		1:1	1:2	4:0	1:0	2:0	9:2	1:1	5:0	4:0	3:0	6:1	3:1	6:1	3:0	2:0	3:2	2:0
Dortmund	1:1		3:0	1:2	5:1	3:0	1:4	5:0	3:1	3:0	2:3	0:0	2:0	2:1	4:2	1:2	1:1	3:1
Leverkusen	1:2	2:3		2:0	2:0	3:1	3:0	1:1	3:1	1:0	1:1	2:1	2:2	1:0	2:1	5:0	3:2	2:0
Schalke 04	0:2	2:1	2:2		1:3	1:1	4:1	1:1	5:4	1:0	3:0	1:2	3:0	2:1	3:1	3:0	2:1	1:2
Freiburg	0:2	0:2	0:0	1:2		0:0	0:0	2:0	3:1	3:0	2:5	3:0	1:1	1:2	2:0	5:3	1:0	1:0
E. Frankfurt	0:1	3:3	2:1	1:0	2:1		3:2	0:1	3:1	0:0	2:2	1:2	1:3	4:1	4:2	2:1	3:1	1:1
Hamburg	0:3	3:2	0:1	3:1	0:1	0:2		1:0	1:0	0:1	1:1	0:1	1:0	3:2	0:1	2:0	2:1	1:1
M'gladbach	3:4	1:1	3:3	0:1	1:1	2:0	2:2		1:0	2:3	2:0	1:2	2:0	1:1	1:0	2:1	2:1	1:0
Hannover	1:6	1:1	3:2	2:2	1:2	0:0	5:1	2:3		4:1	2:1	0:0	2:2	3:2	2:0	1:0	3:0	2:0
Nürnberg	1:1	1:1	0:2	3:0	1:1	1:2	1:1	2:1	2:2		1:0	0:2	2:1	3:2	0:0	4:2	2:0	0:1
Wolfsburg	0:2	3:3	3:1	1:4	0:2	0:2	1:1	3:1	0:4	2:2		2:0	0:2	1:1	1:1	2:2	1:1	1:1
Stuttgart	0:2	1:2	2:2	3:1	2:1	2:1	0:1	2:0	2:4	1:1	0:1		2:2	1:4	2:1	0:3	0:0	0:2
Mainz	0:3	1:2	1:0	2:2	0:0	0:0	1:2	2:4	2:1	2:1	1:1	3:1		1:1	2:0	3:0	1:0	0:1
Bremen	0:2	0:5	1:4	0:2	2:3	1:1	2:0	4:0	2:0	1:1	0:3	2:2	2:1		0:1	2:2	2:1	2:2
Augsburg	0:2	1:3	1:3	0:0	1:1	2:0	0:2	1:1	0:2	1:2	0:0	3:0	1:1	3:1		2:1	0:2	3:1
Hoffenheim	0:1	1:3	1:2	3:2	2:1	0:4	1:4	0:0	3:1	2:1	1:3	0:1	0:0	1:4	0:0		3:0	3:3
Düsseldorf	0:5	1:2	1:4	2:2	0:0	4:0	2:0	0:0	2:1	1:2	1:4	3:1	1:1	2:2	2:3	1:1		1:0
Greuther Fürth	0:3	1:6	0:0	0:2	1:2	2:3	0:1	2:4	2:3	0:0	0:1	0:1	0:3	1:1	1:1	0:3	0:2	

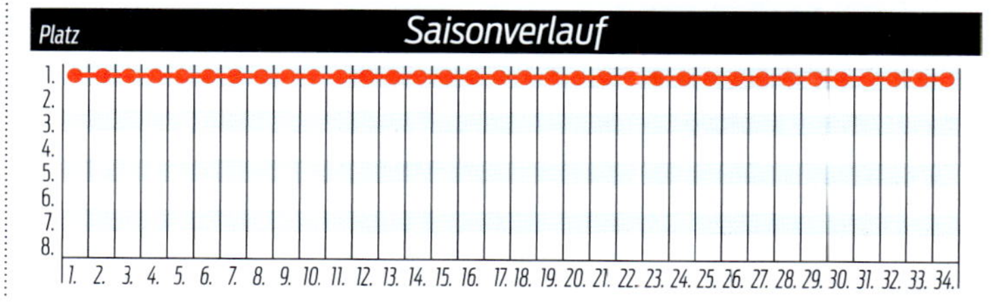

Nach der frühesten Meisterschaft aller Zeiten gibt der als unfehlbar geltende Trainer den Spielern einen Freibrief zum Durchschnaufen. Ein Anfängerfehler, der sich gegen Real Madrid bitter rächt

GUARDIOLA LÄS FRÜH DIE LUFT

Am 26. Mai 2013, am Tag nach dem Champions-League-Sieg gegen Dortmund, erscheint in der „BILD am SONNTAG" eine Kolumne von Günter Netzer, in der er weitere glorreiche Tage verspricht: „Ich bin überzeugt, dass Pep Guardiola den FC Bayern nach einer kurzen Anlaufphase in eine gute und erfolgreiche Zukunft führt. Es wird eine Weiterentwicklung stattfinden", schreibt der Mann, der Fußball-Deutschland seit Jahrzehnten mit seinen Expertisen im TV und in der Zeitung versorgt.

Manchem fehlt dazu die Fantasie, denn der Erfolg von Jupp Heynckes, das Triple, lässt sich nun mal nicht toppen. Einen Monat später, am 24. Juni, stellt der FC Bayern Pep Guardiola, den mit 42 Jahren noch jungen und doch schon so erfolgsverwöhnten Trainer vor. Der Katalane hat nach zwei Champions-League-Siegen und drei Meisterschaften mit dem FC Barcelona (2009 bis 2011) ein Sabbatjahr eingelegt und ein halbes Jahr intensiv Deutsch gelernt. Seine Sprache wird es dennoch nie werden.

Hermann Gerland kommt sich ziemlich verloren vor im Trainerstab, denn Guardiola bringt gleich fünf Landsleute mit. Zur Mannschaft zählen nur zwei Spanier: Javi Martínez ist schon da, und kurz vor Transferschluss erhält Guardiola noch seinen Wunschspieler, den er mit den berühmt gewordenen Worten „Thiago oder nix" einfordert. Ein Reservespieler des FC Barcelona, der gleichwohl die spielerische Qualität der Mannschaft steigert.

„Man sieht, es geht noch ein Stück höher", zieht Vorstandsboss Karl-Heinz Rummenigge nach dem Gewinn der Klub-WM am 21. Dezember 2013 (2:0 im Finale gegen Raja Casablanca), einem zweitrangigen Wettbewerb, auf den sich Guardiola dennoch akribisch vorbereitet, höchst zufrieden Zwischenbilanz.

Kein Spiel in der Bundesliga-Hinrunde geht verloren (15 Siege). Überhaupt verlieren die Bayern bis zum Jahreswechsel nur eins von 28 Pflichtspielen, in denen sie stets mit einer anderen Startelf antreten: das letzte Champions-League-Gruppenspiel gegen Manchester City (2:3).

Guardiola verblüfft die Bundesliga mit Ideen, auf die kein anderer kommt: Philipp Lahm, sein Leben lang Außenverteidiger, spielt plötzlich im Mittelfeldzentrum und das so oft, dass selbst Bundestrainer Joachim Löw ihn dort in seiner Mannschaft aufbietet – sogar bei der WM 2014. „Lahm ist der intelligenteste Spieler, den ich je trainiert habe", lobt Guardiola, der sich meist in Superlativen ergeht. Alles und alle sind „super, super, super".

Franck Ribéry wird auf der Zehn ausprobiert, als Spielmacher, was ihm missfällt. Diego Contento, eigentlich Vertreter für Linksverteidiger David Alaba, taucht plötzlich in der Innenverteidigung auf. Fast jeden Spieltag betreibt Guardiola neue Laborversuche. Der Erfolg gibt dem hyperaktiven Trainer, der das taktische System während eines Spiels zuweilen mehrmals ändert, recht. Guardiola importiert den Ballbesitz-Fußball aus Barcelona, seine Bayern erdrücken alles und jeden. Eine solche Dominanz hat man nie zuvor gesehen,

Bayerisches Brauchtum: Pep Guardiola am Tisch seines Bosses Karl-Heinz Rummenigge (M.) bei seinem ersten Oktoberfest

ST ZU RAUS

auch wenn man schon Schönerem beigewohnt hat.

Zwei Spiele binnen drei Tagen sind exemplarisch, obwohl eines nicht gewonnen wird. Dem faszinierenden 3:1 bei Manchester City am 2. Oktober folgt am 5. Oktober (8. Spieltag) ein 1:1 in Leverkusen. Da werden Für und Wider des „Tiki Taka", des fast endlosen Ballgeschiebes, offenbar. 16:3 Torchancen haben die Bayern, aber erhalten nur einen Punkt. Weil sie den Ball ins Tor tragen wollen und es an Effizienz mangelt im System ohne klassischen Mittelstürmer.

Thiago, Boateng, Martínez, Alaba und Götze (v. l.) feiern am 27. Spieltag mit einer Meisterschale aus Pappe den Titel

Mario Mandzukic spielt nur, wenn es nicht anders geht – es sind die Tage der „falschen Neun", eine Rolle, die oft 37-Millionen-Euro-Einkauf Mario Götze zufällt. Fernschüsse sind tabu unter Guardiola, auch bei Standards passiert herzlich wenig. „Wir können nicht alles in den Himmel loben", warnt Thomas Müller und findet doch kein Gehör.

„Spielerisch Weltklasse", jauchzt Rummenigge. „Wahnsinn", sagt Uli Hoeneß, und Kapitän Lahm stellt fest: „So wollen wir agieren, so wollen wir dominieren." Und das tun sie. Als erster Bundesligist überhaupt verliert Bayern in einem Kalenderjahr (2013) kein Ligaspiel.

Schon in den 70er-Jahren reisen Mannschaften mit Bauchschmerzen und der Angst vor hohen Niederlagen nach München. Nie aber ist es krasser als im Jahr nach dem Triple-Gewinn. Eintracht Frankfurt lässt am 19. Spieltag mit Carlos Zambrano und Sebastian Rode zwei der besten Spieler zu Hause, um deren drohende Gelbsperre zu vermeiden. Die Niederlage, lässt Trainer Armin Veh durchblicken, sei ohnehin unvermeidlich: „Die Bayern spielen in einer anderen Liga." 0:5 verliert Frankfurt.

Nur einem gefallen die Auftritte nicht so – Franz Beckenbauer: „Ja, wenn das die Philosophie ist, dann werden wir noch unsere Freude haben. Dann werden sie wahrscheinlich irgendwann so spielen wie Barcelona, wo du nicht mehr hinschauen kannst, weil sie auch auf der Torlinie den Ball noch rückwärts spielen", ätzt der Ehrenpräsident.

Nach der kalendarisch und tabellarisch frühesten Meisterschaft aller Zeiten, dem 3:1 bei Hertha BSC am 27. Spieltag (25. März 2014), lässt Pep Guardiola selbst die Luft raus: „Die Bundesliga ist vorbei", sagt er und gibt seinen Profis einen Freibrief zum Durchschnaufen. Der „Kicker" attestiert den Bayern: „Der verdienteste Meister aller Zeiten."

Prompt folgen drei Spiele ohne Siege, das 3:3 gegen Hoffenheim, 0:1 in Augsburg und 0:3 gegen Dortmund. „Alarmstufe Gelb", titelt der „Kicker" diesmal. Und tatsächlich: Es ist ein Anfängerfehler des als unfehlbar geltenden Trainers Pep Guardiola. Gegen Real Madrid scheitern seine Schützlinge krachend im Champions-League-Halbfinale (0:1, 0:4). Verteidiger Dante kritisiert: „Wir haben nach der Meisterschaft ein wenig abgebaut, die Spannung fehlte."

Immerhin spricht Guardiola selbst von einem „Fehler" und meint es auch so. Der Perfektionist ist selten zufrieden, auch nicht mit sich selbst. Am Ende gewinnt Bayern wieder einmal das Double – das ist aber zu wenig für Münchner Verhältnisse. Günter Netzer irrt sich eben auch mal.

Champions League

Zweifacher Torschütze gegen Bayern: Sergio Ramos (2. v. l.) köpft das 2:0

0:1 und 0:4 – Lehrstunde gegen Real

Mit fünf Siegen starten die Bayern in die Saison, gewinnen 3:0 gegen ZSKA Moskau, 3:1 bei Manchester City, 5:0 gegen und 1:0 in Pilsen und 3:1 in Moskau. Gegen Man City verspielen sie fast den Gruppensieg, unterliegen nach 2:0 noch 2:3. Die erste Niederlage nach Zwei-Tore-Führung zu Hause seit 31 Jahren (3:4 gegen den HSV nach 3:1, 24. April 1982). Im Achtelfinale (2:0, 1:1 gegen FC Arsenal) und Viertelfinale (1:1, 3:1 gegen Man United) werden englische Teams bezwungen, gegen das beste spanische in dieser Saison reicht es nicht: Am 23. April 2014 verliert Bayern trotz 72 Prozent Ballbesitz und 15:3 Ecken 0:1 bei Real Madrid, der 29. April entwickelt sich zu einem schwarzen Dienstag: Zwei Kopfballtore von Sergio Ramos stellen nach 20 Minuten die Weichen, Cristiano Ronaldo erhöht in der 34. Minute auf 3:0 und in der 90. auf 4:0. Die italienische Zeitung „Gazzetta dello Sport" schreibt: „Diese Lehrstunde wird Guardiola nur schwer vergessen."

DFB-Pokal

Die Entscheidung gegen den BVB: Thomas Müller trifft zum 2:0 gegen Roman Weidenfeller

Revanche gegen Dortmund glückt

Die erste Station auf dem Weg zum 17. Titel ist Osnabrück, wohin Regionalligist BSV Rehden ausweicht. Bayern siegt 5:0 und in Runde 2 fast ebenso deutlich 4:1 gegen Hannover 96. Im Achtelfinale setzt sich das Guardiola-Team nach hartem Kampf 2:0 in Augsburg durch, im Viertelfinale gar 5:0 beim HSV. Drei Tore glücken Mario Mandzukic. Dem 1. FC Kaiserslautern ergeht es kaum besser: Der Zweitligist verliert das Halbfinale in München 1:5. Im Endspiel kommt es zur Revanche für 2012. Borussia Dortmund wird gegen dezimierte Bayern, die ohne die verletzten Bastian Schweinsteiger und Thiago sowie den wegen Fehlverhaltens suspendierten Torjäger Mandzukic antreten, um ein reguläres Tor betrogen: Der Kopfball von Mats Hummels (64.) ist klar hinter der Linie. So geht es torlos in die Verlängerung, in der Arjen Robben das 1:0 erzielt (107.) und Thomas Müller in der Nachspielzeit einen Konter zum 2:0-Endstand vollendet.

DIE **TOP-ELF** DER SAISON

TRAINER

PEP GUARDIOLA
Er wird auf Anhieb Meister mit einem Punkteschnitt von 2,65 – absoluter Rekord für einen Bundesliga-Trainer. „Pep ist ein Genie", sagt Karl-Heinz Rummenigge trotz Halbfinal- Aus in der Champions League.

David Alaba

DER **SPIELER** DES JAHRES

*Im Jahr der Rekorde geht auch **Manuel Neuer** nicht leer aus. Als er am vorletzten Spieltag beim HSV die 250-Spiele-Marke in der Bundesliga erreicht (156 für Schalke zwischen 2006 und 2011), steht er bei erst 212 Gegentoren – einmalig. Zwischen dem 11. und 16. Spieltag bleibt Neuer 503 Minuten ohne Gegentor (Saisonrekord). Vor allem aufgrund seiner Leistungen bei der WM in Brasilien wird er 2014 zum zweiten Mal „Fußballer des Jahres", nun erstmals als Spieler des FC Bayern.*

Der Kader

NAME	SPIELE	TORE
Manuel Neuer	31	0
Lukas Raeder	2	0
Tom Starke	2	0
David Alaba	28	2
Jérôme Boateng	25	1
Diego Contento	10	0
Dante	29	2
Javi Martínez	18	0
Philipp Lahm	28	1
Rafinha	28	0
Daniel van Buyten	12	1
Mitchell Weiser	3	0
Mario Götze	27	10
Pierre Emile Højbjerg	7	0
Jan Kirchhoff	7	0
Toni Kroos	29	2
Thomas Müller	31	13
Franck Ribéry	22	10
Arjen Robben	28	11
Ylli Sallahi	1	0
Bastian Schweinsteiger	23	4
Xherdan Shaqiri	17	6
Thiago	16	2
Mario Mandzukic	30	18
Claudio Pizarro	17	10

MARIO MANDZUKIC wird mit 18 Toren Zweiter in der Bundesliga hinter Robert Lewandowski (BVB, 20 Tore)

Transfers

MARIO GÖTZE steht am 22. April 2013 als Neuzugang fest. Eine Personalie, die die Liga erzürnt. Denn kurz zuvor fordert Uli Hoeneß Solidarität unter den Bundesliga-Vereinen ein, dann schwächt Bayern wieder einen Konkurrenten. Immerhin kassiert Dortmund für seinen Jungstar 37 Millionen Euro Ablöse. Götze wird in München nie recht glücklich, brüskiert bei der Vorstellung seine Chefs, weil er im T-Shirt seines persönlichen Ausrüsters erscheint. Strafe: 20 000 Euro. Seine erste Saison ist seine beste (10 Tore). 2016 kehrt er nach 73 Ligaspielen (22 Tore) zum BVB zurück. Ablöse: nur noch 22 Mio. Euro.

SPIELER	VON VEREIN	ABLÖSESUMME
Mario Götze	Borussia Dortmund	37 Mio. €
Jan Kirchhoff	1. FSV Mainz 05	–
Ylli Sallahi	FC Bayern Jugend	–
Thiago	FC Barcelona	25 Mio. €

Tops & Flops

JAVI MARTÍNEZ bleibt saisonübergreifend in seinen ersten 39 Bundesliga-Einsätzen unbesiegt (bis zum 0:1 in Augsburg, 29. Spieltag) – Ligarekord für einen neuen Spieler.

MEGA-SERIE Vom 3:0 beim HSV (10. Spieltag 2012/13) bis 3:3 gegen Hoffenheim (28. Spieltag) bleibt Bayern in 53 Ligaspielen ohne Niederlage – Rekord. Mit dem 0:1 in Augsburg reißt die Serie.

SERIENSIEGER Vom 9. (4:1 gegen Mainz) bis 27. Spieltag (3:1 in Berlin) gibt es 19 Siege in Folge – Verbesserung des eigenen Ligarekordes aus 2005 (15).

ULI HOENESS wird am 13. März 2014 wegen Steuerhinterziehung in Höhe von ermittelten 28,5 Millionen Euro aus Wertpapier- und Spekulationsgeschäften zu dreieinhalb Jahren Haft verurteilt. Auf Revision verzichtet er. Am nächsten Tag tritt er von seinen Ämtern zurück, am 2. Mai kündigt er unter Tränen seine Rückkehr öffentlich an („Das war's noch nicht"). Am 2. Juni 2014 geht er seinen schwersten Gang. In die JVA Landsberg gelangt er – gar nicht typisch für ihn – durch einen Seiteneingang. Hoeneß kommt später in den offenen Vollzug, am 29. Februar 2016 endet seine Haftstrafe vorzeitig.

Das Tor des Monats im Januar 2014: Thiago gelingt beim VfB Stuttgart mit artistischem Seitfallzieher das 2:1 in der Nachspielzeit (17. Spieltag). Der 15. Saisonsieg ist unter Dach und Fach – und Bayern immer noch ohne Niederlage

1. SPIELTAG

Bayern – Borussia M'gladbach 3:1 (2:1)

BAYERN: Neuer – Lahm, Boateng, Dante, Alaba – Robben, T. Müller (77. Rafinha), Schweinsteiger (73. Kirchhoff), Kroos (85. Martínez), Ribéry – Mandzukic.
M'GLADBACH: ter Stegen – Jantschke, Stranzl, Domínguez, Daems – Herrmann (70. Hrgota), Kramer (85. de Jong), Raffael, Xhaka, Arango (70. Younes) – Kruse.
Tore: 1:0 Robben (12.), 2:0 Mandzukic (15.), 2:1 Dante (40., Eigentor), 3:1 Alaba (69., Handelfmeter).
Gelb: Mandzukic / Kramer, Stranzl, Domínguez.
Schiedsrichter: Tobias Welz.
Besonderes Vorkommnis: ter Stegen hält Handelfmeter von Müller (68.).

2. SPIELTAG

Eintracht Frankfurt – Bayern 0:1 (0:1)

FRANKFURT: Trapp – Schröck, Zambrano, Anderson, Oczipka – Aigner, Schwegler (78. Celozzi), Rode (71. Rosenthal), Inui (78. Lakic) – Flum, Meier.
BAYERN: Neuer – Lahm, Boateng, Dante, Alaba – Shaqiri (65. Thiago), T. Müller (74. Robben), Schweinsteiger, Kroos (88. Rafinha), Ribéry – Mandzukic.
Tor: 0:1 Mandzukic (13.).
Gelb: Aigner / Dante.
Schiedsrichter: Peter Gagelmann.

3. SPIELTAG

Bayern – 1. FC Nürnberg 2:0 (0:0)

BAYERN: Neuer – Lahm, Boateng, Dante, Alaba – Robben, Thiago (62. T. Müller), Schweinsteiger, Götze (68. Kroos), Ribéry (80. Shaqiri) – Mandzukic.
NÜRNBERG: Schäfer – Chandler, Nilsson (35. Dabanli), Pogatetz, Pinola – Feulner (72. Frantz), Stark, Balitsch, Plattenhardt (75. Kiyotake) – Drmic, Ginczek.
Tore: 1:0 Ribéry (69.), 2:0 Robben (78.).
Gelb: Mandzukic, Lahm, Ribéry / Ginczek.
Schiedsrichter: Christian Dingert.
Besonderes Vorkommnis: Schäfer hält Foulelfmeter von Alaba (33.).

4. SPIELTAG

SC Freiburg – Bayern 1:1 (0:1)

FREIBURG: Baumann – Sorg, Diagné, Ginter, Günter – Schmid, Schuster (61. Höfler), Fernandes, Laprevotte (60. Kerk) – Guédé (75. Hanke), Freis.
BAYERN: Neuer – Rafinha, van Buyten, Dante, Contento – T. Müller, Götze (62. Lahm), Schweinsteiger (79. Ribéry), Kroos, Shaqiri – Pizarro (88. Mandzukic).
Tore: 0:1 Shaqiri (33.), 1:1 Höfler (86.).
Gelb: Höfler, Günter / van Buyten.
Schiedsrichter: Florian Meyer.

5. SPIELTAG

Bayern – Hannover 96 2:0 (0:0)

BAYERN: Neuer – Rafinha, van Buyten, Boateng (68. Dante), Alaba – Robben, T. Müller, Lahm, Kroos (86. Kirchhoff), Ribéry (81. Shaqiri) – Mandzukic.
HANNOVER: Zieler – Sakai, Marcelo, Sané, Pocognoli – Bittencourt, Stindl, Andreasen (74. Schulz), Prib (82. Schlaudraff) – Ya Konan (67. Schmiedebach), Sobiech.
Tore: 1:0 Mandzukic (51.), 2:0 Ribéry (64.).
Gelb: Ribéry, Kroos, Boateng / Marcelo, Prib, Bittencourt.
Schiedsrichter: Tobias Stieler.

6. SPIELTAG

FC Schalke 04 – Bayern 0:4 (0:2)

SCHALKE: Hildebrand – Uchida, Höwedes, Matip, Aogo – Farfán, Jones, K.-P. Boateng (81. Clemens), Neustädter (46. Höger), Draxler – Szalai.
BAYERN: Neuer – Rafinha, J. Boateng, Dante, Alaba – Robben (73. T. Müller), Schweinsteiger (78. Kirchhoff), Lahm, Kroos, Ribéry – Mandzukic (81. Pizarro).
Tore: 0:1 Schweinsteiger (21.), 0:2 Mandzukic (22.), 0:3 Ribéry (75.), 0:4 Pizarro (84.).
Gelb: Farfán / –. **Schiedsrichter:** Manuel Gräfe.

7. SPIELTAG

Bayern – VfL Wolfsburg 1:0 (0:0)

BAYERN: Neuer – Rafinha, Boateng, Dante, Alaba – Robben (62. Shaqiri), T. Müller, Lahm, Schweinsteiger (62. Kroos), Ribéry – Mandzukic (86. Kirchhoff).
WOLFSBURG: Benaglio – Träsch, Naldo, Knoche, Rodríguez – Koo (82. Arnold), Polak, Diego, Luiz Gustavo, Schäfer (68. Perisic) – Olic (84. Caligiuri).
Tor: 1:0 Müller (63.).
Gelb: Schweinsteiger, Mandzukic / Diego.
Schiedsrichter: Bastian Dankert.

8. SPIELTAG

Bayer Leverkusen – Bayern 1:1 (1:1)

LEVERKUSEN: Leno – Donati, Toprak, Spahic, Boenisch – Bender, Reinartz, Rolfes – Sam (82. Kruse), Kießling (83. Hegeler), Can (68. Son).
BAYERN: Neuer – Rafinha, Boateng, Dante, Alaba – Shaqiri (71. Robben), Schweinsteiger, Lahm, Kroos (85. Götze), Ribéry – T. Müller (80. Mandzukic).
Tore: 0:1 Kroos (29.), 1:1 Sam (31.).
Gelb: Boenisch / Boateng.
Schiedsrichter: Knut Kircher.

9. SPIELTAG

Bayern – 1. FSV Mainz 4:1 (0:1)

BAYERN: Neuer – Rafinha (46. Götze), Boateng, Dante (42. Alaba), Contento – Robben, Schweinsteiger, Lahm, Kroos, T. Müller – Mandzukic (75. Kirchhoff).
MAINZ: Wetklo – Pospech, Bell, Svensson (57. Park), Noveski, Díaz – N. Müller, Geis, Baumgartlinger (67. Moritz), Choupo-Moting – Parker (79. Saller).
Tore: 0:1 Parker (44.), 1:1 Robben (50.), 2:1 T. Müller (52.), 3:1 Mandzukic (69.), 4:1 T. Müller (82., Foulelfmeter).
Gelb: Kirchhoff / –.
Schiedsrichter: Thorsten Kinhöfer.

10. SPIELTAG

Bayern – Hertha BSC 3:2 (1:1)

BAYERN: Neuer – Rafinha, van Buyten, Boateng, Alaba – Robben (26. Mandzukic), Kroos (24. Götze), Lahm, Schweinsteiger, Ribéry – T. Müller (64. Martínez).
BERLIN: Kraft – Pekarik, Lustenberger, Langkamp, van den Bergh (78. Allagui) – Cigerci, Skjelbred, Ben-Hatira (77. Mukhtar), Hosogai (86. Ronny), Schulz – Ramos.
Tore: 0:1 Ramos (4.), 1:1 Mandzukic (29.), 2:1 Mandzukic (51.), 3:1 Götze (54.), 3:2 Ben-Hatira (58.).
Gelb: Boateng, Schweinsteiger, Rafinha / Hosogai, Ramos, Pekarik, Skjelbred.
Schiedsrichter: Michael Weiner.

11. SPIELTAG

1899 Hoffenheim – Bayern 1:2 (1:1)

HOFFENHEIM: Casteels – Beck, Abraham, Süle, Salihovic – Volland, Rudy (87. Vestergaard), Herdling (78. Elyounoussi), Strobl, Firmino – Modeste (81. Schipplock).
BAYERN: Neuer – Lahm, Boateng, Dante, Alaba – T. Müller, Götze (80. Rafinha), Martínez, Schweinsteiger, Ribéry – Mandzukic (64. Kroos).
Tore: 1:0 Süle (34.), 1:1 Mandzukic (39.), 1:2 T. Müller (75.).
Gelb: Abraham, Rudy / –.
Schiedsrichter: Tobias Welz.

12. SPIELTAG

Bayern – FC Augsburg 3:0 (2:0)

BAYERN: Neuer – Rafinha (74. T. Müller), Boateng, Dante, Alaba – Götze (66. Robben), Lahm, Martínez, Kroos (81. Kirchhoff), Ribéry – Mandzukic.
AUGSBURG: Hitz – Verhaegh, Callsen-Bracker, Klavan, Ostrzolek – Hahn, Vogt (79. Mölders), Baier, Moravek (74. Hong), Werner – Altintop (54. Milik).
Tore: 1:0 Boateng (4.), 2:0 Ribéry (42.), 3:0 T. Müller (90.+5, Handelfmeter).
Schiedsrichter: Peter Gagelmann.

13. SPIELTAG

Borussia Dortmund – Bayern 0:3 (0:0)

DORTMUND: Weidenfeller – Großkreutz, Friedrich, Sokratis, Durm – Blaszczykowski (71. Aubameyang), Bender (79. Piszczek), Mkhitaryan (71. Hofmann), Sahin, Reus – Lewandowski.
BAYERN: Neuer – Rafinha (79. van Buyten), Boateng (64. Thiago), Dante, Alaba – T. Müller, Martínez, Lahm, Kroos, Robben – Mandzukic (56. Götze).
Tore: 0:1 Götze (66.), 0:2 Robben (85.), 0:3 T. Müller (87.).
Gelb: Großkreutz, Mkhitaryan / Boateng, Rafinha, Mandzukic.
Schiedsrichter: Manuel Gräfe.

14. SPIELTAG

Bayern – Eintr. Braunschweig 2:0 (2:0)

BAYERN: Neuer – Rafinha, van Buyten, Dante, Alaba – T. Müller (57. Mandzukic), Thiago, Martínez, Kroos, Robben – Götze.
BRAUNSCHWEIG: Davari – Elabdellaoui, Bicakcic, Dogan, Theuerkauf – Caligiuri (79. Oehrl), Bellarabi, Kratz, Boland, Jackson (59. Korte) – Kumbela.
Tore: 1:0 Robben (2.), 2:0 Robben (30.).
Schiedsrichter: Tobias Stieler.

15. SPIELTAG

Werder Bremen – Bayern 0:7 (0:3)

BREMEN: Wolf – Fritz, Lukimya, Caldirola, S. García – Elia, Gebre Selassie, Hunt (71. Yildirim), Makiadi (61. Bargfrede), Di Santo (61. Mehmet Ekici) – Petersen.
BAYERN: Neuer – Rafinha, Boateng (61. Dante), van Buyten, Alaba – T. Müller, Götze, Thiago (76. Pizarro), Kroos (70. Kirchhoff), Ribéry – Mandzukic.
Tore: 0:1 Lukimya (21., Eigentor), 0:2 van Buyten (27.), 0:3 Ribéry (38.), 0:4 Mandzukic (60.), 0:5 T. Müller (68.), 0:6 Ribéry (82.), 0:7 Götze (90.).
Gelb: Caldirola, Makiadi, Di Santo, Lukimya / Boateng, van Buyten.
Schiedsrichter: Marco Fritz.

16. SPIELTAG

Bayern – Hamburger SV 3:1 (1:0)

BAYERN: Neuer – Rafinha, van Buyten, Dante, Contento – T. Müller (78. Shaqiri), Thiago, Lahm, Kroos (82. Højbjerg), Götze (64. Ribéry) – Mandzukic.
HAMBURG: Drobny – Rincón, Tah, Djourou, Jansen – Zoua (85. Lam), Badelj, van der Vaart, Arslan, Calhanoglu (76. Jiracek) – Lasogga.
Tore: 1:0 Mandzukic (42.), 2:0 Götze (52.), 2:1 Lasogga (87.), 3:1 Shaqiri (90.+3).
Gelb: – / van der Vaart, Drobny.
Schiedsrichter: Tobias Welz.

17. SPIELTAG

VfB Stuttgart – Bayern 1:2 (1:0)

STUTTGART: Ulreich – Sakai (65. Boka), Schwaab, Rüdiger, Rausch – Harnik, Khedira, Leitner, Werner (86. Traoré) – Ibisevic, Abdellaoue (90.+2 Sararer).
BAYERN: Neuer – Rafinha, Boateng, Dante, Alaba – T. Müller, Thiago, Lahm, Kroos (60. Mandzukic), Shaqiri (59. Pizarro) – Götze (88. Contento).
Tore: 1:0 Ibisevic (29.), 1:1 Pizarro (76.), 1:2 Thiago (90.+3).
Gelb: Leitner, Rüdiger, Sakai, Boka, Harnik / Kroos, Dante, Boateng.
Schiedsrichter: Manuel Gräfe.

18. SPIELTAG

Borussia M'gladbach – Bayern 0:2 (0:1)

M'GLADBACH: ter Stegen – Korb, Stranzl, Domínguez, Wendt – Herrmann (75. Hrgota), Kramer, Xhaka, Arango – Raffael, Kruse.
BAYERN: Neuer – Rafinha, Boateng, Dante, Alaba – T. Müller, Kroos (87. Højbjerg), Lahm, Thiago, Shaqiri (79. Robben) – Götze (81. Pizarro).
Tore: 0:1 Götze (7.), 0:2 T. Müller (53., Handelfmeter).
Gelb: Wendt, Kramer / Kroos.
Schiedsrichter: Peter Gagelmann.

19. SPIELTAG

Bayern – Eintracht Frankfurt 5:0 (2:0)

BAYERN: Neuer – Rafinha, Boateng, Dante, Alaba (75. Contento) – Shaqiri (65. Robben), Thiago, Lahm, Götze (74. Pizarro), Ribéry – Mandzukic.
FRANKFURT: Trapp (77. Wiedwald) – Jung, Madlung, Russ, Djakpa – Barnetta (62. Aigner), Schwegler (65. Weis), Meier, Flum, Rosenthal – Joselu.
Tore: 1:0 Götze (12.), 2:0 Ribéry (44.), 3:0 Robben (67.), 4:0 Dante (69.), 5:0 Mandzukic (89.).
Schiedsrichter: Florian Meyer.

20. SPIELTAG

1. FC Nürnberg – Bayern 0:2 (0:1)

NÜRNBERG: Schäfer – Chandler (10. Angha), Petrak, Pinola, Plattenhardt – Drmic, Feulner, Frantz, Kiyotake, Hlousek (76. Gebhart) – Ginczek (22. Pekhart).
BAYERN: Neuer – Rafinha, Boateng, Dante, Alaba – T. Müller (72. Martínez), Thiago, Lahm, Götze, Robben (81. Shaqiri) – Mandzukic (86. Pizarro).
Tore: 0:1 Mandzukic (18.), 0:2 Lahm (49.).
Gelb: Hlousek, Pinola / Lahm, Mandzukic, T. Müller.
Schiedsrichter: Tobias Welz.

21. SPIELTAG

Bayern – SC Freiburg 4:0 (3:0)

BAYERN: Neuer – Rafinha, Martínez, Dante, Contento – Robben (78. van Buyten), Lahm (64. Götze), T. Müller, Kroos, Shaqiri (61. Schweinsteiger) – Pizarro.
FREIBURG: Baumann – Sorg, Krmas, Höhn, Günter – Schmid, Fernandes, Ginter (69. Schuster), Klaus (62. Kerk) – Darida, Mehmedi (81. Guédé).
Tore: 1:0 Dante (19.), 2:0 Shaqiri (34.), 3:0 Shaqiri (42.), 4:0 Pizarro (88.).
Gelb: Martínez, Kroos, Dante / Günter.
Schiedsrichter: Guido Winkmann.

22. SPIELTAG

Hannover 96 – Bayern 0:4 (0:2)

HANNOVER: Zieler – Rajtoral, Marcelo, Schulz, Pocognoli – Huszti, Schmiedebach, Stindl (68. Andreasen), Bittencourt (37. Prib) – Diouf (78. Sobiech), Rudnevs.
BAYERN: Starke – Rafinha, Martínez, Boateng, Alaba – T. Müller (62. Robben), Lahm, Thiago, Schweinsteiger (72. Pizarro), Götze (67. Kroos) – Mandzukic.
Tore: 0:1 T. Müller (25.), 0:2 Thiago (34.), 0:3 T. Müller (59.), 0:4 Mandzukic (66.).
Gelb: Diouf, Huszti / Rafinha. **Schiedsrichter:** Knut Kircher.

23. SPIELTAG

Bayern – FC Schalke 04 5:1 (4:0)

BAYERN: Neuer – Rafinha, Martínez, Dante, Alaba – Robben (84. Contento), Götze (70. Pizarro), Schweinsteiger (77. Højbjerg), Kroos, Thiago – Mandzukic.
SCHALKE: Fährmann – Höwedes, Papadopoulos, Matip, Kolasinac – Boateng, Neustädter, Goretzka (28. Fuchs) – Farfán, Huntelaar, Draxler (78. Hoogland).
Tore: 1:0 Alaba (3.), 2:0 Robben (15.), 3:0 Mandzukic (24.), 4:0 Robben (28.), 4:1 Rafinha (64., Eigentor), 5:1 Robben (77., Foulelfmeter).
Rot: – / Papadopoulos (76.).
Gelb: Thiago / –. **Schiedsrichter:** Dr. Jochen Drees.

24. SPIELTAG

VfL Wolfsburg – Bayern 1:6 (1:1)

WOLFSBURG: Benaglio – Ochs, Naldo, Knoche, Rodríguez – Perisic, Arnold (79. Polak), De Bruyne (85. Malanda), Medojevic, Caligiuri (80. Schäfer) – Dost.
BAYERN: Neuer – Rafinha, Boateng, Dante, Alaba – Robben, Lahm (67. Martínez), Shaqiri (56. Thiago), Kroos (57. Mandzukic), Ribéry – T. Müller.
Tore: 1:0 Naldo (17.), 1:1 Shaqiri (26.), 1:2 T. Müller (63.), 1:3 Mandzukic (66.), 1:4 Ribéry (71.), 1:5 T. Müller (78.), 1:6 Mandzukic (80.).
Gelb: Medojevic / –.
Schiedsrichter: Tobias Welz.

25. SPIELTAG

Bayern – Bayer Leverkusen 2:1 (1:0)

BAYERN: Neuer – Rafinha, van Buyten, Boateng, Contento – Robben (66. Ribéry), Schweinsteiger, T. Müller, Kroos (85. Thiago), Götze – Mandzukic (75. Shaqiri).
LEVERKUSEN: Leno – Hilbert, Wollscheid, Spahic, Boenisch – Bender, Rolfes, Can (80. Derdiyok) – Castro, Kießling, Son (66. Sam).
Tore: 1:0 Mandzukic (44.), 2:0 Schweinsteiger (52.), 2:1 Kießling (90.+1).
Gelb: Contento, Rafinha / Castro, Spahic, Bender.
Schiedsrichter: Markus Schmidt.

26. SPIELTAG

1. FSV Mainz 05 – Bayern 0:2 (0:0)

MAINZ: Karius – Pospech, Bell, Noveski, Park – N. Müller, Moritz (84. Malli), Koo (46. Saller), Geis, Choupo-Moting (60. Bungert) – Okazaki.
BAYERN: Neuer – Lahm, Martínez, Boateng, Alaba – Robben (73. Shaqiri), Kroos, T. Müller (64. Götze), Schweinsteiger, Ribéry – Mandzukic (81. Pizarro).
Tore: 0:1 Schweinsteiger (82.), 0:2 Götze (86.).
Gelb: Moritz / –.
Schiedsrichter: Tobias Stieler.

27. SPIELTAG

Hertha BSC – Bayern 1:3 (0:2)

BERLIN: Kraft – Pekarik, Janker, Brooks, van den Bergh – Skjelbred, Hosogai, Mukhtar (71. Ronny), Kobiaschwili (64. Niemeyer), Schulz – Ramos (87. Wagner).
BAYERN: Neuer – Rafinha, Boateng, Dante, Alaba – Robben (54. Ribéry), Schweinsteiger (64. Thiago), Lahm, Kroos, Götze – T. Müller (54. Mandzukic).
Tore: 0:1 Kroos (6.), 0:2 Götze (14.), 1:2 Ramos (66., Foulelfmeter), 1:3 Ribéry (79.).
Gelb: Skjelbred / –.
Schiedsrichter: Marco Fritz.

28. SPIELTAG

Bayern – 1899 Hoffenheim 3:3 (3:2)

BAYERN: Starke – Rafinha, van Buyten, Dante, Contento – Götze (46. Mandzukic), Thiago (25. Lahm), Schweinsteiger, Ribéry (76. Robben) – Shaqiri, Pizarro.
HOFFENHEIM: Grahl – Johnson, Strobl, Vestergaard, Beck – Volland (89. Karaman), Rudy, Firmino, Polanski, Salihovic (60. Herdling) – Modeste (31. Elyounoussi).
Tore: 0:1 Modeste (23.), 1:1 Pizarro (31.), 2:1 Shaqiri (34.), 3:1 Pizarro (40.), 3:2 Salihovic (44.), 3:3 Firmino (75.).
Gelb: Schweinsteiger / Vestergaard, Firmino.
Schiedsrichter: Christian Dingert.

29. SPIELTAG

FC Augsburg – Bayern 1:0 (1:0)

AUGSBURG: Hitz – Verhaegh, Callsen-Bracker, Hong (76. Reinhardt), Ostrzolek – Esswein, Kohr, Altintop, Baier, Holzhauser (54. Philp) – Mölders (83. Bobadilla).
BAYERN: Neuer – Weiser, van Buyten, Martínez, Sallahi (51. Alaba) – Shaqiri (46. Götze), Schweinsteiger, Pizarro (63. T. Müller), Kroos, Højbjerg – Mandzukic.
Tore: 1:0 Mölders (31.).
Gelb: Hong, Ostrzolek, Callsen-Bracker / van Buyten, Weiser.
Schiedsrichter: Manuel Gräfe.

30. SPIELTAG

Bayern – Borussia Dortmund 0:3 (0:1)

BAYERN: Neuer (46. Raeder) – Rafinha, Martínez, Dante, Alaba – Robben (69. Kroos), Lahm, Götze, Schweinsteiger, Ribéry (60. T. Müller) – Mandzukic.
DORTMUND: Weidenfeller – Großkreutz, Sokratis, Hummels (70. Friedrich), Durm – Kehl, Sahin, Hofmann (62. Lewandowski), Mkhitaryan, Reus – Aubameyang (76. Jojic).
Tore: 0:1 Mkhitaryan (20.), 0:2 Reus (49.), 0:3 Hofmann (56.).
Rot: Rafinha (90.+1) / –.
Gelb: Martínez, Kroos / Hofmann, Mkhitaryan.
Schiedsrichter: Felix Zwayer.

31. SPIELTAG

Eintr. Braunschweig – Bayern 0:2 (0:0)

BRAUNSCHWEIG: Davari – Elabdellaoui, Henn, Dogan, Reichel – Boland, Kratz (73. Pfitzner), Theuerkauf, Hochscheidt (72. Caligiuri) – Nielsen, Kruppke (83. Ademi).
BAYERN: Raeder – Lahm (87. Weiser), Martínez, Dante, Boateng – Robben (73. Mandzukic), Højbjerg, Götze, Schweinsteiger, Ribéry (73. T. Müller) – Pizarro.
Tore: 0:1 Pizarro (75.), 0:2 Mandzukic (86.).
Gelb: Hochscheidt, Henn / Schweinsteiger.
Schiedsrichter: Daniel Siebert.

32. SPIELTAG

Bayern – Werder Bremen 5:2 (1:2)

BAYERN: Neuer – Weiser (46. Lahm), Boateng, Dante (73. Robben), Alaba (76. Contento) – T. Müller, Martínez, Götze, Schweinsteiger, Ribéry – Pizarro.
BREMEN: Wolf – Fritz, Prödl, Caldirola, S. García – Gebre Selassie, Bargfrede, Junuzovic, Makiadi (55. Ignjovski) – Hunt (83. Kroos), Di Santo (71. Elia).
Tore: 0:1 Gebre Selassie (10.), 1:1 Ribéry (20.), 1:2 Hunt (36.), 2:2 Pizarro (53.), 3:2 Pizarro (57.), 4:2 Schweinsteiger (61.), 5:2 Robben (74.). **Gelb:** Müller / Caldirola.
Schiedsrichter: Guido Winkmann.

33. SPIELTAG

Hamburger SV – Bayern 1:4 (0:1)

HAMBURG: Adler – Diekmeier (60. John), Westermann (76. Tah), Mancienne, Jiracek – Rincón, Tesche, van der Vaart (67. Demirbay), Badelj, Calhanoglu – Ilicevic.
BAYERN: Neuer – Lahm, Boateng, Dante, Alaba – Martínez, Kroos (67. Højbjerg), Schweinsteiger – Robben (73. Pizarro), T. Müller, Götze.
Tore: 0:1 Götze (32.), 0:2 T. Müller (55.), 0:3 Götze (69.), 1:3 Calhanoglu (72.), 1:4 Pizarro (75.).
Rot: – / Boateng (86.).
Gelb: Demirbay / Martínez. **Schiedsrichter:** Marco Fritz.

34. SPIELTAG

Bayern – VfB Stuttgart 1:0 (0:0)

BAYERN: Neuer – Rafinha, van Buyten, Dante, Alaba – Schweinsteiger (37. Højbjerg), Martínez, Kroos – Mandzukic (64. Pizarro), Robben, T. Müller.
STUTTGART: Ulreich – Sakai, Rüdiger, Niedermeier, Boka (45. Didavi) – Traoré, Gruezo, Maxim (78. Werner), Gentner, Rausch – Ibisevic (65. Cacau).
Tor: 1:0 Pizarro (90.+2.).
Gelb: Kroos, Dante / Boka, Didavi.
Schiedsrichter: Bastian Dankert.

Abschlusstabelle

Pl.	Verein	Spiele	G	U	V	Tore	Diff.	Punkte
1	Bayern (M, P)	34	29	3	2	94:23	+71	90
2	Dortmund	34	22	5	7	80:38	+42	71
3	Schalke	34	19	7	8	63:43	+20	64
4	Leverkusen	34	19	4	11	60:41	+19	61
5	Wolfsburg	34	18	6	10	63:50	+13	60
6	M'gladbach (M)	34	16	7	11	59:43	+16	55
7	Mainz 05	34	16	5	13	52:54	−2	53
8	FC Augsburg	34	15	7	12	47:47	0	52
9	1899 Hoffenheim	34	11	11	12	72:70	+2	44
10	Hannover	34	12	6	16	46:59	−13	42
11	Hertha (A)	34	11	8	15	40:48	−8	41
12	Bremen	34	10	9	15	42:66	−24	39
13	Frankfurt	34	9	9	16	40:57	−17	36
14	SC Freiburg	34	9	9	16	43:61	−18	36
15	VfB Stuttgart	34	8	8	18	49:62	−13	32
16	Hamburg	34	7	6	21	51:75	−24	27
17	Nürnberg	34	5	11	18	37:70	−33	26
18	Braunschweig (A)	34	6	7	21	29:60	−31	25

DIE WEITEREN SIEGER DES JAHRES:

Weltmeister: Deutschland

Champions League: Real Madrid

Europa League: FC Sevilla

DFB-Pokal: FC Bayern

Alle Ergebnisse auf einen Blick

Waagerecht: alle Heimresultate / Senkrecht: alle Auswärtsresultate	Bayern	Dortmund	Schalke	Leverkusen	Wolfsburg	M'gladbach	Mainz	Augsburg	Hoffenheim	Hannover	Hertha	Bremen	Frankfurt	Freiburg	Stuttgart	Hamburg	Nürnberg	Braunschweig
Bayern		0:3	5:1	2:1	1:0	3:1	4:1	3:0	3:3	2:0	3:2	5:2	5:0	4:0	1:0	3:1	2:0	2:0
Dortmund	0:3		0:0	0:1	2:1	1:2	4:2	2:2	3:2	1:0	1:2	1:0	4:0	5:0	6:1	6:2	3:0	2:1
Schalke	0:4	1:3		2:0	2:1	0:1	0:0	4:1	4:0	2:0	2:0	3:1	2:0	2:0	3:0	3:3	4:1	3:1
Leverkusen	1:1	2:2	1:2		3:1	4:2	0:1	2:1	2:3	2:0	2:1	2:1	0:1	3:1	2:1	5:3	3:0	1:1
Wolfsburg	1:6	2:1	4:0	3:1		3:1	3:0	1:1	2:1	1:3	2:0	3:0	2:1	2:2	3:1	1:1	4:1	0:2
M'gladbach	0:2	2:0	2:1	0:1	2:2		3:1	1:2	2:2	3:0	3:0	4:1	4:1	1:0	1:1	3:1	3:1	4:1
Mainz	0:2	1:3	0:1	1:4	2:0	0:0		3:0	2:2	2:0	1:1	3:0	1:0	2:0	3:2	3:2	2:0	2:0
Augsburg	1:0	0:4	1:2	1:3	1:2	2:2	2:1		2:0	1:1	0:0	3:1	2:1	2:1	2:1	3:1	0:1	4:1
Hoffenheim	1:2	2:2	3:3	1:2	6:2	2:1	2:4	2:0		3:1	2:3	4:4	0:0	3:3	4:1	3:0	2:2	3:1
Hannover	0:4	0:3	2:1	1:1	2:0	3:1	4:1	2:1	1:4		1:1	1:2	2:0	3:2	0:0	2:1	3:3	0:0
Hertha	1:3	0:4	0:2	0:1	1:2	1:0	3:1	0:0	1:1	0:3		3:2	6:1	0:0	0:1	1:0	1:3	2:0
Bremen	0:7	1:5	1:1	1:0	1:3	1:1	2:3	1:0	3:1	3:2	2:0		0:3	0:0	1:1	1:0	3:3	0:0
Frankfurt	0:1	1:2	3:3	0:2	1:2	1:0	2:0	1:1	1:2	2:3	1:0	0:0		1:4	2:1	2:2	1:1	3:0
Freiburg	1:1	0:1	0:2	3:2	0:3	4:2	1:2	2:4	1:1	2:1	1:1	3:1	1:1		1:3	0:3	3:2	2:0
Stuttgart	1:2	2:3	3:1	0:1	1:2	0:2	1:2	1:4	6:2	4:2	1:2	1:1	1:1	2:0		1:0	1:1	2:2
Hamburg	1:4	3:0	0:3	2:1	1:3	0:2	2:3	0:1	1:5	3:1	0:3	0:2	1:1	1:1	3:3		2:1	4:0
Nürnberg	0:2	1:1	0:0	1:4	1:1	0:2	1:1	0:1	4:0	0:2	2:2	0:2	2:5	0:3	2:0	0:5		2:1
Braunschweig	0:2	1:2	2:3	1:0	1:1	1:1	3:1	0:1	1:0	3:0	0:2	0:1	0:2	0:1	0:4	4:2	1:1	

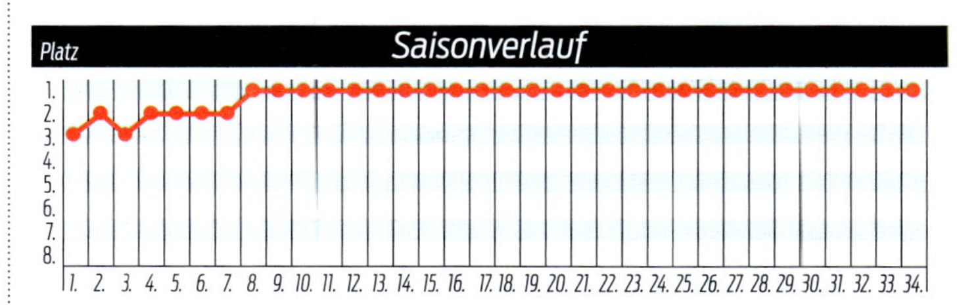

DER VIERTE MEISTER-HATTRICK

Von den vielen Verletzungen lassen sich die Bayern nicht irritieren, sie sind aber der Auslöser für einen schmerzhaften Abschied

Weltmeister nach zehn Jahren Anlauf: die Bayern Bastian Schweinsteiger und Philipp Lahm (r.)

Die Karrieren von Bastian Schweinsteiger und Philipp Lahm sind Anfang des Sommers noch unvollendet. Trotz etlicher Meisterschaften und Pokalsiege, trotz des Champions-League-Triumphes 2013. Mit der Nationalelf reicht es nie zu einem Titel – bis zum 13. Juli 2014, als die lange Reise in einem großen Sieg endet. Schweinsteiger und Lahm und fünf weitere Bayern werden in Rio de Janeiro Weltmeister.

Lahm ist Kapitän der Nationalelf, Schweinsteiger spielt im Finale gegen Argentinien das Spiel seines Lebens, Mario Götze schießt in der Verlängerung das siegbringende 1:0, Manuel Neuer wird zum besten Torhüter des Turniers gewählt, Thomas Müller erzielt wie bei der WM 2010 fünf Tore, Jérôme Boateng entwickelt sich zum Abwehrstar, Kroos gelingt im sagenhaften Halbfinale gegen Brasilien (7:1) der schnellste Doppelpack der WM-Geschichte (in zwei Minuten).

Von den sieben Bayern kommen aber nur sechs an die Säbener Straße zurück. Toni Kroos, dem der Verein einen Sprung auf rund zehn Millionen Euro Gehalt pro Jahr verweigert, unterschreibt noch während der WM bei Real Madrid. Für seine Position holt sich Bayern einen alternden Weltmeister von den Königlichen: Xabi Alonso. Rein finanziell ein guter Handel, für Kroos kassiert der Klub 30 Millionen Euro Ablöse, Alonso kostet neun Millionen.

Und weil mit Torwart Pepe Reina vom FC Liverpool und Linksverteidiger Juan Bernat vom FC Valencia noch zwei Spanier kommen, wächst die Landsmannschaft von Trainer Pep Guardiola auf fünf Profis.

Am 11. April 2015 (28. Spieltag) laufen gegen Frankfurt Pepe Reina, Bernat, Alonso und Thiago gemeinsam auf – so viele Spanier wie noch nie in einer Bundesliga-Elf. Der Fünfte im Bunde, Javi Martínez, ist noch im Wartestand, nach einem Kreuzbandriss beim Supercup im August 2014 fällt er bis zum 31. Spieltag aus und gehört zu den Verlierern der Saison.

Sein Los ist bezeichnend für die Saison: Zeitweise muss Guardiola auf bis zu acht verletzte Spieler verzichten. In den ersten Wochen schaffen es darum die Nationalspielersöhne Gianluca Gaudino und Lucas Scholl in den Kader, Gaudino sogar auf den Platz. In der Rückrunde kommt es mehrmals vor, dass der große FC Bayern keine 18 Spielernamen auf den Spielberichtsbogen schreiben kann. Beim Frankfurt-Spiel sitzt Manuel Neuer nach drei Einwechslungen mit den Betreuern zum Schluss allein auf der Bank. Die berühmte Robbery-Flügelzange – rechts Arjen Robben und links Franck Ribéry – zaubert nur in acht Ligaspielen von Beginn an.

Das Verletzungspech sorgt für interne Konflikte. Guardiola dauern die Ausfallzeiten zu lange. Mit der Erlaubnis für Thiago, seinen Innenbandriss in Barcelona behandeln zu lassen, brüskiert er die Klubärzte. Dass die Spieler bei Beschwerden jedes Mal fünf Kilometer in die Praxis von Dr. Hans-Wilhelm Müller-Wohlfahrt fahren müssen, ist wiederum Guardiola ein Dorn im Auge. Es braucht nur noch einen Funken, das Pulverfass in die Luft zu sprengen. Längst nimmt keiner mehr die Aussagen des Trai-

Genießt die Weißbier-Dusche von Sebastian Rode in vollen Zügen: Thomas Müller. Zur Meisterschaft trägt er in 32 Einsätzen 13 Tore bei

ners ernst, der das Verhältnis zu den Ärzten als „super" bezeichnet. Das sagt Guardiola auch über jeden Spieler, meistens in doppelter Ausführung. Nicht selten landet der Gelobte anschließend auf der Tribüne.

Als Medhi Benatia, mit 28 Millionen Euro teuerster Einkauf 2014/15, am 8. April im Pokalviertelfinale in Leverkusen in der 34. Minute mit einer Muskelverletzung vom Feld muss, klatscht Guardiola den Ärzten höhnisch Beifall. Noch versteht die Öffentlichkeit die Geste nicht, doch eine Woche später wird der Konflikt offenbar. Nach dem schwachen 1:3 im Champions-League-Viertelfinale beim FC Porto macht sich Karl-Heinz Rummenigge die Meinung seines Trainers zu eigen und schnauzt Physiotherapeut Fredi Binder an: „Ihr seid schuld daran, dass wir heute verloren haben."

Zu viel für Müller-Wohlfahrt: Am 16. April tritt der überaus verdiente Mannschaftsarzt nach 38 Jahren in Bayern-Diensten zurück. Der bei Sportlern in aller Welt geschätzte „Mull" gibt eine Presseerklärung heraus und nimmt in dürren Zeilen Abschied. Er gehe, denn man habe „aus uns unerklärlichen Gründen die medizinische Abteilung für die Niederlage hauptverantwortlich gemacht". Es ist der zweite Rücktritt des seit 1. April 1977 amtierenden Kult-Docs, der sich 2008 schon mit Klinsmann überwirft, aber sofort nach dessen Rauswurf zurückkehrt.

Im Verein grummelt es: Es ist bereits der zweite Streit, den der Vorstand vom Zaun bricht. Seit einem Jahr liegen die Bayern mit Borussia Dortmund im Streit. BVB-Geschäftsführer Hans-Joachim Watzke beklagt nach der Verpflichtung von Torjäger Robert Lewandowski am 4. Januar 2014 nicht ganz zu Unrecht: „Die Bayern wollen uns zerstören."

Lewandowski, im Sommer 2014 ablösefrei nach München gekommen, ist im Gegensatz zu Götze allerdings ein Riesengewinn für die Mannschaft. Den Ärger mit Dortmund können die Bayern anders als den um Müller-Wohlfahrt gut ertragen.

Auf die Leistungen wirken sich Verletzungsprobleme und zwischenmenschliche Störungen nicht aus: Am 5. Spieltag übernimmt die Mannschaft mit dem 4:0 gegen Aufsteiger Paderborn erstmals die Tabellenspitze, marschiert ungeschlagen zur Herbstmeisterschaft (mit 45 von 51 möglichen Punkten und 41:4 Toren) und macht am 30. Spieltag die Meisterschaft klar. Sie schlägt Hertha 1:0, der neue Verfolger VfL Wolfsburg verliert 0:1 in Gladbach – der 25. Meistertitel und der vierte Titel-Hattrick. Das macht selbst den Spielern keinen Spaß mehr, meckert zumindest Müller: „Der totale Kick geht von so einer überlegen gewonnenen Meisterschaft nicht aus. Ein Foto-Finish wäre mir eigentlich lieber."

So geht es vielen Fußballfans, doch davon ist die Bundesliga weit entfernt. ⬢

Champions League

Zwei Tore in drei Minuten: Lionel Messi (l.) führt Barça auf die Siegerstraße

Guardiolas Ex-Klub zu hohe Hürde

Mit 15 Punkten, sieben mehr als der Zweitplatzierte Manchester City, gewinnt Bayern die Gruppe. Die Ergebnisse: 1:0 und 2:3 gegen City, 1:0 und 3:0 gegen ZSKA Moskau, 7:1 (auswärts) und 2:0 gegen AS Rom. Im Achtel- und Viertelfinale tut sich der FCB auswärts schwer, kommt bei Schachtar Donezk zum 0:0 und verliert beim FC Porto gar 1:3, zeigt in beiden Rückspielen aber herrlichen Offensiv-Fußball (7:0 gegen Donezk, 6:1 gegen Porto). Im Halbfinale wartet wie 2014 eine spanische Elf. Beim FC Barcelona hält Bayern bis zur 77. Minute gut mit, dann schlägt Lionel Messi binnen 180 Sekunden zweimal zu, und in der 94. Minute trifft Neymar zum 3:0. Der Brasilianer zerstört auch die Hoffnungen im Rückspiel. Nach Benatias 1:0 glückt Neymar ein Doppelschlag zum 1:2, Lewandowski und Müller sorgen mit ihren Treffern noch für ein ehrenvolles Resultat. Aber das 3:2 ist eine Niederlage, besonders für Guardiola gegen seinen Ex-Klub.

DFB-Pokal

Ausgerutscht: Philipp Lahm jagt seinen Elfmeter übers Tor

Slapstick-Nummer im Elfmeterschießen

Einem problemlosen Start bei Drittliga-Klub Preußen Münster (4:1) folgt ein souveränes 3:1 beim HSV. Im Achtelfinale gegen Zweitligist Braunschweig gibt es ein schmuckloses 2:0, David Alaba trifft in allen drei Spielen. Im Viertelfinale bei Bayer Leverkusen fallen erst im Elfmeterschießen Tore. Manuel Neuer hält gleich den ersten Schuss von Josip Drmic, alle fünf Münchner verwandeln. 5:3 – Halbfinale. Gegen Borussia Dortmund ist nach 120 Minuten (1:1) die Treffsicherheit vom Elfmeterpunkt völlig verflogen. Die Zuschauer werden Zeuge einer wahren Slapstick-Aufführung, keiner der vier Bayern-Schützen trifft: Philipp Lahm und Xabi Alonso rutschen jeweils mit dem Standbein weg, ihre Schüsse fliegen übers Tor. Den Versuch von Mario Götze hält BVB-Torwart Mitch Langerak, dann hämmert Manuel Neuer den Ball an die Latte. Für Dortmund sind Ilkay Gündogan und Sebastian Kehl erfolgreich, so endet das Spiel 1:3 n. E.

TRAINER

PEP GUARDIOLA
Nur noch die Meisterschaft – es ist die erfolgloseste Saison seit dem Vize-Triple 2012. Die Bayern wollen trotzdem mit Guardiola (Vertrag bis Juni 2016) vorzeitig verlängern. Rummenigge sagt: „Er ist ein Segen für unseren Verein." Guardiola lehnt ab.

DIE TOP-ELF DER SAISON

David Alaba

Juan Bernat

DER SPIELER DES JAHRES

*Der Stellenwert von **Arjen Robben** wird immer dann besonders deutlich, wenn er fehlt. In nur 21 Bundesliga-Spielen schießt Robben 17 Tore und stellt seinen persönlichen Rekord in Deutschland auf. In der Form seines Lebens ereilt Robben im März ein Bauchmuskelriss und setzt ihn wochenlang außer Gefecht. Das Comeback im Pokal gegen Dortmund ist zu früh und endet 16 Minuten nach seiner Einwechslung. Gegen Barcelona fehlt Robben. Die Fakten der Saison sprechen Bände: Ohne Robben holt Bayern 1,85 Punkte, mit ihm 2,62.*

Der Kader

NAME	SPIELE	TORE
Manuel Neuer	32	0
Pepe Reina	3	0
David Alaba	19	2
Holger Badstuber	10	0
Medhi Benatia	15	1
Jérôme Boateng	27	0
Dante	27	0
Javi Martínez	1	0
Juan Bernat	31	1
Philipp Lahm	20	2
Rafinha	26	0
Mitchell Weiser	13	1
Gianluca Gaudino	8	0
Mario Götze	32	9
Pierre Emile Højbjerg	8	0
Thomas Müller	32	13
Franck Ribéry	15	5
Arjen Robben	21	17
Sebastian Rode	23	2
Bastian Schweinsteiger	20	5
Xherdan Shaqiri	9	1
Rico Strieder	1	0
Thiago	7	0
Xabi Alonso	26	2
Lukas Görtler	1	0
Sinan Kurt	1	0
Robert Lewandowski	31	17
Claudio Pizarro	13	0

GIANLUCA GAUDINO profitiert von den vielen Verletzungen, läuft achtmal in der Bundesliga auf

Transfers

JUAN BERNAT ist – wie ein Jahr zuvor Thiago – ein Wunschspieler von Pep Guardiola und bildet mit David Alaba die linke Abwehr- und Mittelfeldseite. Seine erste Saison mit 31 Bundesliga-Spielen ist seine beste bei Bayern, in den Jahren danach verkümmert der Spanier zum Ergänzungsspieler.

SPIELER	VON VEREIN	ABLÖSESUMME
Pepe Reina	FC Liverpool	3 Mio. €
Medhi Benatia	AS Rom	28 Mio. €
Juan Bernat	FC Valencia	10 Mio. €
Gianluca Gaudino	FC Bayern Jugend	–
Sebastian Rode	Eintracht Frankfurt	–
Xabi Alonso	Real Madrid	9 Mio. €
Rico Strieder	FC Bayern Jugend	–
Lukas Görtler	Eintracht Bamberg	–
Sinan Kurt	Borussia M'gladbach	3 Mio. €
Robert Lewandowski	Borussia Dortmund	–

Tops & Flops

BASTIAN SCHWEINSTEIGER wechselt nach seinem 8. Titel als Bundesliga-Rekordmeister (mit Kahn und Scholl, dazu Lahm seit 2017) zu Man United.

XABI ALONSO entwickelt sich zu einer wahren Ballmaschine, ist das Zentrum des Bayern-Spiels. Am 6. Spieltag beim 2:0 in Köln hat Alonso 206 Ballkontakte, Bundesliga-Rekord seit Datenerfassung.

REKORD-NULL In 22 der 34 Bundesliga-Spiele steht die Null. Ein Rekord auch dank Manuel Neuer, der in 32 Partien nur 18 Gegentore kassiert.

JÉRÔME BOATENG fliegt nach Notbremse gegen Schalke (19. Spieltag) zum zweiten Mal binnen 21 Begegnungen (33. Spieltag 2013/14 gegen HSV) mit Rot vom Platz.

MARIO GÖTZE Der WM-Held bleibt in wichtigen Spielen oft draußen, sein Einsatz erzürnt Beckenbauer: „Es wird Zeit, dass er erwachsen wird. Sein jugendhaftes Verhalten passt nicht zu Bayern."

CLAUDIO PIZARRO erlebt zum Abschluss in München seine einzige torlose Saison (bei 13 Einsätzen) und wechselt im Sommer wieder nach Bremen.

Robert Lewandowski im Netz, der Ball aber auch: So erlebt der Mittelstürmer am 25. Spieltag sein Tor zum 3:0 bei Werder (76.). In der Nachspielzeit erzielt Lewandowski noch den 4:0-Endstand. In der Addition beider Spiele gewinnt Bayern den Saisonvergleich gegen Bremen 10:0

1. SPIELTAG

Bayern – VfL Wolfsburg 2:1 (1:0)

BAYERN: Neuer – Lahm, Dante, Badstuber, Bernat – Gaudino (90. Højbjerg), Alaba – Robben, T. Müller, Götze (62. Shaqiri) – Lewandowski (79. Rode).
WOLFSBURG: Grün – Jung, Naldo, Knoche, Rodríguez – Vieirinha (60. Caligiuri), Guilavogui, Hunt (46. Arnold), Luiz Gustavo (72. Malanda), De Bruyne – Olic.
Tore: 1:0 T. Müller (37.), 2:0 Robben (47.), 2:1 Olic (52.).
Gelb: – / Gustavo, Arnold.
Schiedsrichter: Felix Zwayer.

2. SPIELTAG

FC Schalke 04 – Bayern 1:1 (0:1)

SCHALKE: Fährmann – Ayhan (76. Aogo), Santana (81. Fuchs), Matip, Höwedes – Sam, Höger, Meyer, Kirchhoff (40. Neustädter), Draxler – Choupo-Moting.
BAYERN: Neuer – Lahm, Boateng (60. Dante), Badstuber, Alaba – Rode, Alonso (68. Højbjerg), Shaqiri, T. Müller, Götze (57. Bernat) – Lewandowski.
Tore: 0:1 Lewandowski (10.), 1:1 Höwedes (62.).
Gelb: Kirchhoff, Höger, Draxler, Sam / Rode.
Schiedsrichter: Marco Fritz.

3. SPIELTAG

Bayern – VfB Stuttgart 2:0 (1:0)

BAYERN: Neuer – Boateng, Dante, Badstuber (43. Gaudino) – Alonso – Bernat – Lahm, Alaba – Götze (68. Ribéry) – T. Müller, Lewandowski (87. Pizarro),.
STUTTGART: Ulreich – Klein, Schwaab, Rüdiger, Sakai – Romeu, Gentner (69. Gruezo), Harnik, Leitner (81. Maxim), Werner – Ibisevic (46. Kostic).
Tore: 1:0 Götze (27.), 2:0 Ribéry (85.).
Gelb: Alonso / Romeu, Kostic.
Schiedsrichter: Thorsten Kinhöfer.

4. SPIELTAG

Hamburger SV – Bayern 0:0

HAMBURG: Drobny – Diekmeier, Djourou, Westermann, Ostrzolek – Behrami, Arslan (67. Jiracek) – N. Müller (87. Steinmann), Holtby, Stieber – Lasogga (76. Green).
BAYERN: Neuer – Rafinha (61. Götze), Boateng, Dante, Bernat – Lahm, Højbjerg (53. Alonso), Alaba – T. Müller, Shaqiri (66. Lewandowski) – Pizarro.
Gelb: Arslan, N. Müller, Behrami, Drobny / Højbjerg, Neuer.
Schiedsrichter: Christian Dingert.

5. SPIELTAG

Bayern – SC Paderborn 4:0 (2:0)

BAYERN: Neuer – Rode, Boateng (46. Rafinha), Dante, Alaba – Lahm, Alonso (80. Højbjerg) – Robben, Götze – T. Müller, Lewandowski (76. Bernat).
PADERBORN: Kruse – Heinloth (46. Koc), Strohdiek, Hünemeier, Brückner – Ziegler – Wemmer, Rupp (76. Ducksch), Ouali (62. Vrancic) – Stoppelkamp, Kachunga.
Tore: 1:0 Götze (8.), 2:0 Lewandowski (14.), 3:0 Götze (78.), 4:0 Müller (85.).
Schiedsrichter: Sascha Stegemann.

6. SPIELTAG

1. FC Köln – Bayern 0:2 (0:1)

KÖLN: Horn – Brecko, Maroh, Wimmer, Hector – Lehmann – Matuschyk, Gerhardt (59. Risse) – Olkowski, Halfar (76. Vogt) – Ujah (88. Finne).
BAYERN: Neuer – Rafinha, Boateng (55. Dante), Alaba – Lahm, Bernat – Alonso, Robben (76. Shaqiri), Götze – T. Müller (55. Benatia), Lewandowski.
Tore: 0:1 Götze (19.), 0:2 Halfar (66., Eigentor).
Schiedsrichter: Knut Kircher.

7. SPIELTAG

Bayern – Hannover 96 4:0 (3:0)

BAYERN: Neuer – Benatia, Dante, Alaba – Rafinha, Lahm (75. Rode), Alonso (82. Gaudino), Bernat – Robben, Shaqiri (60. Pizarro) – Lewandowski.
HANNOVER: Zieler – Sakai, Marcelo, Felipe, Schulz, Albornoz (46. Pander) – Schmiedebach, Gülselam, , Kiyotake (72. Schlaudraff) – Sobiech, Joselú (46. Bittencourt).
Tore: 1:0 Lewandowski (6.), 2:0 Robben (13.), 3:0 Lewandowski (38.), 4:0 Robben (79.).
Schiedsrichter: Daniel Siebert.

8. SPIELTAG

Bayern – Werder Bremen 6:0 (4:0)

BAYERN: Neuer – Rafinha, Boateng, Dante, Alaba (46. Bernat) – Alonso (61. Shaqiri) – Lahm, Højbjerg – Robben (61. Ribéry), Götze – T. Müller.
BREMEN: Wolf – Fritz, Lukimya, Prödl, S. García – Kroos (62. Gálvez), Makiadi, Bartels, Elia (46. Busch) – Junuzovic – Di Santo (79. Petersen)
Tore: 1:0 Lahm (20.), 2:0 Alonso (27.), 3:0 T. Müller (43., Foulelfmeter), 4:0 Götze (45.), 5:0 Lahm (79.), 6:0 Götze (86.).
Gelb: – / Gálvez.
Schiedsrichter: Bastian Dankert.

9. SPIELTAG

Borussia M'gladbach – Bayern 0:0

M'GLADBACH: Sommer – Korb, Stranzl, Domínguez, Wendt – Kramer, Xhaka – Hahn (81. Johnson), Herrmann (81. Traoré) – Raffael (90. Hazard) – Kruse.
BAYERN: Neuer – Rafinha (66. Ribéry), Benatia, Dante, Bernat – Alonso – Lahm, Alaba – Götze (84. Shaqiri) – T. Müller (74. Pizarro), Lewandowski.
Gelb: Wendt / Götze, Dante, Benatia.
Schiedsrichter: Felix Zwayer.

10. SPIELTAG

Bayern – Borussia Dortmund 2:1 (0:1)

BAYERN: Neuer – Benatia, Boateng, Alaba – Alonso – Robben, Lahm, Götze (70. Ribéry), Bernat – T. Müller (81. Pizarro), Lewandowski (88. Rode).
DORTMUND: Weidenfeller – Piszczek, Sokratis, Hummels (46. Subotic), Durm – Kehl – Bender, Mkhitaryan – Aubameyang (81. Ramos) Kagawa (71. Großkreutz), Reus.
Tore: 0:1 Reus (31.), 1:1 Lewandowski (72.), 2:1 Robben (85., Foulelfmeter).
Gelb: Alonso / Piszczek, Subotic.
Schiedsrichter: Manuel Gräfe.

11. SPIELTAG

Eintracht Frankfurt – Bayern 0:4 (0:1)

FRANKFURT: Wiedwald – Chandler, Russ, Anderson, Oczipka – Medojevic, Hasebe (90. Ignjovski) – Aigner (82. Piazon), Seferovic – Stendera (67. Kittel), Meier.
BAYERN: Neuer – Rafinha, Boateng, Dante, Bernat – Alonso – Lahm (72. Rode) – Götze, Ribéry (76. Shaqiri) – T. Müller. Lewandowski (68. Robben)
Tore: 0:1 T. Müller (22.), 0:2 T. Müller (64.), 0:3 T. Müller (67.), 0:4 Shaqiri (86.).
Gelb: Chandler, Aigner / Ribéry.
Schiedsrichter: Florian Meyer.

12. SPIELTAG

Bayern – 1899 Hoffenheim 4:0 (2:0)

BAYERN: Neuer – Rafinha, Benatia, Boateng (73. Dante), Bernat – Alonso – Götze (77. Schweinsteiger) – Robben, Ribéry – T. Müller (59. Rode), Lewandowski.
HOFFENHEIM: Baumann – Strobl, Süle, Bicakcic, Beck – Schwegler – Rudy – Elyounoussi (86. Kim) – Firmino – Volland (70. Schipplock), Modeste (71. Szalai).
Tore: 1:0 Götze (23.), 2:0 Lewandowski (40.), 3:0 Robben (82.), 4:0 Rode (86.).
Rot: – / Szalai (90.).
Gelb: Boateng, Alonso / Schwegler, Volland.
Schiedsrichter: Peter Gagelmann.

13. SPIELTAG

Hertha BSC – Bayern 0:1 (0:1)

BERLIN: Kraft – Ndjeng, Hegeler, Brooks, Schulz – Hosogai, Skjelbred – Beerens, Stocker (76. Haraguchi), Ben-Hatira (61. Kalou) – Schieber (61. Ronny).
BAYERN: Neuer – Rafinha, Boateng, Dante, Bernat – Alonso – Götze (66. Rode), Ribéry – Robben – T. Müller (80. Schweinsteiger), Lewandowski.
Tor: 0:1 Robben (27.).
Gelb: Hosogai / –.
Schiedsrichter: Christian Dingert.

14. SPIELTAG

Bayern – Bayer Leverkusen 1:0 (0:0)

BAYERN: Neuer – Rafinha, Benatia, Boateng, Bernat – Alonso – Robben, Ribéry – Götze (46. Rode) – T. Müller (88. Schweinsteiger), Lewandowski (90.+2 Højbjerg).
LEVERKUSEN: Leno – Jedvaj, Toprak, Spahic, Wendell – Bender (62. Rolfes), Castro – Bellarabi, Calhanoglu, Son (62. Drmic) – Kießling (75. Kruse).
Tor: 1:0 Ribéry (51.).
Gelb: – / Son, Castro, Bellarabi.
Schiedsrichter: Knut Kircher.

15. SPIELTAG

FC Augsburg – Bayern 0:4 (0:0)

AUGSBURG: Manninger – Verhaegh, Hong, Klavan, Baba – Baier, Feulner, Bobadilla, Altintop (73. Kohr), Werner (70. Esswein) – Djurdjic (64. Mölders).
BAYERN: Neuer – Rafinha, Benatia, Boateng, Bernat – Alonso (74. Götze) – Rode, Schweinsteiger (72. Højbjerg) – Ribéry – Robben (77. T. Müller), Lewandowski, .
Tore: 0:1 Benatia (58.), 0:2 Robben (59.), 0:3 Lewandowski (68.), 0:4 Robben (71.).
Schiedsrichter: Tobias Stieler.

16. SPIELTAG

Bayern – SC Freiburg 2:0 (1:0)

BAYERN: Neuer – Rafinha, Benatia (39. Boateng), Dante, Bernat – Alonso (60. Shaqiri) – Robben, T. Müller, Götze, Ribéry – Lewandowski (46. Schweinsteiger).
FREIBURG: Bürki – Riether, Torrejón, Krmas (72. Jullien), Kempf, Sorg (46. Mujdza) – Klaus (51. Kerk), Schuster, Höfler, Günter – Mehmedi.
Tore: 1:0 Robben (41.), 2:0 T. Müller (48.).
Gelb: Benatia / Schuster.
Schiedsrichter: Dr. Jochen Drees.

17. SPIELTAG

1. FSV Mainz 05 – Bayern 1:2 (1:1)

MAINZ: Karius – Brosinski, Jara, Wollscheid, Park – Geis, Soto – De Blasis (81. Pflücke), Malli (87. Sliskovic), Koo (78. Díaz) – Okazaki.
BAYERN: Neuer – Rafinha, Boateng, Dante, Bernat – Højbjerg, Schweinsteiger – Robben, Götze (77. Pizarro), Ribéry (90.+2 Weiser) – T. Müller.
Tore: 1:0 Soto (21.), 1:1 Schweinsteiger (24.), 1:2 Robben (90.).
Gelb: Soto, Koo / –. **Schiedsrichter:** Felix Zwayer.

18. SPIELTAG

VfL Wolfsburg – Bayern 4:1 (2:0)

WOLFSBURG: Benaglio – Vieirinha, Naldo, Knoche, Rodríguez – Arnold, Luiz Gustavo – Caligiuri (86. Hunt), De Bruyne, Perisic (81. Schäfer) – Dost (83. Bendtner).
BAYERN: Neuer – Rode (51. Weiser), Boateng, Dante, Bernat – Alonso – Robben, Schweinsteiger, Alaba, T. Müller (71. Götze) – Lewandowski (71. Pizarro).
Tore: 1:0 Dost (4.), 2:0 Dost (45.+2), 3:0 De Bruyne (53.), 3:1 Bernat (55.), 4:1 De Bruyne (73.).
Gelb: Arnold, Luiz Gustavo / Alonso, Schweinsteiger.
Schiedsrichter: Tobias Welz.

19. SPIELTAG

Bayern – FC Schalke 04 1:1 (0:0)

BAYERN: Neuer – Benatia, J. Boateng, Alaba – Weiser (88. Rode), Alonso, Schweinsteiger, Bernat – Robben, Götze (27. Dante), T. Müller (55. Lewandowski).
SCHALKE: Giefer (46. Wellenreuther) – Höwedes, Matip, Nastasic – Uchida, Fuchs, Neustädter – K.-P. Boateng (87. Barnetta), Meyer – Choupo-Moting, Sam (77. Sané).
Tore: 1:0 Robben (67.), 1:1 Höwedes (72.).
Rot: J. Boateng (17.) / –.
Gelb: Benatia, Weiser, Schweinsteiger / Höwedes.
Schiedsrichter: Bastian Dankert.
Besonderes Vorkommnis: Neuer hält Foulelfmeter von Choupo-Moting (18.).

20. SPIELTAG
VfB Stuttgart – Bayern 0:2 (0:1)
STUTTGART: Ulreich – Schwaab (46. Harnik), Baumgartl, Niedermeier, Sakai – Romeu (58. Maxim), Klein, Leitner, Gentner, Hlousek (72. Kostic) – Ibisevic.
BAYERN: Neuer – Benatia, Dante – Weiser (46. T. Müller), Bernat – Alonso, Schweinsteiger, Alaba – Robben (88. Rode), Götze, Lewandowski, .
Tore: 0:1 Robben (41.), 0:2 Alaba (50.).
Gelb: Romeu / Benatia.
Schiedsrichter: Florian Meyer.

21. SPIELTAG
Bayern – Hamburger SV 8:0 (3:0)
BAYERN: Neuer – Rafinha, Benatia (59. Ribéry), Badstuber, Bernat – Schweinsteiger, Alaba – Götze – Robben (71. Pizarro), T. Müller (66. Gaudino) – Lewandowski – .
HAMBURG: Drobny – Götz, Djourou, Westermann, Marcos (57. Ostrzolek) – Diaz, van der Vaart (57. Jiracek), Stieber, Jansen – Rudnevs, Olic (23. N. Müller).
Tore: 1:0 T. Müller (21., Handelfmeter), 2:0 Götze (23.), 3:0 Robben (36.), 4:0 Robben (47.), 5:0 T. Müller (55.), 6:0 Lewandowski (56.), 7:0 Ribéry (69.), 8:0 Götze (88.).
Gelb: – / van der Vaart. **Schiedsrichter:** Michael Weiner.

22. SPIELTAG
SC Paderborn – Bayern 0:6 (0:2)
PADERBORN: Kruse – López (75. Vrancic), Ziegler, Hünemeier – Heinloth, Hartherz – Bakalorz (71. Pepic), Rupp – Koc, Meha – Kachunga (59. Lakic).
BAYERN: Neuer – Rafinha (76. Weiser), Boateng, Badstuber, Bernat (78. Dante) – Alonso (73. Rode) – Alaba – T. Müller – Robben, Ribéry – Lewandowski.
Tore: 0:1 Lewandowski (24.), 0:2 Lewandowski (37.), 0:3 Robben (63., Foulelfmeter), 0:4 Ribéry (72.), 0:5 Weiser (78.), 0:6 Robben (86.).
Rot: Hartherz (62.) / –.
Schiedsrichter: Bastian Dankert.

23. SPIELTAG
Bayern – 1. FC Köln 4:1 (2:1)
BAYERN: Neuer – Rafinha, Boateng, Badstuber, Alaba – Schweinsteiger (78. Rode) – Robben, T. Müller (69. Alonso), Götze, Ribéry – Lewandowski.
KÖLN: Horn – Brecko, Maroh, Wimmer, Olkowski – Vogt (72. Halfar) Lehmann, Hector, Peszko, Osako (46. Risse) – Ujah (78. Deyverson).
Tore: 1:0 Schweinsteiger (3.), 2:0 Ribéry (10.), 2:1 Ujah (45.+1), 3:1 Robben (67.), 4:1 Lewandowski (75.).
Gelb: – / Halfar. **Schiedsrichter:** Daniel Siebert.

24. SPIELTAG
Hannover 96 – Bayern 1:3 (1:1)
HANNOVER: Zieler – Briand (68. Prib), Pereira, Marcelo, Schulz, Albornoz – Schmiedebach (76. Ya Konan), Sané, Bittencourt – Kiyotake – Sobiech (58. Joselú).
BAYERN: Neuer – Boateng, Dante (32. Lewandowski), Badstuber – Rafinha, Alaba, Alonso (68. Schweinsteiger), Bernat – Robben, Götze (53. Ribéry) – T. Müller.
Tore: 1:0 Kiyotake (25.), 1:1 Alonso (28.), 1:2 T. Müller (61., Foulelfmeter), 1:3 T. Müller (72.).
Gelb: Bittencourt / Alonso, Bernat, Ribéry.
Schiedsrichter: Tobias Welz.

25. SPIELTAG
Werder Bremen – Bayern 0:4 (0:2)
BREMEN: Wolf – Gebre Selassie, Prödl, Vestergaard, S. García (83. Sternberg) – Bargfrede, Fritz, Junuzovic – Selke, Öztunali (63. Hajrovic) – Bartels (90. Kroos).
BAYERN: Reina – Benatia, Boateng (83. Dante), Alaba – Rafinha (85. Weiser), Rode, Schweinsteiger, Bernat – T. Müller, Götze (82. Lahm), Lewandowski.
Tore: 0:1 T. Müller (24.), 0:2 Alaba (45.), 0:3 Lewandowski (76.), 0:4 Lewandowski (90.+1).
Gelb: Prödl, Junuzovic, S. García / Rafinha, Benatia, Boateng.
Schiedsrichter: Thorsten Kinhöfer.

26. SPIELTAG
Bayern – Borussia M'gladbach 0:2 (0:1)
BAYERN: Neuer – Rafinha, Boateng, Badstuber, Bernat – Alonso (61. Rode), Alaba, Schweinsteiger – Robben (24. T. Müller), Götze (70. Lahm) – Lewandowski.
M'GLADBACH: Sommer – Jantschke, Stranzl, Domínguez, Wendt – Herrmann (89. Nordtveit), Kramer, Xhaka, Johnson – Raffael (81. Hazard), Hahn (72. Kruse).
Tore: 0:1 Raffael (30.), 0:2 Raffael (77.).
Gelb: Jantschke, Hahn. **Schiedsrichter:** Florian Meyer.

27. SPIELTAG
Borussia Dortmund – Bayern 0:1 (0:1)
DORTMUND: Weidenfeller – Sokratis, Subotic, Hummels, Schmelzer – Gündogan (79. Mkhitaryan), Bender – Blaszczykowski (67. Kagawa), Reus, Kampl (67. Ramos) – Aubameyang.
BAYERN: Neuer – Benatia, Boateng, Dante – Alonso – Rafinha, Bernat – Lahm (69. Thiago), Schweinsteiger (58. Rode) – T. Müller (79. Götze), Lewandowski.
Tor: 0:1 Lewandowski (36.).
Gelb: Aubameyang, Schmelzer / Schweinsteiger, Alonso, Rode.
Schiedsrichter: Knut Kircher.

28. SPIELTAG
Bayern – Eintracht Frankfurt 3:0 (1:0)
BAYERN: Reina – Weiser, Rafinha (84. Badstuber), Dante, Bernat – Alonso – Lahm (78. Gaudino), Thiago (70. Rode) – Götze, T. Müller, Lewandowski.
FRANKFURT: Trapp – Chandler, Madlung, Anderson (73. Ignjovski), Oczipka – Stendera, Hasebe – Aigner (71. Piazón), Seferovic – Valdez (71. Inui), Kittel.
Tore: 1:0 Lewandowski (15.), 2:0 Lewandowski (66.), 3:0 T. Müller (82.).
Gelb: Dante / Madlung, Stendera, Ignjovski.
Schiedsrichter: Markus Schmidt.

29. SPIELTAG
1899 Hoffenheim – Bayern 0:2 (0:1)
HOFFENHEIM: Baumann – Beck, Strobl, Bicakcic, Toljan (85. Schipplock) – Schwegler – Rudy, Polanski (69. Szalai) – Volland, Firmino – Modeste (69. Zuber).
BAYERN: Neuer – Rafinha, Dante, Badstuber – Weiser, Gaudino (57. Thiago), Rode, Bernat (46. Boateng) – T. Müller, Götze, Lewandowski (89. Pizarro).
Tore: 0:1 Rode (38.), 0:2 Beck (90.+3, Eigentor).
Gelb: Rudy, Beck, Volland / Müller, Dante, Rafinha.
Schiedsrichter: Tobias Stieler.

30. SPIELTAG
Bayern – Hertha BSC 1:0 (0:0)
BAYERN: Neuer – Rode, Boateng, Dante, Weiser – Schweinsteiger – Lahm, Gaudino (46. Kurt) – T. Müller (67. Thiago), Götze (75. Pizarro), Lewandowski.
BERLIN: Burchert – Pekarik, Langkamp, Brooks, Plattenhardt – Haraguchi, Skjelbred, Lustenberger, Schulz (83. Wagner) – Stocker (73. Hegeler) – Kalou (66. Ndjeng).
Tor: 1:0 Schweinsteiger (80.).
Gelb: – / Kalou.
Schiedsrichter: Guido Winkmann.

31. SPIELTAG
Bayer Leverkusen – Bayern 2:0 (0:0)
LEVERKUSEN: Leno – Hilbert, Jedvaj, Toprak, Wendell – Reinartz, Rolfes – Bellarabi (90. Jurtschenko), Calhanoglu (75. Brandt), Son – Kießling (75. Drmic).
BAYERN: Neuer – Rafinha, Martínez (62. Benatia), Dante, Strieder – Lahm (64. Thiago), Gaudino – Schweinsteiger – Weiser, Götze – Pizarro (72. Görtler).
Tore: 1:0 Calhanoglu (55.), 2:0 Brandt (81.).
Gelb: Bellarabi / Dante, Rafinha, Schweinsteiger, Weiser.
Schiedsrichter: Christian Dingert.

32. SPIELTAG
Bayern – FC Augsburg 0:1 (0:0)
BAYERN: Reina – Weiser, Boateng, Dante, Bernat – Lahm (14. Neuer), Schweinsteiger, Thiago – Götze – T. Müller (74. Pizarro), Lewandowski (74. Rafinha).
AUGSBURG: Hitz – Verhaegh, Hong, Klavan, Baba – Baier – Kohr – Feulner – Altintop (46. Højbjerg), Esswein (32. Werner) – Bobadilla (83. Mölders).
Tor: 0:1 Bobadilla (71.). **Rot:** Reina (13.) / –.
Gelb: Dante, Rafinha / Hong.
Schiedsrichter: Sascha Stegemann.
Besonderes Vork.: Verhaegh verschießt Foulelfmeter (15.).

33. SPIELTAG
SC Freiburg – Bayern 2:1 (1:1)
FREIBURG: Bürki – Mujdza (85. Philipp), Krmas, Mitrovic, Günter – Höfler, Darida – Schmid, Klaus (73. Frantz) – Guédé – Mehmedi (86. Petersen).
BAYERN: Neuer – Rafinha, Boateng, Benatia, Bernat – Alonso (64. T. Müller) – Rode (72. Thiago), Schweinsteiger (72. Lahm) – Weiser, Götze, Lewandowski.
Tore: 0:1 Schweinsteiger (13.), 1:1 Mehmedi (33.), 2:1 Petersen (89.).
Gelb: Guédé / –.
Schiedsrichter: Tobias Welz.

34. SPIELTAG
Bayern – 1. FSV Mainz 05 2:0 (1:0)
BAYERN: Neuer – Rafinha, Boateng, Dante, Bernat – Alonso (54. Rode) – Lahm, Schweinsteiger – T. Müller (46. Weiser), Lewandowski (73. Pizarro), Götze.
MAINZ: Karius – Bell, Bungert, Noveski, Bengtsson – Brosinski (52. Okazaki), Geis (83. Moritz), Baumgartlinger, Samperio – De Blasis, Malli (71. Clemens).
Tore: 1:0 Lewandowski (25., Handelfmeter), 2:0 Schweinsteiger (48.).
Schiedsrichter: Thorsten Kinhöfer.

Abschlusstabelle

Pl.	Verein	Spiele	G	U	V	Tore	Diff.	Punkte
1	Bayern	34	25	4	5	80:18	+62	79
2	Wolfsburg	34	20	9	5	72:38	+34	69
3	M'gladbach	34	19	9	6	53:26	+27	66
4	Leverkusen	34	17	10	7	62:37	+25	61
5	Augsburg	34	15	4	15	43:43	0	49
6	Schalke	34	13	9	12	42:40	+2	48
7	Dortmund	34	13	7	14	47:42	+5	46
8	Hoffenheim	34	12	8	14	49:55	−6	44
9	Frankfurt	34	11	10	13	56:62	−6	43
10	Bremen	34	11	10	13	50:65	−15	43
11	Mainz	34	9	13	12	45:47	−2	40
12	Köln (A)	34	9	13	12	34:40	−6	40
13	Hannover	34	9	10	15	40:56	−16	37
14	Stuttgart	34	9	9	16	42:60	−18	36
15	Hertha	34	9	8	17	36:52	−16	35
16	Hamburg	34	9	8	17	25:50	−25	35
17	Freiburg	34	7	13	14	36:47	−11	34
18	Paderborn	34	7	10	17	31:65	−34	31

DIE WEITEREN SIEGER DES JAHRES:

Champions League:
FC Barcelona

Europa League:
FC Sevilla

DFB-Pokal:
VfL Wolfsburg

Alle Ergebnisse auf einen Blick

	Bayern	Wolfsburg	M'gladbach	Leverkusen	Augsburg	Schalke	Dortmund	Hoffenheim	Frankfurt	Bremen	Mainz	Köln	Hannover	Stuttgart	Hertha	Hamburg	Freiburg	Paderborn
Bayern		2:1	0:2	1:0	0:1	1:1	2:1	4:0	3:0	6:0	2:0	4:1	4:0	2:0	1:0	8:0	2:0	4:0
Wolfsburg	4:1		1:0	4:1	1:0	1:1	2:1	3:0	2:2	2:1	3:0	2:1	2:2	3:1	2:1	2:0	3:0	1:1
M'gladbach	0:0	1:0		3:0	1:3	4:1	3:1	3:1	1:3	4:1	1:1	1:0	2:0	1:1	3:2	1:0	1:0	2:0
Leverkusen	2:0	4:5	1:1		1:0	1:0	0:0	2:0	1:1	3:3	0:0	5:1	4:0	4:0	4:2	4:0	1:0	2:2
Augsburg	0:4	1:0	2:1	2:2		0:0	2:3	3:1	2:2	4:2	0:2	0:0	1:2	2:1	1:0	3:1	2:0	3:0
Schalke	1:1	3:2	1:0	0:1	1:0		2:1	3:1	2:2	1:1	4:1	1:2	1:0	3:2	2:0	0:0	0:0	1:0
Dortmund	0:1	2:2	1:0	0:2	0:1	3:0		1:0	2:0	3:2	4:2	0:0	0:1	2:2	2:0	0:1	3:1	3:0
Hoffenheim	0:2	1:1	1:4	0:1	2:0	2:1	1:1		3:2	1:2	2:0	3:4	4:3	2:1	2:1	3:0	3:3	1:0
Frankfurt	0:4	1:1	0:0	2:1	0:1	1:0	2:0	3:1		5:2	2:2	3:2	2:2	4:5	4:4	2:1	1:0	4:0
Bremen	0:4	3:5	0:2	2:1	3:2	0:3	2:1	1:1	1:0		0:0	0:1	3:3	2:0	2:0	1:0	1:1	4:0
Mainz	1:2	1:1	2:2	2:3	2:1	2:0	2:0	0:0	3:1	1:2		2:0	0:0	1:1	0:2	1:2	2:2	5:0
Köln	0:2	2:2	0:0	1:1	1:2	2:0	2:1	3:2	4:2	1:1	0:0		1:1	0:0	1:2	0:0	0:1	0:0
Hannover	1:3	1:3	0:3	1:3	2:0	2:1	2:3	1:2	1:0	1:1	1:1	1:0		1:1	1:1	2:0	2:1	1:2
Stuttgart	0:2	0:4	0:1	3:3	0:1	0:4	2:3	0:2	3:1	3:2	2:0	0:2	1:0		0:0	2:1	2:2	0:0
Hertha	0:1	1:0	1:2	0:1	1:0	2:2	1:0	0:5	0:0	2:2	1:3	0:0	0:2	3:2		3:0	0:2	2:0
Hamburg	0:0	0:2	1:1	1:0	3:2	2:0	0:0	1:1	1:2	2:0	2:1	0:2	2:1	0:1	0:1		1:1	0:3
Freiburg	2:1	1:2	0:0	0:0	2:0	2:0	0:3	1:1	4:1	0:1	2:3	1:0	2:2	1:4	2:2	0:0		1:2
Paderborn	0:6	1:3	1:2	0:3	2:1	1:2	2:2	0:0	3:1	2:2	2:2	0:0	2:0	1:2	3:1	0:3	1:1	

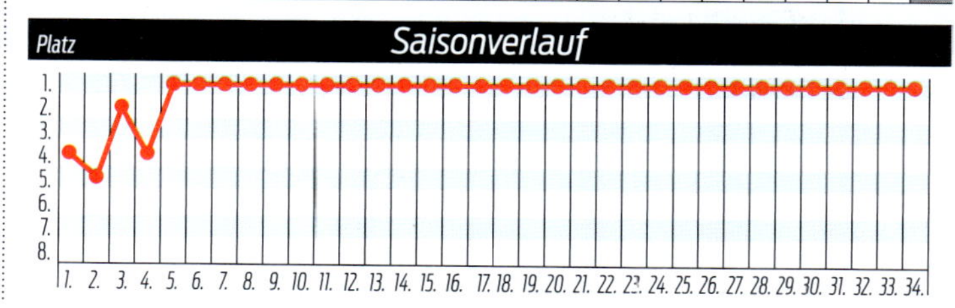

Mit der vierten Meisterschaft in Serie betreten sie Neuland in Fußball-Deutschland. International reicht es allerdings wieder nicht

BAYERN HOLEN

Das Ziel der Saison haben die Spieler an jedem Trainingstag vor Augen. Sportdirektor Matthias Sammer widerlegt im Sommer 2015 die Spötter, die ihn den „Mann ohne Aufgabe" nennen, und beweist Kreativität. Auf seine Veranlassung hin entsteht im Mannschaftstrakt an der Säbener Straße eine riesige Wandtapete. Zu sehen: die Meisterschale, die Siegerfotos der letzten drei Jahre und ein freier Rahmen. Darin steht nur die Zahl 2016. Und darüber „Champions4ever".

Sammer will den Seriensiegern neuen Antrieb geben und spricht unentwegt von der „magischen Vier", dem vierten Titel in Serie, der noch keinem deutschen Verein gelungen ist. Aber alle in München wissen, dass allein die Meisterschaft wie 2014/15 zu wenig des Guten ist.

Es geht in dieser Spielzeit auch darum, wie die Ära Guardiola, deren Ende sich abzeichnet, eines Tages bewertet werden wird. „Guardiola muss zeigen, dass er auch mit dem FC Bayern die Champions League gewinnen kann. Ansonsten würde seine Mission als unvollendet gelten", schreibt SPORT BILD. Dafür tut der Verein, der 2016 der mitgliederstärkste der Welt ist (284 041 eingetragene Personen), alles, was Pep Guardiola will. Mal abgesehen von der achttägigen China-Reise im Juli, die nur dem Marketing, aber nicht dem Sport dient. Aber das eine bedingt das andere, bei einem Jahresumsatz von über 620 Millionen Euro entfallen auf den Spielbetrieb nur 166 Millionen. Die Marke FC Bayern lebt nicht vom Sport allein.

In der Analyse vor Saisonbeginn sind sich Vorstand und Trainer einig, dass insbesondere die Dauerverletzten Arjen Robben und Franck Ribéry weitere Titel 2014/15 gekostet haben. So verpflichten die Bayern als Vertreter für die beiden alternden und verletzungsanfälligen Stars mit Douglas Costa, der für 30 Millionen Euro Ablöse aus Donezk kommt, und Kingsley Coman (für 7,5 Millionen Leihgebühr von Juventus Turin) zwei deutlich jüngere Außenstürmer als Flügelzange der Zukunft. Der Brasilianer Costa ist 25 Jahre alt, der Franzose Coman 19. Der Chilene Arturo Vidal soll Bastian Schweinsteiger ersetzen, und mit Joshua Kimmich, zwei Jahre für RB Leipzig aktiv und dann vertragsgemäß zum VfB Stuttgart zurückgekehrt, wird ein Rohdiamant geködert. Bestes Personal. Die Weichen für Guardiolas persönlichen Meisterschafts-Hattrick sind gestellt.

Den Hattrick in der Champions League, das dritte vorzeitige Aus, will er vermeiden. Aber genauso kommt es wieder. Diesmal ist danach nicht von „Vorführung", „Blamage" oder „Lehrstunde" die Rede. Es liegt an Nuancen, auch wenn erneut eine spanische Mannschaft das Halbfinale gegen Bayern dominiert: nach Real Madrid und Barcelona nun Atlético Madrid.

Pep Guardiola, der Perfektionist, geht als Unvollendeter – und als Ungeliebter. Mit dem Theater um seine Vertragsverlängerung verärgert er den Verein, auch wenn jeder frühzeitig ahnt, dass der Katalane kein viertes und fünftes Jahr in München bleiben wird. Fragen der Journalisten, die schon früh in der Saison gestellt werden, bügelt Guardiola stets ab. „Nächste Frage!" Seine Entscheidung kündigt er für den Beginn der Winterpause an, sie überrascht keinen. Am Sonntag, 20. Dezember, verschickt Bayern die entsprechende Pressemitteilung und verkündet das Ende der Amtszeit zum Saisonende – und den Antritt des neuen Trainers Carlo Ancelotti im Sommer 2016 gleich mit. All das auf 14 Zei-

Der Moment, in dem Robert Lewandowski zur Legende wird: Per Seitfallzieher erzielt er am 6. Spieltag gegen Wolfsburg sein fünftes Tor. Er braucht dafür nur 8:59 Minuten

DIE MAGISCHE 4

len. Von Guardiola gibt es kein Statement. „Wir waren alle ein bisschen enttäuscht. Zwischen Trainerteam und Mannschaft hatte sich etwas Gutes entwickelt“, gesteht Jérôme Boateng bald.

Mit der medizinischen Abteilung schließt Guardiola keinen Frieden. Er wirft im Dezember 2015 auch dem neuen Teamarzt Volker Braun vor, er sei an der Verletztenmisere schuld – und ihn dann aus seinem Trainerbüro. Besonders der lange Ausfall von Ribéry, der vom 14. März bis 5. Dezember 2015 wegen einer Sprunggelenksverletzung kein Bundesliga-Spiel bestreitet, am 15. Spieltag in Gladbach in den letzten 15 Minuten ein zu frühes Comeback wagt und bis Mitte Februar 2016 mit Muskelbündelriss ausfällt, nervt Guardiola. Viele Spieler wiederum sind genervt von den täglichen Nachhilfestunden.

Kein Training macht Spaß, es ist immer harte Arbeit. Thiago, der den Fußballlehrer schon in Barcelona erlebt hat, sagt: „Pep kann Fußball nie genießen, weil er immer auf der Suche nach etwas ist, das er korrigieren kann.“ Weltstars auf der Schulbank, als Erfüllungsgehilfen eines Getriebenen.

Die taktischen Fesseln sitzen fest. Boateng sagt: „Er gibt vor, wie wir uns in verschiedenen Spielsituationen zu postieren haben, wie hoch oder wie tief die Viererkette stehen muss.“ All das mit wilden Gesten am Spielfeldrand und ebenso wilden Handlungen. Elf verschiedene Systeme zählen

Die 26. Meisterschaft, die 25. in der Bundesliga: Die Bayern reißen sich um die Meisterschale

die Experten in der Hinrunde, in seinen ersten 99 Pflichtspielen beginnt Guardiola niemals mit der Aufstellung der vorherigen Begegnung. Die Ironie: Als er bei besagtem Spiel in Gladbach seine Elf erstmals seit 2013 nicht ändert, gibt es prompt die höchste Saisonniederlage (1:3). Es ist eine von zwei, wieder spazieren die Bayern durch das deutsche Fußballland.

Doch sie stoßen an die Grenzen des Machbaren, auch wenn sie mit einem Rekord starten: Sie gewinnen die ersten zehn Bundesliga-Spiele und verbessern ihre eigene Bestleistung aus der Saison 2012/13 um zwei Partien. Der Höhepunkt: das 5:1 gegen Wolfsburg am 6. Spieltag. Robert Lewandowski, zur Halbzeit beim Stand von 0:1 eingewechselt, erzielt in 8:59 Minuten (51. – 60.) alle fünf Tore.

Erst am 33. Spieltag sichert sich Guardiolas Elf mit dem 2:1 in Ingolstadt und dank der gleichzeitigen 0:1-Niederlage von Borussia Dortmund in Frankfurt den vierten Titel in Folge – obwohl sie insgesamt neun Punkte mehr holt als 2014/15.

Immerhin erfüllt sich der Wunsch von Thomas Müller nach einer spannenderen Meisterschaftsentscheidung. Es ist ein Lob, wenn er sagt: „Die Dortmunder waren sehr nervig. Sie wissen gar nicht, wie sehr.“ Mit 78 Punkten geht der BVB, der auch im Pokalfinale der Gegner ist, als punktbester Vizemeister in die Bundesliga-Annalen ein.

Nach dem Abpfiff in Ingolstadt streifen die Sieger übrigens T-Shirts mit der Aufschrift „4ever“ über. Matthias Sammer ist nicht dabei: Nach einer Ende April diagnostizierten Durchblutungsstörung im Gehirn raten ihm die Ärzte zu weniger Stress, er kommt nicht mehr zur Arbeit. In der Sommerpause tritt Sammer zurück.

Champions League

Das 1:1 von Griezmann im Rückspiel, Neuer ist ohne Chance

3. Halbfinal-Niederlage gegen Spanier

Wie 2014/15 gewinnt Bayern mit fünf Siegen (3:0 und 4:0 gegen Piräus, 5:0 und 2:0 gegen Zagreb, 5:1 gegen Arsenal) und einer Niederlage (0:2 gegen den Zweiten Arsenal) die Gruppe. Das Achtelfinale gegen Juventus Turin verläuft dramatisch: In Turin (2:2) verspielt der FCB eine 2:0-Führung. In München steht es bis zur 73. Minute 0:2. Robert Lewandowski verkürzt, Thomas Müller gleicht in letzter Minute aus. In der Verlängerung treffen Thiago (108.) und Kingsley Coman (110.) zum 3:2 und 4:2. Im Viertelfinale gegen Benfica Lissabon wahrt Bayern mühsam seine Favoritenrolle (1:0, 2:2), tritt im Halbfinale zum fünften Mal in Folge gegen ein spanisches Team an – und scheitert zum dritten Mal nacheinander. Diesmal 0:1 und 2:1 (zu Hause) gegen Atlético Madrid. Knackpunkt: In München verschießt Müller beim Stand von 1:0 seinen Elfmeter (34.). So kann Antoine Griezman ausgleichen (54.), Lewandowskis 2:1 (74.) ist wertlos.

DFB-Pokal

Guardiola ganz oben: Die Spieler lassen ihn nach dem zweiten Pokalsieg hochleben

Zweiter Sieg nach Elfmeterschießen

Mit zwei 3:1-Erfolgen bei Fünftligist FC Nöttingen und dem VfL Wolfsburg starten die Bayern in die Pokalsaison. Im Achtelfinale gegen Bundesliga-Aufsteiger Darmstadt wird es mühsam, ein Sonntagsschuss von Xabi Alonso (40.) zum 1:0 entscheidet das Spiel. Im Viertelfinale folgt ein glattes 3:0 bei Zweitliga-Klub VfL Bochum, beim 2:0 im Halbfinale gegen Bremen ist Thomas Müller mit seinem Doppelpack der entscheidende Mann. Im Endspiel gegen Dortmund sind wieder einmal Elfmeterkünste gefragt. 120 Minuten bleibt die Partie torlos, dann glückt die Revanche für das verlorene Halbfinale 2014/15. Torfolge: 0:1 Shinji Kagawa, 1:1 Arturo Vidal, Manuel Neuer hält gegen Sven Bender, 2:1 Robert Lewandowski, Sokratis verschießt, Roman Bürki hält gegen Joshua Kimmich, 2:2 Pierre-Emerick Aubameyang, 3:2 Thomas Müller, 3:3 Marco Reus, 4:3 Douglas Costa. Der 18. Pokalsieg ist der zweite nach Elfmeterschießen (1984 gegen Gladbach).

TRAINER

PEP GUARDIOLA
Er wechselt nach der Saison zu Manchester City. Seine Abschlussbilanz: drei Meistertitel, zwei Pokalsiege, 82 Siege in 102 Bundesliga-Spielen – ein Spitzenwert. Als Guardiola geht, sagt er: „Ich habe mein Leben für diese Mannschaft gegeben."

DIE TOP-ELF DER SAISON

Douglas Cos

David Alaba

DER SPIELER DES JAHRES

__Robert Lewandowski__ etabliert sich als Stürmer Nr. 1. Obwohl es kein Fehler sein muss, ihn wie am 6. Spieltag gegen Wolfsburg einmal auf die Ersatzbank zu setzen, wird klar: Ohne den polnischen Mittelstürmer fehlt die Durchschlagskraft. Mit seinen fünf Toren zwischen der 51. und 60. Minute macht sich Lewandowski unsterblich – sein spektakulärer Joker-Einsatz bricht vier Bundesliga-Rekorde: schnellster Dreier-, Vierer- und Fünfer-Pack (in 8:59 Minuten) und die meisten Joker-Tore. Nach 2014 wird Lewandowski mit persönlicher Bestmarke (30 Treffer) zum zweiten Mal Torschützenkönig.

Der Kader

NAME	SPIELE	TORE
Manuel Neuer	34	0
Sven Ulreich	1	0
David Alaba	30	1
Holger Badstuber	7	0
Medhi Benatia	14	1
Jérôme Boateng	19	0
Dante	1	0
Javi Martínez	16	1
Juan Bernat	16	0
Philipp Lahm	26	1
Rafinha	25	0
Serdar Tasci	3	0
Kingsley Coman	23	4
Douglas Costa	27	4
Mario Götze	14	3
Joshua Kimmich	23	0
Thomas Müller	31	20
Franck Ribéry	13	2
Arjen Robben	15	4
Sebastian Rode	15	1
Thiago	27	2
Arturo Vidal	30	4
Xabi Alonso	26	0
Robert Lewandowski	32	30
Milos Pantovic	1	0

DANTE hat am 3. Spieltag gegen Leverkusen noch einen Kurzeinsatz, wechselt am 31. August 2015 nach Wolfsburg

Transfers

JOSHUA KIMMICH bewältigt problemlos den Sprung aus der 2. Liga (RB Leipzig) in die Erstklassigkeit, überzeugt mit seiner Dynamik, Übersicht und Zweikampfstärke im Mittelfeld, als Außenverteidiger und trotz seiner geringen Körpergröße von nur 1,76 Metern auch im Deckungszentrum. Am 29. Mai 2016 debütiert er in der Nationalmannschaft (1:3 gegen die Slowakei), wird in den EM-Kader berufen und bewährt sich in Frankreich in vier Spielen.

SPIELER	VON VEREIN	ABLÖSESUMME
Sven Ulreich	VfB Stuttgart	3,5 Mio. €
Serdar Tasci	Spartak Moskau	ausgeliehen
Kingsley Coman	Juventus Turin	ausgeliehen
Douglas Costa	Schachtar Donezk	30 Mio. €
Joshua Kimmich	VfB Stuttgart	8,5 Mio. €
Arturo Vidal	Juventus Turin	37 Mio. €
Milos Pantovic	FC Bayern Jugend	–

Tops & Flops

1000. BUNDESLIGA-SIEG Großes Jubiläum am 10. Spieltag: Mit dem 4:0 gegen Köln knackt Bayern als erster Klub die Marke. Tore: Robben, Vidal, Lewandowski, Müller.

MANUEL NEUER bleibt in 21 Bundesliga-Spielen ohne Gegentor – Ligarekord. Er verpasst nur die letzten 38 Minuten der Saison gegen Hannover, lässt sich freiwillig auswechseln, kassiert 16 Tore.

JÉRÔME BOATENG wird nach starker EM 2016 zum „Fußballer des Jahres" gewählt, kontert rassistische Attacken von AfD-Politiker Gauland sehr souverän.

MANUEL NEUER kassiert in Hoffenheim (2. Sp.) durch Kevin Volland nach 9 Sekunden das schnellste Bundesliga-Tor aller Zeiten. Den Fehler aber begeht David Alaba.

SERDAR TASCI wird in der Winterpause als Ersatz für die Innenverteidigung verpflichtet. Ein Fehlgriff für 2,5 Millionen (Leihgebühr), für den Ex-Nationalspieler reicht es nur zu drei Liga-Einsätzen.

LEVERKUSEN Auch Guardiolas 3. Versuch misslingt, bei Bayer einen Bundesliga-Sieg zu holen. Nach 1:1 (2013/14) und 0:2 (2014/15) gibt es ein 0:0 (20. Sp.).

2015/16

1. SPIELTAG

Bayern – Hamburger SV 5:0 (1:0)

BAYERN: Neuer – Lahm (72. Thiago), Boateng, Benatia, Alaba – Robben (65. Götze), T. Müller, Alonso (56. Rafinha), Vidal, Costa – Lewandowski.
HAMBURG: Adler – Diekmeier, Djourou, Spahic, Ostrzolek – Ekdal (61. Olic), Jung, Holtby – Gregoritsch, Schipplock (69. Lasogga), Ilicevic (69. Diaz).
Tore: 1:0 Benatia (27.), 2:0 Lewandowski (52.), 3:0 T. Müller (69.), 4:0 T. Müller (73.), 5:0 Costa (87.).
Gelb: Alonso, Boateng / Diekmeier, Spahic.
Schiedsrichter: Bastian Dankert.

2. SPIELTAG

1899 Hoffenheim – Bayern 1:2 (1:1)

HOFFENHEIM: Baumann – Kaderabek, Schär (90.+1 Ochs), Süle, Kim – Schmid (64. Rudy), Schwegler, Zuber, Polanski – Kuranyi (69. Uth), Volland.
BAYERN: Neuer – Benatia (36. Rafinha), Boateng, Alaba – Lahm (67. Lewandowski), Alonso, Götze, Vidal – Robben (59. Thiago), T. Müller, Costa.
Tore: 1:0 Volland (1.), 1:1 T. Müller (41.), 1:2 Lewandowski (90.).
Gelb/Rot: – / Boateng (72.).
Gelb: Schwegler, Kim, Polanski / T. Müller, Rafinha.
Schiedsrichter: Tobias Stieler.
Besonderes Vorkommnis: Polanski verschießt Handelfmeter (74.).

3. SPIELTAG

Bayern – Bayer Leverkusen 3:0 (1:0)

BAYERN: Neuer – Lahm, Alaba, Bernat (73. Dante) – Vidal, Alonso, T. Müller, Thiago (83. Rode) – Robben (78. Götze), Lewandowski, Costa.
LEVERKUSEN: Leno – Hilbert, Tah, Papadopoulos, Wendell (78. Boenisch) – Bellarabi, Bender, Kramer, Calhanoglu (61. Kruse) – Kießling, Mehmedi (46. Brandt).
Tore: 1:0 T. Müller (26.), 2:0 T. Müller (60., Foulelfmeter), 3:0 Robben (71., Handelfmeter).
Gelb: Bernat, Thiago / Wendell, Kramer, Kruse.
Schiedsrichter: Florian Meyer.

4. SPIELTAG

Bayern – FC Augsburg 2:1 (0:1)

BAYERN: Neuer – Rafinha, Boateng, Alaba – Lahm (90.+2 Kimmich), Alonso, Vidal (56. Coman), Thiago – T. Müller (90.+1 Bernat), Lewandowski, Costa.
AUGSBURG: Hitz – Verhaegh, Callsen-Bracker, Klavan, Feulner – Esswein (70. Altintop), Kohr (90+1. Matavz), Koo, Baier, Werner – Bobadilla (76. Ji).
Tore: 0:1 Esswein (43.), 1:1 Lewandowski (77.), 2:1 T. Müller (90., Foulelfmeter).
Gelb: – / Verhaegh. **Schiedsrichter:** Knut Kircher.

5. SPIELTAG

SV Darmstadt 98 – Bayern 0:3 (0:1)

DARMSTADT: Mathenia – Garics, Sulu, Caldirola, Holland – Heller, Niemeyer (69. Rosenthal), Gondorf, Rausch (77. Vrancic) – Kempe, Stroh-Engel (59. Wagner).
BAYERN: Neuer – Rafinha, Boateng (72. Alonso), Alaba, Bernat – Coman, Rode, Kimmich, Vidal (66. Martínez), Costa (68. T. Müller) – Götze.
Tore: 0:1 Vidal (20.), 0:2 Coman (62.), 0:3 Rode (63.).
Gelb: Wagner, Sulu / Martínez. **Schiedsrichter:** Felix Zwayer.

6. SPIELTAG

Bayern – VfL Wolfsburg 5:1 (0:1)

BAYERN: Neuer – Lahm, Boateng, Alaba, Bernat (46. Martínez) – Vidal, Alonso (78. Kimmich), Thiago (46. Lewandowski) – Costa, T. Müller, Götze.
WOLFSBURG: Benaglio – Träsch, Naldo, Dante, Rodríguez – Caligiuri, Guilavogui, Luiz Gustavo (59. Arnold), Draxler – Dost (78. Bendtner), Kruse (78. Schürrle).
Tore: 0:1 Caligiuri (26.), 1:1 Lewandowski (51.), 2:1 Lewandowski (52.), 3:1 Lewandowski (55.), 4:1 Lewandowski (57.), 5:1 Lewandowski (60.).
Gelb: Vidal / Caligiuri, Rodríguez.
Schiedsrichter: Tobias Stieler.

7. SPIELTAG

1. FSV Mainz 05 – Bayern 0:3 (0:0)

MAINZ: Karius – Brosinski, Bungert, Bell, Bengtsson – Clemens (81. Balogun), Baumgartlinger, Malli (67. Samperio), Latza (73. Moritz), De Blasis – Muto.
BAYERN: Neuer – Lahm, Martínez (67. Boateng), Alaba, Rafinha – Coman, Alonso, T. Müller (58. Vidal), Thiago, Costa (70. Götze) – Lewandowski.
Tore: 0:1 Lewandowski (51.), 0:2 Lewandowski (63.), 0:3 Coman (68.).
Gelb: Baumgartlinger / Alonso.
Schiedsrichter: Bastian Dankert.
Besonderes Vorkommnis: Müller verschießt Foulelfmeter (21.).

8. SPIELTAG

Bayern – Borussia Dortmund 5:1 (2:1)

BAYERN: Neuer – Boateng, Martínez, Alaba – Lahm, Alonso (76. Kimmich), T. Müller (80. Coman), Thiago (68. Vidal) – Götze, Lewandowski, Costa.
DORTMUND: Bürki – Sokratis, Bender, Hummels, Piszczek – Gündogan, Kagawa (53. Reus), Weigl, Castro (53. Januzaj), Mkhitaryan – Aubameyang.
Tore: 1:0 T. Müller (26.), 2:0 T. Müller (35., Foulelfmeter), 2:1 Aubameyang (37.), 3:1 Lewandowski (46.), 4:1 Lewandowski (58.), 5:1 Götze (66.).
Gelb: Alaba, Boateng, Kimmich / Aubameyang.
Schiedsrichter: Marco Fritz.

9. SPIELTAG

Werder Bremen – Bayern 0:1 (0:1)

BREMEN: Wiedwald – Gebre Selassie, Lukimya, Bargfrede, Galvez, S. García – Bartels, Fritz (78. Pizarro), Junuzovic, Lorenzen (59. Öztunali) – Ujah.
BAYERN: Neuer – Rafinha (78. Kimmich), Boateng, Alaba, Bernat – Lahm, T. Müller, Alonso, Vidal (90.+2 Pantovic), Thiago – Lewandowski.
Tor: 0:1 T. Müller (23.).
Gelb: S. García, Bargfrede / Rafinha, Kimmich.
Schiedsrichter: Christian Dingert.

10. SPIELTAG

Bayern – 1. FC Köln 4:0 (2:0)

BAYERN: Neuer – Lahm, Boateng (62. Martínez), Alaba, Rafinha – Coman, Robben (65. Kimmich), Vidal, T. Müller (78. Thiago), Costa – Lewandowski.
KÖLN: Horn – Risse, Sørensen, Maroh, Heintz, Hector – Zoller (71. Hosiner), Lehmann, Vogt, Gerhardt (75. Svento) – Modeste (58. Osako).
Tore: 1:0 Robben (35.), 2:0 Vidal (40.), 3:0 Lewandowski (62.), 4:0 T. Müller (77., Foulelfmeter).
Gelb: Rafinha / Lehmann. **Schiedsrichter:** Florian Meyer.

11. SPIELTAG

Eintracht Frankfurt – Bayern 0:0

FRANKFURT: Hradecky – Hasebe, Zambrano, Abraham, Oczipka – Ignjovski, Medojevic (77. Russ), Stendera (90.+1 Djakpa) – Aigner (88. Reinartz), Meier, Seferovic.
BAYERN: Neuer – Lahm (76. Alaba), Martínez, Boateng, Rafinha (51. T. Müller) – Coman (65. Thiago), Robben, Alonso, Vidal, Costa – Lewandowski.
Gelb: Aigner, Seferovic, Abraham, Ignjovski / Lahm, Robben.
Schiedsrichter: Daniel Siebert.

12. SPIELTAG

Bayern – VfB Stuttgart 4:0 (4:0)

BAYERN: Neuer – Rafinha, Boateng (46. Benatia), Alaba – Robben, T. Müller (59. Badstuber), Kimmich, Vidal, Coman, Costa (69. Thiago) – Lewandowski.
STUTTGART: Tyton – Schwaab, Sunjic (63. Heise), Baumgartl, Insúa – Klein, Serey Dié (85. Ristl), Gentner, Kostic (46. Hlousek) – Didavi, Werner.
Tore: 1:0 Robben (11.), 2:0 Costa (18.), 3:0 Lewandowski (37.), 4:0 T. Müller (40.).
Schiedsrichter: Bastian Dankert.

13. SPIELTAG

FC Schalke 04 – Bayern 1:3 (1:1)

SCHALKE: Fährmann – Riether, Matip, Höwedes, Neustädter (74. Di Santo), Aogo – Sané, Goretzka, Højbjerg, Meyer (87. Reese) – Huntelaar (70. Choupo-Moting).
BAYERN: Neuer – Lahm, Martínez, Benatia (70. Boateng), Alaba (83. Rafinha) – Robben (88. Kimmich), T. Müller, Alonso, Vidal, Costa – Lewandowski.
Tore: 0:1 Goretzka (9., Eigentor), 1:1 Meyer (17.), 1:2 Martínez (69.), 1:3 T. Müller (90.+2).
Gelb: Huntelaar, Højbjerg / –.
Schiedsrichter: Tobias Stieler.

14. SPIELTAG

Bayern – Hertha BSC 2:0 (2:0)

BAYERN: Neuer – Lahm, Martínez, Benatia, Rafinha – Boateng (66. Rode), Alonso, Vidal (84. Badstuber) – T. Müller, Lewandowski, Coman.
BERLIN: Jarstein – Regäsel, Langkamp, Lustenberger, Brooks, Plattenhardt – Haraguchi, Skjelbred (56. Cigerci), Darida (72. Stocker), Kalou – Ibisevic (56. Baumjohann).
Tore: 1:0 T. Müller (34.), 2:0 Coman (41.).
Gelb: – / Langkamp, Skjelbred, Ibisevic.
Schiedsrichter: Dr. Jochen Drees.

15. SPIELTAG

Borussia M'gladbach – Bayern 3:1 (0:0)

M'GLADBACH: Sommer – Elvedi, Christensen, Nordtveit – Korb, Dahoud (85. Schulz), Xhaka, Wendt, Johnson – Raffael (88. Drmic), Stindl (90.+1 Hazard).
BAYERN: Neuer – Lahm, Boateng, Benatia, Rafinha – Vidal, Alonso (66. Rode), Martínez – T. Müller, Lewandowski (75. Ribéry), Coman
Tore: 1:0 Wendt (54.), 2:0 Stindl (66.), 3:0 Johnson (68.), 3:1 Ribéry (81.).
Gelb: Stindl / Benatia, Rafinha.
Schiedsrichter: Felix Zwayer.

16. SPIELTAG

Bayern – FC Ingolstadt 04 2:0 (0:0)

BAYERN: Neuer – Lahm, Boateng (70. Alonso), Badstuber, Rafinha – Kimmich, T. Müller (79. Rode), Vidal (51. Thiago), Martínez, Coman – Lewandowski.
INGOLSTADT: Özcan – Levels, Matip, Bregerie, Bauer – Groß, Roger, Cohen (53. Wannenwetsch) – Leckie, Hinterseer (78. Multhaup), Lex (68. Christiansen).
Tore: 1:0 Lewandowski (65.), 2:0 Lahm (75.).
Gelb: Boateng, Martínez / Levels.
Schiedsrichter: Michael Weiner.

17. SPIELTAG

Hannover 96 – Bayern 0:1 (0:1)

HANNOVER: Zieler – Sakai, Marcelo, Schulz, Albornoz – Karaman (84. Klaus), Sané, Andreasen (69. Saint-Maximin), Schmiedebach, Prib – Erdinç (58. Benschop).
BAYERN: Neuer – Martínez, Boateng, Badstuber (73. Kimmich) – Rafinha, Thiago, Alonso, Vidal (88. Rode), Coman – T. Müller, Lewandowski.
Tor: 0:1 T. Müller (40., Handelfmeter).
Schiedsrichter: Manuel Gräfe.

18. SPIELTAG

Hamburger SV – Bayern 1:2 (0:1)

HAMBURG: Adler – Diekmeier, Djourou, Cléber, Ostrzolek – N. Müller, Kacar (81. Jung), Hunt, Holtby, Ilicevic (69. Gregoritsch) – Lasogga (77. Rudnevs).
BAYERN: Neuer – Boateng (56. Martínez), Badstuber, Alaba – Costa (81. Robben), Lahm, Alonso, Thiago, Coman – T. Müller (69. Vidal), Lewandowski.
Tore: 0:1 Lewandowski (37., Foulelfmeter), 1:1 Alonso (53., Eigentor), 1:2 Lewandowski (61.).
Gelb: Ostrzolek, Kacar, Adler, N. Müller / Lahm, Alonso.
Schiedsrichter: Felix Zwayer.

19. SPIELTAG

Bayern – 1899 Hoffenheim 2:0 (1:0)

BAYERN: Neuer – Lahm, Kimmich, Badstuber, Alaba – Robben, T. Müller (67. Vidal), Alonso, Costa (88. Bernat), Coman (62. Thiago) – Lewandowski.
HOFFENHEIM: Baumann – Kaderabek, Bicakcic, Süle, Kim – Schmid (77. Volland), Rudy, Hamad (68. Amiri), Strobl, Vargas – Kramaric (68. Zuber).
Tore: 1:0 Lewandowski (32.), 2:0 Lewandowski (64.).
Gelb: Costa / Strobl.
Schiedsrichter: Dr. Jochen Drees.

Das 1:0 beim 1000. Sieg in der Bundesliga: Arjen Robben schiebt in der 35. Minute den Ball an Timo Horn vorbei. Der erste von vier Gegentreffern für den Torhüter des 1. FC Köln an diesem 10. Spieltag

20. SPIELTAG

Bayer Leverkusen – Bayern 0:0

LEVERKUSEN: Leno – Jedvaj (52. Hilbert), Tah, Toprak, Wendell – Bellarabi (87. Mehmedi), Kramer, Kampl, Calhanoglu – Chicharito, Kießling (74. Brandt).
BAYERN: Neuer – Lahm, Kimmich, Badstuber, Alaba – Robben (60. T. Müller), Costa, Alonso, Vidal (52. Thiago), Coman (87. Rode) – Lewandowski.
Gelb/Rot: – / Alonso (84.).
Schiedsrichter: Knut Kircher.

21. SPIELTAG

FC Augsburg – Bayern 1:3 (0:1)

AUGSBURG: Hitz – Verhaegh, Hong (71. Janker), Klavan, Max – Koo (55. Esswein), Kohr, Trochowski (54. Moravek), Gouweleeuw, Caiuby – Bobadilla.
BAYERN: Neuer – Lahm (83. Rode), Kimmich, Alaba, Bernat – Robben, T. Müller, Vidal (57. Rafinha), Thiago, Costa (83. Coman) – Lewandowski.
Tore: 0:1 Lewandowski (15.), 0:2 Lewandowski (62.), 0:3 Müller (78.), 1:3 Bobadilla (86.).
Gelb: – / T. Müller.
Schiedsrichter: Florian Meyer.

22. SPIELTAG

Bayern – SV Darmstadt 98 3:1 (0:1)

BAYERN: Neuer – Rafinha, Kimmich, Tasci (53. Bernat), Alaba – Coman (53. Ribéry), T. Müller, Vidal, Robben (81. Alonso), Costa – Lewandowski.
DARMSTADT: Mathenia – Garics, Caldirola, Rajkovic, Diaz – Sirigu (73. Sailer), Jungwirth, Holland (87. Gorka), Kempe – Vrancic (61. Rosenthal), Wagner.
Tore: 0:1 Wagner (26.), 1:1 T. Müller (48.), 2:1 T. Müller (71.), 3:1 Lewandowski (84.).
Gelb: Rafinha, Kimmich / –.
Schiedsrichter: Michael Weiner.

23. SPIELTAG

VfL Wolfsburg – Bayern 0:2 (0:0)

WOLFSBURG: Casteels – Träsch (72. Schürrle), Naldo (76. Knoche), Dante, Rodríguez – Vieirinha, Arnold, Draxler, Luiz Gustavo, Schäfer (84. Azzaoui) – Kruse.
BAYERN: Neuer – Lahm, Kimmich, Alaba, Bernat – Robben (56. Ribéry), T. Müller, Alonso, Costa (50. Thiago), Coman (88. Rode) – Lewandowski.
Tore: 0:1 Coman (66.), 0:2 Lewandowski (74.).
Gelb: – / Bernat.
Schiedsrichter: Manuel Gräfe.

24. SPIELTAG

Bayern – 1. FSV Mainz 05 1:2 (0:1)

BAYERN: Bayern: Neuer – Rafinha, Benatia, Alaba, Bernat – Coman (51. T. Müller), Robben, Vidal, Thiago (60. Costa), Ribéry – Lewandowski.
MAINZ: Karius – Balogun, Bungert (46. Latza), Hack – Donati (73. Brosinski), Baumgartlinger, Frei, Bussmann – Clemens, Malli (60. Córdoba), Samperio.
Tore: 0:1 Samperio (26.), 1:1 Robben (64.), 1:2 Córdoba (86.).
Gelb: Rafinha / Balogun, Bussmann.
Schiedsrichter: Sascha Stegemann.

25. SPIELTAG

Borussia Dortmund – Bayern 0:0

DORTMUND: Bürki – Piszczek, Bender, Hummels – Durm, Weigl, Gündogan (90.+1 Sahin), Schmelzer – Mkhitaryan, Aubameyang, Reus (81. Ramos).
BAYERN: Neuer – Lahm, Kimmich, Alaba, Bernat – Robben, Alonso (90. Benatia), T. Müller, Vidal, Costa (75. Ribéry) – Lewandowski.
Gelb: Bender / Alonso.
Schiedsrichter: Tobias Stieler.

26. SPIELTAG

Bayern – Werder Bremen 5:0 (2:0)

BAYERN: Neuer – Lahm, Kimmich (68. Rafinha), Benatia, Alaba – Coman, Götze (54. Rode), Alonso, Thiago, Ribéry – T. Müller (74. Lewandowski).
BREMEN: Wiedwald – Gebre Selassie, Gálvez, Vestergaard, Djilobodji, S. García (77. U. Garcia) – Yatabaré, Veljkovic (46. Lorenzen), Grillitsch, Öztunali (46. Kleinheisler) – Ujah.
Tore: 1:0 Thiago (9.), 2:0 T. Müller (31.), 3:0 T. Müller (66.), 4:0 Lewandowski (86.), 5:0 Thiago (90.).
Gelb: Ribéry / Gebre Selassie, Djilobodji, U. Garcia.
Schiedsrichter: Guido Winkmann.

27. SPIELTAG

1. FC Köln – Bayern 0:1 (0:1)

KÖLN: Horn – Sørensen, Maroh, Mavraj, Heintz, Hector – Risse, Lehmann (85. Mladenovic), Gerhardt (62. Osako), Bittencourt – Modeste.
BAYERN: Neuer – Rafinha, Kimmich, Alaba, Bernat – Coman, Rode (78. Lahm), Alonso (54. Vidal), Thiago, Costa (72. Ribéry) – Lewandowski.
Tor: 0:1 Lewandowski (10.).
Gelb: Sørensen / Lahm.
Schiedsrichter: Tobias Welz.

28. SPIELTAG

Bayern – Eintracht Frankfurt 1:0 (1:0)

BAYERN: Neuer – Martínez, Alaba, Bernat – T. Müller, Götze (85. Vidal), Lahm, Alonso, Ribéry, Thiago – Lewandowski (71. Costa).
FRANKFURT: Hradecky – Chandler, Zambrano, Abraham, Oczipka, Djakpa – Aigner, Hasebe, Huszti (48. Stendera), Ben-Hatira (64. Kittel) – Seferovic (58. Castaignos).
Tor: 1:0 Ribéry (20.).
Gelb: Lewandowski, Götze / Abraham, Ben-Hatira, Chandler, Stendera, Castaignos.
Schiedsrichter: Florian Meyer.

29. SPIELTAG

VfB Stuttgart – Bayern 1:3 (0:1)

STUTTGART: Tyton – Klein, Sunjic, Schwaab, Niedermeier, Insúa – Werner, Rupp (75. Taschtschy), Didavi, Kostic – Kravets.
BAYERN: Neuer – Kimmich (75. Costa), Martínez, Alaba – Rafinha, Alonso, Vidal (27. T. Müller), Bernat – Götze (69. Thiago), Lewandowski, Ribéry.
Tore: 0:1 Niedermeier (31., Eigentor), 0:2 Alaba (52.), 1:2 Didavi (63.), 1:3 Costa (89.).
Gelb: Didavi / Vidal, Alonso, Alaba.
Schiedsrichter: Bastian Dankert.

30. SPIELTAG

Bayern – FC Schalke 04 3:0 (0:0)

BAYERN: Neuer – Rafinha, Benatia (63. Kimmich), Alaba, Bernat – Coman, Lahm, Vidal (78. Rode), Götze, Costa (68. Ribéry) – Lewandowski.
SCHALKE: Fährmann – Riether, Neustädter, Matip – Júnior Caiçara, Højbjerg, Geis (69. Belhanda), Aogo – Sané, Huntelaar (69. Meyer), Choupo-Moting (82. Schöpf).
Tore: 1:0 Lewandowski (54.), 2:0 Lewandowski (65.), 3:0 Vidal (73.).
Schiedsrichter: Tobias Welz.

31. SPIELTAG

Hertha BSC – Bayern 0:2 (0:0)

BERLIN: Kraft – Pekarik, Langkamp, Lustenberger, Plattenhardt – Mittelstädt, Weiser, Stark, Cigerci (83. Kohls), Stocker (64. Kalou) – Ibisevic (46. Schieber).
BAYERN: Neuer – Rafinha (57. Alaba), Benatia, Tasci, Kimmich – T. Müller (57. Ribéry), Vidal, Götze, Thiago, Costa – Lewandowski (84. Martínez).
Tore: 0:1 Vidal (48.), 0:2 Costa (79.).
Gelb: – / Rafinha, T. Müller, Vidal, Thiago.
Schiedsrichter: Marco Fritz.

32. SPIELTAG

Bayern – Borussia M'gladbach 1:1 (1:0)

BAYERN: Neuer – Benatia, Boateng (68. Alaba), Tasci (77. Costa) – Rafinha, Rode, Kimmich, Bernat – Coman, T. Müller, Götze (62. Thiago).
M'GLADBACH: Sommer – Elvedi, Christensen, Nordtveit – Traoré (61. Herrmann), Dahoud, Xhaka, Wendt – Hahn, Hazard (57. Stindl), Raffael (90.+1 Hofmann).
Tore: 1:0 T. Müller (6.), 1:1 Hahn (72.).
Gelb: Tasci, Rode / Elvedi.
Schiedsrichter: Daniel Siebert.

33. SPIELTAG

FC Ingolstadt 04 – Bayern 1:2 (1:2)

INGOLSTADT: Özcan – da Costa, Matip, Hübner, Suttner – Groß, Roger, Cohen (63. Morales) – Hartmann (76. Hinterseer), Lezcano (82. Lex), Leckie.
BAYERN: Neuer – Lahm, Martínez, Kimmich, Alaba – Costa, Alonso (46. Benatia), T. Müller, Thiago (89. Rode), Ribéry (57. Rafinha) – Lewandowski.
Tore: 0:1 Lewandowski (15., Foulelfmeter), 0:2 Lewandowski (32.), 1:2 Hartmann (42., Foulelfmeter).
Gelb: Lex, Leckie / Benatia, T. Müller, Lewandowski.
Schiedsrichter: Florian Meyer.

34. SPIELTAG

Bayern – Hannover 96 3:1 (2:0)

BAYERN: Neuer (51. Ulreich) – Lahm, Benatia, Boateng (78. Rode), Alaba – Coman (61. Rafinha), Thiago, Götze, Vidal, Ribéry – Lewandowski.
HANNOVER: Zieler – Arkenberg, Anton, Sané, Albornoz – Sulejmani (61. Gülselam), Schmiedebach, Fossum, Prib, Klaus (71. Dierßen) – Sobiech.
Tore: 1:0 Lewandowski (12.), 2:0 Götze (28.), 3:0 Götze (54.), 3:1 Sobiech (66.). **Gelb:** – / Klaus.
Schiedsrichter: Knut Kircher.

Abschlusstabelle

Pl.	Verein	Spiele	G	U	V	Tore	Diff.	Punkte
1	Bayern (M)	34	28	4	2	80:17	+63	88
2	Dortmund	34	24	6	4	82:34	+48	78
3	Leverkusen	34	18	6	10	56:40	+16	60
4	M'gladbach	34	17	4	13	67:50	+17	55
5	Schalke	34	15	7	12	51:49	+2	52
6	Mainz	34	14	8	12	46:42	+4	50
7	Hertha	34	14	8	12	42:42	0	50
8	Wolfsburg (P)	34	12	9	13	47:49	−2	45
9	Köln	34	10	13	11	38:42	−4	43
10	Hamburg	34	11	8	15	40:46	−6	41
11	Ingolstadt (A)	34	10	10	14	33:42	−9	40
12	FC Augsburg	34	9	11	14	42:52	−10	38
13	Werder Bremen	34	10	8	16	50:65	−15	38
14	Darmstadt 98 (A)	34	9	11	14	38:53	−15	38
15	1899 Hoffenheim	34	9	10	15	39:54	−15	37
16	Eintracht Frankfurt	34	9	9	16	34:52	−18	36
17	VfB Stuttgart	34	9	6	19	50:75	−25	33
18	Hannover 96	34	7	4	23	31:62	−31	25

DIE WEITEREN SIEGER DES JAHRES:

Europameister: Portugal

Champions League: Real Madrid

Europa League: FC Sevilla

DFB-Pokal: FC Bayern

Alle Ergebnisse auf einen Blick

Waagerecht: alle Heimresultate. Senkrecht: alle Auswärtsresultate

	Bayern	Dortmund	Leverkusen	M'gladbach	Schalke	Mainz	Hertha	Wolfsburg	Köln	Hamburg	Ingolstadt	Augsburg	Bremen	Darmstadt	Hoffenheim	Frankfurt	Stuttgart	Hannover
Bayern		5:1	3:0	1:1	3:0	1:2	2:0	5:1	4:0	5:0	2:0	2:1	5:0	3:1	2:0	1:0	4:0	3:1
Dortmund	0:0		3:0	4:0	3:2	2:0	3:1	5:1	2:2	3:0	2:0	5:1	3:2	2:2	3:1	4:1	4:1	1:0
Leverkusen	0:0	0:1		5:0	1:1	1:0	2:1	3:0	1:2	1:0	3:2	1:1	1:4	0:1	2:1	3:0	4:3	3:0
M'gladbach	3:1	1:3	2:1		3:1	1:2	5:0	2:0	1:0	0:3	0:0	4:2	5:1	3:2	3:1	3:0	4:0	2:1
Schalke	1:3	2:2	2:3	2:1		2:1	2:1	3:0	0:3	3:2	1:1	1:1	1:3	1:1	1:0	2:0	1:1	3:1
Mainz	0:3	0:2	3:1	1:0	2:1		0:0	2:0	2:3	0:0	0:1	4:2	1:3	0:0	3:1	2:1	0:0	3:0
Hertha	0:2	0:0	2:1	1:4	2:0	2:0		1:1	2:0	3:0	2:1	0:0	1:1	1:2	1:0	2:0	2:1	2:2
Wolfsburg	0:2	1:2	2:1	2:1	3:0	1:1	2:0		1:1	1:1	2:0	0:2	6:0	1:1	4:2	2:1	3:1	1:1
Köln	0:1	2:1	0:2	1:0	1:3	0:0	0:1	1:1		2:1	1:1	0:1	0:0	4:1	0:0	3:1	1:3	0:1
Hamburg	1:2	3:1	0:0	3:2	0:1	1:3	2:0	0:1	1:1		1:1	0:1	2:1	1:2	1:3	0:0	3:2	1:2
Ingolstadt	1:2	0:4	0:1	1:0	3:0	1:0	0:1	0:0	1:1	0:1		2:1	2:0	3:1	1:1	2:0	3:3	2:2
Augsburg	1:3	1:3	3:3	2:2	2:1	3:3	0:1	0:0	0:0	1:3	0:1		1:2	0:2	1:3	0:0	1:0	2:0
Bremen	0:1	1:3	0:3	2:1	0:3	1:1	3:3	3:2	1:1	1:3	0:1	1:2		2:2	1:1	1:0	6:2	4:1
Darmstadt	0:3	0:2	1:2	0:2	0:2	2:3	0:4	0:1	0:0	1:1	2:0	2:2	2:1		0:0	1:2	2:2	2:2
Hoffenheim	1:2	1:1	1:1	3:3	1:4	3:2	2:1	1:0	1:1	0:1	2:1	2:1	1:3	0:2		0:0	2:2	1:0
Frankfurt	0:0	1:0	1:3	1:5	0:0	2:1	1:1	3:2	6:2	0:0	1:1	1:1	2:1	0:1	0:2		2:4	1:0
Stuttgart	1:3	0:3	0:2	1:3	0:1	1:3	2:0	3:1	1:3	2:1	1:0	0:4	1:1	2:0	5:1	1:4		1:2
Hannover	0:1	2:4	0:1	2:0	1:3	0:1	1:3	0:4	0:2	0:3	4:0	0:1	1:0	1:2	1:0	1:2	1:3	

Saisonverlauf

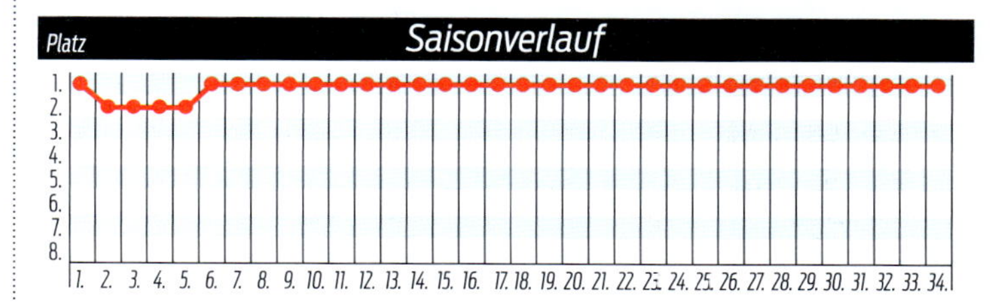

REKORD-BAYERN: 5. ME

Mit dem 6:0 beim VfL Wolfsburg entscheidet die Mannschaft schon am 31. Spieltag den Titelkampf und zementiert ihre Vormachtstellung

Als sie es geschafft haben, sieht man sie singen und tanzen. Auf schnell übergestreiften roten Meister-T-Shirts prangt eine weiße Hand. Fünf Finger hat die Hand, sie stehen für fünf Meistertitel in Folge. Der historische Moment: Samstag, 29. April 2017, kurz vor halb neun Uhr abends. Auch Carlo Ancelotti singt nach dem 6:0 in Wolfsburg, mit dem Bayern am 31. Bundesliga-Spieltag die Meisterschaft wieder einmal vorzeitig entschieden hat.

Der Italiener, der so wenig von einem Südländer hat und immer in sich ruht, Kaugummi kaut und außer seinem Kiefer bei Spielen fast nichts bewegt, stimmt lautstark ein in das Lied, das in der Bundesliga seit 2013 in jedem Frühjahr gespielt wird: „Deutscher Fußball-Meister FCB …“ Die Bayern feiern so ausgelassen, wie man eben feiert, wenn das Erwartete so zuverlässig eintrifft wie der Gehaltszettel am ersten Werktag des Monats.

Denn zu diesem Zeitpunkt ist klar, dass sie ihre beiden weiteren anvisierten Ziele verpasst haben: den Gewinn des DFB-Pokals und der Champions League.

„Ein Titel ist auf Dauer ein bisschen wenig für uns“, gesteht Uli Hoeneß, seit 25. November 2016 wieder Präsident. Und trotzdem will er sich wie Vorstandsboss Karl-Heinz Rummenigge den in Deutschland einzigartigen Erfolg nicht kaputt machen lassen. „Die Meisterschaft ist der ehrlichste Titel“, sagt Rummenigge.

Ancelotti ist nach Giovanni Trapattoni der zweite italienische Trainer, der Deutscher Meister wird. Als er im Sommer 2016 als Nachfolger von Pep Guardiola seinen Job antritt, übernimmt er eine praktisch unveränderte Mannschaft, ergänzt nur durch Innenverteidiger Mats Hummels und den portugiesischen Europameister Renato Sanches, einen verheißungsvollen 18 Jahre alten Mittelfeldspieler. Und doch erkennen die Beobachter die Bayern nach ein paar Wochen kaum wieder. Natürlich, noch immer ist das Starensemble kaum zu schlagen. Aber die Dominanz ist weg.

Freude über die Meisterschaft: Ancelotti und sein großer Fürsprecher Karl-Heinz Rummenigge (r.)

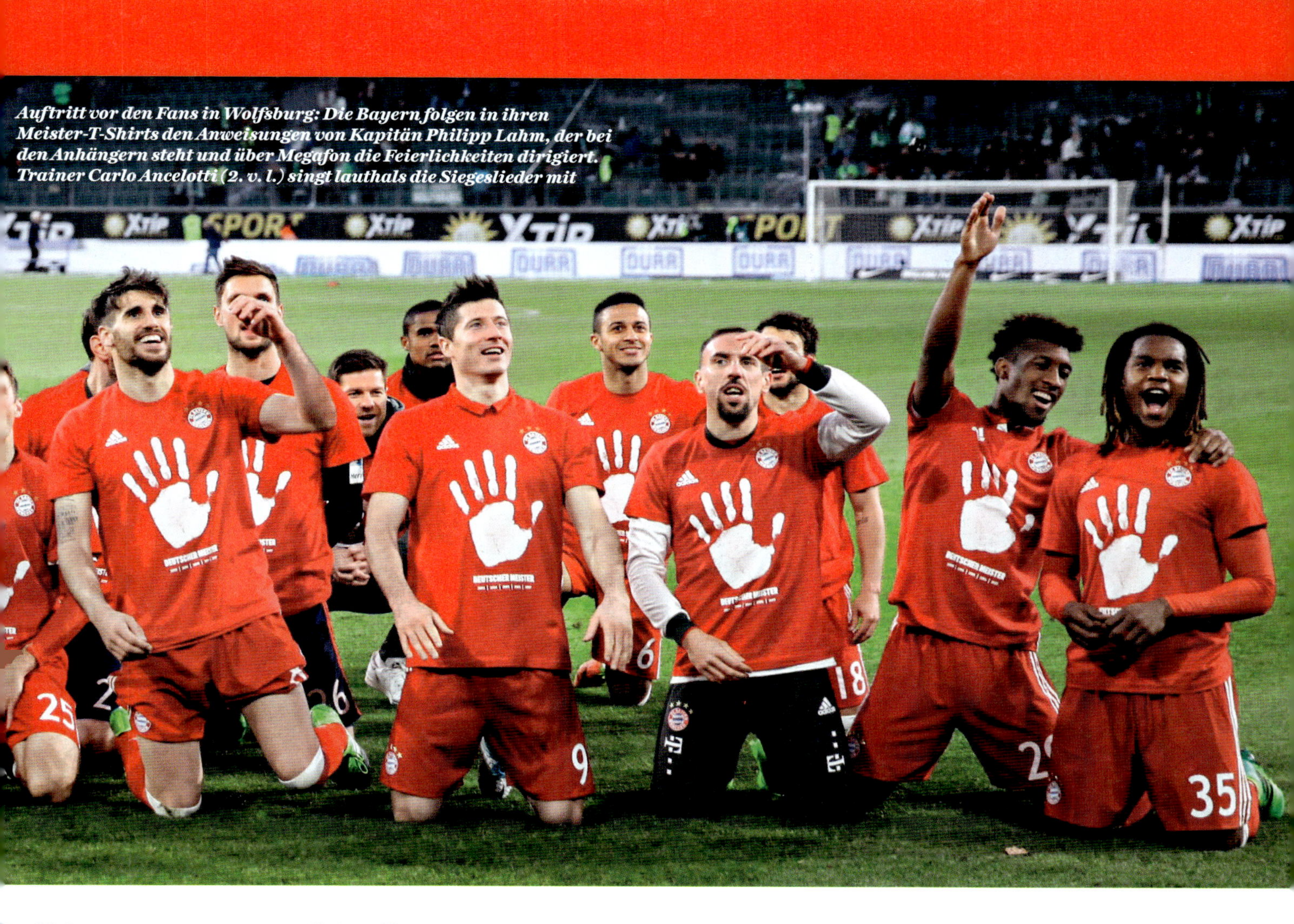

Auftritt vor den Fans in Wolfsburg: Die Bayern folgen in ihren Meister-T-Shirts den Anweisungen von Kapitän Philipp Lahm, der bei den Anhängern steht und über Megafon die Feierlichkeiten dirigiert. Trainer Carlo Ancelotti (2. v. l.) singt lauthals die Siegeslieder mit

STERSCHAFT IN FOLGE

Guardiolas Korsett ist gesprengt, weicht Ancelottis langer Leine. Die Spieler bekommen mehr Freiheiten auf dem Platz, und die führen zu Nachlässigkeiten. Am 6. Spieltag rächt sich das mit dem 1:1 gegen den 1. FC Köln, am 7. Spieltag verspielt Bayern in Frankfurt in Überzahl eine 2:1-Führung und verliert am 11. Spieltag durch das 0:1 in Dortmund die Tabellenführung an Aufsteiger RB Leipzig.

Aber schon am 16. Spieltag rücken die Münchner die Hierarchie wieder zurecht, führen zur Halbzeit im direkten Duell gegen Leipzig 3:0 und geben sich auch danach keine Blöße mehr.

Aus der Winterpause kommt der Herbstmeister nur stockend: Tore in der Nachspielzeit in Freiburg (2:1, 17. Spieltag), Ingolstadt (2:0, 20. Spieltag) und Berlin (1:1, 90.+6 am 21. Spieltag) nähren den Mythos vom Bayern-Dusel.

Teils fantastische Auftritte im Februar und Anfang März gegen den FC Arsenal im Achtelfinale der Champions League (zweimal 5:1) und Anfang April gegen den BVB (4:1 am 28. Spieltag) verscheuchen die Zweifel und machen Hoffnung auf ein großes Frühjahr. Dann kommt es doch anders: Mit Jérôme Boateng, Mats Hummels und Manuel Neuer verletzen sich Leistungsträger, Torjäger Robert Lewandowski fehlt wegen erlittener Schulterverletzung aus der Dortmund-Partie im Viertelfinal-Hinspiel gegen Real Madrid.

Am Ende stehen zwei Niederlagen gegen Real, dann folgt das Aus im Pokal-Halbfinale gegen Dortmund. Plötzlich kommen die Fragen von allen Seiten: Ist die Mannschaft zu alt, zu abhängig von Lewandowski, ist der Kader zu klein, und warum spielen in den wichtigen Spielen immer die Gleichen? Die Rotation, von Ottmar Hitzfeld einst eingeführt und von Guardiola fast schon übertrieben praktiziert, landet in der Mottenkiste. Ancelotti setzt immer auf die gleichen Spieler, für die Talente Joshua Kimmich, Kingsley Coman und Renato Sanches ist es ein verlorenes Jahr. Auch für Thomas Müller, der sich nie wirklich von seiner schwachen Europameisterschaft 2016 erholt und den Stammplatz verliert.

Bayern München wird mit der ältesten Mannschaft der Saison Meister (Schnitt 28,2 Jahre), im Rückspiel bei Real Madrid läuft gar die älteste der Klubgeschichte (30,34) auf. Spätestens nach dem Verpassen des großen Ziels wissen alle: Dieser Mannschaft, die die Bundesliga-Jahre 2013 bis 2017 geprägt hat, gehört nicht mehr die Zukunft, die winkt den Verfolgern RB Leipzig und Borussia Dortmund.

Arjen Robben, der eine glänzende Saison spielt und neben Robert Lewandowski der große Gewinner ist, ist schon 33 Jahre alt. Franck Ribéry 34. Xabi Alonso (35) beendet die Karriere, ebenso Kapitän Philipp Lahm (33) nach einer brillanten Laufbahn mit WM-Titel 2014, Champions-League-Sieg 2013 und acht Meisterschaften.

Lahm formuliert dennoch ein versöhnliches Fazit: „Wenn man Meister wird, ist es nie eine schlechte Saison.“

Champions League

Das dritte von fünf Toren gegen Bayern: Ronaldo überspringt im Rückspiel Philipp Lahm und köpft das 1:1

Neue Pleite gegen Real Madrid

Das bittere Ende kündigt sich früh an: In der Vorrunde verlieren die Bayern gleich das zweite Spiel – gegen eine spanische Mannschaft (natürlich). Das 0:1 bei Atlético Madrid am 2. Spieltag ist die erste Niederlage unter Carlo Ancelotti, aber noch kein Drama, das 2:3 beim russischen Vertreter FK Rostow am 5. Spieltag nur peinlich. Dagegen stehen vier Siege: 5:0 gegen Rostow, 4:1 und 2:1 gegen Eindhoven, 1:0 im Rückspiel gegen Atlético. Als Gruppenzweiter zieht Bayern ins Achtelfinale, bezwingt dort den schwachen FC Arsenal zweimal mit 5:1. Im Viertelfinale kommt zum vierten Mal in Folge das Aus gegen Spanier – diesmal wieder wie 2013/14 gegen Real Madrid. Und das völlig verdient. Real ist das bessere Team, siegt in München nach Platzverweis gegen Javi Martínez (Gelb/Rot) 2:1, im Rückspiel 4:2 n. V. Uneingeschränkter Held ist Cristiano Ronaldo, der sträflich vernachlässigt von Bayerns Abwehr fünf der sechs Tore erzielt.

DFB-Pokal

In bester Robben-Manier: Dembélé, flankiert von Alaba (l.) und Boateng, schießt das 3:2

Wie 2015 Halbfinal-Aus gegen den BVB

Nach dem Gastspiel bei Viertligist Carl Zeiss Jena (5:0) hat das Los nur noch Heimspiele parat. In Runde 2 schlägt Bayern den FC Augsburg 3:1, im Achtelfinale den VfL Wolfsburg dank eines Tores von Douglas Costa mühsam 1:0. Im Viertelfinale gegen Schalke 04 fallen die Tore zum 3:0 in der ersten halben Stunde, Robert Lewandowski (2) und Thiago treffen. Im Halbfinale am 26. April geht es gegen einen alten Bekannten: Bayern und Dortmund sind zum sechsten Mal in Folge Pokalgegner, und wie 2015 gewinnen die Borussen wieder in München. Diesmal schon binnen 90 Minuten. Bayern führt zur Pause 2:1, vergibt mehrmals beste Chancen zum 3:1 (Lewandowski und Robben je zweimal) und wird nach der Auswechslung von Mats Hummels (Schütze des 2:1) kalt erwischt. Pierre-Emerick Aubameyang und Ousmane Dembélé schießen den Titelverteidiger innerhalb von fünf Minuten raus (69. und 74. Minute) – und in die Krise.

TRAINER

CARLO ANCELOTTI
Der Italiener ist Bayerns elfter Meistertrainer. Die Schale holt er auf Anhieb wie zuvor Zebec, Beckenbauer, Hitzfeld, Magath, van Gaal und Guardiola. Bayerns Anspruch auf mehr erfüllt Ancelotti nicht. Er steht in der Kritik, sein Training sei zu lasch, das Team nicht fit.

DIE TOP-ELF DER SAISON

David Alaba

DER SPIELER DES JAHRES

Viele Experten halten Robert Lewandowski für den komplettesten Stürmer der Welt. Zumindest ist er der beste des FC Bayern – und lebensnotwendig für diese Mannschaft. Der Vertrag des Polen wird vorzeitig bis 2021 verlängert, als Signal nach innen und außen. Lewandowski gelingen wie 2015/16 wieder 30 Tore. Gleich in elf Bundesliga-Partien trifft er mehrfach, nur Gerd Müller hat 1971/72 einen noch besseren Wert (12-mal). Den Titel des Torschützenkönigs verpasst er knapp, am letzten Spieltag überholt ihn noch Dortmunds Pierre-Emerick Aubameyang (31).

Der Kader

NAME	SPIELE	TORE
Manuel Neuer	26	0
Sven Ulreich	5	0
Tom Starke	3	0
David Alaba	32	4
Juan Bernat	18	2
Holger Badstuber	1	0
Jérôme Boateng	13	0
Mats Hummels	27	1
Philipp Lahm	26	1
Javi Martínez	25	1
Rafinha	20	1
Xabi Alonso	27	3
Kingsley Coman	19	2
Douglas Costa	23	4
Joshua Kimmich	27	6
Thomas Müller	29	5
Franck Ribéry	22	5
Arjen Robben	26	13
Renato Sanches	17	0
Thiago	27	6
Arturo Vidal	27	4
Robert Lewandowski	33	30

THOMAS MÜLLER trifft so selten wie nie in der Bundesliga, kommt erst am 14. Spieltag gegen Wolfsburg zu seinem ersten Saisontreffer

Transfers

RENATO SANCHES rückt bei der EM 2016 in Frankreich ins Blickfeld der internationalen Öffentlichkeit. Da hat der FC Bayern den 18-Jährigen längst unter Vertrag genommen. Die Entscheidung über eine Verpflichtung fällt nach dem Champions-League-Viertelfinale 2016 gegen Benfica, Sanches überzeugt in beiden Spielen und erhält einen Fünf-Jahres-Vertrag. Die 35 Mio. Euro Ablöse sind eine Investition in die Zukunft, Sanches kann sich in München nicht durchsetzen, verschwindet immer mehr in der Versenkung. Ganz anders als bei der EM, wo er im defensiven Mittelfeld des neuen Europameisters Portugal mit Dynamik, Lauf- und Zweikampfstärke sowie Überblick einer der Leistungsträger ist.

SPIELER	VON VEREIN	ABLÖSESUMME
Mats Hummels	Borussia Dortmund	35 Mio. €
Renato Sanches	Benfica Lissabon	35 Mio. €

Tops & Flops

HSV-FESTSPIELE Bayern holt den achten Heimsieg in Folge gegen die Hamburger, baut nach dem 1:0 (2009/10), 6:0, 5:0, 9:2, 3:1, 8:0 und 5:0 (2015/16) mit dem 8:0 am 22. Spieltag die beeindruckende Serie auf 24 Punkte und 45:3 Tore aus.

PHILIPP LAHM gewinnt zum Karriere-Ende wie Schweinsteiger, Kahn und Scholl seine achte Meisterschaft.

SPÄTZÜNDER Elf Bundesliga-Tore erzielen die Bayern in der 90. Minute oder später, brechen damit den Rekord von Werder Bremen (7 Tore 2009/10).

DOUGLAS COSTA fällt nach seiner glänzenden ersten Bundesliga-Saison 2015/16 unter Neu-Trainer Carlo Ancelotti durch, muss sich weit hinter Altmeister Ribéry einreihen, zeigt wenig Engagement und macht sich mit Wechselplänen unbeliebt.

HOLGER BADSTUBER wird im Winter nach Schalke verliehen, muss am Saisonende nach 15 Jahren im Klub gehen.

AUFSTEIGER-TORE Beim 5:4 in Leipzig (33. Sp.) kassiert Bayern so viele Gegentore gegen einen Aufsteiger wie zuletzt 1991 (1:4 gegen Stuttgarter Kickers).

Tor im Jubiläumsspiel: In seinem 250. Bundesliga-Einsatz für den FC Bayern erzielt Thomas Müller (2. v. l.) am 25. Spieltag den 1:0-Siegtreffer bei Borussia Mönchengladbach. Sein 93. Tor in der Liga

1. SPIELTAG

Bayern – Werder Bremen 6:0 (2:0)

BAYERN: Neuer – Alaba (78. Bernat), Hummels, Lahm (74. Rafinha), Martínez – Alonso (64. Kimmich), Thiago, Vidal – Lewandowski, T. Müller, Ribéry.
BREMEN: Wiedwald – Caldirola, Diagné, Gebre Selassie, Sané – Bartels (88. Thy), Bauer, Fritz, Grillitsch (74. Eggestein), Yatabaré – Johannsson (64. Sternberg).
Tore: 1:0 Alonso (9.), 2:0 Lewandowski (13.), 3:0 Lewandowski (46.), 4:0 Lahm (66.), 5:0 Ribéry (73.), 6:0 Lewandowski (77., Foulelfmeter).
Gelb: – / Sternberg.
Schiedsrichter: Christian Dingert.

2. SPIELTAG

FC Schalke 04 – Bayern 0:2 (0:0)

SCHALKE: Fährmann – Höwedes, Naldo, Nastasic, Baba – Konopljanka (55. Embolo), Stambouli (86. Kolasinac), Goretzka, Bentaleb, Choupo-Moting – Huntelaar (67. Meyer).
BAYERN: Neuer – Lahm, Martínez, Hummels, Alaba – Thiago, Alonso (61. Vidal), Sanches (71. Kimmich) – T. Müller, Lewandowski, Ribéry (61. Costa).
Tore: 0:1 Lewandowski (81.), 0:2 Kimmich (90.+2).
Gelb: Höwedes, Baba / Hummels, Sanches, Vidal, Thiago.
Schiedsrichter: Manuel Gräfe.

3. SPIELTAG

Bayern – FC Ingolstadt 04 3:1 (1:1)

BAYERN: Neuer – Rafinha, Kimmich, Martínez, Bernat – Sanches (61. Thiago), Alonso, Vidal – Coman (46. Costa/ 83. Boateng), Lewandowski, Ribéry.
INGOLSTADT: Nyland – Levels, Matip, Tisserand, Suttner – Leckie (81. Cohen), Groß, Hartmann (71. Lex), Roger, Morales (63. Hinterseer) – Lezcano.
Tore: 0:1 Lezcano (8.), 1:1 Lewandowski (12.), 2:1 Alonso (50.), 3:1 Rafinha (84.).
Gelb: Thiago / Tisserand, Lex. **Schiedsrichter:** Patrick Ittrich.

4. SPIELTAG

Bayern – Hertha BSC 3:0 (1:0)

BAYERN: Neuer – Lahm, Boateng (63. Hummels), Martínez, Alaba – Thiago, Alonso, Vidal – T. Müller (65. Robben), Lewandowski, Ribéry (77. Coman).
BERLIN: Jarstein – Pekarik, Langkamp, Stark, Plattenhardt – Haraguchi, Weiser (84. Allagui), Lustenberger, Allan, Esswein (59. Stocker) – Ibisevic (59. Schieber).
Tore: 1:0 Ribéry (16.), 2:0 Thiago (68.), 3:0 Robben (72.).
Gelb: Vidal / –. **Schiedsrichter:** Marco Fritz.

5. SPIELTAG

Hamburger SV – Bayern 0:1 (0:0)

HAMBURG: Adler – Sakai, Djourou, Spahic, Santos – N. Müller, Jung, Holtby, Ekdal (90. Lasogga), Bahoui (67. Kostic) – Wood (84. Gregoritsch).
BAYERN: Neuer – Lahm, Martínez, Hummels (51. Boateng), Alaba – Kimmich, Thiago, Sanches (61. Vidal) – T. Müller, Lewandowski, Coman (61. Ribéry).
Tor: 0:1 Kimmich (88.).
Gelb: Santos, Gregoritsch / Martínez, Ribéry, Kimmich.
Schiedsrichter: Felix Zwayer.

6. SPIELTAG

Bayern – 1. FC Köln 1:1 (1:0)

BAYERN: Neuer – Rafinha, Martínez, Hummels, Bernat – Kimmich, Alonso, Sanches (70. Vidal) – Robben (46. T. Müller), Lewandowski, Coman (71. Alaba).
KÖLN: Horn – Sørensen, Mavraj, Heintz – Risse, Höger (62. Özcan), Lehmann, Hector, Rausch (62. Zoller) – Modeste, Osako (88. Rudnevs).
Tore: 1:0 Kimmich (40.), 1:1 Modeste (63.).
Gelb: Martínez / Sørensen, Zoller.
Schiedsrichter: Daniel Siebert.

7. SPIELTAG

Eintracht Frankfurt – Bayern 2:2 (1:1)

FRANKFURT: Hradecky – Chandler, Hector (70. Tarashaj), Abraham, Vallejo, Oczipka – Fabián, Huszti, Mascarell, Rebic (67. Hasebe) – Meier (77. Hrgota).
BAYERN: Neuer – Lahm, Boateng, Hummels, Alaba – Kimmich, Alonso (46. Sanches), Thiago – Robben (76. Rafinha), T. Müller, Coman (66. Lewandowski).
Tore: 0:1 Robben (10.), 1:1 Huszti (43.), 1:2 Kimmich (62.), 2:2 Fabián (78.).
Gelb/Rot: Huszti (65.) / –.
Gelb: Hector, Chandler, Hradecky / Alonso, Hummels, Sanches, Lahm.
Schiedsrichter: Bastian Dankert.

8. SPIELTAG

Bayern – Borussia M'gladbach 2:0 (2:0)

BAYERN: Neuer – Rafinha (83. Kimmich), Martínez, Hummels, Alaba – Thiago, Alonso, Vidal – Robben (80. Sanches), Lewandowski, Costa (73. T. Müller).
M'GLADBACH: Sommer – Korb, Elvedi, Vestergaard, Wendt (65. Schulz) – Hofmann (46. Jantschke), Kramer, Stindl, Strobl, Johnson – Hahn (78. Herrmann).
Tore: 1:0 Vidal (16.), 2:0 Costa (31.).
Gelb: – / Kramer.
Schiedsrichter: Dr. Jochen Drees.

9. SPIELTAG

FC Augsburg – Bayern 1:3 (0:2)

AUGSBURG: Hitz – Verhaegh, Janker, Hinteregger, Stafylidis – Koo, Kacar (82. Moravek), Altintop (65. Teigl), Baier, Schmid (55. Max) – Ji.
BAYERN: Neuer – Lahm, Martínez (29. Hummels), Boateng (62. Badstuber), Alaba – Thiago, Alonso, Vidal – Robben (76. Kimmich), Lewandowski, Costa.
Tore: 0:1 Lewandowski (19.), 0:2 Robben (21.), 0:3 Lewandwoski (48.), 1:3 Koo (67.).
Gelb: Koo, Teigl / –.
Schiedsrichter: Christian Dingert.

10. SPIELTAG

Bayern – 1899 Hoffenheim 1:1 (1:1)

BAYERN: Neuer – Rafinha, Boateng (82. Alaba), Hummels, Bernat – Thiago, Alonso, Vidal (69. T. Müller) – Robben (78. Coman), Lewandowski, Costa.
HOFFENHEIM: Baumann – Süle, Vogt, Hübner (46. Bicakcic) – Kaderabek, Amiri (57. Rupp), Rudy, Demirbay, Zuber – Wagner, Kramaric (71. Vargas).
Tore: 0:1 Demirbay (16.), 1:1 Zuber (34. Eigentor).
Gelb: Bicakcic, Rudy / –.
Schiedsrichter: Markus Schmidt.

11. SPIELTAG

Borussia Dortmund – Bayern 1:0 (1:0)

DORTMUND: Bürki – Ginter, Sokratis, Bartra – Piszczek, Götze (77. Castro), Weigl, Schürrle (68. Durm), Schmelzer (88. Pulisic) – Aubameyang, Ramos.
BAYERN: Neuer – Lahm (68. Rafinha), Boateng, Hummels, Alaba – Kimmich (58. Costa), Alonso (74. Sanches), Thiago – T. Müller, Lewandowski, Ribéry.
Tor: 1:0 Aubameyang (11.).
Gelb: Bartra, Götze, Ramos / Ribéry, Sanches.
Schiedsrichter: Tobias Stieler.

12. SPIELTAG

Bayern – Bayer 04 Leverkusen 2:1 (1:1)

BAYERN: Neuer – Kimmich, Martínez, Hummels, Alaba – Lahm (82. Vidal), Alonso, Thiago – T. Müller (65. Robben), Lewandowski, Costa (74. Ribéry).
LEVERKUSEN: Leno – Henrichs, Tah, Dragovic, Wendell – Havertz, Aránguiz, Kampl, Calhanoglu – Brandt (59. Volland), Mehmedi (59. Chicharito).
Tore: 1:0 Thiago (30.), 1:1 Calhanoglu (35.), 2:1 Hummels (56.).
Schiedsrichter: Marco Fritz

13. SPIELTAG

FSV Mainz 05 – Bayern 1:3 (1:2)

MAINZ: Lössl – Donati, Balogun, Bell, Hack (62. Öztunali), Brosinski – Frei (72. Latza), Ramalho (81. De Blasis), Malli – Onisiwo, Córdoba.
BAYERN: Neuer – Kimmich (77. Vidal), Martínez, Hummels, Alaba – Robben, Lahm, T. Müller (87. Sanches), Thiago, Ribéry (66. Costa) – Lewandowski.
Tore: 1:0 Córdoba (4.), 1:1 Lewandowski (8.), 1:2 Robben (21.), 1:3 Lewandowski (90.+2).
Gelb: Córdoba, Bell, Balogun / Martínez, Lewandowski.
Schiedsrichter: Daniel Siebert.

14. SPIELTAG

Bayern – VfL Wolfsburg 5:0 (2:0)

BAYERN: Neuer – Lahm, Martínez, Alaba, Bernat – Robben, Thiago (81. Rafinha), T. Müller, Vidal (71. Alonso), Ribéry (77. Costa) – Lewandowski.
WOLFSBURG: Benaglio – Knoche, Bruma, Rodríguez – Blaszczykowski (83. Vieirinha), Caligiuri, Guilavogui, Gerhardt, Schäfer (22. Horn) – Gomez, Mayoral (61. Möbius).
Tore: 1:0 Robben (18.), 2:0 Lewandowski (21.), 3:0 Lewandowski (58.), 4:0 T. Müller (76.), 5:0 Costa (86.).
Gelb: Thiago / –. **Schiedsrichter:** Sascha Stegemann.

15. SPIELTAG

SV Darmstadt 98 – Bayern 0:1 (0:0)

DARMSTADT: Esser – Fedezkyj, Niemeyer (78. Colak), Sulu, Holland – Sirigu, Gondorf, Rosenthal (65. Jungwirth), Vrancic, Heller – Schipplock (90.+1 Obinna).
BAYERN: Neuer – Rafinha, Martínez, Hummels, Alaba – Vidal (69. Ribéry), Alonso, Thiago – T. Müller (80. Kimmich), Lewandowski, Costa (90.+2 Sanches).
Tor: 0:1 Costa (71.).
Gelb: Rosenthal – / Alonso, Hummels.
Schiedsrichter: Bastian Dankert.

16. SPIELTAG

Bayern – Leipzig 3:0 (3:0)

BAYERN: Neuer – Lahm, Martínez, Hummels, Alaba (67. Bernat) – Robben (46. Ribéry), Vidal (75. Kimmich), Thiago, Alonso, Costa – Lewandowski.
LEIPZIG: Gulacsi – Bernardo, Ilsanker, Orban, Halstenberg – Sabitzer (82. Burke), Keita (46. Kaiser), Demme, Forsberg – Werner (59. Selke), Poulsen.
Tore: 1:0 Thiago (17.), 2:0 Alonso (25.), 3:0 Lewandowski (45., Foulelfmeter).
Rot: – / Forsberg (30.).
Gelb: Vidal / Sabitzer.
Schiedsrichter: Felix Zwayer.

17. SPIELTAG

SC Freiburg – Bayern 1:2 (1:1)

FREIBURG: Schwolow – P. Stenzel (83. Kübler), Torrejón, Gulde, C. Günter – Frantz, Höfler – Philipp, Grifo – Haberer (80. Bulut) – Niederlechner (70. Petersen).
BAYERN: Neuer – Lahm, Martínez, Hummels, Alaba (71. Bernat) – Alonso, Vidal (55. Kimmich) – Robben, T. Müller, Costa (71. Ribéry).
Tore: 1:0 Haberer (4.), 1:1 Lewandowski (35.), 1:2 Lewandowski (90.+1).
Gelb: Haberer, Schwolow / Alonso, Costa.
Schiedsrichter: Manuel Gräfe.

18. SPIELTAG

Werder Bremen – Bayern 1:2 (0:2)

BREMEN: Wiedwald – Veljkovic, Sané, Moisander – Bauer (71. Bartels), S. García (81. Kainz) – Delaney – Gnabry, Junuzovic – Kruse, Pizarro (19. Eggestein).
BAYERN: Neuer – Lahm, Martínez, Hummels, Alaba – Kimmich, Alonso – Robben (66. Coman), T. Müller (62. Sanches), F. Ribéry (79. Costa) – Lewandowski.
Tore: 0:1 Robben (30.), 0:2 Alaba (45.+1.), 1:2 Kruse (53.)
Gelb: Bauer, S. García, Junuzovic, Eggestein / Coman.
Schiedsrichter: Sascha Stegemann.

19. SPIELTAG

Bayern – Schalke 04 1:1 (1:1)

BAYERN: Neuer – Rafinha (77. Lahm), Martínez, Hummels, Bernat (77. Alaba)- Alonso, Vidal – Robben (72. Coman), T. Müller, Costa – Lewandowski.
SCHALKE: Fährmann – Höwedes, Naldo, Badstuber (59. Nastasic) – Schöpf, Kolasinac – Stambouli – Goretzka (87. Kehrer), Bentaleb – Caligiuri – G. Burgstaller (73. Choupo-Moting).
Tore: 1:0 Lewandoeski (9.), 1:1 Naldo (13.).
Gelb: Martínez / Bentaleb. **Schiedsrichter:** Marco Fritz.

20. SPIELTAG

FC Ingolstadt – Bayern 0:2 (0:0)

INGOLSTADT: Hansen – Matip, Tisserand, Brégerie – Cohen, Morales – Hadergjonaj, Suttner – Groß (79. Lex), Leckie (89. Jung) – Lezcano (74. Hinterseer).
BAYERN: Neuer – Lahm (80. Rafinha), Martínez, Hummels, Alaba – Kimmich (74. Robben), Alonso (65. Costa), Vidal – T. Müller, Thiago – Lewandowski.
Tore: 0:1 Vidal (90.), 0:2 Robben (90.+1).
Gelb: Brégerie, Groß / Lewandowski.
Schiedsrichter: Felix Zwayer.

21. SPIELTAG

Hertha BSC – Bayern 1:1 (1:0)

HERTHA: Jarstein – Pekarik, Langkamp, Brooks, Plattenhardt – Stark – Haraguchi (90.+4 Lustenberger), Skjelbred, Darida, Kalou (90.+2 Mittelstädt) – Ibisevic (87. Esswein).
BAYERN: Neuer – Lahm, Hummels, Alaba, Bernat (77. Coman) – Kimmich (61. Alonso), Vidal (61. Lewandowski) – Robben, Thiago, Costa – T. Müller.
Tore: 1:0 Ibisevic (21.), 1:1 Lewandowski (90.+6.).
Gelb: Pekarik, Jarstein / Hummels, Lewandowski, Alonso
Schiedsrichter: Patrick Ittrich.

22. SPIELTAG

Bayern – Hamburger SV 8:0 (3:0)

BAYERN: Neuer – Lahm (67. Rafinha), Martínez, Hummels, Alaba – Thiago (60. Coman), Vidal – Robben, T. Müller, Costa – Lewandowski (57. Sanches).
HAMBURG: Adler – Sakai, Djourou, Mavraj, Santos – Walace, Jung – N. Müller (62. Hunt), Holtby, Kostic (72. Waldschmidt) – Gregoritsch (60. Ekdal).
Tore: 1:0 Vidal (17.), 2:0 Lewandowski (24., Foulelfmeter), 3:0 Lewandowski (42.), 4:0 Lewandowski (54.), 5:0 Alaba (56.), 6:0 Coman (65.), 7:0 Coman (69.), 8:0 Robben (87.)
Gelb: – / Santos **Schiedsrichter:** Bastian Dankert.

23. SPIELTAG

1. FC Köln – Bayern 0:3 (0:1)

KÖLN: Kessler – Olkowski, Sørensen (56. Maroh), Subotic, Rausch – Höger (73. Jojic), Heintz – Clemens (63. Rudnevs), Zoller – Osako – Modeste.
BAYERN: Neuer – Lahm, Martínez, Alaba, Bernat – Thiago, Vidal (73. Kimmich) – T. Müller – Coman (82. Rafinha), Costa (53. Ribéry) – Lewandowski.
Tore: 0:1 Martínez (25.), 0:2 Bernat (48.), 0:3 Ribéry (90.).
Gelb: – / Vidal, Bernat.
Schiedsrichter: Dr. Jochen Drees.

24. SPIELTAG

Bayern – Frankfurt 3:0 (2:0)

BAYERN: Neuer – Lahm, Martínez (65. Boateng), Hummels, Alaba – Thiago, Vidal (78. Sanches) – Robben, T. Müller, Costa – Lewandowski (75. Coman).
FRANKFURT: Hradecky – Hector, Hasebe (64. Russ), Abraham – Chandler, Mascarell, Tawatha – Gacinovic – Blum (70. Bartok), Rebic – Hrgota (78. Fabián).
Tore: 1:0 Lewandowski (38.), 2:0 Costa (41.), 3:0 Lewandowski (55.).
Gelb: Vidal, Alaba – Rebic, Mascarell, Hasebe.
Schiedsrichter: Markus Schmidt.

25. SPIELTAG

Borussia M'gladbach – Bayern 0:1 (0:0)

M'GLADBACH: Sommer – Elvedi, A. Christensen, Vestergaard, Wendt – Jantschke (73. Drmic), Strobl – Herrmann (64. Hazard), Hahn (81. Benes) – Raffael, Hofmann.
BAYERN: Neuer – Lahm, Martínez, Hummels, Alaba – Alonso (77. Kimmich), Thiago – Robben (85. Sanches), T. Müller, Ribéry (73. Coman) – Lewandowski.
Tor: 0:1 T. Müler (63.).
Gelb: – / Alonso, Martínez.
Schiedsrichter: Tobias Stieler.

26. SPIELTAG

Bayern – FC Augsburg 6:0 (2:0)

BAYERN: Ulreich – Lahm, Boateng, Hummels (73. Rafinha), Bernat – Kimmich, Thiago (66. Sanches) – Coman (62. Robben), T. Müller, Ribéry – Lewandowski.
AUGSBURG: Hitz – Danso, Kacar, Janker – Verhaegh, Rieder, Max – Moravek, Kohr – Ji, Bobadilla.
Tore: 1:0 Lewandowski (17.), 2:0 T. Müller (36.), 3:0 Lewandowski (55.), 4:0 Thiago (62.), 5:0 Lewandowski (79.), 6:0 T. Müller (80.).
Gelb: – / Kohr, Janker.
Schiedsrichter: Christian Dingert.

27. SPIELTAG

1899 Hoffenheim – Bayern 1:0 (1:0)

HOFFENHEIM: Baumann – Süle, Vogt, Hübner – Toljan, Zuber – Rudy (75. Terrazzino) – Demirbay (62. Schwegler), Amiri – Wagner (62. Szalai), Kramaric.
BAYERN: Ulreich – Rafinha, Martínez, Hummels, Alaba (75. Bernat) – Alonso – Vidal, Sanches (72. Ribéry) – Robben, Coman – Lewandowski.
Tor: 1:0 Kramaric (21.).
Gelb: – / Lewandowski.
Schiedsrichter: Sascha Stegemann.

28. SPIELTAG

Bayern – Borussia Dortmund 4:1 (2:1)

BAYERN: Ulreich – Lahm, Martínez (79. Hummels), Boateng, Alaba – Alonso, Vidal – Robben, Thiago, Ribéry (74. Costa) – Lewandowski (72. Kimmich).
DORTMUND: Bürki – Ginter, Sokratis, Bartra – Passlack, Castro (46. Rode), Guerreiro (69. Merino), Schmelzer – Dembélé (59. Mor), Pulisic – Aubameyang.
Tore: 1:0 Ribéry (4.), 2:0 Lewandowski (10.), 2:1 Guerreiro (20.), 3:1 Robben (49.), 4:1 Lewandowski (68., Foulelfmeter).
Gelb: Lewandowski, Vidal – Passlack, Bartra, Bürki.
Schiedsrichter: Marco Fritz.

29. SPIELTAG

Bayer Leverkusen – Bayern 0:0

LEVERKUSEN: Leno – Hilbert, Jedvaj, Toprak, Wendell – Baumgartlinger, Aránguiz (62. Dragovic) – Havertz (88. Bailey), Kampl, Brandt (66. Bellarabi) – Volland.
BAYERN: Neuer – Rafinha, Martínez (72. Lahm), Alaba, Bernat – Kimmich, Vidal – Thiago – Coman (70. Alonso), Costa (60. Robben) – T. Müller.
Gelb/Rot: Jedvaj (59.) / – .
Gelb: Aránguiz / – .
Schiedsrichter: Daniel Siebert .

30. SPIELTAG

Bayern – Mainz 05 2:2 (1:2)

BAYERN: Ulreich – Rafinha, Hummels, Alaba (17. Kimmich), Bernat – Thiago, Vidal (65. Alonso) – Robben, T. Müller, Ribéry (46. Coman) – Lewandowski.
MAINZ: Huth – Donati, Bell, Hack, Brosinski (52. Balogun) – Latza, Frei – Öztunali, Bojan (68. Onisiwo), Quaison (79. Ramalho) – Muto.
Tore: 0:1 Bojan (3.), 1:1 Robben (16.), 1:2 Brosinski (41., Foulelfmeter), 2:2 Thiago (73.).
Gelb: Rafinha – Onisiwo.
Schiedsrichter: Frank Willenborg.

31. SPIELTAG

VfL Wolfsburg – Bayern 0:6 (0:3)

WOLFSBURG: Casteels – Blaszczykowski (46. Vieirinha), Knoche, Rodríguez (67. Seguin), Gerhardt – Luiz Gustavo – Bazoer, Arnold – Didavi (79. Ntep), Horn – Gomez.
BAYERN: Ulreich – Lahm (71. Rafinha), Martínez, Hummels (68. Bernat), Alaba – Kimmich, Thiago (75. Sanches) – Robben, Müller, Coman – Lewandowski.
Tore: 0:1 Alaba (19.), 0:2 Lewandowski (36.), 0:3 Lewandowski (45.), 0:4 Robben (66.), 0:5 Müller (80.), 0:6 Kimmich (85.)
Gelb/Rot: Luiz Gustavo (78.) / –.
Schiedsrichter: Felix Zwayer.

32. SPIELTAG

Bayern – Darmstadt 98 1:0 (1:0)

BAYERN: Starke – Rafinha, Boateng, Alaba, Bernat – Kimmich (67. Alonso), Sanches – Costa, T. Müller, Ribéry – Lewandowski.
DARMSTADT: Esser – Sirigu, Banggaard, Sulu, Holland – Kamavuaka (80. Rosenthal), Altintop – Heller, Gondorf, Vrancic (66. Sam) – Platte (59. Schipplock).
Tor: 1:0 Bernat (18.).
Gelb: Rafinha – Sirigu
Schiedsrichter: Guido Winkmann.
Bes. Vorkommnis: Starke hält Foulelfmeter von Altintop (86.).

33. SPIELTAG

RB Leipzig – Bayern 4:5 (2:1)

LEIPZIG: Gulácsi – Ilsanker, Upamecano, Compper, Bernardo – Keita, Demme – Sabitzer (69. Schmitz), Forsberg – Poulsen (76. Selke), Werner (80. Khedira).
BAYERN: Starke – Lahm, Boateng, Alaba, Bernat – Kimmich (67. T. Müller), Alonso (61. Vidal) – Robben, Thiago, Ribéry (44. Costa) – Lewandowski.
Tore: 1:0 Sabitzer (2.), 1:1 Lewandowski (17., Handelfmeter), 2:1 Werner (29., Foulelfmeter), 3:1 Poulsen (47.), 3:2 Thiago (60.), 4:2 Werner (65.), 4:3 Lewandowski (84.), 4:4 Alaba (90. + 1), 4:5 Robben (90. + 5). **Gelb:** Keita – Alonso, Vidal, Costa, Thiago, Boateng **Schiedsrichter:** Tobias Stieler.

34. SPIELTAG

Bayern – SC Freiburg 4:1 (1:0)

BAYERN: Starke – Lahm (87. Rafinha), Boateng (10. Kimmich), Alaba, Bernat – Alonso (82. Ribéry), Vidal – Robben, Müller, Coman – Lewandowski.
FREIBURG: Schwolow – Ignjovski (87. Nielsen), Gulde, Kempf, C. Günter – Philipp, Frantz (73. Schuster) – Höfler, Grifo, Haberer (68. Petersen) – Niederlechner.
Tore: 1:0 Robben (4.), 2:0 Vidal (73.), 2:1 Petersen (76.), 3:1 Ribéry (90. + 1), 4:1 Kimmich (90. + 4).
Gelb: Vidal / –.
Schiedsrichter: Dr. Jochen Drees.

Abschlusstabelle

Pl.	Verein	Spiele	G	U	V	Tore	Diff.	Punkte
1	Bayern (M/P)	34	25	7	2	89:22	+67	82
2	Leipzig (A)	34	20	7	7	66:39	+27	67
3	Dortmund	34	18	10	6	72:40	+32	64
4	Hoffenheim	34	16	14	4	64:37	+27	62
5	Köln	34	12	13	9	51:42	+9	49
6	Hertha	34	15	4	15	43:47	-4	49
7	Freiburg (A)	34	14	6	14	42:60	-18	48
8	Bremen	34	13	6	15	61:64	-3	45
9	M'gladbach	34	12	9	13	45:49	-4	45
10	Schalke	34	11	10	13	45:40	+5	43
11	Frankfurt	34	11	9	14	36:43	-7	42
12	Leverkusen	34	11	8	15	53:55	-2	41
13	Augsburg	34	9	11	14	35:51	-16	38
14	Hamburg	34	10	8	16	33:61	-28	38
15	Mainz	34	10	7	17	44:55	-11	37
16	Wolfsburg	34	10	7	17	34:52	-18	37
17	Ingolstadt	34	8	8	18	36:57	-21	32
18	Darmstadt	34	7	4	23	28:63	-35	25

Alle Ergebnisse auf einen Blick

Waagerecht: alle Heimresultate. Senkrecht: alle Auswärtsresultate	Bayern	Dortmund	Leverkusen	M'gladbach	Schalke	Mainz	Hertha	Wolfsburg	Köln	Hamburg	Ingolstadt	Augsburg	Bremen	Darmstadt	Hoffenheim	Frankfurt	Freiburg	Leipzig
Bayern		4:1	2:1	2:0	1:1	2:2	3:0	5:0	1:1	8:0	3:1	6:0	6:0	1:0	1:1	3:0	4:1	3:0
Dortmund	1:0		6:2	4:1	0:0	2:1	1:1	3:0	0:0	3:0	1:0	1:1	4:3	6:0	2:1	3:1	3:1	1:0
Leverkusen	0:0	2:0		2:3	1:4	0:2	3:1	3:3	2:2	3:1	1:2	0:0	1:1	3:2	0:3	3:0	1:1	2:3
M'gladbach	0:1	2:3	2:1		4:2	1:0	1:0	1:2	1:2	0:0	2:0	1:1	4:1	2:2	1:1	0:0	3:0	1:2
Schalke	0:2	1:1	0:1	4:0		3:0	2:0	4:1	1:3	1:1	1:0	3:0	3:1	3:1	1:1	0:1	1:1	1:1
Mainz	1:3	1:1	2:3	1:2	0:1		1:0	1:1	0:0	3:1	2:0	2:0	0:2	2:1	4:4	4:2	4:2	2:3
Hertha	1:1	2:1	2:6	3:0	2:0	2:1		1:0	2:1	2:0	1:0	2:0	0:1	2:0	1:3	2:0	2:1	1:4
Wolfsburg	0:6	1:5	1:2	1:1	0:1	0:0	2:3		0:0	1:0	3:0	1:2	1:2	1:0	2:1	1:0	0:1	0:1
Köln	0:3	1:1	1:1	2:3	1:1	2:0	4:2	1:0		3:0	2:1	0:0	4:3	2:0	1:1	1:0	3:0	1:1
Hamburg	0:1	2:5	1:0	2:1	2:1	0:0	1:0	2:1	2:1		1:1	1:0	2:2	1:2	2:1	0:3	2:2	0:4
Ingolstadt	0:2	3:3	1:1	0:2	1:1	2:1	0:2	1:1	2:2	3:1		0:2	2:4	3:2	1:2	0:2	1:2	1:0
Augsburg	1:3	1:1	1:3	1:0	1:1	1:3	0:0	0:2	2:1	4:0	2:3		3:2	1:0	0:2	1:1	1:1	2:2
Bremen	1:2	1:2	2:1	0:1	3:0	1:2	2:0	2:1	1:1	2:1	2:1	1:2		2:0	3:5	1:2	1:3	3:0
Darmstadt	0:1	2:1	0:2	0:0	2:1	2:1	0:2	3:1	1:6	0:2	0:1	1:2	2:2		1:1	1:0	3:0	0:2
Hoffenheim	1:0	2:2	1:0	5:3	2:1	4:0	1:0	0:0	4:0	2:2	5:2	0:0	1:1	2:0		1:0	2:1	2:2
Frankfurt	2:2	2:1	2:1	0:0	1:0	3:0	3:3	0:2	1:0	0:0	0:2	3:1	2:2	2:0	0:0		1:2	2:2
Freiburg	1:2	0:3	2:1	3:1	2:0	1:0	2:1	0:3	2:1	1:0	1:1	2:1	2:5	1:0	1:1	1:0		1:4
Leipzig	4:5	1:0	1:0	1:1	2:1	3:1	2:0	0:1	3:1	0:3	0:0	2:1	3:1	4:0	2:1	3:0	4:0	

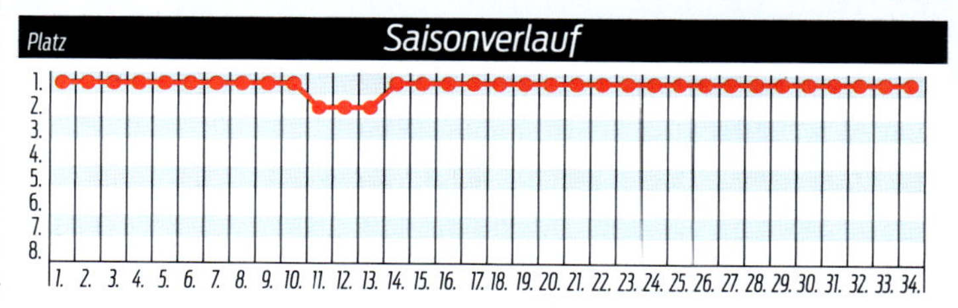

STATISTIK

Jubellauf: Am 6. April 2013 stürmen (v. l.) Manuel Neuer, Luiz Gustavo (verdeckt), Thomas Müller (verdeckt), Bastian Schweinsteiger, David Alaba, Philipp Lahm, Claudio Pizarro, Franck Ribéry, Jérôme Boateng, Javi Martínez und Dante auf ihre Fans im Frankfurter Waldstadion zu. Nach dem 1:0-Erfolg bei der Eintracht ist sechs Spieltage vor Saisonende der 22. Meistertitel in der Bundesliga perfekt

ALLE 306 BUNDESLIGA-SPI DES FC BAYERN MÜNCHEN

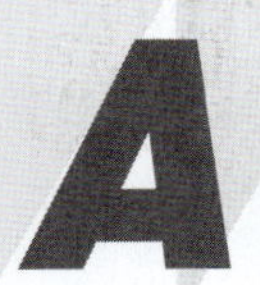

EINAR JAN AAS
12. 10. 1955
1979/80 – 1980/81
13 Bundesliga-Spiele
1 Tor
Meister 1980, 1981

RAINER AIGNER
4. 9. 1967
1989/90 – 1990/91
1 Bundesliga-Spiel
0 Tore

DAVID ALABA
24. 6. 1992
seit 2008/09
167 Bundesliga-Spiele
14 Tore
Meister 2010, 2013, 2014, 2015, 2016, 2017
Pokalsieger 2010, 2013, 2014, 2016
Champions-League-Sieger 2013

XABI ALONSO
25. 11. 1981
2014/15 – 2016/17
79 Bundesliga-Spiele
8 Tore
Meister 2015, 2016, 2017
Pokalsieger 2016

HAMIT ALTINTOP
8. 12. 1982
2007/08 – 2010/11
63 Bundesliga-Spiele
7 Tore
Meister 2008, 2010
Pokalsieger 2008, 2010

BJÖRN ANDERSSON
20. 7. 1951
1974/75 – 1976/77
47 Bundesliga-Spiele
1 Tor
Europacupsieger der Landesmeister 1975, 1976

PATRIK ANDERSSON
18. 8. 1971
1999/00 – 2000/01
38 Bundesliga-Spiele
1 Tor
Meister 2000, 2001
Pokalsieger 2000
Champions-League-Sieger 2001

ALFRED ARBINGER
6. 6. 1957
1976/77 – 1977/78
6 Bundesliga-Spiele
0 Tore

KLAUS AUGENTHALER
26. 9. 1957
1975/76 – 1995/96
404 Bundesliga-Spiele
52 Tore
Meister 1980, 1981, 1985, 1986, 1987, 1989, 1990
Pokalsieger 1982, 1984, 1986

RAIMOND AUMANN
12. 10. 1963
1980/81 – 1993/94
216 Bundesliga-Spiele
0 Tore
Meister 1985, 1986, 1987, 1989, 1990, 1994
Pokalsieger 1984, 1986

MARKUS BABBEL
8. 9. 1972
1981/82 – 1999/00
182 Bundesliga-Spiele
9 Tore
Meister 1997, 1999, 2000
Pokalsieger 1998, 2000
Uefa-Cup-Sieger 1996

HOLGER BADSTUBER
13. 3. 1989
2002/03 – 2016/17
119 Bundesliga-Spiele
1 Tor
Meister 2010, 2013, 2015, 2016, 2017
Pokalsieger 2010, 2013, 2016
Champions-League-Sieger 2013

MICHAEL BALLACK
26. 9. 1976
2002/03 – 2005/06
107 Bundesliga-Spiele
44 Tore
Meister 2003, 2005, 2006
Pokalsieger 2003, 2005, 2006

MARIO BASLER
18. 12. 1968
1996/97 – 1998/99
78 Bundesliga-Spiele
18 Tore
Meister 1997, 1999
Pokalsieger 1998

ALEXANDER BAUMJOHANN
23. 1. 1987
2009/10
3 Bundesliga-Spiele
0 Tore
Meister 2010
Pokalsieger 2010

ULI BAYERSCHMIDT
3. 3. 1967
1975/76 – 1987/88
4 Bundesliga-Spiele
1 Tor
Meister 1987

FRANZ BECKENBAUER
11. 9. 1945
1959/60 – 1976/77
396 Bundesliga-Spiele
44 Tore
Meister 1969, 1972, 1973, 1974
Pokalsieger 1966, 1967, 1969, 1971
Europacupsieger der Landesmeister 1974, 1975, 1976
Europacupsieger der Pokalsieger 1967

BERTRAM BEIERLORZER
31. 5. 1957
1981/82 – 1985/86
73 Bundesliga-Spiele
0 Tore
Meister 1985, 1986
Pokalsieger 1982, 1984, 1986

MEDHI BENATIA
17. 4. 1987
2014/15 – 2015/16
29 Bundesliga-Spiele
2 Tore
Meister 2015, 2016
Pokalsieger 2016

MANFRED BENDER
24. 5. 1966
1989/90 – 1991/92
77 Bundesliga-Spiele
9 Tore
Meister 1989, 1990

BERNARDO
20. 4. 1965
1991/92
4 Bundesliga-Spiele
0 Tore

JUAN BERNAT
1. 3. 1993
seit 2014/15
65 Bundesliga-Spiele
3 Tore
Meister 2015, 2016, 2017
Pokalsieger 2016

THOMAS BERTHOLD
12. 11. 1964
1991/92 – 1992/93
30 Bundesliga-Spiele
1 Tor

JÉRÔME BOATENG
3. 9. 1988
seit 2011/12
137 Bundesliga-Spiele
3 Tore
Meister 2013, 2014, 2015, 2016, 2017
Pokalsieger 2013, 2014, 2016
Champions-League-Sieger 2013

ELER

Sechsmal Meister: Raimond Aumann (r.) 1988 im Europacup-Spiel gegen Inter Mailand. Norbert Nachtweih (l.) feiert mit Bayern vier Meisterschaften, Hans Pflügler (2. v. r.) fünf

TIM BOROWSKI
2. 5. 1980
2008/09
26 Bundesliga-Spiele
5 Tore

KARL-HEINZ BORUTTA
8. 12. 1935, † 29. 4. 2002
1960/61 – 1966/67
29 Bundesliga-Spiele
0 Tore
Pokalsieger 1966, 1967
Europacupsieger der Pokalsieger 1967

EDSON BRAAFHEID
8. 4. 1983
2009/10 – 2010/11
12 Bundesliga-Spiele
0 Tore
Meister 2010
Pokalsieger 2010

ANDREAS BREHME
9. 11. 1960
1986/87 – 1987/88
59 Bundesliga-Spiele
7 Tore
Meister 1987

PAUL BREITNER
5. 9. 1951
1970/71 – 1973/74 und 1978/79 – 1982/83
255 Bundesliga-Spiele
83 Tore
Meister 1972, 1973, 1974, 1980, 1981
Pokalsieger 1971, 1982
Europacupsieger der Landesmeister 1974

DIETER BRENNINGER
16. 2. 1944
1962/63 – 1970/71
190 Bundesliga-Spiele
59 Tore
Meister 1969
Pokalsieger 1966, 1967, 1969, 1971
Europacupsieger der Pokalsieger 1967

BRENO
13. 10. 1989
2007/08 – 2011/12
21 Bundesliga-Spiele
0 Tore
Meister 2008
Pokalsieger 2008

ALEXANDER BUGERA
8. 8. 1978
1995/96 – 1998/99
3 Bundesliga-Spiele
0 Tore
Pokalsieger 1998

JÖRG BUTT
28. 5. 1974
2008/09 – 2011/12
63 Bundesliga-Spiele
0 Tore
Meister 2010
Pokalsieger 2010

EMRE CAN
12. 1. 1994
2009/10 – 2012/13
4 Bundesliga-Spiele
1 Tor
Meister 2013
Pokalsieger 2013
Champions-League-Sieger 2013

HARALD CERNY
13. 9. 1973
1990/91 – 1993/94
16 Bundesliga-Spiele
1 Tor
Meister 1994

KINGSLEY COMAN
13. 6. 1996
seit 2015/16
42 Bundesliga-Spiele
6 Tore
Meister 2016, 2017
Pokalsieger 2016

DIEGO CONTENTO
1. 5. 1990
1995/96 – 2013/14
49 Bundesliga-Spiele
0 Tore
Meister 2010, 2013, 2014
Pokalsieger 2010, 2013, 2014
Champions-League-Sieger 2013

DOUGLAS COSTA
14. 9. 1990
seit 2015/16
50 Bundesliga-Spiele
8 Tore
Meister 2016, 2017
Pokalsieger 2016

ALI DAEI
21. 3. 1969
1998/99
23 Bundesliga-Spiele
6 Tore
Meister 1999

DANTE
18. 10. 1983
2012/13 – 2014/15
86 Bundesliga-Spiele
3 Tore
Meister 2013, 2014, 2015
Pokalsieger 2013, 2014
Champions-League-Sieger 2013

DIETER DANZBERG
12. 11. 1940
1965/66
2 Bundesliga-Spiele
0 Tore
Pokalsieger 1966

SEBASTIAN DEISLER
5. 1. 1980
2002/03 – 2006/07
62 Bundesliga-Spiele
8 Tore
Meister 2003, 2005, 2006
Pokalsieger 2003, 2005, 2006

José Paolo Guerrero stürmt von 2002 bis 2006 für Bayern, wird je zweimal Meister und Pokalsieger

KARL DEL'HAYE
18. 8. 1955

1980/81 – 1984/85
74 Bundesliga-Spiele
7 Tore
Meister 1981, 1985
Pokalsieger 1982, 1984

MARTÍN DEMICHELIS
20. 12. 1980

2003/04 – 2010/11
174 Bundesliga-Spiele
13 Tore
Meister 2005, 2006, 2008, 2010
Pokalsieger 2005, 2006, 2008
2010

KARL DEUERLING
1. 5. 1946

1967/68
1 Bundesliga-Spiel
0 Tore

ANTONIO DI SALVO
5. 6. 1979

2000/01
6 Bundesliga-Spiele
0 Tore
Meister 2001
Champions-League-Sieger 2001

LANDON DONOVAN
4. 3. 1982

2008/09
6 Bundesliga-Spiele
0 Tore

HANS DORFNER
3. 7. 1965

1982/83 – 1983/84 und
1986/87 – 1990/91
111 Bundesliga-Spiele
17 Tore
Meister 1987, 1989, 1990
Pokalsieger 1984

JULIO DOS SANTOS
7. 5. 1983

2005/06 – 2006/07
5 Bundesliga-Spiele
0 Tore
Meister 2006
Pokalsieger 2006

BERND DREHER
2. 11. 1966

1996/97 – 2007/08
13 Bundesliga-Spiele
0 Tore
Meister 1997, 1999, 2000, 2001
2003, 2006, 2008
Pokalsieger 1998, 2000, 2003,
2006, 2008
Champions-League-Sieger 2001

WOLFGANG DREMMLER
12. 7. 1954

1979/80 – 1985/86
172 Bundesliga-Spiele
6 Tore
Meister 1980, 1981, 1985, 1986
Pokalsieger 1982, 1984, 1986

JAKOB DRESCHER
23. 6. 1939

1961/62 – 1966/67
29 Bundesliga-Spiele
3 Tore
Pokalsieger 1966, 1967
Europacupsieger der
Pokalsieger 1967

BERND DÜRNBERGER
17. 9. 1953

1972/73 – 1984/85
375 Bundesliga-Spiele
38 Tore
Meister 1973, 1974, 1980, 1981,
1985
Pokalsieger 1982, 1984
Europacupsieger der
Landesmeister 1974, 1975, 1976

E

MAX EBERL
21. 9. 1973

1979/80 – 1993/94
1 Bundesliga-Spiel
0 Tore

ARMIN ECK
8. 12. 1964

1987/88 – 1988/89
39 Bundesliga-Spiele
2 Tore
Meister 1989

NORBERT EDER
7. 11. 1955

1984/85 – 1987/88
132 Bundesliga-Spiele
6 Tore
Meister 1985, 1986, 1987
Pokalsieger 1986

STEFAN EFFENBERG
2. 8. 1968

1990/91 – 1991/92 und
1998/99 – 2001/02
160 Bundesliga-Spiele
35 Tore
Meister 1999, 2000, 2001
Pokalsieger 2000
Champions-League-Sieger 2001

JOHNNY EKSTRÖM
5. 3. 1965

1988/89
23 Bundesliga-Spiele
7 Tore
Meister 1989

GIOVANE ELBER
23. 7. 1972

1997/98 – 2002/03
169 Bundesliga-Spiele
92 Tore
Meister 1999, 2000, 2001, 2003
Pokalsieger 1997, 1998, 2000,
2003
Champions-League-Sieger 2001

JÜRGEN EY
4. 9. 1946

1970/71
1 Bundesliga-Spiel
0 Tore
Pokalsieger 1971

MARKUS FEULNER
12. 2. 1982
1997/98 – 2003/04
13 Bundesliga-Spiele
0 Tore
Meister 2003,
Pokalsieger 2003

THORSTEN FINK
29. 10. 1967
1997/98 – 2005/06
150 Bundesliga-Spiele
4 Tore
Meister 1999, 2000, 2001, 2003
Pokalsieger 1998, 2000, 2003
Champions-League-Sieger 2001

HANS-DIETER FLICK
24. 2. 1965
1985/86 – 1989/90
104 Bundesliga-Spiele
5 Tore
Meister 1986, 1987, 1989, 1990
Pokalsieger 1986

BERND FÖRSTER
3. 5. 1956
1974/75 – 1975/76
8 Bundesliga-Spiele
0 Tore
Europacupsieger der
Landesmeister 1975, 1976

DIETER FREY
1. 10. 1972
1992/93 – 1995/96
47 Bundesliga-Spiele
3 Tore
Meister 1994
Uefa-Cup-Sieger 1996

TORSTEN FRINGS
22. 11. 1976
2004/05
29 Bundesliga-Spiele
3 Tore
Meister 2005
Pokalsieger 2005

STEPHAN FÜRSTNER
11. 9. 1987
1998/99 – 2008/09
1 Bundesliga-Spiel
0 Tore
Meister 2008
Pokalsieger 2008

GIANLUCA GAUDINO
11. 11. 1996
2004/05 – 2015/16
8 Bundesliga-Spiele
0 Tore
Meister 2015

FRANZ GERBER
27. 11. 1953
1964/65 – 1971/72
1 Bundesliga-Spiel
0 Tore
Meister 1972

BERND GERSDORFF
18. 11. 1946
1973/74
12 Bundesliga-Spiele
2 Tore
Meister 1974
Europacupsieger der
Landesmeister 1974

FRANK GERSTER
15. 4. 1976
1994/95 – 1997/98
8 Bundesliga-Spiele
0 Tore
Meister 1997
Pokalsieger 1998

WOLFGANG GIERLINGER
1. 2. 1947
1969/70
1 Bundesliga-Spiel
0 Tore

BERKANT GÖKTAN
12. 12. 1980
1989/90 – 2000/01
2 Bundesliga-Spiele
0 Tore
Meister 2001

ANDREAS GÖRLITZ
31. 1. 1982
2004/05 – 2009/10
18 Bundesliga-Spiele
0 Tore
Meister 2005, 2006, 2010
Pokalsieger 2005, 2006, 2010

LUKAS GÖRTLER
15. 6. 1994
2014/15
1 Bundesliga-Spiel
0 Tore
Meister 2015

MARIO GÖTZE
3. 6. 1992
2013/14 – 2015/16
73 Bundesliga-Spiele
22 Tore
Meister 2014, 2015, 2016
Pokalsieger 2014, 2016

MARIO GOMEZ
10. 7. 1985
2009/10 – 2012/13
115 Bundesliga-Spiele
75 Tore
Meister 2010, 2013
Pokalsieger 2010, 2013
Champions-League-Sieger 2013

UWE GOSPODAREK
6. 8. 1973
1989/90 – 1994/95
7 Bundesliga-Spiele
0 Tore
Meister 1994

ROLAND GRAHAMMER
3. 11. 1963
1988/89 – 1993/94
102 Bundesliga-Spiele
2 Tore
Meister 1989, 1990, 1994

MARCO GRIMM
16. 6. 1972
1993/94 – 1994/95
1 Bundesliga-Spiel
0 Tore
Meister 1994

WOLFGANG GROBE
25. 6. 1956
1982/83 – 1985/86
58 Bundesliga-Spiele
10 Tore
Meister 1985, 1986
Pokalsieger 1984, 1986

RUDOLF GROSSER
13. 3. 1944
1963/64 – 1966/67
4 Bundesliga-Spiele
1 Tor
Pokalsieger 1966, 1967
Europacupsieger der
Pokalsieger 1967

PETER GRUBER
7. 9. 1952
1976/77 – 1979/80
41 Bundesliga-Spiele
2 Tore

PETER GRÜNBERGER
20. 11. 1962
1981/82 – 1982/83
2 Bundesliga-Spiele
0 Tore
Pokalsieger 1982

JOSÉ PAOLO GUERRERO
1. 1. 1984
2002/03 – 2005/06
27 Bundesliga-Spiele
10 Tore
Meister 2005, 2006
Pokalsieger 2005, 2006

GÜNTER GÜTTLER
31. 5. 1961
1980/81 – 1983/84
11 Bundesliga-Spiele
2 Tore
Meister 1981
Pokalsieger 1982

LUIZ GUSTAVO
23. 7. 1987
2010/11 – 2012/13
64 Bundesliga-Spiele
6 Tore
Meister 2013
Pokalsieger 2013
Champions-League-Sieger 2013

ERWIN HADEWICZ
2. 4. 1951

1973/74 – 1974/75
19 Bundesliga-Spiele
0 Tore
Meister 1974
Europacupsieger der
Landesmeister 1974, 1975

DIETMAR HAMANN
27. 8. 1973

1989/90 – 1997/98
106 Bundesliga-Spiele
6 Tore
Meister 1994, 1997
Pokalsieger 1998
Uefa-Cup-Sieger 1996

JOHNNY HANSEN
14. 11. 1943

1970/71 – 1975/76
164 Bundesliga-Spiele
7 Tore
Meister 1972, 1973, 1974
Pokalsieger 1971
Europacupsieger der
Landesmeister 1974, 1975, 1976

OWEN HARGREAVES
20. 1. 1981

1997/98 – 2006/07
145 Bundesliga-Spiele
5 Tore
Meister 2001, 2003, 2005, 2006
Pokalsieger 2003, 2005, 2006
Champions-League-Sieger 2001

FRANK HARTMANN
17. 8. 1960

1985/86
20 Bundesliga-Spiele
4 Tore
Meister 1986, 1987
Pokalsieger 1986

VAHID HASHEMIAN
21. 7. 1976

2004/05
9 Bundesliga-Spiele
0 Tore
Meister 2005
Pokalsieger 2005

THOMAS HELMER
21. 4. 1965

1992/93 – 1998/99
191 Bundesliga-Spiele
24 Tore
Meister 1994, 1997, 1999
Pokalsieger 1989, 1998
Uefa-Cup-Sieger 1996

THOMAS HERBST
5. 10. 1962

1981/82
2 Bundesliga-Spiele
0 Tore
Pokalsieger 1982

ANDREAS HERZOG
10. 9. 1968

1995/96
28 Bundesliga-Spiele
2 Tore
Uefa-Cup-Sieger 1996

GERALD HILLRINGHAUS
22. 6. 1962

1990/91 – 1991/92
17 Bundesliga-Spiele
0 Tore

PIERRE EMILE HØJBJERG
5. 8. 1995

2012/13 – 2014/15
17 Bundesliga-Spiele
0 Tore
Meister 2013, 2014
Pokalsieger 2013, 2014
Champions-League-Sieger 2013

DIETER HOENESS
7. 1. 1953

1979/80 – 1986/87
224 Bundesliga-Spiele
102 Tore
Meister 1980, 1981, 1985, 1986, 1987
Pokalsieger 1982, 1984, 1986

ULI HOENESS
5. 1. 1952

1970/71 – 1978/79
239 Bundesliga-Spiele
86 Tore
Meister 1972, 1973, 1974
Pokalsieger 1971
Europacupsieger der
Landesmeister 1974, 1975, 1976

WILHELM HOFFMANN
23. 3. 1948

1971/72 – 1973/74
55 Bundesliga-Spiele
14 Tore
Meister 1972, 1973, 1974
Europacupsieger der
Landesmeister 1974

STEFFEN HOFMANN
9. 9. 1980

1996/97 – 2001/02
1 Bundesliga-Spiel
0 Tore

UDO HORSMANN
30. 3. 1952

1975/76 – 1982/83
242 Bundesliga-Spiele
20 Tore
Meister 1980, 1981
Pokalsieger 1982
Europacupsieger der
Landesmeister 1976

MARK HUGHES
1. 11. 1963

1987/88
18 Bundesliga-Spiele
6 Tore

1976 in Glasgow: Johnny Hansen ist zum dritten Mal Europacupsieger der Landesmeister

MATS HUMMELS
16. 12. 1988
1995/96 – 2007/08
und seit 2016/17
28 Bundesliga-Spiele
1 Tor
Meister 2017

VALÉRIEN ISMAËL
28. 9. 1975
2005/06 – 2007/08
31 Bundesliga-Spiele
0 Tore
Meister 2006
Pokalsieger 2006

CARSTEN JANCKER
28. 8. 1974
1996/97 – 2001/02
143 Bundesliga-Spiele
48 Tore
Meister 1997, 1999, 2000, 2001
Pokalsieger 1998, 2000
Champions-League-Sieger 2001

MARCELL JANSEN
4. 11. 1985
2007/08
17 Bundesliga-Spiele
0 Tore
Meister 2008,
Pokalsieger 2008

NORBERT JANZON
21. 12. 1950
1977/78 – 1980/81
84 Bundesliga-Spiele
20 Tore
Meister 1980, 1981

DAVID JAROLIM
17. 5. 1979
1995/96 – 1999/00
1 Bundesliga-Spiel
0 Tore
Meister 1999, 2000
Pokalsieger 1998, 2000

VIGGO JENSEN
15. 9. 1974
1973/74
5 Bundesliga-Spiele
0 Tore
Meister 1974
Europacupsieger der
Landesmeister 1974

JENS JEREMIES
5. 3. 1974
1998/99 – 2005/06
163 Bundesliga-Spiele
6 Tore
Meister 1999, 2000, 2001, 2003,
2005, 2006
Pokalsieger 2000, 2003, 2005,
2006
Champions-League-Sieger 2001

HANS JÖRG
4. 11. 1950
1972/73
3 Bundesliga-Spiele
0 Tore
Meister 1973

NILS-ERIC JOHANSSON
13. 1. 1980
1997/98 – 1999/00
2 Bundesliga-Spiele
0 Tore
Meister 1999, 2000
Pokalsieger 1998, 2000

ERLAND JOHNSEN
5. 4. 1967
1988/89 – 1989/90
21 Bundesliga-Spiele
0 Tore
Meister 1989, 1990

MARTIN JOL
16. 1. 1956
1978/79
9 Bundesliga-Spiele
0 Tore

JORGINHO
17. 8. 1964
1992/93 – 1995/96
67 Bundesliga-Spiele
6 Tore
Meister 1994

GUSTAV JUNG
4. 6. 1945, † 15. 1. 2000
1967/68 – 1968/69
25 Bundesliga-Spiele
4 Tore
Meister 1969
Pokalsieger 1969

WALTER JUNGHANS
26. 10. 1958
1977/78 – 1982/83
67 Bundesliga-Spiele
0 Tore
Meister 1980, 1981
Pokalsieger 1982

OLIVER KAHN
15. 6. 1969
1994/95 – 2007/08
429 Bundesliga-Spiele
0 Tore
Meister 1997, 1999, 2000, 2001,
2003, 2005, 2006, 2008
Pokalsieger 1998, 2000, 2003,
2005, 2006, 2008
Champions-League-Sieger 2001
Uefa-Cup-Sieger 1996

HANS-JOSEF KAPELLMANN
19. 12. 1949
1973/74 – 1978/79
165 Bundesliga-Spiele
17 Tore
Meister 1974
Europacupsieger der
Landesmeister 1974, 1975, 1976

ALI KARIMI
8. 11. 1978
2005/06 – 2006/07
33 Bundesliga-Spiele
3 Tore
Meister 2006
Pokalsieger 2006

THOMAS KASTENMAIER
31. 5. 1966
1989/90
9 Bundesliga-Spiele
1 Tor
Meister 1990

JOSHUA KIMMICH
8. 2. 1995
seit 2015/16
50 Bundesliga-Spiele
6 Tore
Meister 2016, 2017
Pokalsieger 2016

JAN KIRCHHOFF
1. 10. 1990
2013/14 und 2015/16
7 Bundesliga-Spiele
0 Tore
Meister 2014
Pokalsieger 2014

EDUARD KIRSCHNER
9. 11. 1953
1976/77 – 1977/78
13 Bundesliga-Spiele
1 Tor

KLAUS KLEIN
27. 8. 1950
1969/70
3 Bundesliga-Spiele
0 Tore

JÜRGEN KLINSMANN
30. 7. 1964
1995/96 – 1996/97
65 Bundesliga-Spiele
31 Tore
Meister 1997
Uefa-Cup-Sieger 1996

MIROSLAV KLOSE
9. 6. 1978
2007/08 – 2010/11
98 Bundesliga-Spiele
24 Tore
Meister 2008, 2010
Pokalsieger 2008, 2010

LUDWIG KÖGL
7. 3. 1966
1984/85 – 1989/90
149 Bundesliga-Spiele
8 Tore
Meister 1985, 1986, 1987, 1989,
1990
Pokalsieger 1986

JÜRGEN KOHLER
6. 10. 1965
1989/90 – 1990/91
55 Bundesliga-Spiele
6 Tore
Meister 1990

HERWARD KOPPENHÖFER
25. 5. 1946
1969/70 – 1971/72
71 Bundesliga-Spiele
0 Tore
Meister 1972
Pokalsieger 1971

FRITZ KOSAR
7. 5. 1939
1960/61 – 1968/69
3 Bundesliga-Spiele
0 Tore
Meister 1969
Pokalsieger 1966, 1967, 1969
Europacupsieger der Pokalsieger 1967

EMIL KOSTADINOV
12. 8. 1967
1994/95 – 1995/96
27 Bundesliga-Spiele
7 Tore
Uefa-Cup-Sieger 1996

DIETER KOULMANN
4. 12. 1939, † 26. 7. 1979
1963/64 – 1967/68
77 Bundesliga-Spiele
12 Tore
Pokalsieger 1966, 1967
Europacupsieger der Pokalsieger 1967

NIKO KOVAC
15. 10. 1971
2001/02 – 2002/03
34 Bundesliga-Spiele
3 Tore
Meister 2003
Pokalsieger 2003

ROBERT KOVAC
6. 4. 1974
2001/02 – 2004/05
94 Bundesliga-Spiele
0 Tore
Meister 2003, 2005
Pokalsieger 2003, 2005

THOMAS KRAFT
22. 7. 1988
2004/05 – 2010/11
12 Bundesliga-Spiele
0 Tore
Meister 2008, 2010
Pokalsieger 2008, 2010

WOLFGANG KRAUS
20. 8. 1953
1979/80 – 1983/84
138 Bundesliga-Spiele
17 Tore
Meister 1980, 1981
Pokalsieger 1982, 1984

FRANZ KRAUTHAUSEN
27. 2. 1946
1971/72 – 1972/73
57 Bundesliga-Spiele
9 Tore
Meister 1972, 1973

KURT KREMM
6. 11. 1963
1991/92
2 Bundesliga-Spiele
0 Tore

OLIVER KREUZER
13. 11. 1965
1991/92 – 1996/97
150 Bundesliga-Spiele
8 Tore
Meister 1994, 1997
Uefa-Cup-Sieger 1996

KURT KROISS
16. 4. 1939
1965/66
2 Bundesliga-Spiele
0 Tore
Pokalsieger 1966

TONI KROOS
4. 1. 1990
2006/07 – 2013/14
130 Bundesliga-Spiele
13 Tore
Meister 2008, 2013, 2014
Pokalsieger 2008, 2013, 2014
Champions-League-Sieger 2013

RAINER KÜNKEL
9. 4. 1950
1975/76 – 1977/78
33 Bundesliga-Spiele
6 Tore
Europacupsieger der Landesmeister 1976

SAMUEL KUFFOUR
3. 9. 1976
1993/94 – 2004/05
175 Bundesliga-Spiele
7 Tore
Meister 1997, 1999, 2000, 2001, 2003, 2005
Pokalsieger 1998, 2000, 2003, 2005
Champions-League-Sieger 2001

ADOLF KUNSTWADL
8. 2. 1940, † 12. 11. 2016
1956/57 – 1966/67
2 Bundesliga-Spiele
0 Tore
Pokalsieger 1966, 1967
Europacupsieger der Pokalsieger 1967

PETER KUPFERSCHMIDT
2. 3. 1942
1956/57 – 1970/71
135 Bundesliga-Spiele
4 Tore
Meister 1969
Pokalsieger 1966, 1967, 1969
Europacupsieger der Pokalsieger 1967

SINAN KURT
23. 7. 1996
2014/15 – 2015/16
1 Bundesliga-Spiel
0 Tore
Meister 2015, 2016
Pokalsieger 2016

L

BRUNO LABBADIA
8. 2. 1966
1991/92 – 1993/94
82 Bundesliga-Spiele
28 Tore
Meister 1994

PHILIPP LAHM
11. 11. 1983
1995/96 – 2002/03 und 2005/06 – 2016/17
332 Bundesliga-Spiele
12 Tore
Meister 2006, 2008, 2010, 2013, 2014, 2015, 2016, 2017
Pokalsieger 2006, 2008, 2010, 2013, 2014, 2016
Champions-League-Sieger 2013

CARSTEN LAKIES
8. 1. 1971
1996/97
1 Bundesliga-Spiel
0 Tore
Meister 1997

BRIAN LAUDRUP
22. 2. 1969
1990/91 – 1991/92
53 Bundesliga-Spiele
11 Tore

CHRISTIAN LELL
29. 8. 1984
1998/99 – 2009/10
65 Bundesliga-Spiele
1 Tor
Meister 2008, 2010
Pokalsieger 2008, 2010

SØREN LERBY
1. 2. 1958
1983/84 – 1985/86
89 Bundesliga-Spiele
22 Tore
Meister 1985, 1986
Pokalsieger 1984, 1986

ROBERT LEWANDOWSKI
21. 8. 1988
seit 2014/15
96 Bundesliga-Spiele
77 Tore
Meister 2015, 2016, 2017
Pokalsieger 2016

THOMAS LINKE
26. 12. 1969
1998/99 – 2004/05 und 2007/08
166 Bundesliga-Spiele
2 Tore
Meister 1999, 2000, 2001, 2003, 2005
Pokalsieger 2000, 2003, 2005
Champions-League-Sieger 2001

Berühmt für seinen Einsatz: Bixente Lizarazu (l.) gegen Duisburgs Bachirou Salou. Der Franzose wird sechsmal Meister

BIXENTE LIZARAZU
9. 12. 1969
1997/98 – 2003/04 und 2005/06
183 Bundesliga-Spiele
7 Tore
Meister 1999, 2000, 2001, 2003, 2005, 2006
Pokalsieger 1998, 2000, 2003, 2005, 2006
Champions-League-Sieger 2001

LÚCIO
8. 5. 1978
2004/05 – 2008/09
144 Bundesliga-Spiele
7 Tore
Meister 2005, 2006, 2008
Pokalsieger 2005, 2006, 2008

LARS LUNDE
21. 3. 1964
1986/87 – 1987/88
30 Bundesliga-Spiele
3 Tore
Meister 1987

M

ERICH MAAS
24. 12. 1940
1969/70
6 Bundesliga-Spiele
0 Tore

SEPP MAIER
28. 2. 1944
1959/60 – 1979/80
473 Bundesliga-Spiele
0 Tore
Meister 1969, 1972, 1973, 1974
Pokalsieger 1966, 1967, 1969, 1971
Europacupsieger der Landesmeister 1974, 1975, 1976
Europacupsieger der Pokalsieger 1967

STEFAN MAIERHOFER
16. 8. 1982
2005/06 – 2006/07
2 Bundesliga-Spiele
0 Tore

ROY MAKAAY
9. 3. 1975
2003/04 – 2006/07
129 Bundesliga-Spiele
78 Tore
Meister 2005, 2006
Pokalsieger 2005, 2006

MARIO MANDZUKIC
21. 5. 1986
2012/13 – 2013/14
54 Bundesliga-Spiele
33 Tore
Meister 2013, 2014
Pokalsieger 2013, 2014
Champions-League-Sieger 2013

JÜRGEN MAREK
24. 8. 1951
1975/76
7 Bundesliga-Spiele
1 Tor
Europacupsieger der Landesmeister 1976

BERND MARTIN
10. 2. 1955
1982/83 – 1984/85
16 Bundesliga-Spiele
0 Tore
Meister 1985
Pokalsieger 1984

JAVI MARTÍNEZ
2. 9. 1988
seit 2012/13
87 Bundesliga-Spiele
5 Tore
Meister 2013, 2014, 2015, 2016, 2017
Pokalsieger 2013, 2014, 2016
Champions-League-Sieger 2013

REINHOLD MATHY
12. 4. 1962
1979/80 – 1986/87
100 Bundesliga-Spiele
21 Tore
Meister 1981, 1985, 1986, 1987
Pokalsieger 1982, 1984, 1986

LOTHAR MATTHÄUS
21. 3. 1961
1984/85 – 1987/88 und 1992/93 – 1999/00
302 Bundesliga-Spiele
85 Tore
Meister 1985, 1986, 1987, 1994, 1997, 1999, 2000
Pokalsieger 1986, 1998
Uefa-Cup-Sieger 1996

REINER MAURER
16. 2. 1960
1983/84
7 Bundesliga-Spiele
0 Tore
Pokalsieger 1984

MAZINHO
26. 12. 1965
1991/92 – 1994/95
49 Bundesliga-Spiele
11 Tore
Meister 1994

ALAN MCINALLY
10. 2. 1963
1989/90 – 1992/93
40 Bundesliga-Spiele
10 Tore
Meister 1990

HANS-WERNER MEISEL
4. 12. 1961
1983/84
3 Bundesliga-Spiele
0 Tore
Pokalsieger 1984

FRANZ MICHELBERGER
28. 8. 1955
1974/75 – 1975/76
4 Bundesliga-Spiele
0 Tore
Europacupsieger der Landesmeister 1975, 1976

GÜNTHER MICHL
30. 5. 1950
1965/66 – 1969/70
17 Bundesliga-Spiele
2 Tore

RADMILO MIHAJLOVIC
19. 11. 1964
1989/90 – 1990/91
34 Bundesliga-Spiele
4 Tore
Meister 1990

ZVJEZDAN MISIMOVIC
5. 6. 1982
1996/97 – 03/04
3 Bundesliga-Spiele
0 Tore
Meister 2003
Pokalsieger 2003

KARL-HEINZ MROSKO
11. 10. 1946
1969/70 – 1970/71
50 Bundesliga-Spiele
13 Tore
Pokalsieger 1971

GERD MÜLLER
3. 11. 1945
1964/65 – 1978/79
427 Bundesliga-Spiele
365 Tore
Meister 1969, 1972, 1973, 1974
Pokalsieger 1966, 1967, 1969, 1971
Europacupsieger der Landesmeister 1974, 1975, 1976
Europacupsieger der Pokalsieger 1967

MANFRED MÜLLER
28. 7. 1947
1979/80 – 1983/84
48 Bundesliga-Spiele
0 Tore
Meister 1980, 1981
Pokalsieger 1982, 1984

THOMAS MÜLLER
13. 9. 1989
seit 2000/01
257 Bundesliga-Spiele
96 Tore
Meister 2010, 2013, 2014, 2015, 2016, 2017
Pokalsieger 2010, 2013, 2014, 2016
Champions-League-Sieger 2013

MARKUS MÜNCH
7. 9. 1972
1990/91 – 1993/94 und 1996/97 – 1998/99
49 Bundesliga-Spiele
0 Tore
Meister 1994, 1997

NORBERT NACHTWEIH
4. 6. 1957
1982/83 – 1988/89
202 Bundesliga-Spiele
20 Tore
Meister 1985, 1986, 1987, 1989
Pokalsieger 1984, 1986

RUDOLF NAFZIGER
11. 8. 1945, † 13. 7. 2008
1961/62 – 1967/68
89 Bundesliga-Spiele
10 Tore
Pokalsieger 1966, 1967
Europacupsieger der Pokalsieger 1967

GÜNTHER NASDALLA
1. 10. 1945
1966/67
1 Bundesliga-Spiel
0 Tore
Pokalsieger 1967
Europacupsieger der Pokalsieger 1967

CHRISTIAN NERLINGER
21. 3. 1973
1986/87 – 1997/98
156 Bundesliga-Spiele
27 Tore
Meister 1994, 1997
Pokalsieger 1998
Uefa-Cup-Sieger 1996

HELMUT NERLINGER
27. 2. 1948
1969/70
5 Bundesliga-Spiele
0 Tore

MANUEL NEUER
27. 3. 1986
seit 2011/12
187 Bundesliga-Spiele
0 Tore
Meister 2013, 2014, 2015, 2016, 2017
Pokalsieger 2013, 2014, 2016
Champions-League-Sieger 2013

LOUIS CLEMENT NGWAT-MAHOP
16. 9. 1987
2006/07
1 Bundesliga-Spiel
0 Tore

KURT NIEDERMAYER
25. 11. 1955
1977/78 – 1981/82
145 Bundesliga-Spiele
32 Tore
Meister 1980, 1981
Pokalsieger 1982

ALLAN NIELSEN
13. 3. 1971
1989/90 – 1990/91
1 Bundesliga-Spiel
0 Tore
Meister 1990

HANS NOWAK
9. 8. 1937, † 19. 7. 2012
1965/66 – 1967/68
37 Bundesliga-Spiele
4 Tore
Pokalsieger 1966, 1967
Europacupsieger der Pokalsieger 1967

BRANKO OBLAK
27. 5. 1947
1977/78 – 1979/80
71 Bundesliga-Spiele
5 Tore
Meister 1980

MASSIMO ODDO
14. 7. 1976
2008/09
18 Bundesliga-Spiele
0 Tore

ERHAN ÖNAL
3. 9. 1957
1973/74 – 1977/78
18 Bundesliga-Spiele
1 Tor

RAINER OHLHAUSER
6. 1. 1941
1961/62 – 1969/70
160 Bundesliga-Spiele
64 Tore
Meister 1969
Pokalsieger 1966, 1967, 1969
Europacupsieger der Pokalsieger 1967

Von 1994 bis 1996 für Bayern am Ball: der Franzose Jean-Pierre Papin. Einziger Titel: der Uefa-Cup-Sieg 1996

IVICA OLIC
14. 9. 1979
2009/10 – 2011/12
55 Bundesliga-Spiele
13 Tore
Meister 2010
Pokalsieger 2010

WERNER OLK
18. 1. 1938
1960/61 – 1969/70
144 Bundesliga-Spiele
2 Tore
Meister 1969
Pokalsieger 1966, 1967, 1969
Europacupsieger der Pokalsieger 1967

THORSTEN OTT
18. 6. 1973
1991/92 – 1993/94
1 Bundesliga-Spiel
0 Tore

ANDREAS OTTL
1. 3. 1985
1996/97 – 2010/11
92 Bundesliga-Spiele
5 Tore
Meister 2006, 2008, 2010
Pokalsieger 2006, 2008, 2010

P

MILOS PANTOVIC
7. 7. 1996
seit 2007/08
1 Bundesliga-Spiel
0 Tore
Meister 2016
Pokalsieger 2016

JEAN-PIERRE PAPIN
5. 11. 1963
1994/95 – 1995/96
27 Bundesliga-Spiele
3 Tore
Uefa-Cup-Sieger 1996

NILS PETERSEN
6. 12. 1988
2011/12
9 Bundesliga-Spiele
2 Tore

JEAN-MARIE PFAFF
4. 12. 1953
1982/83 – 1987/88
156 Bundesliga-Spiele
0 Tore
Meister 1985, 1986, 1987
Pokalsieger 1984, 1986

HANS PFLÜGLER
27. 3. 1960
1975/76 – 1996/97
277 Bundesliga-Spiele
36 Tore
Meister 1985, 1986, 1987, 1989, 1990
Pokalsieger 1982, 1984, 1986

CLAUDIO PIZARRO
3. 10. 1978
2001/02 – 2006/07 und 2012/13 – 2014/15
224 Bundesliga-Spiele
87 Tore
Meister 2003, 2005, 2006, 2013, 2014, 2015
Pokalsieger 2003, 2005, 2006, 2013, 2014
Champions-League-Sieger 2013

LUKAS PODOLSKI
4. 6. 1985
2006/07 – 2008/09
71 Bundesliga-Spiele
15 Tore
Meister 2008
Pokalsieger 2008

DANIJEL PRANJIC
2. 12. 1981
2009/10 – 2011/12
55 Bundesliga-Spiele
1 Tor
Meister 2010
Pokalsieger 2010

MICHAEL PROBST
20. 11. 1962
1995/96 – 1996/97
2 Bundesliga-Spiele
0 Tore
Uefa-Cup-Sieger 1996

PETER PUMM
3. 4. 1943
1968/69 – 1970/71
84 Bundesliga-Spiele
2 Tore
Meister 1969
Pokalsieger 1969, 1971

LUKAS RAEDER
30. 12. 1993
2012/13 – 2013/14
2 Bundesliga-Spiele
0 Tore
Meister 2013, 2014
Pokalsieger 2013, 2014
Champions-League-Sieger 2013

RAFINHA
7. 9. 1985
seit 2011/12
136 Bundesliga-Spiele
3 Tore
Meister 2013, 2014, 2015, 2016, 2017
Pokalsieger 2013, 2014, 2016
Champions-League-Sieger 2013

TOBIAS RAU
31. 12. 1981
2003/04 – 2004/05
13 Bundesliga-Spiele
0 Tore
Meister 2005
Pokalsieger 2005

WOLFGANG RAUSCH
30. 4. 1947
1977/78 – 1978/79
51 Bundesliga-Spiele
3 Tore

PASI RAUTIAINEN
18. 7. 1961
1980/81
1 Bundesliga-Spiel
0 Tore
Meister 1981

PEPE REINA
31. 8. 1982
2014/15
3 Bundesliga-Spiele
0 Tore
Meister 2015

ALOIS REINHARDT
18. 11. 1961
1991/92 – 1992/93
10 Bundesliga-Spiele
1 Tor
Meister 1994

WILHELM REISINGER
30. 6. 1958
1976/77 – 1979/80
9 Bundesliga-Spiele
1 Tor
Meister 1980

MICHAEL RENSING
14. 5. 1984
2000/01 – 2009/10
53 Bundesliga-Spiele
0 Tore
Meister 2005, 2006, 2008, 2010
Pokalsieger 2005, 2006, 2008, 2010

STEFAN REUTER
16. 10. 1966
1988/89 – 1990/91
95 Bundesliga-Spiele
4 Tore
Meister 1989, 1990

FRANCK RIBÉRY
7. 4. 1983
seit 2007/08
228 Bundesliga-Spiele
75 Tore
Meister 2008, 2010, 2013, 2014, 2015, 2016, 2017
Pokalsieger 2008, 2010, 2013, 2014, 2016
Champions-League-Sieger 2013

HANS RIGOTTI
15. 5. 1947
1960/61 – 1967/68
33 Bundesliga-Spiele
2 Tore
Pokalsieger 1966, 1967
Europacupsieger der Pokalsieger 1967

RUGGIERO RIZZITELLI
2. 9. 1967
1996/97 – 1997/98
45 Bundesliga-Spiele
11 Tore
Meister 1997
Pokalsieger 1998

ARJEN ROBBEN
23. 1. 1984
seit 2009/10
168 Bundesliga-Spiele
90 Tore
Meister 2010, 2013, 2014, 2015, 2016, 2017
Pokalsieger 2010, 2013, 2014, 2016
Champions-League-Sieger 2013

SEBASTIAN RODE
11. 10. 1990
2014/15 – 2015/16
38 Bundesliga-Spiele
3 Tore
Meister 2015, 2016
Pokalsieger 2016

JÜRGEN RÖBER
25. 12. 1953
1980/81
14 Bundesliga-Spiele
0 Tore
Meister 1981

GERNOT ROHR
28. 6. 1953
1972/73 – 1974/75
6 Bundesliga-Spiele
0 Tore
Meister 1973, 1974
Europacupsieger der Landesmeister 1974, 1975

FRANZ ROTH
27. 4. 1946
1966/67 – 1977/78
322 Bundesliga-Spiele
72 Tore
Meister 1969, 1972, 1973, 1974
Pokalsieger 1967, 1969, 1971
Europacupsieger der Landesmeister 1974, 1975, 1976
Europacupsieger der Pokalsieger 1967

KARL-HEINZ RUMMENIGGE
25. 9. 1955
1974/75 – 1983/84
310 Bundesliga-Spiele
162 Tore
Meister 1980, 1981
Pokalsieger 1982, 1984
Europacupsieger der Landesmeister 1975, 1976

MICHAEL RUMMENIGGE
3. 2. 1964
1981/82 – 1987/88
152 Bundesliga-Spiele
44 Tore
Meister 1985, 1986, 1987
Pokalsieger 1984, 1986

GÜNTHER RYBARCZYK
4. 11. 1951
1971/72 – 1972/73
6 Bundesliga-Spiele
0 Tore
Meister 1972, 1973

S

WILLY SAGNOL
18. 3. 1977
2000/01 – 2008/09
184 Bundesliga-Spiele
7 Tore
Meister 2001, 2003, 2005, 2006, 2008
Pokalsieger 2003, 2005, 2006, 2008
Champions-League-Sieger 2001

HASAN SALIHAMIDZIC
1. 1. 1977
1998/99 – 2006/07
234 Bundesliga-Spiele
30 Tore
Meister 1999, 2000, 2001, 2003, 2005, 2006
Pokalsieger 2000, 2003, 2005, 2006
Champions-League-Sieger 2001

YLLI SALLAHI
6. 4. 1994
2010/11 – 2014/15
1 Bundesliga-Spiel
0 Tore
Meister 2014,
Pokalsieger 2014

RENATO SANCHES
18. 8. 1997
seit 2016/17
17 Bundesliga-Spiele
0 Tore
Meister 2017

ROQUE SANTA CRUZ
16. 8. 1981
1999/00 – 2006/07
155 Bundesliga-Spiele
31 Tore
Meister 2000, 2001, 2003, 2005, 2006
Pokalsieger 2000, 2003, 2005, 2006
Champions-League-Sieger 2001

HORST SCHAUSS
6. 11. 1945
1967/68
6 Bundesliga-Spiele
1 Tor

VESELY SCHENK
24. 8. 1955
1976/77 – 1977/78
6 Bundesliga-Spiele
0 Tore

SVEN SCHEUER
19. 1. 1971
1988/89 – 1999/00
20 Bundesliga-Spiele
0 Tore
Meister 1989, 1990, 1994, 1997, 1999
Pokalsieger 1998
Uefa-Cup-Sieger 1996

JAN SCHLAUDRAFF
18. 7. 1983
2007/08
8 Bundesliga-Spiele
0 Tore
Meister 2008
Pokalsieger 2008

Hasan Salihamidzic 2007 im Champions-League-Spiel gegen den AC Mailand. Es ist seine letzte Saison beim FC Bayern

HELMUT SCHMIDT
9. 6. 1949
1967/68 – 1969/70
49 Bundesliga-Spiele
2 Tore
Meister 1969
Pokalsieger 1969

EDGAR SCHNEIDER
17. 9. 1949
1970/71 – 1972/73
66 Bundesliga-Spiele
7 Tore
Meister 1972, 1973
Pokalsieger 1971

MEHMET SCHOLL
16. 10. 1970
1992/93 –2006/07
334 Bundesliga-Spiele
87 Tore
Meister 1994, 1997, 1999, 2000, 2001, 2003, 2005, 2006
Pokalsieger 1998, 2000, 2003, 2005, 2006
Champions-League-Sieger 2001
Uefa-Cup-Sieger 1996

TONI SCHUMACHER
6. 3. 1954
1991/92
8 Bundesliga-Spiele
0 Tore

MARKUS SCHUPP
7. 1. 1966
1992/93 –1994/95
91 Bundesliga-Spiele
12 Tore
Meister 1994

LUDWIG SCHUSTER
30. 3. 1951
1975/76
7 Bundesliga-Spiele
0 Tore
Europacupsieger der Landesmeister 1976

MANFRED SCHWABL
18. 4. 1966
1977/78 –1985/86 und 1989/90 –1992/93
87 Bundesliga-Spiele
4 Tore
Meister 1985, 1986, 1990
Pokalsieger 1986

HANS-GEORG SCHWARZENBECK
3. 4. 1948
1961/62 – 1980/81
416 Bundesliga-Spiele
21 Tore
Meister 1969, 1972, 1973, 1974, 1980, 1981
Pokalsieger 1967, 1969, 1971
Europacupsieger der Landesmeister 1974, 1975, 1976
Europacupsieger der Pokalsieger 1967

BASTIAN SCHWEINSTEIGER
1. 8. 1984
1998/99 – 2014/15
342 Bundesliga-Spiele
45 Tore
Meister 2003, 2005, 2006, 2008, 2010, 2013, 2014, 2015
Pokalsieger 2003, 2005, 2006, 2008, 2010, 2013, 2014
Champions-League-Sieger 2013

MANFRED SEIFERT
22. 4. 1949, † 14. 4. 2005
1969/70 – 1972/73
4 Bundesliga-Spiele
0 Tore
Meister 1972, 1973
Pokalsieger 1971

KJELD SENECA
16. 12. 1950
1975/76 – 1976/77
6 Bundesliga-Spiele
0 Tore
Europacupsieger der Landesmeister 1976

PAULO SÉRGIO
2. 6. 1969
1999/00 – 2001/02
77 Bundesliga-Spiele
21 Tore
Meister 2000, 2001
Pokalsieger 2000
Champions-League-Sieger 2001

CIRIACO SFORZA
2. 3. 1970
1995/96 und 2000/01 – 2001/02
66 Bundesliga-Spiele
3 Tore
Meister 2001
Champions-League-Sieger 2001
Uefa-Cup-Sieger 1996

XHERDAN SHAQIRI
10. 10. 1991
2012/13 – 2014/15
52 Bundesliga-Spiele
11 Tore
Meister 2013, 2014, 2015
Pokalsieger 2013, 2014
Champions-League-Sieger 2013

ASGEIR SIGURVINSSON
8. 5. 1955
1981/82
17 Bundesliga-Spiele
1 Tor
Pokalsieger 1982

ANDREW SINKALA
18. 6. 1979
1999/00 – 2000/01
1 Bundesliga-Spiel
0 Tore
Meister 2000
Pokalsieger 2000

JOSÉ ERNESTO SOSA
19. 6. 1985
2007/08 – 2008/09
35 Bundesliga-Spiele
2 Tore
Meister 2008, 2010
Pokalsieger 2008, 2010

AUGUST STAREK
16. 2. 1945
1968/69 – 1969/70
38 Bundesliga-Spiele
5 Tore
Meister 1969
Pokalsieger 1969

TOM STARKE
18. 3. 1981
seit 2012/13
8 Bundesliga-Spiele
0 Tore
Meister 2013, 2014, 2015, 2016, 2017
Pokalsieger 2013, 2014, 2016
Champions-League-Sieger 2013

MICHAEL STERNKOPF
21. 4. 1970
1990/91 – 1994/95
94 Bundesliga-Spiele
4 Tore
Meister 1994

HERBERT STÖCKL
25. 1. 1946
1967/68
3 Bundesliga-Spiele
0 Tore

RICO STRIEDER
6. 7. 1992

2003/04 – 2014/15
1 Bundesliga-Spiel
0 Tore
Meister 2015

THOMAS STRUNZ
25. 4. 1968

1989/90 – 1991/92 und
1995/96 – 2000/01
156 Bundesliga-Spiele
24 Tore
Meister 1990, 1997, 1999, 2000, 2001
Pokalsieger 1998, 2000
Champions-League-Sieger 2001
Uefa-Cup-Sieger 1996

WOLFGANG SÜHNHOLZ
14. 9. 1946

1971/72 – 1972/73
25 Bundesliga-Spiele
4 Tore
Meister 1972, 1973

ALAIN SUTTER
22. 1. 1968

1994/95
22 Bundesliga-Spiele
1 Tor

T

MICHAEL TARNAT
27. 10. 1969

1997/98 – 2002/03
122 Bundesliga-Spiele
8 Tore
Meister 1999, 2000, 2001, 2003
Pokalsieger 1998, 2000, 2003
Champions-League-Sieger 2001

SERDAR TASCI
24. 4. 1987

2015/16
3 Bundesliga-Spiele
0 Tore
Meister 2016
Pokalsieger 2016

PABLO THIAM
3. 1. 1974

2001/02 – 2002/03
16 Bundesliga-Spiele
0 Tore
Meister 2003

THIAGO
11. 4. 1991

seit 2013/14
77 Bundesliga-Spiele
10 Tore
Meister 2014, 2015, 2016, 2017
Pokalsieger 2014, 2016

OLAF THON
1. 5. 1966

1988/89 – 1993/94
148 Bundesliga-Spiele
30 Tore
Meister 1989, 1990, 1994

LUCA TONI
26. 5. 1977

2007/08 – 2009/10
60 Bundesliga-Spiele
38 Tore
Meister 2008, 2010
Pokalsieger 2008, 2010

CONNY TORSTENSSON
28. 8. 1949

1973/74 – 1976/77
81 Bundesliga-Spiele
11 Tore
Meister 1974,
Europacupsieger der Landesmeister 1974, 1975, 1976

PIOTR TROCHOWSKI
22. 3. 1984

1999/00 – 2004/05
13 Bundesliga-Spiele
1 Tor
Meister 2003, 2005
Pokalsieger 2003, 2005

UWE TSCHISKALE
9. 7. 1962

1987/88
1 Bundesliga-Spiel
0 Tore

ANATOLIJ TYMOSCHTSCHUK
30. 3. 1979

2009/10 – 2012/13
86 Bundesliga-Spiele
4 Tore
Meister 2010, 2013
Pokalsieger 2010, 2013
Champions-League-Sieger 2013

SVEN ULREICH
3. 8. 1988

seit 2015/16
6 Bundesliga-Spiele
0 Tore
Meister 2016, 2017
Pokalsieger 2016

TAKASHI USAMI
6. 5. 1992

2011/12
3 Bundesliga-Spiele
0 Tore

ADOLFO VALENCIA
6. 2. 1968

1993/94
26 Bundesliga-Spiele
11 Tore
Meister 1994

MARK VAN BOMMEL
22. 4. 1977

2006/07 – 2010/11
123 Bundesliga-Spiele
11 Tore
Meister 2008, 2010
Pokalsieger 2008, 2010

DANIEL VAN BUYTEN
7. 2. 1978

2006/07 – 2013/14
158 Bundesliga-Spiele
20 Tore
Meister 2008, 2010, 2013, 2014
Pokalsieger 2008, 2010, 2013, 2014
Champions-League-Sieger 2013

ARTURO VIDAL
22. 5. 1987

seit 2015/16
57 Bundesliga-Spiele
8 Tore
Meister 2016, 2017
Pokalsieger 2016

ANTON VUCKOV
1. 6. 1938

1965/66 – 1966/67
1 Bundesliga-Spiel
1 Tor
Pokalsieger 1966, 1967
Europacupsieger der Pokalsieger 1967

148 Bundesliga-Spiele und 30 Tore für Bayern: Olaf Thon springt 1988/89 in seiner ersten Saison über Gladbachs Christian Hochstätter. Er wird gleich Meister

W

SANDRO WAGNER
29. 11. 1987
1995/96 – 2007/08
4 Bundesliga-Spiele
0 Tore
Meister 2008
Pokalsieger 2008

KLAUS WALLEITNER
12. 9. 1947, † 1. 9. 2014
1966/67 – 1967/68
2 Bundesliga-Spiele
0 Tore
Pokalsieger 1967
Europacupsieger der Pokalsieger 1967

JÜRGEN WEGMANN
31. 3. 1964
1987/88 – 1988/89
58 Bundesliga-Spiele
26 Tore
Meister 1989

HANS WEINER
29. 11. 1950
1979/80 – 1981/82
91 Bundesliga-Spiele
2 Tore
Meister 1980, 1981
Pokalsieger 1982

MITCHELL WEISER
21. 4. 1994
2012/13 – 2014/15
16 Bundesliga-Spiele
1 Tor
Meister 2014, 2015
Pokalsieger 2014

GÜNTHER WEISS
1. 2. 1955
1974/75 – 1975/76
3 Bundesliga-Spiele
0 Tore
Europacupsieger der Landesmeister 1975, 1976

JOSEF WEISS
13. 3. 1952
1968/69 – 1977/78
36 Bundesliga-Spiele
0 Tore
Europacupsieger der Landesmeister 1975, 1976

PETER WERNER
25. 4. 1946
1964/65 – 1967/68
28 Bundesliga-Spiele
5 Tore
Pokalsieger 1966, 1967
Europacupsieger der Pokalsieger 1967

STEFAN WESSELS
28. 2. 1979
1998/99 – 2002/03
6 Bundesliga-Spiele
0 Tore
Meister 2000, 2001, 2003
Pokalsieger 2000, 2003
Champions-League-Sieger 2001

MICHAEL WIESINGER
27. 12. 1972
1999/00 – 2000/01
19 Bundesliga-Spiele
1 Tor
Meister 2000, 2001
Pokalsieger 2000
Champions-League-Sieger 2001

HOLGER WILLMER
25. 9. 1958
1984/85 – 1986/87
58 Bundesliga-Spiele
5 Tore
Meister 1985, 1986, 1987
Pokalsieger 1986

HUBERT WINDSPERGER
14. 4. 1945
1964/65 – 1965/66
1 Bundesliga-Spiel
0 Tore
Pokalsieger 1966

HELMUT WINKLHOFER
27. 8. 1961
1980/81 – 1981/82 und 1985/86 – 1988/89
50 Bundesliga-Spiele
3 Tore
Meister 1986, 1987, 1989, 1990
Pokalsieger 1982, 1986

MARCEL WITECZEK
18. 10. 1968
1993/94 – 1996/97
97 Bundesliga-Spiele
9 Tore
Meister 1994, 1997
Uefa-Cup-Sieger 1996

ROLAND WOHLFARTH
11. 1. 1963
1984/85 – 1992/93
254 Bundesliga-Spiele
119 Tore
Meister 1985, 1986, 1987, 1989, 1990
Pokalsieger 1986

SLAWOMIR WOJCIECHOWSKI
6. 9. 1973
1999/00 – 2000/01
3 Bundesliga-Spiele
1 Tor
Meister 2000, 2001
Pokalsieger 2000
Champions-League-Sieger 2001

JAN WOUTERS
17. 7. 1960
1991/92 – 1994/95
66 Bundesliga-Spiele
6 Tore
Meister 1994

KLAUS WUNDER
13. 9. 1950
1974/75 – 1975/76
43 Bundesliga-Spiele
7 Tore
Europacupsieger der Landesmeister 1975, 1976

Z

ZÉ ROBERTO
6. 7. 1974
2002/03 – 2005/06 und 2007/08 – 2008/09
169 Bundesliga-Spiele
14 Tore
Meister 2003, 2005, 2006, 2008
Pokalsieger 2003, 2005, 2006, 2008

ALEXANDER ZICKLER
28. 2. 1974
1993/94 – 2004/05
214 Bundesliga-Spiele
51 Tore
Meister 1994, 1997, 1999, 2000, 2001, 2003, 2005
Pokalsieger 1998, 2000, 2003, 2005
Champions-League-Sieger 2001
Uefa-Cup-Sieger 1996

CHRISTIAN ZIEGE
1. 2. 1972
1990/91 – 1996/97
185 Bundesliga-Spiele
37 Tore
Meister 1994, 1997
Uefa-Cup-Sieger 1996

HERBERT ZIMMERMANN
1. 7. 1954
1972/73 – 1973/74
2 Bundesliga-Spiele
0 Tore
Meister 1973, 1974
Europacupsieger der Landesmeister 1974

RAINER ZOBEL
3. 11. 1948
1970/71 – 1975/76
180 Bundesliga-Spiele
19 Tore
Meister 1972, 1973, 1974
Pokalsieger 1971
Europacupsieger der Landesmeister 1974, 1975, 1976

ALLE 20 TRAINER DES FC BAYERN SEIT 1965

Meister 1989: Jupp Heynckes nimmt ein Bad in der Menge

CARLO ANCELOTTI
10. 6. 1959
seit 1. 7. 2016
34 Bundesliga-Spiele
Meister 2017

FRANZ BECKENBAUER
11. 9. 1945
28. 12. 1993 – 30. 6. 1994,
29. 4. 1996 – 30. 6. 1996
17 Bundesliga-Spiele
Meister 1994
Uefa-Cup-Sieger 1996
*wurde am 34. Spieltag 1995/96 wegen Krankheit von Klaus Augenthaler vertreten.

TSCHIK CAJKOVSKI
24. 11. 1923, † 27. 7. 1998
1. 7. 1963 – 30. 6. 1968
102 Bundesliga-Spiele
Pokalsieger 1966, 1967
Europapokal der Pokalsieger 1967

DETTMAR CRAMER
4. 4. 1925, † 17. 9. 2015
16. 1. 1975 – 1. 12. 1977
101 Bundesliga-Spiele
Europapokal der Landesmeister 1975, 1976

PAL CSERNAI
21. 10. 1932, † 2. 9. 2013
1. 3. 1979 – 16. 5. 1983
151 Bundesliga-Spiele
Meister 1980, 1981
Pokalsieger 1982

PEP GUARDIOLA
18. 1. 1971
1. 7. 2013 – 30. 6. 2016
102 Bundesliga-Spiele
Meister 2014, 2015, 2016
Pokalsieger 2014, 2016

JUPP HEYNCKES
9. 5. 1945
1. 7. 1987 – 8. 10. 1991,
27. 4. 2009 – 30. 6. 2009,
1. 7. 2011 – 30. 6. 2013
221 Bundesliga-Spiele
Meister 1989, 1990, 2013
Pokalsieger 2013
Champions-League-Sieger 2013

OTTMAR HITZFELD
12. 1. 1949
1. 7. 1998 – 30. 6. 2004,
1. 2. 2007 – 30. 6. 2008
253 Bundesliga-Spiele
Meister 1999, 2000, 2001, 2003, 2008
Pokalsieger 2000, 2003, 2008
Champions-League-Sieger 2001

ANDRIES JONKER
22. 9. 1962
10. 4. 2011 – 30. 6. 2011
5 Bundesliga-Spiele

JÜRGEN KLINSMANN
30. 7. 1964
1. 7. 2008 – 27. 4. 2009
29 Bundesliga-Spiele

UDO LATTEK
16. 1. 1935, † 31. 1. 2015
14. 3. 1970 – 2. 1. 1975,
1. 7. 1983 – 30. 6. 1987
299 Bundesliga-Spiele
Meister 1972, 1973, 1974, 1985, 1986, 1987
Pokalsieger 1971, 1984, 1986
Europacup der Landesmeister 1974

SØREN LERBY
1. 2. 1958
9. 10. 1991 – 11. 3. 1992
15 Bundesliga-Spiele

GYULA LORANT
6. 2. 1923, † 31. 5. 1981
2. 12. 1977 – 28. 2. 1979
34 Bundesliga-Spiele

FELIX MAGATH
26. 7. 1953
1. 7. 2004 – 31. 1. 2007
87 Bundesliga-Spiele
Meister 2005, 2006
Pokalsieger 2005, 2006

OTTO REHHAGEL
9. 8. 1938
1. 7. 1995 – 27. 4. 1996
30 Bundesliga-Spiele

ERICH RIBBECK
13. 6. 1937
12. 3. 1992 – 27. 12. 1993
65 Bundesliga-Spiele

REINHARD SAFTIG
23. 1. 1952
17. 5. 1983 – 30. 6. 1983
3 Bundesliga-Spiele

GIOVANNI TRAPATTONI
17. 3. 1939
1. 7. 1994 – 30. 6. 1995,
1. 7. 1996 – 30. 6. 1998
102 Bundesliga-Spiele
Meister 1997
Pokalsieger 1998

LOUIS VAN GAAL
8. 8. 1951
1. 7. 2009 – 10. 4. 2011
63 Bundesliga-Spiele
Meister 2010
Pokalsieger 2010

BRANKO ZEBEC
17. 5. 1929, † 26. 9. 1988
1. 7. 1968 – 13. 3. 1970
58 Bundesliga-Spiele
Meister 1969
Pokalsieger 1969

Malheur bei der Meisterfeier 2014: Pep Guardiola ist die Schale aus den Händen geglitten

Die Nummer 1 in Europa: Bayerns Spieler lassen Ottmar Hitzfeld nach dem Champions-League-Sieg 2001 hochleben

DIE EWIGE TABELLE

Platz	Verein	Spielzeiten	Spiele	Siege	Remis	Niederlagen	Tore	Differenz	Punkte*	Punkte (3er-Regel)	Heimspiele	Siege	Remis	Niederlagen	Tore	Differenz	Punkte*	Auswärtsspiele	Siege	Remis	Niederlagen	Tore	Differenz	Punkte*	Schnitt Endplatzierg.
1.	**FC Bayern München**	52	1772	1043	396	333	3853:1941	1912	2972	3525	886	657	147	82	2377:785	1592	1745	886	386	249	251	1476:1156	320	1227	2,6
2.	**Borussia Dortmund**	50	1696	746	437	513	2987:2395	592	2294	2675	848	495	207	146	1792:908	884	1420	848	251	230	367	1195:1487	–292	874	6,7
3.	**Werder Bremen**	53	1798	761	446	591	3037:2620	417	2280	2729	899	514	213	172	1835:1044	791	1431	899	247	233	419	1202:1576	–374	849	7,6
4.	**Hamburger SV**	54	1832	738	488	606	2908:2609	299	2239	2702	916	498	224	194	1732:1007	725	1395	916	240	264	412	1176:1602	–426	844	7,8
5.	**VfB Stuttgart**	51	1730	718	421	591	2901:2522	379	2141	2575	865	495	180	190	1752:968	784	1346	865	223	241	401	1149:1554	–405	795	7,5
6.	**Schalke 04**	49	1662	655	416	591	2454:2371	83	2056	2381	831	440	220	171	1502:892	610	1302	831	215	196	420	952:1479	–527	754	8,6
7.	**Borussia M'gladbach**	49	1670	672	442	556	2844:2427	417	2001	2458	835	446	226	163	1739:970	769	1266	835	226	216	393	1105:1457	–352	735	7,7
8.	**Bayer Leverkusen**	38	1296	550	359	387	2164:1732	432	1816	2009	648	350	174	124	1251:706	545	1083	648	200	185	263	913:1026	–113	733	6,5
9.	**1. FC Köln**	46	1560	624	400	536	2582:2294	288	1784	2272	780	419	179	182	1562:960	602	1104	780	205	221	354	1020:1334	–314	680	7,9
10.	**Eintracht Frankfurt**	48	1628	592	414	622	2542:2527	15	1756	2190	814	426	204	184	1604:1011	593	1163	814	166	210	438	938:1516	–578	595	9,5
11.	**1. FC Kaiserslautern**	44	1492	575	372	545	2348:2344	4	1666	2097	746	422	188	136	1441:816	625	1125	746	153	184	409	907:1528	–621	544	9,0
12.	**Hertha BSC**	34	1148	421	284	443	1627:1748	–121	1361	1547	574	299	141	134	981:661	320	891	574	122	143	309	646:1087	–441	470	9,4
13.	**VfL Bochum**	34	1160	356	306	498	1602:1887	–285	1129	1374	580	259	159	162	962:738	224	748	580	97	147	336	640:1149	–509	381	12,4
14.	**1. FC Nürnberg**	32	1084	341	276	467	1402:1726	–324	1072	1299	542	230	158	154	848:695	153	688	542	111	118	313	554:1031	–477	384	11,7
15.	**Hannover 96**	28	948	293	235	420	1310:1609	–299	978	1114	474	204	134	136	812:676	136	638	474	89	101	284	498:933	–435	340	11,9
16.	**VfL Wolfsburg**	20	680	261	169	250	1029:1003	26	952	952	340	171	82	87	607:421	186	595	340	90	87	163	422:582	–160	357	9,1
17.	**MSV Duisburg**	28	948	296	259	393	1291:1520	–229	904	1147	474	203	150	121	767:582	185	585	474	93	109	272	524:938	–414	319	11,7
18.	**Karlsruher SC**	24	812	241	230	341	1093:1408	–315	765	953	406	175	134	97	670:527	143	515	406	66	96	244	423:881	–458	250	12,4
19.	**1860 München**	20	672	238	170	264	1022:1059	–37	753	884	336	167	76	93	610:422	188	479	336	71	94	171	412:637	–225	274	10,0
20.	**Fortuna Düsseldorf**	23	786	245	215	326	1160:1386	–226	729	950	393	177	118	98	722:548	174	488	393	68	97	228	438:838	–400	241	11,9
21.	**Eintr. Braunschweig**	21	706	242	177	287	937:1086	–149	667	903	353	186	92	75	600:364	236	469	353	56	85	212	337:722	–385	198	10,5
22.	**SC Freiburg**	17	578	180	143	255	724:924	–200	653	683	289	118	73	98	420:382	38	410	289	62	70	157	304:542	–238	243	11,8
23.	**Arminia Bielefeld**	17	544	153	139	252	645:883	–238	523	598	272	115	69	88	396:335	61	356	272	38	70	164	249:548	–299	167	14,3
24.	**Mainz 05**	11	374	127	100	147	494:533	–39	481	481	187	83	47	57	280:227	53	296	187	44	53	90	214:306	–92	185	10,6
25.	**Hansa Rostock**	12	412	124	107	181	492:621	–129	469	479	206	84	57	65	296:249	47	300	206	40	50	116	196:372	–176	169	13,0
26.	**Uerdingen 05**	14	476	138	129	209	644:844	–200	410	543	238	105	67	66	404:352	52	281	238	33	62	143	240:492	–252	129	13,1
27.	**1899 Hoffenheim**	9	306	103	90	113	464:471	–7	399	399	153	63	50	40	257:202	55	238	153	40	40	73	207:269	–62	160	10,2
28.	**FC Augsburg**	6	204	64	56	84	236:293	–57	248	248	102	37	31	34	134:136	–2	142	102	27	25	50	102:157	–55	106	11,2
29.	**FC St. Pauli**	8	272	58	80	134	296:485	–189	224	254	136	43	42	51	175:197	–22	147	136	15	38	83	121:288	–167	77	15,8
30.	**Waldhof Mannheim**	7	238	71	72	95	299:378	–79	214	285	119	51	41	27	197:149	48	143	119	20	31	68	102:229	–127	71	12,0
31.	**Energie Cottbus**	6	204	56	43	105	211:338	–127	211	211	102	42	16	44	136:140	–4	142	102	14	27	61	75:198	–123	69	14,7
32.	**Kickers Offenbach**	7	238	77	51	110	368:486	–118	205	282	119	61	26	32	238:184	54	148	119	16	25	78	130:302	–172	57	13,4
33.	**Rot-Weiss Essen**	7	238	61	79	98	346:483	–137	201	262	119	46	43	30	213:198	15	135	119	15	36	68	133:285	–152	66	14,1
34.	**Alemannia Aachen**	4	136	43	28	65	186:270	–84	123	157	68	31	17	20	124:109	15	84	68	12	11	45	62:161	–99	39	12,0
35.	**Wattenscheid 09**	4	140	34	48	58	186:248	–62	116	150	70	26	22	22	108:91	17	74	70	8	26	36	78:157	–79	42	14,5
36.	**1. FC Saarbrücken**	5	166	32	48	86	202:336	–134	112	144	83	22	32	29	117:134	–17	76	83	10	16	57	85:202	–117	36	16,4
37.	**Dynamo Dresden**	4	140	33	45	62	132:211	–79	107	144	70	27	24	19	82:68	14	78	70	6	21	43	50:143	–93	33	15,0
38.	**Darmstadt 98**	4	136	28	33	75	152:273	–121	105	117	68	18	19	31	85:122	–37	63	68	10	14	44	67:151	–84	42	16,8
39.	**Rot-Weiß Oberhausen**	4	136	36	31	69	182:281	–99	103	139	68	31	18	19	119:99	20	80	68	5	13	50	63:182	–119	23	15,8
40.	**SpVgg Unterhaching**	2	68	20	19	29	75:101	–26	79	79	34	17	11	6	43:30	13	62	34	3	8	23	32:71	–39	17	13,0
41.	**Wuppertaler SV**	3	102	25	27	50	136:200	–64	77	102	51	20	14	17	93:87	6	54	51	5	13	33	43:113	–70	23	12,7
42.	**FC Ingolstadt**	2	68	18	18	32	69:99	–30	72	72	34	11	10	13	43:48	–5	43	34	7	8	19	26:51	–25	29	14,0
43.	**FC Homburg**	3	102	21	27	54	103:200	–97	69	90	51	18	17	16	72:74	–2	53	51	3	10	38	31:126	–95	16	17,0
44.	**Borussia Neunkirchen**	3	98	25	18	55	109:223	–114	68	93	49	22	11	16	71:85	–14	55	49	3	7	39	38:138	–100	13	14,7
45.	**RB Leipzig**	1	34	20	7	7	66:39	27	67	67	17	12	2	3	35:16	19	38	17	8	5	4	31:23	8	29	2,0
46.	**Stuttgarter Kickers**	2	72	20	17	35	94:132	–38	57	77	36	11	8	17	41:49	–8	30	36	9	9	18	53:83	–30	27	17,0
47.	**Tennis Borussia Berlin**	2	68	11	16	41	85:174	–89	38	49	34	10	10	14	54:66	–12	30	34	1	6	27	31:108	–77	8	17,0
48.	**SSV Ulm 1846**	1	34	9	8	17	36:62	–26	35	35	17	7	4	6	22:23	–1	25	17	2	4	11	14:39	–25	10	16,0
49.	**SC Paderborn**	1	34	7	10	17	31:65	–34	31	31	17	4	6	7	21:31	–10	18	17	3	4	10	10:34	–24	13	18,0
50.	**Fortuna Köln**	1	34	8	9	17	46:79	–33	25	33	17	6	6	5	31:32	–1	18	17	2	3	12	15:47	–32	7	17,0
51.	**Preußen Münster**	1	30	7	9	14	34:52	–18	23	30	15	5	4	6	21:23	–2	14	15	2	5	8	13:29	–16	9	15,0
52.	**SpVgg Greuther Fürth**	1	34	4	9	21	26:60	–34	21	21	17	0	4	13	10:36	–26	4	17	4	5	8	16:24	–8	17	18,0
53.	**Blau-Weiß 90 Berlin**	1	34	3	12	19	36:76	–40	18	21	17	2	8	7	20:31	–11	12	17	1	4	12	16:45	–29	6	18,0
54.	**VfB Leipzig**	1	34	3	11	20	32:69	–37	17	20	17	2	9	6	20:28	–8	13	17	1	2	14	12:41	–29	4	18,0
55.	**Tasmania Berlin**	1	34	2	4	28	15:108	–93	8	10	17	2	3	12	8:46	–38	7	17	0	1	16	7:62	–55	1	18,0

* Bis 1994/95 gab es zwei Punkte pro Sieg, seitdem sind es drei. Für die Platzierung wurden nur tatsächlich erreichte Punkte (rot) gewertet. Rechts daneben steht die Punktzahl, die der Klub erreicht hätte, wenn nur mit der 3-Punkte-Regel gespielt worden wäre. 1993/94 wurden Dresden wegen Verstoßes gegen DFB-Statuten vier Punkte abgezogen, 1999/2000 Frankfurt zwei, 2003/04 dem FCK drei. 1971/72 wurden alle Bielefeld-Spiele für die Gegner gewertet.

54 JAHRE BUNDESLIGA

Saison	Meister	Herbstmeister	Meistertrainer	Torschützenkönig (Tore)	Heimsiege	Auswärtssiege	Remis	Tore	Tore-Schnitt	Elfmeter gesamt	Elfmetertore	Eigentore	Gelb/Rot	Rote Karten	Zuschauer gesamt	Zuschauer-schnitt
2016/17	**Bayern München**	Bayern München	Carlo Ancelotti	Pierre-Emerick Aubameyang (31)	150	82	74	877	2,87	98	71	16	28	28	12 703 927	41 516
2015/16	**Bayern München**	Bayern München	Pep Guardiola	Robert Lewandowski (30)	135	100	71	866	2,83	86	68	29	25	15	13 252 808	43 310
2014/15	**Bayern München**	Bayern München	Pep Guardiola	Alexander Meier (19)	145	79	82	843	2,75	71	58	20	28	25	13 320 819	43 532
2013/14	**Bayern München**	Bayern München	Pep Guardiola	Robert Lewandowski (20)	145	97	64	967	3,16	87	64	21	29	29	13 309 945	43 497
2012/13	**Bayern München**	Bayern München	Jupp Heynckes	Stefan Kießling (25)	130	98	78	898	2,93	83	63	25	33	31	13 042 590	42 623
2011/12	**Borussia Dortmund**	Bayern München	Jürgen Klopp	Klaas-Jan Huntelaar (29)	139	88	79	875	2,86	76	66	18	22	36	13 805 496	45 116
2010/11	**Borussia Dortmund**	Borussia Dortmund	Jürgen Klopp	Mario Gomez (28)	141	102	63	894	2,92	83	57	26	25	32	13 051 796	42 653
2009/10	**Bayern München**	Bayer Leverkusen	Louis van Gaal	Edin Dzeko (22)	125	95	86	866	2,83	55	43	21	21	20	13 006 489	42 505
2008/09	**VfL Wolfsburg**	1899 Hoffenheim	Felix Magath	Grafite (28)	147	85	74	894	2,92	77	59	18	32	30	13 016 848	42 539
2007/08	**Bayern München**	Bayern München	Ottmar Hitzfeld	Luca Toni (24)	143	85	78	860	2,81	60	47	19	26	24	12 069 824	39 444
2006/07	**VfB Stuttgart**	Werder Bremen	Armin Veh	Theofanis Gekas (20)	134	93	79	837	2,74	67	46	20	28	35	12 226 610	39 956
2005/06	**Bayern München**	Bayern München	Felix Magath	Miroslav Klose (25)	131	79	96	861	2,81	67	49	20	33	26	12 477 001	40 775
2004/05	**Bayern München**	Bayern München	Felix Magath	Marek Mintal (24)	149	92	65	890	2,91	64	51	13	32	29	11 568 788	37 807
2003/04	**Werder Bremen**	Werder Bremen	Thomas Schaaf	Ailton (28)	160	74	72	909	2,97	79	59	22	42	39	11 469 167	37 481
2002/03	**Bayern München**	Bayern München	Ottmar Hitzfeld	Thomas Christiansen / Giovanne Elber (je 21)	144	85	77	821	2,68	68	48	20	38	33	10 464 649	34 198
2001/02	**Borussia Dortmund**	Bayer Leverkusen	Matthias Sammer	Marcio Amoroso / Martin Max (je 18)	160	78	68	893	2,92	102	74	32	40	31	10 107 063	33 030
2000/01	**Bayern München**	FC Schalke 04	Ottmar Hitzfeld	Sergej Barbarez / Ebbe Sand (je 22)	160	77	69	897	2,93	81	64	18	51	38	9 459 002	30 912
1999/00	**Bayern München**	Bayern München	Ottmar Hitzfeld	Martin Max (19)	143	76	87	885	2,89	99	69	27	42	31	9 541 144	31 180
1998/99	**Bayern München**	Bayern München	Ottmar Hitzfeld	Michael Preetz (23)	144	75	87	866	2,83	89	63	16	50	30	10 022 784	32 754
1997/98	**1. FC Kaiserslautern**	1. FC Kaiserslautern	Otto Rehhagel	Ulf Kirsten (22)	145	76	85	883	2,89	57	40	21	39	20	10 096 422	32 995
1996/97	**Bayern München**	Bayern München	Giovanni Trapattoni	Ulf Kirsten (22)	156	80	70	911	2,98	84	64	23	44	37	9 442 825	30 859
1995/96	**Borussia Dortmund**	Borussia Dortmund	Ottmar Hitzfeld	Fredi Bobic (17)	123	75	108	831	2,72	83	62	14	36	33	9 423 283	30 795
1994/95	**Borussia Dortmund**	Borussia Dortmund	Ottmar Hitzfeld	Mario Basler / Heiko Herrlich (je 20)	147	73	86	923	3,02	85	70	21	52	46	9 194 961	30 049
1993/94	**Bayern München**	Eintracht Frankfurt	Franz Beckenbauer	Stefan Kuntz / Anthony Yeboah (je 18)	152	71	83	895	2,92	74	62	19	43	32	8 303 670	27 136
1992/93	**Werder Bremen**	Bayern München	Otto Rehhagel	Ulf Kirsten / Anthony Yeboah (je 20)	151	63	92	898	2,93	78	62	17	39	33	8 027 324	26 233
1991/92	**VfB Stuttgart**	Eintracht Frankfurt	Christoph Daum	Fritz Walter (22)	174	82	124	994	2,62	80	60	26	40	36	9 212 643	24 244
1990/91	**1. FC Kaiserslautern**	Werder Bremen	Karl-Heinz Feldkamp	Roland Wohlfarth (21)	123	77	106	886	2,90	83	62	23	–	46	6 639 115	21 696
1989/90	**Bayern München**	Bayern München	Jupp Heynckes	Jörn Andersen (18)	155	61	90	790	2,58	70	53	17	–	31	6 498 384	21 237
1988/89	**Bayern München**	Bayern München	Jupp Heynckes	Thomas Allofs / Roland Wohlfarth (je 17)	150	62	94	852	2,78	72	50	14	–	30	5 793 926	18 934
1987/88	**Werder Bremen**	Werder Bremen	Otto Rehhagel	Jürgen Klinsmann (19)	158	64	84	962	3,14	83	67	17	–	27	6 025 737	19 692
1986/87	**Bayern München**	Hamburger SV	Udo Lattek	Uwe Rahn (24)	166	59	81	990	3,24	110	86	13	–	19	6 289 716	20 555
1985/86	**Bayern München**	Werder Bremen	Udo Lattek	Stefan Kuntz (22)	168	62	76	992	3,24	111	92	12	–	31	5 627 918	18 392
1984/85	**Bayern München**	Bayern München	Udo Lattek	Klaus Allofs (26)	167	60	79	1074	3,51	100	71	22	–	19	6 069 979	19 837
1983/84	**VfB Stuttgart**	VfB Stuttgart	Helmut Benthaus	Karl-Heinz Rummenigge (26)	174	66	66	1097	3,58	113	86	14	–	21	6 313 967	20 634
1982/83	**Hamburger SV**	Hamburger SV	Ernst Happel	Rudi Völler (23)	172	59	75	1036	3,39	86	66	16	–	11	6 480 852	21 179
1981/82	**Hamburger SV**	1. FC Köln	Ernst Happel	Horst Hrubesch (27)	177	61	68	1081	3,53	116	92	14	–	9	6 694 357	21 877
1980/81	**Bayern München**	Hamburger SV	Pal Csernai	Karl-Heinz Rummenigge (29)	164	62	80	1039	3,40	94	77	13	–	8	7 364 061	24 066
1979/80	**Bayern München**	Bayern München	Pal Csernai	Karl-Heinz Rummenigge (26)	184	59	63	1023	3,34	94	59	16	–	7	7 427 985	24 274
1978/79	**Hamburger SV**	1. FC Kaiserslautern	Branko Zebec	Klaus Allofs (22)	166	55	85	963	3,15	88	70	17	–	12	7 920 528	25 884
1977/78	**1. FC Köln**	1. FC Köln	Hennes Weisweiler	Dieter Müller / Gerd Müller (je 24)	191	55	60	1014	3,31	102	83	21	–	11	8 449 530	27 613
1976/77	**Bor. Mönchengladbach**	Bor. Mönchengladbach	Udo Lattek	Dieter Müller (34)	167	58	81	1083	3,54	79	59	22	–	10	7 823 295	25 566
1975/76	**Bor. Mönchengladbach**	Bor. Mönchengladbach	Udo Lattek	Klaus Fischer (29)	173	50	83	1009	3,30	106	74	20	–	7	7 120 282	23 269
1974/75	**Bor. Mönchengladbach**	Bor. Mönchengladbach	Hennes Weisweiler	Jupp Heynckes (27)	180	63	63	1056	3,45	126	91	13	–	12	6 936 490	22 668
1973/74	**Bayern München**	Bayern München	Udo Lattek	Jupp Heynckes / Gerd Müller (je 30)	161	66	79	1085	3,55	98	76	16	–	9	6 794 872	22 205
1972/73	**Bayern München**	Bayern München	Udo Lattek	Gerd Müller (36)	187	52	67	1045	3,42	114	83	14	–	5	5 345 268	17 468
1971/72	**Bayern München**	FC Schalke 04	Udo Lattek	Gerd Müller (40)	176	57	73	1006	3,29	102	71	14	–	13	5 724 478	18 707
1970/71	**Bor. Mönchengladbach**	Bayern München	Hennes Weisweiler	Lothar Kobluhn (24)	173	56	77	926	3,03	72	58	12	–	5	6 574 236	21 484
1969/70	**Bor. Mönchengladbach**	Bor. Mönchengladbach	Hennes Weisweiler	Gerd Müller (38)	174	55	77	951	3,11	71	46	19	–	7	6 283 146	20 533
1968/69	**Bayern München**	Bayern München	Branko Zebec	Gerd Müller (30)	171	56	79	873	2,85	72	49	16	–	14	6 755 385	22 076
1967/68	**1. FC Nürnberg**	1. FC Nürnberg	Max Merkel	Johannes Löhr (27)	167	66	73	993	3,25	90	66	15	–	13	6 471 207	21 148
1966/67	**E. Braunschweig**	E. Braunschweig	Helmuth Johannsen	Lothar Emmerich / Gerd Müller (je 28)	158	64	84	895	2,92	81	53	10	–	14	7 538 800	24 637
1965/66	**1860 München**	1860 München	Max Merkel	Lothar Emmerich (31)	168	70	68	987	3,23	93	66	13	–	11	7 576 760	24 761
1964/65	**Werder Bremen**	Werder Bremen	Willi Multhaup	Rudi Brunnenmeier (24)	122	56	62	796	3,32	72	48	19	–	10	6 906 648	28 778
1963/64	**1. FC Köln**	1. FC Köln	Georg Knöpfle	Uwe Seeler (30)	126	53	61	857	3,57	63	41	18	–	8	6 626 374	27 610

TOP 100 Einsätze

Rang	Spieler	Zeitraum	Einsätze
1.	Sepp Maier	1959/60 – 1979/80	473
2.	Oliver Kahn	1994/95 – 2007/08	429
3.	Gerd Müller	1964/65 – 1978/79	427
4.	H.-G. Schwarzenbeck	1961/62 – 1980/81	416
5.	Klaus Augenthaler	1975/76 – 1995/96	404
6.	Franz Beckenbauer	1959/60 – 1976/77	396
7.	Bernd Dürnberger	1972/73 – 1984/85	375
8.	Bastian Schweinsteiger	1998/99 – 2014/15	342
9.	Mehmet Scholl	1992/93 –2006/07	334
10.	Philipp Lahm	1995/96 – 2002/03 und 2005/06 – 2016/17	332
11.	Franz Roth	1966/67 – 1977/78	322
12.	Karl-Heinz Rummenigge	1974/75 – 1983/84	310
13.	Lothar Matthäus	1984/85 – 1987/88 und 1992/93 – 1999/00	302
14.	Hans Pflügler	1975/76 – 1996/97	277
15.	Thomas Müller	seit 2000/01	257
16.	Paul Breitner	1970/71 – 1973/74 und 1978/79 – 1982/83	255
17.	Roland Wohlfarth	1984/85 – 1992/93	254
18.	Udo Horsmann	1975/76 – 1982/83	242
19.	Uli Hoeneß	1970/71 – 1978/79	239
20.	Hasan Salihamidzic	1998/99 – 2006/07	234
21.	Franck Ribéry	seit 2007/08	228
22.	Dieter Hoeneß	1979/80 – 1986/87	224
	Claudio Pizarro	2001/02 – 2006/07 und 2012/13 – 2014/15	224
24.	Raimond Aumann	1980/81 – 1993/94	216
25.	Alexander Zickler	1993/94 – 2004/05	214
26.	Norbert Nachtweih	1982/83 – 1988/89	202
27.	Thomas Helmer	1992/93 – 1998/99	191
28.	Dieter Brenninger	1962/63 – 1970/71	190
29.	Manuel Neuer	seit 2011/12	187
30.	Christian Ziege	1990/91 – 1996/97	185
31.	Willy Sagnol	2000/01 – 2008/09	184
32.	Bixente Lizarazu	1997/98 – 2003/04 und 2005/06	183
33.	Markus Babbel	1981/82 – 1999/00	182
34.	Rainer Zobel	1970/71 – 1975/76	180
35.	Samuel Kuffour	1993/94 – 2004/05	175
36.	Martín Demichelis	2003/04 – 2010/11	174
37.	Wolfgang Dremmler	1979/80 – 1985/86	172
38.	Giovane Elber	1997/98 – 2002/03	169
	Zé Roberto	2002/03 – 2005/06 und 2007/08 – 2008/09	169
40.	Arjen Robben	seit 2009/10	168
41.	David Alaba	seit 2008/09	167
42.	Thomas Linke	1998/99 – 2004/05 und 2007/08	166
43.	Hans-Josef Kapellmann	1973/74 – 1978/79	165
44.	Johnny Hansen	1970/71 – 1975/76	164
45.	Jens Jeremies	1998/99 – 2005/06	163
46.	Stefan Effenberg	1990/91 – 1991/92 und 1998/99 – 2001/02	160
	Rainer Ohlhauser	1961/62 – 1969/70	160
48.	Daniel van Buyten	2006/07 – 2013/14	158
49.	Christian Nerlinger	1986/87 – 1997/98	156
	Jean-Marie Pfaff	1982/83 – 1987/88	156
	Thomas Strunz	1989/90 – 1991/92 und 1995/96 – 2000/01	156
52.	Roque Santa Cruz	1999/00 2006/07	155
53.	Michael Rummenigge	1981/82 – 1987/88	152
54.	Thorsten Fink	1997/98 – 2005/06	150
	Oliver Kreuzer	1991/92 – 1996/97	150
56.	Ludwig Kögl	1984/85 – 1989/90	149
57.	Olaf Thon	1988/89 – 1993/94	148
58.	Owen Hargreaves	1997/98 – 2006/07	145
	Kurt Niedermayer	1977/78 – 1981/82	145
60.	Lúcio	2004/05 – 2008/09	144
	Werner Olk	1960/61 – 1969/70	144
62.	Carsten Jancker	1996/97 – 2001/02	143
63.	Wolfgang Kraus	1979/80 – 1983/84	138
64.	Jérôme Boateng	seit 2011/12	137
65.	Rafinha	seit 2011/12	136
66.	Peter Kupferschmidt	1956/57 – 1970/71	135
67.	Norbert Eder	1984/85 – 1987/88	132
68.	Toni Kroos	2006/07 – 2013/14	130
69.	Roy Makaay	2003/04 – 2006/07	129
70.	Mark van Bommel	2006/07 – 2010/11	123
71.	Michael Tarnat	1997/98 – 2002/03	122
72.	Holger Badstuber	2002/03 – 2016/17	119
73.	Mario Gomez	2009/10 – 2012/13	115
74.	Hans Dorfner	1982/83 – 1983/84 und 1986/87 – 1990/91	111
75.	Michael Ballack	2002/03 – 2005/06	107
76.	Dietmar Hamann	1989/90 – 1997/98	106
77.	Hans-Dieter Flick	1985/86 – 1989/90	104
78.	Roland Grahammer	1988/89 – 1993/94	102
79	Reinhold Mathy	1979/80 – 1986/87	100
80.	Miroslav Klose	2007/08 – 2010/11	98
81.	Marcel Witeczek	1993/94 – 1996/97	97
82.	Robert Lewandowski	seit 2014/15	96
83.	Stefan Reuter	1988/89 – 1990/91	95
84.	Robert Kovac	2001/02 – 2004/05	94
	Michael Sternkopf	1990/91 – 1994/95	94
86.	Andreas Ottl	1996/97 – 2010/11	92
87.	Markus Schupp	1992/93 – 1994/95	91
	Hans Weiner	1979/80 – 1981/82	91
89.	Søren Lerby	1983/84 – 1985/86	89
	Rudolf Nafziger	1961/62 – 1967/68	89
91.	Javi Martínez	seit 2012/13	87
	Manfred Schwabl	1977/78 –1985/86 und 1989/90 – 1992/93	87
93.	Dante	2012/13 – 2014/15	86
	Anatolij Tymoschtschuk	2009/10 – 2012/13	86
95.	Norbert Janzon	1977/78 – 1980/81	84
	Peter Pumm	1968/69 – 1970/71	84
97.	Bruno Labbadia	1991/92 – 1993/94	82
98.	Conny Torstensson	1973/74 – 1976/77	81
99.	Xabi Alonso	2014/15 – 2016/17	79
100.	Mario Basler	1996/97 – 1998/99	78

TOP 100 Tore

Rang	Spieler	Zeitraum	Tore
1.	Gerd Müller	1964/65 – 1978/79	365
2.	Karl-Heinz Rummenigge	1974/75 – 1983/84	162
3.	Roland Wohlfarth	1984/85 – 1992/93	119
4.	Dieter Hoeneß	1979/80 – 1986/87	102
5.	Thomas Müller	seit 2000/01	96
6.	Giovane Elber	1997/98 – 2002/03	92
7.	Arjen Robben	seit 2009/10	90
8.	Claudio Pizarro	2001/02 – 2006/07 und 2012/13 – 2014/15	87
	Mehmet Scholl	1992/93 –2006/07	87
10.	Uli Hoeneß	1970/71 – 1978/79	86
11.	Lothar Matthäus	1984/85 – 1987/88 und 1992/93 – 1999/00	85
12.	Paul Breitner	1970/71 – 1973/74 und 1978/79 – 1982/83	83
13.	Roy Makaay	2003/04 – 2006/07	78
14.	Robert Lewandowski	seit 2014/15	77
15.	Mario Gomez	2009/10 – 2012/13	75
	Franck Ribéry	seit 2007/08	75
17.	Franz Roth	1966/67 – 1977/78	72
18.	Rainer Ohlhauser	1961/62 – 1969/70	64
19.	Dieter Brenninger	1962/63 – 1970/71	59
20.	Klaus Augenthaler	1975/76 – 1995/96	52
21.	Alexander Zickler	1993/94 – 2004/05	51
22.	Carsten Jancker	1996/97 – 2001/02	48
23.	Bastian Schweinsteiger	1998/99 – 2014/15	45
24.	Michael Ballack	2002/03 – 2005/06	44
	Franz Beckenbauer	1959/60 – 1976/77	44
	Michael Rummenigge	1981/82 – 1987/88	44
27.	Bernd Dürnberger	1972/73 – 1984/85	38
	Luca Toni	2007/08 – 2009/10	38
29.	Christian Ziege	1990/91 – 1996/97	37
30.	Hans Pflügler	1975/76 – 1996/97	36
31.	Stefan Effenberg	1990/91 – 1991/92 und 1998/99 – 2001/02	35
32.	Mario Mandzukic	2012/13 – 2013/14	33
33.	Kurt Niedermayer	1977/78 – 1981/82	32
34.	Jürgen Klinsmann	1995/96 – 1996/97	31
	Roque Santa Cruz	1999/00 – 2006/07	31
36.	Hasan Salihamidzic	1998/99 – 2006/07	30
	Olaf Thon	1988/89 – 1993/94	30
38.	Bruno Labbadia	1991/92 – 1993/94	28
39.	Christian Nerlinger	1986/87 – 1997/98	27
40.	Jürgen Wegmann	1987/88 – 1988/89	26
41.	Thomas Helmer	1992/93 – 1998/99	24
	Miroslav Klose	2007/08 – 2010/11	24
	Thomas Strunz	1989/90 – 1991/92 und 1995/96 – 2000/01	24
44.	Mario Götze	2013/14 – 2015/16	22
	Søren Lerby	1983/84 – 1985/86	22
46.	Reinhold Mathy	1979/80 – 1986/87	21
	Georg Schwarzenbeck	1961/62 – 1980/81	21
	Paulo Sérgio	1999/00 – 2001/02	21
49.	Udo Horsmann	1975/76 – 1982/83	20
	Norbert Janzon	1977/78 – 1980/81	20
	Norbert Nachtweih	1982/83 – 1988/89	20
	Daniel van Buyten	2006/07 – 2013/14	20
53.	Rainer Zobel	1970/71 – 1975/76	19
54.	Mario Basler	1996/97 – 1998/99	18

52 Jahre Bayern in Bundesliga und Europacup

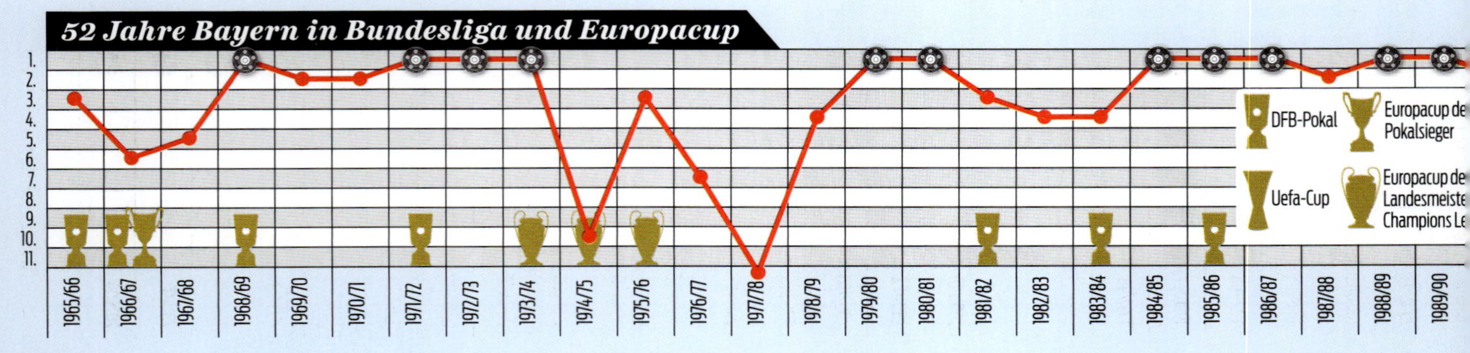

Rang	Spieler	Zeitraum	Tore
55.	**Hans Dorfner**	1982/83 – 1983/84 und 1986/87 – 1990/91	17
	Hans-Josef Kapellmann	1973/74 – 1978/79	17
	Wolfgang Kraus	1979/80 – 1983/84	17
58.	**Lukas Podolski**	2006/07 – 2008/09	15
59.	**David Alaba**	seit 2008/09	14
	Wilhelm Hoffmann	1971/72 – 1973/74	14
	Zé Roberto	2002/03 – 2005/06 und 2007/08 – 2008/09	14
62.	**Martín Demichelis**	2003/04 – 2010/11	13
	Toni Kroos	2006/07 – 2013/14	13
	Karl-Heinz Mrosko	1969/70 – 1970/71	13
	Ivica Olic	2009/10 – 2011/12	13
66.	**Dieter Koulmann**	1963/64 – 1967/68	12
	Philipp Lahm	1995/96 – 2002/03 und 2005/06 – 2016/17	12
	Markus Schupp	1992/93 –1994/95	12
69.	**Brian Laudrup**	1990/91 – 1991/92	11
	Mazinho	1991/92 – 1994/95	11
	Ruggiero Rizzitelli	1996/97 – 1997/98	11
	Xherdan Shaqiri	2012/13 – 2014/15	11
	Conny Torstensson	1973/74 – 1976/77	11
	Adolfo Valencia	1993/94	11
	Mark van Bommel	2006/07 – 2010/11	11
76.	**Wolfgang Grobe**	1982/83 – 1985/86	10
	José Paolo Guerrero	2002/03 – 2005/06	10
	Alan McInally	1989/90 – 1992/93	10
	Rudolf Nafziger	1961/62 – 1967/68	10
	Thiago	seit 2013/14	10
81.	**Markus Babbel**	1981/82 – 1999/00	9
	Manfred Bender	1989/90 – 1991/92	9
	Franz Krauthausen	1971/72 – 1972/73	9
	Marcel Witeczek	1993/94 – 1996/97	9
85.	**Douglas Costa**	seit 2015/16	8
	Sebastian Deisler	2002/03 – 2006/07	8
	Ludwig Kögl	1984/85 – 1989/90	8
	Oliver Kreuzer	1991/92 – 1996/97	8
	Michael Tarnat	1997/98 – 2002/03	8
	Arturo Vidal	seit 2015/16	8
91.	**Hamit Altintop**	2007/08 – 2010/11	7
	Andreas Brehme	1986/87 – 1987/88	7
	Karl Del'Haye	1980/81 – 1984/85	7
	Johnny Ekström	1988/89	7
	Johnny Hansen	1970/71 – 1975/76	7
	Emil Kostadinov	1994/95 – 1995/96	7
	Samuel Kuffour	1993/94 – 2004/05	7
	Bixente Lizarazu	1997/98 – 2003/04 und 2005/06	7
	Lúcio	2004/05 – 2008/09	7
	Willy Sagnol	2000/01 – 2008/09	7
	Edgar Schneider	1970/71 – 1972/73	7
	Klaus Wunder	1974/75 – 1975/76	7

'latz 103
Veitere 13 Spieler mit 6 Toren: Kingsley Coman, Ali Daei, Wolfgang
remmler, Norbert Eder, Luiz Gustavo, Dietmar Hamann, Mark Hughes,
ens Jeremies, Jorginho, Joshua Kimmich, Jürgen Kohler, Rainer Künkel,
an Wouters.

Alle Tabellenführer

	Verein	Tabellenführer
1.	FC Bayern München	727
2.	Borussia Dortmund	147
3.	SV Werder Bremen	129
	Borussia Mönchengladbach	129
5.	Hamburger SV	115
6.	1. FC Kaiserslautern	90
7.	1. FC Köln	87
8.	Bayer 04 Leverkusen	70
9.	FC Schalke 04	58
10.	VfB Stuttgart	56
11.	Eintracht Frankfurt	55
12.	1. FC Nürnberg	36
13.	Eintracht Braunschweig	33
14.	VfL Wolfsburg	20
15.	TSV 1860 München	18
16.	Hertha BSC	16
17.	TSG 1899 Hoffenheim	15
18.	1. FSV Mainz 05	6
19.	Fortuna Düsseldorf	5
	KFC Uerdingen 05	5
	FC Hansa Rostock	5
22.	Hannover 96	4
	Kickers Offenbach	4
24.	Arminia Bielefeld	3
	VfL Bochum	3
	MSV Duisburg	3
	Karlsruher SC	3
	RB Leipzig	3
29.	RW Essen	2
	RW Oberhausen	2
31.	SC Freiburg	1
	FC St. Pauli	1
	SC Paderborn	1

Titel seit Bundesliga-Start

	Verein	Meistertitel
1.	Bayern München	26
2.	Borussia Mönchengladbach	5
	Borussia Dortmund	5
4.	Werder Bremen	4
5.	Hamburger SV	3
	VfB Stuttgart	3
7.	1. FC Köln	2
	1. FC Kaiserslautern	2
9.	Eintracht Braunschweig	1
	TSV 1860 München	1
	1. FC Nürnberg	1
	VfL Wolfsburg	1

Bilanz gegen alle 53 Bundesliga-Gegner

Verein	Spiele	Siege	Remis	Niederl.	Tore
Hamburger SV	104	63	22	19	240:101
Werder Bremen	102	51	25	26	202:120
VfB Stuttgart	98	61	20	17	200:110
Bor. M'gladbach	98	47	29	22	184:121
Borussia Dortmund	96	43	29	24	179:118
Schalke 04	94	48	28	18	196:102
Eintracht Frankfurt	92	49	22	21	178:112
1. FC Köln	88	42	23	23	172:116
1. FC Kaiserslautern	84	47	15	22	173:99
Bayer Leverkusen	76	44	16	16	141:88
VfL Bochum	68	45	15	8	163:72
Hertha BSC	64	38	17	9	150:69
1. FC Nürnberg	60	37	12	11	109:62
Hannover 96	54	37	8	9	148:53
MSV Duisburg	52	31	12	9	123:69
Fortuna Düsseldorf	46	27	9	10	106:59
Karlsruher SC	44	29	9	6	109:50
VfL Wolfsburg	40	31	5	4	96:33
Eintr. Braunschweig	38	22	11	5	83:39
1860 München	36	21	7	8	76:38
Arminia Bielefeld	34	25	4	5	71:35
SC Freiburg	34	24	6	4	73:28
Uerdingen 05	28	17	9	2	66:23
Hansa Rostock	24	16	2	6	51:22
Mainz 05	22	15	3	4	56:25
1899 Hoffenheim	18	12	5	1	39:13
FC St. Pauli	16	10	4	2	30:9
Waldhof Mannheim	14	9	3	2	30:9
Kickers Offenbach	14	7	5	2	34:19
Rot-Weiss Essen	14	7	5	2	37:20
Energie Cottbus	12	10	0	2	33:7
FC Augsburg	12	10	0	2	30:7
Alemannia Aachen	8	6	1	1	24:7
Wattenscheid 09	8	3	3	2	21:12
1. FC Saarbrücken	8	4	2	2	27:13
Dynamo Dresden	8	5	2	1	15:5
RW Oberhausen	8	6	2	0	35:11
Darmstadt 98	8	7	1	0	18:5
Wuppertaler SV	6	4	1	1	16:7
FC Homburg	6	4	1	1	17:6
SpVgg. Unterhaching	4	3	0	1	6:2
Bor. Neunkirchen	4	3	1	0	15:1
Stuttgarter Kickers	4	2	0	2	8:8
Tennis Bor. Berlin	4	2	1	1	15:6
FC Ingolstadt	4	4	0	0	9:2
Ulm 1846	2	2	0	0	5:0
SC Paderborn	2	2	0	0	10:0
Fortuna Köln	2	2	0	0	8:1
Greuther Fürth	2	2	0	0	5:0
Blau-Weiß Berlin	2	1	1	0	3:1
Tasmania Berlin	2	2	0	0	4:1
VfB Leipzig	2	2	0	0	6:1
RB Leipzig	2	2	0	0	8:4

ועו/אכ 1992/93 1993/94 1994/95 1995/96 1996/97 1997/98 1998/99 1999/00 2000/01 2001/02 2002/03 2003/04 2004/05 2005/06 2006/07 2007/08 2008/09 2009/10 2010/11 2011/12 2012/13 2013/14 2014/15 2015/16 2016/17

ALLE MEISTER-MANNSCH

1932 Erste Meisterschaft nach 2:0-Sieg gegen Eintracht Frankfurt. Die Endspiel-Ef (v. l.): Sigmund Haringer, Josef Bergmaier, Hans Welker, Konrad Heidkamp, Josef Lechler, Ernst Nagelschmitz, Robert Breindl, Franz Krumm, Hans Schmid, Ludwig Goldbrunner, Oskar Rohr. Nicht auf dem Foto: Trainer: Richard „Dombi" Kohn

1969 Zweite Meisterschaft, erste in der Bundesliga. Hinten v. l.: Franz Beckenbauer, Gerd Müller, Franz Roth, August Starek, Helmut Schmidt, Hans-Georg Schwarzenbeck, Rainer Ohlhauser. Vorn: Peter Pumm, Sepp Maier, Trainer Branko Zebec, Werner Olk, Dieter Brenninger

1974 Fünfte Meisterschaft. Hinten v. l.: Franz Beckenbauer, Jupp Kapellmann, Conny Torstensson, Hans-Georg Schwarzenbeck, Bernd Dürnberger, Franz Roth, Gerd Müller, Paul Breitner, Uli Hoeneß, Trainer Udo Lattek. Vorn: Rainer Zobel, Erwin Hadewicz, Viggo Jensen, Hugo Robl, Sepp Maier, Johnny Hansen

1980 Sechste Meisterschaft. Hinten v. l.: Dieter Hoeneß, Karl-Heinz Rummenigge, Paul Breitner, Klaus Augenthaler, Walter Junghans, Wolfgang Dremmler. Vorn: Hans Weiner, Udo Horsmann, Norbert Janzon, Bernd Dürnberger, Kurt Niedermayer

AFTEN DES FC BAYERN

1972 Dritte Meisterschaft. Hinten v. l.: Franz Krauthausen, Uli Hoeneß, Johnny Hansen, Franz Roth, Gerd Müller, Hans-Georg Schwarzenbeck, Franz Beckenbauer, Trainer Udo Lattek. Vorn: Willi Hoffmann, Rainer Zobel, Sepp Maier, Paul Breitner

1973 Vierte Meisterschaft. Hinten v. l.: Franz Beckenbauer, Hans-Georg Schwarzenbeck, Franz Roth, Willi Hoffmann, Gerd Müller, Uli Hoeneß, Trainer Udo Lattek. Vorn: Franz Krauthausen, Edgar Schneider, Rainer Zobel, Johnny Hansen, Sepp Maier, Paul Breitner

1981 Siebte Meisterschaft. Hinten v.l.: Paul Breitner, Manager Uli Hoeneß, Trainer Pal Csernai, Karl-Heinz Rummenigge, Norbert Janzon, Udo Horsmann, Wolfgang Dremmler, Walter Junghans, Rudolf Böck, Manfred Müller, Co-Trainer Reinhard Saftig, Helmut Winklhofer. Vorn: Bernd Dürnberger, Karl Del'Haye, Wolfgang Kraus, Hans Weiner, Klaus Augenthaler, Kurt Niedermayer, Reinhold Mathy, Hans Pflügler, Ludwig Trifellner

1985 Achte Meisterschaft. Hinten v. l.: Bertram Beierlorzer, Michael Rummenigge, Reinhold Mathy, Hansi Pflügler, Holger Willmer, Helmut Winklhofer, Klaus Augenthaler. Mitte: Co-Trainer Egon Coordes, Physio Alfred Binder, Søren Lerby, Frank Hartmann, Hansi Flick, Ugur Tütüneker, Roland Wohlfarth, Norbert Eder, Lothar Matthäus, Dieter Hoeneß, Masseur Anton Brablec, Trainer Udo Lattek. Vorn: Christian Pförtner, Ludwig Kögl, Manfred Schwabl, Raimond Aumann, Jean-Marie Pfaff, Wolfgang Grobe, Wolfgang Dremmler, Norbert Nachtweih

1986 Neunte Meisterschaft. Hinten v.l.: Mannschaftsarzt Dr. Hans-Wilhelm Müller-Wohlfahrt, Co-Trainer Egon Coordes, Trainer Udo Lattek, Dieter Hoeneß, Hans Pflügler, Bertram Beierlorzer, Klaus Augenthaler (stehend), Roland Wohlfarth, Michael Rummenigge (stehend), Holger Willmer, Frank Hartmann, Manfred Schwabl, Norbert Nachtweih. Vorn: Søren Lerby, Präsident Fritz Scherer, Jean-Marie Pfaff, Lothar Matthäus, Norbert Eder, Ludwig Kögl, Hansi Flick

1987 Zehnte Meisterschaft. Hinten v. l.: Co-Trainer Werner Olk, Jean-Marie Pfaff, Klaus Augenthaler, Hans Pflügler, Helmut Winklhofer, Norbert Nachtweih, Holger Willmer, Lars Lunde, Dieter Hoeneß, Trainer Udo Lattek, Raimond Aumann. Vorn: Roland Wohlfarth, Lothar Matthäus, Michael Rummenigge, Andreas Brehme, Norbert Eder, Ludwig Kögl, Hansi Flick, Robert Dekeyser

1994 13. Meisterschaft. Hinten v. l.: Alois Reinhardt, Christian Ziege, Roland Grahammer, Sven Scheuer (verdeckt), Thomas Helmer (verdeckt), Mehmet Scholl (verdeckt), Mannschaftsarzt Dr. Hans-Wilhelm Müller-Wohlfahrt, Physiotherapeut Wolfgang Gebhardt, Fitnesstrainer Norbert Hauenstein. Mitte: Manager Uli Hoeneß, Präsident Fritz Scherer, Bruno Labbadia, Klaus Augenthaler, Jorginho, Adolfo Valencia, Raimond Aumann, Thomas Radlspeck, Marcel Witeczek, Christian Nerlinger, Uwe Gospodarek, Markus Schupp. Vorn: Trainer Franz Beckenbauer, Lothar Matthäus, Alexander Zickler, Markus Münch, Michael Sternkopf, Oliver Kreuzer

1997 14. Meisterschaft. Hinten v. l.: Trainer Giovanni Trapattoni, Klaus Augenthaler, Alexander Zickler, Dietmar Hamann, Stefan Leitl, Thomas Helmer, Thomas Strunz, Sven Scheuer, Markus Babbel, Marcel Witeczek, Frank Gerster, Carsten Jancker, Christian Nerlinger, Christian Ziege, Bernd Dreher. Vorn: Frank Wiblishauser, Jürgen Klinsmann, Ruggiero Rizzitelli, Oliver Kahn, Mario Basler, Samuel Kuffour, Lothar Matthäus, Oliver Kreuzer, Markus Münch, Mehmet Scholl

1989 Elfte Meisterschaft. Hinten v. l.: Klaus Augenthaler, Trainer Jupp Heynckes, Co-Trainer Egon Coordes, Roland Wohlfarth, Hans Pflügler, Stefan Reuter, Roland Grahammer, Mannschaftsarzt Dr. Hans-Wilhelm Müller-Wohlfahrt, Physio Alfred Binder, Physio Wolfgang Gebhardt, Norbert Nachtweih, Sven Scheuer, Erland Johnsen. Vorn: Hansi Flick, Hans Dorfner, Jürgen Wegmann, Olaf Thon, Ludwig Kögl, Raimond Aumann, Armin Eck, Thomas Kastenmaier, Helmut Winklhofer, Peter Sirch, Johnny Ekström

1990 Zwölfte Meisterschaft. Hinten v. l.: Trainer Jupp Heynckes, Co-Trainer Egon Coordes, Klaus Augenthaler, Hans Pflügler, Roland Wohlfarth, Jürgen Kohler, Thomas Strunz, Manfred Bender, Stefan Reuter, Manfred Schwabl, Physio Alfred Binder, Mannschaftsarzt Hans-Wilhelm Müller-Wohlfahrt, Physio Wolfgang Gebhardt. Vorn: Hansi Flick, Radmilo Mihajlovic, Ludwig Kögl, Roland Grahammer, Ralf Cordes, Sven Scheuer, Raimond Aumann, Alan McInally, Thomas Kastenmaier, Manfred Schwabl, Olaf Thon

1999 15. Meisterschaft. Hinten v. l.: Michael Tarnat, Bernd Dreher, Giovane Elber, Jens Jeremies, Ali Daei, Markus Babbel, Thomas Strunz, Mario Basler, Carsten Jancker, Stefan Effenberg, Alexander Zickler, Sven Scheuer, Co-Trainer Michael Henke, Trainer Ottmar Hitzfeld. Vorn: Thorsten Fink, Thomas Linke, Bixente Lizarazu, Thomas Helmer, Oliver Kahn, Samuel Kuffour, Hasan Salihamidzic, Mehmet Scholl, Lothar Matthäus

2000 16. Meisterschaft. Hinten v. l: Konditionstrainer Norbert Hauenstein, Hasan Salihamidzic, Roque Santa Cruz (verdeckt), Michael Wiesinger, Slawomir Wojciechowski, Jens Jeremies, Bixente Lizarazu, Michael Tarnat (verdeckt), Samuel Kuffour, Antonio di Salvo, Stefan Effenberg, Thomas Strunz, Stefan Wessels, Mehmet Scholl. Vorn: Thorsten Fink, Thomas Linke, Bernd Dreher, Oliver Kahn, Giovane Elber, Paulo Sergio, Patrik Andersson, Carsten Jancker, Alexander Zickler

2001 17. Meisterschaft. Hinten v. l.: Stefan Effenberg, Carsten Jancker, Antonio di Salvo, Slawomir Wojciechowski, Paulo Sergio, Thomas Linke, Patrik Andersson, Willy Sagnol, Michael Tarnat, Alexander Zickler. Mitte: Physio Wolfgang Gebhardt, Physio Gerhard Hoffmann, Thomas Strunz, Jens Jeremies, Michael Wiesinger, Berkant Göktan, Ciriaco Sforza, Owen Hargreaves, Sebastian Backer, Patrick Mölzl, Samuel Kuffour, Co-Trainer Michael Henke, Trainer Ottmar Hitzfeld. Vorn: Phsio Alfred Binder, Thorsten Fink, Mehmet Scholl, Stefan Wessels, Oliver Kahn, Bernd Dreher, Hasan Salihamidzic, Andrew Sinkala, Athletiktrainer Norbert Hauenstein

2003 18. Meisterschaft. Hinten v. l.: Robert Kovac, Mehmet Scholl, Zé Roberto, Bastian Schweinsteiger, Jens Jeremies, Thorsten Fink, Claudio Pizarro, Bixente Lizarazu (verdeckt), Sebastian Deisler, Samuel Kuffour, Thomas Linke (verdeckt), Niko Kovac, Michael Ballack, Willy Sagnol (verdeckt), Hasan Salihamidzic (verdeckt), Co-Trainer Michael Henke, Giovane Elber, Trainer Ottmar Hitzfeld.
Vorn: DFB-Präsident Gerhard Mayer-Vorfelder, DFL-Präsident Werner Hackmann, Oliver Kahn, DFB-Teamchef Rudi Völler

2008 21. Meisterschaft. Hinten v. l.: Torwarttrainer Walter Junghans, Torwartrainer Bernd Dreher, Reha-Trainer Thomas Wilhelmi, Luca Toni, Lúcio, Zé Roberto, Marcell Jansen, Toni Kroos, Breno, Michael Rensing, Andreas Ottl, Miroslav Klose, Hamit Altintop, Daniel van Buyten, Philipp Lahm, José Ernesto Sosa, Bastian Schweinsteiger, Martín Demichelis, Co-Trainer Michael Henke (verdeckt), Fitnesstrainer Zvonko Komes. Vorn: Stephan Fürstner, Jan Schlaudraff, Lukas Podolski, Willy Sagnol (verdeckt) , Christian Lell, Trainer Ottmar Hitzfeld, Oliver Kahn, Mark van Bommel, Franck Ribéry

2010 22. Meisterschaft. Hinten v. l.: Co-Trainer Andries Jonker, Trainer Louis van Gaal, Michael Rensing, David Alaba, Hans Jörg Butt, Fitnesstrainer Thomas Wilhelmi, Daniel van Buyten, Hamit Altintop, Arjen Robben, Fitnesstrainer Darcy Norman, Ivica Olic, Fitnesstrainer Marcelo Martins, Thomas Müller, Mario Gomez, Holger Badstuber. Vorn: Andreas Görlitz, Miroslav Klose, Franck Ribéry, Anatolij Tymoschtschuk, Diego Contento, Danijel Pranjic, Mark van Bommel, Philipp Lahm, Mehmet Ekici

2015 25. Meisterschaft. Hinten v. l.: Gianluca Gaudino, Sebastian Rode, Tom Starke, Javi Martínez, Juan Bernat, Thiago Alcántara, Claudio Pizarro, Medhi Benatia, Dante, Rafinha, Xabi Alonso, Jérôme Boateng, Mitchell Weiser, David Alaba, Ivan Lucic, Franck Ribéry.
Vorn: Manuel Neuer, Robert Lewandowski, Arjen Robben, Philipp Lahm, Bastian Schweinsteiger, Thomas Müller

2016 26. Meisterschaft. Hinten v. l.: Trainer Pep Guardiola, Co-Trainer Domenec Torrent, Mario Götze, Thomas Müller, Sebastian Rode, Holger Badstuber, Joshua Kimmich, Sven Ulreich, Serdar Tasci, Rafinha, Medhi Benatia, Juan Bernat, Kingsley Coman, Thiago, Xabi Alonso, Douglas Costa, Arturo Vidal, Torrwarttrainer Toni Tapalovic, Co-Trainer Hermann Gerland.
Vorn: Robert Lewandowski, Tom Starke, Philipp Lahm, Manuel Neuer, Arjen Robben, David Alaba, Franck Ribéry, Jérôme Boateng

2005 19. Meisterschaft. Hinten v. l.: Trainer Felix Magath, Roy Makaay, Tobias Rau, Vahid Hashemian, Bernd Dreher (verdeckt), Hasan Salihamidzic, Thomas Linke, Andreas Görlitz, Bastian Schweinsteiger, Michael Rensing, Samuel Kuffour, Sebastian Deisler (verdeckt), Martín Demichelis, Owen Hargreaves, Roque Santa Cruz, Robert Kovac, Jens Jeremies, Co-Trainer Josef „Seppo" Eichkorn, Athletiktrainer Werner Leuthard. Vorn: Alexander Zickler, Mehmet Scholl, Claudio Pizarro, Michael Ballack, Oliver Kahn, Bixente Lizarazu, Willy Sagnol, Torsten Frings und Paolo Guerrero

2006 20. Meisterschaft. Hinten v. l.: Roque Santa Cruz, Ali Karimi, Sebastian Deisler, Andreas Görlitz, Paolo Guerrero, Zé Roberto, Lúcio, Bernd Dreher, Martín Demichelis, Andreas Ottl, Philipp Lahm, Michael Rensing, Bastian Schweinsteiger, Jens Jeremies, Julio dos Santos, Claudio Pizarro, Co-Trainer Josef „Seppo" Eichkorn, Roy Makaay, Trainer Felix Magath. Vorn: Owen Hargreaves, Michael Ballack, Oliver Kahn, Valérien Ismaël, Bixente Lizarazu, Hasan Salihamidzic, Mehmet Scholl

2013 23. Meisterschaft. Hinten v. l.: Co-Trainer Peter Hermann, Trainer Jupp Heynckes, Tom Starke, Sportpsychologe Philipp Laux, Pierre Emile Højbjerg, Emre Can, Torwarttrainer Toni Tapalovic, Mario Mandzukic, Daniel van Buyten, Lukas Raeder, Claudio Pizarro, Fitnesstrainer Thomas Wilhelmi, Mario Gomez, Videoanalyst Michael Niemeyer, Thomas Müller, Toni Kroos, Jérôme Boateng, Physiotherapeut Florian Göttl (verdeckt), Fitnesstrainer Andreas Kornmayer (verdeckt), Maximilian Riedmüller, Manuel Neuer, Dante, Holger Badstuber, Luiz Gustavo (verdeckt). Vorn: David Alaba, Xherdan Shaqiri, Diego Contento, Anatolij Tymoschtschuk, Javi Martínez, Franck Ribéry, Philipp Lahm, Bastian Schweinsteiger, Arjen Robben, Rafinha

2014 24. Meisterschaft. Hinten v. l.: Trainer Pep Guardiola, Tom Starke, Mario Götze, Toni Tapalovic (verdeckt) Toni Kroos, Thiago, Lukas Raeder, Daniel van Buyten, Javi Martínez, Bastian Schweinsteiger, Dante, Mario Mandzukic, Manuel Neuer, Jérôme Boateng, Pierre Emile Højbjerg, Thomas Müller, Holger Badstuber. Vorn: Diego Contento, Claudio Pizarro, Franck Ribéry, Philipp Lahm, Rafinha, Mitchell Weiser, Arjen Robben, David Alaba, Xherdan Shaqiri

2017 27. Meisterschaft. Hinten v. l.: Holger Badstuber (im Winter zu Schalke), Jérôme Boateng, Javi Martínez, Kingsley Coman, Mats Hummels, Thomas Müller, Robert Lewandowski, Arturo Vidal. 3. Reihe: Julian Green (im Winter zum VfB Stuttgart), Fabian Benko, Niklas Dorsch, Renato Sanches, Douglas Costa, Juan Bernat, Thiago. 2. Reihe: David Alaba, Joshua Kimmich, Torwarttrainer Toni Tapalovic, Co-Trainer Paul Clement, Trainer Carlo Ancelotti, Co-Trainer Hermann Gerland, Co-Trainer Davide Ancelotti, Xabi Alonso. Vorn: Rafinha, Franck Ribéry, Sven Ulreich, Manuel Neuer, Tom Starke, Arjen Robben, Philipp Lahm

Die drei größten Bayern-Spieler aller Zeiten: Franz Beckenbauer, Gerd Müller und Sepp Maier (v. l.) im Februar 1967 bei der Abfahrt im Münchner Hauptbahnhof zum Europacup-Spiel bei Rapid Wien. Der FC Bayern gewinnt in der Saison seinen ersten internationalen Pokal – den der Pokalsieger

Die letzte Meisterdusche für Philipp Lahm. Am 20. Mai 2017 entleert Co-Trainer Hermann Gerland, der seinen Job nach der Saison aufgibt und Nachwuchschef wird, ein XXL-Glas Weißbier über dem Kapitän. Thomas Müller (l.) lacht lauthals. Trainer Carlo Ancelotti (r.) erlebt erstmals die nassen Feierlichkeiten